U0720774

《沛县旧志五种》整理小组 整理

沛縣舊志五種

凤凰出版社

图书在版编目（CIP）数据

沛县旧志五种 / 《沛县旧志五种》整理小组整理
. -- 南京 : 凤凰出版社, 2021.6
ISBN 978-7-5506-3429-9

Ⅰ. ①沛… Ⅱ. ①沛… Ⅲ. ①沛县—地方志 Ⅳ.
①K295.34

中国版本图书馆CIP数据核字(2021)第077755号

书　　名　沛县旧志五种
整 理 者　《沛县旧志五种》整理小组
责任编辑　崔广洲
装帧设计　陈贵子
出版发行　凤凰出版社(原江苏古籍出版社)
　　　　　发行部电话025-83223462
出版社地址　江苏省南京市中央路165号,邮编:210009
出版社网址　http://www.fhcbs.com
照　　排　南京凯建文化发展有限公司
印　　刷　徐州绪权印刷有限公司
　　　　　江苏省徐州市高新技术产业开发区第三工业园经纬路16号
开　　本　787毫米×1092毫米　1/16
印　　张　81.75
字　　数　1424千字
版　　次　2021年6月第1版
印　　次　2021年6月第1次印刷
标准书号　ISBN 978-7-5506-3429-9
定　　价　460.00元(全二册)
　　　　　(本书凡印装错误可向承印厂调换,电话:0516-83897699)

凡　例

一、《沛县旧志五种》汇编沛县现存之明、清与民国方志五种。排序原则:以其年代先后,依次排列。是为嘉靖《沛县志》、万历《沛县志》、乾隆《沛县志》、光绪《沛县志》和民国《沛县志》。

二、五部志书,自为单元,原有结构,基本不作调整。整理者为每部志书各撰导读一篇,置于每部志书之前。

三、五部志书,统一编排总目录。并对五部志书的原目录进行适当整理,使其更为规范。

四、旧志原为繁体字、竖排本。本书文字,则坚持繁体改简体,竖排改横排原则。对旧志大多数文字,将坚持这一"繁改简"原则而尽可能使用通用简化字,但对容易引起歧义者则仍用异体字;用作姓名时,可保留异体字,而不必改易。

五、旧志正文,重要内容,多用大字,并单行排列,其次要内容或注解部分,多用小字,双行排列于正文之后。本书文字,皆单行排列。唯正文以大字排,次要内容或注释以小字接排。

六、旧志为了表示对皇权尊重,凡称帝王或与朝廷相关事务,皆以另起抬头、谨阙等格式处理。本书排版,顺承文势,取消一切抬头、谨阙格式。

七、旧志讹错、漏排之处多有。为传播文化、便于阅读,整理者皆予径改,不再另出校注。后人倘对照旧志,勘验此书,自可见证径改之劳。

八、五部旧志,原有体例各有所本,标准不一,内容也有矛盾之处,整理者对此尽可能地予以改正,然整理旧志,历经寒暑,殊为不易,疏漏之处,在所难免,以祈方家指正!

总目录

凡例 …………………………………………………………………………… 001

方志足映沧桑

——《沛县旧志五种》前言 ……………………………………………… 001

明嘉靖《沛县志》 ………………………………………………………… 001

明万历《沛县志》 ………………………………………………………… 115

清乾隆《沛县志》 ………………………………………………………… 393

清光绪《沛县志》 ………………………………………………………… 621

民　国《沛县志》 ………………………………………………………… 919

后记……………………………………………………………………… 1305

方志足映沧桑

——《沛县旧志五种》前言

展现在读者面前的《沛县旧志五种》，是对现存于世的沛县旧志的汇编。

读者见“旧志”之名，或以为《沛县旧志五种》是一部“旧书”。其实，志虽旧，《沛县旧志五种》却是一部“新书”。新书新在哪里呢？新书是如何编竟的呢？新书又有什么新看点呢？

作为编务的主要参与者，我想借助这篇前言，对上述问题，作一些简说。

一

《沛县旧志五种》作为旧志汇编，收录了嘉靖《沛县志》、万历《沛县志》、乾隆《沛县志》、光绪《沛县志》和民国《沛县志》。

关于五部志书的编修，概述如下：

嘉靖《沛县志》十卷，六万余字，知县王治主修，县儒学教谕马伟主纂。该志编纂始于嘉靖二十二年(1543)初春，凡三阅月而成稿。约八万言。

万历《沛县志》是经两任沛县知县之手编修而成的。万历二十五年(1597)知县罗士学编修于前，万历三十七年知县李汝让补修于后，并付诸梓印。列一纪、四表、八志、十传和杂志、订讹，凡二十五卷，凡十七万言。

乾隆《沛县志》由沛县知县李棠主修、徐州府学教授田实发主纂，刊行于乾隆五年(1740)。该志十卷，约十五万言。乾隆二十三年后又有增补。

光绪《沛县志》十六卷，光绪十六年(1890)编竟，知县侯绍瀛主修，曾任睢宁县训导的丁显主纂。而其刊行，则拖到民国九年(1920)，其中波折，一言难尽。今存“残本”仍有二十二万言。

民国《沛县志》十六卷，约三十四万言，县知事于书云主修，本县绅士、丁酉(1897)科拔贡、曾任山西省稷山县知事的赵锡蕃主纂。编修工作始于民国七年春，至民国九年冬全书脱稿，历时三年。正式印制在民国十一年。

除了这五部《沛县志》外，沛县历史上还曾编纂过另外三部《沛县志》，即景泰《沛县志》、顺治《沛县志》和康熙《沛县志》。因为这三部《沛县志》的稿本形成之后，未见刊印，随即失传，更有必要略加交待，立此存照。

景泰《沛县志》为沛县知县古信编修。古信，湖广嘉鱼（今武昌）人，明举人，景泰元年（1450）始任沛县知县。万历《沛志·张贞观序》曰："沛旧无志，志之，始景泰甲戌邑侯武昌古公。""景泰甲戌"即景泰五年。

顺治《沛县志》编者为沛县知县郭维新。乾隆《沛县志》卷五《秩官》载："郭维新，号摩庵，顺天大兴人，乙酉副榜，十一年知沛县事，才能过人，事至立剖，秩满，升浙江宁波府同知。"此"十一年"即"顺治十一年"（1654）。另乾隆《沛县志·凡例》云："前令郭公讳维新，成稿未刊，多采摭载入，不忍没其苦心。"因郭氏离任时间不详，所以我们只能判断顺治《沛县志》成稿在1654年稍后。

康熙《沛县志》编者为沛县知县杨弘绩。民国《沛县志》卷十《秩官表》载："弘绩，字四畏，正黄旗人，三十九年任。安静不扰。坐公事降调，旋改知丹阳县。"而民国《沛县志》卷十《宦绩》则详载："正黄旗人，康熙三十九年知沛县，有吏才，善剖断。时县连年大水，弘绩力请蠲赈，全活甚众。圣祖南巡阅河，四经沛境，役夫数千，宏绩捐赀，日给口粮，民皆乐从。在任八年，修邑志，建义学，善政甚多，坐摧科不力，罢。总督阿山复题，授丹阳知县，临行民涕泣以送。"由此可以判断，杨氏修《沛县志》当在康熙四十六年（1707）稍前。

自景泰五年第一部已知的《沛县志》问世至今，八部《沛县志》竟然失传三部。一个县，数千平方公里土地，数十上百万民众，却没有保全《沛县志》这个独属沛县的文化典籍，历史传承的艰难可见一斑。

或许，这与《沛县志》的断代编纂、稿本形态，或有刊印而印量较小有关——仅知民国《沛县志》用了新的印刷技术，也才印刷了3000部。截至目前，现存的五部沛县旧志除民国《沛县志》曾有再版外，另四部皆为一版一印。印本少而兵燹多，岁月久而寒暑侵，《沛县志》的存留总难免命悬一线之危。

中华人民共和国成立后，沛县历代旧志的命运似乎出现了转机。先是民国《沛县志》在时任县委书记李鸿民先生主持下于1981年以"译本"形式刊出；后是江苏师范大学赵明奇教授于2014年主持编著《徐州古方志丛书》一套十册，在其七、八两册中收录了从嘉靖到民国的五种《沛县志》。上述二书，对沛县历史旧志均有保护、传播之功。惜1981年版《沛县志》译本因转译白话而减损了引证价值，"方志丛书"本则因原本影印、卷帙浩繁、价格昂贵而较难普及为"市民阅读"。有鉴于此，重刊沛县旧志的民间吁求，从进入21世纪起即绵延有岁，不绝于耳。但常常是进言有路而主事无人，首肯虚说而实践待议，再版旧志的呼声遂淹没于街谈巷议。

庚子（2020）四月，吴昊先生莅职沛县县委书记。虽百端而待举，视教化以为先，故百日新政，即有集纳沛县历代方志而成《沛县旧志五种》之筹划。

以我个人立场作个人判定:新推出的《沛县旧志五种》首先完成了她接续、保护地方历史文献的基本任务;其次,则在文化传承方面,开启了服务人民,导扬风化的方便之门。

保护文献与阅读文献,看似不同层面的两个命题,其实,他们是合二而一的一体两面。历史上中国文化典籍的阵发性劫难,多数是因为珍藏于天禄阁、石渠阁之类的皇家秘阁,才遭逢改朝换代的玉石俱焚,此后则是文献缺失、民族失忆。而将阅读扩展于民间,于"象牙之塔"开一"方便之门",则利于形成文化典籍的"庙堂"与"江湖"共存共传。对于民众而言,文化典籍的普及总有一种夜雨催春的生机,并让草根一族生生不息的阅读活动,获得一种无可取代的文献支撑。

而今,《沛县旧志五种》刊印成帙。总括而言之,该书在文献传承方面的"推陈出新"主要有三:其一,统分册为一编,展示了沛县方志的系统性与整体性;其二,以时为序,汇成合集,增加了一个沛县志的新版本,利于保存,利于传播;其三,简体字、横排本适应了现代阅读习惯,利于当今读者以史为鉴。

二

关于《沛县旧志五种》的整理,上节略有触及,首倡者,是作为沛县县委书记的吴昊先生;整理概念的设定者与编务实践的推进者,依然是吴昊先生。

与一般意义的"下属汇报,领导拍板"所不同的是,《沛县旧志五种》编校工作的首倡、动议、立项、推进,以及质量要求、时间节点等,都是吴昊先生富有个人决断色彩的文化决策及工作安排。最后经过集体论证,这才作为沛县县委、县政府 2020 至 2021 跨年度文化工程正式立项,且组织力量,分工合作,渐次推进。

我视《沛县旧志五种》的立项,较为单纯,即:谋,顺时而定;事,待人以成。这几乎可以验诸四海。世间诸多的大事、好事,不都是期待那个敢于承担责任的人,来一展才智的吗! 古人所谓"世必有非常之人,然后有非常之事;有非常之事,然后有非常之功",当是精准的判定。借《沛县旧志五种》的整理出版反观一方主政者的文化思路,或许就是一个简单的信念:该做者即做,利民者即为,问心无愧,便是功德。

回叙《沛县旧志五种》的编校历程,我们还应该感谢沛县文体广电和旅游局孙益峰局长对编务工作的全面统筹,感谢沛县博物馆张玉兰馆长对资料工作的全程调度。没有这种统筹和调度,负责案头工作的整理人员是没有可能分工合力、以竟其功的。参与初期文稿过录的七位先生——赵明奇、张政、黄清华、刘金、龚逢庆、孙厚岭、田秉锷——有三位年逾古稀、三位年逾花甲，只有一位是年轻人。他们闻讯而动，欣然领命，不知老之已至。书稿电子版形成后，江苏古籍出版社原编辑、汉文化学者周骋先生，《江苏江河湖泊志》编著者、水利学者赵凯先生等，受邀与初期参与文稿过录的诸先生一起，认真校对，纠错颇多，保证了《沛县旧志五种》的精编精校。心存敬业，志在传承，虽劳苦亦乐为，自可展其风范。

冬去春来，月缺月圆，好像就在一瞬间，《沛县旧志五种》问世了。我们忘掉了过程中的一切劳作与辛苦，记住的总是那些惊叹或感悟。

从昨天到今天，我开始书写此文。设定的时间表内，任务一栏差不多打完了“对号”。眺望窗外，云霞明灭，环顾斗室，岁月静好。追怀乡居校稿之日，沛公园还是浮冰疏影；及至送稿金陵，梅花山早已姹紫嫣红。夜灯下，阅读旧志；旭光里，追怀前尘；未曾料到的是，一种琐屑的文案工作，竟然让我们对沛县旧志所承载的沛县历史有了最系统、最直接的触摸。辛苦着，并收获着；参与着，并学习着。我们乐在其中。当辛苦消融之后，我们感受到的是那种接受了传统文化洗礼后的神清目明。

历史文案，不是古董；阅读历史，不是怀旧。历史分明是一条有着航标的河流。我们漂流在岁月里，因为追上了历史，所以又延伸了生命的维度。这一份参与的幸运感，愈近尾声，愈显强烈。

面对布面精装，煌煌两册，百万余言，简体字，横排本的《沛县旧志五种》，我与每一位参与旧志整理的朋友都有一份感恩，一份欣悦，更有一份期待。大门打开了，看你愿不愿进去；历史走近了，看你愿不愿触摸；源泉疏浚了，看你愿不愿取一瓢饮。

三

关于《沛县旧志五种》的看点，相信不同文化层次、不同主观诉求的读者自会有不同的读后感。该书的整理者，其实也是读者。有了先读为快的经历，其感怀或许可以启迪日后的读者。

其一，这是一部荡涤了“功利附加”的历史文献。读者看一看版权页即会发现，在省略了诸如“编委会”“编辑部”的群体附丽之后，甚至连“主编”“副主编”“执行主编”的名头都省去了。这也是吴昊先生的坚持。所谓尊重历史，所谓“为而不恃也，功成而不居也”，应该就是这种风貌吧。

而作为一种“校注本”，整理者原是将错讹之字、漏排之句以括号括出，再加改易的。如嘉靖《沛县志》卷一《舆地志》之“风俗”载：“婚姻死丧，邻里相助，有洙泗遗泽旧志。自昔以勇岩为俗。”其中“勇岩”二字不通，“岩”为“宕”之误。若加校注，其形式当为“婚姻死丧，邻里相助，有洙泗遗泽旧志。自昔以勇岩（校注：“岩”当作“宕”）为俗”。再如乾隆《沛县志》卷之一《舆地志》之“沿革”载：“雍正十一年，改徐州为府，沛仍属邑。”其年代亦有误，若加校注，则为：“雍正八年（校注：“雍正八年”误，实为“雍正十一年”），改徐州为府，沛仍属邑。”后来发现，错误不少，校注亦多，加了括号，改了字号，既不便读者阅读，书籍的版面之美亦遭破坏。商之于周骋先生，以“径改”为便；故而将原志错讹、漏排之处，不加括号，一一径改、径补。五部志书，这样的错、讹、漏排之处，无虑百千，改补一过，信息还原，编校之劳，亦皆化为无名功业。

其二，这是一部自明代中期而至民国初年历任沛县主政者和沛县子民进行“文化接力”的悠长记录。一长串“主修”“主纂”“协修”“参订”者的名字，人人都可视为“沛县志功臣”。读其书而思其人，我们要记住他们的名字，记住他们对沛县历史文化的阶段性总结，记住他们在沛县文化千年传承中的纽带作用。

其三，该书集纳的五部沛县志，贯穿为沛县的“通史架构”。从编修时间看，每一部《沛县志》都有“断代”特征。因而，就沛县志的某一版本而言，自然可以视作沛县的“断代史”。即便如此，每一部“断代”的沛县志又都贯穿着一条从古到今的传承线索，如“星野”之分，则始于《汉书·地理志》；如“沿革”之始，则见于《尚书》之《禹贡》；如设县、秩官，则始于齐、楚、魏三家灭宋，楚得沛地；如邑纪，则始于禹分九州，沛属徐州域；如征辟，则始于汉；如科举则始于唐；如人物，则列传始于汉代将相，列女则倡义于王陵之母；如文物，则自两汉三国之后，不绝如缕。所以，不论哪一部《沛县志》又都是可以当作“沛县通史”来阅读的。倘若五志连读，其“沛县通史”的色彩将更加强烈。

其四，《沛县旧志五种》作为地方志书集成，还以其历史文案的具体性、详赡性补充着中国“正史”的间隙，或质疑着中国近代史研究的某些结论。如河渠变迁与水利水害，如太平军北伐与捻军中原之起，如徐州明清宗教史、徐州明清妇女命运史等等，《沛县旧志五种》都有更为真实、更为准确的历史记录。深入解读，自然会引出新的历史结论。

四

百年之前，沛县志编修者已经明晰：“县之有志，所以网罗散佚、保存文献，备一代之志乘、资后人之观感者也。”今天，《沛县旧志五种》所记录的历史资料，最少都经历了百年淘洗，并已固化为沧桑年轮。面对这些承载着我们先辈蜿蜒足迹的文字，即便不能跪着拜读，似乎也要心怀虔敬吧——我们的血脉里，毕竟都融有昨天的基因！

“天不生仲尼，万古如长夜。”这话也许有些夸饰。当历史的书记官们将他们亲历、亲知的人物、事件、天文、地理融注于历史典籍的时候，历史也就物化为一串灯火。变化着的读者群，阅读着凝固的历史；读者行走着，一时一心情；历史静立着，万古悬明灯。就这样，在静与动的对视中，历史默默，人世嚣嚣，天地无言，上苍有眼，他将见证后来人是否还能借着昨日的星辉，照亮心头的阴影，免蹈覆车的旧辙，开启昕昕的明天。

习近平总书记已经将中华优秀传统文化提升为“中华民族的基因”“民族文化血脉”和“中华民族的精神命脉”，各级党政负责人对当地优秀传统文化的保护与发扬还有什么可迟疑的呢！

我们感动着，并期待着。

辛丑仲夏田秉锷于麦香小筑

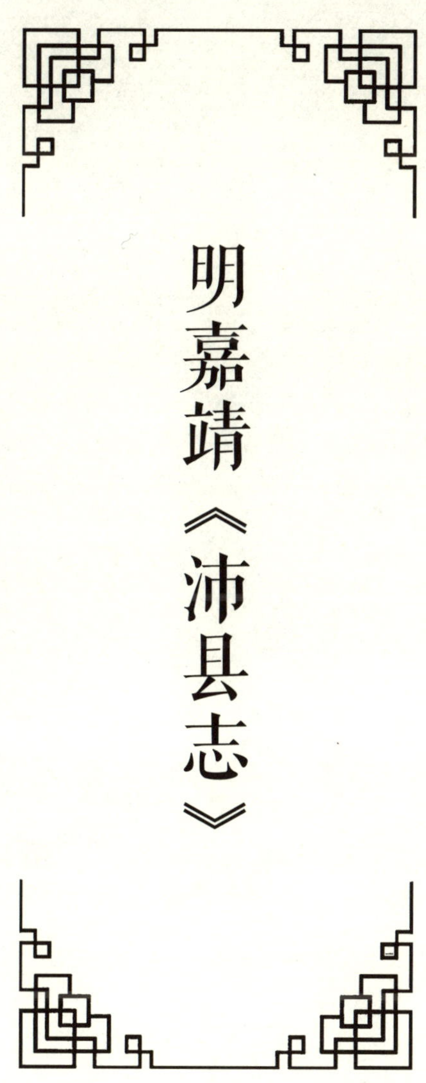
明嘉靖《沛县志》

导读

赵明奇

明嘉靖《沛县志》十卷，王治主修，马伟主纂，是现存版本最早的一部具有地方通史特色的沛县地方志典籍，比较系统而集中地保存了明代沛县地区的各种社会地情资料。

嘉靖《沛县志》主修人王治，字纯甫，直隶永年（今河北省永年县）人，国子监生，嘉靖十一年（1532）知沛县（旧志失载，光绪《沛县志》据同治徐州府志补入），十九年六月再度重任。在职颇著政声，修城墙以防寇患，拆寺庙改建学宫。政务之暇，有感于沛县图志湮没，文献无征，“既求唐宋间故事，虽沛人士弗知也”，慨然有续修之志，遂与县儒学教谕马伟等人谋商纂修事宜。马伟，直隶广平（今河北省广平县）人，岁贡，嘉靖二十一年八月任沛县儒学教谕。协助马伟编纂《沛县志》的还有县儒学训导黄昶（河南确山人，监生，嘉靖十八年八月任）和张庆旸（浙江泰顺人，选贡，嘉靖二十年六月任），担任校正的有县儒学生员赵时若、张桂、贾池、卢雄、孙宗尧、甄材等六人，儒学官高应祯负责誊录。嘉靖《沛县志》编纂工作始于嘉靖二十二年初春，修志人员广查谱牒，采辑遗典，采访故老传闻，稽古验今，因革损益，删繁去讹，凡三阅月，辑成新的志本。嘉靖《沛县志》成稿如此迅速，一方面可能与古信所修的景泰志本可供参考有直接关系，另一方面也与修志人员平日的学识积累有关。值得一提的是，协修者之一张庆旸（1505－1580），字孟暄，号霞川，泰顺龟岩人，“学有渊源，博通文史”，早年以选贡任沛县儒学训导，协助马伟纂修《沛县志》。修志之余，与马伟饱览名胜，题咏“沛县八景”，为沛县人文文化留下了一笔重彩。晚年辞官南归，万历元年（1573）受泰顺知县王克家聘，纂修《泰顺县志》八卷（今佚，仅存序），义例序述，灿然可观，邑中人士皆言“信史”。

嘉靖《沛县志·凡例》言：“旧志久失其传，遍求民间，得景泰五年知县古信所修残编，并取《徐州通志》，遵《大明一统志》例，经纬条目，分为十卷。”该志在景泰旧志的基础上，据弘治《重修徐州志》参修，篇目设置用纲目体，次序井然。每卷一志，析为十志，以宏其规；志下设目，以尽其细。各卷类目下多弁有引言，介绍写作目的，颇有史家之道。在取材上，务求内容的广泛性和资料的可靠性，凡景泰以前旧志所缺略者，皆延请故老，征考载籍，公议决定去取；凡景泰以后之事，亦须文献可信、舆情允协者，方可收录；同时，对景泰志中存在的“以无说有”等弊病，也作了必要订正，如“原非沛有及误采者正之”。可见，嘉靖志的编纂者们在工作上是认真的，态度上是严肃的，其方法在当时也是可取的。尽管嘉靖志在类目设置上也有个别值得商榷之处，但从结构来说，还是比较合理的。它的成书，不仅为后来诸种沛县志的续修奠定了基础，也为今天研究明代沛县的政治、经济、文化、哲学等方面提供了重要文献依据。

嘉靖《沛县志》共十卷，计六万余字，卷首冠有马伟《沛县志序》、纂修姓氏、目录、县境图、县市图、县治图、县学图、沿革图，次以《凡例》。卷一《舆地志》：沿革、疆域（至到并）、山川（湖泉附）、形胜（八景附）、风俗、乡镇。卷二《建置志》：城池（演武厅附、坊市）、学校（书院、社学附）、公署、置邮、桥梁。卷三《赋役志》：户口（夫役附）、地亩（贡赋附）、土产。卷四《职官志》：官制、仕宦、名宦、寓贤。卷五《祠祀志》：坛壝、庙貌、寺观。卷六《选举志》：科第、岁贡（例贡附）、荐辟、材武（武职附）。卷七《人物志》：忠勋、文政、乡贤、孝友（义民附）、贞节。卷八《古迹志》：陵墓、亭台（古井附）、城垒（冈陵附）。卷九《杂志》：技术、仙释、灾祥，附录合属官员。卷十《艺文志》：文类、诗类。卷末有儒学训导张庆旸《叙沛县志后》，记修志源流。

从嘉靖《沛县志》的条目上不难发现，该志严格遵循《大明一统志》例，体例难有突破。从今天史学研究的角度来看，方志记述的内容越细，在史料上保存下来的东西也就越多。作为早期的明代志书，嘉靖《沛县志》因体量较小，记事范围未免狭窄，内容也相对为简，然亦有创新之举。如卷首《县境图》《县市图》等图，在今人看来固非出自精手，是其时代所限，而疆域城廓非图不明，通过这些保留至今的珍贵地图，可以将地方信息以一种更加直观的方式传达给阅读者，从而帮助阅读者迅速地形成空间感，在没有深入实地的情况下仍能对空间情况有总体性的认识和把握。卷一《舆地志·形胜》附“沛县八景”：微山霁雪、泗水澄波、歌风古碑、射戟遗台、飑城月照、樊巷烟迷、琉井清泉、昭阳活水，应系纂修者马伟、张庆旸新辑。“沛县八景”作为沛县历史与人文的重要反映和象征，从此不胫而走，至今仍被人们所津津乐道。卷三《赋役志》于“夫役”项下附载嘉靖十四年“直隶徐州沛县为乞怜分劳费以苏困苦事”议处移文，是研究当时漕运协济事宜的重要原始文献。又“地亩”“贡赋”项下，分注税收课名及价格甚详，俾后人有所考据而遵守，也是研究当时地方税收制度及价格变化的珍贵资料。卷十《艺文志》，这部分的比重占据了全书的十分之四，收录庙宇碑碣及历代名流诗歌记序百余篇，汇为一编；其余官署移文及诗文题咏事涉实迹者，分注于他卷相关条目之下，为后世保存了大量有价值的文学作品，对于弘扬沛县地域文化、塑造沛县文化品位等都具有十分重要的作用。唯卷三《赋役志》“土产”一目，罗列谷类、禽类、兽类、鳞介类、虫类、花类、草类、果类、木类、药类、蔬类、瓜类、货类等项甚详，所收皆为四方共有而非本地特产者，且注解繁芜，语多无涉史地，颇为后志不取。

嘉靖《沛县志》在资料的可靠性上，虽征之文献，询诸故老，“叙事立体，必案旧志，非旧志者，不敢妄赘”（张庆旸《叙沛县志后》），但因参考资料过于匮乏，造成“搜辑不至，未免遗落”之处甚多。另外，在既有资料的去取上，也存在着一些明显失误。如卷四《职官志》载东汉许慎“为沛县长”，案《后汉书》本传，实任沛郡洨县（今安徽固镇县东）长；卷七《人物志》收刘馥、刘靖、刘弘（俱沛国相人）、楼玄（沛郡蕲人）等人，实际上沛国与沛郡辖地甚广，非特指后来的沛县一邑，万历《沛志》编纂者曾感慨道：“苟冠以沛，即收入而不察，噫！诬矣！”至于刘知俊、刘知浣二人，却因旧志（景泰志）与《大明一统志》未录，又考东莱史（吕祖谦《十七史详节》）云系“徐州人”，故以马暾《重修徐州志》所载之“沛人”为误，不予收录。万历《沛志》对此亦有异议：“知俊沛人，欧史（欧阳修《新五代史》）足证。潞守马公收入邑志（马暾《弘治重修徐州志》），是矣。吾邑志独据《一统志》、《东莱详节》削之。夫《一统志》概耳，采辑非出一手，订正不假岁月，失所不免。《详节》节史之略，吕公盖为知约者设也，可资为断案耶？”卷八《古迹志》收汲冢，谓“在县西北三十五里。世传晋太康中，汲郡人发魏襄王冢，得古竹书，帝命荀勖、和峤撰次为一十五部八十七卷，此即其地”，此说盖传袭之误，不堪推敲也。又录偪阳国，并引《春秋·襄公十年》汪氏克宽注曰“偪阳与柤皆在今沛县”为佐证，亦系割裂之语。诸如此类，皆旧志所误采而新志不察，多为万历《沛志》及以后的续修诸志所不取。尽管存在个别不足，嘉靖《沛县志》仍不失为研究沛县地方史的珍贵文献。

嘉靖《沛县志》为木刻本，大黑口，双鱼尾，间署卷次及卷内页次，每面九行，每行二十字，夹注小字双行亦二十字，版刻较为清晰，堪称善本。目前，国内外仅浙江天一阁藏有原本，国家图书馆、中国社会科学院图书馆、上海图书馆有微缩胶卷。

目 录

沛县志序（马伟） …… 008
县境图 …… 010
县市图 …… 012
县治图 …… 014
县学图 …… 016
沿革图 …… 018
凡 例 …… 019
卷一 舆地志 …… 021
沿革 …… 021
疆域至到并 …… 021
山川湖泉附 …… 022
形胜八景附 …… 023
风俗 …… 025
乡镇 …… 025
卷二 建置志 …… 027
城池演武厅、坊市附 …… 027
学校书院、社学附 …… 027
公署 …… 029
置邮 …… 031
桥梁 …… 032
卷三 赋役志 …… 033
户口夫役附 …… 033
地亩贡赋附 …… 035
土产 …… 038
卷四 职官志 …… 046
官制 …… 046
仕宦 …… 048

名宦 …… 053
寓贤 …… 054
卷五　祠祀志 …… 055
坛壝 …… 055
庙貌 …… 055
寺观 …… 056
卷六　选举志 …… 058
科第 …… 058
岁贡例贡附 …… 059
荐辟 …… 063
才武武职附 …… 063
卷七　人物志 …… 068
忠勋 …… 068
文政 …… 068
乡贤 …… 070
孝友义民附 …… 071
贞节 …… 072
卷八　古迹志 …… 074
陵墓 …… 074
亭台古井附 …… 074
城垒冈陵附 …… 075
卷九　杂志 …… 076
技术 …… 076
仙释 …… 076
灾祥 …… 077
附录:合属官员 …… 078
卷十　艺文志 …… 079
文类 …… 079
诗类 …… 098
叙沛县志后 …… 114

沛县志序

惟昔《禹贡》徐州之雄，以沛称。固有土者，经度宜先焉。第沿革靡常，版籍荡蚀，漫无所考；且今仍隶于徐，为两畿周道。宦于斯者，驰走送迎于水陆之间，日如弗给，而于所谓辨图辑志、修文事以饰邑治者，又往往未暇也。

南滏王公，永年杰士也。筮仕姑苏，懋著贤声，天官卿擢知是邑。公才美兼人，治有余力。每会晤间，辄念曰："沛，古邑也。屡遭兵燹，图志湮没，文献无征，如后何？"乃谋诸士大夫，佥曰："宜哉！盍志诸？"嘉靖癸卯春，遂访求旧志，举礼币及予。予辞弗获，乃谋诸同寅，协诸群彦。于是穷搜于载牒，采辑于遗典，旁质于父老之传闻。稽之古以示损益，验之今以宜因革，参之众以核名实。列纲系目，删繁划讹，一洗而新之。是故有舆地焉，通土训也；有建置焉，慎封守也；有田赋焉，重地利也；有职官焉，殚治化也；有祠祀焉，钦典礼也；有选举焉，阐文教也；有人物焉，树风声也；有古迹焉，景前修也；有杂志焉，广闻见也；有艺文焉，宣徽猷也；志之道备之矣。阅三月告成。佥曰："美哉！郁郁乎文献有足征矣。盍叙诸？"

窃谓河山风土之升降、显晦有其时，而所以任厥事者，未尝不存乎人焉耳。沛之先，汉初为汤沐邑，实人文攸萃之始也。奕世而下，值石晋之割，胡元之变，民彝攸斁极矣。迻入皇朝，列畿辅之严，沾首淑之化。贤豪之产，风俗之淳，民物之富丽，遂甲中土而跃然矣。

若公者，乘其时，履其地，有其民而牧之。甫三载，创城池，迁学校，修坛壝，均田赋，建仓厫。凡百废坠，皆焕然一新，而无负于所有事焉。

是志也，尤事之难者也。举旷世未就之典而成于今日，诚有未容以易视为者。观者亦录其大，而余不可以概见乎？若夫前闻之续，尤有俟于后之君子云。

时嘉靖二十二年岁舍癸卯春三月既望，沛县儒学教谕、广平马伟顿首谨序。

沛县志

文林郎沛县知县永年王治修

儒学教谕广平马伟、训导确山黄昶、泰顺张庆旸同编辑

生员赵时若、张桂、贾池、卢雄、孙宗尧、甄材同校正

儒官高应祯誊录

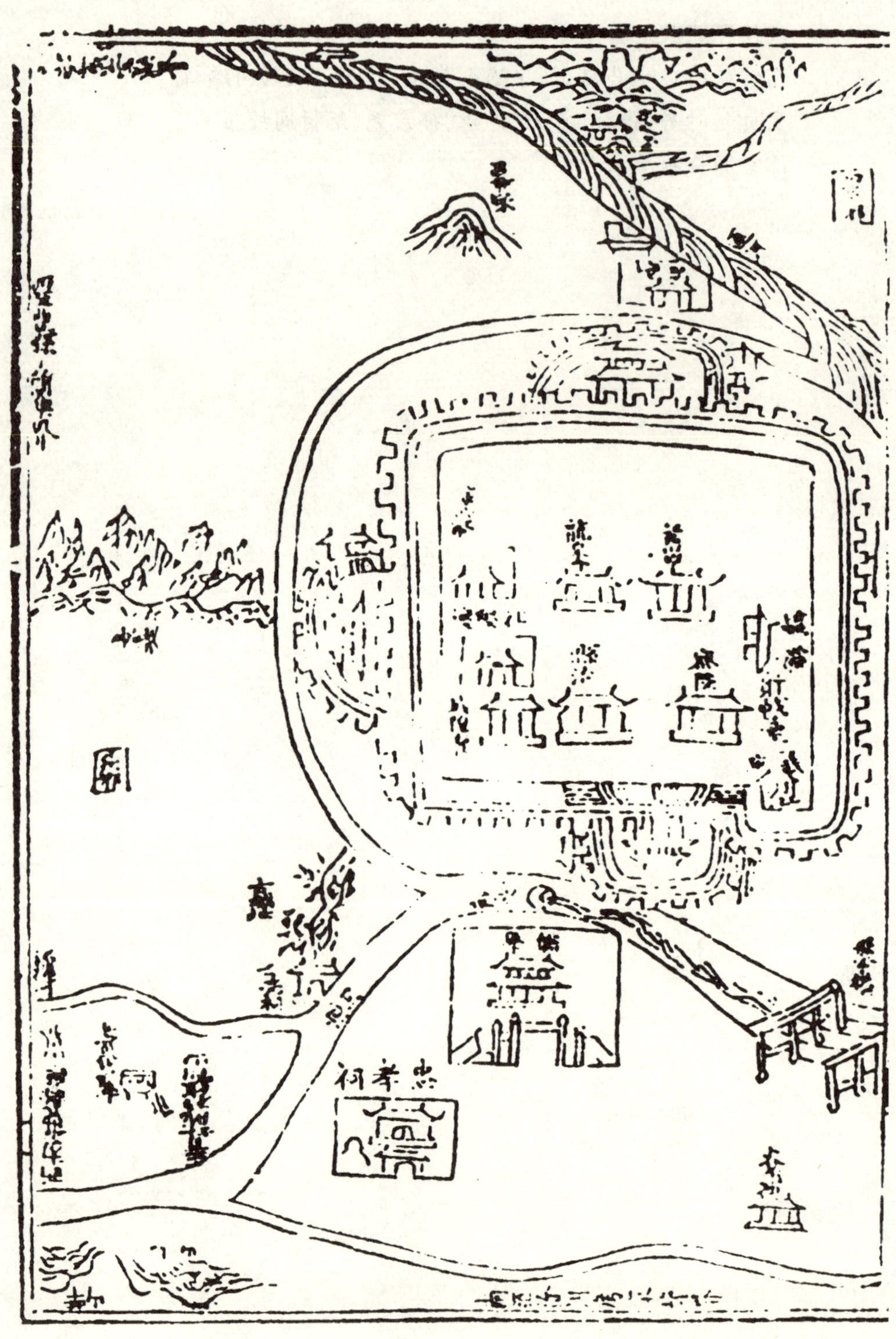
忠孝祠

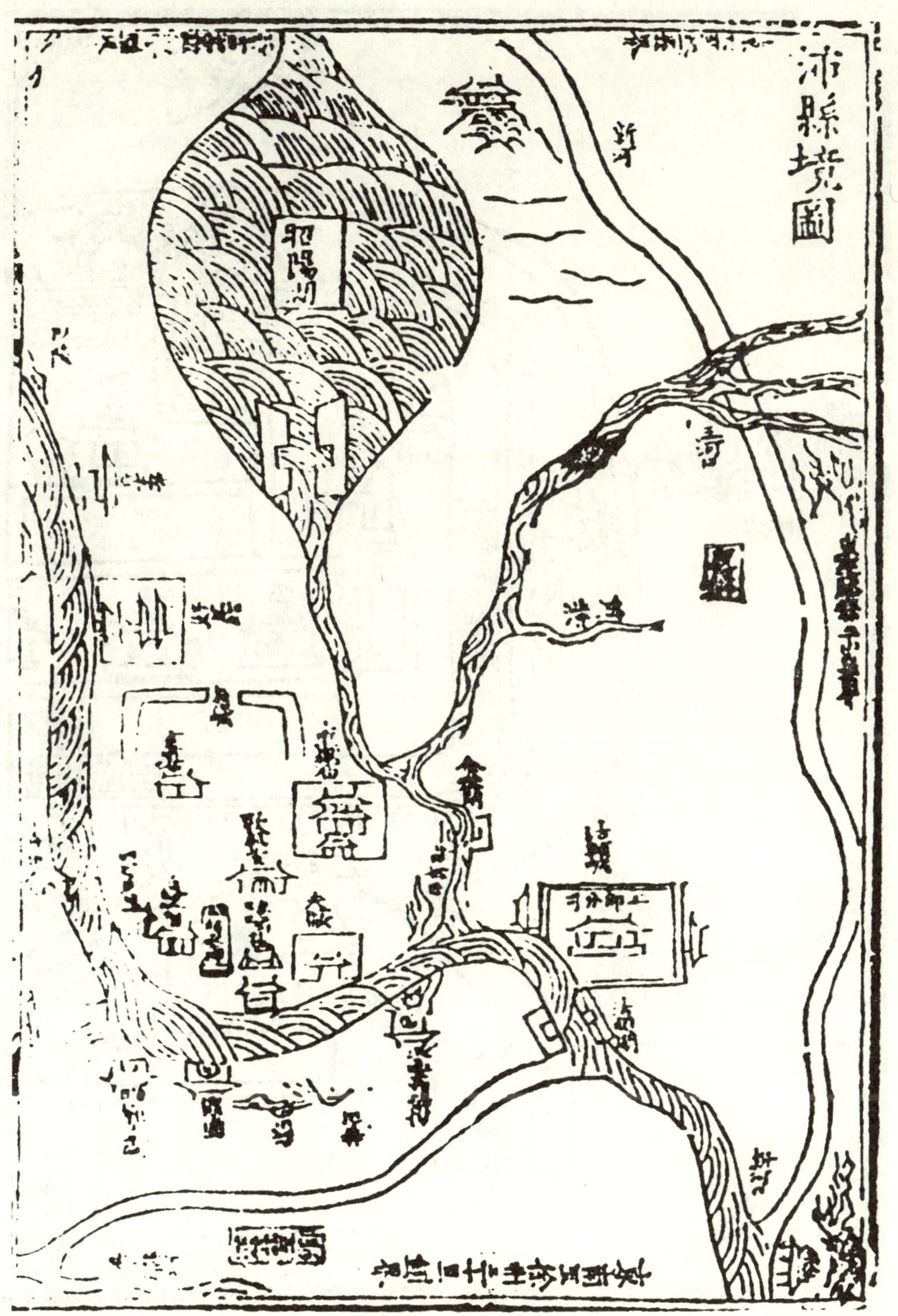
沛縣境圖
昭陽湖

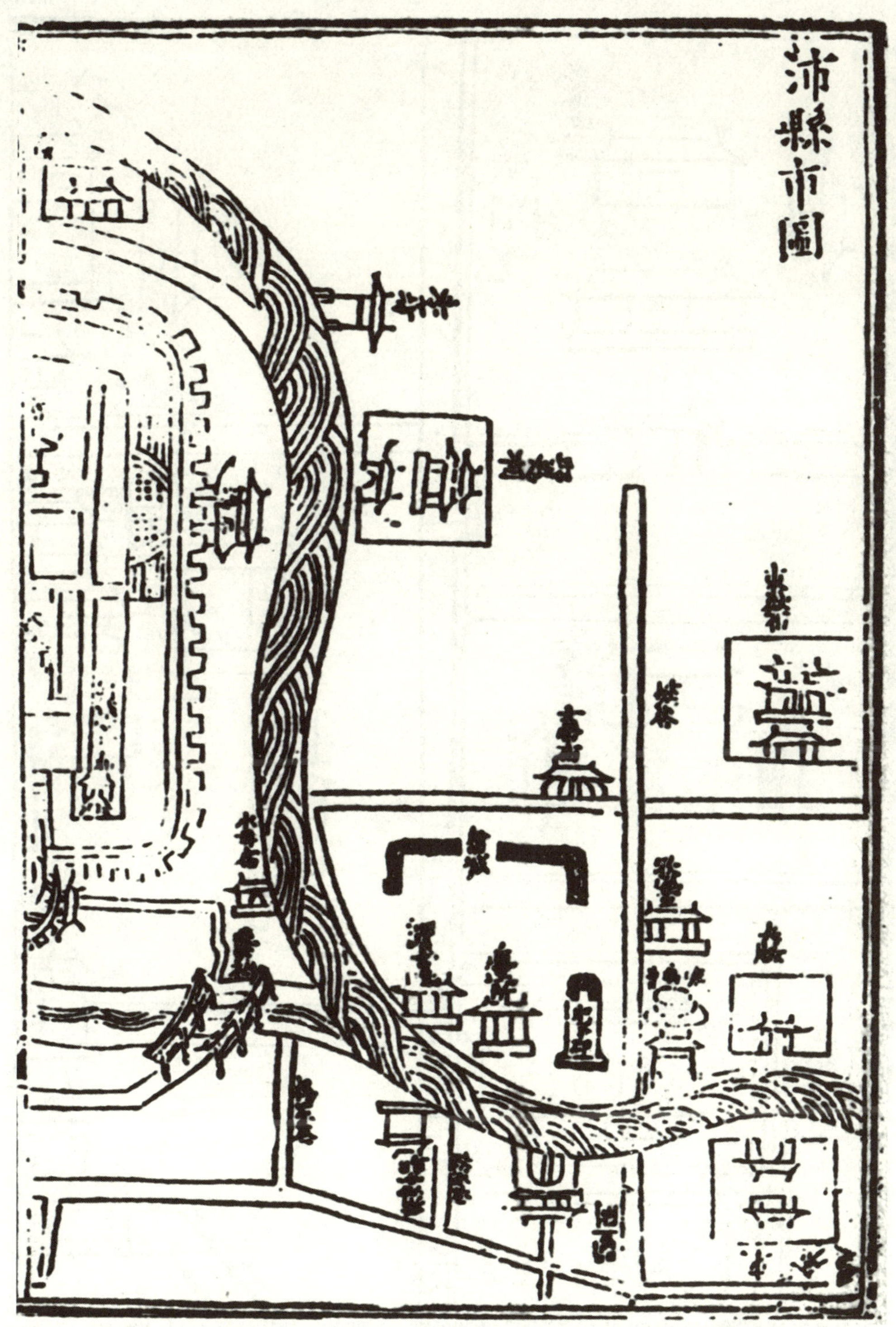
沛縣市圖

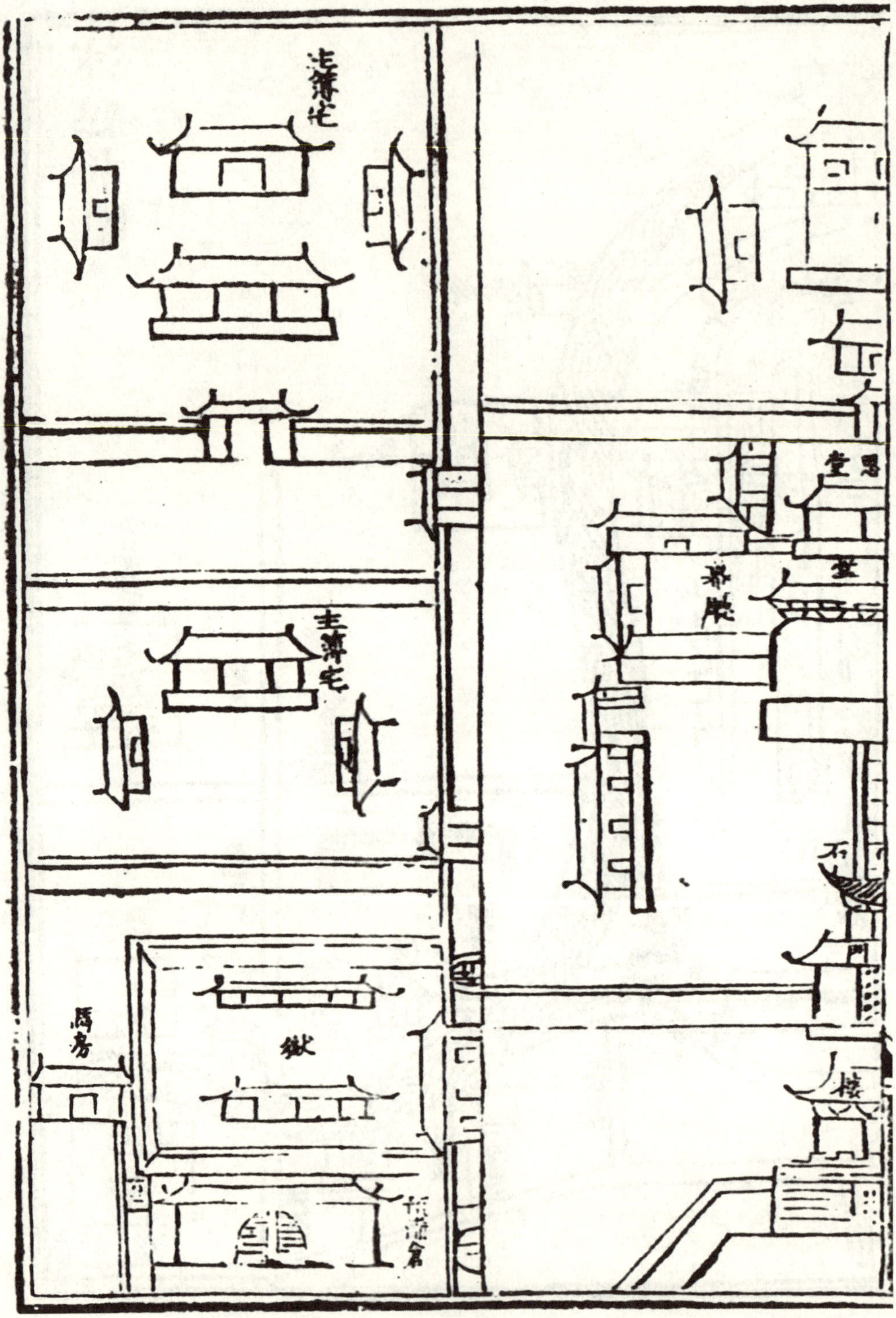

主簿宅
馬房
獄
預備倉
幕廳
樓

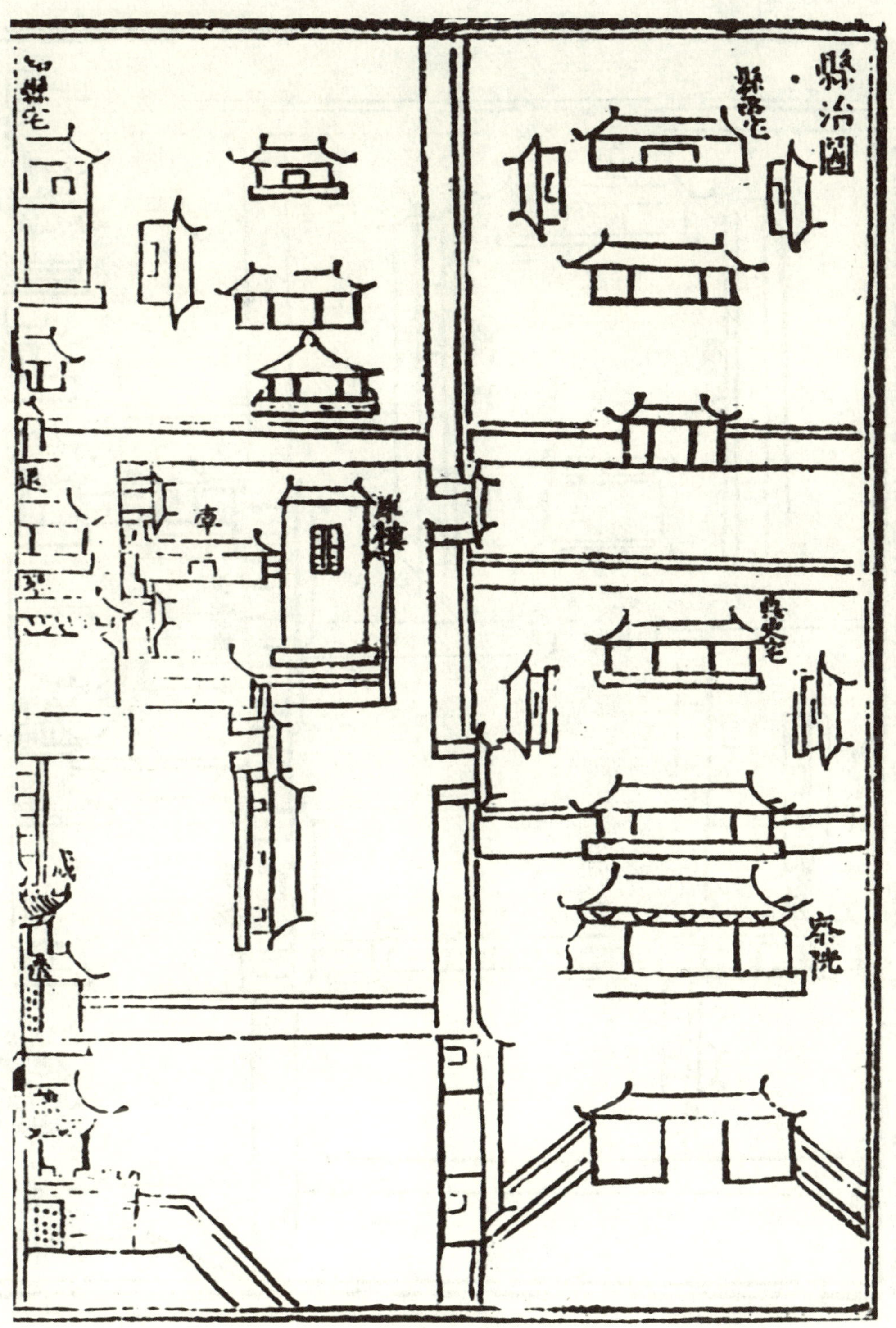
縣治圖
知縣宅
亭
典史宅
察院

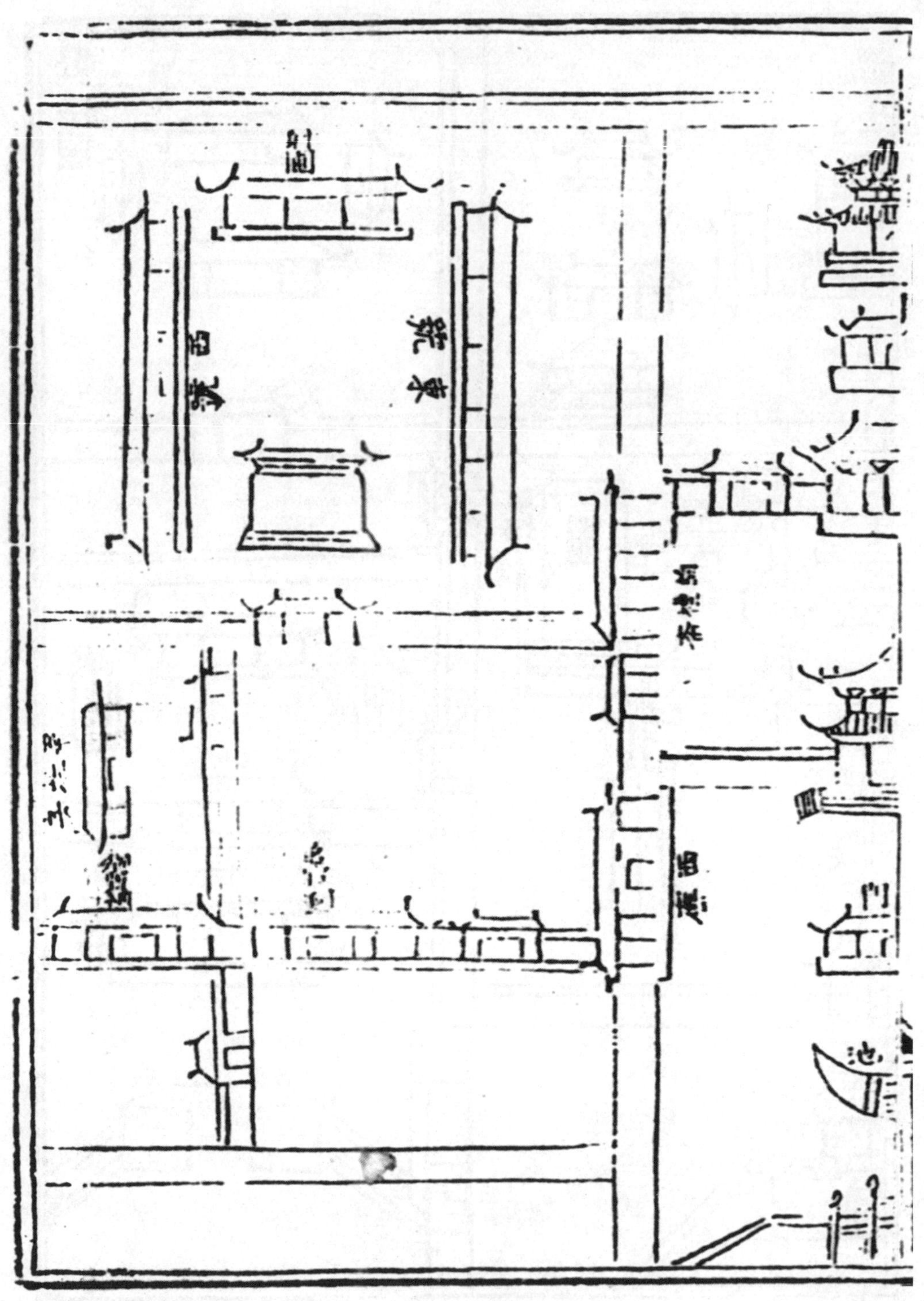

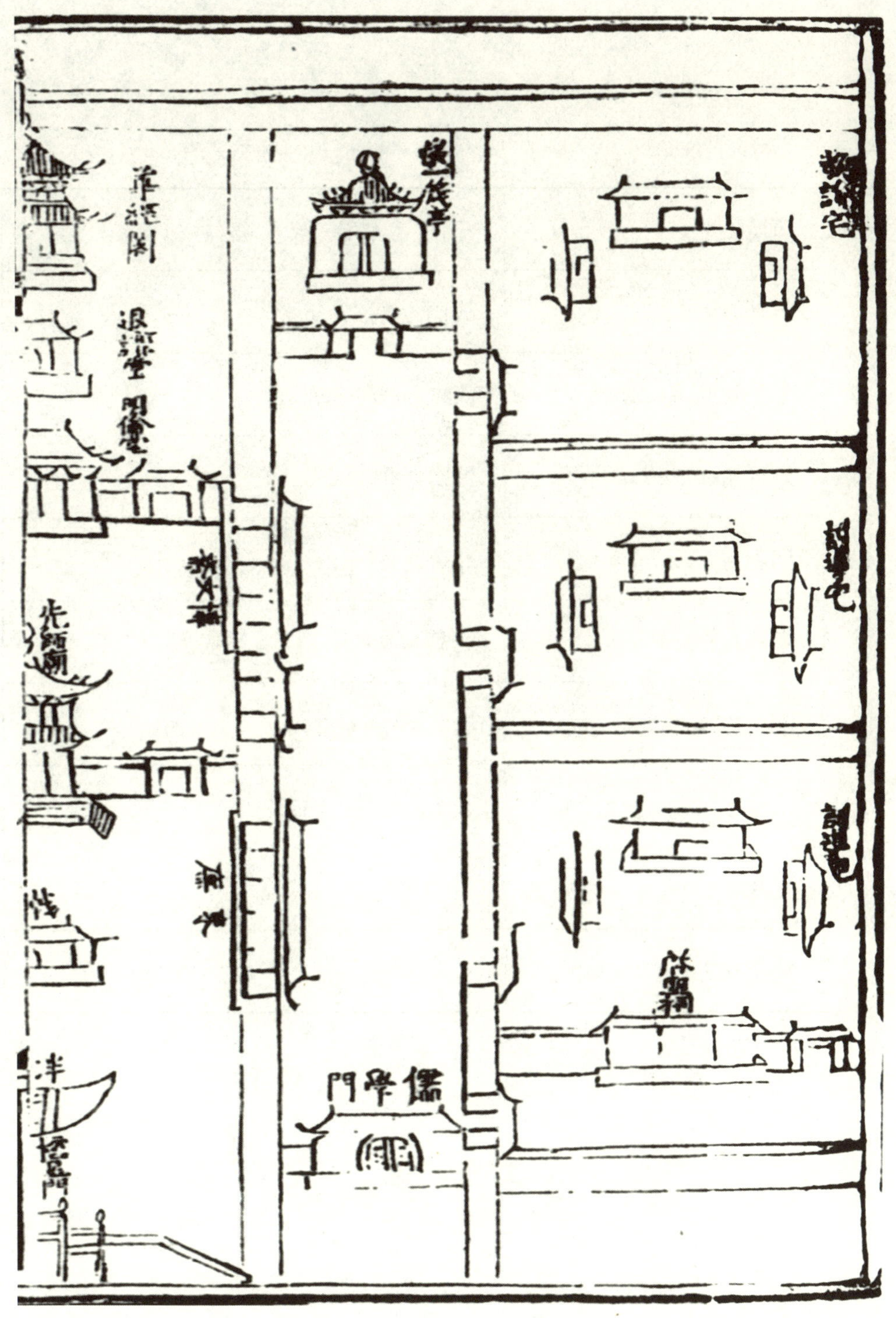
尊經閣
退講堂
明倫堂
奎文樓
先師廟
東廡
泮池
儒學門
啓聖祠

沛县历代所属沿革之图		
	唐虞无考。	三代《禹贡》徐州之域，周《职方》青兖之境。
	春秋为宋属邑。	战国为楚治。
	秦置沛县，属泗水郡。	汉因之，后属豫州沛郡。
	东汉属豫州沛郡。	晋属豫州沛国。
	南朝刘宋属徐州沛郡。	北齐省。
	南齐属北徐州沛郡。	北魏属沛郡。
	隋复置，属彭城郡。	唐属徐州彭城郡，以广戚乡省入。
	宋因之，后属徐州武宁军。	金属徐州武宁军滕州。
	元属燕南河北道济宁路。	
	皇明改属今直隶徐州。	

凡例

一、旧志久失其传，遍求民间，得景泰五年知县古信所修残编，并取《徐州通志》，遵照《大明一统志》例，经纬条目，分为十卷，以备检阅。

一、事实：景泰以前，凡旧志缺略者，据故老载籍，公议裁定增入。景泰以后，征之文献可信、舆情允协者收录，原非沛有及误采者正之。

一、桥梁堤堰：非要冲者不载。

一、均过地亩、粮税及驿传、接递、协济事宜，并将议处文移，分注各类之下，俾后之人，有所考据而遵守也。

一、仕宦斯土县官、学官姓氏，及乡官宦迹、岁贡年代，日久不能备录者，姑以详、略书，以俟后续。

一、名宦：在先代者书，从祀者以重书。国朝名宦往故者，公论既定，书之。若已去任未附名宦者，只书其善政于职名之下，以俟后续其宦迹。见任与人物见存者，例此。

一、祀庙：除敕建常祀古帝王，先正可优崇者录；淫祠不录。其寺观，系瞻拜圣寿习仪者书，其余古今胜迹名刹可登眺者，亦姑存之。

一、选举：科贡、荐辟书，例由学校者附书，忠勋、文政以人物特书。

一、人物：凡古今忠勋文政，卓然名世者，以重书；其孝节烈女，例该特书，似未可混而为一也。然扶植纲常，表正风俗，又非人物外事所当附录者。止一才一行之美者，各分载本类之下。如樊哙、夏侯婴辈，自人物移置材武；高相自人物移置技术之类是已。

一、烈女孝节：曾经旌表者，无问存没，录之；其行迹显著为公论所服者，虽已没未经旌表，亦书以俟奏闻。见存节妇年未逾七旬者，不录。

一、旧志与《一统志》所载沛人，并无刘知俊、刘知浣。及考东莱史，本徐州人，徐志载为沛人，误矣。今正之。

一、事有相属，势不容赘举者，附于本条之下。如书院附学校，湖泉附山川之类。

一、古今灾祥，例《春秋》编年书。

一、古今文类，凡有关治体可以垂训者书；其祀典及寺观碑文，取证事实难可尽去者，姑以详略书。牵合附会、冗长不经者削之。

一、古今题咏，取其模仿风景，事涉实迹，有关风教者录之；徒工词藻，淫靡无实者不录。

一、所载文类，不拘体制，惟以世代先后为次。诗类仿此。

一、录山川人物等类，各分注事实，细书于本条之下，便观览也。凡分注细书者，同此例。

卷一　舆地志

文林郎沛县知县永年王治修

沿　革

先王建国亲侯，秦郡县天下，上下千百年间，分隶附合，沛凡几经制矣。朝代所属，互有同异，失今弗识，后将何稽焉。志沿革。

按《禹贡》，沛本“徐州”之域，《周・职方氏》“青”“兖”之境。天文属豫州房四度分野。春秋时为宋属邑。《一统志》：“古偪阳国地。秦置沛县，为泗水郡治。汉兴四年，改泗水为沛郡，迁治相，沛县如故，更号小沛。十二年，汉祖过沛，以为汤沐邑。后汉属沛国，刘宋属徐州，北齐省。隋复置，属彭城郡。唐以广戚乡省入，宋因之，俱属徐州。金初属邳州，后以源州，县省。元复为沛。至元二年省入丰县，三年复置，属济宁路济州。国朝仍为县，隶徐州，编户三十八里。”

疆　域至到并

先王体国经野，分地布民，而疆域画焉，辨职方也。沛治东西南北，相距百里，有其地矣。而经守连属，限以制定，可无辨欤？志疆域。

沛县在州城西北一百二十里，广九十八里，袤一百一十里。

四至东至滕县界五十里，西至丰县界四十里，南至本州界五十五里，北至鱼台县界五十五里。

八到东到滕县三山泉四十里，西到丰县丁兰集四十五里，南到徐州房家营三十五里，北到鱼台县谷亭八十里。东南到徐州一百二十里，西南到砀山县一百三十八里，东北到滕县一百二十里，西北到鱼台县九十里。

南至留都，陆路八百八十里；水路由泗亭驿起程，一千一百里。北至京师，陆路一千四百里；水路，由旧泗亭驿起程，一千八百八十里。

山　川湖泉附

按《尔雅·释文》云："山，产也，育群物而不倦。""通流曰川，利万物而有恒。"山川者，一方风气所萃。沛虽无名山大川，含泽布气，天地之化无穷，何尝有所限耶？刘子曰："山不在高，水不在深。"得之矣。志山川。

微山《一统志》：微山在沛县东南三十里。《隋·地理志》：沛有微山。旧志：微子墓在微山上。山无石，隆隆若冈陵然。

黄山《一统志》：黄山在沛县东南三十里。《隋·地理志》：沛有黄山。

七山在县治西南三十里汉台乡。

青龙桂籍山在县治西南三十里汉台乡，高及丈，上有乱石。就山凿方池形，见存。世传汉萧何饮马池。山下有无儿寺，或曰萧何祈子所建。

泗水源出山东泗水县，南流过沛，至徐城东北合沛水，循城，东南达于淮。昔周显王时，九鼎沦没于泗。秦时，鼎气浮于水上，始皇使数千人没水求之，不获，谓之鼎伏。宋苏轼诗："传闻九鼎沦泗上，欲使万夫沉水取。暴君纵欲穷人力，神物义不污秦始。"

泡水即丰水，发源兖州府单县界，出丰县，循县治前东流，与泗水合。正德初年，黄河泛溢，西南接泡水出飞云桥，流入淮泗，势甚汹涌，今涸。有龙泉，细流。遇春夏水发，可行舟。

柤水《后汉书》：彭城偪阳县有柤水。《春秋·襄公十年》：晋人灭偪阳。其下释，汪氏注：偪阳及柤地，皆在今沛县。

漷水在县治东北，出山东滕县界，流入昭阳湖，达于薛水。

薛水在县治东，出滕薛之境，西流会漷水，自金沟口闸入泗。

泥沟河西北自鱼台县界来，流至县治西入泡河，东达于泗，今涸。

鸿沟河在县治东十里，发源兖州府滕县，流出薛河。其水浅深有时，春夏水泛可行舟。

昭阳湖在县东八里，湖约十余里，百泉会流。东北自兖州府邹县、滕县，六十余里发源而来。湖中荷香绿渚，鱼戏清波，每六、七月，士夫放舟其间，清风徐来，湖光照人，宛然小西湖也。八景此具其一。旧有闸积水，运河水浅，则开闸泄水，过薛河，出金沟，达于泗，以济舟楫，漕运赖之。后因黄河大水，闸废。嘉靖以来湖涸，居民耕种其间。二十一年，运河水浅，兵部侍郎王以旂奏：请湖周围筑堤堰蓄水，湖南重修减水板闸，东西北三面，各斗门一处。东斗门新挑河一道，接鸿沟河，通山东三山、南石桥、魏庄、玉花四泉，引水入斗门板闸，出金沟石闸，入运河。西北二斗门，凡遇山水发，灌入湖，以济运道。湖堤四面，建铺四座，每座三间，共一十二间；每铺防夫六名，共二十四名。禁民耕种湖地，移文立碑县治。湖地原数七百一十八顷三十七亩五分，除新筑堤岸内所占，外剩地四百九十九顷九十二亩六分二厘。其堤内，南阔一里零二百七十九步，北阔四里零二百五十九步，东长十里零一百二十步，西长十一里零一百八十二步，周围共五千二百八十丈，计算二十九里一百二十步。上阔三丈，下阔二丈七尺。占用过官地一百三十五顷三十亩一分六厘，征粮民地八十三顷一十四亩七分三厘七毫。就将湖外西南高阜官地，照数抵换与民人张渊等八十三户耕种，办纳粮税。滕县在官湖地，共七十二顷三十六亩，埋立界至。

龙泉在县治前、新学后，旧没于泡河。河涸泉水涌出，东流于泗，冬夏不竭。

形　胜八景附

形胜所以壮舆图、卫封疆也。沛虽平原旷野，无山川丘陵之险，而当邹鲁之交，远峰盘控，项背相望，屹然百里之固矣。志形胜。

沛之为县，无高山大林之崄巇，元王士熙《歌风台赋》。峄山控其左，在县治东北九十里邹县界。华山揖其右，在县治西南四十里许丰县界。北通鱼台，南有泗水，泡河环抱，土沃地饶，桑麻蔽野。运道接江淮，商贾舟楫，日夜骈集。旧志。湖山四绕，沃野云屯，长堤烟柳，一望千里。庙碑记。沛之为邑，泗水来其北，芒砀亘其南。学碑。

微山霁雪见山川志。

马伟诗：瑞雪呈祥候，寒风吹晓晴。天空青作画，沙际白堆琼。尘净蟾光皎，云收山色明。寻梅思览胜，不见浩然行。

张庆旸诗：泗上彤阴破，苍茫见霁微。开天呈秀色，迸野入春辉。水鹤连云起，晴烟带湿飞。何时过山麓，把酒挹崔嵬。

泗水澄波见山川志。泗水之滨旧有亭，久废。

李侍御诗：闲亭收晚照，水面来清风。沙鸟临矶白，江花隔岸红。浮光人竞渡，静影月流空。谁复琴高戏，乘鱼入浪中。

马伟诗：泗亭登眺日，风静碧波澄。潋滟开霞泛，潺湲荡月明。棹穿云外影，渔唱镜中声。乘兴无边乐，临流爱濯缨。

张庆旸诗：泗水澄千尺，周王鼎若何？渟潆涵碧汉，清澈会泡河。过楫潜鱼跃，依沙贾客多。至今堤上月，风满浴沂歌。

歌风古碑见古迹志。古今题咏颇多，俱载艺文志。

徐九皋诗：三侯存霸业，千载尚歌台。芒砀风云壮，青齐日月开。遂令绮里逝，莫致两生来。驻节观遗迹，穹碑渍古苔。极有感慨。

马伟诗：汉祖龙兴际，歌风来故乡。沛丰红日近，芒砀白云翔。雨藓残碑渍，霜凝古柏苍。遗址今犹在，荒台倚夕阳。

张庆旸诗：突兀台观壮，残碑大汉秋。篇章明日月，气象接殷周。苔色和烟老，歌声与泗浮。独怜王霸杂，终古有遗讴。

射戟遗台见古迹志。

马伟诗：吊古寻遗迹，闲登射戟台。弓鸣霜力劲，支中雪锋开。义烈连云迥，碑残映草苔。兴亡难预料，汜水事堪哀。

张庆旸诗：自古推雄杰，今看射戟台。风云长护合，泡泗近潆回。未息中原鼎，番怜汜水哀。英英千载下，遗迹渍莓苔。

飑城月照见古迹志。

马伟诗：贞元呈间气，商代产贤臣。古诰贻谟旧，英名入祀新。树光连野碧，蟾影荡空银。落日飑城下，萧萧几度春。

张庆旸诗：相业从三代，勋名照古今。台荒城迹旧，夜静月华侵。断垅浮青草，疏林洒绿阴。乾坤终不老，千古故森森。

三代求功业，传心见诰谟。百年留夜月，千古向空都。疏影应滕薛，清辉接冀吴。可怜台基旧，耿耿入春芜。

樊巷烟迷见古迹志。

马伟诗：樊侯梓里巷，屈指几经秋。宅柳和烟没，栏花带雨收。鸟啼人去远，云暗水空流。忆昔鸿门会，英名万古留。

张庆旸诗：矫矫鸿门客，峥峥紫禁臣。英雄留百代，勋烈著三秦。地僻烟笼树，城春草正茵。闲来寻故宅，跃马泗江滨。

琉井清泉见古迹志。

马伟诗：河东存古甃，渠道汉时穿。凿治天工巧，灵通地脉连。璃光涵夜月，静影湛云天。瓮汲资民用，千年遗泽传。

张庆旸诗：闲古歌风地，琉璃井甃阴。深沉入沧海，澄冽折黄金。投瓦闻空洞，凭栏集鸟禽。相传汉高祖，勿幕到如今。

昭阳活水见山川志。

主事陈宣游湖诗：西湖催野兴，公暇欲凭风。小艇冲莲绿，新荷映水红。棹挽舟频泊，瓯斟酒欲空。湖边人唤语，疑似画图中。

主事高贯诗：击棹来公暇，轻帆水面凉。鱼戏沙头绿，人收蒲里黄。湖吞山影瘦，风递藕花香。流观自可乐，何必是钱塘。

马伟诗：曾览西湖景，昭阳亦胜游。花风香细细，玉涌水悠悠。云树明犹暗，渔舟去复留。狂吟归兴晚，月色满江楼。

张庆旸诗：吴楚昭阳胜，平原一鉴开。汪洋东鲁入，苍碧洞庭来。鸥鹭飞还下，渔舟去复回。欲从明月约，谁作五湖魁。

马：八景总题：微山雪霁景堪吟，泗水澄波耀日金。射戟台空遗旧址，歌风碑古咏新音。烟迷樊巷云埋树，月照飑城风满林。璃井清泉涵碧影，昭阳活水濬源深。

风 俗

风气习尚，百里不同，要之系水土而关政化者也。风俗正而后政可通。长民者宜深长思矣。志风俗。

地邻邹鲁，人务稼穑；敦尚礼义，不乐健讼。婚姻死丧，邻里相助，有洙泗遗泽。旧志。自昔沛以勇严为俗，元虞集《李尉美政记》。沛本汉高里，民尚霸习；以其去鲁不远，犹有先圣遗风。虽遭胡元之变，而国朝文教四被，风俗还淳，百余年来，民熙如也。旧志所载，大略亦尽，但风渐气染，人情靡常，美恶所趋，近亦有不同者。县当南北通衢，四方之民杂处其间，人情日渐奢侈，颇尚势力财雄，挟臆气相高，独婚不论财。人知教子，百年无告讦官长之风，最为得之。虽然俗之美恶，固风气使然，而转移化导之机，亦在上之人，鼓舞何如耳。

乡 镇

先王乡镇之设，所以辨民居也。沛治三十八里，为乡者四，为镇店者四。村之附乡者四十有五，集之附村者二十有六。其间废置增损，虽因时不同，而游息向往、相奠域中者，定于一也。乡镇定而后民有所纪焉。志乡镇。

坊郭、四里。广戚乡、四里。泗亭乡、五里。千秋乡、九里。汉台乡、十六里。

广戚乡在县东北，计十四村：集并。

丁马村、丁村、泉水村、三河口、集。塔墟村、鸿沟村、张家村、杨庄村、大刘村、南庄村、集。高村、房村、夏村、集。邵王。集。

泗亭乡在县东南，计五村：

大杜村、曲房、集。欢城、集。科城村、张家庄。世传张良庄在此，旧有碑，没于土。

千秋乡在县西北，计九村：

贺堌、集。邵村、周田村、世传汉周勃有田在此。杨名、集。小房村、灌城村、内有汉灌婴故宅遗址。彭村、十字河、蔡家村。即泥沟村，汉蔡千秋所居之里，旧有千秋城，在县治西北，久没。

汉台乡在县南，计十七村：集并。

瓦子村、临堤村、高义村、鲁村、黄重村、北秦村、于家村、秦村、栗子村、马村、集。谢沟、集。奔口村、黄家村、欧家村、房枝村、杨家场、官庄村。旧有子胥庙，今迁在河岸。

金沟店在县东南七里。

沽头闸店在沽头上闸。

庙道口店在县北三十里。

沙河镇在县北六十里，河南岸属沛县，河北岸属鱼台县。

卷二　建置志

城　池演武厅、坊市附

盖自王公设险守国，而城池之制为急。沛，南畿咽喉也，尤不可无城。秦汉旧城久废，国朝百余年来，今始城之，屹然为江北保障，万世之利也。志城池。

城周围一千八百步，共计五里；高二丈，阔二丈。嘉靖二十二年，知县王治筑。

池因筑城取土，深二丈，阔二丈。

门楼四座东名永清，匾曰津通淮济；南名会源，匾曰南都首要；西名恒休，匾曰地接魏梁；北名拱极，匾曰江北初程。嘉靖二十二年知县王治建，名据古迹志。旧城在县治西北，汉时所筑。元至正十七年，同佥孔士享，据其地仍筑小城，迭经河变，惟遗故址，略记以存迹。

演武厅旧在县治南。嘉靖二十一年，知县王治修筑城池，操练士卒，以南方非用武之地，改建县治西北。厅房三间，门坊一座，环以墙垣，树植周围。共地三十二亩五分。

沽头城在县治东十五里，高二丈，阔二丈，周围三里；池深一丈，阔一丈。嘉靖二十一年工部员外郎侯宁筑。

坊市

东门街、南门街、西门街、北门街、东关街、南关街。

歌风台坊、泗亭坊、澄清坊、宣化坊、承流坊、泮宫坊、育材坊、登瀛坊、崇教坊、清化坊、中和坊、达道坊、迎恩坊、昭惠坊、鸿胪坊、为鸣赞唐弼立。孝子坊、为孝子杨冕立。节妇坊、元为李伯奴妻白氏立。节妇石门、为刘宅妻立。登云坊、为举人杜旸立。攀桂坊、为举人张威立。步蟾坊、为举人李巽立。桂林坊、为举人赵斌立。折桂坊、为举人蒋让立。进士坊、为进士李绅立。鹗荐坊、为举人周崧立。光启坊、为举人刘章立。凤鸣门匾。为举人周乾立。

学　校书院、社学附

学校，所以群士敦化也；我国家进用人才，皆赖于此。沛学自宋元来，迁徙靡常，人恒以不得所为恨。迩者，改迁龙泉，博大爽垲，实一邑之胜也。彬彬多士，不有应期而兴者乎？志学校。

儒学旧在河东泗亭坊，宋靖康中兵毁，有碑。金大定初，移置河西清化坊，元至正间复毁。国朝洪武三年，知县费忠信、训导华革，仍其旧址重建。嘉靖八年，河决学坏，奉祀崇教，漫无统所。嘉靖二十一年，知县王治迁县前龙泉河南龙泉寺，即今学。原地十亩，本学空月膳银二十一两，买地十亩五分；官二十四两，买地十二亩。规模宏敞，巍然改观矣。旧学殿庑，今为龙泉寺，自西斋迤东，门堂斋舍，仍属本学。

呈准本学其申抚按提学衙门为易学以振文风事，其略云：恭惟朝廷科目，取人作养于学；诸生科目，自待肄业于学。学校实藏修之地、发轫之阶也。独惜沛学，自汉唐宋元以来，人材辈出。国朝百七十余年，登科第者才八九人，又皆未沾寸禄而中殂。说者皆谓学基未善。及思前人发科，多由胄监。刘章岁贡、周乾监生，在学不偶，出学遂第。文章岂长于国学而短于乡学耶？归罪于学，有由然矣。况因西水淹没，文庙淤陷，未足瞻仰；庑、戟、棂星倾颓，亦宜鼎建。连年灾伤，役繁民贫，岂应修理？今照县治之南，寺名龙泉，神人协从，亦无破坏。大殿堪为文庙，中殿堪为戟门，山门应充棂星，就将原学与寺相易，彼此两便，不必兴作等因申。

蒙兵备道屠大山仰：县寺既堪为学宫，不甚费财力，改之无不可者。若原学，则吾夫子已尝栖灵之地，今欲为寺，窃所未安。仰州再行勘议，听候抚按提学衙门定夺施行，具批详缘由报缴。

随蒙钦差总督漕运巡抚都御史王杲批：仰兵备道查鼎缴。蒙此查勘，具由呈详。

复蒙巡抚都御史王杲批：仰兵备道再查该学文庙、学宫，如果被水沙淤是实，庑、戟、棂星倾颓，龙泉寺又是新建，堪为文庙，准其所请，行令迁换，不许劳费财力；斋号仍俟丰年，另行渐次修理。缴。

先蒙钦差提督学校御史杨宜批：既称改迁有因，更无劳费，准拟互换。仍省谕诸生，当求诸必然之理，毋诿于或然之数也。此缴。

续蒙巡盐御史胡植批：谓人才兴替，尽由学宫，似亦不可；但圣师妥灵、师生藏修之地，亦宜据形胜。如所申，是不必支费钱粮，转移之间，便令学校改观；况一二异教之徒，似亦不必易以旧学。仰州逐一覆加勘处，贵在粗立大观，以俟逐年渐修，不须骤兴土木，庶士民两便。申夺缴。又申。

蒙巡按御史高懋批：据申，文庙学宫，被水淤陷，似应迁改。今称巡抚、学政、盐关衙门，俱已详允，本院何为复欲中止？但不许劳费财力，致累贫民。此缴。

先师庙

东庑、西庑、戟门、泮池、棂星门。

敬一箴亭

《御制敬一箴》曰：人有此心，万理咸具。体而行之，惟德是据。敬为一焉，所当先务。匪一弗纯，匪敬弗聚。元后奉天，长此万夫。发政施仁，期保鸿图。敬怠纯驳，应验顿除。征诸天人，如鼓答桴。朕荷天眷，为民之主。德或不类，以为大惧。惟敬惟一，执之甚固。畏天勤民，不遑宁处。曰敬惟何？怠荒必除。郊则恭诚，庙严孝趋。肃于明廷，慎于闲居。省恭察咎，儆戒无虞。曰一维何？纯乎天理。弗参以三，弗二以二。行顾其言，终如其始。静虚无欲，日新不已。圣贤法言，备见诸经。我其究之，择善必精。左右辅弼，贵于忠贞。我其任之，鉴别必明。斯之谓一，斯之谓敬。君德既修，万邦则正。天亲民怀，永延厥庆。光前垂后，绵衍蕃盛。咨尔诸侯，卿与大夫，以至士庶，一遵斯谟。主敬协一，罔敢或渝。以保禄位，以完其躯。古有《盘铭》，目接心警。汤敬日跻，一德受命。朕为斯箴，拳拳希圣。庶几汤孙，底于嘉靖。

启圣祠、名宦祠、乡贤祠、宰牲房、礼器、乐器。

明伦堂

博文斋、约礼斋、号房、会馔堂、尊经阁、仪门、儒学门、仓库房、教谕宅一、训导宅二、射圃。在旧学迤北。嘉靖二十一年，知县王治易民价，于新学西买地更置焉。

书院

泗滨书院在县治河东岸，临递运所，即汉高书院，故址犹存。

建中书院在县治南，久废。

社学

圣水社学在县治南一里许。

天津社学在县治河东岸，俱系嘉靖十一年知县杨政立。

公　署

国家设官分职，各有所司；而临民视政，亦有恒所也。故公署之设，制不可缺。沛封虽小，然统属攸存，而民之具瞻系焉。志公署。

县治在会源门内，元季毁于兵。洪武三年，知县费忠信建，后渐废坏。永乐元年，县丞胡光草创，极为隘陋。永乐十一年，知县李举贤改建，至今因之。

琴堂三间。

退思堂、三间。幕厅、三间，琴堂右。戒石亭、琴堂前。六房、左吏、户、礼承发，右兵、刑、工架阁。库楼、嘉靖十六年知县孙灿建。囹圄、吏廨南。库房。三间，在琴堂后东隅。

知县宅、在琴堂北。县丞宅、琴堂东北。主簿宅、琴堂西南。管河主簿宅、琴堂西北。典史宅、在琴堂东。吏廨。久因水废，吏多杂民居，缓急公务，甚不便。嘉靖二十年，知县王治择县治西隙地，建修小房三十余间，门巷成列，各有统所。由是内外肃然，始有关防。

仪门三间。

大门嘉靖十二年，知县杨政建谯楼于上，备鼓角以司晨昏。按传曰："鼓千挝。凡三百三十三点为一通；角十二声为一叠。鼓音止，角音动。初弄曰：为君难，为臣亦难。为臣难，难难难。次弄曰：创业难，守成亦难。守成难，难难难。三弄曰：起家难，保家亦难。保家难，难难难。三鼓三角，盖觉人一端也，岂独司晨昏而已哉！"故备述以俟为政者览焉。

申明亭三间，在县治前，西向。

旌善亭三间，在县治前，东向。

官厅旧在县治西南。宣德九年建，久废。嘉靖九年，知县杨政改建县治东南。今废。

预备仓四所。一在北门外，一在汉台乡，一在千秋乡，一在广戚乡，一在泗亭乡，俱废。县治内新设一所，嘉靖二十一年，知县王治建。

际留仓在县治仪门外，永乐四年建，久废。

水次仓在县治东一里，河南岸。

养济院在城治北。景泰二年，知县古信建，久废。嘉靖二十年，知县王治重建。

广济堂在泗亭驿南。景泰壬申，洪水为灾，流亡丐食者骈于道，时巡抚都御史王公，令有司煮粥济之。凡活一十六万三千二百三十人，故以广济名堂。今废。

孚惠堂在泗河之浒。景泰壬申，连年疫疠，时巡抚都御史王公，令有司设法多贮药饵，督医分疗，凡活六百一人，故以孚惠名堂。今废。

夫厂旧在县治河南，久废。嘉靖二十一年，知县王治以河下夫役繁扰，敛散无所，不便于接递，乃于河东岸更建焉。内小房数间，门二座，环以墙垣，广袤相称，周围共地十亩。

税课局在县治东北。永乐四年，知县常瓘建。嘉靖十一年奉例裁革。

阴阳学在县治南。洪武十七年开设。

医学在县治南。洪武十八年开设。

泗亭驿在县治东南一里。汉高帝为亭长，即其地。永乐十三年，知县李举贤建。成化十八年河决崩坏，迁建于旧驿之南。

递运所在河东岸。永乐四年，知县常瓘建。嘉靖十七年重修，厅房三间，大门三间。

金沟口闸在县治东南八里许。永乐四年建，嘉靖六年奉例裁革。

新兴闸在县治南五十里。宣德七年建，八年设官吏。

湖陵城闸在县治北六十里。宣德八年建，九年设官吏。

谢沟闸在县治南四十里。宣德七年建，八年设官吏。

昭阳湖板闸在县治东北八里，原附金沟，久废。

昭阳湖大石闸成化七年，管河郎中郭升建，原附金沟闸，久废。

昭阳湖小石闸成化七年，管河郎中郭升建，久废。

飞云桥闸在县治东南泡河口，景泰六年徐州判官潘东、知县古信建。久废。

庙道口闸在县治北三十里。嘉靖十年建，十一年设官吏。

沽头上闸在县治东南十五里。隶徐州。

沽头中闸在县治东南二十里。隶徐州。

沽头下闸在县治东南三十里。隶徐州。

察院：在县治东。永乐四年知县常瓘建。

正堂、三间。后堂、三间。厢房、东三间，西三间。厨房、三间。二门、三间。大门。三间。

工部分司：在县治东南十五里沽头上闸。

正堂、三间。厢房、三间。二门、三间。大门、三间。鼓楼、在司东。官厅。在司西。

置　邮

自古先王建国，固有政令也。然必马递于置，步递于邮，而上下斯通焉。况沛当要冲，文檄往来，比之他郡，尤为繁剧。有司时修日警，犹恐稽缓，而可末视之也？志置邮。

县治总铺旧址原在南门外。弘治年间，变卖民居，久无铺舍。嘉靖二十二年，知县王治迁建惇仁街东旧税课局，向西。东房三间，南北房各三间，门坊一座，铺兵十名。

老鹳巷铺离城十里，原在谢家村南，离路二里，久无铺舍。改建于官路，傍沈家堰。易民沈成地三亩，向南。北房三间，东西房各三间，门坊一座，铺兵五名。

杨家厂铺离城二十里，东南，在半边店，久无铺舍。基地三亩，向南。建北房三间，东西房各三间，门坊一座，铺兵五名。

界沟铺离城三十里，东南，原址在豆腐店街东。基地一亩三分，向西。建东房三间，南北房各三间，门坊一座，铺兵五名。

十字河铺离城十里，西南，原址在十字河村。基地三亩，民马良佃种。往丰县新旧城路，俱不邻；今改邻路，往新城。官地二亩，向南。北房三间，东西房各三间，门坊一座，铺兵四名。

宣丘铺离城二十里，原址在双庙村，通丰县旧城，离官路七里，基地三亩，民韩逵佃种。今迁黄家店，新地一亩五分，向南。北房三间，东西房各三间，门坊一座，铺兵四名。

高坊铺离城三十里，原址在高坊村，通丰县旧城，距官路七里，基地三亩，民欧子龙佃种。今迁王家店，新地一亩五分，向北。南房三间，东西房各三间，铺兵四名。

倪陵铺离城四十里，原址通丰县旧城路，基地一亩三分，民赵景高佃种。与丰县铺相并，今裁革。以前俱嘉靖二十二年，知县王治修革。

净明铺离城十里，东北，原址在鸿沟村，基地一亩一分八厘，久无铺舍，向南。北房三间，东西房各三间，门坊一座，铺兵四名。

聂庄铺离城二十里，东北。原址在刘家村，久无铺舍，基地一亩八分，向南。北房三间，东西房各三间，门坊一座，铺兵四名。

丁村铺离城二十里，东北。原址在朱榢村，久无铺舍，基地一亩四分，向南。建北房三间，东西房各三间，门坊一座，铺兵四名。以上俱知县王治修。

桥　梁

《王制》："十一月徒杠成，十二月舆梁成。"重民涉也。矧沛邑之水当涉者众，而桥梁尤不可缺者，随宜起制，因地作便，亦王政之一端也。志桥梁。

猪嘴梁在县治西南半里许，久废。

飞云桥在县治会源门外。永乐十九年，县丞夏天祥建；景泰三年，知县古信重修。自后渐圮，行者病焉。嘉靖十七年重修。

清河桥在县治东永清门外，久废。

宣丘桥在县治西南二十里，久废。

沙河桥在县治北六十里。

南门渡在飞云桥左，实一邑要道。

东门渡在永清门外。

金沟口渡在县治东南五里。

上沽头渡

下沽头渡在县治南三十里。

沙河渡在县治北六十里。

运河长堤在县治东，高二丈，阔二丈。自本县起至南旺湖止。嘉靖七年，管河都御史盛应期筑。

黄河长堤在县治西，高二丈，阔三丈。自本阜起，至阳信口止。嘉靖八年，管河都御史潘西曾筑。

昭阳湖堤在县治东八里，高二丈，阔二丈，周围一百里，蓄流泉以济漕河，名曰水柜。嘉靖二十一年，管河兵部侍郎王以旂筑。

鸿沟河东岸堤在县治东十里，屡修屡决，民劳无益。

卷三　赋役志

户　口夫役附

民者，王之天，国家之役胥此焉出，故《周官》："献民数，王拜而受之。"我沛自金元之变，兵荒荐臻，户口凋耗极矣。洪惟皇明受命，教化隆洽，休养生息，比昔加隆，岂非一时治运之会欤？志户口。

洪武初年

户六千四百户。

口六万一千三百二十五口。

嘉靖二十二年

户六千八十八户。

口七万二千四百三十一口。

夫役

闸溜夫

庙道口闸原额夫二十名，溜夫一百三十名。俱丰、砀、萧县人。

湖陵城闸本县该闸夫十五名，溜夫八十名；滕县该闸夫十五名，溜夫七十五名。

谢沟闸原额夫二十名，溜夫一百三十名。俱丰、萧县人。

新兴闸原额夫二十名，溜夫一百三十名。俱丰、砀、萧县人。

金沟口减水石闸本县闸夫十名。

鸡鸣台减水石闸本县闸夫十名。

境山闸本县夫三名，溜夫十五名。

湖夫二十四名。

厂夫十二名。

浅夫三百八十名。

湖陵城浅、夫二十名。鸡鸣台浅、夫二十名。

庙道口浅、夫二十名。张家庄浅、夫二十名。

泗亭浅、夫二十名。金沟口浅、夫二十名。

金沟上浅、夫二十名。金沟中浅、夫二十名。

金沟下浅、夫二十名。鲁村浅、夫二十名。

上闸上浅、夫二十名。上闸下浅、夫二十名。

类家浅、夫二十名。马家浅、夫二十名。

破闸浅、夫二十名。下闸上浅、夫二十名。

下闸下浅、夫二十名。梁村浅、夫二十名。

阎村浅。夫二十名。以上共夫三百八十名。

接递夫历年奏、请事：例：沛县自十二月初一日起，至五月终止，共计六个月。萧县自六月初一日起，至八月十五日止，协济二个半月。丰县自八月十六日起，至九月终止，协济一个半月。砀山县自十月初一起，至十一月终止，协济二个月。上水船至济宁，额夫二十名；下水船至徐州，额夫八名。其合用皂隶、门厨、吹鼓手、马匹等项，各照轮该日期应付。俱奉圣旨准行，永为定规。

直隶徐州沛县为乞怜分劳费以苏困苦事：嘉靖十四年八月初八日，奉本州帖文抄，蒙巡按直隶监察御史苏丛批：据本州申前事，蒙批。仰各县照旧协济，如有违误，本州查考究治。此缴。

蒙此案照先抄、蒙本院批，据萧县申：据本县坊乡四十六里里老王成等连名状告前事，蒙批：仰徐州查议申夺缴，蒙此已经行。据沛县申称卷查：正德九年十二月初八日，奉本州帖文、兵备副使帖文，该奉钦差总督漕运兼巡抚凤阳等处地方都察院右副都御史刘奏，准直隶淮安府邳州民孙彪奏前事，又蒙巡按直隶监察御史赵札案行，准知州张行甫，关同各县掌印知县等官会议，内开：沛县自十二月起，至五月终止，共计六个月；萧县自六月初一日起，至八月十五日止，共计二个半月；丰县自八月十六日起，至九月终止，共计一个半月；砀山县自十月初一日起，至十一月终止，共计二个月。凡遇轮该日期，各县径委佐二官员、或阴阳等官并老人部，领夫、皂、吹鼓手、合用抄关书手、门厨及赶牵马匹，俱到沛县。但遇上下水官使人员，逐一照关应付，与沛县并无一字相干。到今年，久已为定规。本县虑恐年久或有更变，以此刻镌于石，以为长久之计。且如萧县，但遇轮该日期，令义官老人总甲，将正身人夫，卖放收钱，来县希图减价，顾觅河下走差纲夫，或人聚则减价，人无则价增。累及沛县，锁吏辱官，苦楚万状。为今之计，莫若萧县，多部正身夫，前来协济，则无所申。以萧县官老，雇沛县人民，势难驱遣，致被沛县地方纲头，百般措勒之弊。切照沛县徭役、皂隶，不过十二名，吹鼓手不过五六名，门子、察院、公馆、直堂不过六名，快手、巡盐、巡捕不过二十名，厨役原无额派，走递马匹不过二十匹。今遇河下使客一起，便要皂隶、快手二十二名者有之，或十名者有之，或十八名者有之。就于夫内拣选，旋添青衣红帽顶充，并无额派、额佥。其吹鼓手，或有本船带来；长行者，夫厂贴与工食，如前途倒换，就于民间雇觅。其门子，或于夫内拣选，或于民间雇觅。其厨役，原行雇民间卖饭之人。其走递马匹，止够县答应陆路差使；其河下答应，亦行雇觅。河下使客，络绎不绝，皂隶、门厨、吹鼓手，尝用无数。若以沛县额设有限人役，而济河下无穷之差，则萧县何以谓之协济？先因沛县邑小民疲，路当要冲；萧县邑大民富，路当僻静；以彼之余，济我之不足。况协济事例，已行年久，并无异词。况萧县协济二个半月，尚且受苦不过，则沛县答应半年，受苦何以克当！今萧县不遵原行事例，偏情控申、擅行更变等因，据此。续据丰、砀二县申，与沛县相同，俱经查议明白，具申详夺去后。今准前因，拟合通行，为此帖，仰本州着落。当该官吏，照帖备蒙批申内事理，即便查照，遵依施行。先将遵依过缘由，并不违依准缴来，蒙此拟合就行。为此，遵依批申内事理，除通行萧、砀、丰三县，各遵照日期前来沛县照例协济外，今将前项缘由，刻镌于石，永为遵照施行。

时嘉靖十四年岁次乙未九月吉旦沛县知县杨政立。

地　亩贡赋附

曾子曰："有土斯有财，有财斯有用。"故明君重制产，《禹贡》定则壤。我朝建古为制，因地制亩，因亩制粮，而民食国需胥此焉。赖长民者，当知所重也。志地亩。

官地四十顷一分五厘。

民地四千八百七十顷六十五亩九分。

均地嘉靖十一年，知县杨政均过地数，载县前碑。

昭阳湖地七百三十顷七十七亩。先年民佃种，纳花粒。近因蓄水济漕，禁民耕种。

贡赋

夏麦原额一万一千五百三十九石八斗六升九合七勺五抄。

起运该小麦四千五百五十三石五斗。

保定广、盈二仓小麦一百零二石，折色。一半每石折银七钱，本色；一半亦改折色，每石折银八钱。

广运本色小麦三千四百七十石。

扬州本色小麦八百石。

京仓折色小麦八十一石五斗，每石折银六钱五分。

甲丁二库颜料，准拨派存留永福仓小麦三百二十三石九斗，每石折银四钱。

存留小麦七千八十六石三斗六升九合七勺五抄。

永福小麦六千五百六十二石四斗六升九合七勺五抄。

际留小麦二百石。

秋米原额一万一千七百六十石九斗七合一勺四抄。

起运粟米七千七十二石。

兑军米四千四百二十石。

改兑米二千六百五十二石。

存留米四千六百八十八石九斗七合一勺四抄。

永福米三千九百七十八石九斗七合四抄。

际留米三百五十石。

学米三百六十石。

税丝折绢五百二十疋九尺六寸，每疋折银七钱。

农桑折绢四百二十七疋八尺五寸六分五厘，每疋折银七钱。

马草七千三百四十包，每包折银三分。

商税原额税课局课钞三千八百五十四定一贯四百二十文。

盐钞本色钞五万五千九十八贯，每贯折银一厘一毫四丝三忽，共银六十二两二钱六分七毫四丝，折色钞五万五千九十八文。每贯折好钱二文，共好钱一百十千一百九十六文。每好钱七百，折银一两，共银一百五十七两四钱二分二厘八毫五丝七忽。

银差新法丁田均派。

二丁祭共银四十两。

二乡饮共银十两。

社稷坛、风云雷雨坛、邑厉坛，三祭共银一十二两。

北京岁办大尾绵羯羊一只，肥猪二十一口，绵羯羊一十三只，鹅五十只，鸡七十只，祭猪一口。菉笋八十斤，菱米三十八斤，叶茶九十七斤。鹿茸一两二钱六分，鹤虱一十一两六钱，苦楝根四两五钱，槐花七斤三两二钱，槐角一十二两六钱。水牛底皮九张，白真黄牛皮一十七张。

南京岁办黄蜡四十二斤，叶茶四十一斤。鹿茸二钱一分，鹤虱二钱五分，苦楝根七两五钱，槐花二两三钱八分，槐角二两一钱，鬼箭二两一钱，紫草九钱。

力差新法改为银差丁田通融均派。

本县

门子五名，每名银八两。

库役二名，每名银六两。

快手一十名，每名银二十两。

禁役五名，每名银十四两。

皂隶十二名，每名银八两。

水次仓斗级四名，每名银五两。

预备仓斗级四名，每名银五两。

巡拦四名，每名银八两。

马夫裁革。知县、县丞、主簿、典史，每员各该银四十两，共该征银二百两。

祗候裁革。知县四名，县丞、主簿各三名，典史一名，每名银十二两，共征柴薪银一百三十二两。

际留仓斗级二名，每名银五两。

总铺兵十五名，每名银五两。

各铺兵共四十七名，每名银五两。

泗亭驿馆夫

儒学斋夫该银七十二两。

门库斗役共十二名，每名银十二两。

膳夫该银八十两。嘉靖八年因水灾，暂革银二十两，候丰年照旧征。今未复。

徐州广运斗级四名，每名银十六两。

广运墙夫四季价银六十两。

工部分司

门子二名，每名银八两。

铺兵二名，每名银五两。

皂隶十二名，每名银十两。

驿传

泗亭驿本县该站船十一只三分；每船一只，水夫十名，共夫一百三名；佥粮七百四十石，共佥粮七千六百三十二石。每石征银二钱三厘，共银一千五百九十七两二钱六分六厘。外，丰县站，船七分，水夫七名，铺陈一副四分，什物七分。萧县站，船三只，水夫三十名，铺陈六副，什物三副。砀山县站，船一只，水夫十名，铺陈二副，什物一副。

山东：胶州驴一头，即墨县马一匹，马驴夫二名，铺陈二副，什物二副。各州县预期征银，给领通融应付，余银贮库，以备次年帮用。量苏民困，河南商城县站，船一只，并驴一头。

递运所本县该红船十一只；每只水夫十名，佥粮七百四十石，共粮八千四百三十六石。每石折银二钱三厘，共银一千七百一十二两五钱八厘。外，徐州该红船五只，萧县红船十只，砀山县红船五只六分，丰县红船三只。征领应付事宜，同泗亭驿。

徐州利国驿本县该上马八匹，每匹佥粮二百一十石，共粮一千六百八十石；中马二匹，每匹佥粮一百九十石，共佥粮三百八十石；下马二匹，每匹佥粮一百七十五石，共佥粮三百五十石。驴二十六头，每头佥粮千百石，共佥粮三千六百石。三项通共佥粮五千一十石，每石折银二钱，共该银一千零二两。

徐州桃山驿本县该中马二匹，每匹佥粮一百九十石，共粮三百八十石；驴四头，每头佥粮一百石，共粮四百石。二项通共佥粮七百八十石，折银同前。

徐州石山驿上马三匹，每匹佥粮二百一十石，共佥粮六百三十石。银同前。

土　产

按《周礼》有"土会"之法以辨土，宜利民用也。沛数濒河变，土壤弗一迹。其所产虽不可以常拘，而风土所宜，岂无可以备一方之用者乎？故即目前所闻见者，增损而补注之，以昭地利云。志土产。

谷类

麦大小二种。诗曰"贻我麳麰"是也。小可作面食，大可作粒饭，冯异滹沱河进麦饭，即此。然有秋种、春种之别。秋种受四时之气，质厚重，八月种；春种质轻清，梢有白毛，正月种，于五六月成熟则同，盖气候相感也。又一种曰荞麦，七月种，一百日收，亦可为面，但性坚难化，发痼疾，不宜多食。

豆数种。曰红豆，一名赤小豆，挺生，味甜，可作□。绿豆，性凉，可作粉，亦解药毒。黄豆，可作腐，亦可压油。黑豆，可作面，可亦供畜料，俱挺生。豌豆，蔓生，秋种夏熟，亦可作粉。豇豆，有红白二色，角生，可供菜。一种菜豇豆，长数寸，曰罗裙带。又有扒山豆，附物蔓生，细而长。鸡虱豆，蔓生，圆而扁，亦可作粉，土人间于田畔种。

黍稷大曰黍，小曰稷。又有赤粱、白粱不同。黍性粘，可酿酒。一种曰粟，即今之小米也。积多不坏，可以备荒。

蜀秫数种。可作粒饭，亦可为面。黑白二种，最可作糕。俱不能积久，易为虫蠹。

芝麻白黑二种。可作油燃灯，调合五味香美，可和豆粉为腐。

稻二种。曰糯，曰粳。糯性粘，可酿酒。粳，食米也，名稌。《诗》注："稌，宜下湿而暑。"正德年间有水，故多稻田。近岁间有旱稻。

禽类

鸡有五德，审时而鸣。程子曰："观鸡可以观仁。"

鹅《尔雅》名"舒雁"，绿眼、黄啄、玉羽、霜毛。王右军为山阴道人写《道德经》，书罢笼鹅去，即此。

雉俗名野鸡，有文采。《书》曰"华虫"是也。

鹳《埤雅》云："水鸟也。"将阴雨则鸣，长颈黑啄，白身黑尾，多巢于殿角林木。

鸽鹁鸪也。巢人家屋宇，性贪，月一哺雏。可供肴。

燕《埤雅》云："玄鸟也。"巢于屋宇。春社则来，秋社则去。

斑鸠似勃鸠而大。天将雨，雄呼雌。而鸟，俗谓之"唤雨姑"。

乌鸦身绝黑，日暮则群飞。古诗云："寒鸦几夕阳。"

鹊报喜鸟也。一名飞驳，善为巢。人闻其噪则喜，故名喜鹊。

雀《埤雅》云："小鸟也。"头如颗蒜，目如擘椒，物之淫者也。常依人，巢屋宇檐隙间。生子既成，至秋入水化为蛤。平岩诗："双双瓦雀行书案。"谚曰"雀无两头春"，即此。

黄鸟亦名仓庚，一名皇齐。《诗》曰："晛睆黄岛，载好其音。"盖应节趋时之鸟也。又有一类曰黄鹂，身小，黄色，音清可听。杜诗："两个黄鹂鸣翠柳。"

鹰鸷鸟也。《尔雅》云："鹰，隼。"善搏，富家多畜之，以攫雉兔。

鹞鹰类，亦善搏执。唐太宗因魏徵奏事，而鹞死怀中，即此。

鹭鸶色白如雪，头上有丝长数寸。临水窥鱼，先垂丝饵之。《禽经》云："鹭啄则丝偃。"

鸭善生卵而不能自哺，肉细而甘。又一种似鸭而小，曰野鸭，水鸟也。即"莺斯"之属。

鸳鸯《埤雅》云："凫类。"雌雄未尝相离。诗曰："鸳鸯在梁，戢其左翼。"盖匹鸟也。

鹡鸰《埤雅》云："水鸟也。"脚细长，尾大，背青灰色，腹白。诗曰："鹡鸰在原。"飞则鸣，行则摇，常有急难之意。

桑扈一名窃脂。诗曰："交交桑扈，有莺其羽。"

布谷《尔雅注》："鸣鸠。"今之布谷也。俗谓之"布谷催耕"。《月令》云："鸣鸠拂其羽。"

鹏能食草，似鹰而大，黑色。

鹌鹑有雌雄，卵生，善斗，可供肴。

兽类

牛一名土畜。将病则耳燥，安则温润而泽；善牧牛者视其耳。《诗》曰："尔牛来思，其耳湿湿。"

羊大曰羊，小曰羔，性善群。每成群，要以一雄为主，举群听之。性畏露，以瘦为病。六畜之死皆善耗，而羊为甚。有疾多相染。

马《尔雅》云其种不一。《周官》："六尺为马，七尺以上为騋，八尺以上为彪。"

骡性躁，力健，不自生育。

驴黑者为黔，亦能任重致远。本土颇多。

猪一类有数种。《说文》云："豕，彘也。"性善雨湿。天将大雨，则逐进涉水。《易》曰："坎为豕。"

麞《本草》云："似鹿而小。"皮亦细，肉温补与鹿同。

兔《埤雅》云："兔，口有缺，吐而生子。"故名。《本草》："主补中益气。妊妇不宜食，食则生子口缺。"

猫善捕鼠。《说文》云："田鼠害苗，而猫能捕之，去苗之害，故其字从苗。"相传旦暮目睛皆圆，及午则敛如线。尝验之，果然。

狐性多疑，每渡水，闻水声则止。出广戚乡山谷间。

貉《埤雅》云："似狸，善睡。""其营窟（与獾）皆为曲穴，以避雨旸，亦以防患。"广戚人常猎得之，毛深温厚，可为裘。

犬古有三种。田犬，猎兔；守犬，司夜；食犬，犹今之菜牛。

鳞介类

鲤赤鲤也。鳞上有小黑点纹，大小皆三十六鱼鳞。《尔雅·释鱼》：以鲤冠篇，盖鱼之贵者。能化龙，遇风雨辄飞去。

鲂《埤雅》云："鱼之美者。"即"今之青鳊也"。肉细而肥，其腹下肉尤美。诗曰："岂其食鱼，必河之鲂。"即此。

鲇《埤雅》云："口大无鳞。"味甘寒，有毒。目赤、须赤者不可食。

鲫似鲤，色黑而体促，肚大而脊隆。性温无毒。

鳗《埤雅》云：似鳝而腹微大，青色无鳞，类鳝。黄色者可食，性甜善补。

虾味甘，鲜食更美。有毒，多食损人。无须者不可食。

鳖甲虫也。挺脊连胁，宅水而生。陆肉分五种，江南人多食之。九甲者可入药。

虫类

蚕蚕性恶湿。《埤雅》云："阳物也。"忌水，食而不饮。再蚕谓之原蚕，以脱叶饲之。古者先王尝有禁，为其残桑也。

蜂色黄作蜜者曰蜜蜂，细腰螫人者曰马蜂。其毒在尾，垂颖如锋，故谓之蜂。又一类曰蜾蠃，即土蜂也，好禁蜘蛛无子。《列子》曰："取桑上小青虫负之，七日化为己子。"《诗》曰："螟蛉有子，蜾蠃负之。"

蝴蝶《埤雅》云："粉翅，有须，一名蛱蝶。"《列子》曰："园蔬化为蝶。"一说蜂蝶丑，皆以须嗅。须，盖其鼻也。杜诗："花蕊上蜂须。"以此。

螽斯《埤雅》云："蝗类。"青色，长角长股，相切作声。性不妒忌，一母百子。《诗》曰"五月螽斯动股"，是也。

蟋蟀《尔雅》云："似蝗而小。"善跳，正黑，光泽如漆。一名促织。谚云："蟋蟀鸣，懒妇惊。"唐俗勤俭，故以此赋诗。

蝎毒虫也。形类琵琶，穴墙隙，夜出昼伏，能以尾伤人。本土颇多，淮以南则无。

蝎虎一名守宫，出人家屋壁间，能以尾伏蝎，故名。南阳人呼为蝘蜓，又有曰蜥蜴者。

蜘蛛《本草》云："结丝以网飞虫，扫其网，置衣领中，令人智巧、辟忘。"又一种小者，曰蟏蛸，长股，黄黑色，俗呼为喜蛛。陆子曰："乾鹊噪而行人至，蜘蛛集而百事吉"，即此。

蜻蜓《埤雅》云："蜻蜓饮露。六足四翼，翅轻且薄，如蜂。昼取蚊食之，雨则集水上款飞。"杜诗："点水蜻蜓款款飞。"

螳螂《埤雅》云："有斧虫也。兖人谓之巨斧。"捕蝉而食，执木叶以自蔽。深秋乳子，至夏初乃生。亦生百子，如螽斯云。

蚯蚓《埤雅》云："土精也。""能却行"，缩而复伸，"一名地龙。善长吟于地中，江东人谓之歌女，又曰鸣砌"。白颈者，入药用。

虾蟆生水泽中，形圆皮厚，背有黑点斑，医家取其脑汁入药，名蟾酥。一种绿色，名田鸡，南人多喜食之。

蚊蝇《埤雅》云："蚊性恶烟，以艾熏之则溃。"蝇污秽，能变白黑。谚云："蝇成市于朝，蚊成市于暮。"

蝉多生杨柳树上，先秋而脱壳名蝉。蜕可入药。《离骚》云："蟪蛄鸣兮啾啾。"四、五月鸣，紫色而小；二月鸣者曰宁母；七月鸣者曰蛁蟟。其类不一。又，《诗》曰："鸣蜩嘒嘒。"形大而黑，并谓之蝉。

蝙蝠一名伏翼，一名天鼠，穴檐隙间，日暮则出飞。粪即夜明沙，可入药。

蝼蛄穴地粪壤中生，善荡谷田、坏垣。一名硕鼠。

蚁动成行列，有君臣之义。天将雨则穴处、群集。

蜗牛形如螺而圆，背负壳。阴雨则出行，触之则缩。《本草》云："味咸，性寒，可疗痔疮。"

花类

牡丹唐人谓之木芍药，出洛阳，种类甚多。本地间有三种，三、四月间始开，红白芬芳，娇丽动人。花之富贵者也。

芍药花似牡丹，而茎叶各异。有赤白二种，根可入药。用赤补血、白补脾。

凤仙一名金凤，有红、白、紫三种。有千叶、单叶之不同。根茎花子，用以染指甲，故又名夹脂桃。

鸡冠红、白、紫三种。其形与鸡冠相类，故名。

葵红、白、紫三种。长茎大叶，多置墙下。五月开花，心惟向日。《撮要》云："收其秸，带青，勿令枯槁，水中沤二三日，取皮可作绳用。"

荷花韩诗："平池碧玉秋波莹，绿云拥扇青摇柄。水宫仙子斗红妆，步步凌波踏明镜。"形容殆尽。

木槿似李，五月始花。花类葵，朝开夕陨。《诗》曰："颜如舜华。"即此。

金钱赤色如金，朝开暮落。

蔷薇枝干有刺，花红紫色，三月盛开，清香袭人。

玉簪色白香清，可入铅粉。紫色者无香。

菊花品类虽不一，而黄、白、红三色，此地甚多。

海棠先百花开，红艳夺目。但有色无香。

月季一名长春。每月一开，紫色香清，俗呼为"月月红"。

棣棠蔓生枝柔，叶细花黄。三月开，赤圆如小金球也。

萱草一名宜男，一名忘忧。可蒸作茹。春食苗，夏食花，冬食根。

草类

地锦俗谓之小虫被。叶细，茎柔，蔓生铺地。入药可通血脉。

茅始生曰荑，柔直洁白，其中可食。《易》曰："藉用白茅。"是也。

蓝《尔雅》云："染草也。"《荀子》曰："青出于蓝。"有小大二种，作靛用小者。经秋方刈，亦可染线。

荻苇属，蒹也。

猪牙蔓生田野，茎有短节，开红花。五月采之，可入药用。

苜蓿丛生如云，花紫色，开时甚香。利于刍牧。唐薛令之诗："盘中何所有，苜蓿长阑干。"

苇蒹之小者曰苇。

荼苦菜也。生于寒秋，经冬历春，至夏乃秀。《月令》："孟夏苦菜秀。"叶似苦苣而细，断之有白汁，花黄似菊。初生时人多采食之。《诗》曰："堇荼如饴。"

蒿草之高者也。种类不一，青蒿、黄蒿，止可入药用。邪蒿、白蒿可作茹。蒌蒿叶似艾，白色，春取其芽为菹，香美。

蓬蒿属，蔓生无根，华如柳絮，遇风则聚而飞。

荠长叶，三月开白花，结小角。初生时分，多采之食。《诗》曰："谁谓荼苦？其甘如荠。"

猪豕一名白花菜，丛生，有乱须。二月开白花。未花时采食之，甚香。

果类

桃《埤雅》云："桃，有华之盛者。"种类不一，有夏桃，有秋桃、冬桃，皆可食。种之三年，便开花结实，故谚云："头白可种桃。"一种曰扁桃，味甘而酢。又碧桃、绛桃，华而不实。

李味酸。一种肥大青黄色者，食之质脆味甜。

杏有数种。黄而圆者曰金杏，味甘。扁而青者曰木杏，味酢。

梅实酢。子赤，材坚，花香。本地或取其钗茎接杏，谓之杏梅。

梨乳梨、鹅梨、青梨、红梨，种类不同，皆可食。近有一种曰萧梨者，皮嫩质白，食之更佳，但不能久尔。有曰棠梨者，小而酢，可接梨。

柿类不一。本地有方顶、有牛心，其味甘美。

枣有大红，有小红。小红肉实，味更甜。

沙果一名花红，柰之类。三月开红花，结实大于柰而色兼红白，皮薄肉厚，食之味酢而沙。旧无，近时始植。

核桃大株厚叶多阴，实亦有房，大如梨。汁侵肌肤，令人浮肿。秋冬熟时，采之沤泥中，去房水洗后用之。

樱桃司马相如赋"山朱樱"，即樱桃也。《月令》："天子仲春之月，以含桃荐宗庙。"王维诗云："才是寝宫新荐后，非干御苑鸟衔残。"

莲实花名菡萏，实有莲房。其味清香，啖之甚佳。

栗树高枝疏，花青黄色，实有房，有二种。大者中子三、五，味淡；小者子惟一、二，炮，然甚美。

石榴枝柯附干，自地便丛生。五月开花，甘酸。有二种，酸者入药用。

葡萄一名马乳，有紫白二种，紫酸白甘。《史记》云："大宛以此酿酒，藏数岁不败。张骞使西域，得其种，中国始有。"李白所谓"胡人岁献葡萄酒"，是也。

芡实生水泽中，叶似荷，长茎，头实，出有芒刺，其中米可以济饥。一名鸡头。

羊枣形如羊矢。

木类

椿木之寿者，有三种。一曰樗，其材不中绳墨。一曰栎，即白椿也。一曰香椿，材坚细可用；春采芽食之，最香。

松有二种。其脂为白胶，香，入地为茯苓，千岁成琥珀，入药用。

柏性坚致，脂香，其材入香品。用墓傍树之，可辟魍魉。

榆生荚如钱，俗谓之榆钱，人多采之以为茹。其性坚致，可为车材；皮粘，入香品用。

槐叶密，阴浓，花开黄色，植之易生。子可染黄。王粲赋"惟中庭之奇树，禀自然之天资；鸟愿栖而投翼，人望庇而披衿"者，此也。

楝《本草》云："树有雌雄。"雄者根赤，无子；雌者根白，有子。皆可为材。

楮叶深青，摘之有白汁。八月结实如樱桃，红色，味甜。皮厚可抄纸。

杨《尔雅》云"杨，蒲柳"也。所谓"董泽之蒲"是也。有黄白青赤四种。白杨劲直，堪为屋材，叶圆；青杨叶长；赤杨霜降则叶赤，皆易树。惟黄杨性坚致，难长，俗传二岁长一寸，闰年倒长一寸。世重黄杨，以为无火。或曰：以水试之，沉则无火。

柳《埤雅》云："柔脆易生之木。"与杨不同，处处成行列。唐太宗《池柳》诗："逐浪联阴去，迎风带影来。疏簧一鸟弄，叠翠几眉开。"又一种河柳，条细丛生，可为杯棬、斗、筲。

桑叶密，可饲蚕。结实谓之椹，有黑白二种，啖之味甜。其皮可抄纸。

药类

天仙子一名莨菪子，大叶，花如芝麻。花中有黑点，结子甚小。牙疼取子熏之，虫出。

艾春初布地生，苗茎类蒿而叶背白，以苗短软如绵者为佳。五月五日人家采置门户，以祓除不祥，可用灸百病。

香附子《本草》云："即莎草根也。一名雀头香。"除胸腹中热，久服令人益气，尤女中之圣药也。

牵牛蔓生，花如鼓子花而稍大，碧色。子有黄壳作小房，实黑，稍类荞麦。亦有黑白二种，味苦寒，有毒，主下气，利水道。

蛇床子味苦甘，叶小色青，花白。结子如黍，百余同窠，俗谓之秃疮药。一名思益。五月采实，阴干，治下部疾。

地黄《尔雅》云："苄。"一名地髓，味甘苦，寒，无毒。补虚损，温中下气，通血调经。

益母草叶似艾，方茎，紫花，花生节间。诗曰："中谷有蓷。"即此。五月采取，阴干，治妇人胎前产后诸疾。

车前子大叶长穗，多生道傍。诗曰："采采芣苢。"即此。俗呼为虾蟆草。其子利小便，治难产。

菖蒲生水泽中，除湿下气，通灵辟邪。一种石菖蒲，一寸九节者良。

薄荷茎叶似荏而叶尖长，根经冬不死。味辛苦，无毒，主发散风邪。

紫苏方茎，类薄荷，叶青紫，结实如黍，颇香。但不及吴苏良，故多不用。

杏仁味甘苦，有毒。五月采杏破核，去双仁者。治心下急满，除烦闷，疗胎气，通经。

茵陈叶似青蒿而皆白。春初生苗，无花实。秋后叶枯槁，经冬不死，明春因旧苗而生，故名。味苦平，微寒，可治黄疸。

桑白皮桑根白皮也。味甘寒，无毒，补虚通气。出土上者不可用。

红花正二月种苗，可作菜食。五月撮花暴干，染红、入药，以头花为良。子亦可作油。

蒲公草三月间开黄花，质脆，有白汁。四时常花，花罢飞絮。絮中有子，落处即生。治疗肿、结核，有奇功。

瞿麦一茎生细叶，花红紫可爱。子穗颇似麦，故名。立秋后收取，阴干。主治五淋。

枸杞子春生苗，叶如榴。叶软薄，堪食，俗呼为甜菜。茎干高三尺，作丛。六、七月开红紫花，结红实，微长，如枣核。根名地骨皮，主补益精气。

兔丝子《释文》云："附木为女萝，附药为兔丝。"浮蔓寄生，六、七月结实如蚕子，黄色；九月采，阴干。治腰疼膝冷，强阴，壮筋骨，补虚。

茴香三月生，叶似胡荽，极疏细，作丛。至五月，高三四尺。七月生花，头如伞盖，黄色。结实如麦而小，青色，甚香。破一切恶臭。

蓖麻子大叶茎赤，高及丈，开黄花。结房实大于巴豆，青黄色，有斑纹。夏用茎叶，秋收子，冬采根。主治脚气，风肿。近时，人多采其子作油燃灯。

栝楼一名果赢。叶如甜瓜叶，七月开花，浅黄色，实大如拳，九月熟。性苦寒，能补虚润肺，解烦渴。俗名瓜娄。

蔬类

眉豆有数种，正二月间种，花开红白两色，结角，可熟食。

葱茎圆白，叶青中虚，根有长须。四时皆可食。

韭《说文》云："一种而久者，故谓之韭。"花茎皆可腌为菹。剪不用日中，谚曰："触露不掐葵，日中不剪韭。"

苋有红、白、紫三种，味淡，不宜与鳖肉同食。一种曰马齿苋，蔓生田野间，春月人多采食之。《易》曰"苋陆夬夬"，是也。

莴苣冬种春食，茎长数寸，味苦甘。取其茎，去皮；叶腌为菹。亦名莴笋。

白菜有数种，一名箭杆白，一名莲花白。腌之为菹，脆甜。蔬中之佳品也。

芹花、叶、白茎，香美可食。《诗》曰"薄采其芹"，是也。

萝卜有三种。一名水萝卜，脆白味甘，二月上旬撒种，三月中旬成实；一名红萝卜，皮厚而坚。一名胡萝卜，叶似茴香，根黄色，肥大而甜，可蒸作茹。

茼蒿质脆，味辛香。本土间或种之。

蔓菁葑也。根茎皆可食，根则有时而美恶。《诗》曰："采葑采菲，无以下体。"

芫荽《本草》云："胡荽也。旧出胡地，今呼为芫荽。"小儿豆疹，烧之可辟秽气，亦可表疮。味香而甜。

山药蔓生，子如芡实，根有毛，去皮白如玉，啖之味甜。根实皆可种。《本草》："性凉，可消痰。"

芋有水旱二种。水芋大，旱芋小。本土惟有旱芋，子多味甘。

芥有黄、白、紫三种，味辛辣，其子入药用。又一种曰台芥子，可压油，江南人谓之油菜。

甘露有二种，短小如耳环者佳。

菠菜一名赤根菜。冬种春食。

瓜类

王瓜叶似青栝楼，圆无叉缺，有刺如毛。三、四月开黄花，花下结实，生青熟赤。《月令》："四月王瓜生。"即此也。

西瓜二、三月种，六月熟，子有红、黄、黑三种。啖之味甘美。性凉，能解热毒。古谓"邵陵瓜"。刘祯赋："甘逾蜜，冷亚冰。"

甜瓜生青熟黄，味甘可食，江南谓之香瓜。性寒伤胃，不宜多食。瓜蒂，常时可收入药。

冬瓜经霜皮白如傅粉，故名。性冷，利解毒消渴。

菜瓜有青白二种。五、六月间最盛，脆甜可食，腌更佳。

匏瓠也。长而瘦，上尖曰瓠，大腹曰匏。匏苦瓠甘。二月种，六月可食。《诗》曰："匏有苦叶。"是也。

葫芦似匏而圆，一名壶。性善浮，可以涉水，南人谓之腰舟。诗曰："六月断壶。"

木瓜《本草》云："叶似柰，花生于春末，深红色，实如小瓜。味酢，善疗转筋。"

丝瓜正月间种，掘地欲深，然后结实肥大，有长二尺者，食之更佳。将老，则中有丝，故名。

货类

丝黄丝。

棉木棉，结实吐绵。

布木棉纺以为布，曰平机。

绢黄丝绢。

细有丝细，有绵细。

卷四　职官志

官　制

惟王建邦设都，惟县与民最亲。其秩官虽不若郡国之烦，然统之者有令，分理之者有各司上下相维，实一方之治理攸寄也。是岂可以弗重哉！志官制。

按《周官》有县正。春秋时县邑之长曰宰、曰尹、曰公、曰大夫，其职一也。唐武德三年，始以朝臣为知县，其间复参用京官或幕职为之。

汉置县丞、尉，以本部人为之。晋无丞，宋建康有狱丞。隋用他郡人，唐高宗时始为品官，选授县令之贰。宋天圣中始各置丞，在簿、尉之上，仍于出身幕职令禄内选充。汉晋以来，皆令长官调用。隋始置之，唐武德初以流外为之。宋开宝三年，诏诸州千户以上置令、簿、尉；四百户以上置令、尉；四百户以下置簿、尉，主簿无县事。

若县尉之官，即今之典史也。宋、齐、梁、陈因之。隋改为正，复置尉。唐武德中，复改为正，七年复为尉。宋建隆三年始复置尉，在主簿之下。元增达鲁花赤，令为尹，仍置丞、簿、尉三员。国朝虽因革不同，然皆损益得宜者也。

按学官之设，始于魏武帝，令县满五百户置校官，选其乡之俊秀而教育之。县学不设官，以县官兼提举，其设官始见于胡元，并受行省及宣谕司劄付。国朝洪武三年，始设教谕；其训导，并以通经儒士保授。二十七年始，皆朝除。

汉

县官四员

县令千石，月俸八十斛。

县丞四百石，月俸五十斛。

主簿令长自调用。

县尉二百石，月俸三十斛。

唐

县官四员

县令一人从六品职，田五顷，岁给俸八十五石。

县丞二人从八品职，田三顷，岁给俸六十四石五斗。

主簿一人从九品职，田二顷五十亩，岁给俸四十九石五斗。

县尉从九品职，与主簿同。

宋

县官四员宋制：县令职田，万户以上六顷，五千户以上五顷，不满五千户并四顷。

知县一员

县丞一员

主簿一员

尉一员

元

县官六员

达鲁花赤一员从七品职，田四顷，月俸钞十七贯。

县尹一员秩与达鲁花赤同。

主簿一员职田二顷，月俸钞一十二贯。

县尉一员秩与主簿同。

典史二员月俸钞三十五贯。

儒学官一员

教谕一员

屯田官一员

屯田使司至正十五年，置军民屯田使司于沛县，正三品。

国朝

县官五员

知县一员正七品，月俸米七石五斗。

县丞一员正八品，月俸米六石五斗。

主簿一员正九品，月俸米五石五斗。

管河主簿一员增设。

典史一员月俸米三石。

吏户礼各司吏一名

兵刑工各司吏一名

六房典吏一十四名

承发司吏一名

架阁库典吏一名

儒学官三员

教谕一员月俸米三石。

训导二员月俸米二石。

廪膳生二十名

增广生二十名

附学生不限数，司吏一人

税课局大使一员，裁革。司吏一人

泗亭驿驿丞一员，司吏一人

递运所大使一员，司吏一人

金沟口、新兴、胡陵城、谢沟、庙道口五闸，各官一员、各吏一人

阴阳学训术一员

医学训科一员

仕　宦

君子之仕于斯也，其人品政事，虽各不同，要之皆有司于沛也。然时有沿革，人有代谢，匪志弗传。故历取名迹而直书之，所以昭循良、寓激劝也。志仕宦。

汉

令

许慎见名宦志。

宋

知县

程珦见名宦志。

金

知县

王立居任廉洁刚方。

刘勋大定间任沛，鼎新庙学，振作士风。

元

知县

刘伯颜真定人，至元元年任沛，惟以德化。秩满，民不忍舍，立去思碑。

马珪兖州人，至元中任沛，政尚循良，颇有古风。民思之不忘，立去思碑。

赵野济南人，大德初任沛，劝农兴学，政平讼理，民咸德之。载去思碑。

扎忽解大德间任沛，有惠政，官至参知政事，封任城郡公。
孙文顺至元五年任。
刘铎
李旺
张肃
孙思
王居礼
任□由宪掾任，有惠政碑，元进士韩准撰文。岁久碑残，缺失其名。
主簿
李伟
县尉
王郁
李茂山东齐河县人，为濮州观城尉，迁沛尉。善干供职，民立美政碑。见虞集文。
典史
刘熙
陈义
教谕
孔希冕至正间任。
李惟贤
房居安
郑用
余升
王复
国朝
知县
费忠信洪武三年任。
颜環见名宦志。
王敏直隶永平县人，永乐二年任。
常瓘河南河内县人，永乐初任。平易近民，远近德之。升山西绛州知州。
王征山西大同府人。
李举贤直隶容城县人，永乐十九年任。
陈原宗湖广衡阳县人，永乐二十年任。
杜钊直隶衡水县人，宣德元年任。

王清四川新都县人，正统元年任。

王刚河南鄢陵县人，正统十一年任。

古信湖广嘉鱼县人，由举人景泰元年任。建学勤民，百废俱举。

雷应春四川人。

马时中山西太原人，由举人成化十一年任。持守廉介，政尚简严。因忤权官，谪庆远卫经历。

冯谦浙江诸暨县人，由举人。宅心平恕，政多惠民。卒于官，民甚哀之。

王琛湖广松滋县人，由举人成化二十年任。历官四载，政尚宽平，尤笃意学校。

吴钊顺天府人，由举人。

远纪山西潞州人，由举人。

姚祥广东归善县人，由进士弘治八年任。会天旱禾稼枯槁，公眷于四野，引咎责躬，越三日雨下如注。是岁，乃复有秋公，自奉清俭，爱民如子。治沛仅八月，擢为御史。公之善政，种种未艾。见惠政记。

张珩直隶大名县人，由举人。

徐彬浙江余姚县人，由举人。

马伯骐直隶新乐县人，由监生。

孙宗尧直隶河间县人，由举人。

栗钲山西潞州人，由举人。

杨凤府军前卫人，由进士弘治十六年任。刚明果断，事无停积。弘治十八年以忧去民，无远近大小，咸奔走号送。正德二年起复，擢御史。

王瓒陕西华阴县人，由举人。

胡守约四川合州人，由举人。性刚果有才干，会太监史宣进贡经沛，陵轹官吏，公挺身立办具闻。史宣入京，诬奏公，遂下锦衣卫狱。公立论侃侃，略无所抵赖。朝廷清明，宥免放归田里。后天部以屈抑人才起用，累官至湖广佥事。

麻芝陕西榆林卫人，由监生。善骑射，性刚才敏，强暴畏服；剪除夙寇，境内肃然，民至今思之。

周万金直隶内黄县人，由举人嘉靖元年任。

孔时陕西长安县人，由举人嘉靖二年任。

郑公奇福建莆田县人，由进士嘉靖六年任。

向必成湖广黄梅县人，由监生嘉靖七年任。

平世祥山东日照县人，由监生嘉靖八年任。

杨政江西南昌县人，由监生嘉靖十年任。

孙璨山东朝城县人，由监生嘉靖十六年任。

王治直隶永年县人，由监生嘉靖十九年六月升任。

县丞

陶骥山东滋阳县人，永乐二十年任。

何通湖广华容县人，宣德元年任。

张祥直隶乐成县人，宣德二年任。

李希贤河南祥符县人，宣德三年任。

黄以容浙江平阳县人，宣德五年任。

沈富浙江仁和县人，宣德七年任。

罗敬湖广衡山县人，宣德八年任。

吴自然山西曲沃县人，洪熙元年任。

雷忠湖广桂阳县人，正统元年任。

罗瓒河南固始县人，正统七年任。

王制直隶完县人，正统八年任。

杨春四川温江县人，正统十一年任。

李暹直隶遵化县人，正统十二年任。

朱宁浙江金华县人，景泰四年任。

韦聪直隶河间县人。

陶纪江西湖口县人，由监生。

刘能山东诸城县人，由监生。

孟楫山西文水县人。

谢洪仁四川人。

方廉山东泗水县人。

李文宪直隶人，由监生嘉靖二年任。次年三月二十八日夜，有强贼百余入城，公率民兵拒敌。贼势猖炽，众畏惧，曰："势急矣，可谨避之。"公曰："吾为朝廷守民社，遇变而避，如吾民何？"于是奋然独先。夜三鼓，不幸矢尽，为群逆所伤。百姓号泣，如丧考妣。

张轨云南人，由监生。

周坚湖广竹山县人，由监生。

孟绅山东济宁州人，由吏员。

王统江西大庾县人，由监生嘉靖二十年三月任。

主簿

唐子清永乐靖难兵临，与知县颜瓌同死节。见晏壁记、黄国用文。

何润湖广华容县人，永乐十七年任。

沈宗原浙江武康县人，永乐二十年任。

李经山西垣曲县人，宣德六年任。

王勖山东莱阳县人，正德元年任。

侯智河南河阴县人，正统八年任。

卢蓁直隶安肃县人，正统九年任。

吴举直隶成安县人，由监生。

吴本山西蒲州人。

曹鼎陕西西安府人。

郭增陕西平凉县人。

高珽

易纮湖广人。

李琦河南颍州人。

宁时智

王廷相

董应期山东东平州人，由监生。

潘泽直隶涿州人，由监生。

李约直隶献县人，由监生。

刘钲山东莱州府人，由监生。

王瓚陕西神木县人，由监生嘉靖二十年四月任。

齐邦用河南邓州人，由吏员嘉靖二十年四月任。

典史

黄谦永乐靖难兵临，与知县颜瓌同死节。见晏壁记、黄国用文。

任敏山西洪洞县人。

熊信四川泸州人，永乐十七年任。

唐彦山东高唐州人，宣德八年任。

刘真直隶东安县人，正统八年任。

胡顺山东济宁州人，正统十年任。

邓林陕西长安县人，景泰四年任。

黄廷进

李豫河南遂平县人。

韩良辅

李仕珮福建莆田县人，由吏员。

林大理福建莆田县人，由吏员嘉靖二十年十二月任。

教谕

聂让湖广云梦县人，由监生。

尤聪福建人，由监生。

卢荣浙江天台县人，由举人。

李道弘江西丰城县人，由举人。

蒋弼福建莆田县人，由举人。

虞铋浙江金华府人，由监生。

杨仲浙江汤溪县人，由监生。

周麟浙江处州府人，由监生。

操松江西浮梁人，由举人正德十五年任。存心恭谨，勤于诲人。生徒贫约者，捐俸以资之。每谕生徒以孝悌为先。寻丁母忧。服阕，改松溪教谕。嘉靖戊子乡试，檄取典应天文衡。累官至湖广参议。沛人至今德之。

李洪广西全州人，由举人。

于乔山东高唐州人，由监生。

蔡玉实湖广华容人，由监生。

马伟直隶广平县人，由监生嘉靖二十一年八月升任。

训导

林蕃广西藤县人，由举人。

李兰福建安南县人，由监生。

周鹏顺天府丰润县人，由监生。

张俊福建同安县人，由监生正德五年任。持守清洁，诲人有方。在任六年，升直隶南宫县教谕。

安信湖广沣州人，由监生。

李镕湖广嘉鱼县人，由监生。

胡福江西安福县人，由监生。

陆渊湖广高要县人，由监生。

刘学夔湖广兴国州人，由监生。

苏锳湖广荆州府人，由监生。

黄昶河南确山县人，由监生嘉靖十八年八月任。

张庆旸浙江泰顺县人，由选贡嘉靖二十年六月任。

名宦

宦以尽臣道也。以名称者，表贤良、旌忠勋、示劝惩也。沛，古名邑也，令兹土者,代不乏人,而祀名宦者仅三人。呜呼!艰哉。志名宦。

汉

许慎为沛县长,尝作《说文解字》十四篇,行于世。

宋

程珦伯温,二程夫子之父。天圣中补郊社斋郎,历黄州黄陂、吉州庐陵二县尉、润州观察支使。由按察官论荐,改大理寺丞,知处州兴国县、知龚州、再知徐州沛县事。会久雨,平地出水。谷既不登,晚种不入,民无卒岁具。公谓:“俟可种而耕,则时已过矣。”乃募富家,得豆数千石以贷民,使布之水中。水未尽涸而甲已露矣。是年遂不艰食。有丐于市者,自称僧伽之弟,愚者相倡争遗金钱,公杖之出境。

国朝

颜瓌伯玮,江西庐陵人。洪武末以明经授沛县知县,民服其化。一日,兵压县境,瓌固守不屈。势急坏,不能支,遂作诗自缢而死。其诗云:“太守诸公鉴此情,只因国难未能平。丹心不改人臣节,青史谁标县令名。一木岂能支大厦,三军空拟作长城。吾徒虽死终无憾,愿采民风达圣明。”子有为,先传檄于徐告急,及还,见父死,痛曰:“吾父为忠臣,吾独不能为孝子乎?”扶父尸亦死之。邑人敛葬于县治西南一里许。详见《忠孝祠碑记》。

寓 贤

士君子之生于世也,有穷达,而时势之相值也;有常变,是故流寓之迹著矣。沛为畿辅地,君子之或宦或游,因而寄寓者,代有之。然溯流穷源,君子自不容略也。志寓贤。

汉

闵仲叔太原人,世称节士。虽周党之洁清,自谓弗及也。党见其含菽饮水,遗以生蒜而不变。建武中,应司徒侯霸之辟,及至,不及政事,遂辞出,投劾而去。复以博士征,不至。客至安邑者,家贫不能得肉,自买猪肝一片,屠者不与。安邑令闻之,敕吏常给焉。仲叔怪而叹曰:“闵仲叔岂以口腹累安邑耶?”遂去,客沛以寿终。

国朝

甄实字德辉,直隶庆云县人。由举人历任汝宁、襄阳、湖州三府同知。往来经沛,爱其土俗,遂家焉。秩满以绩最。永乐九年,升太仆寺少卿,益著勤能。宣德元年,升湖广左布政使,寻转四川左布政使。致政归,卒。今子孙世为沛人。

卷五　祠祀志

坛　壝

坛壝所以崇祀典、重民生也。沛坛壝制自国初，旧矣。然岁时之举祭如常，而徙向之地里不一，是故不可无志也。志坛壝。

社稷坛在县治西北半里许，永乐二年知县王敏建。嘉靖二十一年，知县王治迁治西门外迤北。

风云雷雨山川坛在县治南一里许，永乐二年知县王敏建。嘉靖二十一年知县王治重修。

邑厉坛在县治北一里，永乐二年知县王敏建。嘉靖二十一年，知县王治迁置北门外半里许。

祭期、祭品、祭文，三坛俱如制。

庙　貌

庙貌以尊神庇民也。盖明有礼乐，幽有鬼神，其究一也。沛，庙祀多矣。崇报之典，或昔有今废，或昔无今有者，曰神、曰地、曰时，要不可无述也。志庙貌。

城隍庙在县治西，永乐四年知县常瓘建。嘉靖十三年知县杨政重修，有碑文。

汉高祖庙按，汉光武将盖延安平侯伐刘永，永走，遂定县，修高祖庙，在县泗水亭。

东岳庙在县治河东半里，永乐十六年耆民赵明德建，有碑文。

火星庙在县治南门北，正统七年主簿王勖建。嘉靖二十一年，知县王治迁南关。

真武庙在县治河东半里许。正统七年，知县王清重建。

三义庙在县治南门之西，永乐十五年市民史直重建，有碑文，见文类。今在城南门迤东城墙里，未迁。

关王庙在县治河南，羽士王凤建。重檐高耸，可以登眺。

水母庙在县治南面，临泗水。

三官庙在县治河南迤西半里，新学东南隅。

圣帝庙去县治东四十里。

玉皇庙去县治东四十里。

沙河镇东岳庙去县治西六十里。

大槐树二郎庙去县治西三十里。

昭惠灵显真君庙去县治东北五十里泗亭乡，即所谓灌口二郎神者也。元延祐元年，里人杜玺建。详见碑记。

昭惠祠在县治河东，旧为子胥庙。嘉靖六年河决，运道淤塞，都御史章拯屡祷获应，请于朝，命有司重修致祭。十一年兵备何复更新之，张大其规模。

文昌祠在儒学东，制革。

福神祠在县治仪门外，西向。

寿亭侯祠在县治东三十五里，今废。

忠孝祠在县治西南一里许。嘉靖十九年，工部都水主事颜德伦，为沛令颜瓌子有为建。详见诗文碑记。

寺　观

佛老虚无，离经叛正，似在所黜矣，曷志焉？僧道有官，制也。名区胜域，亦一方所弗弃也。不得已而略书之，用状名胜云。

龙泉寺在县治河南迤西半里许，坏于水。嘉靖十三年住持僧觉顺重建，二十一年知县王治申请易为儒学，改建寺于旧学。

灌城寺在县治西四十里。

杨名寺在县治北四十里。

贺堌寺在县治西北四十里，有碑记。

青墩寺在县治南二十里。

张家庄寺在县治北十里。

桑子寺在县治南三十里。

无儿寺在县治西南三十里，青龙桂籍山下。

盘龙寺在县治西南三十里。

黄龙寺在县治南三十里。

昭庆寺在县治东四十里。

祥国寺在县治东二十五里。

秦村寺在县治南二十八里。

龙岗寺在县治西二十里。

七山寺在县西南三十八里。

汲家寺在县治西二十五里。

隆兴寺在县治北一十里。

夏村寺在县治四十里。

高房寺在县治西三十五里。

丁庄寺在县治西三十里。

晓明寺在县治西十里。

新兴寺在县治东三十里。

马村寺在县治西南三十五里。

卧佛寺在县治西三十里。

昭阳寺在县治东北二十里。

华严寺在县治东南二十里。

上闸寺在县东十五里。

石羊寺在县治东三十五里。

栗子寺在县治南二十里。

大安寺在县治西南三十五里。

邢家寺在县治西北五十里。

庙道口寺在县治北三十里。

蝗虫寺在县治西南十五里。

欢城寺在县治东北三十五里。

卷六 选举志

科 第

按《王制》：三年大比，由选士升之司马者，曰进士。唐宋尤重其选，国朝因之。宋元以前，迭遭兵燹，典籍残废，漫不可考。间见于庙碑、载于《南畿志》者，录之。所以重宾兴、昭人杰也。志科第。

进 士

唐

刘轲详见文政志。

元

吉僧载至正二十五年孔子庙碑。

朱禬载至正二十五年孔子庙碑。

国朝

李绅晋卿，中成化丙戌科进士，授行人司行人；迁户部员外郎，进光禄寺少卿。

举 人

元

鹿楫

高焕

王良佐

訾廷杰

邵南以上五人俱载大定十一年孔子庙碑。

丁尚文

郝世杰

石确

徐廷瑞

冯讷以上五人俱载至正二十五年孔子庙碑。

国朝

杜旸中洪武己卯科，任鸿胪寺鸣赞。

张威中永乐壬午科。

李巽中永乐乙酉科。

赵斌中永乐辛卯科，任山东登州府同知。

蒋让中宣德乙卯科。

周崧中景泰庚午科。

刘章中嘉靖壬午科。

周乾中嘉靖丁酉科。

岁　贡例贡附

按：周室诸侯，岁贡士天王之廷，天王于射宫试之。我朝岁贡之典，稽成周遗制耳。其间禄位虽有崇卑，然皆出于正途，故述姓氏履历以志。

张泰洪武十七年贡。

张本洪武十八年贡。

郭冕洪武十九年贡。

谢升仲刚，洪武二十年贡，任监察御史。

王缵继先，洪武二十一年贡，任监察御史。

王观洪武二十三年贡。

蒋迪洪武二十四年贡，任湖广浏阳县知县。

王钥洪武二十六年贡，任山东莒州学正。

吕宁安仁，洪武二十七年贡，任户部员外郎。

刘昶洪武二十八年贡，任江西进贤县丞。

李勖洪武二十九年贡，任河南南阳府通判。

王睿洪武三十年贡。

吕哲永乐四年贡，任广东按察司经历。

郭本永乐五年贡，任江西赣州府推官。

刘端永乐六年贡。

张伦永乐七年贡。

张昱永乐八年贡，任陕西安塞县主簿。

梁怡永乐九年贡，任陕西蒲城县知县。

魏廷永乐十年贡，任河南布政司经历。

申明永乐十一年贡。

张奂永乐十二年贡。

孔继宗永乐十三年贡。

班肃永乐十四年贡。

李恪永乐十五年贡。

张勉永乐十六年贡，任湖广按察司经历。

孟式仪敬，永乐十八年贡，任户部主事。

田畯永乐十九年贡。

王立永乐二十年贡。

王恽永乐二十二年贡。

胥敬宣德元年贡，任光禄寺署丞。

李旻宣德三年贡。

李复宣德五年贡。

朱芾宣德六年贡，任山东兖州府经历。

张玹宣德八年贡。

邓宁宣德十年贡。

张铉正统二年贡，任直隶武强县训导。

岳崇正统四年贡。

踪昭正统六年贡，任湖广宁远县知县。

纪信正统九年贡。

赵鉴正统十一年贡，任四川成都府推官。

李郁正统十三年贡。

张显景泰元年贡。

陈伦景泰二年贡，任河南滋州州判。

季显景泰三年贡。

甄寿之茂龄，景泰四年贡，任湖广岳州府照磨。

刘昌岐周，景泰五年贡，任江西九江府经历。

李迪景泰六年贡。

石泰景泰七年贡。

刘仪天顺二年贡。

周铭天顺四年贡。

巩敩志学，天顺六年贡，任山东曹州州判。

高恺悦之，成化元年贡，任直隶保定县知县。多问学，居官以政绩闻。成化癸卯檄取顺天帘外。

张俊士英，成化二年贡，任山东威海卫经历，升南阳府邓州州判。

朱璿成化四年贡。

杨辅成化六年贡。

韩升伯阳，成化八年贡，任山东登州府训导。

李孜克勤，成化十年贡，任直隶玉田县训导。

吴玘惟重，成化十二年贡，任洛阳县丞。

夏昌成化十四年贡。

袁宪廷章，成化十八年贡，任广东按察司检校。

李和成化二十年贡。

彭政以德，成化二十一年贡，任湖广醴陵县丞。

杨春时光，弘治二年贡，任山西长子县主簿，后升麟游县丞。

刘福弘治四年贡。

单镛时鸣，弘治六年贡，任直隶昌黎县训导。

蒋雍士和，弘治八年贡，任山东寿光县主簿。

贾聚顺居，弘治十年贡，任山东济南府平原县丞。

闵祯弘治十二年贡。

蒋洪容之，弘治十三年贡，任直隶浚县县丞。

周良弼应商，弘治十六年贡，任山东胶州州判。

李松德坚，正德二年贡，任直隶开平卫经历。

韩禩正德四年贡。

王道正德六年贡。

崔恺正德八年贡。

钟昂文谦，正德十年贡，任顺天府宛平县丞。

李景时新，正德十二年贡，任云南广南卫经历。

周思明惟远，正德十四年贡，任河南固始县丞。

赵清正德十六年贡。

王守约希曾，嘉靖三年贡，任山东滋阳县主簿。

赵汉嘉靖四年贡。

陆本立之，嘉靖六年贡，任直隶故城县知县。

龚贵良贵，嘉靖七年贡，任浙江桐庐县丞。

梁升嘉靖九年贡。

彭应选嘉靖十一年贡。

崔棠嘉靖十三年贡。

唐本一之，嘉靖十五年贡，任利津县教谕。

崔士伸嘉靖十七年贡。

田润汝霖，嘉靖十八年贡，任河南荥泽县训导。

张连嘉靖十九年贡。

梁敦嘉靖二十年贡。

周思忠嘉靖二十一年贡。

例贡

辛礼

杨时升

马思仁应元，由例贡任鸿胪寺署丞，升湖广通山县知县。

朱颐以安，由例贡任直隶永城县知县。

赵达

马思信应诚，由例贡任浙江桐乡县主簿。

唐弼廷相，由例贡任鸿胪寺鸣赞，升山东陵县知县。

王环体乾，由例贡任江西安福县丞。

王宪世守，由例贡任山东泗水县丞。

夏启东

张通

蔡俸

郭连

吕景

杨东鲁

马允让

崔岱

孟瀛

马允敬

韦纪

陆东

吕祉

龚恕

宁谦

李东周

荐　辟

历朝取士，科贡之外，又有荐辟之典。贤良方正，明经孝廉，其才非一。最称旨者，不次擢用；其次则器使之，亦立贤无方意也。志荐辟。

梁

刘臧举孝廉，仕梁为著作郎。详见孝友志。

刘祥臧之孙，播之子，以至孝闻。仕梁，累迁车骑大将军。详见孝友志。

隋

刘行本父瓌，仕梁，历职清显。行本性刚，有不可夺之志。高祖践祚，拜黄门侍郎。上尝笞一郎于殿前，行本谏而止，拜太子左庶子，领侍书御史，后领大兴令。权贵惮其方正，无敢至其门者，由是请托路绝，吏民怀之。未几卒官，上甚哀之。

国朝

蔡楫以孝廉举任监察御史，升浙江按察司佥事。详见文政志。

吴希文以贤良方正荐授江西临川县丞，升献县知县。

才　武武职附

才武所以平邦国、戡祸乱也。沛自汉来，慷慨激烈之士，垂之竹帛，班班可考。洪惟我太祖起淮甸，而以功封万户、千户者，百有余人，皆一时豪杰也！其可忽诸？志才武。

汉

鄂千秋高祖定功行封，千秋进曰："萧何有万世功，当第一。"上曰："何功虽高，得鄂君乃益明矣。"封安平侯。

周緤以舍人从高祖起沛，至霸上。西入蜀，还定三秦。尝为参乘，战有利不利，终无离志，封信武侯。

樊哙从高祖起丰沛。鸿门之会，赖哙奔入营，让羽，高祖得免。从入汉中，定三秦。天下既定，封舞阳侯。

夏侯婴为沛厩司御，升太仆。从高祖入蜀，定三秦，又从击项羽。及帝围平城，城既开一角，出，婴徐行，弩皆持满外向，帝得脱。封汝阴侯。

周勃以材官引强从高祖，战功居多。高后崩，与陈平议诛诸吕，迎立代王，是为文帝，勃为丞相。后以绛侯就国，卒，谥武。

周亚夫勃次子，为河内守，封条侯。文帝六年，凶奴大入，以亚夫为将军，屯细柳。帝自劳军，有"真将军"之叹。景帝时，吴楚反，以亚夫为太尉讨平之，拜丞相。

任敖高祖初起，敖以客从，为御史守丰。高祖为汉王，迁上党守。陈豨反，敖坚守备。封广阿侯。

审食其汉王败彭城，项羽取太上皇、吕后为质，食其以舍人保上皇，得免。后从破项羽，封辟阳侯，拜左丞相。

晋

刘毅希乐。少有大志，性刚猛沉断。与刘裕、何无忌起义兵，破桓玄，累功封南平郡公。复加都督荆、宁、秦、雍诸军事，开府仪同三司，荆州刺史，公持节如故。刘裕有逆志，毅以正义责之，遂为裕所害。

刘迈伯群，毅之兄，有才干，为殷仲堪兵参军，后为竟陵太守。刘毅与刘裕同起义兵讨桓玄，迈将应之。事泄，为玄所害。

武陔字元夏，与二弟叔夏、季夏，并总角知名。事晋，拜为开府仪同三司。叔夏至散骑常侍，季夏至尚书。

朱绰为人忠烈，受桓冲更生之恩，事冲如父，遂参冲军，位至西阳广平太守。及冲薨，绰呕血而死。

南北朝

朱龄石字伯儿，绰之子。家世将帅，好武勇。仕宋武帝，讨平寇乱，为镇军将军。伐蜀有功，封丰城侯。

朱超石龄石之弟，亦果锐。虽出自将门，兄弟并闲尺牍。仕宋武帝，累官中书侍郎，封兴平伯。

武　职

国朝

都指挥

李忠任河南都司。

朱友德任甘肃都司。

张铭任湖广都司都指挥佥事。

指挥

孟智任凤阳长淮卫指挥使。

赵信任金吾左卫指挥同知。

李贵任云南乌撒卫指挥佥事。

王平任金吾卫指挥。

曹荣任宣州卫指挥佥事。

吴斌任金吾左卫指挥同知。

任旺任山东东昌卫指挥。

张刚任忠义卫指挥。

张受儿任常山中护卫指挥。

刘二保任金吾左卫指挥。

朱立任燕山前卫指挥。

李仲斌任燕山前卫指挥。

刘让任金吾左卫指挥。

沈绞儿任燕山前卫指挥。

杨英任镇南卫指挥。

曹旺任金吾左卫指挥。

刘裕任东昌府平山卫指挥佥事。

贺宁任燕山前卫指挥。

王敬任南京府军左卫指挥。

王整任蓟州镇南卫指挥。

孙旺任福州兴化卫指挥。

马牛儿任宁波卫指挥。

陈胜任北京武成后卫指挥。

张福任燕山卫指挥。

张记任金吾前卫指挥。

孙真任山西云川卫指挥。

马宾任辽东莱州卫指挥。

费清任济南卫指挥。

徐志任羽林前卫指挥。

吴英任羽林前卫指挥。

刘兴任湖广沅州卫指挥。

王让任金吾后卫指挥。

王礼任甘肃卫指挥。

陈友质任燕山左卫指挥。

吴旺任云南卫指挥。

杨福任凤阳卫指挥。

贾驹儿任金吾左卫指挥。

魏粪珪任义勇后卫指挥佥事。

刘朋任陕西宁夏卫指挥。

陈羊羔儿任燕山前卫指挥同知。

邓升任金吾左卫指挥。

李敬任四川重庆卫指挥。

赵庆任南京羽林前卫指挥。

翟七十任金吾前卫指挥。

千户

秦七十任北京燕山前卫千户。

唐全任湖广施州卫后所副千户。

赵信任北京燕山前卫左所副千户。

陈荣任金吾左卫前所副千户。

席胜保任燕山前卫后所千户。

赵秋山任燕山前卫千户。

张清任常山中护卫千户。

袁礼任云南交趾卫千户。

周兴任辽东广宁卫千户。

冯铨任抚军前卫千户。

傅全任燕山前卫千户。

刘舍儿任燕山前卫千户。

李智任燕山前卫千户。

张贵任羽林前卫千户。

孟兴任金吾前卫千户。

胡泰任燕山前卫千户。

陈升任燕山前卫千户。

赵忠任陕西平凉卫千户。

曹兴任羽林前卫千户。

路税儿任荆州右卫前所千户。

胡旺任北京羽林前卫左所千户。

魏俊任羽林右卫左所千户。

赵泰任湖广九溪卫天平所千户。

刘通任燕山前卫千户。

刘俊任蓟州卫后所千户。

徐友任燕山前卫千户。

孙能任南京燕山前卫千户。

孙彬任浙江绍兴卫三江所千户。

刘闰儿任燕山前卫千户。

王彬任太仓镇海卫千户。

王牛儿任金吾卫千户。

徐斌任广东神电卫千户。

尚荣任金吾卫千户。

冯德任羽林前卫千户。

朱党儿任南京燕山前卫左所千户。

房金住任南京燕山前卫左所千户。

孟立儿任燕山前卫千户。

任驴儿任云南贵州卫千户。

许忠任燕山前卫千户。

孔旺儿任燕山前卫千户。

杜兴儿任羽林前卫千户。

顾清任燕山前卫千户。

孟全任燕山前卫千户。

马俊任燕山前卫千户。

陆中任燕山前卫千户。

刘泉任燕山前卫千户。

张敬任金吾左卫千户。

周祥任羽林前卫千户。

赵彬任广东神电卫千户。

屈贤任湖广桂阳恭陵守御千户。

贾亨任北直隶抚宁卫千户。

宫墨任南京豹韬卫千户。

张信任羽林前卫千户。

刘真任归德府后所千户。

百户

卓宪任锦衣卫锦衣左所班剑司百户。

卷七　人物志

忠　勋

忠勋，志之何？表人臣事君之义也。沛历汉以来，或尽忠报国，或树功扬名，辉映瑶编，表表可称。特志之，以示景仰之意云。

汉

王陵始为县豪，高祖微时兄事之。及起沛入咸阳，陵亦聚党数千人居南阳。及汉还攻项籍，陵以兵属汉。羽取陵母置军中，母死，陵卒从汉王。定天下，封安国侯。陵少文任气，好直言，为右丞相。高后欲王诸吕，陵力争之，复咎责平、勃。程子曰："人臣之义，当以王陵为正。"

周苛昌从兄，为御史大夫。楚围荥阳急，汉王遁去，使苛守之。楚破荥阳，苛嫚骂不屈，项羽怒烹苛。后论功封苛子为高景侯。

周昌从破项羽有功，封汾阴侯，寻拜御史大夫。昌强力敢直言。高祖欲易太子，昌力争不奉诏。为赵王如意相。王死，因谢病去。

文　政

文以经世也，政以翼化也，文政之难其选也久矣。粤稽我沛千百年来，文鸣于时、政获于君者，不为无人。然言久则易湮，事久则易没。敬用特书，以励将来。

商

仲虺奚仲之后，封于薛，为汤左相，作《诰》。今薛分属滕、沛。旧志载：仲虺城、仲虺墓皆在沛，故以为沛名贤之首。

汉

曹参尝为狱吏。高祖起，参以中涓从，后迁将军，战功居多。六年，封平阳侯。惠帝二年，继萧何为丞相，以清静为治。百姓歌曰："萧何为法，较若画一。曹参代之，守而勿失。载其清静，民以宁一。"谥曰懿。

施雠为童子时，从砀人田王孙受《易》，后徙长陵。田王孙为博士，复从卒业。梁丘贺荐雠："结发事师数千人，贺不能及。"诏拜为博士。甘露中，与诸儒杂论五经同异于石渠阁。雠授张禹，禹授彭宣，由是施家有张、彭之学。

庆普字孝公，同戴德、戴圣受《礼》于孟卿。由是《礼》有大戴、小戴、庆氏之学。仕为东平太傅。

蔡千秋字少君，尝受《谷梁春秋》于鲁荣广，又事皓星公，为学最笃。宣帝时为郎，召见，与公羊家并说。上善谷梁说，擢千秋为谏议大夫给事中，后左迁。复求能为谷梁者，莫及千秋。上悯其学且绝，遂以千秋为郎中户将，选郎十人从受。先是有江、庆、丁姓，皆梁人，同师荣广。千秋死，帝征江公孙为博士。公孙死，乃征庆姓，使十人卒业。由是，谷梁之学，大盛于时。

戴崇字子平，官至九卿。尝受《易》于张禹。禹受《易》于施雠。

邓彭祖字子夏，尝从梁丘贺子临受《易》。仕至真定太傅。

闻人通汉字子方。后仓说《礼》数万言，号曰《后氏曲台记》，授东海人孟卿。通汉与同县庆普、及大小戴，同受礼于孟卿。由是礼有大小戴、庆氏、闻人氏之学。通汉以太子舍人论石渠，至中山中尉。

戴宾尝受《易》于同郡施雠。

三国

刘馥元颖。建安中为扬州刺史，恩化大行，百姓乐政，流民越江山而归者以万数。于是兴学校、广屯田，为战守备。及卒，民追思之，以为虽董安于之守晋阳，不能过也。

刘靖馥之子，迁庐江太守。诏曰："卿父昔为彼州，今卿复据此郡，可谓克荷者也。"后上疏陈儒训，略云："其经明行修者，则进之以崇德；荒教废业者，则退之以惩堕。后迁镇北将军，开拓边守，屯据险害，边民利之。"嘉平六年薨，谥曰景。侯子颐袭。详见东莱《十七史》。

楼玄事吴王孙皓，从九卿侍卫。正身率众，奉法而行；应对切直，数忤皓意。后人诬玄谤讪政事，命送广州。华覈言玄清忠奉公，冠冕当世；乞赦前愆，责其后效。皓疾玄声名，竟徙交趾，杀之。

晋

刘弘字和季，少游洛阳，与武帝同居永安里，又同年累迁荆州都督，任内多善政。永兴二年，进车骑将军。及卒，父老追思，虽《甘棠》之诔召伯，无以过也。

唐

刘轲博学无所不通，游长安，为马植所奇，遂登进士第。历至侍御史。所著有《春秋指要》、《翼孟子》诸书数十卷。《摭言》称其文章与韩柳齐名。

国朝

蔡楫严重有威。永乐中举孝廉，任嘉兴知县。县多无赖。楫于县厅置善恶二牌。民有善，志之；有过恶，弗率教令，亦志之。由是邑民感愧，皆趋善而去恶。擢监察御史，寻迁浙江佥事。其卒也，人多思之。事载《五伦书》，解缙有《劲节轩记》。

乡贤

古今人士，育兹土者，其德业、其志节、其材行，固已杂见诸志。此复书乡贤者何？盖崇德象贤，有敬道焉；列祀用享，所以章殊典也。志乡贤。

商

仲虺详见文政志。

汉

曹参详见文政志。

王陵详见忠勋志。

周苛详见忠勋志。

周昌详见忠勋志。

周亚夫详见材武志。

施雠详见文政志。

庆普详见文政志。

蔡千秋详见文政志。

梁

刘臧详见孝友志。

国朝

蔡楫详见文政志。

以上十一人，嘉靖五年秋八月，都察院右副都御史总理河道兰溪朴庵章拯，令有司建祠，本学春秋致祀。

晋

刘伶字伯伦，放情肆志，常以狭宇宙、齐万物为心，不妄交游。与阮籍、嵇康相遇，忻然神解。性尤嗜酒，尝著《酒德颂》。后仕东晋，为建威将军。

乡贤列祀十一人，而伶不与焉。何也？盖以风流放达、世事遗落故尔。然胸次磊落，出乎物表，伟然晋时一人物也。故特书之于其末云。

孝 友义民附

夫亲长，天性也；孝友，常道也。盖自知物迁役，而悖德不才者多矣。沛以孝友称者，后先相望，固其河山风气所萃，亦文人礼义之教有所敦也。是岂可以多得哉？志孝友。

汉

赵孝天下大乱，人相食。弟礼为贼所获，孝闻之，即缚诣贼曰："礼，饿瘦，不如孝肥。"贼惊，并放之。事载《翰墨全书》、元《一统志》。

梁

刘臧性方正，笃志好学，居家以孝闻。仕梁为著作郎。

刘璠臧之子，九岁而孤，居丧合礼。尝从萧晔在淮南，忽一日举身痛楚。寻家信至，云母病，璠即号泣戒道。当身痛之辰，即母死之日。居丧毁瘠成疾。服阕后一年，犹扶而起。及晔终于毗陵，故吏多分散，璠独奉晔丧还都，坟成乃退。后为周内史。

刘祥臧之孙，幼聪慧，宾客见者，皆号为神童。事嫡母以孝闻。十岁能属文，十四通五经。仕梁，累迁车骑大将军。

国朝

郭全汉台里人。家贫，躬耕养母。母殁，哀毁逾礼，鬻田产以供丧具。及葬，不忍归家，乃号泣墓所，朝夕负土，营坟三年。

龚谦千秋里人。父早丧，常以不获躬养为恨。事母备奉甘旨，未尝少解。母殁，谦竭力丧事。既葬，负土成坟，朝夕号泣于墓侧，终三年如一日。

赵安泗亭里人。家贫，母早逝。事父竭诚奉养。父殁，每哭踊，顿绝方苏。葬毕，庐墓负土，筑坟三年。

赵清字本洁，坊廓里人。性笃确刚直。父早逝，事母业儒，备尝辛楚。母疾，求以身代，弗克。母殁，庐墓三年，哀毁笃至。墓近黄河，清负土吁天，由是水溢弗汩；山鼠夜衔草以塞庐隙，稿瓜复秀。远近以为孝行所感。后卒业南雍，大司成遇以殊礼。时当道屡加褒扬，会正德末，未及奏闻。先时清父孜，年十七割股以愈亲病。母卓氏，守节四十余年。人咸称其一门三善。郎中余胤绪有节孝序。

杨冕坊廓里人。邑庠生，事亲孝。母殁，筑庐墓旁，负土营坟，三年哀痛弗辍。知县杨政具实奏闻。旌其门，乃赐八品冠带，给二丁。

石璞广戚里人，天性朴实，事亲以孝闻。母病终，结庐墓侧，寝苫枕块，负土筑坟三年，哀毁骨立。服阕，亲友相率往迎之。归月余，病卒。

赵清以下俱增入。呜呼，冕既绰楔矣；清虽未旌，得胤绪之文，而行亦著。璞之辛楚三年，出而遽亡，其情尤可哀也。因并及之，以示公论云。

杨东莱汉台里人，年十四，性孝。母马氏疾笃，割股调羹以进。知县杨政具申。钦差提学御史闻人铨移文行县，令补邑庠生，每月给米三斗。年二十二卒。

割股虽非义理之正，而童子一念之善，未可以成人律也。语云："盖棺事定。"故于其殁也，书之。

义　民

甄瑞千秋乡人，纳麦一千五十石。

周昉坊廓人，纳麦一千三十石。

李卓千秋乡人，纳麦一千一十五石。

王原千秋乡人，纳麦一千三十石。

蒋荣坊廓人，纳麦一千三十石。

张麟坊廓人，纳麦一千一十石。

马士云广戚乡人，纳麦一千二十石。

黄成汉台乡人，纳麦一千一十石。

龚成千秋乡人，纳麦一千一十石。

黄智广戚乡人，纳麦一千二十石。

卓旺汉台乡人，纳麦一千三十石。

周成广戚乡人，纳麦一千二十石。

以上义民十二户，俱在正统五年出麦赈济，奉敕旌异其门。夫圣朝一统，万方声教，迄于四海，盛矣哉！沛邑虽偏小，然行孝守义者，世不乏人，何莫而非德化之所及也？惜乎笾豆之任，不为表倡，致善名久没。今特录之，以告后人，使为善者知所劝、而有政者亦少警云。旧志。

贞　节

呜呼，死生亦大矣！从一矢心，罔患难而渝；柏舟自信，匪贫窭而转，何若媛气节之烈也！是果天地正气，不以女子或遗耶？抑亦沛之英雄豪杰风声遗习，有以感召之耶？是用录之，以俟观风者采焉。志贞节。

汉

王陵母陵以兵从高祖，项羽取陵母置军中。陵使至，则东向坐陵母，欲以招陵。陵母私送使者，泣曰："愿为老妾语陵，善事汉王。汉王长者，毋以老妾故持二心。妾以死送使者。"遂伏剑死。墓在本州城西二里。

元

王氏刘宅妇。早岁夫亡，誓不他适。天历二年旌表，有石门在北门外。

国朝

白氏李伯奴妻。年二十，生女芳翠，尚在襁褓。洪武十八年，伯奴从军死于边。白闻夫丧，誓死不嫁。乡人有托其邻母朱氏欲娶之者，白正色拒之。粗衣粝食，寡居四十余年。宣德六年，知县陈原宗上其事，诏旌其门。

张小女汉台里人，张浩女。年二十聘蒋政，岁余未娶，政亡。女闻之哭甚哀，欲往持服。父母曰："不可。"及丧，出欲视葬，又曰："不可。"女曰："若不吾从，有死而已！"父母往送丧，及归，果自经而死。

石景儿广戚里人，石隆聚女。父早亡，独与母居。年十七，聘张旺儿。未娶，以疾亡。景闻之，哀痛不已。至夜乃自经死，与旺合葬。

郭青儿汉台里人，郭端女，许聘王成，年十八。一日，成与人争，将自缢。乃诣青家，嘱其僮求见，青拒之。如此者三，终不得见。及死，青闻之，痛咽不食，形色凄然，终日以死计。母知其情，防范甚严，弗获。及成将殡，青欲送丧，父母不许，乃绐母求面羹食。母入厨，良久，遂自缢死。知县王琛闻之，率僚属师生往吊，祭之以文，合葬县治城北，立石以纪其墓。远近闻者，莫不哀悼。

袁二姐汉台里人，袁经女，性贞静，年十七，未尝一出闺门。正德辛未春，值流贼作乱，兵临沛境，人多弃家逃避。经虑女为贼所掠，乃与着男子衣，杂众中走，意无知其女子也。离家一里许，其女回顾父曰："我为女子，不能贞信自守，假饰偷生，吾惭为之。"随有贼追急，偶遇道旁大坑，遂绐父前行，自后投水而死。

陈季春千秋里人，陈宣女，性敏，幼有志操。尝读《孝经》、《列女传》，通大义。聘甄时用，时年十六。未归，时用以疾终。春闻之，忧形于色。窃入寝室，手书时用及己姓名于枕幅上，置诸怀中，自缢而死。与时用合葬。

郭青儿以下，俱增入。夫女子之行，丈夫或未之能也。但其所遇不同，故有沦没草莽而人莫之知者。卓彼三女，其不白也久矣。今特采而录之，亦以见人心天理不容泯焉尔。噫，九原不可作也，有知其少慰矣乎？

贺氏坊廓里人，生员马继立妻。年十八，适继立，克尽妇道。继立早逝，贺无子家贫。亲族劝改嫁，贺不从。孀居四十余年，寿七十余。嘉靖十三年，知县杨政匾额其门。

卷八　古迹志

陵墓

盖自封树制起，始有陵墓，重不朽也。沛帝王之陵、贤人君子之墓，间亦有矣。然洪水怀襄，几于泯没。匪志，则百世之下，恶知其不为耕犁之墟也。志陵墓。

仲虺墓虺，汤左相。墓在县南四十里许，名曰虺城，墓在城内。详见文政志。

微子墓按，《一统志》：微子，商贤人。墓在沛微山上。

献王陵汉献王名辅，封于沛。按《通志略》："章帝章和元年八月乙未，沛祀献王。"

吕母冢在县治北三里许，汉吕后之母葬此。

汲冢在县西北三十五里。世传晋太康中，汲郡人发魏襄王冢，得古竹书。帝命荀勖、和峤撰次为一十五部八十七卷。此即其地。今汲郡与魏王冢，皆在河南，而此云尔，未详孰是。

颜公墓公名瓌，洪武末为沛令，并子死节于沛。墓在南门外一里。详见名宦志。

亭　台古井附

亭台，皆古人以义起者也。虽非公署，然创自古而垂于今，贤哲之士，登眺赋诗，慕为胜游，其迹不可泯也。志亭台。

泗水亭在县治东南，即高祖为亭长处。

沛廷按前《汉书》，高祖既立为沛公，祠黄帝，祀蚩尤于沛廷。注云："沛廷，沛公之廷也。"补遗。

沛宫在县治东南，即高祖置酒宴父老处。

歌风台在泗水西岸。高祖征英布还，过沛，宴父老于此，因歌大风之辞。后人因以歌风名台，立石刻辞于上。成化间洪水泛坏，迁河东岸琉璃井后。

戟台在今县南门东。后汉袁术攻刘备于沛，吕布救之。乃曰："我射戟中小支，当各罢去。”一发果中小支，遂退师。后人因名射戟台。上有三结义庙。

射箭台在县治东南五里许，永乐南狩所筑。今上有三官庙。

琉璃井在河东一里许，深不可测。其水泉甘冽。下广上狭，投以瓦石，则砰然有声。所甃之砖，润滑光采。世传汉高所筑。

城　垒冈陵附

夫筑土为城，埒城为垒。沛古英雄用武之地，故城垒犹有存者。但古今异时，不免丘墟耳。姑存之以著迹云。志城垒。

偪阳国按，《春秋·襄公十年》书：“夏五月甲午，遂灭偪阳。”江氏注曰：“偪阳国在今沛县。”《后汉书》：“傅阳即偪阳。彭城国属县。”

虺城商仲虺封于沛。去县治四十里许，土城尚在。

许城按，《后汉书·郡国志》：“沛有许城。”《左传·定公六年》：“郑人灭许。”即此。

泗水郡城在县治东。秦以沛为泗水郡，城于此。

沛故城按：《一统志》，在微山下。今失其地。

香城按：《一统志》，在泗水中。元韩性诗云：“断云飞渡香城水。”详见仙释志。

胡陵城在县北五十里，故城尚存。汉曹参以中涓、樊哙以舍人，从沛公击胡陵，即此。

灌城在县治西二十里许，有城名灌城，有土丘。相传为灌婴宅。今城没于洪水，独宅基存，建福胜院于上。

旧城已废。元至正间，孔士亨据其地筑小城，周围二里。今新城即其地。

张士诚城在泗水东岸，元末伪吴张士诚所筑，今墟。

广戚城汉置广戚乡，属沛郡。元魏省入沛县。城在县东北三十里许，土城尚在。

卧龙冈在河东岸，汉高祖微时尝栖于此。今略有冈形。

防陵在县治北三里，河东岸，汉因吕母冢筑。

樊巷即汉樊哙所居，在河东岸。有古碑，今断裂。

东坡竹二枝刻二小石于儒学。按，东坡先生与叔祖山阳掾暨先大夫实同榜契，雅相器重。熙宁中守彭门，叔祖通直赴约雌堂，宴谈旬余。一日戏写筇竹二枝，且曰：“观此如何?”叔祖指高节直干曰：“此如学士立身许国，劲挺不倚；又，其疏枝结叶，则如学士驭事爱民，简密以济。”先生笑曰：“公精鉴也。”卷而赠之。于今四十余年矣，乃刻石以传久云。宣和辛丑冬至日，朝奉郎通判泽州时敦题，梁溪漫叟时道安立石。

卷九 杂志

技 术

子夏曰："虽小道必有可观者。"故技艺于吾道不甚重，然专心致志，克以一善成名，君子弗废焉。志技艺。

汉

高相初治《易》，亡章句，与费公同时，专说阴阳灾异，自言出于丁将军。补遗。

三国

朱建平善相术。补遗。

国朝

鹿风幼习百家阴阳杂书，尤善法术，精祈祷。尝寓凤阳，岁旱，郡守访之，祷于坛，果得大雨，由是知名。后遇县旱，求之辄应。

仙 释

仙释，君子所不道也，志之何？盖其道虽左，不足为吾道害，而形脱羽化，亦事之难也。故君子不得以类拘焉。志仙释。

春秋

琴高居香城泗水中，以善鼓琴为宋康王舍人，行彭涓之术，浮游砀郡间二百余年。后入砀水中取龙子，乘赤鲤出入。载古迹志并《南畿志》。

晋

王玄甫学道于赤城霍山，服青精石饭，得吞日精丹景之法，内见五脏。穆帝永和元年正月望日，见玉帝遣羽车迎之。玄甫乘云驾龙，白日升天，为中岳真人。载《一统志》并旧志。

灾祥

《春秋》纪灾异而祥不书。兼之何？盖《春秋》，经也；志，史也。经重修德，史重纪实，故并书之。

汉

铁变成帝元和二年正月，铁官铸铁不下，炉中隆隆如雷声，又如鼓音。铁官十二人咸惊走。音止，还视之，地陷数尺，炉分为十一，炉中销铁，散如流星上去。载《汉书·五行志》。又按《地理志》，沛郡属县三十七，惟沛县有铁官，故志。

宋

徽宗建中靖国元年，禾合穗。

元

顺帝至正九年五月，白茅河东注入沛。黄河入沛始此。

国朝

宣宗宣德七年，大蝗。巡抚侍郎曹洪奏免税。

武宗正德二年丁卯，大水。是年黄河东徙入泡河，禾稼淹没，乡邑居舍寖坏。沛遂成水患。

七年壬申，水。

八年癸酉，水。

九年甲戌，水。

十年乙亥，水。

嘉靖二年癸未秋，大水，河决。是年堤堰崩圮，冲坏庐舍，平野中清碧接天，民多流亡。

四年乙酉，大蝗，无禾。

六年丁亥，水。

七年戊子，水。

八年己丑，大水。是年水盛，溢舟入市，乡邑漂没，民皆筏居，平地沙淤丈深。

二十年辛丑夏，旱。

二十一年壬寅夏，大雨。五、六月雨如注，昼夜不止，河溢。民居、禾稼伤者大半。

附录:合属官员

驿丞

大使

刘景春西安府人,由吏员嘉靖二十二年四月任。

闸官

丘应臣东昌府人,由吏员嘉靖十七年任。

高大贤德安府人,由吏员嘉靖十八年任。

檀敬太原府人,由吏员嘉靖十九年任。

罗恩重庆府人,由吏员嘉靖二十年四月任。

训术

张进由例,嘉靖四年任。

张承诏由例,嘉靖十二年候缺。

夏启寅由例,嘉靖十六年候缺。

训科

张正由例,嘉靖十七年任。

典膳

邓盛

朱颜

朱缃

卷十　艺文志

文　类

文以纪事也。事详矣，文可无录也，志之何？盖沛之人物风俗、沿革废置，古今不一，其详弗可闻也，而文犹有存者。文义足而事征矣，志文。

汉

高祖手敕太子书

吾遭乱世，当秦禁学，自喜，谓读书无益。既践祚以来，时方省书，始知作者之意。追思昔所行，多不是。

尧舜不以天下与子，而与他人，此非为不惜天下，但子不中立耳。人有好牛马尚惜，况天下耶！吾以尔是元子，早有立意。群臣咸称汝友四皓，吾所不能致，而为汝来，为可任大事也。今定汝为嗣。

吾生不学书，但读书问字而遂知耳。以此故不大工，然亦足自辞解。今视汝书犹不如吾，汝可勤学习，每上疏宜自书，勿使人也。

汝见萧曹张陈诸公侯、吾同时人倍年于汝者，皆拜，并语于汝诸弟。

吾得疾，随困，以如意母子相累。其余诸儿，皆自足立，哀此儿犹小也。

予以上命来沛督水事，逾月，取沛志读之。因求汉高故事，略而无实，锐意欲增益之，适诏取还京。意汉高以布衣起沛丰，一时事迹，宜在所详。史称不事诗书，今人多归让之，殊不知践祚以来，勤于检阅。观此数书，概可见矣。是用录之贞石，以亡群疑。若夫帝业之诚伪，则当征诸信史。弘治元年戊申秋八月朔旦八桂胡倬识。

唐

沛汉原庙铭

柳宗元

昔在帝尧，光有四海，元首万邦。时则舜禹稷契，佐命垂统，股肱天下。圣德未衰而内禅，元臣继天而受命。四姓承休，迭有中邦；五神环运，炎德复起。周道削灭，秦德暴戾。皇天畴庸，审厥保承。乃命唐帝之后，振而兴之；又俾元臣之后，翊而登之。所以绍复丕绩，不坠厥祀。

故曲逆起为策士，辅成帝图，吐谋洞灵，奋奇如神，舜之胄也。汝阴脱帝密网，摧虏暴气，扶乘天休，运行嘉谋，禹之苗也。酂侯保绥三秦，控引汉中，宏器廓度，以大帝业，契之裔也。淮阴整齐天兵，导扬灵威，覆赵夷魏，拔齐殄楚；平阳破三秦，虏魏王；绛侯定楚地，固刘氏，皆稷之裔也。克复尧绪，昭哉甚明。天意若曰：建大德者必唐帝之胄，故汉氏兴焉；翼炎运者必唐臣之孙，故群雄登焉。是以高帝诞膺圣祚，以垂德厚。探昊穹之奥旨，载幽明之休祐。杀白帝于大泽，以承其灵；建赤旂于沛邑，以昭其神。假手于嬴，以混诸侯；凭力于项，以离关东。奉缵尧之元命，而四代之后，咸献其用；德乘木之大统，而秦楚之盛，不保其位。

既建皇极，设都咸阳，抚征四方，训齐天下。乃乐沛宫，以追造邦之本；乃歌《大风》，以昭武成之德；乃奠旧都，以壮王业之基。生为汤沐之邑，没为思乐之地。且曰：万岁之下，魂游于此。

惟兹原庙，沛宫之旧也。祭蚩尤于是庭而赤精降，导灵命于是邦而群雄至。登布衣于万乘，而子孙得以缵其绪；化环堵为四海，而黎元得以安其业。基岱岳之高，源洪河之长。蓄灵拥休，此焉发迹。盖以道备于是而后行之天下，制成于是而后广之宇内。天下备其道，而神复乎本；宇内成其制，而心怀其旧。宜其正名以表功，用成其始，俾生灵尽其敬焉；陈本以宅神，用成其终，俾生灵尽其慕焉。故高帝定位，建兹閟宫；惠皇嗣服，爰立清庙。绵越千祀，至今血食，此所以成终而成始也。

且夫以断蛇之威，安知不运其密，用佐岁功以流泽欤？以约法之仁，安知不流其神，眷相旧邦之遗黎欤？以绍唐之余庆，统天之遗烈，安知不奋其神化，大祐于下土欤？然则展敬乞灵，乌可已也！铭于旧邑，以迪天命。其辞曰：

荡荡明德，时维放勋。揖让而退，祚于后昆。群蛇辅龙，以翊天门。登翼炎运，唐臣之孙。秦网既离，鹿骇东夏。长蛇封豕，蹈跃中野。天复尧绪，锺祐于刘。赫矣汉祖，播兹皇猷。扬旂沛庭，约从诸侯。豪暴震叠，威声布流。总制虎臣，委成良畴。剿殄霸楚，遂荒神州。区宇怀濡，黔黎辑柔。表正万国，炎灵用休。定宅咸阳，以都上游。留观本邦，在镐如周。穆穆惠皇，宗禋克承。崇崇沛宫，清庙是凭。原念大业，肇经兹地。乃专元命，亦举严祀。建旂衅鼓，遂据天位。魂游故都，永介丕祚。焕列唐典，严恭罔坠。勒此休铭，以昭本始。

元

加封大成至圣文宣王敕大德十一年

盖闻先孔子而圣者，非孔子无以明；后孔子而圣者，非孔子无以法。所谓祖述尧舜，宪章文武，仪范百王，师表万世者也。

朕纂承丕祚，敬仰休风。循治古之良规，举追封之盛典，加号大成至圣文宣王！遣使阙里，祀以太牢。

呜呼！父子之亲，君臣之义，永惟圣教之尊；天地之大，日月之明，奚罄名言之妙。尚资神化，祚我皇元！

加封大成至圣文宣王碑记延祐五年

梁宜国子助教

大德丁未，武宗皇帝践祚之始元，今皇上正位春宫。明两辉映，励精文治。以先师孔子爵号未极其盛，首诏加封大成至圣文宣王！上遣使阙里，祀以太牢。天下郡县，承风鼓舞，刻之贞珉，以昭示万世。

沛隶济宁之济州，独为未遑。延祐三年冬十二月，县尹臣袁说，来莅其邑，视事无几，谋诸同僚曰："加封有碑，惟兹邑阙然，诚不可以缓。"众皆欣诺，遂出俸金砻石。伻来请记其本末。臣宜忝居教席，揄扬德音，职也，不敢以浅陋辞。乃载拜稽首飏言，曰：吾夫子生际周衰，不得行其道于当时。及殁，鲁哀公诔曰尼父，汉高祖以太牢祀其冢。迄唐之世，进爵公侯。至宋肇封王爵。呜呼！哀公诔之而不克祀，高祖祀之而不克封。汉唐虽封之爵而不过公侯，宋虽王之而又不能极其盛。钦惟圣元，阐希世之盛典，兼历代之美意，张振古之徽猷，是皆皇上有以赞成之也。皇乎伟哉！今臣说，又能举前政所不建，以彰圣谟、以共臣职，道民迁善，可谓知所先务矣。

沛县创建东岳庙碑记至正二年

韩准提学御史

天下之山，隮高灵峻者曰岳，其尤高峻冠天下者曰东岳。按《书·舜典》：

“岁二月东巡守，至于岱宗。”次南岳、西岳，皆如岱仪。东岳独称岱宗，尊之也。何以尊？在东方也。东方四时惟春，五行惟木。春居岁首，木德发育，阴阳交焉，万物生焉。肤寸之云，不崇朝而雨天下者，唯兹山尔。元气磅礴，神秀所钟，诞生圣哲于鲁，垂宪万世。孟子曰：“登泰山而小天下。”则华、嵩、恒、霍，无出其右，独称岱宗，固宜。后世稽古崇奉，各有彝典，封爵加号，神益尊矣。

皇元至元二十八年，有诏以民康物阜，时惟神休，而封号未加，无昭答灵贶。加上东岳为“天齐大生仁圣帝”，乃遣官诣祠致告，以称敬恭明神之意。由是郡县守臣，罔不修创祠宇，蠲洁致祭惟谨。猗欤盛哉！

大德十年丙午，沛县创建东岳行宫于泗亭里。初，故中奉大夫河南江北等处行中书省参知政事任城郡公扎忽觧，始监是邑。母夫人过旧祠下，顾瞻庭宇，榛芜隘陋，殆弗堪神居。归命公曰：“汝叨守兹土，位县邑上，事神治民，汝之职也。不能事神，民将何治？况水旱疾疫，惟神所司，休戚系焉。今岳祠久废不治，非汝责耶？盍亟图之！”公即谋诸寮寀，各捐俸有差，以董役为己任；沛耆老从而助者，为辈甚众。乃鸠材、陶甓、度地，就购田以广其堧，撤旧以新其规。创殿五楹，栋宇壮丽甲邻邑。殿成，耆老请刻石纪功，公弗许。继而殿之西为祠三楹，东西庑共二十楹。位各有神，神各有司。神门左右为屋，右为庖库，左以居典守者。神门之南，又为大门。崇墉环绕，树柏森列，而庙制成矣。

后二十七年，而公之墓木已拱。至正二年壬午，耆老苗垣、张德林辈，辇石庙庭，复请于公之嗣子通奉大夫陕西等处中书省参知政事将朝，属文于准。准辞以神明之德，未易立言，愿公有功。又以我先人尝与相是役也，弗克终让。乃叙而铭曰：

惟岳在东，隮高灵峻，尊为岱宗。惟天为大，惟岳与齐，厥德攸同。元气鸿濛，诞生哲人，神秀所钟。云蒸肤寸，霖雨天下，孰测神功。神休丕显，幅员之广，祀典惟通。礼视三公。帝王加封，允极其隆。沛有行宫，梁虹栋龙，神严其中。询兹始终，谁实作之？任城郡公。公祷于神，民安年丰，不私厥躬。垂四十年。沛人刻石，表乎崇墉。庙门之外，舟车交冲，过者敛容。神不可诬，正直是与，昭示无穷。

昭惠灵显真君庙记延祐七年

吴兴　陈绎曾

沛东北五十里，乡曰泗亭，里曰欢城。前挹薛河，后带漷水。新庙翼然，出榆枌荫蔚间，曰昭惠灵显真君祠，里人杜珎实作之。经始于延祐元年之春，落成于延祐七年之冬。复殿重栾，两楹五栿。金碧丹彩，邕邕煌煌；像设端丽，有赫有严；以为乡人水旱疾疠之所依。凡施以钱，计二千五百余缗，自基及像，皆独力创为之。乡人醵钱以助，不可。于是聚而谋曰："杜翁之所以福于我者备矣，其何以报?"乃介乡先生傅君国祥征记于予，将刻石以著不朽!

予闻《祭法》："能御大灾、捍大患，则祀之。"昭惠灵显真君者何？灌口神也。灌口者何？蜀彭门山阙也。蜀神而祀于中国者何？宋取蜀，故蜀王孟昶之妾私祀王之像于宋宫中。太祖至而问焉，诡以灌口神对。帝悦，因敕建祠于汴都。御灾捍患之功，于是著于中国，而祀之者几遍天下。此沛人所以并缘而得祠也。

蜀神之灵果能惠于沛之人乎？昔蜀太守李冰，秦人也，而惠于蜀。今昭惠灵显真君，蜀神也，而惠于沛。秦之人可以惠蜀，则蜀之神恶得不能以惠沛哉？况鬼神之道，不疾而速，不行而至，感之则应，又有妙于人者乎！是一勾龙而社天下，一周弃而稷天下，圣人不以为过，则沛之人禬禳灾患于蜀之神可也。杜翁不以神惠自私，而求福其乡人，亦可也。

国祥与予交厚，求记故不辞云。

沛县尉李君美政记

虞集

沛有尉，善其职，父老爱之，愿刻姓名于石，以示远大。国子生张复，邑人也，疏其邑人之颂云：

舟车冲冲，出我沛邦。我任我载，唯尉之从，力用不穷。岁饥有盗，尉制之有道；田则有蝗，尉除之有方。泗汉患水，防堤善圮。尉将役人，如视妻子。民有无告，尉缮其屋。有系在狱，尉哺之粟。顾瞻学宫，乃牖乃墉。释其弓力，揖逊有容。

复之言曰："尉尝学于济南李昌先生，故知爱人之说。其父奉使平阳，罹地震之祸，尉以恩得官，故能感奋自树立也。"嗟夫！尉于县政，无所敢自遂也，而及乎民者如此。

自昔沛以勇宕为俗，今父老独不忘于一尉之善者又如此。且世之豪民狂吏，以动摇劫持为能，视一职满尉何有？此乃以终爱闻，不亦善夫？使尉益自励，所至不倦，虽古循吏何以过之。有司用材者，能无考于斯乎！

尉姓李，名茂，字廷实，德州齐河人。初为濮州观城尉，迁沛尉。父老曰张仲昂。

国朝

重修庙学碑记正统七年

吉水　周叙

郡县有学，思讲求圣人之道以施诸治也。圣人之道害于杨墨、塞于申韩、蠹于仪秦而坏于佛老，非赖吾孔子之圣，删述六经，阐明尧舜禹汤、文武周公精神心术之奥，以范百王、开来学、福苍生，几何不沦胥于异端耶？盖孔子之道，即二帝三王之道。大用之则大效，小用之而小康。彼异端害道伤治者，譬诸云物翳天日之光，暂焉昏蚀，而卒不能渝其明也。故有天下国家者，凡立学必祀孔子，亘万世莫能外焉。

沛旧有学，废兴不一，比岁渐就倾圮，且地隘不足容众。正统初，成都王君清，来知县事。予族弟缉，实分教是邑，而掌教事者广信徐君经、同分教者绍兴陈君谟也，乃相与谋于王君曰："盍廓而新之？"于是经营规度，捐俸为倡。创始于六年秋，毕工于次年之冬。中为礼殿，翼以两庑，重门设戟，而庙制以宏；讲会有堂，训迪有斋，栖众有舍，而学制以备。生徒来游，父老纵观，莫不顾瞻嗟叹，盖谓其力之不及已，而欲其成之有益于已。相率观感，乐补其遗余者亦众矣。

缉乃以书来告曰："庙学重修，幸遂所图，愿为记其岁月，庶俾来者有征矣。"予诺之久，未有以复。凡以使命经沛至京者二三君子，申前请至再四不厌，乃为之言曰：

> 庙学之修，岂直为弥文之观哉？将必究其实焉。实者何？所谓讲求圣人之道，施诸治业者也。其道载于诗书礼乐，著于父子君臣朋友，皆人心所固有而日用不可缺。为师者以是传之，为弟子者以是受之。俾明而纲常，励而忠孝，不专于口耳，不流于异趋，颛颛焉惟孔子之所阐明是宗。由是发为文章，振为事功，国有利赖，民蒙惠泽，则建学之效成，而其实得矣。嗟夫！学校，王政之本也，有其实斯其本立。继是来为师、弟子者，尚其知勖之哉！

重修庙学碑记景泰三年

漳浦　陈亹郎中

沛之有学、学之有庙，盖自前代始。历岁既久，虫蠹侵蚀，复震陵以风雨，先圣裸荐之次、师儒讲习之所，倾侧弗修。有司不加省者，亦十数年于兹矣。

我朝崇儒重道，天下学宫，敝兴废起。沛县当景泰纪元之初，知县武昌古信、教谕清源张晔，适相继视事。顾明伦堂、大成殿皆倾侧弗修，乃相谓曰："学所以明孔子之道、而庙又所以尊孔子，使人知是道之所从来者也。今倾侧若是，兴复葺理，其可缓乎？”即鸠工度材，运置砖石，以斫以砌，作明伦堂、修大成殿。宏敞清肃，秩然改观。既又立棂星门，创建经阁、射圃，与夫庖厨库庾，皆无不备。沛人以向已倾侧者既修，而素未有者复建，备庙学之制度，耸士庶之观瞻。役虽勤而不伤于农，用虽费而不及于官。皆喜其成，愿有述以著厥绩。

教谕张先生，重韪沛人意，走书属予记。予惟建国君民，教学为先。帝王之兴，率由斯道。秦人焚书坑儒，叛乱四起。高祖起沛中，身跻大业，虽当时诗书礼文之事，有所未遑，然大纲克正，子孙继承，而经术名节之是尚，卒延国脉于四百年之久者，岂真以马上致哉？亦以斯道为之根柢耳。国家定制，以学校责守令贤否、视学校兴复为殿最，其重于此而不轻也较然矣。是宜薄海内外，士劝伦叙，风俗丕变，弦歌之声相接也。

沛之庙学弗修也久，遭时复兴，顾皆贤令长与掌教者之经营摹画；然潜孚默运，抑何莫而非本于上人鸢飞鱼跃之化哉！学于兹者，予知沐朝廷化育之恩，睹学校兴复之盛，惕然以立身行道、忠君显亲自励，将不愧为沛中人矣。

是役也，经始于景泰二年辛未之春，落成景泰三年壬申之夏。其时若县丞韦聪、朱宁，主簿卢蓁，典史邓林，训导周载苾，皆重是举，能与古、张二公同心相协，以毕其功，是咸可书云。

蔡公劲节轩记

庐陵　解缙学士

余家世学《易》，尝有味乎《节》之义，非徒止节而已，惟中节为难。所以节制为尤难也。节欲、节礼、节用，皆君子之节也。节啬、节懦、苦节之不可真也，是乌得为君子之节欤？

监察御史蔡均，乃以劲节名其所居之轩，是有志于刚中之节也。利欲之节，非刚不能；礼义之节，非刚不成；用度之节，非刚则啬而已。凡节欲、节礼者，非刚则懦而已矣。蔡均岂从事于勇克而止于中正之归欤？或曰：“均尝种竹于轩之前，咏歌《淇澳》之篇，而比德于竹也。”是但节以义而不为外物之摇夺耳，是固均之一节也。

余昔者尝为御史矣，每诵古人之箴，曰：“无矫矫沽名，无庸庸保禄。”沽名者，啬节、苦节之归；保禄者，懦节之无立而已，皆非有志于刚中者也。余尝诵之以为戒，幸无玷於！

窃喜均之有志于学，其有光荣于今昔可必也；其以君子之节，有誉于后可期也。其义固非专取于竹也！

重修三义庙碑记正统七年

吉水　周缉训导

去县治东南百步许，有重丘曰戟台。台之上有祠，其中祀汉昭烈，并关羽、张飞神像焉。祠曰三结义庙。考之志书可见，而其立名创建之始，则无所据也。志载昭烈守此，与袁术相拒，吕布救之，曰："我射戟中小支，当各罢去。"一发果中小支，是戟台得名之由也。

按，史记昭烈中山靖王之后，实帝室之胄，有大志，少语言，喜怒不形于色，素与河东关羽、涿郡张飞相友善。昭烈起，以二人为别部司马，分统部曲，恩若兄弟。名祠之意，其以是欤？或者以为飞之走下邳、羽之失荆州，似有负所托，名未称其情也。呜呼！是岂足以知其心哉？观曹操之留羽，羽辞以"受刘将军恩，誓以共死，不可背之"之言。飞随侍昭烈，周旋其间，不避艰险；其自阆州率士兵来会，亦无非欲同心雪耻。二人于昭烈为股肱，昭烈倚二人为心腹。其视䧴渠之在原、率然之在山，首动则尾应，何以异哉？名祠之意，盖有见于此也。至于利钝得失者，势也。诸葛公所谓不能逆睹者，此也。

缉来沛县，尝造祠拜遗像。慨祠宇之倾圮，神像之剥落，无有能新之者。正统壬戌夏，莱阳王君文勉，始于勾稽簿书之暇，乃谋诸同寅，捐赀鸠工，仍旧址而改图之。革其朽腐而易以良材，去其坏圬而环以涂髹，剥落者各肖其像而更塑饰，于是庙貌岿然。旧无标，乃因名而重题之。

落成之日，使来征记，遂述其大概，刻之坚珉，以示来者。

工部都水司有本铭成化二十三年

东嘉　陈宣主事

今天子二十有一年，为成化乙巳。夏四月，诸当路者先是议与上命部使以总其事。诏许之，而误属予。宣既视事，有司卜沛之上沽头创为分司。明年丙午秋，凡为堂、为室、为门、为屏、为厢、为垣、为阶、为庖、为圃，咸若既绪有次弟，而宣得居之，甚愧有所负，而无以尽乃心也。偶得"有本"二字，揭之楣间，盖尊圣贤取水之义焉。僭铭刻于左右，庶以自警云。铭曰：

水曰润下，爰发昆仑。昼夜不舍，放海而奔。问渠何尔，其曰源源。物理如斯，人道攸存。立诚达本，惟德之门。果行如决，顺止如潘。毋激于矶，毋随于浑。取之左右，如逢其原。视彼沟浍，朝盈涸昏。惕然有感，乃铭斯言。

沽头新集记成化二十三年

东嘉　陈宣主事

始余以水事寓泗亭驿，明年创都水分司于上沽头东隅少北，南距河。其西故有民居，余莽然丘野，营生者绝念不谋，于其中过者，佯而不顾。岂惟人也，地亦自弃之久矣。

又明年，为成化二十三年丁未春正月，咨其乡之父老吴荣、刘海辈曰："余欲倡一集于分司之旷地，必若招民作室环向，而中街之为集者所。每五阅日为集者期，奔走四方，俾居者、行者，皆知有生于兹地。惟惴惴焉未稽有众为，不敢是慎可否。毋苟余顺，以助无益，以为识者鄙。"佥曰："为我生者也，敢不敬事！"

乃出令榜之，分地标次，籍其愿室者五十余家。室欲壮，毋饰栋，欲连毋断；间多寡，量力毋强。方位如街而毋背街，欲宽以容，毋窄。树其土之所宜木于街之两旁，为后日者荫，毋苟乱。二月朔吉，皆第，终月告成。若干之仅二百楹，树倍楹之数。立东西为两门，设铺。编守者以警暮夜，立集长以主祀事，立教读以训童蒙，立老人以掌市法、分集。以二日卒事，期如初。三日朏，乃社于新集，羊一，豕一。执诸事者，择其能子弟为之，令其习熟可继：赞礼者二人，瘗毛血者二人，司献者二人，读祝者一人，礼竣又一人读誓文。

既而复谕之曰："尔沛旧有乡社，而祀非礼，适余初正之。其神祀五土五谷，其仪如上而别为祝。兹复责之主祀事者：俗袭泼汤娱尸以为孝，殊戾风教，余力禁既熄。兹申之掌市法者：邑之市道，故无甃，微雨若负途然。余令在官者以官甃，在民者以民甃，幸不为病。"惟兹当甃者，视邑是日向利成，醉而歌，儿童走卒皆相庆。明日群拜于阶下，请书岁月。时按地御史姜公洪达观而更其名曰"陈公集"。余不敢居，惟乐居民之从之易如此，而岁月安敢不书耶？乃以祝于神与吾民之歌者，并刻之，又刻其从事者姓名于碑阴云尔！

祝曰："惟神道协阴阳，镇兹乐土。南接邳淮，北邻邹鲁。界我封疆，新我环堵。尔茅尔绹，有相其始。苟完苟美，亦括于度。工以日者期月，楹以间者仅二百而缺不三五。情祈同于骨肉，树喜联于桑梓。懋天下之有无，走日中之旁午。"

歌曰："昔草莽兮今吾庐，昔泥泞兮今吾衢。日中退兮各以居，礼作闲兮无敢逾。呜呼，百千年兮歌唐虞！"

重修玄帝庙碑记弘治四年

邑人 高恺知县

沛河之东迤北，有玄帝庙在焉。盖自前代治敝兴废，迄今不计几何。先是徐郡道人贾守真，来栖其处，侍奉惟谨。凡祷祈雨旸，每以诚感，常著灵验。既而殿宇倾圮，金碧剥落，甚非栖神之所。守真蹙然曰："吾何以居守为?"乃请诸邑令王公暨邑之世家，各捐俸赀，以为兴修之举。阅一岁而庙成，再阅岁而庙制备。守真欲以兴修始末，备镌诸石，以为永久。来征记，余乃为之言曰：

一元之运，至高无上者谓之天；得天之先气，合阴以生者谓之水。外黑内明，妙不可测，谓之玄帝。何以有是也？老子曰："知其白，守其黑。"盖白可以受采，而黑则恬然无欲也。帝之道，出于老子者也，则其为玄也固宜。夫玄者，天之正色也，其于位也为坎。今之言北方之神者，皆曰玄天，非以是欤？且其神机妙用，不可测度，尝有佑翼国家之验。《传》曰："能御大灾、捍大患者，则祀之。"然则今之崇奉褒扬也，岂为过哉？

庙既成，正殿五间，高若干，深若干。左右廊房各三间，大门三间。周围环以墙，广若干，袤若干。制度宏阔，金碧辉煌，伟矣哉！若夫尚义助成之姓氏，镌刻于碑阴，兹不详述云。

邑令姚君惠政记弘治十五年

江阴 高贯主事

弘治甲子秋七月，予治水事既竣，当自沛还京师。沛之父老百数十人，诣予庭下，请曰：邑令姚公，初以御史征，去沛任十年矣。去之日，民计不能留，请以一靴皮之县门之左方，兹是就敝坏，民之念公者不衰。愿顺吾民之心，文诸石，以垂不朽！

先是癸丑岁，公以进士来令吾邑，属天旱禾菽焦稿，生意余无几。公眷于四野，忧形面目。自为文祷于郊坛，引咎侧身，罔敢宁处。越三日，若有灵响，雨果如注，原隰霑足，岁于是乎复有秋。民无智愚，皆知为公休德之赐。

民有负官租者，殆百人，系已累年，莫为之所。公至，乃与之期而遣之。及是，民奉约惟谨，虽升斗不相负。是时民皆给衣食阛阓，镇店无穿窬之警。

市有恶少某姓者，尝被酒挟刃以拟其父。公曰："是风俗民教所关也，刑无赦！"立杖杀之。远近震慴，无复纵群饮、勇私斗者。

沛之学校，虽苟文具，而士习久不振。公为葺而新之，暇则进诸生徒以课其业，士始知向慕检奇帙以就绳墨，实自公始焉。

鳏寡惠鲜，每逾常数，循阡陌，课桑枣，询所疾苦于民蔚蔀间。

公之善政种种未艾，民方期于永承，而公御史之命下矣。公治沛仅八月，去为御史凡九年，进擢宪副又一年。今读礼于家，大任远到，行且树伟功以泽天下，吾沛不复蒙被耶？然请书于今兹者，非敢贡誉而干泽也，特人心于公之德，自不容泯焉耳！

於乎！今之令，或有九载而弗绩者。去之日，掷瓦石、恣诟詈，甚如拒寇逐仇然，其视姚九月之治、获民无穷之思者，何如哉？夫天下古今，人心不相远，顾在上者处之何如也！庸书诸石，以告来者。

公名祥，字应龙，广右惠之归善人。先令江西之新喻，惠政亦称于是云。

工部都水主事高公去思碑记正德九年

砀山　李稔御史

思功碑，记夫功于去而思高公有所遗以纪之也。沽水去沛治十五里许，贡献方物，转输国运，使臣之出纳，商旅之货殖，凡舟行悉始于闸而上下之。

弘治十四年，高公以进士分司，清介和平，筑堤防，节财力，时启闭。德立而威自行，居近而图则远。豪猾屏迹，力役苏息。三载归朝，司刑曹，持法忤权奸，左迁未几，起为宪副。

去治十年，聚之民登金沟堤相语曰："忆公筑堤时，长五里，阔三丈五尺，高二丈有余，今已万柳成林矣。捍水以便行舟，卫陆以便耕田，公所赐也。北望昭阳，荣王之藩，过沛校人横扰而王不知。公不避利害，以理开谕，以威禁治，萧、砀、丰俱协供奉无苦。中官进鲜，依凭快马者积年，庸公却苞苴，谨应付，入境而自敛戢！兹公既去矣，吾人其忍忘乎？盍相与刻石，以写我思，庶见石如见公焉。"请予为记。

夫公胡得人之如是哉！盖公不惮强御，不遗民隐，而道行乎其间。非有意于人之思，而人自思之不容已。使在治而构所思，有为而思也；去治而无所思，无事可思也。既去而可思矣，则人之思皆公之功也。睹春柳如甘棠，登长堤如岘山，思公何时而已哉！

呜呼！公行将宣布辅相，得天下之人思之，厥功不但遗于沽水也。公名贯，字曾唯，江阴人也。今为浙之宪副云。

工部主事王公去思碑记正德九年

彭城 王度司务

壅水之为害，甚于贼盗之焚掠也。古之善治水者，顺水之性，疏其下流，行所无事而已。小人则不然，偏私成蔽，浅近为图。知功之可立而不知功之不可立者，则不必立也。知名之可慕而不知名之可以不慕者，则不必慕也。

按图志，沛县之东昭阳湖水，会薛河，出金沟口，入运河。永乐初，职漕运者导山东诸水入湖，为大小闸以司蓄泄。遇旱涸则启，湖水由金沟口至沽头上闸，以接漕船。遇秋水泛涨，则由金沟之南、运河之东，绕出沽头上闸之后，至留城会滕水亦入运河。上闸之民，利其水泛所经低洼之处，可以稻也，乃贿司水政者，假以障水入运河，起集官夫为堤于金沟南，西抵运河，东抵滕水，横亘八里，高五丈许。民之利其成也，仍于堤之左右树密柳四行，为龙王庙；堤上又为巡警铺，昼夜以守之；秋成则携豕酒祀之，而乐饮于其内。

方堤之作，东乡之民不知其害也，及堤既毕而害始成。每遇水泛，遏于堤而不得泄，则回旋数百余里，跨昭阳以东抵滕县，至沙河，莫不汪洋浩瀚，颓垣覆屋，秋苗俱废。然彼之防守甚密，而官堤之禁至严也。圣天子即位之明年，黄河改从沛之飞云桥口冲入运河。数年来，势渐以盛，漫诸闸。每夏秋之交，西水泛涨，由留城逆旋而北，旧所低洼之处，亦与堤北同。彼方恶其病己也，乃暂弛堤守。东乡之民，乘舟载锸而往掘之。水既得泄，则奋怒如迅雷震地，冲成地窍，其深无底，堤遂圮不可复支。而昔之作堤者忽至，复有谋再修筑者。

时都水主政王公，以河徙移治于沛，东乡居近焉。东乡之民扶老幼往陈其害。王公乃案验金沟壅水之堤而叹曰："水小则昭阳湖、薛河、金沟诸水自入运河，不必用此堤也；水大则运河之水自足，亦不必用此堤也。为此堤者，其上闸之民有所利而为之乎？夫所获之利甚少，而贻害于东乡数百余里之居民则甚大。昔之司水政者，盖误从之耳。"亟命捕讯，将置于法，群奸乃偃然不敢复兴修筑念。

由是壅水之害始除，东乡之民得安于寝食。相与为谣而歌之曰："生我者父母，活我者王公。保障既有其始，令善宁无其终。"及公秩满而去，民感思之不已，遂纪公之遗爱，勒诸坚石，以垂永久。

公姓王，名孝忠，字全之，四川南充县人也。弘治乙卯乡试第一，登明年朱希周榜进士。出知江西吉丰事，政绩卓异，升今职。在沛三年，其遗爱尤多，如革除奸弊，禁治豪强，裁省漕夫之类，不能悉记云。

工部尚书郎章公去思碑记嘉靖元年

浮梁　操松教谕

弘治乙丑岁，兰溪章公，以壬戌进士，奉命来治沽头诸闸水事。既峻，一载征还京师，民之留者载道，皆不能止。至是逾十载矣，而民之思者弥笃。有父老谒余，请记以垂永久。余素仰公，义不容辞。

按状：公名拯，字以道，大司成章公侄也。文章政事，为天下冠，此固不待赘矣。方其下车也，为正德龙御之初年，于时河水浅塞，权舟往来经闸道者，多负势凌人，至有阻迟运舟，弥月不能行数里者。公立为严戒，启闭有时，有不如法者，罪之。由是权势敛威，河道肃清。

有高公堤者，一以壅水济运，一以御水漂民，盖两便也。岁久水缺，将废。公患之，夙夜弗宁，募民覆土，重植以柳，至是绿阴四望，长堤数里，民尚赖之，皆曰："高公堤存，章公力也。"

沛有曲防地名者，近昭阳湖。北来下流壅塞，又为滕、薛、鸿沟诸泉所通，水渟成潴，民田浸没者殆数十百顷，岁久无能治之。民闻公来，皆涕泣稽首以告。公曰："漕运患乏水，乡民患多水。除彼患以弭此患，盛事也，何不为之?"因亲诣其处，相地浚河，延绵三十余里，不一月而水尽泄。民复有秋流移而归者百余户，为是家给人足，皆指其河曰"章公河"。至今颂之。

是时沽头闸民居甚少，贸易不之留则之沛。公于司之东，开拓其地，建立房舍，教民为市，以通贸易，民甚便之。又立祠于此，以备岁时祷。其有功于民，类如此。

公之去已十有五载，而民之被其德者，愈久而愈不忘，故立为碑记，以垂永久。

呜呼，下之于上，称颂于在任之日，或出于一时之勉强；既去之后而称颂之者，乃其自然之诚心也。故召公之去，而有甘棠之爱；羊祜之去，而有岘山之碑。公去思之碑，无乃甘棠、岘山之遗意欤？公之泽，昔小施一方而人思之者如此；方今位至方伯，不久调燮之任而德泽广被，则其思又切于天下后世之人矣。是用记此，以为将来录公功德者之告。

重建谯楼记嘉靖拾壹年

丰城　孙世祐行人

沛为留都首邑，南北周道，民殷俗厚，邑居壮丽，昔固有闻于天下。迩以洪水为害，追呼四扰，邑里萧条，十室已去其五；而凡百之坠而不举者，亦多。

杨侯以邳别驾，陟宰是邑，宣德溥惠，一以爱民为务。凡民之利病，罔不殚心力以兴除之。下车甫期，政通人和，居者安，去者来，沛人始知有生民之乐矣。

县治前旧有谯楼，以警晨昏、严关防，久圮于水，过者恻焉。侯乃与判、薄许昌李公、秀州徐公谋创立之，二公亦能相与协赞。材取诸废寺之积，力佣诸左右之氓，费给诸商税之羡与夫俸资之蠲。经始于仲秋十月八日，而落成则孟冬之一日也。屋为楹计者若干，工为日计者若干，费为金计者若干，而民弗知也。鸟革翚飞，崇阶峻阁，屹为一方壮，沛其改观哉！工既讫，佥谓岁月不可无纪。适予报命过沛，侯因丐予年友赵君本张为容，请书其事。舟行匆剧，无容多拂，因道侯之所以治沛者以为斯楼之建之由。

侯名政，字用仁，吾同郡人。李公名琦，字体质；徐公名杰，字世英；亦皆一时佐牧之良，法得附书。是为记。

重修城隍庙碑记嘉靖十二年

华容　蔡玉实教谕

《春秋》书"庙坏"，示不敬也；书"力役"，重民力也。力弗舒则民病，坏弗饬则神涣。饬以时举，神人胥悦。匪良牧，曷望？是故邑有城隍，以卫民也；庙貌尸祝，为民画灾祥也。时而饬焉，奚不可？

古沛城隍庙在邑治西数步许，嘉靖己丑坏于河决，湮隘弗称。辛卯春，豫章村墎杨公，以下邳别驾擢知沛事，亟欲整其敝，以民悴未可耳。兹四禩有奇，赋平、役公、版籍清，置邮弗累，流亡曰集，民咸底宁。故语三尹东崖王公诸僚属曰："时可以，卫民者可兴矣。"乃协图更新，缗萃于义，工鸠于良，董役委诸耆，民称使，不越月而庸毕。大门三区，仪门五区，殿寝各五区，两翼祠庑凡三十区，尽革其猥陋卑隘而崇光之。邑民勤且感，请予纪其实，公闻而止之。民请弗已。

予曰：呜呼！古者大绩垂竹帛、勒鼎彝，以示劝也，然非作者志也。治民事神，宰之分也，公惟为己而已，岂欲重自矜衒以为人哉？舆论攸归，义弗容已，爰纪诸石。后之人将指议曰：某言实，某言诬；某言谀，某言直！是故，知我者其惟斯言乎？罪我者其惟斯言乎？

虽然，公绩类此者，若新县治、缮库舍、创社学、立坛壝、实仓库、恤茕独、修街衢、祠河神，咸可纪也，然亦其迹耳。若宽仁阴惠，沛民心铭者，曷能悉纪耶？

重建忠孝昭惠显圣王祠碑记嘉靖十四年

南昌　杨政知县

今圣天子纪元之四禩，予始拜命来判下邳，以督河为职。于时沛中黄水汜滥，漕河沙淤，议者乃有新河之役。少司空值庵盛公，实当厥事。恐其功之未易就也，檄予领丁夫三百，专理旧河；而中丞渔石唐公，复于予有发行运艘之责。时二檄交驰，萃于一人，心实惴惴。至沛，见舟集泗亭者以数千计，而沛河上游，多可徒涉，私窃浩汉曰："其势如此，功之成、责之塞也，难矣哉！"

舣舟东岸，方以自忧。一日间行堤上，见旁有神祠，往叩之。入其门，垣墙颓圮；升其堂，栋宇倾侧；瞻其像，丹青剥落。询曰："祠何名哉？伊何神哉？"黄冠者跽而告之曰："此忠臣伍侯之祠也。职司河事，缓急叩之有奇应。水患方殷，庙貌不肃。谋以新之，而久未有倡者。"予闻之乃整容肃拜，且私念曰："侯，越人也。楚越势不相及，胡为而庙食于此？"复自计曰："侯以忠而死于江者也。江淮河汉，地之四渎也。安知其神之无所不之乎？"乃为祷焉，曰："惟神有灵，使予功之克成，当谋以新兹庙。"

遂鼓众趋事，而疏者、沦者、剥者、挽者，各竞乃力，不逾时向之淤者通矣，留者行矣。厥功告成，欢声载道。予因念曰："兹役也，虽人所为也，而神实相焉。功不可诬，言不容食。"乃捐俸金以倡，而复益以募缘所得者。鸠工市材，为正殿三间，中肖神像，旁列钟鼓。功毕，亟归于邳，而制实未称。

越明年春，予膺知沛之擢。始至谒神，即谋以终初志，而水患甫平，公私告匮。逾年民困稍苏，百废胥举，乃与同寅督河李判簿谋，而君亦克相予志。相与捐资鸠工，于正殿之后，为屋五楹，以便其事于祠者之止息；屋其旁，以居典守之人；周缭以墙，神其得所依矣。予之所以默许于神者，至是始克践其言矣。功甫毕，前督河少司空朴庵章公，亦以堤沛时曾祷神有应，驰疏上请，列神于祀。春秋命有司者以举事，而庙制犹未改焉。至兵宪何公、查公，先后移檄于予发帑金，为两计者一百有七十；益以材木，为根计者三百，而俾予鼎建焉。予因相地，得旧祠之少南，平衍恺爽，乃兴工作，以承上命、以终初志。前树绰楔，中为大门四楹，高一丈七尺，广三丈四尺。门之内，东西各为一亭，亭之北为从屋，东西各六楹。从屋之中为甬道，甬道之北为露台。露台之上为正殿六楹，高二丈八尺，广五丈五尺五寸，深三丈二尺五寸。龛其中，以祀神。殿后为平屋五楹，高广视殿不及者三之一，而阔则如之，便栖止也。周缭以墙，凡四十七丈九尺。扃其门，以时启闭之，恐无知者之为神溷也。经始于嘉靖十三年二月，落成于嘉靖十四年十月。为费以金计，浮于所发者三之二，皆出于经理，未尝敢以厉民，惧速宪典、且贻神僇也。专祠之神名、庙之匾，尚未备者，候成命也。

夫以一庙之成，经数年之久，出数人之谋，而制始克备，非人也，神实为之也。予虽终始，事事亦无得而与焉者，弟恐去兹日久，颠末罔传，庸书此以付黄冠之司祠事者。使刻石旧庙，以昭神贶、以纪岁月、以备计新庙者之采择，而予志之幸不终负者，亦因以见焉。

主事王公去思碑记嘉靖十七年

古荆　苏锳训导

嘉靖十七年岁次戊戌春二月之吉，工部都水司董沽头闸事尚书郎王公，以三载事竣，述所职将促装朝于京师，沛之父老百余辈，相谋为挽留计。以余司沛文教，可以达其意于公，因谒而告余曰："转漕之患，二洪之外，而沛为首，故都水有官设焉。自黄河之为沛患也，公私之弊极矣。及其延漫横流，无所事于闸、浅，漕司疏裁员后，河政废数年。嘉靖癸巳，水南徙，而河闸浅滞，漕司复于旧额而请复之。甲午之春，简命我公董厥事，复诸闸以旧规焉。公之至也，诸物告颓者以十余祼矣。公始治屯而经纶之，申命严戒，疏塞举废，濯污剔蠹，权豪敛迹。由是启闭以时，舟无暂停，转漕利而商通，公之力也。匪直是也，官舍构可以办公，厂铺修可以庇役，阛阓庆于室庐，晨昏可殚述？何者非其心术大公之运？今其代去，诚赤子而失乳哺也，谁其舍之?"余与之曰："国家定制，非尔辈可得而尔也。无已，则有一焉：录其政以留遗范，则是可为也。"众皆举手加额曰："古之惠及于民者，一事尚可纪于无穷，矧公如此之多乎？若是可以申吾民之愿矣。"乃请刻诸石。

公名佩，字朝鸣，号黍谷，顺天文安人，登嘉靖壬辰林大钦榜进士。其天人学识，经济才猷，余以文事日侍教而多与闻，固知相业有待也。兹特举其一节，以备国史之采云。

重修沛令颜公忠孝祠记嘉靖十九年

安福　颜德伦员外郎

昔先王经理天下，为天地立心，为生民立命，为万世开太平，虽法度具备，枢机周密，而其大者，则仁义以根本之、纲常以维持之，以故俗美风淳，国祚悠长。所谓非忠无君、非孝无亲者，是则忠孝在人，天之经也、地之义也、降衷秉彝之不容已也。秦汉而后，五季冯道之流，弃君卖国，纲常扫地，求天下之治，难矣哉！

嗣惟我朝，靖难师临。沛令颜侯，自以食人之食者，分其忧；乘人之车者，载其难。遂题诗学宫，具衣冠自经。子有为，亦自刎。庶几从容就义，而无愧于为臣、为子矣。侯姓颜，名瓌，字伯玮，江右吉之庐陵人。予髫龀时受庭训，先大夫尝考谱牒，慨想遐思，潜德幽光，弗克表扬。

至嘉靖丁酉，予奉圣天子命，补官水部主事，管理沽头河闸。至沛求公坟茔，得二碑于荒草间，一南直隶董学御史彭公勖建；一先任大行、继除御史黄公国用建。先任知县杨政植柳。墓前小亭将就圮矣。乃偕县学官、师生、耆老勘议，请之督河大中丞浅斋郭翁，捐廪买拓基地，东西计三十四丈余，南北计五十二丈余。适河大水，暇。夫诛茅烧造砖瓦，外环以墙，中建祠三间，耳房二间，以备有司春秋时享，召人奉守，以永世世。俟后之君子，扩而大之，使人仰瞻兴感，忠孝之风行，君亲之伦笃，熙皞治化，比隆古昔，自沛而及天下可也。昔卞壶父子同死，浩然正气，至今与日月争光。

呜呼！人孰不死，有重于泰山，有轻于鸿毛。若颜氏父子，其泰山之重者乎？其闻卞氏之风而兴起者乎？其有补于纲常名教为国之桢干者乎？

予时适以迁副缮部郎，弗克久留，故请浅翁垂记不朽。谨叙始末，以备采择，用征将来焉。

颜公记

*庐陵　晏壁*徐州州判

颜瓌，字伯玮，江西庐陵人。洪武末任沛县知县，死节年五十。颜氏为庐陵甲胄，出唐太师鲁国文忠公。居燕城，为忠简胡公故里。元至顺壬申，有讳洗者，由乡贡进士辟宪府吏，死节广东，伯玮之先世也。

伯玮聪明介直，能文词。洪武己卯，诏都邑征贤良，有司以伯玮举，擢徐州沛县令。善政抚民。未几而南北构兵，官军驻德州，淮北之民，终岁给军饷。伯玮布置有方，民趋事赴工，不敢告劳。三年辛巳六月望，北兵直捣济宁，过沛邑，民多窜匿。兵退，伯玮设法招徕之，民复业如故。秋九月，有旨设沛丰军指挥司，集民壮五千，筑土堡以备御。寻调三千益军，官所存二千皆疲赖。四年正月，兵驻沙河。二十二日攻沛邑，伯玮遣县丞胡先、百夫长邵彦庄指挥都督。告急。二十六日攻益急，伯玮呼弟珏暨次子有为曰："兵势盛，孤城无援，事不可测。倘有难，汝脱身还家，白大人：'瓌既为人臣，子职弗克尽矣。'又名为士，临难岂容免乎？"取笔赋诗一章，题察院壁，曰："太守诸公鉴此情，只因国难未能平。丹心不改人臣节，青史谁书县令名。一木岂能支大厦，三军空拟作长城。吾徒虽死终无憾，愿采民风达圣明。"漏下二鼓，报兵入东门，指挥王显迎降。伯玮具衣冠南望而拜，自经。子有为自刎以从。俄而诸军至，擒主簿唐子清、典史黄谦，俱死。弟珏幸脱走济宁。逾月还沛，询邑人伯玮父子尸，已为胡先埋瘗。二十二日至徐，泣道其故。

伯玮于予为同郡，沛于徐为属邑。予家居时，知伯玮善事父母，友于兄弟，睦于族姻，乡党称其六行无异词。故为郡守县令所知，以其名闻。及为沛邑令，类以事至徐，又同督运德州，连床对席共食，谈论慷慨，练达机宜。予深嘉乡邦之有人、属县之得贤,长吏期其远且大也。呜呼!竟止于斯耶?

夫人莫不有死,有重于泰山者,有轻于鸿毛者,非死之难、处之难也。古语云:"谋人之军,师败则死之;谋人之邦,国危则亡之。"若伯玮,以藐然之身,寄百里之命,其平居素志已定,视死如归,赋诗述情,其贤于人远哉!

叙赵氏一门节孝嘉靖四年

湖湘　余胤绪郎中

沛人赵清,字本洁,少孤,侍母业儒。事母纯孝。母死,庐墓三年,哀痛如一日。墓近黄河之原,水溢弗汩,山鼠夜衔草以塞庐隙,黄鹰时来,燕巢于所,稿瓜复秀。乡人异之,闻之有司,以奖于宗主,越业雍。大司成崔后渠稔庐墓之实,乃免班待以殊礼。时沛人业雍者复请曰:"赵氏世有嘉行:父孜割股以愈亲病;母卓氏守节训子以儒。一门节孝,乡人首称。"后渠益重之。嗣湛甘泉代崔立升责,以励劝惩,乃首升本洁于率性堂下。名士遘者,咸彰以言,先操王相赋之。余子幸斯人之难遘也,为之叙曰:

> 名节孝者,其可忧乎?忧赵氏之有是名也,忧夫人之非赵氏也。赵氏非有为而为也,曰自尽焉耳矣;夫人非本无而无也,曰自丧焉耳矣。盖人之所以异于禽兽者维何?《易》曰:"艮其背,不获其身;行其庭,不见其人。无咎。"不获其身者,安其身者也;安其身者,遂其志者也;遂其志者,还其有者也。呜呼!父母有疾,子不得如故,是故割股者不为矫。三年之丧,斩衰、苴杖、居倚庐、食粥、寝苫枕块,是故庐墓者不为伪。一与之醮,终身不改,是故守节者不为变。节孝生于情,而成乎其志者也。先王制礼,以防人情,固不容过。然情之所在,与其不及也宁过。今薄俗之中而得赵氏焉,斯可矣,奚暇苛其过中矣乎?

虽然,本洁质淳弗华,故曰非有为而为也。今之人,有本洁之质则可,无本洁之质则伪也。

御制祭昭惠显圣王文

曰:惟神灵著沛河,功昭漕运,国家重赖,关系匪轻。惟兹仲春秋,特用祭告。伏乞敷宣神力,永庇奠安。尚享!

曰:昔河口冲决,地方受害。特命大臣,督工修理,河流顺轨。今民居永奠,运道无虞,岂人力之能然?实神功之是赖。惟兹仲春秋,祀事式陈。惟神其鉴之。尚享!

祭名宦乡贤文

兰溪　章拯侍郎

曰：惟商左相，作诰垂训。遗墓古城，闻者起敬。沛公龙兴，豪杰如云。然可传世，不在策勋。曹之清净，王之持正。有周兄弟，守死廷诤。亦有条侯，乃真将军。孰谓鞅鞅，非少主臣。施以易显，庆以礼闻。少君谷梁，许氏说文。南朝刘氏，孝有余庆。太中程公，仁以为政。颜之大节，萃于一门。蔡之善行，登载五伦。猗欤数公，卓尔不群。祀之于社，以淑后人。尚享！

祭沛令颜公文有引

吉丰　彭勖御史

知县颜公墓，在沛邑南关。公名瓌，字伯玮，庐陵芗城人也。相传为唐鲁公之裔，素以学行称于州里。洪武末由明经授知是邑，民悦其政。太宗靖难之兵压境，伯玮父子同日就死。邑人义之，遂敛葬焉。岁久冢平，人莫能知。正统初，监察御史彭勖巡教至邑，询于致仕户部主事孟式，得其葬处。乃令有司起坟立祀，而祭之以文曰：

人孰不死，公独死义。荒冢累累，我独公祭。勖非要誉于乡党，盖欲振纲常于百世。维灵爽之洋洋，永庙食于此地。尚享！

祭沛令颜公文

庐陵　黄国用行人

曰：繄先生之在当时兮，郁系乎乡誉；用明经而起家兮，遂筮仕于百里。遭国步之斯棘兮，爰赋诗而见意。蕲只手以扶天柱兮，矢临难无苟免之理。苦力鳍而援绝兮，乃从容南望拜而自缢。时令子之侍左右兮，痛先生之见弃。遂引决于赤钟之芒兮，期相从于下地。呜呼！子之于父、臣之于君兮，实天下之大戒、无适而非命义。试忠孝而沦于愆兮，是果无所逃于天地。胡世道之乖角日下兮，自卞忠贞父子之外未论矣。何先生父子以倗尔之躯兮，而竦乎天制与人纪。盖自靖难之师临南傣兮，士氓佥谓天命之有归。咨姤嫭之未判兮，孰能量势而见几？渠溃溃娓娓望尘求免兮，一鸿毛之是俪。同时如唐子清、黄谦之就义兮，乃蘔华熏香而自厉。后此若张昭季之经、许伯澜之水，周士修、王叔英之死于黉舍、于广德兮，又皆闻风而兴起。我怀先生生吾庐陵之芗城兮，实胡忠简公、文山之故里。岂此邦之山水兮，用是多产乎英异？抑先生之世胄兮，乃太师文忠公之裔？多玄训之笺笺兮，求俯仰之弗愧。叹国用之生晚兮，幸托先生之里居。奉皇命而徂征河洛兮，道出丰沛之故区。考图志讯父老兮，知衣带瘗兹南关之埭。知先生握拳透爪兮，念灵修而未已。仰高望洋兮，区区怀先生而罔替。用将只鸡斗酒沃醉冢上兮，聊效昔人抚墓之礼。睹芳草之含烟兮，恸表识封植之犹未。喟当时之论未公兮，孰能阐先生之微。呜呼！痛惟先生父子昔日之事也，噫！谅至人之有神兮，离列宿而箕尾是将。鞚玉虬鞭青鸾兮，夷犹乎故里。尚阴骘惟予小子兮，俾无愧于为臣、为子也。吁，尚享！

祭烈女郭氏文

松滋　王琛知县

曰：璞玉未琢，改琢何伤？大木未材，易材何妨？呜呼烈女，女中之良。未醮而逝，未归而亡。琢不改器，材不易方。千古之下，日月争光。是宜挽之以诗，而祭之以章也。尚享！

诗　类

诗以观风也。沛古名地，古今人物感怀起兴其间者，固各有作，而徒工词藻者不录。其词意近古，足以关世教、裨治体者，要之不可无纪也。志诗。

汉

御制大风歌

高帝

《史记·乐书》："高祖过沛，诗三侯之章，令小儿歌之。"《正义》："三兮也。"《索隐》云："侯，语辞。《诗》：'侯其祎而'是也。沛诗有三兮，故曰三侯。"《文中子》曰："大风，安不忘危，其霸心之存乎？"《文心雕龙》："大风、鸿鹄之歌，亦天纵之英作也。"

大风起兮云飞扬，威加海内兮归故乡，安得猛士兮守四方！

御制安世歌

惠帝

乃立祖庙，敬明尊亲。大矣孝熙，四极爰臻补遗。

高祖泗水亭碑铭

班固

皇皇圣汉，兆自沛丰。乾降著符，精感赤龙。承魁流裔，袭唐末风。寸木尺土，无竢斯亭。建号宣基，维以沛公。扬威斩蛇，金精摧伤。涉关陵郊，系获秦王。鸿门造势，斗璧纳忠。天期乘祚，受爵汉中。勒陈东征，剟擒三秦。灵威神祐，洪沟是乘。汉军改歌，楚众易心。诛项讨羽，诸夏以康。陈张画策，萧勃翼终。出爵褒贤，裂土封功。炎火之德，弥光以明。源清流洁，本胜末荣。叙将十八，赞述股肱。休勋显祚，永永无疆。国家宁安，我君是升。根生叶茂，旧邑是仍。于皇旧亭，苗嗣是承。天之福祐，万年是兴。

舞阳侯樊哙

班固

戭戭将军，威盖不当。操盾千钧，拔主项堂。兴汉破楚，娇娇忠良。卒为丞相，帝室以康。

绛侯周勃

班固

懿懿太尉，惇厚朴诚。辅翼受命，应节御营。历位卿相，土国兼并。见危致命，社稷以宁。

平阳侯曹参

蹇蹇相图，允忠克诚。临危处险，安而匡倾。兴代之际，济主立名。身履国土，秉御乾桢。

汝阴侯夏侯婴

班固

斌斌将军，鹰武是扬。内康王室，外镇四方。诸夏乂安，流及要荒。声驰海内，苗嗣纪功。

安国侯王陵

班固

明明丞相，天赋挺直。刚德正行，不枉不曲。功业茂著，荣显食邑。距吕奉主，昭然不惑。

汾阴侯周昌

班固

肃肃御史，以武以文。相赵距吕，志安君身。征诣行在，如意不全。天秩邑土，勋乃永存。

国　朝

泗水亭

大泽传呼夜送徒，遥闻鬼妪泣呜呜。归来子弟多年少，指顾风云起壮图。

元

沛公亭

傅与砺

遥山寂寂对危亭，坏础歌沙柳自青。四海久非刘社稷，千秋犹有汉精灵。丰西雾散烟沉浦，砀北云来雨入庭。坐想酒酣思猛士，歌风台下晚冥冥。

唐

歌风台

胡曾

汉高辛苦事干戈，帝业兴隆俊杰多。犹恨四方无壮士，还乡悲唱大风歌。

宋

歌风台

张安道

落魄刘郎作帝归，樽前感慨大风诗。淮阴夷灭英彭族，更欲多求猛士为？

歌风台

文天祥

长陵有神气，万岁光如虹。有时风云变，魂魄来沛宫。壮哉游子乡，一览万宇空。击筑戒覆隍，帝业慎所终。重瞳爱梁父，此情岂不同。锦衣绚行昼，丈夫何浅中。缅怀首丘意，自足分雌雄。尚惜霸心存，慷慨怀勇功。不见往年事，烹狗与藏弓。早知致两生，礼乐三代隆。匹夫事已往，安用责乃翁。我来汤沐邑，白杨吹悲风。永言三侯章，隐隐闻儿童。叶落皆归根，飘零独秋蓬。登台共悽恻，目送南飞鸿。

元

歌风台

天台　陈孚

沛中一曲大风歌，谁识尊前感慨多。拔木扬沙濉水上，大风中有汉山河。

沛上风云志未酬，彭城先有锦衣游。同为富贵归乡者，只是龙颜异沐猴。

原庙衣冠久已灰，断碑无首卧苍苔。至今风起云飞夜，犹想帝魂思沛来。

歌风台

益都　于钦

素灵夜哭赤旗开，鸿鹄高飞楚舞回。猛气销沉人易老，白云千载绕荒台。

歌风台

天台　杨敬

布衣千古一英雄，五载乾坤入手中。遥想帝魂垂浩劫，舜弦天下和南风。

歌风台

刘昂

刘项兴亡转烛过，乱蝉吟破汉山河。长陵卧老咸阳月，沛上犹传击筑歌。

歌风台

临川　吴澄

黄屋巍巍万乘尊，千秋游子故乡魂。韩彭自取夷三族，平勃犹堪托后昆。湛露只今王迹熄，大风终古霸心存。当时尽是规模远，愿起河汾与细论。

歌风台

陈旅

歌风台前野水长，王媪卖酒茅屋凉。酒边父老说刘季，头戴竹冠归故乡。山河霸气已销歇，飒飒老柳吹斜阳。台前小儿竞击筑，筑声更似三侯章。

歌风台

揭傒斯

万乘东归火德开，汉皇从此宴高台。沛中父老讴歌入，海内英雄倒载回。汤沐空余清泗在，风云犹似翠华来。穹碑立断苍烟上，静阅人间几劫灰。

歌风台

刘廉

击筑酣歌倚大风，高台良宴故人同。江东兵甲销沉后，天下山河指顾中。万乘襟期开宇宙，千年形胜傲英雄。霓旌立断苍烟上，还有神灵托沛丰。

歌风台

无名氏

白帝子死老妪哭，天下纷纷竞逐鹿。炎刘天子挥干戈，诛秦蹙项何神速。功成治定回故乡，拥护马首皆侯王。搥牛釃酒宴邻里，酣歌击筑增慨慷！沛中父老留不住，赤龙又驾西方去。百二山河镇帝居，杳杳白云在何处？太行落日群峰青，黄河不尽古今情。魂魄想存汤沐邑，至今台上风云生。

两雄逐鹿操干戈，觊觎中原奈力何？汉祚有成三尺剑，楚兵终散一声歌。承颜竞筑新丰舍，归梦长游古沛河。芒砀山高青不了，五云犹绕赤龙窝。

歌风台

游子敬

丰沛鸣鸾万乘归，酣歌游子故乡思。勋劳自信推三杰，宴乐宁忘守四夷。日月尚随丹凤辇，风云长绕赤龙旗。荒台遗址今犹在，蔓草寒烟锁断碑。

歌风台

杨祖恕

怒涛突千骑，上有峥嵘台。六合一望间，万里天风来。畴昔龙虎气，芒砀深云堆。煌煌赤帜立，赫赫炎运开。皇灵固有属，亚父徒惊唉。得志家海内，故乡重徘徊。窹寐猛士守，宿将胡嫌猜。矧兹霸心存，咄彼后乘骀。朗咏三侯章，击节嗟雄哉！

歌风台

吴师道

沛宫置酒君王归，酒酣思沉风云飞。儿童环台和击筑，父老满座同沾衣。一歌丰沛白日动，再歌淮楚长波涌。龙髯气拂半空寒，虎士心驰四方勇。河山萧瑟长陵荒，野中怒响犹飞扬。高台未倾风未息，故乡之情那有极。

歌风台

韩性

武帐如星连钜鹿，重瞳谁敢相驰逐。刘郎深闭函谷关，坐听城南新鬼哭。赤鳞半月天无光，阴陵匹马虚彷徨。百二山河笑谈取，殿前上寿称明良。榆社归来故庐在，山川不改风光改。酒酣自作三侯章，儿童拍手声翻海。君不见，帐中悲歌愁美人，乐府千载传授新。英雄吐气天为窄，便肯变灭随飞尘。高台古碑字盈尺，神呵鬼护蛟龙石。四海铜雀叹凄凉，坠瓦无声落花碧。远山横空暮烟起，行客徘徊殊不已。当年遗事尚可寻，断云飞渡香城水。

歌风台

东阳　李凤

一剑西提与楚争，风云惨淡五年兵。归来四海成家日，犹自悲歌气未平。

歌风台

松杨　练鲁

沛宫秋风起，游子伤所思。故人侍高宴，故乡亦在兹。酣歌自起舞，慷慨有余悲。秦鹿方掎角，英雄并驱驰。帝业亦有在，真气匹妇知。天下且归己，功臣胡自危。九江自取尔，会稽徒尔为。俯仰数行泣，何以安四陲。天地驱日月，出入六马驰。上瞻芒砀云，下顾泗水湄。荒台忽千载，烟芜夕霏霏。

歌风台

张光弼

世间快意宁有此，亭长还乡作天子。沛公不乐复何为，诸母父兄知旧事。酒酣起舞和儿歌，眼中尽是汉山河。韩彭诛夷黥布戮，且喜壮士今无多。纵酒极欢留十日，慷慨伤怀泪沾臆。万乘旌旗不自尊，魂魄犹为故乡惜。由来乐极易生哀，泗水东流不再回。万岁千秋谁不念，古之帝王安在哉！莓苔石刻今如许，几度西风霸陵雨。汉家社稷四百年，荒台犹是开基处！

歌风台

萨天锡

歌风台下河水黄，歌风台上春草碧。长河之水日夜流，碧草年年自春色。当时汉祖为帝王，龙泉三尺飞秋霜。五年马上得天下，富贵乐在归故乡。里中故老争拜跪，布袜草鞋见天子。龙颜自喜还自伤，一半随龙半为鬼。翻思向日亭长时，一身传檄日夜驰。只今宇宙极四海，一榻之外难撑持。却思猛士卫神宇，安得长年在乡土。可怜创业垂统君，却使乾机付诸吕。淮阴年少韩将军，金戈铁马立战勋。藏弓烹狗太急迫，解衣推食何殷勤。致令英杰遭妇手，血溅红裙即追首。萧何下狱子房归，左右功臣皆掣肘。还乡却赋大风歌，向来老将今无多。咸阳宫阙亲眼见，今见荆棘埋铜驼。台前老人泪如雨，为言不独汉高祖。古来此事无不然，稍稍升平忘险阻。荒凉台前人已埃，今人哀悲歌感慨。我来吊古下台去，断碑春雨生莓苔。

歌风台赋

王士熙

《豳风·七月》，所以叙王业之艰难；汉歌《大风》，所以一四海之至威。风，动也，风行天下，何所不遇之哉！豳始有部，积累其基，其为风也，不轩举而动荡，收功于兹。若夫大风者，一扫而空四海，一呼而应万类，非高祖其谁欤？

沛之为县，无高山大林之险巇。平取白蛇，乃东乃西。秦婴面缚，项羽自隳。僭号诈君，挥剑肉飞。四望既定，大号攸归。此其为风也，温惠条畅，浃于民肌。不扬其埃，弗动其旗。敛之无迹，动之有机。汉之大风，混之两夷。虽有土台突若，安得而私之耶？有河流之妥妥，彼泡泉之左左。万乘喜其来止，旄倪来其繁伙。万岁之后，犹思卑两京而皆可。

乱曰：诗之六义，古圣贤兮；大风之歌，班固勉旃兮。乐极而伤，猛士谁贤兮？韩彭皆死，有经有权兮。呜呼高祖，我思如川兮！

国朝

歌风台

朱彦昌

黄屋东归自北州，飞龙犹认旧灵湫。并驱先获秦亡鹿，百战曾擒楚沐猴。德政虽兼王霸道，宽仁贻厥子孙谋。至今日落荒台上，犹有精灵在上头。

歌风台

王羽

乌骓已逝赤龙飞，亭长还乡衣锦衣。当日醉歌偏感泣，他年魂魄尚思归。台遗故土风声大，碑卧荒郊字刻微。刘氏开基汤沐邑，行人怀古重依依。

歌风台

庐陵　杨士奇学士

汉皇靖宇内，六合承统御。万乘还沛中，龙旗翼銮辂。兴情侧微日，张筵会亲故。酒酣歌大风，气势排云雾。往绩示殊伟，丕图怀永固。众起称万寿，弘哉帝王度。宽仁运乾纲，四百隆鸿祚。至今千载余，光华垂竹素。崇台面河曲，穹碑依烟树。我来属秋杪，维舟久瞻顾。矫首芒砀云，淡淡在空曙。

歌风台

胡直

汉祖当时倒载回，金舆玉辇故乡来。千年汤沐犹存邑，万古歌风尚有台。碧树离离晴色远，青山淡淡月华开。穹碑读罢询遗俗，昭代于今富俊才。

歌风台

吉水　罗坤泰

翠华遥指故乡来，隆准高歌亦壮哉！海内风云三尺剑，沛中烟雨数层台。斩蛇空洒秦灵泪，戏马长怜楚霸材。二十四陵俱寂寞，古碑犹自枕苍苔。

歌风台

叶铭臻

黄屋初乘入故乡，悲风从此醉壶觞。固知有国因三杰，复恐无人守四方。丰沛到今何寂寞，风云终古自飞扬。荒台独上追陈迹，空见残碑傍夕阳。

歌风台

河东　薛瑄提学御史

故城南畔泗河限，汉祖歌风有旧台。乐饮一时酬父老，壮心千古忆雄才。新丰桑柘萧疏尽，芒砀云霞散漫开。一自鼎湖龙去后，英魂几复沛中来。

歌风台

豫章　胡俨学士

玺绶归秦土，英雄泣楚垓。金汤千里固，社稷万年开。故老樽前舞，朔风天际来。高歌激云汉，终古有层台。

歌风台

三衢　金实

秦鹿走中原，高节竞驰骛。砀云从真龙，疾足无窘步。遮说一以陈，三军尽缟素。煌煌仁义师，赫赫启赤祚。威加四海日，从容念乡土。酒酣启悲歌，壮心迈千古。关洛久已墟，英雄貌何处？落日登荒台，西望咸阳树。大风从天来，徘徊不能去。

歌风台

吉水　张澈

酒罢酣歌意若何，炎风吹散楚云过。乡关回首英雄少，父老当筵感慨多。一代已非前制度，万年犹是此山河。断蛇剑气消应尽，谁把辛勤为洗磨？

歌风台

华容　黎淳状元

颠嬴蹶项仆淮阴，归燕乡园慰壮心。桑梓敬恭诸父醉，风云感慨一龙吟。光生草木家为国，气盖山河古亘今。安不忘危伯图远，高台遗碣绿苔深。

歌风台

新安　程敏政学士

万乘还家日，威生泗水前。楚歌聊复尔，汉业已茫然。宿雨苔花乱，斜阳树影偏。一台惭戏马，相望亦千年。

渺渺荒台上，萧萧白日前。籀文多剥矣，井汲尚泠然。故国夸形胜，新亭说地偏。向来怀古意，踪迹又经年。

歌风台

新喻　刘玉都御史

六国纷纷如解瓦，天教赤帝恢中夏。白蛇中断泗亭前，乌骓力尽阴陵下。

万乘洋洋入沛来，大风歌罢更怜才。绝胜横槊吟诗客，空锁蛾眉向邺台。

歌风台

罗通都御史

汉祖提兵起沛丰，云连五彩接天红。斩蛇过后啼神媪，逐鹿归来唱大风。

只解三臣为俊杰，那知四皓有元功。还将相业资周勃，周勃安刘左袒中。

歌风台

蔡宗兖御史

六驾还乡筑帝宫，歌声飞入彩云中。百年又见荆榛地，白日黄沙卷大风。

歌风台

鄱阳　童轩

望夷宫中箭如雨，芒砀山前五云起。沛公提剑走咸阳，百二山河属真主。乌骓已逝走狗烹，威加海内来故乡。台前父老奉觞寿，酒酣激烈歌声长。高皇龙去台还朽，猛士何人四方守。落日北风动地来，萧萧但见台前柳。岂不闻，姑苏草长游麋鹿，铜雀年深野狐哭。唯有陶唐三尺阶，千载人思太平福。

歌风台

安成　李时勉

君不见，歌风昔日有高台，古人不见今人哀。露砌荒凉余白石，断碑剥落生苍苔。忆昨歌风台下路，凤辇归时花满树。锦筵戏乐天上来，娇娥舞袖云中度。威加海内未可论，何如归见旧山村。青云壮士古来有，白发遗民今少存。秋日经过望齐鲁，野草寒花是谁主？远色平分砀北云，寒声暝度丰西雨。层台垒榭势转奇，世人相逢那得知。好看汉祚从此启，铜雀姑苏空尔为！

歌风台

河东　薛瑄

素灵夜哭秋郊月，汉祖吴钩三尺血。芒砀云气从飞龙，咸阳竹帛随烟灭。
独驱群策驱群雄，汉中一旅红旗东。韩郎对语识成败，董公遮说开天衷。
王者之师仁以武，诸侯效顺力如虎。关河百战芟群雄，垓下一歌散强楚。
风尘荡涤天下清，万乘不忘布素情。黄屋归来见乡邑，燕饮父老如平生。
酒酣拔剑高歌起，歌词激烈振天地。雄志深知大业难，霸心尚存猛士倚。
群儿逐和声悠扬，起舞四顾何慨慷。乐极哀来泪沾臆，魂魄千秋思故乡。
遂令此邑为汤沐，独承天宠何优沃。四百休运同始终，三国遗民想兴复。
至今有台泗水滨，雄豪一去余千春。坏埒层层积苍藓，平原漠漠生黄尘。
我来正值清秋暮，桑柘萧萧叶飞雨。泗水南流芒砀高，伯业王风复何许？
徘徊重是古帝郊，摩挲石刻心劳焦。俯仰秋天莽空阔，杳杳鸿鹄凌风高。

歌风台

八桂 胡倬

提兵五载定山河，汤沐归来父老多。酒半临流频击筑，素心终见大风歌。

歌风台

石首 张壁尚书

淮东忽沛上，夏往又秋来。共说歌风地，谁传戏马台。英雄嗟已去，父老记曾回。屠狗将军宅，凄凉亦可哀。

汉祖功成沛上回，帝乡父老上深杯。龙飞芒砀开王气，鹿走秦关属壮才。一代河山余故宅，千年云水但荒台。大风歌罢重回首，亭树秋高鹳鹤哀。

歌风台

邑人 高恺知县

扫尽飞云宴沛中，酣歌激烈气何雄。布衣起帝承三代，与我皇明太祖同。

国朝

汉高书院

邑人 李绅少卿

马上功成炎祚开，谁将书院起高台。我疑新语条陈日，要把儒名启后来。

国朝

射戟台

邑人 高恺知县

射戟当年解却兵，高台千古仰英名。只怜汜水摧残日，耻向辕门话旧情。

沽 头

石首 张壁尚书

摇落霜仍重，苍茫月正圆。蓬窗临水坐，时见打鱼船。

清沙怜石峭，红树讶霜寒。卖谷人争市，收醚客上滩。

宋

过沛怀古

文天祥

秦世失其鹿，丰沛发龙颜。王侯与将相，不出徐济间。当时数公起，四海王气闲。至今尚想见，龙光照人寰。我来千载下，吊古泪如潸。白云落荒草，隐隐芒砀山。黄河天下雄，南去不复还。乃知盈虚数，天道如循环。卢王旧封地，今日设函关。

元

过沛怀古

江西　傅与砺

县路迷青草，行人荫绿杨。时逢沛父老，能说汉君王。芒砀来秋气，彭城送夕阳。凭高发慷慨，远色正苍苍。

沛尉蒋景山、沛簿赵伯颜送予金沟，月夜别去有怀

萨天锡

公子将军两少年，绣衣白马杏花天。醉中送客归城暮，回首金沟月满船。

国朝

过沛怀古

吉水　张䜣

芒砀龙起战兵骄，力拔山兮苦未饶。天地终归刘社稷，儿童谁向楚歌谣。千年事往遗踪在，五色云寒王气消。渔父也知成败事，短篷残月咏韩萧。

过沛怀古

长沙　李东阳

小县萧条野水滨，旧时遗迹尚风尘。山中白帝先降汉，天下黔黎正苦秦。五载衣冠朝北面，三章号令忆西巡。南畿亦是今丰沛，莫作凄凉吊古人。

颜公祠

庐陵　杨士奇

平生金石见临危，就义从容子亦随。百里山河遗县在，一门忠孝史官知。故乡住近文丞相，先德传从鲁太师。欲吊丘坟何处是？离离芳草泪空垂。

颜公祠

文江　刘俨

花封兵压事尤危，子父存亡誓共随。千古纲常山岳重，寸心忠义鬼神知。乡闾大节惟君继，史传高风即我师。昨过歌风台下路，忍看荒冢暮云垂。

颜公祠

安城　刘球

父子捐生总向危，精魂常与日光随。县南高冢遗民护，地下丹心故老知。双节名家先世德，四忠同郡后贤师。古今载笔皆公道，共有清名百世垂。

颜公祠

吉水　周叙

花封出宰值艰危，一片丹衷不诡随。就义更怜贤嗣在，留题尚有邑人知。节全忠孝三光并，名表纲常百世师。过客谩劳询葬处，声华只取汗青垂。

颜公祠

古丰　彭勗御史

自是才高行亦危，庸庸混混讵能随。孤城独守时皆异，一子重来事已知。忠孝但令先入史，战争不说善行师。几回过此询遗垄，父老无言只泪垂。

颜公祠

泰和　萧镃

泗上孤城日就危，生怀印绶死相随。九泉白骨凭谁主，一片丹心只自知。政在棠阴传故老，歌闻薤露自兴师。可怜令子能同志，千载芳名许共垂。

颜公祠

会稽　陈谟

寓形霄壤内，死生同一理。父子忠孝全，古今能有几？猗欤鲁公孙，贤哉父与子。一朝登仕途，班铜宰百里。爱民推己心，仁风播遐迩。时逢靖难初，兵压兹境里。奋身白刃中，仗节宁畏死。子亦为父亡，忠孝谁可拟？绣衣慨斯人，诚能振纲纪。因之树碑碣，庙食从此始。令德日已彰，风俗日已美。悬知千载间，芳名照青史。

颜公祠

新喻　刘玉都御史

大夏原非一木支，纲常轻重此心知。未驱玄武门前骑，已拔丹阳镇上旗。千古伯夷真义士，九原下壶有佳儿。荒坟遍洒行人泪，泗水南流无尽时。

颜公祠

浮梁　操松教谕

尘满天空兵满城，山河一旦水飘萍。君臣义重心无二，父子肠刚死是轻。荒冢百年流沛水，英雄千古说庐陵。史臣编入忠臣传，上继真卿与杲卿。

颜公祠

福山　郭天锡知州

最是颜公独见明，不臣同姓莫深评。谁家烈妇夫亡后，肯事夫君弟与兄。

沛邑道中

小沛民饥水独肥，高侵木杪上渔矶。风帆错愕谁方向，云树苍茫果是非？拂日晓星鸥鹭起，漫空柳絮苇花飞。凭谁写入丹青里，欲奏天庭献衮衣。

万顷桑田水横流，轻帆短棹陆行舟。田家尽作渔家计，铁石惊鱼密网收。

波光潋滟月娟娟，一色遥连万里天。击铁鱼舠声振野，使君终夜不成眠。

颜公祠

广平　马伟

丹心耿耿见临危，谩道浮沉俗耻随。忠义无亏天地帅，纲常不负鬼神知。卞门死难千年重，叩马高风百世师。瞻拜新祠遗垄下，几回惨惨泪盈垂。

龙泉新学

广平　马伟

学迁形胜地，兴作邑侯贤。清洌龙泉涌，盘旋虎脉连。鲁邹山势拱，洙泗水潆漩。瑞气凌霄霭，祥光映璧妍。宫墙明日月，殿阁耸云烟。制度今隆古，文风后振先。雄观吴越眇，奎兆纬经联。济济青云器，绳绳科第传。化成言偃泽，惠爱鲁恭肩。南滏垂功远，循良太史编。

龙泉新学

泰顺　张庆旸

西南涌清穴，汩汩文而涟。上有浮日光，下有神龙眠。大旱莫可枯，四面长飞烟。灵气管天地，万动俱盘旋。几年埋梵刹，不得开青天。倬哉王明府，惠政兼隆贤。遽为起文教，殿阁峨平原。昙花落幽谷，吾道居乔迁。经营月甫三，百典咸厘然。规模在一新，胡必劳圜泉。先师有生意，行者为惊怜。萍结淬新锷，坐见横吴燕。道业步姬盛，岂其萧曹骈。文翁久弗作，邵州事亦悬。太史勒高绩，循令当谁先！

古沛新城

广平　马伟

南国咽喉地，贤侯保障中。金城千里壮，铁瓮百年功。楼拱连云碧，垣高射日红。北门今锁钥，宜与寇公同。

古沛新城

泰顺　张庆旸

黄昏细雨过新城，立号丁夫尚自轰。寥廓百年无孽寇，贤良千里有讴声。云开雉堞皇图壮，月隐楼台花气清。从此泗江歌舞地，一官何幸濯尘缨。

沛县新城记

徐郡　马津副使

夫城之设险守国，自古及今，未有能易之者，而其义尤取诸《豫》。盖“重门击柝，以待暴客”，非豫则为人所乘也。故天子守万邦，诸侯守一国，罔不有事于此。

泗水之东，沛故有城，元人筑之，湮灭久矣。今县治临于西浒，其民聚庐托处而已，未有守也。嘉靖二十一年，北虏犯边，天子震怒，驱之太原。言者请修内以攘却之。制曰：“可！”沛尹王君治，始因县治筑城。其垣周五里，筑土为之，高二丈，阔一丈八尺。壕深二丈，阔三丈。雉堞凡千三百二十，高五尺，周庐八所。四门各据其胜设楼橹。东曰永清，南曰会源，西曰恒休，北曰拱极。经始于本年八月，次年三月讫工。曾未期月，城池完美，伟然一县之观，可谓应命速矣。

县之士夫、耆老，咸以学训黄君昶状请记。余惟城池之役，虽曰佚道使民，然非上下之间，诚意交孚，鲜有协心而即绪者。城非作之难，作者难也。沛尝为郡、为国，其地非不可城；其覆于隍，非不可改作也。乃自我明开国以来，未有能任之者，其难可知。属者，县当孔道，河徙岁侵，又若罢于奔命，非乐土矣。虽有金汤之险，尚虑无以守之，而况草创为城，几与守耶？君子于此，可以观政，可以考时，可为吾民庆也。

按状：王君先世，方岳郡县，代有显人。其始上也，平徭更赋，振业流冗，肃保伍、弭乱阶、植善良、敦化本，以至警游惰、广储蓄、迁学宫、秩祀典，学道爱人，谨身节用。凡诸要务，率若轻车熟路，按次举行，鲜疑阻。

今兹城役，用银四百余两，用夫五百余名。银取诸官而民不知，夫取诸田而民不扰。其民信之，不以为劳，固其所也。然城虽一县，我圣天子用言图治之效，风行万里，四国于蕃，其于“无怠无荒，四夷来王”之治，有足征矣。来者可继也，不可忽也，故曰：民之庆也。作沛县新城记。

叙沛县志后

尝读史至沛公传，将相咸沛人，未尝弗嘉沛之盛。越辛丑，余以禄仕抵沛，而沛之士跻跻跄跄，如圭如璧，晳如也，彬如也，乃叹曰："郁哉！沛之盛，征矣！"既求唐宋间故事，虽沛人士弗知也。久之，赵时若辈进曰："沛邻中土，历汉、唐、宋三受命。兵燹荐臻，图籍残缺，今之不知古，固也！"且指顾飑城、微山、歌风台曰：皆故迹也。方欲白诸邑侯南滏王公。

王公，永年伟人也，莅政甫三纪，善政之著于沛者累累，当道亟加褒奖。屡将有事于志，而邑务方丛。适城役之隙，遂购遗志、访故老，举事龙泉，且曰："沛，古名邑，因革靡常，百典多废坠。迩为修葺，且就绪。缺典惟志，诸君不可不致力焉！"

吾司教马君，既得命，更相告戒。晨以出，暮以入，上下古今，错综物议，惴惴焉惟弗克任是惧。志成，谓余亦在事列，以末简属余，弗能以弗文辞。

顾惟邑之有志，犹国之有史。史以信天下，志以信国人。是故，史必期于传，志必期于史。史弗可传匪史，志弗能史匪志。大矣哉，志之任也！是故，轨物裕远，存乎信；植信克张，存乎公；成公不愎，存乎明；开朗章白，存乎质；兼体弗遗，存乎博；微显阐幽，存乎辨。六物备，而志之大观成矣。

是志也，叙事立体，必案旧志；非旧志者，不敢妄赘，几于信矣。叛经者，不轧于权；履道者，不问其类，几于公矣。总之十事，以宏其规；析之众目，以尽其细；无诡回，无隐护，几于明矣。文惟据事直书，不烦词，不侈饰，几于质矣。搜罗捆摭，虽一事一物之微，必加考订，几于博矣。凡有幽隐，不容终讳者，必为条叙其略，或列于各目之下，或书于本条之下，几于辨矣。如是可质之天下！

明万历《沛县志》

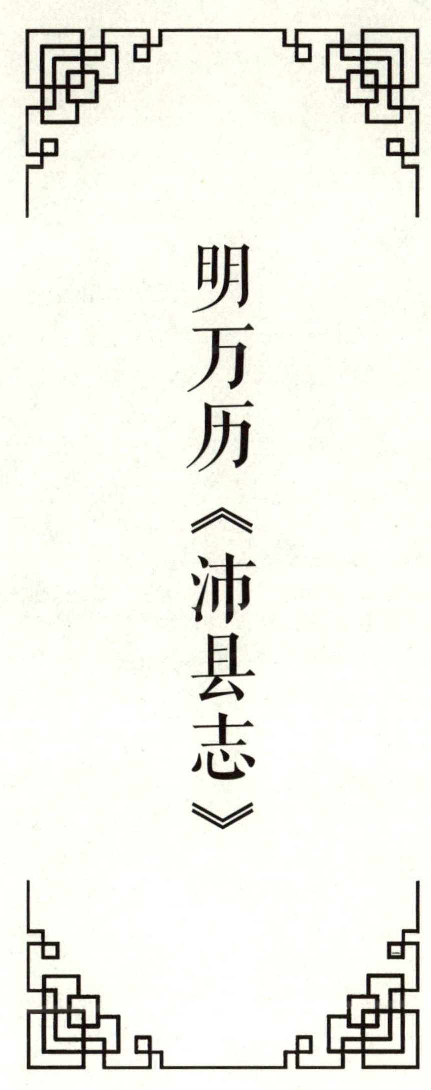

导读

黄清华

万历《沛县志》是经两任沛县知县的之手而编修成功的。

万历二十二年(1594),沛县知县、山西隰州人苏万民去职,罗士学来知沛县事。罗为四川彭山人,由选贡充任知县。罗氏上任时,沛地灾害频繁,民不堪其苦。文献记载:"万历二十年,夏五月,大风拔木","万历二十一年,春,大饥。夏大水,无禾","万历二十二年,春,大饥疫。上命留漕粮、发官帑以赈","万历二十三年,夏,雨雹,伤麦","二十四年,秋,大蝗,知县罗士学下令逐捕。"上任伊始,罗氏即面对大风、大水、大疫、虫灾和冰雹之灾。经济疲弱,百业萧条,罗氏以恢复经济安定民心。万历二十四年定"里甲走递法""定寄庄人户入籍法",歼夙盗,"数百人咸置之法","奸宄屏迹,民得安枕矣"。同时,他关注士民教化和地方公益,修学宫、开局施药、迁龙泉寺、修演武厅。"莅任三期,百废渐举,民稍安业"(罗士学《沛县志序》)。于是,"间取旧志阅之,脱落几不可读"。罗氏感身负赓续地方文化之重大责任,遂激起重修邑志的热情:"夫沛,在昔为人才渊薮,今圣明之代,而文献阔疏如此,长民者安所辞责也?"征得儒学教谕倪鲁和儒学训导鲁思问襄助,遂设馆编修。

倪鲁,直隶大河卫常熟人(自署淮阴倪鲁),万历二十一年由举人出任沛县儒学教谕。万历二十二年、二十五年先后被贵州、浙江聘为同考官,后升任山东临淄知县。鲁思问,直隶和州(今安徽和县)人,万历十七年由岁贡任沛县儒学训导。

既然"两博士雅同余志",罗即命二人为监修,而"延弟子之秀而文者,馆之学宫,任以纂修"。这"秀而文者"即邑庠生、沛人符令仪。符氏在题记中说:"仪自束发来,即有意于邑乘,积今二十年矣,第未有成书。今年春,邑父母罗公授以纂修之任,又重以二广文先生命,乃克执笔,粗就此编。"符令仪以沛邑乡贤,一直关注邑志的编修,并积累了较多的地方文献资料,又曾游学于"扬公卿间"(倪鲁《沛志后序》),且"慨然以修志为务",故"始两月后草毕,再一月而真完,又三月而刻竟",进展甚速。是为万历《沛县志》编修的第一阶段。

万历二十九年,罗士学被黜返里(邑人蔡春山有《送罗沛侯载获被黜还蜀》

诗,其中有句“鞶带余曾褫,肯为公不平”),山东掖县人张文炳继任沛县知县。三十二年,直隶永平(今河北秦皇岛)人李汝让,自虹(今安徽省泗县)来知沛事,景况与罗令大致相同。万历三十一年秋,“七月,水决邑护堤,陷城”;夏,瘟疫大流行,“自春徂秋,比屋而病者十之七”,灾民靠官府赈济赖以活命。由于大水荡涤,公署衙门尽没于水,李令只得栖身谯楼莅事,在这里意外发现了罗令所刻沛志旧版,遂收藏备用。经过李汝让的惨淡经营,到了万历三十六年,物阜年丰,经济复苏,城市设施渐渐趋完备。李以旧志大多毁于水患,流传稀少,复肩“长民之责”,遂在罗志基础上增加建置、学校、祠祀、漕政、艺文等节,原“邑纪”延至万历三十七年,付诸梓印。是为该志编纂的第二阶段。

万历《沛县志》卷首列序言三则,分别是李汝让《补修沛县志序》(残篇),罗士学《沛县志序》(残篇),邑人张贞观《沛志序》,张序自署“万历丁酉岁十月既望,东台逸士、邑人张贞观撰”。

张贞观字惟诚,沛县城东关人,万历十一年进士,授山东青州府益都县知县。万历十七年擢京师,先后任兵、工、礼科给事中,终官礼科都给事中。万历二十二年,因建言册立太子和皇长子出阁讲学事,夺职为民。张贞观回沛后,罗士学延其审定志稿、撰写序言。张贞观与符令仪为儿女亲家,符氏自然乐以共成此举。

序言后为志图,分旧图与新图,凡 8 幅。旧图为弘治甲寅徐州志县境图、嘉靖癸卯沛县志县境图(仅列图目,实无此图)、嘉靖丁未徐州志县境图和万历乙亥徐州志县境图;新图为县境图、县治图、县署图、儒学图、夏镇图。较之旧图之宏观,新图从微观上展示了万历时期沛治内部衙署设置及建筑分布,虽略嫌简易,但直观勾勒了当时县治内部结构,为今人研究沛治历史变迁提供了按图索骥的便利。设置志图的初衷,符氏称:“志邑先图,固矣。志今邑,图今邑,足矣。乃必追图其旧者何?陵谷变迁,井邑改易,一世之后,即方隅仍旧,存毁靡常,安必今日之华构,不为异日颓垣?今日之荒城,不为异日新础耶?即是固图者意也。”即为后人保存城池变迁史料。志图后是志目;志目后为叙志,介绍每卷内容。叙志后列与修者名:原修罗士学,补修李汝让,倪鲁、鲁思问同订,礼科都给事中、邑人张贞观阅,生员贺应魁、张嵩、郝惟一、唐诰、郭维藩、崔元瑛、马出汧同校,符令仪纂。

志目后为正文,列一纪、四表、八志、十传和杂志、订讹,凡二十五卷。正文后有倪鲁和鲁思问分别撰写的《沛志后序》。

邑纪即大事记,始于唐尧,止于明万历三十七年十二月。所列事项详本朝,略前代,体现了略古详今的修志原则。卷二沿革表,以次叙列自夏至明沛县所属州部、郡国;卷三封爵表,自汉至唐,列十三王、五侯;卷四职官表,分列县官、学官和属官三目;卷五人物表,分为异族公侯、古人物、进士、举人、岁贡、武举、荐辟、例贡、吏仕、貤封、戚畹、尚义、武胄等十三类,容量虽大,但类目不够合理。如科举一类可将进士、举人、岁贡、例贡合为一目,与其他类型人物并列。卷六舆地志,涉及星野、疆域、形胜、山川、街市、集、乡村、风俗、土产等;卷七建置志,分列城池、县署、属署、驿置、仓局、恤政、兵防、公署、坊表、津梁十目;卷八赋役志,分列户口、田地、岁用、役六目;卷九秩祀志,分坛壝、祠庙、寺观三目;卷十学校志,分庙学、祭器、书籍、学田、书院、社学六目;卷十一古迹志,分城垒、亭台、碑刻、陵、义冢五目;卷十二漕政志,载分司、历官、闸座、堤防四目,全面反映了沛县"南漕巨镇,北饷通津"的区位特征,亦是明代沛志的一大亮点。卷十三艺文志,按制命、题咏、记述分类;卷十四宦绩传,记述宋代程珦以下历史上有作为、有政声的十八位知县、主簿、典史,编者称之为"循吏"。虽有些记述过于简略,有的仅二十余言,亦为稽古者提供了基本线索。卷十五人物传,收录了自商而明各级各类官吏二十九人,各有详略。卷十六儒林传,收录汉代《易》学家施雠、高相、戴崇、戴宾,《礼》学家庆普、闻人通汉,以及小学研究专家爰礼等十位"五经专家"。卷十七孝义传,卷十八贞节传,前者录明代孝事父母、泣血庐墓邑人士十四人,后者列汉代王陵母在内的节妇二十五人,意在提倡中华传统文化中的"孝道",宣传"从一而终"的贞烈观。正如符氏所言:"用寓贤例,实我志中,示劝也。"十九卷以下,分别为侨寓、方伎、仙释、佞幸、外传、杂志和订讹,内容单薄,体量不足,支撑困难。卷二十五后,有"武林沈一贯识"语,可知此志曾经参预军机的东阁大学士沈氏过目,惜乎未见其对该志的评说。

万历《沛县志》的最大特点在于"官修私纂",官府组织,符氏独肩编纂之职,儒学教谕、训导等在内的十多人皆担辅佐之任。其次作者冲破志书"述而不作"的原则,一准史迁"太史公曰"体例,卷末作评价和议论,甚至一卷之中议论多达数则。这些文字,为读者全面、准确、客观认识人物、事件起到"索引"作用。另考证人物籍贯,则言出有据,而对《一统志》《东莱详节》诸书得失加以评说,是编者谨严的治史态度的体现。

万历《沛县志》各卷内容,编者没有平均分配,而是从沛县历史出发,突出汉代和当朝。

订讹一卷,览古观今,从历史与现实角度纠正了旧志封爵、名宦、人物、新志中的舛误,如"合乡非沛地"、"许慎为洨长,洨地非沛"、"刘伶非沛县人"等,均体现了严谨审慎和不拘前人成说的史家识见,在地方志修纂中,颇有创意。

由于符氏过分追求体例完备,对有些内容单薄、难以独立成卷者强行分卷,以致出现每卷内容比例严重失调，畸轻畸重的现象。如《艺文志》近六万字，而杂志、侨寓传、仙释传等，每卷仅有千余字，甚至数百字，体量不足以支撑。

李汝让所刻万历《沛县志》，中国科学院图书馆选编、中国书店印行的《稀见中国地方志汇刊》称："此志刻本今仅存残帙。抄本现藏日本内阁文库。"至于刻本残帙藏于何处、"残"至何种程度，未加详释。本次标点所据即日本内阁文库所藏抄本。该抄本成于何时，誊抄者秘而不宣，只是卷六《舆地志·乡村》中窜入的"崇祯辛巳、壬午以来，兵火、仓扰、岁荒，人民死亡大半。癸未，知县李正茂牒当道，并为十七里。甲申岁大变，又不知终矣"一段文字，似乎泄露了些许秘密。崇祯"甲申岁"即1644年李自成进京、明朝灭亡之年，"不知终矣"言国家动荡，政治走向不明。次年，清即定鼎北京，改元顺治，政局已有所定。据此，此抄本应成于崇祯十七年。至于此抄本后是否又有重抄，则不可得知。

关于此书的流传，郭维新在清顺治《沛县志》序言中仅言"鞅掌之余，取旧志而重订之"，虽未明言取诸何志，揆以情理，此时李汝让刻本当存。而乾隆五年(1740)，李棠重修《沛县志》的序言中则云："邑境洼下，数罹水患，迁复靡常，即漫漶之旧版，亦无从征觅。"大约此时万历刻本已不得见。至于抄本何时传入日本，亦为未知。

目　录

序　言 …… 125
叙　志 …… 129
纂修姓名 …… 131
志　图 …… 132
纪一
卷一　邑纪 …… 149
表四
卷二　沿革表 …… 164
卷三　封爵表 …… 166
卷四　职官表 …… 168
县官 …… 168
学官 …… 179
属官 …… 183
卷五　人物表 …… 186
异姓公侯 …… 186
古人物 …… 187
进士　举人　岁贡 …… 189
武举 …… 198
荐辟　例贡　吏仕 …… 199
贻封　戚畹　尚义 …… 204
武胄 …… 206
志八
卷六　舆地志 …… 216
星野 …… 216
疆域 …… 216

形胜八景附 …… 217
山川 …… 217
街市 …… 218
集 …… 219
乡村镇店附 …… 219
风俗 …… 221
土产 …… 222
卷七 建置志 …… 225
城池 …… 225
县署 …… 225
属署 …… 226
驿置 …… 226
仓局 …… 227
恤政 …… 227
兵防 …… 227
公署 …… 227
坊表 …… 228
津梁 …… 229
卷八 赋役志 …… 231
户口 …… 231
田地 …… 232
岁用 …… 237
役 …… 238
卷九 秩祀志 …… 245
坛壝 …… 245
祠庙 …… 245
寺观 …… 247
卷十 学校志 …… 250
庙学 …… 250
祭器 …… 251

书籍 …… 251
学田 …… 251
书院精舍附 …… 251
社学义学附 …… 251
卷十一 古迹志 …… 253
城垒冈陵附 …… 253
亭台 …… 254
碑刻 …… 255
陵 …… 255
义冢 …… 256
卷十二 漕政志 …… 257
分司 …… 257
历宦 …… 257
闸座 …… 259
堤防 …… 260
卷十三上 艺文志 …… 262
制命 …… 262
题咏 …… 266
纪述 …… 294
卷十三下 艺文志 …… 307
传十
卷十四 宦绩传 …… 342
卷十五 人物志 …… 345
卷十六 儒林传 …… 370
卷十七 孝义传 …… 372
卷十八 贞节传 …… 374
卷十九 侨寓传 …… 377
卷二十 方技传 …… 379
卷二十一 仙释传 …… 381
卷二十二 佞幸传 …… 382

卷二十三　外传 …… 383
卷二十四　杂志 …… 384
卷二十五　订讹 …… 387
订古迹 …… 387
订封爵 …… 387
订名宦 …… 388
订人物 …… 388
订新志 …… 389
沛志后序 …… 390
沛志后叙 …… 391

序 言

补修沛志序

沛志既成之七年，是为万历甲辰。不佞误以当道推择，自虹来知邑事。先，是邑以癸卯秋受黄河之害，溃堤灌城，坏官民庐舍几尽。不佞至，莅政无所，暂假丽谯以居。间得志版于破屋之隅，急命吏收而庋之。时以县务倥偬，未暇检理。丙午秋而凡就绪，始取阅之，缺落者什之一矣。旋加补葺，藏之县斋。

今年秋，不佞治沛阅六载，视罗令君修志，时一纪余矣。沛志，入国朝盖三修矣，然人文率多散佚，政绩亦每脱漏，何故哉？始古公之修在景泰，几九十年；迄嘉靖，受者王公之修，罗令弘之，继王而修，亦且逾六十年矣。今不补，后将何征？爰命博士弟子，简近年兴迁修创之迹，征实述事之文，付之刷刻，得使继今而治者有所凭识，不至于散佚、脱漏如王之于古，罗之于王也。不佞椎鲁无文，承乏是邑，丁涸敝之余，日月几易，始侥幸而粗获就里，起敝兴颓，不无一日之劳，乃敢与言文事，不重贻大方笑耶？萧郡侯，汉代元勋也，始从高帝入关中，首先开秦府库，收其图籍，以令高帝知天下厄塞，后取治天下率由子。此则信乎志乘之关于天下国家者，大也。天下者，郡邑之积也。取天下者，有赖图籍，则治郡邑者，可渊练于志乘哉。郦侯，丰沛产也，政谙其大，光得我也，则今之握符、绾绶为其乡邦令长者，不心其心而削其美者，非天矣也，之留心志乘者有矣。假乎匪人，多藉之为利薮；一得其人，又□之焉。然资志之难也，□矣。

沛，一邑也，民拙于射，固无从生利孔；俗鲜狙诈，是非不□，即首然者，量亦屈于公议之昭昭矣。不佞叨长是邑在利任，然所不敢辞收令志之修，第取建置、学校、祠祀、漕政、艺文五者，稍加铨次，附之志中。他若人物、忠烈诸传，一仍其旧，用俟论定。诚慎之也，无咎其僭且妄焉，是所觊于世之君子。

时万历三十七年己酉仲冬吉日，直隶淮安府邳州知州，管徐州沛县事、永宁李汝让书。

沛县志序(残篇)

□□……(功)业烂然,光映简册,斯亦曩五臣十乱之俦已。盖思一履其地,瞻其盛末由也。

皇帝御宇之二十二祀甲午,拜命来治是邑,则大喜,获如夙愿。第孱才绵力,肩兹繁剧,惧罔以谢邑荐绅父老,乃荐绅父老不余弃,得藉无罪。莅任三期,百废渐举,民稍安业。间取旧志阅之,脱落几不可读。夫沛,在昔为人才渊薮,今圣明之代,而文献阔疏如此,长民者安所辞责也?因谋于庠两博士,议修焉,两博士雅同余志。由是,延弟子之秀而文者,馆之学宫,任以纂修。两博士时躬督之,越七月竣事。余受而读之,体制庄整,义例严明,收罗靡遗。品骘不爽,彬彬乎质有其文。读邑纪、沿革、封爵,则览千古于目前,指兴亡于掌上,若对河间、东平相晤语;读职官、人物,则又昭然示我以指南,而动以欣慕执鞭之想;读舆地、建置,则目击提封之盛,而心壮金汤之险;读秩祀、学校、赋役,而知祭不可渎,士贵有养,户口、田赋之增耗靡常,有国者不可不兢兢在念也。读古迹,则欲起英雄于九京;读漕政,则欲问安流于河伯;读艺文,则欲前驱贾、董而后乘班、扬;读儒林,则六经昭如日星,洵赖诸儒之力;读孝义、贞烈,则知伦纪当淳,而大节清操洵足风世励俗;读侨寓,则仁贤过化之迹,足起后人卜邻之愿;读方技、仙释、佞幸,则知小道可观、异端当辟,壬人之不可狎近;读外传,又以见武侯之疏忠,诚恳笃感动人君,不直出师二表也,抑志关文献匪小。文不备,胡以传远;献不备,胡以示信?宣尼大圣,叹夏商无征,归于文、献不足,他可知已。沛志之修,虽不敢谓文、献之足后之考镜,今日者无征之叹,庶几其可免乎?孱才绵力若余,匡襄簿书,尚虑弗堪,乃欲文献之征自我作始,亦以帝王之乡、人才代出之地,不可遏佚自我也。后之君子,倘无督过于余,而益备余之所未备,则岂惟余之幸,实惟邑荐绅父老之幸。

万历丁酉仲冬朔吉,直隶徐州沛县知县、彭山罗士学书。

沛志序

自《禹贡》分而疆域辨。乃郡若邑,星列棋布,绣错寓内,实自秦皇罢侯置守始。若所为彰往诏来,范今型后,犁然莫之能违,则匪志无由也。

沛旧无志。志之,始景泰甲戌邑侯武昌古公。越嘉靖癸卯,邑侯永年王公重加修辑,文献始称粗备。顾采摭未广,搜稽多遗,即姜处士、谢柱史,高风劲节昭揭宇宙,犹属挂漏;而许洨长且俎豆学宫,他无论矣。更五十余年,陵谷变迁,人物代谢,纤巨显幽,毫靡有识,后其何观?

彭山罗公,以万历甲午秋来令于沛。兹三年矣,政成民和,百废俱举。暇披旧志,慨之,谓:“沛即蕞尔邑,实汉祖龙兴地。乃其脉络楚、齐,襟带扬、豫,固中原一大枢要,志恶可弗详,而又恶可缺五十余年弗志?”爰谋诸学博淮阴倪君、历阳鲁君,开馆授餐,庀工饬具,群博士弟子员之富闻见、具藻识者,昕夕编摩。公复时同二学博亲校雠之。始图纪,终订讹,为卷统二十有五。纪凡一,表凡四,志凡八,传凡十。纪、表、志、传一准迁史。旁搜博访,订谬阐微,盖因袭者十之三,而增补、辨正者十之七。五阅月工告成,因索余言为弁。

余自惟林壑朽人,胡能亹亹谈世事?矧夙不娴于文,缘志关公典,谊弗可辞。卒读窃叹。兹志也,烦不复,简不漏,无赝无讹,无没无谀,彬彬乎可称邑史。顾程户口,则始庶而终渐耗;课征徭,则先减而渐增;度情好,则前俭而后渐奢;量风尚,则昔淳而今渐浇,岂尽气化之荡移,抑或人事之变迁哉?盖气化在天,而所藉以维植斡旋者常在人。抚雕煦瘵,刬冗剔浮,即耗可庶而增可减,余敢谓其权在良有司;崇恬敦厚,端表正形,即侈可俭而浇可淳,余敢谓其权在贤士大夫。信各懋厥修,用底雍熙、淳庞之理,沛且永永享太平,福沛之典,维沛之祯矣!侯之汲汲于志,意在斯乎?意在斯乎?若曰只以饰听,睹备稽述尔也,知非侯成志之心,尤知非吾沛上下交任其权之谊。

万历丁酉岁十月既望,东台逸士、邑人张贞观撰。

仪自束发来，即有意于邑乘，积今二十年矣，第未有成书。今年春，邑父母罗公授以纂修之任，又重以二广文先生命，乃克执笔，粗就此编。始两月而草毕，再一月而真完，又三月而刻竟。翻阅检对，不无一日之劳，纠谬补遗，则以俟世之博雅君子。

丁酉十月望，符令仪识。

叙志

地分北纪，邑列中原。混辟以降，亦约万年。废兴相递，事固犁然。爰首帝尧，兼陈汉晋。唐宋则佚，阙文之慎。详哉我明，有征斯信。作邑纪第一。

禹贡九州，职方十二。秦设郡县，星列棋置。邑虽蕞尔，爰有所丽。汉晋豫州，唐宋彭城。下逮有元，辖以济宁。分合靡常，往籍足凭。作沿革表第一。

封建之制，三代相因。秦废汉复，仁与不仁。濞虽仲嗣，汉展亲亲。东京之辅，与国终始。魏林晋景，作藩伊迩。衣税食租，爰从我里。作封爵表第二。

郡邑之官，民藉为命。立政宣教，驭世二柄。握符专城，贵倨孰兢。远矣莫详，近则可书。作万姓福，树多士模。凡我同心，曷相勉诸。作职官表第三。

孕地之灵，赋天之粹。挺立两间，曰惟人贵。能不虚生，斯焉无愧。戡乱以武，华国以文。教洽爱流，扬名显亲。义问宣昭，亦既彬彬。作人物表第四。

邑之为地，俭于百里。徐济疆域，奎娄星纪。水则近环，山维远峙。市肆栉比，村墅云屯。穰穰物阜，暤暤俗淳。由今视昔，见不符闻。作舆地志第一。

重门御暴，易示先防。斯干之咏，堂寝特详。政在利民，兴建何伤？筑我城隍，营兹官署。邮递不稽，坊表以树。夙戒杠梁，徒涉奚虑。作建置志第二。

经国大计，食货为先。庸资户口，租征土田。登耗治荒，庆让攸悬。下足仓厢，上丰府第。征役百出，斯民用厉。轲氏有言，用一缓二。作赋役志第三。

粒我生民，社稷用章。莫神云雨，有赫城隍。捍灾御患，功则无疆。道家清静，佛氏寂灭。芟之随生，孳焉未歇。谁为辟之？我心用悦。作秩祀志第四。

贤于尧舜，曰维素王。四时俎豆，万仞宫墙。百世之下，弦诵洋洋。勗尔佩衿，有严斋阁。笃行淳伦，毋为徒博。希之则是，卓彼先觉。作学校志第五。

故宫禾黍，荒陇樵苏。云迷远浦，日射平芜。一代繁华，竟成丘墟。吕冢临河，汉台倚岸。览旧徒嗟，登高空叹。达人大观，古今一幻。作古迹志第六。

文皇定鼎，实维冀北。灌输九边，仰藉南国。沿江溯淮，会通是即。伊此徐方，水道襟喉。建官督理，蓄泄是谋。念哉有位，畚牐遑休。作漕政志第七。

灏尔商书，诰陈维虺。汉歌大风，百王让美。轲崛兴唐，率循斯轨。记存搜逸，冠以纶音。题咏纷如，记述若林。文献之征，于焉可寻。作艺文志第八。

罢侯置守，二千余祀。令长之贤，宁无可记？曰稽其人，文则弗备。万中覯一，宋室之程。旁及金元，寥若晨星。入我国朝，较亦可称。作宦绩传第一。

粤稽邑材，汉初为盛。平阳守法，安国持正。苛也身烹，昌兮廷诤。希乐伯儿，保身则疏。侍御之文，洵哉雅都。光我邑乘，实繁有徒。作人物传第二。

六经不晦，齐鲁诸生。皇皇我邑，群公肆兴。施以易显，褚以诗鸣。谷梁宗蔡，曲台推普。承秦绝学，功莫比数。由斯以谭，沛宁独武？作儒林传第三。

周之三物，孝义错陈。俯仰两间，大矣君亲。欲报之德，遑恤我身。存则刲股，殁思倚庐。谊重卜邻，情甘殒躯。无忝所生，斯人谓欤？作人物传第四。

伦纪三纲，礼严一醮。悖义苟全，永维世诮。嗟兹女士，乃克尽道。捐生若弃，视死如饴。夜雨孤灯，凄矣深闺。一意所天，百折不回。作贞节传第五。

翳彼闻人，随寓而重。处则祥麟，过则仪凤。翩彼飞鹗，人孰与共？闵去安邑，陈远吴兴。亦有庆云，来家泗亭。徽猷懿范，示我法程。作侨寓传第六。

灿矣百家，纷焉众技。有利生人，君子不废。岂曰小道，致远恐泥。砭刺膏肓，法咒风云。书成泣鬼，画就通神。孰云下邑，顾无若人。作方技传第七。

聃西化胡，释东觉夏。渺矣涅槃，荒哉尸解。嗤彼缁黄，势不相下。琴高乘鲤，玄甫飞升。是耶非耶，吾谁与征？大丹难就，白发易陵。作仙释传第八。

欲之中人，九重弥甚。视厥攸好，投间抵衅。明主戒之，兢兢维慎。声色之嗜，犬马之嬉。嬖幸之亲，倾险相依。远之若腻，国其庶几。作佞幸传第九。

后妃之选，图之贵周。懿厥淑女，君子好逑。嗟哉甘后，作配豫州。中宫未正，倏焉告殒。长坂芳魂，千秋不泯。表奏皇恩，武侯涕陨。作外传第十。

纂修姓名

沛县知县　彭山罗士学修

邳州知州管沛县事　永宁李汝让补

署教谕事　淮阴倪鲁

训导　和州鲁思问　同订

礼科都给事中　邑人张贞观阅

生员　贺应魁　张嵩　郝惟一　唐诰　郭维藩　崔元瑛　马出汧　同校

符令仪纂

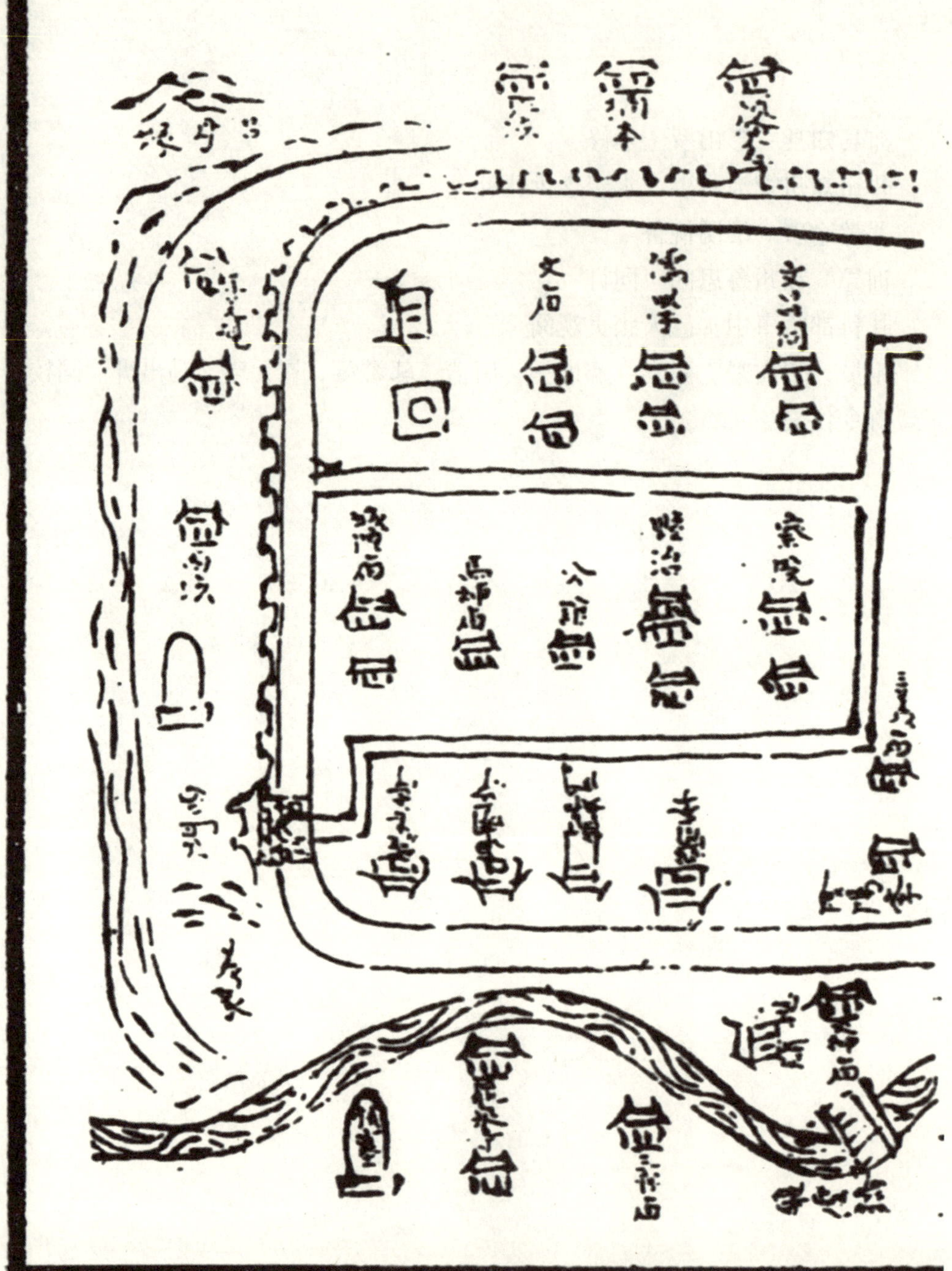

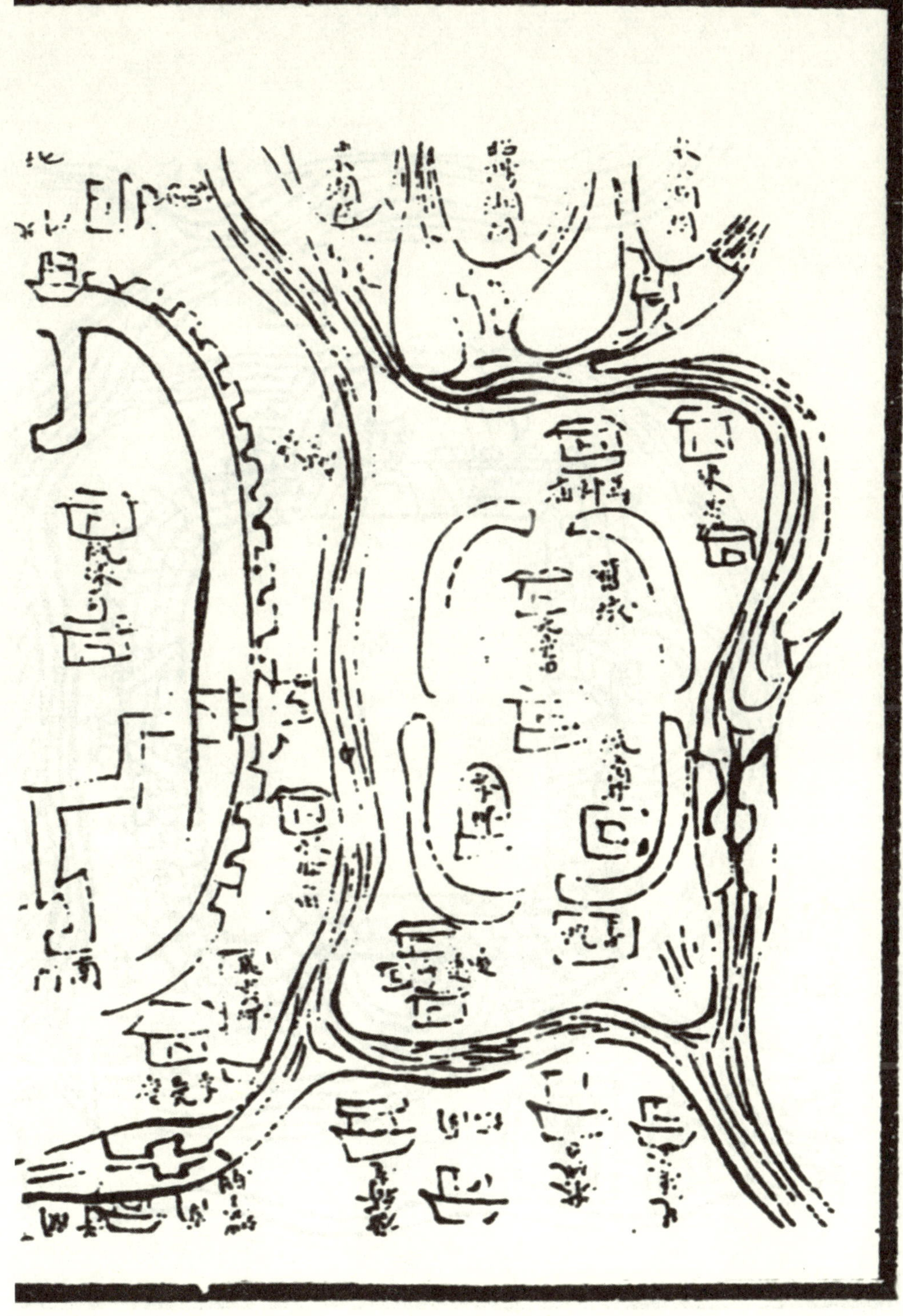

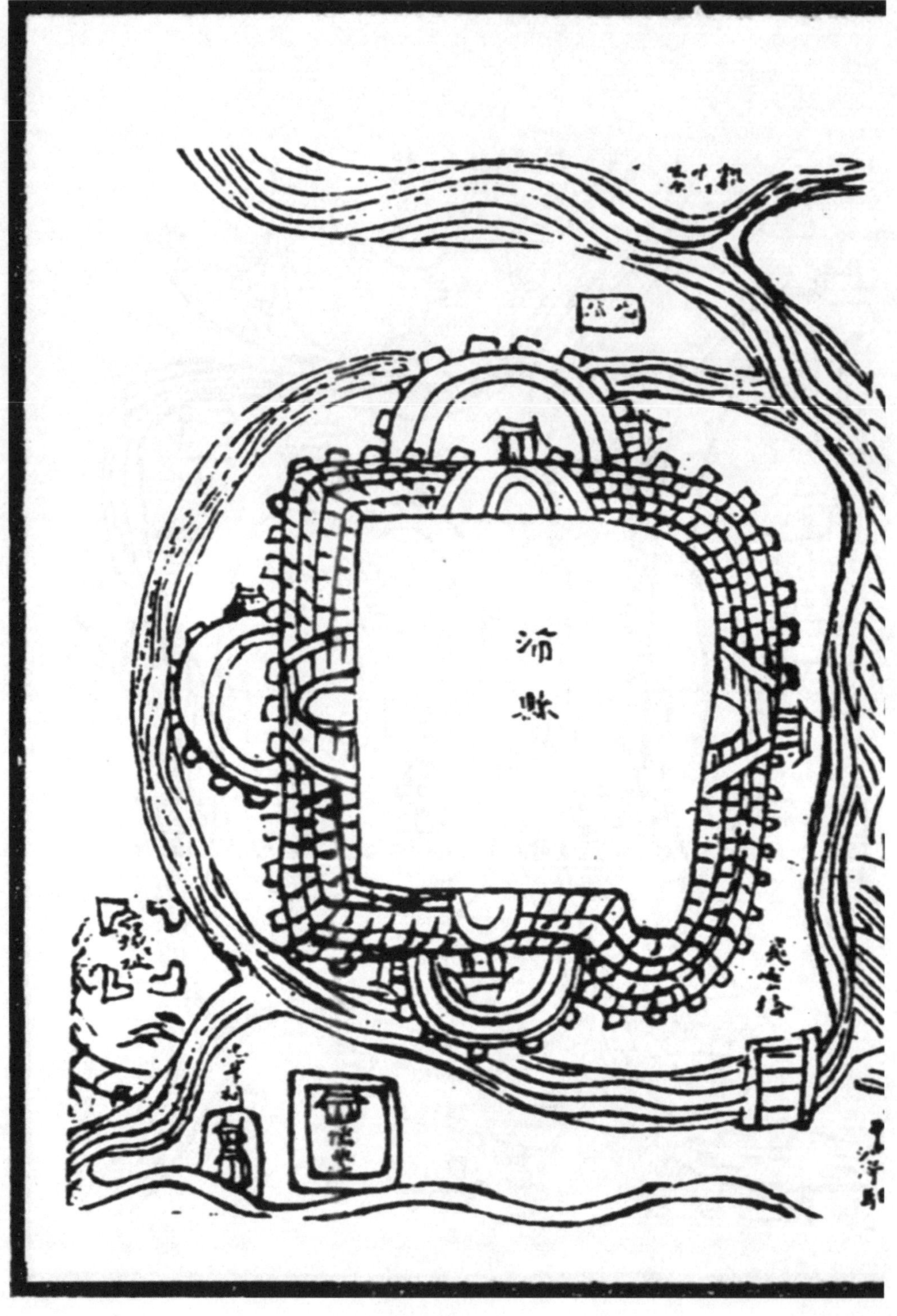
沛縣

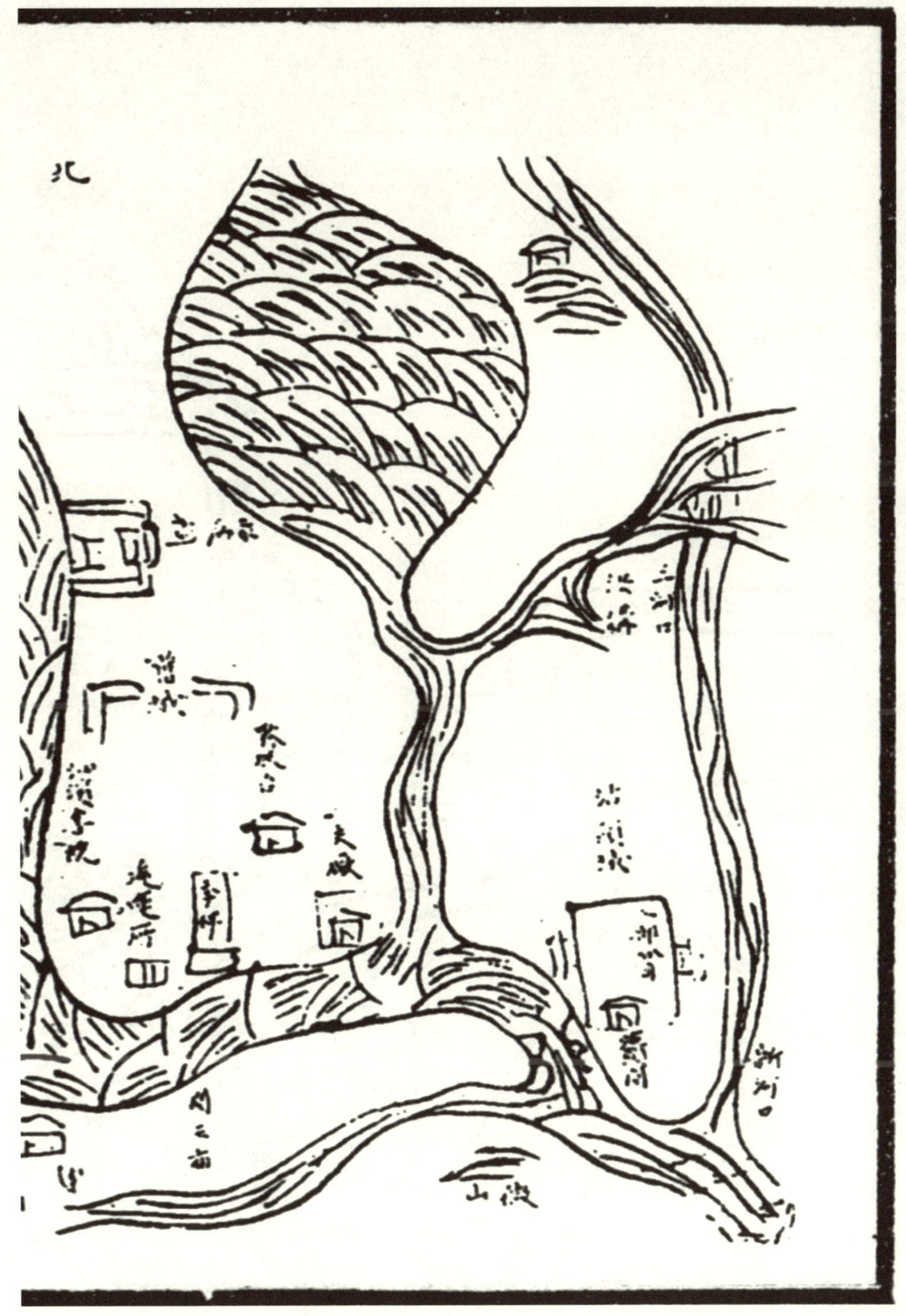
北

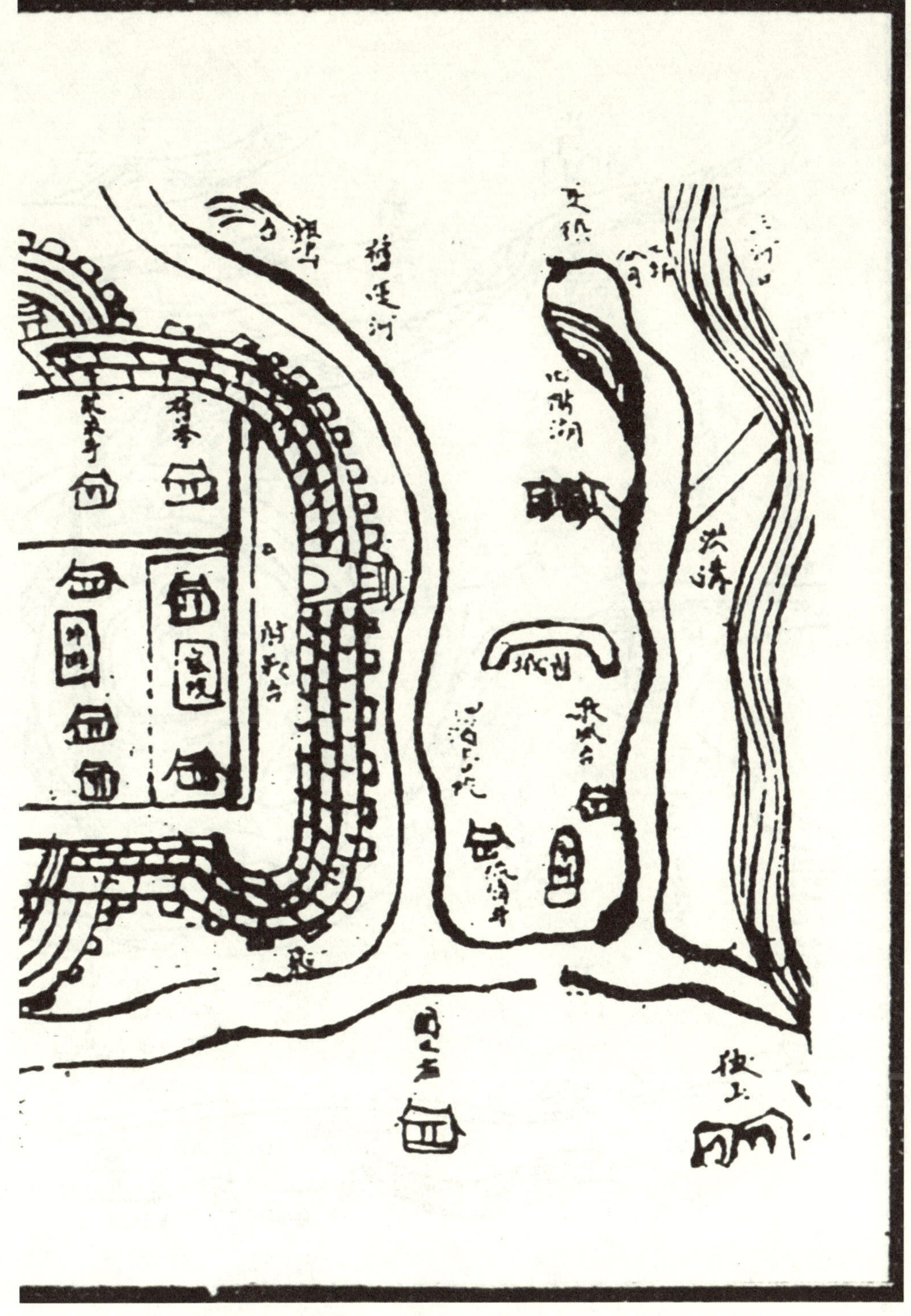

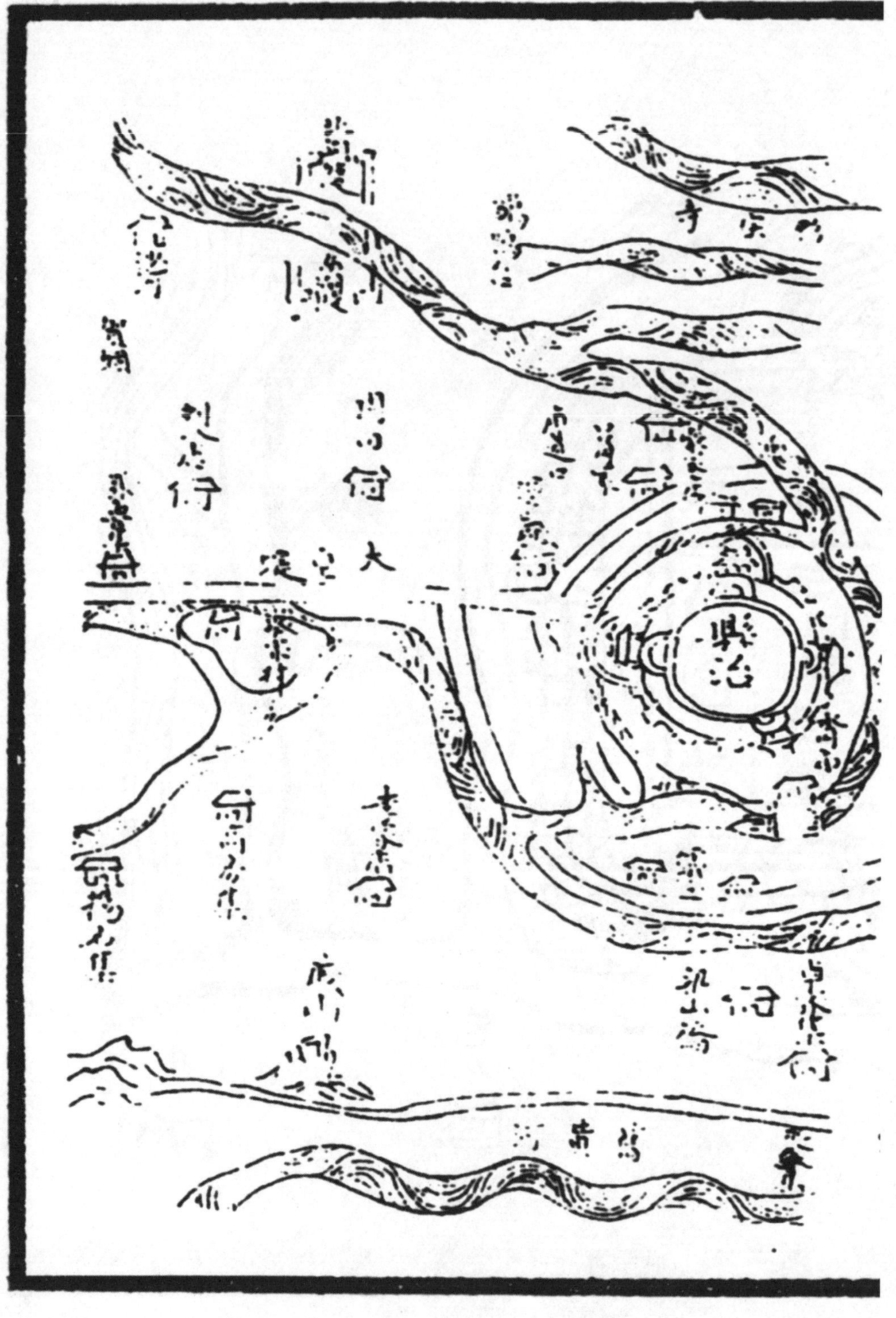

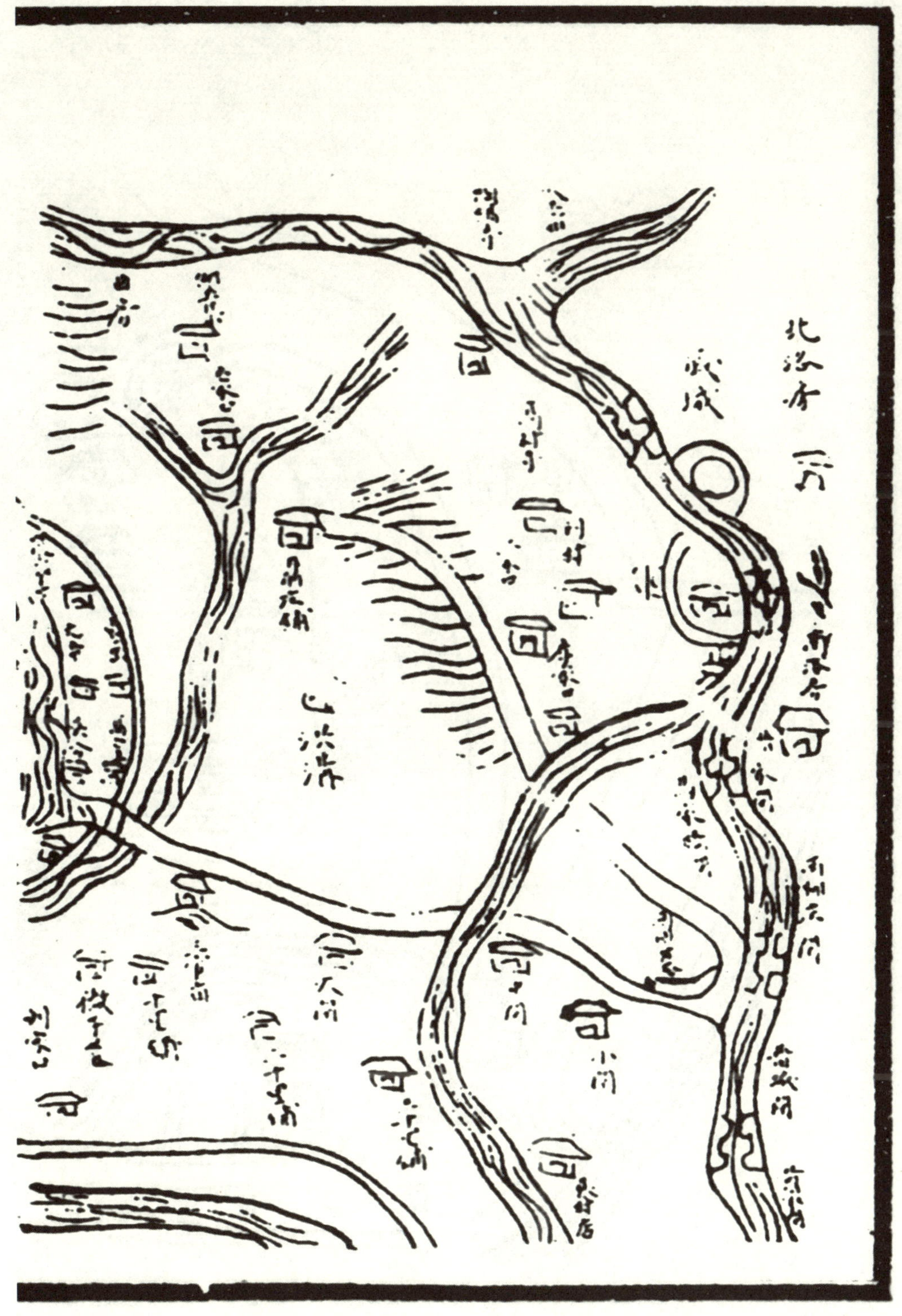

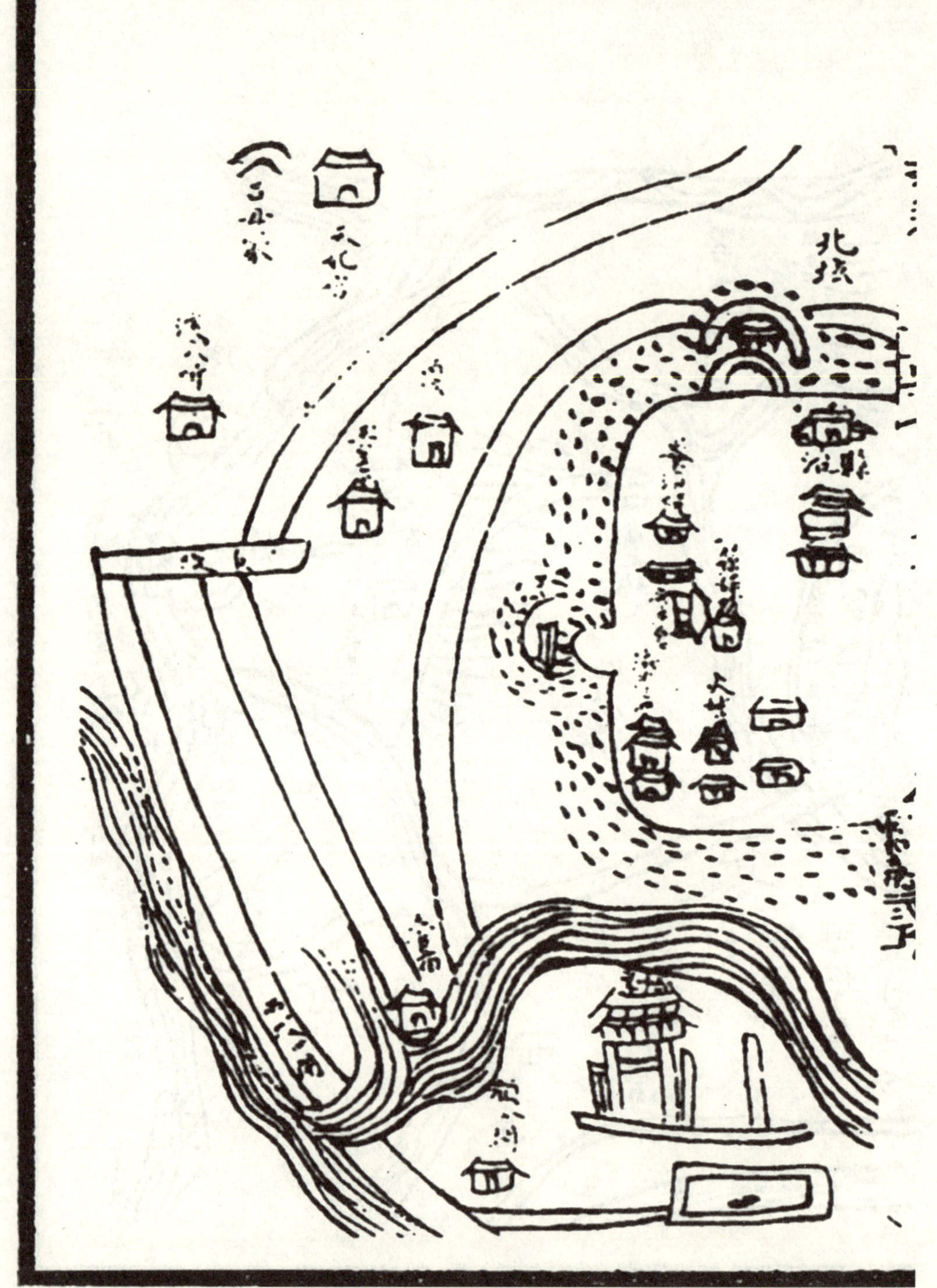

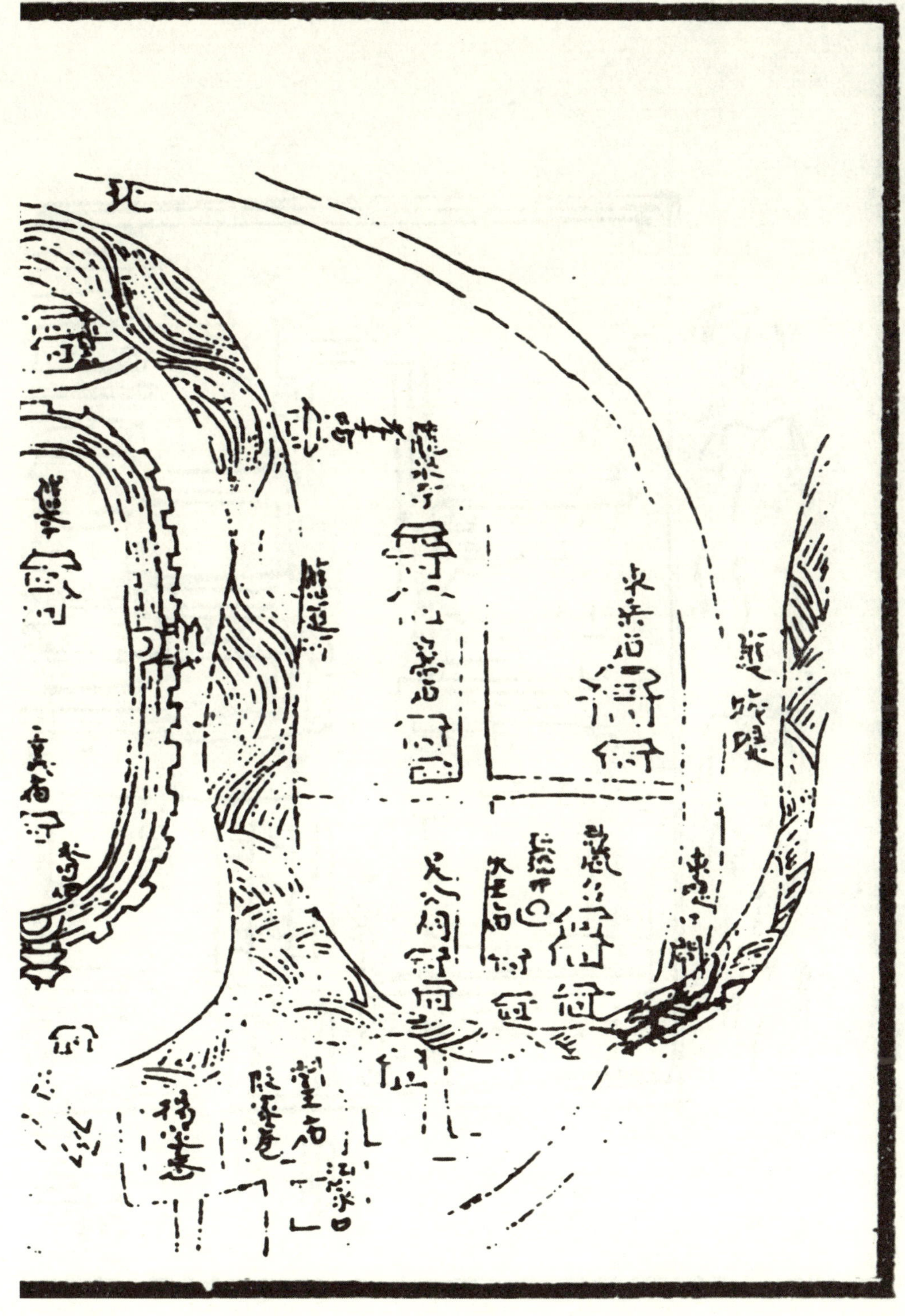
北

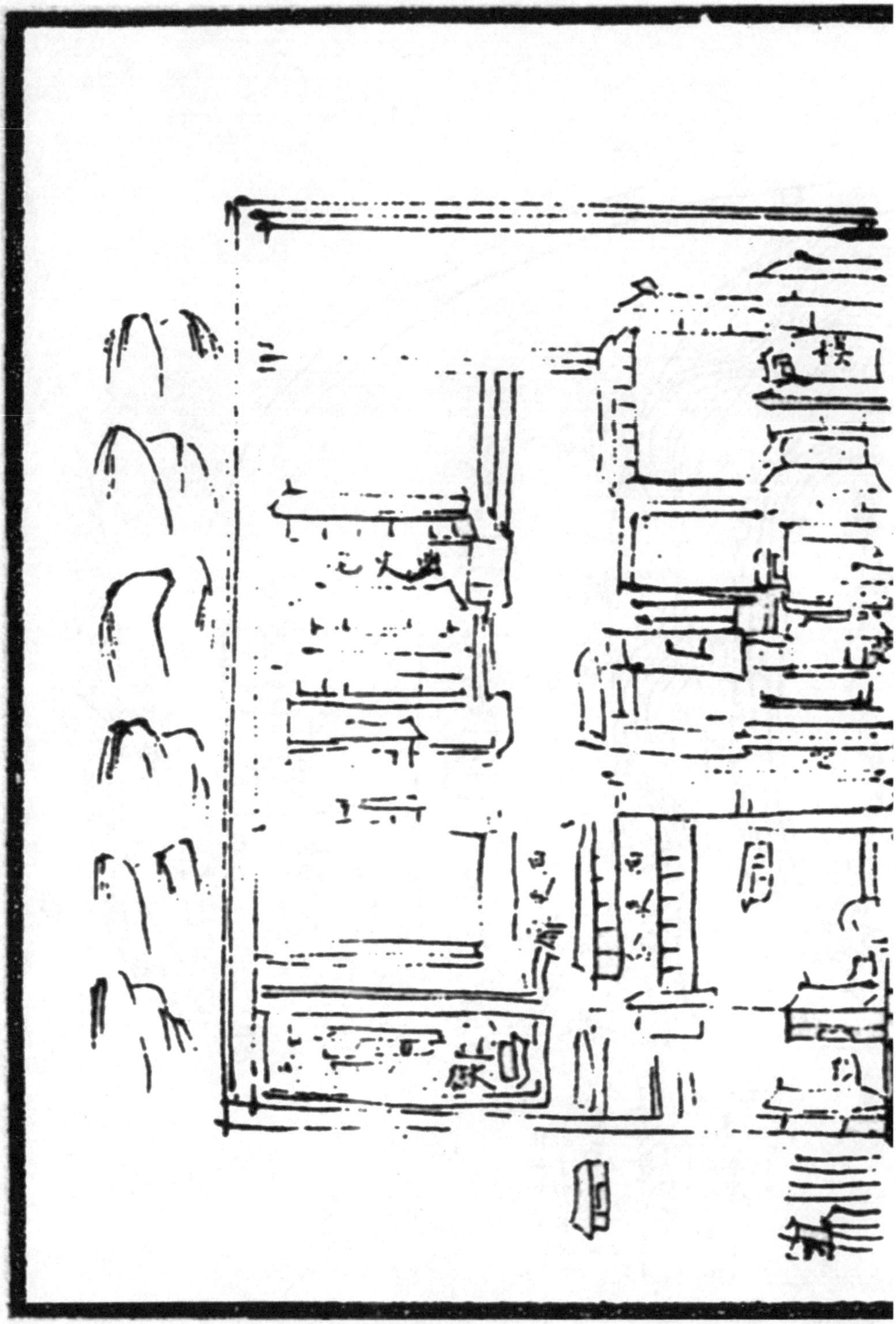

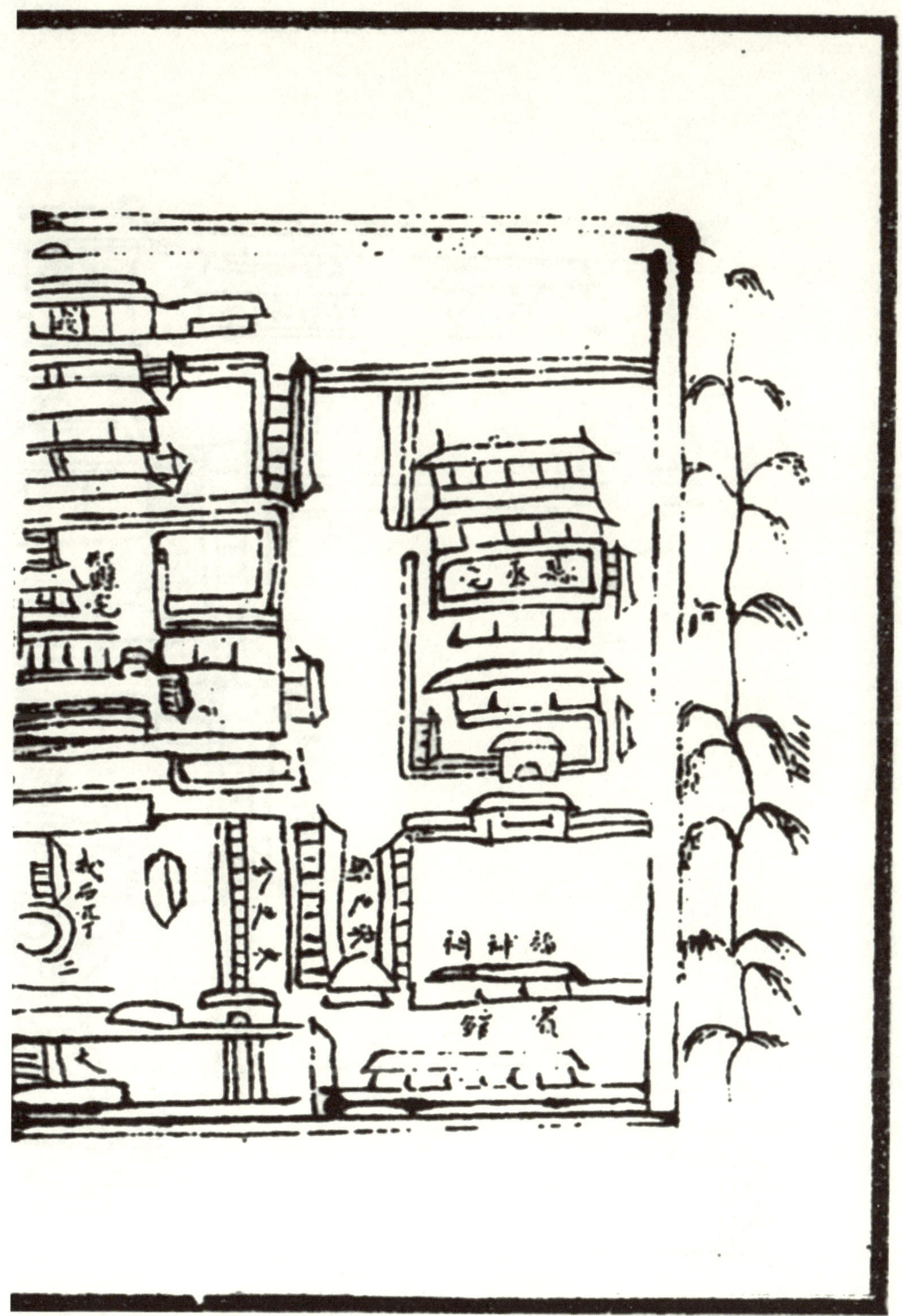
縣丞宅
福神祠

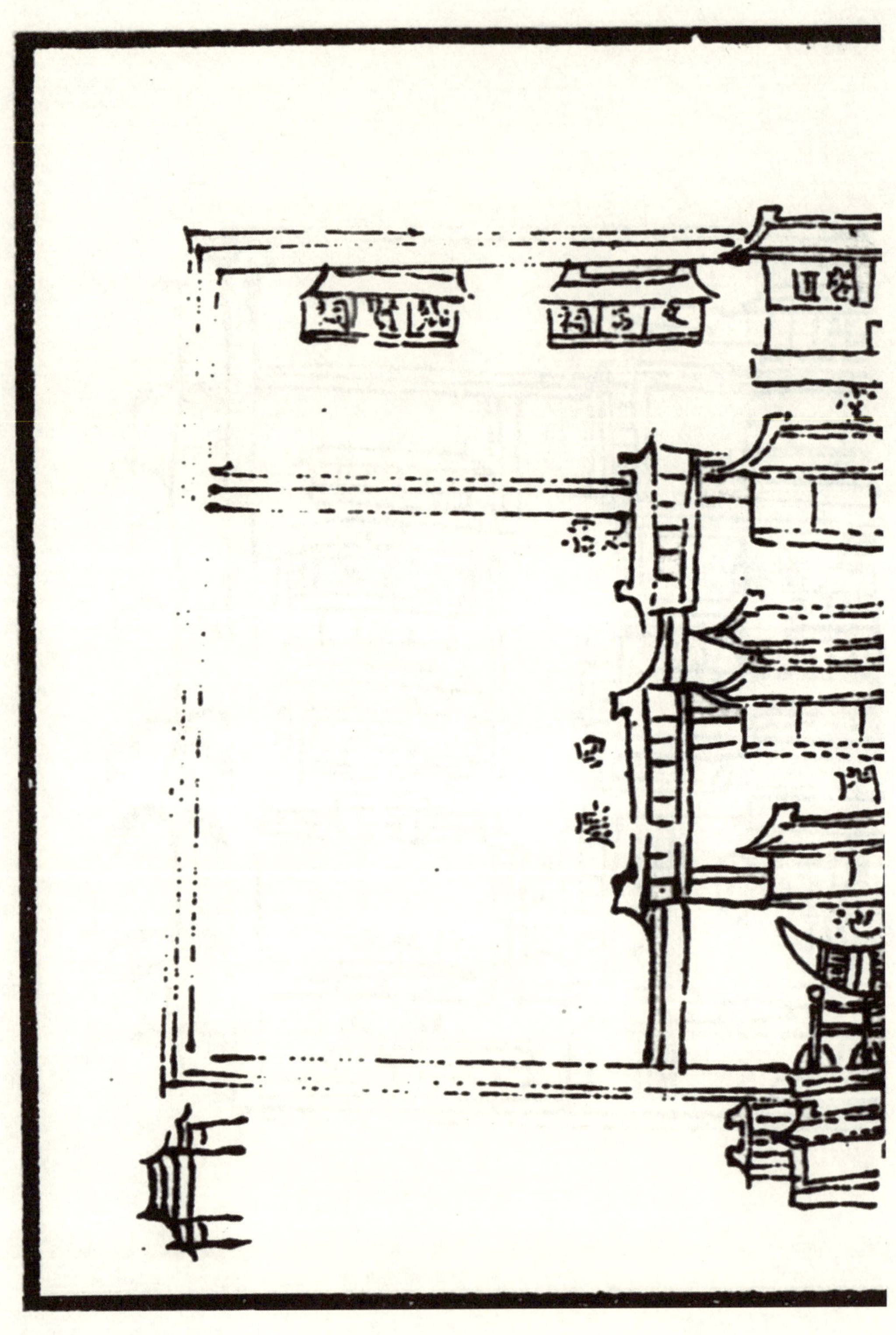

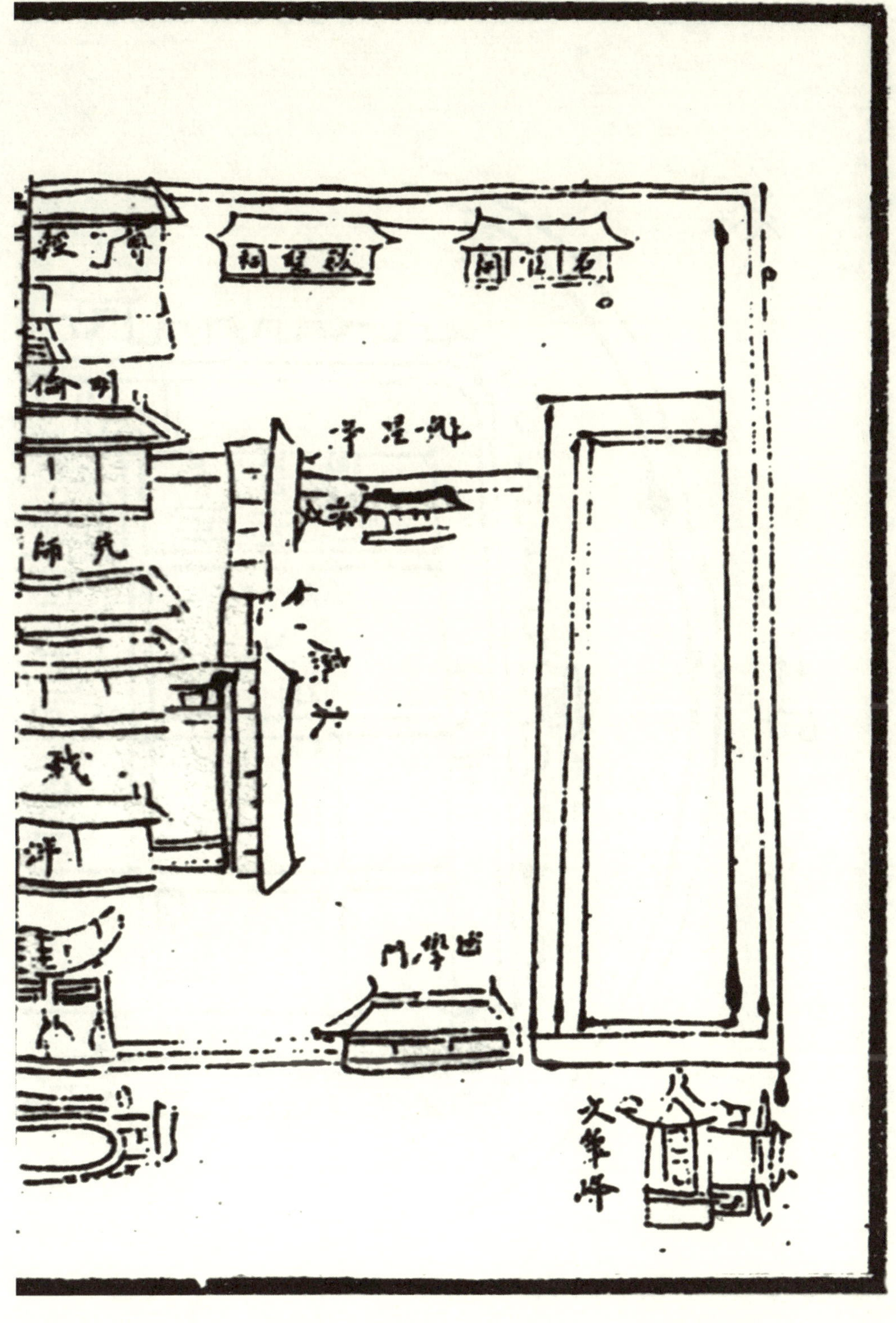
明倫
先師
文筆峰

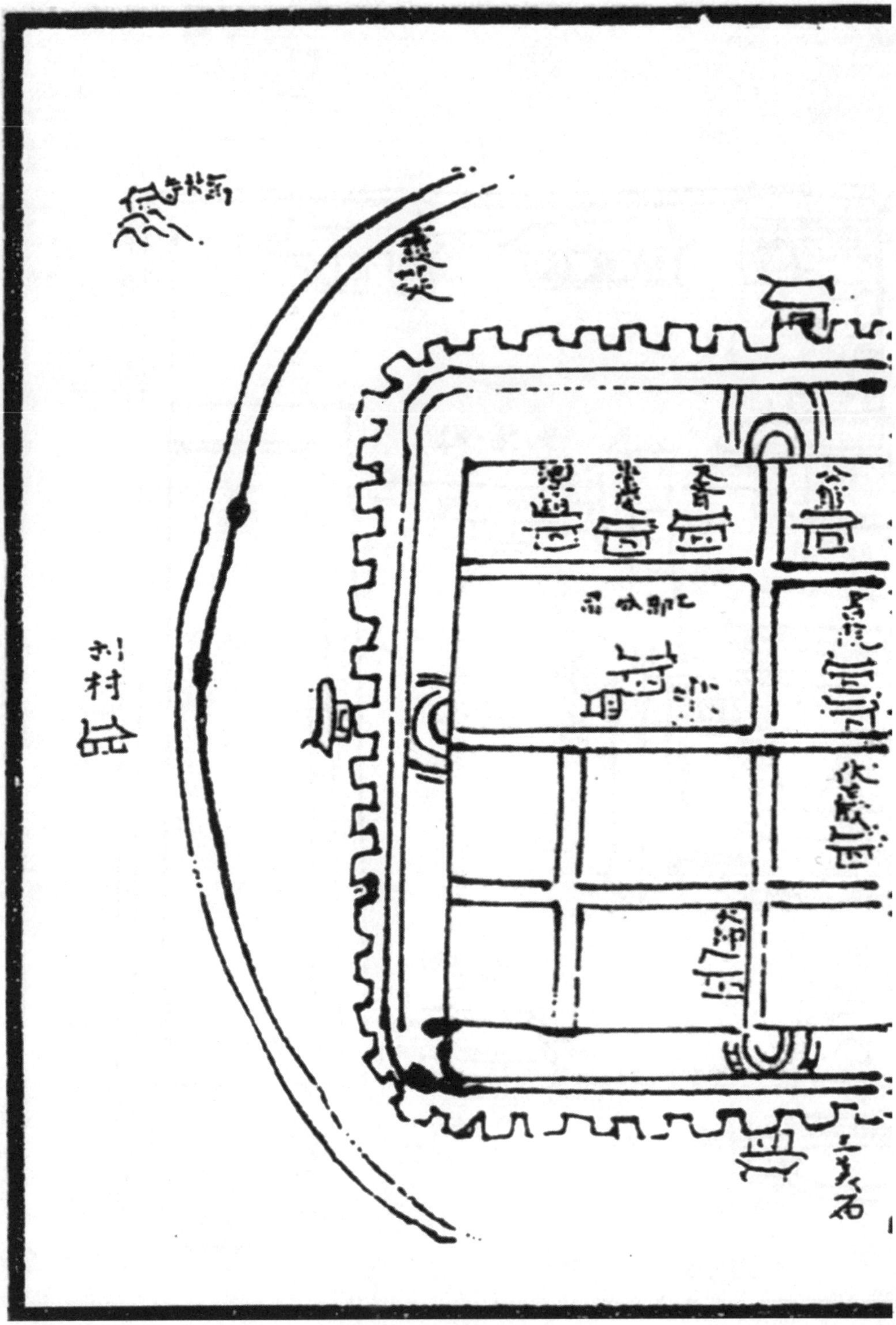

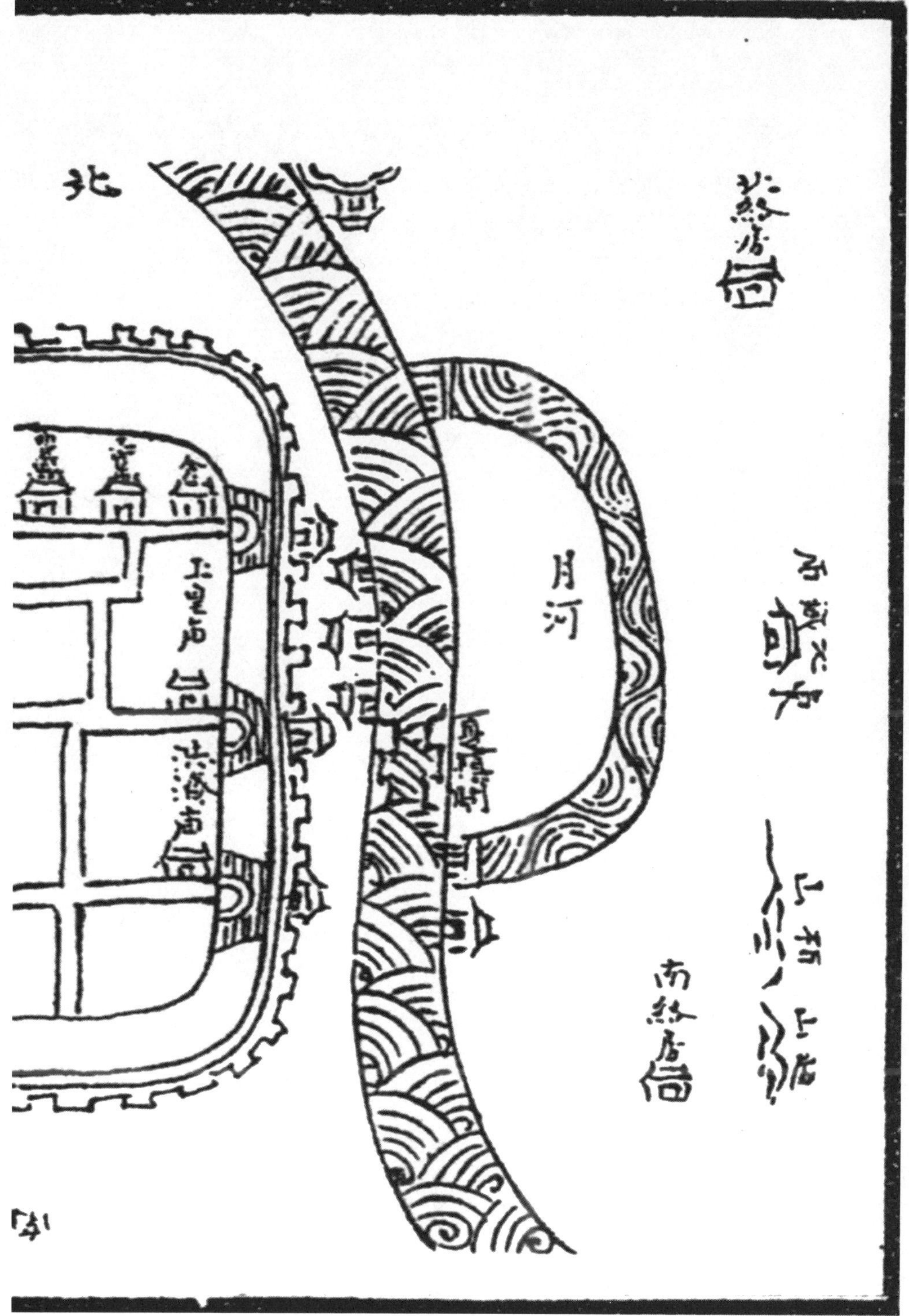
北
月河

志邑先图，固矣。志今邑，图今邑，足矣，乃必追图其旧者何？陵谷变迁，井邑改易。一世之后，即方隅仍旧，存毁靡常，安必今日之华构，不为异日颓垣？今日之荒城，不为异日新础？即是固图者意也。

卷一　邑纪

唐

尧遭洪水，使禹平治，分为九州，沛为徐州之域。

许由隐于沛泽。《吕氏春秋》："尧朝许由于沛泽，请属天下。"而诸书谓由隐沛泽之黄城。按："许由隐沛"及下"杨朱迁沛"二条聊据《列子》《吕览》叙入，非经见也。迩贾中丞三近作《峄志》，于许由、刘伶泉墓下辄援沛作证，意庄、列寓言可的据耶。

虞

舜受尧禅，肇十有二州，徐仍其一。

夏

《禹贡》："海岱及淮惟徐州。"

商

奄有九，有制如夏。

商王成汤十有八祀，仲虺作诰。仲虺，奚仲之后，封于薛，为汤左相。诰见《商书》。

周

并徐于青。

春秋

属宋。

灵王九年　晋侯、宋公、鲁侯、卫侯、曹伯、莒子、邾子、滕子、薛伯、杞伯、小邾子、齐世子光会吴于柤，遂灭偪阳。

战国

赧王二十九年　齐楚魏攻宋，康王走，死于温。楚有其地。

杨朱南之沛。详见《列子·黄帝篇》。

秦

地为泗水郡。

始皇帝二十八年东巡，还过彭城，求周鼎泗水中，弗得。

泗水源出泗水县，南流过沛，至徐州合汴水，达于淮。周显王时，九鼎没于泗，鼎气浮于水上。始皇使数千人没水求之，不获，谓之鼎伏。

二世皇帝元年　秋九月，楚人刘邦起兵于沛，自立为沛公，祠黄帝、祭蚩尤于沛庭。

汉

地属楚国，后属豫州、沛郡。

太祖高皇帝二年　王陵以兵属汉。

三年　楚陷荥阳，汉守将御史大夫周苛死之。

六年　以曹参为齐相国。

十年秋　以周昌为赵相。

十二年　帝还过沛，宴父老，作《大风歌》。复其民，世世无有所与。

孝惠皇帝二年　秋七月，以曹参为相国。

五年　诏沛立高祖庙。秋八月，相国平阳侯曹参卒。

六年　冬十月，以王陵为右丞相。夏，以周勃为太尉。

高皇后吕氏元年　以任敖为御史大夫。

四年　以曹窋为御史大夫。

太宗孝文皇帝元年　以周勃为右丞相。秋八月，右丞相勃免。

二年冬　十一月以周勃为丞相。

三年　丞相、绛侯勃免，就国。淮南王长，杀辟阳侯审食其。

后六年冬　诏将军周亚夫等屯兵，备匈奴。

孝景皇帝三年　以周亚夫为丞相。

中三年　丞相亚夫免。

后元年　下条侯周亚夫狱，亚夫不食死。

世宗孝武皇帝元封元年　诏沛县(郡)立铁官。时立铁官凡四十郡，沛居其一。从桑弘羊请也。

中宗孝宣皇帝元康元年　诏复高皇帝功臣绛侯周勃等百三十六家。以弘恭为中书令。

孝成皇帝河平二年　沛县铁官冶铁飞。

三年春正月　诏以楚王嚣子勋为广戚侯。

孝哀皇帝建平四年　山阳、湖陵雨血。广三尺，长五尺，大者如钱，小者如麻子。

帝玄更始二年　梁王刘永攻沛，下之。以沛人周建为将。

后汉

属豫州沛郡。

世祖光武皇帝建武二年　刘永走湖陵，盖延定沛。修高祖庙，置啬夫、祝宰、乐人。

五年　秋七月丁丑幸沛，祠高原庙，进幸湖陵。

二十年　夏六月乙未，徙中山王辅为沛王。

二十八年　秋八月，沛王辅始就国。

中元元年　楚沛多蝗。

二年　封献王辅子宝为沛侯。

显宗孝明皇帝永平二年　秋九月，沛王辅入朝。

六年　春正月，沛王辅入朝。冬十月，帝幸鲁，会沛王辅。

八年　春正月己卯，司徒范迁薨。《汉官仪》曰："迁字子闾，沛人也。"

十年　冬十月，征沛王辅，会睢阳。

十一年　春正月，沛王辅入朝。

十五年　帝东巡狩。征沛王辅，会睢阳。

肃宗孝章皇帝建初二年　封曹湛为平阳侯。

诏以大旱，勿收兖、豫、徐州田租。

七年春正月　沛王辅入朝。诏赐貂裘、珍果，赞拜不名。

元和元年　夏六月辛酉，沛王辅薨。

三年　帝北巡狩，沛王定从。

章和元年　秋八月己丑，遣使祠沛高原庙。九月乙未幸沛，祠献王陵。

一献王辅耳，乃三朝礼遇之殷如此。大舜常常之见《中庸》亲亲之经，余何幸于光武、明、章见之。

孝和皇帝永元七年　夏六月丙寅，沛王定薨。

十二年　二月，诏兖、豫、徐、济，比年雨多伤稼，禁沽酒。

恭宗孝安皇帝永初四年　徐州蝗。

孝桓皇帝永兴二年六月，彭城泗水增长，逆流。

永寿二年　太山贼公孙举等寇青、兖、徐三州，遣中郎将段颎讨破，斩之。

延熹二年　征处士姜肱，不至。

七年　春正月庚寅，沛王荣薨。秋七月，荆州刺史度尚击零陵、桂阳盗贼，大破，平之。封荆州刺史度尚右乡侯。

孝献皇帝兴平元年　徐州牧陶谦表刘备为豫州刺史，屯小沛。刘备纳邑人甘氏女为夫人。

建安元年　刘备求和于吕布。布还其妻子，使屯小沛。

二年　夏四月辛巳，彭城处士姜肱卒。陈留蔡邕为作碑。

曹操以从事吕虔，将家兵守湖陆。

三国

地属魏。武帝据有中原，有州十二，徐居其一。

明皇帝大和六年　徙谯王林为沛王。

景初元年　秋九月，冀、兖、徐、豫水灾，遣侍御史循行开仓赈救。

二年　以杼秋、公丘、彭城、丰、广戚五县为沛王国。增邑四千七百户。

晋

属豫州沛国。

世祖武皇帝泰始五年　青、徐、兖水，遣使赈恤。

明皇帝太宁三年　司豫徐兖皆陷于后赵。

穆皇帝永和七年　秋八月，魏徐、兖、荆、豫、洛州来降。

升平二年　冬十月，谯、沛诸城没于燕。

孝武皇帝大元四年　春，陷彭城、淮阴。

安皇帝元兴三年　冬十月，刘毅等攻桓振，诸城垒皆克之。

义熙二年　封刘毅南平郡公。以诛桓玄反正功也。

八年　冬十二月，遣益州刺史朱龄石帅师伐蜀。

九年　秋七月，诏朱龄石监六郡军事。

南北朝

宋太祖文皇帝元嘉二十八年　令蠲除兖、豫六州民遭寇者税调。

后魏高祖孝文皇帝太和十九年　幸小沛，以大牢祭汉高祖庙。

世宗宣武皇帝景元元年　青、齐、徐、兖大饥。人死者万余口。

梁高祖武皇帝天监十三年　冬十一月，筑淮堰。发徐、扬民，率二十户取五丁，以筑之。

普通六年　夏六月，魏师入彭城。

陈高宗宣皇帝大建十年　春二月甲子，吴明彻兵败于吕梁，淮、徐地尽入于周。

后周文帝迁刘璠黄门侍郎，仪同三司。

隋

属彭城郡。

文皇帝以刘行本为谏议大夫、检校中书侍郎。

邑可纪者，陶唐而下，迄于隋末，大都若此耳。汉晋诸臣之封拜薨卒，洎南北诸朝之分割陷没，烂然满纸，不可胜书。姑掇其大者存之。纪为沛，作书多标徐邑、徐属也，举徐而沛自见，仍史旧文，不为强附也，观者当自得之。唐宋以后，八百年中，人物文献，阔疏湮灭，无从搜括，岂山川灵淑丰于前，顾啬于后耶？蓄久必泄，屈极斯伸，在理足信。迈前修而倡后进，是所望于今之君子。

唐

属徐州。

高宗龙朔元年　徙潞王贤为沛王。

玄宗开元二十八年　徐、泗二州无蚕，免今年税赋。

天宝七载　诏沛县置汉高祖庙，以时致祭。以太傅张良、相国萧何配。

十四载　邑人刘轲避乱之韶州。

德宗建中二年　冬十月，徐州刺史李洧举州归国。

宪宗元和元年　刘轲逾岭，隐于庐山。

三年　刘轲登进士，拜监察御史。

宣宗大中十一年　徐州水深五丈，漂没数万家。

懿宗咸通十年　曹翔攻丰，沛戍将朱玫以沛降。

五代

后梁太祖开平二年　忠武节度使刘知俊拒蜀、岐，晋三国兵却之。

三年　夏六月，梁刘知俊叛奔岐。

末帝瑱贞明元年　冬十一月，岐将刘知俊奔蜀。

四年冬　十二月，蜀杀其招讨使刘知俊。

宋

属徐州。

太宗太平兴国八年　夏五月，河决滑州，徐沛大水。

真宗天禧三年　夏六月，河决滑州，徐沛大水。

仁宗庆历元年　诏青、徐等八州军，仍岁凶，驰盐禁。洛阳程珦来知沛县事。

神宗熙宁十年秋七月　河决澶州，徐沛大水。

徽宗建中靖国元年　禾合穗。

高宗建炎三年　春正月，金粘没喝陷徐州。

废齐阜昌六年　邑人邵世矩登进士第一甲第一人。

金太祖皇统三年　邵世矩任棣州防判。

大定二十八年　河中府推官邵世矩卒。

章宗天兴二年　蒙古入徐州。

宋帝昺祥兴元年　秋九月十一日，宋丞相文天祥北行过沛。有歌风台诗。

元

太宗七年　移滕州治沛县。

宪宗二年　滕州废，复为县。

世祖至元二年　省沛县，入丰县。徐宿邳蝗旱。

三年　复置沛县。

八年　以沛县隶济宁府。

十三年　以沛县属济州。

二十八年　诏严东平、济宁六路畋猎之禁。犯者没其家资之半。

成宗大德十年　夏四月，金沟闸成。闰正月兴工，至是而工毕。

仁宗皇庆二年　闰三月，济宁路霜杀桑，无蚕。

延祐元年　闰三月，济宁、东昌等路陨霜，杀桑果禾苗。

二年　夏五月，沽头隘船闸成。二月兴工，至是工毕。

六年　夏六月丁丑，遣官阅视济宁等路水。民乏饥者赈之。仍禁酒。开河泊禁，听民采食。

泰定帝泰定二年　夏六月，丰、沛水。

文宗天历二年　秋八月，赐御史中丞史惟良沛县地五十顷。

至顺三年　夏四月，济宁路虫食桑。

顺帝至正四年　夏五月，大雨，黄河暴溢，决白茅堤，丰、沛大水。

九年夏五月，白茅河东注。沛县遂成巨浸。

十五年　置军民屯田使司于沛。屯田官一员，正三品。

二十七年　冬十二月戊申，大明兵取济宁路，陈秉直遁。

邑自徽、钦北狩，高宗南渡，陷于完颜，羁于刘豫，缁染胡尘，浸淫未已。元主中华，亦几百年，其可纪载，略备如上。初则朝置暮省，东隶西属，二十年间，日无宁刻；延至中叶，水旱蝗蝻，史不胜书。黄河冲决，荼毒特甚。民之当斯际也，何以堪焉？出斯民于汤火，而濯以清泠之渊，则幸有我太祖高皇帝在。

国朝

太祖高皇帝

洪武二年　知县费信忠迁县治。

三年　知县费信忠修学宫。

二十年　邑人谢昇贡于乡。

二十六年　忻州王居鋆来丞。以人材举。

三十年　邑人蔡楫拜福建道监察御史。

建文惠帝

建文元年　庐陵颜瓌来知县事。

三年　夏六月壬申，靖难将李远南掠至沛，焚饷舟万艘。河水尽热，鱼鳖皆浮。秋九月，诏设丰沛军民指挥司。

四年　春正月，靖难兵驻沙河。二十二日攻沛。二十六日指挥王显迎降，知县颜瓌及主簿唐子清、典史黄谦死之。夏五月，靖难兵入应天，邑人湖广道监察御史谢昇不屈死。

成祖文皇帝

永乐元年　蔡楫任嘉兴知县。

九年　庆云人、湖州同知甄实来家于沛。

十三年　饥，命进士梁洞赈恤。

十五年　蔡楫拜浙江按察司佥事。

宣宗章皇帝

宣德七年　大蝗，巡抚、户部侍郎曹洪奏蠲租税。

英宗睿皇帝

正统二年　督学御史彭勗令有司建祠祀颜令瓌。

六年　邑民甄瓛等十二家各输麦一千石赈饥。奉敕立坊，旌其门。

景皇帝

景泰三年　大饥疫，都御史王竑奉命赈恤。

五年　知县古信修县志。

宪宗纯皇帝

成化元年　大饥，命都御史吴琛赈恤。

二年　邑人李绅登罗伦榜三甲进士，授行人。绅籍锦衣卫。

大饥疫，命都御史林聪赈恤。

七年　水。冬十一月，奉旨免夏麦税丝。

二十年　御史陈嘉谟迁大风歌碑于泗河北岸。

孝宗敬皇帝

弘治四年　秋九月，光禄寺少卿李绅来省。其祖墓在邑东三河口。

十六年　荣庄王之国常德，过沛。工部主事高贯筑金沟、昭阳湖堤。金沟堤长五里，昭阳湖堤长三十里。

十七年　巡抚都御史张缙奏免养马。缙以州邑比罹河患，又水陆道冲，赋役繁重，特为奏免，上命从之。

武宗毅皇帝

正德元年　工部主事章拯浚曲房河。延绵二十余里。

二年　黄河东徙入泡河。坏民居，损禾稼。

六年　流贼余骑掠沛，入市杀人。时沛经水，地多淤莲花荡中。贼大队趋滕峄去，沛城邑得不残破。

七年　水。

八年　水。

九年　水。

十年　水。

十四年　武宗毅皇帝南狩过沛，宴邑太学生赵达家。过庙道口，宴宋氏楼。

世宗肃皇帝

嘉靖二年　秋，河决塞运。坏民庐舍，平野中清碧接天，民多流亡。

四年　大蝗，无禾。都御史盛应期奉命开新河于邑东，未就而罢。

五年　秋八月，都御史章拯令有司祀名宦乡贤。

六年　水。

七年　水。

八年　大水。舟行入市，平地沙淤数尺。都御史潘希曾奉命经理旧运，筑长堤。高二丈，阔三丈。自县治西门起至杨进口止。

十一年　知县杨政均平地粮。有碑，竖福神祠。秋八月，建谯楼。行人孙世祐记。

十三年　庙道口河淤。

十四年　都御史刘天和疏汴水，出泡河达于泗。先是，黄河南徙，自济宁至徐不可舟。天和至，浚淤导溃，以顺水性，疏汴河自朱仙镇至沛县飞云桥，杀其下流。役丁夫十四万三千九百人，四阅月始成。敕建昭惠祠成。

秋九月，知县杨政申明协济。

十八年　章圣皇太后祔葬显陵，梓宫过沛。

十九年　工部主事顾德伦修颜公祠。

二十年　夏旱。

二十一年　知县王治迁儒学。兵部侍郎王以旂筑昭阳湖围堤，丈湖田。夏大雨。五六月雨如注，昼夜不止，河溢，民居禾稼伤者过半。知县王治迁演武厅。

二十二年　春三月，知县王治修县志成。筑土城成。秋八月十三日，以孝子、监生赵清从祀乡贤。督学御史马公天驭从知县周公泾请也。

二十五年 山东红罗女叛,城中戒严。

二十六年 夏,知县周泾筑砖城成。迁社稷坛、建义仓,筑康嘴堤。

二十七年 三河口人赵文博聚众劫掠,官军捕获之。

三十一年 春饥。

三十二年 春大饥,人相食。刑部侍郎吴鹏娇诏赈恤。

三十四年 倭警至沛,城中戒严。顺永保河兵御倭过沛。诸兵慓横难制,多以刃挟诸富室索求酒食,无一得免者。

三十八年 吴公遗爱祠成。祠吏部尚书鹏。摄县事、徐州左卫经历王章再申明协济。

四十年 春三月,景恭王之国德安,过沛。

四十三年 春,工部主事宋豫卿开湖柴禁。秋大水,鬼泥昭阳湖树。

四十四年 夏,景恭王归葬西山,梓宫过沛。秋七月河决,大水塞运。工部尚书朱衡奏蠲租税。

四十五年 秋,大水。九月,工部尚书朱衡开新河成。

穆宗庄皇帝

隆庆元年 知县李时改建城南门。门旧值县治,甲子春,子城圮于水。至是,时始改建于城东南隅。冬十月,薛河石坝成。

二年 春,正月元日大风。二月,讹言括,民间子女一时嫁娶殆尽。夏螟。知县李时定均平大户法。邑人张德记。

三年 秋九月,大水入市。

四年 知县白经立双节祠。

六年 知县徐辂始行一条鞭法。巡抚都御史王公宗沐颁行,江北赋役成规,辂首遵行之。

今上皇帝

万历元年,春痘疹,殒小儿数千人。

马一化曰:痘毒之书,重民命也。天之所重惟民,国之所重亦惟民。《周礼》:“献民数于王,王拜而受之。”史家例有《五行志》,纪灾祥,水旱必书,疫疠必书,凡以为民也。一痘毒而所损者数千人,水旱疫疠云哉!使其数千人竟获安养生全也,又奚止实国家之版图,而充一邑之户口已耶?

秋八月,徐州知州刘顺之刊定协济事宜。

二年，知县倪民望浚新渠。郎中蒋思孝记。见艺文。

夏雨雹伤稼。秋大水，巡抚都御史王宗沐请赈。

冬十月，颜公祠成。

三年，知县倪民望创汉高皇帝庙。

四年　冬，有鸷鸟攫男、妇冠、笄去。

五年　春，知县马昺筑护城堤。城几陷，知县马昺力御得免。秋，河溢，大水夜至。水由西南水门入，城危甚。知县昺亲率士民，首脱裈实以上，众皆效之，塞而止。

六年冬，大雪。二十余日不止。

七年　夏四月，麦秀三岐。多至五岐者。五月，雨雹伤麦。秋筑夏镇护堤、缕水堤成。

八年　知县周治升修学宫。

九年　春三月，知县周治升均丈田地，归并里甲。秋九月，儒学尊经阁成。

十年，知县周治升开平城门。门在城东北隅。徙昭惠祠。祠直平城门外。

十一年　春二月，李生芳、张贞观同中礼部式。三月廷试，赐朱国祚榜三甲进士。夏，授生芳陕西咸宁知县。五月大旱。三伏不雨。秋，授贞观山东益都知县。

十三年，冬大寒。树多冻死。

十四年　春二月，张斗中礼部式。三月廷试，赐唐文献榜三甲进士。夏疫。

十五年，张斗授浙江江山知县。

十六年，春饥。夏，知县符玺浚城濠。秋改造均地铁尺。先是，知县治升承命均邑田地，时以东北地多水，占弓尺难施，竟至地少于杨令所均数。由是，每顷加空地五亩三分，以足原额。百姓买卖间纷纷告扰，玺患之，乃改铸铁尺，视周尺稍减。贸易者只凭此尺均丈，则不烦加地，而原额自足。尺今贮县库。

十七年，夏镇城成。

十八年　夏五月，民间讹言兵变。乡村小民咸携男女逃匿山东境。时大雨，行者塞路，有夫妻母子相失者，知县万民百方禁之不能止，数日乃定。

十九年　春三月，兵科给事中张贞观奉敕阅视山西边务。秋蔡桂授南京工部虞衡司主事。

二十年　春，总河都御史潘季驯开李家口河。自朱尚书开新河后，递年积水。东则微山、居孟诸湖，西则马家桥、李家口一带汇为巨浸，牵挽无路，军民船只栖泊靡所。工部主事余继善采伐官民树株，架木桥二十余里，暂得牵挽。季驯因舍朱公之旧，而西浚是河。三月，工科右给事中张贞观奉敕勘议淮黄河道。

夏五月，大风拔木。冬，总河都御史舒应龙开塔山、戴村二支河。塔山西通牛角湾，戴村东通伊家林。自应龙开二河后，是冬邑积水得注泄，民赖以有麦。因三年来，当事者悭于开浚，邑始受害矣。

修新河石堤。主事余继善始事，沛县主簿张性宽增修东西两岸，长几数里。桃李冬华。

二十一年，春，大饥。夏大水，无禾。

二十二年，春，大饥疫。上命留漕粮、发官帑以赈。

知县苏万民立歌风台坊。

二十三年　春，丰县知县孙延来审我邑户，定三等九则法。自万历行条鞭法，业已三等九则。审户科差第，则银增减不一。上上户多至三两五钱，下下户少则至二钱。延至纳缙绅议，银数逐则递减。上上户则银九钱递减，而至下下户则银只一钱。

夏雨雹，伤麦。

二十四年　春正月元日，立巡按江北誓辞碑。碑二，一树先师庙前，一树城隍庙内。监察御史、北海蒋公春芳作也。

知县罗士学定里甲走递法。详见赋役志。定寄庄人户入籍法。详见赋役志。立樊井坊。

秋，大蝗。知县士学下令逐捕，寻以银易之，所获几千石，民赖有秋。

知县罗士学歼夙盗。邑南汉台乡多盗，百余年来剽劫窝隐，肆行无忌，前政者屡事捕捉，第株蔓深固，不可捕灭。士学至，稔其恶，多方搜缉殆尽，数百人咸置之法。自是，奸宄屏迹，民得安枕矣。

二十五年　春二月，知县罗士学修学宫。详见学校志。开局施药。邑多贫民，药饵无资，士学捐俸市药，开局于水母庙，日轮医生一人诊视发给。三月，迁龙泉寺。详见秩祀志。修演武厅。详见建置志。

夏四月，修县志。县志自嘉靖癸卯永年王公治修后，越今五十五年，未有议修。士学以阙文佚事失，今不补之，益无征。躬请师儒，开馆于儒学尊经阁馆，纸墨一取于官。

立微子庙。文老云："邑东半里许有微山，久没于水。士学访得其处，特建庙祀之。"

五月六日，大风拔木。秋七月，知县罗士学建护城堤东西二口闸。知县凫筑堤后，邑乏科第二十余年，堪舆家谓堤阻地脉，公采其说，建二闸于东西堤口。

大雨。

八月，修颜公祠。祠自嘉靖庚子创建后，二十年而圮于乙丑之水，逾十年始建于知县民望，今鞠于菜圃者，又且十年。士学下车即议兴，后未遑。今年秋始构堂，筑垣墙，崇祀有所，士民颂之。

二十六日地震，水涌。自二十六日至二十八日连三日地震，城内外诸水皆旋长旋消，若潮汐然。

九月十一日，地复震。夜二鼓，有声自东北之西南，其响竟天，地震屋廷有声。

冬十月十二日，以福建兴化府教授卢雄从祀乡贤。初，卢官上饶，身范教规，胥取重于今少冢宰止庵杨公。岁壬午，止庵公起官大理，会贵溪心谷姚公士观按江北，兼学政。公语姚曰："若沛卢公者，宜俎豆学宫，而为其乡弟子式者也。"姚下所司核实，以间牌甫上，而姚以迁官去，事竟寝。越十六年丁酉，南昌怀云陈公子贞督学南畿，少宰公复申所请，始获祀诸学宫。语云"好贤如缁衣"，今于止庵公见之。

十一月，县志成。十一月，歌风台集成。台旧无集，知县罗士学成沛志后，复搜括古今而为是集以传。

二十六年夏，有莲并蒂。秋有谷双岐。获鼎。邑北朱氏斫地，得鼎一，中注五铢钱甚多，因舁置学宫。

邑纪者何？仿史家帝纪作也。志不祖编年而祖志传何也？志之所载不一，非志传不能析而赅也。邑之事即夥，诸志足以统之；邑之人即众，诸传足以括之，非纪以为之冠，是衣服而无领，缘元首而无眉目也。沛之为邑，自嬴秦始著，汉楚之分争，南北之战伐，胥有事于此，亦重地也，宁无可纪者哉？用是，稽之传诹见闻作邑纪，以弁志首，兼以灾祥翼焉。

邑纪终。

二十七年　夏，有麦两岐。邑甫一年，连获四瑞，学谕约，因刻《集瑞编》。

除夕大风。

二十八年，春正月十二日，淮徐兵备副使郭光复捉逆党孟化鲸，邑中戒严。化鲸逆贼，浙人赵一平党也，居丰停灵台集，与沛接壤。一平谋为不轨，欲首事中原，賄聚逆党，徐、丰、滕、峄株连蔓结，在在而是。化鲸姻家宁炳然者，亦在贼中，惧祸及，而首其谋于官。详具光复所刻《己庚衣袽录》中。

邑据中原上游，古所称四通八达之冲，英雄必争地也。唐宋来，胥设重兵于徐镇之，厥有以也。迩以河流泛滥，闾阎空虚，榷税搜括，商旅阻阂，不逞之徒潜蓄异谋者，盖不止一平辈也。倘非天心鉴宥，祖德培植，逆图获逞荼毒之惨，邑先被之，谅所不免，幸而逆魄先褫，群凶授首，金瓯靡缺，玉篆常新，曲突徙薪，伊谁之赐？余与当事二三君子有深感焉。

夏，知县罗士学均丈邑地。邑地自知县治升均后数减于旧邑，民包赔告扰，岁无宁日。士学患之，因复丈量，得侵欺之地甚多。第阅三时而事甫就绪，隶胥遂缘为奸民称扰云。

冬，敬一亭成。亭自乙丑河变后，圮于水，阅三十五年未有议复者。知县罗士学始竖仆碑于土，补刻《五箴注》，嵌之壁，而为是亭。

二十九年　春，总河都御史刘东星浚韩庄河。施粥。东星以时方春荒，无食者众，乃有是命。

三十年　秋九月，知县张火炳还文昌帝君像于原祠。先是，寓内诸郡邑学多有祠梓潼帝君者。嘉靖初，言者谓为淫祀，迁而祀诸别所。庚辰，知县治升蜀人也，始增祀焉。庚子学谕约，因舁其像祀之尊经阁，且别为阁，额曰“文明楼”。至是，文炳病其乖于制，乃迁祠原所。

沛学之修，自永年王侯改创来，则首屈新津周侯矣。周之阁尊经也，补二百年之未有，功孰与尚？乃文昌之祀，不无小失，功固足掩矣。空其祠而迁之阁，舛矣。易尊经而文明，不舛而又舛哉？士不通经博古，抑何以范俗而师人耶？

冬十月，总河都御史曾如春浚黄河。自是冬兴役，迄明年夏始毕役。

三十一年　夏大疫。自春徂秋，比屋而病者十之七，河软役卒，死不返骨者且数千人。

霖雨。

秋七月二十七日，水决邑护堤，破城。邑既经霖潦，山东诸水环汇，护堤几没其半。会河堤当事者以黄河决口，猝未易塞，辄盗开堤岸，全河拼力而北，官私庐舍荡覆几尽，人畜漂没，惨不可言。父老谓邑受河患二百年来不一而足，未有若斯之甚者。

河自乙丑泛后，率数岁之来，逮丁丑而日暂南，徙民始得修穑事、向南亩矣。暨黄堌之役兴，当事者南虞齿泗陵，西虞灌宋都，力主分泄。黄堌之役未已，而王庄之役兴。王庄之役甫毕，而朱旺之工起。迄癸卯而全河北徙，沛几不可为矣。弹丸之地，南濒河而东并运，疏浚之役，桩草之输，邑税粮岁费二万有余，较其费不啻倍之。加以两宫三殿之需，筏木颜料，中官横索，费无纪极，民之憔悴无逾此日。近火先焦，近水先濡，抑何控诉？友鱼虾而日乞于河伯，沧海桑田宁可冀耶！

冬，总河都御史李化龙奏留漕粮赈恤。

三十二年　春正月，淮徐兵备副使刘大文命官施粥。受命者施散无法，未几而罢。

上命发临、德二仓漕米来赈恤。从总河都御史李化龙请也。

总河都御史李化龙浚泇口河。沁水刘公浚韩庄河，后依湖为岸者堤既善崩，凿山而挽者石颇为阻，粮艘由泇者十一，由旧者十九。于是，公采舆议，大浚之。因刘之旧，稍徙而北，避湖险以通山阻，阅五月而功告成。

新河之役，倡自万安。初议以沛地下土松，河易趋而易塞；徙而东则地高土坚，河当避而不就也。未三十年，吴兴有李家口之役，西粤有韩家庄之役，嗣是而沁水营，其中长垣竟其役一线之渠。当事者刓划筹度，亦云劳矣。

第河日趋东，壮夫莫挽，岁修百万，空委沟壑，国运民生，抑何瘳而济耶？

夏，总河都御史李化龙浚黄河。泇河工毕，因徙其众而复为是役。

大疫。是春，小儿以痘疹伤者甚众。入夏，而疫气盛行，视癸卯差减。

祸倚于福，瑞不胜妖，厥来旧矣。邑自己、庚两岁，谷麦双岐，鼎、莲并瑞，矢声歌而勤摹勒，彬彬盛哉。甫二载而黄水破城，饥疫戕众，瑞果足恃欤？

秋七月，河决赵庄口。随复决新洋庙口。

三十三年　春，知县李汝让修护城堤。堤自知县禺来，数经河水，倚之阻遏，城郭安。惜无继修者，日益庳薄，西北尤甚，癸卯之水实自此入。汝让承上命，爰兴是役，高厚视旧加倍，朝夕工所，督稽惟勤。

迁定县治于城北隅。县治旧在南门内，逼迫城垣，湫隘不称。汝让采舆议，用堪舆家言，迁于旧治之北。第地在沮洳中，水深三尺，且土远隔城垣，取之颇艰。公百方调度，夙夜临之，填塞逾年始克就绪。

三月，知县李汝让升陕西鄜州知州。夏四月，三院会疏，奏留知县李汝让。三院者，中丞李公三才，巡台高公攀枝，鹾台乔公应甲也。汝让得鄜州报，邑父老子弟咸赴三院乞留之，三院亦嘉其能，乃为合疏于朝。

秋八月，升知县李汝让邳州知州，管沛县事。先是，鄜州命下部，业选三原王秉恩来知县事。王以四月十二日上任，时以抚按会疏未下，旋之候命。至是有新命，王得改山西祁县，去。

冬十月，总河都御史曹时聘浚黄河。役直隶、山东、河南夫二十万人，阅六月工始告成。

三十四年　春正月，知州李汝让修学宫。学宫圮于水，汝让下车之日，即议修之，至是而圣殿、两庑、斋房、神库、庖湢、泮池，焕然一新。夏五月，补刻沛志成。志自丁酉修后，癸卯秋，守者不戒，半沦于水。至是，汝让始补成之。

六月，重刻《歌风台集》成。修文笔峰成。邑自丙戌，后乏科第者逾二十年，说者谓巽峰宜峻，汝让是其议，筑是峰。

三十五年　夏四月，四堡堤成。先是，癸卯秋河决朱旺口，直射太皇堤，冲决沛城四堡以东者，阔几一里。至是，汝让承上命补修之。泥深丈余，投土于泥，夯杵难施，工倍他工，逾数时始克襄事云。

三十六年　夏，缕水堤成。堤为癸卯秋河水所破者数百处，至是补完之，工费颇不赀云。山东诸州县官会知州李汝让，议泄彼地水于沛，事旋已。

《禹贡》云："大野既潴。"大野即今山东巨野诸州县地。潴者，蓄而复溢之谓。禹之治水，顺水之性，云既潴他方害耳，即汉人弃河软地，不与河争利之说也。终赵宋之世，梁山泊水占地八百余里。王荆公柄国，坐客有议泄泊水者，刘贡父在旁曰："须别凿八百里地以受之。"坐客大笑而罢迹，是则山东诸州县之水其蓄而不可泄之他方也。旧矣！今必欲以邻为壑，且动以暗复旧运愚沛人，是沛人终不可愚，而彼适自愚耳。

秋七月，城隍庙成。冬十月，县治成。十二月，学宫成。

三十七年 春三月，飞云桥成。秋七月，树县令题名碑。邑旧无题名碑，汝让始考前后令此土者，得若干人，刻石县堂，然阔略者犹多云。

九月，察院成。冬十月，巡抚都御史李三才复浚李家口运河成。河自吴兴潘公季驯开浚后，不数岁，黄水冲射，堤岸胥没于水，牵挽无路，行河使者植桩于水，架草垫土于上，暂为纤路。苟济一时，行者病之，旋有泇河之议。泇河地亢多山，亥塞碍舟。且地属郯、邳，人烟稀少，盐徒矿盗出没无常，官舟贾舶时遭掳掠，乃复有开旧之议。至是功成，邑簿李华春与有力云。

十一月，预备仓成。仓旧在县治内，圮于水，储积无所，就民舍以蓄者数年。至是，汝让始即旧义仓地创为之。

重修邑志成。邑志自丁酉修后，历今一纪。且邑经河患来，创修、增建、记述、歌咏例当续入。知州汝让聘文学弟子以次增补，至是刻成。

十二月，《迁县始末》书成。县治既成，邑缙绅父老子弟胥以是役为百年旷举，不可无传。爰市木命匠付之梓，用垂永远，识不忘云。

烈女坊成。烈女，生员杜宗预女，许万灿。灿以病死，女闻之，不食五日死。事闻于朝，诏树坊表之。

卷二　沿革表

朝代	州部	郡国	县邑
夏	徐州之域		
殷			
周	青兖之境		
春秋	宋	偪阳	沛周赧王二十九立县
秦	楚	泗水郡	沛
汉	豫州统郡国八	沛郡统县三十七	沛
东汉	豫州统郡国六	沛国统县二十一	沛
晋	豫州统郡国十四	沛国统县九	沛
刘宋		徐州	沛
后齐		徐州	沛
后周		总管府	省入郡
隋	徐州统郡五	彭城郡统县十一	沛
唐	河南道	彭城郡统县七	沛广戚省入
宋	京东路	徐州统县五	沛
	京东西路元丰初		
金	山东西路	滕阳军	沛
		源州	省入州
元	济宁路	济州统县五	沛从直隶本路
国朝		徐州统县四	沛

邑东临滕峄，北近鱼台，南抵徐州，西至丰县，乃其山川所隶；若微山、柤水，城垒所奠；若仲虺、香城，县邑所建；若广戚、合乡，今多在滕峄两县境，意沛之在昔提封较广，入我朝渐从缩狭然耶？前之志者不谙其说，辄从臆度，指断垅为微，强合乡为互，沿讹承舛，谁为剖迷？兹故考诸史志，作沿革表。其他订讹辨诬，详具杂志中。

卷三　封爵表

朝代	王	侯
西汉		刘濞高祖兄仲之子，初封沛侯。
		刘将鲁共王子，武帝时封广戚侯，坐酎金免。
		刘勋楚孝王嚣子，成帝河平中封广戚侯。
		显
		婴居摄元年为孺子。王莽篡位为定安公。莽败死。
东汉	献王辅光武子，母郭皇后。建武二十年徙封沛王，二十八年就国。矜严有法度，好经书，善说《京氏易》《孝经》《论语》，传作《五经论》，时号《沛王通论》。在国谨节，终始如一。显宗敬重，数加赏赐。立四十六年薨。	
	釐王定辅子，立十一年薨。	刘宝定弟，中元二年封沛侯。
	节王政定子，立十四年薨。	
	孝王广政子，有固疾。安帝诏广祖母周领王家事，周明正有法礼。汉（建）安中薨。顺帝下诏曰“沛王祖母太夫人”。周秉心淑慎，导王以仁，使光禄大夫赠以妃印绶。广立三十五年薨。	
	幽王荣广子，立二十年薨。	
	孝王琮荣子。	
	恭王曜琮子。	

续表

朝代	王	侯
	契曜子，魏受禅，废。为崇德侯。	
魏	穆王林武帝子，母杜夫人。太和六年徙封沛，累增邑至四千七百户。	
	纬林子，嗣王。	
晋	顺王景字子文，安平献王孚第九子，魏乐安亭侯，历谏议大夫。武帝受禅，封沛王。邑三千四百户。立十一年，咸宁元年薨。	
	韬景子，嗣王。	
唐	章怀太子贤字明允，高宗子。母则天皇后，龙朔元年九月壬子，徙封为沛王。	

嘉靖癸卯修县志者六人，先达荆山卢公为力较多。万历初，荆山公罢闽兴化教授归也，余数侍谭议，语及邑志，未尝不扼腕于当时封建之阙也。兹故本诸史之旧，会通考之同，上溯两汉，下迄晋唐，表封藩之建于沛者，用补邑志之阙。郡旧志封建中，载有献王辅，新志削之，曰“辅封沛郡，今亦不敢必其说为足据”云。

卷四　职官表

县　官

北朝

令　朱就　代郡桑干人，仕魏，为沛县令。

唐

丞　司马　名缺。方干有《送沛县司马丞》诗。见艺文。

宋

知县　程珦　见传。

金

<table>
<tr><th>纪　年</th><th>知　县</th><th>主　簿</th><th>县　尉</th><th>典　史</th></tr>
<tr><td rowspan="4">大定三年</td><td rowspan="4">赤盏霞老</td><td rowspan="4">丁昭兼知县尉，赐绯鱼袋。</td><td>李果骁骑尉。</td><td></td></tr>
<tr><td>刘琥飞骑尉。</td><td></td></tr>
<tr><td>侯清飞骑尉。</td><td></td></tr>
<tr><td>王昭云骑尉。</td><td></td></tr>
<tr><td>大定五年</td><td>普察木鲁虎</td><td></td><td></td><td></td></tr>
<tr><td rowspan="2">大定十一年</td><td rowspan="2"></td><td>纳懒</td><td></td><td></td></tr>
<tr><td>辛仪</td><td></td><td>吴荣周</td></tr>
<tr><td>纪年不详</td><td>王立萧人，居任廉洁刚方。</td><td></td><td colspan="2"></td></tr>
<tr><td>纪年不详</td><td>刘勋鼎新庙学，振作士风。</td><td></td><td colspan="2"></td></tr>
<tr><td>纪年不详</td><td>孙思</td><td></td><td colspan="2"></td></tr>
</table>

元

纪年	达鲁花赤	县尹	主簿	县尉
世祖至元十八年		马珪字君璋，兖州人。为政循良，有古风，张谦为作去思碑。		
成宗大德		赵野字子开，济南人。大德初为沛县尹。劝农兴学，政平讼理，有去思碑。		
大德十一年			梁天祺	
纪年不详		扎忽解大德间监沛县，有惠爱，官至参知政事，封任城郡公。		
武宗至大		丁用历下人，辛亥年任。		
仁宗延祐三年		袁说		
延祐五年	伯家奴		脱不干	李英
纪年不详	伯颜普化			
顺帝元统三年	宝童	任焕	赵希哲	蒋希祖
	扎忽儿歹			赵侃
				刘熙
				陈义
			元永固	
后至元元年		刘伯颜真定人，有去思碑。		
五年		孙文顺		

续表

<table>
<tr><th>纪 年</th><th>达鲁花赤</th><th>县 尹</th><th>主 簿</th><th>县 尉</th></tr>
<tr><td rowspan="6">至正阙年</td><td rowspan="6"></td><td>王居礼</td><td rowspan="2">李伟</td><td rowspan="2">王俨</td></tr>
<tr><td>刘铎</td></tr>
<tr><td>李旺</td><td>赵伯颜</td><td>蒋景山</td></tr>
<tr><td rowspan="1"></td><td rowspan="1"></td><td>王郁</td></tr>
<tr><td></td><td></td><td>李茂山东济河人。见艺文。</td></tr>
</table>

国朝(一)洪武 建文 永乐 洪熙 宣德 正统 成化 弘治 正德

<table>
<tr><th>纪 年</th><th>知 县</th><th>县 丞</th><th>主 簿</th><th>典 史</th></tr>
<tr><td>洪武元年戊申</td><td>费信忠</td><td></td><td></td><td></td></tr>
<tr><td>建文元年己卯</td><td>颜瓌见传。</td><td>胡光一作先。</td><td>唐子清见传。</td><td>黄谦见传。</td></tr>
<tr><td>永乐元年癸未二年</td><td>王敏直隶永年人。</td><td></td><td></td><td></td></tr>
<tr><td>永乐四年</td><td>常瓘见传。</td><td></td><td></td><td>任敏山西洪洞人。</td></tr>
<tr><td>永乐十七年</td><td>王徽山西大同人。</td><td>何润湖广华容人，由岁贡。</td><td></td><td>熊信四川庐州人。</td></tr>
<tr><td>永乐十九年</td><td>李举贤直隶容城人。</td><td></td><td></td><td></td></tr>
<tr><td rowspan="2">永乐二十年</td><td rowspan="2"></td><td>夏天祥</td><td rowspan="2"></td><td rowspan="2">沈宗原浙江武康人，由监生。</td></tr>
<tr><td>阳骥山东滋阳人。</td></tr>
<tr><td>洪熙元年乙巳</td><td></td><td>吴自然湖广桂阳人。</td><td></td><td></td></tr>
<tr><td>宣德元年宣德丙午</td><td>杜剑直隶衡水人。</td><td>何通陕西华阴人。</td><td></td><td></td></tr>
</table>

续表

纪　年	知　县	县　丞	主　簿	典　史
宣德二年		张祥直隶栾城人。		
宣德四年		李希贤河南祥符人。		
宣德五年		黄以容浙江平阳人。		
宣德六年	陈原宗湖广衡阳人。			李经山西恒曲人。
		罗敬湖广衡山人。		
正统元年丙辰	王清四川新都人。	雷忠湖广桂阳人。	王勗山东莱阳人。	
		罗瓒河南固始人。		
正统七年		沈富浙江仁和人。		唐彦山东高塘州人。
正统八年		余升		
成化元年乙酉	王韶山西泽州人。			
	孙泰			
成化十年	孙镗			
成化十一年	马时中山西太原人。见传。	张羽中	潘安	
	冯谦浙江诸暨人，由举人。见传。	卢成	齐富	宋敏以上五人按陶。

续表

纪年	知县	县丞	主簿	典史
成化二十一年	吴钊顺天府人，由举人。	王锡 刘瑾按：成化间诸碑刻县丞皆二人，其一管马也。 陶纪江西湖口人。	黑伦 宋道河南郑州人。	珺瑾以上五人按歌风台碑补。
弘治元年戊申	王琛湖广松滋人，由举人。政尚宽平，笃意学校，卒于官。	陶鉴	吴本山西蒲州人。 裴克让	黄琳
弘治六年	姚祥广东归善人，由进士，见传。			
弘治七年	袁纪江西蒲州人，由监生，卒于官。 张珩直隶大名人，由举人。 徐彬浙江余姚人，由举人。			
弘治十三年	马伯琦直隶新乐人，由举人。	李瑾	高斑 吴举直隶成安人。	黄廷进
弘治十三年	粟钲山西潞州人，由举人。在官清慎，被诬罢官，跨一驴去。	陈杰 刘能山东诸城人，由监生。		
弘治十七年	杨凤府军前卫人，由进士。见传。			李豫河南遂平人。

续表

纪　年	知　县	县　丞	主　簿	典　史
正德元年丙寅	孙宗尧直隶河间人，由举人。	孟之楫字济州山西文水人，由监生。	曹鼎陕西耀州人。	邢恕河南阳武人。
	王瓒陕西华阴人，由举人。	谢洪仁四川人。	郭缯	
	胡守约四川合州人，由举人。见传。	方廉山东泗水人。		
	麻芝陕西榆林人，由监生。见传。		易纮湖广人。	

国朝(二)嘉靖

纪　年	知　县	县　丞	主　簿	典　史
嘉靖元年壬午	周万金直隶内黄人，由举人。	陶恕直隶山海卫人，由监生。		
嘉靖二年	孔时陕西长安人，由举人。	李文宪直隶人。见传。		韩良辅直隶迁安人，由吏员。
嘉靖三年		张轨贵州普安人，由监生。		
嘉靖四年			宁时智直隶永年人，由监生。	
嘉靖五年			田知	
嘉靖六年	郑公琦字德辉，福建莆田人，由进士。七年升凤阳府同知，迁广西太平府知府。			

续表

纪年	知县	县丞	主簿	典史
嘉靖七年	向必成湖广黄梅人,由监生。			
	平世祥山东日照人,由监生。			
嘉靖八年		寇宗仁河南祥符人,由监生。	李琦河南颍州人,由监生。	马昂直隶河间人,由吏员。
嘉靖九年	杨政江西南昌人,由监生。见传。			
嘉靖十一年		周坚湖广竹由人,由监生。	徐杰浙江嘉兴人,由吏员。	戴仁浙江鄞县人,由吏员。
嘉靖十二年			王廷相山东掖县人,由监生。	
嘉靖十四年			董应期山东平州人,由监生。	
			何光明湖广兴山人,由监生。	
嘉靖十六年	孙灿山东朝城人,由监生。	孟绅山东济宁人,由吏员。	潘泽直隶涿州卫人,由监生。	
			李约直隶献县人,由监生。	
嘉靖十七年				李仕佩福建莆田人,由吏员。
嘉靖十九年	王治直隶永年人,由监生。见传。		刘钲山东莱州府人,由监生。	

续表

纪年	知县	县丞	主簿	典史
嘉靖二十年		王统江西大庾人，由监生。	王璿陕西神木人，由监生。 齐邦用河南邓州人，由吏员。 蒋廷瓒湖广东安人，由监生。	林大理福建莆田人，由吏员。
嘉靖二十二年	周泾江西贵溪人由举人。见传。	吴元祥湖广汉阳人，由监生。		
嘉靖二十六年		方绍仁湖广黄冈人，由吏员。	孙汝霖山东招远人，由监生。	
嘉靖二十七年	李桢江西新昌人，由举人，授广西道御史。		宁守宽山东章丘人。 李意光直隶庆都人，由监生。	沈纯浙江慈溪人，由吏员。
嘉靖三十一年	郭进贤湖广麻城人，由监生。	沈汝立浙江归安人，由监生。		
嘉靖三十二年	叶恒嵩浙江太平人，由举人，以忧去。		茂有绩山东益都人，由岁贡。	
嘉靖三十三年	张性深直隶邯郸人，由举人。历官户部郎中。	吴杞浙江孝丰人，由监生。		
嘉靖三十六年	罗见麟广东番禺人，由举人。	曹岳浙江嘉兴人，由监生。	都永靖山西林川人，由监生。 闻思贤浙江鄞县人，由吏员。	陈恩江西德化人，由吏员。
嘉靖三十八年	滕霁有传。		郑实直隶涿州人，由监生。卒于官。	刘清福建邵武人，由吏员。

续表

纪　年	知　县	县　丞	主　簿	典　史
嘉靖三十九年	宋聚奎山西闻喜人，由监生。	徐一举湖广醴陵人，由监生。性耿介，能诗。	马珩山东郓城人，由监生。 李志道浙江嘉兴人，由监生。	
嘉靖四十一年	李时四川奉节人，由举人，升户部主事。	王评山东黄县人，由监生。卒于官。 孙公惠福建罗源人，由吏员。	李存忠福建漳浦人，由承差。 娄聪浙江会稽人，由吏员。 谢鸾福建龙溪人，由吏员。	王尧辅山东濮州人，由吏员。
嘉靖四十三年				孙翔山东沂州人，由吏员。
嘉靖四十五年			傅儒浙江会稽人，由吏员。 孔承学山东曲阜人，由监生。隆庆二年裁革去。	曾朝器浙江东阳县人，由吏员。

国朝(三)隆庆 万历

纪　年	知　县	县　丞	主　簿	典　史
隆庆元年丁卯		左极江西星子人，由监生。	高述山东掖县人，由监生。	
隆庆三年	白经北京卫籍，由举人。	孟绪恩陕西岐山人，由监生。		

续表

纪　年	知　县	县　丞	主　簿	典　史
隆庆四年				周敏政浙江鄞县人，由吏员。
隆庆五年	徐辂浙江海宁人，由举人。赋性亢直，不受请托。	张友方浙江磐石卫人，由监生。	熊孔廉广西盐桂人，由吏员。	
万历元年癸酉	倪民望湖广黄梅人，由举人，温和坦易，文有古风。			
万历二年		邓海江西新建人，由吏员。	李惟高四川松潘卫人，由选贡。	赵万亮江西南昌人，由吏员。
万历三年	祝希哲江西德兴人，由举人，改颍上知县去。平易近人，仕止山西理问。			
万历四年	马昺四川南部人，由举人。筑堤护城，民有遗思。	吕学申湖广零陵人，由恩贡，严明有威。		
万历五年			陈存之江西人，由监生。	
万历六年	周治升四川新津人，由恩贡。修学礼士，有治干才。			陈天爵
万历九年		钱士章浙江山阴人，由岁贡。	俞百家浙江鄞县人，由监生。	
万历十年				黄河清江西临川人，由吏员。

续表

纪 年	知 县	县 丞	主 簿	典 史
万历十一年	杨盐山东即墨人，由举人。	王国宾河南唐县人，由恩贡。 戴经选浙江昌化人，由岁贡。		
万历十四年	符玺湖广龙易人。由举人慎重得体，不任吏胥。	袁一辅江西宜春人，由吏员。宽厚平易，卒于官。	石鱼直隶获鹿人，由监生。	齐良懋浙江山阴人，由吏员。 朱大积浙江会稽人，由吏员。
万历十八年	苏万民山西隰州人，由选贡。	贡守愚直隶灵寿人，由吏员。 王光宝浙江永嘉人，由选贡。	涂勋江西丰城人，由吏员。	李琚山东金乡人，由吏员。廉静不苟，被诬去。
万历二十一年			段养安直隶蠡县人，由监生。	何应泰浙江于潜人，由吏员。
万历二十二年	罗士学四川彭山人，由选贡。	汤应龙浙江永康人，由吏员。	强性宽河南阌乡人，由吏员。	陈纶浙江归安人，由吏员。
万历二十五年		邓一中江西南丰人，由选贡。	赵日荣福建晋江人，由选贡，升崇明县丞。	刘一纲广东高要人，由吏员。
万历二十八年				何功显福建福州人，由吏员。
万历二十九年	张文炳山东掖县人，由举人。	喜崇源江西进贤人，由吏员。	梁崇朴山东濮州人，由承差。	
万历三十二年	李汝让直隶永宁人，由选贡。			徐鸣阳浙江临海人，由吏员。
万历三十四年		程师明湖广江夏人，由岁贡。	李华春浙江长兴人，由监生。	蔡执礼福建莆田人，由吏员。

自秦罢侯置守，封建法废，民之所依为命者，舍邑守令胡由哉？得其人，即黎庶蒙休；一非其人，民之苏息无所矣。沛即蕞尔地，历汉唐以逮宋元，千三百年，令、长之更涉，丞贰之赞理，洵亦多矣，岂尽无良哉？乃今之可见者，仅仅六七人，信文献无征故也。入我朝，众职亦犁然悉备。第年代残缺，先后失叙，兹故稍为铨次，其政绩特异者，附注一二语于衔名之下，致嘉与之意云。

学　官

元

教谕

阮志学按：至正一年，东岳庙碑阴补。

孔希冕至正乙未任，尝作《庙学记》，见艺文。

李惟贤

王复明鄮人，至正初任，作新学校，振起士风。

房居安

张肃

余升

郑用

国朝(一)洪武　永乐　宣德　正统　景泰　成化　弘治　正德

纪　年	教　谕	训　导
洪武三年	华革	
	刘以礼长洲人，以博学荐授教谕，学识赅博。	
永乐		
宣德		
正统元年	潘灿按：东岳庙碑。	弘昭
七年	徐经广信人。按：《庙学记》补。	陈谟浙江绍兴人，由岁贡。
		周缉江西吉水人，由岁贡。

续表

纪 年	教 谕	训 导
九年	何肃	
景泰元年	张晔山东临清人。	周载苾
		方璠
成化	尤聪	
二十一年	卢荣浙江天台人，由岁贡。	林贵浙江鄞县人，由岁贡。卒于官。
		王辅浙江安吉人，由岁贡。廉静不苟，致仕归，悠悠自适，灌花种竹。日与故旧欢饮，子孙多显者。
弘治四年	李道弘江西丰城人，由举人。	聂让湖广云梦人，由岁贡。
	虞铋浙江金华人，由岁贡。	
弘治七年	易宽直隶庆都人，由举人。	
弘治十七年	蒋弼浙江青田人，由岁贡。	李兰福建南安人，由岁贡。
		林书广西麻城人，由举人。
正德	杨仲浙江汤溪人，由岁贡。	周鹏顺天丰润人，正德五年任，由岁贡。
正德五年	张俊福建同安人，持守清洁，诲人有方。	
正德十五年	操松江西浮梁人，由举人，有传。	安信湖广澧州人，由岁贡。

国朝(二)嘉靖 隆庆 万历

纪 年	教 谕	训 导
嘉靖元年	周麟浙江处州人，由岁贡。	李镕湖广嘉鱼人，由岁贡。
	李洪广西全州人，由举人。	胡福江西南丰人，由岁贡。
嘉靖八年	于乔山东高唐州人，由岁贡。刚方苦介，士类称之。	陆渊广东高要人，由岁贡。

续表

纪　年	教　谕	训　导
嘉靖十一年		刘学夔湖广兴国人，由岁贡。
嘉靖十三年	蔡玉实湖广华容人，由岁贡。	苏瑛湖广荆州人，由岁贡。
嘉靖十八年		黄昶河南确山人，由岁贡。
嘉靖二十年		张庆旸浙江泰顺人，由选贡。笃学能文，志趋不苟。
嘉靖二十一年	马伟直隶广平人，由岁贡。	
嘉靖二十三年	唐伯杰广西灵川人，由举人。	季珩福建浦城人，由岁贡。
嘉靖二十五年	朱以和江西高安人，由岁贡。	
嘉靖二十九年	滕霁福建建安人，由举人。有传。	钟大器广东曲江人，由岁贡。
纪年不详	李乘鲸陕西南郑人，由岁贡。	
纪年不详		董勋河南怀庆人，由岁贡。
		杨爵江西贵溪人，由岁贡。
		郑厚浙江宣平人，由岁贡。
		周可久四川泸州人，由岁贡。
		宋时奎直隶新河人，由岁贡。
		李嵩广东高要人，由岁贡。
四十年	孙惟慎江西太和人，由岁贡。善于作士，能诗。	鲁继爵江西上饶人，由岁贡。
四十四年		冯中州直隶景州人，由岁贡。
隆庆元年		宝岭山东诸城人，由岁贡。二年，裁革去。
二年	饶耀江西德化人，由岁贡。	

续表

纪　年	教　谕	训　导
四年		史思贤山东宁阳人，由岁贡，升内丘教谕。
五年	高维松江西庐陵人，由举人，升英山知县，选授御史。	
六年	邵华翰贵州普安人，由岁贡，升霑益学正。	
万历元年		寇立纪湖广应城人，由岁贡。
四年	成咏直隶兴化人，由岁贡，升泽州学正。知诗，有《文田摘稿》。	
八年	吴世辉浙江嵊县人，由岁贡。	
九年		唐邦正直隶邳州人，由岁贡，升鲁府教授。
十一年	谭尚忠湖广茶陵人，由岁贡。	
	方佐直隶宁国人，由岁贡。	
	李文善直隶合肥人，由岁贡，升安州学正。	丁一杰河南许州人，由岁贡。
十七年	陈大复湖广江陵人，由举人，器度温雅，不言而饮人以和，卒于官	鲁思问直隶和州人，由岁贡。
二十一年	倪鲁直隶大河卫籍常熟人，由举人。两以礼经，甲午应贵州、丁酉应浙江聘为同考官。邑志之修，与有力焉，升山东临淄知县。	
二十六年	宋约直隶颍上人，由岁贡。	李言直隶赞皇人，由岁贡。升祁州学正。
二十九年	王希贡直隶泾县人，由岁贡，卒于官。	
三十一年		程三德直隶婺源人，由岁贡，升福建连城知县。

续表

纪年	教谕	训导
三十三年	赵国相山西万全都司右卫人，由岁贡，任甫一月卒于官。	
	张箴山东阳信人，由岁贡。以虹县训导升任，甫六月，卒于官。	
三十五年	卢汝霑直隶宣城人，由岁贡。	
三十七年		蒋体仁直隶虹县人，由岁贡。

师儒之任，教化攸关；人才盛衰，国运隆替，实嘉赖之。苏湖化远，世之拥皋比而位青衿上者，课文艺督升尽外，其能以经义治事为教者几何人哉？邑之司教者，远不可考，于旧志得六人，断碑得二人，皆残元时任者。国家二百余年，所可见者，并列上方，其诸湮灭无考者，要不下十之七矣，铨次附注，一视诸县秩官云。

属官

阴阳训术

张进由例，嘉靖四年任。

鲍孝由例，万历五年任。

韩锐由例，万历十六年任。

辛懋举由例，万历十九年任。

医学训科

杨东周由例，嘉靖初任。

张正由例，嘉靖十七年任。

曹国桢由例，万历十九年任。

泗亭驿丞

周倘浙江山阴人，吏员。

周炳浙江上虞人，吏员。

秦绍宾广西临桂人，吏员。

张绀浙江黄岩人，吏员。

黄云鹏浙江余姚人，吏员。

张四维山东馆陶人，吏员。

王大岳湖广襄阳人，承差。

沈纪直隶临淮人，承差。

刘自新直隶大城人，吏员。

张孚先直隶大名人，承差。

朱天宠直隶太仓人，承差。

叶棠直隶歙县人，承差。

萧廷辅浙江仁和人，吏员。

丁尚涣浙江仁和人，承差。

留城闸

李宗道直隶保定人，吏员。

边天伦山东长清人，吏员。

丘国用福建上杭人，吏员。

王贡山东济阳人，吏员。

高尚策山东利津人，吏员。

马家桥闸

叶臻直隶丹徒人，吏员。

周官山东思县人，吏员。

王臣山东武城人，吏员。

刘一凤直隶苏州人，吏员。

程师伊山东馆陶人，吏员。

路韶山东堂邑人，吏员。

秦尚仓山西夏县人，吏员。

区英广东南海人，吏员。

周凤广西临桂人，吏员。

杨宗颜河南胙城人，吏员。

西柳庄闸

邬灌江西丰城人，吏员。

王廷儒山西垣曲人，吏员。

谢永贞山东博平人，吏员。

常三省山东馆陶人，吏员。

饶永宣江西福□人，吏员。

李葶山东滨州人，吏员。

杨津山西太原人，吏员。

国家设官建职，大小相统，尊卑相制，秩即有异，授任责成之心无或殊也。周官、府吏、胥徒皆有常职，以食于上。柳下名贤，而犹不卑小官；仲尼大圣，亦且甘乘田委吏而不辞，谁谓微官可忽哉？推择无衍，医疗以时，官程不稽而蓄泄得宜，斯其责尽矣，即宣圣亦何尝求多于会计牛羊外耶？

卷五　人物表

异姓公侯

朝代	公	侯	子
汉		平阳侯曹参	
		汝阴侯夏侯婴	
		绛侯周勃	
		舞阳侯樊哙	
		汾阴侯周昌	
		安国侯王陵	
		辟阳侯审食其	
		蒯成侯周緤	
		安平侯鄂千秋	
		广河侯任敖	
		高景侯周成	
		以上高祖封。	
		条侯周亚夫右景帝时封。	
		右乡侯度尚右桓帝时封。	
晋	南平郡公刘毅		
		丰城侯朱龄石	

续表

朝代	公	侯	子
		兴平县侯朱超石	
		以上宋武帝时封。	
			平阳县子刘璠后周明帝时封。
			汉安县子刘祥
			文安县子刘行本
			以上后周宣帝时封。

古人物

商	仲虺	
汉	曹参	子窋
	王陵	
	周緤	
	樊哙	
	夏侯婴	
	周昌	
	周苛	子成
	周勃	子亚夫
	鄂千秋	
	任敖	
	施雠	
	高相	
	邓彭祖	
	庆普	

续表

	蔡千秋	
	戴崇	
	闻人通汉	
	戴宾	
	褚少孙	
	爰礼	
	姜肱	弟仲海　季江
	度尚	
晋	刘毅	
	朱绰	
宋	朱龄石	
	朱超石	
后周	刘臧	子璠　侄瓌　孙祥
隋	刘行本	
唐	刘轲	
五代	刘知浣	
	刘知俊	
金	邵世矩	
元	韩准	

异姓公侯、古人物二表，表沛产也。不嫌于两见互出，何也？公侯不外此人物，乃人物则不尽公侯也。人物传，他郡邑例事裁割，兹录诸史原文者，谓上论贵得其全，而班、马名笔又弗可弃也，岂示侈哉？

进士　举人　岁贡

唐宋金元

<table>
<tr><th colspan="2">纪　年</th><th>进　士</th><th>乡贡进士</th></tr>
<tr><td colspan="2">唐</td><td>刘轲</td><td></td></tr>
<tr><td colspan="2" rowspan="3">宋</td><td>邵化仕至通奉大夫。</td><td></td></tr>
<tr><td>邵奎仕至金紫大夫。</td><td></td></tr>
<tr><td>邵敏能仕至朝请大夫。</td><td></td></tr>
<tr><td rowspan="15">金</td><td></td><td></td><td>邵世矩究试解元。</td></tr>
<tr><td></td><td>邵世矩废齐阜昌六年，省试第二人，廷试一甲第一人。</td><td></td></tr>
<tr><td rowspan="6">高祖大定</td><td rowspan="6"></td><td>鹿楫</td></tr>
<tr><td>高焕</td></tr>
<tr><td>王良佑</td></tr>
<tr><td>訾廷杰</td></tr>
<tr><td>信民立</td></tr>
<tr><td>邵南以上六人俱载大定十一年孔子庙碑。</td></tr>
<tr><td>章宗大安</td><td>高焕按：清凉院碑阴。</td><td></td></tr>
<tr><td></td><td>兀底辖·长寿奴</td><td>胡兼善按：夏镇崇庆寺金大安二年碑补。</td></tr>
<tr><td rowspan="5">元世祖至元</td><td></td><td>张谦见知县马珪去思碑。</td></tr>
<tr><td>吉僧</td><td>丁尚文</td></tr>
<tr><td>朱禬以上二人载至元二十五年孔子庙碑。</td><td>郝世隆</td></tr>
<tr><td></td><td>石确</td></tr>
<tr><td></td><td>徐廷瑞</td></tr>
</table>

续表

纪年		进士	乡贡进士
金	元世祖至元		冯讷以上五人俱载至元二十五年孔子庙碑。
		韩准	张复

国朝

纪年	进士	举人	岁贡
洪武元年戊申			
洪武十六年			十二月初令天下府州县学自明年为始，岁贡各一人。
洪武十七年甲子			张泰
洪武十八年			张本
洪武十九年			郭冕
洪武二十年			谢升仲刚，任监察御史，有传。
洪武二十一年			令府学一年、县学三年各贡一人。王缵继先，性资温厚，任监察御史，迁吏部郎中，时称破靴御史。
洪武二十二年			王观
洪武二十四年			蒋迪任浏阳知县。
洪武二十五年			令府学岁贡一年二人，县学一年一人。
洪武二十六年			王钥任莒州学正。
洪武二十七年			吕宁字安仁，任户部员外郎，有传。
洪武二十八年			刘昶任进贤县丞。
洪武二十九年			李勖任南阳府通判。

续表

纪　年	进　士	举　人	岁　贡
洪武三十年			王睿
洪武三十二年乙卯		杜阳任鸿胪寺鸣赞。	
洪武三十五年壬午		张威	
永乐元年癸未			
永乐三年乙酉		李巽	令岁贡照洪武二十五年例。
永乐四年			吕哲任广东按察司经历。
永乐五年			郭本任颍州府推官。
永乐六年			刘端
永乐七年			张伦
永乐八年			张昱任陕西主簿。
永乐九年辛卯		赵斌任山东登州府同知。	梁怡任陕西蒲城知县。
永乐十年			魏廷任河南布政司经历。
永乐十一年			申明
永乐十二年			张奂
永乐十三年			孔继宗
永乐十四年			班萧
			李恪
永乐十六年			张勉永乐十六年贡，任湖广按察司经历。
永乐十八年			孟式永乐十八年贡，任户部主事。
永乐十九年			田畯永乐十九年贡。

续表

纪年	进士	举人	岁贡
永乐二十年			王立永乐二十年贡。
永乐二十二年			王恽永乐二十二年贡。
宣德元年			胥敬宣德元年贡，任光禄署丞。
			李旻
			李复
宣德七年			朱芾宣德七年贡，任兖州府经历。
宣德八年			张鋐宣德八年任。
宣德十年		蒋让宣德乙卯中式，任河南邓州判官。	邓宁宣德十年贡。
正统元年丙辰			
正统二年			张铉任武强训导。
正统四年			岳崇
正统六年			令府学一年、县学二年各贡一人。
正统九年			踪昭任宁远知县。
			纪信彦实，任山西潘府引礼。
正统十一年			令廪膳生员四十五岁者例入监。赵鉴任成都府推官。按：是年，高邮州志贡五人；祠庐县志贡四人。
正统十二年			令天下贡楷书生员。
正统十三年			李郁
景泰元年庚午		周崧景泰庚午中式。	张显任富阳知县，在任刻《启蒙故事》。
景泰二年			陈伦任磁州判官。
景泰三年			李显

续表

纪　年	进　士	举　人	岁　贡
景泰四年			甄寿之茂龄，任岳州府照磨，以御江寇卒，授官。
景泰五年			刘昌岐周，任九江府经历。
景泰六年			李迪
景泰七年			石泰
天顺元年丁丑			
天顺二年			刘仪
天顺四年			周铭任南京留守卫经历。 令廪、增生员四十五岁以上者俱入贡。
天顺六年			巩敩志学，任曹州判官。按：是年，高邮州志贡十五人，桐庐县志贡十五人，会稽县志贡七人。
成化元年		李绅顺天中式。	高恺悦之，任保定知县。多问学，居官以政绩闻。
成化二年	李绅光禄寺少卿，进阶朝列大夫。		张俊士美，任邓州判官。
成化四年			朱璿
成化六年			杨辅
成化八年			韩升伯阳，任登州府儒学训导。
成化十年			李孜克勤，任玉田训导。侍母至孝，在任以母老不能迎养，对诸生必涕泣云。
成化十二年			吴玘惟重，希六子，任洛阳县丞。
成化十四年			夏昌

续表

纪　年	进　士	举　人	岁　贡
成化十六年			田玘按：弘治初《徐州志》补。
成化十八年			袁宪任广东按察司检校。
成化二十年			李和
成化二十二年			彭政以德，任醴陵县丞。
弘治元年戊申			
弘治二年			杨春时先，任麟游县丞。
弘治四年			刘福宗善。
弘治六年			单镛时鸣，任昌黎训导，有传。
弘治八年			蒋雍士和，任寿光主簿。
弘治九年			奏准：是年起，十三年止，每年州、府学贡二人，县学贡一人。
弘治十年			贾聚舜居，任平原县丞。
弘治十二年			闵祯
			蒋洪容之，任濬县丞。
弘治十四年			周良弼廉商，铭子，任胶州判官。
正德元年丙寅			
正德二年			李松德坚，任开平卫经历。
正德四年			韩禔天祐。
正德六年			王道
正德八年			崔恺时用。
正德十年			钟昂文谦，任宛平县丞。
正德十二年			李璟时新，任广南卫经历。

续表

纪　年	进　士	举　人	岁　贡
正德十四年			周思明惟远，任固始县丞，有传。
正德十八年			赵清本洁，有传。
嘉靖元年壬午		刘章大章，福子。	
嘉靖二年			王守约希曾，任山东滋阳主簿。
嘉靖四年			赵汉天章，任四川按察司经历。能诗文，善书画。
嘉靖六年			陆本城立之，任故城知县。
嘉靖七年			龚贵良贵，任桐庐县丞。
嘉靖八年			令天下岁贡五名内考选一名。
嘉靖九年			梁升启东，任饶州府知事。
嘉靖十年			令天下学岁贡□学考选一名，自是年始至十五年止。
嘉靖十一年			令天下府州县学各开贡二年，仍考选。 彭应选文中，任福清县丞。
嘉靖十二年			周乾
嘉靖十四年			崔棠尔思，任禹城县丞。
嘉靖十五年			令天下岁贡复旧例。 唐本一之，任利津教谕，博学能文。 以上四人俱选贡。
嘉靖十六年丁酉		周乾子建，思明侄。	
嘉靖十七年			崔仕仲
嘉靖十八年			田润汝霖，任荥泽训导。

续表

纪　年	进　士	举　人	岁　贡
嘉靖十九年			张连子绩，所著有《随心诗话》。
嘉靖二十年			梁敦任安丘主簿，卒于官。
嘉靖二十一年			周思忠良相，思明从弟，任栖霞主簿。
嘉靖二十三年			李士通
嘉靖二十五年			徐守润世泽，任宁阳县丞。
嘉靖二十七年			赵时若子雍，清子，有传。
嘉靖二十九年			张桂世芳。
嘉靖三十一年			吕文旌道大。
嘉靖三十三年			杨材世用，简朴孝友。
嘉靖三十四年			王文馆
嘉靖三十五年			孙宗尧未廷试，卒。
嘉靖三十六年			卢雄文表，任福建兴化府教授，有传。
嘉靖三十七年戊午		蔡桂子芳，俸第三子，任户部云南司郎。	
嘉靖三十九年			贾池子化，任新乡县丞。
嘉靖四十一年			田泰见大，任晋州学正。
嘉靖四十三年甲子		马一化元升，见传。	王守道子行，任湖广常德府教授。有传。
嘉靖四十五年			曹世勋汝立，任安庆府教授。
隆庆元年丁卯			辛汉濯正，任永州学正。 诏：选贡府学二人，县学一人。
隆庆二年			王嘉宾汝观，守道子，恩贡，任宁津知县。

续表

纪　年	进　士	举　人	岁　贡
隆庆三年			钟耀先昂子，任武陟训导，卒于官。
隆庆四年庚子		李生芳河南中式。	
隆庆五年			蔡楠子木，俸长子，任绛州同知。
万历元年癸酉		张贞观惟诚。	诏：天下选贡如隆庆元年例。 踪淳子实，恩贡，任辰州府经历。
万历二年			刘可久孟易，任凤阳府教授。
万历四年丙子		张斗文光。	令天下岁贡六名内考选一名。 梁鹍子荐，任浙江新城教谕。
万历六年			刘藻德文，章子，任霍丘训导。亢直不阿，所著有《思齐集》。
万历八年			邵武任乐安教谕，卒于官。
万历十年			封汝才任六合教谕。
万历十一年癸未	李生芳任南京工部营缮司主事，卒于官。 张贞观任礼科都给事中。		
万历十二年			尹乐舜宗崖，任潮州府教授。
万历十四年丙戌	张斗授南京刑部主事。		张汝贤任临江府同知。
万历十六年			吴邦周选贡，任泰安学正。
万历十八年			郝惟精克纯，任霍山教谕。
万历二十年			张凤翼选贡，任陕西镇安知县，卒于官。

续表

纪　年	进　士	举　人	岁　贡
万历二十二年			周行思忠子，恂恂君子，未仕而卒。乡人士惜之。
万历二十四年			马之训选贡，允让子。
万历二十六年			张修任颍上训导，卒于官。
万历二十八年			陈栋未仕卒。
万历三十年			王大任任海门训导。
万历三十一年			刘永清恩贡，藻子，任青浦训导。甫一年，遂挂冠归。
万历三十二年			杨希震材子，今任泰兴训导。
万历三十四年			孟羽世瀛子，未任卒。
万历三十六年			王好义缙子，任潜山训(导)。
万历三十八年			张鲤化

此我国家取士正途也。圣祖时，惟才是任，不甚轩轾。已而鼎峙，继而雁行，过此则径庭别矣，人顾自处何如耳？效诸君者，有猷布诸民者，有为即可以登对于朝，不负苍生，仰望久矣，进身阶级何与哉？无愧科名，有光邑乘，是在吾人自勉焉。

武　举

万历三十七年己酉　程可斌婺源人，沛县籍。

沛人，国朝二百四十余年来，无一以武科显者，有之，自今科始；不录，胡以树风声而劝来学耶？是用附之科贡表云。

荐辟　例贡　吏仕

（一）

荐辟(年次无考)	例贡(年次无考)	吏仕(年次无考)
蔡楫汝济，以孝廉举，仕至浙江按察司佥事。有传。	辛礼任湖广桃源主簿。	王克明景泰六年任湖广会溪巡检，有传。
	杨时升	单祥训导镛父，成化中任湖广巡检。
	马思仁任通山知县。	马珍文重，授登仕郎散官，王文成公守仁为撰墓志。仲子思义，字应亨，聪颖嗜学，所著有《岁月裳集》，行于世。
吴希文友辛，以贤良方正举献县知县。	朱顺任直隶新城主簿。	
	赵达	
	马思信	
甄瑛布政司实第四子，以儒士明经荐，未仕。		王伦任湖广桃源高都巡检。
		孙浩任顺天遵化仓大使。
		那道任湖广兴国州吏目。
		以上俱正德前。
	唐弼良相，任鸿胪寺鸣赞，升陵县知县。	姜鸣任平原典史。
		辛希道任福建延平府剑蒲驿丞。
	王环任眉州判官。	王缙朝用，任湖广锦田仓大使。
	赵稳丰籍。	
	王宪任泗水县丞。	蔡俊壬元，任南安府守御所吏目。
	夏启东	常希仁任汲县主簿。

续表

荐辟(年次无考)	例贡(年次无考)	吏仕(年次无考)
	张通	曹禄任平原典史。
	蔡俸士廉,任乐清县丞,有传。	张鉴任元氏典史。
	祁连	甄荣任湖广随州梅丘镇巡检。
	吕景惟贤,任广西南宁府知事。	冯时任新宁典史。
	杨东鲁孔邦,任兖州府经历。能诗,善墨梅。	常宣任南京通济门守御千户吏目。
	马允让宗尧,任宁海主簿。允让友崔公士仲尝密寄银八十两允让所。及崔廷试卒于京,允让随以原银还崔妇,封辄宛然。	周孟镇任严州府照磨。
		赵潢任广东韶州通济仓大使。
		孟江任铜梁主簿。
		赵楷任浙江海宁仓大使。
		丘英任湖广襄阳县油房滩巡检。
	崔岱子瞻,任荣河主簿。	赵锟稳子,任东光主簿。
	孟瀛子登,任富阳主簿。	赵琦任湖广夷陵州巡检。
	马允敬宗汤,允让弟,任封丘主簿。	
	韦纪任汝州判官。	刘僖任武功判官。
		张岱任温州知事。
	陆东孟阳,本子,任掖县丞。	刘仪任龙江竹木局大使。
	吕祉元善,任忻州同知。	王周任湖广安福所吏目。
	龚恕希曾,贵子,任长葛主簿。	
	宁谦任南康府照磨。	

续表

荐辟(年次无考)	例贡(年次无考)	吏仕(年次无考)
	刘可久孟简。	
	赵维藩□天，任庆都县丞。	
	卓禄任馆陶主簿。	
	王楫任潞府奉祀。	
	唐九成弼长子，任会稽县丞。	
	蔡椿子灵，俸第三子，能诗，善行书。	
	张宇	
	唐九官舜命，弼第三子，任元江府经历。	
	徐潮	
	彭时熙子明，任广西按察司经历。卒于官。	
	李廷珍	
	王诏	
	朱孔昭任鸿胪寺序班。	
	周稳孟其子，任鲁山主簿。	
	朱选任上饶主簿。	
	张翼	
	张淑胤	
	以上由学。	
	李东周任湖口主簿。	
	吕时熙任郑州吏目。	
	刘东	
	朱孔焕孔昭弟。	

续表

荐辟(年次无考)	例贡(年次无考)	吏仕(年次无考)
	赵民服任常德府照磨。	
	朱孔阳孔昭弟,今任抚州府照磨。	
	以上俱由例	

(二)

纪年	荐辟	例贡	吏仕
隆庆		李天祐	张廷俸任湖广夏口驿丞。
		李新方珍子。	
		张文埙	
万历		蔡杏俸四子。	罗文任陵乐典史。
		张思儒	朱孔显孔昭弟,任福建锦田巡检。
		蔡日章桂长子。	
		宫章	孟继经任江西皂口驿丞。
		蔡日强桂二子,任京卫经历。	张文德任湖广零陵湖河泊大使。
		甄意	杨杰任浙江盐场大使。
		甄新意弟。	张士魁任山东安兴墓巡检。
		阎惟精	许文奇任江阴河泊大使。
		高一中	张承宣任江西饶州大使。
		高棠	朱镇任南京豹韬左卫仓副使。
		高栋棠子。	唐相由承差任江西造口驿丞。
		张承尊翠子。	孟一元任南安府驿丞。
		朱邃庆	朱轨任富阳典史。
		周顺德	潘纬任开河闸官。
		曹应瞻世勋子。	王应乾任济南府广寿仓大使。

续表

纪年	荐辟	例贡	吏仕
		马一鹇之驯弟。	孟一柱任嘉兴织染局大使。
		蒋斗扬	丁东源任济南府广丰大使。
		丘世忠休宁人，沛县籍。	耿珪任德清新市巡检。
		以上由学。	黄恩任景陵乾镇巡检。
		常允登	朱鲲任襄阳府汉江巡检。
		朱芹	王景阳任澧州嘉山巡检。
		朱芥任鸿胪寺序班。	耿伸任保安州草场大使。
		冯启元任京卫经历。	朱鳌任浙江太平典史。
		阎惟藩	封汝德任温州府广丰仓大使。
		阎尚谦	葛兰任辽东广宁库大使。
		朱运隆	苗文进任山东堂邑主簿。
		李三畏	冯化任山东高唐州鱼丘驿丞。
		朱一化	刘世勋东子。
		周经德	
		朱一麟任中书舍人。	
		朱一凤一麟弟。	
		以上由例。	
		张凤庭	
		王国胤	
		阎惟玄尚谦弟。	
		孟惟旂继经子。	
		孟家裔	
		王襄宸	
		苗运熙文进子。	

续表

纪年	荐辟	例贡	吏仕
		蔡日新桂三子。	
		以上由学。	
		蔡之麟日章子。	
		蔡文蔚日新子。	
		蒋斗瞻斗扬弟。	
		江起濬沛县籍，休宁人。	
		张应星汝贤子，由儒士，任兴化府检校。	
		以上由例。	

洪、永时，特重荐辟；即科贡，莫或先之。正统初，国家多事，司计者告乏，始有输粟、输马之令，然邑不过一二人。今一邑且至数十人，“输于国家而取偿于民”，世固有斯语矣。彼汉代，良吏多以赀即进，人固可甘出卜式下耶？以文无害，相继而作。汉初良相，夫固吾邑故实也，是乌可刀笔少之？

貤封　戚畹　尚义

国朝

貤封	戚畹	尚义
甄子美永乐中，以子实贵，封中仪大夫、赞治尹、太仆寺少卿。	刘崇女为鲁府阳信荣康王观燃妃，崇封为东城兵马副指挥。	甄瓒千秋乡人，布政实长子。
李道明成化中，以子绅贵，赠户部员外郎。	赵锜	周昉坊廓(以下皆为坊郭)人，举人崧父。
		李卓千秋乡人。
		王原广戚乡人。
		蒋荣坊郭人。
		张麟坊郭人。

续表

贻　封	戚　畹	尚　义
	刘秉仁山东济南府齐东县人，嘉靖二十八年籍沛。万历八年，秉仁尚鲁府阳信王孙女、商洛郡君，为宗人府仪宾，封朝列大夫。	马士云广戚乡人。
		黄成汉台乡人。
		龚成千秋乡人。
张辅万历十五年，以子贞观贵，赠山东益都县知县。		黄智广戚乡人。
		卓旺汉台乡人。
		周成广戚乡人。
张密万历十九年，以子斗贵，赠浙江江山县知县。		以上十一人，俱正统五年，各出麦千石余赈济饥民。奉敕正坊旌异其门。
蔡俸万历二十四年，以子桂贵，赠户部河南司主事。		
朱臣万历三十四年，以子芥贵，赠鸿胪寺序班。		梁柱字世材，邑人。家畜牝犬乳四子，一夕被人盗去。访诸屠家，得之，乃以钱赎归，竟置弗问。
		李春字景和，邑庠生。尝贷其友李逊银十两，逊妻子弗知也。会逊以暴疾亡，春持银至逊柩前还之。一日，命佣人筑墙，黄金获一锭，遂逸去。同佣者欲追之，春曰："彼命当得耳。强夺之，必生祸患。"遂止。
		刘思明坊郭人，常山客仆盗其三百金。追之急，弃诸途，去。思明偶拾之，遂还其主，请分其半，弗许。户部主事寿张杨公胤贤匾其门曰"返金里"。海内缙绅乐与之游，县大夫尝宾秩乡饮。
		张思敬广戚乡人。父应时早逝，事母陆氏，备极孝养；友爱诸兄，推食让产，怡怡如也。凶年掩尸损措，不惮为之。又尝施义冢、修丹河桥。母殁，庐于墓者三年。

闾里齐民，布韦寒畯，一旦姻联紫禁，恩霈彤庭，草木光而泉壤贲，匪世基厚德，何以有此？倘无以食报之心，夺图报之念，斯其与臣节绳平，末世

薄俗，事丰殖而靳施予，视族人饥馁无异秦越，畴克捐千金无吝色者？兹所列尚义诸君子，信可以愧贪夫而醒财虏矣。

武胄

指　挥	千　户	百　户
翟七十坊郭一图人，任金吾右卫。	屈奉坊郭一图八甲人，任湖广茶陵卫。	马伟坊郭一图一甲人，任江西南昌卫。
赵裕坊郭一图十甲人，任南京神策卫。	武滔坊郭一图十甲人，任建扬左卫。	韩隆坊郭一图三甲人，任兴州左屯卫。
吴阿社坊郭二图人，任云南、贵州卫。	任俊坊郭二图一甲人，任山海卫。	张刚坊郭二图十甲人，任大宁中卫。
张能坊郭三图二甲人，任福州中卫。	宫全坊郭二图六甲人，任豹韬卫。	王礼坊郭一图一甲人，任九江卫。
吕彬坊郭二图三甲人，任义勇左卫。	贾成坊郭二图七甲人，任中义后卫。	王清坊郭三图十甲人，任天津卫。
徐广坊郭三图十甲人，任义勇左卫。	贾旺坊郭二图七甲人，任抚宁卫。	史牛儿坊郭三图九甲人，任四川松潘卫。
曹荣坊郭四图五甲人，任宣德右卫。	冯利儿坊郭二图十甲人，(任)羽林前卫。	孙狗儿坊郭四图人，任燕山前卫。
曹兴广戚乡一图人，任金吾右卫。	吴胜坊郭三图二甲人，任大宁中卫。	黄政广戚乡一图人，任燕山前卫。
刘礼广戚一图人，任水军左卫。	吕英坊郭三图人，任羽林前卫。	张锦广戚乡一图人，任燕山前卫。
张宣广戚乡一图人，任武都卫。	孙鉴坊郭三图八甲人，任洛阳中卫。	朱洪广戚乡一图人，任安水中屯卫。

续表

指　挥	千　户	百　户
杨福广戚乡一图人，任凤阳卫。	李让坊郭四图四甲人，任燕山前卫。	王章广戚乡一图一甲人，任太原右卫。
刘定童广戚乡一图人，任金吾右卫。	张贵坊郭四图十甲人，任羽林前卫。	张锐广戚乡二图一甲人，任茂山卫。
张奴才广戚乡二图人，任旗手卫。	朱留儿坊郭四图六甲人，任燕山前卫。	房禄广戚乡一图二甲人，任会州卫。
张刚广戚乡一图五甲人，任中义前卫。	刘全广戚乡一图人，任南京兴武卫。	周宽广戚乡二图八甲人，任广东广州卫。
张国柱广戚乡三图四甲人，任中义前卫。	韩胜广戚乡二图三甲人，任羽林前卫。	许邻广戚乡二图八甲人，任密云卫。
张宣广戚乡三图九甲人，任燕山前卫。	高军儿广戚乡二图六甲人，任燕山前卫。	萧荣广戚乡二图十甲人，任台州卫。
马思义广戚乡三图十甲人，任燕山前卫。	赵忠广戚乡二图九甲人，任凉州卫。	张定儿广戚乡三图十甲人，任燕山右卫。
张志学广戚乡三图十甲人，任金吾卫。	王仲宝广戚乡二图十甲人，任会州卫。	陈伯成广戚乡三图人，任骖骧左卫。
孙真广戚乡三图人，任直隶云川卫。	陈良儿广戚乡二图人，任燕山前卫。	王通广戚乡三图六甲人，任怀来卫。
朱明广戚乡四图人，任燕山前卫。	贾九思广戚乡三图一甲人，任宣州卫。	张忠广戚乡三图人，任兴州中屯卫。
李忠广戚乡四图人，任河西卫。	刘和尚广戚三图八甲人，任燕山前卫。	孙真广戚乡四图人，任南京锦衣卫。
费清广戚乡四图人，任济南卫。	周勇广戚乡四图人，任武昌卫。	陈黑厮广戚乡四图人，任景东卫。
李官保千秋乡一图二甲人，任燕山前卫。	朱兴广戚乡四图人，任永清右卫。	赵存儿广戚乡四图人，任羽林前卫。
刘照千秋乡二图一甲人，任常德卫。	孔信广戚乡四图人，任金吾右卫。	曹达子广戚乡四图人，任雁扬卫。

续表

指挥	千户	百户
陈英千秋乡二图二甲人，任贵州隆理卫。	许教广戚乡四图人，任燕山前卫。	张清广戚乡四图人，任陕西庄浪卫。
陈斌千秋乡二图五甲人，任山西行都司右卫。	顾全广戚乡四图人，任保庆卫。	赵信泗亭乡七图二甲人，任温州卫。
邓聪千秋乡四图三甲人，任金吾左卫。	任驴儿广戚乡四图人，任贵州卫。	房胜泗亭乡一图二甲人，任燕山前卫。
李銮千秋乡四图八甲人，任四川重庆卫。	杜兴广戚乡□□人，任羽林前卫。	朱旺泗亭乡一图二甲人，任燕山前卫。
魏骥千秋乡六图五甲人，任义勇后卫。	李俊广戚乡□人，任贵州卫。	王振泗亭乡二图九甲人，任河州卫
高宜交千秋乡五图六甲人，任甘州卫。	汤营泗亭乡一图一甲人，任保安卫。	李党儿泗亭乡三图四甲人，任广州左屯卫。
马良千秋乡六图五甲人，任宁波卫。	刘剪儿泗亭乡一图一甲人，任归德卫。	曾单儿千秋乡二图十甲人，任密云卫。
贺宽千秋乡七图人，任燕山右卫。	丁真泗亭乡一图七甲人，任燕山府卫。	鞠能千秋乡三图五甲人，任燕山前卫。
王德千秋乡八图三甲人，任金吾左卫。	王桂泗亭乡二图二甲人，任和鼎卫。	杜寄儿千秋乡三图人，任燕山前卫。
孙重名千秋乡八图三甲人，任燕山前卫。	王廷泗亭乡二图十甲人，任镇海卫。	赵鼻儿千秋乡四图一甲人，任金山卫。
刘广儿千秋乡八图三甲人，任茂山卫。	蒋尖儿泗亭乡三图六甲人，任宁夏左屯卫。	阎江千秋乡四图六甲人，任燕山前卫。
王俊千秋乡八图二甲人，任常山护卫。	马祥泗亭乡二图八甲人，任金吾左卫。	阎虫儿千秋乡四图七甲人，任燕山卫。
孟臣汉台乡一图十甲人，任凤阳长淮卫。	贺进先泗亭乡四图一甲人，任温州卫。	张达儿千秋乡五图二甲人，任密云卫。
刘兴汉台乡二图十甲人，任沅州卫。	杨恩泗亭乡四图四甲人，任广宁卫。	陈友得千秋乡五图八甲人，任义勇中卫。

续表

指挥	千户	百户
李良儿汉台乡二图十甲人，任金吾左卫。	孟能千秋乡一图六甲人，任保定卫。	朱旺千秋乡五图八甲人，任南京潘阳右卫。
沈斗儿汉台乡二图四甲人，任云南卫。	孙宾千秋乡一图人，任绍兴卫。	石友朋千秋乡六图五甲人，任永清左卫。
沈三驴汉台乡三图四甲人，任燕山前卫。	徐天千秋乡二图一甲人，任燕山前卫。	张名千秋乡五图八甲人，任密云卫。
杨兴汉台乡三图八甲人，任南京府军卫。	张全千秋乡二图三甲人，任羽林前卫。	韩文千秋乡六图一甲人，任东胜卫。
刘忠汉台乡四图二甲人，任陕西留守卫。	孙林千秋乡二图一甲人，任南京兴武卫。	张普儿千秋乡六图三甲人，任浙江磐石卫。
朱通汉台乡四图九甲人，任燕山前卫。	陈荣千秋乡三图一甲人，任金吾左卫。	高旺千秋乡七图五甲人，任武功右卫。
李七儿汉台乡六图六甲人，任云南乌撒卫。	何升千秋乡一图五甲人，任彭城卫。	高旺千秋乡九图一甲人，任燕山卫。
陈川儿汉台乡六图七甲人，任镇番卫。	李文千秋乡二图五甲人，任锦衣卫。	赵庆千秋乡七图八甲人，任羽林前卫。
阎胜汉台乡六图七甲人，任燕山前卫。	陈兴千秋乡四图二甲人，任广东雷州守御千户所。	胡定千秋乡七图四甲人，任大宁中卫。
任伴儿汉台乡三图七甲人，任平山卫。	杨易千秋乡四图二甲人，任燕山前卫。	王原千秋乡七图五甲人，任万全开平卫。
赵兴汉台乡七图六甲人，任金吾卫。	赵偏头千秋乡四图四甲人，任台州卫。	姜敬千秋乡七图六甲人，任贵州卫。
吴海汉台乡七图人，任金吾左卫。	张英千秋乡四图七甲人，任广西南丹卫。	张敬千秋乡八图二甲人，任忠义卫。
花泉汉台乡八图八甲人，任虎贲右卫。	许銮千秋乡四图九甲人，任燕山右卫。	王俊千秋乡八图三甲人，任武功右卫。
陈聚汉台乡九图四甲人，任金吾卫。	任忠千秋乡四图五甲人，任山海卫。	刘镇儿千秋乡八图十甲人，任宁波卫。

续表

指　挥	千　户	百　户
陈贵汉台乡九图三甲人，任陕西平凉卫。	鹿见千秋乡五图一甲人，任羽林卫。	孟林汉台乡一图七甲人，任广州右卫。
王升汉台乡九图七甲人，任金吾左卫。	李粪儿千秋乡一图二甲人，任辽东山海卫。	张祥汉台乡一图九甲人，任桂林中卫。
王贵汉台乡九图八甲人，任陕西都司。	刘广千秋乡二图二甲人，任河阳右卫。	魏纲儿汉台乡一图十甲人，任大宁会州卫。
贾能汉台乡十图四甲人，任金吾左卫。	康成千秋乡五图五甲人，任龙江右卫。	刘揩汉台乡一图十甲人，任南京骁骑卫。
王信汉台乡十图五甲人，任金吾左卫。	赵福缘千秋乡五图三甲人，任保定府茂山卫。	孙五儿汉台乡一图一甲人，任锦衣卫。
	司成千秋乡二图四甲人，任府军前卫。	吴春汉台乡二图六甲人，任山东大高卫。
	孙刚千秋乡五图四甲人，任浙江海门卫。	丁宽汉台乡二图五甲人，任燕山前卫。
	夏景传千秋乡五图六甲人，任金乡卫。	潘庄儿汉台乡三图八甲人，任南京兴武卫。
	牛全千秋乡五图十甲人，任义勇后卫。	常通汉台乡四图三甲人，任燕山前卫。
	刘聚千秋乡五图四甲人，任德州卫。	夏见汉台乡四图三甲人，任山西蔚州前卫。
	丘胜千秋乡六图五甲人，任燕山前卫。	主神保汉台乡四图八甲人，任燕山前卫。
	李并弘千秋乡六图十甲人，任羽林前卫。	王政汉台乡四图十甲人，任燕山前卫。
	华永先千秋乡七图人，任浙江杭州右卫。	张仲礼汉台乡五图人，任金吾右卫。
	邢宣千秋乡七图人，任营州左屯卫。	程孙儿汉台乡五图人，任永清中卫。

续表

指　挥	千　户	百　户
	丘何千秋乡七图人一甲，任青州卫。	刘蚕儿汉台乡六图人，任燕山前卫。
	李廷芳千秋乡七图二甲人，任辽东山海卫。	康胜汉台乡六图人，任辽东沈阳卫。
	刘兴千秋乡七图二甲人，任直隶兴州左屯卫。	程聚儿汉台乡六图人，任宣德左卫。
	牛忠千秋乡七图三甲人，任湖广宁远守御千户所。	刘锁儿汉台乡七图人，任直隶涿鹿卫。
	张信千秋乡七图四甲人，任隆庆卫。	胡得汉台乡七图人，任会州卫。
	王智千秋乡七图四甲人，任杭州观海卫。	关清汉台乡七图人，任燕山前卫。
	姚政千秋乡七图六甲人，任徐州卫。	朱勇汉台乡七图人，任庐州卫。
	陈祐千秋乡七图九甲人，任大宁卫。	丁广汉台乡信图人，任福州卫。
	胡旺千秋乡八图二甲人，任羽林前卫。	张真汉台乡九图五甲人，任保安卫。
	朱咬儿千秋乡八图四甲人，任羽林后卫。	史役汉台乡九图八甲人，任赣州卫。
	陈贵汉台乡八图六甲人，任金吾后卫。	陈胜汉台乡九图八甲人，任山西朔州卫。
	赵省儿千秋乡八图六甲人，任湖广九溪卫。	鲁剪儿汉台乡九图十甲人，任温州卫。
	曹兴千秋乡八图七甲人，任羽林前卫。	冯信汉台乡九图十甲人，任府军前卫。
	刘俊千秋乡八图七甲人，任苏州卫。	张清汉台乡十图四甲人，任贵州兴隆卫。

续表

指　挥	千　户	百　户
	路税儿千秋乡八图一甲人，任宽河卫。	关全汉台乡十图五甲人，任广东神电卫。
	赵八十千秋乡八图九甲人，任羽林前卫。	刘山汉台乡十图五甲人，任沈阳右卫。
	全成千秋乡八图十甲人，任金吾左卫。	
	罗英汉台乡一图四甲人，任辽海卫。	
	黄海汉台乡一图三甲人，任广东神电卫。	
	徐行汉台乡二图六甲人，任广东神电卫。	
	石岩汉台乡二图六甲人，任会州卫。	
	周胜汉台乡二图十甲人，任燕山前卫。	
	尚蒙汉台乡二图十甲人，任南京兴武卫。	
	鲁仓儿汉台乡二图十甲人，任隆庆卫。	
	胡狗儿汉台乡四图八甲人，任燕山右卫。	
	孟政汉台乡四图十甲人，任燕山前卫。	
	刘福汉台乡五图人，任燕山前卫。	
	尚广儿汉台乡五图人，任登州卫。	

续表

指　挥	千　户	百　户
	秦七儿汉台乡六图人，任燕山前卫。	
	贾五十汉台乡六图人，任宣州卫。	
	唐海汉台乡六图五甲人，任施州卫。	
	许才汉台乡六图七甲人，任燕山前卫。	
	赵渊汉台乡六图人，任神电卫。	
	张敏汉台乡六图人，任金吾左卫。	
	赵奴儿汉台乡六图人，任燕山前卫。	
	孟云汉台乡七图人，任羽林前卫。	
	胡纲汉台乡七图人，任燕山前卫。	
	刘政汉台乡七图人，任秦州千户。	
	夏良儿汉台乡七图人，任辽东山海卫。	
	张铁鎚汉台乡八图二甲人，任河南卫。	
	陈真汉台乡八图一甲人，任金吾左卫。	
	冯福安汉台乡八图六甲人，任金山卫。	

续表

指 挥	千 户	百 户
	皮勉汉台乡八图人,任羽林前卫。	
	张锡汉台乡九图一甲人,任羽林卫。	
	袁润驴汉台乡九图一甲人,任景东右卫。	
	周安汉台乡九图一甲人,任辽东宁远卫。	
	陈古儿汉台乡九图三甲人,任燕山前卫。	
	赵忠汉台乡九图十甲人,任燕山前卫。	
	席滕保汉台乡九图十甲人,任密云卫。	
	刘旺汉台乡十图二甲人,任燕山前卫。	
	傅雄汉台乡十图三甲人,任羽林卫。	

镇抚

陈文儿千秋乡八图五甲人,任万全都司美峪千户所。

陈群儿千秋乡八图一甲人,任苏州镇朔卫。

杨纲儿汉台乡五图八甲人,任广东碣石卫。

侯庙典汉台乡六图人,任陕西珉州卫。

旗校军士

坊郭四里共一百三十五名,贴户四十二名。

广戚四里共一百四十八名,贴户八十七名。

泗亭四里共七十七名,贴户二十二名。

千秋八里共二百一十四名,贴户六十六名。

汉台十里共三百四十六名，贴户一百五名。

武胄之载，军籍备矣。兹复类列而详疏者，良以若辈即属兜鍪，乃盟申带砺、勋著疆隆，二百余年与国咸休，固世之选也。为政者试一披览焉，则冒袭之奸、军伍之情，可案籍而得矣。旗校军士，第总其大数者，从略也。

卷六　舆地志

星野

奎、娄、胃　徐州。《周礼》注。

徐州属奎、娄、胃。《史记》。

奎、娄、胃　徐州。汉《天文志》。

房星　宋豫州、楚国入房四度，梁国入房五度。晋《天文志》。

自奎五度至胃六度为降娄，于辰在戌，鲁之分野，属徐州。晋《天文志》。

丰、沛负南河，阳气之所布也，为房分。唐《天文志》。

奎、娄在戌。自奎二度至胃三度属鲁，分兖州。

氐、房、心在卯，自氐二度至尾二度属宋，分徐州。

萧、沛、砀、丰，并氐、房、心，宋分野。以上俱国朝《清类天文书》。

今海内郡邑志，例先星野，然参合附会，不可为据。沛在天垣中，太仓一粟耳。邑隶豫则分之房星，隶徐则分之奎、娄。古志主奎、娄，《隋地志》《通志》《玉海》《山堂考》当是也；今志主房、心，唐《天文志》、国朝《清类分野书》是也。沛去徐不百里，揆之理，分奎、娄为近。兹按诸史志，稍撮其大者著之篇，茫昧猥杂之语，悉芟不录。

疆域

沛县在徐州西北一百二十里，东抵滕县，南通徐州，西接丰县，北距鱼台。

东西广九十八里，南北袤一百一十里。

东界兖州府滕县五十里，西界本州丰县四十八里，南界本州五十五里，北界兖州府鱼台县五十五里。

东南至本州一百二十里，西南至本州砀山县一百三十八里，东北至滕县一百二十里，西北至鱼台九十里。

自县治北至京师，陆路一千四百里，水路一千八百八十里；南至南京，陆路八百八十里，水路一千一百里。

形 胜八景附

沛之为县，无高山大林之险巇。见王士熙《歌风台赋》。峄山控其左，华山揖其右，北通鱼台，南有泗水、泡水环抱。土沃地饶，桑麻蔽野。运道接江淮，商贾舟楫，日夜骈集。旧志。

湖山四达，沃野云屯。长堤烟柳，一望千里。

丰沛之间，浊河泛滥，几沦鱼鳖。转饷既观，民亦凋瘵。吾学编。

微山雪霁见山川志。

泗水澄波见山川志。

歌风古碑见古迹志。

射戟遗台见古迹志。

飑城夜月见古迹志。

樊巷烟迷见古迹志。

璃井清泉见古迹志。

昭阳活水见山川志。

山 川

七山在县治西南三十里汉台乡，圜耸。前参(三)居为邑镇，居民利取其石，大肆□凿。嘉靖己巳，知县周泾下令勒石禁之。

青龙桂籍山在县南稍西三十里汉台乡，高及丈，上有乱石，下有无儿寺，或云萧何祈子所建，今沙漫无迹矣。

微山《一统志》云："微山在沛县东南三十里。"《隋书·地理志》："沛有微山，山无石，隆隆若冈陵然。"

黄山《一统志》："黄山在沛县东南六里。"《隋书·地理志》："沛有黄山。"

泗水源出山东泗水县陪尾山，经济宁至沛城东南与泡水合，运道因之。嘉靖乙丑，河溢塞运，尚书朱公衡开新河。自是，而泗水亦随东矣。

柤水《后汉书·郡国志》："彭城偪阳县有柤水。今疑在邑东北境。"

漷水源出山东滕县，注入昭阳湖。

薛水《齐乘》云："即古漷水，出滕薛境西流，会昭阳湖。"水自金沟口达于旧泗。乙丑开新河，筑石坝，横截其流，南注微山、吕孟诸湖。

鸿沟河发源滕县，流入薛河。

沙河发源滕县连青山。《齐乘》云："出邹峄山至三河口，会薛水、赶牛沟水，流经鸿沟，出金沟，入旧泗。乙丑开新河，是河流沙梗漕，乃筑三坝遏之，西注尹、满二湖。"

章公河在县东北三十五里曲防西。弘治乙丑，工部主事兰溪章公拯所浚，泄水河也。

新河在县东北四十里。先是，嘉靖三年河溢，运道塞。七年，都御史盛公应期开新河，自南阳经三河口过夏村抵留城，百四十里，功垂成，被劾去。四十四年河复溢，运道又塞，工部尚书朱公衡因盛公之旧而浚是河。详见新河集。

支河朱公衡以昭阳湖受黄河水，赶牛沟会鲇鱼泉水，南阳成水间南出者，胥注于湖，溢则坏民田。乃自湖东南开此河，经回回墓至留城入运。

赶牛沟发源滕县玉花泉，至沛三河口与沙、薛二水合。乙丑开新河，遏之西下，合鲇鱼泉，入新河。

泥沟河在县西北，自鱼台县界经沙河镇西南入漕。旧志云"入泡河者"，误。

泡河即丰水，发源于山东单县，经丰县，循沛城东南会于泗。嘉靖乙丑，河溢塞泗。隆庆六年，知县倪民望倡士民，自泡、泗交会处浚新渠十里，从鸿沟河东北入支河，由留城入运。(郎中蒋思孝记，见《艺文》)。万历四年，筑护城堤截泡河旧道。由是，泡水徙堤外。

七山黄河嘉靖四十四年，黄河自萧县赵家圈泛溢，沛境平地沙高七尺，遂由丰县华山经沛七山南二里，东南出秦沟入泗河，阔一里许。万历五年，河南徙萧县、徐州境。

昭阳湖《齐乘》云："山阳湖俗名刁阳，在县东八里。"湖约十余里，山东滕、邹二县水咸汇于此，下与薛水合，自金沟口达于泗。湖东长十里，南阔一里，西十一里，北四里，周二十九里，有岳。内除滕县在官地七十二顷三十六亩外，实有沛县官地一百三十五顷二十亩有奇，民田八十三顷一十四亩有奇。嘉靖二十一年，兵部侍郎王以旂以湖外西南高阜官地照数抵押与民人张渊等八十二户。二十二年，刑部侍郎吴鹏疏奏，诏许邑民得佃种其地，岁输租于工部，需河道支用。

龙泉在县治前数武泡河内，合汇为巨澜，泉隐不见。

鲇鱼泉在县东北三十里曲坊北新河北岸，入漕。

金沟在县东五里三河口，水由此入运。地多沙，其中隐隐皆起金云。

胭脂沟在县东，土皆红色。今湮。

街　市

隅

东隅　西隅　南隅　北隅

街

县前街　东门街　南门街　寺前街　北门街　小北门街　西门街　西门街

以上在城内。

南关街　新学街　板巷　贺家胡同　颜公祠街　草市　粮食市

以上在南关。

东关街　杨家巷　封家巷　段家巷　油篓口　穿心楼街　猪市街　姜店口　竹竿巷街

以上在东关。

河东街

集

粮食市　则集以月之四日油房口,则集以月之九日旧草市,则集以一、六日贺家胡同,则集以一、七日河东龙泉寺,则集以五、十日前所列坊、市,嘉靖盛时则然耳。邑罹河害后,庙有朒减,屋宇半为瓦砾,坊表且尽归乌有。

乡　村镇店附

坊郭　四里

东广戚乡　四里,因汉广戚县名。

南汉台乡　十里,因汉歌风台名。

西千秋乡　八里,因千秋城名。

北泗亭乡　四里,因汉泗水亭名。

邑旧为里三十有八。自嘉靖乙丑河变后,田庐荡析,人民流徙,版籍空有,而户口日趋凋落。万历九年,知县周治升牒诸当道,报可,乃并为三十里。自崇祯辛巳、壬午以来,兵火、仓攘、岁荒,人民死亡大半。癸未,知县李正茂牒当道,并为十七里。甲申岁大变,又不知终矣。

广戚乡

滩上在县东五里。

鸿沟村在县东北十二里。

聂庄铺在鸿沟北七里。

邵玉集在县东北二十八里。

下马村

丁村

泉水村

塔墟村

石羊村 张家村

杨庄村在夏镇北八里。 大刘村在夏镇西二里。

小刘村 南庄村

三河口集 高村在夏镇西北三里。

房村 络房村在夏镇东八里，有南北中三村。

纸房村 古冢村在新河东六里。

泗亭乡

大社村在邵玉集西。 曲防集在县东北二十五里。

欢城集在县东北四十里。 科城村

张家庄在县北十二里。

千秋乡

贺堌集在县西北四十五里。 邵村

周田村世传汉周勃有田在此。 杨名集在县西一十三里。

小房村 灌城村

彭村 十字河

蔡家村在县西十五里，一名泥沟村，相传汉蔡千秋居此。

高坊集在县西二十五里。 张鲁集在县西北三十里。

汉台乡

瓦子村 临堤村

高垞村 鲁村

黄重村 北秦村

于家村 秦村

栗子村在县南三十里。 马村集在县西南二十七里。

谢沟集 犇口村

黄家村 欧家村

房枝村 杨家场村

张家集 官庄村

戚山集在县西南三十里。 贺家口集

卓家集

附

夏镇初名夏村，嘉靖乙丑，尚书朱公衡开新河于此，易今名。

沙河镇在县西北六十里。 金沟店在县东七里。

沽头闸店在县东南五里。 刘八店在县西北二十五里。

庙道口店在县西北三十里。　白水店在县东北十五里。

豆腐店在县东南三十里。

风　俗

楚之失，急疾颛己，地薄民贫。《汉书·地理志》。

颇劲悍轻慓，其士子则扶任节气，好尚宾游，固贾务稼穑，尊儒慕学，得洙泗之俗。《隋书·地理志》。

地邻邹鲁，人务稼穑；敦尚礼义，不乐健讼；婚姻死丧，闾里相助。旧志。

自昔，沛以武宕为俗。虞集《李尉美政记》。

县当南北通衢，四方之民杂处其间，日渐奢侈。颇尚势力，挟义气相高，独婚不论财，人知教子。

百年无告诉之风，最为得意。新志。

沛旧有乡社，而祀非礼。俗袭泼汤娱尸，以为孝。陈宣《沽头新集记》。

附

冠　不行冠礼。

婚　亲迎后一日，婿谢于舅家，留宴，花币鼓乐导婿归。嫁女之一日二日，女父母暨亲属各具餽饷女。二日早，迎女归；午，陈妆奁箱箧，邀亲党、妇女送女之婿家。

丧　庶民多供佛，饭僧。丧家设酒食宴吊客，用乐。

祭　不立祠堂，重墓祭。

病　不迎医，信巫觋。俗尚罗教，沿河之民独甚。

不务积蓄，穰即竞市车马、被、纨、绮，一遭荒歉，有枵腹不支者。

民好称贷，商贩者多缘是以大其赀。

村野小民秋成后，咸醵钱以祀东岳；稍赢者则醵钱以祀太岳。

俗尚赌博。无赖子三五成群，不事生业，日藉此以供衣食。

田舍翁亩收数钟，即知延师教子弟。四方游学者众。子弟无严惮，师道不尊。重远游，耻末技。

元日五鼓早起，具服祀天地祖先，子弟拜其尊长，众以次递拜。毕，随出，遍拜亲友，间有及门投刺者。

元宵燃灯于天地、祖先，遍散于门堂户牖，灯花火树。视嘉靖中百不及一。十六日，妇女请厕姑神，问岁丰凶，夜则群装过桥以禳病。

二月二日，家具煎饼以食。

清明前一日筑坟，是日插柳于门，墓祭其祖先，妇女偕往。

谷雨书符禁烛。四月一日乡社，妇女无老少远近，咸争赴县东岳庙烧香。八日僧尼浴佛，妇女亦有诸(诣)尼寺施钱米者。十八日，妇女多诣天妃庙烧香，士夫家间有行者。

端午插艾，炊角黍。小儿佩綵(绿?)索，系于足以丝。婿家多具果酒、币帛以馈妇家。冠者则书符以馈好事者。

六月六日晒衣。

七月十五日诣墓，祭其先人。

八月十五日，设瓜果祭月。

九月九日登高。

十月一日祭墓，间有剪纸为衣以祭者，曰“送寒衣”。

十二月八日，杂米豆为粥以食，曰“腊八粥”。二十四日，用果酒糖饼以祀灶神，亦有先一日祭者。

除日换门神，钉桃符，插青竹。商贩则贴罗门钱。间有鸣锣鼓、燃爆竹以相嬉者。夜多娶妇，云无忌讳。

志称“尚礼义，务稼穑”，邑俗至今犹然。第手足易至相戕，朋类轻分党与，善良无以自全，群小因而肆志，弊也久矣。晦庵知漳州，而妇女不入庵观，是固为人牧者之责，望庐而返，士彦方之化，今犹在也，缙绅父老宁无意乎?

土　产

谷之属

有麦大麦、小麦、荞麦三种。　豆黄豆、红豆、绿豆、黑豆、青豆、蔓豆、豇豆、豌豆、蚕豆、绵风豆十余种。　有稻水旱二种。　有黍有稷有谷种类甚多。　有脂麻，多蓟秫。

菜之属

有白菜　有芹　有苋红白二种外，又有灰苋、马齿苋。　有莴苣　有芫荽　有萝卜红白二种，又有胡萝卜。　有茄　有苷蒌　有蘑菇　有菠菜　多韭　多葱　多蒜　多蔓菁　多芥　有荠　有瓠　有茼蒿　有瓜王瓜、西瓜、甜瓜、冬瓜、菜瓜、丝瓜、金瓜数种。　有豆荚蚕豆、局豆、羊角豆、罗裙带数种。　有生菜。

果之属

多桃　有李　有杏　有梅　有樱桃　有梨　有柿　有枣　有核桃　有沙果　有石榴　有葡萄紫白二种。　有莲房　有银杏一名白果。　有羊枣　有菱

木之属

有椿　有柏　有桑　有楮　多柳　多榆　有槐　有青杨　有白杨　有桐　有柘　有白蜡　有枳　有棘　有竹　有松　有樗　有楝　多棠　有橡　有椒

药之属

有天仙子　有艾　有香附子　有牵牛　有蛇床子　有地黄　多益母草　多车前子　有菖蒲　有薄荷　有紫苏　有杏仁　有茵陈　有桑白皮　有地榆　有白扁豆　有蒲公英　有瞿麦　有枸杞　有兔丝子　有茴香　有王不留行　有桃仁　有茜　有牛蒡子　有瓜蒌　有苍耳　有槐角　有蒲黄　有蒺藜　多薏苡　有蚕沙　有蜂房　多蝉退　有桑螵蛸　有地丁　有蓖麻子

货之属

有丝　有木棉　有布　有绢　有䌷　有麻　有苘　有靛

羽之属

有鹅　有鸭　多鸡　有雉　有鹊　有鸽　有鹳　有乌　有鹭鸶　有鸳鸯　有淘河　有鹡鸰　有鹌鹑　有桑扈　有鹤　多鸷　有鹰　有鹘　有斑鸠　有练雀　有鹏

毛之属

有牛　有羊　有马　有骡　有驴　有豕　有犬　有猫　有兔　有獾　有獐　有狐　有螭　有鼠

鳞介之属

有鲤　有鲂　有鲟　有鲇　有鳝　多鲢　有鳅鲟　有黑鱼　有虾　有螺　多蟹　有白鲦

昆虫之属

有蜂　有蚕　有蝶　有螽斯　有蟋蟀　有蜘蛛　有螳螂　有蚯蚓　有蛙　多蝉　有蝙蝠　有蜗牛　有守宫

花之属

有迎春　有牡丹　有芍药　有凤仙　有鸡冠　有葵　有荷　有水仙　有蔷薇　有玫瑰　有海棠　有丽春　有地棠　有紫荆　有玉簪　有金盏　有珍珠　有宝相　有满滴金　有石竹　有子午花　有菊　有剪秋萝

草之属

有茅　有苇　有萱　有荼　有苜蓿　有蒿　有蓬　有兰　多蒲　有蓼　有马兰　有游龙

邑杨、邓二姓，姻家也。杨莳、芍药喻亩，邓岁灌洛苏亦喻亩，昔人指耕牛。诧客曰："此吾家黑牡丹也。"邓殆得其意乎？余之叙物产也亦然。

邑无高山大陵以为巨观，独诸水环而迂回，苞各夫暂为固耳。第河经其地，冲啮无常，大都三十年一变。变则踣民垣屋，荡民园圃，流民淹负，咸阶于此。且田地沙瘠，置半亩才收数升，衣衾率不给，即膏腴地亦只十之二三。迩山阳、棠渚诸郡邑之水，过夏秋交，且挟淫潦而至。由是，东、北、西三面汇为巨浸，波浪遮天，汪洋无际，舟楫莫施，不殊洞庭、彭蠡矣。稍遇旱暵，民方得布种。间有收获，又辄市舆马，炫衣服，绝不为积蓄计。凶年饥岁，坐以待毙者比户。然虑长此安穷，吾不知斯民息肩所矣。

卷七　建置志

城　池

旧城　在县治西北，汉时所筑。元至元十七年，同佥孔士亨拟其地，筑小土城，周二里有奇。岁久，圮。

国朝嘉靖二十二年，知县王治创筑土城，周五里，高、广各二丈，隍深、广亦如之。郡人马津记。见艺文。二十五年，知县周泾垒石甃甓，高、广视旧稍增。为门者四，东曰长春，南曰来薰，西曰永清，北曰拱极。益建雉堞台铺，有尚书费寀、副使王挺二记。寀记见艺文。四十四年，黄河泛滥，城为土没者五六尺，濠且沙为平陆。隆庆元年，知县李时开南门于城之东南隅。万历六年，知县倪民望重加修葺，新北门楼。十年，知县周治升开便门于东北隅，泄城中水。十五年，知县符玺浚开城隍。二十五年，秋七月，知县罗士学增建东西二角楼。三十一年秋，黄河复泛，城垣崩塌者，南门以西三丈一尺，东门以北三十一丈五尺。三十三年，知州李汝让命匠修完。

沽头城　在县治东南二十里，泗河东岸。嘉靖二十二年，工部主事东平侯宁建，四十四年圮于水。

夏镇城　在县治东北四十里，新河西岸。万历十六年，工部主事咸宁杨信筑其南、北、西三面。十七年，主事固始余继善筑其东一面。城四门各有楼，东曰见岱，西曰瞻华，南曰延庆，北曰拱辰。东面临河，特多辟二门云。信、继善各有记。

县　署

县治　元以前在城西北隅，元季兵毁。国朝洪武二年，知县费忠信徙建城南隅，即旧治也。寻坏。永乐元年，县丞胡光重建。十一年，知县李举贤改建今制。嘉靖十二年，知县杨政设谯楼于大门上。十六年，知县孙灿建库楼。二十年，知县王治创吏廨。二十五年，知县周泾修吏房科，饰狱舍，自为记。四十四年，圮于水。隆庆元年，知县李时大加修治，自为记。见艺文。万历四年，知县祝希哲创迎宾馆。十五年，知县符玺改建大门，迁谯楼于城南门楼上。三十一年七月，黄河北趋，坏堤破城，衙宇胥没于水。三十三年，知州李汝让采舆议，改迁于北门之东偏，去旧治二射许，为今县治，有邑人张贞观记。见艺文。

中为正堂，左为龙亭库，右为赞政厅，前为戒石亭，东西列吏房科。左吏、户、礼承发，右兵、刑、工架阁。戒石亭之前为仪门，仪门外，左为福神祠、为迎宾馆，右为狱、为总铺、为女铺，前为大门，大门外为屏墙。

正堂后为中堂，东为库楼，西为书房。又后为知县宅，左为县丞宅，右为典史宅，六房后为左右吏厅。

管河主簿宅　在夏镇洪济街北。

设官

知县一人，县丞二人，弘治末，裁革管马一人。主簿二人，隆庆初，裁革治农一人。典史一人，司吏七人，典吏十六人。

属　署

申明亭　在县治左。

旌善亭　在县治右。

阴阳学　在县治南。洪武十七年设。设官：训术一人。

医学　在县治南。洪武十八年设。设官：训科一人。

僧会司　在龙泉寺。设官：僧会一人。

道会司　在城隍庙。设官：道会一人。

驿　置

泗亭驿　旧在县治东南，永乐间建。嘉靖二十五年，知县周泾重建。丽水叶炷记。旧址今圮于水。四十五年，驿迁夏镇，久未兴建，驿丞多就民居。今权莅事于崇庆寺旁公馆中。镇驿基地，驿丞周炳捐为社学，旋亦未建而废。

设官　驿丞一人，司吏一人。

东仓铺　聂庄铺　净明铺　夏镇铺

上四铺东达山东兖州府滕县界。

老鹳巷铺铺基地二亩。　杨家厂铺铺基地三亩。　界沟铺铺基地一亩三分。

上三铺南达本州界。

十字河铺铺基地三亩。　宣丘铺铺基地一亩五分。　高坊铺铺基地一亩五分。

倪陵铺铺基地一亩三分。

上四铺西达本州丰县界。

以上各铺舍，俱嘉靖二十二年知县王治建，今并废。

仓局

预备仓在县治西北门内，即旧义仓地。万历三十七年十月，知州李汝让新建。旧五所，一在北门外，泗亭、汉台、千秋、广戚四乡各一所。今并废。

义仓即今预备仓地。嘉靖二十六年，知县周泾新建。有丽水叶烓记。

水次仓在夏镇运河西岸。旧在县治东南一里运河南岸，嘉靖四十四年圮于水，迁今地。

税课局在县治东南。永乐四年设，嘉靖十一年裁革。

恤政

养济院在县治西南。旧在县治南，景泰三年，知县古信建。嘉靖二十二年，知县王治重建。隆庆元年，知县李时修葺。万历二十四年，知县罗士学重修，三十一年圮于水。三十七年，知州李汝让迁今地。

广济堂在旧驿南。景泰三年水灾，流亡丐食者众，巡抚都御史王公竑令有司煮粥，于此济之，凡活一十六万余人。

孚惠堂在泗水浒。景泰三年，疫疠盛行，王公竑令有司贮药督医，分疗于此，凡活六百一人。

以上二堂今并废。

兵防

演武厅在县治北门外一里。嘉靖二十一年，知县王治自县南迁于此。二十七年，知县周泾建厅事，列营垒，筑哨墩，环以周垣。有丽水叶烓记。久之，悉为水圮。万历二十五年春，知县罗士学建厅三楹。

公署

察院在县治南二射许，即旧县地，旧在旧县东。永乐四年，知县常瓘建，万历三十一年圮于水。三十七年正月，知州李汝让改迁今地。有邑人张贞观记。见艺文。

有正堂，有穿堂，有后堂，有寝室，有厢房，有厨房，有仪门，有大门，有屏墙。

夏镇公馆在新河西岸，皇华亭街北。旧为营田仓，今改为公馆。

七山公馆在县西南三十里。旧为营田仓，今改为公馆。

里仁集公馆在县东南三十里。万历二十四年，知县罗士学建，三十一年圮于水。三十七年，知州李汝让重修。

庙道口公馆在县北三十里。万历二十四年，知县罗士学建。

沙河公馆在县北五十五里。万历二十四年，知县罗士学建。

刘家堤口公馆在县治南三十里。万历二十三年，知县罗士学建。三十六年，知州李汝让重修。

附

皇华亭在新河西岸，隆庆元年建。内竖太学士徐阶新渠碑，吴人周天球书，书家称为神品。

君子堂在皇华亭后、夏镇分司外，宾馆也。工部主事、咸宁王焕建。

洪济楼在新河西岸。

康阜楼在新河东岸洪济楼葑上，祀蜀将关云长。

邑旧有歌风台，伍侯昭惠祠、吴公大德祠俱濒河浒，规制宏敞，称盛构已。颜公忠孝祠僻，在西偏，竹松森立，禽鱼翔泳，清寂雅旷，尤便诵习。乙丑河变，悉沦草芥，兴复靡由。曩督水使者院于夏镇，以永大宫保、万安朱公之泽，楼、宇、馆焕然可观。即皇华以下诸楼阁，又咸其所料度而规画者也。兹用附诸此。

坊　表

南畿第一坊在县治前。万历三十六年，知州李汝让新建。

作圣坊在儒学东。

成材坊在儒学西。俱知县罗士学立。

光启坊为举人刘章立。

鸿胪坊为鸣赞唐弼立。

孝子坊为孝子杨冕立。

节妇坊为张化龙妻胡氏立。

樊井坊知县罗士学立。

承流坊在县治东。

宣化坊在县治西。

泮宫坊在儒学前。

澄清坊在察院前。

歌风台坊在歌风台前，知县苏万民立。

昭惠坊在旧子胥庙前。

义民坊为义民周昉等立。

节妇坊元为李伯奴妻白氏立。

登云坊为举人杜旸立。

攀桂坊为举人张成立。

步蟾坊为举人李巽立。

桂林坊为举人赵斌立。

折桂坊为举人蒋让立。

进士坊为进士李绅立。

鹗荐坊为举人周崧立。

凤鸣坊为举人周乾立。

以上十六坊今并废。

崇德报功坊在夏镇镇山书院前。

金声玉振坊在夏镇义学前。

津　梁

飞云桥在县治南门外，跨泡河之上。永乐十九年，县丞夏天祥修。景泰三年，知县古信重修。嘉靖十七年，知县孙灿重修。万历八年，知县周治升重修。十六年，知县符玺重修。二十四年，知县罗士学重修，三十一年圮于水。三十六年，知州李汝让重修，有邑人蔡桂记。记见艺文。

济民桥在县治东门外，跨旧运。故有清河桥，久废。万历二十一年，知县苏万民重建，寻圮。万历二十五年，知县罗士学易以浮梁。

北门桥在县治北门外，跨城濠。万历十六年，知县符玺建。三十七年，知州李汝让重修。

小北门桥在县治北门外，跨城濠。万历二十四年，知县罗士学建。

丰成桥在县治西门外，跨城濠。万历十六年，知县符玺建。二十一年，知县苏万民重修。三十七年，知州李汝让重修。

东堤桥在县东一里许。万历七年，乡民李东阳建。三十七年，知州李汝让重修。

东岳庙桥在县治东，跨旧运。

三官庙桥在县南护城堤外。

关王庙桥在县治南护城堤外。万历二十五年，承差李赓建。

便民桥在县治南护城堤外。万历十五年，乡民李康阳建。

窑子头桥在县治西南护城堤外。万历六年，乡民李东阳建。三十七年，知州李汝让重修。

张公桥在县治西南护城堤内，一名猪水桥。今废。

三元桥在县治西南三官庙前。万历二十五年，乡民张子先等建，知县罗士学名。

宣丘桥在县治西南二十五里。今废。

沙河桥

鸿沟桥在县治东十里许。

聂庄铺桥在县治东北十五里。

震远桥在三河口大王庙东北。万历二十五年，乡民刘迪建，知县罗士学名。

月河桥三，俱在夏镇新河东岸。

张化口渡　王家口渡

卜家口渡　李家口渡

姜家口渡

以上俱跨支河。

三河口渡　常家口渡

陶阳寺渡　鲇鱼泉渡

夏镇上渡　夏镇下渡

戚城南门渡　杨家楼渡

满家闸渡　朱家闸渡

以上俱跨新河。

金沟口渡　上沽头渡

下沽头渡

以上俱跨旧运。

往余闻王、周二令公之新城池、修学宫也，陶甓立办，材木涌至，工不外假，役鲜后期，举百年难就之功而倏成于数月，岂独二令公一手足之劳哉？则时和岁丰，物力阜盛，其兴事易耳！乙丑河变，经今三纪，物力渐耗，民财就竭，小有修筑，尝苦后时。用是，桥梁圮坏，邮铺摧残，稷坛、神宇、垣庑不设，而羊猪莫阻矣。时诎举盈，即贤令长，亦恶得违时而强役斯民耶！

卷八　赋役志

户　口

前代无考。

国朝

弘治五年壬子

户　六千四十。

口　六万一千三百二十五。

嘉靖二十一年壬寅

户　六千八十八。

口　七万二千四百三十一。

隆庆六年壬申

户　六千三十五。

口　六万二千一百九。

万历二十年壬辰

户　四千五百四十四。

口　四万二千四百七十。

　　男子　二万一千八百一十七。

　　成丁　一万九千七十五。

　　不成丁　二千七百四十二。

　　妇女　一万六百五十三。

户口之数，旧志绝不知载。兹旁考郡乘，近诹户曹，所得仅此四年之数，的与否无从悬探，而逆窥之远不具论，嘉靖壬寅迄隆庆壬申三十年耳，口顿减七分之一。隆庆壬申迄万历壬辰，二十年耳，口骤减三分之一。五十年间，户口之消耗几半，过此而往，尚堪为邑哉？信如其数，为民上者，保抱安全之道，招徕抚辑之术，其可不殷殷在念耶？脱隐匿欺瞒之弊滋，则详审清查之法，尤当急讲者矣。

田 地

前代无考。

国朝

弘治五年

官民地四千九百一十三顷六十六亩五厘。

官地　四十顷一分五厘。

嘉靖十一年，知县杨政均过地数：

地一万七千九百二十二顷二十一亩。

县治、仓厂、城廓、铺舍、居民占地一十二顷四十五亩。

长堤占地七顷二十三亩。

运河占地一百三十四顷六十七亩。

泉水、沙河占地十二顷三十五亩。

新挑河占地四十三顷五十二亩。

昭阳湖占地七百三十顷七十七亩。

枣庄坡、滕县地二十五顷二十一亩。

共占地一千零二十六顷二十亩，实在民地共一万六千八百六十顷。

万历九年，知县周治升均过地数：

止均净地一万五千九百八十一顷一十二亩六分四毫九丝五忽，内少地八百七十八顷八十六亩三分九厘，分以足原额一万六千八百六十顷地数。

国初以七百二十步为一亩，其后始以二百四十步为一亩，故俗有大亩、小亩之说。弘治时，邑地四千九百，盖以大亩论，而杨令均至一万六千，则从小亩也。经今六十六年，编派赋役一准于此。即不无小有调停，则大都则无甚增易也。嘉靖二十二年修县志者，止载弘治初年徐志旧数，而于杨公新均地数，第曰载县前碑。二十六年编州志者不知详核，开载一如县志。逮万历三年复刊州志，当事者骤见县报一万六千之数，比旧志所载地数加倍，不得其说，误以五千六十一顷七亩八分，即为杨公丈量之旧，辄复漫疏其下云:“自嘉靖末年,泗河沙漫成田,故有今数。”噫!志关于邑者,最大田赋一节,又志之最当致谨者也:惮晷刻操觚之劳,卒俾沿讹承舛,六十六年无从究诘,天下事类此者何胜道哉!

万历二十五年,行粮科差,实在地一万六千五百八十二顷三十三亩八分五厘,盖于原地一万六千八百六十顷内,又除县治、公所、河占、堤压、学田等项,共占地二百七十七顷六十六亩一分五厘,只有此数。

寄庄地一千九百余顷。

万历二十四年三月初一日抄蒙

本州信牌抄录

钦差整饬徐州等处兵备参政徐宪牌,该蒙钦差总督漕抚军门都御史褚宪牌:

前事仰所属各县掌印官,通将寄庄人户、田粮差徭,务与本土人民一例均当。如有抗违阻挠,依法惩治,毋得纵令豪强兼并,靠损贫民,奸猾诡寄,躲闪差徭。文到之日,着实清理,务使彼此均平,经久无弊。各将处置过事宜,径自申报两院并本道,仍申本州查考。

蒙此,该本县知县罗士学查得寄庄前地,遵依行令,里书尽数编入排甲,与县民一例当差。仍勒石竖于堂侧,永为定规。

牧马草场地

地五处,共二顷七十七亩二分。嘉靖间,除抛荒地一顷六十六亩一分外,堪种地一顷一十亩一分。

汉台乡原额地二十四亩。

千秋乡原额地八亩。

泗亭乡原额地二十三亩。

下场原额地一顷零二亩。

广戚乡原额地一顷二十亩。

万历元年,巡抚、都御史王公宗沐颁行赋役成规,本县粮差总数:

夏税与万历二十四年查盘册同。详见于后。

秋粮与万历二十四年查盘册同。详见于后。

本县人丁二万一千三百一十八,丁田地一万六千八百六十顷,共编里甲均徭，驿传民壮四差银一万二千一百八十八两四钱七分九毫一丝，遇闰加银四十两零六钱一分八厘五毫一丝二微五纤。

里甲银二千四十八两八钱四分一厘八毫七丝，遇闰加银二十两七钱五分二厘五毫一丝二微五纤。

均徭银四千三十五两九钱六分五厘，遇闰加银一十九两八钱六分六厘。

驿传银四千四百二十一两八钱三分二厘四丝。

民壮银一千六百八十一两八钱三分二厘。

万历二十四年，巡按、御史蒋公春芳查盘本县粮差总数：

夏税银五千零五十七两九钱四分三厘五毫一丝二微五纤。

秋粮银三千四百三十三两六钱六分五厘五毫一丝七忽九微九纤。里甲银二千三百一十五两三钱六分八厘九毫一丝五忽二微五纤。

均徭银五千九百二十两六钱六分一厘八毫。

驿传银四千四百六十七两四钱三分二厘四毫四丝。

民壮银一千八百二十二两二钱八分。

以上税粮折银共八千四百九十一两六钱九厘一丝九忽二微四纤。

四差银共一万四千五百二十五两七钱三分三厘一毫一丝五忽六微五纤。

粮差通共银二万三千一十七两三钱四分二厘一毫三丝四忽八微九纤。

税粮已有定额，无容增损。役法自王公分四差后，今二十年，逾旧数者二千三百余两。兹载王公刊定成规原数于前，蒋公查盘总数于后。下仍揭贡、赋、岁用、役四纲目，则以类附见焉。额数一以此岁查盘册为准。此年有闰。

额办礼部药材银一十一两，水脚银一钱一分。

南京礼部药材银四两，水脚银四分。

工部胖袄二百一十五副四分，每副一两五钱，共银三百二十三两一钱，水脚银三两地钱一分一厘。

工部四司料银二百五十九两三钱二分二厘六毫九丝九忽，水脚银二两五钱九分四厘。

坐派光禄寺菉笋银八两七钱零七厘，水脚银一钱七分四厘一毫四丝。

户部黄蜡银八两四钱，水脚银四分一(厘)。

……

斗六升九合七勺五抄。

每地一亩，科正麦六合八勺四抄五撮。

起运广运仓麦三千四百七十石，每石折银四钱，共银一千三百八十八两。

扬州府仓麦六百石，每石折银四钱，共银二百四十两。

亳州仓麦一百七十二石八斗九升七合，每石折银四钱，共银六十九两一钱五分八厘八毫。

派剩仓麦一百八十二石，每石折银一两，共银一百八十二两。

隆庆二年，题准征给洪夫工食。

甲丁二库，颜料麦三百九十二石五斗九升三合一勺八抄七撮五圭，每石折银四钱，共银一百五十七两三分六厘八毫七丝五忽，每两水脚银二分，共银三两一钱四分七毫三丝七忽五微。

存留徐州永福仓麦六千五百一十六石三斗七升九合九勺六抄二撮五圭，每石折银三钱，共银一千九百五十四两九钱一分二厘九毫八丝八忽七微五纤。

本县际留仓麦二百石，每石折银六钱，共银一百二十两。

夏镇工部分司俸麦六石，每石折银一两，共银六两。

带征军饷银二百六十二两七钱五分。

秋粮

额征粟米一万一千七百六十石九斗七合□勺四抄。

起运本色兑军正米四千四百二十石，改公米二千六百五十二石。

随粮本折芦席，每正粮二石该席一领，共席三千五百三十六领。

本色席三分，共一千六十领零八分，每领折银五分，共银五十三两四分。

折色席七分，共二千四百七十五领零二分，每领折银一分，共银二十四两七钱五分二厘。

二四轻赍并河工米银，共五百七十四两六钱，解淮银七分，共三百七十一两二钱八分。

给军银三分，共一百五十九两一钱二分。

河工米银四十四两二钱。

存留徐州永福仓米三千九百九十六石九斗七合一勺四抄，每石折银三钱，共银一千一百九十九两七分二厘一毫四丝二忽。

本县际留仓米三百二十六石，每石折银六两，共银一百六十五两六钱。

本县儒学仓米三百六十石，每石折银六钱，共银二百一十六两。

摘派夏镇工部分司俸米六石，每石折银一两，共银六两。

丝绢

京库税丝折绢五百二十七匹九尺六寸，每匹折银七钱，共银三百六十四两二钱一分，水脚银三两六钱四分二厘一毫。

京库农桑折绢四百二十七匹八尺五寸六分五厘，每匹折银七钱，共银二百九十九两一钱，水脚银二两九钱九分一厘。

马草

额征草一万四千六百八十包。

起运京库草七千三百四十包，每包折银三分，共银二百二十两一钱，水脚银二两二钱零二厘。

存留徐州永福仓草七千二百四十包，每包折粟米五升，共米三百六十七石。遇灾每包折银三分，共银二百二十两二钱。

户口盐钞

额征折钞银四百四十两七钱九分九厘八毫。

起运京库折钞银二百二十两三钱九分九厘九毫，水脚银二两二钱三厘九毫九丝九忽。遇闰加银一十八两三钱六分六厘六毫五丝八忽，水脚银一钱八分三厘六毫六丝六忽五微八纤。

存留徐州永成库折钞银二百二十两三钱九分九厘九毫。遇闰加银一十八两二钱六分六厘六毫五丝八忽。

以上系成规旧数。

税课

门摊课钞三千八百五十四锭一贯四百二十文，共折银六十一两六分四厘。每季额银一十五两二钱六分六厘，二季起解徐州户部，二季存留本县，支给官吏折色俸钞。系本县城市集镇贸易酒醋之家出办，不在条鞭之内。

草场地租

草场原地二顷七十七亩二分，旧除抛荒一顷六十六亩一分，奉例免征租外，堪种地一顷一十亩一分。每亩征租银七分，共银七两七钱七厘。万历二十一年，申蒙南京太仆寺详允，不分荒熟淹占，每亩征租银五分，共银一十三两八钱六分。遵照新例征解。

初，州洎（治）四邑，并领草牧，其草场以给刍养，死者责偿于民，岁课驹为备用，民重困之。弘治十七年，巡抚都御史张缙奏免养马，而以草场地征租，民用苏息，至今颂之。

岁　用

庆贺

进表盘缠银六两。

历日

开领历日银从五钱,每两水脚银一分,共银二分五厘。奉例裁革,免派。

乡饮

岁征银八两。

祭祀

春秋二丁祭祀银三十两。

邑厉坛三次祭祀银十两。

朱公祠祭祀银三两零肆分。

科贡

南京科场供应,每年带征银九两八钱。

乡会坊牌银一十五两。

举人会试盘缠银三十二两三钱二分。

岁贡盘缠银二十五两。

应试生儒饯席银十两。

考试棚场,每年带征银一两六钱六分六厘。

学院岁考银四两。

季考茶食银四两。

凤阳武场供应银一两八钱七分五厘。

中都文宴银二两。

供应

夏镇工部分司纸札银三十六两,闰月银三两。

折俸并布绢银三十五两四钱六分,闰月银三两。

柴薪银四十八两,闰月银四两。

坐支银九十两,闰月银七两五钱。

徐州兵备道柴马食盐银十二两八钱六厘七毫三丝,遇闰加银二两七钱五分二厘五毫一丝二微五纤。

供应银二十九两五钱。

加御俸银八两。

漕运粮储道供应银十两。
狼山总兵供应银四两，闰月银三钱五分。
淮安府管河同知供应银六两。
禁役刑具银一两八钱四分。
加御俸银五两。
赍缴勘合银六两。
岁报钱粮银二两五钱。
公馆家火银三两五钱。
新官到任家火银十两。
察院公馆围裙座褥银六两一钱。
门神桃符银一两。
春牛、芒神、春宴、春花、元宵灯节银二两。
伞、扇、轿乘银一十两八钱三分一厘五毫。
供应银一百五十两。
押解重囚、处决盘缠银五两。
夏镇修理衙舍银二十三两五钱六分九厘三毫。
应朝盘缠银三十一两。朝觐之年总支。
儒学教官马二匹，草料工食银二十四两。

军需

随粮带征军饷银二百六十二两七钱五分。互见夏镇条下。
军门战马草料银五两七钱二分。
军门快手军饷银二十二两八钱五分。
徐州卫、徐州左卫军需银九十两四钱九分五厘。
新增备倭军饷三百两。

存恤

孤老布花银八两。

役

河道

浅夫一百三十名，器具厂夫四名。
西柳庄闸溜夫三十四名。
共夫一百七十一名，每名工食银七两二钱。万历二十一年，奉文每名增银三两六钱,合前银共一十两八钱,通共该银一千八百四十六两八钱。遇闰加银一百五十三两九钱。

停役改守堤夫一百五十七名,每名工食银一十二两。万历二十一年,奉文每名减银一两二钱,比照闸溜夫俱各十两八钱。通共该银一千六百九十五两六钱。遇闰加银一百四十一两三钱。

停役浅夫桩草、砖灰银一百四十四两三钱二分。

先是,条鞭法行,诸役业已征银输官为募矣。闸、浅诸夫仍踵故弊,佥之头户,朋以津贴。每夫一名,即曰"岁给工食银七两二钱"。然代役者额外过求,甚且加倍原数。一役而倾中人十金之产,一岁而耗小民四千余金。当道即稔知其弊,惮于更革,坐视莫为申理。岁癸巳,邑都谏张公贞观勘河淮泗,悯濒河之众,坐疲于一役也,议以"每夫一名,岁加银三两六钱,编入条鞭,一如诸役"。官自为征,旧日头户、津贴之编悉为革去,是使代役之人往日日得银二分,今且日得银三分,既不嫌于日廪之薄。头户、津贴之名既去,民间岁不啻者三千金矣。疏上,上嘉纳之,俾如其议。往停役夫一名,岁额工食银一十二两,似属过多。由是,每名减银一两二钱,与闸、浅诸夫等。调停剂量最费苦心,用识于此,俾后来者有所考焉。

附:募夫议

濒河郡邑,闸、浅停役,诸夫岁费不赀,民力告诎久矣。隆、万来乃有募夫之议,盖河堤诸役,动则需夫数万,闸、浅诸夫既不得掣以往役,即使得掣,数亦不足也。于是,一邑征夫多则二三千名,少亦不下五六百名。当道者初议,以招募之众涣而无统,下诸郡邑,代为编佥。意者之里甲,庶勾摄易集,脱逃无患。上日给官银,多则五分,少亦不下三分,非为空役吾民也。民不能身自为役,例借强有力者代之即工。每夫一名,度路远近,月给工食银多至三两,少亦不下二两。是夫百名,月费小民二百金;千名,则月费小民二千金。积至数月,费且逾万。夫之任工者,名曰日给官银,然多则半月一支,次则十日一支,官银自上而下,经数手始及诸役,侵渔减缩,所得几何?间且驻而不支,故工之代役者,例以下民帮贴为不易之数,及以上之日给,为望外之赏。用是,一役之兴,国家费一万,即郡邑费且不止二万。夫总一邑之粮,差额不过二万有奇,一河堤之役几与之埒。疲邑残垠,肩此重役,逃之则乡土难移,应之则膏血易竭。鉴其弊而复其始,是聊望于今之为民上者。

驿传

协济本州黄河东岸驿马三匹二分,该工食草料银一百零九两三钱六分三厘二毫。

轿夫四名,该工银三十二两八钱。

协济本州桃山驿马六匹,该工食草料银一百七十五两五钱一分二厘四丝。

协济本州利国监驿马十四匹三分,该工食草料银四百二十一两九钱零七厘二毫。

答应银一百二十两。

轿夫并杂用夫共二十四名,该工食银一百九十两八钱。

泗亭驿额设水夫六十三名零二分六厘,该工食银四百五十五两六钱。万历八年,拨水夫六名看守缕水堤,除工食银四十三两,工钱净发驿银四百一十二两四钱。

答应银七百七十五两。

修舱艌银七十两。

协济徐州夫厂答应银三百四十八两八钱四分。

夏镇厂答应银一千八百两。

二厂归并,共银二千一百四十八两八钱四分。

均徭

抚院

皂隶一名,工食银一十两。

太仆寺

皂隶一名,工食银二两四钱。遇闰加银二钱。

中河郎中

快手一名,工食银一十两八钱。

夏镇工部分司

皂隶十二名,每名工食银七两一钱,共银八十六两四钱。

门子二名,每名工食银七两二钱,共银十四两四钱。

兵夫二名,共工食银一十四两四钱。

铺司一名,工食银七两二钱。

徐州兵备道

皂隶一名,工食银七两二钱。马快手一名,工食银一十八两。

徐州永福仓

斗级一名,工食银七两二钱。

巡船

兵夫一名,半工食银并绳缆共银一十二两七钱九分五厘。

本县知县

祇候四名,每名银一十二两,共银四十八两。遇闰加银四两。

马夫银四十两。

门子一名,工食银七两二钱。

皂隶十二名,每名工食银七两二钱,共银八十六两四钱。

灯夫二名,每名工食银四两二钱,共银八两四钱。本县知县罗申允裁革。

禁役六名,共工食银四十三两二钱。

水次仓斗级二名,共工食银一十四两四钱。

预备仓斗级二名,共工食银一十四两四钱。

库书二名,共工食银一十四两四钱。

总铺铺司一名,工食银七两二钱。

各铺兵夫共十四名,每名工食银五两四钱,共银七十五两六钱。

申允加添兵夫一十二名,内一名工食银五两四钱,十一名工食钱三两六钱,共银四十五两。

提锁快手十五名,每名工食银七两二钱。申允裁革一名,止编一十四名,共银一百两零八钱。

迎接往来上司,听差皂隶三十名,每名工食银七两二钱,共银二百一十六两。

接递夫五十名,共工食银三百六十两。

加添直堂皂隶四名、青衣皂隶十名,每名工食银七两二钱,共银九十两零八钱。

县丞

祇候二名,每名银一十二两,共银二十四两。遇闰加银二两。

马夫银四十两。

门子一名,工食银七两二钱。

皂隶二名,共工食银一十四两四钱。

灯夫一名,共工食银四两二钱。

主簿

祇候二名,共银二十四两。遇闰加银二两。

马夫银四十两。

门子一名,工食银七两二钱。

皂隶二名,共工食钱一十四两四钱。

灯夫一名,工食钱四两二钱。

典史

柢候一名，银一十二两。遇闰加银一两。

马夫银四十两。

门子一名，工食银七两二钱。

皂隶二名，共工食银一十四两四钱。

灯夫一名，工食钱四两二钱。

儒学

斋夫银四十八两。遇闰加银四两。

膳夫四名，每名银二十两，共银八十两。遇闰加银六两六钱六分六厘。

廪夫二名，门子二名，每名银七两二钱，共银四十三两二钱。

加添河防同知祗候银一十八两。遇闰加银一两五钱。

马夫银八两。

折俸银三两六钱四分八厘八毫。

加添银三两一钱二厘。

快手三名，皂隶三名，每名工食银七两一钱，共银四十三两二钱。

水手二名，共工食银一十四两四钱。

加添议设海口分司书手、门子、快手、皂隶，共工食银六两五钱。

人匠

原额轮班各色人匠共七十五名，每年每名征银四钱五分，共该银三十三两七钱五分。遇闰每名加银五分，俱各匠户办纳，不在条鞭之内。

铁匠十四名　黄成　邵歹儿　单董儿　张福缘　工成儿　孙改儿　孟改　秦去儿　武万儿　潘挈儿　李伸章　关通　王刚　王景生

纸匠十六名　胡保儿　孔重儿　杨清　张清　朱来兴　杜渊　蔡柱儿　朱讨儿　朱福童　张马儿　姜官柱　张官保　徐成　张献男　朱各达　宋德成

皮匠二十四名　赵马儿　张阎儿　蒋马儿　史喜童　张恒　吕七家　黄保保　邓成　史剪儿　孟成　刘六儿　徐安住　秦奴才　蒋赛儿　张浩　吴保儿　陈十兴　王朴儿　黄立柱　胡驴驹　徐五驴　李定住　汉十二　丁拴儿　张驴儿

木匠十五名　黄麻子　郭咬儿　许锁儿民二百一十八。　张党　唐柱童　朱驴马　徐四驴　张奈儿　李成　朱自雷　师卓儿　刘友信　任呆儿　班栓儿　董粪草

穿甲匠一名　丁彬

银匠一名　郭尹孙

毡匠二名　孙留儿　李驴儿

石匠二名　李定住汉十一。　王从

凡轮班人匠，每四年一次。奉工部札发文册，照数征银解纳。近照新例，止缴银四钱五分，遇闰月年，征银五钱，其住坐者不征银，凡以供役而已。

民兵

京库民壮边饷银一百一十五两二钱，水脚银一两一钱五分二厘。

军门民壮军饷银三百二十七两零八分。

徐州兵备道徒步民壮二名，每名工食银十两八钱，共银二十一两六钱。

本县巡路马兵十六名，每名工食、草料银一十八两，共银一百八十八两。申允裁革四名，草料银四十三两，民壮四名照旧入队行差。

守城民壮一百二十九名，俱每名工食银七两二钱，共银九百二十八两八钱。

里甲

本县额设走递马骡五十匹(头)，每年共该工食、草料银八百八十三两三钱三分六厘。其马骡出于三十里，现年人户买烙行差，仍令里甲一排人户外帮，工食、草料银多至五六十两。本县知县罗士学议将买马、工食、草料银，共足四十五两之数，议详申允，召募马户自置马匹行差。每匹除官银一十七两六钱六分照季支领外，帮银二十七两三钱四分。许于三十里内，每鞭银一两外派银六分零六毫，分派花户名下，带征银数草册印发该图老人，收催支给。

附:河桥夫马议

邑居徐、济之中，水陆冲途也。迭经水旱，民苦莫支。使客络绎，岁无宁刻。旧设泗亭驿，今迁夏镇，舟夫津送，业有成规。乃陆行过沛者，日索夫马，南送徐州则一百二十里，往返辄三日；北送济宁则一百八十里，往返辄四日，马匹倒损人夫疲。因事属相沿，莫为申理。壬辰春，邑都谏张公贞观承勘河之命，目击其弊，力为言诸总河都御史、粤西舒公应龙，行下所司，俾之议处。邑令平阳苏公万民议:天下驿路率六十里，使客过往，夫马即于交界处更换，定例也。沛抵济宁驿路三站，中隔鱼台一县。鱼台抵沛一百里，至济宁八十五里，河桥驿在济、沛间，途路适均，且去鱼台十五里而近。由是，遍牒两省抚按臬司，详为酌处。济、沛、鱼台各设马十匹，共三十匹；夫十名，共三十名。马每匹一岁工食、草料银二十二两，夫每名一岁工食银七两二钱，按季拨支。鱼台县河桥驿，雇募殷实人户喂养行差。使客南下，则济宁送鱼台，鱼台送沛县。北上者亦然。本县马十四匹，许于里甲；走递马五十匹，内岁扣银二百二十两。夫十名，许于路；夫五十名，内岁扣银七十二两，支付河桥驿。自二十二年十月一日始。是复也，议经三载，始克调停云。

税粮额数定自祖宗朝，遵行不易已。嘉、隆前后，分银、力二差，银输诸官，力出诸民。万历元年，临海王公宗沐填抚淮徐，颁行一条鞭法，郡邑诸役分入四差。一以编银输官，官自为募而给以银，盖仿宋催役法也。行之余二十年，民间系费节省十分之五，役不告劳，民不觉扰，诚法之善而邑之利也。嗣此而能世世守之，斯民其永宁哉！若夫酌丰歉而请蠲赈，审缓急而定催征，是在良有司矣。

卷九　秩祀志

坛壝

社稷坛在西门外以北，旧在县西北半里。永乐二年，知县王敏建。嘉靖二十年，知县王治迁今地。二十六年，知县周泾建，高安朱以和记。

山川坛在县治南一里。永乐二年，知县王敏建。嘉靖二十一年，知县王治重修。

邑厉坛在北门外以东，旧在县北一里。永乐二年，知县王敏建。嘉靖二十一年，知县王治徙今地。

祠庙

先师庙规制详学校志。

启圣祠在学宫。

名宦祠在学宫。祠宋知县程珣、国朝知县颜瓌，凡二人。

安国侯王陵、绛侯周勃、舞阳侯樊哙、条侯周亚夫、御史大夫周苛、汾阴侯周昌、博士施雠、东平傅庆普、郎中蔡千秋、处士姜肱、梁著作郎刘臧、国朝佥事蔡楫、孝子监生赵清、兴化府教授卢雄。凡十六人。

文昌祠在学宫，旧在儒学东，久废。万历九年，知县周治升增建于尊经阁右。

城隍庙在县西南。永乐四年，知县常瓘建。正统六年，知县王清重修，吉水周绯记。见艺文。弘治三年，主簿吴本重建。嘉靖十三年，知县杨政继修，华容蔡王实记。三十七年，知县罗见麟修。隆庆二年，知县李时重修，邑人张连记。万历九年，知县周治升修，嵊县吴世辉记。三十一年圮于水。三十六年，知州李汝让重修，有邑人符令仪记。见艺文。

福神祠在县仪门外之东，旧西向。万历三年，知县祝希哲改南向，春秋丁祭后一日祭。

汉高原庙在沛宫故址。汉孝惠五年，以沛宫为原庙，令高祖所教歌儿百二十人皆习，次以相和，后有缺，辄补之。哀帝时，孔光定员数十二人。光武建武五年七月幸沛，章帝章和元年幸梁并祠之。今失其处。

汉高祖庙在泗水亭中。后汉光武二年，封盖延安平侯伐刘永，遂定沛。修高祖庙，置啬夫、祝宰、乐人。久废。万历三年，知县倪民望始即今歌风台碑亭东南数武，建殿三楹。八年，知县周治升始于春秋丁祭后一日祭之，然尚未列祀典。

昭惠祠旧在河东崖，祀春秋伍侯员。嘉靖六年河决，运道淤塞，都御史、兰溪章拯屡祷获应，请于朝，命有司重修。十三年，副使何鳌令知县杨政更新之，政自为记。三十八年，工部主事陆梦韩修葺，自为记四十四年圮于水。万历十年，知县周治升徙建于小北门外平城集南。二十五年，知县罗士学创两庑，筑墙垣，立大门。寻以城内龙泉寺徙建于旧祠地，今春秋丁祭后二日祭。

忠孝祠在县治西南一里许，祀靖难时死节知县颜瓌父子及其簿唐子清、尉黄谦。正统二年督学御史、永丰彭勗，询于邑人、主事孟武，得其墓处，令有司立祠祀之。嘉靖十九年，工部主事颜德伦大加修建，自为记。四十四年，圮于水。万历二年，知县倪民望建屋三楹祀之，自为记，见艺文。祠久圮，每春秋祭于废址。万历二十五年，知县罗士学复建。

大德祠在河东岸，祀吏部尚书、秀水吴公鹏。嘉靖三十二年，淮、徐大饥，公以刑部侍郎承上命，发淮、徐仓粟四万石余，盐银五万两来赈。邑适缺令，未以灾报，公悯之，矫诏发仓赈之，邑民赖以全活者甚众。因立祀，塑公像祀之，规制颇宏伟云。有桐城赵□、徐郡马津、秀水吕穆三记。四十四年圮于水。原赡银地四顷，久为豪民占种。万历二十一年，知县苏万民查出，归作学田。沽头闸有佚逸亭，亦沛民为公立者。有番禺张人猷记。

洪济庙在夏镇新河西岸洪济楼内。

三河口大王庙在县治东北三十五里，嘉靖四十五年新建，肥城李邦珍记。见艺文。

朱公祠在夏镇，即镇山书院也。祀故工部尚书万安朱公衡。

上诸祠庙俱载祀典，不厌详疏，遵制也。其诸不在祀典，亦乡人所奔走而祈禳者，固不得系以淫祠斥之也。

东岳庙六一在县东半里泗河北岸，元元统三年建，吴兴陈绎曾记。永乐十六年，乡民赵明德重建。万历二十四年，乡官丁东原重修。一在县西三十五里北孟村，万尚文等建。一在县东三里射戟台上。一在夏镇仓西。

玄帝庙八一在县治河东。一在县南十里。一在县北庙道口。一在县西徐家集。一在县西南高房集。一在县北欢城集。一在县北门子城内。一在县东三里漷河，今废。

火星庙三一旧在县南门内，知县王治迁南关山川坛东北，三十八年复移盐店口街之东天妃行宫地，而移天妃行宫于旧火星庙地。一在县治西南城隍庙内。一在夏镇南门内西偏。

五岳庙在县南三十里高埪村。

七圣庙三一在县东北安家口。一在县西门堤外。一在县西北五里小虫坡。

黄家庙在县南十里。

圣德庙在庙道口东北。

伏羲庙二一在夏镇南门内。一在县南二十里。

三结义庙二一在县治南门内之西，旧射戟台上，祀后汉先主并其臣关羽、张飞。永乐十五年，街民史直重建。正统七年，主簿王勗重修，吉水周绰记。一在夏镇南门外。

关王庙十一在县东南。一在县南门堤内。一在邵玉集。一在夏镇新河东岸。一在县东北络房集。一在县东北张家庄。一在县北庙道口。一在城东南八里。一在县南梁山桥。一在县东三十三里李家口运河东岸。

灵显真君庙在县东北五十里。

二郎庙在县治西三十里大槐树二郎庙。按：二郎神有二，隋赵昱斩蛟有功，人立庙灌江口祀之；宋封清源妙道真君，元至顺元年封秦蜀郡太守李冰子二郎为英烈昭惠灵显仁祐王。上二庙所祀，的不知其何神也。

大王庙四一在县南泗河北岸。一在县西南四十里小盘龙村。一在县东南十五里上沽头。一在县南二十里下沽头。

天妃行宫十一在县东关护城堤内。一在县东五里射戟台上。一在县东三十五里。一在县北三里吕母冢。一在县西北二十五里刘八店。一在夏镇新河西岸。一在县西南七山北数十步。一在县东南十五里。一在县东南三十里里仁集。一在县北三十里庙道口。

水母庙在县治南，南临泡水。

节妇祠在县治东关猪市街南。隆庆四年，知县白泾建，祀陈恕妻姜氏、张化龙妻胡氏。今废。

清风烈女祠在夏镇运河西岸。万历二十九年，工部主事杨为栋建。

秩祀以人为五，昔谭尚矣。沛之所祀，兴废不一，大都不能外彼五者而别为祀也。社稷、山川以功祀，宣圣以德祀，邑亦犹夫他郡邑耳。彼忠烈君颜，惠泽勤劳，若吴若朱，固宜世世祀之，如畏垒矣。汉高原庙、汉高祖庙载诸信史者，昭昭也，废而不记者逾数百年，若帝王祀典不容轻议，彼彭城、丰邑尚且俎豆尸祝，矧沛为帝乡，顾可逊避不讲耶？千古“吾魂乐沛”之语，聊一读之，不能不为之三叹。

寺　观

龙泉寺在县治运河东岸，旧在县治南门外泡河之南。嘉靖二十一年，知县王治改建于城内旧儒学址。万历二十五年，知县罗士学迁建于旧子胥庙址，淮阴倪鲁记。见艺文。寺地凡二十五亩。

隆兴寺县北二十里。

白水寺县东北二十里。今废。

丁村寺县东二十里。

昭阳寺县东北二十里。

新兴寺县东二十里。

昭庆寺县东北三十五里高村。

草堂寺县东三十里。

崇庆寺县东北四十里夏镇。

陶阳寺县东北二十五里。

临堤寺县南八里。

永宁寺县东北三十五里欢城集。

栗子寺县西南二十里。

青墩寺县南二十五里。

龙兴寺县西四十四里大盘龙村。

秦村寺县南二十里。

无儿寺县西南三十里。

黄龙寺县南十里。

石楼寺县东北十二里。

祥国寺县东南二十里。

兴隆寺县北四十里。

晚明寺县西十里。

白云寺县西二十里。

汲冢寺县西二十五里。

龙冈寺县西北二十里。

杨名寺县西二十里。

大安寺县西三十五里。

释迦寺县西南三十里七山。

永寺县西北四十里。

广度寺在夏镇新河东岸康阜楼内。万历十九年，工部主事余继善建。内贮佛经一藏，寺僧大千募置。

观音寺二一在县东二十里。一在县东南十五里上沽头。

大觉寺二一在县西三十里桑子村。一在县东北二十五里丁村。

弥陀寺二一在县西二十里高房集。一在县东北五十五里。

华严寺二一在县东南八里。一在县东北三十里西小房。

清凉院在县南关。

福胜院在县西北四十里灌城村。

广福禅院在县东北三十五里高村。久废。有金大定五年碑。

三教堂四一在县西南三里。一在县东北二十里卜家村。一在夏镇见岱门西。一在县东北欢城集。

观音堂五一在县治西南护城堤内。一在县北十二里张家庄。一在县北三十里庙道口。一在县西十八里鸭子嘴。一在夏镇北门内。

白衣观音堂五一在县治西门内。一在县东南一里，万历三十七年，乡民卢思礼等建。一在县东南十里，乡民王应龙建。一在夏镇南门外。一在县西一十里。

地藏堂夏镇运河东一里。

鸿沟堂县东八里。

宋家庵县西三十里。

寺若观，他郡邑志多列于杂志、外纪中，斥异端也。兹独附之秩祀者何？良谓彼即无功德于民，亦异教者之所崇而祀也。志之所为寺若观者，岂尽朱帘画栋、杰构巍甍，足备登眺而恣吟咏哉？毋亦一椽数瓦，败壁残垣，栖泊于断烟荒草间，聊以明界堠、表地识耳。观者尚无以琳宫梵宇概之。

卷十　学校志

庙　学

儒学旧在河东泗亭坊，宋靖康中兵毁。金大定初，移置河西清化坊。十一年辛卯，知县刘勋作而新之。元至正间重修，寻复毁。

国朝洪武三年，知县费忠信创建。永乐四年，知县常瓘重建。十一年，知县李举贤塑圣贤像。正统七年，知县王清改修，吉水周叙记。景泰二年，知县古信复建。河内新井，泉水清冽，亦信所凿，漳浦陈亹记。见艺文。嘉靖八年，圮于水。二十二年，知县王治用堪舆家言，以泡河南龙泉寺地风气垲爽，宜立学，遂以庙学地易寺地，徙焉。二十五年，知县周泾增置门庑、祠宇，凿泮池，易民地拓大之。今学地十亩，又益以民田二十二亩。东南立蛟腾、凤翥二坊，上虞徐惟贤记。见艺文。三十年，知县李祯迁启圣、名宦、乡贤三祠，作南畿首学坊，姑苏钦洪极记。四十四年，复圮于水。隆庆三年，知县白经改造明伦堂两庑，徙启圣祠于先师庙东。万历二年，知县倪民望葺先师庙，立兴贤、育才二坊。九年，知县周治升修两庑，建棂星门，创尊经阁，徙启圣、名宦、乡贤三祠于明伦堂。后特建文昌阁，斋号、库庖焕然一新，主事詹世用记。二十三年秋，知县罗士学修明伦堂棂星门。二十四年春，设外屏一座，秋建作圣、成材二坊。二十八年，重建敬一箴亭于明伦堂。后教谕宋约作魁星亭于仪门外。三十一年秋，两庑、库庖、斋房、泮池、门垣、屏墙胥没于水。三十四年，知州李汝让大加修葺，仍创文笔峰于学门之东偏，规制称大构云。有邑人张贞观记。见艺文。中为先师庙，东西翼以两庑，两庑南列库庖，库庖前为庙门，庙门外为泮池，跨以石桥。又前为棂星门，外蔽以屏。棂星东为学门，中为仪门。先师庙后为明伦堂，东西列博文、约礼二斋。斋南为号舍。明伦堂后，正中为尊经阁，左为启圣祠，启圣祠左为名宦祠，右为文昌祠，文昌祠右为乡贤祠。

射圃在儒学内西偏，旧有观德亭，今废。

教谕宅在县东门内旧儒学东偏。

训导宅在教谕宅西。万历十年，知县周泾改建。

设官　教谕一人，训导二人。隆庆二年，裁革一人。司吏一人。

廪膳生员二十人，增广生员二十人，附学生员无定额，今一百九十人。

祭　器

木笾豆各五十，铜爵一百三十，黄绢帐五副。

书　籍

《四书》一部，《易经》一部，《书经》一部，《诗经》一部，《春秋》一部，《礼记》一部，《通鉴》一部，《性理》一部，《文献通考》一部，《为善阴骘》一部，《五伦书》一部，《明伦大典》一部。

学　田

嘉靖三十年，知县李桢始置学田六顷九十一亩八厘，建安滕霁记。地亩坐落、四至，详载碑阴。

万历三十一年，知县苏万民查旧吴公祠赡祠地四顷，归并学田。

书　院精舍附

泗滨书院在县治河东岸，邻旧递运所，即汉高书院故址也。

建中书院在县治南。

仰圣书院在上沽头。嘉靖二十九年，工部主事、南城吴衍建，崇阳汪宗元记。以上三书院今并废。

镇山书院在夏镇，为工部尚书、万安朱公衡建，有乌程董份、吴江钱锡汝二记。锡汝记见艺文。

沽头精舍嘉靖三十九年，工部主事施笃臣建，今废。

社　学义学附

圣水社学在县南一里许。嘉靖十一年，知县杨政建，后没，为民居。万历二十四年，知县罗士学复查入官，重建。今废。

天津社学在泗河东岸。嘉靖十一年，知县杨政建。今废。

高房社学在县西二十五里高房集。万历二十四年，知县罗士学建。

嘉靖三十年，知县李桢作社学十八区，以教民间子弟。曲江钟大器记。今并废。

义学在夏镇见岱门内大街直北，镇山书院东偏隆庆二年，工部主事钱锡汝建，以训镇民子弟者也。中为屋三楹，立宣圣神位，盖为蒙师。朔望率子弟肃揖。设外为大门，匾以“义学”，有主事陆檄记。先是，分司在上沽头，去县十五里。每遇元日、春秋二丁祭，部官例先一日谒先师庙于邑学，以为常。乙丑分司迁夏镇，去邑四十里远矣。缘是，分司部臣朔、望胥就义学谒先圣。未几，去义学匾而揭以先师庙。因岁举二丁，祭于崇圣祠，则得矣，毋乃非时王制耶？钱公旧设有义学田若干亩，以赡蒙师，今亦侵于士人。

邑东北去曲阜二百里，而近去邹、峄百五十里，而近两地因昔孔孟产也。子舆氏曰：“近圣人之居，若此其甚也。”沛殆庶几焉。即曹平阳、周绛侯父子佑汉高者，不尊以文，乃施长卿、庆孝公、蔡少君辈之传《易》《礼》《春秋》，率与齐鲁诸儒方驾而骋，抑何彬彬盛也？彼独非学校士武，矧今良有司作兴造就，上不乏人，砥砺激昂，趋高明而违卑溷，是在二三子哉，是在二三子哉！

卷十一　古迹志

城　垒冈陵附

商

𨚵城在县南四十四里，相传仲虺封于此。

春秋

偪阳国《春秋·襄公十年》："夏五月甲午，遂灭偪阳。"汪氏克宽注曰："偪阳，沛傅阳，在今沛县。"考以《春秋》，偪阳条下有汪氏克宽注：偪阳国及柤地皆在沛县，乃吴入北方之要冲。

许城《后汉书·郡国志》注引《地道记》云："沛有许城。"《左传·定公六年》："郑人灭许，即此。"

秦

湖陵城在县北五十里。秦县，汉属山阳郡。曹参以中涓、樊哙以舍人从沛公击湖陵，即此。新莽时改名湖陆。

泗水郡城在县治东，秦置泗水郡于此。

汉

广戚城在县东北四十里。

合乡城详见订讹。

卧龙冈在县东一里，高帝微时，尝卧其上，今为沙没。

防陵在县西北三里吕母冢旁，相传汉筑，以防母冢者。

饮马池在县西南三十里青龙桂籍山上，中有方池，相传萧何饮马于此。

张士诚城在河东岸，元末张士诚筑。

沛里垒固多，第迭继黄水，形迹罕存，其稍可考见者，略分年代，载诸上方，余不可考者疏诸下：

千秋城在县西北六堡十五里。

灌城在县西北二十里。

沛故城《一统志》云："在微山下。"

欢城在县东北四十里。

香城《一统志》云:"楚人琴高居香城泗水中。"

亭台

汉

泗水亭在县治东一里,即高帝为亭长处。亭有高帝碑坊,固为文。

沛廷《汉书》:"高帝立为沛公,祠黄帝、蚩尤于沛廷。"

沛宫《玉海》引《括地志》云:"在县东南二十里,即高帝宴父老处。"周庾信作《置酒沛宫赞》。

歌风台在县东南数十武,有二碑,刻高帝所作《大风歌》。旧在泗水西岸,岁久倾圮,间于民居,成化间徙今地。御史陈嘉谟更修拓之,天台卢荣记。嘉靖十四年,知县杨政作亭覆碑。二十六年,知县周泾葺治之,别为台于东偏,覆圆亭于上,便登览,泾自为记。四十四年,胥圮于水。万历二年,知县倪民望重加修复。二十二年,知县苏万民立坊表之。台、旧碑日暴冷风烈日中垂三十年,苔封藓藉,渐就剥落。二十五年,知县罗士学出元大德间摹刻新碑于泥沙中,而统覆之以亭。

晒书台在县东五里金沟。旧传高帝闻陆贾陈《新语》,乃建此台。

鸡鸣台在沙河东。旧传汉筑城于沙河南,羽筑城于沙河北。汉昼筑,羽夜筑,其杵迹皆向上,欺汉以为鬼神之助。汉知之,作台于侧,令人登其上,为鸡鸣。羽筑者信以为天向晓,恐汉见之,遂散去。城由此不成,为汉所败。

琉璃井在县泗水北岸。俗传汉高所凿泉,味甘冽,下广上狭,投以瓦石,砰然有声,所甃之砖润滑光彩,块然琉璃也。嘉靖末圮于水,近始浚出。

樊巷在县泗河东岸,即樊哙所居。旧有石碑,今断裂。

樊井相传县南门外井为汉樊哙屠狗处。万历二十四年,知县罗士学立坊表之。

三国

射戟台后汉末,袁术遣将纪灵等攻刘备于沛,吕布来救之。谓灵等曰:"令斗候于营门中,举一戟,布射戟小支,一发中者,诸军当解去,不中,可留决斗。"一发果中,遂欢会,各罢。今上有三结义庙。

国朝

射戟台在县东南五里,成祖南狩时筑。

碑刻

汉

大风歌碑碑刻汉高皇帝大风歌，字悉篆文。表径尺，阔八寸，相传蔡邕书，无所考。原有二：一竖于东，不详年代，西则元大德间摹刻者也。今旧碑中断，锢以铁。

宋

东坡竹石刻小石二方，刻竹二枝，今嵌儒学大门，列东西壁上。旧跋云："按，东坡先生与叔祖山阳掾暨先大夫实同榜契，雅捐鬻重。熙宁中守彭门，叔祖通直赴约射堂，宴谈旬余。一日，戏写筇竹二枝，曰："观此如何?"叔祖指高节直干，曰："此如学士，立身许国，劲挺不倚。"又指疏枝结叶，"则如学士驭事爱民，简密以济。"先生笑曰："公精鉴也。"卷而赠之。于今四十余年矣，乃刻石以传久云。宣和辛丑冬至日，朝奉郎通判泽州，时敦题"梁溪漫叟时道安立石"。

元

袁氏新阡刻在丰康墓山，姚燧撰文，赵孟頫书丹，郭贯篆额，时称"三绝"，墓久为沙没。万历中，盅令黄公思箴拍出之，拓摹数百纸去。袁氏子孙今为沛人，附之沛志存名笔也。

陵

商

仲虺墓在县南四十里虺城内。

微子墓《一统志》云："在沛微山下。"

吕母冢在县北三里，隆然大丘，汉吕后母卒，葬此。今关中有吕公冢，其大称是。盖吕母先卒，故葬沛。吕公从高帝之关中，因葬其地，不克返云。

献王陵王名辅，封于沛。详封爵表。

金

邵状元墓在城东十里沽头上闸。状元名世矩，废齐时人。嘉靖二十二年，工部主事许诗因筑城相得其门人訾栋所为志，刻之。见艺文。

国朝

颜知县墓在县西南一里，知县，靖难时死节者也。详宦迹传。

蔡佥事楫墓在县西四十五里蔡家村。

郭烈女墓烈女讳青儿。

贺节妇墓节妇生员马继立妻也，有工部主事钦拱极所撰墓碑。

上二墓俱在县北门外。

附

黄丘在县东北四十里戚城北，高二八尺，方广数亩。丘四围属滕，丘独隶沛。

龙化堌在县东三十七里，双丘对峙。

双冢在县东北三河口。

白冢在县东北，去戚城六里。

上四丘俱在邑东偏，疑皆古人冢墓。邑多古迹，惜濒黄河，迭遭沙淤，卒渐断灭。东稍高亢，遗迹仅有存者，第亦不可考矣。附志于此。

断丘荒垅，故垒层城，固昔人战争之遗、吟眺之旧也。历千百年，后之吊古探奇者，遇之伤心，登之怵目，则信乎精意之相为感矣。此樵采之禁，明主所先；封植之图，哲人不废也。沛之为邑，即属偏小，城垒陵墓，在在有之，兹所纪者，盖存没相半云。

漏泽义阡，他郡邑志咸殿诸建置后，以施仁自上也。吾邑义冢多出于民，固不得拘拘体例之循，而俾吉凶无别也，附之陵墓为宜。

义　冢

县泗河东岸一区。杨姓地，有工部主事文安王佩记。县东三里一区。今废。县南二区。在护城堤外。县西一里一区。夏镇新河东岸一区。东一十七亩五分，徐州人张思敬地；中一十亩，徽州人吴可堂地；西十亩，汉台乡民齐仕学地。

康阜楼东南一区。高村东南一区。

邑之为义冢者，四境之内盖不下数十区，皆好义之家所捐，今固不能悉志。沿河堤岸所在而是，官亦弗为禁也。泽及枯骨，文王称仁；漏泽之园、掩埋之令，历代申之，长民者可视为末务弗图乎？邑昭惠祠、夏镇地藏王庙，皆列之丛冢中。一邑之大，顾靳此寸土耶？向恤政之谓何？首事者难逃其责矣。

卷十二　漕政志

分　司

夏镇工部分司，在沛县东北四十里，提督夏镇诸闸，主事莅事之所，旧在县治东南二十里上沽头。成化乙巳，上纳平江伯陈锐议，命主事陈宣提督闸务创建。嘉靖中，王佩、顾德伦继修。本司部臣任革不常。弘治戊申罢，甲寅复之。正德丁卯罢，辛未复之。嘉靖癸未又罢，乙未又复之。黄河入漕，而诸闸利涉，故罢。黄河南徙，而诸闸泉微，故又复。四十四年，河决新集，塞庞家屯，东趋华山，出沛飞云桥，分七股而奔冲入昭阳湖。由是，沛之北水逆行，历湖陵、孟阳至谷亭四十里，南溢于徐，漫成巨津，中留城至沙河漕湮塞，不可运。本司公署悉圮于水。

时工部尚书朱衡奉命督治，会总河都御史潘季驯及三省抚按、司道等官，佥议：上源既难开导，旧河又弥漫无迹，独南阳至留城地势高峻，先都御史盛应期开凿遗渠尚存，乃请循故迹开新河一百四十一里，借汶、泗诸水，由留城出口，以会于旧漕。即中建闸，导诸泉河，开月河，疏支河；建浅水闸，筑土坝，砌石堤，凡所以备新河者。既至，复浚旧河，起留城，迄境山，五十三里，而新旧得相接焉。大学士徐阶、工部尚书雷礼、主事陈楠各有记。阶记见艺文。本司徙迁夏镇。隆庆三年，主事陈楠市民地十八亩创建今署。署中为大堂，后为穿堂，又后为中堂。大堂东为宾馆，西为书房，前为二门，又前为大门。大门外，东西列南漕巨镇、北饷通津二坊，后为主事宅。工部尚书雷礼记。见艺文。

历　宦

本司主事率三年一更。自先驻沽头，及后迁夏镇，莅任可考者凡三十七人。

陈宣浙江永嘉人，成化辛丑进士。

胡倬广西临桂人，甲辰进士。

俞稳浙江宁海人，弘治庚戌进士。

江师古湖广蒲圻人，癸丑进士。

蒙惠广西苍梧人，庚戌进士。

高贯曾雅，直隶江阴人，己未进士。

章文韬浙江黄岩人，己未进士。

章拯以道，浙江兰溪人，壬戌进士。

王孝忠金之，四川南充人，丙辰进士。

王銮廷和，江西大庾人，正德戊辰进士。

李瑜臣卿，浙江缙云人，丁丑进士。

乐选舜举，浙江仁和人，辛未进士。

王佩朝鸣，直隶文安人，嘉靖壬辰进士。

颜德伦江西安福人，正德己卯进士。

侯宁怀德，山东东平人，己丑进士。

许诗廷陈，河南灵宝人，嘉靖乙酉举人。

徐惟贤师圣，浙江上虞人，甲辰进士。

吴衍子繁，江西南城人，丁未进士。

钦拱极子辰，直隶太仓人，庚戌进士。

鲁鉴万甫，山东德州人，癸丑进士。

陆梦韩典文，浙江平湖人，丙辰进士。

施笃臣敦甫，直隶青阳人，丙辰进士。

宋豫卿元顺，四川人，己未进士。

陈楠子才，浙江奉化人，壬戌进士。

钱锡汝宠伯，直隶吴江人，乙丑进士。

李膺元服，直隶华亭人，乙丑进士。

高自新本澄，直隶获鹿人，隆庆戊辰进士。

钱锡汝万历元年起复补任。

陆檄羽行，直隶长洲人，万历甲戌进士。

詹思谦惟炳，浙江常山人，甲戌进士。

王焕子贤，湖广咸宁人，辛未进士。

詹世用汝宾，江西弋阳人，戊辰进士。

韩杲子素，河南光山人，辛未进士。

杨信以成，陕西咸宁人，癸未进士。

余继善明复，河南固始人，庚辰进士。

钱养廉国维，浙江仁和人，己丑进士。

尹从教心传，四川宜宾人，庚辰进士。

杨为栋伯隆，四川綦江人，己丑进士。

梅守相直隶宣城人，己丑进士。

茅国缙荐绅，浙江归安人，癸未进士。

汤沐湖广安陆人，壬辰进士。

沛自设分司来，迄今百有十年，其间名公巨卿不无其人。乃督理之余思流斯土者，则仅仅四五公焉。远则富顺宋公之弛湖禁，吴江钱公之办协济，近则仁和钱公之□宿蠹，吴兴茅公之轸贫民，尤其表表者也。第仁和甫八月而遽以忧去，吴兴甫八月而竟以身殉，深仁厚泽，不及下究，斯民所深憾于宰物者。

闸　座

湖陵城闸　在县治北五十里，隶沛县，宣德四年建。

庙道口闸　在县治北三十里，隶沛县。嘉靖十五年，郎中徐楗议设。

沽头上闸　在县治东南十五里，元延祐中建，本朝改修。

沽头中闸　在上闸南七里，成化二十年工部郎中顾余庆议设。

沽头下闸　在中闸南八里，创建年月无考。

以上三闸俱隶徐州。

谢沟闸　在县治南四十里，隶沛县，宣德八年，工部主事侯晖议设。

积水闸四座留城闸隶徐州，正统五年参将汤节建。金沟口闸在县治南八里，薛河并昭阳湖水入漕之处，元大德十年建，永乐十四年县丞李钦改修。昭阳湖闸在县治东北八里，永乐八年于湖口建石闸，于东西二湖口建板闸。鸡鸣台闸在县西北五十五里，汤节建。

以上六闸并积水四闸今并废。

珠梅闸　在县治北四十二里，隶沛县。

杨庄闸　在县治东北四十三里，隶沛县，闸官一人，吏一人。

夏镇闸　在县治东北四十里，隶沛县，闸官一人，吏一人。

满家桥闸　在县治东四十里，隶沛县。

西柳庄闸　在县治东四十里，隶滕县，闸官一人，吏一人。

马家桥闸　在县治东南四十里，隶徐州，闸官一人，吏一人。

留城闸　在县治南四十里，隶徐州，闸官一人，吏一人。

以上七闸俱嘉靖四十四年工部尚书朱衡议设。

黄家闸　在徐州北六十里，隶本州，天顺三年，徐州判官潘东议设，闸官一人，吏一人。

梁境闸　在徐州北四十里，隶本州，闸官一人，吏一人。

内华闸　在徐州北三十里，隶本州。

古洪闸　在徐州北二十五里，隶本州。

镇口闸　在徐州北二十里，隶本州。

以上五闸俱万历十年总漕都御史凌云翼议设。

堤　防

运河长堤在县治东，高二丈，阔二丈，自本县起至南望湖止。嘉靖七年都御史盛应期筑，今废。

黄河长堤在县治西，高二丈，阔三丈，自本县起至阳进口止。嘉靖八年，都御史潘希曾筑。

昭阳湖堤在县治东八里，高二丈，阔二丈，周围百里。嘉靖二十一年，兵部侍郎王以旂筑，今废。

鸿沟河东岸堤在县治东十里。

康嘴堤在县治西南一里，长二百六十丈，高三仞，厚倍之。嘉靖二十六年，知县周泾筑，今圮于水。

缕水堤在县治南三十五里。

护城堤在县城关之四周，万历五年知县马昺筑。三十四年，知州李汝让重修其西南隅。

夏镇护堤在镇城之四围，万历七年筑。一护堤为县镇设，无与河防也，附诸城池为宜，志诸此者以类也。镇堤不言城堤，先城后也。

附

清风烈女潭在夏镇北门内、观音堂前，皮工妻女投水处也。水部郎、綦江杨公刻石，标以今名。

烈女墓在夏镇运河北岸。烈女母女沉水后，居人收其尸藁葬丛冢间。杨公闻而悯之，市棺改葬，未暇择地，仍葬故处云。

烈女潭墓宜列之山川冢墓类中，第名潭、封墓俱在志成之后，无从窜入，始附之镇。镇固行河使者临莅，潭墓又甚所来，揭而封识之者也。

烈女事志凡四见，何不惮繁，复或此哉？《春秋》大书特书不一，书例也。烈女死义，时邑志适成，不佞闻之业收入贞烈传中，未几而水部郎、綦江杨公封墓名潭，创祠河浒。缘是，烈女之声昭，灼人耳目。江淮之间，谈之者无不香生齿颊矣。不佞土人也，知其事甚稔，方窭人之困于贫，思急售其女于乐籍也。其志甚决，妇知其坚，不可挽也，随拉其女沉水死，且不难及其乳抱儿焉。

于戏，烈矣！不佞恐千载而下，不原其始，徒见其表墓、揭潭、标祠，胥冠以女，不一及其母，竟俾节以烈晦，母以子掩，特为阐扬之，是以见非是母莫生是女云。

国家漕东南粟四百万以实京帑，给饷九边，实资此一线渠耳。由是，徐吕以上例设闸蓄水，以济运舟。司启闭者虽各有专官，使总司无人，不涣而无统哉！

邑上沽头旧设有分司，以处水部郎之行河于沛者，自成化末东嘉陈公宣而下若干人。嘉靖乙丑，沽头填淤，旧署毁，遂创分司于夏镇，自奉化陈公楠而下又若干人。邑旧志不载本司秩官历履，第于艺文志中载去思碑数首，体例不合，沽头维有专志，近亦毁灭。夫夏镇，全沛之支体；分司，天子之命臣，阙而不志，是谁之过与？用是，合前后而并识之，以正旧志之失云。

卷十三上　艺文志

制　命

大仆寺少卿甄实制命四道 妻徐氏封恭人，制缺。

奉天承运

皇帝制曰：朕于群臣之任职者，必推恩于其亲，所以申褒荣之典而劝天下之为子者也。尔，太仆寺少卿甄实故父子美，善积于躬，庆流于后，致有子为国之用，兹特赠尔为中议大夫赞治尹、太仆寺少卿。灵爽不昧，尚克承之。

奉天承运

皇帝制曰：国家制推恩之典，以宠任事之臣，其能尽心于职务者，则必荣及其亲，所以示宠褒而励忠孝也。尔石氏，乃太仆寺少卿甄实故母，慈惠善柔，著于闺阃，致有贤子，克举其官，兹特赠为恭人，服此荣恩，永光幽穸。

奉天承运

皇帝制曰：国家马政之重，必牧养宜其时，生息得其理，而后资于用者蕃焉。惟太仆实司之，谅非其人，朕不轻授。尔，太仆寺少卿甄实，发身上庠，累为府佐，遂擢斯职，劳勤有年，是用进尔为中议大夫赞治尹。锡之诰命，以示宠嘉。尔其益端尔志，励尔行，懋修尔职，富国之绩，尚观尔能。钦哉！

奉天承运

皇帝制曰：朝廷褒宠贤能，必荣施厥配，所以彰重典而劝内助也。尔，太仆寺少卿甄实妻徐氏，乃原任考功司郎中徐守谦之女，阀阅闺秀，贞静毓燕婉之懿；簪绅作述，勤劳切鸡鸣之戒。尔夫克称巨任，尔功懋焉。用是封尔为恭人，佩龙章于无斁，昭鸾方新。

洪熙元年九月二十五日

山东青州府益都县知县张贞观敕命四道

奉天承运

皇帝敕曰：夫人善积自躬，庆贻厥子。虽不及身终训迪，而其启佑之德，岂可忘哉？尔，张辅，乃山东青州府益都县知县张贞观之父，孝友著于家庭，行谊闻于里闬，爰有令子，克亢厥宗，尔为不亡已。兹特赠尔文林郎山东青州府益都县知县，宠贲龙章，恩辉马鬣。

奉天承运

皇帝敕曰：朕读诗至《蓼莪》，而悲人子念母之心，无穷已也。考积貤恩，可无一命以慰其思哉！尔，周氏，乃山东青州府益都县知县张贞观之母，赋性真醇，禔躬俭朴，笃生喆嗣，迈迹名封；荣养莫追，徽音已邈。用是，赠尔为孺人，赫奕明纶，光于幽壤。

奉天承运

皇帝敕曰：朕于郡邑亲民之吏，特精课核，以勤功能。岁遣御史廉问如诏，则急下玺书褒宠之，所以责成守令意甚谆悉也。尔，山东青州府益都县知县张贞观，清修雅度，敏识长才，擢自制科，试于严邑。而操持严慎，抚字勤劳，荐剡交扬，贤声懋著。兹以考绩进尔阶文林郎，锡之敕命。夫海岱之间，齐之故墟，而益都丽郡，尤号难治。尔敷政兹土，卓有劳绩矣。朕将观尔后效，以需其成，嗣有显陟。钦哉！

奉天承运

皇帝敕曰：士君子学而业成，仕而政成，虽其自树，亦闺阁之懿有以赞助之也。尔，山东青州府益都县知县张贞观妻高氏，毓贞名阀，媲德令人，婉顺能从，俭勤靡懈。尔夫最绩名邑，尔与有劳焉。是用，封尔为孺人，翟服有华，燕私弥儆。

万历十五年五月二十二日

浙江衢州府江山县知县张斗敕命四道

奉天承运

皇帝敕曰：夫士潜德在躬，而不获效用于时者，必有亢宗也。嗣起而显扬之，此天道之常，而国宠必加也。尔张密，乃浙江衢州府江山县知县张斗之父，敦行好古，履坦居贞。孝友无间于乡评，诗礼聿彰于庭训。有子著循良之绩，实尔弘启佑之功。爰霈恩纶，用昭余庆。兹封尔文林郎浙江衢州府江山县知县，祗承枫陛之鸾章，荣迓椿庭之鹤宴。

奉天承运

皇帝敕曰：父母俱存，君子乐之，而况上徼恩命之荣，内奉慈颜之喜，尤人情所深愿，而不可必得也。尔安氏，乃浙江衢州府江山县知县张斗之母，植性幽贞，秉心孝敬，赠佩得宜家之道，和丸成勗子之功，躬睹宦成，身膺禄养，亦既食其报矣。是用，封尔为孺人，寿祉介于北堂，誉问流于中壸。

奉天承运

皇帝敕曰：朕轸念元元，思与亲民之吏噢咻而安养之。其有心劳抚字、绩效循良者，宁靳褒纶，用昭异政？尔，浙江衢州府江山县知县张斗，赋资敏练，抱器渊宏，发颖巍科，宣猷巨邑，明能摘伏而本之于诚，才足理声而持之以慎。濊泽弘敷于蔀屋，贤声茂著于花封，稽尔荐书中于赏率。兹以秩满，授尔阶文林郎。锡之敕命。夫须江之俗，昔称敦厚，挽敝习以复淳风，是在良有司加之意耳。尚笃初忱，勉图终绩，行有显陟，以答尔劳。钦哉！

奉天承运

皇帝敕曰：朝廷课稽臣工，疏荣家室，良以勤民之吏。夙夜在公，必有中壶之助，以纾其内顾之忧，肆褒嘉不可后也。尔，浙江衢州府江山县知县张斗妻王氏，名门毓秀，哲士作逑，宜家谐燕婉之欢，媲德切鹤鸣之警，眷言淑媛，宜锡殊恩。是用，封尔为孺人，荷瞿茀之方新，服鸿庥于未艾。

万历十九年十一月十八日

户部河南清吏司主事蔡桂敕命四道

奉天承运

皇帝敕曰：夫士既以儒显，而不获展儒之用，则其后以复有为之，儒者起而光大之。此世业之相承，亦天道所默予也。尔，原任浙江温州府乐清县县丞蔡俸，乃户部河南清吏司主事蔡桂之父，行蹈准绳，才优经济；贤开毓秀，丞簿宣猷。摄邑而惠溥闾阎，御寇则功弘保障。林泉养晦，堂构诒谋，尔之泽长矣。兹特赠尔为承德郎、户部河南清吏司主事，宠章敷一敕之荣，马鬣焕百年之贲。

奉天承运

皇帝敕曰：孝子于母，思深鞠育，念切显扬，欲报之心，岂以存殁间哉？肆朕有追叙之思，劝孝也。尔卢氏，乃户部河南清吏司主事蔡桂之母，懿德夙成，令仪兼备。赠佩表宜家之范，和丸成勗子之功；观宦业之相辉，见闺彝之靡忒。特赠尔为安人，紫綍疏华，玄扃增耀。

奉天承运

皇帝敕曰：朕惟计臣之易知也，试之会计，以观其才；试之脂膏，以观其守，其亦莫之爽已。尔，户部河南清吏司主事蔡桂，气度温文，才猷练达，乡抡擢秀，郡倅宣猷；廉平久著于零陵，干济入襄于京兆；升华虞部，服采度支。而尔，釐奸有裨于诸司，秉操不缁于督饷，可谓祗厥叙矣。兹以岁阅，特授尔阶承德郎，锡之敕命。夫心计之臣，持筹而算，不失锱铢，然非生财盈缩之源也；啬于躬而严于吏，留不尽之利于民，斯本裕矣。尔既试有成劳，亦收后效。钦哉！

奉天承运

皇帝敕曰：人臣由学而仕，著有休问，岂宜自树者厚哉？盖亦资内德焉。故虽既没，而褒恤之礼也。尔，户部河南清吏司主事蔡俸妻崔氏，孝敬承尊，宽仁治内，尔夫扬历内外，以廉吏闻，尔有助焉。乃副笄方迓乎龙光，而环佩已捐于燕婉，良可闵也。是用，赠尔为安人，尚歆明纡之华，永作幽原之贲。

万历二十四年二月初五日

南京鸿胪寺司仪署署丞马思仁敕命一道

奉天承运

皇帝敕曰：朕惟鸿胪之任，专掌乎朝仪署丞之员，分理乎庶务；其事虽若简而责焉匪轻，亦必得人庶称。兹选尔南京鸿胪寺司仪署署丞马思仁，发身胄监，历任今官。莅事惟勤，持身罔懈。贤劳既积，庆典方行，预加褒锡之恩，奚俟陟明之考。兹特进尔阶登仕郎，锡之敕命。尔其益修乃职，益尽乃心，用酬任使之荣，以俟官阶之陟。钦哉！

正德六年六月初三日

鸿胪寺鸣赞唐弼敕命一道

奉天承运

皇帝敕曰：朕惟鸿胪之官，典司朝仪，为国近侍，非诸司可并，必僚属得人，庶克济焉。尔，鸿胪寺鸣赞唐弼，发身贤关，历选今职，勤慎并懋，劳绩良多。爰锡纶章，以示褒宠。是用，进尔阶登仕佐郎，锡之敕命。尔其益尽乃心、修乃业，需有显擢，副我训词。

嘉靖十年五月十六日

顺天府库大使周孟麒敕命一道

奉天承运

皇帝敕曰：朝廷之恩，莫重于褒锡；人臣之道，莫大于尽职。故职虽有崇卑之异，忠荩无优劣之殊。尔，顺天府库大使周孟麒，发身从事，擢任今官。莅事惟勤，持身罔玷，历年寖久，考称是言，宜有渥恩，以示褒劝。兹特进尔阶登仕佐郎，锡之敕命。尔其益殚乃力、尽乃心，因酹任使之荣，以俟官阶之陟。钦哉！

嘉靖四十年十一月十五日

鸿胪寺序班朱芥移赠父朱臣敕命一道

奉天承运

皇帝敕曰：朕懋建储宫，上尊徽号，百司矢劳，一命需庆，矧胪曹礼官也。其为职华，而其关于国容也重，必有先德以开之，显扬之典，其何靳焉？尔朱臣，乃鸿胪寺序班朱芥之父，孝友禔躬，端方植性。行谊协于乡邦，佥称善士；诗礼严于庭训，蔚起嗣人。展采承明，宣勤仪秩，克相东朝之盛事，宜加北阙之宠褒。是用覃恩，移赠尔为登仕郎鸿胪寺序班，如尔子官。景贶方来，玄扃永贲。

万历三十年正月二十日

题　咏

汉

御制大风歌

高帝

大风起兮云飞扬，
威加海内兮归故乡。
安得猛士兮守四方！

御制安世歌

惠帝

乃立祖庙，敬明尊亲。
大矣孝熙，四极爰臻。

唐

汉祖庙

润州　皇甫冉

古庙风烟积，春城车骑过。方修汉祖祀，更使沛童歌。
寝帐巢禽出，香烟水雾和。神心降福处，应在故乡多。

归沛县道中晚泊留侯城

刘长卿

访古此城下，子房安在哉。
白云去不返，危堞空崔嵬。
伊昔楚汉时，颇闻经济才。
运筹风尘下，能使天地开。
蔓草日已积，长松日已摧。
功名满青史，祠庙唯苍苔。
百里暮程远，孤舟川上回。
进帆东风便，转岸山前来。
楚水澮相引，沙鸥闲不猜。
扣舷从此去，延首仍徘徊。

送沛县司马丞

桐庐 方干

举酒一相劝，逢春聊尽欢。
羁游故交少，远别后期难。
路上野花发，雨中青草寒。
悠悠两都梦，小沛与长安。

宋

过沛怀古

庐陵 文天祥

秦世失其鹿，丰沛发龙颜。
王侯与将相，不出徐济间。
当时数公起，四海王气闲。
至今尚想见，龙光照人寰。
我来千载下，吊古泪如潸。
白云落荒草，隐隐芒砀山。
黄河天下雄，南去不复还。
乃知盈虚故，天道如循环。
卢王旧封地，今日设函关。

元

沛 县

江西 傅与砺

县路迷青草，行人荫绿杨。
时逢沛父老，能说汉君王。
芒砀来秋气，彭城送夕阳。
凭高发慷慨，远色正苍苍。

沛公亭

傅与砺

遥山寂寂对危亭，坏础欹沙柳自青。
四海久非刘社稷，千秋犹有汉精灵。
丰西水散烟沉浦，砀北云来雨入庭。
坐想酒酣思猛士，歌风台下晚冥冥。

沛 县

括苍 周权

天连荒草入青原，古县残桥拥一廛。
千载芒砀销王气，斜阳孤水落寒烟。

鸡鸣台

括苍 周权

横空阵气长云黑，戈鋋照耀旌旗色。
龙跳虎跃神鬼愁，楚汉存亡一丝隔。
相持两地皆雄据，楚力疑非汉能拒。
瑞启炎图芒砀云，悲歌霸业乌江路。
空余故垒传遗迹，离合山河几勍敌。
战尘吹尽水东流，落日沙场春草碧。

沛尉蒋景山、簿赵伯颜，送予金沟，月夜别去有怀

萨都剌

公子将军两少年，绣衣白马杏花天。
醉中送客归城暮，回首金沟月满船。

国朝

瞻云轩辞为蔡汝济作

锡山 王达

□□□长宫事稀，日断天边云自飞。
双亲别东今几载，春风吹破老莱衣。
花县雨晴凉缅缅，一朵轻阴雁边起。
亭亭落日照彭城，白发老亲无限情。
直待功成报天子，忠孝两全心则已。

王贞

金门校书罢归早，故旧交游迹如扫。
客从槜李戢松来，一笑相欢为倾倒。
清谈亹亹殊未休，解将善政称贤侯。
贤侯谓是中郎裔，孝行直与怀英侔。
时时思亲心最苦，日日看云望乡土。
故乡何许近黄楼，扬子江空隔淮浦。
老予未识欲相逢，今日偶从图画中。
翩然独立千仞表，娇娇岂是山泽容？
白云悠扬起林树，一片飘萧凝不去。
想当此际难为情，亲闱正在孤飞处。
何年作县来嘉兴，乌台旧政仍有声。
丹青差可炫人目，何如汗竹垂芳名。
明朝舆客都门别，去去烦君为侯说。
丈夫忠孝两无违，愿侯一继梁公为。

过沛怀古

长沙 李东阳

小沛萧条野水滨，旧时遗迹尚风尘。
山中白帝先降汉，天下黔黎正苦秦。
五载衣冠朝北面，三章号令忆西巡。
南畿亦是今丰沛，莫作凄凉吊古人。

沛县舟中寄刘徐州

华容　刘大夏

十年南北苦相思，才得逢君又别离。
回首彭城应咫尺，潇潇风雨对床时。

沛　县

侵晨临沛邑，古岸荫丛槐。
泗水波光合，砀山云气开。
尘谊屠犬市，草漫歌风台。
惆怅当年事，豪华安在哉？

沛邑道中（三首）

福山　郭天锡

小沛民饥水独肥，高侵水杪上渔矶。
风帆错愕谁方向，云树苍茫果是非。
拂日晓星鸥鹭起，漫空柳絮带花飞。
凭谁写入丹青里，欲奏天廷献衮衣。

万顷桑田水横流，轻帆短棹陆行舟。
田家尽作渔家计，铁石惊鱼密网收。

波光潋滟月娟娟，一色遥连万里天。
击铁鱼舠声振野，使君终夜不成眠。

沽　头

石首　张璧

摇落霜仍重，苍茫月正圆。
篷窗临水坐，时见打鱼船。
清沙怜石峭，红树讶霜寒。
卖谷人争市，收醝客上滩。

湖陵城

崇安　丘云霄

落霞映江江水红，垂阳不动天无风。
扁舟高挂半帆月，卧听湖陵五夜钟。

沛县新城

象山　王梃

雉影干云上，龙文抱水流。
金汤一壮丽，齐楚定咽喉。
四徼闻多垒，中原见隐忧。
歌风故形胜，为尔重登楼。

沛县新城

上虞　徐维贤

堞迥云俱佳，隍深泗共流。
青徐开保障，南北锁襟喉。
圣世方隆治，贤侯尚远忧。
观风扬伟绩，丽藻在重楼。

哀征夫

建安　滕霁

古来征战苦，非独锋镝难。
功罪不核实，壮士摧心肝。
稚子纷纷享天爵，何曾一向沙场挦。
赏格重重累世勋，强半窜籍中监军。
多少壮士摧强虏，血污沙场一片玉。
军中言捷不言败，名姓何人一此数。
可怜徐寔一征夫，一死成名大丈夫。
兄弟翩翩皆勍敌，倭丑当之已辟易。
无奈畏死之徒多，贲育虽强奈众何？
人生会有死，士贵有其名。

百年碌碌何足齿？一死烈士真堪荣。
兄弟本同枝，疾病尚相戚。
何况白刃间，肯忍一相失。
同生岂不愿，偷生良可贱。
生本骨肉同衾裯，死作游魂同眷恋。
愿天默助尔英魂，常为鬼厉助我军。
死生寻常不足道，名字芬芬播远闻。
顾我职非史氏笔，恐兹日久无人述。
吁嗟！徐寔兄弟真男子！
我作哀辞聊慰尔，偷生之辈见之应羞死。

吊沛中赵东原经历

可叹杀原老，当年一俊髦。
支离官途拙，萧散醉乡逃。
剩有门前网，空余架上骚。
蹇余忝交谊，挥泪抚儿曹。

书题彼鹡鸰卷，送蔡春泉还沛，兼寄其弟春宇

建业　李逢旸

兄弟最难得，君家春满庭。
芳泉润如许，春宇风自清。
弧矢在四方，来兹赋东京。
渺余幸我分，执手欢相迎。
蓬门驻车盖，莲社修会盟。
交情流水远，世态浮云轻。
胜会苦不常，次第旋旆旌。
挽留运无计，追逐都门城。
霜频枫树赤，雪霁寒江平。
凫分沙渚队，鹊送林皋声。
抚景不能语，开尊聊自倾。
日暮更北望，题彼双鹡鸰。
古人重德业，离愁空尔萦。
君子切孔怀，日迈还月征。

请君伯与仲，佩之若琼莹。
戾天振飞翰，集本存战兢。
夫心效齐圣，努力光所生。
我本他山石，为君磨青萍。
取譬良不远，毛诗炯分明。
时乎不可失，勉旃成芳名。

上元　杨希淳

久作登楼赋，孤帆不可留。
南枝催别酒，冻雨洒征裘。
淮水萦离思，江城起暮愁。
归来共家弟，应忆白门游。

济南　李攀龙

河堤使者大司空，兼领中丞节制同。
转饷千年军国壮，朝宗万里帝图雄。
春流无恙桃花水，秋色依然瓠子宫。
太史但裁沟洫志，丈人何减汉臣风。

太仓　王世贞

日出烟空匹练飞，大荒中划万流依。
连山尽压支祁锁，逼汉疑穿织女机。
九道征输宽气象，六军容物迥光辉。
甘棠欲让金堤柳，曾护司空却盖归。

长兴　徐中行

飘摇独立众言余，胼胝工成总不如。
堤筑千金高郑白，舻衔百里蔽青徐。
玄圭已告开天绩，玉简曾传治水书。
更道吏才司马后，濡毫还自记河渠。

铜梁　张佳胤

河溢当年警帝里，筹咨兼属大司空。

济川元仗商臣楫，沉玉徒夸汉主宫。
万篚如云归冀北，千帆明月送江东。
清时何必缘封禅，受计常思转饷功。

中秋夕沛河沉舟（二首）

王世贞

其 一

玉镜中天挂，金波大地流。
河明千树色，秋满万家楼。
迥夺鱼龙卧，平添乌鹊愁。
故园卢女瑟，应复问刀头。

其 二

万里人初半，三秋月正中。
天清凉似水，江阔静还风。
玉借蓬莱馆，珠悬碣石宫。
时闻沛儿唱，犹数汉皇功。

淮泗道上

四明 屠隆

黄云出芒砀，落日一登台。
我歌大风曲，遂有大风来。

歌风台

宋

庐陵 文天祥

长陵有神气，万岁光如虹。
有时风云变，魂魄来沛宫。
壮哉游子乡，一览万宇空。
击筑戒复隍，帝业慎所终。
重瞳爱梁父，此情岂不同。
锦衣绚行昼，丈夫何浅中。

缅怀首丘意，自足分雌雄。
尚惜霸心存。慷慨怀勇功。
不见往来事，烹狗与藏弓。
早知致两生，礼乐三代隆。
匹夫事已往，安用责乃翁。
我来汤沐邑，白杨吹悲风。
永言三侯章，隐隐闻儿童。
叶落皆归根，飘零独秋蓬。
登台共悽恻，目送南飞鸿。

元

天台　陈孚

沛中一曲大风歌，谁识尊前感慨多。
拔木扬沙滩水上，大风中有汉山河。

沛上风云志未酬，彭城先有锦衣游。
同为富贵归乡者，只是龙颜异沐猴。

原庙衣冠久已灰，断碑无首卧苍苔。
至今风起云飞夜，犹想帝魂思沛来。

益都　于钦

素灵夜哭赤旗开，鸿鹄高飞楚舞回。
猛气销沉人易老，白云千载绕荒台。

刘昂

刘项兴亡转烛过，乱蝉吟破汉山河。
长陵卧老咸阳月，沛上犹传击筑歌。

临川　吴澄

黄屋巍巍万乘尊，千秋游子故乡魂。
韩、彭自取夷三族，平、勃犹堪托后昆。
湛露只今王迹息，大风终古霸心存。
当时尽是规模远，愿起河汾与细论。

陈旅

歌风台前野水长，王媪卖酒茅屋凉。
酒边父老说刘季，头戴竹冠归故乡。
山河霸气已消歇，飒飒老柳吹斜阳。
台前小儿竞击筑，筑声更似三侯章。

歌风台和李提举韵

龙兴 揭傒斯

万乘东归火德开，汉皇曾此宴高台。
沛中父老讴歌入，海内英雄倒载回。
汤沐空余清泗在，风云犹似翠华来。
穹碑立断苍烟上，静阅人间几劫灰。

揭傒斯

白帝子死老妪哭，天下纷纷竞逐鹿。
炎刘天子挥干戈，诛秦蹙项何神速。
功成治定回故乡，拥护马首皆侯王。
搥牛酾酒宴邻里，酣歌击筑增慨慷。
沛中父老留不住，赤龙又驾西方去。
十二山河锁帝居，杳杳白云在何处。
太行落日群峰青，黄河不尽古今情。
魂魄想存汤沐邑，至今台上风云生。

丰沛鸣鸾万乘归，酣歌游子故乡思。
勋劳自信推三杰，宴乐宁忘守四夷。
日月尚随丹凤辇，风云长护赤龙旗。
荒台遗址今犹在，蔓草寒烟锁断碑。

杨祖恕

怒涛突千骑，上有风云台。
六合一望间，万里天风来。
畴昔龙虎气，芒砀深云堆。

煌煌赤帜立，赫赫炎运开。
皇灵固有属，亚父徒惊唉。

得志家海内，故乡重徘徊。
寤寐猛士守，宿将胡嫌猜。
矧兹霸心存，咄彼后乘骀。
朗咏三侯章，击节嗟雄哉！

东阳　吴师道

沛宫置酒君王归，酒酣思沉风云飞。
儿童环台和击筑，父老满座同沾衣。
一歌丰沛白日动，再歌淮楚长波涌。
龙髯气拂半空寒，虎士心驰四方勇。
河山萧瑟长陵荒，野中怒响犹飞扬。
高台未倾心未息，故乡之情那有极。

会稽　韩性

武帐如星连巨鹿，重瞳谁敢相驰逐。
刘郎深闭函谷关，坐听城南新鬼哭。
赤鳞半日天无光，阴陵匹马虚彷徨。
百二山河笑谈取，殿前上寿称明良。
榆社归来故庐在，山川不改风光改。
酒酣自作三侯章，儿童拍手声翻海。
君不见，帐中悲歌愁美人，乐府千载传授新。
英雄吐气天为窄，便肯变灭随飞尘。
高台石碑字盈尺，神呵鬼护蛟龙石。
四海铜雀叹凄凉，坠瓦无声落花碧。
远山横空暮烟起，行客徘徊殊不已。
当年遗事尚可寻，断云飞渡香城水。

东明　李凤

一剑西提与楚争，风云惨淡五年兵。
归来四海成家日，犹自悲歌气未平。

沛　宫

松阳　练鲁

沛宫秋风起，游子伤所思。
故人侍高宴，故乡亦在兹。
酣歌自起舞，慷慨有余悲。
秦鹿方犄角，英雄并驱驰。
帝业亦有在，真气匹妇知。
天下且归已，功臣胡自危。
九江自取尔，会稽徒尔为。
俯仰数行泣，何以安四陲？
天地驱日月，出入六马驰。
上瞻芒砀云，下顾泗水湄。
荒台忽千载，烟芜夕霏霏。

歌风台

张光弼

世间快意宁有此，亭长还乡作天子。
沛公不乐复何为，诸母父兄知旧事。
酒酣起舞和儿歌，眼中尽是汉山河。
韩彭诛夷黥布戮，且喜壮士今无多。
纵酒极欢留十日，慷慨伤怀泪沾臆。
万乘旌旗不自尊，魂魄犹为故乡惜。
由来乐极易生哀，泗水东流不再回。
万岁千秋谁不念，古之帝王安在哉！
莓苔石刻今如许，几度西风霸陵雨。
汉家社稷四百年，荒台犹是开基处。

萨都剌

歌风台下河水黄，歌风台前春草碧。
长河之水日夜流，碧草年年自春色。
当时汉祖为帝王，龙泉三尺飞秋霜。
五年马上得天下，富贵乐在归故乡。

里中故老争拜跪，布袜草鞋见天子。
龙王自喜还自伤，一半随龙半为鬼。
翻思向日亭长时，一身传檄日夜驰。
只今宇宙极四海，一榻之外谁撑持。
却思猛士卫神宇，安得常年在乡土。
可怜创业垂统君，却使乾机付诸吕。
淮阴年少韩将军，金戈铁马立战勋。
藏弓烹狗太急迫，解衣推食何殷勤？
致令英杰遭妇手，血溅红裙即追首。
萧何下狱子房归，左右功臣皆掣肘。
还乡却赋大风歌，向来老将今无多。
咸阳宫阙亲眼见，今见荆棘埋铜驼。
台前老人泪如雨，为言不独汉高祖。
古来此事无不然，稍稍升平忘险阻。
我来吊古荒凉台，前人已矣今人哀。
悲歌感慨下台去，断碑春雨生莓苔。

休宁　汪巽元

碑存溪石高嵯峨，汉字漫灭新镌讹。
台非旧筑行人过，赤帝当年布衣起。
老妪悲啼白龙死，芒砀生云凝夜紫。
一朝花发咸阳春，老剑磨血消京尘。
归来故里天上人，千古斜阳愁色里。
草没荒城孤棹尾，不信英雄化为鬼。

江西　傅与砺

黔首厌秦暴，龙德奋炎刘。
英雄乘天诛，拔剑起相仇。
天风堕陵谷，飞云扬九州。
天下事既定，怀土未遑休。
置酒宴高台，中厨进庶羞。
悲歌落林木，父老皆涕流。
功臣日葅醢，壮士复何求。

至今丰沛间，长顾使人愁。
故乡帝所爱，零落遗旧丘。
大运各有终，圣贤谁能留。
焉知万岁后，魂魄复来游。

国朝

庐陵　杨士奇

汉皇靖宇内，六合承统御。
万乘还沛中，龙旗翼銮辂。
兴情恻微日，张筵会亲故。
酒酣歌大风，气势排云雾。
往绩示殊伟，丕图怀永固。
众起称万寿，弘哉帝王度。
宽仁运乾刚，四百隆鸿祚。
至今千载余，光华垂竹素。
崇台面河曲，穹碑倚烟树。
我来属秋杪，维舟久瞻顾。
矫首芒砀云，澹澹在空曙。

胡直

汉祖当时倒载回，金舆上辇故乡来。
千年汤沐犹存邑，万古歌风尚有台。
碧树离离晴色远，青山澹澹月华开。
穹碑读罢询遗俗，昭哉千金当俊才。

吉水　罗坤泰

翠华遥指故乡来，隆准高歌亦壮哉。
海内风云三尺剑，沛中烟雨数层台。
斩蛇空洒秦灵泪，戏马常怜楚霸材。
二十四陵俱寂寞，古碑犹自枕苍苔。

叶铭臻

黄屋初乘入故乡，悲风从此醉壶觞。
固知有国因三杰，复恐无人守四方。
丰沛到今何寂寞，风云终古自飞扬。
荒台独上追陈迹，空见残碑傍夕阳。

曾棨

秦皇失其鹿，咸阳为飞灰。
沐猴万人敌，叱咤生风雷。
堂堂隆准翁，伏剑起蒿莱。
天威动四海，顾视群雄摧。
垂衣坐关中，黄屋高崔嵬。
一朝念乡土，万乘忽归来。
酒酣发浩歌，意气何壮哉！
大风撼枌榆，白日照尊罍。
焉知天运移，炎祚忽已颓。
凄凉千载后，秋草翳荒台。
流景能几时，昆明起尘埃。
飘飘芒砀云，飞散不复回。
至今中阳里，恻怆令人哀。

庐陵　钱习礼

汉兵南行疾风雨，楚人魂断乌江水。
赤龙王气满咸阳，云罕金根归故里。
当时御宇意气多，酒酣抚剑成高歌。
霸心激烈思壮士，目中虎视秦山河。
肯信椒房弄神器，白日深宫哭人彘。
若教右袒向军门，谁辨安刘有奇计。
断碑剥落高台倾，过客犹传前日名。
五陵松柏共萧瑟，泗水东流还旧声。

河东　薛瑄

故城南畔泗河隈，汉祖歌风有旧台。
乐饮一时酬父老，壮心千古忆雄才。
新丰桑柘萧疏尽，芒砀云霞散漫开。
一自鼎湖龙去后，英雄几复沛中来。

三衢　金寔

秦鹿走中原，高节兢驰骛。
砀云从真龙，疾足无窘步。
遮说一以陈，三军尽缟素。
煌煌仁义师，赫赫启赤祚。
威加四海日，从容念故土。
酒酣启悲歌，壮心迈千古。
关洛夕已墟，英雄藐何处？
落日登荒台，西望咸阳树。
大风从天来，徘徊不能去。

豫章　胡俨

玺绶归秦土，英雄泣楚垓。
金汤千里固，社稷万年开。
故老樽前舞，朔风天际来。
高歌激云汉，终古有层台。

华容　黎淳

颠嬴蹶项仆淮阴，归燕乡园慰壮心。
桑梓敬恭诸父醉，风云感慨一龙吟。
光生草木家为国，气盖山河古亘今。
安不忘危伯图远，高台遗碣绿苔深。

新安　程敏政

万乘还家日，威生泗水前。
楚歌聊复尔？汉业已茫然。

宿雨苔花乱，斜阳树影偏。
一台惭戏马，相望亦千年。

渺渺荒台上，萧萧白日前。
籀文多剥矣，井汲尚泠然。
故国夸形胜，新亭说地偏。
向来怀古意，踪迹又经年。

又

土墙茅屋新堤垠，感慨当年此奉宸。
废井独来提瓮女，空亭无复打碑人。
兴王业可忘思沛，猛士歌应悔狩陈。
斗酒未穷怀古意，夕阳红处麦粼粼。

新喻　刘玉

六国纷纷如解瓦，天教赤帝恢中夏。
白蛇中断泗亭前，乌骓力尽阴陵下。
万乘洋洋入沛来，大风歌罢更怜才。
绝胜横槊吟诗客，空锁蛾眉向邺台。

鄱阳　童轩

望夷宫中箭如雨，芒砀山前五云起。
沛公提剑走咸阳，百二河山属真主。
乌骓已逝走狗烹，威加四海来故乡。
台前父老奉觞寿，酒酣激烈歌声长。
高皇龙去台应朽，猛士何人四方守。
落日悲风动地来，萧萧但见台前柳。
岂不闻姑苏草长游麋鹿，铜爵年深野狐哭。
唯有陶唐三尺阶，千载人思太平福。

安城　李时勉

君不见歌风昔日有高台，古人不见今人哀。
露砌荒凉余白石，断碑剥落生苍苔。

忆昨歌风台下路，凤辇归时花满树。
锦筵戏乐天上来，娇娥舞袖支中度。
威加海内未可论，何如归见旧山村。
青云壮士古来有，白发遗民今少存。
秋日经过望齐鲁，野草寒花是谁主？
远色平分砀北云，寒声暝度丰西雨。
层台累树势转奇，世人相逢那得知。
好看汉祚从此启，铜雀姑苏空尔为。

八桂　胡倬

提兵五载定山河，汤沐归来父老多。
酒半临流频击筑，素心终见大风歌。

张璧

淮东忽沛上，夏往又秋来。
共说歌风地，谁传戏马台？
英雄嗟已去，父老记曾回。
屠狗将军宅，凄凉亦可哀。

又

汉祖功成沛上回，帝乡父老上深杯。
云飞芒砀开王气，鹿走秦关属壮才。
一代山河余故宅，千年云水但荒台。
大风歌罢重回首，亭树秋高鹳鹤哀。

过歌风台用冯主政韵

铅山　费寀

临渚问高台，幽花台下开。
雨荒前代迹，风起后人哀。
故里有私泽，谋臣空异材。
彭城城下水，此日共悠哉！

歌风台

贵溪　夏言

白蛇断兮赤龙飞，布衣起家兮天子归，
故乡草木兮生光辉。
楚人蹙兮汉业长，四海为家兮号天王，
岂无猛士兮怨销亡。
手一剑兮驭英雄，礼缘治定兮乐宣功，
不作大雅兮歌大风。

会稽　徐九皋

三侯存霸业，千载尚歌台。
芒砀风云壮，青徐日月开。
遂令绮里逝，莫致两生来。
驻节观遗迹，荒碑渍古苔。

武进　唐顺之

我来拟上歌风台，岂意台空只平地。
琉璃古井亦崩塌，断碑无字苔藓翳。
当年此地说豪华，富贵归乡多意气。
枌榆社里列黄麾，泗水亭前张赤帜。
里中父老竞来窥，昔日刘郎今作帝。
共谈畴昔帝一噱，季固大言少成事。
椎牛张宴里闬空，进钱今日几万计。
坐中只戴竹皮冠，众里长呼武媪字。
酒酣击节帝起舞，乐极歌残更流涕。
游子谁不悲故乡，万岁吾魂犹乐沛。
赐名此朕汤沐邑，世世田畴免租税。
风起云飞又一时，往事萧条复谁记。
樵人不识斩蛇薮，行客还归贯酒市。
台下黄河尽日流，瞬息人间几兴废。

南充　王廷

秋风吹泗水，落日飞黄埃。
行经汤沐邑，一上歌风台。
汉皇昔日为亭长，草泽纷纷屯胜广。
丰径中宵泣素灵，秦川帝业平如掌。
五载师成汉帝基，来游翻作故乡悲。
殷勤杯酒还军宴，慷慨酣歌击筑词。
霸图已遂风云志，老至还思四方事。
烹狗藏弓计已非，猛士宁禁远相避。
汤武当年放伐回，伊□□案何崔嵬。
始知王霸各有量，乃公马上空谁哉？
此事相看已陈迹，琉璃井边封断石。
我来麋津试一过，苔藓斑斑土花碧。

淮阴　倪润

大风歌起汉基开，百战功成游子回。
千古兴亡何处是，断碑空自锁苍苔。

池阳　施笃臣

击筑何年去不归，歌声幽咽水涟漪。
秋风似得游人意，犹向废台尽日吹。

平湖　马应图

汉皇过沛有恩光，百战功成归故乡。
父老喜传十日饮，儿童争学三侯章。
淮南兵罢雄心敬，代北胡来猛士亡。
寂寞歌台千古事，义台断碑使人伤。

屠隆

汉家汤沐旧山河，宫森临淮控夜波。
明月可能销艳舞，西风吹不散悲歌。
山中紫气春阴合，台上黄云秋色多。

万岁欢娱欢不足，平沙辇道此经过。

吴兴　沈梦麟

孤舟入沛夜如何，况复登台感慨多。
龙虎已销天子气，山河元入大风歌。
九霄霜□凋黄叶，五夜星辰下白波。
独有当时三尺剑，至今光在未全磨。

无锡　邵宝

欲上高楼水漫波，向来遗恨付长河。
雄图自谓千年少，猛士犹嫌一语多。
白日无端江草合，赤龙何在野云过。
登临更作他时约，却向中流听棹歌。

邑人　高恺

扫尽飞云宴沛中，酣歌激烈气何雄。
布衣起帝成三代，与我皇明太祖同。

西河　卓明卿

歌风台上一登临，春雾溟溟草树深。
汉业已随流水去，黄鹂不改昔时音。

邑人　张贞观

大蛇中断老妪哭，泗上真人起逐鹿。
提去三尺失紫氛，归来五载得黄屋。
沛中父老欢相语，落魄刘郎今帝服。
豁达应念故乡人，故乡会且乞余馥。
帝云游子悲故乡，其以沛为朕汤沐。
烹鲜酾酒燕沛宫，醉舞酣歌仍击筑。
寄兴风起与云飞，翩翩豪气凌苍覆。
磐石疆场意念深，恨无猛士托心腹。
汉家相传四百年，一脉忠厚从兹毓。
嗤彼锦衣绚昼游，楚猴冠沐真朴樕。

太牢帝始重儒林，放歌谁谓霸心伏。
挥涕慷慨不胜悲，中情似悔韩彭族。
展也帝为马上翁，茹芝谁解尊绮角。
陵勃终称社稷臣，即伊猛士岂碌碌。
万岁千秋归沛魂，计今应在泗之澳。
可堪原庙久荒凉，蔓草寒烟难寓目。
看取勋业是如何，奄忽已更几陵谷。
今古直从俯仰过，仰天一笑倾醽醁。

沛上怀古

吴郡　顾璘

汉祖还乡歌大风，高台提剑气成虹。
关西老父三章约，垓下河山百战功。
祇见枌榆生故社，屡闻鸡犬变新丰。
经过又是高阳侣，醉折桃花荐酒红。

夏村寒夜

长洲　周天球

荒原无树着秋声，平楚西风夜自鸣。
千里空悬明月梦，八行难致故山情。
悲哉萧飒江南赋，咄尔浮沉世上名。
回首吾庐高枕在，薄游焉敢负平生。

歌风台

福清　叶向高

汉帝歌风去不回，空山落日照高台。
一从芒砀无云气，几见昆明有劫灰。
原庙草荒清跸路，断碑苔掩浊河隈。
长余魂魄千年在，惆怅枌榆事可哀。

泗水旁边御辇过，只今犹说汉山河。
风云自护兴王地，父老争传击筑歌。
酒散夕阳宫树冷，台临春岸野花多。

最怜楚舞情愁绝，遗恨千秋尚不磨。

留连十日气如虹，醉舞酣歌乐未穷。
帝业已从孤剑起，雄心不向酒杯空。
一时鸡犬依丰社，万岁欢娱忆沛宫。
此日伤心来此地，菰蒲极望莽秋风。

歌风台

钱塘　田艺蘅

亭长歌风日，何如衣锦夸。
五年成帝业，四海此吾家。
陵谷荒台没，沙尘古道斜。
飞扬云不改，弹落剑头花。

过清风烈女潭

邑人　符令仪

半亩寒潭浸碧漪，贞魂于此永相携。
逐波逐浪情无定，丑杀人间粉黛儿。

颜公祠

国朝

庐陵　杨士奇

平生金石见临危，就义从容子亦随。
百里山河遗县在，一门忠孝史官知。
故乡住近文丞相，先德传从鲁太师。
欲酹丘坟何处是，离离芳草泪空垂。

文江　刘俨

花封兵压事尤危，子父存亡誓共随。
千古纲常山岳重，寸心忠义鬼神知。
乡间大节惟君继，史传高风即我师。
昨过歌风台下路，忍看荒冢暮云垂。

安城　刘球

父子捐生总向危，精魂常与日光随。
县南高冢遗民护，地下丹心故老知。
双节名家先世德，四忠同郡后贤师。
古今载笔皆公道，共有清名百世垂。

吉水　周叙

花封出宰值艰危，一片丹衷不诡随。
就义更怜贤嗣在，留题尚有邑人知。
节全忠孝三光并，名表纲常百世师。
过客谩劳询葬处，声华只取汗青垂。

泰和　萧镃

泗上孤城日就危，生怀印绶死相随。
九泉白骨凭谁主，一片丹心只自知。
政在棠阴传故老，歌闻薤露自兴师。
可怜令子能同志，千载芳名许共垂。

新喻　刘玉

大夏原非一木支，纲常轻重此心知。
未驱玄武门前骑，已拔丹阳镇上旗。
千古伯夷真义士，九原卞壶有佳儿。
荒坟遍洒行人泪，泗水南流无尽时。

浮梁　操松

尘满天空兵满城，山河一旦水飘萍。
君臣义重心无二，父子肠刚死是轻。
荒冢百年流沛水，英雄千古说庐陵。
史臣编入忠臣传，上继真卿与杲卿。

福山　郭天锡

最是颜公独见明，不臣同姓莫深评。
谁家烈妇夫亡后，肯事夫君弟与兄。

安成　邹守益

臣忠子孝首阳情，生障江淮急浪平。
吉郡流风宜有此，鲁公余裔亦知名。
祠下新碑齐卞氏，云端清梦到芗城。
焚香复应谈遗事，露净天空见月明。

安成　刘阳

春烟孤碣草茫茫，回首天高忆故乡。
故山云水屹苍苍，青螺之水遥天长。
首阳风流夙未亡，蕨薇不食惟刚肠。
叫阍取日欲回光，一时英辈先吾邦。
天摧地折非佯狂，未存舌柔舌亦刚。
回首取带血成行，抉分孥戮奚悲伤。
公扶鳌极奠天纲，孤城万死真能当。
身随抔土盖冠裳，气为河岳壮封疆，二百年中不可忘。
鞭骑龙豹遥相望，千章松柏余芬芳。
梓楹桂宇群公堂，公兮归去俱徜徉。

贵溪　周泾

孤城援绝摇群情，颜家忠孝培生平。
共拼一死不避难，由来双卞堪齐名。
祠庙只今凛生气，纲常终古增长城。
丹心炯炯映青史，直与日月争光明。

沛县八景

微山霁雪

泰顺　张庆旸

泗上彤阴破，苍茫见霁微。
开天呈秀色，迸野入春辉。
水鹤连云起，晴烟带湿飞。
何时过山麓，把酒挹崔嵬。

泗水澄波

广平　马伟

泗亭登眺日，风静碧波澄。
潋滟开霞泛，潺湲荡月明。
棹穿云外影，渔唱镜中声。
乘兴无边乐，临流爱濯缨。

歌风古碑

马伟

汉祖龙兴际，歌风来故乡。
沛丰红日近，芒砀白云祥。
雨藓残碑渍，霜凝古柏苍。
遗址今犹在，荒台倚夕阳。

射戟遗台

马伟

吊古寻遗迹，闲登射戟台。
弓鸣霜力劲，支中雪锋开。
义烈连云迥，碑残映草苔。
兴亡难预料，汜水事堪哀。

飑城月照

张庆旸

相业从三代，勋名照古今。
台荒城迹旧，夜静月华侵。
断垅浮青草，疏林洒绿阴。
乾坤终不老，千古故森森。

樊巷烟迷

马伟

樊侯梓里巷，屈指几经秋。
宅柳和烟没，栏花带雨收。
乌啼人去远，云暗水空流。
忆昔鸿门会，英名万古流。

琉井清泉

马伟

河东存古甃，渠道汉时穿。
凿治天工巧，灵通地脉连。
璃光涵夜月，静影湛云天。
瓮汲资民用，千年遗泽传。

昭阳活水

马伟

曾览西湖景，昭阳亦胜游。
花风香细细，玉涌水悠悠。
云树明犹暗，渔舟去复留。
狂吟归兴晚，月色满江楼。

登歌风台

关中　宋一徵

踏检过荒台，幽心泗上开。
云飞天子气，风起故乡哀。

去国犹还国，雄才尚惜才。
吁嗟若大梦，千古一时哉。

揽胜出戟台，山河汉帝开。
风云当世泽，岁月后人哀。
分符瞻王化，登歆绩茂材。
浑如华胥里，遭际亦奇哉。

和烈女行挽杜媛

噫嘻泗上风云变，老妪泣剑微风煽。
汉宫陵母死殉君，总是一心真体面。
清风留与世间人，女娲伤出金石炼。
轻生年少匪沽名，扶植世道坤维奠。
芳魂飞上九重霄，玉女侍书玉皇殿。
只遗姓字覆金瓯，鸾书锡命神仙媛。
英风道骨映麃寔，赤帜丹霞飞锦片。
堪叹须眉大丈夫，宁不回首巾帼弁。

过微山湖

俯仰乾坤一故墟，游人方外日徐徐。
侯封神垅千年迹，谩对江湖半簿书。
年来乳哺解衣衣，水国楼台带落晖。
三入帝京朝玉阙，彭城归棹喜如飞。

纪　述

汉

手敕太子书

高帝

吾遭乱世，当秦禁学，自喜读诗书无益。既践祚以来，时方省书，乃使人知作者之意。追思昔所行，多不是。

尧舜不以天下与子，而与他人，此非为可惜天下，但子不中立耳。人有好牛马尚惜，况天下耶！吾以尔是元子，早有立意。群臣咸称汝交四皓，吾所不能致，而为汝来，为可任大事也。今定汝为嗣。

吾生不学书，但读书问字而遂知耳。以此故不大工，然亦足自辞解。今视汝书，犹不如吾，汝可勤学习，每上疏宜自书，勿使人也。

汝见萧、曹、张、陈诸公侯，吾同时人倍年于汝者，皆拜，并语于汝诸弟。

吾得疾，遂困，以如意母子相累。其余诸儿，皆自足立，哀此儿犹小也。

右书弘治初都水主事、八桂胡公俾勒石树歌风碑亭，旧矣。嘉靖乙丑，亭圮于水，碑没土中者余二十祀。今年春，邑侯彭山罗公始发土出之而覆以亭，是以标之，置艺文首云。

泗水亭碑铭

扶风　班固

皇皇圣汉，兆自沛丰。乾降著符，精感赤龙。承魁流裔，袭唐末风。寸天尺土，无俟斯亭。建号宣基，维以沛公。扬威斩蛇，金精摧伤。涉关陵郊，系获秦王。鸿门造势，斗璧纳忠。天期乘祚，受爵汉中。勒陈东征，剟擒三秦。灵威神佑，鸿沟是乘。汉军改歌，楚众易心。诛项讨羽，诸夏以康。陈、张画策，萧、勃翼终。出爵褒贤，裂土封功。炎火之德，弥光以明。源清流洁，本盛末荣。叙将十八，赞述股肱。休勋显祚，永永无疆。国宁家安，我君是升。根生叶茂，旧邑是仍。于皇旧亭，苗嗣是承。天之福佑，万年是兴。

舞阳侯　樊哙

赳赳将军，威盖不当。操盾千钧，拔主项堂。兴汉破楚，娇娇忠良。卒为丞相，帝室以康。

绛侯　周勃

懿懿太尉，敦厚朴诚。辅翼受命，应节御营。历位卿相，土国兼并。见危致命，社稷以宁。

平阳侯　曹参

蹇蹇相国，允忠克诚。临危处险，安而匡倾。兴代之际，济主立名。身履国土，秉御乾祯。

汝阴侯　夏侯婴

斌斌将军，鹰武是扬。内康王室，外镇四方。诸夏乂安，流及要荒。声骋海内，苗嗣纪功。

安国侯　王陵

明明丞相，天赋挺直。刚德正行，不枉不曲。功业茂著，荣显食邑。拒吕奉主，昭然不惑。

汾阴侯　周昌

肃肃御史，以武以文。相赵拒吕，志安君身。征诣行所，如意不全。天秩邑土，勋乃永存。

汉高祖原庙铭

河东　柳宗元

昔在帝尧，光有四海，元首万邦。时则舜禹，稷契佐命。垂统股肱，天下圣德，未衰而内禅。元臣继天而受命。四姓承休，迭有中邦。五神还运，炎德复起。周道削减，秦德暴戾。皇天畴庸，审厥保承。乃命唐帝之后，振而兴之。又俾元臣之后，翊而登之。所以绍复丕绩，不坠厥祀。故曲逆起为策士，辅成帝图。吐谋洞灵，奋奇如神，舜之胄也。汝阴脱帝密网，摧虏暴气。扶乘天休，运行嘉谋，禹之苗也。鄚侯保绥三秦，控引汉中。宏器廓度，以大帝业，契之裔也。淮阴整齐天兵，导扬灵威。覆赵夷魏，拔齐殄楚。平阳破三秦，掳魏王。绛侯定楚地，固刘氏，皆稷之裔也。克复尧绪，昭哉甚明。天意若曰：建大德者，必唐帝之胄，故汉氏兴焉；翼炎运者，必唐臣之孙，故群雄登焉。是以高帝诞膺圣祚，以垂德厚，探昊穹之奥旨，载幽明之休祐。杀白帝于大泽，以承其灵；建赤旗于沛邑，以昭其神。假手于嬴，以混诸侯；凭方于项，以离关东。奉缵尧之元命，而四代之后，咸献其用；得乘木之大统，而秦楚之盛，不保其位。既建皇极，设都咸阳，抚征四方，训齐天下。乃乐沛宫，以追造邦之本；乃歌《大风》，以昭武成之德；乃奠旧都，以壮王业之基。生为汤沐之邑，没为思乐之地。且曰：万岁之下，魂游于此。惟兹原庙，沛宫之旧也。祭蚩尤于是庭，而赤精降；导灵命于是邦，而群雄至。登布衣于万乘，而子孙得以缵其绪；化环堵为四海，而黎元得以安其业，基岱岳之高，源淇河之长，蓄灵拥休，此焉发迹。盖以道备于是，而后行之天下；制成于是，而后广之宇内。天下备其道，而神复乎本；宇内成其制，而心怀于旧。宜其正名以表功，用成其始，悼生灵尽其敬焉；陈本以宅神，用成其终，俾生灵尽其慕焉。故高帝定位，建兹閟宫。惠皇嗣服，爰立清庙。绵越千祀，至今血食，此所以成终而成始也。且夫以断蛇之威，安知不运其密，用佐岁功以流泽欤？以约法之仁，安知不流其神，眷相旧邦之遗黎欤？以绍唐之余庆，统天之遗烈，安知不奋其圣化，大祐于下土欤？然则展敬乞灵，乌可已也。铭于旧邑，以迪天命。其辞曰：

荡荡明德，时惟放勋。揖让而退，祚于后昆。群蛇辅龙，以翊天门。登翼炎运，唐臣之孙。秦纲既离，鹿骇东夏。长蛇封豕，蹈跃中野。天复尧绪，钟祐于刘。赫矣汉祖，播兹皇猷。扬旆沛庭，约从诸侯。豪暴震叠，威声布流。总制虎臣，委成良畴。剿殄霸楚，遂荒神州。区宇怀濡，黔黎辑柔。表正万国，炎灵同休。定宅咸阳，以都上游。留观本邦，在镐如周。穆穆惠皇，宗禋克承。崇崇沛宫，清庙是凭。原念大业，肇经兹地。乃专元命，亦举严祀。建旆衅鼓，遂据天位。魂游故都，永介丕祉。焕列唐典，严恭罔坠。勒此休铭，以昭本始。

荐刘轲书

下邽　白居易

庐山自陶、谢洎十八贤以还，儒风绵绵，相续不绝。贞元初，有符载、杨衡辈隐焉，亦出为文人。今读书、属文，结草庐于岩谷间者，犹一二十人，其秀出者有彭城刘轲。开卷慕孟轲为人，秉笔慕扬雄、司马迁为文，著《翼孟》三卷，《豢龙子》十卷，杂文百余篇。圣人之旨、作者之风，虽未臻极，往往而得。

予佐浔阳三年，轲每著文，辄来示予。予知轲志不息，异日必能跨符、杨，攀陶、谢。轲一旦，尽赍所著书及所为文，访予告行，欲举进士。予方沦落江海，不足发轲事业，又羸病无心力，不能遍致书于台省故人，因援纸引笔写胸中事，授轲曰："持此为予诣集贤庾三十二补阙、翰林杜十四拾遗、金部元公、监察牛二侍御、秘书省萧正字、蓝田杨主簿兄弟，彼七八君子，以予愚直，常信其言。苟于今不我欺，则子之道庶几光明矣。又欲使平生故人知我形骸已悴，志气已惫，独好善喜才之心未死。去矣去矣！持此代书。"　三月三日乐天白

上崔相公书

邑人　刘轲

当今帝尧在上，夔龙为相，犬戎新逐，三晋四战之地，无枭雏狼子。是宜徼福者，争归贺于相国。某独不敢以是心同众人之唯唯，思有以一跪吐而未果者，

诚以相门尊高，非布衣可以私谒，其或关衡石轻重，非先书导诚素，则无以为也。然而潜是心，不为身有所祈，输诚于相公，得不以常常之心怜其持意邪？

陆生有言曰："天下安，注意相。"今属凶孽新夷，泰阶初平，天下之悬悬其心，复魏文贞、房梁公、姚梁公、宋开府致太宗、玄宗故事，若啼婴儿待哺，塞晃望者独相公。是以闻相公以是为心，即房、宋不死，二宗之道尽得施于上矣。语不云乎："虽有锁基，不如乘时。"自用武以来，至于今日，不谓无时。得其时而不乘之以贞观、开元治平之势，则势之过如发矢耳，此所以为相公惜是时之难再也。且天下欲上如二宗，待相公而肖之耳。今相公岂不待天下之士，而坐为房、宋者也。又非有其时无其人，人与时偕有矣，岂可厚诬多士，谓无一可与言房、宋故事者邪？昔宓不齐邑不方百里，师五老而友二十八人；齐桓公为诸侯盟主，有坐友三人，谏臣五人，举过者三十人；周公相成王，躬吐握之劳，所执贽于穷间、隘巷者七十人。彼一圣二贤，挈下戴上，非独责成其心，而天下之人，故至于今称为圣贤。况当相公首筑太平之基，焉知夫有心者不磨勇养气，待相公呼而出之耳？今云云论者，见犬戎退边不数十里，便谓边无可虞，虏无能为；见赵魏之地，死一帅易一将，便谓天下无事，庙堂可以高枕。此岂知相公第欲因前之无事，不欲为巍巍荡荡之绩乎？抑某闻宰相之事，必以天下为言。以衡石言之，岂不资天下锱铢轻重为平准者邪？以鼎实言之，岂不资天下水陆飞走为滋味者邪？

若轲者，虽有生之微，岂不资衡鼎之一物乎？伏念自知书来，耻不为章句、小说桎梏声病之学，敢希跐遐踪，切慕左丘明、扬子云、司马子长、班孟坚之为书。故北居庐山，亦常有述作。幸当相公调元厚生之次，不使一物不遂其性，一夫不获其心。是宜天下褐衣之徒，孤立艺进之秋也。谨献所尝著《隋监》一卷，《右史》十卷。伏希枢务之暇，赐一览读。恩幸恩幸！轲恐惧再拜。

上座主书

刘轲

轲今月十日，祗奉榜限纳杂文一卷。又闻每岁举人，或得以书导志。轲性颛鲁，狃隶山野，未熟去就，悚惶惕息，伏惟宽明，少冥心察纳。轲伏见今之举士，竞取誉雌黄之口而知必也。定轻重于持衡之手，虽家至户到，曾不足裨铢两，苟自低昂已定乎？徇己者之论，是私己于有司，非公有司于己也。轲也愚，敢不以是规？轲本沛上耕人，代业儒为农人家，天宝末，流离于边，徙贯南鄙。边之人，嗜习、玩味异乎沛，然亦未尝辍耕、舍学，与边俗齿。且曰："言忠信，行必果，虽夷貊行矣。"故处边如沛焉。贞元中，轲仅能执经从师。元和初，方结庐于庐山之阳，日有芟夷畚筑之役。虽震风凌雨，亦不废力。大耨或农圃余隙，积书窗下，日与古人磨砻前心。岁月悠久，浸成书癖。故有《三传指要》十五卷，《十三代名臣议》十卷，《翼孟子》三卷，虽不能传于时，其于两曜无私之烛，不为堕弃矣。流光自急，孤然一生。

一日，从友生计，裹足而西。京邑之大，居无环堵；百官之盛，亲无瓜葛矣，夫何能发声光于幽陋？虽不欲雌黄者之所轻重，岂不欲持衡者之所斤铢耶？此轲所以中夜愤激，愿从寒士齿庶，或搴芳入幽，不以孤秀不撷；拣金于沙，不以泥土不取。阁下自谓此心宜如何答也？尝读史，感和璞之事，必献不至三，刖不至再；必献不至再，殆几乎无刖矣。伏荷阁下，以清明重德，镇定群虑。衡镜在乎蚩妍，轻重之分，咸希一定，俾退者无屈辞，进者无幸言。夫如是，非独斯四辈之望而已矣，亦宜实公器而荷百禄，岂祇区区世人而已哉？

轲也生甚微末，甚乎鱼鸟。鱼鸟微物，犹能依茂林清泉，以厚其生。矧体乾刚坤顺之气，不能发迹于大贤人君子之门乎？

轲再拜。

重与陆宾虞书

刘轲

别韶卿已逾时，虽游处燕赏不接，然予心未尝一日去韶卿也。且京洛相去八百里，足以绝韶卿车辙马迹。矧又自洛南而东，涉淮浮江，沿洄数千里，安得不悒悒西望邪！比予在辇下五六年，始不知韶卿；及知韶卿，两心始亲，而形骸已相远。苟未能忘情，忍不酸鼻出涕，为吾友之思邪？

前陆掾来，得韶卿书，知韶卿欲屈道以从人，求京兆解送。知韶卿道在与否，固不在首解于京兆也。愚尝谓与游者道，韶卿肤未鸡、发未鹤，然其心甚老。脱一旦胁肩低眉，与诸子争甲乙于县官，岂愚所谓甚老者邪？韶卿曾不是思也。愚所谓首出者，谓四科首颜、闵，三十世家首太伯，七十列传首伯夷，其为首出，岂不多邪？韶卿不首于是，而欲首于京兆何哉？仆又闻京兆等试，试官知与否，脱有知韶卿人闻，乌有不心躬、嘿礼、灵冠统以待之邪！夫然，亦何害小伸于知已耳。不然，则东国绌臣、西山饿夫，微仲尼，何伤为展季、伯夷矣，韶卿独不见既得者邪，岂尽为颜子、太伯、伯夷然？幸韶卿熟思之，无以予不食太牢，为不知味者也。

前月中两寄状，计必有一达者。过重阳，当决策东去，计韶卿无以予身远，而不予思也。勉矣自爱，策名春官，后当会我于真山。

代荀卿与楚相春申君书

刘轲

前兰陵令臣况，谨奉书于相国春申君足下。前者不识事机，冠宋章，袭儒衣，以廉轴驾羸驽，应聘于诸侯。始入秦，见秦应侯。会侯方以六国啗其君，且曰："吾方角虎以斗，又何儒为?"故去秦之赵。会孝成王喜兵法，方筑坛拜孙膑，欲磨牙而西。臣以汤武之兵钳其口于前，赵王亦不少孙膑而多臣。臣以是去赵之齐。会宣王方沽贤市名达诸侯间，人聚稷下，若邹子、田骈、淳于髡，皆号客卿，故臣得翱翔于诸子间。自威王至襄王，三为祭酒，号为老师。然悯诸生少年，皆不登阙里，不浴沂水，各掉寸舌，得纡朱垂组，自以为高洁莫我若也。臣以乳儿辈畜之，何虞其蝎虿之为毒也。由是，谗言塞路，臣之肉几为齐人所食。

伏念相君与平原、孟尝、信陵齐名，故游谈者谓从(纵)成则楚王，衡(横)成则秦帝，以相君之相楚故也。不然，楚何以得是名？以是去齐归相君。相君果不以臣孱固，俾臣为兰陵令。臣始下车，方弦琴调轸，欲兰陵之人心和且富，既富且教，必使三年有成，然后报政于相君。此臣效相君者希以是。不意稷下之谤又起于左右，俾臣之丑声直闻于执事。执事果亦疑，弃臣如脱故屣。臣之去兰陵，岂不知相君之弃臣邪？臣尚念古者交绝不出恶声，臣慰楚而怨相君也哉。顷相君徒欲人之贤已，曾不知楚国前事。臣不远引三代洎春秋，今虽战国，亦不敢以他事白，直道今楚国盛衰之尤者，冀相君择焉。

自重黎为火正，光融天下。鬻熊有归德，教西伯弟子。洎汾冒熊绎，荜路蓝缕，以启荆蛮。历武、文、成始，臣妾江汉，至庄王始与中国争伯。此数君皆郢之祖宗，而代亦称臣之术。五尺童子，羞称五伯，臣又何必独为相君道哉？然楚君但成、庄而已矣。自庄而下，楚亟不竞。平王嗣位，耳目倒置，伍奢以谏死，费无极以谗用。亡太子，走昭王，污楚宫，鞭郢墓，岂不以一谗而至乎尔？下及怀王，知左徒屈原忠贤，始能付以楚政。当诸侯盛，以游说交斗，犹以楚为有人。无何，为上官靳尚所短。王怒，疏屈平。平既疏，秦果为张仪计陷楚之商于地。仪计行，秦果欺楚，是以有蓝田之役、丹徒之败。怀王囚不出咸阳，亡不越魏境，客死而尸归，至今为楚痛，岂不曰疏屈平、亲靳尚而至于尔？人亦谓令尹子兰不得皭然无非已。不能疾谗，又从而惜之。俾屈生溺，《离骚》为之作。襄王以前事历目切骨，虽有宋玉、唐勒、景差辈子弟，赋风吊屈而已，又何能免王于矢石哉！

今相君自左徒为令尹，封以号春申君。楚于相君，设不能引伍奢、屈平以辅政，复不能拒无极、靳尚之口弭。臣见泗上诸侯，不北辕不来矣。夫如是，汉水虽深，不为楚堑，方城虽高，不为楚险，相君虽贤，欲舍楚而安之也？今有李园者，世以谀媚荐宠，喜以阴计中上，根结枝布，浸为难拔。相君若不以此时去之，则王之左右前后，不靳尚则无极，讵独臣之不再用也！前月相君聘至，跪书受命，且曰：若恶若仇，若善若师，真宰相之心。脱李园何至，费靳方试，何害臣之不再罢兰陵也哉！敢辄尽布诸执事，而无遂子兰之非。况之望也，楚子之幸也。

周苛碑

李观

昔天丧水德，未有受命者，而刘项之战方苦，残毒轧于生民。御史大夫周苛，世籍于沛，始汉祖起而随焉。时汉祖以新厄濉水之围，而遽保荥阳。楚人四面攻之，内无完备，忧难持久，用将军纪信计而汉祖免，命周苛守后事以御外敌。敌知其危，并力荡摇，哀哀遗军，创痛如积。虽授之以利兵，束之以坚甲，而莫能起，非爱死也，力不堪也。故城覆于项氏。项氏毅然鹰瞬，爨大鼎于宇下，谓苛曰："请封三万户为上将军，军之政，自不穀而下及卒乘，皆听其所为。不从则烹，决无疑焉。"公怒甚，色作，视羽而咳之曰："吾闻不善者善人之资，今天将锡汉，故泯天下，以乱救乱者师，是用汝资之。不即倒戈请命，兵绝若倾，汝死无日矣。且秦政反道，歼灭六国，天人合怒，噍类不留。今汝之业不足侔秦而罪侈于秦，曾不知天以阴骘兴丧与夺，而犹与汉争锋。且若战数胜、功数冠，非君能也，天厚其恶，恶厚将崩，何得长哉！"项氏恚公之不屈，而耻其诡己，怒声如乳虎，指左右捽公于沸鼎。公奋身不顾，蹈鼎而卒。

呜呼！糜躯冀于不朽，不朽者在乎立节，立节者在乎处死，处死者在乎显主。主显节立，独苛有之，与夫由余授戈，宏演内肝，殊也。初苛杀魏豹，可谓无人薄我，及死项氏，岂非临难不苟免邪？观感公之雄果，而史无传记，敢镂幽石，以永阙文。其辞曰：

龙战未分，崩雷泄云。雷崩云泄，其下流血。荥阳攻急，介士涕泣。赤帝徘徊，惟公在哉。秉心慷慨，处死不改。沉沉积冤，千古奚言。纪公光烈，系史之阙。

中靖大夫郜公墓志铭

门生　訾栋

先生讳世矩，字彦礼。其先幽州人，至石晋之乱，遂之于沛，因家焉。曾祖通奉讳化伯，祖金紫讳奎，伯父朝请讳敏能，皆进士登第，俱累典大郡。父儒林讳敏德，任开州司户。

宋末兵革扰乱，家事索然，宗族解散。先生孤处乡中，多难剧贫，而无他念，惟务读诵，朝夕不辍。夜乏膏油，县君时与燃薪继晷，精勤不知寒暑。初则治诗，后无文籍，惟存戴经全帙，遂改治焉。曾不数载，以至精通。迨废齐阜昌六年，开辟应试，作兖州解元，省试第二人，廷试第一甲第一人登第，时年三十有六。敕授承事郎单州佥判。次任皇统三年，授禄州防判，次任冠氏县令，次任京兆府推官，次任朝城县令，末任河中府推官。逾岁而致仕，官至中靖大夫。

先生性资端悫，居官廉直。秋毫无犯，自俭约为节，所在屡有治绩。虽州牧侯伯，亦不阿事，常不以为进为念，所乐者诗书而已。然在常调，亦不苟进，年才六十有三，遽然告致而归。守道恬淡，真古君子所为。年六十有七，时丁亥岁八月三日，因病而逝。

有男六人：长曰敦仁，与佑、僎、侯、佐、传；女四人，孙二十一人。曾祖通奉暨父儒林，皆先葬夏村西北狼石沟东岸。缘旧茔濒河，水涨侵近，大定二十八年，岁次戊申二月六日，别葬先生于泗河之湾。始娶邓氏，病卒。再娶许氏，后娶王氏，皆封博陵县君，因袝葬焉。

学生訾栋，幼蒙教养，稔闻先生行状。诸子昆仲令栋作志，辞不获已，姑述大概，以应其命。为之铭曰：

甘棠余庆，世生直臣。我公彬彬，博物洽闻。卓冠豪俊，内蕴经纶。进不屈志，退能保身。完名高节，耀乎缙绅。

昭惠灵显真君庙记

吴兴　陈绎曾

沛东北五十里，乡曰泗亭，里曰欢城。前挹薛河，后带漷水。新庙翼然，出榆枌荫蔚间，曰昭惠灵显真君祠，里人杜珍实作之。经始于延祐元年之春，落成于延祐七年之冬。复殿重栾，两楹五栿；金碧丹彩，邕邕煌煌。像设端丽，有赫有严，以为乡人水旱、疾疠之所依。凡施以钱，计二千五百余缗，自基及像，皆独力创为之。乡人醵钱以助，不可。于是聚而谋曰：杜翁之所以福于我者备矣，其何以报？乃介乡先生傅君国祥征记于予，将刻石以著不朽。

予闻《祭法》，能“御大灾、捍大患，则祀之”。昭惠灵显真君者何？灌口神也。灌口者何？蜀彭门山阙也。蜀神而祀于中国者何？宋取蜀，故蜀王孟昶之妾私祀王之像于宋宫中。太祖至而问焉，诡以灌口神对。帝悦，因敕建祠于汴都，御灾捍患之功，于是著于中国，而祀之者几遍天下，此沛人所以并缘而得祠也。

蜀神之灵果能惠于沛之人乎？昔蜀太守李冰，秦人也，而惠于蜀。今昭惠灵显真君，蜀神也，而惠于沛。秦之人可以惠蜀，则蜀之神恶得不能以惠沛哉？

况鬼神之道，不疾而速，不行而至，感之则应，又有妙于人者乎！是一勾龙而社天下，一周弃而稷而天，圣人不以为过，则沛之人禬禳灾患于蜀之神，可也。杜翁不以神惠自私，而求福其乡人，亦可也。国祥与予交厚，求记，故不辞云。

重修庙学记

孔希冕

沛之有庙学，其来尚矣。以岁月有变迁，物理有隆替，敻出俯临，傍风上雨，加以邑经兵火之余，缺于修理，故摧残破折，日就倾圮。而学校之设，殆名存而实废，观者莫不悯惜，痛吾道之厄塞也。

至正乙未夏四月，承务郎、济宁路总管府判官伯公寿之，僨运军饷，驻车兹邑，瞻礼庙貌，慨然兴念，曰："政有似缓而实急，学校是也。盖学校者，风化之本，出治之源，学校而无长幼尊卑，皆闻孝弟、忠信、廉耻之言，皆习孝弟、忠信、廉耻之行。礼让既行，风俗自厚，政清民化，止盗息奸，不为小补。近年以来，风俗浇漓民不古，若奸伪日滋，盗贼窃发，虽气运之适，然抑亦教化不明之故。欲正本而清源，舍学校则何为？某荷国恩荣，苟可以化民成俗，有裨政治，力所能为，敢不勉乎？"于是首捐己俸，以为之倡。既而，官守、贤良、士夫、耆德，以至府史、胥徒志于善者，莫不欢欣踊跃，各出己资，鸠工市材，咸为之助，乃命路东李郁董其事。始工于是岁仲夏戊戌，告成于七月壬辰。凡倾者起之，欹者正之，缺者补之，旧者新之。正殿、廊庑、谒堂、斋舍，应门四楹，角门三座，金铺玉缀，彤闱绿牖，丹漆图象，莫不灿然改观。愚常论之，夫人生而有身，业而为士，戴天履地，乘义好德，而灵于万物，不至于断丧磨灭、摒弃凋落，皆学校教养之力。苟悖天理而弃所学，去人伦而失信义，何以立于两间？此孟子所谓："饱食暖衣，逸居而无教，则近于禽兽，圣人有忧之。"盖谓此也。自夫世运艰虞，饥寒流落，由忠君而孝父、舍生而取义者观之，则教化有补于世，岂浅浅哉？彼或以仁义为迂阔，教化为不急，区区法制禁令之末屑屑薄者，期会之密，以促办催科为贤，钩深擿隐，为能护稂莠而害嘉禾，拨本根而扶枝叶，欲事简而愈烦（繁），求政治而益乱，将使斯民损仁义以狥利诱，遗居父而灭纲常，亦独何心？今伯公寿之，当兵战警急之秋，身劳供给之际，以庙学为首善之地，不整严无以起人之敬，不尊重无以导人之善。在公勤恤，见义勇为，故不言而人信，不赏而人勤，工不告劳而事底于成，使风俗薄而复淳，吾道塞而复通。《诗》曰："訏谟定命，远犹辰告。敬慎威仪，惟民之则。"此之谓也。扩而充之，则他日格君心、泽民物，措斯世泰和之域，事不难矣，此众所有望于公，公素所蕴藉者也。

公名伯颜察儿，寿之其字也。家世阀阅，始由邳州、睢宁县主簿，以清真公恪选，充太常礼仪院太祝，复以贤良廉干升合今任。所在莅政之际，虽文移星火，事务丛棘，而简善惩恶，兴学劝农，弘毅正直出乎天性。故民怀德畏威，令出惟行。事多类此。沛县达尔花赤伯家奴暨完者不花，县尹王居礼暨刘泽，主簿张造道暨韩仁义，典史刘熙等，协心信美，务兹善政，勇于有为，实赞成之。希冕忝谕斯邑，职守文学，适完盛事，诚为美矣，敢不敬承邑贤大夫之请，以纪公乐善化民之实，刻诸坚珉，为将来莅政者劝。

静安亭记

陈绎曾

沛符世荣，居泡泗之间。东与歌风古台相值仅二百许步，西临阛阓三亩之宫。前为方亭，左倚堂之西墉，右即东壁；背连北墉，界于宇其（依下文，“其”似“楹”字为妥）间，故不壁而周密。或因楹间而设筵几，其中畅躯、揖逊、周旋、尊俎献酬，绰如也。又倚南墉为小台，寓土而莳花卉焉。春桃夏萱，秋菊时荣。宾于斯，以觞以咏；子于斯，以琴以书。家政之暇，翛然独坐，神润而体舒。征名于予，名曰“静安”。《易》不云乎哉：“吉凶悔吝，生乎动者也。”心之静者其神闲，身之静者其体逸。家静而齐，国静而治，天下静而平。大哉静乎！天以是而万物清，地以是而万古宁，况于人乎哉？《传》曰：“静而后能安。”圣人以是尽心焉。静耶，安耶？其人道之枢耶？

世荣之子士元从予游，有恒心者也。世荣安土乐业，无慕乎其外以从事乎？恒产能充，静安之道何所不至？

行文小谱序

陈绎曾

苟有天人，莫不因其实而著之笔札。所以六经之文不可及者，其实理致精故耳。人人之好于文者，求之此则鱼，不可滕食，何以荃为？亡友石桓彦威，尝共为《诗小谱》二卷，因以附于其后云。

沛县尉李君美政记

临川　虞集

沛有尉善其职，父老爱之，愿刻姓名于石，以示远大。国子生张复，邑人也，疏其邑人之颂云：

> 舟车冲冲，出我沛邦。我任我载，唯尉之从，力用不穷。岁饥有盗，尉制之有道；田则有蝗，尉除之有方。泗汉患水，防堤善圮。尉将役人，如视

妻子。民有无告，尉缮其屋。有系在狱，尉哺之粟。顾瞻学官，乃牖乃墉。释其弓力，揖逊有容。

复之言曰：尉尝学于济南李昌先生，故知爱人之说。其父奉使平阳，罹地震之祸，尉以恩得官，故能感奋自树立也。

嗟夫！尉于县政，无所敢自遂也，而及乎民者如此。自昔沛以勇宕为俗，今父老独不忘于一尉之善者，又如此。且世之豪民狂吏，以动摇劫持为能，视一职满尉何有？此乃以终爱闻，不亦善夫？使尉益自励，所至不倦，虽古循吏何以过之？有司用材者，能无考于斯乎？

尉姓李，名茂，字廷实，德州齐河人。初为濮州观城尉，迁沛尉。父老曰张仲昂。

元故资政大夫、江南诸道行御史台侍御史韩公权厝志

虞集

岁辛亥三月二十四日，行台侍御史韩公卒于福州光泽里寓舍。五月甲午，其子儒奉公柩藁葬于城东之凤丘。送者若干人皆啼泣相吊，传道观者莫不咨嗟，以为难得。既卒事，乃众相与谋曰："呜呼！惟公宿德重望，嘉政休烈，有不待言，而彰纪而存者，惟是假厝于兹，不可以弗识也。"则又众应曰："诺。"于是，公之门人、新安郑桓述公行实，以来告郡人吴海，请书其墓石。

按，公讳准，字公衡。先世居滕，金元时迁曲防，迨今八世为沛人。公生六岁始能言，七岁能行，沉重好学，年二十登进士第。授承事郎、同知孟州事，擢河南儒学副提举，调儒林郎德安府推官；选太常博士，拜监察御史，转奉训大夫，佥河南北道廉访司事；改奉直大夫，江西湖南道佥事，加中奉大夫、南康郡总管；进中宪大夫、本道廉访副使，升正使，授中奉大夫、江西行省参知政事；徙行台治书侍御史，进资宪大夫、江浙行省左丞；又改福建廉访使、资政大夫，复为侍御史。

公方为别驾时，州大饥疫。公出入赈救，所乘马至不忍食豆粟，或杂草以饲之，则并草不食，人谓感公化。冬时，蝇集公署，令民广藏冰。明年大热，病者赖服冰以愈。在河南，有陂田若干顷，为水所泛，守令因循不治。公待部至，立敕有司率民障堤，岁收粟数千斛。

壬辰春，蕲黄寇围江西平章，道同出避，宪臣从之，独公与右丞章伯颜谋，遣伯颜不花出战，而公慰抚居民。民大感动，相持五十四日，城赖以全。南康累经兵火，城内荒茀，公舟居以治，招民复业。归者既众，遂葺草屋为署。野豕残民禾，公吁于神，豕遂去，不为害。

戊戌岁四月，陈友谅攻破隆兴城，来见公，公疾面壁，卧不起。友谅曰："吾向为县小吏，已闻公名。"公不答。既去，使人致粮，公拒不受，然竟不敢加害。壬寅春脱身，入闽。朝廷嘉公，授江西省参政。江西无治所，寓顺昌。公志在收复，扶疾以往。

迨复为侍御史，以告老。章上，而是冬城陷，公藉福堂下以丧礼自处。吏来迫公宣敕，公取枕以卧，厉刀向之，曰："此吾受于君者，必欲取之，并取吾首去。"吏不敢迫。迨新制变冠服，由是著帽终日，未尝去。看园瓜有苦者，辄取尝之。及病甚，遂不服药以终，年七十有三。

配李氏，继丁氏，累赠南阳郡夫人。子三，洛安、燕安俱早卒，为后者儒也。公考讳彧，累赠中宪大夫、河南北等处行中书省参知政事、护军南阳郡。公祖讳润，累赠嘉议大夫、佥书江浙等处行枢密院事，上轻车都尉、南阳郡侯。妣王氏，祖妣朱氏，皆累赠南阳郡夫人，以公显。

公性俭素，平居泊如常，端坐寡言笑；然对宾客朋友，谈论亹亹不倦。尝读小学书，至老莱子诈跌仆地，曰："设有所损，岂不反贻忧乎？"平其端如此。为文章简古，不事华藻，有《小学书阙疑》《水利通编》，藏于家。

呜呼！士之处平世，贤与不肖不能大相异。顾君子者不足，小人反若有余。及遇变故，然君子之所守，凝然不挠，而小人颠倒反易。凡平日所以夸众眩世者，悉丧弃而不存矣。福城之陷，能蹈死守节者不三四人，其叛恩取宠者比比然是。若公，可谓纯臣矣。

铭曰：

行务实不几以文昌，政为循不几以名扬。气直以刚，文静有常。遭运之倾，其节益彰。右史有作，考子铭章。

右志载《闻过斋集》，亦百年旧刻也，余得之外祖、三溪周先生败簏中四十年矣。间把读之，得公志。邑旧志载，其东岳庙碑注云："提学御史，不知胜国无此官名。今东岳庙碑亦有公名，俱不著其为邑人，文献失征，莫是为大矣。公忠义人也，岂其在天之灵，昭格不葬，死二百四十年，始克暴白其行于人人耶。"

卷十三下　艺文志

国朝

沛县新城记

徐郡　马津

夫城之设险守固，自古及今未尝能易之者，而其义尤取诸豫。盖重门击柝，以待暴客，非豫则为人所乘也。故天子守万邦，诸侯守一国，罔不有事于此。

泗水之东，沛故有城，元人筑之，湮没久矣。今县治临于西浒，其民聚庐托处而已，未有守也。

嘉靖二十一年，北虏犯边，天子震怒，殴之太原。言者请修内以攘却之，制曰："可。"沛尹王君治，始因县治筑城。其垣周五里，筑土为之。高二丈，阔一丈八尺，壕深二丈，阔三丈。雉堞凡千三百二十，高五尺。周庐八所，四门各据其胜。设楼橹，东曰永清，南曰会源，西曰恒休，北曰拱极。经始于本年十月，次年三月讫工，曾未期月。城池完美，伟然一县之观，可谓应命速矣，县之士夫、耆老咸以学训黄君昶状请记。

余惟城池之役，虽曰候道便民，然非上下之间诚意交孚，鲜有协心而即绪者。城非作之难，作者难也。沛尝为郡、为国，其地非不可城；其覆于隍，非不可改作也。乃自我明开国以来，未有能任之者，其难可知。属者，县当孔道，河徙岁侵，又若疲于奔命，非乐土矣。虽有金汤之险，尚虑无以守之，而况草创为城，几与守耶？君子于此可以观政，可以考时，可以为民庆也。

按状，王君先世方岳郡县，代为显人。其始至也，平徭更赋，振业疏冗，肃保伍，弥乱阶，植善良，敦化本，以至警游惰，广储蓄，迁学宫，秩祀典，学道爱人，谨身节用。凡诸要务，率若轻车熟路，按次举行，鲜有阻。今兹城役，用银凡若干两，用夫凡若干名。银，取诸官而民不知；夫，取诸田而民不扰。其民信之，不以为劳，固其所也。

然城虽一县，我圣天子用言图治之效，风行万里，四国于蕃，其于无怠无荒，"四夷来王"之治有足征矣。来者可继也，不可忽也，故曰民之庆也。作《沛县新城记》。

嘉靖二十二年癸卯夏六月十二日乙酉

沛县砖城记

铅山　费寀

沛，徐属邑，自汉兴始著闻。其高源巨陆，汇泗阻河，四方之贡赋舟车达京师者，道沛无虚日，以故民多业贾。旧无城郭，方承平时，民易为生事。使卒有警，则沛被害尤深。岂千百年来，无一良有司议兹城者，盖任事之难也。

嘉靖壬寅，边圉孔棘，关津戒严，会王君治始筑土城，以卫沛民。然地多沙棘，霖潦则圮。及周君为令，即行城，慨然叹曰："计大而惜小费，举事而忘永图，非政也，沛其可晏然土城已乎？"又曰："民未知信，不可劳也。"于是赈穷甦困，节用平赋，辟荒抚流，锄梗植良，专务修其政。政行之二年，民和岁丰，敝蠹废举，曰："民可劳矣。"乃协丞吴元祥，簿齐邦用、蒋廷瓒，史林大理，集沛之缙绅、父老与其秀子弟于廷，议厥砖城事，咸唯唯。白诸当道，若巡抚、都御史王公、喻公，巡按、监察御史陈公，兵备副使王公，又咸可之。君于是下令，召陶暨梓暨厥圬墁，度正商材，各有成画。凡陶之薪，则征诸计亩；梓之材、圬之灰石、工之饩廪，则出公镪。董役则简诸干勤，若官耆张进、杨文焕者。费不民敛，役不农妨。趋事子来，如治私作。工始于丙午季秋，讫于丁未孟夏，仅五月而告成。城延袤仍旧，垣高二丈四尺，基厚二丈五尺，颠半之雉堞，凡千四百五十有六。为台八座，座置铺舍一区。为四门，门有子城，惟东门缺者，以运河妨。上各置楼五楹：东曰长春，南曰来薰，西曰永清，北曰拱辰。西南势稍下，故为石门以泻水。中树铁铩五枝。卫城有濠，捍河有堰。登城而望，则见其据淮上游，屹如巨镇，彭城、芒砀诸峰相比肩立。使沛中之山若增而峻，水若阔而深者，非兹城也乎？城成，而鲁寇适张，邻邑骚动，沛独恃以无恐。民咸颂曰："此周君赐也。"又方修砌时，土崩者三，而役者辄先警避无恙，人尤异之，以为君诚感所致。噫！其然乎，其然乎？

乃今，邑博朱君偕缙绅、父老与其秀子弟，胥谋镌石纪其事，请言于余。余曰："嗟，城之系于政也，岂易易为哉？"余读《春秋》，见其书城不一，而独于城耶无贬辞者，知役有不可已者也。向使信不孚民，时诎举赢，非时用众，则大咎必加焉。若是，则城果易为哉？

兹役也，众和财裕，使之以时，可谓得新城之道矣。虽春秋固将是之，君子以是知沛之永逸也。周君名泾，江西贵溪人，乡进士，予门生，将来树立，当必为国伟器者，沛城之功乃其初试云。

重修沛治记

奉节　李时

予昔将上春官。一夕，梦坐瞿塘滟滪石上，水泛没足，四顾无人，予安坐，略不为惧。顷，则徒登高台。寤曰："此何祥也？"

壬戌春拜沛令，至则谒庙道口，过飞云桥，桥下涓涓细流。问之曰："此黄河故道，计三千年一至。"癸亥仲夏，河水果从西南入三里河。佥云："是其候也。"西南境先被水患，予亟补筑三里河堤以捍之。逾时，溃堤，入飞云桥。甲子秋，水洊至，视前有加。是冬，予入觐。乙丑孟春积冰，水暴至，冲决桥两岸，堕南月城。仲秋七月十一日，乃洋溢无涯，没阜襄城至五六尺。予塞四门，幸不浸灌。然泉窍潜通，县廨以西、北，水亦二三尺许。出入门堂，揭衣徒涉，公廨墙垣，次第倾覆，予亦挈室避之民居。院史上状，世宗皇帝遣大臣祭告，出内帑安抚。浊流北趋，下流壅塞，漕渠一淤几百里，散漫窜流，直冲城西址。运舫皆乘急流而行，缆夫则登城而挽。如此者数月，官民凛凛，佥谓："此水继来，势将无邑。"丙寅仲秋，及期大至，民无生气。幸决西堤，北走以杀正流，城址如故，止积淤五尺，外高内洼，城中汇为水潴，至于丁卯夏中，乃涸焉。

院史议改邑就新河高阜，予曰："民苦垫溺，坊乡流徙，遗民方免巢危，呻吟未息，迁何以堪？"乃募民，先筑中后堂基，约高三尺余。次露台，次仪门，次鼓楼，悉仿旧营建，以树标准。院史罢迁议，助修行院及僚舍、吏曹。城垣南楼近前蔽，则撤移稍东，总理、部院檄修补，旧堤及古土城为县学，右臂防水直突。是役也，不无劳民，然视改邑，力省万倍，财贿无算。以是年十二月百工告成，且淤高而水远，无复决。沛民复故土，渐次就业。

嗟呼！沛昔贤令，当富庶之会，运道之通，民丰物阜，如登春台。不三五年而迁予，适遭其变，独淹者六年。追思畴昔之梦，无不征验。若天待予，以宁是邑。及阅中堂落成，题并戒亭。题一为"正统丙寅"，去今百一十年，一为正德丁卯，去今六十年。天人相感之际，先征诸梦；易穷变通之数，次协于支干。是岂偶然哉，是岂偶然哉？

沛新迁县治记

张贞观

沛当黄河下流，冲蚀激射，夷陵断岭，沙漫土淤，率以为常。旧治面临泡水。乃父老相传，去旧治西南一射许，今三官庙址为古城头，则泡水贯沛城其来久矣。

嘉靖壬寅，永年王公治始筑新城，南阻泡而东临泗，县治随逼近南子城。时以筑城、迁学二役一时并举，卒未议迁，意有待也。嗣丙午贵溪周公泾，始包城以砖，县治尚仍其旧。甲子黄河北泛，冲泡湮泗，运且徙而东。今皇帝丁丑，河复泛，城几不保。赖南部马公昺力捍获免。

癸卯秋，黄河挟淫潦卷地北趋，溃堤灌城，官舍民居胥沦于水。议者遂欲迁邑于戚，以避其锋。士民皇惑，莫知所定。会总河大中丞、长垣李公行河过沛，登陴望曰："民即陷溺，城固屹然；关厢闾井，依然无恙。乘毁废迁县治，就中以实之，在得人耳，何事迁戚？"顷，诸当道以沛频遭荡析，兴废起坠非绵弱所克肩，爰简所部诸僚，得今邳郡守永宁李公。旋，以虹尹迁知沛事，异数也。公至，则寄家民舍，寄身残垣毁陴间，日图所以修护堤新县治者。邑缙绅父老，咸以为迁县便，不佞亦僭陈五利之说，效之公。公是群议，遍牒诸当道，诸当道咸报可。

徐太学生高君彭寿者，素擅堪舆家言。公延而礼之，得盛地于城之坎隅。其地水深且数尺，众病其功之莫施也。公毅然曰："天下容有难竟之功哉？顾任之何如耳？"爰诹日动众，畚土于城垣之外，沉之水者。再逾岁，而基始就，地盖逾三十亩，称巨矣。念分洽非人，无以征功稽效也。选邑民干济者十余曹，谓之曰："惟兹大役，岂一手足、一耳目之能办哉？倘其襄余不逮而终底于成，诸役奉命惟谨。"鸠工集徒，晓夜趋事，即祈寒暑雨靡间。公亦谢众务，不时诣工所简视之。一砖瓦，一榱桷，罔不凝精注念；诸匠之勤惰、工拙心谙目计，又无不人人效之、人人咋舌者。史称陶士行之治荆襄，诸葛武侯之理蜀，竹头木屑罔或弃，而贤愚佥忘其身者，公近之矣。

是役也，经始于乙巳之夏，落成于戊申之春，时阅三岁。乃辇土垫基居三之二，营堂宇、树垣墉，则甫满一期云。费出当道所捐助者十之五，出公所自剖划者亦十之五。不借财于帑藏，不殚力于闾阎，则公所为蒿目焦心者多矣。

当公莅任时，首询不佞以兴革之要。不佞申臆曰："非常之事，恒待非常之人；当可为之地，值得为之时；而不思为地方建不朽之业者，非夫也。"意不无厚望于公。公兹且有味予言，而力图不朽矣，亦知公所以图是者之难乎？疮痍甫脱，众议沸腾，为高因卑，骇人视听，则持议难；库无朽贯，庾鲜陈积，民靡盖藏，时诎举盈，则筹费难；安陋就简，今古类然，力拂众心，自行己意，则任事难。公顾不难人之难，而独易己之易，则公之大过人也。公惟有过人之识，故群议不能挠；惟有过人之画，故繁费不能窘；惟有过人之才，故庶事不能困。树不拔之业，而垂永世之名，厥有由矣。

曩永年、贵溪两公，以筑城、迁学著，今公又以迁县显。沛人士所宜世世崇之畏垒者，将微三公，其谁与归？邑缙绅父老，以公是举实百年旷典，不可无纪以示后，爰授简不佞，俾文而镵之石。

迁县附记

永宁　李汝让

新县之迁，力其事者，不佞汝让；而首其议者，则邑都谏惺宇张公也。方河之决堤灌城也，富者携妻拏出避，贫者依埤垸为家，四顾汪洋，居然水泽，议者遂有避地迁县之说。当是时也，何得有城，何得有今新县，独都谏君屹不为摇。

洎宅水滨，不佞让亦假丽谯视事，得相保而有今日。乃新城所占之地，多都谏君业。不佞请以官地偿之，都谏君坚不受。曰："郡侯为乡邦建百世不拔之业，而为邑人者，顾独吝尺寸之土，不以成厥美，且阴有市心焉？亦何以闻于邻国？"不佞亦高谏君之谊，受其地，得藉手而成今县治。

今年秋，县治落成。辱谏君不鄙，赐文勒之石，乃谏君首事让地之美不表示后人，则不佞汝让过也。聊疏数语记诸石，非徒示后之守土者，知所景仰，亦将示后之父老子弟，颂都谏君高谊无穷期云。

县地占都谏君地十分之七，而出蔡司徒、张司寇、王宁津、高太学者则十之三焉。都谏君名贞观，司徒名桂，司寇名斗，宁津名嘉宾，太学名棠。其地东至宁津，南至都谏，西至司徒、司寇，北至城址，地凡四十三亩五分。他若督工乡民，得列名下方者，录勤事意也。

沛县县令题名记

李汝让

题名有记，厥来旧矣。今天下内而台省，外而郡邑，在在皆然。乃是邑独缺，岂前政者未遑图耶？邑介徐济，南北孔道，缙绅过往，络绎不绝。有司者日饰厨传、戒徒旅，役役风尘、仆仆道左无宁刻。且地又濒河，水不时至，荡蚀田庐，岁仍不登。民半流移，逋赋山积，征输最苦，簿领倥偬，礼文不暇，职此之由。

不佞承乏是邑，亦几六祀。爬剔庶务，补苴疮痍，粗获就绪。今年秋，始考邑乘。自费公忠信而下，得若干人，刻石堂左。敢曰补前政者之缺耶，以备故事云耳。

汉帝有言曰："郎官上应列宿，出宰百里，苟非其人，民受其殃。"宋儒、程子亦云："士大夫自一命而下，苟存心于爱物，于人必有所济。"信斯言也，为民上者可不谨哉？要在上体朝廷设官之意，下谅斯民望治之心，毋徒驿传其民，使民亦毋得以驿传视已，斯于令也几矣。抑闻之，上下一体，感应一机，如风偃草，如鼓应桴，莫或爽者。与其令民有口碑，孰若令民无腹诽；与其令民有在官誉，孰若令民存去后思？凡我有位君子，其尚懋勉，而毋忽焉，是则不佞今日题名意也。

创建夏镇分司记

丰城　雷礼

沽头故有分司。自成化乙巳，宪皇纳平江伯陈公锐议，命主事陈宣治水事，于上沽头东隅创建衙宇。嗣后，莅兹土者相继增葺，至嘉靖四十四年七月，河决漕湮，公署淤没，司官暂憩民舍。

值大司空、吉安镇山朱公，都御史、吴兴印川潘公，会三省巡抚及司道等官，佥议旧河弥漫无迹，工难施。题下工部，会官覆议。奉世宗谕旨，改凿新河，将分司议驻夏镇。缘连岁经营河工，未遑兴造。至隆庆二年七月，大工底绩，主事陈楠子材，乃买民田十八亩六分，定基址，其工费司道会估。请于朱公，允支河道银两，檄沛县知县李时总管，主簿高达、典史胡朝器分管。于是月初九日起土，八月十六日起正厅及大门，九月十二日成寝楼，十月初四日立大门、仪门，并仪门内东西小房行廊，十九日兴后堂及寝楼，并后堂东西侧房。缭以周垣，宽广视沽头旧基加倍。垣外，南留八丈八尺、北留三丈五尺、西留三丈为官路，便往来。值予告老南行抵其地，阅视工程，子材求予记其事。

予闻建大事者，不胶于故迹；图永逸者，不惜于一劳。国家定鼎北京，军国之需仰给东南贡赋，其漕艘必由徐、沛浮济，以达于帝都。济宁据中原之脊，其地独高，漕河跨之，势倾南北，三沽当其下流，为咽喉要地。

正统以来，黄河北徙靡常，涨溢无所底止，丰、沛屡罹其患。至嘉靖年间，前后冲决、淤塞者凡几处，建白经理者凡几疏，率不免三沽淤没焉。此其为咽喉之病，非一日矣，可蹈常惜劳而不思所以疗之耶？夫治人之病者，为先通咽喉利饮食，庶命脉不虚。今三沽淤没，阻滞南北咽喉，治之不可不先且急。镇山公操国手、切脉络，聚焦良方，力主改凿南阳，贯夏镇通留城接旧河，使咽喉利运，漕艘无梗，而国家命脉实永赖之，其视善治病者，使人气血流通为何如也？

矧夏镇居昭阳湖东，地形峻且远，黄水不能淤没，实天设此地，以俟改凿通运道.而分司创建，不有待于今日欤？子材负隽才，躬视河患，督夫役疏凿堤防而宣节之，冒风霜者凡数载。兹奉镇山指画，率属官新轮奂，使荒僻草莽之墟，峻公宇、肃具瞻。而街市比邻环拱，凡万艘入贡者，得舣食于兹土焉。其利济所及，不与国运同其悠久耶？予睹其成而记之，庶以后职水者，仰思今日改创之艰，求所以祗钦命、表官常，则漕务有补于前修，亦有光云。

新修察院记

邑人 张贞观

察院在旧县治之东，创自永乐四年。今皇帝三十一年癸卯秋，沛罹河害，溃堤灌城，公私衙宇胥没于水，察院与焉。甲辰夏，今邳郡守逊庵李公，承上命来知邑事。邑遭飘溺，百务蝟兴，财无所出。四三年来，迁县修学，岁无宁日，工即未举，乃公殷殷一念，未始少释于怀云。

今年春，得旧县遗址。爰鸠工命匠，选材程良，构大堂三间，中堂五间。后为寝室，堂左右翼以厢房。前为二门，又前为大门，卫以围墙。大门外，设屏墙一座，兴工于正月，讫工于九月。是役也，费官镪若干两，砖瓦木植称是。黝画布置，藻绘雕斫，屹如翼如，视旧有加。今宇内，近而圻省，远逮边隅，郡邑棋置，靡不有察院焉。沛邑独以水故，僦民舍为公寓，亦越六载。今大夫承积弊余，不动声色，力襄大役。自是，輶轩得所，棨戟无暴，厨传饰、徒旅戒，宾至如归。大夫之功，于是为大矣。

第是院之设，上自孤卿，下及藩臬，过兹土者例得居焉。观风省俗之暇，亦尝译察之义乎？于土地，而思察其荒垦；于赋税，而思察其繁缩；于民风，而思察其浇淳；于吏治，而思察其良枯。蒿目以图，盱衡以计，无徙逆旅是邑而秦越其民，则享丰供、当大养，谁曰不可？若徒纵溪壑之欲而思察及鸡豚，极综核之术而思察及秋毫，假明炳之几而思察及渊鱼，信心以出，靡所底止，斯其于奉六条以察官邪者，旨则倍矣。望公堂而屏息，视门庑而思避，民亦奚乐斯土有斯构哉？大夫授简征记，因为差次其颠末，而僭陈鄙臆以复。

重修庙学碑记

漳浦 陈亹

沛之有学，学之有庙，盖自前代始。历岁既久，虫蠹侵蚀，复震陵以风雨，先圣祼荐之次、师儒讲习之所，倾侧弗修，有司不加省者，亦十数年于兹矣。

我朝崇儒重道，天下学宫，敝兴废起。沛县当景泰纪元之初，知县武昌古信、教谕清源张晔，适相继视事。顾明伦堂、大成殿皆倾侧弗修，乃相谓曰：学所以明孔子之道，而庙又所以尊孔子，使人知是道之所从来者也。今倾侧若是，兴复葺理，其可缓乎？即鸠工度材，运置砖石，以斫以砌，作明伦堂，修大成殿。宏敞清肃，秩然改观。既，又立棂星门，创建经阁，射圃与夫庖厨、库庾，皆无不备。沛人以向已倾侧者既修，而素未有者复建，备庙学之制度，耸士庶之观瞻。役虽勤而不伤于农，用虽费而不及于官，皆喜其成，愿有述以著厥绩。

教谕张先生，重违沛人意，走书属予记。予惟建国君民，教学为先。帝王之兴，率由斯道。秦人焚书坑儒，叛乱四起。高祖起沛中，身跻大业，虽当时诗书礼文之事，有所未遑，然大纲克正，子孙继承，而经术名节之是尚，卒延国脉于四百年之久者，岂真以马上致哉？亦以斯道为之根柢耳。国家定制，以学校责守令贤否，视学校兴复为殿最，其重于此而不轻也，较然矣。是以薄海内外，士劝伦叙，风俗丕变，弦歌之声相接也。沛之庙学弗修也久，遭时复兴，顾皆贤令长与掌教者之经营摹画，然潜孚默运，抑何莫而非本于上之鸢飞鱼跃之化哉！学于兹者，亦知沐朝廷化育之恩，睹学校兴复之盛，惕然以立身行道、忠君显亲自励，将不愧为沛中人矣。

是役也，经始于景泰二年辛未之春，落成景泰三年壬申之夏。其时若县丞韦聪、朱宁，主簿卢蓁，典史邓林，训导周载苾，皆重是举，能与古、张二公同心相协，以毕其功，是咸可书云。

新迁沛学记

上虞　徐惟贤

嘉靖丁未夏五月，沛县新迁儒学成。学谕朱氏以和、若训李氏珩，合学之士持状告余曰："学旧在治东北，正德间为河决就圮。自是人文靡振，科目屡奇，士论病焉。识者以城南泡河、龙泉之会，风气完朗，文明之宅也，第为浮屠所据。迨岁壬寅，前黄训泉、张训庆旸白于王令治，欲两易之。令闻，其议于州守熊君琳暨兵臬竹墟屠公，亟可之。已而，遍上之抚院蒲湾王公、巡院瀛山高公、裁庵杨公、象冈胡公、水部平川郭公，佥如其议。遂表正方位，易民地如千丈以广之，而改创梵宫为为先师庙。继撤旧材为明伦堂，为博文、约礼两斋。工方经始，而王令去矣。

甲辰岁，贵溪周君泾以乡进士来代之，相其未备，毅然欲亟终之，顾时未可。越明年，政孚民信，乃复请诸巡院环峰贾公、午山冯公，兵臬同野王公，得廪余如若干金，授成典史林大理，为之增置两庑。庑前为戟门，旁为庖库，前为泮池，又前为棂星门，门之左右为蛟腾、凤翥坊。又于学宫之东为敬一亭，为启圣祠，西为乡贤祠，为名宦祠，垣宇四周，而总括之以学门，盖益备王之所未备，而规模气象宏翼壮丽，凡所以示瞻仰、遂游息者，靡不饬矣。周公之有功于学也如是，和等愿乞言焉，以征诸远。"

余辞不获，乃为之言曰：古者考绩论治，典学为先，故诗颂鲁申、史赞文翁，昌黎美郸侯之文，柳州著薛伯之勤，盖皆归其功也。今尔多师多士，固知若令之功矣，其亦知所自迪，以成令功者乎？夫建学者，有司之事；而敷教者，师儒之责。学立教修，而名实不著焉，多士之耻也。故胡安定教授苏湖，贤才辈出；范文正自做秀才时，便以天下为己任。彼二公者，自迪其选矣。今沛去邹、鲁不远，有先圣贤之遗风，且邑隶南畿，为圣祖龙飞首善之地，而今皇上复以敬一之学倡明于上，则视昔苏湖，其机又易以兴也。苟能励胡、范之志，以追孔孟之遗，振其敝陋者而更新之有如此学，则志气交凝，人文丕应，将必有道德文章卓然名世者，迭出于科目之门，以鸣国家之而盛，而绍邹鲁之休，其于兹学宁不大有光哉？如或不然，而溺于旧习，则未免昔之所病，而有司之志荒矣。余固谅尔多师多士所不屑也，于是乎言。

重修沛县儒学记

邑人　张贞观

沛学旧在邑城之东偏，盖金元遗址也。偏安闰位，科目亦不乏人，入国朝来顾寥寥焉。嘉靖癸卯，邑令永年王公始采形家言迁今地。自是科第渐兴，人文蔚起。万历癸卯，河水泛溢，沛受其冲，成巨浸焉。城内外官司、公署及闾左庐舍，荡焉若扫，而释菜之宫尽入洪涛巨浪中，惟一正殿巍然独存，若鲁灵光然。当是时，先令君以论去，监司两台悯沛邑之垫溺，须可以济时艰、苏民困、兴废圮者，简旁邑贤能之长移治之。周视部内，无如李公才，乃以虹县令治行高等调至。

居亡何，铨部又最公绩，秩久当迁，而鄜州之命下矣。公受命且驰而西，而当事者复皇皇然，亟请于上，而留之以州刺史五品秩视县事，盖特典也。然犹四顾苍茫，居城堙听政，朔望从埤堄间望先师礼焉。伺及水退，始经画曰："今者县治、学宫俱宜修葺，弗容缓者。顾时诎举盈，势不能兼，而尤急莫先于学。何者？士为四民之首，而肄业无所，博士弟子伥伥焉无所之，国家重文教谓何？"

于是首议修学。鸠工庀材，甓塈榱臬之资，不浃月而办；堂斋、廊庑、池梁、门坊之属，甫半期而焕然一新。门外层垒，笋插之峰亦并时而立。于是，东向揖博士而进之曰："修废举坠，有司责也；严科条，振教术，是在博士。"南向群弟子而进之曰："章志贞教，师傅责也；率教化、修课业，是在弟子。"

每政事之暇，即诣学宫，谈说经术，旁及文艺，孜孜罔倦。而群弟子亦鼓舞，乐育于其中。向之摧坏剥落不可观者，今且望其宫，翼如也；瞻其堂，饬如也；环视其青衿，彬彬如也。由是，县治、城隍咸次第一新。内外相对峙，称沛邑伟观焉。公真异才也哉！当世铜墨之长，视一官如传舍，延岁月，冀旦夕释之为快。举凡兴作劳勚之务，不啻桎梏视之，孰肯肩其任者？即肩之，亦苟且塞责，以涂其耳目耳，孰有知无不为、为无不力如公者乎？殚一己拮据之劳，贻百世不朽之绩，讵一时之为烈已耶。公治行卓异，别有纪。诸博士弟子，惟以公之加意于学校者甚渥，不可不传之永久，乃伐石而树之堂，属不佞述其大概如此。

公名汝让，号逊庵，永宁人；博士司教卢汝沾，宣城人；司训程三德，婺源人。例得并书。

镇山书院记

吴江　钱锡汝

镇山书院者，齐鲁之民建，以为少保大司空朱公生祠也。公治漕河，功冠群僚，泽流万世，而谦焉不居，乃以书院名。

盖黄河发源，星宿海喷薄，万里贯历，重译以入中夏，怒激奔决，乃自古患之矣。成祖都冀，岁漕东南粟数百万，自百官屯卫、边徼校卒，咸取给焉。然河数溃、数治，犹未甚也。乃嘉靖乙丑，河走华山，抵沛入昭阳湖，漂闾沉亩，冲壅沙溃，漕路中绝。天子命大司寇、万安朱公为大司空兼御史大夫往，开浚新河，三年而河成，视故道倍捷，丰功伟绩，俱载诸名公《颂》《序》中。

方公之始莅河也，即请发帑，以振业流移，又募民趋河役而与之傭直。河绩既奏，民复奠居，前后所活无虑数十万人。于是，民咸仰公，曰："公德著，甚大；公寿，必长昌。古有生祠，用以崇敬祈愿也，盍亦尸而祝之，俎而豆之乎？"捐镪率力，树宇于河堤之西。建堂三楹，以公所受纶音，金书丹质，揭之楣间。前为仪门、大门，堂后楼三楹，左右房。房左右为爨室，楼前有东西廊房。楼后堂三楹，四绕皆垣。大门外则设屏，而匾其上，公命萃夏镇之子弟于院，延师诲之，数申训饬，今亦彬彬能文学、升庠序矣。

锡汝为公属吏，两役是地，幸遘书院之建，而诸子弟讲诵其中者，以公命得以校视其业。万历改元七月，于后堂之北，拓其隙地筑台，方广三丈，高可丈许。覆亭其上，题曰"永赖"，志公功也。雄爽可眺望，帆樯之往来、山色之环拱，皆在瞩焉。亭前有石梁，为偃波形。左右植柏数株，高二丈余，浃旬而有鹊来巢。亭后磊石为三峰，峰左右植竹数十竿。亭左有井甃之冽可汲。前堂东西廊益以房，后堂左右亦如之，皆植槐柏数株。别建佃房数楹于市，岁入其租，以资缉理供费。夫召公教惠，蔽芾歌焉；羊叔覃仁，岘首颂焉。兹皆一时之政，民犹咏思之。矧夫起百万之生灵于鱼鳖，而生息教训垂诸永久，功视召、羊二公盖相万也。民不爱其财力而奔走之，固其宜哉。

院建于己巳年三月，成于庚午年五月，而峰、梁、亭、台则以今岁二月成者也。宜有文以纪之，敬述公功之及民者如此。非夫慈爱之仁，聪哲之智，弘达之度，敏瞻之才，何以成非常之功哉？若夫决排鸿水逆漕渠，为国家万世计，此功之在社稷者，则有庙堂之议、太史之简，有锡汝何敢与知焉。

漕运新渠记

华亭　徐阶

先皇帝之四十四年秋七月，河决而东注，自华山出飞云桥，截沛以入昭阳湖。于是，沛之北水逆流，历湖陵、孟阳至谷亭八十余里，其南溢于徐，渺然成巨浸，运道阻焉。事闻，诏吏部举大臣之有才识者督河道。都御史直隶河南、山东之抚臣，洪闸之司属，暨诸藩臬、有司治之，得令万安朱公衡，爰自南京刑部尚书改工部尚书、兼都察院右副教御史，奉玺书总理其事。

公至，驾轻舠，凌风雨，周视河流，规复沛渠之旧。而时，潴者为泽，淤者为沮洳，疏与塞，俱不得施。公喟然言曰："夫水之性下，而兹地地下甚，不独今不可治也，即能治之，他岁河水至，且复沦没，若运事何？"召诸吏士及父老而问计，或曰："道南阳折而南，东至于夏村，又东南至于留城，其地高，河水不能及。昔中丞盛公应期尝议凿渠于此，而不果就，其迹尚存，可续也。"公率僚属视之，果然。驰疏以请，先皇帝从之。

工既举，而民之规利，与士大夫之泥于故常者，争以为复旧渠便。先皇帝告曰："兹国之大事，谋之不可不审也。"敕工科右给事中何君起鸣勘议焉。何君具言："旧渠之难复者五，急宜治新渠而增其所未备，以济漕运。"诏工部集廷臣议，佥又以为然。诏报："可。"

公乃庐于夏村，昼夜督诸属。程役以工，授匠以式，测水之平，铲高而实下；导鲇鱼诸泉，薛、沙诸河会其中坝三河口，以杜浮沙之壅；堤马家桥，遏河之出飞云桥者，尽入于秦沟，涤泥沙使不得积。凡凿新渠，起南阳迄留城，百四十一里有奇；疏旧渠，起留城迄境山五十三里。建闸九，减水闸十有六，为月河于闸之旁者六；为坝十有三，石坝一，堤于渠之两涯。以丈计者，四万一千六百有奇，以里计者，五十三。为石堤三十里之疏支河九十六里二千六百余丈，修其堤六千三百四十六丈。而运道复通，由徐达于济，舟行坦然，视旧加捷。阶惟：国家建都燕蓟，百官六军之食，咸仰给于东南。漕运者，盖国之大计也。自海运罢而舟之转漕，独在一线之渠，其通与塞，又国家所谓大利大害也。河势悍而流浊，塞之则复决，浚之则辄淤。事在往代及先朝者，姑弗论，即嘉靖间，疏筑之役屡矣，而卒未有数岁之宁。则今徙渠而避焉，诚计之所必出也。然，当议之初上也，或以为方命，或以为厉民，哗之以众口，挠之以贵势，诬之以重谤，胁之以危言。于其时，公之身且不能自保，况敢冀渠之成哉？赖先皇帝明圣，不怒不疑，徐以公论付之谏臣，择两端之中，而因得夫远猷之所在。由是，公始得竭智毕力，而竟其初志，而质其谋之非迂。然则兹渠之成，固公之功，实先皇帝成之也。昔，禹受治水之命于尧，尽舍其前人湮塞之图，而创为疏导之说，彼其骤闻焉者，岂无或骇且谤乎？惟尧信之深、任之笃，至八年而不二，禹是以得建万世永赖之绩，奉玄圭以告厥成，则洪水底平，虽谓尧之功可也。而虞夏之史臣与后世之文人学士咸知称禹而莫知颂尧。呜呼！此尧之德所以为无能名也欤？洪惟先皇帝力持国是，以就兹渠，功德之隆较之帝尧，可谓协矣。阶曩岁备员内阁，尝屡奉治河之谕，迩谢政南归，复得亲至新渠，观其水工而考论其事之始末，追感往昔，不自知涕泗之交颐也。遂因公请，僭为之记，且以告夫修实录者。

役始于四十四年十一月二十四日，成于次年九月初九日。夫九万一千有奇，银四十万。赞其议者，河道都御史孙公慎、潘公季驯；总理于其间者，工部郎中程道东、游季勋、沈子木、朱应时、涂渊，主事陈楠、李汶、吴善言、李承绪、王宜、唐炼、张纯，参政熊桴，副使梁梦龙、徐节、胡涌、张任、陈奎、李幼滋，佥事董文寀、黎德充、郭天禄、刘贽。并立名左方。

沛县新渠记

普安　蒋思孝

古之动大众、兴大役者，例必有卓见石画，始克基谋底绩。然非蓄爱民之实，谁将信之？兹择可而劳，尼父惓惓；佚道之使，邹轲恳恳也。沛，古泽国，元至正间，白茅东注，二百年来，倏南忽北，民罹荼毒，十年之中常三四数。乙丑秋，黄河并流而东，灌城堙漕，自是岁为民患。秋夏之交，霖潦暴至，泡水故道久塞，靡从导泄，辄壅潴近郊，浸城溃堤，坏庐损稼，土旷民流，日就凋瘵矣。

癸酉秋，楚黄吉所倪侯，承命知邑事。逾年，政通人和，百废渐举。乃日延缙绅父老，洎博士弟子，询民所疾苦、利弊当急兴革者，两学博率诸生庭告侯曰："民害莫毒于洪水，兴利莫先于浚渠。"侯亟下堂，谢两学博洎诸生曰："古云'民可乐成，难与谋始'。斯役也，予当力任之，而邑缙绅弟子，尚有以襄予倡民者？"先是，诸缙绅弟子例不役，两学博因力饬诸生先事，为邑民倡。邑缙绅弟子欣然奉命。曰："侯为吾民兴百代利，且重以二师命，予辈奚财力是靳？"侯于是下令，谕民以开渠便民，胥欣然争赴。曰："侯为吾民兴百代利，诸缙绅弟子且靡爱财力，吾民敢自后乎？"侯嘻然曰："民可使矣。"因遍牒诸当道，诸当道是之。于是度远近，相原隰，遴材以董其事，程期以稽其功。阅月工且半。并运宿猾揣不利己也，则相与煽危言沮之。侯毅然曰："吾知为民兴利耳，浮议奚恤哉？"屹不为动。越三月功乃成，侯竟以归养去。

未几，黄河猝至，视昔几倍，胥顺渠而下，民庐稼赖不浥损，商贾舟楫亦络绎不绝。邑人士观渠，多陨涕思侯功，争诣谢两学博。两学博而谕之曰："兹役也，固尔邑侯功也。尔辈既知颂侯功，尚思所以永侯功者？"邑人士因构亭、伐石，冀纪侯绩。学博合溪邵公致其邑缙绅弟子意，走书京邸，丐予言揭之碑。予不识侯，固识邵公。公，予乡丈人也，谊难辞。曩予读《徐志》，宋绍兴中，萧张令惇疏汲水新渠，以远民患，陈后山实为之记。后山，宋室文豪也，其言信，足传百代；予，何人也，乃敢执笔纪侯绩哉？虽然，绍圣迄今，五百有余岁，邑令凡几更，乃导滞援溺，一见于萧，再见于沛，其颛意为民，不是己见，不撼群议，非袭旧拘方者拟，庸得以浅陋辞哉！后山之记曰"汲渠"，更数令不能决，而幸成于张令。往予闻令沛者，民盗渠抔土者，辄置之法议，上诸当道，旋以浮言阻。任事之难，信古今同之矣。后之继侯者，尚当因其已成者，而日增廓之可也。

渠起飞云桥，东至张化口，为丈者二千二百有奇；工为日者九十，夫役民者一千四百。侯在沛逾年，爱民礼士。诸所修建，若学舍、汉高庙，业已就绪，当别有纪述者。兹重渠事，例不得旁及云。

沽头新集记

东嘉　陈宣

始，余以水事寓泗亭驿。明年，创都水分司于上沽头东隅少北。南距河，其西故有民居，余莽然丘野。营生者绝念不谋于其中，过者佯而不顾。岂惟人也，地亦自弃之，久矣。

又明年，为我成化二十三年丁未。春正月，咨其乡之父老吴荣、刘海辈，曰：余欲倡一集于分司之旷地，必若招民作室环向，而中街之为集者所，每五阅日为集者期。奔走四方，俾居者、行者皆知有生于兹地。惟惴惴焉，未稽有众。为不敢是，慎可否。毋苟余顺，以助无益，以为识者鄙。"佥曰："为我生者也，敢不敬事。"乃出令榜之，分地标次，籍其愿室者五十余家。室欲壮，毋饬；栋欲连，毋断；间多寡，量力，毋强；方位如街，而毋背；街欲宽，以容，毋窄。树其土之所宜木，于街之两旁，为后日者荫，毋苟乱。二月朔吉，皆第，终月告成。间若干之，仅二百楹；树，倍楹之数。立东西为二门，设铺编守者，以警暮夜；立集长，以主祀事；立教读，以训童蒙；立老人，以掌市法。分集以二，日卒事，期如初。三日朏，乃社于新集，羊一、豕一。执诸事者，择其能子弟为之，令其习熟。可继赞礼者二人、瘗毛血者二人、司献者二人、读祝者一人，礼竣，又一人读誓文。

既而，复谕之曰："尔沛旧有乡社，而祀非礼，适予初正之。其神，祀五土、五谷；其仪，如上，而别为祝。兹复责之主祀事者，俗习泼汤娱尸以为孝，殊戾风教，予力禁，既息。兹申之掌市法者，邑之市道故无甃，微雨，若负涂然，予令在官者以官甃、在民者以民甃，幸不为病。”是日向晚，成醉而歌，儿童走卒皆相庆。明日，群拜于阶下，请书岁月。时按察御史姜公宏达，观而更其名曰“陈公集”，予不敢居，惟乐居民从之之易如此，而岁月安敢不书耶？乃以祝于神，与吾民之歌者并刻之，又刻其从事者姓名于碑阴云尔。祝曰：惟神道，协阴阳，镇兹乐土。南接邳淮，北邻邹鲁。界我封疆，新我环堵。尔茅尔绹，有相其始。苟完苟美，亦括于度。工以日者期月，楹以间者二百，而缺不三五。情祈同于骨肉，树喜联于桑梓。懋天下之有无，走日中之傍午。

歌曰：昔草莽兮今吾庐，昔泥泞兮今吾衢，日中退兮各以居。礼作闲兮无敢逾，呜呼——百千年兮歌唐虞。

平城集记

邦正

邑，旧北门无集。集之，自蜀平宇周侯始。自王、周两令修城后，黄河岁洊至城外，土日旋增，高视城内逾数尺。一遇霖潦，暴无注泻，官民庐舍，咸居沮洳中。西北隅地特下，傍潴者经冬春始涸。继以夏潦，辄复汪洋无际矣。邑治前旧有水门，丁丑秋，河径是门入，城几坏，前政者塞之。侯既治沛之五年，诸敝陋葺治一新，乃积潦病民，无一日不惕惕在念也。

邑，旧南北孔路，东门迫隘近河，轮蹄鲜道。即穿城由北门入，又迂回不便。今年，始得地于城东北隅，议开便门泄潴水，兼用通往来者。门既成，侯登陴望之，视城堧空地，风气环聚，曰：“有地若此，顾不可居民乎？邑东南民居鳞次，西北可独令荒僻乎？即于阴阳家‘抱负’‘环拱’之说，莫合矣。”乃始下令议集。

先，运由沛时，濒河有昭惠祠，直城东门，盖以祀伍侯员者。迩，运且东徙，祠亦颓圮莫支者，逾二纪，然祀载令甲，又莫可废。侯复议迁祀就集右，曰：“神人庶得相依也。”工既竣，邑缙绅、士庶兢问名于予，因僭名其门，曰“平城”，集因之云。

或谓予曰：“平城之意，盖昔人颂禹者，兹以名门洎集，得无僭且刁乎？”予曰：“非然哉，非然哉！粤自洪水，儆唐神禹施巧，迄今千祀，民诚永赖矣。沛，当河下流。乙丑之变至，廑圣天子南顾，忧，简大臣、镇抚疏治，经三朝，功迄脱绪，说者当世庙以唐尧无议矣。即当时大臣，功莫克媲禹，然其焦罢叛筑，良亦劳矣。邑藉国厚庇，河伯效灵，民方修耒耜、安乡井，无流离艰苦状，侯又以仁心仁政抚之。于上，即可以兴利除害，有裨于民者，无爱心力焉。民之永赖于侯者，良不浅矣。禹之功，在天下后世；侯之功，在一乡一邑。功有大小，心切于民一也。即以名门洎集，奚僭哉？又何刁之议乎？”问者唯唯而退。

会乡民张思训等谒记于予，因次第前所对，或人语授之，俾镵诸石。门暨祠，宜各有专记，兹以事相终始，得并书云。

重修城隍庙记

吉水　周缉

天下之祭城隍，肇自李唐，迄今奉祀尤谨。夫城以保民禁奸，通节内外，其有功于人，最大；而居民岁时祈禳报赛，独城隍是祀，其祀亦至重焉。

沛城隍居县治之西，历岁滋久，木石、丹漆、黝垩举皆摧朽、刓泐，弗称邑人尊祀之意。正统间，蜀新都王君本洁来知县事。越二年，人民乂安，田谷丰稔，乃谋诸同寅而新之。于是，邑丞沈富、簿王劻、幕唐彦相与协力，各捐己俸。抡材庀工，命耆民邓贵等董之。卜吉于辛酉之春，落成于是年之冬。昔之摧朽者易以坚良，刓泐者施之涂壂，而凡门庑、宫寝，巍峨炳耀，晃人目矣。缉忝分教于兹，使来求记。予惟，斯人之生，食稻而祭先，啬衣帛而祭先，蚕饮而祭先，酒畜而祭先，牧尚不敢忘其初，今神之灵，凡灾疠之兴、旱涝之变、有秋之庆，皆于兹祈焉、报焉，是乌可无祀以妥其灵？此王君暨诸同寅之念所由兴也。抑尝闻之，具仁义礼智谓之人，禀聪明正直谓之神，故古之祭者必思其所嗜好。神之为神，在于正直，则所好亦惟正直。吏之仕于是者，恣肆弗臧，以为神羞，虽丰豆、硕俎，无以致其昭格。邑民之亵渎不敬，以获罪于神，虽日击羊豚，谒拜祠下，亦无以致其来享。记是祠之重新，以识夫岁月，且以著神之正直而不可诬也。登是祠而览者，亦将有儆于斯文。

重修城隍庙记

符令仪

郡邑之祠城隍，固国家理幽报功之典，非其他淫祠逆祀比也。我太祖高皇帝鉴前代之失，郡邑城隍咸去公侯旧号，还厥本称。春秋二仲既得陪祠于山川坛，乃于春季、秋中、冬首设特祀于厉坛，俾主其事，典至渥矣。二百年来，有司恪遵成命惟谨。

沛之有庙，创置莫详其始，前政者数修数废，载之丽牲之石者亦既班班可考。今皇帝御定之三十一年癸卯七月下旬，黄水挟秋潦卷地北趋，决堤灌城，邑治、民居，陷沮洳汪洋者，十室而九，神宇亦倾毁过半，大殿即幸获存，水几没神之足，诸黄冠俱散处，莫能奉香火。

甲辰夏，当道者以邑在中原上游，南北咽喉，舟车都会，灾沴荐加，匪得剸繁治剧之才，恐未易抚疲氓而兴庶务也。爰简庶僚中，得今郡伯、永宁李公，奏诸朝，上可其奏。缘是，得以虹尹来知沛县。下车例当首谒神祠，水弥漫无可著足，旋迎神于城垣而祀之。退而自念曰："神人相依，幽明互政，使神无所依，政亦安从出乎？"及水既平，衙宇未及缮理，独于荆棘瓦砾中首新是庙，爰捐月俸若干金为士民倡。命下日，邑士民闻公有是举也，咸踊跃乐为之助。砖石泉涌，畚锸云兴，匠石呈巧，群工献力。甫一载，而殿宇、门庑、垣墉、像设焕然一新。寝宫两旁室逼仄，碍神道，公授意董事者，令得避故地东西各数尺，旷然弘敞，视旧改观矣。

公以落成届期，爰授简小子，俾纪其事。宣尼大圣，不轻语神，神理难言久矣。古之垂世立教者，率以德福相因之机，殃庆必报之以效，谆谆示儆。今天下梵宇、神祠，缘假像设、示善恶、昭劝戒，其说固出佛氏遗旨，然俾闾阎恶少、闺闱悍妇，束心缄意，屏气肃容，俨明威于咫尺，惧阴谴于须臾，凛凛惕惕，不敢萌一恶念，作一不道者，谓非圣人，神道设教，胡克臻此哉？起尧舜、三王于千古，谅不易此而治矣，独吾沛邑，城隍起废，坠于河伯，残毁之余，钟簴不移，享祀如故，岁之旱涝祷求有地，民之灾眚吁告有所，观听一新，政教兼举，公之功讵可诬耶？因为《迎神》《辞神》二章，镌诸石，俾司祀者，歌以侑神。其辞曰：

神之来兮无时，驾赤虬兮骖苍。螭鸣龟鼓兮树云旗，统百灵兮列诸司。歆俎豆兮飨牲牺，时雨旸兮无愆期。繁生殖兮跻雍熙，享明赐兮乐无涯。（右《迎神》）

风萧萧兮欃橀，气蒸蒸兮上升。鉴明禋兮孚至诚，迴鸾辂兮履太清。登天门兮朝玉京，视六合兮瑞霭生。窥下界兮渺人溟汆，奠神居兮予心载宁。（右《送神》）

重修忠孝祠记

黄梅　倪民望

沛故有颜公祠，祀先令颜公瓌也。公令邑时，靖难兵进逼，殊死力守。援绝，属子有为，归事大父，自赋诗题御史院壁，曰："太守诸公鉴此情，只因国事未能平。丹心不改人臣节，青史谁书县令名。一木岂能支大厦，三军空拟作长城。吾徒虽死终无憾，愿采民风达圣明。"赋罢，衣冠南望拜，自经，有为亦自刎以从。及城降，邑簿若尉唐子清、黄谦皆不屈，死于难。

天下闻而壮之，邑人思公，为建祠祀，合而四节，兼名"四贤祠"，从其著，又名忠孝祠云。祠岁久圮，邑学博邵君华翰及迁去史君思贤，始欲捐俸易以新，筹于摄邑张丞友方为料理，未克就。予承乏来兹土，相厥成，而祀始称。

既成，博士诸弟子请碑之。倪子曰：予至沛，盖游歌风之台，而览颜公肇祀之区云。尝思文皇帝欲用练子宁、黄子澄辈，而汉祖必杀丁公。俯仰今古，作而叹曰："嗟乎！此逆顺之感，厚薄之应也。夫士平居学古，诵法忠义，岂无慨然自许者？及当事局，情境变迁，难言矣，非利害之择战其中，而卒莫之胜乎？至有传舍，视去旧，而比于周周蛩蛩之不如者，薄亦甚矣，有国者何利若人用之哉？乃练、黄烈矣。文皇帝盖曰：'若在，则朕固当用之。'"

呜呼！帝德至矣，岂非以宁等之厚，欲以厚道风天下乎？若颜公者，以城守不守为存亡，而以一死以见志，固亦练、黄之匹，伟然烈丈夫也，利害得入其中乎？当其时，若在，将文皇帝所必用矣。且其子非有官守，僚若簿、尉，非寄专城，意颜公之教之倡欤？蹈死如归，要俱非利害所动者，不可谓非夫也。而君臣、父子、朋友之彝，一举兼惇矣，皆厚之道也。

今上即位，诏表忠义，首及靖难之臣，举文皇帝用练、黄之语以劝，而诸臣有余耀焉。即如颜公、数子之义，又非上所必予者乎？祠而祝之，独士人之思之故，遵明诏、崇厚道也。

呜呼！此义行，怀二心为自薄者，无所得矣。系之词曰：

于赫天兵，靡坚弗折。淮徐上游，矧谓援绝。守土裔谁？曰自鲁公。孤城抗志，凛凛遗风。为臣死忠，为子死孝。僚友之倡，家族之教。献身成信，留壁赋诗。从容仿佛，有赞存衣。地纪天纲，赖以立国。猗欤汉乡，山川生色。圣神践祚，爰表忠贞。黄、练同归，死有余荣。泮宫之南，河水弥弥。相厥崇基，堂户再启。有俨来临，有风凄其。愧彼二心，福我群黎。

清风烈女祠碑

綦江　杨为栋

烈女，窭人子也，不详何许人。年将笄，随父母侨寓夏镇之城南。窭人故匮于资斧，业攻皮自给，女妻傭针工佐之，无谶言。

居亡何，会甲午岁大祲，里闬饥死者道殣相望，殍以泽量。窭人度不能俱存，谋鬻女，弗售，以鬻于娼。母知告女，女拊膺大痛，赴潭水殁，母从之。

于戏，□哉！是女也，义不受辱，视死如归，慷慨激烈之气，惊天地而泣鬼神，纯白晶莹之标，凛霜日而映冰玉。烈哉！夫捐生就义，惟俶傥、奇杰者称焉，而矜名禔节，或可望于学问、义理之儒，彼流离、寡昧之处女，殆非其质哉？乃能果于自裁尔尔，非夫皭然之性出于天，卓然之识受乎群者，曷克臻此？顾其节概，忱足艳许，而所遇之不辰，则有可悼惘也者。夫女也，以彼其行，即古嫃妍者奚以尚？兹讵不褒，然淑女乎？藉令有君子者逑之，固当以淑媛居人间世云，胡笄而未字，而六礼故愆期也，可为悼惘者此也。不然，即鬻于娼，闾右素封之家，有能怜而赎之，以俪厥良，庶此女身命俱全，何解碌之义、嫁孤之仁，竟无行古道也者，可为悼惘者此也。虽然，美人尘土，何代无之？与草木同尽者，亦复何恨？独此女不蠛身、不堕名，盖天以大节付之，乌问乎遇之奉不奉哉！是故，等死者有当乎，则泰山埒重。然则此女一死，重泰山已。惜当时采风者不及其姓氏，遂湮灭无传，良令志士感怆。

余行水兹土，耳其事于乡荐绅父老，恻恻叹赏者久之，曰："有是哉，窭人之愚哉！乱命谓何矣？有是哉！女之烈哉，可以风矣哉！"

皇上磨砺世钝，首重风教。岁命部使者，搜奥渫之瑰行，核实以闻，旌予有差。而此女之烈，章章如是，盍纪诸石以需巨典？于是勒石潭水之干，名其潭曰"清风"，而吊之以辞。辞曰：

彼美者姝称婵媛，精姿郁郁双南锟。生也不辰托蓬门，笄而未字迍尘樊，一朝大祲死郊原。嗷嗷骨肉难俱存，隋珠轻掷空含冤。携持母氏啼声喧，吁嗟一片荆山璠。宁同老砾清清浑，褰裳一跃沈深源。愁□霾霿天日昏，气作洪涛水为歆。坚操壁立支昆仑，水滨岁岁长青蘩。想应清淑蟠灵根，溜澌日夜鸣潺湲。若为泉壤声鸣吞，道旁芳骨垒新墦。杜宇年来涕血痕，可怜新鬼哭荒村。节序何人荚赤蕡。我来问水驻辎轓，闻之酸鼻吊丘园。采毛剩水奠香魂。汨罗湛露首阳荪，魂兮仿佛聆我言。古今死者难俱论，繄惟贞烈可永存，为勒贞珉志勿谖。

三河口龙神庙碑

肥城　李邦珍

水之难治，古之人累言之。谓顺流利导，行所无事，治之善者也。然由其地行其性，则功易施。若夫奔涛怒湍，沙水俱下，我适有渠横亘，以扼厥冲。而地不能徙，又欲资水之我利，避沙之我堙，于此治之，非出古人所难之外者乎？今之三河口，固其所也。滕之东境，层岭沓涧，霖潦水溢，自连青山而发，是为沙河。薛之故墟，有三涌泉，曰薛谷、曰三山、曰魏庄，会而西下，是为薛河。两河之间，有玉华泉。渊深滥溢，岁出不穷，是为赶牛沟。三河交会处曰口，西趋昭阳湖，殆百里而遥。流长势缓，惟余清泚，由金沟口入旧渠，以济转漕，亦水有利矣。

乃嘉靖乙丑，河决于沛，旧渠堙没，上廑圣念，特命工部尚书兼都御史、吉州朱公衡往治之。公虚己咨询，议开新渠，自南阳经三河口，迄于留城，斥远冲噬，不与河争利。疏闻，制曰："可。"特令大中丞吴兴潘公季驯寔理河道，相与协心，讲求疏凿之故，而首以三河为计。盖洼之难于起，阜之难于深，皆可倍工取效。而三河之治之也，务利之归、害之去，势不可以兼善，难莫甚焉。上下其谋，逾时未决。惟山东左参政、荆南熊公桴，尝官吴中，修水利、缮海防，茂彰勣望，俾分理之。公得三河口至鲇鱼泉地十里，星驰野宿，率万众，贾力向役，劝勤倡惰，惠不掩威，浚深凿坚，旋将竣事。顾三河不易为力，搜壑穷源，心思是竭。质成二老，务裨永图。上下其谋，虑经时弗决。忽一日，二老移教同文，与公之精想吻合。遂去渠数里，筑长堤遏沙河之冲。沿渠则断以高坝，相视上流，疏某口，某口泄其水于某湖，北合鲇鱼泉，以浚新渠。盖逶迤其势，与趋昭阳、出金沟者同意也。赶牛沟之口，则筑塞之，折其流，南会于薛河。薛河之口，则筑石坝稍昂之，使水溢出，而泥滓不得俱下。凡水土、木石之工，费以巨万，而始克报竣。

值秋季雨水三溢，水如所据，尽得厥利，而害率以远。熊公不敢居其成，而颂美二老。朱公曰："余岂贪天之功哉！或神之启予衷也。第山川奠灵，而辄有更置，盍祠之水口以报飨之？"潘公闻而趯然曰："异哉，余有先兆也。昨梦三神云：'帝锡尔祖，当祠我于水西，固水口也。'"熊公喜，以告其僚，佥宪洛阳刘公贽公曰："心之虚境，神之府也；身之虚境，天地之神所游也。吾有谋有猷，根之心之诚，则吾之神合天地之神，而所以成天下之务者。若或导之，是故思之。思之鬼神，通之人谋，鬼谋相参以成能，所谓吉事有象，有开必先是已。"兹二老忠贞体国，忧勤至计，而熊公夙夜惕若，以求允济，则神之听之，发其明睿，出其嘉画，以毕此骏功，不有冥佑默相，而人力乃克臻此耶？相与捐资，建龙神之祠，为三河口之镇。时滕尹吉安张公启元，以文学政事知名，于是克肩堤坝之筑，有劳于是役者，谓祠成当记之石，以表群公之德，昭神之贶，垂示百世，俾由渠而上下者，知所以治之之难，乃嘱余为辞。辞不获，辄叙次之，而系之言曰：

维河有神，禹则肇之。血马沉璧，灵庥乃滋。愍兹徐方，洪流斯震。民命胥沦，王会靡觐。帝命司空，水土是乘。勗哉祗事，副之中丞。寔赞司空，国之蓍蔡。桓桓中丞，桢干攸赖。戾止河滨，集议广思。参政乃来，协恭以维。相惟三河，新渠中贯。利则我济，淤亦我患。难之慎之，嘉画是资。久而通之，实神司之。乃堤乃坝，以宣以遏。疏筑互兴，水利用达。湜湜新渠，国之元脉。万方来廷，迈往靡忒。宣房徒侈，郑白匪俦。修缵禹功，千祀永休。功高不伐，归美于神。有炳神烈，景贶聿臻。肃肃庙貌，维神于安。肤功勿忘，念哉元佐。

重修三义庙碑

吉水　周缉

去县治东南百步许，有重丘曰戟台。台之上有祠，其中祀汉昭烈，并关羽、张飞神像焉。祠曰三结义庙，考之志书可见。而其立名创建之始，则无所据也。

志载昭烈守此，与袁术相拒，吕布救之曰："我射戟中小支，当各罢去。"一发果中小支，是戟台得名之由也。

按史记，昭烈中山靖王之后，实帝室之胄。有大志，少语言，喜怒不形于色，素与河东关羽、涿郡张飞相友善。昭烈起，以二人为别部司马，分统部曲，恩若兄弟。名祠之意，其以是欤？或者，以为飞之走下邳、羽之失荆州，似有负所托，名未称其情也。

呜呼，是岂足以知其心哉？观曹操之留羽，羽辞以"受刘将军恩，誓以共死，不可背之"之言；飞随侍昭烈，周旋其间，不避艰险，其自阆州率士兵来会，亦无非欲同心雪耻。二人于昭烈为股肱，昭烈倚二人为心腹。其视雍渠之在原、率然之在山，首动则尾应，何以异哉？名祠之意，盖有见于此也。至于利钝得失者势也，诸葛公所谓不能逆睹者此也。

缉来沛县，尝造祠、拜遗像。慨祠宇之倾圮，神像之剥落，无有能新之者。正统壬戌夏，莱阳王君文勉，始于勾稽簿书之暇，乃谋诸同寅，捐赀鸠工，仍旧址而改图之。革其腐朽，而易以良材；去其坏圬，而环以涂塈；剥落者，各肖其像，而更塑饰。于是庙貌岿然。旧无榜，乃因名而重题之。落成之日，使来征记，遂述其大概，刻之坚珉，以示来者。

新迁玄帝庙记

邑人　张贞观

玄帝庙之在邑治者二。一据泗河之浒，载在邑乘，谓创于天顺间者，是也。一为今庙，邑乘不载。盖嘉靖乙未，自县南潴水桥迁入城北市中，迨今匝一甲子。客岁秋，彭山罗侯顾瞻庙宇逼近民居，湫隘弗称，以北门子城之右隙地僻静，安神为宜。爰下令迁之。

选匠僝工，撤旧为新，以坚易腐，不两月而工告成。侯以兹役不可无言纪成事，乃授简不佞。不佞承乏礼垣，职典祀事，其于国家崇祀诸神，博稽详绎，粗窥梗概。窃怪传真武者之幻妄不经，诬世且以诬神也。

《周礼·司服》有"祀昊天上帝与祠五帝"之文，盖帝天一也。以覆冒言，谓天；以主宰言，谓帝。而帝之随方因时、异位异名，则有赤、青、黄、白、黑之分，实一气分布为五。玄帝者即上天，北方之分气，黑帝是也。又青龙、白虎、朱雀、玄武之名见于《曲礼》，陈澔谓指四方之星形似而言。北方七宿，虚危如龟，腾蛇位其下，故称玄武。至宋真宗避祖讳，始易玄为真。而世称真武神者，例必曰玄天上帝，其意固可识已。史称三代祀天之礼，至秦无复存者。秦襄公始作四畤，祠白帝。其后并青、黄、赤而祀之。至汉高帝，乃立黑帝，祠名北畤，与故四帝祠而五，则玄帝之祀，其为北畤又何疑？论者谓天犹之性，帝犹之心，五帝犹仁、义、礼、智、信之心，随感而应，其说为近。太都天为积气，气之所积，神灵生焉。一气五运，总之皆天，犹太极分布为五行，五行总之一太极也。

元帝之祀，几遍宇内，视他祀为特隆，无亦以北方之分。气，于象为水，于卦为坎，于时为冬。天一之生气独先，而万物胥此归根复命，成始成终，功德斯世，更腆且渥，与乃混同。赤文谓帝生于开皇初劫，为净乐国王太子，遇紫虚元君授以道秘，遇天神授以宝剑，东游武当，修炼飞升。《元洞玉历记》又云：帝于殷纣时，与六天魔王战于洞阴之野，魔王以坎、离二气化苍龟、巨蛇，帝以神力摄伏之。无论其说浩渺怪诞，茫不足据，即果如所云，则真武之祀，且当在狄梁公所毁千七百祠之列。而我太祖厘正祭典，罢一切淫黩，诸祀何独俨然列之留都十庙？我成祖于太和山备极尊崇，典鸿仪缛，赫奕千古，又何为哉！盖秩祀有三：天神、地祇、人鬼。古者祀天地必配以人帝，如春祀青帝而配以大皞，夏祀赤帝而配以神农，诚谓功德参天地，即配之无怍耳。祠祭家不达其旨，于天神、地祇之祀，妄立名姓，惑世愚民，如真武之说者，往往而是，甚且列昊天上帝于其所谓三清之下。夫老聃诞生于衰周，死有墓，延有子孙，乃人鬼也，而可跻之上帝上乎？此唐玄、宋徽欲尊天，而不自知其亵天祇，为老氏者流添口实。不佞有激于中旧矣，辄因侯之命而并道其所欲言者如此。若侯之事神、治民，经画、注厝，种种宜人，此曾未足概其万一，不佞奚赘焉？

庙凡为正殿三楹，大门一座，周围以垣。别为余室一所，则黄冠者所寄宇也，例得附书之。

新迁三皇庙记

邑人　符令仪

县治西南曰汉台乡。距县二十五里，有村曰鸭子，其地盖有三皇庙焉，则士人杨君桐建也。先是，今皇帝登极之初载，适河为漕梗，朝议以南昌南溪万公有治干材，即其家起为大中丞，驻节济上。既抵任，则数行河丰沛间。公夙闻堪舆家言，由是上下华阜、戚峰之冲，襄衷瞻眺，爰指兹地曰："是可庙。庙之，于士人宜。"公闻命，辄奋然而自誓，以兴创为己任。因卜地道左，捐家赀之半，陶甓市木，鸠工命匠，积十余祀，而庙且次第成。中为大殿三楹，东为钟鼓楼一所，外为门三楹，周围以垣。君于是亦且老无嗣，爰即不佞征庙碑，为不朽计。

夫三皇之说不经见，其名号不可的据。太史公作《史记》，上下古今，千有余年，乃帝纪为书之首。顾断自五帝、不及三皇者，诚以洪荒辽邈，无从讯诘，亦孔子序书断自唐虞意也。唐司马贞始因皇甫谧《帝王世纪》，徐整《三五历》、《补三皇本纪》，则以庖牺、女娲、神农当之，其说出于《春秋运斗枢》。而近代谓天皇、地皇、人皇为三皇，出于秦博士，谓伏牺、神农、皇（黄）帝为三皇，则出于孔安国，学士家以安国儒者，多宗其说。第世代绵远，畴为左（佐）证，记载丛杂，谁可折衷？即太史公所述五帝之系世，且疑信半之，又孰有于小司马之臆说为哉！

不佞尝瞻世之祠伏羲者，胥男女并列，殊为不典，意其以小司马齐女娲，于三皇不得其说，遂讹至此耶。近之诋好修建者，以其求福田利益也。杨君之为是举，其为求福田利益与否，不佞固不容深为置喙，第其一闻命于上官，辄不惜百金之产，不借他人之力，间阅数载，竟偿所愿，较末俗贪人、鄙夫、利人之有封殖以自私者，良足多矣。后之考镜今日者，无徒例之于求福田利益者，庶有以量杨君之心哉！

新迁龙泉寺记

淮阴　倪鲁

丰水自西来，经县城东南隅合于泗。丰，一名泡云。泡水入泗处，有泉曰龙泉。嘉靖末，泡水中涸，人犹及见之。据泡河南岸，有佛寺焉，因泉为名，厥来旧矣。

肃皇帝御极之二十二年癸卯，堪舆家谓：邑科第久乏人，由学地未吉。龙泉寺占泡河之胜，风气垲爽，善地也。学迁于是，斯簪笏蝉联，人才辈出矣。

当是时，南滏王公适宰是邑，采其议，遍牒诸当道。诸当道是之，下令许迁焉。乃以学地畀寺僧觉颐，而移学宫于寺址。自是，邑科第如奕奕显。

而寺从改建来逾五十年，殿庑倾侧，垣墙崩弛，梵呗之声几绝。即岁时有司演礼祝禧，靡所矣。岁丙申，邑侯载获罗公，始议迁寺于泗河东浒昭惠祠地。昭惠祠者，祀春秋吴将伍侯员也。祠旧在泗亭乡，嘉靖初改于此。万历壬午，平宇周侯始移建于平城门外。侯谓旧祠址地势宽敞，面水揖山，称卓锡地。今年春二月，首捐俸金若干两，为士民倡。邑人士闻侯有是举，咸乐施金钱助之，甫五月而功且告成。侯乃授简不佞鲁，俾记之。不佞鲁，方以经生学起家者，安得作妄语，为学佛者谀？顾独有概于今世之学焉。圣学自宋室诸儒讲明后，逮今几五百年，发挥演绎，不啻足矣。学士家循其言而上之，可造圣域；守其说而不变，亦不失为作圣之徒。近代来，一二英敏之士，斥旧说，倡异议；黜平淡，骛新奇；空虚莽荡，泛而无归；惊世骇俗，狂澜莫挽。户释经而家立典，三尺之童且日嗫嚅于《圆觉》《法华》，甚则窜其语于经生艺中，其不胥天下，而佛不止矣。抱世道之忧者，思焚其书、庐其居，之为兢兢（焉）迁而新之，毋乃煽其焰而导其流乎？是有说焉：世道之坏，患在上而不患在下；患在我而不患在彼。两晋之清谈，梁武、宋徽之释老，可鉴矣。缁黄之流，不事生业，蠹蚀齐民则有之矣，奚足为深患哉？侯读书明理，素以羽翼圣道为己任，则其迁是寺而新之也，固将为演礼祝禧者地耳，岂曰煽其焰、导其流哉？

王侯名治，永年人；周侯名治升，新津人；罗侯名士学，彭山人。

泰山行宫记

邑人　符令仪

泰山行宫者何？碧霞元君祠也。元君祠在沛者不下六七区，而在七山者尤著。

七山行宫，创始年月无考。万历丙申冬，守宇者不戒，毁于火。阅三月，未有议修者。今年春，邑侯彭山罗公行部其地，谂知其为元君祠也，议修之，顾任事者难其人。

行宫地属汉台里，里耆王君守己者，为里人倚重，因俾司其事焉。侯首捐金若干两，为民倡，且谕之曰："尔乡人，不岁岁醵金祀东岳乎？裹负跋涉之苦，醵钱出息之繁，甚且月霜露、疲筋骨，不惮为之。神无远近，至诚乃克享。设行宫一建，乡人岁时伏腊，率其子弟、姻戚，一修祀事祠下，又何必泰山之登哉？"守己辄唯唯从事。畚土陶甓，鸠工抡匠，甫四月而殿宇轩腾，庄严靓丽，视旧有加。落成之日，征言不佞，镵石纪事。

不佞惟：道之在天地间，昭若日星、沛若江河，不外于纲常伦理。古圣帝、明王所以修治于上，贤人君子相与讲明于下者，率是物也。明之，则比屋可封；不明，则如无烛而夜行，昧昧然莫知所底。世趋愈下，无能挽而之古。上非不修之，而徒严于功令；下非不明之，而徒饬乎口耳。由是，异端者流得肆其说。谓不修行于今日，而可徼福于来世？卒俾一世之人，舍纲常伦物而不事，徒日仆仆跽拜于丛祠神宇前，意福善、祸淫之柄，神实司之，惑之甚矣！诚使司教宣化者，日以纲常伦理；率吾民服命遵教者，日以纲常伦理，尽吾分。臣思尽忠，子思尽孝；友爱笃于家庭，忠信达于州里；用古之道，变今之俗。务俾三代之风再见于今日，则出往游衍，无在非神，泰山之登，可无事矣。邑侯修祠之举，倘在是乎？不佞嗣为申之。

重修飞云桥疏

永宁　李汝让

伏以　为梁利涉，固万世之常经；藉众成功，实一时之权画。爰凭广募，期树鸿功。惟此偪阳，肇从周季；改名沛邑，爰自先秦。逮汉祖之龙兴，有声宇内；

嗣群英之虎变，擅美寰中。黄河万派自天来，绕西南而襟带邹峄。群峰从地起，环东北以屏围。据水路之要冲，轮蹄杂沓；当舟车之孔道，冠盖回翔。泡水奔注而东，夙道地中之脉；泗源顺流而下，时兴水面之波。闻说先朝于斯建闸；不知何代，就此为桥。涣锡嘉名，用宏杰构。羡豁达之伟概，仰溯歌风之章；慕高旷之雄词，首摘飞云之句。相沿既久，靡易厥初。忆当嘉靖之终，浊流塞运，续于万历之始，春水啮城。造舟为梁，粗延岁月；牵绳以渡，几历春秋。不无少济于须臾，终是难行乎久远。新津倡始，面龙泉，而向易东西；龙阳继兴，对来薰，而径还南北。顾兹泽国，难求不水于十年；即有危桥，讵保独存于一旦。

迩岁临于癸卯，适时届乎新秋。暑雨连绵，阴霾迷乎四野；郊原布濩，沾濡病此三农。痛河伯之不仁，溃堤而入；乘邑人之无备，卷土而来。力过奔牛，折合枹之门关，轻如拉朽；猛同逸虎，摧干云之雉堞，易若推沙，官廨荡然为一空。坐见树头栖笪，民居净焉，其若扫；立看釜内游鱼，沉者沉，浮者浮，非是飘厢即没廪；号者号，泣者泣，总为呼女以招儿。依断岸而居，幸尔暂焉有工；随坏舟而去，飘然倏以无家。风送水声来耳边，那堪入听；月移云影沉波底，祇是增悲。不惠天心，旁毒万姓；畴将人力，偏守一桥。恻动当途，念抚摩之下，曷简及不佞；愧蹇劣以奚胜，冒伏暑而升车。恭勤上命，遵丽谯而视事，遑暇安居？历任频年，敢云尽职？当官诸务，亦颇经心：吏弊千疮，医疗第寻：标本民艰，百孔补塞，一任机宜。河工畚锸云屯，庆如期而就绪；县治土木蝟起，冀不日以求成。睠兹一线之渠，畴当天险；值此五年之候，犹靳人谋。念时诎而举盈，能谐众口？必财丰以首事，始惬舆心。询我缙绅，遂及父老。春水断桥人不渡，一苇奚航；晴虹偃岸客来过，万方竟济。

爰从众议，普告四民：成大厦之万间，实资群木；冶洪钟之千石，岂事一金？慨矣倾囊，务使铢铢流惠；奋焉发廪，旋教粒粒生春。庶吴楚之名材，岩岩山积；而班倕之巧匠，滚滚云归。駪駪征夫目清波，早释望洋之叹；招招舟子卧斜阳，靡闻争渡之喧。共成不世之慈航，偕我舍筏登岸；愿结无穷之圣果，还他立地成真。

谨疏。

重修飞云桥记

邑人　蔡桂

黄河入海之支流，在今徐沛之境者数派，泡其一焉。泡水自西来，经邑南门外，东合于泗。泗则发源于山东泗水之陪尾山，经邑东门外，南达于徐，国家藉以资运者也。泗河南岸，有台隆然，世所称汉高皇帝归宴父老处。台畔树穹碑二,则刻其所歌大风辞焉。跨泡以便往来者,旧有桥,桥名飞云,则摘其辞中“风起云扬”之句。俗有谓张飞、赵云造者,其说近诬。

成化间,河决泡水,而台陨于泗,碑且移就北岸之琉璃井。嘉靖末,河再决,泡、泗且随运而东矣。去邑南门数武,而近有泉汪然,冬夏不竭,旧尝没于泡。今泡既涸,而泉之伏于水底者,犹时时溢出,合淫潦绕城垣,为衣带水。前政者尝作方舟以济,逾数岁辄坏。一二窭人子赁舟以渡,渡者吝,不赉一钱以偿,有竟日不博一饱者。缘是,舟人多避匿,而行旅病,祈寒盛暑、风雨泥途,争涉喧渡,多至有倾覆溺水者。

今皇帝三十一年癸卯秋,河又决泡,邑城不守。逾岁甲辰,今邳郡伯、永宁李公自虹尹迁知沛事,盖诸当道以材举者也。公下车后,见闾井凋落、田地污莱、衙宇胥沦于水,日夜焦劳,思所以宁民而奠之居者,历三载犹一日,桥泡之役,盖殷殷注念。时以迁县、修学、浚河、筑堤,费巨工繁,猝难兼举。丁未春,诸役业有绪,乃始议桥。首捐俸金若干两为士民倡,邑士民好义者咸乐为之助,匝岁而桥成。

桥自乙丑河决后,迄今四十余年,盖三修矣。始新津周公,嗣龙阳符公,但二公遭时之易,公则遘会之难,程功比绩,二公当不无逊公矣。偃水面之长虹,树中流之砥柱,易梗道为康衢,更难涉而利济,轮蹄无阻,冠盖如归,即有入境观风、善占得失如单襄公者而在,亦乌能有间于公耶!徒杠舆梁,王政所先,子舆氏不满于公孙侨者,洵以其惠而不广。修理桥梁,今载之令甲者,固昭然若睹也。长民者,宁可视为末务,漫不加省哉?

公材优干济,视国如家,纠工课匠,锱铢不爽,县学徙、新河通、堤岸固,百年旷举,肩之一身,公之才诚不负当道之举。倘侪之往哲,黄次公之于颍川、陶士行之于荆襄,不是过矣。新津之桥也,学训下邳唐君实为之记;龙阳之桥也,碑既具而文未及镌;今公之桥也,不佞辞弗获,爰纪其颠末而为论著如此,俟后之君子考焉。

蔡公劲节轩记

庐陵　解缙

余家世学《易》,尝有味乎节之义,非徒止节而已。惟中节为难,所以节制为尤难也。节欲、节礼、节用,皆君子之节也。节啬、节懦、苦节之不可贞也,是乌得为君子之节欤?

监察御史蔡君,乃以劲节名其所居之轩,是有志于刚中之节也。利欲之节,非刚不能;礼义之节,非刚不成;用度之节,非刚则啬而已。凡节欲、节礼者,非刚则懦而已矣，蔡君岂从事于勇克，而止于中正之归欤？或曰：君尝种竹于轩之前，泳歌《淇澳》之篇，而比德于竹也。是但节以义而不为外物之摇夺耳，是固君之一节也。

余昔者尝为御史矣，每诵古人之箴曰：无矫矫沽名，无庸庸保禄。沽名者，啬节、苦节之归；保禄者，懦节之无立而已，皆非有志于刚中者也。余尝诵之以为戒，幸无玷欤！

窃喜君之有志于学，其有光荣于今昔可必也；其以君子之节，有誉于后可知也，其义固非专取于竹也。

《化书》序

邑人　李绅

道在大地间不可见，可见者化而已。化在天地间不可见，可见者形而已。道者日用，事物当行之理无物不有，无时不然，所以不可须臾离也。若其可离，则为外物，而非道矣。是道也，未有太极，先天而生，本自无名，不得已而强名曰道。道尚强名，何天地万物之有哉？名尚非有，而形形色色者亦安有所寓哉？

自夫《易》有太极，两仪肇分。气之清者化为天，气之浊者化为地，气之中和者化为人，气之驳杂者化为物。气化而形生，形化而气生，生生化化若循环然。始而终，终而复始，无穷无极者，皆道之委用也。然则非道无以生化，非化无以显道，道之兴化，一而二，二而一者也。是故古之圣贤立言垂训，以诏后世，莫不因形而观化，因化而明道，盖亦不得已而然耳。

五代时，南唐有道之士讳景升，所撰《化书》一册，凡六卷，分道、术、德、仁、食、俭，六化共百一十篇。其意谓，道不足继之以术，术不足继之以德，德不足继之以仁，仁不足继之以食，食不足继之以俭，其名愈下，其化愈悉。噫，信斯言也！则无形无化，无化无道，得之可以治身，可以济物；推之可以化乡党、邦国，亦有补于世教之文也。苟非格物致知，以精穷理之功，诚意正心，以得尽性之实，知之明，见之的，有以窥阴阳化育之源，达鸢鱼飞跃之械者，孰能与于斯哉？

国初，潜溪先生宋景濂评其文"高简可亚关、尹"。子其于黄老道德，实有所见，且关、尹子亲受太上老子之教，故其所立卓尔。五代去古益远，斯人所立，旷百世而兴之同符，非真有所得，何以及此？尤足以见圣贤之生之不偶也。如是，是书在天顺间代府报行，岁久磨灭，见之者罕。方外友郑君常清，深得是书之旨，恐后人之不及见也，欲翻刊之，谋于定州善士刘逵字景亨者，即慨然捐资，命工寿梓，间以序属余。余自谢事，潜心斯道，盖亦有年，尚未有以得其要领，每阅是书，未尝不一唱而三叹。兹因其请，讵能已于言乎？故僭述数语，为之引云。

《新河集》序

太仓　王世贞

《新河集》成，诸颂大司空朱公者亡虑数百家，文亡虑数千万言。虽其言人人殊，要之，大公功而危公之所以功不易，则若一人也。世贞受而叹曰："今之所群然而颂公者，与昔之所龄龁公者，其人非耶，则何啻霄壤焉?"

盖嘉靖末，河决而东注，自华山入飞云桥，截沛以入昭阳湖。于是，沛水遂逆湖陵以至谷亭四十里，其南溢于徐为浸，俱破漕。天子闻而悯之，咨于众而得朱公，以大司空兼都御史大夫往，诸治河抚漕、中丞、监司、守令悉受束，得一切便宜行事。众或谓浚旧河便，公独曰"不然"。夫黄河之为决也若大盗然，汉武帝竭天下之力，至人主沉璧马，从官负薪石，而后仅胜之而为立宣房官，作歌以侈大其人事，说者犹以为不若避之便。所以避之便者，河不与漕争道也。今河与漕争道矣，乃至欲隐河之害，引而为漕之利，是延大盗入室也。故势不得避，则逆而捍之；势得避则顺而徙之。夫徙与捍之间，而吾识其说矣。

中丞盛应期者，尝议别创河南阳，折而南，东至于夏邨，又东南至于留城，以通漕事。中废。公行，求得故址，喜曰："定迁可避决，而近可漕也。"策之役，夫可九万有奇，金钱四十万有奇，粟称是。条上之，报可，诸言浚旧河者交难。公曰："河性宁有常及旧河，独不能及新河耶?"今朱公凿空而劳十万人之力，损县官之金钱数十万缗，粟称是，一旦捐而予，溃河不知何以称塞也。当是时，天子意不能无动，而独朱公屹然于橇樺畚牐之间，以与士卒共甘苦，诸伛偻、胼胝之众，不以咨而以颂。天子廉知其状，乃稍益信公。逾岁告竣，河亦引分去，岁漕受计如约。玺书屡下，赐余迁官加等，昔之所群然而龄龁公者，转而为颂矣。自是，更三朝人主，愈益为朱公重。重在宫殿、山陵，则公召而北；重复在河，则公复借而南。公且以司空百揆矣，乃集群公卿、大夫、士之言而梓之，曰："吾非敢以侈大如前人也。夫孔子之圣焉，从政而不免毁；公孙氏之贤，为郑焉而不免毁，且吾安知? 始吾闻之，汉将军充国之言曰：'吾老矣，爵位已极，岂嫌伐一时事而欺明主哉！兵势，国之大事，当为后法，老臣不为陛下明言兵之利害，谁当复言之者?'夫退而疑功，退而疑名，乃不一避焉? 而务为实，以示夫后之忧社稷者，何昔臣之忠笃、恳厚若此。"夫今而后，知国家之于决河在徙于捍之间也，河之为漕害而不为漕利也。任事之贵勇，任人之贵专也，则在兹集也夫！是故，世贞亦不以为公嫌，而为之序。

书《启蒙故事》后

邑人 张显

《启蒙故事》十卷，宣德间吏部郎中陈公之所编也。余为富阳之明年，访得完本，节缩俸资购之重刻，将与后学共之，且辱奉常陈先生叙诸简首。

间窃自念：蚤从邑庠师受业时，仅修日课，他皆视犹长物。及壮，而临文浩叹，居然解颐者不知其几。欲老，求其故实，既无插架牙签，又非阅市敏性。至若此书，虽尝暂假一观，寻返其璧，前之浩叹或因此而加焉，罔不敢效古人发愤，镂版以偿宿愿？而梦寐此书逾于《文选》者，亦不能忘。幸而成之，不啻重获矣。

虽然，蒙有二义，蒙稚之蒙幼而渐进者，犹之可也；蒙特之蒙如余有过时之悔者，其谁咎哉？自兹以往，凡吾子姓与夫好学之士，宜加渐进工夫，勿使蹈余之失，是所望也。遂书此于卷末，以致殷勤之意，而不暇泛说云。

邑令姚君惠政记

江阴 高贯

弘治甲子秋七月，予治水事既竣，当自沛还京师。沛之父老百数十人，诣予庭下，请曰："邑令姚公，初以御史征，去沛任十年矣。去之日，民计不能留，请以一靴庋之县门之左。方兹日就敝坏，民之念公者不衰。愿顺吾民心，文诸石，以垂不朽。"

先是，癸丑岁，公以进士来令吾邑属，天旱禾菽焦槁，生意余无几。公瞻于四野，忧形面目。自为文祷于郊坛，引咎侧身，罔敢宁处？越三日，若有灵响，雨果如注，原隰霑足，岁于是乎复有秋。民无智愚，皆知为公休德之赐。民有负官租者，殆百人，系已累年，莫为之所。公至，乃与之期而遣之。及是，民奉约惟谨，虽升斗不相负。是时，民皆给衣食阛阓，镇店无穿窬之警。市有恶少某姓者，尝被酒挟刃以拟其父。公曰："是风俗民教所关也！"刑无赦，立杖杀之。远近震慴，无复纵群饮、勇私斗者。沛之学校，虽苟文具，而士习久不振，公为葺而新之。暇则进诸生徒以课其业，士始知向慕检奇衰以就绳墨，实自公始焉。鳏寡惠鲜，每逾常数，循阡陌，课桑枣，询所疾苦于民蔀蔀间。公之善政种种未艾，民方期于永承，而公之御史之命下矣。

公治沛仅八月，去为御史凡九年，进擢宪副又一年。今读《礼》于家，大任远到，行且树伟功以泽天下，吾沛不复蒙被耶？然请书于今兹者，非敢责誉而干泽也，特人心于公之德，自不容泯焉耳。

于乎！今之令，或有九载而弗绩者。去之日，掷瓦石、恣诟詈，甚如拒寇逐仇然，其视姚公九月之治获民无穷之思者，何如哉？夫天下古今，人心不相远，顾在上者处之何如也！庸书诸石，以告来者。公名祥，字应龙，广右惠之归善人。先令江西之新喻，惠政亦称于是云。

工部主事宋公去思碑

奉节　李时

昔孔孟言仁，其称王者则曰“必世”；其称尧舜则曰“得人”。“必世”言久；“得人”言大。然则帝王仁民之意，其可想见乎？自秦废井地，历代因时立政，政有隆污、治乱因之。我国家酌古制，贡薄赋敛以厚下，疏爵禄以养士，凡以为民也。无已，则又法外布惠，以恤灾眚，实翼皇运无疆之休。

壬戌仲春，我二山宋公以水部使督漕河，驻上沽。沛适春旱，无麦，公免息贷粟；夏秋潦，无菽，湖柴减值之半。明年春又旱，无麦，仍贷粟如旧，宽约免息。

一日适野，见老稚杂，男女率羸黑，鲜人肤色；衣敝垢，不能蔽体。提筐筥，捡野菜草梗，又或呻吟卧伏坟壤间，在在有之。问之，则告曰：“往者麦秋至，主者是刈是获，贫者群逐群拾，而又荷杖操刃以收余秸。故恒业之家，积冈阜、盈仓箱；无业之室，累筐筥，遗穗亦充橐满楱，收秸亦足资薪用。今室且悬磬，野无所取，富无所贷，举家嗷嗷待哺，徒取诸彼以续喘息。穷日之力，不举一火，其道路间流徙者亦复类是。”公闻之，恻然良久。遂图之曰：“吾忍视野之莩而不一拯之乎？”乃阅湖柴旧籍，岁得值若干缗，喜曰：“得之矣。”适月朔，公具以语时，时再拜曰：“生沛民，时与赐矣！”遂意决，集左右议。左右曰：“释此，何以乐朋来也？”公曰：“不然，先朋情而后民命，仁矣乎？”众皆唯唯。于是，上其事于总理吾崖王公。公允其议，且嘉其溥川泽之利而同诸民也，示民永遵守之。其略曰：“湖柴例比堤草，听民自取。”又戒之曰：“惟负毋乘，惟急之周无继富；龙见毋入，水涸无争。”故近洽沽头，远周县北。日一二负者、日数负者称，户大小、强弱均得之。由是，湖柴载道塞市，值是旧裁，无复翔贵，居者便甚，得钱易米，老幼相哺，妇子嘻嘻。未举火者得举，一举火者再举，风闻流徙，相率来归，民免灾眚焉。

嗟乎！文王刍荛同圃，利彼周之世者，且数百年。湖自二百年来，未闻有举文王之政与民同者，盖待其人也。公捐湖柴之利民，后数千百年有举文王之政者，非公其人欤？沛民世有湖柴之利，得与成周之刍荛者并，盖王者必世之仁也。圣天子为天下得人如公，而民赖以养，非尧舜得人之仁欤？呜呼，休哉！

公以是岁十一月奏绩北上，沛民先期告时曰：“公，仁人也！吾民作息则思，寝食则思，曷其已乎？愿为吾民图之。”时曰：“然公之来未可期也，公之去未能忘也，当率若等树石以识其事，且愿仁人之继公政者，以圣天子之仁为仁，以公之心为心，于以惠若等子子孙孙于无穷。”民咸喜曰：“诺。”

公在沽，善政之可书者多不书，书此其大焉者也。遂刻于石。

工部郎中茅公去思碑记

邑人　张贞观

沛旧无工部分司，成化末始设于沽头。嘉靖末，河湮漕梗，又迁设于夏镇。故事，水漕郎职以节宣水利、攒输粮艘为务，固不得与郡邑吏亲民者比，何得言思？何得有碑？顾水曹郎即不与民事，其所分司地则郡邑属也。乃分司外地者能驲传，视其民犹称异数，间多荼毒鱼肉之者。一有高贤大良出其间，举属民而煦燠之，施渥泽焉，民奈何不思而碑耶？

公以丁未夏拜朝命于家，得分司夏镇。十月抵任，即书示父老子弟曰：“河漕巨务，能有硕画佐輓输者，告无隐。”间有以策进者，公手录而斟酌以行。市魁、大猾窜名部籍中，藉以为奸，多且至百余人。公因立斥其尤者数十人置之法，衙宇顿清，甫谒上官。日夜巡行河上，视险要、相机宜，乃议闭满家闸，一意于洳创三闸以节水；广河截弯，筑微山湖堤以免阻塞，障淫潦。当道是其议。堤工甫就，适溽暑亢旱为虐，漕舟阻弗进，禾黍半就槁。公忘寝食，徒步暴烈日中，祷之沧浪神者几二旬，而雨水暴至，漕舟得竞进，苗且获苏。而公亦以间阅河上，拮据尽瘁，中水湿病，弗起矣。

先是，镇距徐、济之间，商民杂处，货物坌集。嗣因苛取无度，商日病，且次第避去，闾里几空。公至期，平价市物，绝不倚是为利，闻风者缘是复稍稍来。镇民苦贫者，往往有过时不娶者，公悯而出赀为娶，曰：“天地以生物为心，吾人当常体天地生物心，俾生意不致斩绝，即力或不能遍，聊以毕此方寸也。”又尝装棉衣数百袭，衣镇民之寒弗能衣者。司警、夜更夫、内巡，旧编以闸夫，外巡胥籍镇民八百家充役，岁破民财无算。公悉罢之，而第以闸夫主外巡，民赖以安。河夫工食，例取之县，而分散之责，多属之倅贰。倅贰复属之小吏，递从减缩，十去四三。公稔其弊，手分给之，夫始沾惠，注意作人。

遴里中粗有学行者为塾师，群镇之子弟教焉。捐金为束脩费，又不时临观，以示鼓劝。博士弟子从公门下者数十人，公又时时品其课业而差次之。弥留之倾，犹呼从事掾曰：“善为我告后人，幸分湖田若干顷，作义田永充塾赀，无废斯举。”

柩行之日，镇民几为罢市。父老子弟泣而送之河浒者，逾数千人，僻居穷巷，邨畽竖子，莫不人人掩涕者。

公何以得此于民哉？不佞盖难为言矣。公莅任甫八月，善政已纷不可纪。假之岁时，又岂更仆易悉者耶？国朝令甲，以劳死王事者，例有恤典。公驰驱王事，竭力苦心，死而后已，似与例合；而当事者未闻议及，其将有待乎？

不佞又有感于今之横章拖绶者，无问称否，一离宦所，构生祠、去思碑者，前后相望。稽其实，非门生故吏之贡谀，则奸民猾胥之网利。苟非其人，有朝构而暮斥其像前碑，而继踣其石者。非益之光，只滋之后，盖心迹溷而真赝淆也久矣。窃谓得民之心者碑以心，得民之面者仅碑以石。心不可见石可见，古之碑去思恐或出此；心不可假石可假，今之碑去思者大抵然也。观者要惟稽当日之宦履，察去后之民情，而品斯辨耳。石以人重，峨峨片石，讵足轩轾人哉？岘山堕泪，惟归羊叔子而志郭有道之墓，蔡中郎独信为无愧，敢谓公碑近之。

不佞不习于文，尤不习于谀。故与公同举进士，同令齐东，同跻台省，兹又辱居公部下，聊因镇父老子弟之意，为述公莅镇颠末如此。他若公生平历履，则有巨笔如杠者在，不佞何与焉？

公讳国缙，字荐卿，世湖之归安人。

祭沛令颜公文

吉丰　彭勗

知县颜公墓，在沛邑南关。公名瓌，字伯玮，庐陵芗城人也，相传为唐鲁公之裔。素以学行称于州里。洪武末，由明经授知是邑，民悦其政。太宗靖难之兵压境，伯玮父子同日就死。邑人义之，遂敛葬焉。岁久冢平，人莫能知。正统初，监察御史彭勗巡教至邑，询于致仕户部主事孟式，得其葬处。乃令有司起坟立祀，而祭之以文曰：

> 人孰不死，公独死义。荒冢累累，我独公祭。勗非要誉于乡党，盖欲振纲常于百世。维灵爽之洋洋，永庙食于此地。

光禄寺少卿、致仕进阶朝列大夫李君墓志铭

长沙　李东阳

去年冬，予会抱犊李光禄、南屏潘太史、遂逸张西台于家。三君者并京产，潘、张皆予姻家，李君亦少同笔砚，张氏之好，实与成之故也。时李君已病归，遂剧。越数日，手书抵予，若欲为永诀者，既又以韵语属予铭墓。比再遣人候之，则已逝矣。予既与遂逸会哭，春初有事于城南，是夕梦焉，乃悲而铭之。

李氏世居徐之沛县，后征至京师，隶锦衣卫籍。君讳绅，字缙卿，其自号曰“抱犊山人”。生而朗润，数岁能属对，人争诵之。尝与予从监察御史、岐山展先

生游，并被甄赏。君长予三岁，顾淹一举。举成化乙酉乡贡，连擢丙戌进士，授行人司行人。数奉使，足迹遍天下，闻见亦博。九载考最，迁户部员外郎郎中，赠其父员外郎，封母周氏为太宜人，并受诰命。其所领司最剧，书簿立办。时贵戚方盛，有所干请，力为摧抑。尚书李公敏荐为光禄少卿。意气勃发，遽罹猜忌。会考核京朝官，以浮躁浅露例，调知山西之忻州。忻，君所尝奉使地，不欲往，上疏乞致仕；再上，未允。复疏曰："郡县之职，非循良岂弟者弗称。兹以浮躁浅露之名，而责其循良岂弟之政，盖亦难矣。"既得请，榜于坐曰："五斗懒将双膝屈，三章乞得一身闲。"论者赏其志，亦惜其才之不尽见也。

君旧居城南，徙禁御之西偏已。乃复故业，间归沛，置屋数楹，岁取僦直。忽毁于火，又与他贸易，岁费且不给，持以勤俭，未尝见言面。喜读道书，手自抄录，至盈箱箧。或讶之，笑而弗答。与客觞咏，投壶象戏，或杂以谐谑。文采逸发，独不及官府事。予叩之，朗朗可听，使得再试，未必不崭然颖脱也。

今天子登极，诏进阶朝列大夫。至是卒。李君素为恩义，兄玄真为道士，晚得末疾，迎致于家，躬视汤药，敛葬如礼。丁氏妹寡而无子，周恤百至。尝为友索草书，久弗致，纩未属，三日以幅楮抵予，必得乃已。交接之际，盖至死不易云。

配刘氏，封宜人，内政甚肃。晚得一男，出侧室刘氏，曰"宜禄"，方九岁。君生正统甲子五月五日，其卒以正德己巳十二月十九日，寿六十六。明年二月既望，窆城西四里原先墓。铭曰：

少而同袍，壮而同朝。分官异曹，独老于韬。岂才弗能，蹇命不遭。觞子于堂，吊子于郊。铭以葬之，以全我交。

登仕郎马文重墓志铭

余姚　王守仁

沛汉台里有马翁者，长身而多知，涉书史，少喜谈兵。交四方之贤，指画山川道里，弛张开合，自谓功业可掉臂取。尝登芒砀山，左右眺望，嘻吁慷慨，时人莫测也。中年役县司，辟为掾，已得选，忽不惬，复遂弃去。授登仕郎，归与家人力耕。致饶富，辄以散其族党乡邻，葬死恤孤、赈水旱、修桥梁，惟恐有阙。既老，乃益循饬，邑人望而视之，以为太宾焉。年八十六，正德丙子四月三日，无疾而卒。长子思仁，时为鸿胪司仪署丞，勤而有礼，予既素爱之。至是闻父丧，恸毁几绝，以状来请予铭，文哀而力，遂不能辞。

按状，翁名珍，字文重，父某、祖某、曾祖某，皆有隐德。子男若干人，女若干人，以是年某月某日葬祖茔之侧。为之铭曰：

丰沛之间，自昔多魁异材力。若汉之萧、曹，使不遇高祖，乘风云之会，固将终老其身于刀笔之间。世之怀奇不偶、无以自见于时、名湮没而不著者，何可胜数？若翁者亦其人。非耶！然考其为迹，亦异矣。

呜呼！千里之足困于伏枥，连城之珍或混瓦砾，不琢其章，于璧何伤？下驾以骧，爰损于良。呜呼马翁，兹焉允臧。

乡进士巽斋周先生墓碑铭

祁门　王讽

呜呼！沛之山川果何如耶？尝读《汉纪》，见沛多人物，未尝不壮；沛之山川，其丰隆奇崛，远不寻常□。乃竟上下数百年间，未闻有续萧、曹诸公。弼我明而出者，而吾榜乃得巽斋周子。巽斋周子，沛人也，名乾，字子健，曾大父昉，大父纶，父讳思聪，数世有德于沛。至正德戊辰十有一月十九日，而始生巽斋。巽斋之生也，骨秀而神清，自其塾师时，常质立身扬名语，人固奇之，曰："之子他日当不群。"比年十三，见有就乡举者，始自抵掌而谈曰："吾沛，百余年凋悴若是，顾今日当自诿耶？"于是，大奋力于举子，研钻经旨，考摭事度，期在闳综奥讨而措之行。十六，游邑庠，英志翘颖，崭见头角。尝奉督河策问，著《论河渠》，为名公爰，赏五试，督学并列首选，超贡茂异，文最诸州人。业南雍，益弘声实。比中丁酉科，时年二十九，人深期之。会录奏、策问，对及祀戎事忤旨，竟罢一榜，不得并天下会试。既，辛丑奉旨会试，巽斋文字已中选，值旨下，额裁二百数，巽斋名落数旁，又竟不得第。寻悒郁南归，至中陆，偶遘疾卒。时维辛丑三月十有七日，仅年三十有四，而功名之志，竟负扼腕泉下。则材之不果用世，而人理运会之不可解信于山川也。沛之人士，洎尝与交识于巽斋者，靡不深太息之。而予之作，同榜于巽斋也，始若倾欹于体貌已矣。

庚子北上，会经其家，与与风范，则既可悒，京邸密迩，且复时时接谈议，因得谛其蕴志。知其原从世儒讲朱、陆学，而于当代李、王、何、郑诸文学，战国孙、吴诸法术，则若心中指指有藻识者。予然，后且喟然而信，以谓巽斋而有是，则又不翅同年已矣。乃其相别京师也，巽斋晚予，陆；予，竟舟。予舟过沛涯，则有讣予巽斋死者。予消同舟，匍匐而往哭之，出其家人而吊之矣。妻为邹氏，子庠方八岁，魁岸可望。母为苏氏，父思聪翁出泣，且谢而且请曰："知吾儿者莫同年，若幸，赐之铭！"予诺之以归。

今年壬寅夏，翁复书巽斋事实来促铭。曰："当以是年十月二十六日襄葬事其宅，兆则卜圣水里先茔傍。"

呜呼！予既不获同里闬于巽斋，而徒以其传闻之略、邂逅之处，聊掇拾其梗概。若是，则曷以尽朋友之心？爰为之铭。铭曰：

曜吐精，岳进椒，火德余孕，汉辅邹鲁。文丰沛，武青徐，区圣王薮，肇我明沛，鲜尅百余年，伟巽斋，密颖奇，勒砥砺，综群籍，涉剑术，居庠序，策河渠，业辟雍，文名时，膺乡荐，既成春，载会试，竟落名。经义学，治事心。于今沛，焜人文。栋未材，鼎已沉。沛山川，竟何云。于同榜，失仁辅。念山川，惜人物。诹见闻，议□旌。后千祀，考斯铭。

祭沛令颜公文

庐陵　黄国用

繄先生之在当时兮，郁系乎乡誉；用明经而起家兮，遂筮仕于百里。遭国步之斯棘兮，爰赋诗而见意。蕲只手以扶天柱兮，矢临难无苟免之理。苦力鲔而援绝兮，乃从容南望拜而自缢。时令子之侍左右兮，痛先生之见弃。遂引决于赤堇之芒兮，期相从于地下。

呜呼！子之于父、臣之于君兮，实天下之大戒无适而非命义。诚忠孝而沦于慜兮，是果无所逃于天地。胡世道之乖舛日下兮，自下忠贞父子之外未论矣。何先生父子以倜尔之躯兮，而竦乎天制与人纪。盖自靖难之师临南傃兮，士氓佥谓天命之有归。咨姤嫮之未判兮，孰能量势而见几。渠溃溃娓娓望尘求免兮，一鸿毛之是俪。同时如唐子清、黄谦之就义兮，乃剸华熏香而自厉。后此若张昭季之经，许伯澜之水，周士修、王叔英之死于黉舍于广德兮，又皆闻风而兴起。我怀先生生吾庐陵之芗城兮，实胡忠简、文文山之故里。岂此邦之山水兮，用是多产乎英异？抑先生之世胄兮，乃太师文忠公之裔？多玄训之笺笺兮，求俯仰之弗愧。叹国用之生晚兮，幸托先生之里居。奉皇命而徂征河洛兮，道出丰沛之故区。考图志讯父老兮，知衣带瘗兹南关之埭。知先生握拳透爪兮，念灵修而未已。仰高望洋兮，区区怀先生而罔替。用将只鸡斗酒沃酹冢上兮，聊效昔人抚墓之礼。睹芳草之含烟兮，恸表识封植之犹未。喟当时之论未公兮，孰能阐先生之微。

呜呼！痛惟先生父子昔日之事也。噫！谅至人有神兮，离列宿而箕、尾是将。鞚玉虬鞭青鸾兮，夷犹乎故里。尚阴骘惟予小子兮，俾无愧于为臣为子也吁。

又

为臣死忠，为子死孝，何公父子而克允蹈？当神兵之压境，众瓦解而澜倒，公岂不知一木不足以支大厦，独云义不可违于颠造？公从容以就，公之子亦随公而死以报。呜乎哀哉！人孰不死？公死善道；人孰不子？公子克肖。日月争光，天地共老，宜历观古人几同此窍。棘墓累累，天心一吊。

告墓文

邑人　李绅

维弘治四年，岁次辛亥，九月甲戌朔，越十五日戊子，孙男李绅谨以牲醴，敢昭告于祖考妣之墓。呜呼！小子奉承宗祀，实赖祖宗垂佑，以至累官于朝，列从于卿大夫。后蒙恩推及考妣，俱如己官。痛惟祖考莫大之恩，思欲积累阶级，冀望恩泽，以图报称。奈孙守身失谨，中罹贬迁，毫厘有差。百虑俱废，有负初心，无任惭愧。幸蒙恩许致仕，于今三载。每遇风水摇落，南望故乡，涕泪交并。乃于今年八月祭告考妣，具舟南还，恭伸拜扫。又感诸父母官，共具祀礼仪，相予祀事，虽不肖孙男之罪无所祈宥，而旌节车从，光贲荒垅，三尺土丘，百年荣遇。想祖考之灵，亦必歆然来格，而孙男抱痛之心，庶几少伸于万一也。

六五而降，汉唐宋帝王称能文者，夫岂无人？乃吾读大风一歌，雄豪感慨，足以俯视千古。即其训太子诸书，质实尔雅，又何贻谋之善耶？世儒率侈口曰“高祖以马上治”，殆不然矣。且邑居中原上游，吊古搜奇之士，舟车杂沓，佩履相望，固宜其题咏富而纪述丰也。兹所录艺文，仍旧志者十之五，增他集者亦十之五，搅收不尽者又不啻十之五矣。诗若文，各稍为铨次年代，附之志中，期与好古之士同之。

卷十四　宦绩传

宋

程珦　字伯温，程夫子之父。天圣中，补郊社斋郎。历黄州黄陂、吉州庐陵二县尉，润州观察支使。由按察官论荐，改大理寺丞，知虔州兴国县，知龚州，再知徐州沛县事。会久雨，平地出水。谷既不登，晚种不入，民无卒岁具，公谓："俟可种而耕，则时已过矣。"乃募富家，得豆数千石以贷民，使布之水中。水未尽涸，而甲已露矣。是年，遂不艰食。有丐于市者，自称僧伽之弟，愚者相倡，争遗金钱。公杖而出之境。

国朝

颜瓌　字伯玮，以字行，江西庐陵人。聪明介直，能文词。洪武己卯，以贤良荐知县事，抚民有善政。未几，南北构兵，兵驻德州、淮北，郡邑并馈军饷。瓌善筹，民不告劳。岁辛巳六月望，北兵道捣济宁，临沛，民多窜匿。兵退，瓌招徕复业如故。秋九月，有旨，设沛丰军民指挥使司，瓌集民壮五千，筑土堡以备御。寻调三千益官军，存二千皆疲弱。四年正月，兵驻沙河，二十二日攻沛。瓌遣县丞胡光、百夫长邵彦庄，诣指挥都督袁守告急。未至。二十六日，攻益亟，瓌呼弟珏暨次子有为曰："兵势，孤城无援，势不可支。尔还家白大人，瓌既为人臣子职，弗克尽矣。又名为士，临难岂容免乎？"取笔赋诗一章，题察院壁，曰："太守诸公鉴此情，祗因国难未能平。丹心不改人臣节，青史谁书县令名。一木岂能支大厦，三军空拟作长城。吾徒虽死终无憾，愿采民风达圣明。"漏下二鼓，报兵入东门，指挥王显迎降。瓌具衣冠，南向拜，自经死，子有为自刎，以从光与。邑人敛瓌、有为尸殡之。

唐子清　沛主簿也，不知何许人。在沛有善政，民爱之。颜知县守沛，专调兵食，一切逻察事皆付子清。靖难兵执子清，欲杀之。将兵者欲且留，子清不屈死。

黄谦　亦不知何许人，以儒生为沛典史。果敢能捍下，颜知县礼遇之，益效力尽职。靖难兵欲执至徐招降，谦不屈死之。

常瓘　河南内乡人，由举人，永乐初知县事，平易近民，政务修举，远近悦服。迁绛州知府。

古信　湖广嘉鱼人。景泰初，由举人知县事。兴学校，勤于民事，百废俱举。

马时中　山西太原人。成化中，由举人知县事。持守廉介，为政务崇简易。以忤势，谪庆远卫经历。

姚祥　字应龙，广东归善人，由进士，弘治中知县事。自奉清约，受民如子，任甫八月擢御史。去后，父老为立惠政碑。

冯谦　字履吉，浙江诸暨人，由举人知县事。平恕不苛，有利政及民。卒于官。

杨凤　府军前卫人，由进士弘治末知县事。刚明果断，事无停滞。在任二年，以忧去。后擢御史。

胡守约　字希曾，四川合州人，由举人知县事。性刚果，有干略。会中官史宣进贡经沛，陵轹官吏，横索无厌。守约乃挺身力辩，与宣讦。奏诬，逮系狱比对，复立论侃侃，略无屈挠，竟罢归。后复起用，官至湖广按察佥事。

麻芝　字得秀，陕西榆林卫人，由国子生知县事。善骑射，性刚才敏，强御慑服，剪除夙寇，境内晏然。

操松　字廷节，江西浮梁人，由举人。正德中为学教谕。性谨厚，笃学好古，勤于立诲。每教人，以孝弟为先。诸生贫者，辄捐俸助之。历官广西佥事。

李文宪　字从周，直隶某县人。由国子生，嘉靖癸未任县丞。明年三月二十八日夜，忽贼众百余人入城劫掠，文宪率民兵拒敌。贼势炽，众惧，曰："势亟矣，盍避之?"文宪毅然曰："吾为国家守民社，苟遇变而避，如吾民何?"乃奋，独当先。夜三更，矢尽遇害。

杨政　字用仁，江西南昌人，由国子生，嘉靖初知县事。初，沛田赋不均，政议行步量，加意综理，乃得田亩核实，赋税均平。

王治　字纯甫，直隶永年人。嘉靖十九年，由国子生知县事。性刚果，莅政精勤。沛故无城，时北虏寇边，声言南掠，民用骚然。治为筑城，民恃无恐。又撤龙泉寺，徙建学宫，诸士讲习得所，尤感颂焉。

周泾　字澄之，江西贵溪人。由举人，嘉靖甲辰知县事。强毅有为，调度多方。先是，王令治创筑土城。泾至，会有他警，乃度工兴役，甫五月而砖城告完。又修学宫、建义仓、筑康嘴堤、新歌风台，百废俱兴，若不经意。邑人至今多之。

滕霁　字子开，沈阳卫籍，闽建安人、洗马霄之弟也。由举人，嘉靖庚戌署沛学事。刚直不阿，力振士气。癸丑，徐沛大饥，邑适缺令，未以灾报。霁悯之，特为牒诸当道。时少司寇、秀水吴公鹏承命来赈，因矫诏发仓，沛民赖以全活者无算，霁力居多。任满，升息县知县。沛民争诣铨部，保知沛事。在任锄强抑暴，礼士爱民。寻以不善事上官投劾去。归闽则辟一小楼，坐卧其上，日事诵读。死之日，贫不能敛葬云。所著有《俗嗤子集》行于世。

今世称循吏，率曰“两汉、两汉”云，即班孟坚、范蔚宗二家所传列者，亦何斤斤不轻与哉？余作沛志，上下千古，所可纪者，此数公耳。颜之抗节，百世犹生循吏，安足尽之？王、周二公，相继作令，新城池、修学校，邑之青衿、赤子固世世利赖之矣。即滕之刚正不阿，要非末俗龌龊者比。吾虽为之执鞭，所欣慕焉。

卷十五　人物志

商

仲虺　奚仲之后，封于薛，为汤左相。仲虺，邑旧志列之人物，州新志改之封建，今从邑志。详其订讹篇。

汉

曹参　沛人也，秦时为狱掾，而萧何为主吏，居县为豪吏矣。

高祖为沛公也，参以中涓从。击胡陵、方与，攻秦监公军，大破之。东下薛，击泗水守军薛郭西。复攻胡陵，取之，徙守方与。方与反为魏，击之。丰反为魏，攻之，赐爵七大夫。北击司马欣军砀东，取狐父、祁善置。又攻下邑以西，至虞，击秦将军邯车骑，攻辕戚及亢父，先登，迁为五大夫。北救东阿，击章邯军，陷陈，追至濮阳。攻定陶，取临济，南救雍丘。击李由军，破之。杀李由，虏秦侯一人。章邯破杀项梁也，沛公与项羽引兵而东。楚怀王以沛公为砀长，将砀郡兵。于是，乃封参执帛，号曰建成君。迁为戚公，属砀郡。

其后，从攻东郡尉军，破之成武南。击王离军咸阳南，又攻杠里，大破之。追北，西至开封，击赵贲军，破之，围赵贲开封城中。西击秦将杨熊军于曲遇，破之，虏秦司马及御史各一人。迁为执珪。从西攻阳武，下轘辕、缑氏，绝河津，击赵贲军尸北，破之。从南攻犨，与南阳守齮战南阳郭东，陷陈，取宛，虏齮，定南阳郡。从西攻武关、峣关，取之。前攻秦军蓝田南，又夜击其北军，大破之。逐至咸阳，破秦。

项羽至，以沛公为汉王，汉王封参为建成侯。从至汉中，迁为将军。从还定三秦，攻下辩、故道、雍斄。击章平军于好畤南，破之。围好畤，取壤乡，击三秦军壤东及高栎，破之。复围章平，平出好畤走，因击赵贲、内史保军，破之。东取咸阳，更名曰新城。参将兵守景陵二十三日。三秦使章平等攻参，参出击，大破之，赐食邑于宁秦。以将军引兵围章邯废丘。以中尉从汉王出临晋关。至河内，下修武，渡围津，东击龙且、项佗定陶，破之。东取砀、萧、彭城。击项籍军，汉军大败走，参以中尉围取雍丘。王武反于外黄，程处反于燕，往击，尽破之。柱天侯反于衍氏，进破取衍氏。击羽、婴于昆阳，追至叶，还攻武强，因至荥阳。参自汉中为将军中尉，从击诸侯。及项王败，还至荥阳。

汉二年，拜为假左丞相，入屯兵关中。月余，魏王豹反，以假左丞相别与韩信东攻魏将孙遬军东张，大破之。因攻安邑，得魏将王襄。击魏王于曲阳。追至东垣，生获魏王豹。取平阳，得豹母、妻子，尽定魏地，凡王十二县。赐食邑平阳，因从韩信，击赵相国夏说军于邬东，大破之，斩夏说。韩信与故常山王张耳引兵下井陉，击成安君陈余，而令参还围赵别将戚公于邬城中。戚公出走，追斩之。乃引兵诣汉王在所。韩信已破赵，为相国，东击齐，参以左丞相属焉。攻破齐历下军，遂取临淄。还定济北郡，收著、漯阴、平原、鬲、卢，已而从韩信击龙且军于上假密，大破之，斩龙且，虏亚将周兰。定齐郡，凡得七十县，得故齐王田广相田光，其守将许章，及故将军田既。韩信立为齐王，引兵东诣陈，与汉王共破项羽，而参留平齐未服者。

汉王即皇帝位，韩信徙为楚王，参归相印焉。高祖以长子肥为齐王，而以参为齐相国。高祖六年，与诸侯剖符，赐参爵列侯，食邑平阳，万六百三十户，世世勿绝。

参以齐相国击陈豨将张春，破之。黥布反，参从悼惠王将车骑十二万，与高祖会击黥布军，大破之。南至蕲，还定竹邑、相、萧、留。

参功：凡下二国，县百二十二；得王一人，相三人，将军六人，大莫嚣、郡守、司马、侯、御史各一人。

孝惠元年，除诸侯相国法，更以参为齐丞相。参之相齐，齐七十城。天下初定，悼惠王富于春秋，参尽召长老诸先生，问所以安集百姓，而齐故诸儒以百数，言人人殊，参未知所定。闻胶西有盖公善治黄老言，使人厚币请之。既见盖公，盖公为言，治道贵清净而民自定，推此类具言之。参于是避正堂，舍盖公焉。其治要用黄老术，故相齐九年，齐国安集，大称贤相。

萧何薨，参闻之，告舍人："趣治行，吾将入相。"居无何，使者果召参。参去，属其后相曰："以齐狱市为寄，慎勿忧也。"后相曰："治无大于此者乎？"参曰："不然。夫狱市者，所以并容也，今君忧之，奸人安所容乎？吾是以先之。"

始参微时，与萧何善；及为宰相，有隙。至何且死，所推贤唯参。参代何为相国，举事无所变更，一遵何之约束。择郡国吏长木讷于文辞、谨厚长者，即召除为丞相史。吏言之刻深，欲务声名，辄斥去之。日夜饮酒，卿大夫以下吏及宾客，见参不事事，来者皆欲有言。至者，参辄饮以醇酒。度之欲有言，复饮酒，醉而后去，终莫得开说，以为常。

相舍后园近吏舍，吏舍日饮歌呼，从吏患之，无如之何，乃请参游后园。闻吏醉歌呼，从吏幸相国，召按之。乃反取酒，张坐饮，大歌呼，与相和。

参见人之有细过，掩匿覆盖之，府中无事。

参子窋为中大夫。惠帝怪相国不治事，以为"岂少朕与"？乃谓窋曰："女(汝)归，试私从容问乃父曰：'高帝新弃群臣，帝富于春秋，名为相国，日饮无所请事，何以忧天下？'然无言吾告女(汝)也。"窋既洗沐归，时间自从其所谏参。参怒而笞之二百，曰："趣入侍，天下事非乃所当言也！"至朝时，帝让参曰："与窋胡治乎？乃者我使谏君也。"参免冠谢曰："陛下自察圣武孰与高皇帝？"上曰："朕乃敢望先帝！"参曰："参孰与萧何贤？"上曰："若似不及也。"参曰："陛下言之是也。且高皇帝与萧何定天下，法令既明，具陛下垂拱，参等守职，遵而勿失，不亦可乎？"惠帝曰："善，君休矣。"

参为相国三年薨，谥曰懿侯。百姓歌之，曰："萧何为法，讲若画一。曹参代之，守而勿失。载其清净，民以宁一。"

平阳侯窋，高后时为御史大夫，孝文帝立，免为侯。立二十九年卒，谥为静侯。子奇代侯，立七年卒，谥为简侯。子时代侯，时尚平阳公主，生子襄。时病疠，归国。立二十三年卒，谥夷侯。子襄代侯，襄尚卫长公主，生子宗。立十六年卒，谥为共侯。子宗代侯，征和二年中，宗坐太子死，国除。

太史公曰：曹相国参，攻城野战之功，所以能多若此者，以与淮阴侯俱。及信已灭，而列侯成功，独参擅其名。参为汉相国，清净极言合道。然百姓离秦之酷，后参与休息无为，故天下俱称其美矣。

——《史记·曹相国世家》

周勃　沛人，其先卷人也。徙沛，勃以织薄曲为生，常为人吹箫给丧事，材官引强。

高祖之为沛公初起，勃以中涓从攻胡陵，下方与。方与反，与战，却敌。攻丰。击秦军砀东。还军留及萧。复攻砀，破之。下下邑，先登，赐爵五大夫。攻蒙、虞，取之。击章邯车骑，殿。略定魏地。攻爰戚、东缗，以往至栗，取之。攻啮桑，先登。击秦军阿下，破之。追至濮阳，下鄄城。攻都关、定陶，袭取宛朐，得单父令。夜袭取临济，攻寿张，以前至卷，破李由雍丘下。攻开封，先至城下为多。后章邯破项梁，沛公与项羽引兵东如砀。自初起沛还至砀，一岁二月。楚怀王封沛公，号武安侯，为砀郡长。沛公拜勃为虎贲令，从沛公定魏地。攻东郡尉于成武，破之。击王离军，破之。攻长社，先登。攻颍阳、缑氏，绝河津。击赵贲军尸北。南攻南阳守齮，破武关、峣关。破秦军于蓝田，至咸阳，灭秦。

项羽至，以沛公为汉王。汉王赐勃爵为威武侯。从入汉中，拜为将军。还定三秦，赐食邑怀德。攻槐里、好畤，最。击赵贲、内史保于咸阳，最。北攻漆。击章平、姚卬军。西定汧。还下郿、频阳。围章邯废丘，破之。击盗巴军，破之。攻上邽。东守峣关。击项籍，攻曲逆，最。还守敖仓，追籍。籍已死，因东定楚地泗水、东海郡，凡得二十二县。还守雒阳、栎阳，赐与颍阴侯，共食钟离。以将军从高帝击燕王臧荼，破之易下。所将卒当驰道为多。赐爵列侯，剖符世世不绝。食绛八千二百八十户，号绛侯。

以将军从高帝击反韩王信于代，降下霍人。以前至武泉，击胡骑，破之武泉北。转攻韩信军铜鞮，破之。还，降太原六城。击韩信胡骑晋阳下，破之，下晋阳。后击韩信军于硰石，破之，追北八十里。还攻楼烦二城，因击胡骑平城下。所将卒当驰道为多，勃迁为太尉。

击陈豨，屠马邑。所将卒斩豨将军乘马絺。击韩信、陈豨、赵利军于楼烦，破之。得豨将宋最、雁门守圂。因转攻，得云中守遬、丞相箕肆、将勋。定雁门郡十七县，云中郡十二县。因复击豨灵丘，破之，斩豨，得豨丞相程纵、将军陈武、都尉高肆。定代郡九县。

燕王卢绾反，勃以相国代樊哙将，击下蓟，得绾大将抵、丞相偃、守陉、太尉弱、御史大夫施，屠浑都。破绾军上兰，复击破绾军沮阳。追至长城，定上谷十二县，右北平十六县，辽西、辽东二十九县，渔阳二十二县，最。从高帝得相国一人，丞相二人，将军、二千石各三人；别破军二，下城三，定郡五，县七十九，得丞相、大将各一人。

勃为人木强敦厚，高帝以为可属大事。勃不好文学，每召诸生说士，东乡坐责之："趣，为我语。"其椎少文如此。

勃既定燕而归，高祖已崩矣，以列侯事孝惠帝。孝惠帝六年，置太尉官，以勃为太尉。十年，高后崩。吕禄以赵王为汉上将军，吕产以吕王为汉相国，秉权，欲危刘氏。勃为太尉，不得入军门。陈平为丞相，不得任事。勃与丞相平、朱虚侯章共诛诸吕。语在高后记。

于是，阴谋以为少帝。及济川、淮阳、恒山王皆非惠帝子，吕太后以计诈名它人子，杀其母，养之后宫，令孝惠子之立，以为后用，强吕氏。今已灭诸吕，少帝既长用事，吾属无类矣，不如视诸侯贤者立之。遂迎立代王，是为孝文皇帝。东牟侯兴居，朱虚侯章弟也，曰："除诸吕，臣无功，请得除宫。"乃与太仆、汝阴滕公入宫。滕前，谓少帝曰："足下非刘氏，不当立！"乃顾麾左右执戟皆仆。兵罢，有数人不肯去。宦者令张释之谕告亦去。滕公召乘舆车载少帝出，少帝曰："欲持我安之乎？"滕公曰："就舍小府。"乃奉天子法，驾迎皇帝代邸。报曰："宫谨除，皇帝入未央宫。"有谒者干人，持戟卫端门，曰："天子在也，足下何为者？不得入。”太尉往谕，乃引兵去。皇帝遂入。是夜，有司分部诛济川、淮阳、常山王及少帝于邸。

文帝即位，以勃为右丞相，赐金五千斤，食邑万户。居月余，人或说勃曰：“君既诛诸吕，立代王，威震天下，而君受厚赏、处尊位以厌之，则祸及身矣。”勃惧，亦自危，乃谢请归相印。上许之。岁余，丞相平卒，上复用勃为丞相。十余月，上曰：“前日吾诏列侯就国，或颇未能行，丞相朕所重，其为朕率列侯之国。”乃免相，就国。

岁余，每河东守尉行县至绛，绛侯勃自畏恐诛，常被甲，令家人持兵以见之。其后，人有上书告勃欲反，下廷尉，逮捕勃治之。勃恐，不知置辞，吏稍侵辱之。勃以千金与狱吏，狱吏乃书牍背示之，曰“以公主为证”。公主者，孝文帝女也，勃太子胜之尚之，故狱吏教引为证。初勃之益封，尽以予薄昭。及系急，薄昭为言薄太后，太后亦以为无反事。文帝朝，太后以冒絮提文帝，曰：“绛侯绾皇帝玺，将兵于北军，不以此时反，今居一小县，顾欲反邪！”文帝既见绛侯狱辞，乃谢曰：“吏方验而出之。”于是使使持节赦勃，复爵邑。勃既出，曰：“吾尝将百万军，安知狱吏之贵乎！”

勃复就国。孝文帝十一年卒，谥为武侯。子胜之代侯。六岁，尚公主，不相中，坐杀人死，国绝。一年，弟亚夫复为侯。

亚夫为河内守时，许负相之，曰：“君后三岁而侯，侯八岁为将相，持国秉，贵重矣，于人臣无两，后九岁而饿死。”亚夫笑曰：“臣之兄已代父侯矣，有如卒，子当代，我何说侯乎？然既已贵如负言，又何说饿死？指示我。”负指其口曰：“从理入口，此饿死法也。”居三岁，兄绛侯胜之有罪，文帝择勃子贤者，皆推亚夫，乃封为条侯。

文帝后六年，匈奴大入边。以宗正刘礼为将军，军霸上；祝兹侯徐厉为将军，军棘门；以河内守亚夫为将军，军细柳，以备胡。上自劳军。至霸上及棘门军，直驰入，将以下骑出入送迎。已而，之细柳军。军士吏披甲，锐兵刃，彀弓弩，持满。天子先驱至，不得入。先驱曰：“天子且至！”军门都尉曰：“将军令曰‘军中闻将军之令，不闻天子之诏’。”有顷，上至，又不得入。于是上使使持节诏将军曰：“吾欲劳军。”亚夫乃传言开壁门。壁门士请车骑曰：“将军约，军中不得驱驰。”于是天子乃按辔徐行。至中营，将军亚夫揖曰：“介胄之士不拜，请以军礼见。”天子为动，改容式车，使人称谢：“皇帝敬劳将军。”成礼而去。既出军门，群臣皆惊。文帝曰：“嗟乎，此真将军矣！曩者霸上、棘门军，若儿戏耳，其将固可袭而虏也。至于亚夫，可得而犯邪？”称善者久之。月余，三军皆罢，乃拜亚夫为中尉。

文帝且崩，时诫太子曰："即有缓急，周亚夫真可任将兵。"文帝崩，亚夫为车骑将军。

孝帝景三年，吴楚反。亚夫以中尉为太尉，东击吴楚。因自请上曰："楚兵剽轻，难与争锋。愿以梁委之，绝其粮道，乃可制也。"上许之。

亚夫既发，至霸上。赵涉遮说亚夫曰："将军东诛吴楚，胜则宗庙安，不胜则天下危，能用臣之言乎？"亚夫下车，礼而问之。涉曰："吴王素富怀辑死士久矣，此知将军且行，必置间人于殽、黾厄狭之间，且兵事上神密，将军何不从此右去，走蓝田，出武关，抵洛阳，间不过差一二日，且入武库击鸣彭，诸侯闻之，以为将军从天而下也。"太尉如其计。至洛阳，使使搜殽、黾间，果得吴伏兵。乃请涉为护军。亚夫至，会兵荥阳。吴方攻梁，梁急，请救。太尉引兵东北走昌邑，深壁而守。梁日使使请太尉，太尉守便宜，不肯往。梁上书言景帝，诏使救梁。太尉不奉诏，坚壁不出，而使轻骑兵弓高侯等，绝吴楚兵后食道。吴楚兵乏粮，饥，欲退，数挑战，终不出。夜，军中惊，内相攻击扰乱，至于帐下。太尉坚卧不起。顷之，复定。吴奔壁东南陬，亚夫使备西北。已而，其精兵果奔西北，不得入。吴楚既饿，乃引而去。亚夫出精兵追击，大破之。吴王濞弃其军，而与壮士数千人亡走，保于江南丹徒。汉兵因乘胜，遂尽虏之，降其兵，购吴王千金。月余，越人斩吴王头以告。凡相攻守三月，而吴楚破平。于是诸将乃以太尉计谋为是。由此，梁孝王与太尉有隙。

归，复置太尉官。五岁，迁为丞相，景帝甚重之。上废栗太子，亚夫固争之，不得。上由此疏之。而梁孝王每朝，常与太后言亚夫之短。

窦太后曰："皇后兄王信，可侯也。"上让曰："始南皮及章武先帝不侯，及臣即位乃侯之。信未得封也。"窦太后曰："人主各以时行耳。自窦长君在时，竟不得侯，死后乃其子彭祖顾得侯。吾甚恨之。帝趣侯信也！"上曰"请得与丞相计之。"亚夫曰："高皇帝约'非刘氏不得王，非有功不得侯。不如约，天下共击之'。今信虽皇后兄，无功，侯之，非约也。"景帝默然而止。

其后，匈奴王徐卢等五人降，汉止欲侯之以劝后。亚夫曰："彼皆其王降陛下，陛下侯之，则何以责人臣不守节者乎？"上曰："丞相议不可用。"乃悉封徐卢等为列侯。亚夫因谢病。景帝中三年，以病免相。

顷之，上居禁中，召亚夫，赐食。独置大胾，无切肉，又不置箸。亚夫心不平，顾谓尚席取箸。上视而笑曰："此不足君所乎？"亚夫免冠谢上。上曰："起。"亚夫因趋出。上以目送之，曰："此怏怏者，非少主臣也？"

居无何，亚夫子为父买工官尚方甲楯五百被可以葬者。取庸苦之，不予钱。

庸知其盗买县官器，怒而上变告子，事连污条侯。书既闻上，上下吏。吏簿责亚夫，亚夫不对。上骂之曰："吾不用也。"召诣廷尉。廷尉责冲曰："君侯欲反何？"亚夫曰："臣所买器，乃葬器也，何谓反乎？"吏曰："君纵不反地上，即欲反地下耳。"吏侵之益急。初，吏捕亚夫，亚夫欲自杀，其夫人止之，以故不得死，遂入廷尉。因不食五日，呕血而死。国绝一岁，上乃更封绛侯勃它子坚为平曲侯，续绛侯后。后传子建德，为太子太傅。坐酎金免官，后有罪，国除。

条侯果饿死。后，上乃封王信为盖侯。至平帝元始二年，继绝世后封勃玄孙之子恭，为绛侯千户。

太史公曰：绛侯周勃，始为布衣时为鄙朴人也，才能不过凡庸。及从高祖定天下，在将相位，诸吕欲作乱，勃匡国家难，复之乎正。虽伊尹、周公何以加哉！亚夫之用兵，持威重，执坚刃，穰苴曷有加焉？足己而不学，守节不逊，终以穷困，悲夫！

——《史记·绛侯世家》

王陵 沛人也，始为县豪。高祖微时，兄事陵。及高祖起沛，入咸阳，陵亦聚党数千人，居南阳，不肯从沛公。及汉王之还击项籍，陵乃以兵属汉。项王怒，烹陵母。陵卒从汉王定天下。以善雍齿。雍齿，高祖之仇。陵又本无从汉之意，以故后封陵，为安国侯。

陵为人少文任气，好直言。为右丞相二岁，惠帝崩。高后欲立诸吕为王，问陵。陵曰："高皇帝刑白马而盟曰：'非刘氏而王者，天下共击之。'今王吕氏，非约也。"太后不说。问左丞相平及绛侯周勃等，皆曰："高帝定天下，王子弟，今太后称制，欲王昆弟诸吕，无所不可。"太后喜。罢朝，陵让平、勃曰："始与高帝唼血而盟，诸君不在邪？今高帝崩，太后女主，欲王吕氏，诸君纵欲阿意背约，何面目见高帝于地下乎！"平曰："今面折廷争，臣不如君；全社稷，定刘氏后，君亦不如臣。"陵无以应之。于是吕太后欲废陵，乃阳迁陵为帝太傅，实夺之相权。陵怒，谢病免，杜门竟不朝请，十年而薨。

樊哙 沛人也，以屠狗为事。后与高祖俱隐于芒砀山泽间。陈胜初起，萧何、曹参使哙求迎高祖，立为沛公。哙以舍人从攻胡陵、方与，还守丰，击泗水监丰下，破之。复东定沛，破泗水守薛西，与司马夷战砀东。却敌，斩首十五级，赐爵国大夫。常从沛公击章邯军濮阳，攻城先登，斩首二十三级，赐爵列大夫。从攻阳城，先登，下户牖，破李由军，斩首十六级，赐上闻爵。后攻圉都尉、东郡守尉于城武，却敌，斩首十四级，捕虏十六人，赐爵五大夫。从攻秦军，出亳南。河间守军于杠里，破之。击破赵贲军开封北，以却敌，先登，斩侯一人，首六十八级，捕虏二十六人，赐爵卿。从攻破杨熊于曲遇。攻宛陵，先登，斩首八级，捕虏四十四人，赐爵，封号贤成君。从攻长社、轘辕，绝河津，东攻秦军户乡，南攻秦军于犨，破南阳守齮于阳城。东攻宛城，先登。西至郦，以却敌，斩首十四级，捕虏四十人，赐重封。攻武关，至霸上，斩都尉一人，首十级，捕虏百四十六人，降卒二千九百人。

项羽在戏下，欲攻沛公。沛公从百余骑，因项伯面见项羽，谢无有闭关事。项羽既飨军士，中酒，亚夫谋欲杀沛公，令项庄拔剑舞坐中，欲击沛公，项伯常屏蔽之。时独沛公与张良得入坐，樊哙居营外，闻事急，乃持盾入。初入营，营卫士止哙，哙直撞入，立帐下。项羽目之，问为谁。张良曰："沛公参乘樊哙也。"项羽曰："壮士，赐之卮酒、彘肩。"哙既饮酒，拔剑切肉食之。项羽曰："能复饮乎？"哙曰："臣死且不辞，岂特卮酒乎？且沛公先入定咸阳，暴师霸上，以待大王。大王今日至，听小人之言，与沛公有隙，臣恐天下解心疑大王也。"项羽默然。沛公如厕，麾哙去。既出，沛公留车骑，独骑马，哙等四人步从。从山下走归霸上军，而使张良谢项羽。羽亦因遂已，无诛沛公之心。是日，微樊哙奔入营，谯让项羽，沛公几殆。

后数日，项羽入屠咸阳，立沛公为汉王。沛公赐哙爵为列侯，号临武侯。迁为郎中，从入汉中。

还定三秦，别击西丞白水北，拥轻车骑雍南，破之。从攻雍、斄城，先登。击章平军好畤，攻城，先登陷阵，斩县令、丞各一人，首十一级，虏二十人，迁为郎中骑将。从击秦车骑壤东，却敌，迁为将军。攻赵贲，下郿、槐里、柳中、咸阳；灌废丘，最。至栎阳，赐食邑杜之樊乡。从攻项籍，屠煮枣，击破王武、程处军于外黄。攻邹、鲁、瑕丘、薛。项羽败汉王于彭城，尽复取鲁、梁地。哙还至荥阳，益食平阴二千户，以将军守广武一岁。项羽引东，从高祖击项籍，下阳夏，虏楚周将军卒四千人。围项籍陈，大破之。屠胡陵。

项籍死，汉王即皇帝位，以哙有功，益食邑八百户。其秋，燕王臧荼反，哙从攻荼，定燕地。楚王韩信反，哙从至陈，取信，定楚。更赐爵列侯，与剖符，世世勿绝。食舞阳，号为舞阳侯，除前所食。以将军从攻反者韩王信于代，自霍人以往至云中，与绛侯等共定之，益食千五百户。围击陈豨与曼丘臣军，战襄国，破柏人，先登，降之。定清河、常山，凡二十七县。残东垣，迁为左丞相。破得綦母卬、尹潘军于无终、广昌。破豨别将、胡人王黄军代南，因击韩信军参合。军所将卒斩韩信，击豨胡骑横谷，斩将军赵既，虏代丞相冯梁、守孙奋、大将王黄，将军一人，太仆解福等十人。与诸将共定代乡邑七十三。后燕王卢绾反，哙以相国击绾，破其丞相，抵蓟南，定燕县十八，乡邑五十一。益食千三百户，定食舞阳五千四百户。从，斩首百七十六级，□虏二百八十七人。别，破军七，下城五，定郡六，县五十二，得丞相一人，将军十三人，一千石以下至三百石十二人。

哙以吕后弟吕媭为妇，生子伉。故其比诸将最亲。先黥布反，时高帝尝病，恶见人，卧禁中，诏户者无得入群臣，群臣绛、灌等莫敢入。十余日，哙排闼直入，大臣随之。上枕一宦者卧。哙等见上，流涕曰："始陛下与臣等起丰沛，定天下，何其壮也！今天下已定，又何惫也！且陛下病甚，大臣震恐，不见臣等计事，顾独与一宦者绝乎？且陛下独不见赵高之事乎？"高帝笑而起。

其后卢绾反，高帝使哙以相国击燕。是时，高帝病甚，人有恶哙党于吕氏，即上一日宫车晏驾，则哙欲以兵尽诛戚氏、赵王如意之属。高帝大怒，乃使陈平载绛侯代将，而即军中斩哙。陈平畏吕后，执哙诣长安，至则高帝已崩。吕后释哙，得复爵邑。

孝惠六年，哙薨，谥曰武侯，子伉嗣。而伉母吕媭亦为临光侯。高后时用事颛权，大臣尽畏之。高后崩，大臣诛吕媭等，因诛伉，舞阳侯中绝数月。孝文帝立，乃复封哙庶子市人为侯，复故邑。薨，谥曰荒侯。平帝元始二年，继绝世，封哙玄孙之子章为舞阳侯，邑千户。

夏侯婴　沛人也，为沛厩司御。每送使客还，过沛泗上亭，与高祖语，未尝不移日也。婴已而试补县吏，与高祖相爱。高祖戏而伤婴，人有告高祖。高祖时为亭长，重坐伤人，告故不伤婴，婴证之。后狱覆，婴坐高祖系岁余，掠笞数百，终脱高祖。

高祖之初与徒属欲攻沛也，婴时以县令史为高祖使。上降沛一日，高祖为沛公，赐爵七大夫，以婴为太仆，常奉车。从攻胡陵，婴与萧何降泗水监平，平以胡陵降，赐婴爵五大夫。从击秦军砀东，攻济阳，下户牖，破李由军雍丘，以兵车輙攻战疾，破之，赐爵执帛。从击章邯军东阿、濮阳下，以兵车輙攻战疾，破之，赐爵执圭。从击赵贲军开封，杨熊军曲遇。婴从捕虏六十八人，降卒八百五十人，得印一匮。又击秦军洛阳东，以兵车輙攻战疾，赐爵封，转为滕令。因奉车，从攻定南阳，战于蓝田、芷阳，至霸上。沛公为汉王，赐婴爵列侯，号昭平侯。复为太仆，从入蜀汉。

还定三秦，从击项籍。至彭城，项羽大破汉军。汉王败不利，驰去。见孝惠、鲁元，载之。汉王急，马疲，虏在后，常蹶两儿弃之，婴常收载行，面雍树乃驰。汉王怒，欲斩婴者十余，卒得脱，而致孝惠、鲁元于丰。

汉王既至荥阳，收散兵，复振，赐婴食邑沂阳。击项籍下邑，追至陈，卒定楚。至鲁，益食兹氏。

汉王即帝位，燕王臧荼反，婴从击荼。明年，从至陈，取楚王信。更食汝阴，剖符，世世勿绝。从击代，至武泉、云中，益食千户。因从击韩信军胡骑晋阳旁，大破之。追北至平城，为胡所围，七日不得通。高帝使使厚遗阏氏，冒顿乃开其围一角。高帝出欲驰，婴固徐行，弩皆持满外向，卒以得脱。益食婴细阳千户。从击胡骑句注北，大破之。击胡骑平城南，三陷阵，功为多，赐所夺邑五百户。从击陈豨、黥布军，陷阵却敌，邑千户，定食汝阴六千九百户，除前所食。

婴自上初起沛，常为太仆从，竟高祖崩。以太仆事孝惠，孝惠帝及高后德婴之脱孝惠、鲁元于下邑间也，乃赐婴北第第一，曰"近我"，以尊异之。孝惠帝崩，以太仆事高后。高后崩，代王之来，婴以太仆与东牟侯入清宫，废少帝，以天子法驾迎代王代邸，与大臣共立为文帝，复为太仆。八岁卒，谥为文侯。传至曾孙颇，尚平阳公主，坐与父御婢奸，自杀，国除。

初婴为滕公奉车，故号滕公，及曾孙颇尚主，主随外家姓，号孙公主，故滕公子孙更为孙氏。

太史公曰：吾适丰沛间，问其遗老亲故，萧、曹、樊哙、滕公之家及其素，异哉所闻。方其鼓刀屠狗卖缯时，岂自知附骥之尾垂名汉庭，德流子孙哉。余与他广通为言，高祖功臣之兴时若此云。

——上《史记·樊滕列传》

周昌　沛人也，其从兄苛，秦时皆为泗水卒史。及高祖起沛，击破泗水守监，于是苛、昌自卒史从沛公。沛公以昌为职志，苛为客。从入关，破秦。沛公立为汉王，以苛为御史大夫，昌为中尉。

汉三年，楚围汉王荥阳急，汉王出去，而使苛守荥阳城。楚破荥阳城，欲令苛将。苛骂曰："若趣降汉王！不然，今为虏矣！"项羽怒，烹苛。于是乃拜昌为御史大夫。常从击破项籍。六年，与萧、曹等俱封，为汾阴侯。苛子成以父死事，封为高景侯。

昌为人强力，敢直言，自萧、曹等皆卑下之。昌尝燕入奏事，高帝方拥戚姬，昌还走，高帝逐得，骑昌项，上问曰："我何如王也？"昌仰曰："陛下即桀纣之王也。"于是上笑之，然尤惮昌。及帝欲废太子，而立戚姬之子如意为太子，大臣固争之，莫能得；上以留侯策即止。而昌廷争之强，上问其说，昌为人吃，又盛怒，曰："臣口不能言，然臣期期知其不可。陛下虽欲废太子，臣期期不奉诏。"上欣然而笑。既罢，吕后侧耳于东箱听，见昌，为跪谢曰："微君，太子几废。"

是岁，戚姬子如意为赵王，年十岁，高祖忧即万岁之后不全也。赵尧为符玺御史。赵人方与公谓御史大夫周昌曰："君之史赵尧，年虽少，然奇才也，君必异之，是且代君之位。"昌笑曰："尧年少，刀笔吏耳，何至是乎！"居顷之，赵尧侍高祖。高祖独心不乐，悲歌，群臣不知上之所以然。尧进请问曰："陛下所为不乐，非为赵王年少而戚夫人与吕后有隙，虑万岁之后而赵王不能自全乎？"高祖曰："吾私忧之，不知所出。"尧曰："陛下独宜为赵王置贵强相，及吕后、太子、群臣素所敬惮乃可。"高祖曰："然。吾念之欲如是，而群臣谁可者？"尧曰："御史大夫周昌，其人坚忍质直，且自吕后、太子及大臣皆素严惮之。独昌可。"高祖曰："善。"于是召昌，谓曰："吾固欲烦公，公强为我相赵王。"昌泣曰："臣初起从陛下，陛下独奈何中道而弃之于诸侯乎？"高祖曰："吾极知其左迁，然吾私忧赵王，念非公无可者。公不得已强行！"于是徙御史大夫昌为赵相。

既行久之，高祖持御史大夫印弄之，曰："谁可以为御史大夫者？"熟视尧曰："无以易尧。"遂拜尧为御史大夫。尧亦前有军功食邑，及以御史大夫从击陈豨有功，封江邑侯。

高祖崩，吕太后使使召赵王，其相周昌令王称疾不行。使者三反，昌曰："高帝属臣赵王，王年少，窃恐吕后怨戚夫人，欲召赵王并诛之，臣不敢遣王。王且有疾，不能奉诏。"太后怒，使使召赵相。相至，谒太后，太后骂曰："尔不知我之怨戚氏乎？而不遣赵王？"昌既被征，高后使使召赵王，赵王果来。至长安月余，见鸩杀。昌谢病不朝见，三岁而薨，谥曰悼侯。传子至孙意，有罪，国除。景帝复封昌孙左车为安阳侯，有罪，国除。

赵尧既代周昌为御史大夫，高祖崩，事惠帝终世。高后元年，怨尧前定赵王如意之画，乃抵尧罪，以广阿侯任敖为御史大夫。

任敖　沛人也。少为狱吏，高祖尝避吏，吏击吕后，遇之不谨。任敖素善高祖，怒，击伤主吕后吏。及高祖初起，敖以客从为御史，守丰二岁。高祖立为汉王，东击项籍，敖迁为上党守。陈豨反，敖坚守，封为广阿侯，食千八百户。高后时为御史大夫，三岁免。孝文元年薨，谥曰懿侯。传子，至曾孙，越人，坐为太常庙。酒酣，不敬，国除。

周緤　沛人，以舍人从高祖起沛，至霸上。西入蜀，还定三秦。赐食邑池阳。从东击项羽，战不利，终亡离生心。上以緤为信武侯，食邑三千三百户。上欲自击陈豨，緤泣止。上以为爱我，赐入殿不趋。复改封蒯城侯。孝文五年薨，谥曰贞。

鄂千秋　沛人。汉祖定功行封，千秋进曰："萧何有万世之功，当第一。"上曰："进贤受上赏何？功虽高，得鄂君乃益明矣。"封安平侯。

姜肱　字伯淮，彭城广戚人也。广戚故城，今徐州沛县东。家世名族。谢承书曰：祖父豫章太守，父任城相也。肱与二弟仲海、季江俱以孝行著闻，其友爱天至，常共卧起。谢承书曰：肱性笃，孝事继母恪勤。母既年少又严，为肱感凯风之孝。兄弟同被而寝，不入房室，以慰母心也。及各娶妻，兄弟相恋，不能别寝，以系嗣当立，乃递往就室。肱博通五经，兼明星纬，士之远来就学者三千余人。诸公争加辟命，皆不就。二弟名声相次，亦不应征聘，时人慕之。

肱尝与季江谒郡，夜于道，遇盗，欲杀之。肱兄弟更相争死，贼遂两释焉。谢承书曰：肱与季江俱乘车行过野庐，为盗所劫。取其衣物，欲杀其兄弟。肱谓盗曰："弟年幼，父母所怜悯，又未聘娶，愿自杀身济弟。"季江言："兄年德在前，家之珍宝、国之英俊，乞自受戮，以代兄命。"盗戢刃曰："二君所谓贤人，吾等不良，妄相侵犯。"弃物而去。肱车中尚有数千钱，盗不见也。使从者追以与之，亦复不受。肱以物经历盗手，因以付亭吏，而去也。但掠夺衣资而已。既至郡中，见肱无衣服，怪，问其故，肱托以它辞，终不言盗。盗闻而感悔，乃就精庐求见征君，肱与相见，皆叩头谢罪，而还所略物。肱不受，劳以酒食而遣之。

后与徐穉俱征，不至。桓帝乃下彭城，使画工图其形状。肱卧于幽阁，以被韬面，言患眩疾，不欲出风，工竟不得见之。

中常侍曹节等专执朝事，新诛大傅陈蕃、大将军窦武，欲借宠贤德以释众望，乃白征肱为太守。肱得诏，乃私告其友曰："吾以虚获实，遂藉声价。明明在上，犹当固其本志，况今政在阉竖，夫何为哉！"乃隐身遁命，远浮海滨。再以玄纁聘，不就。即拜太中大夫，诏书至门，肱使家人对云"久病就医"。遂羸服间行，窜伏青州界中，卖卜给食。召命得断，家亦不知其处。历年乃还。年七十七，熹平二年终于家。弟子陈留刘操，追慕肱德，共刊石颂之。

——右《后汉书·姜肱传》

右自曹平阳而降，皆西京之翘楚。而高祖从龙佐命臣也，其勋伐掀揭宇宙，无容赘矣。乃邑之祀乡贤者，于樊舞阳、周绛侯特悭叙入，岂有惑欤？高祖病间之言，而真以椎鲁少文哉！鸿门无哙，高祖何以谢项王而脱之厄？南军不袒，吾恐汉非刘氏有矣。近代高启氏论哙有大功三，良非直梗。高祖遗命曰"安刘氏者，必勃"，岂无见欤？姜伯淮，一代伟人，能以匹夫辞天子之诏，讵止笃友谊云哉？沛有若人，而因多杂郡志，无为拈出者，学士家其可少稽古之功耶？

度尚　字博平，山阳湖陆人也。家贫，不修学行，不为乡里所推举。积困穷，乃为宦者同郡侯览视田，得为郡上计吏，拜郎中，除上虞长。为政严峻，明于发摘奸非，吏人谓之神明。迁文安令。遇时疾疫，谷贵人饥，尚开仓廪给，营救疾者，百姓蒙其济。时冀州刺史朱穆行部，见尚甚奇之。

延熹五年，长沙、零陵贼合七八千人，自称"将军"，入桂阳、苍梧、南海、交趾。交趾刺史及苍梧太守望风逃奔，二郡皆没。遣御史中丞盛修募兵讨之，不能克。豫章艾县人六百余人应募，而不得赏直，怨恚，遂反，焚烧长沙郡县，寇益阳，杀县令，众渐盛。又遣谒者马睦，督荆州刺史刘度击之，军败，睦、度奔走。桓帝诏公卿举任代刘度者，尚书朱穆举尚，自右校令擢为荆州刺史。尚躬率部曲，与同劳逸，广募杂种诸蛮夷，明设购赏，进击，大破之，降者数万人。

桂阳宿贼渠帅卜阳、潘鸿等畏尚威烈，徙入山谷。尚穷追数百里，遂入南海，破其三屯，多获珍宝。而阳、鸿等党众犹盛，尚欲击之，而士卒骄富，莫有斗志。尚计缓之则不战，逼之必逃亡，乃宣言："卜阳、潘鸿作贼十年，习于攻守。今兵寡少，未易可进。当须诸郡所发悉至，尔乃并力攻之。"申令军中，恣听射猎。兵士喜悦，大小皆相与从禽。尚乃密使所亲客潜焚其营，珍积皆尽。猎者来还，莫不泣涕。尚人人慰劳，深自咎责，因曰："卜阳等财宝足富数世，诸卿但不并力耳。所亡少少，何足介意！"众闻咸愤踊，尚敕令秣马蓐食，明旦，径赴贼屯。阳、鸿等自以深固，不复设备，吏士乘锐，遂大破平之。

尚出兵三年，群寇悉定。七年，封右乡侯，迁桂阳太守。明年，征还京师。时荆州兵朱盖等，征戍役久，财赏不赡，忿恚，复作乱，与桂阳贼胡兰等三千余人，复攻桂阳，焚烧郡县，太守任胤弃城走，贼众遂至数万。转攻零陵，太守陈球固守拒之。于是以尚为中郎将，将幽、冀、黎阳、乌桓步骑二万六千人救球，又与长沙太守抗徐等发诸郡兵，并执讨击，大破之，斩兰等首三千五百级，余贼走苍梧。诏赐尚钱百万，余人各有差。

复以尚为荆州刺史。尚见胡兰余党南走苍梧，惧为已负，乃伪上言苍梧贼入荆州界。于是，征交趾刺史张磐，下廷尉。辞状未正，会赦见原。磐不肯出狱，方更牢持械节，狱吏谓磐曰："天恩旷然，而君不出，何也？"磐因自列曰："前长沙贼胡兰作难荆州，余党散入交趾。磐身婴甲胄，涉危履险，讨击凶患，斩殄渠帅，余尽鸟窜冒遁，还奔荆州。刺史度尚惧磐先言，怖畏罪戾，伏奏见诬。磐备位方伯，为国爪牙，而为尚所枉，受罪牢狱。夫事有虚实，法有是非。磐实不辜，赦无所除。如忍以苟免，永受侵辱之耻，生为恶吏，死为敝鬼。乞传尚诣廷尉面对曲直，足明真伪。尚不征者，磐埋骨牢槛，终不虚出，望尘受枉。"廷尉以其状上，诏书征尚到廷尉，辞穷受罪，以先有功得原。磐字子石，丹阳人，以清白称，终于庐江太守。

尚后为辽东太守。数月，鲜卑率兵攻尚，与战，破之，戎狄惮畏。年五十，延熹九年，卒于官。

——右《后汉书·外传》

湖陆，旧名湖陵，新莽时易今名。故城在今邑沙河南，北则山东鱼台地也。湖陵地既分属，则度尚亦得两志。汉史匡衡，东海人，今淮安、峄县皆志；唐史陆贽，嘉兴人，今松江、嘉兴皆志。今故得而因之。

晋

刘毅 字希乐，彭城沛人也。曾祖距，广陵相；叔父镇，左光禄大夫。毅少有大志，不修家人产业，仕为州从事，桓弘以为中兵参军属。

桓玄篡位，毅与刘裕、何无忌、魏咏之等起义兵，密谋讨玄，毅讨徐州刺史桓修于京口、青州刺史桓弘于广陵。裕率毅等至竹里，玄使其将皇甫敷、吴甫之北距义军，遇之于江乘，临阵斩甫之，进至罗落桥，又斩敷首。玄大惧，使桓谦、何澹之屯覆舟山。毅等军至蒋山，裕使羸弱登山，多张旗帜，玄不之测，益以危惧。谦等士卒多北府人，素慑伏裕，莫敢出斗。裕与毅等分为数队，进突谦阵，皆殊死战，无不一当百。时东北风急，义军放火，烟尘张天，鼓噪之音震骇京邑，谦等诸军一时奔散。

玄既西走，裕以毅为冠军将军、青州刺史，与何无忌、刘道规蹑玄。玄逼帝及琅邪王西上，毅与道规及下邳太守孟怀玉等追及玄，战于峥嵘洲。毅乘风纵火。尽锐争先，玄众大溃，烧辎重夜走。玄将郭铨、刘雅等袭陷寻阳，毅遣武威将军刘怀肃讨平之。

及玄死，桓振、桓谦复聚众距毅于灵溪。玄将冯该以兵会振，毅进击，为振所败，退次寻阳，坐免官，寻原之。刘裕命何无忌受毅节度，无忌以督摄为烦，辄便解统。毅疾无忌专擅，免其琅邪内史，以辅国将军摄军事，无忌遂与毅不平。毅唯自引咎，时论韪之。毅复与道规发寻阳。桓亮自号江州刺史，遣刘敬宣击走之。毅军次夏口。时振党冯该戍大岸，孟山图据鲁城，桓山客守偃月垒，众合万人，连舰二岸，水陆相援。毅督众军进讨，未至复口，遇风飘没千余人。毅与刘怀肃、索邈等攻鲁城，道规攻偃月垒，何无忌与檀袛列舰于中流，以防越逸。毅躬贯甲胄，陵城半日而二垒俱溃，生擒山客，而冯该遁走。毅进，平巴陵。以毅为使持节、兖州刺史，将军如故。毅号令严整，所经墟邑，百姓安悦。南阳太守鲁宗之起义，袭襄阳，破桓蔚。毅等诸军次江陵之马头。振拥乘舆，出营江津。宗之又破伪将温楷，振自击宗之。毅因率无忌、道规等诸军破冯该于豫章口,推锋而进,遂入江陵。振闻城陷,与谦北走,乘舆反正。毅执玄党卞范之、羊僧寿、夏侯崇之、桓道恭等,皆斩之。桓振复与苻宏自郧城袭陷江陵,与刘怀肃相持。毅遣部将击振,杀之,并斩伪辅国将军桓珍。毅又攻拔迁陵,斩玄太守刘叔祖于临嶂。其余拥众假号以十数,皆讨平之。二州既平,以毅为抚军将军。时刁预等作乱,屯于湘中,毅遣将分讨,皆灭之。

初,毅丁忧在家,及义旗初兴,遂墨绖从事。至是,军役渐宁,上表乞还京口,以终丧礼,曰:"弘道为国者,理尽于仁孝;诉穷归天者,莫甚于丧亲。但臣凡庸,本无感慨,不能陨越,故其宜耳。往年,国难滔天,故志竭愚忠,靦然苟存。去春鸾驾回轸,而狂狡未灭,虽奸凶时枭,余烬窜伏,威怀寡方,文武劳弊,微情未申,顾景悲愤。今皇威遐肃,海内清荡,臣穷毒艰秽,亦已具于圣听。兼羸患滋甚,众疾互动,如今寝顿无复人理。臣之情也,本不甘生;语其事也,亦可以没。乞赐余骸,终其丘坟,庶几忠孝之道获宥于圣世。"不许。诏以毅为都督豫州、扬州之淮南、历阳、庐江、安丰、堂邑五郡诸军事、豫州刺史,持节、将军、常侍如故,本府文武悉令西属。以匡复功,封南平郡开国公,兼都督宣城军事,给鼓吹一部。梁州刺史刘稚反,毅遣将讨擒之。初,桓玄于南州起斋,悉画盘龙于其上,号为盘龙斋。毅小字盘龙,至是,遂居之。俄进拜卫将军,开府仪同三司。

及何无忌为卢循所败,贼军乘胜而进,朝廷震骇。毅具舟船讨之,将发,而疾笃,内外失色。朝议欲奉乘舆北就中军刘裕,会毅疾瘳,将率军南征,裕与毅书曰:"吾往与妖贼战,晓其来熊。今修船垂毕,将居前扑之。克平之日,上流之任皆以相委。"又遣毅从弟藩往止之。毅大怒,谓藩曰:"我以一时之功相推耳,汝便谓我不及刘裕也!"投书于地。遂以舟师二万发姑苏。徐道覆闻毅将至建邺,报卢循曰:"刘毅兵重,成败系此一战,宜并力距之。"循乃引兵发巴陵,与道覆连旗而下。毅次于桑落洲,与贼战,败绩,弃船,以数百人步走,余众皆为贼所虏,辎重盈积,皆弃之。毅走,经涉蛮晋,饥困死亡,至得十二三。参军羊邃竭力营护之,仅而获免。刘裕深慰勉之,复其本职。毅乃以邃为咨议参军。

及裕讨循,诏毅知内外留事。毅以丧师,乞解任,降为后将军。寻转卫将军、开府仪同三司、江州都督。毅上表曰:

臣闻天以盈虚为运,政以损益为道。时否而政不革,人凋而事不损,则无以救急病于已危,拯涂炭于将绝。自顷戎车屡骇,干戈溢境,所统江州,以一隅之地当逆顺之冲。自桓玄以来,驱蹙残败,至乃男不被养,女无匹对,逃亡去就,不避幽深,自非财殚力竭,无以至此。若不曲心矜理,有所厘改,则靡遗之叹奄焉必及。

夫设官分职，军国殊用。牧养以息务为大，武略以济事为先。兼而领之，盖出于权事。因藉既久，遂似常体。江州在腹心之内，凭接扬豫，藩屏所倚，实为重复。昔胡寇纵逸，朔马临江，抗御之宜，盖权尔耳。今江左区区，户不盈数十万，地不逾数千里，而统旅鳞次，未获减息。大而言之，足为国耻。况乃地在无虞，而犹置军府文武将佐，资费非要，岂所谓经国天情，扬汤去火者哉！自州郡遣江，百姓辽落，加邮亭险阁，畏阻风波，转输往复，恒有淹废，又非所谓因其所利以济其弊者也。愚谓宜解军府，移镇豫章，处十郡之中，厉简惠之政，比及数年，可有生气。且属县凋散，示有所存，而役调送迎不得止息，亦谓应随宜并合以简众费。刺史庾悦，自临莅以来，甚有恤隐之诚，但纲维不革，自非纲目所理。寻阳接蛮，宜示有遏防，可即州府千兵，以助郡戍。

于是解悦，毅移镇豫章，遣其亲将赵恢领千兵守寻阳。俄进毅为都督荆、宁、秦、雍四州之河东、河南、广平、扬州之义城，四郡诸军事、卫将军、开府仪同三司、荆州刺史，持节、公如故。毅表荆州编户不盈十万，器械索然。广州虽凋残，犹出丹漆之用，请依先准。于是加督交、广二州。

毅至江陵，乃辄取江州兵及豫州西府文武万余，留而不遣，又告疾困，请藩为副。刘裕以毅贰于己，乃奏之。安帝下诏曰："刘毅傲狠凶戾，履霜日久，中间覆败，宜即显戮。晋法含弘，复蒙宠授。曾不思愆内讼，怨望滋甚。赖宰辅藏疾，特加遵养，遂复推毂陕西。宠荣隆泰，庶能洗心感遇，革音改意。而长恶不悛，志为奸宄，陵上虐下，纵逸无度。既解督任，江州非复所统，而辄徙兵众，略取军资，驱斥旧戍，厚树亲党。西府二局，文武盈万，悉皆割留，曾无片言。肆心恣欲，罔顾天朝。又与从弟藩远相影响，招聚剽狡，缮甲阻兵，外托省疾，实规伺隙，同恶相济，图会荆、郢。尚书左仆射谢混，凭藉世资，超蒙殊遇。而轻佻躁脱，职为乱阶，扇动内外，连谋万里。是而可忍，孰不可怀！"乃诛藩、混。

刘裕自率众讨毅，命王弘、王镇恶、蒯恩等率军至豫章口，于江津燔舟而进。毅参军朱显之逢镇恶，以所统千人赴毅。镇恶等攻陷外城，毅守内城，精锐尚数千人，战至日昃，镇恶以裕书示城内。毅怒，不发书而焚之。毅冀有外救，督士卒力战。众知裕至，莫有斗心。既暮，镇恶焚诸门，齐力攻之，毅众乃散，毅自北门单骑而走，去江陵二十里而缢。经宿，居人以告，乃斩于市，子侄皆伏诛。毅兄模奔于襄阳，鲁宗之斩送之。

毅刚猛沉断，而专肆狠愎。与刘裕协成大业，而功居其次，深自矜伐，不相推伏。及居方岳，常怏怏不得志，裕每柔而顺之。毅骄纵滋甚，每览史籍，至蔺相如降屈于廉颇，辄绝叹以为不可能也。尝云："恨不遇刘项，与之争中原。"又谓郗僧施曰:“昔刘备之有孔明,犹鱼之有水。今吾与足下虽才非古贤,而事同斯言。”众咸恶其陵傲不逊。及败于桑落,知物情去己,弥复愤激。初,裕征卢循,凯归,帝大宴于西池,有诏赋诗。毅诗云:“六国多雄士,正始出风流。”自知武功不竞,故示文雅有余也。后于东府聚樗蒱大掷,一判应至数百万,余人并黑犊以还,唯刘裕及毅在后。毅次掷得雉,大喜,褰衣绕床,叫谓同坐曰:“非不能卢,不事此耳。”裕恶之,因挼五木久之,曰:“老兄试为卿答。”既而四子俱黑,其一子转跃未定,裕厉声喝之,即成卢焉。毅意殊不快,然素黑,其面如铁色焉,而乃和言曰:“亦知公不能以此见借!”既出西藩,虽上流分陕,而顿失内权,又颇自嫌事计,故欲擅其威强,伺隙图裕,以至于败。

初,江州刺史庾悦,隆安中为司徒长史,曾至京口。毅时甚屯窭,先就府借东堂与亲故出射。而悦适与僚佐径来诣堂,毅告之曰:“毅辈屯否之人,合一射甚难。君于诸堂并可,望以今日见让。”悦不许。射者皆散,唯毅留射如故。既而悦食鹅,毅求其余,悦又不答,毅常衔之。义熙中,故夺悦豫章,解其军府,使人微示其旨,悦忿惧而死。毅之偏躁如此。

刘迈刘毅兄　字伯群,少有才干,为殷仲堪中兵参军。桓玄之在江陵,甚豪横,士庶畏之过于仲堪。玄曾于仲堪厅事前戏马,以槊拟仲堪。迈时在坐,谓玄曰:“马槊有余,精理不足。”玄自以才雄冠世而心知外物,不许之。仲堪为之失色。玄出,仲堪谓迈曰:“卿乃狂人也!玄夜遣杀卿,我岂能相救!”迈以正辞折仲堪,而不以为悔。仲堪使迈下都以避之。玄果令追迈,仅而免祸。后玄得志,迈诣门称谒,玄谓迈曰:“安知不死而敢相见?”迈对曰:“射钩、斩袪与迈为三,故知不死。”玄甚喜,以为刑狱参军。后为竟陵太守。及毅与刘裕等同谋起义,迈将应之,事泄,为玄所害。

——右《晋书·列传》

南北朝

朱龄石　字伯儿,沛郡沛人也。世为将。伯父宪及斌,并为西中郎袁真将佐。桓温伐真于寿阳,真以宪兄弟与温潜通,并杀之。龄石父绰逃归温。寿阳平,真已死,绰辄发棺戮尸。温怒,将斩之,温弟冲苦请得免。绰受冲更生之恩,事冲如父。位西阳广平太守。及冲薨,绰呕血而死。

龄石少好武,不事产检。舅淮南蒋氏,才劣,龄石使舅卧听事,剪纸方寸,帖著舅枕,以刀子悬掷之,相去八九尺,百掷百中。舅畏龄石,终不敢动。舅头有大瘤,龄石伺眠密割之,即死。

武帝克京城,以为建武参军。从至江乘,将战,龄石言世受桓氏恩,不容以兵刃相向,乞于军后。帝义而许之,以为镇军参军,迁武康令。县人姚系祖专为劫郡县，畏不能讨。龄石至县，伪与原君为参军，系祖恃强，乃出应召。龄石斩之，掩其家，悉杀其兄弟。由是，一郡得清。后领中兵。

龄石有武干，又练吏职，帝甚亲委之。平庐循有功，为西阳太守。义熙九年，徙益州刺史，为元帅，伐蜀。

初，帝与龄石密谋进取曰："刘敬宣往年出黄武，无功而退。贼谓我今应从外水往，而料我当出其不意，犹从内水来也，必重兵守涪城，以备内道。若向黄武，正堕其计。今以大众自外水取成都，疑兵出内水，此制敌之奇也。"而虑此声先驰，贼审虚实，别有函封付龄石，署曰："至白帝乃开。"诸军虽进，未知处分。至白帝，发书，曰："众军悉从外水取成都，臧熹、朱枚于中水取广汉，使羸弱乘高舰十余，由内水向黄武。"谯纵果备内水，使其大将谯道福以重兵戍涪城，遣其前将军、秦州刺史侯辉，尚书仆射、蜀郡太守谯诜等率众万余屯彭模，夹水为城。

十年六月，龄石至彭模。七月，龄石率刘钟、蒯恩等于北城斩侯辉、谯诜，朱枚至广汉，复破诜道福。别军谯纵奔涪城，巴西人王志斩送之，并获道福，斩于军门。帝之伐蜀，将谋元帅，乃举龄石。众咸谓："龄石资名尚轻，虑不辩克论者甚众。"帝不从，乃分大军之半予之，令猛将劲卒悉以配之。臧熹，敬皇后弟，亦命受其节度。乃战克捷，众咸服帝知人，又美龄石之善于事。以平蜀功封丰城侯。

十四年，桂阳公义真被围，以龄石为雍州刺史，督关中诸军事。龄石至长安，义真乃发。义真败于清泥，龄石亦举城奔走，见杀。传国至孙齐受禅，国除。

龄石弟超石，亦果锐，虽出自将家，兄弟并闲尺牍。桓谦为卫将军，以补行参军，后为武帝徐州主簿。收迎桓谦身首，躬营殡葬。

义熙十二年北伐，超石前锋入河。时军人缘河南岸，牵百丈，有漂渡北岸者，辄为虏所杀略。帝遣白直队主丁旿，率七百人，及车百乘，于河北岸上，为却月阵，两头抱河，车置七仗士。事毕，使竖一长白毦。魏军不解其意，并未动。帝先命超石戒严，白毦既举，超石赴之，并赍大弩百张，一车益二十人，设彭排于辕上。虏见营阵立，乃进围营。超石先以软弓小箭射之，魏军四面俱至。魏明元皇帝又遣南平公长孙嵩三万骑，内薄攻营。于是百弩俱发，魏军既多，弩不能制。超石初行，别赍大槌并千余张矟，乃断矟长三四尺，以槌之，一矟辄洞贯三四人，魏军不能当，遂溃。大军进，克薄坂。以超石为河东太守，后除中书侍郎，封兴平县五等侯。关中乱，帝遣超石慰劳河、洛，与龄石俱没，赫连勃勃见杀。

——《南史·列传》

刘希乐之平桓玄，朱龄石之克蜀郡，功亦著矣。然希乐竟不能逃宋武之忌，龄石兄弟亦且被歼于赫连勃勃。说者咎其刚愎自用，狡谲取祸，然哉？第南北分争之会，名臣宿将克全始终、能保首领者，自谢太傅、陶荆州外，亦不多见。二子之攻城陷阵，树勋策伐，固一世之雄也，可深尤耶？

梁

刘璠　字宝义，沛人也。六世祖敏以永嘉乱，徙居广陵。父臧，性方正，笃志好学，居家以孝闻。仕梁，为著作郎。

璠九岁而孤，居丧合礼。少好读书，兼善文笔。年十七，为上黄侯萧晔所器重。范阳张绾，梁之外戚，才高口辩，见推于世。以晔之懿贵，亦假借之。璠年少未仕，而负才使气，不为之屈。绾尝于新渝侯宅目，酒后诟京兆杜骞曰："寒士不逊。"璠厉色曰："此坐谁非寒士？"璠本意在绾，而晔以为属己，辞色不平。璠曰："何王之门不可曳长裾也！"遂拂衣而去。晔辞谢之，乃止。后随晔在淮南，璠母在建康遘疾，璠弗之知。尝忽一日举身楚痛，寻而家信至，云其母病。璠即号泣戒道，绝而又苏。当身痛之辰，即母死之日也。居丧毁瘠，遂感风气。服阕后一年，犹杖而后起。及晔终于毗陵，故吏多分散，璠独奉晔丧还都，坟成乃退。梁简文时在东宫，遇晔素重，诸不送者皆被劾责，唯璠独被优赏，解褐王国常侍，非其好也。

璠少慷慨，好功名，志欲立事边城，不乐随牒平进。会宜丰侯萧循出为北徐州刺史，即请为其轻车府主簿兼记室参军，又领刑狱。循为梁州，又补为中记室，补华阳太守。属侯景渡江，梁室大乱，循以璠有才略，甚亲委之。时寇难繁兴，未有所定，璠乃喟然赋诗以见志。其末章曰："随会平王室，夷吾匡霸功。虚薄无时用，徒然慕昔风。"循开府，置佐史，以璠为谘议参军，仍领记室。

梁元帝承制，授树功将军、镇西府谘议参军。赐书曰："邓禹文学，尚或执戈；葛洪书生，且云破贼。前修无远，属望良深。"梁元帝寻又以循绍鄱阳之封，且为雍州刺史，复以璠为循平北府司马。及武陵王纪称制于蜀，以璠为中书侍郎。遣召璠，使者八返，乃至蜀。又以为黄门侍郎，令长史刘孝胜深布腹心，使工画《陈平渡河归汉图》以遗之。璠苦求还。中记室韦登私曰："殿下忍而蓄憾，足下不留，将致大祸。脱使盗遮于葭萌，则卿殆矣。孰若共构大厦，使身名俱美哉？"璠正色曰："卿欲缓颊于我耶？我与府侯分义已定，岂以宠辱夷险易其心乎？丈夫立志，当死生以之耳。殿下方布大义于天下，终不逞志于一人。"纪知必不为己用，乃厚其赠而遣之。临别，纪又解其佩刀赠璠曰："想见物思人。"璠对曰："敢不奉扬威灵，克剪奸宄。"纪于是遣使就拜。循为益州刺史，封随郡王，以璠为府长史，加蜀郡太守。

还至白马西，属达奚武军已至南郑，璠不得入城，遂降于武。太祖素闻其名，先诫武曰："勿使刘璠死也。"故武先令璠赴阙。璠至，周文见之如旧。谓仆射申徽曰："刘璠佳士，古人何以过之。"徽曰："昔晋主灭吴，利在二陆。明公今平梁汉，得一刘璠也。"时南郑尚拒守未下，达奚武请屠之。周文将许焉，唯令全璠一家而已。璠乃请之于朝，周文怒而不许。璠泣而固请，移时不退。柳仲礼侍侧曰："此烈士也。"周文既纳萧循降，又许其返国。循至长安累月，未之遣也。璠因侍宴，太祖曰："我于古谁比？"对曰："常以公命世英主，汤、武莫逮；今日所见，曾齐桓、晋文之不若。"太祖曰："我不得比汤、武，望与伊、周为匹，何桓、文之不若乎？"对曰："齐桓存三亡国，晋文不失信于伐原。"语未终，周文抚掌曰："我解尔意，欲激我耳。"于是即命遣循。循请与璠俱还，周文不许。以璠为中外府记室，寻迁黄门侍郎，仪同三司。

尝卧疾居家，对雪兴感，乃作《雪赋》以遂志云。

初，萧循在汉中与萧纪笺及答国家书、移襄阳文，皆璠之辞也。周明帝初授内史中大夫，掌纶诰。寻封平阳县子，邑九百户。在职清白简亮，不合于时，右迁同知郡守。璠善于抚御，莅职未期，生羌降附者五百余家。前后郡守多经营以致赀产，唯璠秋毫无所取，妻子并随羌俗，食麦衣皮，始终不改。洮阳、洪和二郡羌民，常越境诣璠讼理。蔡公广时镇陇右，嘉其善政。及迁镇陕州，欲启璠自随，羌人乐从者七百人，闻者莫不叹异。陈公纯作镇陇右，引为总管府司录，甚礼敬之。卒于官。著《梁典》三十卷，有集二十卷，行于世。子祥。

祥字休征。幼而聪慧，宾客见者，皆号神童。事嫡母以至孝闻。其伯父黄门郎璆有名江左，在岭南，闻而奇之，乃令名祥字休征，后以字行于世。十岁能属文，十二通五经。在梁为宜丰侯记室参军。

江陵平，随例入关中。齐公宪召为记室，府中书记皆令掌之。封汉安县子。宪进爵为王，以休征为王友。俄除内史上士。武帝东征，休征陪侍帷幄，《平齐露布》即休征之文也。累迁车骑大将军、仪同大将军。历长安、万年二县令，颇获时誉。卒于官。

初，璠所撰《梁典》始就，未及刊定而卒。临终谓休征曰："能成我志，其在此书乎。"休征修定缮写，勒成一家，行于世。

刘行本 璠兄子也。父瑰，仕梁，历职清显。行本起家武陵国常侍。遇萧修以梁州北附，遂与叔父璠同归于周，寓居京兆之新丰。每以讽读为事，精力忘疲，虽衣食乏绝，晏如也。性刚烈，有不可夺之志。周大冢宰宇文护引为中外府记室。武帝亲总万机，转御正中士，兼领起居注。累迁掌朝下大夫。周代故事，天子临轩，掌朝典笔砚，持至御坐，则承御大夫取进之。及行本为掌朝，将进笔于帝，承御复欲取之，行本抗声谓承御曰："笔不可得。"帝惊视问之，行本曰："臣闻设官分职，各有司存。臣既不得佩承御刀，承御亦焉得取臣笔。"帝曰："然。"

因令二司各行所职。及宣帝嗣位，多失德，行本切谏忤旨，出为河内太守。

及尉迟迥作乱攻怀州，行本率吏人拒之，拜仪同，赐爵文安县子。隋文帝践祚，拜谏议大夫，检校中书侍郎。上尝怒一郎，于殿前笞之。行本进曰："此人素清，其过又小，愿陛下少宽假之。"上不顾。行本于是正当上前曰："陛下不以臣不肖，置臣左右。臣言若是，陛下安得不听？臣言若非，当致之于理，以明国法，岂得轻臣而不顾也！臣所言非私。"因置笏于地而退。上敛容谢之，遂原所笞者。

于时天下大同，四夷内附，行本以党项羌密迩封域，最为后服，上表劾其使者曰："臣闻南蛮遵校尉之统，西域仰都护之威。比见西羌鼠窃狗盗，不父不子，无君无臣，异类殊方，于斯为下。不悟羁縻之惠，讵知含养之恩，狠戾为心，独乖正朔。使人近至，请付推科。"上奇其志。雍州别驾元肇言于上曰："有一州吏，受人馈钱二百文，依律合杖一百。然臣下车之始，与其为约。此吏故违，请加徒一年。"行本驳之曰："律令之行，并发明诏，与民约束。今肇乃敢重具教命，轻忽宪章。亏法取威，非人臣之礼。"上嘉之，赐绢百匹。拜太子左庶子，领书侍御史如故。皇太子虚襟敬惮。时唐令则亦为左庶子，太子意轻之，每令以弦歌教内人。行本责之曰："庶子当匡太子以正道，何嬖昵房帷之间哉！"令则甚惭而不能改。时沛国刘臻、平原明克让、河南陆爽等并以文学为太子所亲，行本怒其不能调护，每谓三人曰："卿等正解读书耳。"时左卫率长史夏侯福为太子所昵，尝于阁内与太子戏。福大笑，声闻于外。行本时在阁下，闻之。待其出，行本数之曰："汝何物小人，敢为亵慢！"因付执法者推之。数日，太子为福致请，乃释之。太子尝得良马，令福乘而观之。太子甚悦，因欲令行本复乘之。行本不从，正色而进曰："至尊置臣于庶子位，欲辅导殿下以正道，非为殿下作弄臣。"太子惭而止。复以本官领大兴令，权贵惮其方直，无敢至门者。由是请托路绝，吏民怀之。未几，卒于官，上甚伤惜之。及太子废，上曰："嗟乎！若使刘行本在，勇当不及于此乎。"行本无子。

——《北史·列传》

刘氏父子，祖孙三世，簪笏相继，南朝名族也。第生于梁，卒不免为周、隋用，论者畴不以辱身病之，乃其匡主之功、辅储之效，挺然不回，信疾风劲草矣。行本死而勇废，杨坚情之是也。天之欲促隋祚，行本亦奈之何哉？《隋书》有行本专传，录之似复，兹固得而略之。

唐

刘轲　徐之沛人也。天宝之乱，自淮入湘。至韶州为僧，师事月华寺僧惠朗，即大小朗也。后居罗浮，读黄老书，从寿春杨生授《春秋》。元和初，乃逾岭，隐庐山万杉之东，与隐士茅君游。元和末，登进士，官监察御史、殿中侍御史、秘书丞、史馆修撰，终洛州刺史。有文章，名与韩柳并称。

轲，沛产也，移家韶郡，栖隐庐山诸所。著书渐灭，无传久矣。姚铉《文粹》载其书七首、记一首，正大新奇，绝去纤靡之习。七书剴划明悉，指陈慷慨，末世乞怜求容之态洗刷一尽，亦不啻能文之士已也。唐有若人，允为唐重。吾邑三千年来，文苑之儒只得一轲，顾不为邑重耶？乡贤略而不祀，疏也。

五代

刘知俊　字希贤，徐州沛人也。少事时溥，溥与梁相攻，知俊与其麾下二千人降梁，太祖以为左开道指挥使。知俊姿貌雄杰，能披甲上马，轮剑入敌，勇出众将。当是时，刘开道名重军中。历海、怀、郑三州刺史，从破青州，以功表匡国军节度使。

邠州杨崇本以兵六万攻雍州，屯于美原。是时，太祖方与诸将攻沧州，知俊不俟命，与康怀英等击败崇本，斩馘二万，获马三千匹，执其偏裨百人。李思安为夹城，攻潞州久不下，太祖罢思安，拜知俊行营招讨使，未至潞，夹城已破，徙西路行营招讨使，败邠、岐兵于幕谷。是时，延州高万兴叛杨崇本降梁，太祖遣知俊会万兴，攻下丹、延、鄜、坊四州，加检校太尉兼侍中，封大彭郡王。知俊功益高，太祖性多猜忌，屡杀诸将，王重师无罪见杀，知俊益惧，不自安。太祖已下鄜、坊，遣知俊复攻邠州，知俊以军食不给，未行。

太祖幸河中，使宣徽使王殷召知俊。其弟知浣为亲军指挥使，间遣人告知俊以不宜来。知俊遂叛，臣于李茂贞，以兵攻雍、华，执刘捍送于凤翔。太祖使人谓知俊曰："朕待卿至矣，何相负邪？"知俊报曰："王重师不负陛下而族灭，臣非背德，但畏死尔！"太祖复使语曰："朕固知卿以此，吾诛重师，乃刘捍误我，致卿至此，吾岂不恨之邪？今捍已死，未能塞责。"知俊不报，以兵断潼关。

太祖遣刘鄩、牛存节攻知俊，知俊遂奔于茂贞。茂贞地狭，无以处之，使之西攻灵武。韩逊告急，太祖遣康怀英、寇彦卿等攻邠宁以牵之。知俊大败怀英于升平，杀梁将许从实。茂贞大喜，以知俊为泾州节度使，使攻兴元，取兴、凤，围西县。已而茂贞左右忌知俊功，以事间之，茂贞夺其军。知俊乃奔于蜀，王建以为武信军节度使，使返攻茂贞，取秦、凤、阶、成四州。建虽待知俊甚厚，然亦阴忌其材，尝谓左右曰："吾老矣，吾且死，知俊非尔辈所能制，不如早图之！"而蜀人亦共嫉之。知俊为人色黑，而其生岁在丑。建之诸子，皆以"宗"、"承"为名，乃于里巷构为谣言曰："黑牛出圈，棕绳断。"建益恶之，遂见杀。

——《五代史·杂传》

知俊沛人，欧史足证，潞守马公收入邑志，是矣。吾邑志独据《一统志》、《东莱详节》削之。夫《一统志》概耳，采辑非出一手，订正不假岁月，失所不免。《详节》节史之略，吕公盖为知约者设也，可资为断案耶？马公胸富五车，家藏万卷，去取之间，严于毫发，此犹诋之，信无异盲瞽之诮离朱、拙工之短公输矣。隆庆初，修丰志者抄吾邑周氏父子兄弟入彼志中，疆域广狭，古今代变，沛岂比邻，奚分尔我？籍亚夫冢地，而谓史家之误，见则左矣。丰攘其所本无，沛斥其所固有，见"将无同"欤！

国朝

谢升　字仲刚，洪武二十年贡。建文初，仕湖广道监察御史。壬午，靖难师南下，升练兵给饷，夙夜效劳。城陷，不屈死。父旺，年七十四；子吱儿，年二十，俱本年十二月初一日，发金齿卫编伍。

谢公死节事，凛凛昭宇宙。乃沛父老卒不能道其概，岂当时畏，固禁讳不敢传欤？今邑志独载其贡分职衔，吾学编略载其名事，而逸其地，《遗忠录》载其父子编戍，而亦不详其何许人，使非《宙载》之纪与《志》合，则公之，精忠大节，不终泯泯无闻耶。噫！

蔡楫　字汝济，洪武十五年以孝廉举，拜福建道监察御史。竭忠守法，举贤荐能，平理冤狱。二十六年，以言事谪戍甘州。寻以御史王煜荐，授浙江嘉兴知县。县多无赖，楫于县厅置善、恶二牌。民有善，志之；有过，恶弗率教令，亦志志之。由是，邑民感愧，皆趋善而去恶。尤勤抚字、教学校。永乐初，以廷臣荐，复任湖广道监察御史，巡按江西、交趾，俱有声称。永乐十五年，擢浙江按察司佥事。其去也，人多思之。详在宣宗章皇帝所辑《五伦书》及《嘉兴府志》。解缙为作《劲节轩记》，见艺文。

吕宁　字安仁，禀性刚直。洪武中由国子生，初仕为户部主事，迁员外郎。尝荐郡人权谨于朝，世多其善知人。

王克明　沛人。景泰六年，任湖广会溪巡检。时毅公统以御史降沅陵驿丞，适同候秦公，意颇不怿。克明劝曰："公但当始终一节，顺处以待，无以官职为意。"公闻而重之。克明寻卒于仕。会秦公丧偶，感克明规教之益，聘其女为继室，为护丧归沛，待女服阕迎娶。后生子瞙。弘治元年，公任漕运巡抚，五年升南京户部尚书。过沛，盖再祭克明墓云。

单镛　字时鸣。幼随父官湖湘，见知于其县令伊公。伊公，燕人也，携与其子宏同笔砚。一日，伊延客于书舍，偶失一银杯，家众意在镛，镛觉之，辄谢伊公归沛。归而补邑学弟子员。阅数年，伊公长子过沛，急谓镛曰："曩所失物，未半载有持以来偿债者，验之，实我家物。盖是时坐客窃而畀债家，债家误而归家君也。公一不自白，真长者矣。"镛以岁贡任昌黎训导，归而辟柏庵书院，日以著述为事，积至数十卷。今所存者，有《柏庵杂咏》《纪善录》。

周思明　字惟远，邑房郭人。初为邑学生，持守方洁，动必以礼，宾宴有歌伎，必斥去之。而后，御以岁贡任河南固始县丞。人有夜怀以金者，辄谢去之。致仕家居，言绳动矩，邑大夫宾至乡饮者二十年。少尝师事柏庵单先生，先生殁已久，每遇岁时必躬拜其主，而存问其子弟，至老靡间云。年八十三卒。

蔡倖　字士廉，佥事楫曾孙也。性质直，不与人竞，以诸生贡入太学，筮簿闽之建宁。适倭寇海上当道，征大帽山蛮兵剿之，归掠郡邑殆遍。道出建宁，倖饷以酒肉，慰遣之，邑赖以不扰。升丞浙之乐清。邑能仁寺僧祖洪雪，其塘洋佃户许能、许昭等，能、昭等遂煽变，邑遽以叛。闻上，下令捕之急。倖揭示，许其自断。能、昭寻自缚诣官，因杖，配奸僧，而活塘洋之众数千人。致仕家居，年几七十，揖人恒磬折至地，甚谦谨，天性然也。

卢雄　字文表，其先凤阳人，父始居沛，雄补沛学生。幼以文受知于督学使者、姚江闻人公铨，兵宪新城龙门宋公圭，稔其名，延置宦印训。厥子丰大姓刘者纪重罪，以百金馈雄，浼其言诸宋公，贳其罪。雄峻词却之。灵宝许公诗，都水于沽头，尝聘为其子僩授经。洎以贡任江西崇仁、上饶二邑教官，胥以躬行厉士子。广信府学久未修，府之南岩多大木，足为殿材。先是，承命采木南岩者，寺僧多以厚贿免，因改命雄。雄力却其贿，学竟赖以成。寻升福建兴化教授。居年余，告致仕归。所著有《萍水余音》，藏于家。

王守道　字子行，为人真诚无伪，不苟取与。以贡，初任禹城训导，惓惓以身体力行为教。门下士以贽仪节礼馈者，必力却之，甚至一帕一扇，不轻受也。时蠲月倖赒诸生之贫乏，居四年如一日，升庐江教谕。躬先范士，却贽赒贫，一不殊于禹城时。居五年而升常德教授。檄至，辄飘然命驾北归。归而闭门扫轨，县大夫罕见其面，甘恬茹茨，怡然自得。年七十卒。禹城、庐江各树去思碑，而禹城载之名宦。

马一化　字元升，世淮之夹城人。祖讳乾，正德末避仇之沛。一化生而聪颖，十岁能属文，十三补沛学弟子。父早殁，事母尽孝。嘉靖甲子，中应天乡试。隆庆庚午，直指使者、宁乡王公友贤荐其行于朝，谓可备六馆之选。母殁，敛含葬祭，一禀诸礼。逾年始御酒肉，卜筑东郊。课农教子，经岁不一履城府。甫六十而卒。所著有《知非集》《闻见录》，藏于家。

我国家二百年来，学校作，养士也。迹其人，行谊不同，名位亦异，要皆可师世范俗，廉顽起懦者也。秦襄毅设表表名臣，不轻许与，顾独推重一王公而乐为之下，兹其人是岂徒一意法律，而无当于文学者耶？用是，特进之人物传中。

卷十六　儒林传

汉

施雠　字长卿，沛人也，沛与砀相近。雠为童子，从田王孙受《易》。后雠徙长陵，田王孙为博士，复从卒业，与孟喜、梁丘贺并为门人。贺为少府，荐雠，结发事师数十年，贺不能及，诏拜雠为博士。甘露中，与五经诸儒杂论同异于石渠阁。雠授张禹，禹授淮阳彭宣，由是，施家有“张彭之学”。

高相　沛人也，治《易》，与费公同时，其学亦亡章句，专说阴阳灾异。自言出于丁将军，传至相。相授子康，康以明《易》为郎。王莽居摄，东郡太守翟谊谋举兵诛莽，事未发，康候知东郡有兵，私语门人，门人上书言之。后数月，翟谊兵起，莽召问，对“受师高、康”。莽恶之，以为惑众，斩康。由是，《易》有高氏学。高、费皆未尝立于学官。

戴崇　字子平，沛人，官至九卿。尝受《易》于张禹，禹受于施雠。

邓彭祖　字子夏，沛人，尝从梁丘贺子临受《易》。仕至真定太傅。

闻人通汉　字子方，沛人，后苍说《礼》数万言，号曰《后氏曲台记》。东海人孟卿受之，以授通汉；通汉以太子舍人论石渠。至中山中尉。

庆普　字孝公，沛人，同戴德、戴圣受《礼》于孟卿。由是，《礼》有大戴、小戴、庆氏之学。仕为东平太傅。普授鲁夏侯敬，又传族子咸，为豫章太守。

蔡千秋　字少君，沛人，尝授《穀梁春秋》于荣广，又事皓星公，为学最笃。宣帝时为郎，召见，与《公羊》家并说。上善《穀梁》说，擢千秋为谏大夫给事中。后有过，右迁平陵令。复求能为《穀梁》者，莫及千秋。上愍其学且绝，乃以千秋为郎中，户将选郎十人从授，会千秋病死。

戴宾　沛人，尝受《易》于同郡施雠。

褚少孙　沛人，尝事东平新挑人王式受《诗》，问经数篇，式谢曰：“闻之于师，具是矣，自润色之。”不肯复受。

爰礼　沛人，孝平时，征礼等百余人，令说文字未央廷中，以礼为小学元士，黄门侍郎。

> 施雠而下九人，班史列之儒林，当矣。旧志窜入文政志中，且首以仲虺、曹参，又分高相于方技，而道褚少孙、大莱朱，一身道统攸寄，不独以文。

平阳之相齐辅汉，茂著勋猷，是非徒才能技艺之美也。文政二字，亦不经见，兹仍孟坚之旧，还九子于儒林，而附以爰礼，盖《说文解字》亦传，经家所不废也。

卷十七　孝义传

国朝

郭全　龚谦　郭全，汉台里人；龚谦，千秋里人。俱养母尽孝。殁，哀毁逾礼，竭力营葬。结庐墓所，朝夕号泣，负土封树三年。

赵安　泗亭里人，母早逝，事父尽孝。父殁，踊恸几绝。比葬，庐墓如全、谦焉。

赵清　字木洁，性笃确刚直。父早逝，母教之业儒，事母绝孝。母殁，庐墓三年，哀毁骨立。母墓濒河，会以水且至，清负土吁天曰："墓陷，则清与俱殁矣。"俄而，水竟弗溢。夜，有鼠衔草塞其庐隙，槁瓜复秀，闻者异之。后应贡为国子生，大司成安阳崔公铣、增城湛公若水，皆礼遇之。清父孜，年十七尝刲股疗其亲病，母卓氏守节四十余年，贞白无间，人咸称其"一门三善"云。湖湘余胤绪为叙其事。清卒，有司以乡贤崇祀之。

杨冕　邑庠生，事母至孝。母殁，庐墓三年，哀痛弗辍。嘉靖中，有司奏闻，奉旨旌表，赐冠带，复其家。

石璞　广戚里人，天性朴实，事亲尽孝。母殁，庐墓三年。服阕，亲友往迎之。归月余，病卒。

杨东莱　汉台里人，性至孝。年十四，母马氏疾笃，刲股调羹以进，母食之愈。有司达于督学，御史令补邑庠生。月给米赡其母。

张奉　汉台里人，父与继母先后病卒。既就殡，奉庐墓不归。令闻之，给以布粟。未几，卒于墓所。

梁潭　父敦，任青州安丘簿，卒于官。母单氏，柏庵先生单镛女也，先后相继卒，潭庐于墓侧者三年。墓在县东金沟南三里许。

邵奇　千秋里人，正德中尝为邑学生员。力过人，善饭。岁饥，里中无赖子畏奇，不敢为窃，则相聚劫奇。奇曰："我读书，颇知礼法，不能戢汝乱，又何能汝从乱耶?"后无赖辈以所窃米肉暮夜来馈，奇弃之野，遂饿而死。

赵时若　字子雍，清子，乡贡生。负性醇谨，喜怒不形于色。居于孝廉周公乾邻家。故蓄一驴，会周生子，时若谋于妇曰："周君年几三十，始有此儿，脱驴鸣惊之，是吾过也。"即鬻诸市。一日，买鞭于市，误为卖鞭者所朴。会同舍生见之，欲执卖鞭者闻于官，时若竟不可。其长厚类此。所著有《惊心录》若干卷，今藏于友人家。

徐实　邑人也，有胆略。嘉靖乙卯，倭寇三吴，当事者调青、齐、徐、邳之众往征之，实兄弟三人在选中。兵驻苏州，我师溃，实兄弟角立殊死战。会无应援，陷敌死。建安滕霁为作《哀征夫》。见艺文。

余作沛志孝义、贞节，生存者概不录，谓盖棺论定，晚节难终也。兹所附两人者，聿亦既耄，可保不渝者耳，岂苟为誉哉？

陈永　邑人，嘉靖末，奉母避水他邑。会其母病危，永吁天曰："永，羁旅人也，母万一不讳，棺敛且无赀，愿减永寿以延母年。"母因得不死。未几归沛，母以天年终，永朝夕负土成坟者三年。已而定居墓旁，日惟一饭，今且三十年。

李三阳　坊郭里人。年十三，母唐氏殁，庐于墓所者三年。有司上其事，当道下令旌之。永今年八十四，三阳六十五，皆淳谨朴实，县大夫咸数宾致乡饮云。

割股庐墓，昔人固尝非之，韩退之《鄂人对》可考也。第人子一念，为亲之心，苟可自尽，遑恤乎他，君子亦当原之，不可尽为苛论也。吾邑孝义，历历可称，然必推毂赵、杨两家者，则以清父、子、孙三代世德相承；东莱之孝节成双者，夫妇尔；邵生宁甘饥而不从贼，西山采薇之夫，得专美哉！

卷十八　贞节传

汉

王陵母　陵以兵从高祖，项羽取陵母置军中，欲以招陵。陵母私送使者，泣曰："愿为老妾语陵，善事汉王长者，毋以老妾故持二心。"送伏剑死。

元

王氏　刘宅妻。夫亡，誓不他适。天历二年旌表，有石坊，在北门外。

国朝

白氏　李伯奴妻。父思明无子，以女赘伯奴。洪武乙丑，伯奴从戍，死于边，氏年二十，惟一女甫周岁，誓不再适，孝事父母。父母殁，竭力营葬，乡人有托其邻媪朱氏谋娶之，白氏正色拒之。粗衣粝食，寡居四十余年卒。宣德六年，知县陈原上其事，诏旌表其门。

郑氏　单祯妻也。正统间，祯以疾卒，氏方二十有八，养姑尽孝，孀居无他志。年八十三卒。

郭氏　讳青儿，汉台乡人郭端女。年十六许聘里人王成。一日，成与里人争较，欲自死，乃诣女家，嘱其僮，求一见。女拒之再三，终不与见。成归，自经死。女闻之，痛咽不食，以死自誓。母知其情，防范甚严。及成将就窆，欲往送丧，父母不许，乃绐母求面羹食。母入厨良久，遂自经死。知县王琛率僚属、师生往吊祭之，与成合葬。寻达于督学使者三石，表其墓。

袁氏　汉台里人，袁经女，讳玉会，性贞静，年十七，许聘王乡官子得旻。正德辛未春，流贼抄掠，逮沛邑，人皆弃家避匿。经虑女为贼所掠，令男服，杂众中走。女逃之家后，贼遂获。视知为女子，令脱衣随去。女绐贼曰："待我整衣，随尔。"适道旁有深池，女即跃入死。

张氏　汉台里人张浩女。年二十，聘里人蒋政。未行，蒋政卒。女闻之，恸哭几绝。欲往吊，父母不允。比殡，欲往视葬，又不可。女曰："若不吾从，有死而已。"父母弗听。父母往送政葬，比归，女已自经死。

石氏　广戚里人石隆女，讳景儿。父早丧，独与母居。年十七，聘里人张旺儿。未行，旺以疾卒。女闻之，哀痛不已。是夜，即自经死，与旺合葬。

陈氏　讳季春，千秋里人陈宣女。性聪慧，幼有志操，尝读《孝经》《列女传》，通大义。聘里人甄时用，氏年十六，未归，时用以疾卒。女闻之，忧形与色，窃入寝室，手书时用及己姓名，置诸怀中，自经死。亦与时用合葬。

贺氏　生员马继立妻。年十八归继立，克尽妇道。继立早逝，无子，家贫，亲族或劝之他适，氏坚却不从。孀居五十二年，贞白无间。有司相继表其闾，知县周泾尝躬诣拜之。

张氏　杨霈妻，巡检张德女也。年十七归霈，未二年霈死，生女甫三月。里常姓者，托媒求娶，张挟刃自随，事旋止。霈母在堂，事之孝。病，亲尝汤药，历寒暑不衰。洎卒，殡葬以礼。女适人未久，亦夭。氏纺绩自给，五十余年如一日。直指使者采其事，檄旌其门曰："励志守贞"，岁给布粟赡之。嘉靖丙子冬卒，寿七十三。

闵氏　周思恭妻。思恭贾于徐，夜宿于再，误为捕盗者伤，死。氏号泣哀毁，几不能生。育二孤女，依思恭弟栖霞簿思忠，思忠事之如母。氏苦志自守，清操愈坚。年七十余卒。

张氏　龚九成妻，长九成一岁。九成业举子，年十九卒，遗孤应箕、方晬。氏砥志训子，艰苦百状。应箕年二十亦卒，氏号泣不食者数日。逾三月，竟以哭子死。死之日，年三十九。

姜氏　生员姜子华女，适陈恕。未几，陈恕患肿疾，家故贫，氏脱簪珥佐医药。逾年，恕竟不起，氏不进水浆者四日。乃取恕平日所束绦，自经死。死之日，年二十五。隆庆三年，知县白经奏闻，奉旨旌表。

胡氏　张化龙妻。化龙业举子，病瘵卒，胡痛绝复苏，三日不食，欲自决。姑李氏日夜守之，不得间。一日五鼓早起，自缢死，化龙死之第四日也。隆庆四年，巡按御史蔡公应德奏闻，奉旨查给官银三十两，树坊旌表其门。

韩氏　王彩妻。年二十六而王彩卒。生子礼贤，方六月。族人欲夺其志。氏纺纫自给，力训其子，卒底成立。四十余年，清节无玷。年六十余，卒。

张氏　张荷宠女，适广戚乡人王嘉任。嘉任年二十四，于万历十年二月二十七日病死。氏年二十二岁，哭不绝声，誓不复活。二十八日五鼓，以所束麻绳，自缢于其夫尸旁死。

王氏　汉台里人，王经女，适韩鼎。鼎年三十四，病痘死，子寅方七岁。氏矢志抚孤，誓无异念。寅长而娶黄氏，未几而寅亦死，遗孤二。黄上事寡姑，下抚二稚，备极艰苦，二孤率底成立。王死于嘉靖末，黄死于万历中，年各七十余。

曹氏　孝子杨东莱妻也。东莱年二十二死，生子渠，方数月，氏保抱成立。渠甫受室，生一女而渠卒。氏鞠育女孙，依伯氏东周夫妇食，女孙未及笄，又卒。会东周夫妇老且死，氏晚季衣食多不给，而竟无怨志。年七十余卒。

张氏　生员张修女，千秋乡人，卓冠伦妻。冠伦素患瘰疬，氏躬待汤药，愿以身代。无何，冠伦死，氏饮泣藏哀，佯为不死状。家人失防，氏于冠伦死之当夜，即自经死。

郑氏　生员吕登瀛妻，年十九而归登瀛。归登瀛八年，而登瀛病痞卒，氏即以死自誓。母秦氏防之严。迨三日夜，母倦而睡熟，氏沐浴更衣，自缢于登瀛柩前死。

张氏　千秋乡四图民张光大女。幼适冯东鲁，久未生育，抱人女养之。万历丙申岁六月六日，东鲁病伤寒卒，氏于次日即以分箸宅地付其翁姑，又以所抱女付其本生父母，夜自缢于东鲁柩前，死。

张氏，一女子耳，殉夫死义，固称难矣。即其迫生死之期，犹能归遣日还抱子，毫无所乱，斯不几从容就义者欤？里邻失于上闻，兹用志之。

新河役夫节妇　节妇不知何许人也，夫本富家子，流落不偶，携节妇就食四方。嘉靖初，盛中丞新河之役，夫在募中。会其夏大疫，夫死于疫。节妇伏夫尸旁哭三日，不食死。督工官义而葬之。

缝人妻女　缝人亦不详何许人，业缝皮，居邑夏镇。万历甲午，岁大歉，缝人迫于饥，因谋鬻其女于娼籍，成约矣。妻女知之，遂相拉赴池水中，溺死。女时年一四云。

前所纪二烈，其生即不同地，死即不同时，然其相距时六十余年。其乃一节坚持，皭然不泽，先后若出一辙，要不可以他郡人道也。爰用寓贤例，实我志中，示劝也。

马氏　故娼也，归生员士心为妾。心早谢诸生籍，授徒萧、砀间，性好客，不谋家人生产。家日落，氏汲泉拾薪，衣粗食薄，毫无愠意。心卒，即自经死。

马一化曰：马氏初娼，非为本意。死而殉夫，实其良心，此君子不深罪豫让，而终有取于周处。然倡之殉义者，纪传家载略备矣。若长沙妓之死秦淮海，洎近代李歌之殉监州，子譚老尤艳称之。嘉靖永王两曲，志婺屋贞节伟哉！张司理妾王筒，即万历中贾石葵志《贞节传》载王氏妾、孙立儿皆娼也。今故以心妾死节事，附之诸贞传末。

闺阃簪珥之流，目不娴诗书，口不谈道义，卒能视死如归，苦节不变，毋亦秉天地贞淑之气，而有节烈丈夫之风欤？号为丈夫者，且多偷生苟合，遇大节莫知自裁，即娴诗书、谈道义何为哉？

卷十九　侨寓传

秦

吕公　单父人，善沛令，避仇从之客，因家焉。沛中豪杰、吏闻令有重客，皆往贺。萧何为主吏，主进，令诸大夫曰："进不满千钱，坐之堂下。"高祖为亭长，素易诸吏，乃绐为谒曰："贺钱万！"实不持一钱。谒入，吕公大惊，起，迎之门。吕公者，好相人，见高祖状貌，因重敬之，引入，坐上坐。萧何曰："刘季固大言，少成事。"高祖因狎侮诸客，遂坐上坐，无所诎。酒阑，吕公因目，固留高祖。竟酒后，吕公曰："臣少好相人，相人多矣，无如季相，愿季自爱。臣有息女，愿为箕帚妾。"酒罢，吕媪怒吕公曰："公始尝奇此女，欲与贵人。沛令善公，求之不与，何自妄许与季？"吕公曰："此非儿女子所知。"卒与高祖。吕公女，即吕后也，生孝惠帝、鲁元公主。

——右《汉书·高祖本纪》

汉

闵贡　字仲叔，本太原人，世称节士，虽同党之洁清，自谓弗及也。党见其含菽饮水，遗以生蒜，受而不食。建武中，应司徒侯霸之辟。既至，霸不及政事，徒劳苦而已。仲叔恨曰："始蒙嘉命，且喜且惧。今见明公，喜惧皆去，以仲叔为不足问邪？不当辟也，辟而不问，是失人也。"遂辞。出，投劾而去。复以博士征，不至。客居安邑，老病家贫，不能得肉。日买猪肝一片，屠者或不肯与。安邑令闻，敕吏常给焉。仲叔怪而问之，知乃叹曰："闵仲叔岂以口腹累安邑耶？"遂去客沛，以寿终。

——《后汉书·周黄徐姜申屠列传叙》

元

陈绎曾　字伯敷，湖州归安人。登进士，口吃，而精敏异常。诸经注疏，多能记诵。文词汪洋浩博，其气烨如，论者谓其与莆田陈旅相伯仲。官至国子助教。常往来兖、扬、徐、冀间，士多游其门，李齐、李之英最著。所著有《行文小谱》，行于世。

绎曾，《元史》载为丽水人。迹其著作，自署第曰吴兴。而《润州志·科第表》亦尝列其名，则为吴兴人必矣。兖、峄、邹、沛间，金石遗文多出其手，又尝为邑符氏作《静安亭记》《东岳庙昭惠灵显真君庙》二记。《阙里志·尼山书院碑铭》，绎曾至正五年也，中云“郝君如沛，命绎曾文”，则其寓吾邑又审矣。盖绎曾少长于南，长宦于北，晚遂家于沛而不返欤！

国朝

甄实　字纯辉，沧州庆云县人。初由乡贡，历官汝宁、襄阳、湖州三府同知。往来经沛，爱其土俗，遂定家焉。秩满，以绩最。永乐九年，升太仆寺少卿，益著勤能。宣德九年，升湖广左布政使，寻转四川。致仕，率子孙。今为沛人。

徙籍附

李义　字仕忠，仪真人，其先沛人也。父荣，洪武初牧东昌棣州，屡立战功，历封照信校尉。荣老，诏以义嗣。

宣尼智择里，古语重卜邻，孰谓君子之恒处可易哉？在昔，沛称善地，舟车返往，冠盖游从者，喜定居焉。前所志数公，则其表表者也。人以地重，地亦以人重。不然，来苏之渡，何以声施至今？章惇之子孙，又胡为不拜其先茔哉？噫！可思矣。

卷二十　方技传

三国

朱建平　沛人，善相术。

国朝

蔡炯　字文荣，佥事楫季子也，以医鸣于洪熙、宣德间。缙绅大夫多与之游，赠言积于卷轴，名《杏林春意》云。

周昉　字彦华，徐州人，通天文、阴阳之术。景泰元年，随征福建，以占候有功，历进五官灵台郎，升监副。卒。子佐，历升光禄寺少卿；儒，历升应天府右丞。佐子瀹，钦天监冬官正。皆世其业，子孙今居于沛，弘、正间记参，善治书。

陈表　邑学生，善书，兼善画梅。同时有王选者，善画竹，得夏太常笔意。其后，太学生赵汉画羽毛，最著，时人为之诗曰："陈表梅花王选竹，赵汉羽毛天下无。"汉尝为蜀经历，华阳郡王慕其名，时新涂垩壁，延使画之。汉方被酒，大醉，泼墨汁壁上，淋漓满地。王大恚恨。汉醒，旋为点染，顷刻而神采轩腾，飞走万状。王不觉骇服。

鹿凤　初习百家阴阳杂书，尤善法术，精祈祷。尝寓凤阳，岁旱，郡守访之，祷于坛，果得大雨。由是知名。后遇县旱，求之辄应。

周溥　邑人也，习医。人有以病告者，多一剂而愈。尝以初冬贡药材之京，适院官内人暴疾，医人集疗者数十辈，不得病状。因命居，易诊之曰："伤暑。"院官怪，而讯其内人，曰："昨骤寒，因启箧，著七月所晒绵衣，遂病。"因命进药，一剂而愈。盖晒衣时，乘热而即入箧，故熏蒸之气犹存尔。时以为神。

姜居安　丰人，世居沛沙河镇，以医鸣时。有达官携家过沛，抵沙河，而稚子病。问医，而得居安。因告之曰："请毋惊，但得沙一斗，疾即愈。"官如其指，置沙舟中，令儿卧其上。久之，儿手足能动，不数时而疾良已。达官审其故，姜曰："小儿纯阳，当春月而衣絮，皆湖棉，遇于热，故得凉气而解。"子委以吏员，任嵊县簿，亦知医。

嘉靖中，邹大韶善画葡萄。

自龙门氏作《史记》，专龟策，日者嗣是人相祖，并方技诸传纷杂错出矣。右所纪姜、周二氏之巧于医，陈、王、邹、赵之工于画，良亦斐然可观矣，孰谓弹丸地而顾乏材耶？

卷二十一　仙释传

春秋

琴高　居香城泗水中，以善鼓琴为康王舍人。行彭涓之术，浮游梁、砀间二百余年。后入砀水中取龙子，乘赤鲤出入。

晋

王玄甫　学道于赤城、霍山，服青精石饭，得吞日精丹景之法，内见五脏。穆帝永和元年正月望日，见玉帝遣羽车迎之。玄甫乘云驾龙，白日升天焉。中岳真人。

南北朝

道生　彭城人，父为广戚令，道生为沙门法大弟子。幼而聪悟，年十五便能讲经。及长，有异解，立领悟义。

国朝

李旺　沛大街人，有异术。尝游金陵，过逆旅人，求宿。逆旅人不纳，因指门外隙地曰："此可宿也。"旺即趺坐其地，无难色。会夜大雪，主人以为不耐寒死。早启门视之，旺所卧处，三尺内无片雪。始异而留之。旺亦唯唯，谢之去。

曩郡人邓太学谦亨语余云："沛有神仙者数人，伊盖得之《神仙通鉴》中，是书又邑人卢教授雄馈伊者。"今邓死，其书散落不存。兹志仙释，特本旧志二人而益以李旺。邑长老谈旺事甚悉：旺少年不羁，日与群小转，间过邑城隍庙，见衲子坐神像下，旺悯之，遗以饼饵，时以为常。衲与旺语合，寻鬻所居室，得钱若干缗，日游行市肆中，委弃其钱于地。诸丐者洎小儿竞拾之，罄其钱而后止。久之，而旺死，已棺敛矣。翌日，人有自丰来者，云见旺于丰某地，众开棺视之，只存草履二，共以为尸解云。

卷二十二　佞幸传

汉

审食其　沛人，汉王败彭城，项羽取太上皇、吕后为质，食其以舍人侍吕后。其后从破项籍，封辟阳侯。吕后时，徙陈平为右丞相，以食其为左丞相。

弘恭　沛人也，少坐法腐刑，为中黄门，以选为中尚书。宣帝时，任中书官。恭明习法令故事，善为请奏，能称其职，为令数年。元帝即位，恭死，石显始代为中书令。

国朝

汤歌儿　沛人，善歌。时彭城管善，善击鞠，胥得幸于武宗毅皇帝，尝赐以负郭田若干顷，寻没入官。岭川坛侧，即歌儿所赐田也。按大和正者请元有汤执中，沛县人，亦善歌。

辟阳无汗马功劳，而卒毙于孽王之一击，旧志顾杂之《人物志》中，岂以位左丞相与王安国并事女主然欤？班史传佞幸，恭、显同列，然恭之恶不甚著，律以法；显其魁，而恭犹可末减者也。歌儿固一优者流耳，至能动九重之盼睐，且赐之田，未闻有谏止之者，意当时无公中连其人乎！

卷二十三　外传

先主甘皇后，沛人也。先主临豫州，住小沛，纳以为妾。先主数丧嫡室，常摄内事。

随先主于荆州，产后主。值曹公军至，追及先主于当阳长坂。于时困逼，弃后及后主，赖赵云保护得免于难。后卒，葬于南郡。章武二年，追谥皇思夫人，迁葬于蜀，未至而先主殂陨。丞相亮上言："皇思夫人履行修仁，淑慎其身。大行皇帝昔在时，嫔配作合，载育圣躬，大命不融。大行皇帝存时，笃义垂思念皇思夫人神柩在远飘飘，特遣使者奉迎。会大行皇帝崩，今皇思夫人神柩以到，又梓宫在道，园陵将成，安厝有期。臣辄与太常臣赖恭等议。《礼记》曰：'立爱自亲始，教民以孝也；立爱自长始，教民顺也。不忘其亲所由生也，《春秋》之义。母以子贵，昔高皇帝追尊太上昭灵夫人为昭灵皇后；孝和皇帝改葬其母梁夫人，尊号曰恭怀皇后；孝愍皇帝亦改葬其母王夫人，尊号曰灵怀皇后。今皇思夫人宜有尊号，以殿寒泉之思。'辄与恭等案谥法，宜曰昭烈皇后。诗曰：'谷则异室，死则同穴。'故昭烈皇后与大行皇帝合葬，臣请太尉告宗庙，布露天下。具礼仪别奏。"制曰："可。"

——《三国志·蜀书·二主妃子传》

《妃后传》今郡邑志未见辑录，《湖州志》则尝表陈武帝以洎后主、妃主矣。沛汉祖故乡，信如湖志，而汉诸君咸当汇列，不几于僭欤？兹于后传冠于人物之首，则涉嫌；殿诸人物之末，又惧亵。于是别为传，称外云。

卷二十四　杂志

汉

沛县有富家翁，赀三千余万。小妇子年才数岁，顷失其母。父无亲近，其女不贤。翁病困，思念恐争其财，儿必不全。因呼族人，为遗书，令悉以财属女，但遗一剑，云："儿年十五，以还付之。"其后，果不肯与。儿诣郡，自言求剑。时太守何武得其条辞，因录女及婿，省其手书，顾谓掾史曰："女性强梁，婿复贪鄙，畏残害其儿。又计小儿得此财，不能护，故且与女，实寄之耳，不当以剑与之。夫剑者，所以决断；限年十五者，智力足以自居。度兹女、婿必不复还其剑，当关县官。县官或能证察，得见申展，此凡庸何能思虑弘远如是哉！"悉取财以与子曰："敝女恶婿，温饱十岁，亦以幸矣。"论者大服武。

——出《文献通考》

唐

刘轲为僧时，尝葬遗骸。其夜，梦书生来谢，与之三鸡卵。轲嚼一吞二，后遂精儒术，与吴武陵并以史才置史馆。韩愈欲为文赞之，会贬去，不果出言。

国朝

邑贺姓者，忘其名，汉台里人也。生而伟驱硕干，仪观动人。洪武中，以公事偕同事者三人诣留都，陛见高皇帝。高皇帝上壮其人，欲官之。归之逆旅，辄以刀自断其一指。翌日，三人赴阙辞上。上问曰："昨颀而长者安在？"三人不敢隐，以实对。上懊惜久之，竟亦弗之罪也。

宣德乙卯，邑孝廉蒋公让将赴乡举，时邑乏科目者余二十年。乡大夫送诸应试者之郊，致期勉焉。公被酒，与县大夫约曰："今科有中者，愿掷杯于地而不碎。"县大夫诺之。公即以所酌甆杯掷数武外，果不碎。是科让竟中式。

成化间，南京礼部侍郎张公纶舟行过沛。夜梦一金甲人，曰："余首在真元观井中。"醒而异之。早起，见沙际卧一石人，披甲而无首。即令有司求之，果于观井中获一石人首，合之，良是。遂徙其像于观中。

——上二则出《单镛纪善录》

正德末，武宗毅皇帝南狩过沛，御舟泊河下，偶失随驾猴。上命中使踪迹之，猴方在河岸刘崇家踞屋跪坐。会其家生一女，中使以闻。上喜，曰："是女，异日当使缔姻王家。”及笄，鲁府阳信王观燃纳为妃，崇得封东城兵马副指挥。

张吉者，邑东鸿沟村人，进士斗大父也。幼就外傅，授《大学章句》，而辍业。中年以掾史办事帝京。尝伤白发，叹寄其子曰：“览镜见白发，白发其可惜。昨日白数茎，今朝数茎白。予发能几多，宁禁几时白？”语意浑然，绰有古风，论者云“诗有别材，非关学也”，信哉！

贾庆麟，峄县人，跌宕不羁。幼为峄学生，寻谢去，放情诗酒。嘉靖中，授徒于沛。有□得，悉以偿酒家，餐飧不给，晏如也。尝绝粮，以诗投其友人借米。云“欲向山中寻二士，谁能七日请兵归？于陵井上无完卒，占寺钟余有续题。也不桑途逢赵盾，定知薇岭卧夷齐。仲由慢见浑无事，要典春衫诳老妻。”

琉璃井在泗河北岸，相传为汉高祖所筑。成化末，侍御陈公嘉谟以歌风台旧地圮于水，迁大风歌二碑就井地，创亭竖二碑。其中，嘉靖中，日本国使臣题诗壁上，曰：“玉龙风轻转辘轳，汉家汤沐旧规模。不知一勺寒泉水，洗得君心杂霸无？”

邑东南四十里地曰胡庄，旧有樊将军庙，嘉靖末圮于水。久之，近庙居民利其砖石，聚议分之。锹锸甫施，得金一缶，重六十两。众复议分之。称之，则不足，合之良是已。乃减十之一分之，数又不足，合之又良是。终乃减十之二分之，数又不足，合之复良是。众共骇异之，卒以是金新其庙。

桓山在徐州北，临泗水，盖宋桓魋造石椁，三年不成处也。嘉靖壬寅，会稽芝南徐公九皋按行过之，不欲兹山受诬于魋也，易其名曰桓戒山，为文勒石。时兵宪、象山王公挺，恶其文中数目己以王子，俟徐去，踣其碑。未几，丰令、丽水椒山叶公烓过其地，遂载王所踣徐碑归华山，磨为他用。叶故与沛令贵溪周公泾善，周有兴建，文多假叶手。叶间为周作《康嘴堤记》，竖石义仓中。隆庆初，邑有他役，需石急，当事者旋磨叶《堤记》以应。万历初，新津平宇周侯治升，尝改建邑飞云桥，训导、下邳唐公邦正为记。周侯去甫四年，继官者复修此桥，辄磨周侯前碑，勒以文。然碑即磨，文亦终弗勒，碑今犹卧桥侧。

——上四则出马一化《闻见录》

刘栋者，滕县人，寓于沛。有弟曰枢，为邑孙文学家僮。孙为娶妻，遣出。未几，生一子。甫十二日，妻死。枢无依，因抱其子诣栋夫妇。会栋妻有娠，夜生女。妻语栋曰：“叔子难得，且失母。吾生女也，不如弃吾女而存叔子。”栋从之。旋携女弃诸野，而乳枢子。今乳子已四岁。

晋邓伯道尝弃其子而存弟子，学士家竞称之。彼因读书知礼，谙大义者，为之易耳，孰谓村野愚蒙，而能为士君子所难为如栋夫妇者哉？

杂纪固古稗官、小说流也，今郡邑志咸相摹效，无或废者。用是，少搜史传之遗，旁诹长老之记者十余则，附之卷末，非徒广见闻，抑以备鉴戒耳！

卷二十五　订讹

订古迹

商

仲虺城俗斗城　颛顼少子阳封于任，十二世孙奚仲为夏车正，禹封为薛侯，至孙仲虺为汤左相，居此。漷水经城北西入于泗城，今在薛城西三十里。见《齐乘》。

微山　在滕县南一百里，上有微子墓。《齐乘》尝沿其谬。见《滕志》。

春秋

偪阳城　在峄县南五十里，古妘姓之国。祝融之孙陆终第四子来言封于偪阳，后为晋所灭。《后汉书》傅阳县属彭城。见《齐乘》。

汉

合乡　汉、晋时皆为东海郡属县。《后汉书·郡国志》合城下注云：漷水自北，南至湖陆。杜预注《左传》云："漷水出东海郡合乡县西南，经鲁国至高平、湖陆县入泗。"按：此则合乡故城，不越今沛、滕、鱼台、峄县境。《一统志》以合乡即古互乡，孔子难与言者，又直属之沛，毋亦惑欤？李太白《任城县厅壁记》"南驰互乡"，然欤？

广戚城　在滕县西南六十里，汉县，属徐州彭城国。晋因之。元、魏省入沛县。汉《郡国志》别有戚城，属东海郡；有爰戚县，属山阳郡。俗云：汉高祖宠姬戚夫人生于此者，谬戚姬定陶人。《一统志》："定陶有戚姬。"

汲冢　《一统志》云："魏襄王墓在卫辉，在城西南二十七里。汉初有人于此冢盗金，得竹简十余万言，世号《汲冢书》。"旧志云：在沛县西北三十五里，盖传袭之误也。

香城　《一统志》："在峄县西三十里，中有东岳庙。"

订封爵

朱友宁　字安仁，梁太祖仲兄、朗王存子也。唐昭宗时，初由军校迁冀州刺史，拜建武军节度，赐号迎銮毅勇功臣。攻王师范石楼，兵败，坠马死。太祖即位，追封安王。《五代史·纪·梁家人传》。

潞守马公暾《郡志》云："朱友宁，砀山人，梁太祖犹子，累功封沛县男。"今据《欧史》，友宁并无封沛之文。马公云然者，岂别者考欤？

订名宦

许慎　字叔重，汝南召陵人也。性淳笃，少博学经籍，马融尝推敬之。时人为之语曰："五经无双许叔重。"为郡功曹，举孝廉。再迁，除洨长，卒于家。初，慎以五经传说臧否不同，进撰为《五经异义》，又作《说文解字》十四篇，皆传于世。《后汉书·儒林传》。

《中都志》云："洨县故城在灵璧县南。"《新志》云："慎为沛县长。"误。

订人物

赵孝　沛国蕲人。见范晔《后汉书·列传》。

新泰县故城，在宿州南四十里。

刘馥　沛国相人。见陈寿《三国志·魏列传》。

刘清　馥子。附见馥《传》。

楼玄　沛郡蕲人。见陈寿《三国志·吴列传》。

刘弘　靖子，沛国相人。见唐太宗文皇帝《晋书·列传》。

武陔　固子，沛国相人。见唐太宗文皇帝《晋书·列传》。

竹邑，汉县，隋省入符离。

刘伶　沛国人。见《晋书·列传》。

以上七人，俱非沛产，诸史列传载之甚明，《中都志》《宿志》俱以收入彼《人物传》，尚可杂我志中乎？因并削去。万历九年，邑侯周公治升重修学官，成，征言于夏镇水部弋阳詹公世用。詹授简于砀令、龙阳刘公守谦，俾代草。稿就，詹求点窜于其同年友、峄中丞贾公三近，中载沛人物有薛广德、桓荣。今按：广德，沛郡相人；桓荣，沛郡龙亢人。附订于此。

班史讥马迁曰"疏略而轻信"。夫史贵核实，一轻信，则所失良非鲜矣。迁蹈此失否，今不可知，然固为此言，实史家针砭也。志邑，史也；土地、人物二者，其大纲也。苟非吾邑所有，山川各以丽其地，人物各以归其乡，斯善也。兹于土地，不得其说，姑别有所指，以示其真；于人物，不核邑里，苟冠以沛，即收入而不察。噫！诬矣。弘治初，郡人潞守马公暾修州志，考核最精，去取特严，足称善志。志吾邑者，不涉史传之全，顾录其所删，摈其所存，得无蹈班氏所谓“疏略轻信”耶？

订新志

李祯　江西新昌人。嘉靖甲午，中应天乡试。二十八年知县事，善事上官，以万金贿得河东巡盐御史去，教谕滕霁尝为其所中伤云。

梅映春　邑宿猾也，善伺官长意而行谄。其母丧，欲藉为名，因庐于墓。当是时，童子李三阳亦庐其母墓。邑上其事当道，当道下令，署三阳门曰“孝本天成”，署映春门曰“倚墓终天”。映春辄贿礼掾，窃易三阳门，人相传以为笑。

张楫　邑千秋乡人，尝庐其父母墓，后去而为僧。

江汉　句容人，父业医。汉贷富人钱，输息为小贾。即尝刲股，非沛人。

许九官　幼习举子业，尝刲股疗其祖母杨疾，督学、楚黄耿公收为邑学弟子员。既则鬻酒于邑。比庙道口大水，中结舟人。醉，过客，沉溺河者无算。

右万历乙亥，郡守马平刘公顺之修州志时，所采邑名宦、学子也，夫志以备劝戒、示典刑也。顾所收录若此，意当时徒据宪纲册一漫抄入，不暇审核然欤？迹李令小传，又何饰听文观甚也，修史者而尽若曹，范晔、陈寿之徒接踵矣。

武林沈一贯识。

沛志后序

志邑，史也。国无史则无以国，邑无志则无以邑。国史自马迁而下，无虑数十家，优劣较著，学士家有定评已。邑志远不具论，即我国家二百余祀，大一统有志，各畿省有志、各郡邑又有志，其书殆且兼乘汗牛莫为举矣。试求其脍炙人口者，自武功、汾州、沔阳外，又何不数数见也。信乎！作者之难，史志同矣。

沛今名邑，自昔著称宇内，乃邑志旷而未修者几六十年。今年春，邑侯、蜀彭山罗公倡，议修之。始事于季春□旬，竟刻于孟冬下浣。会不佞鲁典试武林回，睹厥成事，深有羡于侯之举旷典于久废余也。志之称，若在公而核、文而有，则公而核斯足传信邑里；文而有则斯足播布寰区。沛志取法沔阳，征实史传，户口田赋登载靡遗，山川古迹综括有体，人物则贤否并陈，诗文则纤靡力黜，近可传之一邑，远可达诸天下，乃近志中白眉已。

不佞鲁即尝与议于始，雠对于中，卒典能效一长于笔削，则恃有侯之秉玄览于上，乡缙绅弟子倡正议、修宠□于下耳。不然，沛犹他邑，志犹近志，又胡能公而核、文而有，则足以信今传后若斯然耶？嘉靖末，鄞杜使君修《青州志》，假手于薛子晨；万历初，越张修撰修《会稽志》，同事于徐子渭。二子皆文学也，今其志颇行于寓内。沛志近出符生手，生困于文学无为，游扬公卿间，览是编者，亦可觇生概矣。

儒学教谕、淮阴倪鲁。

沛志后叙

蜀彭山罗明府刻《沛志》既成，思问受而卒业，爰缀数语简末。曰：

治邑者，贵知所重，知所重斯于邑也易易矣。世之登仕版驱宦鞅者，躬簿书则日游神案牍，事逢迎则日驰情馆谷，急征艺则日注意勾稽，即其自许，畴不曰邑之重务在斯三者？三事举，虽以报成命、称良吏无不可者。乃明府之治沛也，案牍清而庭无滞讼矣，馆谷饬而宾至如归矣，勾稽省而民咸乐业矣。然犹不自满，假惓惓邑志之修者，将曰："邑犹家也，志犹识也。治家者不识其田坔横斜、收入多寡、家众饔飧、宾客宴飨，则臧获得以售其穆而家道废；治邑者不识其户口登耗、田地肥瘠、赋役重轻、人林衰盛，吏胥有不缘隙肆奸、乘衅舞文者哉？邑治且坐是隳矣。"明府治沛甫贰期，辄能修旷典于六十年之后，其诚知所重，而不以三事见长者哉？后之嗣治者，倘率循而光大之，斯于明府眷眷之意，为无负今之易在明府者，将不易在后人耶！

儒学训导、历阳鲁思问。

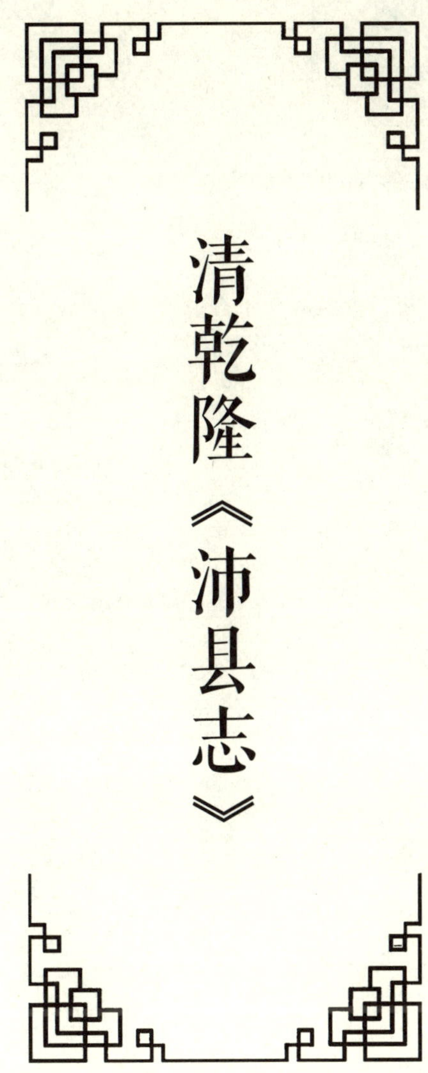

清乾隆《沛县志》

导读

田秉锷

乾隆《沛县志》是清代沛县第一部官修县志。该志由时任沛县知县李棠主修，时任徐州府府学教授田实发主纂，刊行于乾隆五年（1740）。大概于乾隆朝中期，邑人又予以增补，成为今天的通行版本。

判定该志曾在乾隆朝中期增补，是因为在其“艺文志”部分发现了乾隆二十三年之后的奏折与御批，所以乾隆五年刊印的《沛县志》在乾隆二十三年后，又有了一次皇家文案的补入。对此，该志序言、跋文皆未有相应说明。

自明万历三十八年（1610）《沛县志》补修本行世，到乾隆五年乾隆《沛县志》刊行，计一百三十年。在顺治、康熙两朝均无县志流传的背景下，乾隆初年，知县李棠编修并出版了《沛县志》，尤为难得。

光绪《沛县志》与民国《沛县志》的“秩官志”对李棠均有简略介绍：“李棠，海阳人，十三年任。”查今“山东海阳司马李氏清代科举名录”，知“李棠，字景南，1689 年生，监生，保举孝廉方正，刑部行走，河工效用，任江南沛县知县，授文林郎”。

如果李棠仅仅是“沛县知县”，我们对他的认识就此打住，也是说得过去的。但是，李棠不是一般的、走过场的沛县知县，他有作为、有建树，给沛县留下一部《沛县志》，因此，沛县的“清代文化”与“明代文化”得以衔接与传承。就凭这一点，我们对李棠的了解就应该再扩大一点、深入一点。

继续寻觅，突破口是“山东海阳司马李氏”家族。从“山东海阳司马李氏”的称名开始，我们寻到了“司马李氏”的得名者、奠基者——李赞元（1623—1679）。李赞元，原名“立”，“赞元”为顺治皇帝钦赐之名，字公弼，号望石。祖籍福建省泉州市安溪湖（虎）头人。其始祖李明，因军功占籍登州大嵩卫（今海阳市凤城）。

李赞元幼年丧父，母亲一边卖火烧维持生计，一边亲自教儿子读书写字。此后李赞元功名连捷：顺治辛卯（1651）举人，壬辰（1652）明通，乙未（1655）进士，由翰林院庶吉士历山东道监察御史、巡按湖北、巡视两淮、监漕，掌陕西道、京畿道、河南道监察御史、户科给事中、户科掌印给事中、兵部督捕理事官、通政使司右通政、大理寺卿、都察院左副都御史、兵部督捕右侍郎。因奏言刚直不阿，顺治帝赐名“赞元”，称其为“真御史”。逝世后诰赠骠骑将军，诰授通议大夫，钦赐葬祭，崇祀“乡贤祠”、“湖北名宦祠”等。因为曾任“兵部右侍郎”，民间称其为“司马李”，故海阳李氏遂以“司马李氏”自署。

李赞元居官在外，仍不忘家训，家教甚严。他曾题写《四勿诗》作教子格言：“手勿释诗书，身勿着华服，心勿思邪事，行勿恃阴势。”据说李赞元有十三子，无一纨绔子弟，家族留下“三代八进士”美谈。

李棠为孝廉李本澄子、李赞元孙。李赞元长子李本涵，字海若，号俟庵，1648年生，康熙丁巳举人，戊辰进士，翰林院庶吉士，敕授文林郎，崇祀乡贤祠。李本澄为李赞元第三子。光绪《登州府志》举人条目有李本澄生平事迹：“李本澄，赞元子。癸卯内阁纂修，候选州同。父早丧，奉母至孝，母殁，庐墓三年，笃爱幼弟，以己产千金与之。著有《东溪诗集》，以子棠，赠文林郎。”乾隆《海阳县志》人物条目载：“李本澄，兵部侍郎李赞元公第三子，举雍正孝廉，父早丧，奉母最孝，四十年如一日，母殁，庐墓三年，迎奉外祖、舅氏终其身。笃爱幼弟，以己产千金分与之，乡评其友孝。”光绪《海阳县续志》封赠条目载：“李本澄，内阁纂修，候选州同，授儒林郎，以子棠任江南沛县知县，赠文林郎，妻姜氏刘氏赠安人。”艺文条目载：“李本澄，字鉴湖，号听山，著作《东溪诗草》。”记述较详的是乾隆《海阳县志》里的《李鉴湖传》，节录如下：“李本澄，字鉴湖，登州府之大嵩卫人。卫，今海阳县也。鉴湖为顺治己未进士、官兵部督侍郎赞元公之第三子（赞元公立朝、任外皆有声，海内称曰望石先生），长兄本涵康熙戊辰进士改庶常。鉴湖生于华胄，然无贵介气，性嗜诗书，尤笃于伦纪。早丧父，事母备极，孝养四十年如一日。母殁，葬尽礼而不合于俗，县人至今取法焉。葬后，筑室归于墓，庐居三年。然后，归迎外祖、舅氏于家养之，终其身。笃爱幼弟本潢，念其乏也，尝推千金之产畀之，不吝当望石先生殁时。鉴湖恐家道中落无以承志，于是委家政于仲兄本浩，日阖门，率群从兄弟、子侄以弦诵为事，县人英秀者多从学焉。鉴湖与弟本淳同举雍正癸卯京兆，乡试年五十八矣。屡蹶春闱，竟龃龉以殁。而其弟侄辈咸先后成名，以贤能著，皆鉴湖之遗教——鉴湖殁后十一年，用其次子棠，官沛令，封文林郎。棠治沛有声，且其齿未也，异日者必能大其家声，继其父未尽之志。人益知鉴湖之不殁，而遗泽之长未有艾也矣。”

在乾隆《沛县志》的序言中李棠谓：“余幼不敏慧，学殖未充，鹿鹿簿书间，覆悚是惧，何敢及笔墨事？”看来是谦虚之词。三代诗礼传家，故能够“奉先人遗训，叨莅一方，其记载劝惩大端，固不敢以谫劣诿。”

雍正十三年（1735），李棠四十六岁，就任知县。乾隆二年春，他召集地方绅士议修方志，得到了一致拥护，遂请示上级，并得到批准。他认为修志乃“劝惩大端”，应“慎之又慎”，不能因为自己才陋学浅而推诿。于是，他对《人物志》采取了集体讨论的方法，凡增加一个人入志，一定要公论通过。材料齐备后，随即邮递给当时担任徐州府学教授的田实发编纂。

田实发，安徽合肥人，乾隆二年就任府学教授，颇有才名，实为乾隆《沛县志》主笔。纂修工作曾因李棠忙于修城，田实发奉命主持科举考试而中辍一段时间，延至乾隆五年秋八月才得以告成。参加辅助工作的还有沛县儒学教谕侯启晋、训导汪自贤等，典吏李世贵担任了督刊工作。

乾隆《沛县志》共十卷。卷首有李棠《序》、县境、城池、学宫、县署、四景诸图，及《凡例》《纂修官姓氏》。

卷一《舆地志》：星野、沿革、疆域、形胜、邑纪、山川、街市、乡村、镇集、风俗、土产、城垒、宫室、台池、碑刻、陵墓；

卷二《建置志》：城郭、公署、驿置、仓廒、恤政、马政、河防、坊表、关梁、津渡、义阡、河渠、闸座、堤防、赋役；

卷三《学校志》：祭器、书籍、书院、社学、学宫、旧儒学基、学官；

卷四上《秩祀志》：坛壝、祠庙、祠祀、乡贤祠、寺观；卷四下《选举志》：征辟、进士、举人、乡贡、武科、封爵、戚畹；

卷五《秩官志》：置长、知县、县丞、主簿、县尉、典史、沽头集工部分司、闸官、泗亭驿驿丞、官仕、侯选、吏员、行伍、武胄、委署；

卷六至卷九分别为《人物志》《列女志》及《艺文志》；

卷十为《杂志》《侨寓》《方技》《仙释》。

乾隆《沛县志》纲目率乱，分类不大合理。行文中避讳字亦多，不仅避清讳，明讳也避，疑是蹈袭明本。

乾隆《沛县志》为木刻本，白口，单鱼尾，中署“沛县志”三字，下注卷次卷名和卷内页次，每面九行，每行二十字，梓版多人分工，刀法明显不一，接续处多有黑版，糊字也为数不少，从形式上来说，不算好本子。乾隆《沛县志》四册一函，原北京图书馆柏林寺分馆有足本收藏；江苏师范大学图书馆时有恒先生捐赠，特藏室亦有收藏，可惜残缺。

乾隆《沛县志》在体例上沿袭传统程式，少有突破。但作为“百科全书”式的历史文案，重在劝学、明道、教化、扬善，则一如既往。

清代康乾时代称“盛世”。但也是“文字狱”泛滥的时段。而在乾隆《沛县志》中，竟然也为反清英雄人物留下一席之地，而不予否定。卷五“秩官志”之“委署”，写到明末的刘三奇，特注明：“史相可法命为邳州副将。”这是极为难得的。而民国《沛县志》卷二“沿革纪事表”中，刘三奇就被定性为“湖陵贼渠魁”：“顺治六年六月，旱。秋，地震。九月，协漕将军孙塔来剿，湖陵贼渠魁刘三奇及子姓庄客悉诛之，掳妇女归。”

上节已述，李棠主编的《沛县志》于乾隆朝中期曾被邑人增补，背景情况不明，仅从增补的艺文看，即有乾隆二十三年的海明奏折、刘统勋等奏折、陈宏谋奏折，并乾隆帝御批，据此可判定，该版本定稿于乾隆二十三年后。

目　录

序（李棠） …… 402
纂修官姓氏 …… 404
凡　例 …… 405
四境官署图 …… 406
卷一　舆地志 …… 422
　星野 …… 422
　沿革 …… 422
　疆域 …… 423
　形胜 …… 423
　邑纪水旱祥异附 …… 424
　山川 …… 433
　街市 …… 435
　乡村 …… 436
　镇集 …… 436
　风俗 …… 437
　土产 …… 439
　城垒 …… 440
　宫室 …… 441
　台池 …… 441
　碑刻 …… 442
　陵墓 …… 443
卷二　建置志 …… 445
　城郭 …… 445
　公署 …… 446
　驿置 …… 447
　仓廒 …… 448
　恤政 …… 448

马政 …… 449
河防 …… 449
坊表 …… 450
关梁津渡附 …… 450
义阡 …… 452
河渠 …… 452
闸座 …… 453
堤防 …… 454
赋役 …… 454
卷三　学校志 …… 459
祭器 …… 460
书籍 …… 460
书院 …… 460
社学 …… 460
学宫 …… 461
旧儒学基学田附 …… 461
学官 …… 463
卷四上　秩祀志 …… 468
坛壝 …… 468
祠庙 …… 468
祠祀 …… 468
乡贤祠在学宫 …… 469
寺观 …… 472
卷四下　选举志 …… 476
征辟 …… 476
进士 …… 476
举人 …… 477
乡贡 …… 478
武科 …… 484
封爵附 …… 485
戚畹附 …… 486
卷五　秩官志 …… 487
置长 …… 487

知县 …………………………………………………………………… 488
县丞 …………………………………………………………………… 492
主簿 …………………………………………………………………… 495
县尉 …………………………………………………………………… 498
典史 …………………………………………………………………… 498
沽头集工部分司 ……………………………………………………… 500
闸官 …………………………………………………………………… 503
泗亭驿驿丞 …………………………………………………………… 505
宦仕附 ………………………………………………………………… 505
候选 …………………………………………………………………… 507
吏员 …………………………………………………………………… 508
行伍 …………………………………………………………………… 510
武胄 …………………………………………………………………… 511
委署附 ………………………………………………………………… 518
卷六　人物志 ……………………………………………………… 520
卷七　列女志 ……………………………………………………… 536
卷八上　艺文志 …………………………………………………… 553
制命 …………………………………………………………………… 553
卷八下　艺文志 …………………………………………………… 562
诗 ……………………………………………………………………… 562
卷九上　艺文志 …………………………………………………… 579
记 ……………………………………………………………………… 579
卷九下　艺文志 …………………………………………………… 610
卷十　杂志　侨寓　方技　仙释 ………………………………… 613
杂志 …………………………………………………………………… 613
侨寓 …………………………………………………………………… 617
方技 …………………………………………………………………… 619
仙释 …………………………………………………………………… 620

序

沛有志，始前明景泰时邑令武昌古公；嘉靖时，永年王公重辑；更五十余年，彭山罗公加辑于万历丙申；越一纪，永宁李公更加纂订；迄我朝百余年矣。邑境洼下，数罹水患，迁复靡常，即漫漶之，旧版亦无从征觅，古今政迹无可稽，前贤芳躅无可考，疆境分合、兴废属隶及赋役物产、利弊均莫能求其确实。余忝承乏是邑三载，每思访诸前令旧本，详加补辑，付剞劂氏，匆匆未遑也。然沛当曹、滕、齐、鲁之冲，接壤古豫，属《禹贡》徐州。汉祖龙兴以来，为用武之地。濒大河，屡汩于水。民贫而土脊，抚绥最难。宰是邑者，匪参之古，酌之今，得其情，宜其俗，其能免于咎戾欤！是志之修，又必不容缓者。况欣逢我圣天子重熙累洽，文治光于率土，凡省会郡州县志，无不焕然一新，成千古大一统之盛。沛虽蕞尔，讵遂无纪载耶？乾隆二年春，集绅士于黉宫而议之，众皆踊跃鼓舞。议即日定，乃请于各宪，允行。余幼不敏慧，学殖未充，鹿鹿簿书间，覆悚是惧，何敢及笔墨事？但奉先人遗训，叨莅一方，其纪载劝惩大端，固不敢以谫劣诿忠孝节义。凡增一人，必集舆论以定。邮致郡博合肥田君编纂之。田君起家庚戌，与余家兄弟辈为同年。素稔其闳通，是以相属，慎之又慎也。增者，庶几无遗芳乎！无溢美乎！至旧志所录，未尝删汰一人；而繁句冗字，则商之田君而芟之，文取其简也。梓将竣，适余有修城之役，田君亦奉檄乡闱，遂停工。延至今秋，书始就。而余自甫至沛时，数年之愿获酬焉。虽然，采访或有未遍，湮没或有未彰，荒烟蔓草之墟或多未历，残碣断碑之文或多未读，事经两甲子，兵燹水患中不可考者未能综括之于一旦而纤毫无漏，是则余之责也。邑人士之览是书者举所遗以告，得以补载，是余之所深幸也夫，是余之所深望也夫。

时皇清乾隆五年秋八月望日，敕授文林郎、江南徐州府沛县知县、海阳李棠撰。

（下钤印二：阴文为“臣棠之印”；阳文为“海阳李氏”）

纂修官姓氏

沛县知县李棠　重辑

教谕侯启晋

训导汪自贤　参订

典史李世贵　督刊

凡　例

——旧志漫漶已久，事多阙失，或搜辑不至，未免遗落，所赖博学者补之。

——旧志中有冗字复句，谨为芟汰，义取其简。水旱所以纪天时，蠲赈所以纪皇恩，详悉敬铭，志感戴也。赋役户口数，以本朝为定，旧志所载，皆系前季，增减随时，未足为准，故不载。

——丰沛为汉祖龙兴之地，其汉代君臣纪载，仅从其略，不敢抄录汉史，以至篇帙之繁。

——忠孝节义，阅百余年，人物必多；修志时值蝗水为灾，乡村地阻，或有未能申报者，凡所遗漏，俟续采补载。

——诗文非切于地方及土俗民情有关治要者，不敢轻入。盖佳制虽多，难悉载也。

——旧志之无凭考订者，则稽之州志。有邑绅金文泽，前令郭公讳维新，成稿未刊，多采摭载入，不忍没其苦心。

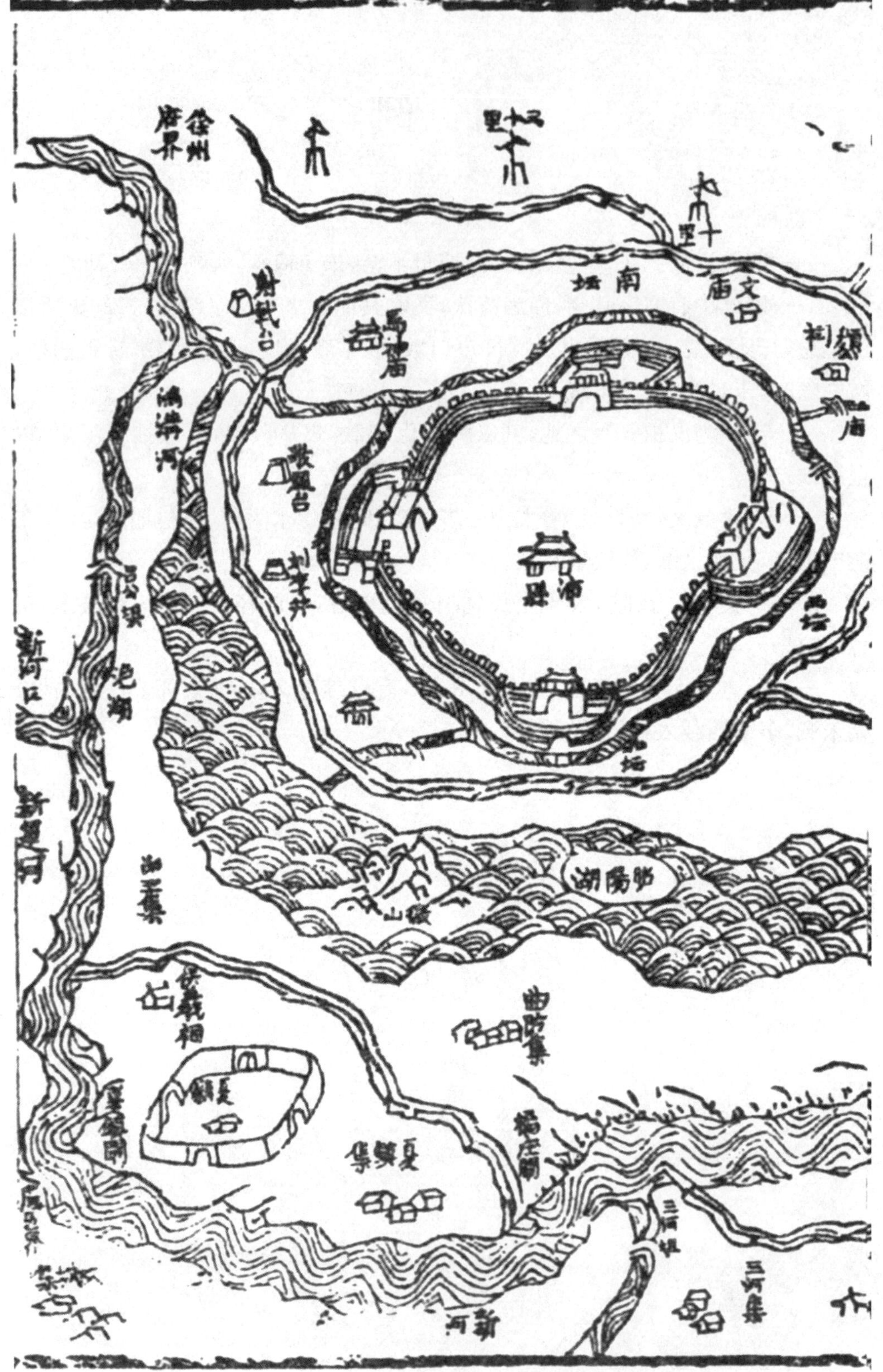

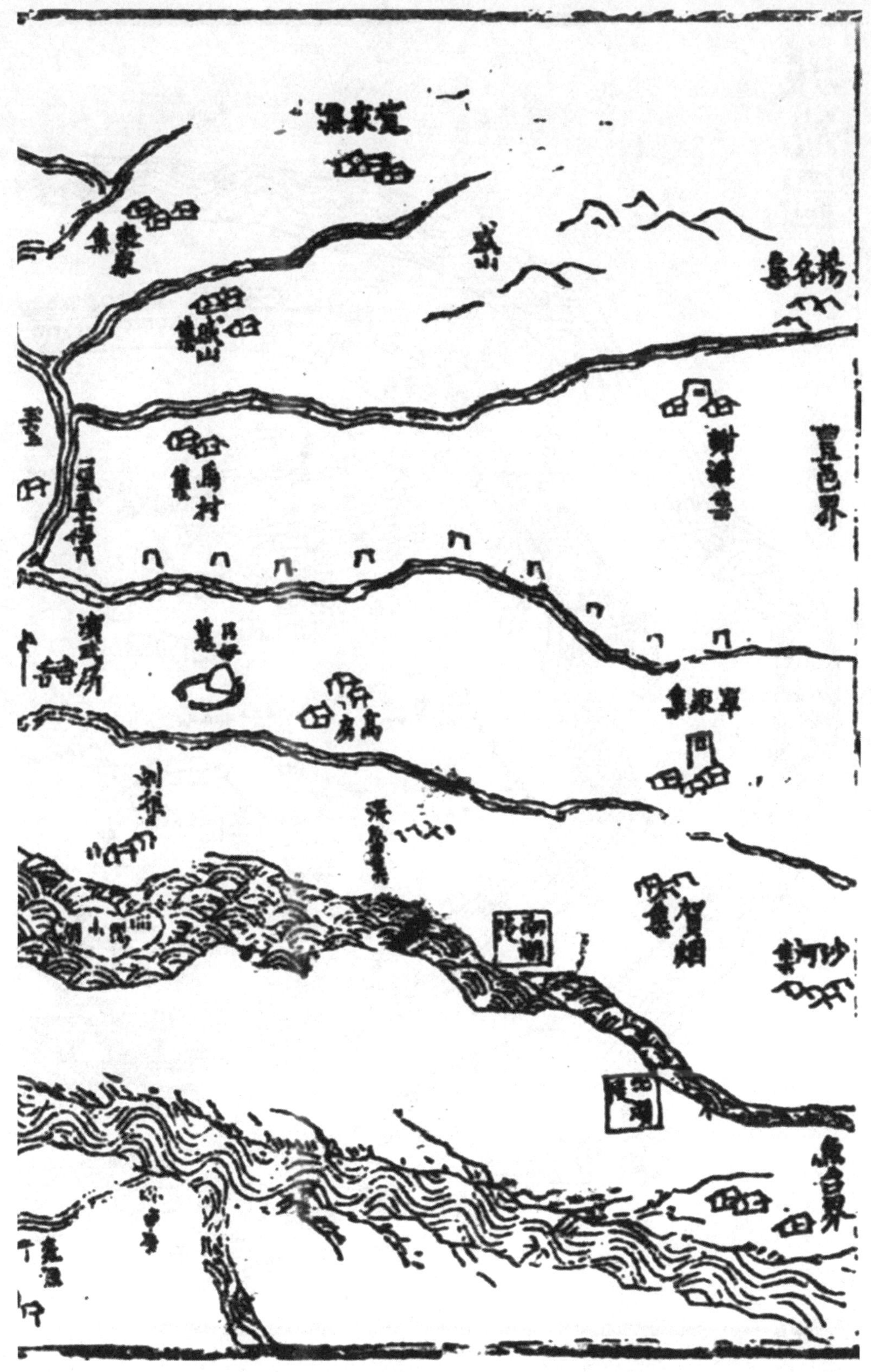

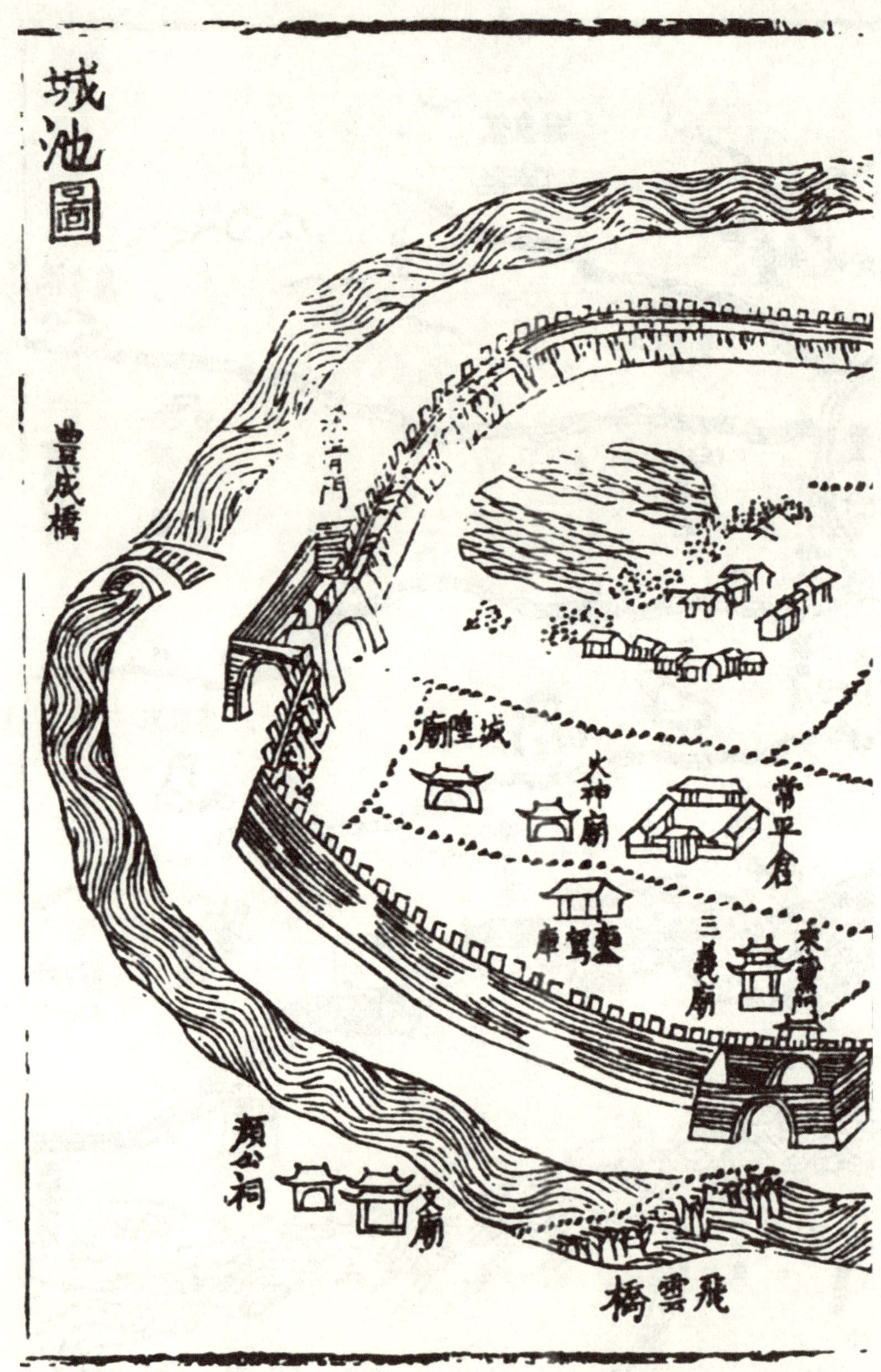
城池圖
豐成橋
城隍廟
火神廟
常平倉
三義廟
顏公祠
文廟
飛雲橋

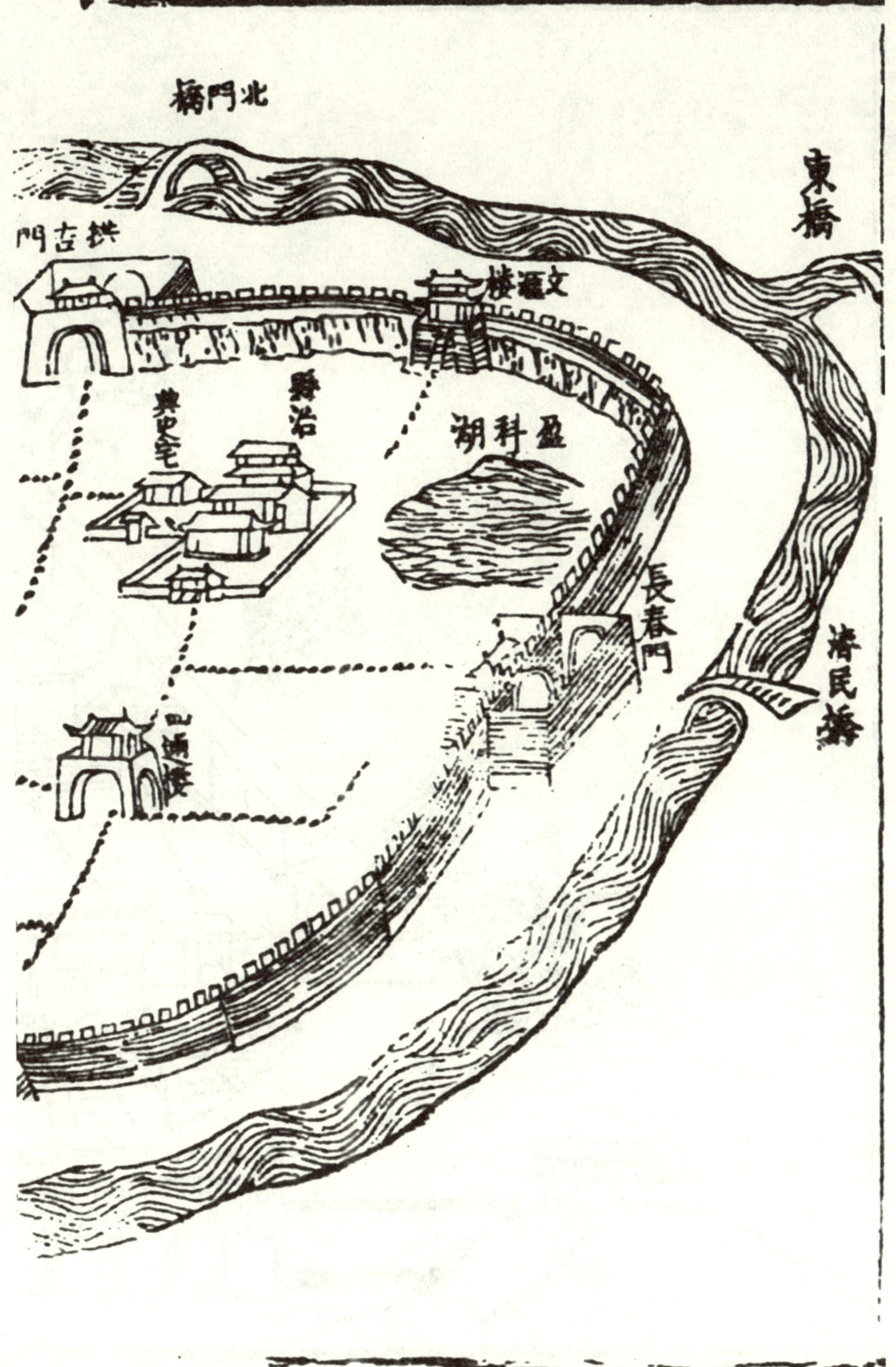
北門橋
東橋
拱古門
縣治
典史宅
盈科湖
長春門
濟民橋

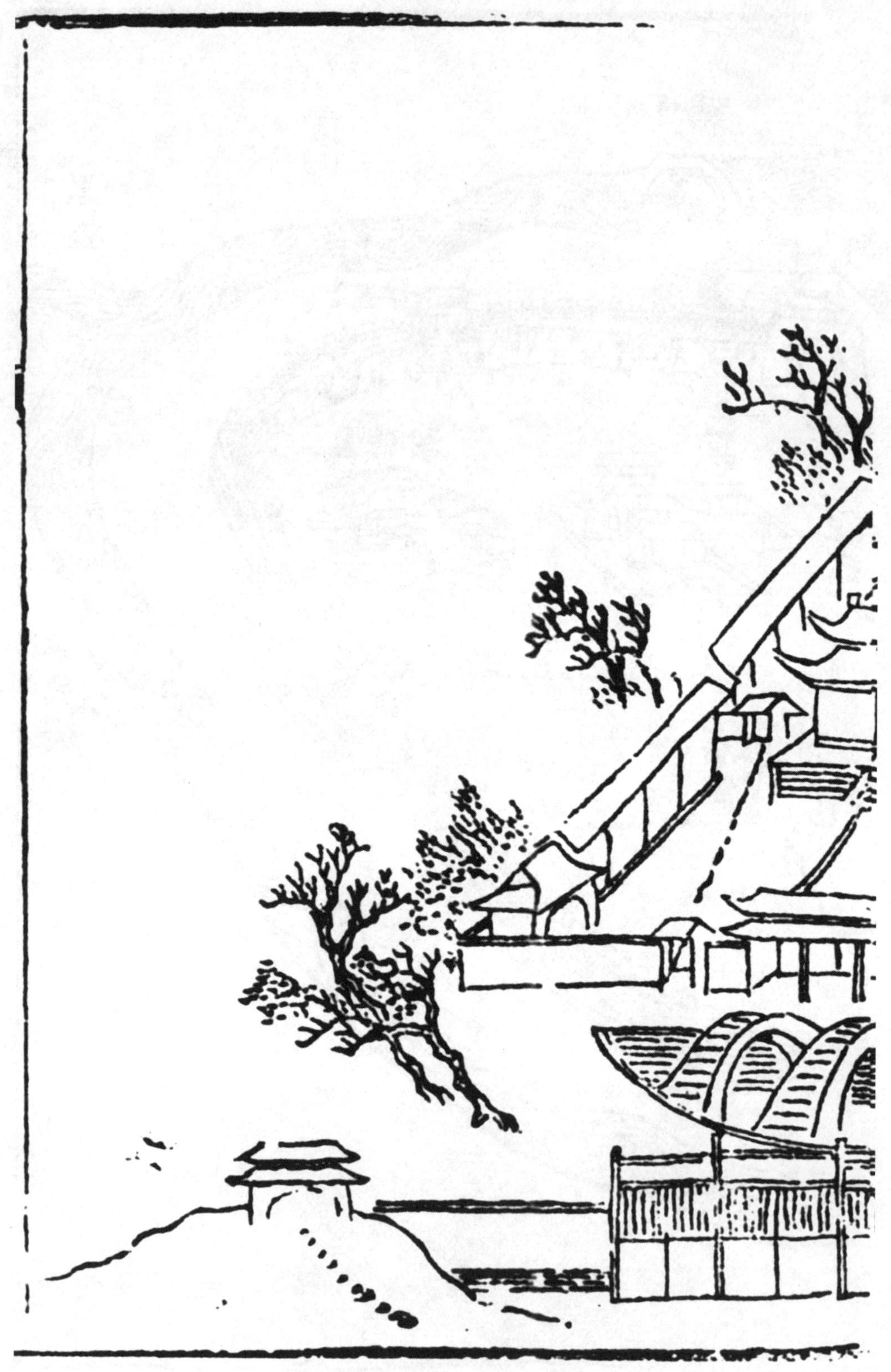

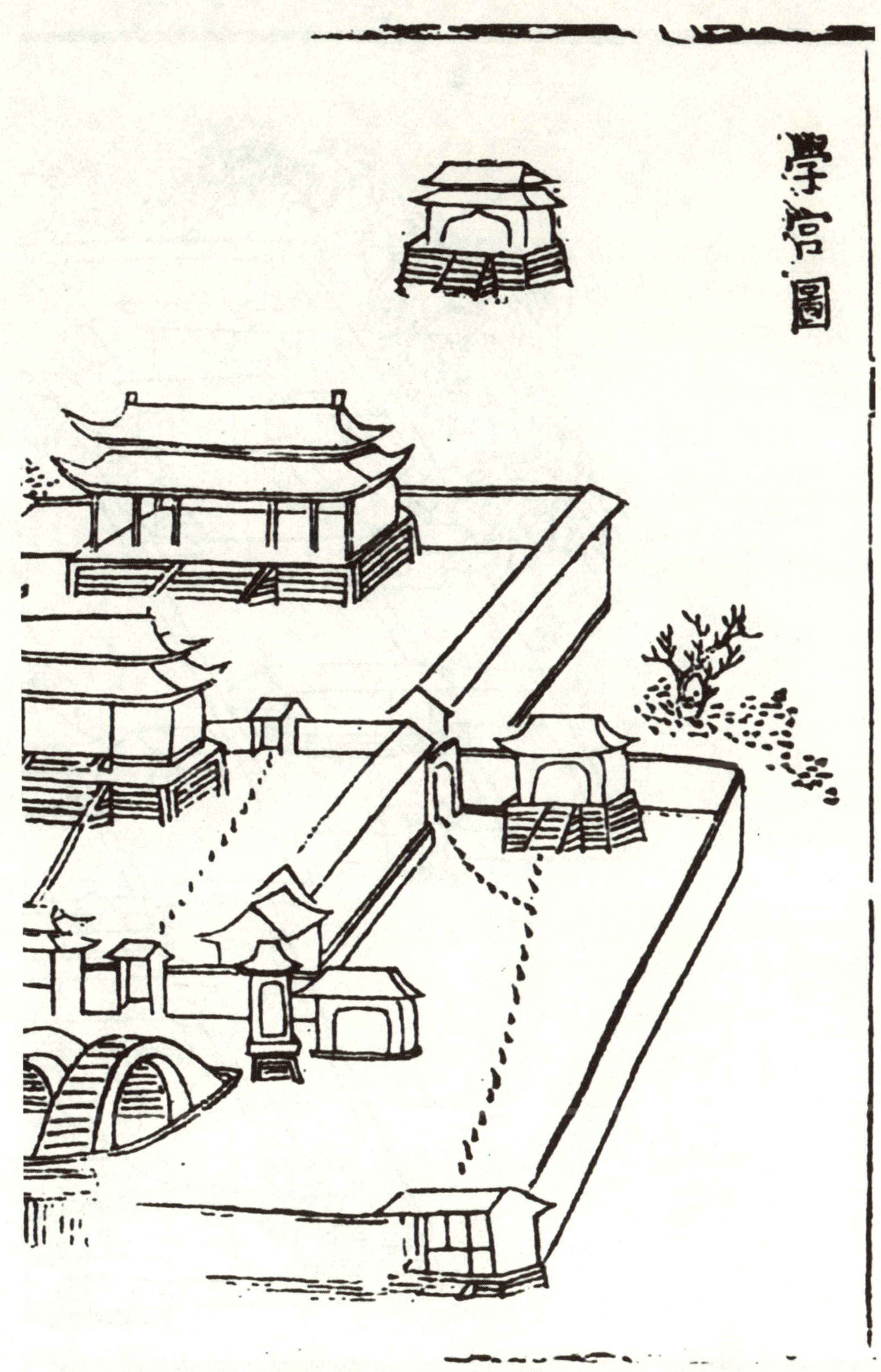
學宫圖

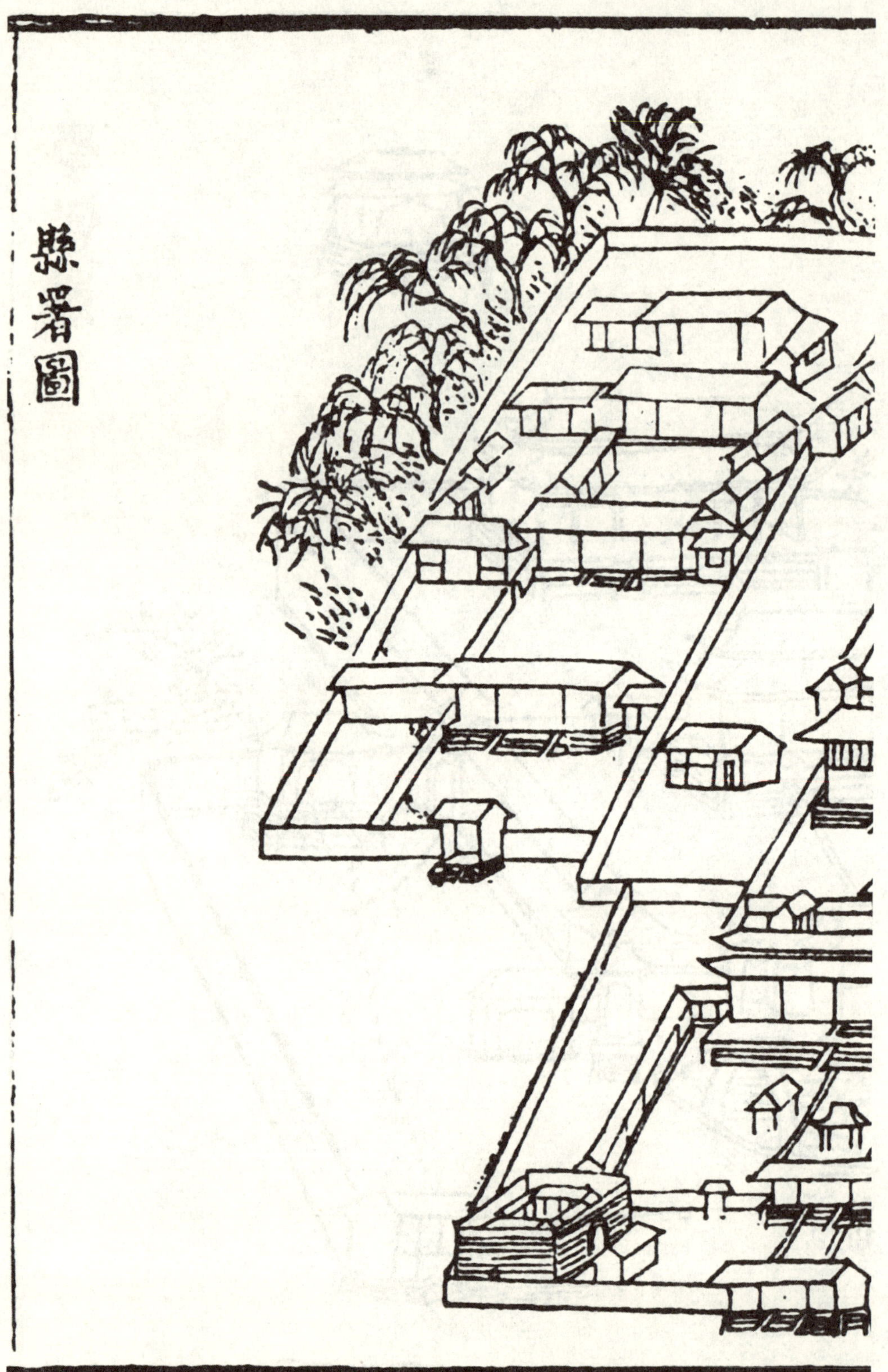
縣署圖

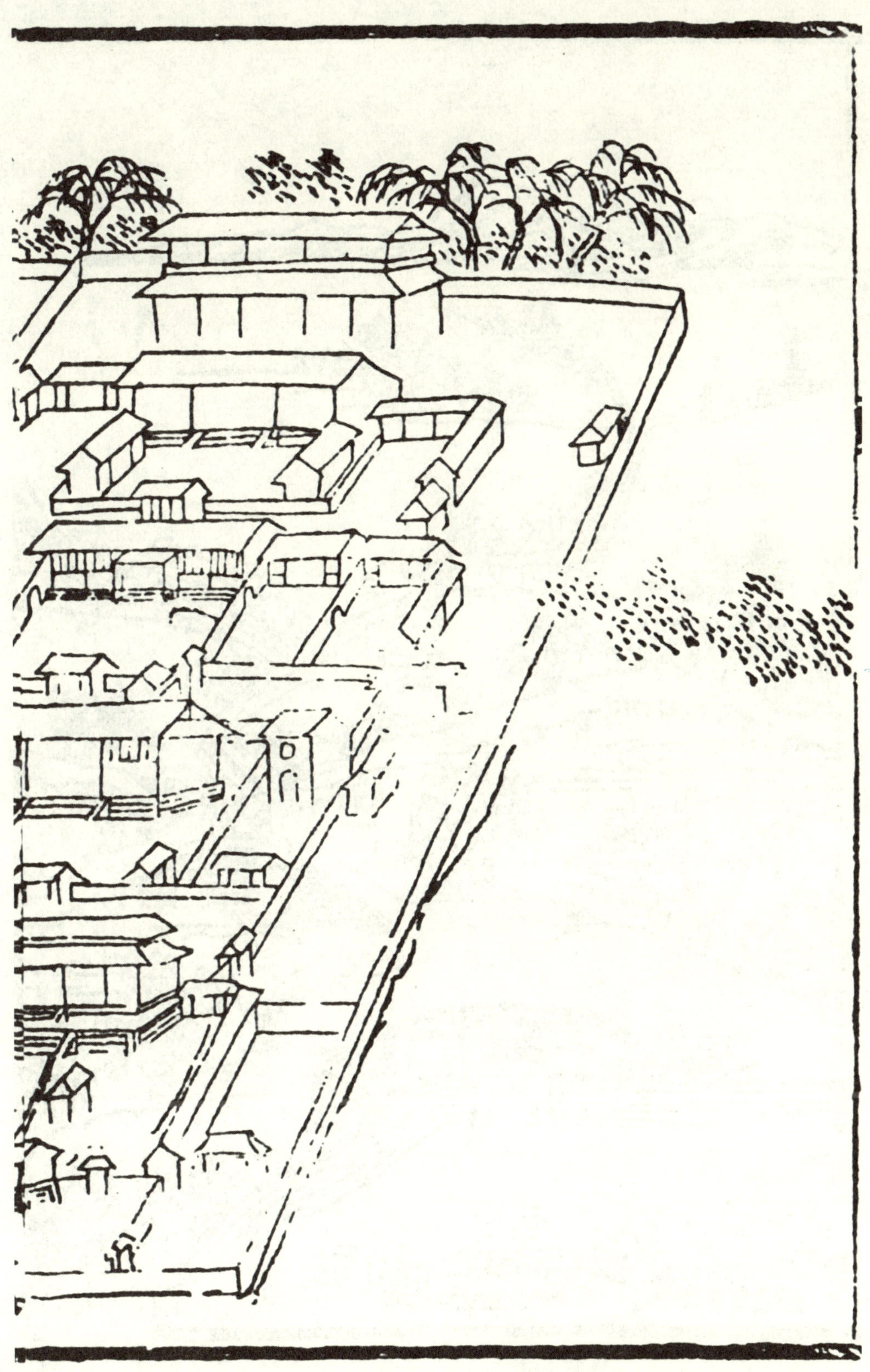

四郊

微山雪霽

卷一 舆地志

沛县知县李棠 重辑

星 野

《汉书·地理志》:"宋地房心之分野也。今之沛、梁、楚、山阳、济阴、东平及东郡之须昌、寿张,盖皆宋分也。"《晋书·天文志》:"沛国入房四度。"沛为沛国属县。

《唐书·天文志》:"丰沛负南河阳气之所布也,为房分。"

沿 革

《禹贡》徐豫二州之交。旧志:徐州之域。然两汉、魏、晋皆以沛隶豫。江左以来,乃隶徐。《汉志》又曰:鲁地,奎娄胃分野,南有泗水。今县治在泗水西,而东北据泗。然则泗水以东犹是徐州之境,泗水以西则豫州境也。

商为薛国南鄙。仲虺封于薛,故城在沛境。

周为偪阳国西北鄙。元汪克宽注《春秋》:偪阳国在今沛县。《一统志》:沛县古偪阳国地。灵王九年晋灭偪阳,以其地予宋。赧王二十九年,齐、楚、魏共灭宋而分其地,楚得沛地,以为县。《水经注》:县因沛泽为名。

秦以沛县属泗水郡。《一统志》:秦置沛县,为泗水郡治。汉改泗水郡为沛郡,迁治相而沛县如故。说本《水经注》。

汉初属西楚。天下既一,改泗水郡为沛郡。治相县,属如故。武帝置十三部刺史,沛郡隶豫州部。东汉改沛郡为沛国,县属如故。兴平、建安间,为豫州刺史治。

魏景初二年,改沛国为汝阴郡,以沛县为沛王国。

晋沛国复治相县,属如故。元帝南渡,石氏、冉氏、慕容氏、符氏迭有其地。至义熙七年,青徐兖豫皆平,置北徐州刺史于彭城,割沛郡隶北徐州。

刘宋北徐州止称徐州,移沛郡治萧县,属如故。泰始二年淮北四州豫州淮西地失于魏。

元魏分徐州郡县，置东徐、北徐，而沛郡隶徐州如故。

北齐置东南道行台于徐州，省沛郡以沛县隶彭城郡。

后周置徐州总管府，郡县隶如故。

隋开皇三年罢郡，以沛县直隶徐州。大业三年，改州为郡，县仍属彭城郡。王世充僭号，复置徐州行台。

唐复改郡为州，县属徐州。《唐志》：武德五年置沛县，是前此盖尝废矣。贞观初，分天下为十道，徐州属河南道。贞元四年，置武宁军节度于徐州。

宋为京东路、徐州武宁军属县。元丰初，分京东为东西二路，而徐州属西路。建炎末没于刘豫，金废刘豫，以地归宋，已而复取之。

金为山东西路滕阳军属县。大定二十二年，军升为州。二十四年，止称滕州，县属如故。天兴初，升县为源州。未几，金亡，州废。

元初隶东平路。太宗二年，移滕州治沛县。宪宗二年，州废，复为县。至元二年，省入丰县。二年，复置。八年，改隶济宁府。十二年，立济州于任城，为济宁府属州，以沛为济州属县。十六年，济宁府升为路，州县属如故。

明为南直隶徐州属县。

国朝降南直隶为江南布政司，州县属如故。

雍正十一年，改徐州为府，沛仍属邑。

疆　域

东西广九十八里，南北袤一百一十里。

自县治东至山东兖州府滕县界五十里，西至丰县界四十八里。

南至徐州界五十五里，北至兖州府鱼台县界五十五里。

自县治东南至徐州治一百二十里，西南至砀山县治一百三十八里，东北至滕县治一百二十里，西北至鱼台县治九十里。

自县治西北至京师，陆路一千四百里，水路一千八百八十里；东南至江南省城陆路九百里，水路一千一百里。

形　胜

泗水绕其左，泡河环其右，北接齐鲁，南通江淮，沛泽奥区，商舶骈集。

八景：一、微山霁雪，二、泗水澄波，三、歌风古碑，四、射戟遗台，五、飑城月照，六、樊巷烟迷，七、璃井清泉，八、昭阳活水。今易名四景：一、四郊桃李，二、百里芙蕖，三汉台秋风，四、微山霁雪。

邑　纪水旱祥异附

唐尧使禹分九州，沛徐州域。

虞舜肇十有二州，徐仍。

夏《禹贡》：海岱及淮惟徐州。

商仍夏

周并于青，春秋隶宋。灵王九年，晋灭偪阳。赧王二十九年，宋灭隶楚。

秦泗水郡，始皇二十八年过彭城，求九鼎于泗，弗得。

二世元年，刘邦起于沛，自为沛公。

汉地隶楚，后隶豫州沛郡。高帝二年，王陵以兵归汉。三年，楚陷荥阳，汉守将御史大夫周苛死之。

十二年，帝过沛，宴父老，复其民，世世无有所与，作《大风歌》。

惠帝五年，诏沛立高祖庙。

宣帝元康元年，诏复高帝功臣绛侯周勃等百三十六家。

三年春，诏以楚王嚣子为广戚侯。

哀帝建平四年，山阳、湖陵雨血。

更始二年，梁王刘永攻沛，下之。以沛人周建为将。

后汉隶豫州沛郡

光武帝建武二年，刘永走湖陵。盖延定沛，修高祖庙，置啬夫、祝宰、乐人。

五年，帝幸沛，祠高祖原庙，进幸湖陵。

二十年，徙中山王辅为沛王。

二十八年，沛王辅就国。

中元元年，蝗。

二年，封沛王辅子宝为沛侯。

肃宗建初二年，诏以大旱，勿收兖、豫、徐州田租。

章和元年秋，遣使祠沛高原庙。九月，幸沛祠献王陵。

十六年二月，诏兖、豫、徐、冀州比年雨多伤稼，禁沽酒。

安帝永初四年，蝗。

桓帝永兴二年六月，彭城泗水增长逆流。

献帝兴平元年，徐州牧陶谦表刘备为豫州刺史，屯小沛。

三国隶魏

明帝太和六年，徙谯王林为沛王。

景初元年，徐水灾，遣侍御史循行开仓赈救。

二年，以杼秋、公丘、彭城、丰、广戚五县为沛王国。

晋隶豫州沛国

武帝泰始五年，徐兖水。遣使赈恤。

明帝太宁三年，陷于后赵。

穆帝永和七年，魏徐兖荆豫洛州来降。

升平二年，谯沛城没于燕。

孝武帝大元四年春，陷彭城、淮阴。

安帝元兴三年，刘毅等攻桓振诸城，克之。

义熙二年，封刘毅南平郡公。

八年，遣益州刺史朱龄石帅师伐蜀。

南北朝

宋元帝元嘉二十八年，蠲徐、兖、豫六州民遭寇者税调。

后魏文帝太和十九年，幸小沛，以太牢祭汉高祖庙。

宣帝景元元年，青、齐、徐、兖大饥。

梁武帝天监十三年冬十一月，筑淮堰。

普通六年，魏师入彭城。

陈宣帝大建十年，吴明彻兵败于吕梁，淮徐地尽入于周。

后周文帝迁刘璠黄门侍郎，仪同三司。

隋隶彭城郡

文帝以刘行本为谏议大夫、检校中书侍郎。

唐隶徐州

高宗龙朔元年，徙路王贤为沛王。

玄宗开元二十八年，徐、泗二州无蚕，免征税赋。

天宝七载，诏沛县置汉高祖庙，以时致祭。以张良萧何配。

德宗建中二年，徐州刺史李洧举州归国。

宣宗大中十一年，徐州水深五丈，漂没数万家。

懿宗咸通十年，曹翔攻丰、沛，贼将朱玫以沛降。

五代后梁隶徐州

宋隶徐州

太宗太平兴国八年夏，河决滑州，徐、沛大水。

真宗天禧三年，夏河决滑州，徐、沛大水。

仁宗庆历元年，诏岁凶，弛盐禁。

神宗熙宁十年秋，河决澶州，徐、沛大水。

徽宗建中靖国元年，禾合穗。

高宗建炎三年，金粘没喝陷徐州。

金童宗天兴二年，蒙古入徐州。

宋帝昺祥兴元年，丞相文天祥北行过沛。有歌风台诗。

元太宗七年，移滕州治沛县。

宪宗二年滕州废，复为县。

世祖至元二年，省沛县入丰县。徐、宿、邳蝗旱。

三年，复置沛县。

八年，以沛县隶济宁府。

十三年以沛县隶济州。

成宗大德十年，金沟闸成。

仁宗皇庆二年，济宁路霜杀桑，无蚕。

延祐元年，济宁东昌等路陨霜杀桑果禾苗。

二年，沽头隘船闸成。

六年，遣官阅视济宁等路水。民乏食者赈之，仍禁酒。开河泊，禁听民采食。

泰定帝泰定二年，丰、沛水。

文宗天历，赐御史中丞史惟良沛县地五十顷。

至顺三年，济宁路虫食桑。

顺帝至正四年，大雨黄河暴溢，决白茅堤，丰、沛大水。

九年，白茅河东注。沛县遂成巨浸。

十五年，置军民屯田使司于沛。

二十七年戊申，明兵取济宁路。

明太祖洪武二年，迁县治。

建文元年，庐陵颜瓌来知县事。

三年壬申，靖难将李远南掠至沛，焚饷舟万艘。河水尽热，鱼鳖皆浮。秋诏设丰沛军民指挥司。

四年春，靖难兵攻沛，指挥王显迎降，知县颜瓌及主簿唐子清、典史黄谦死之。夏，靖难兵入应天，邑人湖广道监察御史谢昇不屈死。

成祖永乐十三年，饥，赈恤。

宣宗宣德七年，蝗，蠲租税。

英宗正统二年，建祠祀颜令瓌。

景帝景泰三年，大饥疫，赈恤。

五年，知县古信修县志。

宪宗成化元年，大饥，赈恤。

七年水，免夏麦税丝。

孝宗弘治十六年，筑金沟、昭阳湖堤。金沟堤五里，昭阳湖堤三十里。

十七年，免养马。巡抚张缙以州邑比罹河患，赋役繁重，特为奏免。

武宗正德元年，浚曲房河。延绵二十余里。

二年，黄河东徙入泡河。坏民居，损禾稼。

六年，流贼余党掠沛。

七年，水。

八年，水。

九年，水。

十年，水。

十四年，武宗南狩过沛，宴邑太学生赵达家，过庙道口，宴宋氏楼。

世宗嘉靖二年秋，河决，塞运。坏民庐舍多流亡。

四年，蝗，无禾。

六年，水。

七年，水。

八年，大水。舟行入市，平地沙淤数尺。命都御史潘希曾经理旧运，筑长堤。高二丈，阔三丈，自县治西门起，至杨进口止。

十一年，知县杨政均平地粮。有碑竖福德祠。秋八月，建谯楼。行人孙世祐记。

十三年，湖道口河淤。

十四年，疏汴水出泡河，达于泗。先是黄河南徙至济至徐，不可舟。都御史刘天和至，濬淤导溃，以顺水性。疏汴河自朱仙镇至沛县飞云桥，杀其下流，役丁夫十四万二千九百人。四阅月始成。敕建昭惠祠成。

二十年夏，旱。

二十一年，迁儒学。知县王治。筑昭阳湖围堤，丈湖田，夏大雨。五六月雨如注，昼夜不止，河溢民居，禾稼伤者过半。

二十二年春，修县志成。筑土城成。冬，沽头城成。

二十六年，筑砖城成。知县周泾。迁社稷坛，建义仓，筑庸貨堤。

三十一年春，饥。

三十二年春，大饥。

三十四年，倭警。

四十三年春，开湖柴禁。秋，大水。

四十四年秋，河决，大水塞运，蠲租税。

四十五年秋，大水。九月，开新河成。

穆宗隆庆元年，改建城南门。甲子春，子城圮于水，至是时始改建于城东南隅。冬十月，薛河石坝成。

二年元日，大风。夏，螟。

三年秋九月，大水入市。

六年，始行一条鞭法。巡抚都御史王宗沭颁行江北赋成规，知县徐辂首遵行之。

神宗二年，濬新渠。夏，雨雹伤稼。秋，大水，赈。

五年春，筑护城堤。知县马呙。秋，河溢，大水夜至，城几陷，力御得免。

六年冬，大雪。

七年夏，麦秀三岐。多至五岐者。五月雨雹伤麦。秋筑夏镇护堤。缕水堤成。

八年，修学宫。知县周治升。

九年春，均丈田地，归并里甲。秋，儒学尊经阁成。

十年，开平门成。门在城东北隅。徙昭惠祠。

十一年夏，大旱。

十三年冬，大寒。

十四年夏，疫。

十六年春，饥。夏，濬城濠。秋，改造均地铁尺。先是知县周治升承命均邑田地，时以东北地多水，占弓尺难施，竟至地少于杨令所均数。由是每顷加空地五亩三分，以足原额。百姓买卖间纷纷告扰，玺患之，乃改铸铁尺，视周尺稍减。贸易者祗凭此尺，均额自足。尺今贮县库。

十七年，夏镇土城成。

二十年春，开李家口河。自朱尚书开新河后，递年积水，东则微山、吕孟诸湖，西则马家桥、李家口一带汇为巨浸。牵挽无路，军民船只，栖泊靡所，工部主事余继善采伐官民树株，架木桥二十余里，暂得牵挽。总河潘季驯因舍朱公之旧而西浚是河。冬开塔山戴村二支河。塔山西通牛角湾戴村，东通伊家林，自总河舒应龙开二河后，是冬邑积水得注泄，民赖有麦。修新河石堤。主事余继善始事，沛县主簿强性宽增修东西两岸，长几数里。桃李冬华。

二十一年春，饥。夏，水，无禾。

二十二年春，饥疫，截漕发帑以赈。

二十三年夏,雨雹。

二十四年秋,蝗。

二十五年春,修学宫。知县罗士学。夏四月,修县志。立微子祠。父老云,邑东半里许有微山,久没于水,罗士学访得其处,特建庙祀之。秋七月,建护城堤、东西二口闸。知县罗士学。八月,修颜公祠。地震三日,水涌。九月十一日,地复震。

二十六年秋,谷双岐。

二十七年夏,麦双岐。

二十八年春正月十二日,淮徐兵备副使郭光复擒逆党孟化鲸,邑中戒严。化鲸逆贼浙人,逆一平党也。居丰,停灵台集,与沛接壤,一平谋为不轨,欲首事中原,赇聚逆党,徐、丰、沛株连蔓结,在在而是,化鲸姻家宁炳然者,亦在城中,惧祸及而首其谋于官,详具复光所,刻《己庚衣袽录》中。夏,均丈邑地。知县罗士学邑地自知县周治升均后,数减于旧,邑民包赔告扰,岁无宁日。士学患之,因复丈量,得侵欺之地甚多。

三十年冬十月,濬黄河。

三十一年夏,大疫,霖潦。秋七月,水决邑护堤,陷城。邑既经霖潦,山东诸水环汇护堤,会有盗开堤岸者,全河并力而北。官私庐舍,荡覆几尽。人畜漂没,惨不可言。父老谓邑受河患二百年来,不一而足,未有若斯之甚者。冬,截漕赈恤。

三十二年春,发临、德二仓漕米来赈恤。总河李化龙请。濬泇口河。夏大疫。濬黄河。总河李化龙。秋七月,河决赵庄口。复决新洋庙口。

三十三年春,修护城堤。知县李汝让。迁县治于城北隅。冬十月,濬黄河。总河曹时聘役直隶山东河南夫二十万人阅六月工始告成。

三十四年春,修学宫。李汝让。刻沛志成。

三十五年夏,四堡堤成。先是癸卯秋河决朱旺口,直射太皇堤,冲决沛城,四堡以东者阔几一里。至是汝让修备之。

三十六年夏,缕水堤成。堤为癸卯秋河水所破者数百处,至是补完之。秋七月,隍庙成。冬十月,县治成。十二月,学宫成。

三十七年春,飞云桥成。秋,察院成。冬,复濬李家口运河成。巡抚李三才。河自吴兴潘季驯开濬后,不数载黄水冲射,堤岸胥圮于水,牵挽无路,行河使者植桩于水,架草垫土于上,暂为牵路,苟济一时。行者病之。旋有泇河之议。泇河地亢多山,窄塞碍舟,且地属郯邳,人烟稀少,盐徒矿盗,出没无常,官舟贾舶,时遭摽掠。乃复有开旧之议。至是,功成,邑簿李华春与有力云。十一月,预备仓成。仓旧在县治内,圮于水,储积无所,就民舍以蓄者数年。至是汝让始即旧义仓地并为之。以上万历时旧志。

四十一年夏五月,麦大稔。斗值银二分。秋大水。时霖雨,水与堤平,堤几溃。

四十二年秋七月,雨雹伤禾。

四十六年秋,东方白气亘天。

四十八年春三月，暴风扬沙。

熹宗天启元年冬，有星，大如斗，光烛上下，起东北至西南灭。

二年春二月六日夜半，地震有声如雷，鸡犬皆鸣。

夏六月，白莲妖贼陷夏镇，工部郎中陆化熙奔徐州。冬十月，知县林汝翥破妖贼于丰之常家店。

四年夏五月，麦大稔。秋九月，盗攻来熏门。夜二鼓，寇大至，直抵城南门，势甚汹，张士民竭力拒守，乃焚掠关厢而去。冬，无雪。

五年秋，大雨。

六年夏，蝗。是岁春至夏多雨，蝗起遍野，损田禾十之七八。

七年春，雨雹，秋，大水。

怀宗崇祯元年夏，夕有声如雷，起自西南。时天晴无云，或谓有星陨。

二年春，旱。秋，大水。黄河溢自七山来，田禾胥没于水，民乏食以牛易粟。冬无雪。

三年夏，烈风雨雹，秋霖雨。田禾尽没。冬，无雪。

四年春，旱。秋，大水。夏秋之际，淫雨连旬，至是，黄河决新洋庙，水大至，堤几溃。

五年夏，大雨，水。湖水涨溢，浸护城堤。

七年春，流寇陷凤阳，邑中戒严。秋七月，大雨，水。初三夜暴雨如注。平地水深三四尺。墙屋倾圮几尽。人畜自上流漂没者不可胜数。盗起。冬，昼有星见日侧。

八年春，流寇犯徐州砀山县，邑中戒严。冬，昼有星大如箕，自东北至西南灭。

九年春正月，流寇破萧县，邑中戒严。

十年春，旱。

十一年夏，蝗。食尽田禾。

十二年夏，蝗。食尽田禾。秋八月，盗劫南关。盗自西北来，啸聚湖中，比暮抵关厢，恣意焚掠，城中断桥闭门而已。冬燠，兵乱。徐营兵借口捕盗，骚扰士民。

十三年，盗复焚掠关厢。夏，大蝗。冬，饥，人相食。斗粟一金，人相食，骸骨遍野，或以子妇易钱百文饭一飧者，竟去不复顾。民竞拾取湖中草根食之，多面肿而死。

十四年春二月，盗陷夏镇，工部员外郎官继兰走入县城，盗围县城三日，焚掠南关而去。守城兵刃，遍生火光。夏五月，盗复入夏镇，沂州指挥使韦祚兴击破之。蝗，大疫。冬，大饥。

十五年春，旱，昭阳湖水涸。五月，麦大稔。秋，霖雨，昭阳湖水溢。八月，土寇作乱，城中戒严。冬十二月丁卯，大兵来破夏镇。丙子，攻县城，七日解去。秋杪，李令正茂掘堤引水，浸没城堧，城下无驻足处，环攻未便乘城，士民亦且甘心死守。有流寓人童彦甫出谒大师乞和，乃解去。

十六年春正月庚子，雷。壬寅，又雷。旱。夏六月，有星大如斗，自东南至西北灭，声如雷。秋九月，地震有声。冬十二月，地复数震。

十七年春三月，流寇陷京师，邑中大乱。夏五月，知县李正茂遁。秋七月，主簿邓乔以县印奔淮安。九月，徐州兵乱。是时邑中无主，人心汹汹。十月，国朝都御史杨方兴委鱼台人胡谦光来署县事，人始奉正朔。又有山东兵备副使章于天来屯兵焉。

国朝

世祖章皇帝顺治二年夏六月，大风拔木。大雨。损田禾坏庐舍。秋，大兵由夏镇河道南下。河决刘通口。邑中大水，自是年至于十年。

五年秋，湖陵贼长驱抵城，徐州副将周维墉击败之。

六年夏，旱。秋，地震。九月朔，地复震。白气见城中。协漕将军孙塔来剿，湖陵贼渠刘三奇及其子姓庄客悉诛之。掳妇女以归。十一月山寇焚夏镇。

七年夏，蝗。秋七月，山寇再入夏镇。

八年春，谷贵。

九年冬，饥。工部主事狄敬施粥。

十一年冬，大寒。

十五年夏，谷贱。

十六年夏，霖雨大水。六月，海寇犯江宁，邑中戒严。冬雪。

十七年冬，大饥。知县郭维新施粥。

圣祖仁皇帝康熙元年秋，河决香炉口，邑中大水。

二年夏，麦大稔。

三年夏，谷贱。斗值银二分。冬，有星孛于东南方。

五年夏，总河部院杨茂勋征千夫塞黄家嘴决河。河干大疫，夫多死。

七年夏六月甲申，地震有声，公私庐舍倾圮几尽，压死人民甚众。

九年秋，大水。冬，大雪。

十年秋八月癸卯，地震，冬，大雪。

十一年夏五月丙寅，地震。

十三年夏，旱。

十五年夏，大雨雹。秋九月，雷。

十六年夏，大雨雹。秋，水。

十七年春，旱。秋，水。冬，大饥。明年知徐州王纪来赈，免被灾地亩钱粮。

十八年夏，旱。地震。秋，水。比年报灾皆照被灾分数，蠲免钱粮。

十九年夏五月辛丑，大雨雹。秋，霖雨。大雨如注，月余乃止，平地水深尺余。

冬，无雪。

二十年秋，水。冬，无雪。

二十一年春正月，地震。夏，旱。秋，水。

二十二年夏四月至六月，不雨。秋，大水。

二十三年春，大饥。秋，大水。

二十四年春，大饥。秋，蝗。

二十五年春，大饥。夏四月，遣官发徐仓赈。

二十六年夏，五月，麦大稔。

二十七年秋，水。

二十八年春正月丙子，雷电。夏六月，大雨水。秋，无禾。

二十九年春，大饥，巡抚佥都御史洪之杰来赈。秋，蝗。牛大疫。

三十年夏四月，麦秀双岐。

三十一年春正月元日，日食，大风霾。二月朔，大风发屋。

三十二年春二月壬辰，大风昼晦。自寅至辰。秋，大水。

三十三年春正月己酉，雷电。

三十四年夏四月丁酉，地震。

三十五年夏四月甲午，地震。秋，大水。冬，饥。是岁未完钱粮，尽行蠲免。

三十六年秋，大水。

三十七年春，饥。夏，旱。秋，水。

三十八年秋，水。

三十九年六月，大雨水。

四十年秋八月，大水。

四十一年春二月，白气见于西南方。秋，霖雨，大水。

四十二年夏六月，大水。冬，饥。

四十三年春，大旱，疫。

四十四年，有年。

四十五年秋，大水。

四十八年春正月，迅雷。三月大雨。六十日乃霁。五月，无麦。六月，大水。民多流亡。或群聚为盗。是岁蠲免钱粮而被灾特甚。

四十九年秋，水。

五十年春，旱。

五十一年秋，大水。

五十二年春，旱。秋，水。

五十三年秋，大蝗。

五十四年春，旱。秋，水。螟。

五十五年春，旱。夏五月，大雨，迅雷一昼夜。冬十月地震。

五十六年夏，大水。

五十七年春正月己巳雷。

六十年，旱。

六十一年，旱。

世宗宪皇帝雍正二年夏，麦大稔。每亩收二石余。

三年秋，水。

五年秋，清水套决，淹护城堤，坏民庐舍，塞城门乃免。

六年，大水。

七年，大水。

八年，大水。无麦，无秋，岁大欠。

九年春，大饥。

特恩普赈。

十年春，沛令施霈重筑护城堤。邑绅郭从仪等捐多金，监修三月工竣，绕城一周。次年，从仪等沿堤植柳万余株，各大宪奖以额言。

十一年，水，仍获。

十二年，水，仍获。

十三年，水，仍获。

今上乾隆元年，水，仍获。

二年秋，旱。

三年，大稔。

四年，大水，赈。

五年秋，大水，赈。

山 川

七山在县治西南三十里，筚为邑镇，居民利取其石，嘉靖乙巳知县周径禁之。

青龙桂籍山在七山东北，高及丈，上有乱石。今沙漫无迹矣。

微山土山杂石，故属沛，今属山东滕县。

黄山《徐志》：黄山在州城北七十里，半属沛。《一统志》：沛县东南有微山、黄山，皆去县治五十里。

高原在县治东北三十五里有土岭，自东北来，曰扶风岭。至此巍然而高，上有昭庆寺。

黄邱在广戚城北，高七八尺，方广数亩。邱四围属滕县境，邱独隶沛。

九乳阜在欢城西，九峰若乳然。

杏堆在县治西二十五里。高五六尺，方广数亩，上有大杏树，高三丈，围及丈，枝干扶疏。登城西门即望见之。盖数百年物也。正嘉间黄河泛滥，往来者多舣舟于此。明季杏枯，今堆亦就平。人犹呼其处为杏堌堆。

泗水源出山东泗水县陪尾山，经济宁至沛城东南与泡水合，运道因之。嘉靖乙丑开新河，自是而泗水亦随东也。

菏水《水经注》：济水东过方与县北，为菏水，又东径湖陵县西东入于泗水，又东南过沛县东北，盖与泗水合而乱流也。

泡水《汉志》：山阳平乐有泡水，东北至沛入泗，平乐故城在今山东单县。《路史》包太皞帝之潜邦地在山阳，汉之平乐也，有包羲陵及包水焉。东北入沛，亦作郇庖泡。《汉志》言入泗而此言入沛者，沛即菏水，菏泗合流故也。泡水与黄水、丰水合流，并得通称。《水经注》曰：泗水过沛县东，黄水注之，是泡水亦可谓之黄水也。《述征记》曰：丰水于沛城角东注泗，是泡水亦可谓之丰水也。嘉靖十四年总河都御史刘天和疏汴水，自河南朱仙镇至沛县飞云桥，以达于泗，然则泡水又与汴水合流也。万历二年，知县倪民望自泡泗交会处濬新渠，县令马禺筑护城堤，截泡河旧道，由是泡水徙堤外。旧志言泡发源单县，盖据《汉志》《路史》云尔。据《水经注》泡水上承濉水，至平乐合丰水，非发源平乐也。

薛河《漕渠志》河有两源，出滕之宝峰山者为西江，出胡陵山者为东江。两江会于鞞头城，同为薛河。西流会昭阳湖水，自金沟口达于旧泗。嘉靖乙丑开新河，筑石坝，横截其流，南注微山、吕孟等湖。

沙河《一统志》：沙河有二，南沙河源出滕县东北连青山前，南流入薛河；北沙河源出滕县龙山西，流经鱼台县界，入昭阳湖。《漕渠志》即古漷水。发源滕县述山，西流至三河口，会薛水赶牛沟，水流经鸿沟，出金沟，入旧泗。乙丑开新河，是河流沙梗漕，乃筑三坝，遏之。使西注尹满二湖。此即南沙河也。《齐乘》以薛水为漷水。《漕渠志》又以沙河为漷水，未知孰是。然薛沙亦始分终合也。

章公河在曲防西，弘治乙丑工部主事章拯所濬以泄水者。

夏镇新河工部尚书朱衡所开运道，其后潘季驯改开李家口河，李化龙又开泇河，其详具《漕政志》。

回回墓河在昭阳湖东南，尚书朱衡所开以泄湖中积水者，经回回墓左，因以为名。

昭阳湖在县治东八里，山东滕、邹二县水咸汇于此。自金沟口达于旧泗，湖东长十里，南阔一里，西十一里，北四里，周二十九里有奇。内除滕县在官地七十二顷三十六亩外，实占沛县官地一百三十五顷三十亩有奇。民田八十三顷一十四亩有奇。嘉靖二十一年兵部侍郎王以旂以湖外西南高阜官地抵换与民人张渊等人八十三户。三十二年刑部侍郎吴鹏请令民佃种湖地，岁输租于工部为河道支用。迨新河移于夏镇，独假韩庄闸口一线以泄湖水，湖田遂成巨浸。万历三十一年，黄河决自西南，湖地沙淤，反高于东北民田。复招人佃种纳租。顺治八年，以租累禁佃，康熙十六年徐懋昭申请开垦三百七十七顷。

微山湖今属山东滕县。

金沟在县治东五里旧渠侧，地多沙，其中似金屑。

圣水沟水自西南曹家觜来，至窑子头西入泡河。

黄山湖《徐州志》曰：水涨则与昭阳湖通。

燕脂沟在县治东，土皆红色故名。今湮。

鸿沟在县治东北十二里，隆庆前薛沙诸水经此入旧渠。

挑沟在县治东二十里。

封沟在县治西南十里，东北流入三里河。

谢沟在县治东南四十里。半属徐州。

寨里沟在寨子里，未开泇河之先，薛水由此入张庄湖。

泥沟旧志谓泥沟河自鱼台县界经沙河镇西南入旧漕。今县治西蔡家村亦有泥沟，沟水流入泡河。是有两泥沟也。

梭沟

赶牛沟发源滕县玉华泉，二水合。乙丑开新河遏之，至三河口与沙薛水西下，合鲶鱼泉水入新河。

柳沟以上二沟，并在新开泇河北岸。

灰沟在络房东，发源滕县西南，流入漕河。

狼石沟在夏镇西北，见邵世矩墓志。

龙泉在学宫后泡河内。今汇为巨渊，泉隐不见。

鲇鱼泉在曲坊北，流入漕河。

双龙泉在鲶鱼泉东南，昔人掘土见土形如双龙，故名。

黄河故道在七山后，东至豆腐店。相传正嘉间黄河经此。城南三里有河道焉，俗名曰三里河。又南十里，曰石家河，皆黄河支流之所冲也。嘉靖四十四年，黄河由萧县赵家圈泛溢沛境，平地沙高七尺，遂由丰县华山经沛七山南二里东南出秦沟，塞泗河，阔三里许，万历五年河南徙萧县徐州境。

街　市

县前街、鼓楼下十字路、韩家街口、太常里、察院前街、中宪巷、北门街、小北门街、西门街、白衣庙东街、魏家巷、以上在城。北关、平成集、小北门外久废。西关、城中及北郭西郭之内，俱一铺地方。学前街、学东街、鼎新街、柴市、其南为驴市，以上街市及武定楼街俱二铺地方。南北大街、自武定楼至南郭二铺、三铺分界，于节妇坊中为鱼市口，鱼市南为盐店街，其里门曰永固门。帽铺街、油篓巷、以上三铺地方。东西大街、至鱼市口至东郭三铺、四铺分界于光启坊，中为粮食市，今移于关帝庙后街。辛家巷、先是名马家巷，巷东四铺巷，西三铺。棺材巷、故段家巷也，今关帝庙后街亦名棺材巷。封家巷、故油坊口。猪市口、以上四铺地方，旧有姜店口、竹竿巷，今废。玉虚宫前街、今废。龙泉寺前街。以上五铺地方，近并一铺。

乡　村

东方广戚乡、因汉广戚县名。滩上、去城五里。王家岭、鲁村、挑沟村、鹿家口、三界弯、居徐沛滕之交。鸿沟村、聂庄、在鸿沟北七里。安家口、丁村、杨庄、在夏镇北八里。高村、在夏镇西北三里。刘村、在夏镇城西。石羊村、在李家口东南，今名翁家楼。塔墟村、今没于湖。范家村、在夏镇城南。鹿家场、吕坝、南庄、在满家闸南。寨子里、在夏镇东南。刘昌庄、北与络房相对。络房村、在夏镇东八里，有南北中三村。黄邱村、白冢村、纸房村、在夏镇北六里，居人率以制纸为业。汇子里、在夏镇西北。丁马村，泉水村。以上二村名见夏镇祠宇石刻，今不知所在。

北方泗亭乡、因秦泗水亭名。八里屯、张家庄、在城北十二里。何家口、时家口、官庄、魏家营、苇子园、安家营、小房村、曲坊、在昭阳湖东北，去城二十五里。大社村、在郃玉集西。于家村、马家寨、科城村。今废。

西方千秋乡、因汉千秋城名。窑子头、在西南郭外，东接瓦子村。刘家园、黄家井、谷里村、在二堡迤北一名小虫坡。邵村、泥沟村、今名蔡家村。周田、梅家村、十字河、灌城村、北孟村、彭村。

南方汉台乡、因汉歌风台名。瓦子村、在南郭外，今无陶瓦者。刘家井、封沟村、杨氏族。临堤村、黄家村、高垞村、鸭子嘴、魏氏老家、栗子村、桑子村、马村、在县治西南二十七里。房家营、盘龙村、在县西南，大小二村。秦村、在县治南二十里，南北二村。桥窝、前后二村，前村今名张潘集。胡庄、在县南鄙。犇牛村、于家村、欧家村、杨家场。

镇　集

陶阳镇、《金志》曰：沛有陶阳镇，久废。夏镇、故名夏村，嘉靖乙丑开新河，于此建为镇。金沟店、在县治东七里。阎兴集、在县治东八里。沽头闸店、杨家店、中闸集、白水店、在县治东北十五里。邵玉集、在县治东北二十八里，久废。傅家集、自邵玉集移于此，后为马家集。班家集、近又析为卓家集。卜家集、三河口集、久废。田里集。广戚城东，久废。

右在广戚乡。

沙河镇、在县北鄙，昔为南北孔道，民居稠密，今萧条矣。庙道口、南至县治三十里，北至沙河二十里。魏家营集、常家口集、曲坊东北。官庄集、欢城集、李家集、今废。朱梅集。今废。

右在泗亭乡。

蔡家集、去县治二十八里。杨名集、去县治三十三里。千秋集、一名朱家集。石家集、阎家集、去县治二十里。高房集、去县治二十五里。锺吕集、今废。五堡集、李家集、在七堡南。小朱家集、今废。刘八店、在县治西北二十五里。刘邦店，汉高故里，俗呼为刘八店。安国集、张鲁集、顺城集、今废。大安集、指挥店、在县治西北三十五里，昔有指挥驻此。周家店、王家店、古彦里村。贺堌集。在县治西北四十五里，为丰沛之交。

右在千秋乡。

七山集、栗子寺集、草庙集、在县治东南十二里。里仁集、在县治东南三十里，豆腐店北首。赵家店、李家店、斜庙集、在县治西南十五里。张潘集、蒋家集、今废。卓家集、张家集、在县治南三十五里。贺家口集、在县治南三十八里，今改集河北岸，曰李家集。

右在汉台乡。

风 俗

《汉书》曰：沛楚之失，急疾颛已，地薄民贫。统论沛郡楚国。

《隋书》曰：徐州旧俗，人颇劲悍轻剽，其士子则挟任节气，好尚宾游。此盖楚之风焉。大抵徐兖同俗，故其余诸郡皆得齐鲁之所尚，莫不贱商贾，务稼穑，尊儒慕学，得洙泗之俗焉。统论徐州部郡县。

元虞集《沛县李尉美政记》曰：沛以勇宕为俗。

明陈宣《沽头新集记》曰：沛旧有乡社，而祀非礼俗。袭泼汤、娱尸以为孝。

《景泰甲戌志》曰：地邻邹鲁，人务稼穑，敦尚礼义，不乐健讼。婚姻死丧，闾里相助。

《嘉靖癸卯志》曰：县当南北通衢，四方之民，杂处其间，日渐奢侈，颇尚势力，挟臆气相高。独婚姻不论财，犹为近古。

近日风俗，习为简易，颇事奔竞。

冠礼，废不行，已久。

婚礼，子女多于襁褓中议婚。

亲迎后一日，婿谢于舅家。旧俗，舅家留宴，花币鼓乐导婿归。近俗唯留宴耳。嫁女之一日，二日，女父母及暨亲属各具饭以饷女。三日早，迎女归；日中，邀亲党妇女送女之婿家，女乃见于舅姑及尊属。

丧礼，多供佛饭僧。亲丧以三十六月为断。始死，僦三梁冠，斩衣服之闭柩即脱之。及葬，又僦服。居常素衣，素冠，终丧如一，略无降杀。人不学礼，不知丧服制度。以为所僦衣冠乃礼服也。而不知亦不合制度。期以下丧，率不服麻。正统之期，素服以终月数，余丧则否。已嫁之女，犹为父母服斩。俗尚缓葬，甚有停柩数十年者。三年之后，随易吉服，嫁娶宴乐，恬不为怪，若不知柩在堂也。吊丧不哭，丧家设酒食，宴吊客，或有用乐者。祭礼不立祠堂，重墓祭。

兄弟相阋，十室而五，婚姻家每生嫌隙，不务蓄积，收获即竞市车马，被纨绮。一遭荒歉，有枵腹不支者。民好称贷，商贩者多缘是以大其财。村野小民，秋成后多醵钱，以祀东岳或祀峄山。田舍翁亩收成数锺，即知延师教子。师率寒士子弟，无严惮意，道不尊。重远游，耻末技。

元日五鼓，早起具盛服，祀天地祖先。子弟拜其尊长，家众以次第拜毕，随出遍拜其亲友。上旬，妇女群为秋千戏。云以祓除灾疠，至望日止。元宵，燃灯于天地祖先，遍散于门堂户牖。十六日，妇女请厕姑神，问岁丰凶。夜则群聚过桥以禳病。

二月二日，质明，布灰于室堂、门庭，各周数匝，中覆以五谷，谓之围仓囤，食煎饼。

清明日，插柳于门，率妇子祭墓，益以土。有先一日筑坟者。子弟率于郊外聚饮，歌舞，谓之踏青。谷雨日，书符禁蝎。三月二十八日，商贾大会于东郭内东岳庙乡社。

四月八日，为浴佛日，竞诣寺庙烧香。

端午日，插艾，炊角黍，饮雄黄酒，小儿佩彩索及艾虎，系手足以丝。婿家多具酒果币帛，以馈女家。黄冠书符以馈。

六月六日，晒衣食炒面。

七月望日，祭墓，夕则三五成群聚饮。

八月望日，群聚祭月，祭毕，饮酒尽欢，酒罢，食瓜乃散。

九月九日，间有富室三五人登吕母冢上饮酒。

十月一日，祭墓。间有剪纸为衣，焚之墓间者，谓之送寒衣。

冬至不行庆礼。

十二月八日，杂米豆为粥以食，曰腊八粥。二十四日，用果酒糖饼以祀灶，亦有先一日祭者。除夕，换门神，钉桃符，插青竹，商贩则贴罗门钱。间有鸣罗鼓，燃爆竹以相嬉者。夜多娶妇，云无忌讳。

土　产

谷之属，有麦，大麦、小麦、荞麦。有菽，黄豆、黑豆、青豆、绿豆、白豆、赤豆、豇豆、豌豆、杂文豆、鸡虱豆。有黍，有稷，有粱，黄谷、白谷、红谷。有稻，粳、糯。有脂麻，多蜀黍，有玉蜀秫，有薏苡，有莁。俗呼曰高苗米，泽中渔人资以为食。

菜之属，有葵，有菘，有白苣，有莴苣，有菠薐，多韭，多葱，多蒜，多芥，多蔓菁，多萝菔，有胡萝菔，有莳萝，有胡荽，有茼蒿，有地蚕，有山药，有芋，有香芋，有瓠，有葫芦，有瓜，黄瓜、菜瓜、丝瓜、南瓜、冬瓜。有茄，水旱二种。有豆荚，蚕豆、刀豆、峨眉豆、羊角豆。有芹，多苋，多马齿苋，多灰藋，多荠，多苦荬，多苜蓿，有蘑菇，有天花，有草莪，有萱花，有金针，有藕多蒲。

果蓏之属，多桃，有李，有杏，有梅，有梨，有柿，多枣，有栗，有核桃，有沙果，有苹果，有文官果，有柰，有樱桃，有安石榴，有羊枣，有葡萄，有西瓜，有甘瓜，有莲房，有菱，有芡，有地栗。

木之属，有椿，有桑，有柘，有槐，多榆，多柳，有杨，青白二种，间有黄杨。有松，有柏，有桐，有冬青，有白蜡，有木瓜，有木梨，有椒，有楮，有橡，有棠，有楝，有皂荚，有枳，有棘，有樗。

花之属，有迎春，有牡丹，有芍药，有蔷薇，有木香，有玫瑰，有珍珠，有宝相，有丁香，多蜀葵，有木槿，有木海棠，有棣棠，有紫荆，有金盏，有玉簪，有虞美人，多凤仙，多鸡冠，有滴滴金，有紫茉莉，有子午花，有剪秋罗，有秋海棠，有菊，有芙蓉，有月季，有蜡梅。

草之属，多芦，多苇，多蓬，多蒿，多茅，多莎，有蒨，有蓝，有艾，有红草。

药之属，有何首乌，有大戟，有芫花，有甘草，有天仙子，有地丁，有豨莶，有牵牛，有蛇床，多香附子，多车前子，多苍耳子，多益母草，有蓖麻子，有沙参，有忍冬，有射干，有瞿麦，有茴香，有蒲黄，有红花，有紫苏，有薄荷，有远志，有菖蒲，有防风，有荆芥，有南星，有半夏，有瓜蒌。有草决明，有蒲公英，有王不留行，有牛蒡子，有兔丝子，有茵陈，有地榆，有蒺藜，有白扁豆，有桃仁，有杏仁，有桑白皮，有槐角，有枸杞子，有地骨皮，有蜂房，有蝉蜕，有蛇蜕，有桑螵蛸，有蚕沙。

畜之属，有鹅，有鸭，多鸡，有牛，有羊，有马，有骡，有驴，有猫，有犬，多豕。

鸟之属，多麻雀，有黄雀，有乌，有鹊，有鸠，有鸽，有鹁，有桑扈，有桃虫，有阿鸤，有地牛，有鹰，有鹯，有鹏，有鹳，有鹭鸶，有鸳鸯，有淘河，有木老鸦，有鹡鸰，有支鳌，多鹜。

兽之属，有兔，有獾，有猬，有鼠狼。

水族，有鲤，有鲂，有鲫，有鳜，有鳢，有鲦，有鲙，有鲢，多鳅，有鲇，有鳗，有鳝，有虾，有鳖，有蛤。

昆虫，有蚕，有蜜蜂，多蝉，多蛙，多虻，多蚊。

货之属，有丝，有绢，有木棉，有布，有麻，有苘，有靛，有卤，有硝，有麸，有酒，有油，有蜜，有蜡，有烟丝，有粉皮，有粉条，有藕粉，有藕干，有胡萝卜干，有桑皮纸，有楮皮纸，有柿油扇。

符令仪曰：邑无高山大陵以为钜观，独诸水环匝，迂回包络，天堑为固耳。田地沙瘠过半，亩才收数升，衣食率不给，膏腴地只十之二三，乃山阳、棠渚诸郡邑之水，遇夏秋交且挟淫潦而至。由是，东北西三面汇为巨浸，波浪兼天，汪洋无际，不殊洞庭、彭蠡矣。稍遇旱暵，民方得布种，间有收获，又辄市舆马，炫衣服，不为蓄积计。凶年饥岁，枵腹者比户而然也。

城　垒

仲虺城一名上邳城，仲虺封于此。《齐乘》曰：在薛城西三十里，俗曰斗城。漷水经城北，西入于泗。薛城今属山东滕县，其西三十里，滕沛城交错而此城属沛，是以虺城月照为沛八景之一。

许城王隐《晋书·地道记》云：沛有许城，今不知所在。

欢城在县治东北四十里，相传为齐右师王欢食邑。按此城去薛城不远，薛既为靖郭君所封国，则此为欢所食邑或不诬也。

湖陵城在县治北五十里。

灌城在县治西北二十里，相传汉将灌婴所筑。

广戚城在县治东北四十里。

千秋城在县治西北六十五里，《魏书·地形志》曰：高平有湖陵城、千秋城。高平即今鱼台县城。在沛鱼台之间。

卧龙冈在县治东一里，汉祖微时尝卧其上。今为沙没。

防陵在县治西北三里，相传汉筑，以防吕母冢者。

宫 室

泗水亭《水经注》曰：县治南垞上东岸有泗水亭，汉祖为泗水亭长，即此亭也。亭今有高庙，水中有故石梁，遗石尚存。

沛廷《汉书》曰：高帝立为沛公，祠黄帝、祭蚩尤于沛廷。注曰：沛县之廷。

沛宫《括地志》曰：在县治东南二十里，汉祖宴父老于此。周庾信作《置酒沛宫赞》：游子思旧，来归沛宫。还迎故老，更命歌童。虽欣入沛，方念移丰。酒酣自舞，先歌大风。今歌风台去县治仅一里，非故处也。

曹相国宅今不知所在。

樊巷在县治东南，旧泗东岸，舞阳侯故里也。旧有古碑，今断裂。

滕公宅今不知所在。太史公曰：吾适丰沛，问其遗老，观故萧曹樊哙滕公之家。

周田在县治西北二十里，相传周勃居此。

安国侯故里县西北三十里，有安国集，相传王陵居此，土人因以名集。

豫州牧廨昭烈屯小沛时所居，后废。

刘伶宅《舆图备考》曰：沛有刘伶宅，今不知所在。

静安亭在飞云桥之东南，元季邑人符世荣所构，吴兴陈绎曾为记，今不存。

武宗宴饮楼在庙道口宋氏宅。明武宗南幸尝宴此，宋氏遂扃闭之，不敢复居。又尝宴太学学生赵达家。

永赖亭在镇山书院后，万历元年工部主事钱锡汝建，志朱公功也。亭在高台之上，雄爽可眺望。前有石梁为偃波形，左右植柏数株，高三丈余；亭后垒石为三峰，左右植竹数十竿。明季亭毁，柏竹俱尽，唯三峰在。康熙丁亥岁，知县杨弘绩以供应故移而碎之。

洪济楼在夏镇运河西岸，顺治十五年因建砖城毁焉。

康阜楼在运河东岸，与洪济楼对峙，盖隆万时所建。

李氏竹园在县治东南十里，李氏失名。

春雨楼即夏镇城见泰楼也。顺治十五年，工部员外郎顾大申重修，游客多登眺题咏其上，康熙七年倾圮。

台 池

鸡鸣台在沙河东岸上，旧传：汉筑城于沙河南，楚筑城于沙河北，汉昼筑，楚夜筑，其杵迹皆向上，欺汉以为鬼神之助。汉知之，作台于侧，令人登其上，为鸡鸣。楚筑者信以为天向晓，恐汉见之，遂散去。城由此不成，为汉所败。按楚汉相争在荥阳，不在胡陵，此云然者，其在汉王率诸侯伐楚，或樊哙屠胡陵之时欤。

歌风台　汉高帝十二年，自淮南还过沛，留置酒沛宫，悉召故人父老子弟佐酒，发沛中儿，得百二十人，教之歌，酒酣，上击筑，自歌曰：大风起兮云飞扬，威加海内兮归故乡，安得猛士兮守四方。令儿皆和习之。上乃起舞，慷慨伤怀，泣数行下，谓沛父兄曰，游子悲故乡，吾虽都关中，万岁之后，吾魂魄犹思乐沛。且朕自沛公以诛暴逆，遂有天下，其以沛为朕汤沐邑。复其民，世世无有所与。台在今县治东南，旧泗水北岸。先是在南岸，岁久倾圮，间于民居，成化时徙今地。以就琉璃井。嘉靖二十六年知县周泾重修，别为台于东偏。覆圆亭于上，便登览焉。泾自为记。四十四年圮于水。万历二年，知县倪民望修复。二十二年知县苏万民立坊表之。四十五年知县刘希彦于台后建厅三楹，以供游憩，又于东偏置书舍二、厨房一，为邑士诵习之所。岁久复圮。康熙二年知县郭维新重修。七年地震，墙垣亭榭，倾颓殆尽。二十五年知县梁文炳重修。

琉璃井在歌风台西偏。《史记》秦始皇东游，厌天子气，凿井浚沟，以断王脉，即此。

樊井相传县南门外井为樊哙屠狗处。万历二十四年知县罗士学立坊表之。

饮马池青龙桂籍山上有方池，相传萧何尝饮马于此。

射戟台　汉建安初，袁术遣将纪灵等步骑三万攻昭烈于沛。昭烈求援于吕布，布便严步兵千二百骑驰往赴沛。灵等闻布至，皆敛兵，不敢复攻。布于沛西南一里安屯，遣铃下请灵等。灵等亦请布共饮食。布谓灵等曰：玄德，布弟也，弟为诸君所困，故来救之。布性不喜合斗，但喜解斗耳。布令门候，于营门中举一支戟，言，诸君观布射戟小支，一发中者，诸君当解去；不中，可留决斗。布举弓射戟，正中小支。诸将皆惊，言将军天威也。明日复欢会，然后各罢。台在今南门内，上有三结义庙。

射箭台在县治东南五里，明成祖南下时筑，上有天妃行宫。

清风潭在夏镇城中，河防同知行署后，皮工妻女沈水处，工部主事、綦江杨为栋树石，标以今名。

碑　刻

大风歌碑篆文像钟鼎形，长径尺，阔八寸，相传为蔡邕书。嘉靖十四年，知县杨政作亭覆之，其后亭坏，碑日暴冷风烈日中，渐就剥落。万历二十四年，知县罗士学出元大德间摹刻碑于泥沙中，树于旧碑之右而统覆之以亭。旧碑中断，锢以铁。康熙七年地震。亭复倾圮，碑立风日中者又十八年，知县梁文炳乃建亭覆焉。古迹不废，亦幸矣哉。

高帝手敕碑　高帝手敕太子书曰：吾遭乱世，当秦禁学，自喜谓读书无益，既践阼以来，时方省书，乃始知作者之意，追思昔所行，多不是。又曰：尧舜不以天下与子而与他人，此非为可惜天下，但子不中立耳。人有好牛马尚惜，况天下耶？吾以尔是元子，早有立意。群臣咸称汝友四皓，吾所不能致，而为汝来，为可任大事也。今定汝为嗣。又曰：吾生不学书，但读书问字而遂知耳。以此故不大工，然亦足自辞解。今视汝书，犹不如吾。汝可勤学习，每上疏，宜自书，勿使人也。又曰：汝见萧曹张陈诸公侯，吾同时人，倍年于汝者，皆拜。并语于汝诸弟。又曰：吾得疾，随困。以如意母子相累，其余诸儿，皆自足立，哀此儿犹小也。高帝征淮南，中流矢，得疾，还至沛，有是敕。沛人传诵，久而不忘也。弘治初，工部主事胡倬勒石，树之歌风碑亭。嘉靖乙丑，亭圮于水，碑没土中者余三十祀。万历二十四年，知县罗士学始发土出之，而覆以亭云。

心经碑在夏镇崇胜寺中，唐天宝八载刻也，字画端楷有法，岁久残缺，不可读矣。

东坡竹石刻小石二方，刻竹二枝，今嵌儒学大门壁上。跋云：按东坡先生与叔祖山阳掾暨先大夫实同榜契，雅相器重。熙宁中守彭门，叔祖通直赴约雌堂，宴谈旬余。一日戏写邛竹二枝，且曰：观此如何？叔祖指高节直干曰：此如学士，立身许国，劲挺不倚；又且疏枝结叶，则如学士驭事爱民，简密以济。先生笑曰：公精鉴也。卷而赠之。于今四十余年矣。乃刻石以传久云。宣和辛丑冬至日，朝奉郎通判泽州时敦题，梁溪漫叟时道安立石。敦徐州人。

新渠碑在夏镇皇华亭中。大学士徐楷撰文，吴人周天球书。书家评为神品。

陵墓

仲虺墓在虺城中。

微子墓在微山上。

吕母冢在县治西北一里，窿然大邱。汉吕后母葬此。今关中有吕公冢，其大称是。

邵状元墓在上沽头。状元名世矩，刘豫时登第。嘉靖中工部主事许诗相其门人訾栋所为，志刻之以传。

颜公墓在学宫西南数十武。公名瓌，建文时县令死难者也。子有为陪葬其旁。

蔡佥事墓在蔡家村，佥事名楫。

张太常墓在东郭内，张贞观葬后赠太常少卿。

郭青儿墓在拱辰门外，弘治时烈女。

许牡丹墓在东郭内，贞孝妇人也。嘉靖时葬此，岁久坟平，在凹凸形似间耳。顺治辛丑春日，有人经行其地，才举足则地下有声，心疑焉。再试，复然，因连振其足，则镏镳不绝声。大骇，惧归，拉伴侣同往，与前不殊。嗣后，过者皆然，一时喧传。有长老曰：此地为某贞妇坟，坟前有碑，湮没久矣。岂其英魄未散乎？乃择日相与封墓，掘出其碑。自后过者，寂然无声矣。

清风烈女墓在夏镇城北，运河西岸下。

邱孝子墓在县治东南五里，孝子名祺，吴人，死葬于此。

张仙林在县治西南二十里。

龙化堌在夏镇城西南，双邱对峙。

汲冢在县西二十里，今不存，有汲冢寺在，寺因冢以为名。

黄冢在县治南十五里，今不存，有黄冢庙志之耳。

白冢在广戚城北二里。

双冢在三河口北，自龙化堌以下，疑皆古人冢墓也。

卷二　建置志

沛县知县李棠　重辑

城　郭

《水经注》引郭缘生《述征记》曰：沛县城极大，四周堑通丰水。今城西南隅，隍外有古城址，相传为汉时城。元至正十七年同佥孔士亨据其地筑小城，周二里有奇，岁久圮。旧泗东岸有元时城址，玉虚宫、琉璃井皆在其中。

明嘉靖二十一年，知县王治始筑土城，周三里，高二丈，阔一丈八尺，雉堞千三百二十，四门各设楼橹，东曰永清，南曰会源，西曰恒休，北曰拱极，隍深二丈，阔三丈，郡人马津记。二十五年，知县周泾甃之以砖，高宽视旧，稍增雉堞千四百五十六，为台八座，座置铺舍一区。今废。

为门四，南北西有子城，惟东门缺。门各置楼五楹，东曰长春，南曰来熏，西曰永清，北曰拱极。有尚书费寀、副使王梃二记。四十四年，黄河泛滥，城为土没者五、六尺，濠且淤为平陆。隆庆元年，知县李时改建南门于城之东南隅。万历十年，知县周治弁开便门于东北隅，命曰平成门。十六年，知县符玺开濬城濠。二十五年，知县罗士学增建东西二角楼。今废。三十一年，黄河复泛，城垣崩塌三十余丈。知县李汝让修完。崇祯十五年，塞平成门。

国朝顺治中，知县王克生、郭维新皆有修城之役。

康熙七年，地震。城东南两面大坏。二十年，知县程万圻筑东门迤北数丈。三十一年，知县方曰琏筑南门迤西丈余。

万历五年，知县马昺始筑护城堤，周十里。二十五年，知县罗士学建文昌闸二，于东西堤口。今塞。

康熙二年，知县郭维新大筑杨家河堤，高厚倍常，以其当水口也。并修补四围，自为记。九年，知县李芝凤有修堤之役，邑人蔡见龙记。

沽头城　在县治东十五里，旧泗东岸。嘉靖二十二年，工部主事东平侯宁建。四十四年，圮于水。

夏镇护堤　万历七年，工部主事王焕筑。东因运河长堤。天启五年，郎中朱瀛达建闸二，于城之东北、东南两隅，引运河水灌城濠。

夏镇城　始于万历十六年，工部主事杨信筑土垣于南北西三面。十七年，主事余继善补筑东面四门，各有楼。东曰见泰，西曰瞻华，南曰延庆，北曰拱极。东面临河，特多辟二门，曰洪济，曰小水门。天启六年，郎中封建欲甃以砖而未能。顺治十五年员外郎顾大申始建砖城，垂成，解任。十七年，主事李禧熊继修，竣工。计周九百余丈，高二丈五尺，雉堞千一百余，禧熊自为记。康熙七年，地震，四门楼并圮。

公　署

县治元世在城西北隅，至正时兵毁。明洪武二年知县费忠信徙建城南门内，寻坏。永乐十一年，知县李举贤重建。中为正堂，左为龙亭库，右为典史厅，前为戒石亭。东西列吏房科，西房科，后稍南为狱戒石。亭之前为仪门，仪门外左为福神祠，右为铺，为女铺，为预备仓。前为大门，东西列承流、宣化二坊。正堂后为后堂，又后为知县宅，知县宅之左，为县丞宅，右为治农、管河二主簿宅，县丞宅南为典史宅。嘉靖十二年，知县杨政设谯楼于大门上。十六年，孙灿建库楼于后堂之左。二十年，王治创吏廨于主簿宅之右，四十四年，圮于水。隆庆初，李时重修，自为记。万历四年祝希哲创迎宾馆于福神祠之前。十五年，符玺改建大门，迁谯楼于城南门楼上。

万历三十一年，黄河北趋，坏堤破城，衙宇胥没于水。三十二年，知县李汝让改迁于北门之东偏，去旧治二射许，为今治。中为正堂，左为銮驾库，右为赞政厅。前为戒石亭，戒石今不存，但书之木匾。东西列吏房科。左吏户礼承发，右兵刑工架阁。戒石亭之前为仪门，仪门外左为福神祠，为迎宾馆，右为狱，为总铺，为女铺。前为大门，大门外为屏墙。正堂后为中堂，东为库楼，西为书房。中堂后为知县宅，左为县丞宅，右为典史宅，六房后为左右吏廨。今废。邑人张贞观记。共地四十三亩五分，内都谏张贞观地十之七，郎中蔡桂、张斗、宁津令王嘉宾、国子生高棠地十之三。

申明亭，在县治左；旌善亭，在县治右。今废。

管河主簿署在夏镇洪济门内，隆庆三年建。康熙四十六年主簿戴文诩取废祠之材别建大堂，以故堂为中堂。

儒学署在东门内，旧学东偏。万历三十一年，圮于水，天启二年训导张汝蕴重建。中为溯泗堂，前为仪门，又前为大门，外为屏墙。溯泗堂后为教谕宅，堂西偏为训导宅。

阴阳学在射戟台右，洪武十七年设训术一人。

医学在旧县治前，洪武十八年设训导科一人，二学当万历时已占于居民。

僧会司居龙泉寺。

道会司居城隍庙。

泗亭驿丞署一在县治前屏墙之西，一在夏镇崇胜寺之左。

递运所在县治东南旧泗东岸、泗滨书院之左。永乐四年，知县常瓘建厅房三间，大门三间。本县设红船十一只外，徐州五只，萧县十只，砀山县五只六分，丰县三只，共三十四只六分。每只水夫十名，共夫三百四十六名，嘉靖末废。

税课局在城内东北隅，永乐四年设，嘉靖十一年裁革。贸易酒醋之家，额办课钞三千八百五十四锭一贯四百二十文，共折银六十一两六分四厘，半起解徐州户部，半存留本县支给官吏，折色俸钞门摊之税，可考者如此。

察院即县旧治，先是在旧治东，永乐四年，知县常瓘建。万历三十一年圮于水，三十七年知邳州李汝让徙建今地。有正堂，有穿堂，有后堂，有寝室，有厢房，有厨房，有仪门，有大门，有屏墙，邑人张贞观记。康熙中废，知县方曰琏改建义学。

工部分司署先在上沽头。成化二十二年主事陈宣建。嘉靖四十四年圮于水。明年迁夏镇。隆庆二年，主事陈楠市民地十八亩建今署。中为大堂，后为穿堂，又后为中堂，又后为主事宅，大堂东为宾馆，西为书房，前为仪门，又前为大门，大门外东西列二坊，东坊外为官厅，工部尚书雷礼记。顺治八年，主事狄敬建安夏楼于后圃，自为记。自康熙十五年裁分司，大半颓坏矣。

夏镇闸官署在见泰门外，东临闸。

守备署在夏镇运河东岸。顺治十一年工部主事常锡胤建。

河防同知行署在夏镇城中，工部分司署之东北，故为营田仓。万历中，知县罗士学改为公馆，不知何时改为河防行署。有堂三楹，有穿堂，有后堂五楹，有厢房，有厨房，有仪门，有大门，有屏墙，顺治十四年同知魏裔鲁重修，毁穿堂，更为中门。

户部分司行署故赵公祠也。顺治十六年户部郎中吴愈圣改建行署，今为义学。

皇华亭在夏镇小水门外，临河，隆庆元年建。内竖大学士徐阶新渠碑，其后为君子堂，万历七年工部主事王焕建，为往来使者驻节之所。郡人姜体仁记。顺治十二年主事常锡胤树坊于亭前，十五年员外郎顾大申因建砖城，毁君子堂，康熙三十年，知县方曰琏重修亭，匾曰河清永镇。

刘家堤口公馆

里仁集公馆

七山公馆

庙道口公馆

沙河公馆以上俱万历中知县罗士学建，明季并废。

驿　置

泗亭驿明极冲，国朝次冲，隆庆以前驿在南关辛家巷之东，临泡水，本县设站，船十一只三分外，丰县站船七分，萧县三只，砀山县一只。每只水夫十名，铺陈一副，什物一副，山东胶州驴一头，即墨县马一匹，马驴夫二名，铺陈二副，什物二副，河南商城县站，船一只，驴一头，驴夫一名，铺陈、什物各一副。隆庆二年迁于夏镇崇胜寺旁，船只、马、驴未知。仍旧与否，今并无之。

夫厂在夏镇平政街东首。先是在县东郭内，旧泗北岸，隆庆二年迁今地。

县前总铺明设司吏一人，今省。

东仓铺自此以下铺舍，俱嘉靖中知县王治建，明季并废。

聂庄铺

净明铺

夏镇铺以上四铺，达山东滕县界。

老鹳巷铺铺基地三亩。

杨家厂铺铺基地三亩。

界沟铺铺基地一亩二分。以上三铺，达徐州府界。

十字河铺铺基地一亩。

宣邱铺铺基地一亩五分。

高房铺铺基地一亩五分。

倪陵铺铺基地一亩三分。以上四铺，达丰县界。

仓　廒

预备仓在县治西南一射许，初为义仓，嘉靖二十六年，知县周泾建。丽水叶炷记，后废。万历三十七年，知邳州李汝让即其地建预备仓，今亦废。旧志载预备仓五所，一在北门外，广戚、泗亭、千秋、汉台四乡各一所，久废。

水次仓在夏镇小水门内，先是在县城外，旧泗南岸，隆庆二年迁今地。其西为丰县仓。

常平仓在銮驾库之东，故县丞宅地。康熙三十年知县方曰琏改为仓。

恤　政

养济院在永清门内，先是在旧县治北，景泰三年知县古信建，万历三十一年圮。三十七年知邳州李汝让迁今地。

广济堂在旧驿南，景泰三年水灾，流亡丐食者众，巡抚都御史王公竑令有司馈粥于此济之。凡活十六万余人。

孚惠堂在旧泗北岸，景泰三年疫疠盛行，王公竑令有司贮药督医分疗于此。凡活六百七人。以上二堂久废。

马　政

马场五处。广戚乡场地一顷二十亩。泗亭乡上场地二十三亩，下场地一顷二亩。千秋乡场地八亩。汉台乡场地二十四亩。明初，州洎四邑并领孳牧，其草场以给刍，养死者责偿于民，岁课驹为备用，民重困之。弘治十七年，巡抚都御史张公缙奏免养马，而以草场地，赋民征租，民用苏息。

马房在县治大门之东，崇祯十五年知县李正茂建。

演武场在北郭外稍西，嘉靖二十二年，知县王治自城南迁于此地，凡三十二亩五分。二十七年，知县周泾建厅事，列营垒，筑哨墩，环以周垣。丽水叶娃记，久之为水倾圮。万历二十五年，知县罗士学重建厅三楹。康熙七年地震，复倾。

楠木堡在县治西北，其上有亭。

夏镇演武场在夏镇北门外，有厅三楹，为工部分司演武之所。今废。

营房一在新河口西岸，一在夏镇东北隅城壕北岸，一在卧佛寺西。顺治中，工部主事常锡散以兵寓民居舍非便，为建营房。

河　防

运河长堤详漕政志。

黄河长堤在县治西北，高二丈，阔三丈，自本县西门外起，至杨进口止，嘉靖八年总河都御史潘希曾筑。

昭阳湖堤高二丈，阔如之，周一百里。嘉靖二十一年，兵部侍郎王以旂筑，今没于水。

康嘴堤在县治西南一里，长二百六十丈，高二丈余，厚倍之。嘉靖二十六年，知县周泾筑，今不存。

鸿沟河东岸堤今没于水。

三河堤自三河口至安家口，长十余里。

魏兴庄缕水堤在县治南三十里。以上三堤，不知何时、何人所筑。

柳园六处，一在东郭外，支河南岸，接壤金沟，占地四顷七十五亩；一在北门外地藏庵后，占地二顷三十四亩；一在鸿沟南支河北岸，占地三顷八十四亩。以上三园，自康熙十八年招佃认垦，止存一顷十亩。又一在吕坝，一在新口，一在胡家湾，以上三园今并废。

草厂一在吕坝，一在广戚城北。

坊表

旧志有泗亭坊、清化坊、中和坊、达道坊、迎恩坊、以上五坊不言所在。登云坊、为举人杜旸立。攀桂坊、为举人张威立。步蟾坊、为举人李巽立。桂林坊、为举人赵斌立。折桂坊、为举人蒋让立。义民坊、为周昉等十二人立。鹗荐坊、为举人周崧立。进士坊、为李绅立。凤鸣坊、为举人周乾立。节妇坊。为李伯奴妻白氏立。万历时已无存者矣。

南畿第一坊在县治前，知邳州李汝让建，崇祯十一年毁。

作圣、成材二坊在学宫左右，知县罗士学建，康熙七年倾。

歌风台坊知县苏万民立，久废。

樊井坊知县罗士学立，久废。

鸿舻坊在武定楼之南，为鸣赞唐弼立，今废。

孝子坊为杨冕立，今废。

光启坊为举人刘章立，近日始坏。

节妇胡氏坊在鱼市北，为张化龙妻立。

烈女坊为杜宗预女立，今废。

幽灵独著坊在东郭内，为节妇刘氏立，今废。

节妇张氏坊在北门内，为朱奕切妻立。

节妇坊在东门内，为陈仪妻孟氏立。

南漕钜镇、北饷通津二坊在工部分司署左右。

崇德报功坊在镇山书院前，今废。

洪济坊在洪济门外。

金声玉振坊在夏镇义学前，今废。

四渎通津坊在皇华亭前，工部主事常锡胤建。

泗亭问渡坊在夏镇闸上，工部主事李禧熊建。

关梁津渡附

飞云桥在南门外，跨泡河之上，桥近歌风台，摘歌词中风起云飞之句以名桥。永乐中县丞夏天祥，景泰中知县古信，嘉靖中知县孙灿，皆尝修焉。隆庆初，知县李时改建南门于东南隅，桥亦随之。万历中知县周治升、符玺、罗士学、李汝让先后重修。天启二年，邑人朱之解重修。崇祯十五年毁，邑人朱耀武再建。耀武，之解子也。国朝，知县赵世祯、郭维新、李之凤皆有修桥之役。康熙二十七年贡生王祐重修。三十年，知县方曰琏置左右栏，竖石为表。三十六年，知县佟锟重修，监生郭祯倡捐。四十五年，知县杨弘绩重修。

济民桥在东门外，跨旧运河。隆庆中建，曰清河桥，久之，圮。万历二十一年，知县苏万民重建，易今名，寻复圮。二十五年知县罗士学易以浮梁。四十六年知县练国事复建板桥。

北门桥万历十六年知县符玺建。

小北门桥万历二十四年知县罗士学建，崇祯十五年毁。

丰成桥在西门外，亦符玺建。

东岳庙前桥跨旧运，久废。近日筑土坝以便行者。

三元桥在古城址三官庙前，故有潴水桥，久废。万历二十五年，乡民张子元等重建，知县罗士学为之名。明季又废。

通济桥故名东堤桥。万历七年，乡民李东阳建。顺治末知县郭维新重修，易今名。康熙十三年，贡生封璸等募建石桥。

南郭三官庙前桥万历二十五年民人李赓建。

利济桥在南郭外，故名便民桥。万历十五年，乡民李东阳建。康熙元年圮于水。三年知县郭维新重修，易今名。五年，释行深募建石桥。

窑子头桥万历六年乡民李东阳建。

万善桥在县治西南护城堤外，故名孟家桥。

梁山桥在县治南十五里。

张潘集桥在县治南二十里。

宣邱桥在宣邱铺，久废。

高房桥

安国桥

谭家桥在沽头中闸。

营子桥在里仁集西。

鸿沟桥久废，石址尚在。旧志有聂庄桥，今无存矣。

夏镇城河月河桥城河桥五，闸桥一，月河桥三。

灰沟桥在刘昌庄东北，滕沛分界于此。

利涉桥在三河口。

震远桥在薛河口，万历二十五年，乡民刘迪建。

普济桥

双龙桥以上二桥在沙河镇。

工部分司钞关崇祯七年，始命夏镇分司榷船税，设关于夏镇闸下，顺治二年归并吕梁分司。

户部分司税关在夏镇赵公祠前，徐仓分司榷船税于此，设有铁缆，康熙十年二关并废。

鸿沟渡旧名张化口渡。

安家口渡　姜家口渡　李家口渡　于家口渡　马家口渡　鹿家口渡　吕坝渡　刘昌庄渡　杨庄闸渡　三河口渡　陶阳寺渡　常家口渡　鲇鱼泉渡

义　阡

东郭内一区杨氏地，工部主事文安王佩记。

西门外一区康熙三十一年，知县方曰琏置。

夏镇运河东岸一区东十七亩五分，徐州人张思敬地。中二十亩，徽郡入吴可堂地。西十亩，汉台乡民齐士学地。

河　渠

旧运河北由沙河横截昭阳湖，西南经县城东门外，东抵赤龙潭，转入秦沟，出垞城，南入徐州洪，通计漕河经流自沙河至谢沟闸一百六里，为沛县境。自谢沟闸南至双沟一百二十五里，为徐州境。沽头分司所辖，上自鸡鸣台浅起，下至黄家闸止，共一百九十三里。

嘉靖二年，河决沛县，北入鸡鸣台口，漫昭阳湖，塞运道，南司空胡世宁上言：今日之事，开运道最急，治河次之，运道之塞，河流致之也。使运道不假于河，则亦易防其塞矣。计莫若于昭阳湖东岸滕沛鱼台邹县界，择土坚无石之地，另开一河，南接留城，北接沙河口，就取其土，厚筑西岸，为湖之东堤，以防河流之漫入、山水之漫出。而隔出昭阳湖在外，以为河流漫散之区。下其议，总河都御史盛应期以为可行，役丁夫九万八千，开渠自南阳，经三河口，过夏村，抵留城，共一百四十一里，未就而罢。至四十四年，河决新集，塞庞家屯，东趋华山，出沛县飞云桥，分七股而奔冲入昭阳湖，由是沛之北水逆行，历湖陵、孟阳至谷亭四十里。南溢于徐，漫成巨浸。从沙河至徐吕二洪，无复漕渠之迹。沽头官署、民居胥没于水。工部尚书朱衡奉命督治，会总河都御史潘季驯及三省抚按司道等官佥议，上源既难开导，旧河又弥漫无迹，独南阳至留城地势高峻，先都御史盛应期开凿遗渠尚存。乃请循故迹，开新河，改夏村为夏镇，移沽头分司驻焉。复浚旧河起留城历黄家闸，迄境山，五十三里，而新旧河得以相接。大学士徐阶记。万历十年，总漕都御史凌云翼徙垞城河口于东十八里，建内华，古洪，镇口三闸，随舟出入为启闭。闸成，不胜黄水之灌注，闭日常多，诸湖泛滥，新旧两渠，仍通为一。

万历十九年，河道尚书潘季驯，以留城一带湖水难行，改开李家口河，自夏镇吕公堂池西，转东南经龙塘至内华闸，以接新之镇口河，共一百里。

万历三十二年，河决黄庄，入昭阳湖，穿李家口逆行，从镇口出。总河都御史李化龙改开泇河，自夏镇李家港口起，至宿迁董沟出口，凡二百六十里，自是漕舟不畏二洪之险及镇口之淤。

三十七年巡抚都御史李三才复浚李家口河。泇河地亢多山，灰塞碍舟，且地属邳郯，人烟稀少，盐徒矿盗，出没无常，官舟贾舶，时遭剽掠，乃复有开旧河之议。

三十九年，总河都御史刘士忠疏：请并用两河，泇以通运，黄以回空。崇祯中漕舟复由李家口河上者一年。

夏镇分司所辖，旧河道上自朱梅闸起，下至镇口闸止，一百四十里；新开泇河上自李家港口起，下至黄林庄止，一百六十里。

国朝顺治中，镇口河废，分司所辖运道西自朱梅闸，东止黄林庄，共一百九十四里；自朱梅闸至刘昌庄四十八里，属沛县；自刘昌庄至朱姬庄四十八里，属滕县；自朱姬庄至黄林庄九十八里，属峄县。

闸　座

沽头闸创建自元朝，明朝重修，曰沽头上闸，以别中，下。

金沟闸元大德十年建。明永乐十四年县丞李钦改建，于金沟口薛河并昭阳湖水入漕之处，为积水闸。

隘闸元延祐二年，置于沽头，以限巨舟。至治三年，移置于金沟大闸之南。

昭阳湖积水闸明永乐八年，建石闸于湖口，建板闸二，于东西小湖口。成化二年，并改石闸。

湖陵城闸宣德四年建。

谢沟闸宣德八年工部主事侯晖议设。

留城积水闸在县治东南四十里，隶徐州。正统五年，参将汤节建。

鸡鸣台积水闸正统十一年，参将汤节建。

沽头中闸在上闸东七里，成化二十年，工部郎中顾余庆议设。

沽头下闸在中闸东南八里，创建年月无考。上中下三闸，俱隶徐州。

庙道口闸嘉靖十五年，工部郎中涂楗议设。

以上诸闸，久废。

朱梅闸本名宋家闸，在县治北四十一里。

杨庄闸在县治东北四十三里，设闸官一员，兼管朱梅闸，闸官未有署，侨寓夏镇。

夏镇闸在夏镇城见泰门外，设闸官一员，与杨庄闸官俱隶徐州。

以上三闸，嘉靖四十五年，工部尚书朱衡议设，今见行。

留城河闸七，曰：满家桥闸、在县治东四十里。西柳庄闸、滕县地，闸官隶沛。马家桥闸、留城闸、以上四闸，尚书朱衡议设。黄家闸、梁境闸自马家桥而下俱徐州地。久废。

李家口河闸二，曰：龙塘闸、玉成闸俱徐州地。今废。

镇口河闸四，曰：内华闸、古洪闸、镇口闸、东镇口闸。俱徐州地。今废。

泇河闸八，曰：韩庄闸、德胜闸、张庄闸、万年闸、丁庙闸、顿庄闸、侯迁闸、台庄闸。俱峄县地，设闸官四员。

堤　防

沽头截河石堰元至治三年建，长一百八十丈，高一丈一尺，底阔二丈，上阔一丈，久废。

金沟滚水石堰元至治三年建，长一百七十丈，高一丈，阔一丈，久废。

旧河长堤高二丈，阔二丈，自本县起，至南望湖止。明嘉靖七年筑，久废。

新河长堤戚城湾以上堤，嘉靖四十五年筑。李家港口以下堤，万历三十二年筑。留城河李口河，各有长堤。今废。

宋家口坝所以障沙河，使入尹家洼。

欢城坝所以障沙河，使远出桥头。

赶牛沟坝所以障此沟水，使不合于沙河。

东邵坝滕县地，坝则沛人所建，所以拦沙、薛之水，俾不径出三河口，迂其途以入河，则有水利而无沙害也。

薛河口石坝所以拦出口之沙。

寨里沟坝所以障薛水使入张庄湖，而由泇河隔寨里沟于南，而此坝以障其流使不泄，自宋家口坝而下，俱隆庆元年筑。

吕坝万历三十二年筑。所以障新河水，使不由李家口河泄。此坝与滕县彭家口坝迭相开闭，季春开彼塞此，季秋开此塞彼。

满坝万历三十二年，闭满家闸，筑为坝。所以障新河使不得泄于留城河。

赋　役

国朝

原额：

原额成熟田地一万四千五百三十顷二十五亩八厘九毫二丝六忽五微四纤。

康熙二十二年起，至四十六年止，并无坍荒增升。

康熙四十六年，沛民王学儒等叩阍。奉总河抚院遵旨饬查实在水沉地一千二百六十八顷七十六亩六分六厘五毫九丝。屡经议覆，照洵摊例，每顷征银二钱八分。至雍正四年奉户部议定，每年冬月委道员查勘冬涸赋全征，冬淹赋税全蠲。

雍正四、五、六、七、八、九年冬勘，全淹，除水沉外，实在成熟田地一万二千三百六十五顷四十八亩四分二厘三毫三丝六忽五微四纤八沙。

康熙二十二年至雍正四年，实在当差人丁三万一千四百三十丁，实征丁则银三千九百三十两八钱。雍正四年奉文随田派征，嗣后如遇审增人丁，止将实数造报，永不加赋。

本县地方并无产盐之处，其一应银硃扛车各项，并无额载。

原额官引一万一千一百七十五道，于乾隆二年增引一千一百一十七道，实在额引一万二千二百九十二道。

常平仓　雍正十年奉文建造，共五十间，系中县，贮谷二万石。

额征漕米七千七百七十八石四升七合四勺三抄五撮五圭一粟二颗五稷一糠五粃三粞，又征漕赠五米三百八十八石九斗二合三勺七抄一撮七圭七粟五颗六粒二糠五粃七粞，康熙二十二年起至雍正四年止，并无升减存留。额征正改兑耗漕并赠米共八千一百六十六石九斗四升九合八勺七撮二圭八粟七颗六粒五稷四糠，交兑徐州卫运官领运北上，赴通交兑，并无存留分解。于雍正四年，奉部覆照，依冬勘之例，淹则全蠲，涸则次年搭运，永为定例。当于雍正四年奉准　部文将水沉田地应征漕粮并赠米共一千二百一十八石六斗五升三合三抄五撮六圭三粟八粒七黍八稷一糠一粃一粞，尽行豁免。雍正四五六七八年，虽奉。部文全蠲，仍奉督粮道饬行派人全单每年照额征收兑运。雍正九年冬，勘全淹沉地漕粮全蠲。雍正十年沉田报涸，其地内应征漕米详奉，漕宪具题流抵。雍正四年，沉田已完漕米。嗣后，遇涸按年流抵。

实征月粮麦一千五百八十六石六斗五升八勺七抄九撮三圭二粟八粒四黍七稷九粃八粞。

月粮麦　康熙二十二年以后，至康熙三十四年改折征收。康熙五十八年附一编征收。雍正四年至雍正九年，蠲豁水沉折征银一百一十八两三钱七分八厘一毫五丝二忽一微三纤四尘一漠三埃一逡三巡一须。实征总数附地丁内。

丁田一项额征银二万五千七百三十六两一钱四分四厘五毫六丝四忽八微二纤九沙六尘五渺四埃二逡。

本色麦　康熙五十八年将改折归入地亩一条编升，增银七百九十三两三钱三分五厘三丝九忽六微六纤四尘二渺一漠三埃九逡九巡。

雍正七年间钦奉上谕，除豁匠班银六十七两五钱，归入地亩随田派征。

雍正四年奉准，部覆内开。康熙四十六年，沛民王学儒等叩阍请豁昭阳湖水沉田地二千一百六十八顷七十六亩六分六厘五毫九丝，定为各勘之例。涸则次年全征，淹则全蠲。每年遇闰应蠲银三千二百七十五两六钱四分六厘二毫六丝八忽九微八纤五沙四尘一渺一漠四埃二逡四巡。本色麦折银一百一十八两三钱七分八厘一毫五丝二忽一微三纤四尘一漠三埃一逡四巡。不闰月之年水沉地内，应蠲银三千二百六十八两六钱六分五厘三毫一丝四忽五微八纤三沙四渺四漠一埃一逡一巡。本色麦折银一百一十八两三钱七分八厘一毫零。康熙五十一年起至乾隆二年，俱已报宪扣除。

实在乾隆三年，额征银二万三千三百九两九钱三分六厘一毫三丝七忽七微七纤六沙六尘二渺六漠三埃九逡四巡。遇闰除水沉蠲免，外加增银三十九两八钱二厘七毫五丝一忽九微五纤七沙三尘一渺五漠七巡一须七臾。

雍正六年，裁夫马驿厂灯夫工食银两，归入起运项下。

雍正十三年，裁利、桃二驿站银，归入起运项下。

乾隆元年，裁东、桃二驿，复二站银归入起运项下。解司充饷，并新裁等款，除水沉外，实征银一万二千七百四十一两三钱八分九厘一毫六丝九忽三微七纤一沙九尘五渺三漠三埃七逡六巡七须七臾。内河驿俸工沉荒武庙祭祀，教谕俸薪，动办颜料正脚银两，俱于地丁项下拨补。

解司水脚除水沉外，实征银五十两二钱二分一厘五忽八微八纤七沙一尘二渺一漠七逡三巡八须四臾。

随漕项下旱脚芦席漕赠并裁扣拨充漕项除水沉外实征银六百五十八两四钱八毫五丝四忽九微四纤八沙一尘四渺一漠六埃三逡九巡。

各仓项下，米麦马草折除水沉外，实征银三千四百二十八两九钱五分二厘六毫一丝七忽八微九纤二沙七尘六渺四埃一逡。

河道项下，各款并岁夫折征除水沉外，实征银一千二百一十九两六钱七分一厘六毫七丝六忽一微一纤四沙五尘六渺七漠一埃九逡三巡。

驿站项下，走递夫马拨协留支等项，除水沉外，实征银三千六百四两一钱八分六厘四毫二丝二忽二微六纤七沙六尘六渺三漠七埃九逡七巡七须三臾。

支给项下，各官俸役食除水沉外，实征银九百二十五两六钱四分八厘二毫六丝五忽三微四纤八沙六尘八渺二漠一埃八逡二巡八须五臾。各官俸役食俱照全书额编给发。

杂办项下，额征杂办银二百八十两七钱二分。乾隆二年将有额无征积谷军饷银一百二十两。详奉题豁在案，实征银一百六十两七钱二分。

以后系杂征并起，解支给各项。

额征杂项：

马场租银一十三两八钱六分。

房租正余银一百四十六两八钱六分。

湖租银一千三百二十八两。

牙税银一百二十五两二分六钱。

牛猪税银七十五两二钱八分八厘。

典税银三十两。

陆税银一百三两七钱三分。

田房税原无额数，尽收尽解。

起解等项：

解藩司闰月银三十三两零。新裁泗夏驿场复二银八百四十九两四分二厘。

解督粮道仓漕实银四千四百二十六两八钱八分。

解河库道各款实银一千四百十一两二钱七分三厘。

解徐州卫漕赠五银三百三十两八钱七分一厘。

解江宁科场银四两四钱二分二厘二毫。

解武场供应银三钱三厘八毫。

支给等项：

文庙香烛银二两一钱六分。

春秋丁坛祭祀银三十五两七钱零。

朱公祠祭祀银二两七钱一分。

知县俸四十五两，养廉一千两。

教谕俸四十两，两学斋夫银三十六两。

训导俸四十两。

主簿俸三十三两一钱一分四厘，养廉六十两。

典史俸三十一两五钱二分，养廉六十两。

驿丞俸三十一两五钱二分，养廉六十两。

夏镇杨庄两闸官养廉各六十两。

岁贡旗匾银三两。

廪生廪粮银八十两。

乡饮酒礼银二两二钱三分。

修理仓监银四两四钱六分。

办解席片银四两五钱。

应付泗亭驿一千九百五十二两六钱。

存县库雇夫应差银一千二百十八两五钱零。

知县衙门人役工食合总支银六百五十六两八钱。

主簿衙门人役工食合总支银三十六两。

典史衙门人役工食合总支银三十六两。

儒学衙门人役工食合总支银一十四两四钱。

驿丞人役工食合支银一十二两。

孤贫合支银九十一两四钱零。

卷三　学校志

沛县知县李棠　重辑

宋世，庙学在泗河东泗亭坊，靖康中毁。金大定初，移建西清化坊。元季复毁。明洪武三年，知县费忠信重建。永乐时知县常瓘、李举贤，正统时王清，景泰时古信先后修葺。嘉靖八年圮于水。二十二年，知县王治用堪舆家言，以泡河南龙泉寺地风气岂爽，宜立学。随以庙地易寺地徙焉。二十五年，知县周泾增置门庑、祠宇，凿泮池，易民地拓大之。旧基十亩，益以民地二十二亩。东西立蛟腾、凤翥二坊。上虞徐惟贤记。三十年知县李祯作南畿首学坊，四十四年复圮于水。隆庆三年，知县白泾改建明伦堂两庑，移启圣祠于先师庙东。万历二年，知县倪民望修先师庙，立兴贤、育才二坊。九年，知县周治升修两庑，建棂星门，创尊经阁，徙启圣、名宦、乡贤三祠于明伦堂后。特建文昌祠、斋号库庖，焕然一新。弋阳詹世用记。二十四年，知县罗士学设外屏一座。改建作圣、成材二坊。二十八年重建敬一箴亭，教谕宋约作魁星亭于仪门外，规制始大备云。

中为先师庙，东西翼以两庑，南列库庖，库庖前为庙门，庙门外为泮池，跨以石梁，又前为棂星门，外蔽以屏。东西列作圣、成材二坊，棂星门左为学门，学门之内为魁星亭，魁星亭旁为仪门。先师庙后为明伦堂，东西列博文、约礼二斋。斋南为号舍。明伦堂后为敬一亭，亭后为尊经阁。阁之左为启圣祠，又东为名宦祠。阁之右为文昌祠，又西为乡贤祠。庙之西偏为射圃，圃中有观德亭，久废。万历三十一年，两庑、库庖、斋房、泮池、门垣、屏墙胥没于水。三十四年知邳州李汝让重修，创文笔峰于学门之东偏，移魁星祀于此。邑人张贞观记。三十九年，知县李懋顺移文昌祠于北门外。

国朝顺治十四年，知县郭惟新重修庙学，移启圣于尊经阁上，阁左右止列名宦、乡贤二祠。十五年毁。文笔峰仍建魁星亭于故处。康熙七年，地震，庙舍倾颓殆尽。生员王祉等修葺正殿。十七年教谕叶炳修葺两庑及明伦堂、堂东西斋舍。二十六年摹刻御书“万世师表”四字悬于庙中。三十一年监生王可继、生员王贯、王可大建启圣祠于故名宦祠基，实顺治丁酉前之启圣祠基也。

康熙四十一年钦颁御制训饬士子文，供明伦堂。乾隆三年春沛县知县臣李棠敬勒石。雍正二年，摹刻御书“生民未有”四字悬于庙中。乾隆三年摹刻御书“与天地参”四字悬于庙中。

孝弟忠义祠在南关。

节妇祠在学宫前西南。

名宦祠在圣殿前左。

乡贤祠在圣殿前右。

朱子升殿附西哲配享。康熙□年。

元儒吴澄从祀东庑。乾隆三年。

祭 器

笾豆各五十　　铜爵一百三十　　黄绢帐五副　　戊子岁圣府管勾左国瓒重制笾豆。

书 籍

四书一部　　五经五部　　性理一部　　通鉴一本　　五伦书一部　　明伦大典一部　　为善阴骘一部　　文献通考一部今皆散失　　十三经注疏乾隆二年颁贮尊经阁

书 院

泗滨书院在县治东南，旧泗东岸，邻废递运所。即汉高书院故址也，久废。

建中书院在县治南，久废。

仰圣书院在上沽头。嘉靖二十九年，工部主事南城吴衍建。崇阳汪宗元记。四十四年圮于水。

沽头精舍嘉靖三十九年，工部主事青阳施笃臣建。四十九年圮于水。

两河书院在夏镇城中，故镇山书院也。隆庆三年建。有乌程董份、吴江钱锡汝二记。崇祯中毁。顺治十六年工部郎中顾大申重建，更今名。延师集衿士课诵，四方负笈来游者众。大申自为记。明年，镇民涂弘德诬讼，起大狱，大申解任，学遂罢。

社 学

圣水社学在县治西南一里许。嘉靖十一年，知县杨政建，后没为民居。万历二十四年知县罗士学复查入官。重建，未几又废。

天津社学在旧泗东岸，亦政建，久废。

社学十八区嘉靖三十年，知县李祯建，曲江锺大器记。万历时并废。

高房学社在高房集。万历二十四年，知县罗士学建，后废。

夏镇义学在两河书院东偏。隆庆二年工部主事钱锡汝建。中为屋三楹，立宣圣神位，盖为蒙师朔望率弟子肃揖设。外为大门，扁以“义学”，主事陆檄记。原设有义学田若干亩，万历中传于豪民。

先是分司在上沽头，去县十五里，每遇元日、春秋丁祭，部官例先一日谒先师于邑学，以为常。嘉靖乙丑，司署迁夏镇，去县四十里远矣。缘是，分司部臣朔望胥就义学谒先师。未几，去义学扁而揭以先师庙。岁举二丁祭，因不更诣邑谒庙。　顺治十六年秋，郎中顾大申以义学事同乡塾，不得举祀典，仍于祭前一日从邑学瞻拜谨礼遵制，甚为得之。　康熙元年主事李禧熊拓庙基，增建鼎新，规制宏敞，春秋举祭如前。分司既裁，而主簿主祭。三十六年始彻庙主。　康熙十年，刑部郎中弱汉设义学一区，于羲皇庙西偏，今占于居民。三十六年，知县佟锟即户部分司行署改为义学。

学　宫

学宫在城外，地基二十四亩九分四厘。南至谢姓，北至城河，东至赵姓，西至城河。

旧儒学基学田附

旧儒学衙署在东门内，地基十三亩五分。南至大街，北至王姓，东至张姓，西至周姓。

嘉靖三十年，知县李祯始置学田六顷九十二亩八厘，建安滕霁记。地亩坐落四至详载碑阴。万历二十一年，知县苏万民查旧吴公祠赡祠地四顷，归作学田。今查顷亩仍旧。坐落列左：

刘马姚共地十八亩	坐落西乡香山庙
吴应试地四十三亩一分八厘	坐落西乡赵家楼
吴钦地二十七亩	坐落南乡温家庙
王儆地十五亩三分	坐落南乡桑子寺
孟琢地十七亩八分	坐落南乡太山庙
刘昇地二十亩	坐落北乡周田
刘辉祖地二十亩四分	坐落北乡周田

卓永茂地一顷八十亩	坐落北乡甄家楼
甄霨地八亩	坐落北乡甄家楼
孙印昌地五十五亩	坐落东乡大闸
陈国谦地十亩一分	坐落东乡大闸
李文地十三亩	坐落东乡曹家岗
刘世英地三十四亩	坐落东乡邵一集
杨韬地十七亩六分	坐落东乡经家村
张沛地二十四亩	坐落东乡营子桥
艾文奇地十三亩三分	坐落东乡豆虎店
聂复正地十亩	坐落东乡经家村
王孙仪地四十六亩	坐落西乡香山庙
胡承训地二十亩	坐落西乡羊鸣集
海月地九亩九分	坐落南乡桑子寺
符一谦地十三亩	坐落南乡孟家集
张文奇地八亩	坐落南乡常家店
魏天禧地四十八亩	坐落北乡甄家楼
张瑜地五十亩	坐落北乡甄家楼
阎瑄地九十亩	坐落北乡甄家楼
孟时雍地四亩五分	坐落北乡周田
李先登地九亩三分	坐落北乡周田
刘光祯地二十亩六分	坐落北乡周田
蒋三狗地十八亩	坐落东乡经家村
李荣地一顷四十六亩	坐落东乡杨家河
高小八地二十二亩	坐落东乡洪沟
胡槐地六亩	坐落东乡豆虎店

外逃出四户，并无着落：

赵孜地十二亩

陈思谦地二十二亩

刘守黴地六亩

苏文地四亩一分　　以上四名共地四十四亩一分。

学　官

汉平帝时，县校置经师一人。

唐设经学博士助教。

元设教谕一员。元《百官志》阙，疑顺帝时始设。

明设教谕一员、训导二员、司吏一人。隆庆二年裁训导一。教谕训导从前皆未入流。乾隆元年加教谕正八品，训导从八品。从前两官一俸，每年共俸银四十两。乾隆元年为始，各给俸银四十两。

廪生二十名，额银九十三两三钱三分四厘。闰月银七两，八钱九分一厘七毫二丝三忽。

增生二十名。

入学名数

岁考入学文童十六名。

科考入学文童十六名。

岁科并考入学武童十二名。

元教谕其姓名可考者八人

王复字克明，鄮人。作新学校，振起士风。

阮志学　　孔希冕　　李惟贤　　房居安　　张肃　　余升　　郑用

自明初至明末，教谕姓名可考者四十九人

刘以礼长洲人，洪武中以博学荐授教谕。

潘灿见正统元年石刻。

徐经江西广信人，见正统七年石刻。

何肃正统九年任。

张晔山东临清人，景泰元年任。

尤聪成化时任。

卢荣浙江天台人，成化二十一年任。

李道弘江西丰城举人，弘治四年任。

虞铋浙江金华人。

易宽直隶庆都举人，弘治七年任。

蒋弼浙江青田人，弘治十七年任。

杨仲浙江汤溪人，正德五年任。

操松有传。

周麟浙江处州人，嘉靖元年任。

李洪广西全州举人。

于乔山东高唐人，嘉靖八年任，刚方，若介，士类称之。

蔡玉实湖广华容人，嘉靖十三年任。

马伟直隶广平人，嘉靖二十一年任。

唐伯杰广西灵川举人，嘉靖二十三年任。

朱以和江西高安人，嘉靖二十五年任。

滕霁有传。

李乘鲸陕西南郑人。

孙惟慎江西太和人，嘉靖四十年任，能诗。

饶耀江西德化人，隆庆二年任。

高继崧江西庐陵举人，隆庆五年任，升英山知县，选授御史。

邵华翰贵州普安人，隆庆六年任，升露益州学正。

成咏兴化人，万历四年任，能诗文，升泽州学正。

吴世辉浙江嵊县人，万历八年任。

谭尚忠湖广茶陵人。

方佐宁国人，万历十一年任。

李文善合肥人，升安州学正。

陈大复湖广江陵举人，万历十七年任，温雅恬静，卒于官。

倪鲁常熟人，大河卫籍，举人，万历二十二年任贵州浙江同考官，升山东临淄知县。

宋约颍上人，万历二十六年任。

王希贵泾县人，万历二十九年任。

赵国相万全都司右卫人，万历三十三年任。

张箴山东阳信人。

卢汝霑宣城人，万历三十五年任。

高汝毅江宁人，万历三十八年任。

杨世贤凤阳人，万历四十一年任。

敖希彦江西清江举人，万历四十三年任。

陶继宗潜山人，万历四十七年任。

周济生山东金乡人，天启元年任。

叶万全华亭人，天启四年任，能诗。

徐可弼东流人，天启七年任。

魏知微陕西泾阳人，崇祯四年任，升登州府通判。

张化枢字环如，云南永昌举人。崇祯七年任，升汉阳府推官。

吴启泰山东峄县人，崇祯十二年任，卒于官。

成王佐浙江嘉善人，崇祯十四年任。

训导姓名可考者亦四十九人

华革洪武三年任。

弘昭见正统元年石刻。

陈谟浙江绍兴人。

周缉江西吉水人。

周载苾

方璠以上二人见景泰元年石刻。

林贵浙江鄞县人，成化二十一年任，卒于官。

王辅浙江安吉州人，廉静不苟。

聂让湖广云梦人，弘治四年任。

李兰福建南安人，弘治十七年任。

林蕃广西藤县举人。

周鹏直隶丰润人，正德五年任。

张俊福建同安人，持守洁清，诲人有方。

安信湖广澧州人。

李镕湖广嘉鱼人，嘉靖元年任。

胡福江西安福人。

陆渊广东高要人，嘉靖八年任。

刘学夔湖广兴国州人，嘉靖十一年任。

苏镆湖广荆州府人，嘉靖十三年任。

黄袒河南确山人，嘉靖十八年任。

张庆旸浙江泰顺选贡，嘉靖二十年任，笃学能文，志趣不苟。

李珩福建浦城人。

锺大器广东曲江人。

董勋河南怀庆人。

郑厚浙江宣平人。

杨爵江西贵溪人。

周可久四川泸州人。

宋时奎直隶新河人。

李嵩广东高要人。

曾继爵江西上犹人。

冯中州直隶景州人，嘉靖四十四年任。

窦岭山东诸城人，隆庆元年任，二年裁革。

史思贤山东宁阳人，隆庆四年任，升内邱教谕。

寇立纪湖广应城人，万历元年任。

唐邦正邳州人，万历九年任，升鲁府教授。

丁一杰河南许州人。

鲁思问和州人。

李宣直隶赞皇人，升邳州学正。

程三德婺源人，万历三十一年任，升连城知县。

蒋体仁虹县人，万历三十七年任。

王璇山东郓城人，万历四十二年任。

何羹弼镇江人，万历四十六年任，升阳江知县。

张汝蕴陕西泾阳人，天启元年任。

张登赢山东齐东人，天启六年任。

柴邦震山西绛州人，崇祯三年任。

张弘纲山阳人，崇祯六年任。

孙联芳浙江仁和人，崇祯十年任。

季联芳直隶大城人，崇祯十三年任，升开州学正。

朱一新安东人崇祯十六年任。

国朝设教谕、训导各一员，司吏一人，康熙三年裁教谕，十五年复设，分训导半俸，齐夫一名，半门子一名。两官食一，未入流之俸，共役五人。

教谕：

侯靖宸字畹梅，山东巨野人，顺治五年任，升大嵩卫教授。

萧松龄字公木，靖江人，举人，崇祯己卯乡试，顺治十年来署教谕事，逾岁改建平教谕。工诗画，能文章，每课诸生，自拈七艺，思如涌泉，嶙峋孤峭，不肯一字犹人，有《怪存草》行世。

杨廷蕴字容如，武进人，举顺治丙戌乡试，乙未会试中副榜。是年，来署教谕事，选诸生之工于文者，授以揣摩举业之法，重修学宫，焕然一新，升黄陂知县。

叶炳字其蔚，江宁人，康熙己酉举人，十六年来署教谕事，学宫赖以修整，升江西安义知县。

汪士裕号左岩，江都人，康熙癸卯举人，初任太湖教谕，以忧归。二十四年补沛学教谕，升庐州府教授，所至乐育人才，扶植风化，卒后数十年，人士皆思之。

胡湛宣城人，由例贡康熙三十三年任，以病免。

阮赞宣城人，由例贡康熙三十五年任，援升知县之例，谢事去。

张宗鉴丹徒县人，由廪生捐纳，康熙四十五年任。

刘炽虹县人，由拔贡康熙五十二年任。

缪近三如皋人，由附生康熙五十九年任。

蔡书升吴县人，由附生捐纳康熙六十年任。

吴锴娄县人，由举人雍正五年任。

侯启晋宿州人，由拔贡雍正十二年现任。

训导

韩元珍字席公，山东人，顺治三年任。

包邦甲宣城人，顺治八年任。

陈天策字铭以，宜兴人，顺治十年任，博学能文，升贵池教谕。

宋茂功字弓贶，泰州人，顺治十六年任。

王方来金坛人，康熙三年任，卒于官。

马方前祁门人，康熙七年任，改临海县丞，辞。

刘维桢南陵人，康熙十九年任，以直忤县令，中伤去。

李先上元人，康熙二十年任，卒于官。

沈瞻祖号青田，华亭人，康熙二十七年任，性刚直，遇士子泾渭分明，以老归。

邵允彝字幼常，全椒人，康熙十七年贡士，是岁以博学宏词荐，召试入格，既而裁去不用，遣归田里，至三十六年，授沛学训导。斋中无事，闭户读书而已。所著有《读易一得》《春秋三传》。论定运世大舆诸书及诗文集若干卷。年八十，力求至仕，沛人留之，修县志，志成而去。

孙珍盐城县人，由岁贡康熙四十四年任。

吴嵩桐城县人，由岁贡康熙五十九年任。

程士琳镇江人，由岁贡康熙六十年任。

秦檝新阳县人，由岁贡雍正五年任。

王人龙宜兴县人，由岁贡乾隆元年任。

汪自贤青浦县人，由岁贡乾隆三年任。

卷四上　秩祀志

沛县知县李棠　重辑

坛　壝

社稷坛在西门外迤北。旧在县西北半里。永乐二年，知县王敏建。嘉靖二十年，知县王治迁今地。二十六年，知县周泾建。

山川坛在县治南一里，永乐二年，知县王敏建。嘉靖二十一年，知县王治重修。

先农坛雍正五年奉旨新建，在县城东，地五亩七分，雍正六年建。坛下耤田四亩九分，牛只，农具，祭器。每春地方官亲耕。

南坛坐落南门内。雍正十年闰五月十一日奉行建造。

西坛坐落西门外。雍正十年闰五月十一日奉行建造。

邑厉坛在北门外迤东，旧在县北一里。永乐二年，知县王敏建。嘉靖二十一年，知县王治徙今地。

祠　庙

先师庙详学校志。

启圣祠在学宫。

名宦祠在学宫。

祠　祀

汉县令许公慎

宋知县程公珦

明知县颜公瓌

国朝

江南督宪傅公腊塔　郎公廷极　范公承勋　马公鸣珮　于公成龙　江南

督学宪邵公嗣尧　许公汝霖　张公榕端　张公元臣　余公正健　张公泰交　河宪陈公鹏年　江苏抚宪张公伯行　朱公莘

乡贤祠在学宫

祠祀

商左相仲公虺　汉御史大夫周公苛　汉博士施公雠　汉东平侯傅公庆普　汉舞阳侯樊公哙　汉汾阳侯周公昌　汉绛侯周公勃　汉安国侯王公陵　汉平阳侯曹公参　汉处士姜公肱　汉条侯周公亚夫　汉郎中蔡公千秋　梁著作郎刘公臧　明礼科都给事中张公贞观　明湖广道监察御史蔡公楫　明兴化府教授卢公雄　明孝子监生赵公清　国朝文华殿大学士蒋公廷锡

文昌祠旧在学宫，万历三十九年，知县李懋顺建阁于北门外迤东。

城隍庙在县西南。永乐四年，知县常瓘建。正统六年，知县王清重修。弘治三年，主簿吴本重建。嘉靖十三年，知县杨政继修。三十七年，知县罗见麟修。隆庆二年，知县李时重修。万历九年，知县周治升修。三十一年，圮于水。三十六年，知州李汝让重修。

福神祠在县仪门外之东，旧西向。万历三年，知县祝希哲改南向，春秋丁祭后一日祭。

汉高原庙在沛宫故地，汉孝惠五年以沛宫为原庙，令高祖所教歌儿百二十人皆习吹以相和。后有缺辄补之。哀帝时孔光定员数十二人。光武建武五年七月幸沛，章帝章和元年幸梁并祠之，今失其处。

汉高祖庙在泗水亭中，后汉光武建武二年封，盖延平侯伐刘永，遂定沛，修高祖庙，置啬夫祝宰乐人。久废。万历三年，知县倪民望始即今歌风台碑亭东南数武建殿三楹。八年知县周治升始于春秋丁祭，后一日祭之，然尚未列祀典。

刘将军庙将军讳锜，宋提举江州太平兴国宫、淮南江东浙江制置使，景定四年三月敕封扬威侯、天曹猛将天神。敕内有：飞蝗犯禁，宵旰怀忧，赖尔神力，扫荡无余等语。雍正十三年奉旨祠祀。

昭惠祠旧在河东岸。祀春秋伍侯员，嘉靖六年，河决，运道淤塞。都御史兰溪章拯屡祷获应，请于朝，命有司重修。十三年，副使何鳌令知县杨政更新之。三十八年，工部主事陆梦韩修葺。四十四年，圮于水。万历十年，知县周治升徙建于小北门外平城集南。二十五年，知县罗士学创两庑，筑墙垣，立大门。寻以城内龙泉寺，徙建于旧祠地。今春秋丁祭后一日祭。

忠孝祠在县治西南一里许，祀靖难时死节知县颜瓌父子及其簿唐子清、尉黄谦。正统督学御史永丰彭最询于邑人主事孟式，得其墓处，令有司立祠祀之。嘉靖十九年，工部主事颜德伦大加修建。四十四年，圮于水。万历二年，知县倪民望建屋三楹祀之。祠久圮，每春秋祭于废址。万历二十五年，知县罗士学复建。

大德祠在河东岸，祀吏部尚书秀水吴公鹏。嘉靖三十二年，淮徐大饥，公以刑部侍郎承上命发淮徐仓粟四万石余、盐银五万两来赈。邑适缺令，未以灾报，公悯之，矫诏发仓赈之。邑民赖以全活者甚众。因立祠，塑公像，祀之。规春秋丁后一日祭。四十四年，圮于水。原赡祠地四顷，久为豪民占种。万历二十二年，知县苏万民查出，归作学田。沽头闸有佚思亭，亦沛民为公立者。有番禺张人猷记，今废。

洪济庙在夏镇新河西岸。

三河口大王庙在县治东北三十五里，嘉靖四十五年建。

朱公祠在夏镇，即镇山书院也。祀故工部尚书万安朱公祠。

玉皇庙四一在县治西门外，万历十六年建，康熙二年知县郭维新增建。一在县东北三十里曲房集。一在县东二十五里，嘉靖三十五年建。一在夏镇新河西岸见岱门内，万历二十五年重建。

三官庙五一在县治西南一射许，古城址。一在县治东关油房口，万历十五年乡民周尚文等建。一在县东三里射箭台上，夏镇新河西岸，水次仓西。

玄帝庙八一在县治河东半里，正统七年，知县王清重建，弘治四年羽士贾守真修，邑人高惓记，万历三十五年，休宁太学生邱世懋重修。一在北门子城内，万历二十四年知县建生学自城内迁建。一在县南三里漷河南岸，今废。一在县南十里汉台乡。一在县北三十里庙道口。一在县西北三十里徐家集。一在县西二十五里高房集。一在县东北三十五里欢城集。

火星庙三一旧在县南门内，正统七年主簿王勖建。嘉靖二十一年知县王治迁南关山川坛东北数十武，三十八年复移置盐店口街之东天妃行宫地，而后天妃行宫于旧火星庙地，隆庆六年重修。万历二十九年重修。一在县治西南城隍庙东，万历三十七年知州李汝让创建。一在夏镇南门内西偏，万历十九年建。

五岳庙在县南三十里高坨村，万历十五年建。

东岳庙五一在县东半里泗河北岸，元元统三年建，吴兴陈绎会记。永乐十六年，乡民赵明德重建。万历二十四年，乡官丁东源重修。一在县西三十五里北孟村。一在县西北六十里沙河镇。一在夏镇，嘉靖三十四年，耆民张宝建。一在县南五里，嘉靖四十年建，有邑人楚惟贤记，万历一十四年冬重修。

七圣祠三一在县东北安家口。一在县西门护城堤外。一在县西北五里小五坡，邑人潘怀德、甄章等建。

黄家庙在县南十里。

圣德庙在庙道口集东北。

伏羲庙二一在夏镇城南门内，元大德十一年邑人李瑛重修，沛中彭般记。正德十一年邑人杨聪重修，邑人蒋洪记。一在县南二十五里，万历二十四年乡民杨桐健，邑人符令仪记，见艺文。

三结义庙在县治南门内城西，旧射戟台上，祀后汉先主并其臣关羽、张飞。永乐十五年，街民史直重建。正统七年，主簿王勖重修，吉水周缉记，见艺文。万历三十七年，知州李汝让重修。一在夏镇南门外。

关帝庙十一在县治东南泗河南岸，羽士王凤建，万历中毁于火，十五年重建。一在县南关护城堤内，万历二十四年乡官赵惟蕃等建。一在邵玉集，嘉靖四十四年建。一在夏镇新河东岸。一在县东北五十里北络房村。一在县北十二里张家庄。一在县北三十里庙道口。一在城东南八里汉台乡。一在县南十二里。一在县东三十里。雍正八年奉旨改关帝庙为武庙。岁凡三祭，每祭动支帑银贰拾两，沛祀以县治东南护城堤庙为主。

灵显真君庙在县治东北五十里泗亭乡，元延祐元年乡人杜珍建。

二郎庙在县治西三十里。

大王庙四一在县南泗河北岸，万历二十一年，商人金兰等创建。一在县西南四十里小盘龙村，嘉靖十四年建。一在县东南十五里上沽头，嘉靖三十八年，工部主事陆梦韩建，今废。一在县南二十五里下沽头。

天妃行宫十一在县治东关护城堤内，万历元年建。一在县东五里射箭台上。一在县东三十里，成化元年建。一在县北三里吕母塚，万历十六年，乡民钟世卿建。一在县西北二十五里刘八店集。一在夏镇新河西岸，隆庆元年建。一在县西南七山北数十武，万历二十四年毁于火，二十五年春知县罗士学重修。一在县东南十五里。一在县东南三十里里仁集。一在县北三十里庙道口。

水母庙在县治南，面临泡水，今废。

洪庙《漕渠志》云：洪庙在满家闸南，敕建，祀汉寿亭侯。水浸，移置康阜楼上。

文昌阁一在蔡家集。一在夏镇三八集之东北。

相山神庙在县西鄙。

田祖庙在蔡家村之西。

五皇庙一在鸭子村。一在高房集之东南。一在千秋集。一在南秦村。一在夏镇城南。

微子庙在县治东半里许，万历二十五年知县罗士学建，今废。

留侯庙在里仁集。自留城移置于此，今废。

樊将军庙在县南鄙胡庄。

折槛祠在胡庄，祀汉槐里令朱云。此朱氏家庙也。

华祖庙祀汉华佗。一在山川坛之左。一在城西二十二里。一在七山堤南。一在苇子园。夏镇运河东岸有华祖阁。

三司庙在上沽头，元至正三年建，祀宋包拯与汉关张。

宋五先生祠在夏镇义学之右，祀濂溪、二程、张、朱五先生，康熙丁亥岁废。

五中丞祠顺治十六年，工部郎中顾大申建，两河书院祀明都御史吴江盛公应期、少保万安朱公衡、少保全州舒公应龙、工部尚书沁水刘公东星、少师长垣李公化龙、以工部主事奉化陈楠、郎中宣城梅守相、郎中归安茅国缙、郎中常熟陆化熙配食。两庑要皆追溯先后有功于河者。大申自为记。

茅公祠在夏镇分司署之东，万历三十五年，工部郎中茅国缙卒于官，人怀其德，立祠祀之。有云间董其昌、邑人张斗二记。

义烈祠在东郭外。天启二年，知县林汝翥建，以祀乡兵御妖贼阵亡者。今废。

练公祠在东郭外，天启三年，沛民为知县练国事建。今废。

陆公祠在夏镇小水门北，天启中，镇民为工部郎中陆化熙建。今占于居民。

赵公祠在夏镇城南运河西岸，崇祯中，镇民为工部郎中赵士履建，后为户部分司行署。

三贤祠在北郭外，崇祯中，邑民为兵臬徐标建生祠，并塑伍侯员、颜令瓌像于其中，故云三贤。康熙中圮，魏镮改建准提庵。

骆戴二公祠在夏镇洪济门内，康熙十二年，镇民为刑部郎中骆汉、戴锡纶建。

马神庙一在县治左。一在东郭内东岳庙右，六月二十四日有司致祭。一在夏镇城北运河南岸。

龙王庙在夏镇城东北隅、运河西岸。

节妇祠在县治东关猪市街南，隆庆四年，知县白泾建，以祀陈恕妻姜氏、张化隆妻胡氏。今废。

清风烈女祠在夏镇运河西岸，万历二十四年建。以祀皮工妻女者。西蜀杨为栋记。

寺　观

龙泉寺在县治运河东岸，旧在县治南门外泡河之南。嘉靖二十一年，知县王治改建于城内旧儒学地。万历二十五年，知县罗士学迁建于旧子胥庙地，寺地凡二十五亩。

隆兴寺县北二十里。

白水寺县东北二十里，今废。

丁村寺县东二十里。

昭阳寺县东北二十里。

新兴寺县东二十里。

昭庆寺县东北三十五里高村。

草堂寺县东三十里。

崇庆寺县东北四十里夏镇。

陶阳寺县东北二十五里。

临堤寺县南八里。

永宁寺县东北三十五里欢城集。

栗子寺县西南二十里。

青墩寺县南二十五里。

龙兴寺县西四十里大盘龙村。

秦村寺县南二十里。

无儿寺县西南二十里。

黄龙寺县南十里。

石楼寺县东北十二里。

祥国寺县东南二十五里。

兴隆寺县北四十里。

晓明寺县西十里。

白云寺县西二十里。

汲家寺县西二十五里。

龙岗寺县西北二十里。

扬名寺县西二十里。

大安寺县西三十五里。

释迦寺县西南三十里七山。

永寺县西北四十里。

广度寺在夏镇新河东岸康阜楼内，万历十九年，工部主事余继善建，内贮佛经一藏，寺僧大千募置。

观音寺二一在县东二十里。一在县东南十五里上沽头。

大觉寺二一在县西三十里桑子村。一在县东北二十五里丁村。

弥陀寺二一在县西二十里高房集。一在县东北五十五里。

华严寺二一在县东南八里。一在县东北三十里西小房。

崇胜寺在夏镇城中，有唐天宝八载心经碑。

延寿寺在夏镇城东一里。

四面佛寺在庙道口。又其东湖中有马家寺。

小房寺在庙道口北湖中。又其西有邢家寺。

丁庄寺在庙道口西五里。

洪福寺在贺堌集迤东。

卧佛寺一在高房集南。一在夏镇北，僧圆融建，阎尔梅记。

清凉院在县南关。

福胜院在县西北四十里灌城村。

广福禅院在县东北三十五里高村，久废。有金大定五年碑。

三教堂四一在县西南三里。一在县东北二十里卜家村。一在夏镇见岱门内。一在县东北欢城集。

观音堂五一在县治西南护城堤内。一在县北十二里张家庄。一在县北三十里庙道口。一在县西十八里鸭子嘴。一在夏镇北门内。

白衣观音堂五一在县治西门内。一在县东南一里,万历三十七年,乡民卢思礼等建。一在县东南十里,乡民王应龙建。一在夏镇南门外。一在县西一十里。

地藏堂夏镇运河东一里。

鸿沟堂县东八里。

三圣堂在孟家桥堤口内,其东又一堂,今名白衣观。

五圣堂一在五堡。一在东关兴集。又东南乡有二堂。

七圣堂一在西门外刘家园,其后为观音阁。一在谷里村,亦有观音阁。一在安家口。

老君堂在张仙林后。

南极堂在里仁集北。

无生堂在夏镇延庆门外,主簿吴庭芝建。

广生殿在县治东南十五里。

三元宫一在东门外,万历四十年,羽士薛天祥建。一在西门外古城址上。一在南关油房口,万历十五年乡民周尚文建。一在三里河南岸,曰裴家堂。一在射箭台上。一在城东十五里曰秦家庙。一在二十里铺,曰朱家阁。一在城北八里屯。一在官庄,僧海莲增建准提阁,郝继隆记。一在庙道口旧运河东。一在鸡鸣台上。一在扬名集。一在七山集。一在房家营。一在夏镇城中,万历三年建,长洲陆檄记。运河东岸二处。戚城东门外二处。南庄一处。傅家集、朱梅集各一处。

紫阳宫在夏镇城中,新安商民建,祀仙人吕岩,庙祝乃僧也。吕坝本以吕公堂名,其堂久废。

混元庙在县治西南十五里。三堡白衣观后亦有混元殿。

朝元观在夏镇文昌阁后,康熙三十五年,镇民唐文成等建。

三清观一在东关,玉虚宫右。一在吕母冢西南。一在四堡北,郝继隆记。一在六堡北。一在张仙林北。一在新河口。

广度观在夏镇康阜楼东北,旧名广度寺,万历十九年工部主事余继善建。内有生生阁,高五丈。僧大千贮佛经一藏于其中。明季镇民避乱于此。康熙七年地震,倾圮改建。玉皇殿及三教堂羽士居之,更名为观而藏经移于卧佛寺。

毗卢阁在县治东十二里。

洒净阁在颜公祠右。

地藏庵在县北堤外,僧人幻休创建。

普照庵在飞云桥西。

宋家庵在县西二十里。

准提庵北门外旧三贤祠基，邑人魏镮改建。

乐道庵在夏镇北门内，临清风潭，本尼庵而女冠居之。

三大士庵一在南关帽铺街西首。一在七堡南，曰袁家堂。

碧霞庵城乡各有之，几三十处。其在东郭内者，万历元年建。在南郭下者，康熙十四年监生魏镇建。在歇马亭者，万历十六年，乡民钟世卿建。在夏镇新河口者，康熙二年，工部主事李禧熊自城垣下徙建。在三八集者，后有三清殿。在草庙集者，后有王母阁。城南十六里，泰山行宫同。千秋乡陈家庙后有毗卢阁。在里仁集者，阎尔梅记。在七山集者，符令仪记。

卷四下　选举志

沛县知县李棠　重辑

征　辟

汉

施雠梁邱贺荐为博士，见人物志。

姜肱广戚人，屡征不起，见人物志。

单飏湖陆人，桓帝时举孝廉，仕至尚书。

明

蔡楫洪武中举孝廉，仕至浙江按察司佥事，见人物志。

吴希文字友章，宣德中举贤良方正，授直隶献县知县。

甄瑛以儒士明经荐，未仕。

进　士

唐

刘轲元和进士。

宋

邵化仕至通俸大夫。

邵奎化子，仕至金紫大夫。

邵敏能化孙，仕至朝请大夫。

金

邵世矩字彦礼，开州司户。敏德子，伪齐阜昌六年兖州解元，省试第三人，廷试第一甲第一人。授承事郎、单州佥判。齐国废，仕于金，历棣州防御判官、冠氏令、京兆府推官、朝城令、河中府推官，官至中靖大夫。

高焕大定进士。

元

韩准延祐五年进士，仕至南台侍御史。祖润累赠嘉议大夫，佥书江浙等处行枢密院事、轻车上都尉、南阳郡侯，父彧累赠中奉大夫、河南江北等处行中书省参知政事、护军、南阳郡公，祖妣朱氏、妣王氏俱累赠南阳郡夫人。

吉僧　朱桧以上二人见学宫至正二十五年碑。

明

李绅寄籍锦衣卫，成化丙戌进士，仕至光禄寺少卿。

张贞观万历癸未进士，仕至礼科都给事中，赠太常寺少卿。

张斗字文光，别号紫垣，万历丙子举人，丙戌进士，历浙江江山县、南京刑部主事郎中。

国朝

阎圻字千里，尔梅孙，寄籍河南虞城，康熙戊子乡试、己丑联捷，翰林编修，历工科给事。

举　人

金

鹿楫　王良佐　訾廷杰　信民立　邵南以上五人，见大定十一年石刻。胡兼善见大安二年石刻。

元

张谦旧志云：至元时乡贡进士，辛巳岁为县尹，马圭撰《去思碑》，按至元时未尝设科，前此，太宗九年令诸路试士，谦贡举当在此时。至至元辛巳岁，已四十余年矣。

张复国子生，时临川虞集为博士，复从受业。旧志列之乡贡中，意其贡入国学者也。

丁倘文　郝世隆　石确　徐廷瑞　冯讷以上五人，见至正二十五年石刻。

明

杜旸建文己卯举人，任鸿胪寺鸣赞。

张威建文壬午中式。

李巽永乐乙酉中式。

赵斌永乐辛卯中式，任山东登州府同知。

蒋让宣德乙卯中式，任河南登州判官。

周崧景泰庚午中式。

刘福　刘章福子，嘉靖壬午中式。

周乾字子建，别号巽斋，固始丞思明从子也。嘉靖癸巳选贡，丁酉中式，会录对策及祀戎事忤旨，竟罢一榜，不得并天下会试。既辛丑奉旨会试。乾文字已中选，值旨下，额裁三百数，乾名落数外，又竟不得第。悒郁南归，途中构疾，卒时年三十四。

蔡桂字子芳，别号春宇，嘉靖戊午亚魁。历任湖广永川府、北京顺天府通判、南京工部虞衡司主事、北京户部河南司主事、云南司郎中。

马一化嘉靖甲子中式，见人物志。

蔡日知桂子，万历乙卯中式。

阎尔梅崇祯戊辰选贡，庚午中式，见人物志。

国朝

郝铉顺治庚子中式。

沈圣愿康熙丁卯中式。

陈周礼寄籍山东濮州，康熙丁卯中式。

张之钜寄籍山东汶上，康熙己酉中式。

彭嘉绪寄籍山东单县，康熙甲午中式。

王纲康熙癸巳中式。

乡　贡

明

张泰洪武十七年贡。

张本洪武十八年贡。

郭冕洪武十九年贡。

谢升洪武二十年贡，任监察御史。

王缵洪武二十一年贡，历监察御史、吏部郎。

王观洪武二十二年贡。

蒋迪洪武二十四年贡，任浏阳知县。

王鑰洪武二十九年贡，任莒州学正。

吕宁洪武二十七年贡，户部主事迁员外。

刘昶洪武二十八年贡，任进贤县丞。

李勖洪武二十九年贡，任南阳府通判。

王睿洪武三十年贡。

吕哲永乐四年贡，任广东按察经历。

郭本永乐五年贡，任赣州府推官。

刘端永乐六年贡。

张伦永乐七年贡。

张昱永乐八年贡，任陕西主簿。

梁怡永乐九年贡，任蒲城知县。

魏廷永乐十年贡，任河南布政司经历。

申明　张奂　孔继宗　班肃　李恪

张勉永乐十六年贡，任湖广按察司经历。

孟式永乐十八年贡，任户部主事。

田畯永乐十九年贡。

王立永乐二十年贡。

王恽永乐二十二年贡。

胥敬宣德元年贡，任光禄署丞。

李旻　李复

朱芾宣德七年贡，兖州府经历。

张玹宣德八年任。

邓宁宣德十年贡。

张铉正统二年贡，任直隶武强训导。

岳崇

踪昭正统六年贡，任宁远县知县。

纪信正统九年贡，任沈府引礼舍人。

赵监正统十一年贡，任成都府推官。

李郁

张显景泰元年贡，任富阳知县。

陈伦景泰二年贡，任磁州判官。

李显

甄寿之景泰四年贡，任授岳府照磨。

刘昌景泰五年贡，任九江府经历。

李迪　石泰

刘仪天顺二年贡。

周铭天顺四年贡，任留守卫经历。

巩敩天顺九年贡，任曹州判官。

高恺成化元年贡，任保定知县。

张俊成化二年贡，任邓州判官。

朱璿　杨辅

韩升成化八年贡，任登州府训导。

李孜成化十年贡，任玉田训导，事母至孝。

吴玘贤良希文子，成化十二年贡，任河南。

夏昌　田玘

袁宪成化十八年贡，任按察司检校。

李和

彭政成化二十二年贡，任醴陵县丞。

杨春弘治二年贡，任麟游县丞。

刘福

单镛巡检祥子，弘治六年贡，任昌黎训导。

蒋雍弘治八年贡，任寿光主簿。

贾聚弘治十年贡，任平原县丞。

闵祯

蒋洪弘治十四年贡，任濬县丞。

周弼铭子，弘治十六年贡，任胶州判官。

李松正德二年贡，任开平卫经历。

韩禩　王道　崔恺

钟昂正德十年贡，任宛平县丞。

李璟正德十二年贡，任广南卫经历。

周思明正德十四年贡，任固始县丞。

赵清正德十六年贡。

王守约嘉靖三年贡，任嵫阳主簿。

赵汉嘉靖四年贡，任四川按察司经历。

陆本嘉靖六年贡，任故城知县。

龚贵嘉靖七年贡，任桐庐县丞。

梁升嘉靖九年贡，任饶州府知事。

彭应选嘉靖十一年选贡，任福清县丞。

崔棠嘉靖十四年选贡，任禹城县丞。

唐本嘉靖十五年选贡，任福清县丞。

崔仕绅嘉靖十七年贡。

田润嘉靖十八年贡，任荥泽训导。

张连嘉靖十九年贡，能诗。

梁敦嘉靖二十年贡，任安邱主簿。

周思忠嘉靖二十一年贡，任栖霞主簿。

李士通

徐守润嘉靖二十五年贡，任宁阳县丞。

赵时若清子，嘉靖二十七年贡。

张桂　吕文旌

杨材嘉靖三十三年贡，以孝友称。

王文馆嘉靖三十四年贡。

孙宗尧嘉靖三十五年贡。

卢雄嘉靖三十六年贡，任兴化府教授。

贾池嘉靖三十九年贡，任新乡县丞。

田泰嘉靖四十一年贡，任晋州学正。

王守道嘉靖四十三年贡，任常德府教授。

曹世勋嘉靖四十五年贡，任安庆府教授。

辛汉隆庆元年贡，任永昌教授，七摄县事。

王嘉宾隆庆二年恩贡，任宁津知县。

钟耀先隆庆三年贡，任武陟训导。

蔡楠隆庆五年贡，任绛州同知。

踪淳万历元年贡，任辰州府经历。

刘可久万历二年贡，任凤阳府教授。

梁鹗万历四年贡，任新城教谕。

刘藻万历六年贡，任霍邱训导，著《思齐集》。

那武万历八年贡，任乐安教谕。

封汝才万历十年贡，任六合教谕。

尹乐舜万历十二年贡，任潮州教授。

张汝贤万历十四年贡，任临江府同知。

吴邦周万历十六年贡，博兴教谕，泰州学正。

郝惟精万历十八年贡，任六安训导、霍山教谕。

张凤翼万历二十年选贡，任镇安知县。

周行万历二十二年贡。

马之驯万历二十四年选贡，任黄梅县丞。

张修万历二十六年贡，任汶上训导。

陈栋

王大任万历三十年贡，任海门训导。

刘永清万历三十一年恩贡，任青蒲训导。

杨希震材子，万历三十二年贡，任泰兴训导。

孟羽世

王好义万历三十六年贡，任潜山训导。

张鲤化万历三十八年贡，任遂平教谕。

翟亢英万历四十年贡，凤阳训导，涪州学正。

唐诰

郭维藩万历四十四年贡，任高淳教谕。

马出汧万历四十六年贡，任汤阴教谕。

孙名胤万历四十八年贡，任长宁知县。

蒋赓明泰昌元年恩贡，任巢县教谕。

李联芳天启元年选贡。

刘发祥天启二年贡。

陈思谦天启四年贡，任卢州府教授。

龚伯堂天启六年贡，任南昌府训导。

彭贞学崇祯元年贡，扬州教谕。

邵仲雍崇祯二年贡，任吴江训导。

张扬崇祯四年贡。

王应祯崇祯六年贡，任高邮训导。

郝继隆崇祯八年，两场授贡。

蒋光荫崇祯丙子科副榜。

吴三省崇祯八年贡。

蒋友闻崇祯十年贡。

尹尔弘崇祯十二年贡。

孟士醒崇祯十四年贡。

王国祚崇祯十六年贡。

吴应试崇祯时贡，候选训导。

国朝

张凤至顺治二年恩贡，时天下未一，凤至与王化行诣山东学使者考试，谓之流寓贡。凤至历任河南延津、湖广沅陵知县。

王化行顺治二年贡，任江西永宁知县，署为他县教谕。

张豸顺治二年恩贡。

辛焻顺治二年贡，历任至凤阳府教授，著有《孝悌录》。

阎机顺治四年贡，任广东饶平知县。

王者郁字敬止，顺治五年拔贡，历仕至泉州府知府，所至以干济称。康熙十二年闽乱，不知所终。

韩胤昌顺治六年贡,任繁昌训导。

封珂顺治八年恩贡,任福建上杭知县,有能声,以目疾告归。

赵衍祚顺治八年贡,授霍邱训导。

朱敏治顺治十年贡,授山阳训导。

张居易顺治十一年选贡。

张学正顺治十二年贡。

吴生鹏浦顺治十二年贡,任建平训导。

封瑸珂弟,顺治十四年贡,任盱眙训导。

张之典顺治十六年贡,任东流训导。

张家琭顺治十八年恩贡。

韩健康熙二年贡,自此停贡至七年。

蒋之仪康熙八年贡。

吴生鹗生鹏弟,康熙十年贡。

王祐康熙十一年拔贡。

王宪烈康熙十二年贡。

王化熙康熙十四年恩贡。

徐养冲康熙十五年贡。

封开奕康熙十六年贡。

孟谱伟康熙十八年贡。

张纯康熙二十年贡,任宿松训导。

冯心正　邹见

朱廷策康熙二十五年拔贡。

王道纯　周炳斗

王廷钦康熙三十年贡。

朱镕

阎桧康熙三十四年恩贡。

王镳康熙三十六年贡。

封禹岐康熙三十七年选贡。

贾文汉康熙三十八年贡。

孟时中康熙四十年贡。

金文泽

张开禧康熙四十四年贡。

蔡芳誉康熙四十六年恩贡。

朱珦补康熙四十六年贡。

朱琬康熙四十八年贡。

张玉康熙五十年贡。

沈晋康熙五十二年贡。

马梦弼康熙五十四年贡，当涂县训导。

封开维康熙五十六年贡。

封万青康熙五十八年贡。

曹宜瑞康熙六十年恩贡。

张发华康熙六十年贡。

吴昌龄雍正元年贡。

魏天保雍正二年贡。

张于襄雍正五年贡。

封凤翥雍正七年拔贡。

朱耕沛雍正七年贡。

张珠雍正九年贡。

朱乔

武　科

明

程斌万历己酉。

刘子将崇祯己卯，顺治中任镇江卫千总。

石颖

国朝

王之吕顺治丁酉乡榜、辛丑会榜。

邵铎康熙癸卯任太仓卫千总。

王玟癸卯京闱。

朱士俊丙午任寿州长淮卫千总。

董启龙丙午。

王廷黄己酉。

刘元恺乙卯。

吴烈甲子乡榜，乙丑会榜，任江西赣州卫守备。

甄绂丁卯。

周埴丁卯。

吴熹烈弟，癸酉。

张淳辛卯乡榜、乙未会榜。

马依伦癸巳。

封　爵附

汉

刘濞高祖兄仲之子，初封沛侯。

刘将鲁共三子，武帝时封广戚侯，坐耐金免。

刘勋楚孝王嚣子，武帝河平中封广戚侯。

显

婴居摄元年，为孺子。王莽篡位为定安公，莽败死。

以上西汉时封。

献王辅光武子母郭皇后，建武二十年徙封沛王，三十八年就国，辅矜严，有法度，好经书，善说京氏易、孝经、论语传，作《五经论》，时号沛王通论。在国谨节，终始如一，显宗敬重，数加赏赐，立四十六年，薨。

禧王定辅子，立十一年薨。

刘宝定弟，中元二年封沛侯。

节王政定王立十四年薨。

孝王广政子，有固疾，安帝诏广祖母周，领王家事。周明正，有法礼，汉安中薨，顺帝下诏曰：沛王祖母太夫人周，秉心淑慎，导王以仁，使光禄大夫赠以妃印绶，广立三十五年，薨。

幽王荣广子，立二十年薨。

孝王琮荣子。

恭王曜琮子。

契曜子，魏受禅，废为崇德侯。

以上东汉时封。

魏

穆王林武帝子，母杜夫人太和六年徙封沛，累增邑至四千七百户。

纬林子，嗣王。

晋

顺王景字子文，安平献王孚第九子，魏乐安亭侯，历谏议大夫。武帝受禅封沛王，邑三千四百户，立十一年，咸宁元年薨。

韬景子，嗣王。

唐

章怀太子贤字明允，高宗子，母则天皇后，龙朔元年九月壬子徙封为沛王。

戚畹附

明

刘崇女为鲁府阳信荣康王观燃妃，崇封为东城兵马副指挥。

赵锜

刘秉仁山东济南府齐东县人，嘉靖二十八年籍沛，万历八年，秉仁尚鲁府阳信王孙女商洛郡君，为宗人府仪宾，封朝列大夫。

卷五　秩官志

沛县知县李棠　重辑

沛之为县，始于楚顷襄王置县尹，僭称公。

秦　置令、丞、尉为长吏，斗食、佐史为少吏，乡置三老，有秩、啬夫、游徼、亭。

置　长

汉　置令、丞、尉及乡亭之吏，并如秦制。建侯则改县令曰相，置家丞、门大夫、庶子。武帝时置铁令丞。

晋　置令、主簿、录事史、主记室史、门下书佐、干游徼、议生循行功曹史、小史、廷掾功曹史、小史、书佐、干户曹掾史、干法曹门、干金仓贼曹掾史、兵曹史、吏曹史、狱小史、狱门、亭长、都亭长、贼捕掾等员，方略吏四人，乡置啬夫一人，里置吏一人。

刘宋　置令、尉，乡亭之吏，如汉制，诸曹掾史如晋制。

元魏　置三令，宗室一人，异姓二人。

北齐　置令、丞、中正、光迎功曹、光迎主簿、功曹主簿、录事及西曹、户曹、金曹、租曹、兵曹等，掾市长等员。

隋　置令、丞、尉、正、光初功曹、光初主簿、功曹主簿、西曹金户、兵法士等曹佐，及市、令等员，其后，佐官以曹为名者并改为司。大业中，尉为县正。

唐　置令、丞、主簿各一人，尉二人。于时沛为上县，令从六品上，丞从八品下，主簿正九品，下尉从九品上。有录事司、户司、法司、功佐司、仓佐司、户佐司、兵佐司、法佐司、士佐、典狱门事、经学博士、助教、市令、义仓督等员。贞元中设镇将。

宋　置知县、主簿、尉。

金　置令、主簿。于时沛为下县，令从七品，主簿正九品，省丞、尉。

元　置达鲁花赤尹，并从七品。主簿、尉、典史、儒学、教谕、金沟闸提领，军民屯田使司。秩正三品。

明　设知县一人，正七品。县丞二人。正八品，分司粮马，后俱裁。主簿二人。

正九品，分司农训，后裁农官。典史一人、儒学、教谕、训导、阴阳学训术、医学训科、僧会司、道会司、泗亭驿丞、递运所大使。嘉靖末年省。成化二十二年设工部分司于沽头，设沽头上闸、下闸、湖陵城、金沟口、谢沟、留城闸官，嘉靖末移分司。

夏镇沽头及谢沟五闸官并废，更设杨庄、夏镇、马家桥、西柳庄闸官。万历二十九年，设漕河道于夏镇，旋罢。

国朝　设知县、主簿、典史各一人，教谕、训导、训术、训科、僧会、道会、驿丞、城守、武弁、工部分司、康熙十五年裁。闸官防漕守备。

知县

周

薛登故薛公子，国亡，以国为氏，仕楚为沛公。

秦

汉高祖初为沛公。

汉

周永桓帝时令。

元魏

朱就字祖成，桑乾人，孝文时为沛令，孝庄时孙瑞贵封平东将军、齐州刺史。

晋

郭卿太康中令，见凤阳志。

唐

徐唐字景明，滑州卫南人。

岑棣盐官人，麟台少监景倩子。

于点成高陵人，燕公志宁曾孙。

郑憬荥阳人。

宋

程珦庆历初，有传。

金

赤盏霞老猛安人，见大定三年石刻。

蒲察木鲁虎见大定五年石刻。

王立萧县人，居任廉洁刚方。

刘勋大定十一年，修庙学。

孙思

元

扎忽鹘大德时达鲁花赤，有惠爱。官至参政，封任城郡公。

伯家奴延祐时达鲁花赤。

伯颜普花延祐时达鲁花赤。

宝童顺帝时达鲁花赤

众家奴顺帝时达鲁花赤。

完者不花顺帝时达鲁花赤。

扎忽儿歹顺帝时达鲁花赤。

马珪字君章，兖州人，至元中尹。

赵野字子开，江南人，大德初尹，有传。

丁用历下人，至大时尹。

袁说延祐时尹。

任焕顺帝时尹。

刘伯颜顺帝时尹。

孙文顺顺帝时尹。

王居礼顺帝时尹。

刘泽顺帝时尹。

李旺顺帝时尹。

明

费忠信洪武二年任。

颜瓌建文元年任，有传。

王敏直隶永平人，永乐二年任。

常瓘四年任，有传。

王征山西大同人，十七年任。

李举贤直隶容城人，十九年任。

杜钊直隶衡水人，宣德元年任。

陈原宗湖广衡阳人，六年任。

王清四川新都人，正统元年任。

余升八年任。

王刚河南鄢陵人，十一年任。

古信湖广嘉鱼人，由举人景泰元年任，有传。

雷应春四川人。

王韶山西泽州人，成化元年任。

孙泰阙年。

孙镗成化十年任。

马时中山西太原人,由举人十一年任。

冯谦浙江诸暨人,由举人十二年任,有传。

吴钊顺天府人,由举人二十一年任。

王琛湖广松滋人,由举人弘治元年任,政尚宽平,笃意学校,卒于官。

姚祥广东归善人,由进士六年任,有传。

袁纪山西路州人,由监生七年任,卒于官。

张珩直隶大名人,由举人。

徐彬浙江余姚人,由举人。

马伯琦直隶新乐人,由举人十三年任。

粟钲山西路州人。由举人,在官清慎,以诬去。

杨凤府军前卫人,由进士十七年任,有传。

孙宗尧直隶河间人,由举人正德元年任。

王瓒陕西华阴人,由举人。

胡守约四川合州人,由举人,有传。

麻芝陕西榆林人。由监生,有传。

周万全直隶内黄人,由举人嘉靖元年任。

孔时陕西长乐人,由举人二年任。

郑公奇字德辉,福建莆田人,由进士六年任,升凤阳府同知,迁广西太平府知府。

向必成湖广黄梅人,由监生七年任。

平世祥山东日照人,由监生七年任。

杨政江西南昌人,由监生九年任,有传。

孙灿山东朝城人,由监生十六年任。

王治直隶永平人,由监生十九年任,有传。

周泾江西贵溪人,由举人二十二年任,有传。

李祯江西新昌人,由举人二十七年任,授广西道御史。

郭进贤湖广麻城人,由监生三十一年任。

叶恒嵩浙江太平人,由举人三十三年任。

张性深直隶邯郸人,由举人三十三年任,历升户部郎中。

罗见麟广东番禺人,由举人三十六年任。

滕霁三十八年任,有传。

宋聚奎山西闻喜人,由监生三十九年任。

李时四川奉节人，由举人四十一年任，升户部主事。

白经北京卫籍，由举人隆庆三年任。

徐辂浙江海宁人，由举人五年任，亢直不私。

倪民望湖广黄梅人，由举人万历元年任，温和坦易，文有古风。

祝希哲江西德兴人，由举人三年任，平易近民，改颍上知县，去任，止山西理问。

马昺四川南部人，由举人四年任，筑堤护城，民有遗思。

周治升四川新津人，由恩贡六年任，修学理上，有治干材。

杨盐山东即墨人，由举人十一年任。

符玺湖广龙阳人，由举人十四年任，慎重得体，不任吏胥。

苏万民山西隰州人，由选贡十八年任。

罗士学四川彭山人，由选贡二十二年任。

张文炳山东掖县人，由举人二十九年任。

李汝让直隶永平人，由选贡三十三年任。

李懋顺直隶滑县人，由举人三十八年任，升巩昌通判。

刘希颜湖广华容人，由举人四十三年任。

练国事河南永城人，由进士四十五年任。

林汝翥福建福清人，由举人四十七年任。

刘庆长直隶开州人，由举人天启三年任。

张信云南鹤庆人，由举人七年任，以廉能调知宛平县。

秦聘聪广西马平人，由举人崇祯三年任，有诗集。

毕靖之山东文登人，由选贡四年任。

李显魁广西苍梧人，由举人七年任。

张象贤云南腾越人，由举人九年任。

何日澜广东番禺人，由举人十三年任。

李正茂山西洪洞人，由举人十四年任，甲申之变遁去。

国朝

徐可大陕西镇夸所人，由贡士顺治二年昌黎县丞，迁知沛县事，升江西饶州府同知。

王克生山西阳城人，登丙戌进士，随授知县，以才力不及降调去。

赵世正奉天开原人，由贡士七年任。

郭维新号摩庵，顺天大兴人，乙酉副榜，十一年知沛县事，才能过人，事至立剖，秩满，升浙江宁波府同知。

李芝凤奉天人，康熙四年任。

徐懋昭字晋公，浙江宁波人，康熙庚戌进士。

程万圻字本城，直隶保定人，由监生二十年任。

梁文炳字郁哉，正白旗人，由监生二十二任，惜之。

方曰琏号璞庵，福建建安人，壬戌进士。二十九年知县事。自奉俭约，断绝贿赂，雅意作人，□望必进士子而教诲之。民间利害孳孳然，力为兴除，事业未竟，而以忧去，沛人多追思之。

邓宏芳四川郿州人，由举人三十一年任。

佟锟满洲籍辽阳人，由监生三十四年任。

叶光龙广东东莞人，由举人三十九年任。

杨弘绩字四畏，正黄旗人，三十七年任，安静不扰，坐公事降调，旋改知丹阳县。

蔡瑚正白旗人，四十七年任。

黄甲广东澄海人，由贡士五十一年任。

沈鹤河南南阳人，丙戌进士，五十三年任，丁父忧，去。

佟世集镶黄旗人，由监生五十五年任。

梁甲第由西平遥人，由拔贡六十五年任。

朱纮云南新兴人，由举人六十一年任。

周之准正白旗人，由监生。

张嘉论浙江海宁人，由监生。

张登卓顺天大兴人，由举人。

施霈顺天宛平人，由监生。

谢纶音浙江余姚人，由监生。

李棠山东海阳人，由监生雍正十三年任。

县　丞

秦

萧何

唐

司马氏阙名，玄英先生方千送司马丞诗曰：举酒一相观，逢春聊尽欢。羁游故交少，远别后期难。路上野花发，雨中青草寒。悠悠两乡梦，小沛与长安。

明

王居斌忻州人，以人才举洪武二十六年任。

胡光一作先，建文元年任。

李钦

夏天祥永乐年任。

陶骥山东滋阳人，二十年任。

吴自然湖广桂阳人。

何通陕西华阳人，宣德元年任。

张祥直隶栾城人，二年任。

李希贤河南祥符人，三年任。

黄以容浙江平阳人，五年任。

罗敬湖广衡山人。

雷志湖广桂阳人，正统元年任。

罗瓒河南固始人。

沈富浙江仁和人，七年任。

王制直隶完县人，八年任。

杨春四川温江人，十一年任。

李暹顺天遵化人，十二年任。

韦聪直隶河间人，景泰元年任。

朱宁浙江金华人，景泰四年任。

卢成

张羽中

王锡二十一年任。

刘瑾

陶纪江西湖口人。

陶鉴弘治年任。

李琞十三年任。

陈杰

刘能山东诸城人，由监生。

孟文楫字济川，山西人，监生，正德元年任。

谢洪仁四川人。

方廉山东泗水人。

陶恕直隶山海卫人，由监生嘉靖元年任。

李文宪直隶人，二年任。

张轨贵州普安人，由监生三年任。

寇宗仁河南颍州人，由监生八年任。

周坚湖广竹山人，由监生十一年任。

孟绅山东济宁人，由吏员十六年任。

王统江西大庾人，由监生二十年任。

吴元祥湖广汉阳人，由监生二十三年任。

方绍仁湖广黄冈人，由吏员二十六年任。

沈汝立浙江归安人，由监生三十一年任。

吴杞浙江孝丰人，由监生三十三年任。

曹岳浙江嘉兴人，由监生三十六年任。

徐一举湖广醴陵人，由监生性耿介，能诗，三十九年任。

王评山东黄县人，由监生卒于官，四十一年任。

孙公惠福建罗源人，由吏员。

左极江西星子人，由监生隆庆元年任。

孟绪思陕西岐山人，由监生二年任。

张友方浙江磐石卫人，由监生六年任。

邓海江西新建人，由吏员万历二年任。

吕学中湖广零陵人，由恩贡四年任。

钱士彰浙江山阴人，由岁贡九年任。

王国宾河南唐县人，由恩贡十一年任。

戴经筵浙江昌化人，由岁贡。

袁一辅江西宜春人，由吏员，卒于官。

贡守愚直隶灵寿人，由吏员十八年任。

王光宝浙江永嘉人，由选贡。

汤应龙浙江永康人，由吏员二十二年任。

邓一中江西南丰人，由选贡二十五年任。

衷崇源江西进贤人。

程师明湖广江夏人，由岁贡。

高日升浙江山阴人。

尹如卓湖广蕲水人。

徐师文浙江人。

张承嗣直隶怀来卫人，由贡士四十八年任。

张述颜山东乐安人，由序班外迁天启三年任。

江绍授江西广信人，由贡士升广东封川知县。

蒋逢吉浙江缙云人，由贡士崇祯二年任。

王大来浙江嘉兴人，由贡士三年任，四年缺裁。

补遗

卢胜北直滦州人，贡士，明时任，见《永平志》。

刘筠江西赣县人，岁贡，明时任，见《赣州志》。以上二名，旧志遗。以阙年附志于此。

主　簿

金

丁昭兼知县尉，赐绯鱼袋，见大定三年石刻。

纳懒

辛仪

元

梁天祺大德十一年任。

脱不干延祐五年任。

赵希哲元统三年任。

张造道顺帝时任。

韩仁义顺帝时任。

李伟顺帝时任。

赵伯颜顺帝时任。

明

唐子清有传，建文元年任。

何渊湖广华容人，由岁贡永乐十七年任。

沈宗原浙江武康人，由监生二十年任。

李经山西垣曲人，洪熙六年任。

王勖山东莱阳人，正统元年任。

侯智河南河阴人，八年任。

卢榛直隶安肃人，九年任。

潘安　齐富　黑伦　宋道河南郑州人，以上四人成化任。

吴本山西蒲州人，弘治元年任。

裴克

高珽十三年任。

吴口直隶成安人由监生。

曹鼎陕西耀州人，正德元年任。

郭增

孙锦为宦者史宣所杀。

易纮湖广人，并阙年。

甯时智直隶永平人。监生，嘉靖四年任。

田知五年任。

李琦河南颍川卫人，监生，八年任。

徐杰浙江嘉兴人，由吏员十一年任。

王廷相山东掖县人，监生，十三年任。

董应期山东东平州人，监生，十四年任。

何光明湖广兴山人，由监生。

潘泽直隶涿鹿卫人，监生，十六年任。

李约直隶献县人，由监生。

刘钲山东莱州人，监生，十九年任。

王璿陕西神木人，由监生二十年任。

齐邦用河南邓州人，吏员，二十年任。

蒋廷瓒湖广东安人，由监生二十二年任。

孙汝霖山东招远人，监生，二十六年任。

甯守宽山东章邱人，二十七年任。

李意光直隶庆都人，监生，二十七年任。

茂有绩山东益都人，岁贡，三十二年任。

都永靖山西林川人。监生，三十六年任。

闻思贤浙江鄞县人，吏员，三十六年任。

郑实直隶涿州人，监生，三十八年任。

马珩山东郓城人，监生，三十九年任。

李志道浙江嘉兴人，监生，三十九年任。

李存忠福建漳浦人，承差，四十一年任。

娄聪浙江会稽人，吏员，四十一年任。

谢鸾福建龙溪人，吏员，四十二年任。

傅儒浙江会稽人，吏员，四十五年任。

孔承学山东曲阜人，监生，四十五年任。

高述山东掖县人，监生，隆庆元年任。

熊孔廉广西桂谕人，吏员，五年任。

李惟高四川松潘人，选贡，万历二年任。

陈存之江西人，监生，五年任。

俞自家浙江鄞县人，监生，九年任。

石坚直隶获鹿人，监生，十一年任。

余勋江西丰城人，吏员，十八年任。

段养安直隶蠡县人，监生，二十一年任。

强性宽河南阌乡人，吏员，二十二年任。

赵日荣福建晋江人，选贡，二十五年任。

梁崇朴山东濮州人，承差，二十九年任。

李华春浙江长兴人，监生，二十四年任。

于应钦浙江人，三十八年任。

应思忠浙江人，四十一年任。

骆允升浙江人，四十二年任。

董士龙山西人，四十六年任。

罗乘鹏浙江人，崇祯元年任。

徐勋铭山东渤海人，三年任。

胡来臣浙江人，五年任。

赵国栋浙江湖州人，八年任。

李自广山西曲沃人，十二年任。

邓乔江西南城人，十四年任，甲申难南奔。

国朝

洪永禄湖广黄冈人，监生，顺治二年任。

李占春陕西巩州人，九年任。

黄志顺直隶大兴人，十三年任。

王吉辉浙江人，康熙二年任。

魏运泰直隶人，八年任。

支可培十四年任。

王炳直隶人，二十二年任，升本州判。

朱之辅直隶涿州人，二十九年任。

戴文诩山东济宁人，四十一年任。

于伟正白旗人，五十四年任。

县 尉

元

李茂有传。

李英延祐时任。

蒋希祖　赵侃　王俨　蒋景山

王郁以上五人，顺帝时任。

沛尉自明初裁去。

典 史

元

吴荣周旧志列金代，误，典史自元始设。

刘熙　陈义　元永固以上三人，顺帝时任。

明典史行尉事。

黄谦武进人，儒士，建文元年任。

任敏山西洪洞人，永乐四年任。

熊信四川泸州人，十七年任。

唐彦山东高唐州人，正统七年任。

刘真直隶东安人，八年任。

胡顺山东济宁人，九年任。

邓林景泰初任，见邑志庙学记表遗。

宋敏　路瑾并成化间任。

黄琳弘治元年任。

黄廷进十二年任。

李豫河南遂平人，十七年任。

邢恕河南阳武人，正德元年任。

韩良辅北直迁安人，吏员，嘉靖二年任。

马昂北直河间人，吏员，八年任。

戴仁浙江鄞县人，吏员，十一年任。

李仕佩福建莆田人，吏员，十七年任。

林大理福建莆田人，吏员，二十年任。

沈祚浙江慈溪人,吏员,二十七年任。

陈思江西德化人,吏员,三十六年任。

刘靖福建邵武人,吏员,三十八年任。

王尧辅山东濮州人,吏员,四十一年任。

孙翔山东沂州人,吏员,四十三年任。

胡朝器浙江东阳人,吏员,四十五年任。

周敏政浙江鄞县人,吏员,隆庆四年任。

赵万亮江西南昌人,吏员,万历二年任。

陈天爵六年任。

黄河清江西临川人,吏员,十年任。

齐良懋浙江山阴人,吏员,十四年任。

朱大积浙江会稽人,吏员,十六年任。

李琚山东金乡人,吏员,十八年任。

何应泰浙江余潜人,吏员,二十一年任。

陈纶浙江归安人,吏员,二十二年任。

刘一纲广东高要人,吏员,二十五年任。

何功显福建福州人,吏员,二十八年任。

徐鸣阳浙江临海人,吏员,三十一年任。

蔡执礼福建莆田人,吏员,三十四年任。

区文从广东人,三十八年任。

杨继立广东人,四十三年任。

潘宗庆浙江人。

沈君思浙江人。

李存性浙江人,并阙年。

章文远江西人,天启三年任。

朱一鸣浙江人,七年任。

方应时浙江人,崇祯三年任。

俞守素浙江人,五年任。

吴希元浙江义乌人,九年任。

叶应樌浙江人,十二年任。

国朝

吴孟熙浙江人,顺治二年任。

俞应垣浙江人,七年任。

高思明直隶大兴人，十一年任。

任守典直隶大兴人，康熙元年任。

秦光焕陕西人，三年任。

梅滃陕西富平人，十二年任。

高名显山东聊城人，二十年任。

张祥陕西咸宁人，二十九年任。

谢伟略浙江上虞人，三十二年任。

胡启祥直隶大兴人，三十三年任。

曹弘直隶茂山卫人，四十一年任。

傅国祥直隶大兴人，四十八年任。

王廷辅直隶宛平人，六十一年任。

吴琮顺天宛平人，雍正五年任。

李世贵陕西韩城人，十三年任。

沽头集工部分司

明宪宗成化二十一年，始命主事陈宣提督徐沛河道闸务，驻沽头。其后，任革不常。弘治元年罢。七年复之。正德二年罢，六年复之。嘉靖二年又罢。十四年又复。黄河入漕而诸闸利涉，故罢；黄河南徙而诸闸泉微，故又复。自成化乙巳至嘉靖乙丑，八十年中，莅任可考者，凡二十三人。

陈宣浙江永嘉人，成化辛丑进士，创建分司署。

胡倬广西临桂人，成化甲辰进士。

俞稔浙江宁海人，弘治庚戌进士。

江师古湖广蒲圻人，弘治癸丑进士。

蒙惠广西苍梧人，弘治庚戌进士。

高贯字曾唯，江阴人，弘治己未进士，筑金沟昭阳湖堤。

章文韬浙江黄岩人，弘治己未进士。

章拯字以道，浙江兰溪人，弘治壬戌进士，濬曲防河。

王孝忠字全之，四川南充人，弘治丙辰进士。

王銮字廷和，江西大庾人，正德戊辰进士，以忤内监史宜劾去。

李瑜字良卿，浙江缙云人，正德丁丑进士。

乐选字舜举，浙江仁和人，正德辛未进士。

王佩字朝鸣，顺天文安人，嘉靖壬辰进士。

颜德伦江西安福人，正德己卯举人，嘉靖十九年修颜公祠。

侯宁字怀德，山东东平人，嘉靖己丑进士，筑沽头城。

许诗字廷栋，河南灵宝人，嘉靖乙酉举人。

徐惟贤字师圣，浙江上虞人，嘉靖甲辰进士。

吴衍字子繁，江西南城人，嘉靖丁未进士，建仰圣书院。

钦拱极字子辰，太仓人。嘉靖庚戌进士。

曾鉴字万甫，山东德州人，嘉靖癸丑进士。

陆梦韩字与文，浙江平湖人，嘉靖丙辰进士。

施笃臣字敦甫，青阳人，嘉靖丙辰进士，三十九年任。

宋豫卿字元顺，四川富顺人，嘉靖己未进士，四十二年任。

嘉靖四十五年工部分司移驻夏镇，迄崇祯之季，凡三十二人

陈楠字子才，号鹿峰，浙江昌化人，嘉靖壬戌进士，授工部主事。从尚书朱衡开河夏镇，创建分司署。

钱锡汝字宠伯，号朗峄，吴江人，嘉靖乙丑进士，隆庆二年任，以夏去，万历元年复任。

季膺字元服，号雁山，华亭人，嘉靖乙丑进士，隆庆四年任。

高自新字本澄，号剑山，直隶获鹿人，隆庆戊辰进士，六年任。

陆橻字羽行，号冲台，长洲人，万历甲戌进士，本年任。

詹思谦字惟柄，浙江常山人，万历甲戌进士，五年任，以忧去。

王焕字子质，湖广咸宁人，隆庆辛未进士，万历五年任。

詹世用字汝宾，江西弋阳人，隆庆戊辰进士，万历八年任。

韩杲字子素，河南光山人，隆庆辛未进士，万历十一年任。

杨信字以成，一字助我，陕西咸宁人，万历癸未进士，十三年任，十四年初给分司关防印信，十五年信筑夏镇土城。

金继善字明复，河南固始人，万历庚辰进士，十六年任，修建泰楼。

钱养廉字国新，浙江仁和人，万历己丑进士，二十年任，逾年以忧去。

尹从教字心传，四川宜宾人，万历庚辰进士，二十一年任。

杨为栋字伯隆，四川綦江人，万历己丑进士，二十四年任。

梅守相万历二十六年任，详见名宦传。

茅国缙万历三十四年任，有传，自此以后以郎中莅事。

汤沐字郑陆，湖广安陆人，万历壬辰进士，三十五年任。

刘一鹏字南溟，江西南昌人，万历壬午举人，三十八年任。

钱时俊号仍峰，常熟人，万历甲辰进士，四十年任。

石炬字讱韦，湖广兴国人，万历丁未进士，四十三年任。

黄元会字阳平，太仓人，万历癸丑进士四十六年任。

张应完字宾槎，浙江鄞县人，万历丁酉解元，四十八年任。

章谟号定泓，浙江德清人，万历丁未进士，天启元年任，卒于官。

陆化熙有传。

刘弘字长源，浙江海盐人，万历已未进士，天启三年任。

朱瀛达号龄洲，浙江余姚人，万历癸丑进士，天启五年任。

丰建字万年，浙江鄞县人，天启乙丑进士，六年任。

吴昌期号莲坡，吴江人，万历乙酉举人，崇祯二年任。

赵士履号南屏，常熟官生，崇祯五年以员外郎任，升郎中，有生祠。

于重庆号祖洲，金坛人，崇祯辛未进士，八年任。

宫继兰号鹫邻，泰州人，崇祯丁丑进士，十一年以员外郎任。

朱锡元号惕庵，浙江山阴人，崇祯戊辰进士，十四年以员外郎任。

国朝分司初用汉人。康熙九年满汉并设，自顺治乙酉至康熙丙辰，莅任者凡十有三人。顺治五年经制本司，俸薪照品级赴部支领。蔬菜烛炭月支银四两，心红纸张月支银五两，案：衣家火修理，公署季支银五两，皆沛县供应。设巡捕官一员，月支廪给银二两，吏书八名，每名月支工食银一两，门子二名，快手八名，皂吏十二名，拿扇、轿夫七名，水手八名，每名岁支银七两二钱，灯夫二名，铺兵二名，每名岁支银六两，皆沛县解给。

杨天祥字兴寰，沈阳人，顺治二年，以员外郎任。

高鹏南

狄敬号陶邻，溧阳人，顺治己丑进士，八年，以主事任，撰《漕渠志》。

常锡胤

顾大申有传。

李禧熊号省薇，浙江仁和人，顺治壬辰进士，十七年以主事任。

郭谏字怀莪，山东福山人，顺治戊戌庶吉士，康熙二年以员外郎任，升郎中。

符应琦号毅斋，直隶饶阳人，顺治乙未进士，康熙五年以员外郎任。

戚崇进字仲升，山东威海卫人，顺治戊子拔贡，康熙八年以主事任，升员外郎，逾年，还召部。

骟汉满洲人，康熙九年以刑部郎中任，有小惠及民。

戴锡纶字丝如，浙江余姚人，顺治乙未进士，以刑部郎中任。

穆臣满洲人，康熙十二年以刑部郎中任。

吴定号澹庵，上海人，以刑部郎中任。

康熙十五年，裁革分司，以沛县河道归并淮徐道，滕峄河道归并兖东道。三十三年复以沛县河道归山东兖州府泇河通判焉。

沛自设分司来，前后一百九十二年，其间，明公钜卿多矣。乃督理之余，恩流斯土者，盖亦有之。符书云：弘正间则江阴高公之筑堤堰，兰溪章公之濬河渠，嘉隆间则富顺宋公之弛湖禁；吴江钱公之辨协济；万历中革宿蠹则仁和钱公；溥惠爱则归安茅公。郝书云：天启中御妖氛则常熟陆公；锄凶恶则余姚朱公；至顺治中则华亭顾公瓮城卫民，尤其表表者云。

闸　官

元

周德兴至治时金沟闸提领。

明

岑谷沽头上闸闸官，见正统七年石刻。

郝福绶沽头上闸闸官，见景泰七年石刻。

李昶湖陵城闸官，自此以下五人，俱见正统七年石刻。

张政金沟口闸官。

丁诚沽头下闸闸官。

岳泉谢沟闸官。

萧公敏新兴闸官，旧志无新兴闸，疑即留城积水闸也。建于正统五年，宜有新兴之名。

李宗道東鹿人。

边大伦山东长清人。

邱国用福建上杭人。

王贡山东济阳人。

高尚策山东利津人，以上五人留城闸官。

叶臻丹徒人。

周官山东恩县人。

王臣山东成武人。

刘一凤苏州府人。

程师邑山东馆陶人。

路韶山东堂邑人。

秦尚仓山西夏县人。

区英广东南海人。

周凤广西临桂人。

杨宗颜河南胙城人。以上十人马家桥闸官。

邬灌江西丰城人。

王廷儒山西襄垣人。

谢永贞山东博平人。

常三省山东馆陶人。

饶永宣江西新建人。

李萼山东滨州人。

杨津山西太原人。以上七人西柳庄闸官,夏镇、杨庄二闸闸官旧志不载。

国朝

邢文煌山西汾阳人,明季已为夏镇闸官,顺治初,仍任。为人温恭长厚,有文吏风,素饶于赀,常贷金于人,入息以自赡,其不能偿者,则仅取其直。或并折券焉。顺治六年,贼破夏镇,掠子女每捐资授其父兄购赎之,偿与否,弗计也。竟以此致馁,卒于官。士民伤之。

侯某失其名。

孙光耀　陈文泰

黄守信陕西富平人,升广西苍梧典史。

陈宗器浙江山阴人,升云南琅井盐课司吏员。

李暨侯　李鹏翮

右夏镇闸官。

沈时浙江绍兴府人,卒于官。

沈大英顺天人,升浙江德清典史。

翁光岳浙江萧山人,以忧去。

杨梦熊浙江义乌人,升湖广汉阳人通济仓大使。

王克明直隶博野人,升广西贺县典史。

吴典浙江绍兴府人,改授宜兴税课局大使。

董耀先山西临汾人。

陆良瑜

右杨庄闸官。

国朝新设守备一员,驻防夏镇。专管漕河两斥各乡村集镇一带地方。

白国栋　陆某　高霑　薛某　舒良干　忻维世　符某　樊述英　林之本　姚钦明　郭光烈　阎滨威　刘维翰

徐文芳广东番禺人,行伍,康熙五十九年任。

王琰直隶保定人,由武生雍正二年任。

董士杰湖广人,行伍,雍正七年任。

王俨河南祥符人,由武举雍正八年任。

翟应熊河南人,行伍,雍正十一年任由。

李振元正红旗汉军人，由武举雍正十三年任。

泗亭驿驿丞

魏让　周倘　周炳　秦绍宾　张绀　黄云鹏　张四维　王大岳　沈纪　刘自新　张字先　朱天宠　叶棠　萧廷辅　丁尚焕　江调鼎

阴阳训述

王肇坪

宦　仕附

明

辛礼任湖广桃源县主簿。

朱颐任直隶新城县主簿。

马思仁正德中历南京鸿胪寺署丞，湖广通山知县。

唐弼嘉靖中历鸿胪寺鸣赞，山东陵县知县。

王环任四川眉州判官。

王宪任山东泗水县丞。

蔡俸历福建建宁主簿，浙江乐青县丞。

吕景任广西南宁府知事。

杨东鲁任山东兖州府经历，能诗。

崔岱任山西荥河主簿。

马允让任浙江宁海主簿，允让师崔仕申尝密寄银八十两允让所，未几，崔廷试，卒于京。允让随以原银还崔妇，封识宛然。

孟瀛任浙江富阳主簿。

马允敬任河南封邱主簿。

韦纪任河南汝州判官。

陆东任山东掖县丞。

吕社任山西忻州同知。

龚恕任河南长葛主簿。

甯谦任江西南康府照磨。

赵维藩任直隶庆都县丞。

卓禄任山东馆陶主簿。

王楫任潞府奉祀。

唐九成任浙江会稽县丞。

唐九官任河南元江府经历。

彭时熙任广西按察司经历，卒于官。

朱孔昭任鸿胪寺序班。

周稳任河南鲁山主簿。

朱选任江西上饶主簿。

李东周任江西湖口主簿。

吕时顺任河南郑州吏司。

赵民服任湖广常德府照磨。

朱孔阳孔昭弟，任江西抚州府照磨。

蔡杏任福府典簿。

宫璋万历时任浙江上虞主簿。

阎惟精任浙江桐庐主簿。

周顺德由庠人监任湖广溆浦县主簿。

曹应瞻任广西南宁府经历。

冯启元任南京府军右卫经历。

朱一麟字仁寰，千秋乡人，父苓，赠文林郎、大理寺右评事，母王氏，赠孺人。一麟体貌凝重而娴于仪节，任武英殿办事、中书舍人。天启初，加大理寺右评事，再加户部主事，知江兆会馆，钜公名流，悉与之游。处在中书五十余载，两膺荣封，三宴大宾，四奉使命，享年八十有七。子姓满前。

朱芥累迁鲁府右长史。

张应星任兴化府检校。

刘若埙任瑞府奉祀。

蔡日强任宛平县丞。

王国胤任福建丁州卫经历。

张道明任瑞府引礼舍人。

刘平成任瑞府典仪副。

王之喉任广东崖州判官。

程道生休宁人，任武英殿办事，中书舍人。

邱世德本县籍，休宁人，任光禄寺署丞。

国朝

朱炜顺治中由生员任鸿胪寺序班。

马龙本县籍，浙江山阴人，康熙中历正黄旗教习、四川布政司理问、贵州黄平知州。卒于黄平。

王可继任山东博平县县丞，升坝州州判。

左国瓒任衍圣公府管勾。

张犭俞任衍圣公府典乐。

王祇任贵州大定州吏目。

郭祯历成都通判、同知、知府，河东盐运司。

魏天质任翰林院典簿。

阎沛饶平县令。

魏准卫辉河务通判。

郭宪仪涪州牧。

张廷钜庆丰闸官。

蔡景丰枢密院判。

蔡日乾鸿胪寺序班。

蔡尧邻灵璧县训导。

郭振仪云南府知府。

郭从仪南城兵马司。

顾庆云德安府经历署云梦县事。

朱家柱处州府推官嘉兴同知。

蒋赓明下邳训导。

孟承绪保定府同知。

候　选

魏汉候选知县。

吴生鹗考授训导。

郭尚仪候补通判。

郭和梅候选通判。

魏天谋　张运　张倬　郝见璠　刘炯　王念祖　王佑　龚芝苞　李祉　张永言　甄惟和　封从王　汪友德　刘景　魏天祓　魏琏　魏珺　黄甲贤　郭钦仪　魏璞　唐珽　郭遵仪　郭同仪　张从龙　翁容众　魏玮　朱中选　江大成　李开泰　朱惠

张绍高　朱元观以上俱候选州同。

燕玮候选主簿。

王可大 刘炘 蔡金玺 桑柱国 郝傃 郝仡

朱佃 封履仁 陈廷瑄以上俱候选县丞。

吏员

元

季瑛任单州泗水等处库务副使。

明

王克明任湖广会溪巡检。

单祥任湖南巡检。

王伦任湖广桃源高都巡检。

孙浩任直隶遵化仓大使。

那道任湖广兴国州吏目。

张麟历均州大使，建宁府巡检。

姜明任山东平原典史。

王缙任湖广锦田仓大使。

辛希道任延平府剑浦驿丞。

蔡俊南安守御所吏目。

常希仁任汲县主簿。

曹禄任陕西平凉典史。

张鉴任直隶元长典史。

甄荣任湖广随州巡检。

冯时任湖广新宁典史。

常宣任南京守御所吏目。

赵潢任韶州府大使。

周孟麟任严州府照磨。

孟江任铜梁主簿。

赵楷任海宁仓大使。

邱英任湖广襄阳主簿。

赵锟任东光主簿。

赵锜任夷陵州巡检。

刘僖任武功典史。

张岱任温州府知事。

刘仪任南京龙江大使。

王周任安福守御所吏目。

张廷俸隆庆时任江夏驿丞。

罗纹任乐陵典史。

朱孔显任锦田驿丞。

张文德任黄冈大使。

杨杰任浙江盐场大使。

张士魁任钜野巡检。

张承宣任饶州府大使。

许文奇任江阴县大使。

朱镇任南京豹韬左卫仓副使。

孟一元任南安府驿丞。

朱轨任富阳典史。

潘纬任山东开河闸官。

王应乾任济南府大使。

孟一桂任嘉兴府大使。

耿珪任德清巡检。

黄恩任景陵巡检。

朱锟任襄阳驿丞。

王景阳任沣州巡检。

耿伸任保安州大使。

朱鳌任太平典史。

封汝德任岳州府大使。

葛兰任辽东广宁库大使。

苗文进任泷水驿丞、棠邑主簿。

姜伟任嵊县主簿。

赵营任直隶新城仓大使。

冯化任高唐驿丞、兖州府大使。

宫嘉宷任霑化典史。

韩宏纬任霑益州吏目。

饶尚贤任利州卫经历。

杨日升任青田典史。

何文元任北流典史。

韩茂才任福州卫经历。

徐琛父实，赠登仕郎，琛至镇安府知事。

吕继任龙江关大使。

邱可度任宁州卫经历。

国朝

张燧任岢岚州太使。

张明远任浙江杭州府税课局大使。

王瓖历山东、福建、湖南布政司库大使。

张继华历三水典史、蒙化府巡检、儋州吏目。

孟履祥历东南府经历、升山东按察经历。

顾庆云任德安府经历。

杨昶本县籍，昆山人，任腾越州巡检。

祝有伦任北流县典史、再任临汾县典史。

贾铨任石佛闸闸官，升任仪封、兰阳巡司。

行　伍汉晋将帅，已详于传，不复载

唐

陈璠由武宁军卒历右职，至宿州刺史，为时溥所杀。

五代

刘知俊唐季由武宁、宣武二军牙将，历海、怀、郑三州刺史、匡国军节度使，又历仕梁、岐、蜀三国，皆任节镇，死于蜀。

刘知浣梁亲军指挥使，知俊又有弟知偃，从子嗣业，并未详其官爵。

金

李果骁骑尉。

刘琥飞骑尉。

侯清飞骑尉。

王昭云骑尉。以上四人见金大定三年石刻，乃邑人之有勋级者，旧志以为县尉，误也。

明

薛显元季为泗州守将，降明至荣禄大夫柱国。

国朝

贾文玉本名铎，康熙中从军，更今名。积功至成都游击。

刘省吾夏镇新河口人，任广州府守备。

鲍士锦由武生垦荒，任山东安东卫守备。

武　胄

明

指挥五十七人。指挥使之下有同知，有佥事。旧志未详，无从考订。

翟七十任金吾左卫。

赵裕任南京神策卫。

吴阿社任贵州卫。

张能任福州中卫。

吕彬任羽林前卫。

徐广任义勇左卫。

曹荣任宣德左卫。

曹兴任金吾左卫。

刘礼任府军左卫。

张宣任武昌卫。

杨福任凤阳卫。

刘定童任金吾左卫。

张奴才任旗手卫。

张刚任忠义前卫。

张国柱任忠义前卫。

张宣　马思义以上二人同任燕山前卫。

孙真任云川卫。

张志学任金吾卫。

朱明任燕山前卫。

李忠任河南卫。

费清任济南卫。

李官保任燕山前卫。

刘照任常德卫。

陈英任龙里卫。

陈斌任山西行都司右卫。

邓聪任金吾左卫。

李鸾任四川重庆卫。

魏骥任义勇后卫。

高宜来任甘州卫。

马良任宁波卫。

贺宽任燕山左卫。

王德任金吾左卫。

孙重名任燕山前卫。

刘广儿任保定府茂山卫。

王俊任常山护卫。

孟臣任长淮卫。

刘兴任沅州卫。

李良见任金吾左卫。

沈斗儿任云南卫。

沈三驴任燕山卫。

杨兴任南京府军卫。

刘忠任陕西留守卫。

朱通任燕山前卫。

李七儿任乌撒卫。

陈川儿任镇番卫。

阎胜任燕山前卫。

任伴儿任平山卫。

赵兴任金吾卫。

吴海任金吾左卫。

范泉任虎贲右卫。

陈聚任金吾卫。

陈贵任平凉卫。

王升任金吾左卫。

王贵任陕西都司。

贾能、王信同任金吾左卫。

千户一百一十七人千户有正、有副，旧志不为区别。今亦无从知矣。

屈奉任茶陵卫。

武滔任建阳左卫。

任俊任山海卫。

宫全任豹韬卫。

贾成任忠义后卫。

贾旺任抚宁卫。

冯利儿任羽林前卫。

吴胜任大宁中卫。

吕英任羽林前卫。

孙鉴任洛阳中卫。

李让　朱留儿以上二人，同任燕山前卫。

张贵任羽林前卫。

刘全任南京兴武卫。

韩胜任羽林前卫。

高军儿　陈良儿以上二人，同任燕山前卫。

赵忠任凉州卫。

王仲宝任会州卫。

贾九儿任宣州卫。

刘和尚任燕山前卫。

周勇任建昌卫。

朱兴任永清右卫。

孔信任金吾左卫。

许敬任燕山前卫。

顾全任宝庆卫。

任驴儿　杜兴以上二人，同任贵州卫。

李俊任沧州卫。

汤营任保定卫。

刘剪儿任归德卫。

丁真任燕山前卫。

王贵任和阳卫。

王廷任镇海卫。

蒋尖儿任宁夏左卫。

马祥任金吾左卫。

贺进先任温州卫。

杨恩任广宁卫。

孟能任保定卫。

孙宾任绍兴卫。

徐友任燕山前卫。

张全任羽林前卫。

孙林任南京兴武卫。

陈荣任金吾左卫。

何升任彭城卫。

李文任锦衣卫。

陈兴任广东雷州守御千户所。

杨易任燕山前卫。

赵偏头任台州卫。

张英任南丹卫。

许銮任燕山左卫。

任忠任山海卫。

鹿见任羽林卫。

李粪儿任山海卫。

刘广任沈阳右卫。

康成任龙江右卫。

赵福缘任茂山卫。

司成任府军前卫。

孙刚任浙江海门卫。

夏景传任金乡卫。

牛全任义勇后卫。

刘聚任德州卫。

邱胜任燕山前卫。

李并宏任羽林前卫。

华永先任杭州右卫。

邢宣任营州左屯卫。

邱何任青州卫。

李廷芳任山海卫。

刘兴任兴州左屯卫。

牛忠任湖广宁远守御千户所。

张信任隆庆卫。

王智任浙江观海卫。

姚政任徐州卫。

陈祐任大宁卫。

胡旺　曹兴　赵八十以上三人，同任羽林前卫。

朱咬儿任羽林后卫。

陈贵任金吾右卫。

刘俊任苏州卫。

赵省儿任九溪卫。

路税儿任宽河卫。

仝成任金吾左卫。

罗英任辽海卫。

黄海　徐行以上二人，同任神电卫。

石岩任会州卫。

周胜任燕山前卫。

尚荣任南京兴武卫。

鲁仓儿任隆庆卫。

胡狗儿任燕山右卫。

孟政任燕山前卫。

刘福任燕山前卫。

尚广儿任登州卫。

张敏任金吾左卫。

秦七儿　许才　赵奴儿以上三人，同任燕山前卫。

贾五十任宣州卫。

唐海任施州卫。

赵渊任神电卫。

孟云任羽林前卫。

胡纲任燕山前卫

刘政任陕西秦州礼店千户所。

夏良儿任山海卫。

陈真任金吾左卫。

皮勉任羽林前卫。

冯福安任金山卫。

梁铁锤任弘农卫。

张锡任羽林卫。

陈友儿　赵忠以上二人，同任燕山前卫。

席滕保任密云卫。

周安任辽东宁远卫。

袁润驴任景东右卫。

傅雄任羽林卫。

刘旺任燕山前卫。

百户八十二人。

韩隆任兴州左屯卫。

马伟任南昌卫。

张刚任燕山左卫。

王清任天津卫。

王礼任九江卫。

史牛儿任松潘卫。

孙狗儿任燕山前卫。

黄政　张锦以上二人，同任燕山前卫。

朱洪任安东中屯卫。

许邻任密云卫。

张锐任茂山卫。

工章任太原右卫。

房禄任会州卫。

萧荣任台州卫。

周宽任广州卫。

陈伯成任腾骧左卫。

张定儿任燕山左卫。

张忠任兴州中屯卫。

土通任万全都司、怀来卫。

赵存儿任羽林前卫。

曹达子任鹰扬卫。

孙真任南京锦衣卫。

陈黑厮任景东卫。

张清任庄浪卫。

房胜任燕山前卫。

赵信任温州卫。

朱旺任燕山前卫。
王振任海州卫。
李党儿任兴州左屯卫。
曹罩儿任密云卫。
鞠能　杜寄儿以上二人，同任燕山前卫。
闵虫儿任燕山卫。
阎江任燕山前卫。
赵鼻儿任金山卫。
陈友德　张达儿　张名以上三人，同任密云卫。
朱旺任南京、沈阳右卫。
石友朋任永清左卫。
韩文任东胜卫。
张普儿任浙江磐石卫。
赵庆任羽林前卫。
胡定任大宁中卫。
高旺任燕山卫。
商旺任武功卫。
王原任开平卫。
姜敬任贵州卫。
张敬任忠义卫。
王俊任武功右卫。
刘镇儿任宁波卫。
刘楷任南京骁骑卫。
魏刚儿任大宁都司会州卫。
孟林任广州右卫。
张祥任桂林中卫。
孙五儿任锦衣卫。
吴春任大嵩卫。
潘庄儿任江南兴武卫。
丁宽任燕山前卫。
常通　王神保　王政以上三人，同任燕山前卫。
夏见任蔚州卫。
张仲礼任金吾卫。

程孙儿任永清中卫。

刘蚕儿任燕山前卫。

程聚儿任宣德左卫。

康胜任沈阳卫。

刘锁儿任涿鹿卫。

胡得任太宁都司会州卫。

关清任燕山前卫。

朱勇任庐州卫。

丁广任福州卫。

张真任万全都司保安卫。

史役任赣州卫。

陈胜任朔州卫。

鲁剪儿任温州卫。

冯信任府军前卫。

关全任神电卫。

张清任贵州兴隆卫。

刘山任沈阳右卫。

镇抚四人

陈群儿任蓟州镇朔卫。

杨纲儿任广东碣石卫。

侯庙兴任岷州卫。

陈文儿任美峪千户所。

旗校军士坊郭一百三十五名。贴户四十二名。广戚乡一百四十八名。贴户八十七名。泗亭乡七十七名。贴户二十二名。千秋乡二百一十四名。贴户六十六名。汉台乡三百四十六名。贴户一百五名。

委　署附

金

卓冀行省命统河北诸砦，行源州帅府事。

孙璧冲同上。

明

刘三奇史相可法命为邳州副将。

国朝

顺治二年，邑中七八人随将领南征，将领以便宜从事，随所得郡县，假以官职，既而罢之。

朱家柱由生员署淮安府，管理徐属河务同知。实授浙江处州府通判，升嘉兴府同知。

蔡见龙由生员署淮安府清河知县，工文翰，洞晓时务，前后县大夫皆造庐咨访方令。曰琏尝宾致乡饮云。

赵惟一由生员署凤阳府同知。

马志高署凤阳府通判。

张龙故明鸿胪寺序班，署灵璧知县。

蔡尧邻由生员署灵璧训导。

辛金由武生署庐州府通判。

马志义顺治四年从征福建，署晋江县丞，泉州府经历。

卷六　人物志

沛县知县李棠　重辑

汉

曹参　字敬伯，沛人也。秦时为县狱掾，高祖立为沛公，参从，以战功赐爵七大夫，迁五大夫。沛公为砀郡长，封参执帛，号曰：建成君，迁为戚公。仍从征伐，进封执珪，遂至咸阳，灭秦。沛公王汉中，封参为建武侯，迁为将军，从还定三秦，赐食邑于宁秦，以中尉从汉王东伐楚。败还荥阳。汉三年拜为假左丞相，从韩信击魏，击赵，击齐，尽平之。汉王即皇帝位，以长子肥为齐王，而以参为齐相国。高祖六年与诸侯剖符，赐参爵列侯，食邑平阳万六百三十户，世世勿绝。黥布反，参从齐王将兵与高祖会，击布军，大破之。孝惠元年，除诸侯相国，法更以参为齐丞相。参之相齐，闻胶西有盖公善治黄老言，使人请之。盖公为言治道贵清静而民自定。参用其言，齐国安集，称贤相焉。萧何薨，参闻之，告舍人趣治行，吾将入相。居无何，使者果召参。参去属其后相曰：以齐狱市为寄，慎勿扰也。始参微时与萧何善，及为将相，有隙。至何且死，所推贤唯参。参代何为相国，举事无所变更，一遵何约束。择吏木讷，重厚长者。召为丞相史，日夜饮醇酒，宾客见参，不事事。皆欲有言，参辄饮以醇酒，莫得开说。见人有细过，专掩匿覆盖之。府中无事，参子窋为中大夫，帝怪参不治事，使窋私问之。参怒笞窋曰：趣入侍，天下事非若所当言也。至朝时，帝让参曰：乃者我使谏君也。

参免冠谢曰：陛下自察，圣武孰与高帝？上曰：朕乃安敢望先帝？臣孰与萧何贤？上曰：君似不及也。参曰：陛下言是也。高帝与萧何定天下，法令既明，今陛下垂拱，参等守职，遵而勿失，不亦可乎！帝曰：善，君休矣。参为相国三年，薨，谥曰懿侯。百姓歌之曰：萧何为法，较若画一，曹参代之，守而勿失。载其清静，民以宁一。窋代侯。高后时至御史大夫。及薨，谥曰静侯。子简侯。奇嗣奇传，夸侯时，时传共侯襄，襄传子宗，宗以征和二年坐罪，完为城旦，国除。

元寿二年以参九世孙杜陵公士本，始绍封平阳侯，邑千户。更始初废。建武二年本始子宏嗣举兵佐军，复封平阳侯。传子旷，其后更封容城侯。参墓在陕西西安府咸阳县北三十五里。

周勃　先世卷人，徙家于沛，织曲薄为生。从高帝起兵，屡立攻战功，封列侯，食绛邑。为人木彊敦厚，不好文学。高帝以为可属大事。又尝语吕后曰：安刘氏者，必勃也。惠帝六年为太尉，高后崩，与丞相陈平等议，共诛诸吕，迎立代王，是为孝文。帝即位，以勃为右丞相，赐金五千斤，邑万户。或说勃：威震天下，而受厚赏，处尊位，以厌之祸及身矣。勃惧，自危，乃谢归相印，就国。其后有上书告勃欲反，下廷尉，逮捕治之。薄太后以冒絮提帝曰：绛侯绾皇帝玺，将兵于北军，不以此时反，今居一小县，故欲反邪？帝于是赦勃，复爵邑，就国。十一年薨。谥曰武侯。

次子亚夫　初仕为河内守，文帝复封为条侯。六年匈奴大入边，以亚夫为将军，军细柳。帝自劳之军。士吏被甲锐兵刃彀弓弩持满。天子先驱，至，不得入军门。都尉曰：军中闻将军令，不闻天子诏。有顷，上至，又不得入。上使使持节诏之，乃传言，开壁门。壁门士请车骑曰：将军约，军中不得驱驰，天子乃按辔徐行，至中营，亚夫揖曰：介胄之士，不拜，请以军礼见。天子为动，改容，式车敬劳将军，成礼而去。既出门曰：嗟乎：此真将军矣。称善者久之。军罢，拜中尉。景帝时，吴楚反，以亚夫为太尉将兵击之。三月而吴楚尽平，迁丞相。上废栗太子，亚夫固争之，不得。上由此疏之。窦太后欲封皇后兄王信为侯，亚夫曰：高帝约，非有功不得侯，信无功，侯之非约也。上默然而沮，后匈奴臣五人降汉，上欲侯之。亚夫曰：彼背其主，降陛下，侯之，即何以责人臣不守节者乎。上曰：丞相议不可用。乃悉封为侯。亚夫因谢病免相。顷有上变告其子，事连污亚夫，下吏入廷尉，因不食而死。

鄂千秋　沛人，汉祖定功行封，千秋进曰：萧何有万世之功，当第一。上曰：进贤受上赏，何功虽高，得鄂君乃益明矣。封安平侯。

任敖　沛人，少为狱吏。高祖尝避吏，吏系吕后，遇之不谨，敖素善高祖，怒击伤主吕后吏。及高祖初起，敖以客从，为御史，守丰二岁。高祖为汉王，敖迁为上党守。陈豨反时，敖坚守，封为广阿侯。高后时为御史大夫。孝文元年薨。谥懿。

吕欧　以中涓从起沛。至霸上，为连敖。入汉以骑将定燕、赵，得燕将军。封广侯。

朱轸　以舍人从起沛，以队帅先降翟王，虏章邯，封昌侯。

严不职　以舍人从起沛，至霸上，以骑将入汉，还击项羽，用将军击黥布，封武强侯。

奚涓　以舍人从起沛，至咸阳为郎，入汉以将军定诸侯。功比舞阳侯，死军事，封鲁侯。

周止　以舍人从起沛，以郎中入汉，还定三秦，以其将破项羽东城。封魏其侯。

孙赤　以中涓从起沛，以郎入汉，以将军击项羽，为惠侯。后为上党守，击陈豨，封堂阳侯。

雍齿　故沛豪有力，与高祖有郄，故晚从，后封什邡侯。

冷耳　以客从起沛，入汉击破齐军。黥布反，以楚丞相坚守彭城，封下相侯。

秘彭祖　以卒从起沛，以卒开沛城门，为太公仆，以中厩令击陈豨，封戴侯。

单父圣　以卒从起沛，入汉以郎击黥布，封中牟侯。始高帝微时，有急，给高祖马，故封。《索隐》作单父左车。

卫毋择　以队卒从起沛，以郎击陈余，用卫尉封乐平侯。

徐厉　以舍人从沛，入汉，还得雍王邯家属。用常山丞相，封祝兹侯。

丁礼　以中涓从起沛，为骑将，入汉定三秦，为正奉侯。以都尉属灌婴，杀龙且，更为乐成侯。按《史记·功臣表》，凡曰从起沛者，传皆称沛人。以上十三人皆无传，想亦沛中子弟也。故引曹、樊、王、周之例载之。

杜得臣　以卒从起胡陵，以郎将迎左丞相军，击项羽，封棘阳侯。

施雠　字长卿，沛人也。沛与砀相近，雠为童子，从砀田王孙，受易，后雠徙长陵。田王孙为博士，复从卒业。与孟喜、梁邱贺并为门人。贺为少府荐雠，结发事师，数十年，贺不能及。诏拜雠为博士，甘露中，与五经诸儒杂论同异于石渠阁。雠授张禹，禹授淮阳彭宣，繇是施家有张彭之学。同郡戴宾亦受易于雠。

高相　沛人，治易，其学亦亡章句，专说阴阳灾异。自言出于丁将军传至相，相授于康及兰陵母将永康。以明易为郎，永至豫章都尉，繇是易有高氏学。

闻人通汉　字子方，后苍说礼数万言，号曰后氏。曲台记东海人孟卿受之，以授通汉，通汉以太子舍人论石渠，至中山中尉。同郡庆普，字孝公，与戴德、戴圣亦同受礼于孟卿。由是，礼有大戴、小戴、庆氏之学。普，仕为东平太傅。

蔡千秋　字少君，沛人，尝受谷梁春秋于鲁荣广，又事王孙皓、星公，为学最笃。宣帝时为郎召见，与公羊家并说，上善谷梁说，擢千秋为谏大夫给事中，后有过，左迁平陵令，复求能为谷梁者，莫及千秋，上愍其学且绝，乃以千秋为郎中召，将选郎十人，从受。汝南尹更始翁君，本自事，能千秋说矣。

邓彭祖　字子夏，沛人，五鹿充宗弟子，为真定太傅，同学于充宗者，平陵士孙、张仲方、齐衡咸长宾，皆至显仕。由是有士孙、邓、衡之学。

翟牧　字子兄，沛人，兰陵孟喜弟子，为博士，与同学白光齐名，由是有翟、孟、白之学。梁焦、廷寿尝从孟喜学易，会喜死，京房以为延寿易即孟氏学。翟牧、白生不肯，皆曰：非也，其笃信师说如是。

戴崇　字子平，沛人，丞相张禹弟子，传施氏之学，官至九卿，有名于时。

唐林　字子高，沛人，师事长安许商长伯。商以四科号其门人，而以林为德行。王莽时林为九卿，自表上师家大夫、博士、郎吏为许氏学者，各从门人，会车数百辆，儒者荣之。

褚少孙　字佚，沛人，与东平唐长宾同事王式，问经数篇。式谢曰：闻之于师，具是矣。自润色之不肯复授。少孙与长宾应博士选，诣博士，抠衣登堂，颂礼甚严。试诵说有法，疑者邱盖不言，诸博士惊问何？师对曰：事王式。于是共荐式为博士。

唐尊　沛人，山阳张无故弟子。无故传小夏侯建学，转授尊，尊仕为王莽太傅。

爰礼　沛人，孝平时征礼等百余人，令说文字未央廷中。以礼为小学元士、黄门侍郎。

戴宾　沛人，陈留刘昆尝从宾受施氏易。

姜肱　字伯淮，彭城广戚人也。今沛县地。与二弟仲海、季江俱以孝行著闻。其友爱天至，常共卧起。肱博通五经，兼明星纬，士之远来就学者三千余人。辟命皆不就。二弟名声相次，亦不应征聘。时人慕之。肱尝与季江谒郡，夜于道遇盗，欲杀之。肱兄弟更相争死，贼遂两释焉，但掠夺衣资而已。既至郡中，肱终不言。盗闻而感悔，后乃就精庐求见，皆叩头还所略物。肱不受，而遣之。后与徐穉等俱徵不至。桓帝乃使画工图其形，肱伏卧于幽暗，以被韬面。工竟不得见之。中常侍曹节等专执明事，诛陈蕃、窦武，欲借宠贤德以释众望。乃白征肱为太守。肱得诏，乃私告其友曰：吾以虚获实，遂藉声价，明明在上，犹当固其本志，况今政在阉竖，夫何为哉。乃隐身遁命，远浮海滨。再以玄纁聘诏书至门。灵帝诏曰：肱抗凌云之志，养浩然之气，以朕德薄，未肯降志。昔许由不屈王道，为化夷齐，不挠周德，不亏有司。以礼优顺，勿失其意。肱使家人对云：久病就医。遂羸服间，行，窜伏青州界中，卖卜给食。历年乃还。熹平二年终于家。弟子陈留刘操，追慕肱德，刊石颂之。

度尚　字博平，湖陆人。困穷，为侯览视田，得为郡上计吏，拜郎中，除上虞长。为政严峻，发摘奸非，人谓之神明。迁文安令，遇时疾疫人饥，开仓廪赈给营救疾者。刺史朱穆行部，见甚奇之。长沙零陵贼，入桂阳苍梧、南海交趾，刺史、太守，多望风奔逃。遣师屡讨之，不克。尚书朱穆举尚为荆州刺史。尚躬率部曲与同劳逸。广募杂种诸蛮，明设购赏，进击，大破之，降数万人。桂阳宿贼畏尚徙入山谷，尚穷追数百里，遂入南海，破其三屯。贼党犹盛，又以计焚将士营中珍积，慰劳之，使乘锐进攻，遂大破平之。封右乡侯，迁桂阳太守。明年征还京师。会荆州兵作乱，与桂阳贼合，转攻郡县。复以尚为荆州刺史，已以罪免。后为辽东太守，破鲜卑，戎狄惮服。延熹九年，卒于官。湖陆故城在沛县境内。

单飏　字武宣，湖陆人，以孤特清苦自立。善明天宫算术，举孝廉，稍迁太史令、侍中，出为汉中太守。公事免后，拜尚书。卒于官。初，熹平末黄龙见，谯光禄大夫桥元问，飏曰：其国当有王者兴，不及五十年龙当复见，此其应也。殷登审记之。至建安二十五年，黄龙复见谯，其冬魏受禅。按旧志载，三国人楼玄。不知玄为沛国蕲人，非沛县人，故削之。

魏讽　字子京，沛人，有才名，倾动邺都。锺繇辟之，以为西曹掾，曹操征汉中未反，讽潜结众，又与长乐卫尉陈祎谋袭邺。未及期，祎惧，以告操子丕。讽见杀。坐死者数十人。繇亦坐免。按讽为人，他无所考，据世语云，有才，倾动锺繇，殆亦非碌碌者。其谋袭邺，自是为汉讨贼，不幸未就而死，固可矜也。史以为谋反伏诛，党于曹氏之辞，岂为定论？

季汉魏

张茂　字彦林，沛人，仕魏为太子舍人。尝上书谏文帝，诏诸士女嫁非士者，一切禄夺以配战士。书具《三国志》裴松之注。旧志载，刘馥及其子靖，按《三国志》魏"列传"，馥为沛国相人，非沛产也，今削去。

晋

刘毅　字希乐，彭城沛人也。少有大志，不修家人产业。仕为州从事，桓弘以为中兵参军属，桓玄篡位，毅与刘裕、何无忌等密谋讨玄。及其将战于江乘、罗落桥、覆舟山，皆大破之。玄军奔散，乃逼帝及琅邪王西上。毅追及玄，战于峥嵘州，乘风纵火，尽锐争先。玄众大溃，烧辎重夜走。及玄死，毅为桓振所败。坐免官，寻原之。何无忌与毅不平，毅唯自引咎，时论韪之。毅复与诸将发浔阳讨桓振，时振党冯该戍大岸孟山，图据鲁城，桓山客守偃月垒，众合万人，连舴二岸，水陆相援。毅督众军进讨，与刘怀肃等攻鲁城，刘道规攻偃月垒，何无忌等列槛于中流，以防越逸。毅躬贯甲胄，陵城半日而二垒俱溃，生禽山客而冯该遁走。毅进平巴陵，号今严整，所经墟邑，百姓安悦。遂率诸军次江陵之马头。振拥乘舆，出营江津。毅因率无忌、道规等破冯该于豫章口，摧锋而进，遂入江陵。振闻城陷，北走，乘舆反正。毅执玄党，尽杀之，已复击斩桓振，其余拥众假号以十数，皆讨平之。二州既平，以毅为抚军将军。初，毅丁忧在家，及义旗初兴，遂墨绖从事。至是，军役渐宁，上表乞还终丧，不许。诏以毅为都督豫州、扬州、历阳、庐江、安丰五郡诸军事，豫州刺史，持节将军、常侍如故。以匡复功，封南平郡开国公，兼都督宣城军事，给鼓吹一部。俄进拜卫将军开府仪同三司。及何无忌为卢循所败，贼军乘胜而进，朝廷震骇。毅具舟船讨之，将发而疾笃，内外失色。朝议欲奉乘舆北就中军。刘裕会毅疾疗，将率军南征。裕与毅书，遣毅弟藩往止之。毅大怒，投书于地。遂以舟师二万发姑熟，次于桑落洲，与贼战败绩，辎重盈积皆弃走。刘裕深慰勉之。后进为都督荆宁秦雍四州之河东河南广平扬州之义城四郡诸军事，卫将军，开府仪同三司，荆州刺史持节，公如故。表请加督交广二州。毅至江陵，乃辄取江州兵及豫州西府文武万余，留而不遣，又告疾，固请藩为副。刘裕以毅贰于己，乃奏之安帝，下诏数毅罪诛藩。刘裕自率众讨毅。命王弘、王镇恶等率军攻之。毅众乃散。毅走去江陵二十里而缢。毅尝云：恨不遇刘项与之争中原。又谓郗僧施曰：昔刘备之有孔明，犹鱼之有水，今吾与足下虽才非古贤，而事同期合。众咸恶其陵傲不逊。及败于桑落，知物情去而弥复愤激。初裕征卢循，凯归，帝大宴于西池，有诏赋诗，毅诗云：六国多雄士，正始出风流。自知武功不竞，故示文雅有余也。既出西藩，虽上流分陕，而顿失内权，又颇自嫌事儿，故欲擅威强，伺隙图裕，以至于败。

兄迈，字伯群，少有才干，为殷仲堪中兵参军，桓玄之在江陵，甚豪横，士庶畏之，过于仲堪。玄曾于仲堪厅事前戏马，以槊拟仲堪。迈时在坐，谓玄曰：马鞘有余，精理不足。玄曰：以才雄冠世而心知外物不许之。仲堪为之失色。玄出，仲堪谓迈曰：卿乃狂人也。玄夜遣杀卿，我岂能相救。迈以正辞折仲堪而不以为悔，仲堪使迈下都以避之。玄果令追之，迈仅免祸。后玄得志，迈诣门称谒。玄谓迈曰：安知不死，而敢相见？迈对曰：射钩斩祛，与迈为三，故不知死。玄甚喜，以为刑狱参军。后为竟陵太守。及毅与裕等同谋起义，迈将应之，事泄为玄所害。旧志此下，载刘弘。按刘弘为刘馥之孙，沛国相人，非沛县产，故削之。

南北朝

朱绰　沛人也，世为将，兄宪及斌，并为西中郎袁真将佐。桓温伐真于寿阳，真以宪兄弟潜通温，并杀之。绰逃归温，每战常居先，不避矢石。寿阳平，真已死。绰辄发棺戮尸。温怒，将斩之。温弟冲苦请得免。绰受冲更生恩，事冲如父。参冲车骑军事、西阳广平太守，及冲薨，绰呕血死。

朱龄石　字伯儿，沛人，绰子也。少好武事，不治崖检，武帝克京城，以为建武参军，从至江乘，将战，龄石言：世受桓氏恩，不容以兵刃相向，乞在军后。帝义而许之，以为镇军参军，迁武康令。县人姚系祖专为劫盗，郡县畏不能讨。龄石至县，伪为与亲厚，召为参军。系祖恃其强盛，乃出应召。龄石斩之，率吏人至其家，悉杀其兄弟徒党。由是一部得清。后为徐州主簿，复为高祖参军。龄石有武干，又练吏职，帝甚亲委之。平卢循有功，为西阳太守。义熙九年徙益州刺史，为元帅伐蜀。初，帝与龄石密谋进取曰：刘敬宣往年出黄武无功，贼谓今应从外水往，而料我出其不意，犹从内水来也。必重兵守涪城以备内道。若向黄武正堕其计。今以大众自外水取成都，疑兵出内水，此致敌之奇也。而虑此。

声先驰贼,审虚实。别有函封付龄石,署曰:至白帝乃开。诸军虽发,未知处分。所由至白帝,发书曰:众军悉从外水取成都。臧熹、朱林于中水取广汉,使羸弱乘高舰十余,由内水向黄武。谯纵果备内水,使其大将谯道福以重兵戍涪城。遣其前将军侯辉、蜀郡太守谯诜等率众万余屯彭模,夹水为城。龄石至,彭模诸将以贼水北城,险阻众多,咸欲先攻其南城。龄石曰:不然。虽寇在北,今屠南城不足以破北。若尽锐以攻北垒,南城不麾而自散也。率刘钟、蒯恩等攻城四面,并登,斩侯辉,谯诜,仍回军以麾,南城即时散溃,诸营守以次土崩。谯纵奔于涪城,巴西人王志斩送纵,守将封府库以待王师。纵及道福乃逃于獠中,巴西民杜瑶缚送之,斩于军门。以平蜀功封龄石丰城县侯。武帝还彭城,以为相国右司马。后从桂阳公镇关中。还遇敌,被执,死于长安。子景符嗣。卒,子祖宣嗣。以罪夺爵。更以祖宣弟隆绍封。齐受禅,国除。

朱超石　龄石弟也,亦果锐善骑乘。虽出自将家,兄弟并闲尺牍。初为桓谦参军,又参何无忌辅国右军事,徐道覆破,无忌得超石以为参军,至石头,超石说同舟人,乘单舸走归高祖。高祖甚喜之,以为徐州主簿。超石迎桓谦身首,躬营殡葬。屡迁宁朔将军,沛郡太守。义熙十二年北伐,超石前锋入河,魏遣十万骑屯河北,常有数千骑缘河随大军进止。时军人缘河南岸牵百丈。河流迅急,有漂渡北岸者,辄为敌所杀略。遣军裁过岸便退走,军还即复东来。高祖遣队主率七百人及车百乘于河北岸。上去水百余步,为却月阵。两头抱河,车置七仗士。事毕,使竖一白旄,敌见数百人步牵车上,不解其意,未动。遣超石驰往赴之,并赍大弩百张,一车益二十人,设彭排于辕上。敌见营阵既立,乃进围营。超石先以软弓小箭射之,敌以众少兵弱,四面俱至,嗣又遣三万骑内薄攻营。于是百弩俱发,又选善射者丛箭射之。敌众多,不能制。超石初行,别赍大锤,并千余张,稍乃断槊,长三四尺,以锤锤之,一槊尺洞,贯三四人。敌众不能当,一时奔溃。超石追之,复为敌所围。奋击尽日,杀敌兵千计,敌乃退走,大军进克蒲坂。以超石为河东太守。寻还。高祖自长安东归,超石常令人水道至彭城。除中书侍郎,封兴平县五等侯。关中扰乱,高祖遣超石慰劳河洛,始至蒲坂,值龄石自长安东走,至曹公垒,超石济河就之,与龄石俱没,为佛佛所杀。时年三十七。

刘臧　沛人,性方正,笃志好学,居家以孝闻,仕梁为著作郎。子璠九岁而孤,居丧合礼,少好读书,善文笔,十七为上黄侯萧华所器重。或辞色不平,璠曰:何王之门不可曳长裾也。遂拂衣去。华谢之,乃止。母死居丧,毁瘠感疾,服阕后一年犹杖而后起。及华终于毗陵,故吏多分散,璠独奉华丧还都,坟成乃退。后随丰侯萧修出为北徐州刺史,即请为轻车府主簿,兼记室参军。修为梁州，又补为中记室，兼华阳太守。属侯景渡江，梁室大乱，修以璠有才略，甚亲委之。时周文以璠为中外府记室，迁黄门侍郎，仪同三司。周明帝初授内史，中大夫，掌纶诰。寻封平阳县子。在职清白简亮，不合于时，左迁同和郡守。莅职未期，生羌降附者五百余家，洮阳、洪和二郡，羌常越境诣璠讼理。后为陇右总管府司录。卒于官。著《梁典》三十卷，有集二十卷行于世。璠子祥，字休征，幼聪慧，以神童称。事嫡母以孝闻。十岁能属文，十二通五经，仕梁为记室参军，江陵平，随例入关中。齐公宪召为记室、府中书记，令掌之平齐露布，即祥文也。屡迁车骑大将军仪同大将军。历长安、万年二县令，颇获时誉。卒于官。初璠所撰《梁典》始就，未及刊定，临终谓休征曰：能成我志其在此书乎！休征修定，缮写以竣乃事。璠兄瓌，仕梁历职清显。瓌子行本，起家梁武陵王国常侍，遇萧修以梁州北附，遂与叔父璠归周，寓居新丰，每以讽读为事。虽衣食乏绝，宴如也。周大冢宰宇文护引为中外府记室。武帝新总万机，累迁掌朝下大夫。及宣帝嗣位，多失德，行本切谏，忤旨，出为河内太守。及尉迟迥作乱，攻怀州，行本率吏人拒之。拜仪同阳赐爵文安县子。隋文帝践祚，拜谏议大夫、检校中书侍郎。上尝怒一郎于殿前，笞之。行本进曰：此人素清，其过又小。上不顾。行本正当上前曰：陛下不以臣不肖，令臣左右，臣言若是，陛下安得不听臣言？若非，当致之于理，安得轻臣而不顾臣所言非私。因置笏于地而退。上敛容谢之。遂原所笞者。雍州别驾元肇请于上，欲于法外罪一吏。行本驳之曰：律令之行，盖发明诏。今肇乃敢重其教命，轻忽宪章，亏法取威，非人臣之礼。上嘉之，赐绢百匹。拜太子左庶子，领侍御史如故。皇太子虚襟敬惮。时唐令则为左庶子，太子每令以弦歌教内人，行本责之曰：庶子当匡太子以正道，何嬖昵房帷之间哉！令则甚惭。时左卫率长史夏侯福为太子所昵，尝于阁内与太子戏，福大笑声闻于外。行本时在阁下，闻之，待其出数之曰：汝何小人，敢为亵慢？因付执法者推之。太子为请，乃释之。太子尝得马，令福乘而观之。太子甚悦，因欲令行本复乘。正色曰：至尊置臣于庶子位，欲辅导殿下以正道，非为殿下作弄臣。太子惭而止，复以本官领大兴令。权贵惮其方正，无敢至其门者。由是请记路绝，吏人怀之。未几卒于官。上甚伤惜焉。

唐

刘轲　徐州沛县人，天宝之乱，自淮入湖湘，至韶州为僧，师事月华寺僧惠朗，即大小朗也。后居罗浮，读黄老书，从寿春杨生授《春秋》，元和初逾岭隐居庐山，建草堂于凌霄峰下，与隐士茅君游。元和末游长安，为马植所奇，遂登进士，官监察御史、殿中侍御史、秘书丞、史馆修撰，终洛州刺史。所著有《春秋指要》《翼孟子》《豢龙子》诸书数十卷。《摭言》称其文章与韩柳齐名云。

五代

刘知俊　字希贤，徐州沛人也。少事时溥，已而降梁。梁主以为左开道指麾使。知俊姿貌雄杰，每披甲上马，轮剑入彀，勇出众将。历海怀郑三州刺史。从破青州，以功表匡国军节度使。邠州杨崇本攻雍州，梁主方与诸将攻沧州，未下，知俊不俟命，击败崇本，斩馘二万，获马三千匹，执其偏裨百人。梁主拜知俊行营招讨使。败邠岐兵于幕谷，复遣攻下丹、延、鄜、坊四州，加检校太尉，兼侍中，封大彭郡王。知俊功益高，梁主情多猜忌，屡杀诸将，知俊惧不自安，遣复攻邠州，以军食不给，未行。梁主至河中，使人召知俊。其弟知浣为亲军指挥使，遣人告知俊，不宜来。知俊遂叛，臣于李茂贞。梁主使人谓知俊曰：朕待卿至矣，何相负耶？知俊报曰：臣非背德，但畏死耳。遂以兵断潼关。梁主遣刘鄩、牛存节攻，知俊遂奔于茂贞。茂贞地狭，无以处之，使之西攻灵武。韩逊告急，梁主遣康怀英等攻邠以牵之。知俊大败怀英于昇平，茂贞大喜，以知俊为泾州节度使。使攻兴元，取四县。已而茂贞左右忌知俊功，以事间之。茂贞夺其军，知俊乃奔于蜀王建，以为武信军节度使。使反攻茂贞，取其四州。建虽待知俊甚厚，然亦阴忌其才，尝谓左右曰：吾且死，知俊非尔辈所能制，不如早图之。而蜀人亦共嫉之，以知俊色黑，而其生岁在丑，构为黑牛出圈之谣。建益恶之，遂见杀。

金

邵世矩　字彦礼，沛人，父敏德，仕宋，为开州司户。靖康末，兵革扰乱，世矩孤处乡中，食贫诵读，家无文籍，惟存戴礼一帙，遂治之而罔废。齐阜昌特以廷试第一人授丞事郎、单州佥事，历仕金至河中府推官、中靖大夫。遂致仕归。矩天资端慤，居官廉直，以俭约自节，所在皆有治绩。不阿事上官，虽在常调，亦不苟进，守道恬淡，有古君子之遗风。

元

韩准　字公衡，沛人。少沉重好学，年二十登进士第，授承事郎，同知孟州事，擢河南儒学副提学，屡转至江西湖南道佥事，南康路总管，进本道廉访使，江西行省参知政事，江浙行省左丞，改福建廉访使，复为侍御史。准方为别驾时，州大饥疫，出入赈救，所乘马至不忍食豆粟。人谓感准化。冬时蝇集州署，准令民广藏冰。明年大热，病者赖服冰以愈。在河南有陂田若干顷，为水所泛，准行部至，敕有司率民障堤，岁收粟数千斛。蕲黄寇围江西，平章以下皆出避，独准留，慰抚居民，相持五十四日，城赖以全。南康累经兵火，城内荒茀，准舟居以治，招民复业，乃葺草屋为署。野豕残民禾，吁于神，豕遂去，不为害。陈友谅攻破隆兴城，来见准。准疾，面壁卧不起。友谅曰：吾向为县小吏，已闻公名。准不答。既去，使人致粮，亦拒不受。后脱身入闽，朝廷嘉之，授江西行省参政。扶疾以往，是冬城陷，准藉稿堂下，以丧礼自处。吏来追准，索敕。准卧不应，厉刃向之，曰：此吾所受于君者，必欲取之，并取吾首去。吏不敢迫。追新制变冠服，乃着帽终日而已。及病甚，遂不服药以卒。藁葬福州。

明

吕宁　字安仁，赋性刚直。洪武中由国子生仕为户部主事，迁员外郎。尝荐郡人权谨于朝，世多其善知人。

郭全　汉台里人，事母以孝闻，母殁，竭力营丧事，躬负土成坟，庐墓三年。

龚谦　千秋里人，贫而能孝，父先逝，事母曲尽子职。母卒，哀毁逾礼，结庐于墓，朝夕号泣。

赵安　泗亭里人，母早逝，事父尽孝，父殁，踊恸几绝，三年墓居。

赵清　父名孜，性至孝，年十七尝刲股疗亲疾。孜死，其妻卓氏贞居垂四十年，教清业儒，应贡为国子生。清笃直方刚，事母纯恪。母殁，庐墓三年，形神俱敝。母墓濒河，会大水且至，清吁天曰：墓陷则清与俱没矣。俄而，水竟弗溢。庐傍有隙。清仓卒不暇塞，夜有鼠啣草塞之。稿瓜复荣秀，远近闻者皆异其事。清卒，有司以乡贤崇祀之。

杨冕　邑庠生，事母至孝。母殁，庐墓三年，哀痛弗辍。嘉靖中，有司奏闻旌表，仍赐冠带，复其家。

石璞　广戚里人，天性朴实，事亲孝，母殁，庐墓三年，衔哀茹血，服阕，亲友相率往迎之归，月余病卒。

杨东莱　汉台里人，性至孝，年甫十四，母马氏疾笃。刲股调羹，进母食之愈。有司达于督学、御史，令补邑庠生，月给米赡其母。东莱年二十二卒。

张奉　汉台里人，父与继母先后卒，庐墓不归。县令闻之，给以布粟。未几奉亦卒于墓所。石璞、杨东莱及奉三人，笃孝秉礼，而天竟夺其年，人皆伤之。

李三阳　年十三，家贫，力食，母唐氏卒，负土为坟，庐守三年，有司上其事，当道下令旌之。为人谨愿，晚年数举乡饮，人以为不愧云。

陈永　沛人，嘉靖末奉母避水他邑，母病危，永告天曰：永羁旅人也，母万一不讳，棺敛且无赀，愿减算以延母年。母竟不死。未几归沛，母乃以天年终。永朝夕负土成坟，终丧，遂定居墓傍，日惟一饭，历三十年无改。

张楫　性纯笃，事母克孝，及母卒，居丧毁瘠，及葬，庐而居之三年后返。沛志以其后为僧，恶而削之。良是乃其初则孝子也，亦不可没，今仍存之。

江汉　句容人，为小贾于沛。父婴疾，偶思鹿脯，汉力不能，致潜割左臂肉脯而进之。

徐实　沛人，有胆略，嘉靖中倭寇海上。朝议调山东及徐邳之众征之。实兄弟三人皆在选中，从大军自苏州出与倭战。师溃，实兄弟角立不退，殊死战，多所杀伤，迄以无援，陷阵死。建安滕霁伤之，为作《哀征夫吟》去。

蔡桂　字子芳，别号春宇，由孝廉历仕户部云南司郎中，官多善政。及谢政归，与都谏诸人为文酒会，构亭高村，徘徊花竹，流连鱼鸟，怡然自得，所著有《五宜亭诗草》行于世。

张贞观　字惟诚，别字惺宇，万历癸未进士，宰山东益都。省徭役，振疲敝，抑豪右，节浮费，请蠲赈，决冤狱，民神明之。擢兵科给事，陈隆泰交、急修省事、撙节、罢市、赏决战守诸疏，遣阅三晋兵备、宿弊，一清单车谕，降矿盗张守清，还都，陈阅视六款、安攘十八议。历工、户、礼垣，以建储事章七上，罚俸以台省，及阁臣申奏，上益怒，遂落职，服青衣，步出都门，怡然以老。著有《掖垣谏草卷》《野心堂诗》二卷，卒，祀名宦、乡贤。

马出汧　字伯龙，举人马一化之子也。由贡任汤阴县教谕。谢事归，怡情诗酒，颇有著述。

侯颖　沛人，滕庠生，家戚城。白莲寇陷滕，其族人从逆，欲逼使附己，颖知不得免，先促其妻女投缳，遂自杀，合门俱死。

姜上桂　沛庠生，白莲寇陷夏镇，避乱村居，父子被执，骂不绝口，俱被杀。

张凤　世居夏村，膂力过人。流贼之乱，斩木为寨，护居民其内而自持梃与贼斗，击伤甚众。以无援退登楼，少息，贼自后射杀之。

陈应诏与其弟应祯，皆沛庠生，壬戌七月二十四日，白莲寇再犯夏镇，先经欢城，众皆窜避，独诏与祯率其族与斗，众寡不敌，皆被杀。旧志止此。

谢升　字仲刚，沛人，洪武中贡生，建文初任湖广道监察御史，壬午靖难师南下，升练兵给饷，夙夜勤劳，城陷不屈死。父旺，年七十四，子咬儿年十余岁，俱发金齿卫编伍。见吾学编《遗忠录》。

蔡楫　字汝济，沛人。洪武十五年以孝廉举，拜福建道，称后擢浙江按察司佥事。其去也，人多思之。详《宣宗五伦书》及《嘉兴府志》，解缙尝为之作《节轩记》。见沛县志。

李荣　沛县人，元末海内大乱，荣为元将守徐。明祖初起，以彭城归附，从丞相徐达为徐州镇将，赐爵百户，进征中原，克沂州、济东，复从下河南，所向有功，进爵千户。按：明初起，元守徐州将为陆聚，降张士诚，后乃归明。荣盖为其部将耳。

李义　荣子也，勇略过人。荣既老，诏以义嗣千户，累官仪真卫指挥佥事，永乐中，升都指挥佥事守真州。旋以本官为四川都司，从黔国公征安南，至生厥江、大安、梅口与贼大战，力竭而死。子敬嗣其官，迁重庆卫同知。见《扬州府志》。

甄鉴、周防、李卓、王原、蒋荣、张麟、马士云、黄成、龚成、黄智、卓旺、周成俱沛人。正统五年，各出麦千石余赈济饥民，奉敕立坊，旌异其家。

王克明　沛人，景泰六年任湖广某县巡检，时秦襄毅公纮以御史降，沅陵丞适同候上官。秦意颇不怿，克明劝曰：公但当始终一节，处顺以待，无以官职为意。公闻而重之。寻卒于官。

阎尔梅　字用卿，号古古，别号白耷山人。幼而颇慧，读书能见大意。成童补博士弟子，弱冠贡入北雍，文名噪于一时。举崇祯庚午乡试。当甲申之变，伪防御使武愫来沛，尔梅贻愫书，讽之反正。愫逊谢之。尔梅乃遁迹微山，后又之东海之滨，周游名山大川，所至必有题咏。晚年闭户著述，有《白耷山人集》行世。

刘永清　字练湖，以恩贡任青浦训导。逾年，意有所不屑，乃潜出城，脱衣冠挂西门郭上而去。诸弟子收所挂衣冠庋之学宫崇德堂之楣间，题曰“抗节挂冠”。又为之立碑。太史张以诚为之记。

张扬　字仲芳，以明经贡于乡。旧例，所给贡生旗扁俱派里、甲，扬辞不受，使里胥不得借名科敛。有《汇骚》《吹骚》等集。

龚伯堂　字泗侗，以明经授江西南昌府训导。性耿介不苟，恬淡自适，读书以躬行为本，门下执经问业者多所成就。

周冕　正统中由荐辟孝廉，仕至布政司参政，洁己爱民，不阿权贵，著有《政体备要录》行世。

蔡俸　以明经任浙江乐清县丞，摄知遂昌。邑人祠之，诰赠户部云南司郎中。

蔡楠　俸子，由选贡任山西绛州同知，署州事，有善政。民思之，绘《卧辙图》。

周育德　字心安，冕四世孙。以例授户部员外，家居，好善，输粟赈饥。值闻香寇掠境，被执，不屈死。墓在夏镇络坊村。

张居厚　字崇者，别号衣衲野樵，为明增广生。值甲申之变，弃冠服于明伦堂，痛哭而去。嗣是隐居教授，足不入城。卒年七十有五。祭吊诗文，充溢箧笥。

国朝

蔡尧弼　日知子，邑庠生，天性孝友，爱幼弟尤笃。弟殁，抚孤成立，邑人贤之。所著有《敦古堂集》。

蔡见龙　字际飞，由廪贡任清河县知县，致政归里，邑利弊多所兴除，举乡饮大宾。

周士珠　字味玄，育德子，邑诸生也。性峻洁，足不履市。片牍不及于官。接乡子弟必极恭谨，与之言，皆孝悌忠信。邻里争忿，尝造庐求平。婚丧不能举者，垂橐资助，一乡推为祭酒。晚年耽诗，有《南村漫咏集》。

朱重光　字继照，隐岚山阴，诗酒自娱，工绘事，尤精倪高士法。所著《汲村山人集》梓行于世。

蔡锡范　尧弼子，由廪贡授州同知。事继母以孝闻。居艰，婴疾，犹朝夕号恸，三年不见齿，邑人以称其孝。子亮采，字载熙，补邑博士弟子，慷慨好义果敢有为，陈里中大祲大役，不辞险难，又学校所推服焉。

朱达　字伯，改号素斋，以太学生团练军功授清河县丞，赞理河务，著有劳绩，升桃源县知县，旋引疾归。精岐黄导养之术，年九十一。

张之俊　字秀实，端方诚悫，人称长者，尤喜解推，至无可解推，仍竭力措办，以快初念。曾两还遗金，乡人重之。子淳。中康熙乙未武进士，镶蓝旗学习，恩赐蟒衣。

马夔龙　字云卿，邑庠生。因母善病，习岐黄业，卒为母调摄益寿。乡里以病求疗者，应之多奇验。致仪物为谢，则固却不受，一时有名医之誉。性至孝居丧毁瘠泣血不见齿。好读书，窥寻大义，恬淡自如。乐与人为善。

辛祖仁　邑处士，工丹青，隐居乐善，寿逾大耋。恩赐八品顶带。

韩文封　邑乡耆也，孝弟力田，年八十七。诏给八品顶带。邑侯朱褒曰：盛世耆英，寿八十七。

孟钦　邑处士，积学敦品，居乡里排难解纷，不遗余力，士林重之，寿逾古稀。

郝铉　字黄臣，顺治庚子举人，性孝友，嗜学励品，为士林所重。亲殁，弟稍不给，悉以己分田产予之。沛官地税最重，民受其累，力请减之。岁饥，乡人贷至千金，除日焚之曰：吾减己济人，安望其偿乎！子质瑜，早亡，妇李氏，矢节。次子赞瑭，列父行，请入志。

陈启善　字敬臣，太学生，深研理学，兼探仓扁之奥，投剂辄效，户限屡穿，贫不能办药者，倾囊济之，虽贵品弗吝。邑令先后延致，无一干渎，语皆钦重，额言盈堂。前令颜公父子忠孝祠倾，首捐置石瓮，祀赖以存。寿七十三，子四人入乡国学，嗜书乐善，有父风。

阎圻　字堃掌，天性孝友，聪明好学，戊子己丑联捷入翰院，擢编修，修三朝国史。雍正元年纂修《明史》。史成，称旨曰：学问好，人去得。授工科掌印给事中、甲辰会试同考、丙午署理吏礼刑三科印务、授通州。坐粮厅，未到任，病，给假归里。越二年，卒于家。

阎典　字千秋，翰林圻胞弟，刻苦学问，弱冠游泮，成岁贡生。性恬憺，喜愠无所形，足不履城市，待人接物，威仪抑抑，词气温和，年六十一。

孟承绪　字嗣舆，以廪贡仕保定同知，民戴其德。综铜政，监修战艘，摄异篆，久而益勤。以母老乞终养。

刘美昌　武庠生，事母至孝，母年八十不能食，妻刘氏买乳养之，乡人推重。

张我愚　邑增生。事母以孝称，端品力学，为士林望。

刘梦正　字兆先，醇谨笃实，为里人所重，平生无妄言谑语，诗书外事稼圃、教子，以立品向学。子庠生克昌，遵父训，优于文，行年八十七。皇恩赐粟帛。

郭鸿仪　字六羽，郭公禧长子，纯孝性成，为亲所许，刚正中寓和蔼。亲疾笃，侍汤药衣不解带。仓皇哀吁，祈以身代。亲没，毁瘠呕血死。族党惋惜之。子长年、松年入成，均醇厚循谨如其父。

郭宪仪　字时羽，郭公禧次子，幼承家训，嗜学，擅文誉。早游邑庠，留心经济，任四川涪州牧。涪地滨江，僻而事繁，仪清慎居官，甘守淡泊，养廉或不足用，乃取给于家。涪民戴若慈亲，每为上台所钦重焉。

张云路　天性醇谨，善体亲志，因自能立，以全产让弟。堂叔国宰幼孤，代理其家业，不给则以己物助之。亲为劝迪，以至成立。为循例，入太学，始付以产，毫无所亏。乡人称重，今九十三。恩赐正八品。

韩文封　字秉益，天资醇厚，敦孝义，喜施济，周族党，助婚丧，还遗金，广医药，家不丰而乐善，勉于躬行，不求人知，乡党称长者，年八十一，恩赐正八品。寿秩近九十卒，子三人，入乡国学，皆有文。行购药济世。

王可继　字文绪，别号友莲，天性纯孝，才干英敏，早孤。母张氏年二十即矢志抚之。及长，教训颇严，弱岁游乡学，入太学，雅有文誉，循例授山左博平县贰。勤炼河漕，建闸修堤，捐千金，不费帑项。署东昌别驾，擢判霸州，所至绅士军民戴若父母。迎养慈亲，承欢顺志，请旌建坊，复邀覃恩封赠焉。

郭登魁　字文轩，天性孝友，好义轻财，岁凶出谷麦减价平粜，多所存活。焚券让租，乡里受惠，以长子裕贵，封中宪大夫。

郭裕　字贞如，孝友笃至，居乡见义必为，难更仆数。初任成都别驾，擢司事，旋擢二千石，兴利除弊，雪冤狱，多善政，以卓异授河东盐运使。

郭禧　字祉如，少入庠序，贡成，均有声誉，性孝友，乐善好施，捐赈焚券，施槥拯危无虚岁。奉檄查赈，以己囊多金，助其不足。修邑南堤及飞云桥、新学宫庙、庑、戟门。臬宪李奖以额言曰：施德不矜。

韩弘范　邑庠生，力学砥行，为邑人所重。前令方举乡饮介宾。

王化蔼　字吉士，邑廪生，能诗古文，尤精骑射。甲申岁流寇伪以泾阳武愫充淮徐防御使，闻蔼技勇，征之不从，遂围其庄。蔼谓家人曰，吾岂以诗书之身从贼哉？乃自缢死。

王禘　字子诚，父化蔼死难时，年甫遇，叔吉人抚之。天资明敏，好读书。年二十入邑庠，序事父母尽色养，壮益植德。有以产售者，继以别产售，禘曰：君二产俱失，奚以为生？为恻然久之，再予直而却其产。吴逆乱，差役繁杂，奸猾借以为利。禘悉济之。鸣于上宪，弊政得尽除焉。

王可立　字文卓，以岁贡为州佐。周岁而孤，伯兄又早亡，孑然以至成立，事寡母为孝，善体亲意，厚赠其妹，为表兄完室，三为置产，曾买婢，及长，闻许聘，有人觅而还之。买棺椁，择冢地，蠲金而葬者，某某，不一其人。因母丧，久卧苫，由受湿致病卒。

王嘉重　太学生，兄嘉训，弟嘉猷，皆力修任恤而家不甚富。壬寅春，山左大饥，流民集境内，并土著贫民无以存活，举目皆是。嘉重出粟千石，日计口赈之。粟尽来者益众至万余，乃粥田宅，籴谷以给，日费四百余金。又尽流者尚不能归，兄与弟复倾家继之。比饥者去，兄弟遂大窘，相对怡然，略无怨悔。各宪俱有旌言。雍正元年，绅士保举嘉重孝廉方正。已详请，亟以疾辞。子玉玑、玉璐、玉衡先后入乡国学，亦顺亲力善，乡人称之。

郭祺　字吉如，候选州佐。性敦朴，勇于义。康熙癸未春饥，祺于县南关清凉庵施粥一月，多所存活。夏则减籴，冬施绵衣三百领。庚寅岁又饥，捐赈谷五百石。庚子修文庙两庑、戟门，嗣是置义渡。新桥梁，迄无宁岁。雍正乙巳水，捐赈谷三百石。八年病卒。嘱子尚仪遵仪以修学、拯饥之事。二子受命，其夏筑护城堤五百丈，冬施绵衣五百领、粮三百石。甲寅偕从侄和梅捐五百金，修大成殿、明伦堂，焕然一新。他如飞云桥西南关二桥、荆山桥，其费几千金。制抚两宪行文，藩司旌曰：“克承父志”。

郝继隆　字允善，崇祯乙亥选拔贡生。砥行嗜学，不乐仕进，著有《韵学》《一贯录》《训家式谷集》行世。

郝铲　字石友，孝友嗜学，不慕荣利，言行方严，有古人风。

郝质琈　邑庠生，年八十二，好善乐施，乡里推重。

魏天正　字介石，贡监。兄弟九人，养老田千八百亩，养葬独任，公田悉分，己不利焉。己丑大饥，捐麦九百石。重赈捐米三百石煮粥。抚宪于旌曰：“好义可风。”藩宪宜旌曰：“乐善好施。”道宪刘旌曰：“博济维桑。”未几，道宪亲委“特赈沛民，均沾四方”。流离，又解囊全活之。邑士某乏嗣，为之买妾生子。族弟某三丧未葬，三子未娶，为之葬娶。邑人高其义。

魏天质　字介文，天性醇厚，仕翰林院掌印典簿，微有归志。候选胡公馈八百金以速其归，坚辞却之。而出缺于胡公，同寅义之。雍正丁未，捐谷三百石赈饥。庚戌，西村贮粮八百石，佃人尽哺之，置之不问。丁未秋，大水溃郭。长子汉以已宅居失所者数百家，众皆感恩。次子淮，卫辉府通判，廉谨尽职无忝。

卷七　列女志

沛县知县李棠　重辑

汉

王陵母　项羽取陵母，置军中，欲以招陵，遂伏剑死。

元

王氏　刘宅妻，夫亡，誓不他适。天历二年旌表有石。坊在北门外。

明

白氏　李伯奴妻，父思明，无子，以女赘伯奴，洪武乙丑，伯奴从戍死于边，氏年二十，惟一女甫周，誓不再适。孝事父母，父母殁，竭力营葬，乡人有托其邻媪朱氏谋娶之者，氏正色拒之。粗衣粝食，寡居四十余年卒。宣德六年，知县陈原宗上其事，诏旌其门。

郑氏　单祯妻也。正统间，祯以疾卒。氏方二十有八，养姑尽孝，居无他志，年八十三卒。

郭氏　名青儿，汉台乡人郭端女，年十六许聘里人王成。一日成与邻人争，不胜，怒欲自死。乃请女家，嘱其僮求一见，女拒之，再三，终不与见。成归自经，女闻之痛咽不食，以死自誓。母知其情，防范甚严。及成将就窆，欲往送丧，父母不许，乃绐母求麪羹食。母入厨良久，遂自缢死。知县王琛率僚属吊祭之。与成合葬，达于学使，表其墓。

袁氏　汉台里人，袁经女，名玉会。性贞静，年十七许聘王得旻。正德辛未春，流贼剽掠逮沛，邑人皆弃家避匿。经令女男服杂众中走，贼逐获知为女子，令随去，女绐贼曰：待我去男衣，随尔。适道傍有深池，遽跃入死。

张氏　汉台里人，张浩女，年二十，受里人蒋政聘，未娶，政卒。女闻之，恸哭几绝，欲往吊，父母不可，欲往视葬，又不可。父母往送政丧，比归，女已自缢死。

石氏　广戚里人，石隆女，名景儿。父早丧，独与母居，年十七许聘里人张旺儿。未娶，旺以疾卒，女闻之哀痛不已，是夜即自缢死，与旺合葬。

陈氏　名季春，千秋里人，陈宣女。性聪慧，幼有志操，尝读《孝经》《列女传》，通大义，受里人甄时用聘，年十六。未归，时用以疾卒。女闻之，入寝室手书时用及己姓名，置诸怀中，自缢死，与时用合葬。

贺氏　生员马继立妻，年十八归继立，克尽妇道，继立早逝，无子家贫，亲族或劝之他适，氏坚却不从。孀居五十二年，有司相继表其闾。

张氏　杨霈妻，邑人张德女。十七归霈，未二年霈殁，生女甫三月，里人托媒求娶，氏挟刃自随，乃止。事衰姑尽孝，疾病亲尝汤药，久而无倦，及卒，殡葬以礼。女适人未久，亦夭。氏纺绩自给五十余年如一日。直指使者檄旌其门，曰“励志守贞”。

闵氏　周思恭妻，思恭贸易舟宿，死于盗。氏育二孤女，依思恭弟思忠，守志不贰。思忠敬之如母，苦节，七十余卒。

张氏　龚九成妻，长九成一岁，九成业举子，年十九卒。遗孤应箕方晬，氏砥志训子，艰苦百状，应箕甫二十亦卒。氏号泣不食，数日，竟以哭死。

姜氏　庠生姜子华女，适陈恕，未几，恕患肿，家贫，氏脱簪珥佐医药，逾年竟死。氏绝饮食，取恕平日所束绦自经以殉。时年二十五，县令白泾请旌。

胡氏　张化龙妻，化龙业举子，病瘵卒。胡痛绝复苏，三日不食，欲自诀。姑李氏日夜守之，至第四日五鼓，早起自缢死，直指上其事旌。

韩氏　王彩妻，年廿六而彩卒。生子礼贤，方六月。族人欲夺其志，氏纺纫自给，力训其子，卒底成立。阅四十余年。

张氏　张荷宠女，适广戚乡人王嘉任。任病死，氏年二十二，哭不绝声，以所束麻绳缢死于夫尸之傍。

王氏　汉台里人，王经女，适韩鼎。鼎年三十病疽死，子寅七岁，氏矢志抚孤。寅长而娶黄氏，未几寅亦死。遗两孤，黄事姑抚稚，备极荼苦，孤皆成立。姑妇各七十余卒。

曹氏　孝子杨东莱妻。东莱年廿二死，子璪方数月，氏保抱成立，甫受室生一女。璪又卒。氏育女孙，依伯氏杨东周夫妇。女孙未笄，又死，东周夫妇老且死，氏晚年衣食多不给，而竟无怨恚，年七十余卒。

张氏　生员张修女，卓冠伦妻。卓冠伦素患瘘疠，氏躬侍汤药，愿以身代。冠伦死，氏大恸饮泣，当夜缢于柩侧。

郑氏　庠生吕登瀛妻，年十九归登瀛，八年登瀛卒，氏即以死自誓。母秦氏防之严，迨三日夜，母倦而睡，氏沐浴更衣，缢死于登瀛柩前。

张氏　千秋乡四图民张光大女，幼适冯东鲁，无育，螟蛉一女。东阳卒，氏于次日即以分箸宅地付其翁姑，又以所继女付其本生父母。是夜缢死于东鲁柩前。

许氏　名牡丹，汉台乡许勉女。幼受张英聘，适年欠艰食，英同母就食他郡，数年不归。父母欲别嫁，氏拒之曰：一马不二鞍，奈何以兽道诲女耶？遂寝其议。又数年，英从母归，卒为张妇。未几英构疾逝。氏悲恸哀毁，纺绩佣作，以养姑，姑殁又十余年，氏七十余卒。

彭氏　生员彭大治女，邑人刘纬妻。纬病故，氏矢志从夫。姑以怀妊泣慰。氏饮痛勉从，及生女，死志益决。未几，女复夭，氏遂告姑葬纬，强办丧事，夜闭户以孝带自经。比破窗入救，气已绝矣。

辛氏　辛淮女，适孟一鹏。鹏故，氏年廿一，寻产遗腹子。名士显，幼多病，氏茹毒卧蓼，艰苦备尝，内外肃然。士显能诵读，氏纺灯相伴，凄雨冷月，相对哽咽。虽一子一妇，不肯姑息，事事绳以规矩，姻戚子姓咸敬惮之。卒年七十余。

王氏　潞府奉祀楫女，适蔡时升，早卒。氏年二十四，两女尚在襁褓。氏衔哀茹荼，以节自誓。邑令张文炳旌其门曰“乾坤正气”，卒年八十七。

尚氏　邑民孟佑妻。归佑数载，未育，即劝佑纳妾王氏，生男甫晬而佑卒。时佑父已老，尚年仅二十余。虑家人莫喻其志，遂引刀断一指，以自誓。率妾奉翁抚孤，苦节终身，卒年八十余。

崔氏　庠生作哲女，庠生王应梦妻。年十九，夫卒。唯遗腹生女，孀守五十余载，年七十二。

张氏　泗亭里民张文津女，许字儒童宋夺先，年十四夺先病故。女闻哀泣，欲奔丧，父母不可，遂自缢。数日就殓，颜色若生，崇祯六年建坊旌门。

马氏　潘季春妻。季春病故，氏欲以死殉，而其家人防甚严。六日后稍疏，氏即缢于棺侧。邑令林汝翥躬临其丧。以事闻院道，树坊旌之。

郭氏　夏镇民郭一德女，年十五将婚，适贼至，度不能脱，刚觅自尽，被掠，不得死。贼胁载马上，坠马，大骂，被杀。

周氏女　许字邑人丁中伦，中伦殁，女闻之，饮泣不食。祖母唤瞽妇歌说故事，冀以解之。歌及在昔节烈事，女潸然泪下。祖母曰：歌乃如此耳，世岂真有其人乎？女曰：安见其无？是夕竟缢死，与中伦偕葬，同域异圹焉。

李氏　邑民李一纶女，廪生韩晟继妻。少艾归晟，晟时年四十，多病，药饵未尝去口，氏必躬必亲，久之见晟病不起，即预洁衣衾，整簪珥尺布寸帛，悉分给人。志不复生。及晟故，殓甫毕，即自缢棺左。知县李正茂躬临之。见尚在悬。容貌如生，不觉涕泣下拜。申上请旌，会鼎革事寝。

唐氏　生员见素女，适庠生张慊。逾年，慊病逝，氏号哭不欲生。时方有娠，其家人谕以存嗣大义，乃强食以待。阅三月，生男不举，复自缢。为婢救免，延数日，方进晨餐，给婢取茶，遂就经。余饼在袖，衣带未结，其一时仓卒求死，真有惟恐不得者。凡三死，乃申厥志。知县李正茂为之卜葬，立碑于歌风台右。

周氏 庠生郝弘典子綦隆妻，同邑周敏德女也。綦隆病故，遗孤未周，氏自缢，以救免。姑以抚孤解谕，氏呕血默泣，孤又殇，氏入室觅衣，复自缢，绳绝坠地。自后姑益严守。会卜葬綦隆，氏佯为勤事，若欲送葬毕志者。家人亦信而安之。得间遂缢于夫柩上。比觉，急解截经，经不可遽继。群视乃叠布数层，缝纫坚密，恐缢索绝妨速死也。时年二十三，与夫同日归葬。水部赵士履制长歌哀之。仍檄学博张弘纲代祭其墓。

常氏 丰人女，适生员李吉士。李病故，氏未俟殡殓，当晚即缢死夫尸傍。家人觉，救已无及矣。

孟氏 邑民孟以中女，张尔玠妻。崇祯十五年冬，兵围城，夫妇被掠。氏方少艾，兵逼挟上马，氏号泣不从。因露刃吓之，氏即奋起大骂，手批其颊。兵怒断其数指，遂被害。

赵氏 丰庠生赵志浩女，嘉兴同知朱家柱次男炳妇。年十七适炳，甫一载炳故，氏恸死仆地者再。浩闻讣来哭，氏询其母，浩云：尚在车中。未至，氏托以入室易服，自经死。

孙氏 孙枢女，同邑庠生朱奕暄妻。年十六归奕暄，崇祯十四年岁大疫，奕暄因侍父之衡疾，染疫没。氏当夜自缢。其姑急救得苏，既而再缢，遂不救。县学以其事闻院道，俱旌其门。

郝氏 霍山谕惟精女，明经陈栋子思诚妇。思诚少有文誉，食饩于庠。万历癸卯秋战铩羽归，遂构疾不起。明年正月卒。长男尚幼稚，遗腹生次子。氏抚育二孤，炊纺绩，勤劬百状，历二十四年，次子入邑庠，冢男复亡。妇韩氏为邑庠汝馨女，姑妇相依，同辛苦者又三十余年。邑人每欲请旌，辄拒不许。卒年九十一，韩七十矣。

朱氏 庠生贞明女，明经吴三省子元奇妇也。年十七归元奇，阅九载而元奇殁。氏躬理纺绩，事翁抚女。明经没后，家益落。氏几无以自存，艰难备尝，历四十九年。

徐氏 缝人李姓妻也。李不知其乡里，侨居夏镇，嗜酒。万历癸巳岁饥，有女十四岁欲鬻于娼，妻不可，则恃酒而威其妻。有乐人司姓者买以银十两有成。议妇知不可争，给云：鬻女得一醉饱，亦无憾。司为市酒脯，至俾夫恣意饮啖之，乘其醉卧，携女跃潭水死。越三日，尸浮出，犹一手挽女，一手抱其两岁儿。

新河节妇 不知里居，夫本富家子，流落无籍，携妇就食四方。嘉靖初盛中丞新河之役，夫在募中，会其夏大疫，夫死于疫。节妇伏夫尸傍，哭三日不食，死。督工官义而葬之。

王氏　庠生朱一蛟侍婢，蛟丧正妻，氏摄中馈，蛟晚年多病，兼好客，得优游诗酒间者。氏力居多，蛟病故，氏哀号绝粒，殓甫毕，衣缟素缢于寝所。当事旌其门曰“贞烈”。

马氏　本平康女，庠生王心纳为侧室。心授徒萧砀间，性好客，不理家人生产，家日落。氏汲泉拾薪，衣粗食淡，毫无愠意。心卒，即自经死。

刘栋妻　失姓氏。栋，滕人，寓沛。弟枢生子，旬日妻死。栋妻有娠，生女。妻语栋曰：叔子难得，且失母，不如弃吾女而存子。乃弃女而乳侄至成立云。

杜烈女　诸生宗预女也。许配万灿，灿殇，女闻之不食，五日死。知邳州李汝让以其事闻，请建坊。徐州同知宋一徵为作《烈女行》。

赵氏　乡民赵竹女，年二十未字，崇祯庚辰岁，为贼掠，骂贼死。

郭氏　夏镇民郭一德女，辛巳岁女年十五，闻贼至，度不能脱，乃欲自尽。未及投环，贼入室。胁之上马，大骂，遂遇害。

饿节妇　失其籍。崇祯庚辰至沛，居泗亭里，时大饥，夫妇随人拾湖中草根以为食。及还，在路而夫仆不能起。妇乃抱夫之首，坐于路旁，或曰：群丐方聚野庐中，掠寡弱行人为食。何为与夫同死？妇不应。及暮，果胥为乞丐刲而食之。又夏镇流寓人有鬻妻者，得钱买饼，悲不能食。盥手于闸之侧，遂自沈。妻行未远，请于买者还视之，亦自沉。守闸者出其尸，夫妇相抱，犹不解。居民哀而葬之。

卫氏　晋人卢铉妻，铉侨居夏镇。久病不能起，顺治六年，贼至，卫守铉不忍去。始与贼金，贼得金复欲掠妇，卫大骂，遂遇害。铉亦哀死。是年，夏镇妇人骂贼死者有翁化麟妻杜氏，曾文祚妻朱氏，黄元德妻许氏，罗镇福妻蔡氏。八年，贼复破夏镇，投河死者有王氏女李应考妻，朱氏及其义妇李氏。

赵孝女　既适人，还依其父以居，父瞽，岁饥，有羸粟盗入其室。家人皆惊走。女挺身卫父，执厨刀与贼斗，中数创，贼不能近而去，父得免于难。

邱氏　光禄署丞世德女，归同乡俞耀祖。姑吴氏病剧，邱割股肉疗之。吴梦神语曰：汝媳救汝，当寿增半纪。觉而病痊。后六岁卒。人以为孝感。阎尔梅有《俞孝妇传》。

张氏　淮安人，明训导张弘纲女，孝廉阎尔梅妻。尔梅系济南狱，逃归。官军追捕，围其居宅，张氏义不受辱，与妾樊氏皆缢死。

刘氏　斗纪李某妻。年十七归李，未一月夫死。既敛，刘自缢于棺侧。邑令李芝凤树坊以表之。曰“幽灵独著”。后有甄遇昂妻李氏，朱鹤龄妻董氏，李天祐妻高氏，侯之祯妻梁氏，皆于夫死既殓之夕自缢。

国朝

魏氏　名小荣，农人魏宣女。村居家贫，宣屡出樵采。邻恶孟猫者，每肆引诱，氏愤恨自缢。案成，孟猫抵法，魏氏奉旨旌表。

廉氏　民人张悦三妻，嫁未几，悦三病殁。氏泣告父母，为制棺衾殓之。因无翁姑子女，随自缢棺侧。奉旨旌表。

孟氏　儒童陈仪妻，嫁甫三月，仪殁。氏投环者三。翁姑救免。孝奉翁姑二十八年，翁姑殁，丧葬毕，焚香告曰：吾事毕矣。追随陇墓，乃素愿也。遂自缢。奉旨旌表。

张氏　儒童蔡尧楘妻。幼失怙，事母尽孝。归蔡勤俭相夫，年二十四夫故，事姑抚幼，备常荼苦，历五十载。奉旨旌表。

王氏　儒童孟锦孙妻，事翁姑孝，生一子一女，氏年二十九，夫故，复产遗腹。纺纴给食，上事下育，姑亡丧葬如礼，矢皆三十三年，奉旨旌表。

祁氏　生员王玉衡妻，年二十三未嫁夫病，姑迎侍汤药，勤谨苦辛，夫故，誓以身殉。次日乘间缢死夫尸之侧。奉旨旌表。

蒋氏　儒童王锡珪妻，夫故，氏年十九，孝事翁姑，下鞠幼子，苦节三十四年，卒。

冯氏　儒童郝质瑜妻，夫亡，氏年十九，自经五次，绝食七日，翁姑苦劝未殉。事堂上以孝，营丧葬如礼，年六十余。

张氏　儒童王琪妻，夫亡，氏年二十二，抚周岁子，仰奉翁姑，勤俭持家，诚敬事上，苦节三十六年。

张氏　儒童蔡方隶妻。姑与夫俱病，氏泣侍汤药，诚谨不懈，三年余。姑亡，夫亦继殂。氏年二十三，无子女，决志殉死，自经尸傍。各宪给额旌之。

封氏　儒童郝修妻，修父母久没，由叔抚养。氏敬事叔婶如翁姑。夫亡，氏年二十八。有子女三，不二年相继殇。氏哭祭夫灵，晕绝救醒。中夜自缢死。

张氏　庠生朱奕讱妻，朱赴淮考试，覆舟死，氏大哭不食。夫棺归。缢于棺前。奉旨旌表。

李氏　农民王小报妻，夫远出贸易，邻恶冯之儒突加调谑，不从，含忿自缢。奉旨旌表。

张氏　庠生张鼎女，石膳妻。笄岁适膳。逾二年生一女而膳卒。事上恤幼，苦节终身，内外无间。学使张公元臣旌其门“贞节”。寿七十余。

徐氏　庠生余舁女，儒童冯家爵妻。嫁未一年，爵亡。徐氏恸哭几绝，遂自经于夫侧。抚宪旌曰“节媲松筠”。学宪曰“女中志士”。邑令佟曰“名重骨香”。

汪氏　国学生朱鈞妻。鈞年近五十卒，氏已有孙，乃立誓殉夫。绝粒旬余，不死。复投环柩次。各上宪皆奖其节。邑教谕孙奖曰“倡随泉路”。

周氏　周崇得女，适农民张四排。甫四载，夫亡。哭泣不食，誓以死殉。越四日，防守稍懈，即自缢柩侧。

高氏　儒童鲍世勋妻。年十七适世勋，期年勋故。氏号泣求死。因翁姑衰老未遂。后以侄为嗣，孝事慈育，内外无间言。

马氏　儒士孔种奇妻。奇亡，氏年廿七，翁姑意年少，或不能守。氏窥其意，适灶火方爇，遂舒右手入火内。及人见拉出已皮肉尽伤，有露骨处。问其故，氏言欲去，便用一手，无人肯娶矣。人为涂药保护，掌愈而指残。诚尽妇道，先意承志，无微不周。抚幼子成立，完婚生孙，寿八十。

陈氏　李复心妻，李业儒，早亡，子寀五岁，陈守节八十余，卒。寀亦业儒，妻张氏，寀又早亡，子之蕃二岁。张氏守节至七十余岁。之蕃业儒，娶张氏，蕃又早亡。有三子，长楫六岁，次梅，季霖，张氏守节教子。睹长子楫入庠序，守节六十余年。道宪旌曰“三世冰霜”。

周氏　杨□妻。夫亡，氏年二十余，矢志不二，敬奉翁姑。笃于夫存日嗣叔子，以延夫后。翁姑没，备极哀痛。抚嗣子成立，寿六十余。

徐氏　乡民徐承恩女，儒童王鉴妻。鉴故，氏年廿九，守灵哭泣，数日不食。及移葬，徐氏号恸送丧，族戚苦劝，微进饮食，至日夕，即于夫亡处自尽。邑令亲祭拜之。

庞氏　辛炫侧室。炫死，庞年十八，正室单氏以其年少无子，欲遣之。庞伏枕不食，以死自矢。单感其诚，遂与同居，积二十余年，单寝疾且死，谓其子若妇曰：庞氏好人，心如金石。吾爱敬之。我死，汝等当善事之。子妇遵遗言，事庞氏惟谨。后值乱离，艰苦备尝，矢志愈厉，年六十九卒。初炫死，逾月，单始生季子。庞乳之，恩同己出。人不知其非己子也。季子成人，事庞如母，事必咨而后行。人亦不知其非所出也。炫孙钧为县邱掾，病死无子，妻唐氏仰药死。

郑氏　夏镇窭人女。吴人张光祐寓沛，纳为侧室，生子成为方十岁而光祐死。正室钮氏谋遣郑。郑携子哭于光祐之墓。既而投井中，援出之，钮氏谅其诚，乃止。成为既长，娶彭氏，生四子。成为死，彭亦守节以老。

张氏　挑沟村张文祥女，嫁沽头高珏。家贫，汲水采薪以供妇职，乡里贤之。珏病死，张次日就缢尸傍，时年廿四。知县梁文炳署其门曰“贞烈可风”。诸生沈吁为表其墓。

朱氏　曲防人，朱奕典女，汉台里孟祥妻。孟既聘朱氏，而生计日窘，又病黄疸。母李氏以家贫子病恐女心不悦，因辞婚。女坚执不可。既嫁，修行妇道，常与姑佣针线以为食，岁余祥死，朱哭不绝声。以亲戚之赙布具棺以葬。送丧出，还入室中，自缢。宗族义之，为之棺敛，与祥合葬。知县方曰琏旌曰“烈性如生”。

魏氏　国子生天礿女，归儒童孟承谟。逾五岁承谟遇病，魏泣侍汤药。夫病剧，魏以年少无子，自分必死，绝粒不食。夫死之夕，匆匆投环，为婢所解，得苏。家人多方慰之，卒不应。越三日，得间，复投环死。郡县皆给额言旌之。

张氏　明诸生于清妻。清客死广陵，张时年廿四，有二女而无子。厉志不贰，事舅姑以孝闻。舅姑殁，依母以居。母殁，依二女。中年频遭荒乱，流离困苦而志节弥坚。勤于女工，至老不倦。卒时年九十。

徐氏　吴生鹤妻。早寡，孝养其姑。姑年高多疾，不嗜饮食。徐善釀醴，以供朝夕。姑饮之倍觉康健。乡里嘉叹，以为美事。督学张公泰交给额言旌之。

沈氏　武生赵国璧继妻。孝事舅姑，姑死既葬，夫妇偕处墓间，三年而沈躬负土筑坟，崇六七尺。又数年，舅殁，夫妇复同庐墓。岁余，国璧遭横逆死。沈携子松龄同处。母子运土，增筑故坟，遂成大邱。由是邻邑皆知其孝。萧令蔡为绘庐墓图。砀山令曾为制《孝德词》三十韵。沈自中年嫠居，至八十三乃卒。

张氏　名焕，夏镇拱极门外窭人女也。少失怙，与母孙氏同居，年二十赘婿徐州人王世德。夫妇相敬，里人称之。世德病死，焕以年少无子，欲自杀。而母防甚严。月余，稍稍讽之，焕曰：烈女不更二夫，吾惟有一死耳。母益加意防守。既而召世德之兄葬世德，因与之谋葬毕嫁女，亦既觅婿。焕闻之，先葬一日自缢柩旁。时年二十九。知县杨弘绩给额旌之曰“天性完节”。

孙氏　北郭漆工孙守玉女，嫁南郭居民沈弘智。逾岁生一女，又一岁而弘智疾，三年不疗。孙侍汤药不倦。弘智死，既殓，孙自经于柩次，时年廿四。县令、尉及学博，皆有额言旌之。里人复醵钱树石以表其墓。明经金文泽为之铭。是岁十一月，有西郭居民刘銮妻朱氏，亦以死殉夫，年亦二十四。

高氏　丰人，归儒童朱士熊，未有所出，而士熊死。既殓，高拜辞其祖姑及亡姑之柩，入室自缢。知县蔡瑚亲往祭之。

邱氏　吴人，孝子延祺女孙，父名大伦。氏归同乡吴钏，生二女而寡。茕茕无依，携二女归于母家。一女殇。钏兄铨居徐州，诱致之，欲夺其志。氏闻遁于乡亲之家，转达于沛。而女留于徐。铨大恚，乃鬻其女，好义者为赎之以还，邱氏母子复得完聚。又十年而邱氏病死。父大伦以舟载其柩往与钏合葬。遇大风，舟簸荡湖中，竟不覆。大伦堕水亦无恙。

朱氏　白鹿鸣妻，年二十一。白鹭鸣妻牛氏，年二十。崇祯十四年春，山寇掠村落获二氏及其侄白纹。驱之出门，二氏极口骂贼，因杀其幼子名小舵。骂益厉，先杀牛氏，朱氏益骂，又杀之。纹目击后得逃归，哭言于人。

蔡氏　邑庠生叶英妻。英殁，氏年二十八，抚二孤子，上奉翁姑终养。子长，教以诗书，皆入邑庠，学宪张奖曰“陶欧懿范”。县令皆有旌言。今年八十有四。

郭氏　庠生魏天祺妻。祺早故，氏孝奉舅姑，慈鞠孤子。阅二十年。学宪谢公奖曰“贞操懿范”。孙，汝魁，邑庠生。

耿氏　吴若宰妻。年二十五而寡，仅有二女，以侄德善为嗣，奉上鞠下，备极苦辛，今六十二矣。

张氏　邑庠生郝质珑妻。郝亡，遗二子，长五岁，次二岁，矢志冰蘖，辛勤鞠子。及长，教以义方，入太学。

丁氏　卓开禄妻。夫亡，氏年二十四，氏抚三岁子玠，矢志不移，孝奉衰翁，今已垂老，闾里称之。

常氏　吴国兴妻。年十九而夫殁，抚周岁子，誓死不贰。阅四十一年卒。

梁氏　朱文英妻。事翁姑孝，嫁二年而英殁。氏矢节奉二老，抚孤子。翁姑殁，丧葬如礼，子成立。

郝氏　张尧妻。嫁十日而夫亡，遂自缢死。邑人称其烈。

张氏　李茂妻。嫁六年而茂亡，氏遂水浆不入口，越四日，自缢死。前令施旌曰“节烈可嘉”。

李氏　谢□□妻。姑疾笃，氏祷神，刲臂肉和面作饼羹以进，姑顿愈。又历三年，前令暨儒学皆有旌言。

甄氏　邑庠生蒋元性妻。年二十六而寡，终身素服无欢笑容，亦无疾言厉色。抚一子从典入邑庠，援例授州同。仅守一子，寿八十一。前王锡珪妻石氏，即其女也。因申报有先后，是以女先于母。

鹿氏　石文伟妻。汪氏　石文炳妻。鹿年二十六，汪年二十九。俱寡，共矢志奉孀姑韩氏，备尽孝道。鹿抚二子成立，长名章，入国学。汪则嗣立鹿氏次子抚教之。鹿氏年六十一卒，汪今年七十有三。

童氏　胡士超妻。年二十九矢节，无子，无业，备极荼苦，至年七十。

许氏　苗三□妻。年二十夫亡，抚遗腹，自耕地三亩以给，发秃爪偻，望而堪悯。子获成立。

李氏　儒童谢松妻。事翁姑孝，姑张氏病三年，视汤药日夜不倦，病笃，已绝食七日，氏刲左股以进，姑即愈。前令蔡旌其门曰“幽谷兰馨”。

陈氏　饶文华妻。年十八适文华，十九即寡。坚志不改，念翁无次子，典粥衣饰得十余金，为翁买妾生二子。妾又瞽，氏则代为抚养。翁八十余寿终。氏营葬尽礼。邑令李奖曰“节孝可风”。

叶氏　叶云蒸之女，顾纯继室。夫卒，氏年二十，无出，矢志不贰。立族侄为嗣，家道不给，百折不易初志。三党皆称誉之。族长顾允楫率全族闻于官，县令李额曰“志比秋霜”。学博侯曰“节坚如玉”。吴曰“栢舟永矢”。

阎氏　饶平令定国女，庠生王褅妻。夫殁，氏年二十九，抚襁褓子永茂，未周，子可立，左右提携。自幼教以存心制行，其待下内宽外严，上下肃然。亲族婚丧不给，多所资助，或竟为之娶妻置产，冬制绵衣给苦寒者，岁以为常焉。

张氏　儒童王祺妻。嫁四载而寡，年二十二，抚子可继仅两岁，氏矢节不移，仰事俯育，备尝荼苦，子获成立，官山东博平县丞。以覃恩貤封孺人。守志阅三十六载，年五十八岁，奉旨建坊旌表。

王氏　岁贡生王者卿女，年十九适儒童朱延杼，七月而孀。夫终时嘱以葬翁养姑立嗣之事。氏恸诺之。营殓毕，请伯氏拔贡廷策择其次子士罴为后，事姑十三年，姑殁，奉翁姑二棺，营葬尽哀尽礼。时士罴已成立有子，氏今年六十余矣。

崔氏　蔡天资妻，年二十五夫亡，痛哭不食，次日投环死。邑令佟旌以额言，后立碑纪其事。

朱氏　邑庠生郝见理妻，夫早亡，氏矢志事衰翁，抚幼子，奉葬如礼，训督有方，至年七十五。学宪张、县令李、儒学侯，俱有额言。

张氏　鹿文元妻，幼失怙恃，嫁四载而夫亡。遗子二龄，矢节事病姑，生养死葬，靡不尽礼。子长教以诗书，亦得成立。氏幼无父母，长失所天，苦节奉姑，卒以有成。乡人悯且重之。

徐氏　吴生鹤妻。夫殁，氏年廿六，矢节奉衰姑，抚二襁褓子，阅三十年。姑年近百终，尽哀尽礼。二子皆成立，有孙六，曾孙十六。各宪屡旌其门。遂宁张公手书“仁寿”字额其堂。

孙氏　儒童谭评妻，年十九适评，甫二载，为夫故，孀居。老且病，仅遗一子。氏哭抚遗孤，善承姑意。姑病，百计医药。及殁，丧葬如礼。孤长教以义方。果获成立。

张氏　处士朱鏰妻。秉性温惠，事舅姑惟谨，睦妯娌亲。族党素以贤称。鏰性嗜诗书，不屑意家务。氏兼理之。鏰得以怡情诗酒，家贫，无内顾忧。夫终，熊九课读，长孙衣点弱冠成选士，以纺织佐读千里之外。今寿九十有九，耳目聪明，步履康强。两邀皇恩，享年未有艾。

孟氏　处士齐化新妻。年二十二夫亡。遗孤尽忠二岁，家业衰薄，氏饥寒尽历，苦节五十余年，抚尽忠成立。有子有孙，家道亦增。

康氏　太学孟橘妻。年二十九而寡，抚二幼子，苦志守节。子皆成立，一国学，一乡学。邑令梁奖以“冰霜节操”额言，佟额以“松筠并茂”字，今年近七旬矣。

孟氏 岁贡生时中女。年二十余夫故，食贫励志，以纺绩织纫为生，抚孤子郭振宗早入邑庠，今苦节四十五载。邑令李奖以“劲节遐龄”，学博侯奖曰祺寿冰操。

魏氏 国学天衿女。适孟承谟五载，孟病剧。氏以年少无子自誓必死。及夫卒，即乘便自缢。遇救，次夕再缢亦遇救。越三日即投环死。郡侯孔旌曰“高节清风”。佟曰“洁同冰玉”。

李氏 庠生鹿俊从堂伯母。年二十七而孀，以俊为嗣，上奉衰姑，终养下教，嗣子成立，今年七十余矣。

蒋氏 明经朱之祯继妻。夫亡，矢节善抚前子。与侄孀妇赵氏同守四十七年。孙耕余妻董氏，耕郢妻韩氏，俱早孀苦节。董氏子垂象妻甄氏，生子甫四岁，夫亡，坚无贰志。董阅四十七年，韩阅四十三年，甄阅四十四年。署令王旌曰“节萃一门”。学博张曰“贞节联芳”。

李氏 乡民廷瓒女。年十五适乡民李思运子循，循卒，氏年念七，立志殉死。殡夫后投环自尽。通学呈请县令黄奖曰“光生泉壤”。

王氏 民人饶福妻。夫亡，氏年二十余，子襁褓，矢志奉翁姑，抚幼子。孝慈兼至，翁姑殁，丧葬如礼，子长，教以循分，勤业敦睦宗。今已七十。

郝氏 孝廉铉女。年十五适王永茂，阅一载夫故，无子，孝奉孀姑，矢节不贰。姑年八十四终，哀哭尽礼。抚爱诸侄如子。夫娣早故，氏曲体姑意，育之至成立，毕其婚嫁。族里称之。今年六十余。

郑氏 太学生王略妻，年二十九矢节。寿六十九。

朱氏 处士王雨妻，年三十矢节。现年七十四。

赵氏 父名玺，适梁弘毅。年二十六而寡，奉翁姑必尽诚敬，抚教孤子，慈严兼至。寿八十余。

杨氏 朱格妻。夫亡，氏年二十四，仰奉翁姑，俯鞠幼子，苦节三十五年。寿五十九。

燕氏 张缟妻，二十一而寡，守二子一女，成立婚嫁，苦节四十二年卒。

吴氏 儒童汪揖妻。嫁后揖贫且病，拮据医药，阅十余年，揖死。既殓，氏对棺自缢。血泪交颐，舌吐至颔下。其家救之复苏。恨云：救我何为？众知志不可挽。嘱其兄接归，劝谕两月，复回，无悲容，咸谓其不死。及夜分仍投环遂志。学博吴给额奖之。夏镇。

张氏 民人傅继先妻。继先殁，遗一子二女，张苦节育之成立。以女嫁徐云升，升故，女谓无翁姑子女，不可苟生。乘间就环。邑令为致祭，士民为谋合葬勒石。至今称烈妇墓。夏镇。

钱氏　孝廉朱某侧室。朱死，氏自刎以殉。年久墓倾，好义者为修墓勒石。墓在夏镇地藏庙东北。

李氏　张弘印妻。年二十九，夫亡，遗二子。长续五岁，次奕飞三岁。氏苦节自励，勤俭持家，训子成立。长入太学，次列邑庠。邑令佟奖曰“松筠并美”。今七十余。

徐氏　父名资祓，适儒童王鈖。夫病侍汤药，日夜不懈者八年。夫病稍愈，督学使临徐，辙奋然欲往。氏不能阻。及鈖至徐，以劳瘁兼暑热，疾大作，驰送归。未几而殁。氏遂不复饮食，俟丧葬毕，乘家人不备，自缢死，因葬夫柩之右。邑令佟亲祭之。绅士公奠，为诗歌以传。

孟氏　邑贡生张曰玠妻。玠早逝，姑老子幼，氏矢志事姑，孝养如礼。越二年孤殇，嗣胞侄兆祚，午夜昼获，备尝艰辛。乡里多称贤云。

郭氏　刘永昌继妻。夫亡，氏年二十三，氏矢节抚前子泽高、泽普，逾于已出。皆获成立。族党重称其贤，年八十二卒。

郭氏　儒童张松龄妻。龄嗜学不倦，以攻苦致疾卒。氏二十一岁，守志不易，立侄金鉴为嗣，今六旬有七矣。

阎氏　张国顺妻。夫亡，氏年二十余，矢志不贰，纺织自给。奉养翁姑，曲尽孝道。翁姑没，丧葬如礼。自青年至白发，荼苦备尝，今七十余岁。现在请旌。

蔡氏　儒童刘万祺继妻。年十九而寡，抚前妻辛氏所遗周岁子增，上奉孀祖姑及翁姑，生养死葬，悉如礼。子长，为娶妇王氏，姑妇共勤苦，家渐裕，增生二子，又夭。王氏时年二十五，亦矢节抚子奉姑。二子俱授室。长名文博，又亡，妇王氏又矢志。三世孤孀，仅倚增次子以活。次名文灿，今已成立。学使张旌其门曰“节孝”。

鲍氏　邑绅郭方妻。方溺于水，氏年三十余，抚子崇勋，长入太学。氏勤俭持家，宽严有体，然宅心慈恕，好善乐施，每冬亲制棉衣二十领施寒者。雍正丁未大水，为筏数十，拯男妇多人养之，水平始归。壬子、癸丑命子捐地三十亩，筑护城堤。赈粮二百石，绵衣一百领。甲寅命孙和梅同从叔尚仪共捐五百金。新圣殿，伦堂易琉璃瓦，外益修斋房五十金。又命捐三百六十金修孟家桥。捐二百五十金修桥畔东西两坝，自此绝水患。又捐三百金修金山口桥。今年八十九。钦赐粟帛。抚宪高旌曰“兰质高风”，藩宪白旌曰“笄帏善士”，县令谢旌曰“一乡慈母”，孙曾绕膝，皆有才略，乡里以为积善之报云。

朱氏　处士奕闻女。年十八适儒童燕瑞，夫亡，氏年二十一，矢节不二，抚孤子从周，教诲成立。阅三十二年。寿五十二卒，奉旨建坊旌表。

柴氏　儒童朱奕阏妻。年十七适朱，二十四而夫没，矢操冰雪，上事翁姑如礼，下鞠孤子耕坦成立。苦节三十三年，寿六十卒。奉旨建坊旌表。

丁氏　儒士孟振民妻。年十九于归，二十三而寡。遗一子一女，氏矢节奉翁姑，抚子女。未几子亡，又数年女亦亡，零丁孤苦，励节益坚，奉亲益孝，养葬尽诚尽礼，今将七十。

项氏　处士王应昌妻。年二十九夫故，遗子文义、文德，抚教备至。又命文义出资代举族中丧葬，周贫恤困，卒年八十有二。

周氏　甄一韩妻。夫没氏年十八，教子陶为邑增广生。孙曾游庠序，绵延不绝。人咸谓节孝之报。按氏守节在明季，因呈报迟缓，附载于此。

甄氏　郝銮妻。銮早世，遗孤幼弱，氏辛苦营家，教子孙，皆成立。寿八十有六，蒙恩优赐肉帛。

曹氏　郝鍹妻。鍹亡，子质玟五岁，抚之成立，娶妇韦氏。生男六岁，玟亦逝。曹与韦同抚弱孙，两世冰操。邑人矜重。曹守节五十余年卒，韦现年八十二，蒙恩颁赐粟帛。

郭氏　儒童朱来鹤妻。十九岁适朱，逾一年夫病革，许以身殉。夫殁，家人严防之。稍得间，遂缢柩侧。邑侯梁亲临拜奠，各上宪皆旌其事。

丁氏　郝见璲妻。夫亡，翁癃病，遗一子在抱，一尚未生。氏事翁鞠子，阅数十余年。获邀肉帛之赐。

朱氏　邑庠郝见斑妻。斑殁，子甫六月，氏依孀姑为命，奉姑四十一年，备极恪谨。姑每述其节孝，辄为流涕。

郝氏　张瑞宗妻。夫早亡，生遗一女。氏以不食自誓。因翁姑老病，遂忍死，既翁姑事毕，女又殇，乃竟其志。乡人哀之。

梁氏　曹兆祥妻。年二十四适曹，三载而寡。衰姑在堂，遗子方一周。氏苦节自矢，妇道母道兼尽，逾三十余年卒。

李氏　郝令学妻。年十七归郝，生子甫六日，夫亡。守义事继姑，育孤儿。族党钦服。

朱氏　儒童燕瑞妻。瑞亡，氏年二十一，遗子从周。子立无倚，氏守节抚孤，阅三十一年，年五十二卒。邑人哀其志，现请旌表。

朱氏　许名硕妻。年二十三，守节六载身殒，遗子天佑，养于乃祖，娶张氏生子永言、延龄，未几，天佑病殂。张氏苦守二孤，为永言娶马氏。永言十九岁又殇。马氏抚其孤克承姑志。延龄壮游太学，又不录。遗三子皆幼冲，妻封氏善督教之。张氏考终,两媳以妇代子,哀礼兼尽。人称:三世冰霜,一门贤孝。

汪氏　例贡孟之儒妻。二十九岁夫亡,无子,遵舅姑命,以夫季弟子为嗣,恩勤鞠育者三十余年,终。

严氏　庠生孟之斌妻。夫亡,氏年二十二,遗孤岳成,抚教之。弱冠游頖宫,督学张赠"贞松劲节"额以褒其节。

冯氏　朱城妻。年二十八夫故。矢节五十七年卒,年八十有五。

丁氏　马驷妻。年二十四夫亡。既殓,遂投缳,家人救苏。昼夜防护,氏终无生志,潜于驷死所饮卤自尽。邑侯施旌以额曰"节烈可风"。

李氏　儒童朱汝宣妻。宣殁,仅遗一女。氏年二十八,誓以身殉。翁姑力劝沮。命家男汝登子文颖为嗣。孝慈兼笃,翁卒,与姑同寝处。先意承志,闻者称贤。

邱氏　徐严妻。夫亡,氏年二十七,遗子怀德方六龄。姑八十有三。氏奉姑教子,克延先绪,人高其节。

王氏　魏士玉妻。玉亡,氏年二十四,子兆甲甫四龄。坚贞不渝,历五十余年。

杨氏　朱恪妻。年二十四,恪死。亲老子幼,矢苦节三十五年卒。

张氏　庠生马愫妻。年十七适愫,逾十年夫亡。苦节自甘,学宪张褒以"风高陶孟",观察守令,皆有额言。

蔡氏　庠生赵寅妻。早年夫亡,守节五十余载。学宪张给"筠节松年"四字旌之。子作梅,增广生,有文名。

王氏　乡民陈清遂妻。夫亡遗二岁子,上有二亲。氏年二十四,仰事俯畜,励志三十余年。

朱氏　儒童俞宗准妻。夫故,贫苦守志,今三十余年,里人怜而重之。

王氏　邑庠赵国彬嫂。年二十岁,无子女而寡。氏誓不二,奉事公姑尽孝。公姑殁,彬髫龀无依,氏抚恤成立,尤人所难。

卜氏　崔麟妻。年十八适崔,生子企孟,甫二岁而麟殁。氏二十一岁矢志教子成立。今年五十余矣。

石氏　高某妻。早年夫殒,守节逾四十年。

朱氏　邑庠郝质珧妻。嫁一载,夫丧。子女俱无。氏坚欲殉死。翁姑力沮,遂矢志守节。后以侄仰为嗣,三十年不逾中梱。事翁姑养志,人皆称孝。

卢氏　李霖继妻。生一子若曾。霖死,氏年二十二。守节三十五年,霖长子方炽娶魏氏,年二十又寡,守节三十年。一门冰操,相传五世,人咸悯其遇,悲其志云。

王氏　魏梅妻。年二十一岁无出而夫死。家极贫，依其近族逾三十余年。里人矜之。

孟氏　蒋兆鹏妻。年十九未育而孀。翁姑固沮其死，许以犹子承嗣，今矢节四十年矣。

朱氏　郝佳桢妻。二十五而寡，抚二孤，长三岁，次甫数月。氏茹荼矢志，奉衰姑终养，教二子成立。

季氏　白如三妻。夫亡，氏年二十三。抚教孤女，上奉翁姑尽孝。父母悯其少，欲嫁之，因绝不归宁。

朱氏　庠生王之域妻。夫亡，氏年廿七，无子，止一女，亦无翁姑。止自二小叔、一姑。氏矢志不贰，卜葬翁姑，抚二叔成立完婚。姑与二女皆嫁，立叔子偲为夫后，年七十余。

王氏　太学生魏天礿妻。礿亡，氏年二十八。茹苦守节，抚子珊成立，至六十五岁卒。学宪张额曰“兰芬玉洁”，州牧姜额曰“风高寿永”。

张氏　孙钿妻。年二十七而寡，矢志奉翁姑终养，教子女成立，乡人称之。

王氏　陈正选妻。二十九而寡。子恺娶谢氏，恺又早亡。谢氏年二十八，抚子存仁，姑妇共砥苦节。今至八十有九，谢六十二。

马氏　魏继隆妻。夫亡，氏年二十八。遗孤溥八龄，舅姑在堂。氏奉亲教子，取给十指，辛苦备尝，越十余年，卒。

程女　乳名明姐，父国勋于乾隆三年染病危笃。女年十三痛父异乡无子，祖母年衰，割右臂肉奉父。不效，又割左臂肉以进。父病旋愈。二次刲股，家人皆不知。祖母见其羸瘦，强视之，始共晓焉。

郭氏　邵梦熊妻。夫亡，氏年二十三，矢志不贰，奉继姑尽孝，抚幼子成立。家贫力作，辛苦备尝，今六十余。

康氏　贾连芳妻。年二十四而夫没。抚幼孤至成立，又亡。偕妇共励，冰蘗以抚雏孙。今阅三十余年，乡人悯之。

谢氏　袁玉昌妻。夫亡，年二十八，赤贫，矢节纺纴以活。奉翁姑不缺甘旨。子女则仅免冻馁。果能养葬如礼，婚嫁以时。前令李额以“筠年松龄”四字。

刘氏　监生吕宗继祖母。年二十八守节，抚子，子成立，又亡。乃抚孙，复视成立。

邹氏　儒童李文彩妻。年二十三而寡。长子大伦亦夭，守次子大洲，延师训教，入邑庠，氏年八十七。

郝氏　太学生李凤翥妻。早寡，过嗣侄孙谓。守志不易，至七十六岁。

李氏　董某妻。夫亡，氏年廿八，上奉翁姑终养，下抚孤子成立。年八十余。孙曾绕膝，曾两沐恩赐粟帛。

王氏　偕妇李氏，双节。倪陵铺人，夫姓黄。

杨氏　耿铎妻。夫亡，子永则仅周岁。贫无所恃，氏矢节育子成立。今年七十三。

魏氏　韦显祖妻。年二十一而夫亡。苦节不易，嗣侄岩，抚之成立。今阅三十八年。

卓氏　韦惟烈妻。夫故，氏年二十三，抚孤子成立。苦节，今年五十三。

于氏　儒童孙琏试妻。年二十三夫故，矢节抚孤女，事翁姑以孝称。阅三十余年。

蒋氏　邹冕妻。二十三而寡。守志，抚子广誉成立。氏年九十八，屡蒙恩赐粟帛。

张氏　高崇福妻。年二十七而夫亡。矢节，抚襁褓子章成立。今九十五，屡沐恩赐粟帛。

郝氏　高珩妻。夫亡，氏年二十四，遗二岁孤廷铨，逾半载翁姑相继亡，而伯夫妇复故，又遗三岁侄廷铣。氏抚爱子侄如一，皆得成立，里人钦重之。

赵氏　蔡鸿福妻。夫亡，氏年二十三。矢节，抚二岁孤承贵成立，为之婚娶，生孙永贵，又亡。偕媳杨氏共砥苦节，孙亦成立，今七十余矣。

郭氏　邑庠生郭敬胜孙女，年十九嫁儒童朱来鹤。逾年，鹤病亡。即沐浴更衣，缢于灵右。邑令梁驰马往视，办祭拜奠。额以"贞烈芳规"四字。

张氏　费增来妻。夫亡，氏年二十四，守襁褓子得文，养教成立。有孙，今矢节三十七年。

徐氏　阎某妻。二十而夫亡，抚孤守节，孝事孀姑。姑病，刲臂以疗。子获成立。前令徐额曰"节孝双全"。

周氏　阎士杰妻。年二十三而夫没，子璿甫周，氏矢节抚孤以成立，阅三十五年。

董氏　阎廷铭妻，二十而寡，抚四月遗孤成立，今苦节三十四年。

吴氏　刘嘉柱妻。年二十七夫没。遗襁褓子刘都，矢志茹苦，教子成立。今七十五。

杜氏　儒童李大伦妻。夫亡，氏年二十五，无子，孝奉衰姑四十余年，立侄如楠为夫后。族人重其节孝。

吕氏　陈维柱母。夫亡，氏年二十，食贫励节，抚二岁子成立，至年七十九。

张氏　千二里乡民章贵妻。夫病故，氏年二十一，念上无翁姑，下无子女，葬夫回，自缢尽节，邑人哀之。

郝氏　邑增生沈旸妻。年二十二，夫亡，守志不易，事翁姑尽孝，训子女有方，阅三十余年。

张氏　朱耕青妻。夫亡，氏年二十，抚二岁子，矢节，孝敬翁姑，养葬如礼，至年八十有余。

杜氏　儒童朱峨妻。二十二而寡。抚一子十年余，又亡，嗣侄孙为夫后，今六十余。

韩氏　滕邑民韩有义女，沛邑张需妻。夫亡，氏年二十九。食贫励志，上奉翁姑，养殡如礼。抚教二子成立，至年七十余。

丁氏　太学生汪鸣辅妻。年二十四而寡。抚孤矢节，至年七十五。

郭氏　张某妻。二十三苦节，现年七十。

朱氏，庠生郝质琭妻。李氏，郝质琠妻。朱氏，郝倬妻。皆青年矢节，皓首完贞。

郑氏　杨国栋妻。嫁二年，夫殁。氏年二十，抚孤孝亲，艰苦备至，养葬如礼，子亦成立。阅三十余年。

邹氏　魏天禴妻。夫亡，氏年二十九，无嗣，投环者三，遇救，矢节不移。立侄为夫后，教养并至，子成立，年七十六。

徐氏　儒童卢卫周妻。夫亡，氏年二十三。子可梅甫周。孝敬翁姑，养殡竭力，抚教幼子，严慈备至，阅四十年。乡里言苦节者，咸推重焉。

王氏　魏天禘妻。适禘二年，夫病瘫，日夜泣，侍汤药，祷神求以身代。五年夫殁，矢节奉翁姑，养殡如礼。抚育幼子及成立。有二孙，子又亡，乃抚二孙，艰辛备至。通庠呈请，学宪郑奖以额言曰“节并松筠”。

卷八上　艺文志

沛县知县李棠　重辑

制　命

太仆寺少卿甄实敕命四道

制曰:"朕于群臣之任职者,必推恩于其亲,所以申褒荣之典,而劝天下之为子者也。尔太仆寺少卿甄实,故父子美善,积于躬庆,流于后致,有子为国之用,兹特赠尔为中议大夫、赞治尹太仆寺少卿。灵爽不昧,尚克承之。"

制曰:"国家制推恩之典,以宠任事之臣。其能尽心于职务者,则必荣及其亲。所以示宠褒而励忠孝也。尔石氏,乃太仆寺少卿甄实故母,慈惠善柔,著于闺阃,致有贤子克举其官。兹特赠为恭人。服此荣恩,永光幽穸。"

制曰:"国家马政之重,必牧养以其时,生息得其理,而后资于用者蕃焉。惟太仆,实司马之谅,非其人,朕不轻授。尔太仆司少卿甄实,发身上庠,累为府佐,遂擢斯职,劳勤有年,是用进尔为中议大夫,赞治尹锡之诰命,以示宠嘉。尔其益端尔志,励尔行,懋修尔职,富国之绩,尚观尔能。钦哉。"

制曰:"朝廷褒宠贤能,必荣施厥配,所以彰重典而劝内助也。尔太仆寺少卿甄实妻徐氏,乃原任考功司郎中徐守谦之女。阀阅闺秀,贞静毓燕婉之懿,簪绅作逑勤劳切,鸡鸣之戒,尔夫克称巨任,尔功懋焉。用是,封尔为恭人,佩龙章于无斁,昭鸾德之方新。"洪熙元年。

南京鸿胪寺司仪署署丞马思仁敕命一道

制曰:"朕惟鸿胪之任,专掌乎朝仪,署丞之員,分理乎庶务。其事虽若简而责为匪轻,亦必得人,庶称兹选。尔南京鸿胪寺司仪署署丞马思仁,发身胄监,历任今官,莅事惟勤,持身罔懈,贤劳既积,庆典方行,预加褒锡之恩,奚俟陟明之考。兹特进尔阶登仕郎,锡之敕命,尔其益修乃职,益尽乃心,用酬任使之荣,以俟官阶之陟。钦哉。"正德六年六月初三日。

鸿胪寺鸣赞唐弼敕命一道

制曰："朕为鸿胪之官，典司朝仪，为国近侍，非诸司可并。必僚属得人，庶克济焉。尔鸿胪寺鸣赞唐弼，发身贤关，历迁今职。勤慎并懋，劳效良多，爰锡纶章，以示褒宠。是用，进尔阶登仕佐郎，锡之敕命，尔其益尽乃心，修乃业，需有显擢，副我训词。钦哉。"嘉靖十年五月十六日。

顺天府库大使周孟麒敕命一道

制曰："朝廷之恩，莫重于褒锡，人臣之道，莫大于尽职。故职虽有崇卑之异，忠荩无优劣之殊。尔顺天府库大使周孟麒，发身从事，擢任今官，莅事惟勤，持身罔玷，历年寖久，考称是言。宜有渥恩，以示褒劝。兹特进尔阶登仕佐郎，锡之敕命。尔其益殚乃力，益尽乃心，因酬任使之荣，以俟官阶之陟。钦哉。"嘉靖四十年十一月十五日。

山东青州府益都县知县张贞观敕命四道

制曰："夫人善积自躬，庆贻厥子，虽不及身，终训乃而其启佑之德，岂可忘哉？尔张辅乃山东青州府益都县知县张贞观之父。孝友著于家庭，行谊闻于里闬。爰有令子，克亢厥宗，尔为不亡已，兹特赠尔文林郎、山东青州府益都县知县宠贲龙章，恩辉马鬣。"

制曰："朕读诗至《蓼莪》而悲，人子念母之心无穷已也。考绩貤恩，可无一命以慰其思哉？尔周氏乃山东青州府益都县知县张贞观之母。赋性贞醇，祗躬俭朴。笃生哲嗣，迈迹名封，荣养莫追，徽音已邈，是用赠尔为孺人，赫矣明纶，光于幽壤。"

制曰："朕于郡邑亲民之吏，特精课核，以劝功能。岁遣御史，廉问如诏，则急下玺书褒宠，之所以责成守令，意甚谆悉也。尔山东青州府益都县知县张贞观，清修雅度，敏识长才，擢自制科，试于岩邑，而尔操持严慎，抚字勤劳，荐剡交扬，贤声懋著。兹以考绩，进尔阶文林郎，锡之敕命。夫海岱之间，齐之故墟，而益都丽郡，尤号难治。尔敷政兹土，卓有劳绩矣。朕将观尔后效，以需其成，嗣有显陟。钦哉。"

制曰："士君子学而业成，仕而政成，虽其自树，亦闺阁之懿，有以赞助之也。尔山东青州府益都县知县张贞观妻高氏，毓贞名阀，媲德令人，婉顺能从，俭勤靡懈。尔夫最绩名邑，尔与有劳焉。是用封尔为孺人，翟服有华，燕私弥儆。"万历十五年五月二十二日。

浙江衢州府江山县知县张斗敕命四道

制曰："夫人潜德在躬，而不获效用于时者，必有亢宗之嗣起而显扬之。此天道之常而图宠所必加也。尔张密乃浙江衢州府江山县知县张斗之父，敦行好古，履垣居贞，孝友无间于乡评，诗礼聿彰于庭训。有子著循良之绩，实尔弘启佐之功。爰霈恩纶，用昭余庆，兹封尔文林郎，浙江衢州府江山县知县，祗承枫陛之鸾章，荣迓椿庭之鹤算。"

制曰："父母俱存，君子乐之，而况上徼恩命之荣，内奉慈颜之喜，尤人情所深愿而不可必得也。尔安氏乃浙江衢州府江山县知县张斗之母，植性幽贞，秉心孝敬，赠佩得宜家之道，和丸成勖子之功，躬睹宦成身，膺禄养亦既食其报矣。是用封尔为孺人，寿祉介于北堂，誉问流于中壸。"

制曰："朕轸念元元，思与亲民之吏噢咻而安养之。其有心劳，抚字绩效，循良者，宁靳褒纶，用昭异政。尔浙江衢州府江山县知县张斗，赋资敏练，抱器渊宏，发颖巍科，宣猷钜邑，明能摘伏而本之于诚，才足理繁而持之以慎，濊泽弘敷于蔀屋，贤声茂著于花封。稽尔荐书，中于赏率，兹以秩满，授尔阶文林郎锡之敕命。夫须江之俗，昔称教厚，挽敝习以复淳风，是在良有司加之意耳。尚笃初忱勉，图终积行有显。陟以答尔劳。钦哉。"

制曰："朝廷课绩臣工，疏荣家室，良以勤民之吏，夙夜在公，必有中壸之助。以纾其内顾之忧肆，褒嘉不可后也。尔浙江衢州府江山县知县张斗妻王氏，名门毓秀，哲士作逑。宜家谐婉燕之欢，媲德且鸡鸣之警。眷言淑媛，宜锡殊恩，是用封尔为孺人，荷翟茀之方，新服鸿休于未艾。"万历十九年十一月十八日。

户部河南清吏司主事蔡桂敕命四道

制曰："夫士既以儒显而不获展儒之用，则其后必复有为之儒者起而光大之。此世业之相承，亦天道所默予也。尔原任浙江温州府乐清县县丞蔡俸，乃户部河南清吏司主事蔡桂之父，行蹈准绳，才优经济。贤关毓秀，丞簿宣猷，摄邑而惠溥闾阎，御寇则功弘保障，林泉养晦，堂构诒谋。尔之泽长矣。兹特赠尔为承德郎、户部河南清吏司主事龙章敷一命之荣焉。鬣焕百年之賁。"

制曰："孝子于母恩深，鞠育念切，显扬欲报之心，岂以存殁间哉？肆朕有追叙之恩劝孝也。尔卢氏乃户部河南清吏司主事蔡桂之母，懿德夙成，令仪兼备，赠佩表宜家之范，和丸成勖子之功。睹宦业之相辉，见闺彝之靡忒。特赠尔为安人，紫绰疏华，玄扃增耀。"

制曰："朕惟计臣之易知也。试之会计以观其才，试之脂膏以观其守，其亦莫之爽已。尔户部河南清吏司主事蔡桂，气度温文，才猷练达，乡抡擢秀，郡倅宣猷。廉平久著于零陵，干济入襄于京兆。升华虞部，服采度支，而尔，厘奸有裨于诸司，秉操不缁于督饷，可谓祗厥叙矣。兹以岁阅，持授尔阶承德郎，锡之敕命。夫心计之臣，持筹而算，不失锱铢，然非生财盈缩之源也。啬于躬而严于吏，留不尽之利于民，斯本裕矣。尔既试有成劳，益收后效。钦哉。

制曰："人臣由学而仕，著有休问岂直自树者厚哉。盖亦资内德焉。故虽既没，而褒恤之礼也。尔户部河南清吏司主事蔡桂妻崔氏，孝敬承尊，宽仁治内，尔夫数历内外，以廉吏闻，尔有助焉。乃副笄方迓乎龙光，而环佩已捐于燕婉，良可悯也。是用赠尔为安人，尚歆明綍之华，永作幽原之贲。"万历二十四年二月初五日。

原任杭州府通判张汝贤封诰五道

敕曰："盖积善者庆流于后嗣，而扬名者光显于前人。国家以子贵贵其父，率是义也。尔，张温乃原任浙江杭州府通判汝贤之父，敦伦尚义，履道守贞，行谊高于乡评，诗礼彰于庭训。尔子倅郡有声，尔之功也。是用赠尔为承德郎，浙江杭州府通判，尚歆纶綍之华，永播泉台之耀。"

敕曰："嫡母之重，丽于严君。朝廷嘉予，劳臣疏荣。首被所以劝孝而正始也。尔刘氏乃原任浙江杭州府通判张汝贤之嫡母。婉柔载德，简静宜家，茂宣樛木之慈，光启螽斯之庆。循良既奏，腥善攸征。是用赠尔为安人，松檟流辉，梧棬慰慕。"

敕曰："朕观易鼎从贵之文，而知酬荣之典，并逮所生，从来远矣。尔章氏乃原任浙江杭州府通判张汝贤之生母。天予慈仁，性成勤俭。遵中鞶之训，含章可贞，钟筦簟之祥，亢宗有赫。年虽不永，泽则孔长。是用赠尔为安人。光贲玄垆，誉流彤管。"

敕曰："武林之为郡雄矣。保乂元元，微独贰千石是寄，次之丞，又次之倅，皆慎简焉。苟劳能之，懋著可褒，叙之或遗。尔原任浙江杭州府通判张汝贤，性资纯悫，才谞优长，发迹明经，宣猷会郡，而能公勤莅事，节爱宜民，无惭属寀之刑，允洽环封之颂。劳书称最，赏率攸宜。兹授尔阶承德郎，锡之敕命。昔之称才士者，惟治中别驾之任为能。展其骥足，郡倅亦宁可易也。尔今以绩特闻，亦既展尔才矣。尚懋厥终，庸需大受。钦哉。"

敕曰："人臣夙夜，在公而忘私。顾之念其内助，有足多者。从爵之典，可无逮哉？尔原任浙江杭州府通判张汝贤妻贾氏，阀阅名宗，珩璜令范，脱簪玠而劝学，服织纴以从官。睠乃芳规，疏兹显命。是用封尔为安人。祗承督册之华，益守箴图之训。”万历二十七年。

鸿胪寺序班朱芥移赠父朱臣敕命一道

制曰:“朕懋建储宫,上尊徽号,百官矢劳,一命需庆。鸿胪曹礼官也。其为职华而其关于国容也,重必有先德以开之。显扬之典,其何靳焉?尔朱臣,乃鸿胪寺序班朱芥之父。孝友禔躬,端方植性,行谊协于乡邦,佥称善士;诗礼严于庭训,蔚起嗣人。展采承明,宜勤仪秩,克相东朝之盛事,宜加北阙之宠褒,是用覃恩,移赠尔为登仕佐郎,鸿胪寺序班,如尔子官。景贶方来,元扃永贲。”万历三十年正月二十日。

广惠库大使徐琛敕命一道

制曰:“国制,子有劳于公,皆得恤其私,而推恩于父。矧司莞库,典出纳者乎!褒嘉何可后也。尔徐实乃广惠库大使琛之父。笃行有闻,潜德弗耀,孝弟素著于月旦,义方式衍乎箕裘。尔子库幕宜猷,当官谨敏,皆尔泽所裕也。是用覃恩,移赠尔为登仕郎,如子官,锡之敕命。夫朝廷用人,微劳必录,尔尚克勤,厥官以副。朕命,钦哉。”万历三十年二月初四日。

南京府军右卫经历司经历冯启元敕命四道

制曰:“朝廷溯勚庭训,即布衣蔬屦,犹将荣膺纶綍,矧尝效职于官者乎!尔原任山东兖州府广积大使冯化,乃南京府军右卫经历司经历冯启元之父,雅志儒修,栖身吏隐,服劳匪懈,能无玷于官箴,教子有方,式程功于幕职。是用赠尔为征仕郎,南京府军右卫经历司经历,鸿恩下锡,马鬣增荣。”

制曰:“朕闻,古有为母奉檄而喜者,乃养逮三釜,纶锡半通,岂非臣子之至幸哉!尔刘氏乃南京府军右卫经历司经历冯启元之母,敬慎无仪,柔嘉有则,克贞克孝,承尊勿替于晨昏,书力尽心迪子。允襄乎劳爱,聿昭奏绩,遐寿凝禧。是用封尔为太孺人,服此褒纶,光其舞彩。

制曰:“留都丰缟之邦,府军干掫之任建,设幕职用资筹画,未易称也。积有劳勚,可无褒嘉?尔南京府军右卫经历司经历冯启元,志切儒修,才优干济,储英胄监,服采戎僚。尔能廉清禔躬,勤劳效职,钱谷甲兵之数特谨,疏论濬治之力无遗。绩奏程书,中于赏率。是用授尔阶徵仕郎,锡之敕命。夫一命之吏,至荷丝纶,此固彝章,实称异构,尚励素志,以报国恩。朕不尔忘。钦哉。”

制曰:“朝廷欲劝人臣以忘私,故从而厚恤其私。此疏荣伉俪,不以冗职遗也。尔,南京府军右卫经历司经历妻荣氏,毓姿名族,作俪儒门,竭诚敬以奉姑嫜，秉俭勤而尽家道。绩嘉莲幕，助协兰闺，是用封尔为孺人，祗服龙章，益敦燕婉。”万历四十六年。

武英殿办事中书科带俸中书舍人朱一麟敕命六道

制曰：“朕惟厥父析薪，厥子荷之。譬彼梓材，既勤朴斫，以涂丹雘，故锡类者必推其所自也。尔朱苓乃武英殿办事中书科带俸中书舍人一麟之父。性禀坦彝，行植坊表；恤孤存寡孝友，为政于家庭；乐善好施敦睦，孚评于月旦。迹寄考槃之清涧，业传式谷之令人。贲子丝纶，光兹侍从。是用赠尔为徵仕郎、武英殿办事中书科中书舍人，宠渥初承，幽埏永耀。”

制曰：“慈母玉子于成，俾曳裾禁，近以克华，选则恩勤闵鬻，正欲报之日，已而我躬不阅，可无恩纶以慰之？尔王氏乃武英殿办事中书科带俸中书舍人朱一麟之母，性植温恭，仪函淑令，勤作素严于妇顺，好施久积夫宴功。鸡黍来贤，克赞衡茅之隐；熊丸课读，诞开珪璧之英。慈训如存，徽音已邈，是用赠尔为孺人，宠贲下泉，芬扬中壶。”

制曰：“朕稽古右文，游神翰墨，唯尔凤池，载橐之俦具。官待问朕，将采取焉。谁其华精墨妙，堪清宴之娱，亦足褒已。尔武英殿办事中书科带俸中书舍人朱一麟，起家沛上，掞藻成均，随侍直于西清，每搜奇于东壁，淋漓墨沈，兼娴七制之长；璀璨笔花，丕播三才之誉。供奉无玷，劳勚可嘉，是用覃恩，授尔阶徵仕郎，锡之敕命。夫服宷禁林，趋跄文陛，最号清华，乃自古不乏振藻扬芬之辈；独笔谏者称焉。盖艺事以谏，遒人志之矣。益毖乃心、慎乃事，以膺采录也。钦哉。”

制曰：“士离奥渫而致身霄汉，用力斯以勤已。乃还忆结褵之配，已非其人，能无心恻乎？朝廷亦念及之。尔武英殿办事中书科带俸中书舍人朱一麟妻卓氏，淑静为仪，柔嘉维则，珩璜协范，肇宣儆弋之劳；沼沚扬辉，允佐焚膏之绩。芳闻方昭于彤管，令质遽萎于香帏。是用赠尔为孺人，徽华紫綍，光覆玄扃。”

制曰：“人臣叨侍从，瞻星委佩，诚云夙夜在公，已乃茂襄夙夜之贤，再伤中道，则悯纶能无并沛。尔武英殿办事中书科带俸中书舍人朱一麟继妻于氏，兰茝芳姿，河山令度，方结褵而为妇，遂曳缟以从官。主馈肩劳，曲奉高堂，甘旨鸣环，效儆弼成，内史清华。是用赠尔为孺人，宠被新纶，重光旧德。”

制曰：“夫趾美嗣徽，丈夫所难，况妇人继继相承，而休薇益畅，则闺阁之懿，洵足录已。尔武英殿办事中书科带俸中书舍人朱一麟继室张氏，嘉仪性饰，淑范天成，静好绍夫，令音女三为粲，恩慈均于离里，子一其仪，克宣视夜之劳，聿启摛毫之绩，是用封尔为孺人，式彰内则，茂荷殊褒。”天启元年十月十四日。

武英殿中书房办事大理寺右评事朱一麟敕命六道

制曰："国家褒叙臣劳，必追崇其父，以令德成其子。子以荣名显其亲，交相藉也。尔赠徵仕郎中书舍人朱苓，乃武英殿中书房办事大理寺右寺右评事一麟之父。朴心逼古，完行可仪，持谊而践经，彝里共推为祭酒。韬华而秉大节，人若饮其醇醪。乔椿已萎，而薇省之赖阴方新；风木虽悲，而芝检之敷荣未既。子获秩列于棘署，尔宜宠贲于枫宸。兹用覃恩，赠尔为文林郎、大理寺右寺右评事。屡承紫綍之章，永锡玄扃之耀。

制曰："子之于母也，釜养不逮，睹桮棬有余悲矣。幸而籍国之纶，以疏荣者展慕，亦子情之愉快也。尔赠孺人王氏，乃武英殿中书房办事大理寺右寺右评事朱一鳞之母，禀坤之贞，明巽之顺，鸣机已启，绪于丝纶，尽获早成，交于铅椠。女则妇功，闺门式其徽懿，恤邻周族，中外服其柔明。萱泽长存，芝函载锡，兹仍赠尔为孺人。宠屡渥于明纶，辉存扬于玄室。

制曰："朕覃大庆，于臣邻俾，咸获嘉祉。矧出入承明，依光禁密者于宠施。岂有爱也？尔武英殿中书房办事大理寺右寺右评事朱一麟，才资明茂，质行安详，趋陪清近，直庐昭翼翼之忱；久厕班联，书命有翩翩之致；螭坳知墨，吸沆瀣之精华；鸡舌含香，度琳琅之雅奏。秩从棘寺，声溢薇垣，兹以覃恩，授尔阶文林郎，锡之敕命。夫载笔依日月之际，称侍从掌故吏者，秩清则官方易塞，职简则耳目不棼。尔效职有年，巳用积资，晋加尔秩，尚益著靖其以永终誉。钦哉。"

制曰："士有齐德之配，克宜其家。乃显庸甫构而伉俪，先违遗桂之感，安能已已。尔武英殿中书房办事大理寺右寺右评事朱一麟妻，赠孺人卓氏，夙娴女德，饶有妇能，淑侦则内言不出恪恭，而中馈必持。丁年鼎饪，高堂藉色养之欢；丙夜篝灯，文幌赖勤修之助。缟綦不改，黾勉相从，宜疏薇省之荣华，用表兰闺之幽懿。兹以覃恩，仍赠尔为孺人。恩叠被乎重泉，誉永流于中壶。"

制曰："士不幸而元配不偕，亦既续以鸾胶谐于燕婉矣。无何而复捐中道，匪藉疏荣，曷纾幽恻乎？尔武英殿中书房办事大理寺右寺右评事朱一麟继妻赠孺人于氏，动循内则，音嗣前徽，解佩鸣环，修业率衿袈之训；洁餐馨膳，承欢遵图史之规。赖尔无交谪于北门，尔夫得澹修于中秘。昔劳可念，新宠宜加，是用仍赠尔为孺人，休命叠贲于玄扃，遗芳长存乎彤管。"

制曰："士摄笔清班，得一意优游翰墨而无内顾，必有治膏丝以赞千内者焉。此疏荣所首被也。尔武英殿中书房办事大理寺右寺右评事朱一麟继室封孺人张氏，柔嘉维则，淑慎允恭，甘淡泊以自持，削铅华而不御，无遂为仪，一枲一缕之是习；克勤乃事，采蘋采藻之必虔。丛兰徵阶阤之祥，樛木广房帏之惠。官方用誉，内助足嘉，兹以覃恩，仍封尔为孺人，鸾章再锡，有加象服，方来未艾。”天启二年正月三十日。

赠太常寺少卿张贞观敕命一道

制曰：“朕光昭鸿图，惟阐扬遗直是亟。乃有力持主器，濒死宁以职争生，不挂党人之名。殁弥彰直谏之烈，尤朕所厚加褒恤勿勒，与天下臣民其表章之者矣。尔原任礼科都给事张贞观，灵钟自岱，节著当朝，苍松翠柏清标，大吕黄钟伟抱，初领青齐剧地，遍颂神君，洊登紫闼，崇班蔚成名谏，上自庙谟国是，下及边筴河筹，煌煌议足回天，侃侃画皆经世，属元良之未建，动中外之深忧，尔且预制单衣，抗陈七疏，微臣诚不爱其死，镌秩如饴，神祖亦默鉴其忠，安储卒定，范头堪白，总徽九庙之式，灵苌血自丹宁，惜江潭之永放，纯衷不二，至德可师，重朝重乡。卓然山斗，痛昭考赐环之未逮，叹哲人如玉之已遐，宜加宠贲于芝函，讵忍芳沦于兰畹。是用复尔原职，加赠尔为中意大夫、太常寺少卿。锡之诰命。于戏，精比列星之重，秩升卿月之华，念尔自作臣标，初非食报，顾余弘昭，国典不敢忘旌。奕世弥昌，社稷之纯臣有后，千秋不朽，掖垣之谏草犹香。天启五年九月三十日。

（遗其标题）

奉天承运，皇帝制曰：“资父事君，臣子笃匪躬之谊，作忠以孝，国家弘锡类之恩。尔王祺乃山东东昌府慱平县管河县丞加一级王可继之父。善积于身，祥开厥后，教子著义方之训，传家裕堂构之遗。兹以覃恩，赠尔为修职郎、山东东昌府博平县管河县丞加一级，锡之敕命，于戏。殊荣必逮于所亲，宠命用光夫有子。承兹优渥，永庇忠勤。

制曰：“奉职在公，嘉教劳之。有自推恩，将母宜锡。典□攸隆。尔山东东昌府博平县管河县丞加一级王可继母张氏，壶节宜家，夙著承筐之媺，母仪诒谷，载昭画荻之芳。兹以覃恩，封尔为八品孺人。于戏。彰淑德于不瑕，式荣象服，膺宠命之有赫，益贲徽音。”康熙五十二年三月十八日。

（遗其标题）

奉天承运，皇帝制曰：“政先领郡，虎符寄千里之权；职重专城，熊轼表万民之牧。尔四川成都府知府郭祯，才猷卓荦，资性宽和，移俗易风，广德心而登治理；饬躬率属，谨亮节以树风声。钜典式逢，鸿章宜锡，兹以覃恩，特授尔阶中宪大夫，锡之诰命。于戏。登御屏而纪，续永励素丝。沛纶诰以推恩，式荣华衮，初任成都府通判，二任成都府同知，三任今职。”

制曰：“良臣宣力于外，效厥勤劳，贤媛丽职于中，膺兹宠锡。尔四川成都府知府加一级郭祯妻张氏，终温且惠，既静而专，綦缟从夫，克赞素丝之节；蘋蘩主馈，爰流彤管之辉。兹以覃恩，封尔为恭人。于戏。敬尔有官著肃，雍而并羡，职思其内，迪黾勉以同心。”康熙五十二年三月十八日。

（遗其标题）

奉天承运，皇帝制曰：“资父事君，臣子笃匪躬之谊；作忠以孝，国家弘锡类之恩。尔王言直乃候选州同王嘉训之父，善积于身，祥开厥后，教子著义方之训，传家裕堂构之遗。兹以尔子，克襄王事，赠尔为儒林郎州同，锡之敕命。于戏。殊荣必逮于所亲，宠命用光夫有子。承兹优渥，永庇忠勤。”

制曰：“抒悃奉公，嘉教劳之，有自推恩，将母宜锡典之攸隆。尔，候选州同王嘉训之母韩氏，壸范宜家，夙协承筐之媺，母仪诒谷，载昭昼荻之芳。兹以尔子，克襄王事，赠尔为安人，于戏。彰淑德于不瑕，式荣象服膺宠命之有赫，益贲徽音。雍正十一年六月二十三日。

候选州同知王嘉训，又自遵例请敕命二道

奉天承运，皇帝制曰：“锡类推恩，朝廷之大典；奉公效力，臣子之常经。尔候选州同王嘉训，赋质纯良，持身恪谨，伫服官之奏绩，先报国以抒诚。忱悃克昭，新纶宜贲。兹以克襄王事，授尔为儒林郎，锡之敕命，于戏。弘敷章服之荣，用励靖共之谊，钦兹宠命，懋乃嘉猷。”

制曰：“恪恭报国，良臣既殚厥心，贞顺宜家，淑女爰从其贵。尔候选州同王嘉训之妻程氏，含章协德，合仪凤著，于闺闱黾勉同心，内治相成于夙夜。兹以尔夫克襄王事，封尔为安人。于戏。龙章载涣，用褒敬戒之勤，翟茀钦承，益励柔嘉之则。”雍正六年月日。

卷八下　艺文志

沛县知县李棠　重辑

诗

归沛县道中晚泊留侯城

唐　刘长卿

访古此城下，子房安在哉。白云去不返，危堞空崔嵬。
伊昔楚汉时，颇闻经济才。运筹风尘下，能使天地开。
蔓草日已积，长松日已摧。功名满青史，祠庙唯蒿莱。
百里暮程远，孤舟川上回。进帆东风便，转岸山前来。
楚水澹相引，沙鸥闲不猜。扣船从此去，延伫仍徘徊。见等集。

过沛怀古

宋　文天祥

秦世失其鹿，丰沛发龙颜。王侯与将相，不出徐济间。
当时数公起，四海王气闲。至今尚想见，龙光照人寰。
我来千载下，吊古泪如潸。白云落荒草，隐隐芒砀山。
黄河天下雄，南去不复还。乃知盈虚故，天道如循环。
卢王旧封地，今日设函关。

歌风台

宋　文天祥

长陵有神气，万岁光如虹。有时风云变，魂魄来沛宫。
壮哉游子乡，一览万宇空。击筑戒复隍，帝业慎所终。
重瞳爱梁父，此情岂不同。锦衣绚行昼，丈夫何浅中。
缅怀首邱意，自足分雌雄。尚惜霸心存，慷慨怀勇功。
不见往年事，烹狗与藏弓。早知致两生，礼乐三代隆。

匹夫事已往，安用责乃翁。我来汤沐邑，白杨吹悲风。
永言三侯章，隐隐闻儿童。叶落皆归根，飘零独秋蓬。
登台共凄恻，目送南飞鸿。

歌风台

曾棨

秦皇失其鹿，咸阳为飞灰。沐猴万人敌，叱咤生风雷。
堂堂隆准翁，仗剑起蒿莱。天威动四海，顾视群雄摧。
垂衣坐关中，黄屋高崔嵬。一朝念乡土，万乘忽归来。
酒酣发浩歌，意气何壮哉。大风撼枌榆，白日照尊罍。
焉知天运移，炎祚忽已颓。凄凉千载后，秋草翳荒台。
流景能几时，昆明起尘埃。飘飘芒砀云，飞散不复回。
至今中阳里，恻怆令人哀。

歌风台

元　吴师道

沛宫置酒君王归，酒酣思沉风云飞。儿童环台和击筑，父老满座同沾衣。
一歌丰沛白日动，再歌淮楚长波涌。龙髯气拂半空寒，虎士心驰四方勇。
河山萧瑟长陵荒，野中怒响犹飞扬。高台未倾心未息，故乡之情那有极。

歌风台

韩性

武帐如星连钜鹿，重瞳谁敢相驰逐。刘郎深闭函谷关，坐听城南新鬼哭。
赤鳞半月天无光，阴陵匹马虚彷徨。百二山河笑谈取，殿前上寿称明良。
榆社归来故庐在，山川不改风光改。酒酣自作三侯章，儿童拍手声翻海。
君不见，帐中悲歌愁美人，乐府千载传授新。英雄吐气天为窄，便肯变灭随飞尘。高台古碑字盈尺，神呵鬼护蛟龙石。四海铜雀叹凄凉，坠瓦无声落花碧。
远山横空暮烟起，行客徘徊殊不已。当年遗事尚可寻，断云飞渡香城水。

歌风台

张光弼

世间快意宁有此，亭长还乡作天子。沛公不乐复何为，诸母父兄知旧事。
酒酣起舞和儿歌，眼中尽是汉山河。韩彭诛夷黥布戮，且喜壮士今无多。

纵酒极欢留十日，慷慨伤怀泪沾臆。万乘旌旗不自尊，魂魄犹为故乡惜。
由来乐极易生哀，泗水东流不再回。万岁千秋谁不念，古之帝王安在哉。
莓苔石刻今如许，几度西风霸陵雨。汉家社稷四百年，荒台犹是开基处。

歌风台

萨天锡

歌风台下河水黄，歌风台前春草碧。长河之水日夜流，碧草年年自春色。
当时汉祖为帝王，龙泉三尺飞秋霜。五年马上得天下，富贵乐在归故乡。
里中故老争拜跪，布袜草鞋见天子。龙颜自喜还自伤，一半随龙半为鬼。
翻思向日亭长时，一身传檄日夜驰。只今宇宙极四海，一榻之外难撑持。
却思猛士卫神宇，安得长年在乡土。可怜创业垂统君，却使乾机付诸吕。
淮阴年少韩将军，金戈铁马立战勋。藏弓烹狗太急迫，解衣推食何殷勤。
致令英杰遭妇手，血溅红裙即追首。萧何下狱子房归，左右功臣皆掣肘。
还乡却赋大风歌，向来老将今无多。咸阳宫阙亲眼见，今见荆棘埋铜驼。
台前老人泪如雨，为言不独汉高祖。古来此事无不然，稍稍升平忘险阴。
荒凉古庙依高台，前人已矣今人哀。悲歌感慨下台去，断碑春雨生莓苔。

歌风台

汪巽元

碑存溪石高嵯峨，汉字漫灭新镌讹，台非旧筑行人过。赤帝当年布衣起，
老妪悲啼白龙死，芒砀生云凝夜紫。一朝花发咸阳春，老剑磨血消京尘，
归来故里天上人。千古斜阳愁色里，草没荒城狐掉尾，不信英雄化为鬼。

歌风台

周权

横空阵气长云黑，戈铤照耀旌旗色。龙跳虎跃神鬼愁，汉楚存亡一丝隔。
相持两地皆雄据，楚力疑非汉能拒。瑞起炎图芒砀云，悲歌霸业乌江路。
空余故垒传遗迹，离合山河几勍敌。战尘吹尽水东流，落日沙场春草碧。

歌风台

明　薛瑄

素灵夜哭秋郊月，汉祖吴钩三尺血。芒砀云气从飞龙，咸阳竹帛随烟灭。
独驱群策驱群雄，汉中一旅红旗东。韩郎对语识成败，董公遮说开天衷。

王者之师仁以武，诸侯效顺力如虎。关河百战芟群雄，垓下一歌散强楚。风尘荡涤天下清，万乘不忘布素情。黄屋归来见乡邑，燕饮父老如平生。酒酣拔剑高歌起，歌词激烈振天地。雄志深知大业难，霸心尚存猛士倚。群儿逐和声悠扬，起舞四顾何慨慷。乐极哀来泪沾臆，魂魄千秋思故乡。遂令此邑为汤沐，独承天宠何优沃。四百休运同始终，三国遗民想兴复。至今有台泗水滨，雄豪一去余千春。坏埒层层积苍藓，平原漠漠生黄尘。我来正值清秋暮，桑柘萧萧叶飞雨。泗水南流芒砀高，霸业王风复何许。徘徊重是古帝郊，摩挲石刻心劳焦。俯仰秋天莽空阔，杳杳鸿鹄凌风高。

登歌风台

安成　李时勉

君不见，歌风昔日有高台，古人不见今人哀。
露砌荒凉余白石，断碑剥落生苍苔。

忆昨歌风台下路，凤辇归时花满树。
锦筵戏乐天上来，娇娥舞袖云中度。

威加海内未可论，何如归见旧山村。
青云壮士古来有，白发遗民今少存。

秋日经过望齐鲁，野草寒花是谁主？
远色平分砀北云，寒声暝度丰西雨。

层台垒榭势转奇，世人相逢那得知。
好看汉祚从此启，铜雀姑苏空尔为！

歌风台

唐顺之

我来拟上歌风台，岂意台空只平地。
琉璃古井亦崩塌，断碑无字苔藓翳。
当年此地说豪华，富贵归乡多意气。
枌榆社里列黄麾，泗水亭前张赤帜。
里中父老竞来窥，昔日刘郎今作帝。

共谈畴昔帝一噱，季固大言少成事。
椎牛张宴里闬空，进钱今日几万计。
坐中只带竹皮冠，众里长呼武妇字。
酒酣击节帝起舞，乐极歌残更流涕。
游子谁不悲故乡，万岁吾魂犹乐沛。
赐名此朕汤沐邑，世世田畴免租税。
风起云飞又一时，往事萧条复谁记。
樵人不识斩蛇搜，行客还归贯酒市。
台下黄河尽日流，瞬息人间几兴废。

歌风台

徐渭

醉媪酒，卧媪垆。武家垆畔鼾呼呼。
丰沛中，群酒徒。噱季鼻大糟所都。
谁唤隆准而公乎。十二年，左纛还。
着红衫，应午炎。七尺所临万马环。
诸王列侯敢不虔。猎徒酒伴隘巷看。
独召故老金爵乾。惜青齐，赭朱颜。
乃思猛士得将安。归问野鸡还我韩。

歌风台

张贞观

大蛇中断老妪哭，泗上真人起逐鹿。提去三尺失紫氛，归来五载得黄屋。
沛中父老欢相语，落魄刘郎今帝服。豁达应念故乡人，故乡会且乞余馥。
帝去游子悲故乡，其以沛为朕汤沐。烹薛酾酒燕沛宫，醉舞酣歌仍击筑。
寄兴风起与云飞，翩翩豪气凌苍覆。磐石疆场意念深，恨无猛士托心腹。
汉家相传四百年，一脉忠厚从兹毓。嗤彼锦衣绚昼游，楚猴冠沐真朴樕。
太牢帝始重儒林，放歌谁谓霸心伏？挥涕慷慨不胜悲，中情似悔韩彭族。
展也帝为马上翁，茹芝讵解尊绮角？陵勃终称社稷臣，即伊猛士岂碌碌。
万岁千秋归沛魂。计今应在泗之澳，可堪原庙久荒凉。蔓草寒烟难寓目，
看取勋业是如何。奄忽已更几陵谷，今古直从俯仰过。仰天一笑倾酾醁。

新河篇

朱琏

圣人出震黄河清，舳舻万国咸输征。忽而冯夸旋盥轴，究徐千里洪涛侵。
荇藻栖宫龙走陆，桑田新作鲛人屋。漕舟远近尽胶泥，居民黔白皆含哭。
事闻阊阖动宸衷，沈玉投薪未有功。佥曰考亭能继禹，乃借少宰为司空。
司空重来东土喜，万户编氓生意起。国中棠树勿剪伤，天上衮衣姑信处。
金章玉节驻河滨，只见洪流不见人。白浪潺潺吞地尽，黄云冉冉入波深。
周旋顾视公心恻，谋国应当建长策。阳侯未可与争锋，为下先须因潴泽。
询之夏村有旧河，用力实少成功多。公先桴鼓率百役，师徒任辇咸讴歌。
如何新进摇国是，谗口嗷嗷向尧吠。舍新图旧有虚词，横木柔沙无实地。
公笑书生未读书，以水治水胡可滞。黄河自古难复故，禹迹茫茫今几处。
圣明天子信任坚，朕贵成功不贵言。逾月圭书驰殿陛，浃旬漕舫到幽燕。
吁嗟成功贵在断，吁谟莫遣浮言乱。当时尧禹不同心，平成事业何由见。

奉和汉祖庙下之作

皇甫冉

古庙风烟积，春城车骑过。方修汉祖祀，更使沛童歌。
寝帐巢禽出，香烟水雾和。神心降福处，应在故乡多。

沛　县

傅与砺

县路迷青草，行人荫绿杨。时逢沛父老，能说汉君王。
芒砀来秋气，彭城送夕阳。凭高发慷慨，远色正苍苍。

沛　县

程敏政

万乘还家日，威生泗水前。楚歌聊复尔，汉业已茫然。
宿雨苔花乱，斜阳树影偏。一台惭戏马，相望一千年。

沛　县

吴澄

黄屋巍巍万乘尊，千秋游子故乡魂。韩彭自取夸三族，平勃犹堪托后昆。

湛露只今王迹熄，大风终古霸心存。当时尽是规模远，愿起河汾与细论。

沛公亭

吴澄

遥山寂寂对危亭，坏砌欹沙柳自青。四海久非刘社稷，千秋犹有汉精灵。丰西雨散烟沉浦，砀北云来雨入庭。坐觉酒酣思猛士，歌风台下晚冥冥。

歌风台

罗坤泰

翠华遥指故乡来，隆准高歌亦壮哉！
海内风云三尺剑，沛中烟雨数层台。
斩蛇空洒秦灵泪，戏马常怜楚霸材。
二十四陵俱寂寞，古碑犹自枕苍苔。

歌风台

叶铭臻

黄屋初乘入故乡，悲风徒此醉壶觞。
固知有国因三杰，复恐无人守四方。
丰沛到今何寂寞，风云终古自飞扬。
荒台独上追陈迹，空见残碑傍夕阳。

汉汤沐邑

屠隆

汉家汤沐旧山河，宫树临淮控夜波。
明月可能销艳舞，西风吹不散悲歌。
山中紫气春阴合，台上黄云秋色多。
万岁欢娱欢不足，平沙辇道此经过。

登歌风台

沈梦麟

孤舟入沛夜如何，况复登台感慨多。
龙虎已销天子气，山河元入大风歌。
九霄霜露凋黄叶，五夜星辰下白波。

独有当时三尺剑，至今光在未全磨。

歌风台

李盘

古道春阴赤帝城，疏藤斜竹隐丹楹。
鸿沟未许中分立，龙彩常惊五色横。
台上风云丰沛酒，马头烟雨古今情。
相逢莫叹山河改，莺语犹能出汉声。

歌风台

叶向高

汉帝歌风去不回，空山落日照高台。
一从芒砀无云气，几见昆明有劫灰。
原庙草荒清跸路，断碑苔掩浊流隈。
长余魂魄千年在，惆怅枌榆事可哀。

颜公祠

杨士奇

平生金石见临危，就义从容子亦随。百里山河遗县在，一门忠孝史官知。故乡住近文丞相，光德传从鲁太师。欲吊邱坟何处是，离离芳草泪空垂。

颜公祠

刘玉

大厦原非一木支，纲常轻重此心知。未驱玄武门前骑，已拔丹阳镇上旗。千古伯夸真义士，九原卞壶有佳儿。荒坟偏洒行人泪，泗水南流无尽时。

颜公祠

邹守益

臣忠子孝首阳情，坐障江淮急浪平。吉郡流风宜有此，鲁公余裔亦知名。祠下新碑齐卞氏，云端清梦到芗城。焚香复古谈遗事，露净天空见月明。

过沛怀古

李东阳

小县萧条野水滨，旧时遗迹尚风尘。山中白帝先降汉，天下黔黎正苦秦。

五载衣冠朝北面，三章号令忆西巡。南畿亦是今丰沛，莫作凄凉吊古人。

夏　村

王世贞

一片云飞护夏阳，人传帝子大风乡。波分沂泗争天堑，沟号胭脂带汉妆。碧树断香销艳舞，青村含景入斜阳。年年飞挽趋京洛，王气犹经水一方。

登微山问留侯墓

马出沂

微山湖面自嵯峨，乘兴西风一棹过。山岂余怀何磈磊，水还世态恁风波。野翁惯见云霞幻，渔艇常亲鸥鹭多。可是张侯曾蜕委，一邱长此寄烟萝。

春雨楼

顾大申

临河面郭耸朱楼，缥缈波光楼上头。东海万山分障列，兖州泗水抱城流。望中烟绕长堤柳，天际云浮锦缆舟。况复夜凉凭眺里，水晶澄碧起吴钩。

沽头二首

张璧

摇落霜仍重，苍茫月正圆。蓬窗临水坐，时见打鱼船。

清沙怜石峭，红树讶霜寒。卖谷人争市，收鹾客上滩。

歌风台（三首）

陈孚

沛中一曲大风歌，谁识尊前慷慨多。拔木扬沙睢水上，大风中有汉山河。其一

沛上风云志未酬，彭城先有锦衣游。同为富贵归乡者，只是龙颜异沐猴。其二

原庙衣冠久已灰，断碑无首卧苍苔。至今风起云飞夜，犹想帝魂思沛来。其三

歌风台

于钦

素灵夜哭赤旗开，鸿鹄高飞楚舞回。
猛气消沉人易老，白云千载绕荒台。

歌风台

李凤

一剑西提与楚争，风云惨淡五年兵。
归来四海成家日，犹自悲歌气未平。

增　辑

百里芙蕖

徐州郡守　石杰乙未进士

红衣翠袖美人妆，水国风坞特地凉。载得扁舟天际去，藕花深处梦魂香。

微山雪霁

一片湖光耀眼明，层峦叠玉雪初晴。山中可有袁安卧，未许劳人问水程。

四郊桃李

沛令　李棠

升高望四野，佳哉何葱芊。大地弄春姿，桃李争芳妍。
能红复能白，匝匼笑嫣然。烂如披缛锦，濯濯川江鲜。
蒸霞赤城上，积雪峨嵋巅。弱草叠远翠，浅深织晴烟。
谁将丹与素，洒此软碧笺。日长村坞静，鸡犬寂不喧。
二麦况油油，行当歌有年。乃知太平世，恬熙乐无边。
讵入武陵境，何必皆神仙。所愧政事拙，努力希前贤。

百里芙蕖

荷花一百里，彩艳照平湖。接天望不极，乍密仍乍疏。
红妆百余万，分明镜中姝。清香冉冉来，接续无时无。
挂席穷绝胜，打浆入菰蒲。微风一动荡，叶叶倾圆珠。

其上飞鹭鸶，其下游鸳凫。朝迎急雨乱，晚向夕阳铺。
咄哉张子野，烟波空钓徒。倘教来此地，不忆松江鲈。
我将买画舫，载酒千百壶。沉湎不归来，欲觅迷其途。

汉台秋风

亭长成帝业，亟归故里中。魂魄犹思沛，是以来匆匆。
天下已一家，旧游尚挂胸。揽衣升高台，壮怀感大风。
此风吹秦灰，复眯楚重瞳。但怜彭与韩，播荡亦无踪。
其所不能撼，黄石及赤松。寂寞几千年，台倾荆棘丛。
秋鹰叫高树，斜阳下远春。堤柳惨淡绿，长枫萧瑟红。
飒飒鸣败叶，飘飘西复东。悲哉秋之气，伤我怀古衷。

微湖霁雪

微山漾微湖，掩映霁后雪。皎如白玉壶，中藏冰心洁。
迷濛睛力眩，玲珑复澄澈。孤胸赖瀹涤，尘氛蔑隔绝。
野鸥破苍烟，短帆见遥掣。西岭一彗红，夕阳下明灭。
重阴渐销散，稍稍辨凹凸。谁鼓山阴棹，来入袁安室。
寒风吹人衣，敝裘冷于铸。应知天地轧，养此万物茁。
伫当回阳和，春暖水四溢。徘徊久依依，愿借归途月。

汉高帝原庙铭

唐　柳宗元

昔在帝尧，光有四海，元首万邦。时则舜禹稷契，佐命垂统，股肱天下。圣德未衰而内禅，元臣继天而受命。四姓承休，迭有中邦；五神迁运，炎德复兴。周道削灭，秦德暴戾。皇天畴庸，审厥保承。乃命唐帝之后，振而兴之；又俾元臣之后，翊而登之。所以绍复丕绩，不坠厥祀。

故曲逆起为策士，辅成帝图，吐谋洞灵，奋奇如神，舜之胄也。汝阴脱帝密网，摧虏暴气，扶乘天休，运行嘉谟，禹之苗也。鄼侯保绥三秦，控引汉中，宏器廓度，以大帝业，契之裔也。淮阴整齐天兵，导扬灵威，覆赵夷魏，拔齐殄楚；平阳破三秦，虏魏王；绛侯定楚地，固刘氏，皆稷之裔也。克复尧绪，昭哉甚明。天意若曰：建大德者必唐帝之胄，故汉代兴焉；翼炎运者必唐臣之孙，故群雄登焉。是以高帝诞膺圣祚，以垂德厚。探昊穹之奥旨，载幽月之休祐。杀白帝于大泽，以承其灵；建赤旂于沛邑，以昭其神。假手于嬴以混诸侯，凭力于项以离关东。

奉缵尧之元命，而四代之后咸献其用；德乘木之大统，而秦楚之盛不保其位。

既建皇极，设都咸阳，抚征四方，训齐天下。乃乐沛宫，以追造邦之本；乃歌大风，以昭武成之德；乃奠旧都，以壮王业之基。生为汤沐之邑，没为思乐之地。且曰：万岁之下，魂游于此。惟兹原庙，沛宫之旧也。祭蚩尤于是庭而赤精降，导灵命于是邦而群雄至。登布衣于万乘，而子孙得以缵其绪；化环堵为四海，而黎元得以安其业。基岱岳之高，源洪河之长。蓄灵拥休，此焉发迹。盖以道备于是而后行之天下，制成于是而后广之宇内。天下备其道，而神复乎本；宇内成其制，而心怀其旧。宜其正名以表功，用成其始，俾生灵尽其敬焉；陈本以宅神，用成其终，俾生灵尽其慕焉。故高帝定位，建兹閟宫；惠皇嗣服，爰立清庙。绵越千祀，至今血食，此所以成终而成始也。且夫以断蛇之威，安知不运其密，用佐岁功，以流泽欤？以约法之仁，安知不流其神，眷相旧邦之遗黎欤？以绍唐之余庆，统天之遗烈，安知不奋其神化，大祐于下土欤？然则，展敬乞灵，乌可已也！铭于旧邑，以迪天命。辞曰：

荡荡明德，厥维放勋。揖让而退，祚于后昆。群蛇辅龙，以翊天门。登翼炎运，唐臣之孙。秦网既离，鹿骇东夏。长蛇封豕，蹈跃中野。天复尧绪，锺祐于刘。赫矣汉祖，播此皇猷。扬旂沛庭，约从诸侯。豪暴震叠，威声布流。总制虎臣，委成良畴。剿殄霸楚，遂荒神州。区宇怀濡，黔黎辑柔。表正万国，炎灵用休。定宅咸阳，以都上游。留观本邦，在镐如州。穆穆惠皇，宗禋克承。崇崇沛宫，清庙是凭。原念大业，肇经兹地。乃专元命，亦举严祀。建旂衅鼓，遂据天位。魂游故都，永介丕祚。焕列唐典，严恭罔坠。勒此休铭，以昭本始。

汉高帝功臣颂（节录）

陆机

茫茫宇宙，上墋下黩。波振四海，尘飞五岳。九服徘徊，三灵改卜。赫矣高祖，肇载天禄。沉迹中乡，飞名帝录。庆云应辉，皇阶授木。龙兴泗滨，虎啸丰谷。彤云昼聚，素灵夜哭。金精仍颓，朱光以渥。万邦宅心，骏民效足。

平阳乐道，在变则通。爰渊爰嘿，有此武功。长驱河朔，电击壤东。协策淮阴，亚迹萧公。

安国违亲，悠悠我思。依依哲母，既明且慈。引身伏剑，永言固之。淑人君子，实邦之基。义形于色，愤发于辞。主亡兴亡，末命是期。

绛侯质木，多略寡言。曾是忠勇，惟帝攸叹。云骛灵丘，景逸上兰。平代禽狶，奄有燕韩。宁乱以武，毙吕以权。涤秽紫宫，征帝太原。实惟太尉，刘宗以安。挟功震主，自古所难。勋耀上代，身终下藩。

舞阳道迎，延帝幽薮。宣力王室，匪惟厥武。总干鸿门，披闼帝宇。耸颜诮项，掩泪悟主。

猗舆汝阴，绰绰有裕。戎轩肇迹，荷策来附。马烦辔殆，不释拥树。皇储时乂，平城有计——

周苛慷慨，心若怀冰。形可以暴，志不可凌。贞轨既没，亮迹以升。帝畴尔庸，后嗣是膺。

余二十五人，非沛产不载。

艺文补

奏　疏

请筑拦黄堤疏

国朝　海明

奏为敬陈管见，仰祈圣鉴事：窃臣荷蒙天恩，巡视东漕，并司运河挑浚兴筑事宜。兹自德州至南阳，一路工程，均已告成。南阳以下，碎石堤工，亦现在攒办将竣。东省运河，水势深通，粮艘遄行无阻。臣沿河细察情形，苟耳目之所及，有裨于漕务民生者，必留心体访。窃见东省水患，由微山湖之涨溢；而微山湖之涨溢，由黄河北岸之内灌。上廑宸衷，恩旨屡下，并允诸臣所请，挑挖伊家河，开浚八闸月河，以筹其去路。复经臣会同河臣张师载、抚臣阿尔泰奏请，将黄河滩面沟漕填筑乱石坝。又经两广总督臣陈宏谋奏请，将无堤之七十里接筑堤工。钦奉有数年后再看之谕旨。睿虑周详，既明且尽，而臣一得之愚，有亟宜为我皇上陈者。窃查黄河自河南而来，两岸相距甚远，滩面宽阔，水有容纳。一至徐州，两山夹锁，堤工亦渐束渐窄。若将此七十里全筑坚堤，每遇盛涨，固为宣泄无路。然就今日微山湖而论，十数年前，茶城之北，即系湖崖，即深且阔，容纳亦多。乃频年以来，黄水日渐内灌，沿湖日渐停淤。现在湖水，已离茶城十数里不等。水内又系浅滩，一望弥漫，以致湖水不能容纳于南，自然泛溢于北。沛县、鱼、济滨湖一带，民社田庐，易淹难涸。并运河纤道堤工，均被漫刷。今若仍听黄水入湖，不为节制，不惟已涸之田地难保不淹，已修之工程难保经久，且恐不数年间，微山湖势必淤平。不特不能蓄水济运，洳河且受其淤。洳河再淤，东南皆山，不能另开河道，其有关于运道民生者，实匪浅鲜。臣往来韩庄，熟视形势，再四思维，临黄既不便筑坝，而湖身又不可以受黄，欲求无碍于江南，务期有裨于东省，惟有微湖之南，圈筑拦黄堤工，自大吴家集，接旧有遥堤处起，经湾儿集，正家集，茶城至内华山止，约六十余里，筑堤一道。顶宽二丈，底宽六丈，高一丈，即以取土方塘，桃成顺堤河形，导入荆山桥，出猫儿窝，入运。并于内华山西、微湖尾闾，建双金门通湖闸一座。黄涨则闭，涨退则启，以备蓄泄。计需银在十万两之内。查筑堤之处，相距黄河三、四十里，滩面宽广，是水涨足资容纳矣。界荆山桥于堤外，以为归宿之路。是水漫足资宣泄矣。挑成顺堤河形，由荆山桥入猫儿窝，入运，堤外一切沟港坡水，均可由此东注，则滩地既无水患，并可为江省济运之资矣。虽不使之入湖，而黄涨之时，分泄仍旧，则徐城可无隐忧矣。是皆无碍于江南者也。至于东省运河，春夏需水之时，并非黄河出漕之候，原不借黄济运，若谓蓄之伏秋，放之春夏，查伏秋之时，各河水发入湖者多，如西来河南之武陟、直隶之东明，汰黄堤外之顺堤河，又如北来曹、单、郓城、巨野之坡水，嘉祥之柳涞、济宁之旧运、牛头等河，又如东来之汶、泗、府、洸、玉泉、薛、沙等河，其为微山一湖之灌输者，不一而足。更不需有害无利之黄水。况内华山议建闸座，尾闾原属相通，万一旱乾湖涸，或值黄涨，原可启放而入，并非内外阻隔。是得此拦黄一堤，黄水乃免内灌，滕、沛、鱼、济一带民社田庐未涸者，可望渐涸；已涸者，可免复淹。运河已修之纤道等工，可以不受黄水之患，而东南数百万天庾，遄行无滞矣。是皆大有益于东省者也。臣窃见我皇上心殷利济，宵旰忧勤，是以殚精竭思，通盘筹画，谨抒一得之愚，以备皇明采择，是否有当，伏祈皇上睿鉴，训示施行。谨奏。

合词覆奏筑拦黄堤疏

臣刘统勋、臣裘日修、臣尹继善、臣白钟山

谨奏：为敬陈筹办筑堤情形，仰祈圣训事：乾隆二十三年四月三十日，奉上谕：据巡漕给事中海明奏称，东省水患由山微山湖之涨溢，而微山湖之涨溢由黄河北岸之内灌，请于微山湖之南圈筑拦黄堤工。即以取土方塘桃成顺堤河形，导入荆山桥，出猫儿窝入运；并于内华山西建筑通湖闸座，以备宣泄等语，具见悉心筹画。黄河由豫入徐，两岸夹束，河身甚狭。不溃决为铜山诸邑害，则漫延而入于金乡、鱼台。今徐城已增筑石工，足资捍御，而山东之滨湖州县，民舍田庐不免仍成巨浸。孰非吾赤子而忍坐视？果使民生永护安全，即多费帑金朕所不惜。且年年蠲赈，所费不更无已耶！但是否实有裨于东省而于徐郡两岸亦不至另生险工？或究不如于北岸无堤处所，接筑堤工之为得计，着尚书刘统勋驰驿前往，会同尹继善、白钟山，逐加阅勘，详筹妥议，请旨办理。梦麟、裘日修如尚在河干，着一并会同查办。钦此。钦遵。

臣等伏查黄河北岸，上年因虑漫水过多，当将花庄沟槽筑做碎石坝工。本年春，于议覆善后事宜案内，又将各处土坝改填碎石，并接筑土堰。臣等遵旨，节次查勘，无非欲使黄水有所节制，而又恐束之太骤，致生他险也。今海(明)请于微山湖南，圈筑拦黄堤，并挑挖顺堤河，引河导由荆山桥人运，是原为拦黄起见。但拦之于微山湖边，不若拦之于黄河北岸。恭诵谕旨：于北岸无堤处所接筑堤工之为得计。圣谟广远，洞悉机宜，臣等所当钦遵办理者也。今勘得黄村坝起，至大谷山止，计程六十里，应筑土堤长一万五百余丈，高以六尺，底宽八丈，估需土方银六万余两。其所筑之堤相度地势之高下与河形之纡直，总以离河十里内外为度。庶地面宽阔，得以平衍容纳，不致冲击堤工。其自大谷山至苏家山，计程二里。逼近河身，恐生他险。且两山夹峙，地势高亢，原无庸筑堤。查旧有石坝基址，应行修整，俾平常之水，不致工滩。纵遇异涨，漫坝而过，亦止由荆山桥归运。该处相距微山湖四十余里，且在下游，断不致涓滴复入湖内。如此通盘筹办，在东省既收保障之益，而江省亦可无另生险工之虞矣。所有议筑堤工，臣等现在遴委多员，发帑攒办，务期迅速如式完竣，以仰副圣主慎重河防、奠安民生至意。臣等谨合词具摺、绘图恭奏，是否有当，伏乞皇上睿鉴训示，谨奏。乾隆二十三年五月十七日奏，二十五日奉到硃批：如所议行，钦此。

敬陈河工未尽事条奏

陈宏谋

奏为敬陈河工未尽事宜，仰祈圣鉴事。江南地滨江海，山东、河南诸水皆由此会归于海。全仗干河、支河，节节通流，始无浸溢之患。奈河道日久淤塞，层层阻浅，水到之处，四溢旁流，淹及民田，年复一年，叠被水灾。恭遇圣驾南巡，目击被灾情形，洞鉴全河形势，特颁谕旨，发帑兴修，以除水患。臣等仰遵圣训，往还查勘，通体兴修。原估应挑之河、应建之闸，已于岁内完工。续估之工，亦于二、三两月告竣。凡山东沂河之水，则由骆马河出六塘河，于海州归海。山东运河之水，则由盐河亦于海州归海。其由河南而来者，均由洪泽湖入高宝等河，越应河入闸南行，则于芒稻闸归江，以达海东行，则于盐城之范公堤出闸归海。中间干河、支河，均已节节开通，以次顺流矣。惟地势高下不齐，河水大小不一，各河容纳多少限于地势，亦难预定，尚须随时经理，方免水不为患。臣拟于工程全竣之后，奏请入觐，面领圣训，然后渐次经理。今蒙圣恩，补授两广总督，又奉硃批，即赴新任所，有未尽事宜，未得详细面奏，谨为皇上一一陈之：

此次所挑之河，不下一百数十处。多属旧日河身，加以桃浚。新开之河不过十之一二。此等旧河，有于雍正年间疏浚者，有于乾隆年间疏浚者，止因日久未桃，水淤沙停，年复一年，渐致淤浅，几成平地。今已节节开通，又复酌加宽深，可期永资宣泄。然必须年年挑浚，方免日久淤塞浅阻。盖随淤随浚，为力尚易；日久方修，费必重钜。惟令官民皆有责成，利害相关，方不致视同局外，坐听淤浅。请将所挑各河、近黄运河者，归于河员经管，隔远无河员者，令州县及该地方同知佐贰经管。分清界限，每年秋后水落，会同查勘。有淤浅者，会同州县，分清段落，酌令附近田地民人合力桃浚，年底将某河已经挑浚、某河不须挑浚，造册报院。院委道府人员予春间覆勘结报。有应挑浚而不挑浚者，将经管当官揭参。此等年年挑浚之费，照例田主给食，佃户出力，果有大段阻塞及工大费重者，详情估计，题明动帑办理。至堤闸损坏，不改建另筑者，照此一律，分别办理，则逐年挑浚，可保永远通顺，决不致日久阻塞矣。

地方广阔，所挑之河，每县不过一二处，或止一处，皆系一县之干河，止能泄近河之水，其不及泄之水尚多。请俟今年河水通流之后，督令民间自行开浚支河、小沟，以达于所开之干河。小民见水有去路，自必乐从。再，各处均有道路，路旁原有小沟，不甚通，应于秋冬督率民人将境内路旁之沟挑深，使之通达。即以所挑之土，平垫道路，路渐高而沟渐深，平地之水由道旁之沟顺归干河，田禾免淹，行人称便，处处望此，远近曲折，水皆通流，沟洫之置，兼即行于其间矣。

淮徐海境内，地土非尽瘠薄。可以种植地土一望无际，祇因河流未通，一遇天雨，是处弥漫，或广种而薄收，或有种而无收，一年妄费工本，次年远弃而不种，所以民间地土不甚值钱，亦不甚爱惜。年年望赈于官，地皆旷土，民习游惰。今幸河流疏通，水有去路，尚宜各开沟洫，以备蓄泄，旱潦无虞，如有地处洼下，所开之河尚有不能尽泄之水，则即以开桃沟洫之土，加筑圩围，安砌涵洞，随时蓄泄，以成圩田。乾隆九年，督臣尹继善酌定圩围沟洫条规，奏请举行。彼时扬州之高、宝等县，淮安之山阳等县所筑圩田至今皆成膏腴，已有成效。因河流未尽通畅，虽筑圩围，水无去路，仍被潦漫，遂仍不肯多筑圩围。今河水通流，泄水比前大畅。臣等现在会奏，仍照臣尹继善原奏，开沟筑圩，次第经理□□此等地方，连灾之后，民力拮据，贫富不□□□合力筑圩。臣请自今年水过之□□□□□□地方官亲身往乡，相度地势，劝民筑圩开沟洫。无力者仍照乾隆十一年河臣高斌等奏准，借给银两，助其饭食，勒限一年，筑成之后，所借工本分三年还官。有一年之限，筑圩开沟，不至中过而废弃；有三年之限，则田已有收，民间交远亦易。见在徐州府知府刘瑍、淮安府知府五诺玺、海州知州李永书，尽心此事，堪以办理也。

各河开通之后，上游之水，由高而不可以递层宣泄。内有地处洼下，平日原系湖荡，止能受水，不能通流，今虽开河，节节相通，若与去路，地势相平，或更有仰盂倒漾之势，此必不能免于淹漫者。就下江现在形势而论，如运河之水来源或大，则邳州境内不无受淹之处；海州归海之五图寺河如遇潮涨沙淤，则海州、沭阳境内之洼地，不无受淹之处；河南濉河、淮河之水较前已盛，洪泽之水骤难下泄，必停积于归仁堤以北，所有宿迁、睢宁、桃源三县境内洼地亦不无受淹之处；淮扬运河高邮等坝过水较早，范公堤地势较高，闸水不能畅流，则高邮、兴化、泰州境内洼地不无受淹之处；洪湖五坝过水过多，由宝应湖、高邮等湖漫过运河各坝之水，尽皆东流，芒稻等闸，归江不及，则高邮、宝应、兴化各境内不无受淹之处。此非河流之不顺，实由外水高于内河，形如釜底，地势使然，非人力所可强。臣请俟今年水过之后，看其水势宣泄如何，果有必不能免于淹漫，则将此等田地堪明顷亩，减除粮赋，有可以种植苇草者，改照芦课输纳，听民间采取资生。虽曰弃地与水，而仍为近水居民资生之计。如水深不能种苇者，令为设法安顿，俾民免于失业，以弃为取，究竟所弃者出则已多矣。再，此等低洼之地，见已开有水河一道，遇水落，河仍通流，倘得消涸稍早，仍可种植春麦。每年得收一麦，亦可资生，仍不致全弃也。

黄河在河南孟县以上，两山夹流，不用筑堤，历无水患。自孟县以下，由江南以抵海口，全赖两岸堤工捍卫，宽者则筑遥堤，岸近者不得，以临河坚筑缕堤。江南徐州府铜山县境内近山者亦即以山为堤。惟北岸自李家庄起，至徐城之苏家山，计九十里而无堤岸。河臣靳辅曾经题明接筑遥堤，未及兴工，迨后接筑二十里，至今尚有七十里未曾筑堤。历年河水漫溢滩地，北岸田地皆以受淹。议者以为，黄河南岸逼近徐城，故北岸留此数十里无堤，听其泛溢，以卫徐城，因此不复防护，以至乾隆二十年孙家集漫口，其浑水直趋东南，将微山等湖及荆山桥等河，淤成平地。至湖水不能宣泄，铜山、沛县皆受淹浸，其患皆由于此。上年，仰蒙圣明洞鉴，特命侍郎梦麟等竭力开浚湖口之荼城、小梁山等河，又开挑荆山桥河，多方疏浚，自去冬各河开通，湖水得以畅流，田地方始涸出。自此以后，黄水决不可再令东漫，则黄河两岸不□□□□。

卷九上　艺文志

沛县知县李棠　重辑

记

沛县新城

马津

夫城之设险守关，自古及今，未有能易之者，而其义尤取诸豫。盖重门击柝，以待暴客，非豫则为人所乘也。故天子守万邦，诸侯守一国，罔不有事于此。泗水之东，沛故有城，元人筑之，湮没久矣。今县治临于西浒，其民聚庐托处而已，未有守也。嘉靖二十一年，北有边塞警言者，请修内以攘却之。制曰：可。县尹王君治，始因县治筑城，其垣周五里，筑土为之，高二丈，阔一丈八尺，濠深二丈，阔三丈，雉堞凡千三百二十，高五尺，周庐八所、四门，各据其胜，设楼橹，东曰永清，南曰会源，西曰恒休，北曰拱极。经始于本年十月，次年三月讫工。曾未期月，城池完美，伟然一县之观，可谓应命速矣。县之士夫耆老，咸以学训黄君昶状请记。余惟城池之役，虽曰佚道使民，然非上下之间诚意交孚，鲜有协心而即绪者。城非作之难，作者难也。沛尝为郡为国，其地非不可城，其覆于隍，非不可改作也。乃自我明开国以来，未有能任之者，其难可知属者。县当孔道，河徙岁侵，又苦罢于奔命，非乐土矣。虽有金汤之险，尚虑无以守之，而况草创为城，几与守耶。君子于此，可以观政，可以考时，可以为民庆也。按状，王君先世方岳郡县，代为显人。其始至也，平徭更赋，振业疏冗，肃保伍，弥乱阶，植善良，敦化本，以至警游惰，广储蓄，迁学宫，秩祀典，学道爱人，谨身节用，凡诸要务，率若轻车熟路，按次举行，鲜有阻。今兹城役用银凡若干两，用夫凡若干名，银取诸官而民不知；夫取诸田而民不扰。其民信之，不以为劳，因其所也。然城虽一县，我圣天子用言图治之效，风行万里。四国于蕃，其于无怠无荒四夷来，王之治有足征矣。来者可继也，不可忽也，故曰民之庆也。作沛县新城记。

沛县砖城碑记

费寀

沛徐属邑，自汉兴始著。闻其地高源巨陆，汇泗阻河。四方之贡赋，舟车达京师者道沛无虚日。以故民多业贾。旧无城郭，方承平时民易为生事，使卒有警，则沛被害尤深。岂千百年来无一良有司议兹城者，盖任事之难也。嘉靖壬寅，边圉孔棘，关津戒严，前令王君治始筑土城，以卫沛民。然地多沙棘，霖潦则圮。及周君为令，即行城，慨然叹曰：计大而惜小费，举事而忘永图，非政也。沛其可晏然土城已乎！既又曰：民未知信，不可劳也。于是赈穷苏困，节用平赋，辟荒抚流，锄梗植良，专务修其政教，行之二年，民和岁丰，敝蠹废举，曰：民可劳矣。乃协丞吴元祥，簿齐邦用、蒋廷瓒，史林大理，集沛之缙绅父老与其秀子弟于廷，议厥砖城事。咸唯唯。白诸当道，若巡抚、都御史王公、喻公，巡按监察御史陈公、兵备副使王公，又咸可之。君于是下令，召陶暨梓暨厥圬墁，度工商材，各有成画。凡陶之薪，则征诸计亩；梓之材、圬之灰、石工之饩廪则出诸公锾，董役则简诸干勤。若官耆张进、杨文焕者，费不民敛，役不农妨，趋事子来，如治私作。工始于丙午季秋，讫于丁未孟夏，仅五月而告成。城延袤仍旧，垣高二丈四尺，基厚二丈五尺，颠半之雉堞凡千四百五十有六，为台八座，座置铺舍一区；为四门，门有子城，惟东门缺者，以运河妨，上各置楼五楹。东曰长春，南曰来薰，西曰永清，北曰拱辰，西南势稍下，故为石门以泻水，中树铁镖五枝。卫城有濠，捍河有堰，登城而望，则见其据淮上游，屹如巨镇，彭城芒砀诸峰，相比肩立。使沛中之山若增而峻，水若辟而深者，非兹城也乎。城成而鲁寇适张，邻邑骚动，沛独恃以无恐。民咸颂曰：此周君赐也。又方修砌时，土崩者三，而役者辄先警避无恙，人尤异之以为君诚感所致。噫！其然乎，其然乎。乃今邑博朱君，偕缙绅父老与其秀子弟胥谋镌石纪其事。请言于余，余曰：嗟城之系于政也，岂易易为哉。予读《春秋》见其书城不一，而独于城刑无贬辞者，知役有不可已者也。向使信不孚民，时诎举赢，非时用众，则大咎必加焉。若是，则城果易为哉。兹役也，众和财裕，使之以时，可谓得新城之道矣。虽《春秋》固将是之。君子以是知沛之永逸也。周君名泾，江西贵溪人，乡进士。予门生将来树立，当必为国伟器者。沛城之功，乃其初试云。

重修县治记

李时

予昔将上春官，一夕梦坐瞿塘滟滪石上，水泛没足，四顾无人，予安坐，略不为惧，顷则徙登高台，悟曰：此何祥也？壬戌春，拜沛令，至则谒庙道口，过飞云桥，桥下涓涓细流。问之，曰：此黄河故道，计三千年一至。癸亥仲夏，河水果从西南入三里河，佥云：是其候也。西南境先被水患。予亟补筑三里河堤以捍之。逾时，溃堤入飞云桥。甲子秋，水洊至，视前有加。是冬予入觐，乙丑孟春积冰水暴，至冲决桥两岸，堕南月城。仲秋七月十一日乃洋溢无涯，没阜襄城至五六尺。予塞四门，幸不浸灌，然泉窍潜通，县廨迤西北，水亦二三尺许。出入门堂，揭衣徒涉，公廨墙垣，次第倾覆。予亦挈室避之民居。院史上状，世宗皇帝遣大臣祭告，出内帑安抚。浊流北趋，下流壅塞漕渠，一淤几百里，散漫乱流，直冲城西址，运舫皆乘急流而行，缆夫则登城而挽，如是者数月。官民凛凛，佥谓此水继来，势将无邑。丙寅仲秋，及期大至，民无生气，幸决西堤北走，以杀正流，城址如故，止积淤五尺。外高内洼，城中汇为水潴。至于丁卯夏，中乃涸焉。院史议改邑就新河高阜。予曰：民苦垫溺，坊乡流徙，遗民方免巢居，呻吟未息，迁何以堪？乃募民先筑中后堂基，约高三尺余，次露台，次仪门，次鼓楼，悉仿旧营建，以树标准。院史罢迁议，助修行院及僚舍、吏曹、城垣、南楼，近前蔽则撤移稍东。总理部院檄，修补旧堤及古土城为县学右臂，防水直突。是役也，不无劳民，然视改邑，力省万倍，财贿无算。以是年十二月百工告成，且淤高而水远，无复决。沛民复故土，渐次就业。嗟乎，沛昔贤令当富庶之会，运道之通，民丰物阜，如登春台，不三五年而迁。予适遭其变，独淹者六年。追思畴昔之梦无不征验，若天待予以宁是邑。及阅中堂落成，题“并戒”。亭题一为正统丙寅，去今百一十年；一为正德丁卯，去今六十年。天人相感之际，先征诸梦，易穷变通之数次，协于支干，是岂偶然哉！是岂偶然哉！

沛新迁县治记

张贞观

沛当黄河下流，冲蚀激射，夷陵断岭，沙漫土淤，率以为常。旧治而临泡水，乃父老相传，去旧治西南一射许，今三官庙址为古城头，则泡水贯沛城其来久矣。嘉靖壬寅，永年王公治始筑新城，南阻泡而东临泗，县治随逼近南子城。时以筑城迁学二役，一时并举。卒未议迁意，有待也。嗣丙午，贵溪周公泾始包城以砖，县治尚仍其旧。甲子，黄河北泛，冲泡湮泗，运且徙而东。今皇帝丁丑，河复泛，城几不保，赖南部马公昺力捍获免。癸卯秋，黄河挟淫潦卷地北趋，溃堤灌城，官舍民居，胥沦于水。议者遂欲迁邑于戚以避其锋。士民皇惑莫知所定。会总河大中丞长垣李公行河过沛，登陴望曰：民即陷溺城，固屹然，关厢闾井，依然无恙。乘毁废，迁县治，就中以实之，在得人耳。何事迁戚，顷诸当道以沛频遭荡析，兴废起坠，非绵弱所克肩。爰简所部诸僚，得今邳郡守永宁李公，旋以虹尹迁知沛事，异数也。公至，则寄家民舍，寄身残垣毁陴。间日图所以修护堤，新县治者。邑缙绅父老咸以为迁县便。不佞亦僭陈五利之说效之公。公是郡议，遍牒诸当道。诸当道咸报可。徐太学生高君彭寿者，素擅堪舆家言。公延而礼之，得盛地于城之坎隅。其地水深且数尺，众病，其功之莫施也。公毅然曰：天下容有难竟之功哉，顾任之何如耳。爰诹日动众，畚土于城垣之外沉之水者；再逾岁，而基始就；地盖逾三十亩，称钜矣。念分治非人无以征功稽效也，选邑民干济者十余曹，谓之曰：惟兹大役，岂一手足、一耳目之能办哉。尚其襄子不逮，而终底于成。诸役奉命惟谨。鸠工集徒，晓夜趋事，即祈寒暑雨靡间。公亦谢众务，不时诣工所简视之一砖瓦，一榷桷，罔不凝精注念。诸匠之勤惰工拙，心谙目计，又无不人人效力，人人咋舌者。史称：陶士行之治荆襄，诸葛武侯之理蜀，竹头木屑罔或弃，而贤愚佥忘其身者，公近之矣。是役也，经始于乙巳之夏，落成于戊申之春，时阅三岁，乃辇土垫基居三之二，营堂宇，树垣墉，则甫满一期云。费出当道所捐助者，十之五；出公所自酬划者亦十之五。不借财于帑藏，不殚力于闾阎，则公所为蒿目焦心者多矣。当公莅任时，首询不佞以兴革之要，不佞申臆曰：非常之事，恒待非常之人。当可为之地、值得为之时而不思为地方建不朽之业者，非夫也。意不无厚望于公。公兹且有味予言而力图不朽矣。亦知公所以图是者之难乎疮痍甫脱，众议沸腾，为高因卑，骇人视听，则持议难；库无朽贯，庾鲜陈积，民靡盖藏，时诎举盈，则筹费难；安陋就简，今古类然，力拂众心，独行己意，则任事难。公顾不难人之难而独易己之易，则公之大过人也。公惟有过人之识，故群议不能挠；惟有过人之画，故繁费不能窘；惟有过人才，故庶事不能困，树不拔之业而垂永世之名，厥有由矣。曩永年、贵溪两公，以筑城迁学著；今公又以迁县显沛人士所宜世世崇之畏罍者，将微三公其谁与归？邑缙绅父老以公是举实百年旷典。不可无纪以示后。爰授简不佞，俾文而镵之石。

迁县附记

李汝让

新县之迁，力其事者不佞汝让，而首其议者则邑都谏惺宇张公也。方河之决堤灌城也，富者携妻孥出避，贫者依埤垸为家，四顾汪洋，居然水泽，议者遂有避地迁县之议。当是时也，何得有城？何得有今新县？独都谏君屹不为摇，泊宅水滨。不佞让亦假丽谯视事，得相保而有今日。乃新城所占之地，多都谏君业。不佞请以官地偿之，都谏君坚不受曰：郡侯为乡邦建百世不拔之业，而为邑人者顾独吝尺寸之土，不以成厥美且阴有市心焉，亦何以间于邻国？不佞亦高谏君之谊受其地，得藉手而成今县治。今年秋，县治落成，辱谏君不鄙赐文，勒之石，乃谏君首事让地之美，不表示后人，则不佞汝让过也。聊疏数语记诸石，匪徒示后之守土者知所景仰，亦将示后之父老、子弟颂都谏君高谊无穷期云。县地占都谏君地十分之七，而出蔡司徒、张司寇、王宁津、高太学者则十之三焉。都谏君名贞观，司徒名桂，司冠名斗，宁津名嘉宾，太学名棠，其地东至宁津，南至都谏，西至司徒、司寇，北至城址。地凡四十三亩五分。他若督工乡民得列名下方者，录勤事意也。

沛县县令题名记

李汝让

题名有记，厥来旧矣。今天下内而台省，外而郡邑，在在皆然。乃是邑独缺，岂前政者未遑图耶？邑介徐济南北孔道，缙绅过往，络绎不绝，有司者日饰厨传，戒徒旅役，役役风尘，仆仆道左无宁刻，且地又濒河，水不时至，荡蚀田庐，岁仍不登，民半流移，逋赋山积，征输最苦。簿领倥偬，礼文不暇。职此之由，不佞承乏是邑，亦几六祀，爬剔庶务，补苴疮痍，粗获就绪。今年秋，始考邑乘，自费公忠，信而下得若干人，刻石堂左，敢曰补前政者之缺，聊以备故事云耳。汉帝有言曰：郎官上应列宿，出宰百里，苟非其人，民受其殃。宋孺程子亦云：士大夫自一命而下，苟存心于爱物于人，必有所济。信斯言也。为民上者，可不谨哉？要在上体朝廷设官之意，下谅斯民望治之心，毋徒驿传其民，使民亦毋得以驿传视己。斯于令也几矣。抑闻之上下一体，感应一机，如风偃草，如鼓应桴，莫或爽者。与其令民有口碑，孰若令民无腹诽？与其令民有在官誉，孰若令民存去后思？凡我有位君子，其尚懋勉而毋忽焉。是则不佞今日题名意也。

创建夏镇分司记

雷礼

沽头故有分司，自成化乙巳宪皇纳平江伯陈公锐议，命主事陈宣治水事，于上沽头东隅创建衙宇。嗣后莅兹土者相继增葺，至嘉靖四十四年七月河决漕淹，公署淤没，司官暂憩民舍。值大司空吉安镇山朱公，都御史吴兴印川潘公，会三省抚巡及司道等官，佥议旧河弥漫无迹，工难施，题下工部会官覆议。奉世宗俞旨，改凿新河，将分司议驻夏镇。缘连岁经营河工，未遑兴造。至隆庆二年七月大工底绩，主事陈楠子材乃买民地十八亩六分，定基址，其工费司道会估，请于朱公允支河道银两，檄沛县知县李时总管，主簿高述、典史胡朝器分管。于是月初九日起工，八月十六日起正厅及大门，九月十二日成寝楼，十月初四日立大门、仪门、并仪门内东西小房、行廊，十九日兴后堂及寝楼并后堂东西侧房，缭以周垣。宽广视沽头旧基加倍。垣外南留八丈八尺，北留三丈五尺，西留三丈为官路便往来。值予告老南行，抵其地阅视工程，子材求予记其事。予闻建大事者不胶于一迹，图永逸者不惜乎一劳，国家定鼎北京，军国之需仰给东南贡赋，其漕艘必由徐沛浮济以达于帝都。济宁据中原之脊，其地独高，漕河跨之，势倾南北，三沽当其下流，为咽喉要地。正统以来，黄河北徙靡常，涨溢无所底止。丰沛屡罹其患。至嘉靖年间，前后冲决淤塞者凡几，处建白经理者凡几，疏卒不免三沽淤没焉。此其为咽喉之病，非一日矣。可蹈常惜劳而不思所以疗之耶？夫治人之病者，必先通咽喉，利饮食，庶命脉不虚。今三沽淤没，阻滞南北咽喉，治之不可不先且急。镇山公操国手，切脉络，聚集良方，力主改凿南阳，贯夏镇，通留城，接旧河，使咽喉利达，漕艘无梗，而国家命脉实永赖之。其视善治病者使人气血流通为何如也？矧夏镇居昭阳湖东，地形峻且远，黄水不能淤没，实天设此地以俟改凿通运道，而分司创建不有待于今日欤？子材负隽才，躬亲河患，督夫役疏凿堤防而宣节之，冒风霜者凡数载。兹奉镇山指画，率属官新轮，奂使荒僻草莽之墟，峻公宇，肃具瞻，而街市比邻环拱，凡万艘入贡者得舣食于兹土焉。其利济所及，不与国运同其悠久耶。予睹其成而记之，庶以后职水者仰思今日改创之艰。求所以祗钦命，表官常，则漕务有补于前修亦有光云。

新修察院记

张贞观

察院在旧县治之东，创自永乐四年。今皇帝三十一年癸卯秋，沛罹河害，溃堤灌城，公私衙宇，胥没于水，察院与焉。甲辰夏，今邳郡守逊庵李公承上命来知邑事。邑遭飘溺，百务猬兴，财无所出。四三年来，迁县修学，岁无宁日。工即未举，乃公殷殷一念，未始少释于怀云。今年春，得旧县遗址，爰鸠工命匠，选材程良，构大堂三间，中堂五间，后为寝室，堂左右翼以厢房，前为二门，又前为大门，卫以围墙。大门外设屏墙一座，兴工于正月，讫工于九月。是役也，费官镪若干两，砖瓦木植称是，擘画布置，藻绘雕斫，屹如翼如，视旧有加。今宇内近而圻省，远逮边隅，郡邑棋置，靡不有察院焉。沛邑独以水故，僦民舍为公寓，亦越六载。今大夫承积弊余，不动声色，力襄大役，自是辎轩得所，棨戟无暴，厨传饰徒，旅戒宾至如归。大夫之功于是为大矣。第是院之设，上自孤卿，下及藩臬，过兹土者，例得居焉。观风省俗之暇，亦尝译察之义乎？于土地而思察其荒垦，于赋税而思察其繁缩，于民风而思察其浇淳，于吏治而思察其良枯。嵩目以图，盱衡以计，无徒逆旅是邑而秦越其民，则享丰供当大养，谁曰不可？若徒纵溪壑之欲而思察及鸡豚，极综核之术而思察及秋毫，假明炳之几而思察及渊鱼，信心以出，靡所底止，斯其于奉六条以察官邪者，旨则倍矣。望公堂而屏息，视门庑而思避，民亦奚乐兹土有斯构哉？大夫授简征记，因为差次其颠末，而僭陈鄙臆以复。

重修庙学碑记

陈亹

沛之有学，学之有庙，盖自前代始。历岁既久，虫蠹侵蚀，复震陵以风雨，先圣祼荐之次，师儒讲习之所，倾侧弗修。有司不加省者，亦十数年于兹矣。

我朝崇儒重道，天下学宫，敞兴废起。沛县当景泰纪元之初，知县武昌古信、教谕清源张晔，适相继视事。顾明伦堂、大成殿皆倾侧弗修，乃相谓曰：学所以明孔子之道而庙又所以尊孔子，使人知是道之所从来者出。今倾侧若是，兴复葺理，其可缓乎？即鸠工度材，运置砖石，以斫以砌，作明伦堂、修大成殿。宏敞清肃，秩然改观。既又立棂星门，创建经阁、射圃，与夫庖厨库庾，皆无不备。沛人以向已倾侧者既修，而素未有者复建，备庙学之制度，耸士庶之观瞻。役虽勤而不伤于农，用虽费而不及于官，皆喜其成，愿有述以著厥绩。

教谕张先生，重违沛人意，走书属予记。予惟建国君民，教学为先。帝王之兴，率由斯道。秦人焚书坑儒，叛乱四起。高祖起沛中，身跻大业，虽当时诗书礼文之事，有所未遑，然大纲克正，子孙继承，而经术名节之是尚，卒延国脉于四百年之久者，岂真以马上致哉？亦以斯道为之根柢耳。国家定制，以学校责守令贤否，视学校兴复为殿最，其重于此而不轻也较然矣。是以薄海内外，士劝伦叙，风俗丕变，弦歌之声相接也。沛之庙学弗修也久，遭时复兴，顾皆贤令长与掌教者之经营摹画，然乎默运，抑何莫而非本于上人鸢飞鱼跃之化哉！学于兹者，亦知沐朝廷化育之恩，睹学校兴复之盛，惕然以立身行道、忠君显亲自励，将不愧为沛中人矣。

是役也，经始于景泰二年辛未之春，落成于景泰三年壬申。其时若县丞韦聪、朱宁，主簿卢蓁，典史邓林，训导周载苾，皆重是举，能与古、张二公同心相协，以毕其功，是咸可书云。

新迁沛县记

徐惟贤

嘉靖丁未夏五月，沛县新迁儒学成，学谕朱氏以和、若训季氏珩，合学之士，持状告予曰：学旧在邑治东北，至德间为河决就圮，自是人文靡振，科目屡奇，士论病焉。识者以城南泡河龙泉之会，风气元朗，文明之宅也。第为浮屠所据，迨岁壬寅，前黄训昶、张训庆旸，白于王令治，欲两易之。令闻其议于州守熊君琳暨兵臬竹墟屠公，亟可之。已而遍上三抚院蒲湾王公、巡院瀛山高公、裁庵杨公、象罔胡公、水部平川郭公，佥如其议，遂表正方位，易民地如千丈以广，而改创梵宫为先师庙。继撤旧材，为明伦堂，为博文、约礼两斋。工方经始，而王令去矣。甲辰岁，贵溪周君泾以乡进士来代之。相其未备，毅然欲亟终之。顾时未可。越明年，政孚民信，乃复请诸巡院环峰贾公、牛山冯公、兵臬同野王公，得廪余若干金，授成典史林□理为之增置两庑，庑前为戟门，旁为庖库，前为泮池，又前为櫺星门，门之左右为蛟腾、凤翥坊。又于学宫之东为敬一亭，为启圣祠；西为乡贤祠、为名宦祠。垣宇四周而总括之以学门，盖益备王之所未备，而规模气象，宏翼壮丽。凡所以示瞻仰、遂游息者，靡不饬矣。周令之有功于学也如是。和等愿乞言焉，以征诸远。予辞不获，乃为之言曰：古者考绩论治，兴学为先，故诗颂鲁申，史赞文翁，昌黎美郧侯之文，柳州著薛伯之勤，盖皆归其功也。今尔多师多士，固知若令之功矣。其亦知所自迪以成令功者乎！夫建学者，有司之事。而敷教者，师儒之责。学立教修而名实不著焉，多士之耻也。故胡安定教授苏湖，贤才辈出；范文正自做秀才时便以天下为己任。彼二公者，自迪其选矣。今沛去邹鲁不远，有先圣贤之遗风，且邑隶南畿，为圣祖龙飞首善之地。而今皇上复以敬一之学倡明于上，则视昔苏湖其机又易以兴也。苟能励胡范之志，以追孔孟之遗，振其敝陋者而更新之，有如此之学则志气交凝，人文丕应，将必有道德文章卓然名世者，迭出于科目之门，以鸣国家之盛，而绍邹鲁之休，其于兹学，宁不大有光哉！如或不然而溺于旧习，则未免昔之所病而有司之志荒矣。予固谅尔多师多士所不屑也，于是乎言。

重修沛县儒学记

张贞观

沛学旧在邑城之东偏，盖金元遗址也。偏安闰位，科目亦不乏人。入国朝来顾寥寥焉。嘉靖癸卯，邑令永年王公始采形家言迁今地。自是科第渐兴，人文蔚起。万历癸卯，河水泛滥，沛受其冲，成巨浸焉。城内外官司、公署及闾左庐舍荡焉若扫，而释菜之宫尽入洪涛巨浪中，惟一正殿巍然独存，若鲁灵光然。当是时，先令君以论去，监司两台悯沛邑之垫溺，须可以济时艰、苏民困、兴废圮者，简旁邑贤能之长移治之。周视部内，无如李公才。乃以虹县令治行高等调至。居亡何，铨部又最公绩，秩久当迁，而鄜州之命下矣。公受命且驰而西，而当事者复皇皇然，亟请于上，而留之以州刺史五品秩视县事，盖特典也。然犹四顾苍莽，居城堙听政，朔望从埤堄间望先师礼焉。伺及水退，始经画曰：今者县治，学宫俱宜修葺弗容缓者。顾时诎举盈，势不能兼，而尤急莫先于学。何者？士为四民之首，而学业无所，博士弟子伥伥焉无所之，国家重文教谓何？于是首议修学，鸠工庀材，甓塈榱臬之资，不浃月而办，堂斋、廊庑、池梁、门坊之属，甫半期而焕然一新。门外层垒，榫插之峰亦并时而立。于是。东向揖博士而进之曰：修废举坠，有司责也；严科条，振教术，是在博士。南向群弟子而进之曰：章志贞教，师傅责也；率教化，修课业，是在弟子。

每政事之暇，即诣学宫，谈说经术，旁及文艺，孜孜罔倦。而群弟子亦鼓舞乐育于其中。向之摧坏剥落不可观者，今且望其宫，翼如也；瞻其堂，饬如也；环视其青衿，彬彬如也。由是，县治、城隍咸次第一新，内外相对峙，称沛邑伟观焉。公真异才也哉。当世铜墨之长，视一官如传舍，延岁月，冀旦夕，释之为快。举凡兴作劳勚之事，不啻桎梏视之，孰肯肩其任者？即肩之，亦苟且塞以责以涂其耳目耳。孰有知无不为、为无不力如公者乎？殚一己拮据之劳，贻百世不朽之绩，讵一时之为烈已耶？公治行卓异，别有纪。诸博士弟子惟以公之加意于学校者甚渥，不可不传之永久，乃伐石而树之堂，属不佞述其大概如此。公名汝让，号逊庵，永宁人；博士司教卢汝沾，宣城人；司训程三德，婺源人。例得并书。

镇山书院记

钱锡汝

镇山书院者，齐鲁之民建以为少保大司空朱公生祠也。公治漕河，功冠群僚，泽流万世而谦焉不居，乃以书院名。盖黄河发源星宿海，喷薄万里，贯历重译，以入中夏。怒激奔决，乃自古患之矣。成祖都冀，岁漕东南，粟数百万，自百官、屯卫、边徼、校卒，咸取给焉。然河数溃数治，未甚也。乃嘉靖乙丑河走华山抵沛入昭阳湖，漂闾沉亩，冲壅沙溃，漕路中绝，天子命大司寇万安朱公为大司空，兼御史大夫，往开浚，三年而河成。视故道倍捷。丰功伟绩，俱载诸名公颂序中。方公之始莅河也，即请发帑，以赈业流移。又募民趋河役而与之佣直。河绩既奏，民复奠居，前后所活，无虑数十万人。于是民咸仰公曰：公德著甚大，公寿必长昌，古有生祠，用以崇敬祈愿也。盍亦尸而祝之，俎而豆之乎！捐镪率力，树宇于河堤之西，建堂三楹，以公所受纶音金书丹质揭之。楣间前为仪门、大门，堂后楼三楹，左右房，房左右为爨室，楼前有东西廊房，楼后堂三楹，四绕皆垣。大门外则设屏而扁其上。公命萃夏镇之子弟于院，延师诲之，数申训饬，今亦彬彬能文学、升庠序矣。锡汝为公属吏，两役是地，幸遘书院之建，而诸弟子讲诵其中者，以公命得以校视其业。万历改元，七月于堂后之北拓其隙地，筑台方广三丈，高可丈许，复亭其上，题曰：永赖，志公功也。雄爽可眺望帆樯之往来，山色之环拱，皆在瞩焉。亭前有石梁，为偃波形。左右植柏数株，高二丈余。浃旬而有鹊来巢。亭后垒石为三峰，峰左右植竹数十竿。亭左有井甃之洌可汲。前堂东西廊益以房，后堂左右亦如之，皆植槐柏数株，别建佃房数楹于市，岁入其租，以资缉理供费。夫召公敷惠，蔽芾歌焉；羊叔覃仁，岘首颂焉。兹皆一时之政，民犹咏思之。矧夫起百万之生灵于鱼鳖，而生息教训垂诸永久，功视召羊二公，盖相万也。民不爱其财力而奔走之，固其宜哉。院建于丁巳年三月，成于庚午年五月，而峰梁亭台则以今岁二月成者也。宜有文以纪之，敬述公功之及民者如此，非夫慈爱之仁、聪哲之智、弘达之度、敏捷之才，何以成非常之功哉！若夫决排鸿水，逆漕渠为国家万世计，此功之在社稷者，则有庙堂之议、太史之简，锡汝何敢与知焉。

漕运新河记

徐阶

先皇帝之四十四年秋七月，河决而东注，自华山出飞云桥，截沛以入昭阳湖。于是沛之北水，逆行历湖陵、孟阳至谷亭四十里，其南溢于徐，渺然成巨浸，运道阻焉。事闻，诏吏部举大臣之有才识者督河道。都御史直隶、河南、山东之抚臣、洪闸之司属暨诸藩臬有司治之得今万安朱公衡。爰自南京刑部尚书，改工部尚书，兼都察院右副都御史，奉玺书总理其事。公至，驾轻舟，凌风雨，周视河流，规复沛渠之旧。而时潴者为泽，淤者为沮，浚疏与塞俱不得施。公喟然言曰：夫水之性下，而兹地下甚，不独今不可治也，即能治之，他岁河水至，且复沦没，若运事何？召诸吏士及父老而问计。或曰：道南阳折而东南，至于夏村，又东南至于留城，其地高，河水不能及，昔中丞盛公应期尝议凿渠于此而不果，就其迹尚存，可续也。公率僚属视之，果然。持疏以请。先皇帝从之。工既举而民之规利与士大夫之泥于故常者，争以为复旧渠便，先皇帝若曰：兹国家大事，谋之不可不审也。敕工科右给事中何君起鸣勘议焉。何君具言旧渠之难复者五急，宜治新渠，而增其所未备以济漕运。诏工部集廷臣议，佥又以为然。诏报，可。公乃庐于夏村，昼夜督诸属程役。以工授匠，以式测水之平，铲高而实下，导鲇鱼诸泉、薛沙诸河，会其中坝三河口，以杜浮沙之壅。堤马家桥，遏河之出飞云者尽入于秦沟，涤泥沙使不得积。凡凿新渠起南阳，迄留城，百四十一里有奇。疏旧渠起留城迄境山五十三里，建闸九，减水闸十有六，为月河于闸之旁者六，为坝十有三，石坝一。堤于渠之两涯，以丈计者四万一千六百有奇，以里计者五十三，为石堤三十里，又疏支河九十六里二千六百余丈，修其堤六千三百四十六丈，而运道复通，由徐达于济，舟行坦然，视旧加捷。阶惟国家建都燕蓟，百官六军之食咸仰给于东南，漕运者盖国之大计也。自海运罢而舟之转漕，独兹一线之渠，其通与塞又国之所谓大利大害也。河势悍而流浊，塞之则复决，浚之则辄淤。事在往代及先朝者姑弗论。即嘉靖间疏筑之役屡矣，而卒未有数岁之宁。则今徙渠而避焉，诚计之所必由也。然当议之初上也，或以为方命，或以为厉民，哗之以众口，挠之以贵势，诬之以重谤，胁之以危言。于其时，公之身且不能自保，况敢冀渠之成哉！赖先皇帝明圣，不怒不疑，徐以论，付之谏臣，择两端之中，而因得夫远犹之所在，由是公始得竭智毕力，以竟其初志，而质其谋之非迂。然则兹渠之成，固公之功，实先皇帝成之也。昔禹受治水之命于尧，尽舍其前人湮塞之图，而创为疏导之说。彼其骤闻焉者，岂无或骇且谤乎？惟尧信之深，任之笃，至八年而不二。禹是以得建万世永赖之绩，奉玄圭以告厥成。则洪水底平，虽谓尧之功可也，而禹夏之史臣与后世之文人学士，咸知称禹而莫知颂尧。呜呼！此尧之德所以为无能名也欤！恭惟先皇帝，力持国是，以就兹渠功德之隆，较之帝尧，可谓协矣。阶曩岁备员内阁，尝屡奉治河之谕。迩谢政南归，复得亲至新渠观其水土而考论其事之始末。追感往昔，不自知涕泗之交颐也。遂因公请，僭为之记，且以告夫修实录者。役始于四十四年十一月二十四日，成于次年九月初九日，用夫九万一千有奇，银四十万。赞其议者，河道都御史孙公慎、潘公季驯，综理于其间者，工部郎中程道东、游季勋、沈子木、朱应时、涂渊，主事陈楠、李汶、吴善言、李承绪、王宜、唐炼、张纯，参政熊桴，副史梁梦龙、徐节、胡涌、张任、陈奎、李幼滋，佥事董文案、黎德充、郭天禄、刘赞，并立名左方。

沛县新渠记

蒋思孝

古之动大众、兴大役者，例必有卓见石画，始克基谋底绩。然非蓄爱民之实，将谁信之？兹择可而劳，尼父倦倦，佚道之使，邹轲恳恳也。沛，古泽国。元至正间，白茅东主二百年来，倏南忽北，民罹荼毒，仅三四数。乙丑秋。黄河并流而东，灌城堙漕，自是岁为民患。秋夏之交，霖潦暴至，泡水故道久塞，靡从导泄，辄壅潴近郊，浸城溃堤，坏庐损稼，土旷民流，日就凋瘵矣。癸酉秋，楚黄吉所倪侯，承命来知邑事。逾年政通人和，百废渐举，乃日缙绅父老洎博士弟子，询民所疾苦，利弊当急兴革者。两学博率诸生庭告侯曰："民害莫毒于洪水，兴利莫先于浚渠。"侯亟下堂，谢两学博洎诸生曰："古云，民可乐成，难与谋始。斯役也，予当力任之。而邑缙绅、弟子尚有以襄予倡民者。”先是，诸缙绅弟子例不役，两学博因力饬诸生先事，为邑民倡。邑缙绅弟子欣然奉命曰：“侯为吾民兴百代利，且重以二师命，予辈奚财力所靳?”侯于是下令，谕民以开渠便。民胥欣然争赴曰：“侯为吾民兴百代利，诸缙绅弟子且靡爱财力，吾民敢自后乎!”侯嘻然曰：“民可使矣。”因遍牒诸当道。诸当道是之。于是度远近，相原隰，遴材以董其事，程期以稽其功。阅月，工且半。宿猾揣不利己也，则相与煽危言沮之。侯毅然曰：“吾知为民兴利耳，浮议奚恤哉!”屹不为动，越三月功乃成。侯竟以归养去。未几，黄水猝至，视昔几倍。胥顺渠而下，民庐稼赖不浥损，商贾舟楫亦络绎不绝。邑人士睹渠，多陨涕思侯功，争诣谢两学博。两学博面谕之曰：“兹役也，固尔邑侯功也。尔辈既知颂侯功，尚思所以永侯功者。”邑人士因构亭伐石，冀纪侯绩。学博合溪邵公致其邑缙绅弟子，意走书京邸，丐予言，揭之碑。予不识侯，固识邵公。公予乡丈人也，谊难辞。曩予读徐志，宋绍圣中萧张令惇，疏汲水新渠，以远民患，陈后山实为之记。后山，宋室文豪也，其言信足传百代。予何人也，乃敢报笔纪侯绩哉？虽然，绍圣迄今五百有余岁，邑令凡几更，乃导滞援溺，一见于萧，再见于沛，其颛意为民，不是己见，不撼群议，诚非袭旧拘方者。拟庸得以浅陋辞哉？后山之记曰：汲渠更数令不能决，而卒成于张令。往予闻令沛者，民盗渠坏土者，辄置之法，议上诸当道，旋以浮言阻。任事之难，信古今同之矣。后之继侯者，尚当因其已成者而日增廓之可也。渠起飞云桥东，至张化口为丈者二千二百有奇，工为日者九十，夫役民者一千四百。侯在沛逾年，爱民礼士，诸所修建若学舍、汉高庙，业已就绪；当别有纪述者。兹重渠事，例不得旁及云。

沽头新集记

陈宣

始予以水事寓泗亭驿，明年创都水分司于上沽头东隅少北。南距河，其西故有民居。余莽然丘野营生者绝念不谋，于其中过者佯而不顾。岂惟人也，地亦自弃之久矣。

又明年，为成化二十三年丁未春正月，咨其乡之父老吴荣、刘海辈曰：予欲倡一集于分司之旷地，必若招民作室环向，而中街之为集者所。每五阅日为集者期，奔走四方，俾居者、行者，皆知有生于兹地。惟惴惴焉未稽有众为，不敢是、慎可否。毋苟予顺，以助无益，以为识者鄙。佥曰：为我生者也，敢不敬事。乃出令榜之，分地标次，籍其愿室者五十余家。室欲壮毋饰，栋欲连无断；间多寡，量力毋强。方位如街而毋背街，欲宽以容毋窄。树其土之所宜木于街之两旁，为后日者荫，毋苟乱。二月朔吉，皆第，终月告成。若干之仅二百楹，树倍楹之数。立东西为二门，设铺。编守者以警暮夜，立集长以主祝事，立教读以训童蒙，立老人以掌市法。分集以二日卒事，期如初。三日朏，乃社于新集，羊一、豕一。诸执事者，择其能子弟为之，令其习熟可继。赞礼者二人，瘗毛血者二人，司献者二人，读祝者一人，礼竣又一人读誓文。

既而复谕之曰：尔沛旧有乡社，而祀非礼，适予初正之。其神祀五土五谷，其仪如上而别为祝。兹复责之主祀事者：俗袭泼汤娱尸以为孝，殊戾风教，予力禁既熄。兹遗之掌市法者：邑之市道，故无甃，微雨若负途然。予令在官者以官甃，在民者以民甃，幸不为病。惟兹当甃，视邑是日向利成醉而歌，儿童走卒皆相庆。明日群拜于阶下，请书岁月。时按地御史姜公洪达观而更其名曰：陈公集。予不敢居，惟乐居民之从之易。如此而岁月安敢不书耶？乃以祝于神与吾民之歌者，并刻之，又刻其从事者姓名于碑阴云尔。

祝曰：惟神道协阴阳，镇兹乐土。南接邳淮，北邻邹鲁。界我封疆，新我环堵。尔茅尔绹，有相其始。苟完苟美，亦括于度。工以日者期月，楹以间者二百而缺不三五。情祈同于骨肉，树喜联于桑梓。茂天下之有无，走日中之旁午。

歌曰：昔草莽兮今吾庐，昔泥泞兮今吾衢。日中退兮各以居，礼作闲兮无敢逾。呜呼百千年兮歌唐虞！

平城集记

邦正

邑旧北门无集，集之自蜀平宇周侯始，邑自王、周二令修城后，黄河岁洊至城外。土日旋增，高视城内逾数尺，一遇霖潦，暴无注泻，官民庐舍，咸居沮洳中。西北隅地特下，停潴者经冬春始涸，继以夏潦，辄复汪洋无际矣。邑治前旧有水门，丁丑秋，河径是门入，城几坏，前政者塞之。侯既治沛之五年，诸敝陋葺治一新，乃积潦病民，无一日不惕惕在念也。邑旧南北孔路，东门迫隘近河，轮蹄鲜道，即穿城由北门入，又迂回不便。今年始得地于城东北隅，议开便门，泄潴水，兼用通往来者。门既成，侯登陴望之，视城堧空地，风气环聚。曰："有地若此，顾不可居民乎？邑东南民居鳞次，西北可独令荒僻乎？即于阴阳家抱负环拱之说莫合矣。"乃始下令，议集。先运由沛时濒河，有昭惠祠直城东门，盖以祀吴伍侯员者。迩运且东徙，祠亦颓圮、莫支者逾二纪。然祀载令甲，又莫可废，侯复议迁祀就集右，曰："神人庶得相依也。"工既竣，邑缙绅士庶竞问名于予。因僭名其门曰："平城集"。因之云，或谓予曰："平成之意，盖昔人颂禹者。兹以名门洎集，得无僭且习乎？"予曰："非然哉，非然哉，粤自洪水，儆唐神禹施巧，迄今千禩，民诚永赖矣。沛当河下流，乙丑之变，至历圣天子南顾，忧简大臣填抚疏治，经三朝功迄脱绪。说者当世庙以唐尧无议矣。即当时大臣，功莫克媲禹。然其焦罢叛筑，良亦劳矣。邑藉国，厚庇河伯效灵，民方修耒耜、安乡井、无流离艰苦状。侯又以仁心仁政抚之于上，即可以兴利除害，有裨于民者，无爱心力焉。民之永赖于侯者，良不浅矣。禹之功在天下后世，侯之功在一乡一邑。功有大小，切于民一也。即以名门洎集，奚僭哉！而又何习之议乎？问者唯唯而退。会乡民张思训等谒记于予，因次第前所对，或人语授之俾，镵诸石，门暨祠宜各有专记，兹以事相终始，得并书云。

重修城隍庙记

周缉

天下之祭城隍，肇自李唐，迄今奉祀尤谨。夫城以保民、禁奸、通节内外，其有功于人最大，而居民岁时祈禳报赛，独城隍是祀。其礼亦至重焉。沛城隍庙居县治之西，历岁滋久，木石丹漆黝垩，举皆摧朽刓勒，弗称邑人尊祀之意。正统间，蜀新都王君本洁，来知县事，越二年，人民乂安，田谷丰稔，乃谋诸同寅而新之。于是邑丞沈富、簿王勖、幕唐彦相与协力，各捐己俸，抡材庀工，命耆民邓贵等董之，卜吉于辛酉之春，落成于是年之冬。昔之摧朽者，易以坚良；刓勒者，施之涂墍；而凡门庑宫寝，巍峨炳耀，晃人目矣。缉忝分教于兹，使来求记，予惟斯人之生，食稻而祭先啬，衣帛而祭先蚕，饮而祭先酒，畜而祭先牧，尚不敢忘其初。今神之灵，凡灾疠之兴、旱涝之变、有秋之庆皆于兹祈焉，报焉。是乌可无祠以妥其灵？此王君暨诸同寅之念所由兴也。抑尝闻之，具仁义礼智谓之人，禀聪明正直谓之神，故古之祭者，必思其所嗜好。神之为神，在于正直，则所好亦惟正直。吏之仕于是者，恣肆弗臧，以为神羞，虽丰豆硕俎，无以致其昭格；邑民之亵渎不敬以获罪于神，虽日击羊豚，谒拜祠下，亦无以致其来享。记是祠之重新，以识夫岁月，且以著神之正直而不可诬也。登是祠而览者，亦将有儆于斯文。

重修城隍庙记

符令仪

郡邑之祀，城隍固国家理幽报功之典，非其他淫祠逆祀比也。我太祖高皇帝鉴前代之失，郡邑城隍咸去公侯旧号，还厥本称。春秋二仲，既得陪祀于山川坛，乃于春季、秋中、冬首，设特祀于厉坛，俾主其事典至渥矣。二百年来，有司恪遵成命惟谨。沛之有庙，创置莫详其始。前政者数修数废，载之丽牲之石者亦既班班可考。今皇帝御宇之三十一年癸卯七月下旬,黄水挟秋潦,卷地北趋,决堤灌城,邑治民居,陷沮洳汪洋者,十室而九,神宇亦倾毁过半,大殿即幸获存,水几没神之足。诸黄冠俱散处,莫能奉香火。甲辰夏,当道者以邑在中原上游,南北咽喉,舟车都会,灾沴荐加,匪得剸繁治剧之才,恐未易抚疲氓而兴庶务也。爰简庶僚中,得今郡伯永宁李公,奏诸朝。士可其奏,缘是得以虹尹来知沛事。下车例当首谒神祠。水弥漫无可著足,旋迎神于城垣而祀之。退而自念曰:神人相依,幽明互政,使神靡所依,政亦安从出乎?及水既平,衙宇未及缮理,独于荆棘瓦砾中首新是庙。爰捐月俸若干金,为士民倡。命下日,邑士民闻公之有是举也,咸踊跃乐为之助。砖石泉涌,畚锸云兴,匠石呈巧,群工献力。甫一载而殿宇、门庑、垣墉、像设焕然一新,寝宫两傍,室逼仄,碍神道,公授意董事者令得避故地东西各数尺,旷然弘敞,视旧改观矣。公以落成届期,爰授简小子,俾纪其事。宣尼大圣不轻语邪,神理难言久矣。古之垂世立教者,率以德福相因之机,殃庆必报之效,谆谆示警。今天下梵宇祀祠,缘假象设,示善恶,昭劝戒,其说固出佛氏遗旨。然俾闾阎恶少、闺闼悍妇、束心缄意,屏气肃容,俨明威于咫尺,惧阴谴于须臾,凛凛惕惕不敢萌一恶念,作一不道者,谓非圣人神道设教,胡克臻此哉!起尧舜三王于千古,谅不易此而治矣。独吾沛邑城隍起废坠于河伯残毁之余,钟簴不移,飨祀如故,岁之旱涝,祠求有地;民之灾眚,吁告有所观听。一新政教,兼举公之功,讵可诬耶!因为迎送神辞二章,镵诸石,俾司祀者歌以荐神。其辞曰:

神之来兮无时,驾赤虬兮骖苍螭;鸣鼍鼓兮树云旗,续百灵兮列诸司。歆俎豆兮飨牲牺,时雨旸兮无愆期。繁生殖兮斋雍熙,享明赐兮乐矣无涯。迎神。

风肃肃兮檐楹,气蒸蒸兮上升。鉴明里兮本至诚,回鸾辂兮履太清。登天门兮朝玉京,视六合兮瑞霭生。窥下界兮渺人溟,永奠神居兮一心载宁。送神。

重修忠孝祠记

倪民望

沛故有颜公祠,祀先令颜公瓌也。公令邑时,靖难兵进逼,殊死力守援绝,属子有为归事大父,自赋诗题御史院壁曰:太守诸公鉴此情,只因国事未能平。丹心不改人臣节,青史谁书县令名。一木岂能支大厦,三军空拟作长城。吾徒虽死终无憾,愿采民风达圣明。赋罢,衣冠南望拜,自经。有为亦自刎以从。及城降,邑簿若尉唐子清、黄谦皆不屈死于难。天下闻而壮之。邑人思公,为建祠祀。合而四节兼，名四贤祠。从其著，又名忠孝祠云。祠岁久圮，邑学博邵君华翰及迁去史君思贤，始欲捐俸易以新。筹于摄邑张丞友方为料理，未克就，予承乏来兹土，相厥成而祀，始称既成，博士诸弟子请碑之。倪子曰："予至沛，盖游歌风之台，而览颜公肇祀之区云。尝思文皇帝欲用练子宁、黄子澄辈，而汉祖必杀丁公，俯仰今古，作而叹曰：嗟乎！此逆顺之感，而厚薄之应也。夫士平居，学古诵法，忠义岂无慨然自许者？及当事局，情境变迁难言矣。非利害之择，战其中而卒莫之胜乎？至有艺舍视去旧而比于周周蛩蛩之不如者，薄亦甚矣。有国者何利若人用之哉？乃练黄烈矣，文皇帝盖曰：若在，则朕固当用之。呜呼！帝德至矣。岂非以宁等之厚，欲以厚道风天下乎？若颜公者，以城守不守为存亡，而以一死以见志，固亦练黄之匹，伟然烈丈夫也。利害得入其中乎？当其时若在，将文皇帝所必用矣。且其子非有官守，僚若簿尉，非寄专城，意颜公之教之倡，与蹈死如归。要俱非利害所动者，不可谓非夫也。而君臣父子朋友之彝，一举兼惇矣。皆厚之道也。今上即位，诏表忠义，首及靖难之臣。举文皇思用练黄之语以劝，而诸臣有余耀焉。即如颜公数子之义，又非上所必予者乎？祠而神之，独土人之思之，故遵明诏，崇厚道也。呜呼！此义行，怀二心为自薄者无所得矣。系之词曰：

於赫天兵，靡坚弗折。淮徐上游，矧谓援绝。守土裔谁，曰自鲁公，孤城抗志，凛凛遗风。为臣死忠，为子死孝。僚友之倡，家庭之教。献身成信，留壁赋诗。从容仿佛，有赞存衣。地纪天纲，赖以立国。倚与汉乡，山川生色。圣神践祚，爰表忠贞。黄练同归，死有余荣。泮宫之南，河水沵沵，相厥崇基，堂户再启。有俨来临，有风凄其，愧彼二心，福我群黎。

重修三义庙碑记

周缉

去县治东南百步许，有崇邱曰戟台。台之上有祠，其中祀汉昭烈，并关羽、张飞神像焉。祠曰三结义庙。考之志书可见，而其立名创建之始，则无所据也。志载昭烈守此，与袁术相拒，吕布救之曰：我射戟中小支，当各罢去。一发果中小支，是戟台得名之由也。

按，史记昭烈中山靖王之后，实帝室之胄，有大志，少语言，喜怒不形于色，素与河东关羽、涿郡张飞相友善。昭烈起，以二人为别部司马统部曲，恩若兄弟。名祠之意，其以是欤？或者以为飞之走下邳、羽之失荆州，似有负所托，名未称其情也。呜呼，是岂足以知其心哉？观曹操之留羽，羽辞以受刘将军恩，誓以共死，不可背之之言；飞随侍昭烈，周旋其间，不避艰险，其自阆州率兵来会，亦无非欲同心雪耻。二人于昭烈为股肱，昭烈依二人为心腹。其视雍渠之在原、率然之在山，首动则尾应，何以异哉？名祠之意，盖有见于此也。至于利钝得失者，势也，天也，诸葛公所谓不能逆睹者，此也。

缉来沛县，尝造祠拜遗像；慨祠宇之倾圮，神像之剥落，无有能新之者。正统壬戌夏，莱阳王君文勉，始于勾稽簿书之暇，乃谋诸同寅，捐赀鸠工，仍旧址而改图之。革其朽腐而易以良材，去其坏圬而环以涂墍，剥落者各肖其像而更塑饰。于是庙貌肖然。旧无榜乃因名而重题之。落成之日，使来征记，遂述其大概，刻之坚珉，以示来者。

新迁玄帝庙记

张贞观

玄帝庙之在邑治者二，一据泗河之浒，载在邑乘，谓创于天顺间者是也；一为今庙，邑乘不载。盖嘉靖乙未自县南潴水桥迁入城北市中，迨今匝一甲子。客岁秋，彭山罗侯顾瞻庙宇逼近居民，湫隘弗称，以北门子城之右隙地僻静，安神为宜，爰下令迁之。选匠僝工，撤旧为新，以坚易腐，不两月而工告成。侯以兹役不可无言纪成事，乃授简不佞。不佞承乏礼垣，职典祀事，其于国家崇祀诸神，博稽详释，粗窥梗概。窃怪传真武者之幻妄不经，诬世且以诬神也。《周礼·司服》有"祀昊天上帝与祠五帝"之文，盖帝天一也，以覆冒言谓天，以主宰言谓帝。而帝之随方，因时异位异名，则有赤、青、黄、白、黑之分，实一气分布为五。玄帝者，即上天北方之分气，黑帝是也。又青龙、白虎、朱雀、玄武之名，见于《曲礼》，陈澔谓指四方之星，形似而言。北方七宿，虚危如龟，腾蛇位其下，故称玄武。至宋真宗避祖讳，始易玄为真，而世称真武神者，例必曰玄天上帝，其意固可识已。史称三代祀天之礼，至秦无复存者。秦襄公始作四畤，祠白帝。其后并青、黄、赤而祀之。至汉高帝乃立黑帝，祠名北畤，与故四帝祠而五。则玄帝之祀其为北畤又何疑？论者谓天犹之性，帝犹之心，五帝犹仁、义、礼、智、信之心，随感而应，其说为近。太都天为积气，气之所积，神灵生焉。一气五运，总之皆天。犹太极分布为五行，五行总之一太极也。

玄帝之祀，几遍宇内，视他祀为特隆。无亦以北方之分气，于象为水，于卦为坎，于时为冬，天一之生气独先，而万物胥此 归根复命，成始成终，功德斯世，更腆且渥，与乃混同。赤文谓帝生于开皇初劫，为净乐国王太子，遇紫虚元君授以道秘，遇天神授以宝剑，东游武当，修炼飞升。《元洞玉历记》又云：帝于殷纣时，与六天魔王战于洞阴之野，魔王以坎、离二气化苍龟、巨蛇，帝以神力摄伏之。无论其说浩渺怪诞，茫不足据，即果如所云，则真武之祀，且当在狄梁公所毁千七百祠之列。而我太祖厘正祭典，罢一切淫黩诸祀，何独俨然列之留都十庙？我成祖于太和山备极尊崇，典鸿仪缛，赫奕千古，又何为哉！盖秩祀有三：天神、地祇、人鬼。古者祀天地必配以人帝，如春祀青帝而配以大皞，夏祀赤帝而配以神农，诚谓功德参天地，即配之无怍耳。祠祭家不达其旨，于天神、地祇之祀，妄立名姓，惑世愚民，如真武之说者，往往而是。甚且列昊天上帝于其所谓三清之下。夫老聃生于衰周，死有墓，延有子孙，乃人鬼也，而可跻之上帝上乎？此唐玄、宋徽欲尊天而不自知其亵天祇，为老氏者流添口实。不佞有激于中旧矣。辄因侯之命而并道其所欲言者如此。若侯之事神治民，经画注厝，种种宜人，此曾未足概其万一。不佞奚赘焉？

庙凡为正殿三间，大门一座，周围以垣，别为余室一所，则黄冠者所寄宇也。例得附书之。

新迁龙泉寺记

倪鲁

丰水自西来，经县城东南隅合于泗。丰，一名泡。云泡未入泗处有泉，曰龙泉。嘉靖末，泡水中涸，人犹及见之。据泡河南岸有佛寺焉，因泉为名，厥来旧矣。肃皇帝御极之二十二年癸卯，堪舆家谓邑科第久乏人，由学地未吉。龙泉寺占泡河之胜，风气垲爽，善地也。学迁于是，斯簪笏蝉联，人材辈出矣。当是时，南滏王公适宰是邑，采其议，遍牒诸当道。诸当道是之，下令许迁焉。乃以学地畀寺僧觉颐，而移学宫于寺址。自是，邑科第始奕奕显。而寺从改建来逾五十年，殿庑倾侧，垣墙崩圮，梵呗之声几绝，即岁时有司演礼祀禧靡所矣。岁丙申，邑侯载获罗公，始议迁寺于泗河东浒昭惠祠地。昭惠祠者，祀春秋吴将伍侯员也。祠旧在泗亭乡，嘉靖初改于此。万历壬午平宇周侯始移建于平城门外。侯谓旧祠地势宏敞，面水揖山，称卓锡地。今年春二月，首捐俸金若干两，为士民倡。邑士民闻侯有是举，咸乐施金钱助之。甫五月而功且告成。侯乃授简不佞鲁，俾记之。不佞鲁方以经生学起家者，安得作佞语，为学佛者谀？顾独有概于此世之学焉。圣学自宋室诸儒讲明后，逮今几五百年。发挥演绎，不啻足矣。学士家循其言而上之，可造圣域；守其说而不变，亦不失为作圣之徒。近代来一二英敏之士斥旧说，倡异议，黜平淡，务新奇，空虚莽荡，泛而无归，惊世骇俗，狂澜莫挽，户释经而家玄典，三尺之童且口嗫嚅于《圆觉》《法华》，甚则窝其语于经生艺中，其不胥天下，而佛不止矣。抱世道之忧者思焚其书，庐其居之为兢兢迁而新之，毋乃煽其焰而导其流乎？是有说焉。世道之坏，患在上而不患在下，患在我而不患在彼。两晋之清谈，梁武宋徽之释老可鉴矣。缁黄之流，不事生业，蠹蚀齐民则有之矣。奚足为深信哉？侯读书明理，素以羽翼圣道为己任。则其迁是寺而新之也，固将为演礼祝禧者地耳，岂曰扇其焰而导其流哉！王侯名治，永年人；周侯名治升，新津人；罗侯名士学，彭山人。

泰山行宫记

符令仪

泰山行宫者何？碧霞元君祠也。元君祠在沛者不下六七区，而在七山者尤著。七山行宫创始年月无考。万历丙申冬，守宇者不戒，毁于火。阅三月未有议修者。今年春，邑侯彭山罗公行部其地，谂知其为元君祠也，议修之。顾任事者，难其人。行宫地属汉台里，里耆王君守己者，素为里人倚重，因俾司其事焉。侯首捐金若干两为民倡，且论之曰："尔乡人不岁岁醵金祀东岳乎？裹负跋涉之苦，醵钱出息之繁，甚且冒霜露，罢筋骨，不惮为之，神无远近，至诚乃克享。设行宫一建，乡人岁时伏腊，率其子弟姻戚一修祀事祠下，又何必泰山之登哉？守己辄唯唯，从事畚土、陶甓、鸠工、抡匠，甫四月而殿宇轩腾，庄严靓丽，视旧有加。落成之日，徵言不佞，镵石纪成事。不佞惟道之在天地间，昭若日星，沛若江河，不外于纲常伦理。古圣帝明王所以修治于上，贤人君子相与讲明于下者，率是物也。明之则比屋可封，不明则如无烛而夜行，昧昧然莫知所底。世趋愈下，无能挽而之古，上非不修之，而徒严于功令；下非不明之，而徒饰乎口耳。繇是异端者流得肆其说，谓不修行于今日，而可徼福于来世，卒俾一世之人，舍纲常伦物而不事，徒日仆仆跽拜于丛祠神宇前，意福善祸淫之柄，神实司之，惑之甚矣。诚使司教宣化者日以纲常伦理率吾民服命遵教者，日以纲常伦理尽吾分，臣思尽忠，子思尽孝，友爱笃于家庭，忠信达于州里，用古之道，变今之俗，务俾三代之风再见于今日，则出往游行，无在非神。泰山之登，可无事矣。邑侯修祠之举，倘在是乎？不佞嗣为申之。

重修飞云桥记

蔡桂

黄河入海之支流在今徐沛之境者数派，泡其一焉。泡水自西来，经邑南门外，东合于泗。泗则发源山东泗水之陪尾山，经邑东门外南达于徐，国家藉以资运者也。泗河南岸有台窿然，世所称汉高皇帝归燕父老处。台畔树穹碑二则，刻其所歌大风辞也。跨泡以便往来者，旧有桥，桥名曰"飞云"，则摘其辞中风起云飞之句。俗有谓张飞赵云造者，其说近诬。成化间，河决泡水而台陨于泗，碑且移就北岸之琉璃井。嘉靖末河再决泡泗且随运而东矣。去邑南门数武而近有泉汪然，冬夏不竭，旧尝没于泡，今泡即涸，而泉之伏于水底者，犹时时溢出，合淫潦绕城垣为衣带水。前政者尝作方舟以济逾，数时辄坏。一二窭人子，赁舟以渡，渡者吝不赍一钱以赏，有竟日不博一饱者，缘是舟人多避匿。而行旅病祈寒、盛暑、风雨、泥途、争涉、喧渡，多至有倾舟溺水者。今皇帝三十一年癸卯秋，河又决泡，邑城不守。逾岁甲辰，今邳郡伯永宁李公自虹尹迁知沛事，盖诸当道以才举者也。公下车后见闾井凋落，田地污莱，衙宇胥沦于水，日夜焦劳，思所以宁民而奠之居者，历三载犹一日。桥泡之役，盖殷殷注念，时以迁县、修学、浚河、筑堤，费巨工繁，猝难兼举。丁未春诸役业有续，乃始议桥。首捐俸金若干两为士民倡。邑民好义者咸乐为之助。匝岁而桥成。桥自乙丑河决后，迄今四十年余，盖三修矣。始新津周公，嗣龙符阳公，但二公遭时之易，公则构会之难，程功比绩，二公当不无逊公矣。偃水面之长虹，树中流之砥柱，易梗道为康衢，更难涉而利济，轮蹄无阻，冠盖如归，即有入境观风，善占得失，如单襄公者而在，亦乌能有间于公耶。徒杠舆梁，王政所先，子舆氏所不满于公孙侨者，洵以其惠而不广。修理桥梁今载之令甲者，固昭然若睹也。长民者宁可视为末务漫不加省哉？公材优干济，视国如家，纠工课匠，锱铢不爽，县学徙新，河通堤固，百年旷举，肩之一身，公之才诚不负当道之举，倘侪之往哲，黄次公之于颍川，陶士行之于荆襄，不是过也。新津之桥也，学训下邳唐君实为之记；龙阳之桥也，碑既具而文未及镌；今公之桥也，属文不佞，辞弗获，爰纪其颠末，而为论著如此，俟后之君子考焉。

邑令姚君惠政记

高贯

弘治甲子秋七月，予治水事既竣，当自沛还京师。沛之父老数百十人，诣予庭下请曰：邑令姚公，初以御史征，去沛任十年矣。去之日，民计不能留，请以一靴皮之县门之左方，兹日就敝坏，民之念公者不衰。愿顺吾民心，文诸石，以垂不朽。先是癸丑岁，公以进士来令吾邑，属天旱禾菽焦槁，生意余无几。公眷于四野，忧形面目。自为文祷于郊坛，引咎侧身，罔敢宁处。越三日，若有灵响，雨果如注，原隰霑足，岁于是乎复有秋。民无智愚，皆知为公休德之赐。民有负官租者，殆百人，系已累年，莫为之所。公至，乃与之期而遣之。及是，民奉约惟谨，虽升斗不相负。是时民皆给衣食阛阓，镇店无穿窬之警。市有恶少某姓者，尝被酒挟刃以拟其父。公曰：是风俗民教所关也！刑无赦，立杖杀之。远近震怖，无复纵群饮、勇私斗者。沛之学校，虽苟文具，而士习久不振。公为葺而新之，暇则进诸生徒以课其业，士始知向慕检奇衷以就绳墨，实自公始焉。鳏寡惠鲜，每逾常数，循阡陌，课桑麻，询所疾苦于民葑蔀间。公之善政种种未艾，民方期于永承，而公御史之命下矣。公治沛仅八月，去为御史凡九年，进擢宪副又一年。今读礼于家，大任远到，行且树伟功以泽天下，吾沛不复蒙被耶？然请书于今兹者，非敢贡誉而干泽也，特人心于公之德，自不容泯焉耳。

於乎！今之令，或有九载而弗绩者。去之日，掷瓦石、恣诟詈，甚如拒寇逐仇然，其视公九月之治、获民无穷之思者，何如哉？夫天下古今，人心不相远，顾在上者处之何如也！庸书诸石，以告来者。公名祥，字应龙，广右惠之归善人。先令江西之新喻，惠政亦称于是云。

工部主事宋公去思碑

李时

昔孔孟言仁，其称王者则曰：必世；其称尧舜，则曰：得人。必世言久，得人言大。然则帝王仁民之意，其可想见乎！自秦废井地，历代因时立政，政有降升，治乱因之，我国家酌古制，贡薄赋敛以厚下，疏爵禄以养士，凡以为民也无已，则又法外布惠，以恤灾眚，实翼皇运无疆之休。壬戌仲春，我二山宋公以水部使督漕河驻上沽，沛适春旱无麦，公免息贷粟；夏秋潦无菽，湖柴减值之半；明年春又旱无麦，仍贷粟如旧，宽约免息。一日适野，见老稚杂男女率羸黑，鲜人肤色，衣敝垢不能蔽体，提筐莒拾野菜草梗；又或呻吟卧伏坟壤间。在在有之，问之则告曰：往者麦秋至，主者是刈是获，贫者群逐群拾，而又荷杖操刃以收余桔，故恒业之家，积冈阜，盈仓箱；无业之室，累筐筥，遗穗亦充橐满椟，收桔亦足资薪用。今室且悬罄，野无所取，富无所贷，举家嗷嗷待哺，徒取诸彼以续喘息，穷日之力，不举一火。其道路间流徙者，亦复类是。公闻之恻然良久，遂图之曰："吾忍视野之孳而不一拯之乎！"乃阅潮柴旧籍，岁得值若干缗，喜曰："得之矣！"适月朔，公具以语时，时再拜曰："生沛民，时与赐矣！"遂意决，集左右议。左右曰："释此，何以乐朋来也？"公曰："不然，先朋情而后民命，仁矣乎！"众皆唯唯。于是上其事于总理吾崖王公，公允其议，且嘉其溥川泽之利而同诸民也，示民永遵守之。其略曰：湖柴例比堤草，听民自取。又戒之曰：惟负毋乘，惟急之周，无继富，龙见毋入，水涸无争。故近洽沽头，远周县北，日一二负者，日数负者，称户大小，强弱均得之。由是湖柴载道塞市，值是旧裁，无复翔贵，居者便甚，得钱易米，老幼相哺，妇子嘻嘻，未举火者得举，一举火者再举，风闻流徙，相率来归，民免灾眚焉。嗟乎！文王刍荛同囿，利被周之世者，且数百年。湖自二百年来未闻有举文王之政与民同者，盖待其人也。公捐湖柴之利民，后数千百年有举文王之政者，非公其人与！沛民世有湖柴之利，得与成周之刍荛者并，盖王者必世之仁也。圣天子为天下得人如公，而民赖以养，非尧舜得人之仁与？呜呼！休哉。公以是岁十一月奏绩北上，沛民先期告时曰：公仁人也，吾民作息则思，寝食则思，曷其已乎？愿为吾民图之。时曰：然，公之来未可期也，公之去未能忘也，当率若等树石以识其事，且愿仁人之继公政者，以圣天子之仁为仁，以公之心为心，于以惠若等子子孙孙于无穷。民咸喜曰：诸公在沽，善政之可书者多不书，书此其大焉者也。遂刻于石。

工部郎中茅公去思碑记

张贞观

沛旧无工部分司，成化末始设于沽头。嘉靖末，河湮漕梗，又迁设于夏镇。故事，水漕郎职以节宣水利、攒输粮艘为务，固不得与郡邑吏亲民者比。何得言思？何得有碑？顾水曹郎即不与民事，其所分司地则郡邑属也，乃分司外地者能驿传，视其民犹称异数，间多荼毒鱼肉之者。一有高贤大良出其间，举属民而煦噢之，施渥泽焉，民奈何不思而碑耶？公以丁未夏，拜朝命于家，得分司夏镇。十月抵任，即书示父老子弟曰："河漕巨务，能有硕画佐挽输者，告无隐。"间有以策进者，公手录而斟酌(据《张贞观集校注》，此处遗"以行"二字，并漏载三四百字，是为："市魁、大滑窜名部籍中，藉以为奸，多且至百余人。公因立斥其尤者数十人，置之法，衙宇顿清。甫谒上官。日夜巡以河上，视险要，相机宜，乃议闭满家闸，一意于泇，创三闸以节水。广河裁弯，筑微山湖堤以免阻塞，障淫潦。当道是其议。堤工甫就，适溽暑亢旱为虐，漕舟阻弗进，禾黍半就槁。公忘寝食，徒步曝烈日中祷之沧浪神者几二旬，而雨水暴至，漕舟得竞进。苗且获苏。而公亦以间阅河上拮据尽瘁，中水湿病不起矣。先是，镇据徐济之间，商民杂处，货物坌集。嗣因苛取无度，商日病，且次第避去，闾里几空。公至期，平价市场，绝不倚是为利。闻风者缘是傅稍稍来。镇民苦贫往往有过时不娶者，公悯而出赀为娶，曰：生物以天地为心，吾人当体天地之心，俾生物不致斩绝。即力或不能遍，聊以毕此方寸也。"又尝装棉衣数百袭，衣镇民之寒弗能衣者。司警、夜更夫、内巡旧编以闸夫，外巡胥籍镇民吧百家充役，岁破民财无算。公悉罢之。而第以闸夫外巡，民赖以安。河夫)食，例取之县，而分散之责多属之倅贰，倅贰复属之小吏，递从减缩，十去四三。公稔其弊，手分给之，夫始沾惠。注意作人。遴里中粗有学行者为塾师，群镇之子弟教焉。捐金为束脩，费又不时。临观以示鼓劝，博士弟子从公门下者数十人，公又时时品其课业而差次之。弥留之倾，犹呼从事掾曰：善为我告后人，幸分湖田若干顷作义田，永充塾费，无废斯举。柩行之日，镇民几为罢市，父老子弟泣而送之河浒者逾数千人，僻居穷巷，村甿稚子，无不人人掩涕者。公何以得此于民哉？不佞盖难为言矣。公莅任甫八月，善政已纷不可纪。假之岁时，又岂更仆易悉者耶！国朝令，甲以劳死王事者，例有恤典。公驰驱王事，竭力苦心，死而后已，似与例合。

而当事者未闻，议及其将有待乎？不佞又有感于今之横章拖绶者，无问称否，一离宦所，构生祠碑，去思者前后相望；稽其实，非门生故吏之贡谀，则奸民猾胥之罔利，苟非其人，有朝构而暮斥其像、前碑而继踣其石者。非益之光，只滋之垢，盖心迹溷而真赝淆也久矣。窃谓得民之心者，碑以心；得民之面者，仅碑以石。心不可见，石可见，古之碑去思恐或出此。心不可假石，可假今之碑去思者大抵然也。观者要惟稽当日之宦履，察去后之民情，而品斯辨耳。石以人重，峨峨片石，讵足轩轾人哉？岘山堕泪，惟归羊叔子；而志郭有道之墓，蔡中郎独信为无愧。敢谓公碑近之。

不佞不习于文，尤不习于谀。故与公同举进士，同令齐东，同跻台省，兹又辱居公部下，聊因镇父老子弟之意，为述公莅镇颠末如此。他若公生平历履，则有巨笔如杠者在，不佞何与焉！公讳国缙，字荐卿，世湖之归安人。

沛令颜公墓记

明　彭勖

知县颜公墓，在沛邑南关。公名瓌，字伯玮，庐陵芗城人也。相传为唐鲁公之裔。素以学行称于州里。洪武末由明经授知是邑，民悦其政。太宗靖难之兵压境，伯玮父子同日就死。邑人义之，遂殓葬焉。岁久冢平，人莫能知。正统初监察御史彭勖巡教至邑，询于致仕户部主事孟式，得其葬处，乃令有司起坟立祠而祭之以文曰："人孰不死？公独死义。荒冢累累，我独公祭。勖非要誉于乡党，盖欲振纲常于百世，维灵爽之洋洋，永庙食于此地。"

昭惠灵显真君庙记

陈绎曾

沛东北五十里，乡曰泗亭里，曰欢城，前挹薛河，后带滥水，新庙翼然出榆枌荫蔚间，曰昭惠灵显真君祠。里人杜珍实作之。经始于延祐元年之春，落成于延祐七年之冬，复殿重檐，两楹五栿，金碧丹采，雍雍煌煌，像设端丽，有赫有严，以为乡人水旱疾病之所依。凡施以钱计三千五百余缗，自基及像皆独力创为之。乡人醵钱以助不足，于是聚而谋曰：杜翁之所以福于我者备矣。其何以报？乃介乡先生傅君国祥征记于予，将刻石以著不朽。予闻，祭法能御大灾，捍大患，则祀之昭惠灵显真君者何？灌口神也。灌口者何？蜀彭门山阙也。蜀神而祀于中国者何？宋取蜀，故蜀王孟昶之妾私祀王之像于宋宫中。太祖至而问焉，诡以灌口神对。帝悦，因敕建祠于汴都。御灾捍患之功于是著于中国，而祀之者几遍天下。此沛人所以并缘而得祀也。蜀神之灵，果能惠于沛之人乎？昔蜀太守李冰，秦人也，而惠于蜀。今昭惠灵显真君蜀神也，而惠于沛。秦之人可以惠蜀，则蜀之神恶不能以惠沛哉？况鬼神之道，不疾而速，不行而至，感之则应，又有妙于人者乎！是一勾龙而社天下，一周弃而稷天下，圣人不以为妄，则沛之人禬禳灾患于蜀之神，可也。杜翁不以神惠自私，而求福其乡人，亦可也。国祥与予交厚，求记，故不辞云。

元至正乙未重修庙学记

孔希冕

沛之有庙学，其来尚矣。以岁月有变迁，物理有隆替，夐出俯临，傍风上雨，加以经邑兵火之余，缺于修理，故摧残破折，日就倾圮，而学校之设，殆名有而实废。观者莫不悯惜，痛吾道之厄塞也。至正乙未夏四月，承务郎济宁路总管府判官伯公寿之攒运军储，驻车兹邑，瞻礼庙貌，慨然兴念曰：政有似缓而实急，学校是也。盖学校者，风化之本，出治之源。学校而兴，长幼尊卑，皆闻孝弟忠信廉耻之言，皆习孝弟忠信廉耻之行，礼让既行，风俗自厚，政清民化，止盗息奸，不为小补。近年以来，风俗浇漓，民不古若，奸伪日滋，盗贼窃发，虽气运之适然，抑亦教化不明之故。欲正本而清源，舍学校则何为？某荷国恩荣，苟可以化民成俗，有裨政治，力所能为，敢不勉乎！于是首捐己俸以为之倡。既而官守贤良士夫耆德，以至府史胥徒志于善者，莫不欢欣踊跃，各出己赀，鸠工市材以为之助。乃命路吏李郁董其事。始工于是岁仲夏戊戌，告成于七月壬辰，凡倾者起之，攲者正之，缺者补之，旧者新之，正殿、廊庑、讲堂、斋舍，应门四楹，角门三座，金铺玉缀，雕闱椽栋，丹漆图象，莫不灿然改观。予尝敬论之：夫人生而有身业而为士，戴天履地，秉彝好德而灵于万物，不至于斫丧磨灭，摈弃凋落，皆学校教养之力。苟悖天理而弃所学，去人伦而失信义，将何以立于两间？此孟子所谓饱食暖衣、逸居而无教。圣人有忧之，盖谓此也。自夫世运艰虞，饥寒流落，由忠君而孝父，舍生而取义者观之，则教化有补于世，岂浅鲜哉！彼或以仁义为迂阔，教化为不急，区区法制禁令之末，屑屑簿书期会之密，以促办催科为贤，钩深摘隐为能，护稂莠而害嘉禾，拨本根而扶枝叶，欲事简而愈烦，求政治而益乱。将使斯民捐仁义以狗利诱，遗君父而灭纲常，亦独何心？今伯公寿之当兵战警急之秋，身劳供给之际，以庙学为首善之地。不整严无以起人之敬，不尊重无以道人之善，在公勤恤，见义勇为，故不言而人信，不赏而人劝，工不告劳而事底于成。使风俗薄而复淳，吾道塞而复通。诗曰："订谟定命，远犹辰告。敬慎威仪，维民之则。"此之谓也。扩而充之，则他日格君心，泽民物，措斯世太和之域，事不难矣。此众所有望于公、公素所蕴藉者也。公名伯颜察儿，寿之其字也。家世阀阅，始由邳州睢宁县主簿，以清慎其恪，选充太常礼仪院太祝，复以贤良廉干升今任。所在莅政之际，虽文移星火，事务丛棘，而简善惩恶，兴学劝农，弘毅正直，出乎天性。故民怀德畏威，令出惟行，事多类此。沛县达鲁花赤众家奴暨完者不花、县尹玉居礼暨刘泽、主簿张造道暨韩仁义、典史刘熙等协心信美，务兹善政，勇于有为，实赞成之。希冕忝论斯邑，职守文学，适完盛事，诚为美矣。敢不敬承邑贤大夫之请，以纪公乐善化民之实，刻诸坚珉，为将来莅政者劝。

仰圣书院记

汪宗元

夫君子如欲化民成俗，其必由学乎。古之教者，家有塾，党有庠，州有序，国有学。至有圣朝自国都及州邑，咸建庙学，专官以职群士之秀者。而教育之熙洽既久，遐陬僻壤，莫不有学。而胜地名区，复有书院之设。所以养蒙育才，广化碑治，翼学之所不逮者也。沽头闸介乎徐沛之间，其地旷野，其俗尚利，其民轻生，夫地旷则无文物之聚，尚利则鲜礼让之风，轻生则有战斗之习，俗之不美者，以化之不孚也。教其可少乎？嘉靖戊申春，都水南城吴子衍以督河至，乃叹曰：兹地距曲阜不二百里，去圣人之居若此其近也，吾夫子周流所至，乃圣人过化之乡也，而弦诵罕闻，礼教不兴，部使者不得辞其责矣。越明年，乃卜地陶瓦，捐赀召匠，厥志先定，询谋佥同。又明年，请于总理中丞沅溪何公嘉其议而赞其成。遂度地葺宇，厥土孔臧，厥位面阳，中为正厅三间，请业有堂。东西为厢房六间，栖士有舍。为退居者三，为庖庾者四，约以大门，缭以周垣。书院甫成，乃择子弟之俊秀者，肄业其中。延师以切磋，亲为讲解，课功程能，逊志兴行，期臻实效，卓然为徐沛间一善地矣。予适以简命代何公、吴子索文以记之。乃言曰：昔睢阳、石鼓、岳麓、白鹿由一人倡之，名于天下，而传于后世，何也？书院者，养蒙育才广化而裨治者也，一举而四善备焉，夫十室之邑，必有忠信；不有先觉，迷而罔从，非学其何以养蒙也？夫群居而无教则杂，杂则志乱，乱则行荒，非学其何以育才也！夫逸居而无教，则失其恒心，五品不逊，则百姓不亲，非学其何以广化也！夫经诵之声鲜则干戈之习兴，教化行而后习俗美，匪学其何以裨治也！是故君子之教，揖让以明其礼，进退以明其节，诗书以启其蔽，六艺以博其趣，蒙以养正，习与性成，非所以养蒙乎？昔朱子《白鹿规》以博学、审问、慎思、明辨、力行五者为为学之方，藏修游息逊志时敏安其学业，敬其师，乐其友而信其道，知类通达，敬业乐群，非所以育才乎。昔契为司徒，敬敷五教，孔子曰：立爱自亲，立敬自长。朱子白鹿规首之以五教之目，必也义行于国，孝悌行于家，而信行于州里，人伦明于上，小民亲于下，不有以广化乎！夫观民以设教，居德以善俗也。而朱子白鹿之规亦以致慎于处事接物之要，必也忿心以惩，欲心以窒，善心以迁，则感心生焉。感斯恻，恻斯恪，恪斯变，节之而礼生焉。畅之而乐生焉。尊卑贵贱之分明，亲上死长之义笃，不有以禅治乎。抑予又有说焉，学必至于道，道以圣为极，学之至圣，犹登者之巅也。况自天攸纵，启迪含灵，生民以来，未有盛于孔子者也。兹近孔子之居，乃孔子过化之地，此仰圣之所以名也。昔孔子之在春秋之齐、之楚、之卫、之宋，辙迹几遍天下者，忧道之不明、教之不立也。诸士生圣人所近之地，闻圣人之风久矣。其仰思于二千载之上，孜孜汲汲，羹墙如见焉。则圣人之道在于吾心。行义达道，无所往而不可，而邹鲁之风复见于今日矣。则养蒙育才，不为虚举，而广化禅治皆见之实效矣。斯固何公赞成之盛心，吴子兴学之初意也。诗曰：高山仰止，景行行止。诸生其相与勖之。

重修昭惠伍侯庙记

陆梦韩

伍侯吴相也。奚为而祠于沛，无乃鸱夷之英爽犹烈而浮泊于漕河，镯镂之积愤未消而依栖于汉台耶？不然，侯之泽及沛民何其深，而民之涵泳余波何其汪洋未艾耶？遐想伍侯率忠吴之心，以阴相皇明之漕渠，豁悬门之目以相视漕渠之原隰，即彼吴其为沼之先见以洞察七十二泉之源流，故神功运。而丁亥之变，弥灵照烛，而泗济之淤通。明廷嘉其忠而昭惠之号于赫，官民食其德而岁时之祭孔殷。立祠礼也，非滥也。致祭情也，非谄也。夫何岁久而庙将圮，庙圮而神靡宁，靡宁而小民于何听命哉？兹司土者责也。乃因沛令罗见怜之，请鸠夫役，量财用，尺榱片瓦，皆取诸公余之物，丝粟不敢烦民。嘉靖戊午秋始事，己未夏五月告竣。署县事卫经历王章丐文以扬神休。予乃纪其巅末，使之勒石，且系之乱，俾歌以乐神。辞曰：

　　於惟伍侯，克孝克忠。没已千古，胆烈气雄。漕渠沙涨，水与陆同。边饷告匮，忧廑重瞳。惟侯阴沛，积淤随通。舟楫千里，疾如飞鸿。饷百万石，进彼司农。余职斯土，追忆元功。修举废坠，金碧菁葱。神亦妥止，丕振雄风。翊我皇运，万载靡穷。

义烈祠碑记

林汝翥

岁壬戌，予莅沛之三年也，五月十七妖贼发难，郓、滕、邹、峄一时俱陷。越六日，予至自淮，始得大呼乡兵，冯河为阵，且战且守。其间密谋秘计、用谍用间，详在纪略中，不及悉，惟是半载之内败衄者三，乃令忠义之士魄封于黄尘，魂栖乎青草，予心实隐痛焉。则建祠之祀，勒绩之碑，是乌容或已哉。盖戚城之役，予与陈弁约会朱备，三路并进。而陈狃于既胜，自率孤军夜趋取败。乡民从之往者阵没四十三人。不移时而予兵与朱兵继进，乡民复竞出步骑为助，矢石交发，声震天地，遂大歼之。贼自是退守巢穴，不敢西渡。若欢城之民，皆有勇知方，自难发以来，杀贼无虑数百，贼恨之，期大举复仇。但地在河东，非鞭长所及。其民乞兵于焦弁，焦只以百兵赴之。遂为所误，战死六十余人，生员陈应诏、应贞与焉。报至予，即督兵赴援，而贼已奔归矣。续侦妖巢，大疫死者日以百计，予遂一意间谍，兼行招抚，妖党溃散者数万，归降者二万三千余。贼首度势不支，各为远遁。无何而东兵至滕，巢空矣。最后残贼取道徐丰，图以入曹。徐之兵以万计，诸将环视，无有撄其锋者。不数日复抵沛之西南。赵希邦等逆战，众寡不敌，复没五十九人。予躬督乡兵驰至，擒斩二十余众，仍追之于扬石，继尾之于欢口常家店，斩获二百有奇。然而无当于吾民生死之数也。呜呼，戚城之败，以陈百户之违予约；欢城之役，以焦游击之轻视敌；七山之衄，以赵希邦之先余至。向使操以慎重，需以时暑，则若辈咸得睹荡平之境而□饮至之休矣。何至切命于行间耶！今境内幸有宁宇，若辈捐躯殉难，义矣！烈矣！用是创祠以妥之，颜曰“义烈”，复置田二十亩以供祭祀。躬率僚属，哭而奠焉。并录祭文于左：呜呼！诵睢阳之烈者，曰三日而救至，十日而贼亡，千古憾之，千古奇之，乃吾沛慕义之民，自戚城以迄欢城、七山诸役，毕力捐躯，咸不旋踵而救至，不旋踵而贼亡，则可奇，可憾，又孰甚焉？抑尤奇睢阳之言曰：“死当为厉鬼以杀贼。”乃妖贼自戚城败衄之后，遁归滕窠，瘟疫大作，死者日以百计，故予得用谍用间以空其党，未必非吾民忠愤之气所郁结而成也。然则有睢阳之遭，而未必有其名；无睢阳之名而不必无其事。其吾民之谓乎！予又何能以无憾也。噫嘻，予能力抗孤城以保疆土，而不能有吾民，尔能保尔之骨肉与尔之亲故，不能自有其躯。命则遭时之不幸，抑有数耶。徒令人增恻怛也。余用是旦夜拊心，无可抒哀。惟是建祠以栖尔神，立田以供尔祀。落成之日，取诸妖贼肝血，聊为尔奠计。尔之英魂不磨，侠骨犹香，当幽以壮干城于百代，明以永血食于千秋，庶几写予心之忡忡。

关帝阁碑记

阎尔梅

吾村东旧有汉关壮缪侯祠，年饥兼兵火，祠无主持遂中圮。僧大池者，发愿因遗址重建，改祠为阁，乞言勒石。予思壮缪非缁衣流也，自我朝近日始以缁衣家奉之，加号加爵，由侯而王、而帝，丰享诰祭，今古罕俦矣。夫君子以忠勇立身，荣辱亨屯，遭时非一，要归之君亲师友，文章功烈而止。古人如壮缪者岂少哉！独如壮缪之获异宠膺显祀，百不得一焉。何也？善乎予友之言曰：天下人无论生前福泽有定数，即死后福泽，正自不偶，必视其隐德嘉行，非世间所闻见者阴酬之，否则物逾其器，虽或暂邀，弗终厥身，况邀之身后耶。然则壮缪之所以得此于天下后世，固非世人可轻为拟议者矣。学者尚论，贵得其中，正无弊者尔。壮缪殆未可妄施月旦也。若夫尊之为大帝，为真君，忽而佛，忽而仙，则亦忠臣烈士、贞夫贞妇观感兴起，无以畅其好善尊古之坏，不得不取时尚同称者，而增饰之又何以刻求为。

泰山行宫碑记

阎尔梅

予登泰山者二，盖幼时为母病，遵俗尚祝厘、祈福祉也。山有秦皇、汉武、唐玄宗、宋真宗封禅遗迹。古文剥落，大抵谓泰山东隅巨镇，王者受命，以其功德宣布海内。山川锡福，下民故祭告矜崇，载之金石，初未闻有所谓元君名号也。况饰之为妇人女子，金碧粉朱之妆贻秽山灵乎？或曰：元君古隐士也。修道泰山，丹成仙去。若是则亦山中栖真羽流，非妇人女子明矣。俗传若此，殆不可解。予尝按舆地志齐鲁广纵千里，尽东海，群峰大壑，周环钩玦，悉自岱宗发祥。民生其间者，衣蚕食粟，老死不他迁，安居久而性情移，山之灵，实惠之，饱其惠，斯丰其报，又山之灵实启之，非元君所能召致也。乡村夫妇，未尝读古人书，不知泰山何山，元君何人，遂妄以元君为泰山之神，又误以妇人女子为元君之貌。狄怀英巡抚江南，毁淫祠千七百所，其此类耶！今天下牧民司教化者，独无梁公其人，学士大夫之言不足以夺乡村儿女子之好。无怪乎遍青齐徐兖之区而筑之行宫也。沛东南里仁集旧亦有之，圮于水。里人捐赀重修，工成树碑。予不详其庀材鸠工之事，而略述山之祀典与元君之出处，使荐馨受祉之士庶人明于礼之所由著，而义之所由归，勿复以俗尚诬山灵，则梁公遗意也。礼天子，郊上帝，时巡海内山川而柴望之。诗云：怀柔百神，及河乔岳，兹岱宗其首重者。诸侯祭封内山川，士庶人各祭其祖宗于家庙。苟大夫而祭泰山，犹谓之僭。矧士庶人乎今之有事于泰山者，不曰祭，而曰进香，倘亦考礼稽古之家，不欲拂乡村儿女子之意而姑为之，微其辞欤。盖其所从来者远矣。

重修儒学碑记

张能麟

沛于古为汉高帝汤沐邑。歌大风而思猛士，初若不事诗书，然过鲁祀孔子以太牢，实基四百之祚。陆贾奏《新语》，辄称善，帝岂轻儒术者哉！其后世立博士，置辟雍，桥门观听，几及千人。论者溯其渊源，所为推本于开创之初而深著夫崇儒重道之效也。先王有道德礼乐经术以造士。士之隶庠序者，亦无不以道德礼乐经术相摩切。学成而达诸用，文经武纬皆出其中。孔子设教洙泗，垂及百年，诸生以时，习礼其家，使观者徘徊不能去。隆准公马上得天下，独俯首尼山一布衣，可不谓知所重乎！国家定鼎，混一区宇，弘文教以绥四方，尤加意学宫以示广厉。乙未，予奉简命督学三吴，见学舍颓圮，愸焉忧之。况徐沛接壤，邹鲁有先圣贤遗风，可使之倾圮而不治乎！因捐俸金，申饬有司，重加修葺，庀材鸠工，越数月而告成焉。乃为之言曰：古来名世大业，必由理学真儒。孔子有言：志在《春秋》，行在《孝经》，夫孝，德之本也。汉高分羹拥篲，贻讥千古，顾天性纯孝，作新丰，定名号，至子孙皆以孝为谥。其于孔子所言，若合符节。今士子穷年矻矻，不离章句。内无格致诚正之功，外无齐治均平之学，至《孝经》一书，茫焉不解。欲望其见伊吕失萧曹也，得乎？圣天子雅意文治，以孝道风励天下，予尝欲取《孝经》一书，列之棘闱，俾士子知所诵习，庶门内克修，则获上信友胥。于是出将来为真儒，为名世，端有赖焉。夫高帝不喜儒生，特不喜腐儒耳。推祀孔子之意，使得董江都诸人为之左右，当必有相得益彰者已。丰沛之士，生高帝之遗乡，体尊崇太公之心，以孝律身，以孝作忠，而格致诚正之功、齐治均平之学皆树其基矣。思皇多士，维国之桢。能不于沛邑有厚望哉。

重建两河书院记

顾大申

今上御宇十有四载，大申以屯部郎奉玺书视河夏镇。受事之初，历徐沛，经滕峄，访求新泇两河疏塞故事。邦之长老，犹能道之。其言曰：嘉靖万历之间，河患屡告，往往漕与河争道。河自西东决，则冲曹单，横射鱼台、谷亭而溃漕之胁；自北南灌，则淤邳睢，载及徐泗，淍大浮桥而扼漕之吭，于时欲议利漕不得不先议避河。南阳口新河之役，自松陵盛公始也。功未底，夏村怨雠上闻，落职去。自是数十年无敢议改者。世宗乙丑，河逆溢漕，艘勿克达。万安朱公被命，浚盛公未竣工。言路有劾公虐民者，遣官勘议，疏再上，得报可。留城之功以举。神宗时徐邳屡塞，湘源舒公凿韩庄河四十里。泌水刘公继之，复益泇河口百二十里。咸以工巨费繁中辍。甲辰大开泇河，遂成功于长垣李公云。然人情纷纭，李公几冒不韪也。议者谓陵松为万安之权，与长垣为湘源沁水之嗣美。凡以去河渐纡，则害漕日浅。自泇流通，遂而河自为河，漕自为漕。漕之利而河不为害者，綦六十载。大申闻而叹曰：嗟乎！当日贤士大夫之拮据荒度如此。

夫从古任人之难,难于任事。任事之难,难于虑始。暑雨祈寒,民曰怨咨。利未及身,罔不腾口,及观厥成而亿禩称便也。历数前后经理,虽曰明君哲相,始终倚任而诸君子之兴而辍,辍而复集,召尤丛谤,曾勿利钝之是计而身名之是图,以几于永赖者。不诚忘身体国矫矫烈丈夫哉!传曰:以劳定国则祀之,五中丞者,乌可以无祀。镇有书院,所以祀万安公者也。颓于兵燹,乃鸠工庀材,涂塈丹雘而合祀于其中。被以两河之名,志旧勤也。镇人士稽首请曰:大典举矣。有贤使君而弗录,邦人之咎也。若陈公之创始,夏阳梅公之赞成,泇河茅公之惠泽浸淫,陆公之同民患难,其崇功显德,赫赫若昨日事,盍祀诸。乃允其请而附祀于两庑,从舆志也。工肇于丁酉八月,成于己亥二月,募而役者四万余。工材用千六百金有奇,僚属捐助六百四十金余,皆独力营办以竟工。作蠲吉安神而延师,集矜士课诵其中。方伐石纪,事未毕其年又议瓮镇城,辛勤筹画,十有八月,城工集十之七,冀以微劳附先贤之后。今岁三月,起大狱,株连二百余人。大申解任,十月获雪南还,镇人士复垂涕攀留,且前请曰:举大功者,必负重谤;前车在望,而偾辕同辙。公所谓前人任事难,后人又将议公难也。盍并记之?大申曰:表章先烈,后进事也。以五中丞之贤且达,受君相之寄而不免于蒙垢,小子何人哉,其不幸而获谤,幸而善全,天也。敢过自矜诩,以重诬邦人之月旦,谨辞众请而为之记。正祠五公:盛中丞应期,吴江人;朱少保衡,万安人;舒少保应龙,全州人;刘司空东星,沁水人;李少保襄毅公化龙,长垣人;配祠四公:陈公楠,奉化人;梅公守相,宣城人;茅公国缙,归安人;陆公化熙,常熟人;并传贞珉,以贻奕世。

新修沛城记

沛之城,屡罹水患,从前为修筑、为倾圮者,难更仆数。第修筑之坚,则多年而渐倾否,则不久而就圮无他,视夫宰是邑者之用心何如耳。思夫金钱者,国家之帑藏也。操作者,下民之筋力也。一日而为永远之图,自不容苟且以为塞责之计。而复有才干智略以经营于事,先既有成竹在胸,斯成功于节次而悉如其所区画。又必至公无私,不思余一钱以自肥;亦不忍刻一钱以病役,则睅目皤腹之歌无自而来矣。沛邑自雍正五年水入护堤,浸灌冲啮,城圮者几三百丈。数议详请修筑,皆不果。乾隆二年海阳李公棠来宰是邑,往复周阅,蹙然忧之,谓绅士耆庶曰:城所以扞外而御内也,若夷为平地,城居无异于野处,其何以卫吾民?乃酌分紧急缓三工,详请各宪,估银二万六千八百余两。由乾隆三年八月始事,历二载,其间救水恤灾赈急百凡,邑宰所当为者,又多辍其工捕蝗,至五年七月告竣。巍然者较前益加巩固完密。于时,邑绅士相率言曰:公之修是城也,心力瘁矣。砖埴之用，买而辇载非计也，爰设窑城下柴薪之，用购诸市肆非计也。采于邻境，勤者赏，惰者汰，事省而工倍，是以有成。况公之惠我民者，匪一端也。前年斗虎店曾苦于蝗，而二麦将刈。蝗悉深入麦畦。殄蝗则伤麦，惜麦则养蝗。公以微湖鸭数万，驱之入麦，旬余蝗尽而麦不伤，遂获稔。邑地洼下，叠逢水患，或有麦无禾，或禾麦垂熟而汩之。民庐荡析，妇子嗷嗷。公亟闻之郡侯，一一遵其指画，为之置棚设厂以安集之。又日周视其间，赈以粥饭，给以钱米，经久不倦亦不匮。微独沛民感荷生成，而异土之民多携老幼以就之，祝颂之声盈耳。至于爱绅士，和僚属，清狱讼，善催科，殆不可以缕述也。余闻其言而思其故，盖公之才足于公之精神；精神之足，足于公之勤敏；勤则习劳，敏则能奋。余尝与公朝夕见，其于民事，不遗余力而自奉菲薄，怡然欣然。中年仅一幼子，衣不掩胆，辄自笑曰：我讵力不能制一袍？顾无暇及此耳。公勉之矣。由此以往，古之卓鲁何足擅美哉！爰从众请而为之记。

卷九下　艺文志

沛县知县李棠　重辑

新河集序

王世贞

新河集成，诸颂大司空朱公功者，亡虑数百家文，亡虑数千万言，虽其言人人殊，要之，太公功而危公之所以功，不易则若一也。世贞受而叹曰：今之所群然而颂公者，与昔之所龁龁公者，其人非耶？则何啻霄壤焉？盖嘉靖末，河决而东，注自华山，入飞云桥，截沛以入昭阳湖。于是沛水逆历湖陵，以至谷亭四十里。其南溢于徐为浸，俱破漕。天子闻而闵之，咨于众而得朱公以大司空兼御史大夫往诸治河，抚、漕中丞、监司、守令悉受束，得一切便宜行事。众或谓浚旧河便。公独曰：不然。夫黄河之为决也，若大盗然。汉武帝竭天下之力，至人主沉璧马，从官负薪石而后仅胜之，而为立宣房宫，作歌以侈大其事。说者犹以为不若避之便。所以避之便者，河不与漕争道也。今河与漕争道矣，乃至欲隐河之害、引而为漕之利，是延大盗入室也。故势不得避，则逆而捍之。势得避则顺而徙之。夫徙与捍之间而吾识其说矣。中丞盛应期者，尝议别创河南阳，折而南东，至于夏村，又东南，至于留城，以通漕事，中废。公行求得故址，喜曰：是迁可避决而近可漕也。筴之役夫，可九万有奇，金钱四十万有奇，粟称是，条上之，报可。诸言浚旧河者交难公曰：河性宁有常？及旧河独不能及新河耶？今朱公凿空而劳十万人之力，损县官之金钱数十万缗，粟称是，一旦捐而予溃河，不知何以称塞也。当是时，天子意不能无动，而独朱公屹然于橇撵畚锸之间，以与士卒其甘苦而伛偻胼胝之众，不以咨而以颂。天子廉知其状，乃稍益信公。逾岁告竣，河亦引分去。岁漕受计如约。玺书屡下，赐余迁官加等。昔之所群然而龁龁公者，转而为颂矣。自是更三朝人主，愈益唯朱公重。重在宫殿山陵，则公召而北，重复在河，则公复借而南；公且以司空百揆矣。乃集群公卿大夫士之言而梓之曰：吾非敢以侈大如前人也。夫孔子之圣焉，从政而不免毁；公孙氏之贤，为郑焉而不免毁。且吾安知，始吾闻之，汉将军充国之言曰：吾年老矣，爵位已极，岂嫌伐一时事以欺明主哉？兵势国之大事，当为后法。老臣不为陛下明言兵之利害，谁当复言之者？夫进而疑功，退而疑名，乃不一避焉而务为实，以示夫后之忧社稷者何，昔臣之忠笃恳厚若此。夫今而后，知国家之于决河在徙与扞之间也。河之为漕害而不为漕利也。任事之贵勇，而任人之贵专也。则在兹集矣夫。是故世贞亦不以为公嫌而为之序。

祭沛令颜公文

黄国用

繄先生之在当时兮，郁系乎乡誉。用明经而起家兮，遂筮仕于百里。遭国步之斯棘兮，爰赋诗而见意。蕲只手以扶天柱兮，矢临难无苟免之理。苦力绠而援绝兮，乃从容南望拜而自缢。时令子之侍左右兮，痛先生之见弃。遂引决于赤镬之芒兮，期相从于地下。呜呼，子之于父，臣之于君兮，实天下之大戒。无适而非义命试忠孝而沦于愆兮，是果无所逃于天地。胡世道之乖苒日下兮，自下忠贞父子之外未论矣。何先生父子以曲尔之躬兮，而竦乎天制与人纪。盖自靖难之师临南傣兮，士氓佥谓天命之有归。咨妒嫮之未判兮，孰能量势而见几。渠溃溃娓娓望尘求免兮，一鸿毛之是俪同时如唐子清黄谦之就义兮，乃蓟华熏香而自厉。后此若张昭季之经，许伯澜之水、周士修、王叔英之死于黉舍于广德兮，又皆闻风而兴起。我怀先生生吾庐陵之芗城兮，实胡忠简文文山之故里。岂此邦之山水兮，用是多产乎英异。抑先生之世胄兮，乃太师文忠公之裔。多玄训之笺笺兮，求俯仰之弗愧叹。国用之生晚兮，幸托先生之里居。奉皇命而徂征河洛兮，道出丰沛之故区。考图志讯父老兮，知衣带瘗兹南关之埭。知先生握拳透爪兮，念灵修而未已。仰高望洋兮，区区怀先生而罔替。用将只鸡斗酒沃酹冢上兮，聊效昔人抚墓之礼。睹芳草之含烟兮，恸表诚封植之犹未喟。当时之论未公兮，孰能阐先生之微。呜呼！痛惟先生父子昔日之事也。噫，谅至人之有神兮，离列宿而箕尾。是将鞚王虬鞭青鸾兮，夷犹乎故里。尚阴骘惟予小子兮，俾无愧于为臣为子也吁。

又

陈宣

为臣死忠，为子死孝，何公父子而克允蹈。当神兵之压境，众瓦解而澜倒。公岂不知，一木不足以支大厦，独云义不可违于颠造。公从容以就，公之子亦随公而死以报。於戏哀哉。人孰不死，公死善道；人孰不子，公子克肖。日月争光，天地其老。宣历观古人，几同此窍，棘墓累累，矢心一吊。

重修飞云桥疏

李汝让

伏以为梁，利涉固万世之常经。藉众成功，实一时之权画。爰凭广募，期树鸿功。惟此偪阳，肇从周季改名，沛邑爰自先秦。逮汉祖之龙兴，有声寓内，嗣群英之虎变，擅美寰中。黄河万派自天来，绕西南而襟带邹峄。群峰从地起，环东北以屏围。据水陆之要冲，轮蹄杂踏，当舟车之孔道。冠盖回翔，泡水奔注而东，夙导地中之脉，泗源顺流而下，时兴水面之波。闻说先朝于此建闸，不知何代，就此为桥。涣锡嘉名，用宏杰构。羡豁达之伟概，仰溯歌风之章。摹高旷之雄词，首摘飞云之句。相沿既久，靡易厥初。忆当嘉靖之终，浊流塞运；续于万历之始，春水啮城。造舟为梁，粗延岁月。牵绳以渡，几历春秋。不无少济于须臾，终是难行乎久远。新津倡始，面龙泉而向易东西。龙阳继兴，对来薰而径还南北。顾兹泽国，难求不水于十年；即有危桥，讵保独存于一旦。迩岁临于癸卯，适时届乎新秋。暑雨连绵，阴霾迷乎四野；郊原布濩，沾濡病此三农。痛河伯之不仁，溃堤而入乘邑，人之无备，卷土而来。方过奔牛，折合抱之门关轻如拉朽；猛同逸虎，摧干云之雉牒易若堆沙。宫廨荡然为一空。坐见树头，栖苴民居，净焉其若扫，立看釜内游鱼。沉者沉，浮者浮，非是飘厢即没廪。号者号，泣者泣，总为呼女以招儿。依断岸而居，幸尔暂焉有土，随坏舟而去，飘然倏以无家。风送水声来耳边，那堪入听月移云。影沉波底，只是增悲。不惠天心，旁毒万姓。畴将人力，偏守一桥。恻动当途，念抚摩之不易；简及不佞，愧蹇劣以何胜。尝伏暑而升车，恭勤上命；遵丽谯而视事，遑暇安居。历任频年，敢云尽职。当官诸务，亦颇经心。吏弊千疮，医疗第寻标本；民艰百孔，补塞一任机宜。河工畚锸云屯，庆如期而就绪；县治土木猬起，冀不日以求成。眷兹一线之渠，畴当天险；值此五年之候，犹靳人谋。念时诎而举盈，难谐众口；必财丰以首事，始惬舆心。询我缙绅，遂及父老，春水断桥，人不见一苇奚航。晴虹偃岸，客来过万方竟济。爰从众议，普告四民。成大厦之万间，实资群木；冶洪钟之千石，岂事一金慨矣。倾囊务使铢铢流惠；奋焉发廪旋教粒粒生春。庶吴楚之名材，岩岩山积。而班倕之巧匠，滚滚云归。跣跣征夫，自清波早释望洋之叹；招招舟子，卧斜阳靡闻争渡之喧。其成不世之慈航，偕我舍筏登岸；愿结无穷之圣果，还他立地成真。谨疏。

卷十　杂志　侨寓　方技　仙释

沛县知县李棠　重辑

杂　志

周杨朱南之沛，老聃西游于秦，至梁而遇。据此，则春秋时固有沛邑之名。

汉祖之为泗上亭长也，常从王媪、武负贳酒醉卧，武负、王媪见其上尝有龙，怪之。高祖每酤留饮，酒售数倍。岁竟，此两家常折券弃债。

汉祖为亭长以竹皮为冠。及贵，常冠，所谓刘氏冠也。

沛公伐秦，至阳武，张苍以客从攻南阳。苍当斩，解衣伏质，身长大肥白如瓠。时王陵见而怪其美士，乃言于沛公，赦勿斩。苍感陵之德，及贵，父事陵。死之。后苍为丞相，洗沐常先朝陵夫人止食，然后敢归家去。

樊哙冠广九寸，高七寸，前后出各四寸，制似冕。哙造次所冠，以入项羽军。汉有天下，令司马殿门卫士服之。

韩信亡楚归汉，为连敖。坐法当斩。已斩十三人，至信。信适见滕公，曰：上不欲就天下乎？而斩壮士。滕公奇其言，壮其貌，释勿斩，与语，大悦之，言于汉王。汉王以为治粟都尉。楚将季布数窘汉王，项籍灭，高祖购求布千金。敢有舍匿罪三族。布匿濮阳周氏，周氏乃髡钳布，卖之鲁朱家，朱家心知其季布也。乃之洛阳滕公说曰：季布何罪？臣各为其主用职耳。君何不从容为上言之！滕公心知朱家大侠，意布匿其所，乃许诺。侍间果言如朱指，上乃赦布，召见，拜为郎中。

曹参为相，礼下贤人。请辩士蒯彻为齐客。有东郭先生梁石君，隐居不仕，彻言于相国曰：夫人有夫死，三日而嫁者，有幽居守寡不出门者，足下即欲求妇何取？曰：取不嫁者。彻曰：然则求臣亦犹是也。彼东郭先生梁石君，齐之俊士也，隐居不嫁，未尝卑节下意以求仕也。愿足下礼之。相国曰：敬受命。皆以为上宾。齐人魏勃欲求见相国，家贫无以自通，乃常独早扫相国舍人门外，舍人怪之，以为物而伺之。得勃，勃曰：愿见相君，无因，故为之扫，欲以求见。于是舍人见勃。参因以为舍人，一为参御，言事以为贤，言之悼惠王，王召见，拜为内史。

高祖征淮南，还过沛，宴父老于沛宫。以沛为汤沐邑，复其民，世世无有所与。沛父兄诸母故人日乐饮，极欢，道旧故，为笑乐十余日。高祖欲去，沛父兄固请留，高祖曰：吾人众多，父兄不能给，乃去，沛中空县，皆送之邑西。高祖复留止，张饮三日。沛父兄皆顿首曰：沛幸得复，丰未复，唯陛下哀怜之。高祖曰：丰吾所生长，极不忘尔。吾特为其雍齿故，反我为魏。沛父兄固请，乃并复丰比沛。

吕文和，高后族人也，居沛。孝文初，诛诸吕，文和避难。徙居略阳，与氐人杂处，世为酋豪焉。是为凉王吕光之始祖。

太尉周勃，亲以兵诛吕氏，功多。丞相陈平欲让勃位，乃谢病。文帝怪问之，平曰：高皇帝时勃功不如臣，及诛诸吕，臣功亦不如勃，愿以相让勃。于是乃以太尉勃为右丞相，位第一；平徙为左丞相，位第二。居顷之，上益明习国家事，朝而问右丞相勃曰：天下一岁，决狱几何？勃谢不知。问天下钱谷，一岁出入几何？又谢不知。汗出洽背，愧不能对。上亦问左丞相平，平曰：各有主者。上曰：主者为谁乎？平曰：陛下即问决狱，责廷尉；问钱谷，责治粟内史。上曰：苟各有主者，而君所主何事也？平谢曰：主臣，陛下不知其驽下，使待罪宰相。宰相者，上佐天子理阴阳，顺四时；下遂万物之宜，外镇抚四方诸侯，内亲附百姓，使卿大夫各得任其职也。上称善。勃大惭，出而让平曰：君独不素教我乎？平笑曰：君居其位，独不知其任耶？且陛下即问长安盗贼数，又欲疆对耶？于是绛侯自知其能弗如平远矣。居顷之，勃谢病请免相，而平专为丞相。

绛侯为丞相，朝罢趋出，意得甚。上礼之恭，常目送之。中郎爰盎进曰：丞相何如人也？上曰：社稷臣。盎曰：绛侯所谓功臣，非社稷臣。社稷臣主在与在，主亡与亡。方吕后时，诸吕用事，擅相王，刘氏不绝如带。是时绛侯为太尉，本兵柄，弗能正。吕后崩，大臣相与共诛诸吕，太尉主兵，适会其成功。所谓功臣，非社稷臣。丞相如有骄主色，陛下谦让，臣主失礼，窃为陛下弗取也。后朝，上益庄，丞相益畏，已而绛侯望盎曰：吾与汝兄善，今儿乃毁我。盎遂不谢。及绛侯就国，人上书告以为反，征系请室，诸公莫敢为言，唯盎明绛侯无罪。绛侯得释，盎颇有力。绛侯乃大与盎结交。

夏侯婴之丧，柩出东都门外，驷马不行，踣地悲鸣，掘马蹄下得石椁。铭曰：佳城郁郁，二千年见白日，吁嗟滕公居此室。遂葬焉。冢在饮马桥南四里，时人谓之马冢。

吴楚反，景帝命条侯周亚夫为太尉，将兵击之。亚夫既发，至霸上，赵涉遮说亚夫曰：将军东诛吴楚，胜，则宗庙安；不胜，则天下危。能用臣之言乎？亚夫下车，礼而问之。涉曰：吾王素富怀辑死士久矣，此知将军且行，必置间人于淆黾厄狭之间。且兵事上神密，将军何不从此又走蓝田，出武关抵洛阳间，不过差一二日，直入武库，击钟鸣鼓，诸侯闻之，以为将军从天而下也。太尉如其计，至洛阳，使吏搜殽黾间，果得吴伏兵，乃请涉为护军。见汉书。

条侯时乘六乘传，会兵荥阳，至洛阳。剧孟喜曰：七国反，吾乘传至此，不自意全又以为诸侯已得剧孟。孟今无动，吾据荥阳，荥阳以东无足忧者。剧孟洛阳大侠。孟本传载，条侯之言曰，吴楚举大事，而不求剧孟，吾知其无能为已。

条侯至淮阳，问故父绛侯客邓都尉曰：策安出？客曰：吴兵锐甚，难与争锋，楚兵轻不能久，方今为将军计，莫若引兵东北壁昌邑，以梁委吴，吴必尽锐攻之。将军深沟高垒，使轻兵绝淮泗口，塞吴饷道，使吴梁相敝而粮食竭，乃以全强制其罢极，破吴必矣。条侯曰：善。从其策，遂坚壁昌邑，南轻兵绝吴饷道。

亚夫为丞相，部人赵禹为丞相史，府中皆称其廉平。然亚夫弗任，曰：极知禹无害，然文深不可以居大府。

王奉光其先沛人，高祖时有功赐爵关内侯，徙长陵。传爵至奉光，奉光女为孝宣倢伃。霍皇后废立，倢伃为皇后，进封奉光为邛成侯。元帝即位，复封奉光子舜为安平侯。

姜肱字伯淮，性笃孝，事继母恪勤。母既年少，又严厉，伯淮感凯风之孝，兄弟同被而寝，不入房室，以慰母心。范书言：其友爱天至，非以继母之故也。

伯淮与弟季江俱乘车行，过野庐为贼所劫。取其衣物，欲杀其兄弟，伯淮谓盗曰：弟年幼，父母所悯怜，又未聘娶，愿自杀身济弟。季江言：兄年德在前，家之珍宝，国之英俊，乞自受戮，以代兄命。盗戢刃曰：二君所谓贤人，吾等不良，妄相侵犯。弃物而去。伯淮车中尚有数千钱，盗不见也。使从者追以与之。亦不复受。伯淮以物经历盗手，因以付亭吏而去。

度尚少丧父，事母至孝。通京氏《易》、《古文尚书》，为吏清洁，有文武才略。尚之为上虞长也，进善爱人，坐以待旦，擢门下书佐朱隽恒叹述之，以为有不凡之操隽。后官至车骑将军。远近奇尚有知人之鉴。桂阳宿贼渠帅卜阳、潘鸿等，畏尚威烈，徙入山谷。尚穷追数百里，遂入南海，破其三屯，多获珍宝。而阳、鸿等党众犹盛，尚欲击之，而士卒骄富，莫有斗志，乃宣言兵寡未可进。当须诸郡所发悉至，乃并力攻之。申令军中，恣听射猎。兵士喜，大小皆相与从禽。尚乃潜焚其营，珍积皆尽。猎者来还，莫不泣涕。尚人人慰劳，深自咎责。因曰：卜阳等财宝，足富数世，诸卿但不并力耳，所亡少少，何足介意，众闻，或愤踊。尚敕令秣马蓐食，明旦径赴贼屯。阳、鸿等自以深固，不获设备。吏士乘锐，遂大破平之。

中常侍曹腾，相国参之后。养子太尉嵩，本姓夏侯氏，太仆婴之后。魏代汉，追尊嵩曰太皇帝，腾曰高皇帝。

朱龄石，汉大司马浮之后也。曾祖父则，散骑常侍、给事中；祖父腾，字龙怀，陈郡太守；父绰，字祖明，西阳太守。浮在汉世居萧，则在晋世居沛，其自萧徙沛，不知在何时。

刘锺从朱龄石伐蜀，由外水至于彭模。龄石欲养锐息兵，以伺其隙。锺曰：不然。重军卒至出其不意，蜀人已破胆矣。贼今阻兵守险，是其惧不敢战，非能持久坚守也。因其汹惧，尽锐攻之，其势必克；鼓行而进，成都必不能守矣。今若缓兵相守，彼将知人虚实，涪军忽来，并力距我，人情既安，良将又集，我求战不获，军食无资，当为蜀虏耳。龄石从之，遂克蜀。

宋元嘉二十七年，魏太武南下，遣南康侯杜道俊进军留城。徐州军主嵇玄敬如留，觇魏军。幢主华钦继其后。魏军于清水西望见，引趋泡桥。沛县民逆烧泡桥，又于林中击鼓。魏人谓宋军大至，争渡泡水，水深酷寒，冻溺死者殆半。

周恭帝立隋文作相，将移周祚。相州总管尉迟迥起兵伐之，遣将席毗罗屯十万众于沛县，将攻徐州。隋文使於仲文，统兵击之。毗罗妻子在金乡城中，仲文袭取金乡，于是毗罗自沛薄仲文军，仲文背城结阵，去军数里设伏于麻田中。两阵才合，伏兵发，俱曳柴鼓噪，尘埃张天。毗罗军大溃，仲文乘而击之，皆投洙水死。追擒毗罗，勒石纪功，树于泗上。

晋永嘉之乱，沛之流民过淮南及江南者，侨立沛郡沛县以统治之。明帝立南沛郡。宋志云成帝立。宋文帝分南沛立北沛郡，所统沛县寄治广陵，在今扬州府境。后南北沛郡并省。孝武大明五年，复分广陵为南沛郡，所统萧相沛三县，齐因之。

宋永初时豫州秦郡有沛县。元嘉中并入顿丘，在今来安县境。

梁北沛郡在今河南新蔡县境。不得所统之县，疑或有沛县也。

陈并梁泾城、东阳二郡为沛郡，置沛县，在今天长县境。

魏霍州北沛郡治济阴西。沛郡治虞城，并有沛县。

至治三年四月都水分监上言：会通河沛县东金沟、沽头诸处地形高峻，旱则水浅舟涩，省部已准，置二滚水堰，近延祐二年，沽头闸上增置闸，以限巨舟。每经霖雨，则三闸月河截河土偃尽为冲决。自秋摘夫刈薪，至冬水落，或来岁春首修治工夫浩大，动用丁夫千百，束薪十万余，数月方完，劳费万倍。又况延祐六年雨多水溢，月河土堰及石闸、雁翅，日被冲啮，土石相离，深及数丈，其工倍多，至今未完。今若运金沟、沽头并隘闸三处，见有石淤沽头月河内，修堰闸一所，更将隘闸移置金沟闸、月河或沽头闸。月河内水大，则大闸俱开，使水得通。流水小，则闭金沟大闸，止开隘闸，沽头则开隘闸，而启上闸，行舟如此，岁省修治之费亦可免丁夫冬寒入水之苦，诚为一劳永逸。朝廷从之，令移沽头隘闸置金沟大闸南，易沽头截河土堰为石堰，尽除旧有土堰三道，金沟闸月河内创建滚水石堰。

文宗天历二年八月，赐御史中丞史惟良以沛县地五十顷，今不知所在。

明武宗幸金陵，御舟过沛，邑人汤歌儿以善歌得幸，赐以负郭田若干，未几没入官。今山川坛侧即歌儿所赐田也。

鸿沟村人张吉，进士斗大父也，幼就外传授大学章句而辍业。中年以掾史办事帝京，尝作《白发叹》寄其子曰："览镜见白发，白发真可惜。昨日白数茎，今朝数茎白。予发能几多，宁禁几时白。"语意浑然绰有古风，论者云：诗有别才，非关学也，信哉。

嘉靖中日本国使臣过沛，观琉璃井，题诗壁上云：王虎风轻转辘轳，汉家汤沐旧规模。不知一勺寒泉水，洗得君心杂霸无。

韩学武，字文轩，嘉靖间将降公主礼部咨行选尚郡县，以学武应至京，宠赉甚渥，钦赐生员遣归，人呼为驸马秀才云。

邑为水陆冲途，使客陆行过沛者，日索夫马南送徐州，往返辄三日。北送济宁，往返辄四日。万历壬辰，谏垣张公贞观奉命勘河，以桑梓之困于是役，言诸总河舒公应龙，行下所司，俾之议处。邑令苏公万民议天下驿路，率六十里，使客过往，夫马即于交界处更换，定例也。沛抵济宁驿路三站，中隔鱼台一县。鱼台抵沛一百里，至济宁八十五里，河桥驿在济沛间，途路适均，且去鱼台十五里而近，由是遍牒两省抚按臬司，详为酌处。济沛鱼台各设马十匹、夫十名，马每匹一岁工食草料银二十二两，夫每名各一岁工食银七两二钱，按季拨支。鱼台河桥驿雇募殷实人户喂养，行差使客南下则济宁送鱼台，鱼台送沛县；北上者亦然。本县马十匹，许于里甲走递马十五匹内，岁扣银二百二十两，夫十名，许于路夫五十名内，岁扣银七十二两，支付河桥驿，自万历二十二年十月一日始。

国朝千秋乡卧佛寺之东有李媪者，生于嘉靖乙丑，卒于康熙癸酉，享年一百二十九岁。百岁外视听不衰，发只颁白，人世所罕见也。

刘震，千秋乡蔡家集人，享年百有三岁。高师孔，广戚乡来家庙人，享年百有二岁，一时有两人瑞。

侨　寓

秦吕公，单父人也。《相经》曰：名文，字叔中。善沛令，避仇从之客，因家焉。沛中豪杰吏闻令有重客，皆往贺。萧何为主吏，主进，令诸大夫曰：进不满千钱，坐之堂下。汉祖为亭长，素易诸吏，乃绐为谒曰：贺钱万，实不持一钱。谒入，吕公大惊，起迎之门。吕公者好相人，见汉祖状貌，因重敬之，引入坐上坐。萧何曰：刘季固多大言，少成事。季因狎侮诸客，遂坐上坐，无所诎。酒阑，吕公因目固留季，竟酒。后吕公曰：臣相人多矣。无如季相。愿季自爱。臣有息女，愿为箕帚妾。酒罢。吕媪怒曰：公始尝奇此女，欲与贵人，沛令善公，求之不与，何自妄许与刘季？吕公曰：此非儿女子所知。卒与汉祖。汉祖即汉王位，封吕公为临泗侯。汉四年薨。高后称制，追尊为宣王。吕公二子长曰泽，次日释之。

汉闵贡，字仲叔，太原人，世称节士，客居安邑，老病家贫，不能得肉，日买猪肝一片，屠者或不肯与，安邑令闻之，敕吏常给焉。责怪而问之。叹曰：闵仲叔岂以口腹累安邑耶！遂去，客沛，以寿终。

袁涣，字曜卿，陈郡扶乐人。昭烈之为豫州也，举涣茂才，涣来沛中从昭烈，后避地江淮间，为吕布所获。布攻昭烈于沛，昭烈出走，布使涣作书，骂辱昭烈。涣不可，布大怒，以兵胁之。涣颜色不变，笑而应之曰：涣闻，惟德可以辱人，不闻以骂使。彼固君子耶，且不辱将军之言；彼诚小人耶，将复将军之意。则辱在此不在彼。且涣他日之事刘将军，犹今日之事将军也。如一旦去此，复骂将军可乎？布惭而止。涣后为魏国郎中令。

晋孙惠，字德施，吴国富阳人，口讷好学，有才识，州辟不就，寓居萧沛之间。永宁初赴齐王冏义讨赵王伦，以功封晋兴县侯。后为太傅、东海王越军咨祭酒，转彭城内史、广陵相，迁安丰内史，以迎大驾之功，封临湘县公。

元陈绎曾，字伯敷，湖州归安人，登进士，口吃而精敏，诸经注疏，多能记诵，文词汪洋浩博，其气烨如，论者谓其与莆田陈旅相伯仲，官至国子助教。尝往来兖、扬、徐、冀间，晚年遂家于沛，所著有《行文小谱》传于世。

明甄，字若虚，一字德辉，河间庆云人，初由乡贡中洪武庚午科经魁，历官汝宁、襄阳、湖州三府同知，往来过沛，爱其土俗，遂家焉。永乐九年擢太仆寺少卿。益著勤能，宣德元年出为湖广右布政使；二年转四川左布政使，以功累加南京兵部尚书，致仕，卒。长子璐尝输粟赈饥民，有旨旌其门。第四子瑛，以儒士明经，荐未仕。

周天球，字公瑕，别号幼海，长洲人。有高行，工诗文，精楷篆，嘉靖之季，工部尚书朱衡开新河于夏村，聘天球主管记室，新渠碑其所书也。

李国祥，字休徵，江西南昌人，博学能文，仕兖以诗罢官。贫不能归，寓居夏镇，日不能给。购其文者或予数金，得即散之。所著有《濡削选章》《河工诸议》《松门山房集》行世。

孙盛，字君承，歙县人，随父贾夏镇。倜傥不矜小节，诗文洗陈言，趋于冲澹。督学熊公廷弼补博士弟子，所著有《不朽集》。

叶廷秀，字润山，山东濮州人，少游沛中，读书汲冢寺数年，为人性刚毅不苟。登进士，历官郎署。黄石斋以建言忤旨，救者获谴，廷秀慷慨论列，廷杖削藉。甲申之难，南北纷纭，徐州兵借端扰害，城门昼闭。廷秀过沛，谕以大义，兵始戢。后以选郎被征，未至，迁佥都御史。归，野服道装，萍踪沛地，日与蒳子辈游处。非素交不知其为叶也。山东榆园巨寇欲假其名义以招诱愚民，踪迹而劫质之，竟不得其死。

汪伟，字叔度，别号长源。先世徽之休宁人，世居于沛。以江宁籍登进士，授浙江慈溪知县，擢翰林院检讨。闯贼围京师，伟侘憏累日不食，妻耿氏从容语曰：事苟不测，请从君共死。城陷，伟与妻呼酒命酌。大书前人语于壁曰：志不可屈，身不可降。夫妻同死，节义成双。为两环于梁间，耿就左，伟就右，耿复曰：虽在颠沛之际，夫妇之位不可乱也。乃易位，相对其缢，追谥文毅。

陈名夏，字百史，溧阳人，崇祯初来游于沛，冬月犹衣絺绤，明经张扬知为奇士，舍于家。名夏南还，举乡癸酉乡试，明年会试，不中式，还留沛中，既而受徒兰陵，每揣摩有所得，辄忻然曰：会元如是，后登癸未会元。

国朝商调赣，山西洪洞籍，考授州佐。商于沛三十余年。端方好义，一切善举，不惜多资，倡捐筑护城堤以障水患。尹大中丞给“行谊可风”额言，并给助捐商人武弼世等“善与人同”额言。

方　技

三国朱建平，沛人，善相术。

明蔡炯，字文荣，佥事楫季子也。以医鸣于洪熙宣德间。缙绅大夫多与之游，赠言积成卷轴，名“杏林春意”云。

周昉，字彦华，徐州人。通天文阴阳之术。景泰元年，随征福建，以占侯有功，历进五官灵台，即升监副。卒。昉子佐，历升光禄寺少卿；儒，历升应天府府丞。佐子瀹，钦天监冬官正，皆世其业，子孙今居于沛。弘正间纪参善署书。

陈表，邑学生，善书，兼善画梅。同时有王选者，善书竹。得夏太常笔意。其后太学生赵汉，画翎毛最著。时人为之语曰：陈表梅花王选竹，赵汉翎毛天下无。汉尝为蜀臬经历，华阳郡王慕其名，时新涂垩壁，延使画之。汉被酒大醉，尽泼墨汁壁上，淋漓满地。王大恚恨，汉醒，旋为点染，顷刻，而神彩轩腾，飞走万状，王不觉骇服。

鹿凤，幼习百家阴阳杂书，尤善法术，精祈祷。尝寓凤阳，岁旱，郡守访之，祷于坛，果得大雨，由是知名，后遇县旱，求之辄应。

周溥者，邑人也，习医，人有以病告者，多一剂而愈。尝以初冬贡药材之京，适院官内人暴疾，医人集疗者数十辈，不得病状。因命居易诊之曰：伤暑。院官怪而讯其内人曰：昨骤寒，因启箧着七月所晒绵衣，随病。因命进药一剂而愈。盖晒衣时，乘热而即入箧，故熏蒸之气犹存尔。时以为神。

姜居安者，丰人，世居沛沙河镇，以医鸣时。有达官携家过沛，抵沙河而稚子病。问医而得居安，因告之曰：请勿惊，但得沙一斗，疾即愈。官如其指，布沙舟中，令儿卧其上，久之，儿手足能动，不数时而疾良已达。官谂其故，姜曰：小儿纯阳，当春月而衣絮皆湖棉，过于热，故得凉气而解。子伟，以吏员任嵊县簿，亦知医。

仙　释

春秋琴高，居香城泗水中，以善鼓琴为康王舍人，行彭涓之术，浮游梁砀间二百余年，后入砀水中取龙子，乘赤鲤出入。

晋王玄甫，学道于赤城霍山，服青精石饭，得吞日精丹景之法，内见五脏。穆帝永和元年正月望日，见玉帝遣羽车迎之，玄甫乘云驾龙，白日升天，为中岳真人。

南北朝道生，彭城人。父为广戚令，道生为沙门法大弟子。幼而聪悟，年十五便能讲经，及长有异解，立顿悟义。

明李旺，沛大街人，有异术，尝游金陵，过逆旅人求宿。逆旅人不纳。因指门外隙地曰：此可宿也？旺即趺坐其地，无难色。会夜大雪，主人以为不耐寒死矣。早启门，观之，旺所卧处，三尺内无片雪，始异而留之，旺亦唯唯谢之去。

《沛县旧志五种》整理小组 整理

沛縣舊志五種

凤凰出版社

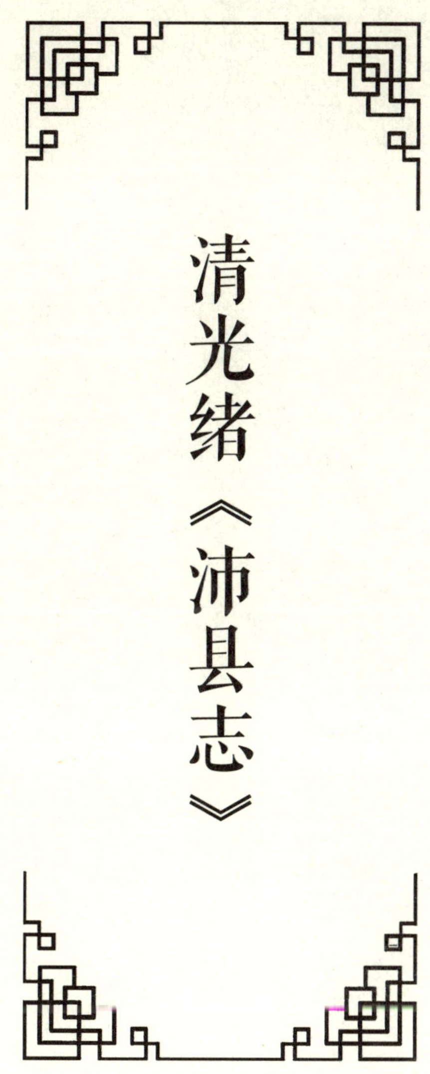

清光绪《沛县志》

导读

田秉锷

展现在读者面前的这部光绪《沛县志》，在现存的五部沛县旧志中，出版过程漫长而曲折，保存流传断续而艰难，用"命运多舛"形容之，极为贴合。

光绪《沛县志》的主修者侯绍瀛，字东洲，广西桂林人。光绪十五年(1889)初由睢宁知县调任沛县知县。侯氏曾于光绪十二年主修光绪《睢宁县志》。"中国县志大全"在"方志人物"一栏载侯绍瀛事迹："侯绍瀛：字东洲，清广西永福人。光绪二年(1876)举人。曾知江苏清河、睢宁、沛县事。在睢宁期间，聘丁显纂《睢宁县志稿》十八卷，被誉为佳志。光绪十五年(1889)，主纂《沛县志》十六卷，翌年刊刻。别著有《明史论略》、《寥山樵唱》、《车战图说》。"

此介绍基本属实，惟"光绪十五年(1889)主纂《沛县志》十六卷，翌年刊刻"不够准确。

其一，侯绍瀛是光绪《沛县志》的"主修"，而非"主纂"；《沛县志》的"主纂"者是曾经编纂《睢宁县志》的丁显。丁显，字西圃，江苏山阳(今淮安市)人，举人，光绪三年任睢宁县训导。丁氏在睢宁任职长达二十余年，故熟悉睢宁地方历史掌故、山川风物。丁显作为侯绍瀛编修《睢宁县志》的老搭档，其道德文章为侯氏深知，因而在侯绍瀛准备编修《沛县志》时，丁氏遂为第一人选。这从侯绍瀛为光绪《沛县志》所撰写的序文中，可得印证："适逢今巡抚长白刚公(刚毅，满人)，檄饬各属呈献志书，如无书可呈，及时编纂，以备查考。夫表扬节义，发潜阐幽，有司责也。而信今传后，俾一方掌故不至湮没无闻，亦生于斯、长于斯者所深愿也。不揣固陋，复延丁西圃、陶平如学博暨幕中诸君共襄赞其事。"

其二，该《沛县志》的稿本，也不是"翌年刊刻"。尽管侯绍瀛为光绪《沛县志》撰写了序文，并且对该志书的刊行充满乐观期待："都人士采访故实，搜辑维勤，越十阅月，全书告蒇。咸欣然走相告曰：不图今日复睹文献之存也。"遗憾的是，该《沛县志》并没有"翌年刊刻"，反而一拖再拖，以至于拖到遥遥无期。造成"翌年刊刻"判断失误的，或者在于侯绍瀛为光绪《沛县志》所作序文的落款期为"光绪十六年庚寅立春日"。看到这一年立春时节撰写了序文，遂推定是这一年刊刻了《沛县志》。

但捧读侯氏序文,后人还是被这位知县大人的敬业精神感动。作序是在“光绪十六年庚寅立春日”;编修《沛县志》用了十个月,这就证明侯知县是在上任伊始对沛县的各种社情全然不了解,却发现了沛县自乾隆初年至其莅任的近一百五十年间竟然没有编修过一部县志,于是,以编修《沛县志》作为县务行政的起步。这也无怪他在《沛县志》脱稿后,与本邑人士欢欣鼓舞,奔走相告,以为旋即就可以付梓刻刷。

可惜的是,侯绍瀛光绪十六年奉调离任。当年,接任沛县知县的是朱大纯;光绪十七年,接任者马光勋;十八年接任者为许炳常;十九年,马光勋回任;光绪二十年沈承德接任;光绪二十一年王之全接任;光绪二十二年,马光勋再次回任。一晃六七年过去了,由于沛县知县年年调换,志书刻印竟因无人接手而被迫停顿。

随后又是连年的兵灾人祸,致使光绪《沛县志》刊印工作有讯而无期。幸亏沛县儒学训导顾敦彝(字啸谷)小心翼翼地保存了该志原稿。

直到光绪三十三年知县李绪田(硕丰)莅沛(捐赀纳官,任沛县知县三年),本乡学者李昭轩提请续修沛县志一事,获李绪田赞同,当即募款千缗(一千文一缗),并且任命朱矩臣为志局长,王幼山为总纂,还抄录原稿一部。谁知事刚发端,李绪田又被调走,续修遂再次受阻。

此后,抄本由王幼山保存,稿本仍还归顾敦彝处。

宣统二年(1910),议修省志,韩绍起来沛征访,从顾敦彝处携稿本而去。辛亥革命爆发,沛城亦几遭兵火之灾,王氏所藏抄本在混乱中竟不翼而飞。

俟民国三年(1914)于书云就任沛县知事时,沛地已无光绪《沛县志》稿本的踪迹。于氏慨然以续修县志为己任,惟恨参考资料匮乏,无所依据。过了四年,复议修省志,上方征稿甚急。于书云派人向韩绍起索要稿本,韩氏说存于省通志局,前往省通志局查找,亦不知去向。后来,李昭轩等参与民国《沛县志》续修者打听到法国教会曾抄缮三部光绪《沛县志》稿本,故追踪寻求。在追求过程中,他们发现沛县教堂和徐州教堂的本子都已严重缺损,仅上海总教堂尚存一部,虽然不无残破,但总算有了一线希望。辗转拜托,乞求外人,他们方才又抄得一部不甚完整的光绪志。当时,就此一事,于书云曾深深感叹:“主人家而不能道家珍,数米盐,则家事弗能修;入人国而不能话子姓,诵昭穆,则国事不能理。百里之邑,万姓之民,不能明变迁,辨风俗,则邑事无所戒备。不鉴不备,不患不悚,古人编年纪事,此物此志也。”

光绪《沛县志》的刊印时间,因印本缺失前两章,我们只能从民国《沛县志》的序文中推定。于书云民国《沛县志》的序文作于民国九年夏六月一日,赵锡蕃民国《沛县志》的序文作于民国九年冬至前二日。所以，我们判断光绪《沛县志》或刊于民国九年或稍前一点。

今天我们可以看到的光绪《沛县志》，是一个“断首”的“残本”。

此光绪《沛县志》共十六卷。据《中国地方志联合目录》载，中国科学院图书馆现藏胶卷三至十六卷，因故未阅览，不知底本从何而来。南京图书馆有抄配本，缺一至二卷和十三至十六卷，余卷有抄有刻，情形如次：卷三《疆域志》（刻本），包括至到、星野、晷度、风俗、物产；卷四《河防志》（抄本）；卷五《建置志》（抄本），包括城垣、公署、仓庾、坛庙、街市、圩砦、集镇、驿置、善堂、马场、坊表、津梁、义阡；卷六《古迹志》（抄本）；卷七《学校志》（刻本），包括儒学、书院；卷八《艺文志》（抄本）；卷九《武备志》（抄本），包括历代兵制、防所（附兵额）、铺兵；卷十《职官表》（刻本），包括文职、武职、宦绩；卷十一《田赋志》（刻本），包括赋额、支解、杂税、湖田、户口、蠲免、盐法；卷十二《选举表》（刻本）；卷十三《人物志》（抄本），包括勋绩、行谊、忠烈、文学、隐逸、侨寓、方伎、仙释、寿典；卷十四《列女志》（刻本），包括节妇、烈妇、烈女、贞女、孝妇、贤妇、寿妇、孝女；卷十五《志余》（刻本）；卷十六《湖团志》（抄本），包括湖团纪事始末、沛境湖团田亩、领垦湖田缴价章程。

从残存的刻本可以推定，光绪《沛县志》是曾经正式刊刻的。惟刻本散失，收藏者才有抄本加以补齐。

光绪《沛县志》刻本原刻每面十行，每行二十四字，字体较小，方形，白口，单栏，双鱼尾上署“光绪沛县志”，间署卷数、志目、页数，下空白。其抄本，抄配部分一页亦十行二十四字，朱墨专印稿纸，白口，双鱼尾上署“重修沛县志”，尾间尾下空白，上下双栏，疑是原省通志局所藏之稿本与刻本相配。

稿本之上，有邑廪生张德馨校勘批注、补正评述颇多。张氏拟对光绪《沛县志》重修重印，故有诗曰：“片羽堪珍恨不全，披寻剩字摭残编。文章千载能神晤，可否两分待笔传。莫任豕鱼沿旧谬，敢夸金玉继前贤。从兹一付剞民手，贞固也同泐石坚。”可惜张氏所愿亦未有成果。

庆幸的是，我们总是还能看到了一个不甚完整的光绪《沛县志》。进而更加感念该志的编修者侯绍瀛。民国《沛县志》卷十《秩官志》“宦绩”一栏对侯绍瀛给予充分肯定：“侯绍瀛，字东洲，桂林举人。光绪十五年由睢宁县调署沛，勤政之余，以续修县志为急务。旧志修于乾隆时，值河患，急就成章，非独征访挂漏，亦且体例驳杂，博辑详考、补叙厘订，一方掌故，灿然大备。惜其旋被檄去，继任者不踵其成，遂使剞劂顿停。兵燹后，旧稿散佚，今所存者，系据法国教会抄本转录，亥豕鲁鱼，满纸讹误。然，即此益令人思侯公不置也。”侯绍瀛为光绪丙子

(1876)科举人,在历官睢宁、沛县知县后,补调直隶清河知县、署泰州知州,赠花翎加四品衔,在泰州知州任上曾创建了今江苏省泰州中学前身的“泰州学堂”。

阅读光绪《沛县志》,亮点颇多。这里特指出两点。

其一,该志对近代沛县城、乡的建设格局,尤其是砦、圩的建设,提供了重要的资料佐证。该志卷五《建置志》专有“圩砦”一节,全沛县计建圩砦三十五座,皆建于咸丰八年(1858)到同治元年(1862)之间。而这一时段正是太平天国与捻军举兵反抗清廷的关头。徐州、沛县,在清廷控制之下。为了抗击这两股造反力量,清廷地方官开始在徐州、沛县农村倡筑圩、砦,实行坚壁清野。沛县圩、砦林立,揭示了这样一个历史事实:沛县人或徐州人在那次动乱中是站在朝廷、国家一边的。圩、砦的建立,侧面反映了沛县人群体意识、家国情怀的确立。

其二,光绪《沛县志》卷十六附《湖团志》。咸丰元年,河决丰工,其下游沛县诸邑当其冲,大沙河形成。同时,两湖漫溢,合铜、沛、鱼台之地汇为巨浸,居民奔散,不复顾恋。咸丰五年,河决兰仪,改道北流。徐州明清黄河成为“黄河故道”。随着沛县土著居民外逃,山东客民涌入微山湖边垦殖。后,沛县土著还乡,土、客双方遂围绕土地展开斗争,并各有伤亡。《湖团志》则以“移民史”的视角,记录了这一历史事件。因土地而生发的冲突与械斗,有血腥的一面,也有文化融合与风俗变异的一面。

目　录（遗一、二卷）

序（侯绍瀛） …… 630

卷三　疆域志 …… 631

　　至到 …… 631

　　星野 …… 631

　　晷度 …… 632

　　风俗 …… 633

　　礼制 …… 634

　　节序 …… 635

　　物产 …… 635

卷四　河防志 …… 637

卷五　建置志 …… 658

　　城垣 …… 658

　　公署 …… 662

　　仓庾 …… 665

　　坛庙今并废 …… 666

　　街市 …… 668

　　圩砦 …… 669

　　集镇 …… 674

　　驿置 …… 675

　　善堂 …… 676

　　马场 …… 677

　　坊表 …… 677

　　津梁 …… 678

　　义阡 …… 680

卷六　古迹志 …… 681

卷七　学校志 …… 711

　　儒学 …… 711

书院 …………………………………………………………………………… 720
卷八 艺文志 ……………………………………………………………… 723
卷九 武备志 ……………………………………………………………… 730
历代兵制 ………………………………………………………………… 730
防所 附:兵额 …………………………………………………………… 731
铺兵额数 ………………………………………………………………… 731
营制 ……………………………………………………………………… 731
附录:防营赵公政绩 …………………………………………………… 732
卷十 秩官志 ……………………………………………………………… 733
文职 ……………………………………………………………………… 733
武职 ……………………………………………………………………… 770
宦绩附 …………………………………………………………………… 773
卷十一 田赋志 …………………………………………………………… 780
赋额 ……………………………………………………………………… 780
杂税 ……………………………………………………………………… 782
湖田 ……………………………………………………………………… 782
户口截至光绪十五年八月止 ……………………………………………… 783
蠲免 ……………………………………………………………………… 783
盐法 ……………………………………………………………………… 783
卷十二 选举表 …………………………………………………………… 785
卷十三 人物志 …………………………………………………………… 816
勋绩 ……………………………………………………………………… 816
行谊 ……………………………………………………………………… 827
忠烈 ……………………………………………………………………… 836
文学 ……………………………………………………………………… 841
隐逸 ……………………………………………………………………… 849
侨寓 ……………………………………………………………………… 849
方伎 ……………………………………………………………………… 852
仙释 ……………………………………………………………………… 853
寿典 ……………………………………………………………………… 854
卷十四 烈女志 …………………………………………………………… 858
节妇 ……………………………………………………………………… 858
烈妇 ……………………………………………………………………… 887

烈女 …… 894
贞女 …… 896
孝妇 …… 896
贤妇 …… 897
寿妇 …… 897
孝女 …… 898
卷十五　志余 …… 902
卷十六　湖团志附 …… 909
湖团纪事始末 …… 909
沛境湖团田亩 …… 912
附录:领垦湖田缴价章程 …… 912

序

（据民国版《沛县志》补入）

不佞宰睢宁四年，既与丁西圃学博辑有志稿付梓矣。己丑春，量移沛县。沛为徐州北鄙，齐、鲁、滕、曹交错之地，毗连丰、砀、铜、萧，自昔人物俊伟，照耀寰区。览川原之漭漾，湖河之浩瀚，犹想见古豪杰奋兴之地，乃迁流至今，胡异于古所云也。况屡遭河患，城邑迁徙靡定，由栖山移还旧治，比三十余年，流亡虽复，文物荡然。问沛宫、泗亭、歌风台遗址，犹有存焉者乎？樊巷烟迷，虺城月冷，宰斯土者，宁不怃然？

查阅旧志，尚系乾隆四年邑侯李公棠所纂，迁延百五十余年，其间散佚亦已多矣。适逢今巡抚长白刚公，檄饬各属呈献志书，如无书可呈，及时编纂，以备查考。

夫表扬节义，发潜阐幽，有司责也，而信今传后，俾一方掌故不至湮没无闻，亦生于斯、长于斯者所深愿也。不揣固陋，复延丁西圃、陶平如学博暨幕中诸君共襄赞其事，都人士采访故实，搜辑维勤。越十阅月，全书告蒇，咸欣然走相告曰：不图复睹今日文献之存也！

夫修志之义例林立，简者不可不简，详者不可不详，惟择其善者从之，折衷贵当。是编大致以质实为主，其无据之谈，概从阙如。一切凡例，谨遵钦定《四库全书·总目提要》经睿裁论定者，为准从违，间有选用他志之佳者，亦分别列于简端，或得或失，识者自能辨之，兹不赘述云。

光绪十六年庚寅立春日，特授徐州府睢宁县、调署沛县知县、桂林侯绍瀛撰。

卷三　疆域志

至到　星野　晷度　风俗　物产

至　到

按府志，县在府城北少西，县境东西凡广九十里，南北袤八十里，东至落房村五十里界滕，县属山东兖州府。西至扬明集四十里界丰，南至孟家集圩四十里界铜山，孟家圩南即铜界，圩东南小周等十八庄，斜入铜境，约袤二十五里，广仅五里。北至运河界牌口四十里界鱼台，县属山东兖州府。并界滕。以王家水口迤西北为沛、滕、鱼台三县交界。夏镇运河上游闸曰珠海闸。闸西北二十里许曰王家水口，口之上半里有界碑，东北为滕，西南为沛，西北为鱼台，谓之界牌口。东南至张家集三十里界铜山，以圩内为界。西南至黄庄集四十里界丰，并界铜山，黄庄集在沛旧治栖山圩南十里。东北至夏镇四十里界滕，夏镇三城跨运河，西城属沛，河东南、北二城，滕沛错界城中，互详《建置》《古迹》。西北至邱家集五十五里界丰，并界鱼台。集西五里即丰县之萧家堰，以两集中为界，集北即鱼台魏团边沟，西接丰县北边沟，与鱼台南北分界。到滕县治八十七里，到丰县治六十里，到鱼台县治八十五里，到铜山县百二十里，到府治如到铜山里数，到苏州府治一千二百九十里，到省城江宁府治八百六十里，到京师一千四百里。

星　野

《周礼·保章氏》："以星土辨九州之地。"郑注：大火，宋也。外方、熊耳，以至泗水陪尾。豫州属摇星。

《汉书·地理志》："宋地，房心之分野也。今之沛、梁、楚，山阳、济阴、东平，及东郡之须昌、寿张，皆宋分也。"

《后汉书·天文志》刘昭注引《星经》云，玉衡九星，第七星为豫州。常以五午日候之，戊午为沛国。

《晋书·天文志》：北斗七星，四为权，七为摇光。权为徐、扬州，摇光为豫州。王引之疏证：据《开元占经》引《春秋纬文耀钩》曰：蒙山以东，南至江，徐、扬之州属权星，外方、熊耳以至泗水陪尾。豫州属杓星杓、摇，光也。又引魏太史令陈卓曰：豫州，楚国入房四度，梁国入房五度，沛郡入房四度，兖州山阳入角一度。沛之故湖陆，山阳属也。

《隋书·地理志》：《禹贡》"海岱及淮惟徐州"。彭城、鲁郡琅琊、东海下邳得其地焉。在于天文，自奎五度至胃六度为降娄，于辰在戌，其在列国，则楚、宋及鲁之交。

《唐书·天文志》：氐、房、心，大火也。初，氐二度，中，房二度，终，尾六度，自雍邱、[襄邑、小黄]而东，右泗水，达于吕梁，[及东南]接太昊之虚，尽汉[济阴]、山阳、楚国、丰、沛之地。丰、沛负南河，阳气之所布也。为房分，其下流与尾同占。

《金史·历志》：[太阳]黄道十二次入宫宿度，春分，奎二度三十五分八十五秒外，入鲁。分，降娄之次，辰在戌。霜降，氐一度七十七分七十七秒外，入宋，分，大火之次，辰在卯。

《明史·天文志》：氐二度至尾二度，大火之次也。徐、宿二州皆房、心分。又刘基《清类天文分野》书曰：氐、房、心在卯，自氐二度至尾二度，属宋、徐州，今开封之陈留及归德亳、寿以东，与宋、徐、宿、曹、单，皆宋分也。

《皇朝一统志》折衷定论，以徐州之铜、萧、砀、丰、沛五县为房、心分野，大火之次。

晷　度

以经纬度分，求得纵横里数：沛县北极出地三十四度三十一分，得六千九百七十里弱，距京师中线偏东四十二分，得一百十四里。附接境：丰县，北极出地三十四度四十七分，得六千九百五十七里弱，距京师中线偏东二十一分，得五十七里；铜山县北极出地三十四度十五分，得六千八百三十里，距京师中线偏东五十八分，得一百五十九里；山东滕县北极出地三十五度十四分，得七千零四十七里弱，距京师中线偏东五十七分，得一百五十五里；山东鱼台县北极出地三十五度零八分，得七千零二十七里弱，距京师中线偏东十九分，得五十一里。

求得县治纵横距值鸟道里数：东距府治铜山四十五里，南距府治铜山一百二十里，东距滕四十一里，北距滕七十七里，东距丰十三里，西距丰五十七里，西距鱼台六十三里，北距鱼台五十七里。

求得县治斜距鸟道里数：东南距府治鸟道一百二十八里，十分里之一；西南踞距丰县鸟道五十八里，十分里之五；东北距滕鸟道八十七里，十分里之二；西北踞鱼台鸟道八十五里。求得冬、夏至日出入并昼夜长短时刻：冬至日出辰初，初刻十分二十八秒，日入申正三刻四分三十二秒，昼长三十八刻九分四秒；夏至日出寅正三刻四分三十二秒，日入戌初，初刻十分二十八秒，昼长五十七刻五分五十六秒。冬至之夜即夏至昼长刻数，夏至之夜即冬至昼长刻数。

求得各节气午正黄道高弧度数：春秋分五十五度零九分；冬至三十一度三十九分；小寒、大雪三十二度二十九分；大寒、小雪三十四度五十七分；立春、立冬三十八度四十六分；雨水、霜降四十三度三十九分；惊蛰、寒露四十九度十四分；夏至七十八度三十七分；芒种、小暑七十七度四十九分；小满、大暑七十五度二十一分；立夏、立秋七十一度三十二分；谷雨、处暑六十六度三十九分；清明、白露六十一度零四分。

求得各节气午正黄道高度加日轮半径余切数：春秋分五十五度二十四分余切〇六八九八五三八；冬至三十一度五十四分余切一六〇六五六七二；小寒、大雪三十二度四十四分余切一三五五六六八五；大寒、小雪三十五度十二分余切一四一七五九〇四；立春、立冬三十九度零一分余切一二三四一六二九。雨水、霜降四十三度五十四分余切一〇三九一五三七；惊蛰、寒露四十九度二十九分余切〇八五四五八三九。夏至七十八度五十二分余切〇一九六七九六四。芒种、小暑七十八度零四分余切一二一一三四〇七；小满、大暑七十五度三十六分余切〇二五六七五六三；立夏、立秋七十一度四十七分余切〇三二九一〇五六；谷雨、处暑六十六度五十四分余切〇四二六五三六二；清明、白露六十一度十九分余切〇五四七一〇六〇。

风　俗

旧称地邻邹鲁，人务稼穑；敦尚礼义，不乐健讼；婚姻死丧，闾里相助。明景泰旧志：凡旧志引前代史书所论郡国通俗，而不专属今沛邑者，概从删削。县当南北通衢，四方之民杂处期间，日渐奢侈，颇尚势力，挟意气相高，独婚姻不论财，犹为近古。明嘉靖旧志。

近日风俗，习为简易，颇事奔竞。乾隆旧志。

邑无高山大陵以为巨观，独诸水环匝，纡回包络，天堑为固耳。田地沙瘠过半，亩才收数升，衣食率不给，膏腴地只十之二三。乃山阳、棠渚诸郡邑之水，遇夏秋交且挟淫潦而至，由是东、北、西三面汇为巨浸。稍遇旱暵，民方得布种。间有收获，又辄市舆马、炫服，不为蓄积计，凶年饥岁，枵腹者比户皆然矣！乾隆旧志。

按今俗，雅重儒术，虽寒素家，必以诗书教子，但进修之士，恒以家贫，半途而废。即不废学，亦不得不并务力田，道食兼谋，不名专业甚矣，力学之难也。采访。

贸易多居寨圩，按日而集市廛中，谓之逢集。每集自辰至申始散。货什罗列，购买者错杂纷纭，毂击肩摩，有举袂如云之盛。商贾多齐、晋人。采访。

士民鲜诈伪，重廉耻。农夫男业耕耘，无田者亦为人佃种。女业纺织，躬操作，虽缙绅家亦然。一切悉从简朴。采访。

妇女知以礼自娴，不游城市，不御铅华，缠头裹足，亦如常俗。尤多重节义，夫亡则誓守柏舟，甚有以身殉者。编户穷嫠，亦知此义，非万不获已，不他适也。至娼妓，更不能容，虽偶有流娼至境，必驱逐之。采访。

男子衣尚宽大，色青蓝。性好勇斗狠，自兵燹以来，尤喜佩刀剑以自卫，家具炮铳，与贼相遇，奋不顾身。班氏所谓“沛楚之失，急疾遄已”，遗风犹为艾也。且酗酒善怒，乡里小不适意，辄露刃仇视，动至戮伤人命，破产杀身。至无业游民，聚众剽劫，较他处为甚，诛不胜诛。主持风化者，宜如何正本而清源也？采访。

近来，末流踵事增华，凡饮食服御、婚丧仪节，显逾于制，日趋于奢。往往祖若父创成家业，毕世勤劳，传之子孙，不旋踵而产业荡尽。及至饥寒交迫，作奸犯科，以身试法，罔非奢侈之为害也，亦可哀哉！即如时俗，以盛馔延宾，隆仪馈友，梨园娱目，华服彰身，在在非当年朴质舒徐。致穷之道，于斯为盛，移风易俗，杜渐防微，是在操司牧之权者。采访。

礼　制

冠礼旧志：沛俗冠礼久废。

婚礼邑人多于襁褓中议婚，重门第，不论财帛。及婚，先期行纳采礼，届期，婿往亲迎，奠雁入门，拜天地，行合卺礼，一如常俗。旧志：亲迎后一日，婿谢于舅家；三日，舅家迎女归宁。日午邀亲党妇女送回婿家，乃拜见翁姑及尊属。至礼仪之丰啬，则视贫富为不同矣。

丧礼亲亡，孝子擗踊，视含敛。敛之次日，族戚毕集，行家祭礼。殡葬亦如常俗。旧志：供佛饭僧。丧服以三十六月为断，略无降杀。正统之期，亦必素服终岁。已嫁之女，犹为父母服斩。惟俗尚缓葬，甚有停柩数十年者。三年后既易吉服，嫁娶宴乐，如若不知有柩在堂也。

祭礼旧志：俗重墓祭，不立祠堂。秋后村野多醵金祀东岳或祀峄山，至于岁时伏腊，一如常俗，无足志者。

节　序

元旦户无大小，必着洁衣，具酒醴、香烛，祀天地、诸神，祀祖先，序拜尊长。出谒亲友，市肆不张，半月内互相招饮春酒。

上旬旧志：妇女群戏秋千，以祓除灾厉，至望日止。

元宵比户张灯烛，燃花爆，祀神祀先，与元旦同。

十六日亲友相约过桥，名"走百病"。旧志：妇女延厕姑神，以问岁之丰歉。

二月二日撒灰作圈，中覆五谷，谓之"围仓"，以祝丰稔。

清明插柳于户。祭先扫墓，益以土。子弟郊外踏青。

谷雨旧志：书符禁蝎。

二月二十八日旧志：商贾大会于东郭内，东岳庙乡社。

端午插艾，炊角黍，治五色丝系小儿手足。乡民于日未出时采树头叶以为茗。

六月六日晒衣，食炒面。

中元祭先扫墓，荐新谷。

中秋晚聚亲友拜月，饮酒尽欢，食西瓜及月饼。

重九旧志：登吕母冢上饮酒。

十月一日祭先扫墓，剪纸为衣，焚墓上，谓之"送寒衣"。

冬至祭先扫墓。

腊八食腊八粥。

二十三日列酒果糖饼，祀灶神。

除夕戚友馈岁。换门神、桃符，燃爆竹，列酒果祀神、祀先，一如常俗。旧志：夜多娶妇，谓无忌讳。

物　产

谷之属：

六谷全。府志引《说文》，沛国谓稻曰秫，此种罕见。脂麻、刍黍、玉蜀秫、薏苡、菰、俗呼高苗米，渔人资以食。秫秫。采访：一名螺子尾，一名老鹳坐，俱象形而名。道光间，关东籴来之种。

蔬之属：

葵、菘、白苣、莴苣、菠薐、韭、葱、蒜、芥、蔓菁、萝卜、胡萝卜、莳萝、胡芪、茼蒿、地蚕、山药、芋、香芋、茄水旱二种、豆荚、芹、苋、马齿苋、灰藋、荠、苦荬、苜蓿、

蘑菇、天花、草莪、萱花、金针、藕、蒲

果蓏之属：

桃、李、杏、梅、梨、柿、枣、栗、胡桃、苹果、文官果、柰、樱桃、石榴、羊枣、葡萄、莲房、菱、芡、地栗、黄瓜、菜瓜、丝瓜、南瓜、冬瓜、西瓜、甘瓜、瓠瓜。俗名壶庐。

木之属：

椿、桑、柘、槐、榆、柳、杨、有青白黄三种。松、柏、桐、冬青、白腊、木瓜、木梨、椒、楮、橡、棠、楝、皁荚、枳、棘。

花之属：

迎春、牡丹、芍药、蔷薇、木香、玫瑰、珍珠、宝相、丁香、蜀葵、木槿、木海棠、棣棠、紫荆、金盏、玉簪、虞美人、凤仙、鸡冠、滴滴金、紫茉莉、子午花、翦秋罗、秋海棠、菊、芙蓉、月季、蜡梅、莲。

草之属：

芦、苇、蓬、蒿、茅、莎、蒨、蓝、艾、红草。

药之属：

何首乌、大戟、莞花、甘草、天仙子、地丁、豨、牵牛、蛇床、香附子、车前子、苍耳子、益母草、蓖麻子、沙参、忍冬、射干、瞿麦、茴香、蒲黄、红花、紫苏、薄荷、菖蒲、防风、荆芥、南星、半夏、瓜蒌、草决明、蒲公英、王不留行、牛蒡子、兔丝子、茵陈、地榆、蒺藜、白扁子、桃仁、杏仁、桑白皮、槐角、枸杞子、地骨皮、青黏、《后汉书·华佗传》：青黏生于丰、沛、彭城及朝歌间。《佗别传》曰：青黏者，一名地节，一名青芝，主理五脏，益精气。佗愈人疾，有漆叶青黏散。蜂房、蝉蜕、桑螵蛸、蚕沙、蛇蜕。

货之属：

丝、绢、木棉、布、麻、苘、靛、碱、硝、面、油、酒、沛酒名最著，贾人辄贩之他郡。蜜、蜡、烟丝、粉皮、粉条、藕粉、藕干、胡萝卜干、桑皮纸、楮皮纸、沛油扇、瓜子、金针菜、罂粟花。同治初，种者始盛，叠经严禁，竟不可绝。当涌出时，贾者云集，贩运获利，倍他物。

羽毛之属：

六畜全。鹅、鸭、骡、骆、麻雀、黄雀、鸟、鹊、鸠、鸽、鹑、桑扈、桃虫、阿鹅、地牛、鹰、鹯、雕、鹳、鹭丝、鸳鸯、淘河、水老鸦、鹡鸰、支鳌、鹜。

兽类：兔、獾、蝟、鼠狼、狐狸，多鼠。

昆虫鳞介之属：

蚕、蜜蜂、蝉、蛙、虻、蚊、鲂、鲤、鲫、鳜、鳢、鲦、鳍、鲢、鱿、鲇、鳗、鳝、虾、《郝质玕集》：昭阳湖小虾有青、黄、赤、白、黑、碧六色。鳖、蛤。

卷四　河防志

汉

武帝元光三年，河决濮阳瓠子，东南注巨野，通淮、泗。元封二年，瓠子河塞，梁、楚无水灾。《史记·河渠书》《汉书·武帝本纪》。河经沛县凡二十四年。

宋

太宗太平兴国八年五月，河大决滑州韩村，泛澶、濮、曹、济诸州，东南流至彭城界，入于淮。诏发丁夫塞之。十二月，滑州言决河塞。《宋史·河渠志》。河经沛县凡八月。

真宗咸平三年五月，河决郓州王陵埽，浮巨野，入淮、泗。命使率诸州丁男二万人塞之，逾月而毕。《宋史·河渠志》。

天禧三年六月夜，滑州河溢城西北天台山。复溃于城西南岸，摧七百步。漫溢州城，历澶、濮、曹、郓，注梁山泊。即遣使，赋诸州薪、石、楗、橛、芟竹之数千六百万，发兵、夫九万人治之。四年二月，河塞。《宋史·河渠志》。河经沛县凡九月。

天禧四年六月，河复决天台下，走卫，南浮徐、济，害如三年而益甚。仁宗天圣元年，以滑州决河未塞，诏募京东、河北、陕西、淮南民输薪刍。五年十月丙申，塞河成。《宋史·河渠志》。河经沛县凡八年。

神宗熙宁十年七月，河大决于澶州曹村，澶州北流断绝，河道南徙，东汇于梁山、张泽泺，分为二派。凡灌郡县四十五，而濮、济、郓、徐尤甚。元丰元年四月决口塞。河经沛县凡八月。《宋史·河渠志》。

高宗建炎二年冬，杜充决黄河自泗入淮，以阻金兵。《宋史·高宗本纪》。

金

世宗大定八年六月，河决李固渡，水溃曹州城，分流于单州之境。九年正月，都水监梁肃往视之，请于李固南筑堤，以防决溢。尚书省以闻，上从之。《金史·河渠志》。河经沛县凡八月。

世宗大定十七年秋七月，大雨，河决白沟。十二月，尚书省奏修筑河堤，以六十日毕工。《金史·河渠志》。河经沛凡五月。

世宗大定二十七年，令沿河州县，徐州彭城、萧、丰、滕州、沛等州长官，皆提举河防事，县令皆管勾河防事。《金史·河渠志》。

元

顺帝至正四年夏五月，大雨，河决白茅堤。六月，又北决金堤，金乡、鱼台、丰、沛等处皆罹水患。十一年，命贾鲁以工部尚书为总治河防使。四月鸠工，七月疏凿成，十一月水土工毕，河乃复故道。《元史·河渠志》。

至正二十六年二月，河北徙，上自东明、曹、濮，下及济宁，皆被其害。《元史·河渠志》。

明

太祖洪武元年，河决曹州双河口，入鱼台。徐达北征，开塌场口，引河入泗，以济漕运。《明史·河渠志》。

洪武二十年四年，又于汶上、东平、济宁、沛县并湖地设水柜、陡门。在漕河西者曰水柜，东者曰陡门。柜以蓄泉，门以泄涨。复浚贾鲁河故道，引黄水至塌场口会汶，经徐、吕入淮，运道以定。《明史·河渠志》。

英宗正统三年，河复决阳武及邳州，灌鱼台、金乡、嘉祥。越数年，又决金龙口、阳谷堤，而徐、吕二洪亦渐浅。《明史·河渠志》。

孝宗宏治十三年，巡按直隶御史曹玉奏：河决丁家道口，徐州并萧、沛，砀、丰，皆被河患。《行水金鉴》引《孝宗实录·河防志》。

弘治十六年，筑金沟、昭阳湖堤，金沟堤长五里，昭阳湖堤长十里。乾隆旧志。

武宗正德元年，浚曲房河，延绵二十余里。乾隆旧志。

正德二年，黄河东徙入泡河，坏民居，损禾稼。乾隆旧志。

正德四年六月，河徙，至沛县飞云桥入漕。《明史·河渠志》。《方舆纪要》：正德四年，河决曹县杨家口，奔流曹、单二县，东达王子河，抵丰、沛，舟楫通行，遂为大河行水。《金鉴》引《沛县志》：正德二年，黄河徙入泡河，大水坏民居。按《实录》及《明史》，无河入泡河事。疑或四年之误也。九月，又决曹县梁靖等口，围丰县城郭，两岸阔百余里。《武宗实录》。

正德五年九月，河复冲黄陵冈，入贾鲁河，泛滥横流，直抵丰、沛，《明史·河渠志》。其下流仍归飞云桥，分决徐州之溜沟，皆入运河。侍郎李镗言：观梁靖以下，地势最卑，故众流奔注成河，直抵沛县。藉令其口筑成，而容受全流，必致回激黄陵冈堤岸，而运道妨矣。至河流古道堙者，不可复流，请起大名三春柳至沛县飞云桥，筑堤三百余里，以障河北。从之。《明史·河渠志》。

正德八年六月，河复决黄陵冈，乃命管河副都御史刘恺兼理其事。恺于治河束手无策，特归功于神，曹、单间被害日甚。《明史·河渠志》。

世宗嘉靖二年，河决沛县，北入鸡鸣台口，漫昭阳湖，塞运道。南司空胡世宁上言：今日之事，开运道最急，治河次之。运道之塞，河流致之也。使运道不没于河，则亦易防其塞矣。计莫若于昭阳湖东岸滕、沛、鱼台、邹县界，择土坚无石之地，另开一河，南接留城，北接沙河口，就取其土，厚筑西岸，为湖之东堤，以防河之漫入、山水之漫出。而隔出昭阳湖在外，以为河流漫散之区。下其议，总河都御史盛期应以为可行。役丁夫九万八千开渠，自南阳经三河口，过夏村抵留城，共一百四十一里，未就而罢。乾隆旧志。

嘉靖六年，大学士费宏言：涡河等河，日就淤浅，黄河大股南趋，从兰阳、考城、曹、濮奔赴沛县飞云桥及徐州之溜沟，悉入漕河，泛滥弥漫，此前数年河患也。近者沙河至沛县，浮沙涌塞官河，舟楫悉取道昭阳湖。春夏之交，湖面浅涸，运道必阻，涡河等河必宜亟浚。是年，黄河上流骤溢，东北至沛县庙道口，截运河，注鸡鸣台口，入昭阳湖。汶、泗南下之水从而东，而河之出飞云桥者漫而北，淤数十里。《明史·河渠志》。

嘉靖七年闰十月，河决，东冲入昭阳湖，庙道口淤数十里。《世宗实录》。以工部侍郎潘希曾治之。希曾因赵皮寨开浚未通，疏孙家渡口以杀河势。希曾又言：漕渠庙道口以下，忽淤数十里者，由决河西来，横冲口上，并掣闸河之水，东入昭阳湖，致闸水不南，而飞云桥之水时复北漫故也。今宜于济、沛间加筑东堤，以遏入湖之路，更筑西堤，以防黄河之冲，则水不散缓，而庙道口可永无淤塞之虞。帝亦从之。《明史·河渠志》。

嘉靖八年六月，单、丰、沛三县长堤成。《明史·河渠志》。

嘉靖九年五月，孙家渡河堤成。逾月，河决曹县，一东北经单县长堤抵鱼台，漫为坡水，傍谷亭入运河，单、丰、沛三县长堤障之，不为害。《明史·河渠志》。

嘉靖十三年秋，河徙，一出鱼台塌场口入运。十月又决赵皮寨，南向亳、泗、归、宿之流日甚，东向梁靖之流渐微。自济宁南至徐、沛数百里间，运河悉淤。命总河副都御史刘天和治之。《行水金鉴》引《刘天和问水集》。

嘉靖十四年，疏汴水，出泡河达于泗。刘天和至，浚淤导溃，以顺水性。疏汴河，自朱仙镇至沛县飞云桥，杀其下流。乾隆旧志。

嘉靖二十六年秋，河决曹县，水入城二尺，漫金乡、鱼台、定陶、城武，冲谷亭。水仍下徐、吕。总河都御史詹瀚请于赵皮寨诸口多穿支河，以分水势。诏可。《明史·河渠志》。

嘉靖三十七年，河决段家口，析而为六，曰大溜沟、小溜沟、秦沟、浊河、胭脂沟、飞云桥，俱由运河至徐洪。《明史·河渠志》。

嘉靖四十四年七月，河决沛县，上下二百余里运道俱淤。全河逆流，自沙河至徐州以北，至曹县棠林集而下，北分二支：南流者，绕沛县戚山杨家集，入秦沟至徐；北流者，绕丰县华山东北，由三教堂出飞云桥，又分而为十三支，或横绝，或逆流入漕河，至胡陵城口，散漫湖坡，达于徐州，浩渺无际，而河变极矣。乃命朱衡为工部尚书兼理河漕，又以潘季驯为佥都御史，总理河道。衡乃开鱼台南阳，抵沛县留城百四十余里，而浚旧河自留城以下，抵境山、茶城五十余里，由此与黄河会。又筑马家桥堤三万五千二百八十丈，石堤三十里，遏河之出飞云桥者，趋秦沟以入洪。于是黄水不东侵，漕道通而沛流绝矣。方工未成，河复决沛县，败马家桥堤。论者交章论罢衡。未几工竣，帝大喜，赋诗四章志喜，以示在直诸臣。《明史·河渠志》。

隆庆元年，加朱衡太子少保。始河之决也，支流散漫，迨新河成，则尽趋秦沟，而南北诸支河悉并流矣，然河势益大涨。《明史·河渠志》。

隆庆三年七月，河决沛县，自考城、虞、曹、单、丰、沛抵徐州，俱受其害。河水横溢，沛地秦沟、浊河口淤沙，旋疏旋壅。《明史·河渠志》。是年海啸，河水涨徐、邳、丰、沛，尚书朱衡开回回墓，上通昭阳湖，以泄坡水，滕、沛利之。《行水金鉴》引《南河全考》。

隆庆五年秋，河溢，大水夜至，城几陷，力御始免。乾隆旧志。

隆庆六年，尚书朱衡、兵部侍郎万恭并缮丰沛大黄堤，正河安流，运道大通。《明史·河渠志》。

神宗万历四年八月，河又决沛县缕水堤，丰、曹二县长堤，丰、沛、徐、睢、金、鱼、单、曹，田庐漂溺无算。《明史·河渠志》。

万历七年，秋筑夏镇护堤、缕水堤成。乾隆旧志。

万历十七年六月，黄水暴涨，决兽医口月堤，漫李景高口新堤，冲入夏镇内河，坏田庐，没人民无算。十月，决口塞。《明史·河渠志》。

万历十九年，河道尚书潘季驯以留城一带湖水难行，改开李家口河。自夏镇吕公堂迤西转东南，经龙堂至内华闸，以接新开镇口河，共一百里。乾隆旧志。

万历二十年，李家口河成。乾隆旧志：自朱尚书开新河后，递年积水，东则微山、吕孟诸湖，西则马家桥、李家口一带，汇为巨浸，牵挽无路，军民船只栖泊无所。工部主事余继善采伐官民树株，架木桥二十余里，暂得牵挽。总河潘季驯因舍朱公之旧，而新浚是河。冬开塔山、戴村二支河。乾隆旧志：塔山西通牛角湾戴村，东通伊家林，自总河舒应龙开二河后，是冬，邑积水得泄，民赖有麦。

万历三十一年四月，水暴涨，冲鱼、单、丰、沛间，乃命李化龙为工部尚书治之。化龙甫至，河大决单县苏家庄及曹县缕堤，又决沛县四铺口太行堤，灌昭阳湖，入夏镇，横冲运道。《明史·河渠志》。

万历三十二年，部议河臣李化龙疏：于坚城集以上开渠引河，使下流疏通，分为中路、北路、南路。由曹、单、丰、沛出飞云桥，泛昭阳湖，入龙潭，出秦沟，向徐、邳，名银河，为北路。是秋，河决丰县，由昭阳湖穿李家港口，出镇口，上灌南阳。《明史·河渠志》。李化龙遂改开泇河，自夏镇李家港起，至宿迁董沟出口，凡二百六十里。自是，漕舟不畏二洪之险及镇口之淤。乾隆旧志。

万历三十五年夏，四堡堤成。乾隆旧志：先是，癸卯秋，河决朱旺口，直射太黄堤，冲决沛城、四堡以东者，阔几一里，至汝让修补之。

历三十七年冬，巡抚都御史李三才复浚李家口河。乾隆旧志：自吴兴潘季驯开浚后不数载，黄水冲射，堤岸胥圮于水，牵挽无路。行河使者植桩于水，架草垫土暂为纤路，苟济一时。行者病之，旋有泇河之议。泇河地亢多山，窄塞碍舟，且地属郯、邳，人烟稀少，盐徒矿盗出没无常，官舟贾舶时遭剽掠，乃复有开旧河之议，至是功成。邑主簿李华春与有力云。

万历三十九年，总河都御史刘士忠疏：请并用两河，泇以通运，黄以回空。乾隆旧志。

庄烈帝崇祯中，漕舟复由李家口河上者一年。夏镇分司所辖旧河道，上自珠梅闸起，下至镇口闸止一百四十里。新开泇河，上自李家港口起，下至黄林庄一百六十里。乾隆旧志。

崇祯二年，黄河溢，大水自七山来，田禾皆没于水。民乏食，以牛易粟。乾隆旧志。

崇祯七年，河决沛县之满坝及陈岸水口。《崇祯长编》。

国朝

顺治二年秋，河决刘通口，邑中大水。乾隆旧志。

康熙元年秋，河决香炉口，邑中大水。乾隆旧志。

康熙五年夏，总河都院杨茂勋征千夫塞黄家嘴决河，河干大疫。乾隆旧志。

康熙五十九年六月，丰泛河决，入微山湖，并入邳、宿运河。七月，江督书麟奏报合龙，于是有塞曲家庄之役。《南河成案》。

雍正五年秋，清水套决，淹护城堤，坏民居庐舍。塞城门，乃得免。乾隆旧志。

乾隆七年七月，河溢，冲坍铜山石林、黄村二口，东决沛县缕堤，入微山湖，淹及滕、峄。《续行水全鉴》。

乾隆二十一年，工部议挑浚沛县茶城支河，为钦奉上谕事，工科抄出署理江南总督印务尹继善题前事等因，乾隆二十一年九月十八日题，闰九月十九日奉旨该部议奏，钦此。钦遵于本日抄出到部，该臣等议得江南总督尹继善疏，称沛县茶城旧河全身沙淤，尽止小梁山一线，去路宣泄甚微。拟将下段干涸之地先行挑浚，以资分泄；上截旧河，俟秋冬水涸时再行确勘续办，经臣会折具奏，荷蒙俞允，当经转行。攒挑去后，今据署淮徐河务道、淮安府知府郭永宁详称，沛县茶城旧河下端，魏家庵迤上，玉皇庙东湖滩起，至班家山入小梁山河止，淤垫旧河，形势纡回，改辟取直。实估长二千九百一十二丈，现在虽皆干涸，缘于旧河形内，挑挖逼近湖边，挑深一二尺之下即有地泉渗水，应分别干土、水土办理。估计需银六千九百九十二两二钱五分六厘零，理合造册，详送题估等情，臣复核无异，相应会题等因前来查沛县茶城支河，既经该督将全身沙淤，应行挑浚，以资分泄之处，奏准挑挖。其估需工料、土方银九千九百九十二两二钱五分六厘零，造册具题，应如所请。行令该督，速饬委员，上紧挑浚、深通，以资宣泄。仍俟工完之日，将挑过工段、用过银两，照例核实，造具清册，题销可也。乾隆二十一年十一月初九日题。本月十一日奉旨依议。钦此。《南河成案》。

乾隆二十三年，巡漕给事中请筑拦黄堤，刘统勋、裘日修、尹继善、白钟山合词覆奏。乾隆旧志：海明《请筑拦黄堤疏奏》：为敬陈管见，仰祈圣鉴事，窃臣荷蒙天恩，巡视东漕，并司运河挑浚兴筑事宜。兹自德州至南阳一路工程，均已告成，南阳以下碎石堤工，亦现在攒办将竣。东省运河水势深通，粮艘通行无阻。臣沿河细察情形，苟耳目之所及，有裨于漕务、民生者，必留心体访。窃见东省水患，由微山湖之涨溢；而微山湖之涨溢，由黄河北岸之内灌。上廑宸衷，恩旨屡下，并允诸臣所请，挑浚伊家河，开浚八闸月河，以筹其去路。复经臣会同河臣张师载、抚臣阿尔泰，奏请将黄河滩面沟漕填筑乱石坝。又经两广督臣陈宏谋奏请，将无堤之七十里接筑堤工。钦奉“有数年后再看”之谕旨，睿虑周详，既明且尽，而臣千虑一得之愚，有亟宜为我皇上陈者：窃查黄河自河南而来，两岸相距甚远，滩面宽阔，水有容纳。一至徐州，两山夹锁，堤工亦渐东渐窄。若将此七十里全筑坚堤，每遇盛涨，固为宣泄无路。然就今日微山湖而论，十数年前，茶城之北即系湖涯，既深且阔，容纳亦多。乃频年以来，黄水日渐内灌，沿湖日渐停淤。现在湖水已离茶城十数里不等。水内又系浅滩，一望弥漫，以致湖水不能容纳，于南自然泛溢，于北沛县、鱼、济滨湖一带民社田庐，易淹难涸。并运河纤道堤工，均被漫刷。今若仍听黄河入湖，不为节制，不惟已涸之田地难保不淹，已修之工程难保经久，且恐不数年间，微山湖势必淤平。不特不能蓄水济运，洳河且必受其淤。洳河再淤，东南皆山，不能另开河道，其有关于运道民生者，实匪浅鲜。臣往来韩庄，熟视形势，再四思维，临黄既不便筑坝，而湖身又不可以受黄，欲求无碍于江南，务期有裨于东省，惟有微山湖之南，圈筑拦黄堤工。自大吴家集，接旧有遥堤处起，经湾儿集、正家集、茶城至内华山止，约六十余里。筑堤一道，顶宽二丈，底宽六丈，高一丈。即以取土方塘，挑成顺堤河形，导入荆山桥，出猫儿窝入运；并于内华山西、微湖尾闾，建双金门通湖闸一座，黄涨则闭，涨退则启，以备蓄泄，计需银在十万两之内。查筑堤之处，相距黄河三、四十里，滩面宽阔，是水涨足资容纳矣；界荆山桥于堤外，以为归宿之路，是水漫足资宣泄矣。挑成顺堤河形，由荆山桥入猫儿窝入运，堤外一切沟港坡水，均可由此东注。则滩地既无水患，并可为省济运之资矣。虽不使之入湖，而黄涨之时分泄仍旧，则徐城可无隐忧矣。是皆无碍于江南者也。至于东省，运河春夏需水之时，并非黄河出漕之候，原不借黄济运。若谓蓄之伏秋，放之春夏，查伏秋之时，各河水发入湖者，多如西来河南之武陟、直隶之东明，汰黄堤外之顺堤河；又如北来曹、单、郓城、巨野之坡水，嘉祥之柳涞，济宁之旧运、牛头等河；又如东来之汶、泗、洸府，玉泉、薛、沙等河，其为微山一湖以灌输者，不一而足，更不需有害无利之黄水。况内华山议建闸座，尾闾原属相通，万一旱干湖涸，或值黄涨，原可启放而入，并非内外阻隔。是得此拦黄一堤，黄水仍免内灌；滕、沛、鱼、济一带，民社田庐未涸者，可望渐涸，已涸者可免复淹。运河以修之纤道等工，可以不受黄水之患，而东南数百万天庾，遄行无滞矣，是皆大有益于东省者也。臣窃见我皇上心殷利济，宵旰忧勤，是以殚精竭虑，通盘筹画，谨抒一得之愚，以备圣明采择，是否有当，伏祈皇上睿鉴，训示施行。谨奏。刘统勋、裘日修、尹继善、白钟山合词复奏：筑拦黄堤疏，为敬陈筹办筑堤情形，仰祈圣训事。乾隆二十三年四月三十日奉上谕：据巡漕给事中海明奏称，东省水患由微山湖之涨溢，而微山湖之涨溢由黄河北岸之内灌，请于微山湖之南，圈筑拦黄堤工，即以取土方塘挑成顺堤河形，导入荆山桥，出猫儿窝入运，并于内华山西建筑通湖闸座，以备宣泄等语，具见悉心筹画。黄河由豫入徐，两岸夹束，河身甚狭，不溃决为铜山诸邑害，则漫延而入于金乡、鱼台。今徐城已增筑石工，足资捍御，而山东之滨湖州县，民舍田庐不免仍成巨浸，孰非吾赤子，而忍坐视？果使民生永获安全，即多费帑金，朕所不惜。且年年蠲赈所费，不更无已耶？但是否实有裨于东省，而于徐郡两岸亦不至另生险工，或究不如于北岸无堤处所接筑堤工之为得计。着尚书刘统勋驰驿前往，会同尹继善、白钟山逐加阅勘，详筹妥议，请旨办理。梦麟、裘日修如尚在河干，着一并会同查办，钦此。钦遵，臣等伏查，黄河北岸上年因虑漫水过多，当将花庄沟槽，筑做碎石坝工，本年春于议复善后事宜案内，又将各处土坝改填碎石，并接筑土堰。臣等遵旨，节次查勘，无非欲使黄水有所节制。而又恐束之太骤，致生他险也。今海明请于微山湖南圈筑拦黄堤，并挑挖顺堤引河，导由荆山桥入运，原为拦黄起见，但拦之于微山湖边，不若拦之于黄河北岸。恭诵谕旨，于北岸无堤处所接筑堤工之为得计。圣谟广远，洞悉机宜，臣等所当钦遵办理者也。今勘得黄村坝起至大谷山，计程六十里，应筑土堤长一万五百余丈，高以六尺，底宽八丈，估需土方银六万余两。其所筑之堤相度地势之高下，与河形之纡直，总以离河十里内外为度。庶地面宽阔，得以平衍容纳，不致冲击堤工。其自大谷山至苏家山计程二里，则逼近河身，恐生他险。且两山夹峙，地势高亢，原无庸筑堤。查旧有石坝基址，应行修正，俾平常之水不致上滩，纵遇异涨，漫坝而过，亦止由荆山桥归运。该处相距微山湖四十余里，且在下游，断不致涓滴复入湖内。如此通盘筹办，在东省既收保障之益，而江省亦可无另生险工之虞矣。所有议筑堤工，臣等现在遴委多员，发帑攒办，务期迅速如式完竣，以仰副圣主慎重河防、奠安民生至意。臣等谨合词具折，绘图恭奏，是否有当，伏乞皇上睿鉴训示。谨奏。乾隆二十三年五月七日奏。二十五日奉到朱批：如所议行，钦此。

乾隆二十四年，拦黄堤成。乾隆旧志：沛县知县荆如棠《新筑湖堰碑记》：沛邑之水患有二：外则逼近黄河，内则昭阳湖环绕激射。自孙家集漫溢之后，卷地北趋，浊水尽入于湖。淤淀益深，而荆山桥宣通之路遂绝。如棠量移兹土，维时弥望汪洋，城不没者不及三版，额征地亩一万二千余顷，被淹者一万五百顷有奇。生灵垫溺，触目伤心。上赖圣主，如天好生，广行赈恤，蠲金转粟，百计补苴，幸延穷黎旦夕残喘，而于经久奠定之方，未遑及也。制宪宫保尹公，抚宪宫傅陈公，仰体宵旰殷忧，焦思纡策，驻节河干，会给谏今阁学海公，奉命巡视河漕，莅止沛境谋议。佥同遵旨，建拦黄堤一道，而黄水之内灌，永无虞矣。夫河患既除，则湖水亟宜防范。如棠乃遍访舆情，亲行相度，傍湖两岸，估挑子堰，以为民田保障。各宪报可，遂择绅士之老成谨慎者督其役。北岸起凤皇嘴至草寺，长五十余里；南岸起白衣庙至斗虎店，又起杨家河至徐家集，长一百六十余里。创基之始，底宽八尺，高三尺五寸，期以递年增培。至于内地沟渠，又逐条疏浚，随其远近纡直，引之以达于湖。堰边兼设涵洞，备蓄泄焉。令下之日，众心踊跃，各照业、食佃力例，按地出夫。畚锸云兴，事不繁而人不扰，克期竣工，时戊寅仲冬之十六日也。如棠窃惟水之为民疾苦，不可须臾忍也。顾事有所不顺，情有所不孚，则虽硕画远猷，难收成效。在昔两汉，循吏治水之绩尚已；唐韦丹观察江南西道，筑陂捍江，多至五百九十八所；宋张纶任江淮制置发运使，于高邮为十硁以泄横流；若范文公筑堤御海潮，迄今名范公堤，淮阳数百里，胥受其庇。凡此皆设诚致行，不惑不扰，视民事如己事，故奏功捷于影响也。今各宪勤求民瘼，昕夕靡宵，于沛邑安危利弊，如列眉指掌，洞悉机宜。是以下吏得承指授，殚竭经营，为一劳永逸计。告成之日，复蒙谕勒碑工所，匪徒奖其前劳，抑亦策其后效。用敢略述颠末，俾嗣兹岁岁加修，共相保护，以贻乐利于无穷。所有绅士姓名并详揭之碑阴，以志来者。

乾隆四十六年七月，河决豫省北岸青龙冈，全溜入运，分泄微山。九月，青龙冈决河漫，水淹没沛城。四十八年三月，大学士阿桂等奏青龙冈决口合龙。《河渠纪闻》。

乾隆五十九年六月，丰汛四堡曲家庄河溢，水由丰县清水河入沛县食城河，注微山湖。七月，江督书麟等奏报合龙。《南河成案续编》。

嘉庆元年六月，丰汛六堡、高家庄河堤漫塌，掣溜北趋。一由丰县清水河、沛县食城河散漫而下；一由丰县遥堤北赵河分注微山湖，开蔺家坝，入荆山桥河。丰、沛二县城内水深三、四、五尺不等。二年正月，东河总督李奉翰等奏报合龙。《南河成案续编》。

嘉庆三年，河决考城，水由西北转入昭阳湖，漫延沛境。采访。

嘉靖二十四年九月，黄河决口于武陟县北岸，注张秋东北入海。丰、沛河涸。《南河册稿》。

道光二十年，湖水涨溢，东至漕河，西至太行堤。采访。

咸丰元年八月十九日，河决蟠龙集，沛当顶冲，入昭阳湖，淹没栖山沛县城。三年正月，江都陆建瀛等奏丰工合龙。是年五月，兵三堡复决，丰、沛漫流如故。采访。

咸丰六年七月，河决兰仪北岸铜瓦厢，由张秋穿运，夺大清河入海，丰、沛黄河遂涸。采访。

同治十年，河决山东侯家林，昭阳湖漫溢，丰、沛县乡镇田畴俱被淹没。

采访。

同治十三年十月，河决山东石庄户，夏镇平地水深数尺，高阜并可行船。采访。

山川附：

七山　州志作戚山。县志：在县南三十里，圆耸前参为邑镇，居民利取其石。明嘉靖间，知县周泾勒石禁之，即今"栖山"。乾隆四十六年迁治于此。咸丰元年河决，丰县沙淤壅遏，县城陷溺，舍此迁治夏镇。按：本名戚山，俗呼七山，今改称"栖山"。戚、七、栖，声相近也。

青龙桂籍山　《乾隆县志》：在县南稍西三十里。上有石池，相传萧何饮马处。州志：下有无儿寺，或谓萧何为祈子建。其山高及丈，上有乱石。今淤漫无迹矣。

葛墟岭　州旧志：在县东南九十里。《方舆纪要》引旧志谓：岭傍南北通衢，南去徐州洪九十里。万历中，议开泇河，自县之东南四十里马家桥开微山、赤山、吕孟诸湖起，至葛墟岭下，凡三十里，为始功处。

九乳阜　乾隆旧志：在欢城西，九峰若乳然。

黄山　铜山旧志：黄山在城北七十里，半属沛境。《隋书·地理志》：沛县有黄山，即此。山东有黄山湖，有饮马珠泉，世传汉高祖曾饮马于此。《一统志》：沛县东南有微山、黄山，皆去县治五十里。据此，则黄山分属两邑，南麓属铜山界，北麓属沛县界矣。

微山　《元和郡县志》：微山上有微子冢，去沛县六十五里。《魏·地形志》及《隋书·地理志》：留县有微山，即此山。《金·地理志》：沛有微山。按微山今属滕县。岂古今疆域有不同欤？王尔鉴《登微山诗》：微山环微湖，湖心挺翠微。大如大江之中之浮玉，舍舟更无云可梯。惊涛拍岸白云飞，晓光潋滟浮晴晖。扁舟荡碎青玻璃，山气愈近近愈佳。回头烟波苍茫澎湃杳无际，远山翠浅如修眉。我促棹郎鼓兰枻，波光山色动四围。维舟山脚蜂房水涡之石洞，竹木丛中一径开。手支筇竹杖，远睇凭指挥。西北水如带，洙泗联汶沂。水之就下乃其性，复有河伯海若东。南鼓荡，交扬威，岱宗想象青天外，松涛亦复述徂徕。梁父云云云杳冥，龟蒙凫绎差能规。湖光如鉴拥翠帷，帆影拖云纷参差。肩摩上路客，击毂兼骖騑。井烟晕岚气，阊闬藏山隈。犬吠水中听，人语风中吹。我闻微山名因微子得，侯封近接留城基。太息前贤与前圣，高山仰止心追维。君不闻，麦秀之歌在人耳，彼狡童兮长含悲。箕子衍畴比干死，抱器饮恨身长埋。但考彭城古宋去此三百里，幽宫何以营于斯。我家嵩阳邻宋壤，传闻亦有公墓碑。眼底凭吊多疑似，招魂何处为歔欷？又不闻，当年龙准隐芒砀，敛迹不使庸流知。帝廷特降佐命侣，淮徐丰沛如星挂。就中表表称三杰，子房却自韩中来。下邳圯上跪进履，收拾胸中豪气不使发肝脾。回思博浪沙中逞一击，奚啻前倨而后卑？眉山苏子赞之曰：能忍不遇黄石谁其师？运筹在帷幄，决胜策无遗。弹指夷秦楚,而后良弓走狗独见几。辟谷导引已仙去,赤松海峤应相携。何以此山麓,至今亦有公墓台。吁嗟乎!汉三杰与殷三仁,所遭成败何相歧!至今两墓余抔土,白杨老瘦春草肥。子房用汉雪韩耻,微子去殷存宗支。一去一就各千古,哲人往矣存良规。人生若蒲柳,英雄双泪垂。山水自灵长,谁能免劫灰。赤松黄石皆荒唐,茅土之荐奚以为。微山青青微湖碧,秋坟月落眠狐狸。肃我衣冠为载拜,溯仁怀义心依依。徘徊欲去不忍去,且看川媚山含辉。棹郎挂席频我催,扣舷泛月吟而归。

据乾隆旧志:此外仍有高原、在县治东北三十五里,巍然而高。一曰扶风岭,上有昭庆寺。黄邱、在广戚城北,高七八尺,方广数亩。邱四围属滕县界,邱独隶沛。杏堆。在县治西二十五里,高五、六尺。上有大杏树,高三丈,登城西门即见之。正、嘉间,人犹舣舟于此。明季杏枯堆亦平,人犹呼为杏堌堆。具属高阜,不得以山名。

古水道

泗水　《周礼·职方氏》:青州其川淮、泗。《水经注》:泗水过方与县,又屈东南,过湖陆县南,左会南梁水,又南漷水注之,又南经薛之上邳城西,又南过沛县东,黄水注之,又东南经广戚县故城东,又经留县西南,经垞城东。《汉书·地理志·鲁国》:卞、泗水,西南至方与县入沛。《元和郡县志·沛县》:泗水自西北流入,东去县五十步。《金·地理志》:沛县有泗水。《明史·地理志》:县东有泗河,自山东鱼台流入境。《方舆纪要》:在县城东,自山东鱼台县流经县北,又自城东南流入徐州境。

徐州旧志:泗水自鱼台县流至沙河入县境。二十里为湖陵城,二十里至庙道口,三十里至县城北为北门渡,有飞云桥;十五里受金沟口水为金沟渡,金沟,县东五里,三河口水,水由此入运,其中隐隐若河,发源滕县之花泉,地多沙麸,若金然。五里至沽头,有上沽头渡、下沽头渡;十里至谢沟,达于州境。明时漕运由徐州入泗,北抵会通,故亦名漕河。乾隆旧志:泗水源出山东泗水县陪尾山,经济宁至沛县东南,与泡水合,运道因之。嘉靖乙丑开新河,自是而泗水亦随东矣。采访。自明以来,泗渐没于黄水。今湖水涸时,安家口西一带略有东移河形可认。近时湖中行船之河,乃泗水东岸之支流,直通微山湖,非古泗之旧道也。据诸说,则泗水汉时,由县城西北来,向东南流入彭城,去沛县极近。金时,黄虽为灾,泗水安流如故。自明以来,黄水逐年淤遏,泗渐东移,今则全行入运,夏镇运道即泗水经行之新渠也。国朝张翃《泗水怀古和石蕴辉韵》:丰沛雄图望眼消,空余泗上水迢迢。诗歌旧迹碑犹在,汤沐遗恩事已遥。白鹭闲依荒草渡,锦禽争过断杨桥。山川无限兴亡意,月色风声正寂寥。

菏水　《水经·济水注》:又东经方与县北为菏水。菏水又东径武棠亭北,又东过湖陆县南入于泗水,又东南过沛县东北,又东南过留县北注。《尚书》曰:浮于淮、泗,达于河,是也。又云:济与泗乱,故沛纳两称矣。《泗水篇》:菏水从西来注之，菏水即泲水之所泡注以成湖泽也，而东与泗水合于湖陵县西六十里谷亭城下，俗谓之黄水口。《汉书·地理志》：山阳郡湖陵，《禹贡》“浮于淮、泗，达于河。”菏水在南，即此。今在县北境庙道口，北没于昭阳湖。《禹贡锥指》云：《说文》菏从水，苛声，隶作菏，俗遂讹为荷，又讹为河矣。《初学记》引《水经注》：菏水俗谓之五丈沟。桑钦《水经》又以为济水，其说非是。总之，湖陵以西菏与泗分，沛县以西菏与泗合。今黄水淤遏，微特菏不可考，即古之泗水亦改道东行矣。

泡河　《水经注·泗水篇》：沣水俗谓之二泡也。自下，沣，泡并得通称。泡水所出，又径丰西泽，谓之丰水，水上旧有梁，谓之苞桥。《地理志》：泡水自平乐县东北至沛入泗。《述征记》云：城极大，四周堑通丰水，丰水于城南东注泗，即泡水也。《元和郡县志》：泡水即丰水也，而去县一百五十里。按平乐在今单县。又按《路史》：包地在山阳，即汉之平乐，有包牺陵及包水，东北入泲，亦作刨、庖、泡。《汉志》言入泗，而此言入泲者，泲即菏水，菏与泗合流故也。总之，泡水与黄水、丰水合流，并得通称。据《地理志》则谓之泡水，据《水经注》则谓之黄水，据《述征记》则谓之丰水，其实一也。嘉靖十四年，总河都御史刘天和疏汴水，自河南朱仙镇至沛县飞云桥，以达于泗、泡，又与汴合。嘉靖四十四年河淤。万历二年，浚新渠十里，东北入支河，由留城入运。万历四年知县马昺筑护城堤，截泡河旧道，由是泡水徙于堤外，仍东会于泗矣。历年黄水频经，诸水皆不通流，虽有大河数道，乃系黄水新泫，非复当年旧渠也。

南梁水　《水经注·泗水篇》：又屈东南过湖陵县南，涓涓水从东北来流注之，注泗水，又左会南梁水。《地理志》曰：水出蕃县，世以此水溉我良田，遂及百秭，故有两沟之名焉。南梁水自支渠西南，经鲁国蕃县故城东，俗以南邻于漷，亦谓之西漷水。南梁水又屈经城南。《地理志》曰：其水西流注于泲。即沛县渠。泲在湖陆西而左注泗，泗、泲合流。故《地记》或言泲入泗，泗亦言入泲，互受通称，故有入泲之文。阚骃《十三州志》曰：西至湖陆入泗，是也。《经》无南梁之名而有涓涓之称，疑即此水也。《西征记》亦言；湖陆县之东南有涓涓水，亦无记于南梁。据此，则涓涓水即南梁水，亦即西漷水。本名涓涓水。以其在蕃县之南，故曰南梁水；因其在漷水之西，故曰西漷水。源同而名异耳。今河之来源犹称为南梁水，自入沛界，贯古漷河，格于运道，不能西流矣。

漷水　《水经注·泗水篇》：漷水又西南迳蕃县故城南，又西迳薛县故城北，又西迳仲虺城北，又西至湖陆，入于泗。故京相璠曰：薛城县漷水，首受蕃县，西注山阳湖陆是也。《左传》：襄十九年，取邾田自漷水。哀二年，季孙斯伐邾，取漷东田及沂西，俱指此水。杜预《左传注》谓漷水出东海合乡县，至湖陵入泗。

顾祖禹《方舆纪要》:漷水源出运青山,西南流至三河口合于薛河,同为漷水。而古今泉源远近有不同耳。

今水道

运河 州旧志:在沛县东北四十里。西北接山东鱼台县界,东接山东滕县界。一名新运河,源流即古泗水也。而七分之汶水,亦由是经行焉。嘉靖四十四年,河决沛县,淤沽头闸上下百余里。遣工部尚书朱衡,北自南阳至留城筑新河一百四十一里。西岸为沛县,南岸有板筑,出三孔桥,入微山湖。王世贞《新河集序》:新河集成,诸颂大司空朱公功者,亡虑数百家文,亡虑数千万言,虽其言人人殊,要之,大公功而危公之所以功不易,则若一也。世贞受而叹曰:今之所群然而颂公者,与昔之所龁龁公者,其人非耶?则何啻霄壤焉?盖嘉靖末,河决而东,注自华山,入飞云桥,截沛以入昭阳湖。于是沛水逆历湖陵,以至谷亭四十里。其南,溢于徐为浸,俱破漕。天子闻而悯之,咨于众而得朱公,以大司空兼御史大夫往诸治河,抚漕中丞、监司、守令,悉受约束,得一切便宜行事。众或谓浚旧河便。公独曰:不然。夫黄河之为决也,若大盗然。汉武帝竭天下之力,至人主沈璧马,从官负薪石而后仅胜之,而为立宣房宫,作歌以侈大其事。说者犹以为不若避之便,所以避之便者,河不与漕争道也。今河与漕争道矣,乃至欲隐河之害、引而为漕之利,是延大盗入室也。故势不得避则逆而捍之,势得避则顺而徙之,夫徙与捍之间,而吾识其说矣。中丞盛应期者,尝议别创河南阳,折而南东至于夏村,又东南至于留城,以通漕事,中废。公行求得故址,喜曰:是远可避决而近可漕也。筮之役夫,可九万有奇,金钱四十万有奇,粟称是。条上之,报可。诸言浚旧河者交难公曰:河性宁有常及?旧河独不能及新河耶?今朱公凿空而劳十万人之力,损县官之金钱数十万缗,粟称是,一旦捐而予溃河,不知何以称塞也。当是时,天子意不能无疑,而独朱公屹然于橇樏畚锸之间,以与士卒其甘苦,而伛偻胼胝之众不以咨而以颂。天子廉知其状,乃稍益信公。逾岁告竣,河亦引分。去岁,漕受计如约。玺书屡下,赐予迁官加等。昔之所群然而龁龁公者,转而为颂矣。自是更三朝人主,愈益唯朱公重。重在宫殿山陵,则公召而北;重复在河,则公复借而南。公且以司空百揆矣,乃集群公卿大夫士之言而梓之曰:吾非敢以侈大如前人也。夫孔子之圣焉,从政而不免毁;公孙氏之贤,为郑焉而不免毁。且吾安知?始吾闻之汉将军充国之言曰:"吾年老矣,爵位已极,岂嫌伐一时事,以欺明主哉?兵势,国之大事,当为后法。老臣不为陛下明言兵之利害,谁当复言之者?"夫进而疑功,退而疑名,乃不一避焉,而务为实,以示夫后之忧社稷者。何昔臣之忠笃恳厚若此,夫今而后,知国家之于决河在徙与捍之间也。河之为漕害而不为漕利也,任事之贵勇,而任人之贵专也,则在兹集矣夫。是故世贞亦不以为公嫌而为之序。

明宗室朱睦㮮《夏镇新河记》:"惟嘉靖乙丑之冬,上以河决徐沛,漕渠不通,乃集诸公卿暨百执事之臣,议举可以治水者,佥以大司空万安镇山朱公请。诏命之,锡以玺书。若曰:黄水泛滥,靡有底止。转漕道阻,国计是艰,朕甚忧之。兹以命尔,平厥水土,亦惟尔任。往哉!公祇承惟谨。既至,乃奉扬明命,戒吏饬工,抚用士众,咨访群策已而。周遍巡行,由曹、濮,历萧、砀,既究厥源,复访古法,乃会总理河道都御史潘公,总理漕运都御史马公,巡抚山东户部侍郎霍公，巡抚河南户部侍郎迟公，上陈于天子曰：窃见黄河上源既难分导，水势散漫，工无可施。虽湖水稍便，藉以行舟，然干涸无常，终不可恃。独南阳闸口直抵留城，先年曾事疏凿，间类河形。两岸俱高而土且坚，实三十余年未尝冲决，即今大水浩渺，亦未侵及。况河路径直，挽输更便，工成以后，可保无虞，此诚国家亿万年通漕之利也。上报可。公乃征三省官吏民夫而经略焉。其工役自满家桥至三河口，以河南按察副使梁君、徐州兵备副使徐君督之；自三河口至鲇鱼泉，以山东左参政熊君、曹濮兵备副使胡君督之；自鲇鱼泉至马家口，以河南佥事黎君督之；自马家口至南阳闸，以山东副使张君督之；自白洋浅至赤龙潭，以工部主事陈君督之；其支河自薛城至东沧桥，以山东副使李君、陈君督之；自张家寨至赤山湖，以主事唐君督之；自杨庄闸至桃杨寺，以郎中游君、沈君、朱君督之；自黄甫坝至蜀山湖，以主事张君督之。其提调建筑闸坝，则郎中程君、余君、佥事郭君；专司钱谷，则户部主事王君、河南右布政陈君、山东佥事刘君；兼司器具、舟车，则佥事黎君也。时功将半，有浮议宜弃新河，而寻复故道。上遣给事中何君来视，公于是复上疏，谓故道不可复者有五，论辩明悉，且与何君议合。上疑乃释，卒用其言而工告成。是役也，始于丙寅孟春，迄于仲秋，凡八阅月。开新河一百四十里有奇，开旧河五十里有奇，又开支河九十里有奇。其建闸自留城至利建凡八，自南阳至佃户屯凡十有四，为月河凡六；其建坝自欢城至豸里沟，凡十有一，薛河口一。其筑堤，自南阳至鲁桥，长二万五千二百丈。内南阳东压续筑石堤长三十里有奇，新庄桥三堤长一千二百六十丈有奇，马家桥堤长一万八十丈有奇，留城堤长三千六百丈有奇，佃户屯堤长五百七十丈有奇；又筑支河堤，自东沧桥至百中桥长六千三百四十丈有奇；又筑曹、单堤长四十里有奇；刘家楼堤，长一千五百六十丈有奇。且置民夫岁守，而黄水、山水既无泛滥冲决之患，河身堤堰又有疏浚防守之宜。自是漕河利济，而国计永有攸赖矣。疏闻，上大悦，进公太子少保，岁增禄若干。分董其事者，郎中程君、副使梁君而下，各赏有差。是时济南诸生罗兰辈，过大梁请纪其事。余适在制中，未遑也。及余禫，罗生辈复来申恳。睦梓辱公教最久，曷敢以不文辞？乃再拜而飏言曰：粤自元都幽燕，海陆并运，国初犹固之。惟我文皇帝建两都，始用尚书宋公之议，开会通河，四省兵民，费且巨亿，逾年而始克底绩。其后河水迁徙靡常，在睿皇帝时决沙湾，敬皇帝决黄陵冈，尚书石公、都御史刘公，相继塞之，或三四年，或六七年，工乃就绪，厥惟艰哉！乃今役不及期，费不重科，民不知劳，国计充裕，视会通河湾、黄陵之役，难易久近何如哉！是不可无纪也。爰系之诗云：禹作贡法，漕议之端。自南洎北，挽输惟艰。在昔滕国，运兼海陆。跋涉风涛，舟车屡覆。文皇嗣统，肇建两都。爰采廷议，浚兹漕渠。作坝戴村，横亘数里。引汶及泗，顺流游游。百六十年，水失其行。徐沛为壑，涌溢奔腾。坏我民庐，损我运道。皇心弗宁，靡获会居。佥曰司空，式弘嘉谟。匪伊是任，孰曰可图。天子曰都，尔才经世。其为予治，其害而利。兼尔宪秩，授尔玺书。星言宿驾，勿惮勤劬。公车既南，时属岁杪。循于水濒，咨于故老。旧河之东，地曰留城。且浚且谋，胼胝经营。既分别支，以杀厥势。遂遏洪流，运乃大济。漕人欢呼，俾获宁居。微公之来，吾其鱼乎？曰匪台能，天子明圣。浮议弗行，工是告竟。易塞为通，转险为夷。民便攸遂，国计在兹。滔滔安流，帝心嘉悦。晋秩青宫，恩典昭赫。百职赞襄，褒赏有别。锡之鼎彝，以旌尔烈。既奏肤功，岁闻屡丰。被之管弦，南国之风。洪波永靖，万国来同。

徐阶《新河记》:先皇帝之四十四年秋七月,河决而东注,自华山出飞云桥,截沛以入昭阳湖。于是沛之北水,逆行历湖陵、孟阳至谷亭四十里,其南溢于徐,渺然成巨浸,运道阻焉。事闻,诏吏部举大臣之有才识者督河道。都御史直隶、河南、山东之抚臣、洪闸之司属暨诸藩臬有司治之,得今万安朱公衡。爰自南京刑部尚书,改工部尚书,兼都察院右副都史,奉玺书总理其事。会至,驾轻舟,凌风雨,周视河流,规复沛渠之旧。而时潴者为泽,淤者为沮,洳塞俱不得施。公喟然言曰:"夫水之性下,而兹地下甚,不独今不可治也,即能治之,他岁河水至,且复沦没,若运事何?"召诸吏士及父老而问计。或曰:"南阳折而东南,至于夏村,又东南至于留域,其地高,河水不能及,昔中丞盛公应期尝议凿渠于此,而不果就,其迹尚存,可续也。"公率僚属视之,果然。持疏以请,先皇帝从之。工既举,而民之规利与士大夫之泥于故常者,争以为复旧渠便。先皇帝若曰:"兹国家大事,谋之不可不审也。"敕工科右给事中何君起鸣勘议焉。何君具言旧渠之难复者五,急宜治新渠,而增其所未备,以济漕运。诏工部集廷臣议,佥又以为然。诏报可。公乃庐于夏村,昼夜督诸属。程役以工,授匠以式,测水之平,铲高而实下,导鲇鱼诸泉、薛沙诸河,会其中坝三河口,以杜浮沙之壅。堤马家桥,遏河之出飞云者尽入于秦沟。涤泥沙,使不得积。凡凿新渠起南阳,迄留城,百四十一里有奇。疏旧渠起留城迄境山五十三里,建闸九,减水闸十有六,为月河于闸之旁者六,为坝十有三,石坝一。堤于渠之两涯,以丈计者四万一千六百有奇,以里计者五十三,为石堤三十里,又疏支河九十六里二千六百余丈,修其堤六千三百四十六丈,而运道复通,由徐达于济,舟行坦然,视旧加捷。阶惟国家建都燕蓟,百官六军之食咸仰给于东南,漕运者益国之大计也。自海运罢而舟之转漕,独兹一线之渠,其通与塞又国之所谓大利大害也。河势悍而流浊,塞之则复决,浚之则辄淤,事在往代及先朝者姑弗论,即嘉靖间疏筑之役屡矣,而卒未有数岁之宁。则今徙渠而避焉,诚计之所必由也。然当议之初上也,或以为方命,或以为厉民,哗众之以众口,挠之以贵势,诬之以重谤,胁之以危言。于其时,公之身且不能自保,况敢冀渠之成哉!赖先皇帝明圣,不怒不疑,徐以论付之谏臣,择两端之中,而因得夫远犹之所在。由是,公始得竭智毕力,以竟其初志,而质其谋之非迂。然则兹渠之成,固公之功,实先皇帝成之也。昔禹受治水之命于尧,尽舍其前人湮塞之图,而创为疏导之说。彼其骤闻焉者,岂无或骇且谤乎?惟尧信之深,任之笃,至八年而不二。禹是以得建万世永赖之绩,奉玄圭以告厥成,则洪水底平,虽谓尧之功可也。而禹夏之史臣与后世之文人学士,咸知称禹而莫知颂尧。呜呼!此尧之德所以为无能名也欤!恭惟先皇帝,力持国是,以就兹渠功德之隆,较之帝尧可谓协矣。阶曩岁备员内阁,尝屡奉治河之谕。迩谢政南归,复得亲至新渠观其水土,而考论其事之始末。追感往昔,不自知涕泗之交颐也。遂因公请,僭为之记,且以告夫修实录者。役始于四十四年十一月二十四日,成于次年九月初九日,用夫九万一千有奇,银四十万。赞其议者,河道都御史孙公慎、潘公季驯;综理于其间者,工部郎中程道东、游季勋、沈子木、朱应时、涂渊,主事陈楠、李汶、吴善言、李承绪、王宜、唐炼、张纯,参政熊桴,副史梁梦龙、徐节、胡涌、张任、陈奎、李功滋,佥事董文、黎德充、郭天禄、刘赞。并立名左方。

新渠 乾隆旧志:知县倪民望于泡、泗交会处浚新渠十里,接鸿沟东北入支河,由留城入运。蒋思孝《沛县新渠记》:古之动大众、兴大役者,例必有卓见硕画,始克基谋底绩。然非蓄爱民之实，将谁信之？兹择可而劳，尼父倦倦；佚道之使，邹轲恳恳也。沛，古泽国。元至正间白茅东注，二百年来，倏南忽北，民罹荼毒，十年之中常三四数。乙丑秋，黄河并流而东，灌城堙漕，自是岁为民患。秋夏之交，霖潦暴至，泡水故道久塞，靡从导泄，辄壅潴近郊，浸城溃堤，坏庐损稼。土旷民流，日就凋瘵矣。癸酉秋，楚黄吉所倪侯承命来知邑事，逾年，政通人和，百废渐举。乃日与缙绅父老洎博士弟子，询民所疾苦、利弊当急兴革者。两学博率诸生庭告侯曰："民害莫毒于洪水，兴利莫先于浚渠。"侯亟下堂，谢两学博洎诸生曰："古云，民可乐成，难与谋始。斯役也，予当力任之。而邑缙绅、弟子尚有以襄予倡民者？"先是，诸缙绅弟子例不役，两学博因力饬诸生先事，为邑民倡。缙绅弟子欣然奉命曰："侯为吾民兴百代利，且重以二师命，予辈奚财力所靳？"侯于是下令谕民以开渠便，民胥欣然争赴曰："侯为吾民兴百代利，诸缙绅弟子且靡爱财力，吾民敢自后乎！"侯嘻然曰："民可使矣！"因遍牒诸当道。诸当道是之。于是度远近，相原隰，遴材以董其事，程期以稽其功。阅月，工且半。宿猾揣不利己也，则相与煽危言沮之。侯毅然曰："吾知为民兴利耳，浮议奚恤哉！"屹不为动。越三月，功乃成，侯竟以归养去。未几，黄水猝至，视昔几倍，胥顺渠而下，民庐稼赖不浥损，商贾舟楫亦络绎不绝。邑人士睹渠，多陨涕思侯功，争诣谢两学博。两学博面谕之曰："兹役也，固尔邑侯功也。尔辈既知颂侯功，尚思所以永侯功者？"邑人士因构亭伐石，冀纪侯绩。学博合溪邵公致其邑缙绅弟子意，走书京邸丐予言，揭之碑。予不识侯，固识邵公。公，予乡丈人也，谊难辞。予读徐志，宋绍圣中萧张令惇，疏汲水新渠，以远民患。陈后山实为之记。后山，宋室文豪也，其言信足传百代。予何人也，乃敢执笔纪侯绩哉？虽然，绍圣迄今五百有余岁，邑令凡几更，乃导滞援溺，一见于萧，再见于沛，其颛意为民，不是己见，不撼群议，诚非袭旧拘方者拟。庸得以浅陋辞哉？后山之记曰"汲渠"更数令不能决，而卒成于张令。往予闻令沛者，民盗渠坏土者辄寘之法议，上诸当道，旋以浮言阻。任事之难，信古今同之矣。后之继侯者，当因其已成者，而日廓之可也。渠起飞云桥，东至张化口，为丈者二千二百有奇，工为日者九十，夫役民者一千四百。侯在沛逾年，爱民礼士，诸所修建，若学舍、汉高庙，业已就绪，当别有纪述者。兹重渠事，例不得旁及云。此渠在明，颇赖渲泄盛涨，今则不古若也。"

南沙河 即古漷河。《明史·地理志》：县北又南沙河会于泗。徐州旧志：在县东北，源出滕县东北莲青山，流入昭阳湖，又西南合于薛水。《漕渠志》：漷水发源滕县迷山，西流至三河口会薛水、赶牛沟水，流经鸿沟，出金沟，入旧泗。乙丑开新河，是河流沙梗漕，乃筑三坝遏之，使西注尹、满二湖，此即南沙河也。今因黄水屡决，古迹变更矣。

北沙河 即西漷水，一名南梁水。《明史·地理志》：县北有北沙河会于泗。徐州旧志：出山东邹县、峄山，至县东北五十里之三河口合薛水，经鸿沟入泗。乾隆旧志：北沙河源出滕县龙山，西流经鱼台县界入昭阳湖。按：《齐乘》以薛水为漷水。《漕渠志》又以沙河为漷水，未知孰是。然薛河亦始分终合也。总之，水道难改今名，而源流犹沿古迹。今总曰沙河，古则分为漷河、涓涓河二派，良由黄水淤遏，地形大有变更耳！

薛河　《漕渠志》：河有两源，出滕之宝峰山为西河，出湖陵山者为东河。两河会于鞞头城，同为薛河。西流会昭阳湖，自金沟口达于旧泗。嘉靖乙丑开新河，筑石坝横截其流，南注微山、吕孟等湖。查此河自滕县宝峰山落脉，迄石坝始入沛界，抵震远桥一里许，格于漕河，逾漕河西岸行里许，入滆河，薛河遂没。此处名三河口，今成平陆，尚有河形。自石坝迄漕河，旧能通船。漕河以西无流水，向有柳园。嘉、道以来，有大柳树数千株。咸丰三年，毁于粮船税收。地皆膏腴，今没于土人已三十余年。

鸿沟河　徐州旧志：在县东十五里，旧自滕县界引昭阳湖入薛河，后废。《方舆纪要》：隆庆中，河臣翁大立奏开鸿沟废渠，自昭阳湖达鸿沟，自鸿沟达李家口，达回回墓，东出留城，开河长六十余里，引水济运，并灌民田数十顷。滕、沛间利之。袁氏云：鸿沟在新河西、昭阳湖东，旧引沙、薛二水，从此入旧河。旧河废，而此沟亦淤其半，鸿沟开而新旧二河俱得宣泄。今北赵团有地名鸿沟，大楼下有渠通昭阳湖，为唐团南界，盖即鸿沟遗迹也。

鸡鸣台东小河　顾亭林《郡国利病书》：在县治东北五十五里，源出滕县三里桥泉并七里沟泉。西南流百余里，在鸡鸣台东入漕河。初，二泉之水浸流为泽；正统六年，漕运参将汤节始开渠，引入漕河，置闸于河口以积水，即以济漕，又变沮洳为良田云，今淤。

辛庄河　徐州旧志：在县东北，出滕县西南五十里，南流十里入昭阳湖。又章公河，在县东北三十五里，明弘治间主事章拯所浚泄水河也，今淤。

食城河　徐州旧志：上承丰县华家陂河，东经沛南与铜山毗接，东入微山湖，乾隆五十九年开浚。嘉庆元年河又决，夺食城河。咸丰初，河复决，食城水道湮没无存。

顺堤河　《续行水金鉴》：丰北缕堤南顺堤河，由山东姜家套泄漫滩之水，经沛县至石林南入黄河。乾隆二十四年浚，五十五年重浚，今湮。

华山河　采访：咸丰初年，河决丰县蟠龙集，东北趋华山，此为干河。将从前之石城河、缕水堤，均淤为平地。干河外又有无数支河。

斗虎店河　采访：上通铜境崔家寨与蟠龙集通，下达边沟。

张家洼河　采访：圩前有河一道，圩后有河一道，俱向东流。圩前之河，上通决口处，下通边沟；圩后之河，上游五里间段淤塞，下与圩前之河同归边沟，由边沟入湖。

玄帝庙河　采访：庙前有河一道，东北趋二十里堡稍漫，即接辛家庄挑挖之河，须再向东开浚，以达郑家庄之边沟，由边沟向北开挖，抵沽头村，由沟入湖。

林家楼河　采访：上通蟠龙集，下有淤塞处，已经该处绅耆倡挖新沟，以归李家庄旧挖之河，达于韩家坝边沟入湖。

鹿轳湾河　采访：此河来源多，去路少，虽有挖挑之浤，水大不能容纳，每致柴家洼统近汇为巨浸，不但田禾被淹，即屋庐亦罹水患，非设法疏浚柴家洼、十里堡等处，民难安枕。

唐团南界河　采访：由沛城东门外抵聂庄铺口入湖，东对卜家湾口。或曰此古鸿沟遗迹也。疏浚深通，藉以宣泄县东积潦。

王家庄河　采访：来经沙河，经神仙林，又经张集圩分支，南支绕刘家大庄抵聂庄铺入湖，东对三河口。或曰此即薛水之故道也。

丰乐村河　采访：来源与王家庄水统为沙河，县城西分支。北支郝家圩抵官庄，又经丰乐村入湖。东对邵家集口，此河在唐团南界。

张家油坊河　采访：来源由大安寺，经高房集，又经马家寺，又经姚家圩抵三岔路口入湖。东对邢家堂口。此河在唐团界。

孔家庄南河　采访：由县西水塘经安国集，又经庙道口圩，又经杨官屯抵安家营入湖。东北对徐家油坊口。此河亦在唐团界。

唐团北界河　采访：由刘邦店经卓洼圩，统名大沙河，经城子庙口入湖。东对马家口，为滕县界。此河与古菏水相近。

小支河　采访：在欢城集西北，旧志未载。此水自滕之宋家口坝折来，由尹家洼西行，抵陈家楼入沛界。经房家庄，经石桥西南流入鲇鱼泉。

小泥河　采访：自滕县来，抵石家庄袁家桥入沛界，南入马场坡五里，由寨门口入漷河，经石桥。咸丰间，由石桥东为干沟，今淤。

赶牛沟　采访：泥河东南三里许为赶牛沟，自滕县五花泉来，迄马场坡南面，经县界三河口达石桥，横贯漷河。又西行六七里，过陶阳寺；又西北七八里，入漕河，即为鲇鱼泉，注于新河。此水河势浅狭，不能行船，汇入漕河，绕曲房村，入昭阳湖。是处向由漕河西岸入湖行船，今塞。

泥沟　《地舆纪要》：在县西北五十里，自鱼台县流入沛，经沙河镇西南而入于漕河，亦曰泥沟河。旧志：今县治西蔡家村亦有泥沟，沟水流入泡河，是有两泥沟矣。

灰沟　采访：在夏镇东，乃滕邑芦村桥、于家桥诸河水与柏山四面山泉，汇而成渠，迄沛界之灰沟，流为河形，跨有石桥。南行绕络纺村以东入漕河。

金沟　乾隆旧志：在县治东五里旧渠侧，地多沙，其中似金屑。

圣水沟　乾隆旧志：水自西南曹家嘴来，至窑子头，西入泡河。

胭脂沟　乾隆旧志：在县治东，土皆红色，故名，今湮。

封沟　乾隆旧志：在县治西南十里，东北流。

谢沟　乾隆旧志：在县治东南四十里，半属铜山。

桃沟　乾隆旧志：在县治东二十里。

寨里沟　乾隆旧志：在寨十里，未开泇河之先，薛水由此入张庄湖。

柳沟　乾隆旧志：在新开泇河北岸。

梭沟　乾隆旧志：在新开泇河北岸。

狼石沟　乾隆旧志：在夏镇西北，见"邵世矩墓志"。

鲇鱼泉　徐州府志：在县东北三十里曲防边，由新河北岸入漕。

荆沟泉　徐州旧志：在县东北，出滕县东北五十里，泉眼百余，水流迅急。西南流八十里抵辛庄桥，漫流为泽。明正统六年，参将汤节开渠十里，引入昭阳湖。

龙泉　乾隆旧志：在学宫后泡河内，今汇为巨渊，泉隐不见。徐州旧志：在县治前，旧没于泡，迨河涸，泉水自地涌出，不竭。

双龙泉　乾隆旧志：在鲇鱼泉东南，昔人掘地见土形如双龙，故名。

闸堰、昭阳湖附：

元

至治三年四月，都水分监言：会通河沛县东金沟、沽头诸处，地形高峻，旱则水浅舟涩，省部已准置二滚水堰。近延祐二年，沽头闸上增置隘闸一，以限巨舟。每经霖雨，则三闸月河截河，土堰尽为冲决。自秋摘夫刈薪，至冬水落或来岁春首，修治工夫浩大，动用丁夫千百，束薪千万余，数月方完，劳费万倍。又况延祐六年雨多，水溢月河，土堰及石闸雁翅，日被冲啮，土石相杂，深及数丈，其工倍多，至今未完。今若运金沟、沽头并隘闸三处现有石，于沽头月河里修堰闸一所，更将隘闸移至金沟闸月河，或沽头闸月河里，水大则大闸俱开，使水得通流；水小则闭。金沟大闸止开隘闸，沽头则开隘闸而启上闸行舟。如此，岁省修治之费，亦可免丁夫冬寒入水之苦，诚为一劳永逸。朝廷从之。今移沽头隘闸置金沟大闸南，易沽头截河土堰为石堰，尽除旧有土堰三道。金沟闸月河里，创建滚水石堰。《元史·河渠志》。

明

隆庆元年五月，新河成，西去旧河三十里。自留城而北建留城、马家桥、西柳庄、满家桥、夏镇、杨庄、珠梅等七闸。《明会典》：以上七闸以旧河孟阳、泊沽头上中下、胡陵城、庙道口、谢沟七闸改建。入鱼台界，合旧河，凡百四十里有奇，又筑三坝。《明会典》：沙河口坝，隆庆元年筑；薛河口石坝，隆庆二年筑；欢城坝，嘉靖四十五年筑。旧有新兴闸，金沟口、飞云桥、鸡鸣台、昭阳湖中东西六积水闸，今废。

万历三十年闰二月，凤阳巡抚李三才建议，由镇口建六闸节宣汶、济之水，自留城而北十三里，曰马家桥闸。自闸而北五里有百中闸。又十里曰西柳庄闸。一名萧县闸，西去沛县四十里。又五里曰满家桥闸，又五里曰夏镇闸，又六里曰杨庄闸。在沛东北四十三里，旧名杨家楼闸，河漕改杨庄闸，东北即薛河坝，又北即沙河坝，所谓沙河口也。又北接鱼台界曰珠梅闸，所谓漕运新渠。《明史·河渠志》。

国朝

康熙六十年，总河齐苏勒请挑新河，长一千八百五十丈，垂二百年不变。为拦河之闸三：北曰珠梅闸。乾隆四十年，嘉庆二十三年拆修。南去杨庄闸三十里，有闸官，乾隆四十六年设。次南曰杨庄闸。雍正十一年，嘉庆二十年拆修。南去夏镇闸八里，有闸官，兼理夏镇闸。又南曰夏镇闸。乾隆三十年拆修，三闸闸夫各三十人，皆有月河。东岸钳水之闸，一曰民便闸。北去夏镇里许，乾隆八年建，嘉庆四年拆修，泄坡水入运。西岸石坝曰吕坝。在夏镇闸南里许，前明建以蓄水。嘉庆二十三年于坝北十四丈三尺建吕坝、三孔桥、滚水石坝，如运河深五尺以外即泄入微山湖。其北东岸有皇甫坝，今属滕界。东岸入运，水口八：曰王家水口，有涵洞一，乾隆十七年建；曰邢家堂水口，二十四年建；曰白家水口，有涵洞一，乾隆十七年建；曰苏家水口，曰鲇鱼涎水口，曰三河口，曰寨子上下水口，有涵洞，乾隆二十年建，皆泄坡水入运；曰三河口下，西岸有月河。西岸分运支渠，吕坝水长则漫坝入湖，其渠长五百三十丈。东岸土堤六百又八丈：沛字土工，一号长十丈，二号长百六十三丈，三号长百七十丈，四号在大王庙，长百二丈；吕家坡堤长百五十丈，五号在百子堂，长四丈；六号长九丈。乾隆二十四年筑。排桩石工七百有五丈：沛字石工，三号华佗阁至奶奶庙，河面碎石排桩，工长二百二丈；四号康阜楼南，长二十五丈；俱乾隆二十四年建。五号越河南至夏镇闸，长二百九十丈，嘉庆四年建；六号三官阁，长二十五丈，乾隆二十四年建；七号戚城南门马头至玄帝庙，长四十二丈，嘉庆四年建；八号长百二十一丈，乾隆二十四年建。民堰三千四百二十二丈九尺，西岸土堤二千二百六十二丈：沛字土工，一号在常家口南，长百三十丈；二号长三十五丈；三号常家口起，长八十五丈；四号在鲇鱼涎南，长三十丈；五号长五十六丈；六号在鲇鱼涎，长四百三十四丈；七号长百四十四丈；八号在赵家庄，长二十三丈；九号长四百四十丈；十号长七十丈；十一号在珠梅闸南，长三十丈；十二号长二十丈；十三号珠梅闸上雁翅堤，长二十丈；十四号在珠梅闸上，长百七十丈；十五号长百九十二丈；十六号接鱼台界王家水口，长三百八十四丈，俱乾隆二十四年筑。碎石堤长二十丈。沛字石工，一号在断堤口，嘉庆四年建。民堰千八百九十三丈，沛县主簿司之。

昭阳湖

《明史·地理志》：昭阳湖在县东。徐州旧志：湖在县东八里，《齐乘》谓之山阳湖，俗名刁阳湖，有大小二湖相连，周八十余里。北属滕，南属沛。诸山之泉，俱汇于此。下流于薛水合，自金沟达泗水。永乐中，于湖口建石闸，东西二湖建板闸。成化时，俱易石闸；弘治时，重修以时蓄泄，为浚渠利。嘉庆四十四年大河决，入运河，漫入昭阳湖，因改凿新渠，出湖之东。隆庆六年，又于其南筑土堤二百五十余丈，又筑东西决口二堤，以防河患。自是河南徙，不复趋湖东岸，阻以漕堤。其南仍由旧道分为二，一由徐北境至镇口闸入黄，一由垞城十字河出荆山口，合房亭河，至猫儿窝入漕。康熙初，镇口闸闭，今惟荆山口流通。郝质玕《游昭阳湖记》：昭阳湖去沛城十余里，湖中心谓支河。《博物典汇》谓古时有三支河，东西皆被黄水淤，而沛之昭阳独存焉，故溢而为湖。考水名泗，出陪尾山，经曲阜，贯兖州达济宁，分南北流。北者接漕运，南者入沛为昭阳。活水穿豆腐店，由微子山趋留城，即张良受封处也。绝荆山口，走猫儿窝，汇运渠，抵黄河归海。其宅产灵物济人，每凶年见，稔则否。其产或以鱼、或以蚌、或以螺、或以蚍、或以藕、或以芰、或以雕，无税无赋，又不为豪强所夺，滨湖穷民岁食其利焉。东眺滕、峄而崇岭峻巘，危蹬干云，参林拂日者则千山头也。北顾邹、鱼而素萦碧联，磊磊砢砢，巍然在望者则峄山也。其湖西边堤，高二丈，阔如之，周一百里。嘉靖二十一年，兵部侍郎王以旂筑，今不存。崇祯末年，昭阳尽蓄蒲苇，为贼首王奎峰、张兑宇探丸之所，岸上居民几无宁日。自国朝定鼎，大兵一过而群贼授首，昭阳湖始得晏如。每年秋雨连绵，漕渎西泄，湖水猖獗，浍害民田，其祸甚于流贼。近来蒲苇一空，荷花盛开，绝蛟龙波涛之危，泛一泻千里之远，诚为沛邑之巨观也，不可不游。乾隆元年七月既望，先从邵家渡登舟，泊采钟寺，但见浮柴堆积，蜗鼠绕缘，虽有遗址而瓦砾无存，遂放舟而涉常民故里，宅后石榔砾裂，宅前尽作渔场。其当年为庄为林，莫可究诘。又从而北征，登鸡鸣台，其神狰狞可畏。出步方与，履湖陵，王莽恶"陵"改"陆"。《沛志》言：楚汉所筑，因思汉高皇攻湖陵不克，迨得天下四年，差樊哙屠之，岂是汉筑？又曰此秦城，或者近是，因吊。汉章帝封东平苍子为胡陵王，至今为荒烟蔓草，今人览之，不觉凄然泪下。是殆与秦之阿房、楚之章台、魏之铜雀，同荡为土墟，化为尘埃矣，何况我辈之田园庐舍，不及沧海之粟，安望其子若孙常守也哉！未及日暮，返棹而归，放舟芙蕖丛里，一望无极。挺挺者，如夷光出浣，丽华晓妆，嫣然有态；偃偃者，如新妇得配，倦而忘起。而风吹英落，又如姮娥脱遗，上结太虚之舍，下临玄冥之宫。左则芘菱争妍，右则荇藻呈媚，重以青黄相间，香风徐来，阵阵扑面，顾而乐之，安得有关汉卿、罗贯中、李笠翁辈？再则如佛印其人者，与之烹酪奴，把酒枪，作诗论古，讲鸠摩什说无生，为人生一大快也！渐渐夕阳衔山，凫鸭振羽，水蛙唱歌，鳞族潜泳，龟鱼出跃，云散玉露，黑雾空濛，舳舻相接，渔舟倦憩，均接波上。若鹰船、若钓船、若莲船、若贾船。酒船、米面船，群聚如市。其中有执爨者，有炊饼者，有补网者，有讴咏者，吹箫者，呼卢者，为叶子戏者。灯火一片，照耀水湄，如列星然。余亦欣喜，幸其有记，于是为记。

青州赵执信《昭阳湖书所见》：湖上人家无赖秋，门前水长看鱼游。当窗莫晒西风网，时有行人来揽舟。白波如沸浸沟塍，禾黍菰芦互作层。棹入青苍前路夕，半规秋月起鱼罾。屋角参差漏晚晖，黄头间缉绿蓑衣。倦来枕石无人唤，鹅鸭如人解自归。微子山头隐晚霞，湿云浓压峭帆斜。回风忽皱平湖水，雨立船舷看浪花。

王世祯《昭阳湖诗》：满湖风皱碧流离，微子山前返照时。间挂笭箵泊沙觜，红霞一抹晒鸬鹚。

《重修沛志》附后：邑人张德馨题。重修邑志续前功，考据仍需润色工。地势迁移经水变，人情质朴与山同。已无屠巷来天子，尚有歌台唱大风。寄语长恩神保护，轩辅下采切宸衷。

卷五　建置志

城垣　公署　仓庾　坛庙　街市　圩砦　集镇　驿置　善堂
马厂　坊表　关梁　义阡　城垣

城　垣

沛城　始于秦季。《水经注》引郭缘生《述征记》曰：沛城极大，四周堑通丰水，今城西南隅外有古城址，相传为汉时城。元至正十七年，孔士亨据其地筑小城，周二里有奇，《方舆纪要》谓之小王城，在今县治西北。明初无城，县治在泗水西浒。嘉靖二十一年，知县王治始筑土城，周四五里，《方舆纪要》：旧城周二里。高二丈，阔一丈八尺；隍深二丈，阔三丈；雉堞千三百二十四。为门四：东曰"永清"，南曰"会源"，西曰"恒休"，北曰"拱极"，门各设楼橹。

郡人马津《记》：夫城之设险守国，自古及今，未有能易之者。而其义尤取诸豫。盖重门击柝，以待暴客，非豫则为人所乘也。故天子守万邦，诸侯守一国，罔不有事于此。泗水之东，沛故有城，元人筑之，湮没久矣。今县治临于西浒，其民聚庐托处而已，未有守也。嘉靖二十一年，[北有边塞]警，言者请修内以攘却之。制曰：可。县尹王君治，始因县治筑城，其垣周五里，筑土为之。高二丈，阔一丈八尺；濠深二丈，阔三丈；雉堞凡千三百二十，高五尺。周庐八所、四门，各据其胜，设楼橹，东曰永清，南曰会源，西曰恒休，北日拱极。经始于本年十月，次年三月讫工。曾未期月，城池完美，伟然一县之观，可谓应命速矣。县之士夫耆老，咸以学训黄君昶状请记。余惟城池之役，虽曰佚道使民，然非上下之间诚意交孚，鲜有协心而即绪者。城非作之难，作者难也。沛尝为郡，为国，其地非不可城；其覆于隍，非不可改作也。乃自我明开国以来，未有能任之者，其难可知。属者县当孔道，河徙岁侵，又苦罢于奔命，非乐土矣。虽有金汤之险，尚虑无以守之，而况草创为城，几与守耶？君子于此，可以观政，可以考时，可以为民庆也。按状，王君先世方岳郡县，代为显人。其始至也，平徭更赋，振业疏冗，肃保伍，弥乱阶，植善良，敦化本，以至警游堕，广储蓄，迁学宫，秩祀典，学道爱人，谨身节用。凡诸要务，率若轻车熟路，按次举行，鲜有阻。今兹城役用银凡若干两，用夫凡若干名，银取诸官而民不知；夫取诸田，而民不扰。其民信之，不以为劳，因其所也。然城虽一县，我圣天子用言图治之效，风行万里。四国于蕃，其于无怠无荒，四夷来王之治，有足征矣。来者可继也，不可忽也，故曰民之庆也夫。

二十五年，知县周泾垒石甃甓，高广视旧稍增。改门名，东曰"长春"，南曰

"来薰",西曰"永清",北曰"拱极"。建雉堞台铺。费寀《砖城碑记》:沛,徐属邑,自汉兴始著闻。其地高源巨陆,汇泗阻河。四方之贡赋、舟车达京师者,道沛无虚日,以故民多业贾。旧无城郭,方承平时,民易为生事,使卒有警,则沛被害尤深。岂千百年来无一良有司议兹城者?盖任事之难也。嘉靖壬寅,边围孔棘,关津戒严,前令王君治始筑土城,以卫沛民。然地多沙棘,霖潦则圮。及周君为令,即行城,慨然叹曰:"计大而惜小费,举事而忘永图,非政也,沛其可晏然土城已乎!"既又曰:"民未知信,不可劳也。"于是赈穷苏困,节用平赋,辟荒抚流,锄梗植良,专务修其政教。行之二年,民和岁丰,敝厘废举,曰:"民可劳矣。"乃协丞吴元祥,簿齐邦用、蒋廷瓒,史林大理,集沛之缙绅父老与其秀子弟于廷,议厥砖城事。咸唯唯。白诸当道,若巡抚、都御史王公、喻公,巡按监察御史陈公、兵备副使王公,又咸可之。君于是下令,召陶暨梓暨厥圬墁,度工商材,各有成划。凡陶之薪,则征诸计亩;梓之材、圬之灰、石工之饩廪,则出公钱董役,则简诸干勤,若官者张进、杨文焕者。费不民敛,役不农妨,趋事子来,如治私作。工始于丙午季秋,讫于丁未孟夏,仅五月而告成。延袤仍旧,垣高二丈四尺,基厚二丈五尺,颠半之雉堞凡千四百五十有六。为台八座,座置铺舍一区。为四门,门有子城,惟东门缺者,以运河妨,上各置楼五楹。东曰长春,南曰来薰,西曰永清,北曰拱辰,西南势稍下,故为石门以泻水,中树铁棂五枝。卫城有濠,捍河有堰,登城而望,则见其据淮上游,屹如巨镇,彭城、芒砀诸峰,相比肩立。使沛中之山若增而峻,水若辟而深者,非兹城也乎?城成而鲁寇适张,邻邑骚动,沛独恃以无恐。民咸颂曰:"此周君赐也!"又方修砌时,土崩者三,而役者辄先警避无恙,人尤异之,以为周君诚感所致。噫!其然乎,其然乎!乃今邑博朱君,偕缙绅父老与其秀子弟,胥谋镌石纪其事,请言于余。余曰:嗟!城之系于政也,岂易易为哉?予读《春秋》,见其书城不一,而独于城耶无贬辞者,知役有不可已者也。向使信不孚民,时诎举赢,非时用众,则大咎必加焉。若是,则城果易为哉?兹役也,众和财裕,使之以时,可谓得新城之道矣,虽《春秋》固将是之,君子以是知沛之永逸也。周君名泾,江西贵溪人,乡进士,予门生。将来树立,当必为国伟器者。沛城之功,乃其初试云。

四十四年,黄河泛溢,城濠淤为平陆。隆庆元年,知县李时开南门于东南隅。李时《重修县治记》:予昔将上春官,一夕梦坐瞿塘、滟滪石上,水泛没足,四顾无人,予安坐,略不为惧。顷则徙登高台。寤曰:此何祥也?壬戌春,拜沛令,至则谒庙道口,过飞云桥,桥下涓涓细流。问之,曰:此黄河故道,计三千年一至。癸亥仲夏,河水果从西南入三里河,佥云:是其候也。西南境先被水患,予补筑三里河堤以捍之。逾时,溃堤入飞云桥。甲子秋,水洊至,视前有加。是冬,予入觐。乙丑孟春,积水水暴,至冲决桥两岸,堕南月城。仲秋七月十一日,乃洋溢无涯,没阜襄城至五六尺。予塞四门,幸不浸灌,然泉窍潜通,县廨以西北,水亦二三尺许。出入门堂,揭衣徒涉,公廨墙垣,次第倾覆。予亦挈室避之民居。院史上状,世宗皇帝遣大臣祭告,出内帑安抚。浊流北趋,壅塞漕渠,一淤几百里,散漫乱流,直冲城西址,运舫皆乘急流而行,缆夫则登城而挽,如是者数月。官民凛凛,佥谓此水继来,势将无邑。丙寅仲秋,及期大至,民无生气,幸决西堤北走,以杀正流,城址如故,止淤五尺。外高内洼,城中汇为水潴。至于丁卯夏,中乃涸焉。院史议改邑就新河高阜。予曰:"民苦垫溺,坊乡流徙,遗民方免巢居,呻吟未息,迁何以堪?"乃募民先筑中后堂基,约高三尺余。次露台,次仪门，次鼓楼，悉仿旧营建，以树标准。院史罢迁议，助修行院及僚舍、吏曹、城垣、南楼，近前蔽则撤移稍东。总理部院檄修补旧堤，及古土城为县学，右臂防水直突。是役也，不无劳民，然视改邑，力省万倍，财赒无算。以是年十二月百工告成，且淤高而水远，无复决沛。民各复故土，遂渐次就业矣！

万历二年，知县倪民望修。五年，知县马昺筑护城堤，周十里。十年，知县周治升开便门于东北隅，泄城中积水。十六年，知县符玺浚复城濠。二十五年，知县罗士学增建东南二角楼。三十一年秋，又圮于水。三十三年，知县李汝让重修增筑护城堤，高厚倍昔。张贞观《新迁县志记》：沛当黄河下流，冲蚀激射，夷陵断岭，沙漫土淤，率以为常。旧治面临泡水。乃父老相传，去旧治西南一射许，今三官庙址为古城头，则泡水贯沛城，其来久矣。嘉靖壬寅，永年王公治始筑新城，南阻泡而东临泗，县治随逼近南子城。时以筑城、迁学二役，一时并举，卒未议迁，意有待也。嗣丙午，贵溪周公泾始包城以砖，县治尚仍其旧。甲子，黄河北泛，冲泡湮泗，运且徙而东。今皇帝丁丑，河复泛，城几不保，赖南部马公昺力捍获免。癸卯秋，黄河挟泾潦卷地北趋，溃堤灌城，官舍民居，胥沦于水。议者遂欲迁邑于戚，以避其锋。士民皇惑，莫知所定。会总河大中丞长垣李公行河过沛，登陴望曰："民即陷溺，城固屹然，关厢闾井，依然无恙。乘毁废，迁县治，就中以实之，在得人耳，何事迁戚?"顷，诸当道以沛频遭荡析，兴废起坠，非绵弱所克肩。爰简所部诸僚，得今邳郡守永宁李公，旋以虹尹迁知沛事，异数也。公至，则寄家民舍，寄身残垣败障间，日图所以修护堤、新县治者。邑缙绅父老咸以为迁县便，不佞亦僭陈五利之说，效之公。公是郡议，遍牒诸当道。诸当道咸报可。徐太学生高君彭寿者，素擅堪舆家言，公延而礼之，得盛地于城之坎隅。其势水深且数尺，众病其功之莫施。公毅然曰："天下容有难竟之功哉？顾任之何如耳!"爰诹日动众，畚土于城垣之外沉之水者。再逾岁，而基始就，地盖逾三十亩，称巨矣。念分治非人，无以征功稽效也。选邑民干济者十余曹，谓之曰：惟兹大役，岂一手足、一耳目之能辨哉？尚其襄予不逮，而终底于成!"诸役奉命惟谨。鸠工集徒，晓夜趋事，即祈寒暑雨靡间。公亦谢众务，不时诣工所简视之，一砖瓦，一榷桷，罔不凝精注念。诸匠之勤惰工拙，心语目计无不人人效力，人人咋舌者。史称陶士行之治荆襄，诸葛武侯之理蜀，竹头木屑罔或弃，而贤愚佥忘其身者，公近之矣。是役也，经始于乙巳之夏，落成于戊申之春，时阅三岁，乃辇土垫基，居三之二，营堂宇，树垣墉，则甫满一期云。费出当道所捐助者十之五，出公所自刮划者亦十之五。不借财于帑藏，不殚力于闾阎，则公所为蒿目焦心者多矣。当公莅任时，首询不佞以兴革之要。不佞申臆曰："非常之事，恒待非常之人。当可为之地、值得为之时，而不思为地方建不朽之业者，非夫也!"意不无厚望于公。公兹且有味予言，而力图不朽矣！亦知公所以图是者之难乎？疮痍甫脱，众议沸腾，为高因卑，骇人视听，则持议难；库无朽贯，庾鲜陈积，民靡盖藏，时诎举盈，则筹费难；安陋就简，今古类然，力拂众心，独行己意，则任事难。公顾不难人之难而独易己之易，则公之大过人也。公惟有过人之识，故群议不能挠；惟有过人之画，故繁费不能窘；惟有过人之才，故庶事不能困，树不拔之业而垂永世之名，厥有由矣。曩永年、贵溪两公，以筑城、迁学著；今公又以迁县显，沛人士所宜世世崇之畏罍者，将微三公其谁与归？邑缙绅父老以公是举，实百年旷典，不可无纪以示后，爰授简不佞，俾文而镵之石云。

李汝让《迁县附记》：新县之迁，力其事者，不佞汝让；而首其议者，则邑都谏惺宇张公也。方河之决堤灌城也，富者携妻孥出避，贫者依埤垸为家，四顾汪洋，居然水泽，议者遂有避地迁县之议。当是时也，何得有城？何得有今新县？独都谏君屹不为摇，泊宅水滨。不佞让亦假丽谯视事，得相保而有今日。乃新城所占之地，多都谏君业。不佞请以官地偿之，都谏坚不受，曰："郡侯为乡邦建百世不拔之业，而为邑人者，顾独惜尺寸之土，不以成厥美，且阴有市心焉！亦何以闻于邻国！"不佞亦高谏君之谊，受其地，得藉手而成今县治。今年秋，县治落成，辱谏君不鄙，赐文勒之石。乃谏君首事让地之美，不表示后人，则不佞汝让过也。聊疏数语，记诸石，匪徒示后之守土者知所景仰，亦将示后之父老子弟，颂都谏君高谊无穷期云。县地占都谏君地十分之七，而出蔡司徒、张司寇、王宁津、高太学者则十分之三焉。都谏君名贞观，司徒名桂，司冠名斗，宁津名嘉宾，太学名棠。共地东至宁津，南至都谏，西至司徒、司寇，北至城址，地凡四十三亩五分。他若督工乡民，得列名下方者，录勤事云示其意尔。

国朝康熙二年，知县郭维新筑杨家河堤，自为记。七年地震，城东南两面大坏。九年，知县李芝凤有修堤之役，邑人蔡见龙记。二十年，知县程万圻筑东门迤北数丈。三十一年，知县方曰琏筑南门迤西丈余。雍正五年，水决护城堤。乾隆二年，知县李棠修复旧观。《新修沛城记》：沛之城，屡罹水患，从前为修筑、为倾圮者，难以悉数。第修筑之坚，则多年而渐倾，否则不久而就圮。无他，视夫宰是邑者之用心何如耳。思夫金钱者，国家之帑藏也；操作者，下民之筋力也。一日而为永远之图，自不容苟且以为塞责之计，而复有才干智略，以经营于事。先既有成竹在胸，斯成功于节次而悉如其所区划，又必至公无私，不思余一钱以自肥，亦不忍刻一钱以病役，则睅目皤腹之歌，无自而来矣。沛邑自雍正五年水入护堤，浸灌冲啮，城圮者几三百丈。数议详请修筑，皆不果。乾隆二年，海阳李公棠来宰是邑，往复周阅，蹙然忧之，谓绅士耆庶曰："城所以捍外而御内也，若夷为平地，城居无异于野处，岂其所以卫吾民！"乃酌分紧、急、缓三工，详请各宪，估银二万六千八百余两。由乾隆三年八月始事，历二载，其间救水、恤灾、赈急百凡，邑宰所当为者，又多辍其工捕蝗。至五年七月告竣，巍然者较前益加巩固完密。于时，邑绅士相率言曰：公之修是城也，心力瘁矣。砖埴之用，买而輦载非计也，爰设窑城，下柴薪之。用购诸市肆非计也，采于邻境，勤者赏，惰者汰，事省而工倍，是以有成。况公之惠我民者，非一端也。前年斗虎店曾苦于蝗，而二麦将刈，蝗悉深入麦畦，殄蝗则伤麦，惜麦则养蝗。公以微湖鸭数万，驱之入麦，旬余蝗尽而麦不伤，遂获稔。邑地洼下，叠逢水患，或有麦无禾，或禾麦垂熟[而汩之]。民庐荡析，妇子嗷嗷。公亟闻之郡侯，一一遵其指画，为之置棚设厂，以安集之。又日周视其间，赈以粥饭，给以钱米，经久不倦，亦不匮。微独沛民感荷生成，而异土之民多携老幼以就之，祝颂之声盈耳。至于爱绅士，和僚属，清狱讼，善催科，殆不可以缕述也。余闻其言而思其故，盖公之才，足于公之精神；精神之足，足于公之勤敏。勤则习劳，敏则能奋。余尝与公朝夕见，其于民事不遗余力，而自奉菲薄，怡然欣然。中年仅一幼子，衣不掩胫，辄自笑曰：

"我讵力不能制一袍?"顾无暇及此耳。公勉之矣,由此以往,古之卓、鲁,何足擅美哉!爰从众请,而为之记。后之览者,其亦知其意也夫?

乾隆四十六年,黄水陷城,县令孙朝干移治栖山,建砖城。咸丰元年,河决,丰、沛当顶冲,城陷,移治夏镇。十年,沛旧治南大桥砦成。十一年,流寇陷夏镇圩,遂移治大桥砦。于南关筑土垣,盖就民砦筑也。旧城圩周围三里许,咸丰十年春,邑人李嘉栗倡筑,今仍之。光绪十六年,知县朱公纯挑浚圩河,并起建土垛,计周六百十丈,为东、南、西三门,以备守御。

公 署

知县署 元世在城西北隅,至正时兵毁。明洪武二年,知县费忠信徙建城南门内,寻坏。永乐十一年,知县李举贤重建,规模宏敞。嘉靖十二年,知县杨政设谯楼于大门上;十六年孙灿建库楼于后堂之左;二十年王治创吏廨于主簿宅之右,四十七年圮于水;隆庆初李时重修,自为记。万历四年,祝希哲创迎宾馆于福神祠之前;十五年符玺改建大门,迁谯楼于城南门楼上;万历三十一年,黄河北趋,坏堤破城,衙宇胥没于水。三十三年,知县李汝让改建于北门之东偏,去旧治二射许。中为正堂,左为銮驾库,右为赞政厅,前为戒石亭,东西列吏房科;戒石亭之前为仪门,仪门外左为福神祠、为迎宾馆;右为狱、为总铺、为女铺;前为大门,大门外为屏墙;正堂后为中堂。东为库楼,西为书房。中堂后为知县宅,左为县丞宅,右为典史宅、六房,后为左右吏厩。邑人张贞观记。李汝让《县令题名记》:题名有记,厥来旧矣。今天下内而台省,外而郡邑,在在皆然。乃是邑独缺,岂前政者未遑图耶?邑介徐、济南北孔道,缙绅过往,络绎不绝。有司者日饰厨传、戒徒旅,役役风尘,仆仆道左无宁刻。且地又濒河,水不时至,荡蚀田庐,岁仍不登,民半流移,逋赋山积,征输最苦。簿领倥偬,礼文不暇,职此之由。不佞承乏是邑,亦几六祀,爬剔庶务,补苴疮痍,粗获就绪。今秋,始考邑乘,自费公忠信而下,得若干人,刻石堂左,敢曰补前政者之缺,聊以备故事云耳。汉帝有言曰:"郎官上应列宿,出宰百里,苟非其人,民受其殃。"宋儒程子亦云:"士大夫自一命而下,苟存心于爱物,于人必有所济。"信斯言也。为民上者,可不谨哉?要在上体朝廷设官之意,下谅斯民望治之心,毋徒驿传其民,使民亦毋得以驿传视己。斯于令也,几矣。抑闻之上下一体,感应一机,如风偃草,如鼓应桴,莫或爽者。与其令民有口碑,孰若令民无腹诽?与其令民有在官誉,孰若令民存去后思?凡我有位君子,其尚懋勉而毋忽焉。是则不佞今日题名意也。爰执笔而为之记,以纪其事云尔。

光绪五年,知县樊燮拨百顷公田租款,置买南门内典房共一百七十九间,用钱二万一千缗。嗣于十二年,知县陆秉森亦用公田租款改建,共存新旧屋九十四间,内楼房二十五间,外照墙一道,东西牌楼各一架;头门三间,左右为八字墙；内马房三间，民壮房三间，差房二间，仪门五间，北福神祠一间，科房三间，南字纸库一间，柜收房二间，科房三间，“公生明”牌楼一座；门房八间，照墙一道，卷棚三间，大堂三间，东库房一间，茶炉二间，厨房三间，花厅三间，签押房一间，书房一间，东西幕宾馆，共计十二间；东西楼房各六间，上房九间，新添下房二间。

监狱　在署仪门外之西北隅，亦知县陆秉森建。共计二十四间，南北围墙十一丈五尺，东西围墙九丈五尺。

化莠所　在署头门内之西南隅，门楼一间，南屋三间。光绪十五年，知县侯绍瀛创建。

千总署　本在栖山，因河水冲没，于同治十三年千总徐凤台移扎旧城。因办公无所，遂会商知县陆嗣龄，用地方公租钱一百八十千文，经圩董李嘉名购买旧城东街民宅一座。内草堂屋三间，堂屋西首小堂屋二间，东屋三间，西屋三间。南首马棚一带，计宽东西各十步二尺，长南北各十三步，四面围墙俱全。

儒学署　旧志：在东门旧学东偏，万历三十一年圮于水。天启二年，训导张汝蕴重建。中为泝洄堂，前为仪门，又前为大门，外为屏墙。泝洄堂后为教谕宅，堂西偏为训导宅。今废。

阴阳学　旧志：在射戟台右，洪武十七年设训术一人。今废。

医学　旧志：在旧县治前，洪武十八年设训科一人，二学堂。万历时已占于居民。

僧会司　旧志：居龙泉寺。今废。

道会司　旧志：居城隍庙。今废。

管河主簿署　旧志：在夏镇洪济门内，隆庆三年建。康熙四十六年，主簿戴文诩取废寺之材别建大堂，以故堂为中堂。今存空基，计地五亩余。

泗亭驿丞署　旧志：一在县治前屏墙之西，一在夏镇崇胜寺之左。

递运所　旧志：在县治东南旧泗东岸泗滨书院之左。永乐四年，知县常瓘建。厅房三间，大门三间。本县设红船十一只外，徐州五只，萧县十只，砀山五只六分，丰县三只，共三十四只六分。每只水夫十名，共夫三百四十六名。嘉靖末废。

税课局　旧志：在城内东北隅。永乐四年设，嘉靖十一年裁革。贸易酒醋之家，额办课钞三千八百五十四锭一贯四百二十文，共折银六十一两六分四厘。半起解徐州户部，半存留本县支给官吏折色俸钞。门摊之税可考者如此。

察院　旧志：先是在旧治东，永乐四年知县常瓘建。万历三十一年圮于水。三十七年知邳州李汝让徙建。其地有正堂、有穿堂、有后堂、有寝室、有厢房、有厨房、有仪门、有大门，有屏墙。邑人张贞观作《记》：察院在旧县治之东，创自永乐四年。今皇帝三十一年癸卯秋，沛罹河害，溃堤灌城，公私衙宇胥没于水，察院与焉。甲辰夏，今邳郡守逊庵李公，承上命来知邑事。邑遭飘溺，百务猬兴，财无所出。三四年来，迁县修学，岁无宁日。工即未举，乃公殷殷一念，未始少释于怀云。今年春，得旧县遗址，爰鸠工命匠，选材程良，构大堂三间，中堂五间，后为寝室，堂左右翼以厢房。前为二门，又前为大门，卫以垣墙。大门外设屏墙一座。兴工于正月，讫工于九月。是役也，费官镪若干两，砖瓦木植称是，孽画布置，藻绘雕斫，屹如翼如，视旧有加。今宇内，近而圻省，远逮边隅，郡邑棋置，靡不有察院焉。沛邑独以水故，僦民舍为公寓，亦越六载。今大夫承积弊余，不动声色，力襄大役，自是辅轩得所，棨戟无暴，厨传饰，徒旅戒，宾至如归。大夫之功，于斯为大矣。第是院之设，上自孤卿，下及藩臬，过兹土者，例得居焉。观风省俗之暇，亦尝译察之义乎？于土地，而思察其荒垦；于赋税，而思察其繁缩；于民风，而思察其浇淳；于吏治，而思察其良枯。蒿目以图，盱衡以计，无徒逆旅是邑，而秦越其民，则享丰供、当大养，谁曰不可？若徒纵溪壑之欲而思察及鸡豚，极综核之术而思察及秋毫，假明炳之几而思察及渊鱼，信心以出，靡所底止，斯其于奉六条以察官邪者，旨则倍矣。望公堂而屏息，视门庑而思避，民亦奚乐斯土有斯构哉？大夫授简征记，因为差次其颠末，而僭陈鄙臆以复焉。康熙中废，知县方曰琏改建义学。

工部分司署　旧志：先在上沽头，成化二十二年主事陈宣建。嘉靖四十四年圮于水，明年迁夏镇。隆庆二年，主事陈楠市民地十八亩建。署中为大堂，后为穿堂，又后为中堂，又后为主事宅。大堂东为宾馆，西为书房。前为仪门，又前为大门。大门外东西列二坊，东坊外为官厅。工部尚书雷礼记。雷礼《创建夏镇分司记》：沽头故有分司。自成化乙巳，宪皇纳平江伯陈公锐议，命主事陈宣治水事，于上沽头东隅创建衙宇。嗣后莅兹土者相增葺，至嘉靖四十四年七月河决漕淹，公署淤没，司官暂憩民舍。值大司空、吉安镇山朱公，都御史、吴兴印川潘公，会三省抚巡及司道等官，佥议旧河弥漫无迹，工难施，题下工部会官覆议。奉世宗谕旨，改凿新河，将分司议驻夏镇。缘连岁经营河工，未遑兴造。至隆庆二年七月，大工底绩，主事陈楠子材乃买民地十八亩六分，定基址，其工费司道会估，请于朱公允支河道银两，檄沛县知县李时总管，主簿高述、典史胡朝器分管。于是月初九日起工，八月十六日起正厅及大门，九月十二日成寝楼，十月初四日立大门、仪门，并仪门内东西小房、行廊，十九日兴后堂及寝楼并后堂东西侧房，缭以周垣。宽广视沽头旧基加倍。垣外南留八丈八尺，北留三丈五尺，西留三丈为官路，便往来。值予告老南行，抵其地，阅视工程，子材求予记其事。予闻建大事者不胶于一迹，图永逸者不惜于一劳，国家定鼎北京，军国之需仰给东南贡赋，其漕艘必由徐沛浮济，以达于帝都。济宁据中原之脊，其地独高，漕河跨之，势倾南北，三沽当其下流，为咽喉要地。正统以来，黄河北徙靡常，涨溢无所底止。丰沛屡罹其患。至嘉靖年间，前后冲决淤塞者凡几处，建白经理者凡几疏，卒不免三沽淤没焉。此其为咽喉之病，非一日矣。可蹈常惜劳而不思所以疗之耶？夫治人之病者，必先通咽喉，利饮食，庶命脉不虚。今三沽淤没，阻滞南北咽喉，治之不可不先且急。镇山公操国手，切脉络，聚集良方，力主改凿南阳，贯夏镇，通留城，接旧河，使咽喉利达，漕艘无梗，而国家命脉实永赖之。其视善治病者使人气血流通为何如也？矧夏镇居昭阳湖东，地形峻且远，黄水不能淤没，实天设此地以俟改凿通运道，而分司创建不有待于今日欤？子材负隽才，躬亲河患，督夫役疏凿堤防而宣节之，冒风霜者凡数载。兹奉镇山指画，率属官，新轮奂，使荒僻草莽之墟，峻公宇，肃具瞻，而街市比邻环拱，凡万艘入贡者得舣食于兹土焉。其利济所及，不与国运同其悠久耶！予睹其成而记之，庶以后职水者，仰思今日改创之艰，求所以祇钦命、表官常，则漕务有补于前修，亦有光于史乘云。顺治八年，主事狄敬建安夏镇于后圃，自为记。康熙十五年裁分司，大半颓坏矣。

夏镇闸官署　旧志：在见泰门外，东临闸。

守备署　旧志：在夏镇运河东岸。顺治十一年，工部主事常锡胤特建。

河防同知行署　旧志：在夏镇城中工部分司署之东北。故为营田仓，万历中，知县罗士学改为公馆，后改为河防行署。有堂三楹，有穿堂，有后堂五楹，有厢房，有厨房，有仪门，有大门，有屏墙。顺治十四年，同知魏裔鲁重修，毁穿堂，更为中门。

户部分司行署　旧志：故为赵公祠，顺治十六年，户部郎中吴愈圣改建行署。今为义学。

皇华亭　旧志：在夏镇小水门外，临河。隆庆元年建。内竖大学士徐阶《新渠碑》。其后为君子堂，万历七年工部主事王焕建，为往来使客驻节之所。郡人姜体仁记。顺治十二年，主事常锡胤树坊于亭前；十五年，员外郎顾大申因建砖城毁君子堂。康熙三十年，知县方曰琏重修亭匾，曰“河清永镇”。

刘家堤口公馆、里仁集公馆、七山公馆、庙道口公馆、沙河公馆

以上俱万历中知县罗士学建，明季并废。

仓　庾

预备仓　旧志：在县治西南一射许。初为义仓，嘉靖二十六年知县周泾建，丽水叶珪记，后废。万历三十七年，知邳州李汝让即其地建预备仓，亦废。

水次仓　旧志：在夏镇小水门内。先是，在县城外旧河南岸，隆庆二年迁其西为丰县宅，今废。

常平仓　旧志：在銮驾库之东，故县丞宅也。康熙三十年，知县方曰琏改为仓，今废。

积谷仓　在旧城圩西门内。光绪五年，知县樊燮购买民房共计屋二十八间，改建仓房十九间。六年，又添建八间。十一年，知县唐紫封添建十二间。十五年，知县侯绍瀛又添建十七间，共计存五十六间。今废。

坛　庙今并废

社稷坛　旧志：在西门外以北。旧在县西北半里。永乐二年，知县王敏建；嘉靖二十年，知县王治迁；二十六年，知县周泾建。

山川坛　旧志：在县治南一里。永乐二年，知县王敏建；嘉靖二十一年，知县王治重修。

先农坛　雍正五年奉旨新建，在县城北，地五亩七分，六年建。坛下藉田四亩九分，有牛只、农具、祭器，每春，地方官新耕。

南坛　旧志：在南门内，雍正十年闰五月十一日奉行建造。

西坛　旧志：在西门外，与南坛同日建修。

邑厉坛　旧志：在北门外迤东，旧在县北一里。永乐二年，知县王敏建。嘉靖二十一年，知县王治徙。

文昌祠　旧志：在学宫内。万历三十九年，知县李懋顺建阁于此门外迤东。现附山西会馆西北小楼上。

福神祠　旧志：在县仪门外之东，旧西向。万历三十一年，知县祝希哲改南向。春秋丁祭后一日祭。今改在仪门内，坐北南向。

刘将军庙　旧志：将军讳琦，宋提举江州，太平兴国官淮南、江东、浙江制置使。景定四年三月，敕封扬武侯天曹猛将天神。敕内有“飞蝗犯禁，宵旰怀忧，赖尔神力，扫荡无余”等语。雍正十三年奉旨祠祀。

火星庙二　旧志：一在县南门内，正统七年，主簿王勖建。嘉靖二十一年，知县王治迁南关山川坛东北数十武。三十八年复移置盐店口街之东天妃行宫地，而移天妃行宫于旧火星庙地。隆庆六年重修。万历二十九年复修。一在县治西南城隍庙东，万历三十七年，知州李汝让创建。

关帝庙　旧志：在县治东南泗河南岸，羽士王凤建，万历中毁于火，十五年重建。雍正八年，奉旨改关帝庙，为武庙。岁凡三祭，每祭动支帑银二十两。沛以县治东南护城堤庙为主。今庙址在山西会馆、城东南隅地。乾隆辛卯，公举兴修殿宇、廊庑、山门、垣墙、看台、戏楼，越四载而始落成。嘉庆丙辰秋，大水淹没。至道光辛巳，仿其旧制复建大殿，重整山门、围墙、禅房，于焉粗备，惟规模简略，不逮从前之宏敞云。

城隍庙　旧志：在县西南。永乐四年知县常瓘建；正统六年知县王清重修；弘治三年主簿吴本重建；嘉靖十三年，知县杨政继修；三十七年知县罗见麟修；

隆庆二年，知县李时重修；万历九年知县周治升修；三十一年圮于水。三十六年知州李汝让重修。周绢《重修城隍庙记》：尝考城隍，肇自李唐，迄今奉祀尤谨。夫城以保民禁奸，通节内外，其有功于人最大，而居民岁时祈禳报赛，独城隍是祀。其礼亦至重焉。沛城隍庙居县治之西，历岁滋久，木石丹漆黝垩，举皆摧朽刓泐，弗称邑人尊祀之意。正统间，蜀新都王君本洁，来知县事。越二年，人民乂安，田谷丰稔，乃谋诸同寅而新之。于是邑丞沈富、簿王勖、幕唐彦相与协力，各捐己俸，抡材庀工，命耆民邓贵等董之，卜吉于辛酉之春，落成于是年之冬。昔之摧朽者，易以坚良；刓泐者，施之涂墍；而凡门庑宫寝，巍峩炳燿，晃人目矣。绢忝分教于兹，使来求记。予惟斯人之生，食稻而祭先啬，衣帛而祭先蚕，饮而祭先酒，畜而祭先牧，尚不敢忘其初。今神之灵，凡灾病之兴、旱涝之变、有秋之庆皆于兹祈焉报焉，是乌可无祠以妥其灵？此王君暨诸同寅之念所由兴也。抑尝闻之，具仁义礼智谓之人，禀聪明正直谓之神，故古之祭者，必思其所嗜好。神之为神，在于正直，则所好亦惟正直。吏之仕于是者，恣肆弗臧以为神羞，虽丰豆硕俎，无以致其昭格；邑民之亵渎不敬以获罪于神，虽日击羊豚谒拜祠下，亦无以致其来享。记是祠之重新，以识夫岁月，且以著神之正直而不可诬也。登是祠而览者，亦将有儆于斯文。　符令仪《重修城隍庙记》：郡邑之祀城隍，固国家理幽报功之典，非其他淫祠逆祀比也。我太祖高皇帝鉴前代之失，郡邑城隍咸去公侯旧号，还厥本称。春秋二仲，既得陪祀于山川坛，乃于春季、秋中、冬首，设特祀于厉坛，俾主其事，典至渥矣。二百年来，有司恪遵成命惟谨。沛之有庙，创置莫详其始。前政者数修数废，载之丽牲之石者，亦既班班可考。今皇帝御宇之三十一年癸卯七月下旬，黄水挟秋潦，卷地北趋，决堤灌城，邑治民居，陷沮洳汪洋者十室而九，神宇亦倾毁过半，大殿即幸获存，水几没神之足。诸黄冠俱散处，莫能奉香火。甲辰夏，当道者以邑在中原上游，南北咽喉，舟车都会，灾沴荐加，匪得剸繁治剧之才，恐未易抚疲氓而兴庶务也。爰简庶僚中，得今郡伯永宁李公。奏诸朝，上可其奏，缘是得以虹尹来知沛事。下车例当首谒神祠。水弥漫无可著足，旋迎神于城垣而祀之。退而自念曰："神人相依，幽明互政，使神靡所依，政亦安从出乎？"及水既平，衙宇未及缮理，独于荆棘瓦砾中首新是庙。爰捐月俸若干金，为士民倡。命下日，邑士民闻公之有是举也，咸踊跃乐为之助。砖石泉涌，畚锸云兴，匠石呈巧，群工献力。甫一载而殿宇、门庑、垣墉、像设焕然一新，寝宫两旁，室逼仄，碍神道，公授意董事者令得避故地东西各数尺，旷然弘敞，视旧改观矣。公以落成届期，爰授简小子，俾纪其事。宣尼大圣不轻语神，神理难言久矣。古之垂世立教者，率以德福相因之机、殃庆必报之效，谆谆示儆。今天下梵宇神祠，缘假象设，示善恶，昭劝诫，其说固出佛氏遗旨。然俾闾阎恶少、闺阁悍妇，束心缄意，屏气肃容，俨明威于咫尺，惧阴谴于须臾，凛凛惕惕，不敢萌一恶念，作一不道者，谓非圣人神道设教，胡克臻此哉！起尧舜三王于千古，谅不易此而治矣。独吾沛邑城隍起废坠于河伯残毁之余，钟簴不移，禴祀如故，岁之旱涝，祷求有地；民之灾眚，吁告有所。观听一新，政教兼举，公之功讵可诬耶！因为迎、送神辞二章，镵诸石，俾司祀者歌以侑神。其辞曰：

神之来兮无时，驾赤虬兮骖苍螭；鸣鼍鼓兮树云旗，统百灵兮列诸司。歆俎豆兮飨牲牺，时雨旸兮无愆期。繁生殖兮跻雍熙，享明赐兮乐矣无涯。（迎神）

风肃肃兮檐楹，气蒸蒸兮上升。鉴明禋兮孚至诚，回鸾辂兮履太清。登天门兮朝玉

京，视六合兮瑞霭生。窥下界兮渺入溟，永奠神居兮予心载宁。（送神）

光绪十五年，知县侯绍瀛重修城隍庙，自为记。记曰：夫地，一积气也，而有理宰乎？其中明则为人，幽则为鬼神。夫鬼神亦气也。气伸则为神，气返则为鬼，宇宙间何往非理？气亦无在不有，鬼神甚矣，庙貌之不容已也。国朝以神道设教，示彰善瘅恶之权，是以天下郡邑，莫不有城隍庙。凡福善祸淫，神实主之，列于祀典，沛独阙焉，可乎？夫佛氏轮回之说，儒者弗道，而论魂魄则凿凿言之。《易》曰："精气为魂，游魂为变。魂为阳之精，魄为阴之灵也。"世俗尝谓人有三魂七魄，又谓魂善魄恶。魂之有三：知、仁、勇，三达德是也；魄之有七：喜、怒、哀、乐、爱、恶、欲，七情是也。由是言之，魂者，理之直；魄者，情之溺也。溺于情而地狱之变相起焉。夫天壤间非真有地狱也，不能以理制情，则地狱之变相种种，触发心目间，悚然而惧，欣然而悦，恧然而惭，倏起倏灭不可究极者，情之状也。惟贤者能以理制情，斯能以魂摄魄。魄为魂所摄，即神矣；魂为魄所拘，即鬼矣。是以君子殁而为神，小人殁而为鬼。神者，聪明正直而一者也。邑而无庙神，何托焉？沛之为县最古，而屡遭河患，城郭坛庙，神何荡焉无存？由栖山迁还旧治，殆三十余年。乙丑春，余权篆斯土，百废待举，不敢存五日京兆之心，议修学宫，而城隍庙亦不可缓也。于是鸠工庀材，经始于□日，落成于□日，而八蜡、龙神祠、火星等亦附焉。俾岁时祭享，四境黎庶，瞻仰跪祷，俨然如在其上，而默戢邪慝之萌者，辅正教之所不及，亦国家祀神治民义也。故推论鬼神之功，用而明其理气之所以然，有于此。是役也，计费□缗。董其事者，捐赀姓氏，勒诸碑阴，以垂不朽云。

坛 庙

文庙购基尚未起建。文庙在夏镇砖城内。考旧志，建于隆庆三年，为两河书院，即嘉靖时镇山书院也。后工部主事钱锡汝建此，为屋三间，立宣圣神位，朔望率弟子肃揖。外为大门，偏以义学，有主事陆檄记。原设有学田若干亩，万历中侵于豪民。先是，嘉靖乙丑，分司迁于夏镇，因去县远，与部臣每朔望胥就此义学谒先师。未几，去义学匾而谒以先师庙，岁举二丁祭。国朝顺治十六年秋，工部郎中顾大申又重建，延师集衿士课诵。康熙元年，主事李禧熊拓庙基，增建鼎新，规制宏敞。春秋举祭如前，后分司既裁，而主簿主祭。自乾隆以来，先师庙基仍旧，春秋仍举二丁，为夏阳司主祭。于咸丰元年黄水时，殿宇多半倾圮。十一年夏镇失守，又荡然于贼烽。有岁贡生叶仰阿、赵一琴者，邀同三里学校，倾囊倒箧，修葺成工。当兵火凶荒之岁，仅将文墨一线长延于泗滨，二公之力也。后又添修大成殿，设十二哲神位。

街 市

县前街、鼓楼下十字街、韩家街口、太常里、察院前街、中宪巷、北门街、小北

门街、西门街、白衣庙东街、魏家巷

以上在城内,见旧志。

北关

西关

城中及北郭、西郭。俱一铺地方,见旧志。

学前街、学东街、鼎新街

柴市其南为驴市。

以上街市及武定楼街俱二铺地方。

南北大街旧志:自武定楼至南郭二铺、三铺,分界于节妇坊中鱼市口。鱼市南为盐店街,其里门曰永固门。

帽铺街、油篓巷

以上三铺地方。

东西大街　旧志:自鱼市口至东郭三铺、四铺分界于光启坊中,为粮食市,今移于关帝庙后街。

辛家巷　先是名马家巷,东四铺巷,西三铺。

故段家巷　今关帝庙后街。

封家巷　故油坊口。

猪市口

以上四铺地方,旧有姜店。

竹竿巷、玉虚宫前街

以上二巷久废。

龙泉寺前街

以上五铺地方,近并一铺,俱见旧志。

圩　砦

四乡,旧编户三十里。《嘉靖志》载三十六村,旧州志二十九村,县志多不合。旧府志乡属亦与今不同,今参录之。

北方泗亭乡泗一至泗二,上下凡四里。

戚城砦　旧府志:砦南接夏镇,交滕沛界,古戚城也。详见《古迹》。

三河口砦　旧志:在城东北四十里。府志:有三河口集、田里集,并在县东广戚乡,俱久废。今就故集筑砦,今按周三里余。同治元年,傅敬斋等沿堤修筑。西六里卓家庙,西南十里卜家湾渡口,西北十里曲防砦,东北三里纸坊,东八里惠家楼，界滕县。东南十里杨家闸，北四里卜家砦。

卜家湾砦　旧志：在城东北三十里。府志故郃玉集，分为班家、卜家等集，后又析班家集为卓家集。卜家集，即卜家湾。卓家集在砦北五里，均沿微山湖东岸。

以上在泗一里。

曲防砦　府志：在城东北四十里，微山湖洲上东三里，湖岸为常家口，有集。

李家集砦　旧志：城东北四十五里微湖东。府志：泗亭乡有废集曰李家集，即此。西北三里故漷河西有欢城集，互见《古迹》。今按此即卜家砦，在集南一里，周一千一百余弓。同治四年卜瑞甫筑。东北四里於家村，又东三里石家庄，界滕县。北三里界牌口，西北一里欢城集，十六里珠梅闸，闸西北二里王家渡口，又一里界滕县，东四里珠梅集，在泗二中里。

刘大庄砦　府志：在城北十里，今按周五百余弓，同治三年刘允恒筑。东北四里丰乐村，废砦。北五里官庄，西北四里郝家砦。

魏家营砦　府志：在城西北二十里，砦西五里为苇子园。旧志：属泗亭乡是也。今按周一千余弓，咸丰十一年魏广厚筑。北八里庙道口砦，西南十五里魏家楼砦。

郝家砦　旧志：在城西北十四里，今按周三里余。咸丰十年郝耿光筑。北六里魏家营砦，西北十六里庙道口砦，西十五里魏家楼砦。

张家庄　旧志：在城北十二里。

大社村　旧志：村在郃玉集西。

府志：右泗亭乡。东垮微山湖接界滕峄，北滨昭阳湖，西南抵县城。湖东六砦，湖西六砦，东西五十五里，南北三十五里。

东方广戚乡因汉广戚县名，凡二里。

杨庄　旧志：在夏镇北八里，今传在杨庄闸西。

高村　旧志：在夏镇西北三里地，有高村寺，即昭庆寺也。

刘村　旧志：在夏镇西，即刘村渡口。

石羊村　旧志：在李家口东南，今名翁家楼。

范家村　旧志：在夏镇南。

寨子里　旧志：在夏镇东南。

刘昌庄　旧志：北与络房相对。

络房村　旧志：在夏镇东八里。

黄邱村、白家村、纸房村　旧志：以上三村在夏镇北六里，居人率以制纸为业。

汇子里 旧志:在夏镇西北。

三界湾 旧志:在夏镇西南湖中,居徐、滕、沛之交,今皆改属泗一里。

滩上 旧志:去城五里。

右广戚乡。东北跨昭阳湖,西南抵县东,错界泗亭乡,斜袤四十里。见府志。

西方千秋乡:因汉千秋城名,千一至十六下,凡九里。

阎集砦 府志:城西少南十八里,砦东北五里有集名黄家井。旧志属千秋乡,是也。今按周八百余弓,同治元年阎保申筑。西北七里家堂庙,砦西五里谭集砦。

张家集砦 府志:城西南十五里,砦西南二里有谢庙集。旧志谓之斜庙集,今按周八百余弓。同治元年张绍祖筑,西北六里阎集砦,西南三里神仙林,十五里蔺楼砦,东八里赵圈砦。以上在千一里。

家堂庙砦 府志:城西少北二十里。砦北三里有抚家村,西北七里有蔡家集,今按周七百余弓。同治元年朱敬立筑。西十二里朱集砦,十二里魏楼砦,南三里燕集,在千二上里。

朱集砦 府志:在城西三十四里,砦南即千五里界也。今按北十五里张鲁集砦,西四里界丰县,西南六里扬名集,九里石家集砦,在千下里。

庙道口砦 府志:城西北二十八里,明初为运河所经,嘉靖中黄河屡决于此,见《河防考》。北五里有废砦曰安庄,今按周五百余弓。同治元年马兆鹏筑。十二里卞庄砦,西北十三里三道砦,西十八里刘范庄砦,西南十二里魏楼砦。

卓家洼砦 旧志:城西北四十五里。砦西北滨大河,河为新团公田。砦北少西十五里曰沙河镇。府志:明初置沙河镇驿。建文三年燕兵南下驻沙河驿,攻沛县下之,即此。隆庆三年驿废。镇居鱼沛之界。以上在千三上里。沙河西旧有张小围砦,今废。

魏家楼砦 旧志:在城西北二十五里。砦西北三里为灌城寺。府志:又西六里为刘邦店,盖即旧志之刘八店也。今按周四百弓,同治二年刘凤山筑。西十二里张鲁集砦,西北九里刘范庄砦,东北三里安国集,东南五里周田。在千三下里。

谭家砦 府志:城西二十三里,砦南地洼下,夏秋积水周十余里盖河决,潴流也。今按周一千余弓,同治元年谭蓝田筑。东六里家堂庙砦,西北十二里朱集砦,西十五里石集砦,南十二里蔺楼砦,西三里高房集,西南四里鹿楼集,南九里王店集,砦在千四里。

石集砦 旧志:城西南四十里。砦东北三里有扬名集,去县三十三里十弓。

同治三年石室临筑。东十五里谭家砦，东南二十里蔺楼砦，南六里大安寺，西一里界丰，在千五里。

三道砦　府志：在城西北四十里，砦东三里故有头道砦，今废。在千六上里。

刘范庄砦　府志：城西北四十里。砦北三里旧有废砦，曰程园。今按周三百二十弓，咸丰十一年刘德中筑。东北十五里龙固集，北二里新团边，十里均安砦。

均安砦　府志：一名三河集，城西北五十里，砦西南有废砦，曰侯家围。今按周六百弓，同治元年王玉树筑。南十里刘范庄砦，西六里丰县界，西北五里邱集，西北三里余丰县界，在新团。

张鲁集砦　府志：城西北三十六里。砦西二里指挥店，砦南十里有彭家庄，旧志谓之彭村。今按周五百四十弓，咸丰九年张保三筑。东六里刘邦店，东北六里刘范庄砦，西六里张小楼界丰县。南七里邵庄集，以上千六下里。

窑子头　旧志：在西南郭外，东接瓦子村。

谷里村　旧志：在二堡迤北，一名小虫坡。

右千秋乡。东北逾唐团边沟，东南抵县治，西北界鱼台，西南界丰，东西四十里，南北五十里。（见府志）

南方汉台乡　因汉歌风台故名，汉一至汉六，凡十三里余。

傅家庙砦　府志：城南少西十六里。今按周五百弓，同治二年孟傅炳筑。东南十二里大张砦，南四里杨村集，十八里朱楼砦，西南十里孟家寨，西北十二里张集。砦在汉一里。

赵家圈砦　府志：在城南八里。今按周七百四十弓。同治九年赵澄冰筑。西南八里傅庙砦，十里张集砦，东六里鹿铲湾。在汉二上里。

七山砦　府志：城西南三十五里七山下，俗称栖山圩。国初为七山集，有公馆。乾隆四十六年河决，旧县冲没，县移治此。四十七年即建县城。咸丰元年河决，城复陷没，县迁夏镇。十年，朱普恩等就旧城基筑砦，又经厉谦等于南关加筑一千余弓。西八里界丰，西南十五里解家楼交界丰、铜，东南八里封黄庄砦，东八里孟庄砦，西北十里蔺楼砦。

蔺楼砦　府志：城西南三十里，七山西北十里。今按周八百三十弓。咸丰十一年李仪堂筑。西北二里李集，北二里孟家庙，均界丰。北三里袁集。以上在汉二又中里。

鹿铲湾砦　府志：在城东南十里。今按周八百弓，咸丰十一年刘运书筑。南五里草庙砦，西南十二里傅庙砦，东北十里大闸砦，南十二里杨家村集。

草庙砦 府志:在城东南十五里。今按周七百余弓,咸丰十一年张兰坡筑。东六里胡家砦,南十二里大张砦,西南十五里傅庙砦。以上在汉二下里。

大张家砦 府志:城南二十五里,跨铜山界。今按周一千二百四十弓,咸丰九年张敬修筑。东八里张洼砦,东北十二里胡家砦,西四里唐楼集,东南界铜山。在汉二又下里,砦西为汉六里。

胡家砦 府志:城东南十八里,砦东五里有沽头村。旧志:其地有沽头城,明为工部分司所驻。嘉靖四十四年圮于水,详《河防考》。其地有上沽头渡、下沽头渡,皆旧运河渡也。今淤。沽头村东少南十里有砦曰北七段圩,今废。砦东北五里有中闸集。今按周三百五十弓,咸丰十一年胡朝阳筑。北六里大闸砦,南十二里张洼砦。在汉三上里。

孟家集砦 府志:城南四十里,接铜山界。今按周一千二百弓,同治元年袁金铎筑。西南五里兖家湾,东三里袁围,又东南三里钟楼,接十八庄。

朱家楼砦 府志:城南少东三十五里。今按周七百六十弓,同治四年韩永瑞筑。西南四里半截楼。南二里杜庄,东南三里陈杨楼,东四里韩夹河,均界铜山。西南十里孟集砦,东北十二里大张家砦,西十里封黄庄砦,西北四里孔堤口集。以上汉三下里。

张家洼砦 府志:城东南二十八里,接铜山界,东六里即铜山斗虎店也。今按七百五十弓,同治二年张世琥筑。斗虎店又十五里留城,界铜山。在汉四里。

大闸砦 府志:城东十五里。砦西北三里阎家集,西距城十二里。今按周六百六十弓,同治二年沈本初筑。东北六里北九段圩,西南八里草庙砦。在汉五上里。

封黄庄砦 府志:城西南三十六里。今按周六百弓,同治元年封睿哲筑。东南四里孟集砦,南七里杨洼,均界铜山。东北三里崔堤口,东三里房家营。在汉五中里。

孟家寨 在治西南三十六里。今按周长一千余步,同治元年孟兴禹筑。西少南八里栖山砦,南十里封黄庄砦。在汉五又中里。

瓦子村 旧志:在南郭外。

马村 旧志:在县治西南二十七里。

盘龙村 旧志:在县西南,大小二村。

秦村 旧志:在县治南二十里,南北二村。

乔窝 旧志:前后二村,前村今名张潘集。

胡庄 旧志:在县南鄙。

右汉台乡:北抵县治,西界丰,东南错界铜山,东西五十里,南北四十里,所属汉二中里汉六里,无砦。见府志。

集　镇

夏镇　府志:城东北四十里,旧有三城,跨运河筑,河西本名夏村。明隆庆元年,沽头分司驻此,建为镇。万历十六年,工部主事杨信、余继美筑土城,门四,各有楼。东曰"建泰",西曰"瞻华",南曰"延庆",北曰"拱极"。东临河又增二门:曰"洪济",曰"小水门"。国朝顺治十五年,员外郎顾大申、主事李禧熊建砖城。周九百余丈,高二丈五尺,雉堞千一百余。禧熊自为记。康熙七年地震,四门楼并圮。西南有护城堤,以万历七年主事王焕筑。按:此城今名部城。自康熙七年,运河东岸镇市渐盛,于此置夏阳司巡检,城垣不详所始。咸丰初,就故城筑砦。栖山县治没于河,迁治于此。十一年,复还治旧城之南。按旧府县志:夏镇属广戚乡。今据同治八年图册,在泗亭乡泗一里。

阎兴集　旧志:在县治东八里。

白水店　旧志:在县东北十五里。

邵玉集　旧志:在县治东北二十八里,久废。

傅家集　旧志:今改为马家集。

右在广戚乡。

陶阳镇　旧志:沛有陶阳镇,久废。

沙河镇　旧志:在县北鄙,昔为南北孔道,民居稠密,今萧条矣。

常家口集　旧志:在曲坊东北。

珠梅集、大房集、田李集、李家集、欢城集

右在泗亭乡。

蔡家集　旧志:去县治二十八里。

千秋集　旧志:一名朱家集。

高房集　旧志:去县治二十五里。

钟吕集　旧志:今废。

安国集、大安集

王家集　旧志:古房里村。

贺堌集　旧志:在县治西北四十五里,为丰、沛之交。

二堡马庄集、三堡郝许庄集、四堡赵庄集、五堡徐庄集、左家集、顺河集、徐集、顺成集、邱集、朱集、羊鸣集、梁集、虎王集、袁集、新燕集、张集、孟集、刘集、

阎集

右在千秋乡。

里仁集　旧志：在县治东南三十里，豆腐店北首。

斜庙集　旧志：在县治西南十五里。

贺家口集　旧志：在县治南三十八里，今改集河北岸，曰李家集。

袁集、李兴集、张集、孟集、李家集、东魏集、韩集、蒋集、吴集、众姓集、阎集、高集、小韩集

右在汉台乡。

驿　置

泗亭驿　明极冲。隆庆以前，驿在南关辛家巷之东，临泡水。本县设站船十一只三分，外丰县站船七分，萧县三只，砀山县一只。每只水夫十名，铺陈一副，什物一副。山东胶州驴一头，即墨县马一匹，马驴夫二名，铺陈二副，什物二副。河南商城县站船一只，驴一头，驴夫一名，铺陈、什物各一副。隆庆二年，迁于夏镇崇胜寺傍。万历壬辰，谏垣张公贞观奉命勘河，以桑梓之困于是役，言诸总河舒公应龙，行下所司，俾之议处。邑令苏公万民议：天下驿站率六十里，使客过往，夫马即于交界处更换，此定例也。沛抵济宁，驿路三站，中隔鱼台一县。鱼台抵沛一百里，至济宁八十五里。河桥驿在济、沛间，途路适均，且去鱼台十五里而近。由是遍牒两省抚、按、臬司，详为酌处。济、沛、鱼台各设马十匹，夫十名。马一匹每岁工食草料银二十二两，夫每名一岁工食银七两二钱，按季拨支。鱼台河桥驿雇募殷实人户喂养，行差、使客南下，则济宁送鱼台，鱼台送沛县，北上者亦然。本县马十匹，许于里、甲走递马十五匹内，岁扣银二百二十两；夫十名，许于路夫五十名内，岁扣银七十二两，支付河桥驿，自万历二十二年十月一日始。

国初原设马十二匹，马夫十名，杠轿夫二十名；后裁马七匹、马夫六名。雍正六年，又裁马二匹，马夫二名，杠轿夫全裁。旧例，额设马三匹，每匹日支草料银六分，共银六十四两八钱。马价银三十两，鞍辔银四两二钱六分。马夫二名，工食钱二十一两六钱。见府志。

夫厂　在泗亭驿。现设水夫七十名，长养水夫二十八名，扣留水夫四十二名。每名日支工食银四分，岁共支银一千八两，廪粮银二百五十两。国初原设水夫八十名，杠轿夫二十名。雍正四年裁减水夫十名，杠轿夫全裁。见府志。

夏镇厂　现设水夫一百三十五名，长养水夫五十四名，扣留水夫八十一名，每名日支工食银四分，岁共支银一千九百四十四两。国初原设水夫一百五十名，杠轿夫六十名。雍正四年，裁减水夫十五名，杠轿夫全裁。见府志。

县前总铺 旧志：在县治大门外左，明设司吏一人，今废。

南路：十里铺、二十里铺、里仁铺 府志：达铜山王家集。

东路：聂庄铺、桃源铺、夏镇铺 旧志：达山东滕县戚城铺。

鹿鸣铺 府志：上接夏镇铺，下接里仁铺。

西路：十字河铺、高房铺、倪陵铺 府志：达丰县周村铺。

老鹳巷铺 旧志：铺基地三亩，今废。

杨家厂铺 旧志：铺基地三亩，今废。

界沟铺 旧志：铺基地一亩二分，今废。

以上三铺达徐州府界。

宣邱铺 旧志：铺基地一亩五分，今废。

东仓铺 久废。

善堂

养济院 旧志：在永清门外。明景泰三年，知县古信建于县治北，万历三十一年圮。三十七年，知邳州李汝让迁此。至国朝，县没于河，遂废。

广济堂 旧志：在县东旧驿南。景泰三年水灾，流亡丐食者众，巡抚督御史王公令有司于此济之，凡活十六万余人。今废。

孚惠堂 旧志：在旧泗北岸。景泰三年疫疠盛行，王公令有司制药，督医分疗于此，凡活六百一人。以上二堂久废。

安怀堂 在东门内石牌坊北首。光绪十五年，知县侯绍瀛建。睢宁训导丁显《碑记》：盖闻养老存孤，王政著于《月令》；敬老慈幼，霸主以为首图。自来身为民牧者，未有不于老幼加之意者也。沛县之善堂，均在栖山旧治。自咸丰元年蟠龙集决口，栖山善堂全行淤遏。同治十一年，县治始迁于旧城之南，规模粗立。历任大宪叠饬设立养济院，并议行保婴会，均以经费支绌，未遑经营。不特鳏寡穷民冻绥可怜，而黄童赤子鞠育靡依，教诲未立，痌养疾痛，在在堪怜。凶年饥岁，老稚转乎沟壑，比比然也。乙丑，桂林侯君绍瀛来宰是邦。下车之始，以修志书、建学宫、举节孝为首务。而目击孤苦穷民，流离失所者，心窃伤之。商于绅董，又设立安怀堂，即以旧城基地四顷余，酌收租息以为堂费，并于城内捐廉购买房屋二十间。酌定章程，于光绪十六年三月某日起，开堂收养。经费不足，后之君子必有善其后也。《礼》曰："老有所终，幼有所长"，《诗》曰："恺悌君子，民之父母"，其侯君之谓矣！侯君曾宰睢宁，百废俱兴，于安怀堂尤加意扩充。余与侯君同官一邑，知之甚悉。今侯君移宰沛邑，吾知宰沛亦犹宰睢之志焉。侯君甫创斯堂，行即交卸，仍愿诸绅董及新接斯篆者，推而广之。将见鼓腹含哺，感颂循良之政；宜民善俗，群登康乐之书。人之为善，孰不如我？后之览斯文者，恫瘝之念触目而生，是尤无告之民所深幸也已。

马　场

马场五处。

广戚乡场地一顷二十亩，泗亭乡上场地二十三亩、下场地一顷二亩，千秋乡场地八亩，汉台乡场地二十四亩。明初，州洎四邑并领孳牧，其草场以给刍养。死者，责偿于民。岁课驹为备用，民重困之。弘治十七年，巡抚都御史张公缙奏免养马，而草场地赋民征租，民用苏息。见旧志。

马房　旧志：在县治大门之东。崇祯十五年，知县李正茂建。

演武场　旧志：在北郭外稍西。嘉靖二十二年知县王治自城南迁于此地，凡三十二亩五分。二十七年，知县周泾建厅事、列营垒、筑哨墩，环以周垣。丽水叶珪记。久之，为水倾圮。万历二十五年，知县罗士学重建厅三楹。康熙三年，地震复倾。

楠木堡　旧志：在县治西北，其上有亭。

夏镇演武场　旧志：在夏镇北门外，有厅三楹，为工部分司演武之所，今废。

坊　表

泗亭坊、清化坊、中和坊、达道坊、迎恩坊

旧志：以上五坊不详所在。

登云坊　为举人甘旸立。

攀桂坊　为举人张威立。

步蟾坊　为举人李巽立。

桂林坊　为举人赵斌立。

折桂坊　为举人蒋纕立。

义民坊　为周昉等十二人立。

鹗荐坊　为举人周崧立。

进士坊　为李绅立。

凤鸣坊　为举人周乾立。

节妇坊　为李伯奴妻白氏立。

旧志：以上诸坊，万历时已无存者矣。

南畿第一坊　旧志：在县治前，知邳州李汝让建，崇祯十一年毁。

作圣、成材二坊　旧志：在学宫左右，知县罗士学建，康熙七年倾。

歌风台坊　旧志：知县苏万民立，久废。

樊井坊　旧志：知县罗士学立，久废。

鸿胪坊　旧志：在武定楼之南，为鸣赞唐弼立，久废。

孝子坊　旧志：为杨冕立，久废。

光启坊　旧志：为举人刘章立，近日始坏。

节妇胡氏坊　旧志：在鱼市北，为张化龙妻立。

烈女坊　旧志：为杜宗预女立，今废。

幽灵独著坊　旧志：在东郭内，为节妇刘氏立，今废。

节妇张氏坊　旧志：在北门内，为朱奕讱妻立。

节妇坊　旧志：在东门内，为陈仪妻孟氏立。

南漕钜镇、北饷通津二坊　旧志：在工部分司署左右。

崇德报功坊　旧志：在镇山书院前，今废。

洪济坊　旧志：在洪济门外。

金声玉振坊　旧志：在夏镇义学前，今废。

四渎通津坊　旧志：在皇华亭前，工部主事常锡胤建，今废。

泗亭问渡坊　旧志：在夏镇闸上，工部主事李禧熊建。今废。

津　梁

飞云桥　旧志：桥在南门内，跨泡河之上。桥近歌风台，摘歌词中“风起云飞”之句以名桥。永乐中县丞夏天祥、景泰中知县古信、嘉靖中知县孙灿皆尝修焉。隆庆中，李时改建南门于东南隅，桥亦随之。万历中，知县周治升、符玺、罗士学、李汝让先后重修。天启二年，邑人朱之解重修。崇祯十五年毁，邑人朱耀武再建。耀武，之解子也。

国朝知县赵士桢、郭维新、李之凤皆有修桥之役。康熙二十七年，贡生王祐重修。三十年，知县方曰琏置左右槛，竖石为表。三十六年，知县佟锟重修，监生郭祯倡捐。四十五年知县杨宏绩重修。李汝让《重修飞云桥疏》：“伏以为梁利涉，固万世之常经；藉众成功，实一时之权画。爰凭广募，期树鸿功。惟此偪阳，肇从周季；改名沛邑，爰自先秦。逮汉祖之龙兴，有声寓内；嗣群英之虎变，擅美寰中。黄河万派自天来，绕西南而襟带邹峄。群峰从地起，环东北以屏围。据水陆之要冲，轮蹄杂踏；当舟车之孔道，冠盖回翔。泡水奔注而东，夙导地中之脉；泗源顺流而下，时兴水面之波。闻说先朝于此建闸，不知何代，就此为桥。涣锡嘉名，用宏杰构。美豁达之伟概，仰溯歌风之章；摹高旷之雄词，首摘飞云之句。相沿既久，靡易厥初。忆当嘉靖之终，浊流塞运；续于万历之始，春水啮城。造舟为梁，粗延岁月；牵绳以渡，几历春秋。不无少济于须臾，终是难行乎久远。新津倡始，面龙泉而向易东西；龙阳继兴，对来薰而径还南北。顾兹泽国，难求不水于十年；即有危桥，讵保独存于一旦。迩岁临于癸卯，适时届乎新秋。暑雨连绵，阴霾迷乎四野；郊原布濩，沾濡病此三农。痛河伯之不仁，溃堤而入；乘邑人之无备，卷土而来。力过奔牛，折合抱之门关，轻如拉朽；猛同逸虎，摧干云之雉堞，易若推沙。宫廨荡然为一空。坐见树头栖苴，民居净焉其若扫；立看釜内游鱼，沉者沉，浮者浮，非是飘厢即没廪；号者号，泣者泣，总为呼女以招儿。依断岸而居，幸尔暂焉有土；随坏舟而去，飘然倏以无家。风送木声来耳边，那堪入听；月移云影沉波底，只是增悲。不惠天心，旁毒万姓；畴将人力，偏守一桥。恻动当途，念抚摩之不易；简及不佞，愧蹇劣以何胜。晋伏暑而升车，恭勤上命；遵丽谯而视事，遑暇安居。历任频年，敢云尽职；当官诸务，亦频经心。吏弊千疮，医疗第寻标本；民艰百孔，补塞一任机宜。河工畚锸云屯，庆如期而就绪；县治土木猬起，冀不日以求成。睠兹一线之渠，畴当天险；值此五年之候，犹靳人谋。念时诎而举盈，难谐众口；必财丰以首事，始惬舆心。询我缙绅，遂及父老。春水断桥人不见，一苇奚航；晴虹偃岸客来过，万方竟济。爰从众议，普告四民：成大厦之万间，实资群木；冶洪钟之千石，岂事一金？慨矣倾囊，务使铢铢流惠；奋焉发廪，旋教粒粒生春。庶吴楚之名材，岩岩山积；而班倕之巧匠，滚滚云归。駪駪征夫目清波，早释望洋之叹；招招舟子卧斜阳，靡闻争渡之喧。共成不世之慈航，偕我舍筏登岸；愿结无穷之圣果，还他立地成真。谨疏。”今已久废。

济民桥　旧志：在东门外，跨旧运河，隆庆中建，曰清河桥，久之圮。万历二十一年，知县苏万民重建，易今名，旋复圮。二十五年，知县罗士学易以浮梁。四十一年，知县练国事复建板桥。今废。

北门桥　旧志：万历十六年知县符玺建，今废。

小北门桥　旧志：万历二十四年，知县罗士学建，崇祯十五年毁。

丰城桥　旧志：在西门外，亦符玺建，今废。

东岳庙前桥　旧志：跨旧运，久废。近日筑土坝，以便行者，今废。

三元桥　旧志：在古城址三官庙前，故有溺水桥，久废。万历二十五年，乡民张子元等重建，知县罗士学为之名。明季久废。

通济桥　旧志：故名东堤桥，万历七年，乡民李东阳建。顺治末。知县郭维新重修，易今名。康熙十三年，贡生封滨等募建石桥。今废。

南郭三官庙前桥　旧志：万历二十五年，民人李赓建。今废。

利济桥　旧志：在南郭外，故名便民桥。万历十五年，乡民李东阳建，康熙元年圮于水，三年，知县郭维新重修，易今名。五年，释行深募建石桥。今废。

窑子头桥　旧志：万历六年，乡民李东阳建。今废。

万善桥 旧志:在县治西南护城堤外,故名孟家桥。今废。

梁山桥 旧志:在县治南十五里,今废。

张潘集桥 旧志:在县治南二十里,今废。

宣邱桥 旧志:在宣邱铺,今废。

谭家桥 旧志:在沽头中闸,今废。

营子桥 旧志:在里仁集西,今废。

鸿沟桥 旧志:久废,石址尚在,今废。

夏镇城河月河桥 旧志:城河桥五,闸桥一,月河桥三。

灰沟桥 旧志:在刘昌庄东北,滕、沛分界于此。

利涉桥 旧志:在三河口。

震远桥 旧志:在薛河口,万历二十五年,乡民刘迪建。

双龙桥 旧志:在三河口。

三孔桥 桥在夏镇闸南二里。

两孔桥 桥在城东北池外百步许,邑人赵继周创建。

城濠桥 桥在城南门外。

小石桥 桥在城内,光绪三年,邑贡生李启艾重修。

工部分司钞关 旧志:崇祯七年,始命夏镇分司榷船税,设关于夏镇闸下,顺治二年,归并吕梁分司。

户部分司税关 旧志:在夏镇赵公祠前,徐仓分司榷船税于此,设有铁缆。康熙十年,二关并废。

义 阡

东郭内一区 旧志:杨氏地,工部主事文安王佩记。

西门外一区 旧志:康熙三十一年,知县方曰琏置。

夏镇运河东岸一区 旧志:东十七亩五分,徐州人张思敬地;中二十亩,徽郡人吴可堂地;西四十亩,汉台乡民齐士学地。

贫乐村南一区 二亩六厘,邑人魏保清地。

东门外妇人义地一区 □亩□厘,光绪十六年,知县侯绍瀛捐廉置。

(原抄本贴页加注:城隍庙后平桥、光绪三十年,前邑令马重修,教谕潘拱碑。西门外义地一区。宣统二年邑令李购置,送强仁堂施材会。)

卷六　古迹志

宅里、亭台、寺观、丘墓悉载

古小沛城

古沛国，秦县，泗水郡治此。汉属沛郡，东汉属沛国，东晋属沛郡，齐废郡县，属彭城郡，唐属徐州。府志引《元和郡县志》："县理城，即秦沛城也。"《太平寰宇记》亦云："县理城，即秦沛城。"是今旧城，即秦汉宋元故治，可知。《寰宇记》又云："微山在县东南，上有微子冢，山下有故沛城存焉。"乐氏于微山之沛，不言汉县，意谓县之别城，非秦县，亦明甚。乃《明一统志》《方舆纪要》皆谓沛县故城在微山下，不知隋以前微山属留县。《隋书·地理志》"留有微山"，是也。唐废留县，始并入沛，则留城亦可谓之沛城。《元和志》《寰宇记》均指唐宋之时而言。时留已属于沛，故遂称为沛故城。《水经注》："泗水南经小沛县东，县治故县南垞上，东岸有泗水亭。"所指小沛县治，宋即仍其旧，以泗水亭推之，是其明证。并见"泗水亭"下，盖秦汉而后，县治亦略有移徙，于此可见一端，详《建置志》。按《通鉴》，兴平元年，刘备屯小沛。胡三省注："沛国治相，而沛自为县，属沛国，时人谓沛为小沛。"《孔宙碑阴》："弟子沛国小沛，周升字仲甫。"《潜研堂金石文跋尾》云："碑立于延禧末，已有小沛之名，疑当时县名，故有'小'字，非土俗之称也。"魏郡治邺不治魏，此碑籍魏郡魏县者二人，不称小魏，与沛国小沛书法迥异，则小沛为县名审矣。《元和志》《寰宇记》亦云："汉改泗水为沛郡，理相城，以此为小沛。自是至南北朝，皆称小沛。萧齐建武三年，魏主宏如小沛是也。"县东又有泗水城。按《说文》"邑部"：祁，国也。"水部"：沛水在辽东番汗塞外。据此，知丰沛之"沛"，当作"祁"，后世假借作"沛"，非正字也。　唐刘长卿《雨中登沛县楼赠表兄郭少府》诗："楚泽秋更远，云雷有时作。晚陂带残雨，白水昏漠漠。伫立收烟氛，洗然静寥廓。卷帘高楼上，万里看日落。为客频改弦，辞家尚如昨。故山今不见，此鸟那可托。小邑务常闲，吾兄宦何薄。高标青云器，独立沧江鹤。惠爱原上情，殷勤丘中诺。何当遂良愿，归卧青山郭。"　鲍溶《怀古诗》："烟芜歌风台，此是赤帝乡。赤帝今已矣，大风邈凄凉。惟昔仗孤剑，十年朝八荒。人言生处乐，万乘巡东方。高台何巍巍，行殿起中央。兴言万代事，四坐沾衣裳。我为异代臣，酌水祀先王。抚事复怀昔，临风独彷徨。"　宋文天祥《过沛怀古诗》："秦世失其鹿，丰沛发龙颜。王侯与将相，不出徐济间。当时数公起，四海王气闲。至今尚想见，龙光照人寰。我来千载下，吊古泪如潸。白云落荒草，隐隐芒砀山。黄河天下雄，南去不复还。乃知盈虚故，天道如循环。卢王旧封地，今日设函关。” 元傅若金《沛县诗》：“县路迷青草，行人荫绿杨。时逢沛父老，能说汉君王。芒砀来秋气，彭城送夕阳。凭高发慷慨，远色正苍苍。” 程敏政《沛县诗》：“万乘还家日，威生泗水前。楚歌聊复尔，汉业已茫然。宿雨苔花乱，斜阳树影偏。一台惭戏马，相望一千年。” 吴澄《沛县诗》：“黄屋巍巍万乘尊，千秋游子故乡魂。韩彭自取夷三族，平勃犹堪托后昆。湛露只今王迹熄，大风终古霸心存。当时尽是规模远，愿起河汾与细论。”明颜瑄《过沛县诗》：“独坐蓬窗对月明，静闻谯鼓已三更。舟将泊处闻人语，驿未临时见吏迎。泗水亭前荒草遍，歌风台上宿云平。英雄回首今何在，抚景空悬万古情。” 归有光诗：“泗水抱城闉，东去日瀰瀰。丰沛至今存，汉事已千春。嗟我亦何为，独叹往来频。封侯不可期，白日生沉沦。每见沛父老，旅行泗水滨。鸡犬如昨日，此亦非昔民。空传泗水亭，井邑拟未真。城外绿杨柳，高帘悬风尘。犹有卖酒家，王媪几世亲。高庙神灵在，英雄却笑人。” 李东阳《过沛怀古诗》：“小县萧条野水滨，旧时遗迹尚风尘。山中白帝先降汉，天下黔黎正苦秦。五载衣冠朝北面，三章号令忆西巡。南畿亦是今丰沛，莫作凄凉吊古人。” 国朝纪昊《过沛有作》：“刘季歌大风，授权于巾帼。菹醢及韩彭，何事不轻易。阶成产禄祸，其势由渐积。可怜戚夫人，母子遭虺蜴。社稷方摇摇，儿女漫啧啧。壮哉朱虚侯，拔剑侍前席。将种诛一人，诸吕已夺魄。汉祚不可移，焉用右袒裼。纷纷南北军，抚掌陈曲逆。” 邵大业诗：“箨冠人起白蛇倾，烂醉东邻帝业成。王气自随三尺剑，霸才能乞一杯羹。雪迷衰草荒沟合，日落寒原野烧明。回首绣衣怜下相，东归寂寞竟宵行。” 刘铭传《道经沛县》：“沛公阔达真豪杰，四百年过今若何。关内曾更秦法律，眼前不见汉山河。乡城御寇兵防紧，老大还家感慨多。莫谓高皇情太薄，晚年犹作大风歌。”

故留城 古国，秦县，汉属楚国，东汉属彭城国，东晋属彭城郡，后齐废，隋复，唐省。府志：“在今县东南五十里，与铜山县接界，城今陷入微山湖。”《元和郡县志》《太平寰宇记》：“留城在沛县。”《方舆纪要》从之。旧府志及《铜山志》列入铜山界，非是。唐刘长卿《归沛县道中晚泊留侯城》诗：“访古此城下，子房安在哉？白云去不返，危堞空崔嵬。伊昔楚汉时，颇闻经济才。运筹风尘下，能使天地开。蔓草日已积，长松日已摧。功名满青史，祠庙唯蒿莱。百里暮城远，孤舟川上回。进帆东风便，转岸山前来。楚水澹相引，沙鸥闲不猜。扣船从此去，延伫仍徘徊。”

偪阳故城 周国。汉傅阳县，属楚国；东汉属彭城国；东晋没于胡，县废。府志引《春秋大事表》：“偪阳在徐州府沛县，与山东兖州府峄县南接界。”今考《峄县志》：“偪阳故城在峄县万年闸西，与昭阳湖相近。”则偪阳故城实隶于峄，而封域兼有沛县昭阳东南湖。《大事表》谓“偪阳在徐州府沛县”，考核犹未真也。

广戚故乡 汉县，属沛郡，东汉属彭城国，三国属沛国，晋属彭城国，东晋没于胡，县废。按广戚故城，各说互异，有谓城在沛县东南者。《水经注》云：“泗水南迳小沛县东，又东南流迳广戚县故城南。”是也；有谓沛县即广戚者，《通典》云：“徐州沛县，即汉广戚故城者。”是也；有谓广戚属留县者，《隋·地理志》：“留县有微山。"《魏·地形志》:"留县有广戚城。"是也;有谓广戚城与沛县相距仅一里者,《寰宇记》:"沛宫在广戚城中,县东南一里。"是也;有谓广戚在沛县东北者,《一统志》:"故城在今沛县东北,旧治在县治东北四十里。"是也;谓广戚在沛县东南,与《魏·地形志》"留县有广戚城"相合。而《一统志》又谓在沛县东北,何欤?谓沛县即汉广戚故城,一城分属两县,其说亦歧。谓广戚与沛县相距仅一里,地形密迩,而并置两县,揆之于势,亦有不合。总之,广戚故城东晋已废于胡,以故唐代魏王泰《括地志》、李吉甫《元和郡县志》俱不载广戚之名,则广戚在唐其迹已不可考矣,微特《寰宇记》《一统志》系属凭空之说,即郦道元《水经注》。桑钦《水经》仅言泗水南过沛县东,又东南过彭城县东北,未尝言广戚也。魏书《地形志》亦未尝目睹其势。今据旧志,谓广戚在县治东北四十里,与《一统志》相符,径以夏镇、戚城当之,以地形地势揆之,其说尚有合也。

湖陵故城　秦县,汉属山阳郡,东汉改湖陆,晋属高平国,刘宋省。府志引《方舆纪要》:"在县北五十里,南至庙道口十八里,与鱼台县接界。"《汉书·地理志》补注:"按《说文》作'胡陵',《史记》诸纪传亦作'胡陵',盖'湖''胡'古通。"

上邳城　一名仲虺城。商仲虺、汉刘郢封国。《水经注》:"邳有下,故此为上邳。"府志引《晋书·地道记》:"仲虺城在薛城属山东滕县。西三十里"。《齐乘》曰:"俗曰斗城,漷水经城北,西入于泗。"按滕县与徐州城南北相直得百九十里,故薛城在城南四十里,仲虺城在薛西三十里,是城当在徐州西北百数十里昭阳湖内。采访:现没湖内。实为沛属无疑。《方舆纪要》:"徐州西北百二十里有灰城,疑即虺城之讹也。"国朝邑人吕俶《虺城月夜》诗:"一轮皓魄贮银盘,左相城边夜未阑。不是平分秋色里,如何远上暮云端。郭门滟滟千家照,关树沉沉万影寒。传作列星虺作月,光留宇宙任人看。"

欢城　旧志:"在县治东北四十里,相传为齐右师王欢食邑。"府志引《兖州府志》,谓即虺城之转音,未详是否。按采访,治东北四十五里有欢城集,旧迹微存。

灌城　旧志:"在县治西北二十里,相传汉将灌婴所筑。"按采访,作二十六里,今名灌婴寺。府志又引《方舆纪要》云:"泗河东岸有旧城,相传为张士诚所筑。"府志有许城,在薛城左右。

千秋城　旧志:"在县治西北六十五里。"《魏书·地形志》:"高平有千秋城。"即此。按高平即今鱼台县,城在沛、鱼台之间。

夏镇西城　一名部城。府志引旧志:"始于明万历十六年,工部主事杨信筑土垣于南北西三面。十七年,主事余继善补筑东面。四门各有楼,东曰"见泰",西曰"瞻华",南曰"延庆",北曰"拱极"。东面临河,特多辟二门,曰"洪济",曰

"小水门。"《方舆纪要》:"隆庆二年,管界分司自沽头移驻于此。"国朝顺治十五年,员外郎顾大申始建砖城,十七年,主事李禧熊继修。康熙七年地震,四门楼并圮。按今夏镇圩砦,在运河东岸,此城在西岸。王世贞《夏镇诗》:"一片云飞护夏阳,久传帝子大风乡。波分沂泗争天堑,沟号胭脂带汉妆。碧树断香销艳舞,青村含景入斜阳。年年飞挽趋京洛,王气犹经水一方。"

沽头城　府志引旧志:"在县治东十五里,旧泗东岸。明嘉靖二十二年,工部主事东平侯宁建,四十四年圮于水。"《方舆纪要》:"明管界分司旧驻南沽头",即此。

卧龙冈　府志:"在县治东一里。"旧志:"相传汉祖微时,尝卧其上。"今为沙没。

防陵　旧志:"在县治西北三里,相传汉筑,以防吕母冢者。"府志不载。

沛廷　府志引《汉书》:"高帝立为沛公,祠黄帝、祭蚩尤于沛廷。"

沛宫　旧志引《括地志》:"在县治东南二十里,汉祖宴父老于沛宫",即此。《史记》:"孝惠五年,以为高祖原庙。"又府志云:"《寰宇记》所载,沛宫在县东南一里,与《括地志》异,未详孰是。"北周·庾信《置酒沛宫赞》:"游子思旧,来归沛宫。还迎故老,更召歌童。虽欣入沛,方念移丰。酒酣自舞,先歌大风。"　明万寿祺《再入沛宫》诗二首:(一)"故宫百里草芊芊,原树春云满祭田。父老岁时犹设礼,碑亭日月已忘年。人心思汉皆如此,鹿走兴王岂偶然。却望鱼膏然火处,秦皇空使凿重泉。(二)泗亭春尽树婆娑,汉帝宸游不再过。魂魄有时还至沛,楼台落日半临河。风吹大泽龙蛇近,天入平沙雁惊多。我亦远随黄绮去,东山重唱采芝歌。"　国朝朱彝尊《彭城经汉高祖庙作百字令》词:"歌风亭长,剩三楹,遗庙断垣摧栋。芒砀云霾销已尽,惟见马头山拥。逐鹿人亡,斩蛇沟冷,一片闲丘垅。彩幡斜挂,绿杨丝里飘动。　　赢得割据群雄,六朝五季,各自夸龙种。魂魄千秋还此地,人彘野鸡谁共?社古枌榆,村遥巫觋,孰管神迎送?行人凭吊,看来终胜刘仲。"

曹相国宅　旧志:"今无考。"

滕公宅　旧志:"今无考。"

刘伶宅　旧志引《舆国备考》:"沛有刘伶宅",今无考。

樊巷　旧志:在县治东南,旧泗东岸,舞阳侯故里也。旧有古碑,今断裂。国朝吕俶《樊巷诗》二首:(一)"一巷寒烟锁碧流,至今人说舞阳侯。雨余关树笼犹暗,月照孤村淡未收。不见旗飘杨柳岸,微闻人语酒家楼。英魂已远风尘静,省幂云桥古渡头。(二)干戈翊运起元功,旧巷含烟泡水东。在昔阵云迷战垒,于今英气满寒空。霏微酒旆晴关里,晻暧屠门夕照中。井树茫茫笼霁色,不随晨雾散春风。"《又二首》:(一)"樊侯故里草萋萋,漠漠寒烟锁巷迷。汉业已随秋色改,将军犹有阵云低。郭门隐现疑春雨,关树微茫暗晓堤。落日秋风吹不散,英魂常在泗亭西。"(二)"汉台东望树婆娑,一巷寒烟绕泗河。此日屠沽余壮气,当年燕赵几悲歌?渔归渡口孤帆暗,人语关前落照多。记得沛公还灞上,功名应不愧萧何。"

周田　旧志:“在县治西北二十里,相传周勃居此。”

安国侯故里　旧志:“县西北三十里有安国集,相传王陵居此,土人因以名集。”按采访作二十七里。

豫州牧廨　旧志:“昭烈屯小沛时所居”,今废。

武宗宴饮楼　旧志:“在庙道口,宋氏宅。明武宗南幸,尝宴此,宋氏遂扃闭之,不敢复居。”府志不载。

洪济楼　旧志:“在夏镇运河西岸”,今毁。

康皇楼　旧志:“在运河东岸,与洪济楼对峙,明隆万时建。”采访:基尚存。

春雨楼　旧志:“即夏镇城见泰楼也。”顺治十五年,工部员外郎顾大申重修,康熙七年圮。国朝顾大申《春雨楼诗》:“临河面郭耸朱楼,缥缈波光楼上头。东海万山分障列,兖州泗水抱城流。望中烟绕长堤柳,天际云浮锦缆舟。况复夜凉凭眺里,水晶澄碧起吴沟。”

李氏竹园　旧志:“在县治东南十里”,李氏失名,府志不载。

泗水亭　府志引《水经注》:“县治南垞上,东岸有泗水亭。”《地道记》:“沛有泗水亭,亭有高祖碑,班固为文。”汉班固《高祖泗水亭碑铭》:“皇皇圣汉,兆自沛丰。乾降著符,精盛赤龙。承魈流裔,袭唐末风。寸天尺土,无俟斯亭。建号宣基,维以沛公。扬威斩蛇,金精摧伤。涉关陵郊,系获秦王。应门造势,斗璧纳忠。天期乘祚,受爵汉中。勒陈东征,剟擒三秦。灵威神佑,鸿沟是乘。汉军改歌,楚众易心。诛项讨羽,诸夏以康。陈张画策,萧勃翼终。出爵褒贤,裂土封功。炎火之德,弥光以明。源清流洁,本盛末荣。叙将十八,赞述股肱。休勋显祚,永永无疆。国宁家安,我君是升。根生叶茂,旧邑是仍。于皇旧亭,苗嗣是承。天之福祐,万年是兴。”

晋陆云《感德颂》:“余行经泗水,高帝昔为亭长于此。瞻望山川,意有慨然,遂奏章以通情焉,并为之颂云尔。晋太子舍人粪土臣云稽首再拜,上书皇帝陛下,臣云顿首死罪:伏惟陛下绍轩辕之睿哲,越三代之高踪,膺有圣之玄景,蕴生民之上略。秦政肆虐,渐衅生民。在昔上帝,乃眷多方。肃雍宝命,鉴民顾天。思文睿圣,以宅神器。六合炎驾,八荒星错。企皇居于阿房,犄逸鹿于九野。谋猷回遹,天人匪祚,乃荼斯国,授汉于西京。是以克诏五纬,章太素,神母哀号,底命丹野。九垓辟授命之符,钧天清建皇之鉴。陛下蟠蟠泗水,龙跃下亭,庆云徘徊,紫尘熠烁。皇威肇于断蛇,神武基于丰沛。掩四维以盖天,廓玄谋以辟宇。华宫山藏,玉堂海紬。云盖景阴,金门林蔚。拔足崇长揖之宾,吐飧纳献规之客。元猷上通,德辉下济。仰翰云禽,俯跃鱼鲂。是以四海之内,莫不企景岳以接群,望广川而鳞集。乘山涉水,视险若夷。奔波阙廷,思效死节。乃鸣鸾在衡,奔骥服辂。良平凤栖,信布虎据。豪雄凌暴于外,奇谋补阙乎内。威谋兼陈,智勇毕效。乃凌河海,河海无梁。乃仆高山,华岳不重,三秦席卷,项籍灰分。逋虏雾散,遗寇云彻。泛时雨以清天,洒狂尘以肃地。驰广辔于丹舆,竦峻盖于苍旻。功济宇宙,德被群生。天人允嘉,民神协爱。历数在身,有命将集。而陛下犹复允执高让,成功靡有,普天归德,群后固请。然后谒天皇于玄邱,延万乘于帝室。率土离暴秦之乱，臣妄蒙有道之惠。戎羌蛮夷之墟，雕趾肃慎之国，莫非帝臣。巍巍荡荡，盖天临地。自启辟以来，有皇之美，未有若圣功之著盛者也。臣云顿首顿首，死罪死罪。臣以鄙倍，文武无施。忝宠本朝，承乏下位。而臣遘愍，自西徂东，行迈攸止，路经泗水。伏见史臣班固，撰录圣功。窃承陛下扶桑始照，天晖未融之日，尝临御此川。于是即命舟人，弭楫水沚。瞻仰山川，旧物不替。永惟圣辉，罔识所凭。远眺迩念，感物兴哀。终怀靡及，俯心遐慕。臣命违千载之运，身生四百之外，恨不得役力圣明之鉴，寓目风尘之会。挥戈前队，待罪下军。抽锋咸阳之关，提钺项籍之领。痛心自悼，不知所裁。行役之臣，牵制朝宪。虽怀彷徨，王事靡盬。肃将言迈，实衔罔极。臣闻游魂变化，神道无方。虽圣灵登遐，降陟在天。连光五精，流辉太乙。或冀神舆降观，薄狩五服。时迈玉辂，言巡兹邑。是以下臣仰瞻紫宫，俯息恍惚，愚情振荡，靡审所如。不胜延颈紫微，结心阊阖之情。谨住水滨，拜章陈愚。臣云诚惶诚恐，顿首顿首，死罪死罪，稽首以闻。臣云言，臣闻歌咏所以宣成功之烈，诗颂所以美盛德之容。是以闻其声则重华之道弥新，存其操则文王之容可睹。永惟陛下圣德丰化，比隆前代；元勋茂功，超纵在昔。故诗歌之所依咏，金石之所揄扬者也。臣谨上《盛德颂》一篇，虽不足以仰度天高，伏测地厚，贵献狂夫区区之情，臣云云云，晋太子舍人臣陆云上。于皇汉祖，纂胄有唐。平章在昔，文思百王，丹辉栖列，火精幽光。爰兹圣绪，颓维弛纲。灵曜熠烁，齐景扶桑。则天未坠，重规昊苍。其规伊何，横乾作峻。厥德不回，矩地能顺。凭河拓景，襄岳殷韵。龙章炯伟，虎质硕变。有秦不竞，罔极黔首。震警予师，思虔神主。上帝曰咨，天鉴有赫。乃眷伊汉，此惟予宅。明明圣皇，既受帝祉，云腾下邑，风骇泗水。仰镜天文，五纬同晷。俯察云符，神母爰止。思文圣王，克广克遐。威凌群杰，德润诸华。爰祀天人，天人攸嘉。爰辑蒸徒，蒸徒既和。既和既顺，乃矢德音。丰沛之旅，其会如林。朱旗虹超，彤旆电寻。推师萧曹，抚剑高吟。元戎薄伐，时罔不龛。凌波川溃，肆野陆沈。咸阳克殄，既系秦后。峨峨阿房，乃清帝宇。穆穆圣皇，天保攸定。有项畔援，不式王命。王命既愆，黜我西土。于铄王师，遵时匪怒。爰赫乘衅，席卷三夏。啴啴戎轩，矫矫乘马。燮伐强楚，至于垓下。天诛薄曜，暴籍授首。区夏既混，宇宙蒙乂。肃肃帝居，巍巍神器。有皇于登，是临天位。绣文于裳，组华于黻。明明天子，有穆其容。至止锵锵，相维辟公。宣声路寝，发号紫宫。颁此恺悌，以蓄万邦。思乐皇庆，协于时雍。琴瑟在御，大予舞功。越裳委贽，肃慎来王。明明圣皇，开国乘制。分圭祚劳，河山命誓。礼律克彰，典文垂艺。有汉恢恢，疏罔不替。圣功克明，九方孔安。良宰内干，武臣外闲。渐泽冀域，沾被戎蛮。连光大素，万载不刊。”　元吴澄《沛公亭》诗：“遥遥寂寂对危亭，坏砌欹沙柳自青。四海久非刘社稷，千秋犹有汉精灵。丰西雾散烟沉浦，砀北云来雨入庭。坐觉酒酣思猛士，歌风台下晚冥冥。”　明王偁《宿沛县泗水亭驿诗》：“维舟当泗水，凉雨洗炎蒸。砧杵孤城月，渔舟别浦灯。客愁秋更甚，乡梦远难凭。千古龙飞地，令人感废兴。”　又汪乾利诗：“芒砀山前秋草多，彭城王业竟如何。云来还作真人气，风起犹传帝子歌。朔雁南飞离紫塞，淮流东下接黄河。知君跃马能乘兴，一路江山取次过。”袁凯《泗水书怀》诗：“为客山川远，封侯岁月迟。后生方尔汝，吾辈复驱驰。岂是逢迎倦，深知气力衰。还将归老意，先报海鸥知。”　国朝赵执信诗：“汉祖遗墟古道旁，秋波东去管兴亡。骊山气向沙丘尽，泗水云连芒砀长。豪吏宁知季成事，沐猴安得帝归乡。贯生漫会歌风意，前席无缘问四方。”　吴锡麒诗：“列岫森彭门，回风荡泗水。真人昔鱼服，大度表乡里。剑魄素灵藏，承符赤曜起。收秦见衔璧，馘楚无费矢。棱威播区陬，炎德受图玺。绵蕞缅礼兴，戎亭眷戈止。时来奋英雄，事往思壮士。荒波闪余明，故迹标桀峙。云气砀山归，落日照犹紫。”

啮桑亭　府志引《方舆纪要》：“在县西南。徐广曰：梁与彭城间有啮桑，谓此地也。”汉武帝《瓠子歌》：“啮桑浮兮淮泗满。”

静安亭　旧志：“在飞云桥东南，元季邑人符世荣所构，吴兴陈绎曾为记。”今不存。

永赖亭　旧志：“在镇山书院后。明万历初，工部主事钱锡汝建，志朱公功也。亭踞高台，前有石梁，后叠三峰，左右竹柏交荫。”今废。

鸡鸣台　旧志：“在沙河东岸上，相传汉筑城于南，楚筑城于北，汉昼筑，楚夜筑。汉遂作台，令人登之，作鸡鸣。楚筑者，疑天明，竟散去，城卒不成。”按楚汉相争在荥阳，此说未详，是否俟考。府志：明嘉靖时河决于此。元周权诗：“横空阵气长云黑，戈铤照耀旌旗色。龙跳虎跃神鬼愁，汉楚存亡一丝隔。相持两地皆雄据，楚力疑非汉能拒。瑞起炎图芒砀云，悲歌霸业乌江路。空余故垒传遗迹，离合山河几勍敌。战尘吹尽水东流，落日沙场春草碧。”　明徐渭诗：“醉媪酒，卧媪垆，武家垆畔鼾呼呼。丰沛中，群酒徒，噱季鼻大糟所都，谁唤隆准而公乎？十二年，左纛还。著红衫，应午炎。七尺所临万马环，诸王列侯敢不虔。猎徒酒伴隘巷看，独召故老金爵乾。惜青春，赭朱颜。乃思猛士得将安，归问野鸡还我韩。”　张贞观诗：“大蛇中断老妪哭，泗上真人起逐鹿。提去三尺失紫氛，归来五载得黄屋。沛中父老欢相语，落魄刘郎今帝服。豁达应念故乡人，故乡会且乞余馥。帝去游子悲故乡，其以沛为朕汤沐。烹鲜酾酒宴沛宫，醉舞酣歌仍击筑。寄兴风起与云飞，翩翩豪气凌苍复。磐石疆场意念深，恨无猛士托心腹。汉家相传四百年，一脉忠厚从兹毓。嗤彼锦衣绚昼游，楚猴冠沐真朴樕。太牢帝始重儒林，放歌谁谓霸心伏。挥悌慷慨不胜悲，中情似悔韩彭族。展也帝为马上翁，茹芝讵解尊绮甪。陵勃终称社稷臣，即伊猛士岂碌碌。万岁千秋归沛魂，计今应在泗水澳。可堪原庙久荒凉，蔓草寒烟难寓目。看取勋业是如何，奄忽已更几陵谷。今古直从俯仰过，仰天一笑倾醽醁。”

歌风台　《汉书·高帝纪》：“自淮南还，过沛，留，置酒沛宫，作歌曰：‘大风起兮云飞扬，威加海内兮归故乡，安得猛士兮守四方！’令儿皆和习之。”旧志：“台在今县治东南，旧泗北岸。先是在南岸，久圮。”明成化时徙就琉璃井，嘉靖二十六年，知县周泾重修。四十四年圮于水。万历二年，知县倪民望修复，二十二年，知县苏万民立坊表之。四十五年，知县刘希彦添建后厅三楹，又置书斋、厨屋，岁久复圮。国朝康熙二年，知县郭维新重修，七年地震，倾圮殆尽。二十五年，知县梁文炳重修。乾隆四十六年，复圮于水，仅存数碑。光绪二年，知县孔广仁移置今县西北歌风书院大门内，碑嵌墙壁。宋张方平《歌风台诗》：“落魄刘郎作帝归，樽前一曲大风辞。才如信越犹菹醢，安用思他猛士为？”　贺铸诗：“汉祖高风百尺台，千年客土生蒿莱。无穷人事水东去，如故地形山四来。江淮犹沸鲸鲵血，八十一车枉归辙。白叟逢迎皆故人，斗酒欢呼惜将别。崤渑迢遥非我乡，死生此地乌能忘。酒阑鸣筑动云物，青衿儿曹随抑扬。尔时可无股肱力，端思猛士守四方。君不闻，淮阴就缚何慷慨，解道鸟尽良弓藏。”　文天祥诗：“长陵有神气，万岁光如虹。有时风云变，魂魄来沛宫。壮哉游子乡，一览万宇空。击筑戒复隍，帝业慎所终。重瞳爱梁父，此情岂不同。锦衣绚行昼，丈夫何浅中。缅怀首丘意，自足分雌雄。向昔霸心存，慷慨怀勇功。不见往年事，烹狗与藏弓。早知致两生，礼乐三代隆。匹夫事已往，安用责乃翁。我来汤沐邑，白杨吹悲风。永言三侯章，隐隐闻儿童。叶落皆归根，飘零独秋蓬。登台共凄恻，目送南飞鸿。”元揭傒斯诗：“万乘东归火德开，汉皇曾此宴高台。沛中父老讴歌入，海内英雄倒戟回。汤沐空余清泗在，风云犹似翠华来。穹碑立断苍烟上，静阅人间几劫灰。”　于钦诗：“素灵夜哭赤旗开，鸿鹄高飞楚舞回。猛气消沉人易老，白云千载绕荒台。”　杨祖恕诗：“怒涛突千骑，上有峥嵘台。六合一望间，万里天风来。畴昔龙虎气，芒砀深云堆。煌煌赤帜立，赫赫炎运开。皇灵固有属，亚夫徒惊唉。得志家海内，故乡重徘徊。寤寐猛士守，宿将胡嫌猜？矧兹霸心存，咄被后乘骀。朗咏三侯章，击节嗟雄哉！”　林彦华诗：“芒砀云气高崔嵬，山东噫气声如雷。睢阳拔木真细事，天遣吹暖秦坑灰。沛中小儿强解事，击筑高歌搅乡思。周南正始风化行，可惜歌中无此意。伯心之存良可知，五叶变作秋风辞。”　傅若金诗：“黔首厌秦暴，龙德奋炎刘。英雄乘天诛，拔剑起相仇。天风堕陵谷，飞云扬九州。天下事既定，怀土未遑休。置酒宴高台，中厨进庶羞。悲歌落林木，父老皆涕流。功臣日菹醢，壮士复何求？至今丰沛间，长顾使人愁。故乡帝所爱，零落遗旧丘。大运各有终，圣贤谁能留？焉知万岁后，魂魄复来游。”　吴师道诗：“沛宫置酒君王归，酒酣思沉风云飞。儿童环台和击筑，父老满座同沾衣。一歌丰沛白日动，再歌淮楚沙波涌。龙髯气拂半空寒，虎士心驰四方勇。河山萧瑟长陵荒，野中怒响犹飞扬。高台未倾心未息，故乡之情那有极。”　韩性诗：“武帐如星连钜鹿，重瞳谁敢相驰逐。刘郎深闭函谷关，坐听城南新鬼哭。赤鳞半月星无光，阴陵匹马心彷徨。百二山河谈笑取，殿前上寿称明良。榆社归来故庐在，山川不改风光改。酒酣自坐三侯章，儿童拍手声翻海。君不见，帐中悲歌愁美人，乐府千载传授新。英雄吐气天为窄，便肯变灭随飞尘。高台石碑字盈尺，神呵鬼护蛟龙石。四海铜雀叹凄凉，坠瓦无声落花碧。远山横空暮烟起，行客徘徊殊不已。当年遗事尚可寻，断云飞度香城水。”　练鲁诗：“沛宫秋风起，游子伤所思。故人待高宴，故乡亦在兹。酣歌自起舞，慷慨有余悲。秦鹿方犄角，英雄并驱驰。帝业亦有在，真气匹夫知。天下且归已，功臣何自危。九江自取尔，会稽徒尔为。俯仰数行泣，何以安四陲？天地驱日月，出入六马驰。上瞻芒砀云，下顾泗水湄。荒台忽千载，烟芜夕霏霏。”　李凤诗：“一剑西提与楚争，风云惨淡五年兵。归来四海成家日，犹自悲歌气未平。”　萨天锡诗：“歌风台下河水黄，歌风台前春草碧。长河之水日夜流，碧草年年自春色。当时汉祖为帝王，龙泉三尺飞秋霜。五年马上得天下，富贵乐在归故乡。里中故老争拜跪，布袜草鞋见天子。龙颜自喜还自伤，一半随龙半为鬼。翻思向日亭长时，一身传檄日夜驰。只今宇宙极四海，一榻之外难撑持。却思猛士卫神宇，安得常年在乡土？可怜创业垂统君，却使乾机付诸吕。淮阴年少韩将军，金戈铁马立战勋。藏弓烹狗太急迫，解衣推食何殷勤？致令英杰遭妇手，血溅红裙即追首。萧何下狱子房归，左右功臣皆掣肘。还乡却赋大风歌，向来老将今无多。咸阳宫阙亲眼见，今见荆棘埋铜驼。台前老人泪如雨，为言不独汉高祖。古来此事无不然，稍稍升平忘险阻。荒凉古庙依高台，前人已矣今人哀。悲歌感慨下台去，断碑春雨荒莓苔。”汪巽元诗：“碑存汉石高嵯峨，汉字漫灭新镌讹。台非旧筑行人过，赤帝当年布衣起。老妪悲啼白帝死，芒砀生云凝夜紫。一朝花发咸阳春，老剑磨血销京尘。归来故里天上人，千古斜阳愁色里。草没荒城狐掉尾，不信英雄化为鬼。” 张昱诗：“世间快意宁有此，亭长还乡作天子。沛公不乐复何为，诸母父兄知旧事。酒酣起舞和儿歌，眼中尽是汉山河。韩彭诛夷黥布戮，且喜壮士今无多。纵酒极歌留十日，慷慨伤怀泪沾臆。万乘旌旗不自尊，魂魄犹为故乡惜。由来乐极易生哀，泗水东流不再回。万岁千秋谁不念，古之帝王安在哉？莓苔石刻今如许，几度西风霸陵雨。汉家社稷四百年，荒台犹是开基处。”刘康俊诗：“六国无人祖龙死，布衣提剑山东起。八年置酒未央宫，千载犹思复田里。风飞雷厉来咸阳，锦衣其如归故乡。登台作歌醉眼白，俯视四海诸侯王。寂寞河边一丘土，烟树苍茫接齐鲁。行人何必重伤心，世事回头今已古。” 陈孚诗三首：（一）“沛中一曲大风歌，谁识尊前慷慨多。拔木扬沙睢水上，大风中有汉山河。（二）沛上风云志未酬，彭城先有锦衣游。同为富贵归乡者，只是龙颜异沐猴。（三）原庙衣冠久已灰，断碑无首卧苍苔。至今风起云飞夜，犹想帝魂思沛来。” 罗坤泰诗：“翠华遥指故乡来，龙准高歌亦壮哉！海内风云三尺剑，沛中烟雨数层台。斩蛇空洒秦灵泪，戏马常怜楚霸材。二十四陵俱寂寞，古碑犹自枕苍苔。” 明杨士奇诗：“汉皇靖宇内，六合承统御。万乘还沛中，龙旗翼銮辂。酒酣歌大风，气势排云雾。往绩示殊伟，丕图怀永固。宽仁运乾纲，四百隆鸿祚。至今千载余，光华垂竹素。崇台面河曲，穹碑倚烟树。我来属秋杪，维舟久瞻顾。矫首芒砀云，澹澹青空曙。” 曾棨诗：“秦皇失其鹿，咸阳为飞灰。沐猴万人敌，叱咤生风雷。堂堂隆准翁，伏剑起蒿莱。天威动四海，顾视群雄摧。垂衣坐关中，黄屋高崔嵬。一朝念乡土，万乘忽归来。酒酣发浩歌，意气何壮哉！大风撼枌榆，白日照尊罍。焉知天运移，炎祚忽已颓。凄凉千载后，秋草翳荒台。流景能几时，昆明起尘埃。飘飘芒砀云，飞散不复回。至今中阳里，恻怆令人哀。薛瑄诗：故城南畔泗河隈，汉祖歌风旧有台。乐饮一时酬父老，壮心千古忆雄才。新丰桑柘萧疏尽，芒砀云霞散漫开。一自鼎湖龙去后，英雄几复沛中来。　（又）：素灵夜哭秋郊月，汉祖吴钩三尺血。芒砀云气从飞龙，咸阳竹帛随烟灭。独绌群策驱群雄，汉中一旅红旗东。韩郎对语识成败，董公遮说开天衷。王者之师仁以武，诸侯效顺力如虎。关河百战芟群雄，垓下一歌散强楚。风尘荡涤天下清，万乘不忘布素情。黄屋归来见乡邑，宴饮父老如平生。酒酣拔剑高歌起，歌词激烈振天地。雄志深知大业成，霸心尚思猛士倚。群儿逐我声悠扬，起舞四顾何慨慷！乐极哀来泪沾臆，魂魄千秋思故乡。遂令此邑为汤沐，独承天宠何优沃。四百休运同始终，三国遗民想兴复。至今有台泗水滨，雄豪一去千余春。坏埒层层积苍藓，平原漠漠生黄尘。我来正值清秋暮，桑柘萧萧叶飞雨。泗水南流芒砀高，霸业王风复何许。徘徊重是古帝郊，摩挲石刻心焦劳。俯仰秋天莽空阔，杳杳鸿鹄凌风高。” 李时勉诗：“君不见，歌风昔日有高台，古人不见今人哀。露砌荒凉余白石，断碑剥落生苍苔。忆昨歌风台下路，凤辇归时花满树。锦筵戏乐天上来，娇娥舞袖云中度。威加海内未可论，何如归见旧山村。青云壮士古来有，白发遗民今少存。秋日经过望齐鲁，野草寒花是谁主？远色平分砀北云，寒声暝度丰西雨。层台叠榭势转奇，世人相逢那得知。好看汉祚从此启，铜雀姑苏空尔为。"　李东阳诗："风急高城涌暮波，旧时台榭此山阿。鹿当秦楚黄尘合，龙去芒砀紫气多。海内英雄休战伐，里中耆旧喜经过。功成坐失萧墙计，遗恨当年猛士歌。"　唐顺之诗："我来拟上歌风台，岂意台空只平地。琉璃古井亦崩塌，断碑无字苔藓翳。当年此地说豪华，富贵归乡多意气。枌榆社里列黄麾，泗水亭前张赤帜。里中父老竞来窥，昔日刘郎今作帝。共谈畴昔帝一噱，季固大言少成事。椎牛张宴里闬空，进钱今日几万计。坐中只戴竹皮冠，众里常呼武负字。酒酣击筑帝起舞，乐极歌残更流涕。游子谁不悲故乡，万岁吾魂犹乐沛。赐名此朕汤沐邑，世世田畴免租税。风起云飞又一时，往事萧条谁复记。樵人不识斩蛇薮，行客还归贯酒市。台下黄河尽日流，瞬息人间几兴废。"　叶向高诗："汉帝歌风去不回，空山落日照高台。一从芒砀无云气，几见昆明有劫灰。原庙草荒清跸路，断碑苔掩浊流隈。长余魂魄千年在，惆怅枌榆事可哀。"　屠隆诗："汉家汤沐旧山河，宫树临淮控夜波。明月可能销艳舞，西风吹不散悲歌。山河紫气春阴合，台上黄云秋色多。万岁叹娱欢不足，平沙辇道此经过。"　沈梦麟诗："孤舟入沛夜如何，况复登台感慨多。龙虎已销天子气，山河先入大风歌。九霄霜露凋黄叶，五夜星辰下白波。独有当时三尺剑，至今光在未全磨。"　李玺诗："古道春阴赤帝城，疏藤斜竹隐丹楹。鸿沟未许中分立，龙彩常惊五色横。台上风云丰沛酒，马头烟雨古今情。相逢可叹山河改，莺语犹能出汉声。"

王洪诗："赤精自天启，黄屋凌空开。富贵归故乡，遂筑歌风台。佳人弄瑶瑟，故老持金罍。酒酣自击筑，浩歌何雄哉！飒爽龙虎姿，旷荡风云怀。顾为万岁后，英魂尚归来。回首望彭城，孤台亦崔嵬。百战功不成，千载令人哀。"　叶铭臻诗："黄屋初乘入故乡，悲风从此醉壶觞。固知有国因三杰，复恐无人守四方。丰沛到今何寂寞，风云终古自飞扬。荒台独上追陈迹，空见残碑傍夕阳。"　万寿祺诗："日暮高台风大呼，沛宫子弟尚存无？莫言猛士今安得，已识真人先有符。杨柳岸高悬野渡，桃花沙暖入平芜。浟浟泗水环祠庙，谁见尘埃旧酒徒？"

阎尔梅诗八首：(一)"上得歌台风满天，如闻筑击十三弦。还乡高会山河动，开国元音创守全。重过屠门颁铁券，亲呼酒媪赐金钱。西京乐府从兹始，俯仰情深妙不传。"(二)"砀峰云绎七峰藏，泗水波澄发怪光。屋上龙交生汉祖，山中蛇断应秦皇。英雄原不羞贫贱，歌舞何曾损帝王。认取当年悲乐地，蛩吟鸟语尽宫商。"(三)"泗水亭阴列汉官，营连桑梓共盘桓。屠沽拜将亲朋贺，子弟封侯父老欢。驻跸不劳绵蕞礼，围樽仍著竹皮冠。军多汲尽琉璃井，无数绳痕泐石干。"(四)"天然风雅创无伦，写意狂歌若有神。不到故乡乘酒兴，谁知隆准是诗人？湖山响应王侯和，丝竹音谐节奏匀。伏腊永怀汤沐事，每登原庙辄沾巾。"(五)"荒台径可作离宫，妙选良家百二童。击节三声风响变，停銮十日酒垆空。追谈壮士诃蛇媪，漫对群臣谑狗功。虽与项王同泣下，还将成败决英雄。"(六)"淮南振旅过香城，衣绣云何肯夜行。驱策群雄三杰冠，摧挫大敌五年平。直开关内星辰气，不讳山东酒色名。嫚骂亦看何等客，腐儒原自使人轻。"(七)"威加海内不言尊，天子王侯醉里门。昔假万钱争上坐，今提三尺定中原。飞扬自写真人势，慷慨能招猛士魂。莫与汾阴辞并奏，秋风衰飒不堪论。"(八)"张饮城西恋首丘，帝王难得此风流。中兴十世生文叔，后起三分托武侯。斗智无方能破楚，临终数语径安刘。音容杳矣羹墙近，疑有灵光在上头。” 又《读书歌风台偶吟》：“读经常恨古人欺，不博群书不敢疑。讨论马班重著史，删除苏李更谈诗。汉三分后奸雄僭，梁四公来考证奇。惟独吾卿传雅颂，大风歌沕蔡郎碑。” 国朝邵长蘅《怀古诗》：“芒砀真人乘赤龙，故乡行幸有遗宫。壁埋蝌蚪荒碑在，木落牛羊寝殿空。汤沐百年欢父老，衣冠十日拥儿童。淮阴已族黥彭醢，慷慨何须悲《大风》？” 顾大申《雪后登歌风台示沛令》：“一剑收秦鹿，秋风万里心。悲歌谁掩泣，壮士已成禽。井邑新丰旧，龙蛇大泽深。残碑埋野戍，雪后此登临。” 张鹏翮《过沛题歌风台诗》：“残碑读罢意徘徊，猛士何如王佐才。泗上云飞烟树晚，空留明月伴荒台。”袁枚二首：（一）“高台击筑忆英雄，马上归来句亦工。一代君臣酣饮后，千年魂魄故乡中。青天弓箭无留影，落日河山有大风。百二十人飘散尽，满村牧笛是歌童。（二）泣下龙颜气概粗，子孙世世免全租。有情果是真天子，无赖依然旧酒徒。父老尚知皇帝贵，水流如听筑声孤。千秋万岁风云在，似此还家信丈夫。” 吕俶二首：（一）“松柏苍苍覆汉庭，汉皇遗韵未凋零。苔侵赑屭纹皆紫，雨蚀风云篆亦青。大泽月寒神母泪，春郊花发美人馨。中原既定怀贤哲，碣断歌残尚有灵。（二）清商一夜老蒹葭，赤帝台边万籁赊。仙杖不归榆社路，大风犹绕汉庭花。斜阳漷水飞黄叶，冷月宫前响白沙。感慨当年游幸地，萧萧松柏乱啼鸦。” 邑人朱翰卿《歌风台怀古》四首：（一）“汉帝当年宴沛宫，宸游善与故人同。客来废院寻残碣，日落平沙尚大风。岂有真龙愁得水，奈无高鸟竟藏弓。讴歌听取遗音在，半笠斜阳唱牧童。”（二）“风高疑听筑声孤，魂魄还乡事有无。垂老君王思故旧，功成将相半屠沽。三秦策定樽前箸，六国兵销卧内符。到此都忘天子贵，牵羊童叟共欢呼。”（三）“荒台寂寞俯城阴，艳说当时翠辇临。礼乐三王传正统，文章两汉启元音。悲歌未减英雄气，欢醉无忘创守心。不为还乡夸昼锦，旧游贫贱最情深。”（四）“大泽烟云剑气深，龙飞蛇斩判升沉。什方忍怨封雍齿，三恪推恩失□心。使酒客来欣得鹿，采芝人老耻为禽。朝仪何必谈锦蕝，一体君臣恺乐吟。”

清风潭 旧志：在夏镇城中河防同知行署后，皮工妻女沉水处，工部主事綦江杨为栋立石表之。按：采访在部城东北隅。

饮马池 旧志：青龙桂藉山上有方池，相传萧何尝饮马于此。

马蹄泉 （采访）：在三河口集文王庙前、运河岸下，泉水细流不竭。旧志府志俱不载，今补入。

苞桥 府志引《方舆纪要》：在今沛县西，一作泡桥。宋元嘉中，魏兵败于此。

注：本卷第十六页。原抄本书眉注有：此处有脱漏。又注：宣统二年春重修沛志，原抄本遗误颇多，虽经人校正，尚不能免，有感而作此旧题：片羽堪珍恨不全，披寻剩字摭残编。文章千载能神晤，可否两分待笔传。莫任豕鱼沿旧谬，敢夸金玉继前贤。从兹一付剞民手贞固也同泐石坚。张德馨，字一山。

石梁 府志引《水经注》：泗水南经小沛县东，县治故南垞上。东岸有泗水亭，水中有故石梁处，遗石尚存。同治间，徐海兵备道吴世雄徙皮郡城，存监司署中。

武庙　府志有十一：一入坛庙，一在南关堤内，一在邵玉集，一在夏镇运河东岸，一在县东北五十里北络房村，一在县北十二里张家庄，一在县北三十里庙道口。明万寿祺《小沛壮缪侯庙》诗："沛城城北路，庙貌一时新。友道殉臣道，今人愧古人。春风看立马，夜雨泣悬鹑。牧畜东山客，悲歌动鬼神。"一在县东南八里汉台乡；一在卜家圩；一在县南十二里；一在县东三十里。按采访：又一在鸡鸣台之左。同治十年，湖团东民创建。钜野王有翼撰碑记：吾乡各村率有关圣帝君神祠。春秋祈报肃观瞻焉。湖团历年兵燹，日不暇给。迨干戈稍息，爰于正殿东偏拓地三弓，辉煌圣像，焕然聿新。余每览帝君庙碑，非颂功德，即感灵应。昔人所已言，固亦无庸再赘，谨即所愿望者，藉帝君灵为吾团祝。祝曰：帝君有灵兮勿动刀兵，流寓土著兮如弟如兄。帝君有灵兮英才蔚起，百年树人兮蒸我髦士。帝君有灵兮岁逢大有，鱼龙潜藏兮勿为渊薮。帝君有灵兮灾祲永息，人寿年丰兮禔福无既。帝君之灵兮乐洋洋，年年箫鼓兮报赛长。黍稷鹅豚兮与酒浆，白叟黄童兮竞趋跄。含沙鬼域兮咸遁藏，国税早登兮催科不忙。各安生业兮足稻粱，帝君之灵兮锡福无疆。

又按采访云有二十三，叙述互异，此间必有重复，姑附录以备查。一在治东南二十三里朱家阁；一在治东南二十里陆朱庄，有碑记；一在庙道口砦；一在治西北二十八里刘家马头庄；一在刘范庄砦；一在鸡鸣台；一在治东北四十五里李家集；一在杨庄闸西二里九龙坛；一在三界湾；一在部城内，又有春秋阁；一在三孔桥南运河西岸，今圮；一在治西二十里阎家砦西；一在谭家砦南七里徐楼；一在谭家砦东南七里梁庄；一在鹿楼集；一在王店集；一在蔺楼砦东二里，曰蔡家庙；一在砦西南三里，曰亓家庙；一在砦西北二里李集；一在七山砦东门外；一在封黄庄砦；一在姚家砦；一在城内，曰山西会馆。

火神庙　旧志：有三，其二入坛庙。一在夏镇南门内西偏，明万历间建。又采访：有八。一在庙道口砦；一在治东北四十五里袁家堂；一在欢城集；一在治西南三十里袁集；一在蔺楼西北李集；一在七山砦内；一在孟家砦南；一在辘轳湾砦南。

大王庙　旧志：有五。一在县南泗河北岸，明万历间建；一在县西南四十里小盘龙村，嘉靖间建；一在县东南十五里上沽头，嘉靖间工部主事陆孟韩建，今废；一在县南二十五里下沽头；一在县东北三十五里三河口，嘉靖间建。明天启四年十月，翰林院检讨吴郡姚希孟《祭金龙大王词》：天启壬戌冬，史氏姚希孟将母而南，过泇河，有胶舟之患，祷于金龙大王，为文以祭妥意。百川吐纳，神龙得主之，遂以神为龙。神言金龙者，或西方色也。逾一年，见南浔朱平涵相国所著《涌幢小品》，载神事甚悉：神姓谢，讳绪，晋太傅安裔。生宋季，以戚畹不乐仕，隐金龙山椒，筑望云亭自娱。咸淳中，浙大饥，捐赀活人甚众。元兵入临安，掳太后、少主去。神愤惋赴江死，尸僵不坏，乡人异而瘗之。大明兵起，神示梦当佑圣主。时，傅友德与元左丞李二战徐州吕梁洪，士卒见空中有披甲助战，虏大溃，遂著灵应。成祖凿会通渠，舟过洪者，祷辄应，于是建祠洪上。隆庆中，潘司空季驯以漕河塞控于神，语稍倨，有掾史过洪者，神示梦让司空，并于掾史而预以河通之日告。相国与司空同里，言当不谬，其存殁颠末，亦必有据。向者妄以灵族相拟，则不学之过矣。逾二年，舟过祠下，复以一少牢祭，而申之词曰："混茫划破分两仪，日星河汉相昭垂。弼辅天帝先乘箕，谁与川后闲地维。黄流沸出银河湄，奔腾赴海穿郊圻。鼋鼍鼓鬣分东西，波臣队队迎灵妃。汗淘澎湃洪涛吹，宛如万马空中驰。狂飙拔地风伯痴，危樯欲舞蓬欲飞。满舷胆裂声悲嘶，相对面面如死灰。仓皇一似东门斯，又若秦廷赋无衣。玉腰金肘安所施，赳赳扛鼎独健儿。到此拳踢成缚鸡，维有达人稍委蛇。谢公泛海犹水□，管宁有过心自知。科头晏起皆非宜，有时回枕旋淤泥。流沙坟起惊舟师，篙楫弱似枯杨枝，三日五日舲不濡。维将绵缆攀长堤，愚公北山不得移。众口如同一口齐，急呼大王声相随。纸钱乱掷飘云旂，愿共刲羊及屠豨。惟神仿佛能鉴之，一呼一转行如坻。阳侯拱手开前衢，老蛟戢遁长鲸披。片帆仍挂蓬窗推，游鳞浴鹭双依依。平川落日蒸晴辉，悠扬欸乃疑薰篪。以此贤愚共嗟咨，巫风相率陈坛壝。坎其击鼓舞僛僛，鸾刀既奏倾甘醴。我因佚史探灵奇，知神灏气腾虹霓。双龙血溅崖山矶，踊身南向鲛人居。天将七尺肩民彝，屈徙伍相相扶携。素车白马喧鼓鼙，济漯直下通淮淝。银涛涌出光陆离，烈烈生气横须眉。齐志誓欲吞胡夷，排阊叫天天亦欷。真人应运黄钺挥，役使虎豹驱熊罴。勾陈太乙随鞭笞，君于此际张神威。欃枪迅扫旄头摧，神异昭昭众目窥。舳舻衔尾运国聚，千仓万箱凭护持。庙食美报非无稽，威灵真使泰华低。药师未许轻恣睢，从来正直号神祇。忠孝为骨仁为基，上帝传临置有司。岂容听滥给群迷，人世狐假纷相挤。沐猴冠盖争雄雌，皇灵反作窃弄资。民膏吮尽如豺䳱，筐篚簠簋罗阶墀，如以血食供山魑。人听反高天听卑，岳渎主者恒无私。曾分苍璧受玄圭，彰威布德皆天机。堪笑众人尽嗤嗤，祷神不知神是谁？若将祭赛徼宠绥，何异望岁操豚蹄。我兹来往行迈迟，小小迁滞消惊疑。板舆顺适同荆扉，画船箫鼓月照帷。中宵踟蹰思皇慈，窃禄乘传曾何裨。六年史职编摩亏，应有神明责素□。香焚一瓣酒一卮，揽衣褰拜瞻灵祠。煌煌大节知者希，当年犹愧空摅词。征文考献允若兹，丰碑不独宣房□。　又，康熙二年癸卯，工部营司主事仁和李禧熊有《重修碑记》：大清肇统十有七年庚子，禧熊奉简书，行新、泇两河事，乃以秋尝祀典，有事于三河口金龙大王祠下。瓦宇尽圮，庭坛不存，神像飘摇于风雨中。有司循故事，具牲牢，委致于草莽而竣事。禧熊执卺献爵，心窃耸惶，以为国家转漕之利，赖有河工，非徒汉室宣房之忧也。三河口之有金龙庙，自嘉靖丙寅始。曷始乎？其时黄决于沛，湮复旧筑。镇山朱公、印川潘公协荒度力开新渠，而首以三河口为计。三河者，沙河、薛河、赶牛沟也。三河之水得其治，则利在新渠；不得其治，则患亦在新渠。当日治之之方，不及详纪，独是患去而利存。虽曰人力，可谓非神式灵之耶！闻之祭法：山川神祇有功烈于民者，则祀之。河神之功，其可泯哉？此金龙庙之所由始也。迄于今，问其世，则再更矣；问其年，则百有余岁矣。沧桑之变不可胜悼，而奚论一庙之兴废耶！我大清定鼎以来，贡赋因两河之旧迹，以为转轮。河不变，则神常存，神常存，则庙不可废。天启间，火于萑符。越一年，刘使君复建焉。曾几何时，而倾颓若此，神之存耶否耶？今者大中丞梅麓朱公衔王命治河，绩用有成，每东巡出此，亦愀然于祠宇既废，无以妥灵揭虔也。禧熊因请葺治焉，用以继二公之前烈，而永祀典于不衰夷。考《碑记》所载：潘公梦兆三神，以定庙址，此又金龙庙不可废之明验也。且禧熊为潘公之外曾孙，莅官于兹，而忍使渭阳遗迹湮灭不彰欤？爰捐赀鸠工，仍其旧址，新其栋宇。经始于辛丑仲秋，而竣工于仲冬。水西之庙，庶几其未堕乎！择僧以居之，使有守也；购田以艺，使有养也；筑堡以卫之，使有恃而无恐也。皆所以奠安斯庙而，俾之永且久也。今而后，春秋致飨，俎豆明禋，有司告成礼以退，较畴昔之委牲牢于草莽者，神其孰歆而孰吐哉！

龙王庙 旧志：在夏镇城东隅，运河西岸。嘉靖四十五年，李邦振撰有《碑记》，吴郡周天球书：水之难治，古之人累言之，谓顺流利导，行所无事，治之善者也。然有其地，行其性，则功易施。若夫奔涛怒湍，沙水下涌，我适有渠，横垝厥冲，而地不能徙，又欲资水之我利，避沙之我湮，于此治之，非出古人所难之外者乎？今之三河口，固其所也。滕之东境，层岭沓涧，霖潦水溢。自连青山而发，是为沙河。费西入滕，山长泉广，众源会流，经薛之故墟，是为薛河。滕陈绪社北嗟沟旧泉，合东坡、峰山、薄山三水入南石桥，泉行两河之间，是为赶牛沟。三河交汇处曰“口”，西趋昭阳湖百里而遥，流长势缓。惟余清泚，由荆沟口入旧渠，以济转漕，亦永有利矣。乃嘉靖乙丑，河决于沛，旧渠湮没，上廑圣命，特命大司空行御史大夫事、吉州朱公衡往治之。公虚己咨询，议开新渠。自南阳逾三河口，讫于留城，斥远冲啮□□不与河争利。疏闻，制曰可。仍命大中丞吴兴潘公季训副之，相与协恭讲求疏凿之。故而首以三河口为计，盖洼之难于起，阜之难于深，皆可倍工取效。而三河口之治也，务利之归，害之去，势不可兼，善难莫甚焉。揆维山东参政武昌熊公桴，尝官吴中，修水利，缮海防，茂章绩望，俾分理之。公得三河以北之地，星驰野宿，躬率万众，贾力向役，倡勤劝惰，浚深凿坚，旋将竣事。顾三河不易为力，乃期同事河南宪使梁公梦龙，曹、濮兵宪胡公涌，沂州佥宪郭公天禄，搜壑穷源，心思是竭，质成二老，务裨永图。上下其谋虑，逾时未决。一日，二老移教同文，与公之精相吻合，遂土渠数里，筑长堤，过沙河之冲，沿渠则断以高坝。相视上游，疏翟家口诸处，泄其水于马陂湖，而北合鲇鱼泉以济新渠。盖逶迤其势，与趋昭阳、出荆沟者同意也。赶牛沟之口则筑塞之，折其流，南汇于薛河。薛河之口则筑石坝稍昂之，使水溢出而泥滓不得俱下。凡水土木石之工，费以巨万，而始克报竣。值秋，三雨水，三溢水，形如所处，尽得厥利，而害卒以远。新渠用成，而安我国家万世重计，熊公不敢居其成，而颂美二老。朱公曰：“余其贪天之功哉！或神之启余□也。第山川奠灵，而辄有更置，盍祠之水口，以报飨之？”潘公闻而趋然曰：“异哉！余有先兆也。昨梦三神人，云帝锡而祉，当祠我于水西。水西，故沙口也。”熊公喜，以宪使洛阳刘公执策多裨益，徐语及之。刘公曰：“心之虚境，神之府也；身之虚境，天地之神之所游也。吾有谋有猷，根诸心之诚，则我之神合天地之神，所以成天下之务者。若或导之，是故思之，思之人谋鬼谋相参以成能。所谓吉事有象有开，必先是已。兹二老忠贞体国，忧勤至计，而熊公夙夜惕若，以求允济，则神之听之，发其明睿，出其嘉画，以毕此骏功。不有冥佑默相，而曷克臻此耶？”相与捐帑建神龙之祠，为三河口之镇。时滕尹吉安张君启元，邹尹章君时鸾，俱以文学政事知名，克肩堤坝之筑，有荣于是役者也。谓祠成当纪诸石，以表群公之德，昭神明之贶，垂示绵代。俾由渠而上下者，知所以治之之难，乃属余为之辞。辞不获，辄叙次之，而系之言曰：“维河有神，禹则肇之。血马沈璧，灵庥乃滋。悯此徐方，洪流斯震。民命胥沦，王会靡觐。帝命司空，水土是乘。勖哉祇事，副之中丞。翼翼司空，国之耆蔡。桓桓中丞，桢干攸赖。戾止河滨，集议广思。参政乃来，协恭以维。相维三河，新渠中贯。利则我济，淤亦我患。难之慎之，嘉画是资。久而遇之，实神司之。乃堤乃坝，以宣以遏。疏凿互与，水利用达。混混新渠，国之元脉。万方来庭，迈往靡忒。宣房徒侈，郑白匪俦。终缵禹功，千祀永休。功高不伐，归美于神。有炳神烈，景贶聿臻。肃肃庙貌，惟神于妥。朕功勿忘，念哉元佐。"

送子白衣观音庙 采访：在欢城集，今改碧霞元君庙。雍正四年，新安齐云山人汪翰《碑记》：赤子黎元，结有情之善果；白衣大士，广应世之潮音。愿力弘深，因缘普遍。非女曰女，共昧法身；祈男则男，顿归灵感。如掘地得水，无处不然；或探珠于渊，有时后获。念愿猛省，妙湛而生光生形；尘劫尽蠲，圆通而无人无我。爰当圣庄严之期，正逢人寰兴胜之秋。从兹祥云永覆，慧日常悬。莲台清净，悯群黎而法海无边；竹径幽深，慨下愚而慈航普渡。所有修建姓氏，镌石于后，共乐久远，永垂不朽云。

太山庙 采访：在珠梅闸上。嘉庆十五年重修。知县事海宁许嘉猷《重修碑记》：盖闻汝阴旧壤，湖陵名区，星分房宿，地据河滨。春雨楼中，怀前代胜游之迹；大风台畔，溯当年酣歌之基。刘伶之宅。靡留，永赖之亭已圮。凡兹名胜之区，必建祠坛之所。一邑咸蒙呵护，万姓共仰声灵。维嘉庆元年丙辰，河流漫溢，百里汪洋，四封泛滥。珠梅闸上旧有太山庙一座，崇垣倾陷，神像漂流。厥后，大王庙中，暂供香火。暨七年壬戌，武昌左卫运职等倡议重建。第虑工巨费大，独力难支。住持僧性诚，捐资得半，永观厥成。余承乏是邑，八载于兹。庚午春，督挑浚事。冬，复往来河干。因得瞻仰庙貌光昌，神灵巩固。既美运职之好施，又嘉僧人之有志也。是不可以不记。

吕公堂 在文庙西偏，正殿塑吕洞宾仙师相，匾书"古风仙境"四字，相传为古古先生笔。道光二十五年，僧妙用募建春秋阁、两庑。于大殿后阁塑帝君像，神气如生。

玉皇庙 旧志有四：一在县西门外，明万历间建，康熙知县郭维新增建；一在县东北三十里曲房集；一在县东二十五里，嘉靖间建；一在夏镇，万历间重建。采访云有六，叙述互异，附录备查。一在治东南二十一里贾家阁；一在庙道口砦；一在珠梅集；一在傅庙砦西北二里；一在治西北一里；一在姚家桥砦。

东岳庙 旧志有五：一在县东半里泗河北岸，元元统间建，有吴兴陈绎曾《碑记》；明永乐间重建，万历间重修。一在县西三十五里北孟村；一在县西北六十里沙河镇；一在夏镇，嘉靖间建；一在县南五里，嘉靖间建，有邑人楚维贤《记》，万历间重建。按(采访)云有三，叙述互异。一在杨庄闸西岸；一在部城内曰天齐行宫，有明万历间《碑记》；一在今治东北，曰天齐庙。

玄帝庙 旧志有八：一在县治河东半里，明正统间知县王清重建，弘治间修，有邑人高恺记，万历间重修；一在北门子城内，万历间知县罗士学自城内迁建。明张贞观《新迁玄帝庙记》：玄帝庙之在邑治者二，一据泗河之浒，载在邑乘，谓创于天顺间者是也；一为今庙，邑乘不载。盖嘉靖乙未，自县南潴水桥迁入城北市中，迨今匝一甲子。客岁秋，彭山罗侯顾瞻庙宇逼近居民，湫隘不称，以北门子城之右隙地僻静，安神为宜，爰下令迁之。选匠僝工，撤旧为新，以坚易腐，不两月而工告成。侯以兹役不可无言纪成事，乃授简不佞。不佞承乏礼垣，职典祀事，其于国家崇祀诸神，博稽详绎，粗窥梗概。窃怪传真武者之幻妄不经，诬世且以诬神也。《周礼·司服》有“祀昊天上帝与祠五帝”之文，盖帝天一也。以覆冒言，谓天；以主宰言，谓帝。而帝之随方因时，异位异名，则有赤、青、黄、白、黑之分，实一气分布为五。玄帝者，即上天，北方之分气，黑帝是也。又青龙、白虎、朱雀、玄武之名，见于《曲礼》，陈澔谓指四方之星，形似而言。北方七宿，虚危如龟，腾蛇位其下，故称玄武。至宋真宗避祖讳，始易“玄”为“真”，而世称真武神者，例必曰玄天上帝，其意固可识已。史称三代祀天之礼，至秦无复存者。秦襄公始作四畤，祠白帝。其后并青、黄、赤而祀之。至汉高帝乃立黑帝祠，名北畤，与故四帝祠而五。则玄帝之祀，其为北畤又何疑？论者谓天犹之性，帝犹之心，五帝犹仁、义、礼、智、信之心，随感而应。其说为近，大都天为积气，气之所积，神灵生焉。一气五运，总之皆天，犹太极分布为五行，五行总之一太极也。玄帝之祀，几遍宇内，视他祀为特隆，无亦以北方之分气，于象为水，于卦为坎，于时为冬，天一之生气独先，而万物胥此归根复命，成始成终，功德斯世，更腆且渥与？乃混同。赤文，谓帝生于开皇初劫，为净乐国王太子，遇紫虚元君授以道秘，遇天神授以宝剑，东游武当，修炼飞升。《元洞玉历记》又云：帝于殷纣时，与六天魔王战于洞阴之野，魔王以坎、离二气化苍龟、巨蛇，帝以神力摄伏之。无论其说浩渺怪诞，茫不足据，即果如所云，则真武之祀，且当在狄梁公所毁千七百祠之列。而我太祖厘正祭典，罢一切淫黩诸祀，何独俨然列之留都十庙？我成祖于太和山备极尊崇，典鸿仪缛，赫奕千古，又何为哉！盖秩祀有三：天神、地祇、人鬼。古者祀天地必配以人帝，如春祀青帝而配大皞，夏祀赤帝而配以神农，诚谓功德参天地，即配之无祚耳。祠祭家不达其旨，于天神、地祇之祀，妄立名姓，惑世愚民，如真武之说者，往往而是，甚且列昊天上帝于其所谓三清之下。夫老聃生于衰周，死有墓，延有子孙，乃人鬼也，而可跻之上帝上乎？此唐玄、宋徽欲尊天，而不自知其亵天祇，为老氏者流添口实。不佞有激于中，旧矣。辄因侯之命，而并道其所欲言者如此。若侯之事神治民，经画注厝，种种宜人，此曾未足概其万一，不佞奚赘焉？庙凡为正殿三间，大门一座，周围以垣，别为余室一所，则黄冠者所寄宇也，例得附书之。

一在县南十里汉台乡；一在县北三十里庙道口；一在县西北三十里徐家集，一在县西二十五里高庙房集；一在县东北三十五里欢城集；一在县南三里漷河南岸，今废。按采访云有七，叙述互异。一在城内；一在大张砦北二里；一在三河口砦西南；一在高房集；一在杨明集；一在蔺楼砦西北李集；一在七山砦东门外。

三官庙 府志有四：一在县西南古城址；一在县东关油坊口；一在县东射箭台；一在夏镇。按采访云有五，叙述互异。一在县东南二十二里；一在高房集；一在治南三十里刘庄；一在朱楼砦南二里张李庄；一在大闸砦，今圮。

三皇庙 旧志有五：一在鸭子村；一在高房集东南；一在千秋集；一在南秦村；一在夏镇城南。又采访有二：一在傅家庙砦西北二里；一在治西。

汉高祖庙 旧志：一在沛宫故地，为汉高祖原庙。汉孝惠时，以沛宫为原庙。后汉光武建武五年，帝幸沛，祠高原庙，即此，今失其处。一在泗水亭中，建武二年，盖延定沛、楚，修高祖庙，久废。明万历三年，知县倪民望始于歌风台东南建殿三楹，春秋致祭。按府志引前志云："原"训"重"，于京师高庙之外又立庙，故为之"原"，断无原庙之旁复有庙。且盖延岂有舍原庙而别修无名之庙，光武又岂有舍延所修而祠未修之庙乎？分为二者非是。然据《水经注》：沛宫有汉高祖庙碑，泗水亭又有高祖庙碑，年代绵远，未敢定论，姑存旧说于此，今录之以备考。唐柳宗元《沛上原庙碑铭》：昔在帝尧，光有四海，元首万邦。时则舜、禹、稷、契佐命垂统，股肱天下。圣德未衰而内禅，元臣继天而受命。四姓承休，迭有中邦。五神迁运，炎德复兴。周道削灭，秦德暴戾。皇天畴庸，审厥保承。乃命唐帝之后，振而兴之。又俾元臣之后，翊而登之。所以绍复丕绩，不坠厥祀。故曲逆起为策士，辅成帝图。吐谋洞灵，夺奇如神，舜之胄也。汝阴脱帝密纲，摧敌暴气，扶乘天休，运行嘉谋，禹之苗也。鄼侯保绥三秦，控引汉中，宏器廓度，以大帝业，契之裔也。淮阴整齐天兵，导扬灵威，覆赵夷魏，拔齐殄楚；平阳破三秦，虏魏王；绛侯定楚地，固刘氏，皆稷之裔也。克复尧绪，昭哉甚明。天意若曰：建大德者，必唐帝之胄，故汉代兴焉；翼炎运者，必唐臣之孙，故群雄登焉。是以高帝诞膺圣祚，以垂德厚，探昊穹之奥旨，载幽明之休佑。杀白帝于大泽，以承其灵；建赤旗于沛邑，以昭其神。假手于嬴，以混诸侯；冯力于项，以离关东。奉赞尧之元命，而四代之后，咸献其用；德乘木之大统，而秦楚之盛，不保其位。既建皇极，设都咸阳，抚正四方，训齐天下。乃乐沛宫，以追造邦之本；乃歌大风，以昭武成之德；乃奠旧都，以壮王业之基。生为汤沐之邑，殁为思乐之地。且曰万岁之下，魂游于此。惟兹原庙，沛宫之旧也。祭蚩尤于是庭，而赤精降；导灵命于是邦，而群雄至。登布衣于万乘，而子孙得以缵其绪；化环堵为四海，而黎元得以安其业。基岱岳之高，源洪河之长，蓄灵拥休，此焉发迹。盖以道备于是，而后行之天下；制成于是，而后广之宇内。天下备其道，而神复乎本；宇内成其制，而心怀其旧。宜其正名以表功，用成其始，俾生灵尽其敬焉；陈本以宅神，用成其终，俾生灵尽其慕焉。故高帝定位，建兹闷宫；惠皇嗣服，爰立清庙。绵越千祀，至今血食，此所以成终而成始也。且夫以断蛇之威，安知不运其密用，佐岁功以流泽欤？以约法之仁，安知不流其神眷，相旧邦之遗黎欤？以绍唐之余庆，统天之遗烈，安知不奋其神化，大祐于下土欤？然则展敬乞灵，乌可已也！铭于旧邑，以迪天命。其辞曰：荡荡明德，厥维放勋。揖让而退，祚于后昆。群蛇辅龙，以翊天门。登翼炎运，唐臣之孙。秦网既离，鹿骇东夏。长蛇封豕，蹈跃中野。天复克绪，钟祐于刘。赫矣汉祖，播兹皇猷。扬旗沛庭，约从诸侯。豪暴震叠，威声布流。总制虎臣，委成良畴。剿殄霸楚，遂荒神州。区宇怀濡，黔黎辑柔。表正万国，炎灵用休。定宅咸阳，以都上游。留观本邦，在镐如周。穆穆惠皇，宗湮克承。崇崇沛宫，清庙是凭。原念大业，肇经兹地。方专元命，亦举严祀。建旗衅鼓，遂据天位。魂游故都，永介丕祚。焕别唐典，严恭罔坠。勒此休铭，以昭本始。　唐皇甫冉《汉祖庙》诗："古庙风烟积，春城车骑过。方修汉祖祀，更使沛童歌。寝帐巢禽出，香烟水雾和。神心降福处，应在故乡多。"明周允嘉《高村谒汉高祖庙》诗："高村汤沐地，下马独徘徊。落日吹原庙，歌风想旧台。新台鸡犬去，故土梦魂来。猛士空烦忆，韩彭安在哉?” 陶望龄《沛县过汉高祖庙》诗:“路经旧沛山川古,龙起中原战斗多。一代雄图开赤帝,千秋遗庙傍黄河。云归尚识真人气,风起犹传猛士歌。魂魄来游长此地,汉宫秋色近如何?”

留侯庙 府志:“在留城。”戴延之《西征记》:“留城中有张良庙。”裴子野《宋略》:“义熙十三年,高祖北伐,大军次留城,令修张良庙。”旧志:“自留城移置里仁集,今废。”宋傅亮《为宋公修张良庙叙》:“夫盛德不泯,义在祀典。微管之叹,抚事弥深。张子房道亚黄中,照临殆庶,风云言感,蔚为帝师。夷项定汉,大拯横流。固已参轨伊望,冠德如仁。若乃神交圯上,道契商洛,显默之际,窈然难究。源流浩漭,莫测其端矣。途次旧沛,伫驾留城。灵庙荒顿,遗像陈昧。抚迹怀人,永叹实深。过大梁者,或伫想于夷门;游九原者,亦流连于随会。拟之若人,亦足以云。可改构栋宇,修饰丹青,频繁行潦,以时致荐,抒怀古之情,存不刊之烈。”元陈孚《汉留侯庙》诗:“子房王佐才,其风凛冰雪。天遣鹤发翁,圯上授宝诀。博浪沙中千尺铁,祖龙未死胆已裂。况此喑哑扛鼎夫,不直秋风一剑血。谈笑帷幄间,六合雌雄决。卯金四百年,只在三寸舌。但恨汉德非姚虞,不得身为古稷契。雍熙至治如可作,岂肯脱冠挂北阙。留城古祠今千载,碧藓溜雨眠断碣。我恐至人或不死,尚有笙鹤拥玉节。酌泉采菊往奠之,回首芒砀堕山月。” 国朝张彦琦《留侯庙》诗:“报秦原不为封侯,隆准能依借箸谋。养虎未须贻楚患,神龙便已学仙游。崔嵬寝庙千年在,带砺山河一望收。此后高风谁得似,严陵五月独披裘。”

樊哙庙 旧志:作樊将军庙,在县南鄗胡庄。邑人朱翰卿《樊侯祠》诗:“荒祠杨柳绿阴稠,系马残阳吊古丘。半世雕虫惭寄旅,一肩生彘祭君侯。从龙事业先屠狗,怀古心情暂倚楼。我本歌风台畔客,白云犹是汉时秋。慷慨鸿门拥盾过,将军手挽汉山河。指挥刘项分成败,谈笑蛟龙脱网罗。此日威灵摧亚父,他年剑履让萧何。英雄最是关心事,十万横行刃未磨。驰驱草昧识英雄,乡里交亲气概同。百战整军归灞上,片言排闼到宫中。几番义烈披肝胆,一代君臣竟始终。西望长陵满丰草,破楼钟打夕阳红。”

华祖庙 旧志有四:祀汉神医华佗。一在山川坛之左;一在城西二十二里;一在七山堤南;七山,府志作“七里”。一在苇子园。夏镇运河东岸有华祖阁。

相山庙 旧志作相山神庙,在县西鄗。

三结义[庙] 旧志有二:一在县南门内西偏旧射戟台上,明永乐间重建。正统七年,主簿王勖重修。明周绢《重修三义庙碑记》:去县治东南百步许,有崇丘曰戟台。戟台上有祠,其中祀汉昭烈,并关羽、张飞神像焉。祠曰三结义庙,考之志书可见,而其立名创建之始,则无所据也。志载昭烈守此,与袁术相拒,吕布救之,曰:“我射戟中小支,当各罢去。”一发,果中小支,是戟台得名之由也。按史记,昭烈,中山靖王之后,实帝室之胄,有大志,少语言,喜怒不形于色,素与河东关羽、涿郡张飞相友善。昭烈起,以二人为别部司马统部曲,恩若兄弟。名祠之意,其以是欤?或者以为飞之走下邳、羽之失荆州,似有负所托,名未称其情也。呜呼!是岂足以知其心哉?观曹操之留羽,羽辞以受刘将军恩,誓以共死,不可背之之言;飞随侍昭烈,周旋其间,不避艰险,其自阆州率兵来会,亦无非欲同心雪耻。

二人以昭烈为股肱,昭烈依二人为心腹。其视雎渠之在原、率然之在山,首动则尾应,何以异哉?名祠之意,盖有见于此也。至于利钝得失者,势也,天也,诸葛公所谓不能逆睹者,此也。缉来沛县,尝造祠拜遗像。慨祠宇之倾圮,神像之剥落,无有能新之者。正统壬戌夏,莱阳王君文勉,始于勾稽簿书之暇,乃谋诸同寅,捐资鸠工,仍旧址而改图之。革其朽腐而易以良材,去其坏圬而环以涂墍,剥落者各肖其像,而更塑饰,于是庙貌岿然。旧无榜,乃因名而重题之。落成之日,使来征记。遂述其大概,刻之坚珉,以示来者。万历间知县李汝让重修。一在夏镇南门外。

田祖庙 旧志:在蔡家村西。

马神庙 旧志有三:一入坛庙;一在县治左;一在夏镇城北运河南岸。

太山庙 旧志有六:一在夏镇新河口;一在田李集;一在邵玉集;一在汇子村;一在欢城;一在徐家村。按采访云有八,叙述互异。一在治东南二十里铺;一在三河口集;一在杨庄闸东岸;一在三孔桥运河北岸;一在阎家呰南二里;一在杨明集;一在七山呰,内有明崇祯年碑记;一在欢城集。

五岳庙 旧志:在县南三十里高坨村,明万历间建。

圣德庙 旧志:在庙道口集东北。府志云:无考。

伏羲庙 旧志:有二。一在夏镇南门内,元大德间重修,正德间又修,俱有记;一在县南二十五里,明万历间建,有记。

黄冢庙 旧志:在县南十里。府志云:无考。

二郎庙 旧志:在县治西三十里。

昭惠灵显真君庙 旧志:在县治东北五十里泗亭乡。宋延祐七年,邑人杜珍建。宋陈绎曾《昭惠灵显真君庙碑记》:沛东北五十里,乡曰泗亭,里曰欢城,前挹薛河,后带漷水,新庙翼然,出榆枌阴蔚间,曰"昭惠灵显真君祠",里人杜珍实作之。经始于延祐元年之春,落成于延祐七年之冬。覆殿重檐,两楹五楸,金碧丹采,邕邕煌煌。像设端丽,有赫有严,以为乡人水旱疾疠之所依。凡施以钱,计三千五百余缗,自基及像,皆独力创为之。乡人醵钱以助不足,于是聚而谋曰:"杜翁之所以福于我者,备矣,其何以报?"乃介乡先生傅君国详征记于予,将刻石以著不朽。予闻祭法,能御大灾、捍大患,则祀之。昭惠灵显真君者何?灌口神也。灌口者何?蜀彭门山川也。蜀神而祀于中国者何?宋取蜀,故蜀王孟昶之妾私祀王之像于宋宫中,太祖至而问焉,诡以灌口神对。帝悦,因敕建祠于汴都。御灾捍患之功,于是著于中国。而祀之者,几遍天下,此沛人所以并缘而得祀也。蜀神之灵,果能惠于沛之人乎?昔蜀太守李冰,秦人也,而惠于蜀;今昭惠灵显真君,蜀神也,而惠于沛。秦之人可以惠蜀,则蜀之神,恶不能以惠沛哉?况鬼神之道,不疾而远,不行而至,感之则应,又有妙于人者乎!是一勾龙而社天下,一周弃而稷天下,圣人不以为妄,则沛之人禬禳灾患于蜀之神,可也。杜翁不以神惠自私,而求福其乡人,亦可也。国祥与予交厚,求记,故不辞云。

水母庙 旧志:在县治南,面临泡水,今废。

洪庙　旧志引《漕渠志》云：洪庙在满家闸南，敕建，祀汉汉寿亭侯。水浸，移至康阜楼上。

微子庙　旧志：在县治东半里许，明万历间知县罗士学建，今废。

三司庙　旧志：在上沽头，元至正三年建。相传祀汉关、张及宋包拯。

洪济庙　旧志：在夏镇新河西岸，今圮。

人祖庙　采访有二：一在县南二十五里；一在县东北四十五里邢家堂，有明天启间碑记。

耶娘庙　采访：在三河口集北三里，有明成化二十二年重修碑记，殿宇多圮。

混元庙　采访：在县西南二十里张仙林北。

水火庙　采访：在三孔桥东，运河南岸，有明崇祯元年碑记。

阎君庙　采访：在封黄庄砦北二里，一名王家庙。

城子庙　采访：在治北五十里鸡鸣台。一名三官庙，同治十年，湖团东民重修。巨野王有翼撰《碑记》：城子庙者，三官也。前明以来创修，历有年所。自丰工失险，适当黄水之冲，垣廓倾圮，惟正殿巍然独存。岁乙卯，吾乡诸董事随同唐尧翁，奉宪来垦湖荒，僦居者多日，虔心祈祷，屡荷神庥。阅数年，始从而修葺之，己巳岁，告成功焉。夫拜佛诵经，大抵皆妇孺贡谀之词，移诸聪明正直之神，则邻于亵，亦断非神灵呵护于人之意。惟愿自兹以往，凡乘遗业而缅先型者，睹土地之膏腴，则思当年之斩荆棘；见黍麻之茂密，则思当年之辟草莱。策肥乘坚，则思当年携妻抱子，奔走于途；履丝曳缟，则思当年之沐雨栉风，饥寒莫恤。崇勤俭，戒佚游，革浇薄，从忠厚，庶几基业可存，灾祲可免，而庙貌亦可常新也已。君子曰："此即所以报神庥。"光绪十年，又建阎之省君殿数间于庙前。滕县翰林高熙喆撰《碑记》：湖之堧有城子庙焉，祀三官神。按真诰，有上圣之德，受三官书，为地下主。又二天官立，一官六天，凡立三官，如今刑名之职。又岱宗有左火官、右水官，并女官，亦名三官。立庙祀之，宜哉！粤自东民，垦斯土三十余年，风雨和甘，年谷时熟，佥曰："非神之力不及此。"而殿宇痡瘏，丹青陊剥，历有日矣。乡人士葺而新之，圬者、塓者、垩者、雘者、墁者、斤者，麇集鳞萃。两屋更塑十子冥君，现地狱变相鬼雄、土伯罗杀之属，鬇鬡豗豗，角逐而骈立。而蒇斯事者，陆妇王氏，出资募化之力为多。光绪十一年，氏九十二岁，以无疾终。修德获报，理固然也。庙成，征文于余，或曰："天之上，其果有官耶，孰主宰是？地之下，其果有狱耶，孰桎梏是？"余曰："记有之：能御大灾则祀之，能捍大患则祀之。又李肇《国史补》云：'天堂无则已，有则贤者登；地狱无则已，有则小人入。'果能会夫阴骘阳受、阳作阴报之理，则天官也，冥君也，地狱也，何必问其有无哉！"客曰："然。"因退而为之记。

双庙　采访：在县城南。

白杨庙　采访：在县城南。

黄庙　采访：在县治西三十里。

斜庙　采访:在县治西南。

钢叉庙　采访:在县西南二十五里。

南陈庙　采访:在县南三十里。

家堂庙　采访:在朱砦城西北。

城隍庙　采访:在七山。

邵家庙　采访:在县西。

姜家庙　采访:在县西南二十五里。

蔡家庙　采访:在县西南二十里。

燕家庙　采访:在县西。

吴家庙　采访:在县西北。

孟家庙　采访:在县西南三十里。

胡家庙　采访:在县西。

北陈家庙　采访:在县西南二十里。

李家庙　采访:在县南三十里。

张家庙　采访:在县南二十余里。

甄家庙　采访:在县西十五里。

高家庙　采访:未详所在。

英会寺　府志:在留城,金大定三年建。

昭庆寺　府志:在县东北三十五里高村。《金赐昭庆寺牒碑记》:佛法东来,流入中土,殆逾千年。以其慈悲方便,行住坐卧,四威(缺)无所去,故号如来天人师。仰智慧超三界,德高最无上,一切威(缺)法灯烛,作法舟航,作法梯隥,作法津梁,济渡众生,出离烦恼。故(缺)趍异名,分流合体。故诸佛出世,惟一大事,百亿三昧,无非度门(缺)舍利弗之定慧,罗睺罗之密行,须菩提之解空,皆最上乘。证第一(缺)差,磅礴万劫而不遗,焘载恒沙而不有,复归无物而不无,六道四(缺)成归依。遵之如上帝,仰之如神明。故十族之乡,百家之闾,必立(缺)福延生。粤邑故沛高村,村之背坎,崇台岿然,广袤方丈,榛荒(缺)。七八年建置道场,额"奈宾寺。"岁月(缺)败基,遗址萧然,厪存至(缺)工庀材,崇饰绘宇,精舍攸跻。后遭靖康、建炎之乱,玄关琳宇,化为(缺)圜。念我佛之悲凉,悼故宫之堙霭,输诚匃缘、化及邻众檀越(缺)缔构,补坏支倾,髹彤轮奂,焕然一新。尊崇经像,俨供圣贤,包容(缺),乃佛力宏大,梵宇郁兴,落成兹久。际大定二年,昭赐天下寺观未名者,额以"昭庆"颁焉。易奈宾之号,光贲林麓(缺),以众生从无始来,种种颠倒,开不二门,示真实际,出浊恶苦(缺)诸趣,生庆喜地,亦以明矣。而韩愈以为上古未有佛,时同家连(缺)寿考,非因事佛而致然也。自汉明帝始有佛法,其后乱(缺)相继。(缺)觉妙明,遍十方界,常善救人,常善救物,商人告倦,自息(缺)城穷于(缺)等,恒河沙亿劫,修行尽天地,墨弘济四生,大庇三有,佛何容心哉?(缺)大德者必得其寿,有大德者必得其禄,有大德者必得其名,有大(缺)命长矣!茀禄尔康矣!

俾(缺)弥尔性,纯嘏尔常矣!此则昭朗令终,其有(缺)之家,必有余庆,此庶人之庆也;来章有庆誉吉,此臣邻之庆也;邦之(缺)天子之庆也!自天子至于庶人,尊卑虽殊途,命分无差别,宿植德本(缺)月。黎元康乐,宝祚延洪,率由此道也。昔周家忠厚,仁及草木,卜世卅(缺)显如此。勿谓小善为无益而不为,小恶为无伤而不去。祸福自定,灾祥在(缺)昧矣!凡方袍褒衣,缁褐上首,葳西方教章,竺乾法缮经梵呗,当以天下昭(缺)怍矣!

龙泉寺　旧志:在县治运河东岸,明万历间知县罗士学迁建。明倪鲁《新迁龙泉寺碑记》:"丰水自西来,经县城东南隅,合于泗。丰,一名泡云。泡未入泗处有泉,曰龙泉。嘉靖末,泡水中涸,人犹及见之。据泡河南岸有佛寺焉,因泉为名,厥来旧矣。肃皇帝御极之二十二年癸卯,堪舆家谓邑科第久乏人,由学地未吉。龙泉寺占泡河之胜,风气垲爽,善地也。学迁于是,斯簪笏蝉联,人材辈出矣。当是时,南滏王公适宰是邑,采其议,遍牒诸当道。诸当道是之,下令许迁焉。乃以学地畀寺僧觉颐,而移学宫于寺址。自是,邑科第始奕奕显。而寺从改建来,逾五十年,殿庑倾侧,垣墙崩圮,梵呗之声几绝。即岁时,有司演礼祀禧,靡所矣。岁丙申,邑侯载获罗公,始议迁寺于泗河东浒昭惠祠地。昭惠祠者,祀春秋吴将伍侯员也。祠旧在泗亭乡,嘉靖初改于此。万历壬午,平宇周侯始移建于平城门外。侯谓旧祠地势宏敞,面水揖山,称卓锡地。今年春二月,首捐俸金若干两,为士民倡。邑士民闻侯有是举,咸乐施金钱助之,甫五月而功且告成。侯乃授简不佞鲁,俾记之。不佞鲁方以经生学起家者,安得作佞语,为学佛者谀?顾独有概于此世之学焉。圣学自宋室诸儒讲明后,逮今几五百年。发挥演绎,不啻足矣。学士家循其言而上之,可造圣域;守其说而不变,亦不失为作圣之徒。近代来,一二英敏之士,斥旧说,倡异议,黜平淡,务新奇,空虚莽荡,泛而无归,惊世骇俗,狂澜莫挽,户释经而家玄典,三尺之童且口嗫嚅于《圆觉》《法华》,甚则窜其语于经生艺中,其不胥天下,而佛不止矣。抱世道之忧者,思焚其书。庐其居之,为兢兢迁而新之,毋乃煽其焰而导其流乎?是有说焉。世道之坏,患在上而不患在下,患在我而不患在彼。两晋之清谈,梁武宋徽之释老可鉴矣。缁黄之流,不事生业,蠹蚀齐民则有之矣,奚足为深信哉?侯读书明理,素以羽翼圣道为己任,则其迁是寺而新之也,固将为演礼祝禧者地耳。"

隆兴寺　旧志:在县北二十里。

白水寺　旧志:在县东北二十里,今废。

丁村寺　旧志:在县东二十里。

昭阳寺　旧志:在县东北二十里。

新兴寺　旧志:在县东二十里。

草堂寺　旧志:在县东三十里。

崇庆寺　旧志:在县东北四十里夏镇。

陶阳寺　旧志:在县东北二十五里,采访作三十里。

临堤寺　旧志:在县南八里,采访作十里,临作林。

永宁寺　旧志:在县东北三十五里欢城集,采访云,有明天启初重修碑记,今圮。

栗子寺　旧志:在县西南二十里,采访:作县南三十里。

青墩寺　旧志:在县南二十五里,旧名玉皇殿,有明嘉靖间碑记。光绪十四年重修。邑人崔思九《重修青墩寺碑记》:“沛邑南偏二十五里,有古台焉,昔人建刹于其上,号曰万福寺,即今之青墩寺也。其所由来,藐难稽矣。溯其前明成化、嘉靖间,玉皇殿凡两修。至我朝康熙七年,创建观音阁,墩势崇隆,梵宫巍焕,诚一方之宝刹也。自乾隆以后,屡被水灾,青墩台之耸峻阔大者,已不可复识,惟绀宇珠林,犹堪瞻仰。咸丰元年,蟠龙口决,此地适值下游,桑田变海,劫运浑茫。至五年,土反其宅,水归其壑,遗像犹存,而庙貌全非,不过茅屋数椽,寒僧三两,残碑断碣而已!然值雨旸不时,疠疫为灾,祷祈无不立应,咸欲起废重修,以发匪披猖,奔走靡定,未暇鸠工,迟之又久。至同治间,圣明在上,天牖其衷,扫荡廓清,民咸歌舞,于是重修之议愈急。奈岁逢饥馑,助善维艰,大殿甫成,诸工渐寝。光绪十二年,住持僧通良慨然有志,延请四乡信士善男,董理其事,募化兴工,粗具规模,遽尔圆寂。师侄心一,克承其志,重化增修,前殿、两廊、客堂、禅室,以次告竣。追塑法像,以便民禋。向之感恩戴德者,无不接迹骈肩,争先快睹。正月初九、二月十三,两番香烟会,亦盛矣!但恐久而就湮,原其颠末,勒诸贞珉,并将董理助缘诸君子,详列于后,共垂不朽云。”

汲家寺　旧志:在县西二十五里,采访:一作二十二里,一作二十里。

龙兴寺　旧志:在县西四十里大盘龙村。

秦村寺　旧志:在县南二十里。

无儿寺　旧志:在县西南二十里,采访:作三十里。青龙桂籍山巅碑曰:梧槭寺。

黄龙寺　旧志:在县南十里。

石楼寺　旧志:在县东北二十里。

祥国寺　旧志:在县东南二十五里。

晓明寺　旧志:在县西十里。

兴隆寺　旧志:在县北四十里,采访:作西南三十里。

白云寺　旧志:在县西二十里。

龙冈寺　旧志:在县西北二十里,采访:作十八里。

扬名寺　旧志:在县西二十里。

大安寺　旧志:在县西三十五里。

释迦寺　旧志:在县西南三十里七山。

永寺　旧志:在县西北四十里。

广度寺　旧志:在夏镇新河东岸康阜楼内,明万历间主事余继善建。一名广度观,旧贮佛经。一藏寺僧大千募置,采访,今废。

延寿寺　旧志:在夏镇城东一里。

四面佛寺　旧志:在庙道口。又其东,湖中有马家寺。

崇胜寺 旧志：在夏镇城中，有唐天宝八载《心静碑》。（采访）又云，有宋崇宁元年，明景泰七年、天启三年等碑。唐丁思礼《竖心经碑记》：（缺）大道难量。无广乘，则不知其永归；无渐教，则莫详其肇发。亦如大川之相也，初浅而后深之之行也。爰有清信士丁思礼，硕德纯孝，谅直彰仁，贤彩若丹，词林（缺）落，早扬儒训，爲际释流，宿殖善□，一门深入。妻朱氏，芳兰佳秀，智炬恒晖，虽染世尘，常乐（缺）离往因。东迈路届灰沟，遇见石碑，隳坏弥极。于时稽颡，遂发愿言，敬镌阿弥陀佛一铺，《蜜多心经》一卷。愿则彼作，碑在此修。竭力尽忠，继踵前迹。竖虽殊异，功乃无差，百福庄严，檀波为一。是时也，惠风梵响，曙色舒辉，缁黄骈阗，衣冠雾集。且以珠投浊水，便乃澄清。日出浮云，皎然开霁。发于内而应乎外，起于微而至乎极。休哉！幽（缺），宝相标德，克为碑板，永赞不息。其词曰：（缺）士修兮圣作悟，立灵相兮尊觉路。标丰碑兮色身求，了心证兮登净土。

观音寺 旧志有二：一在县东二十里；一在县东南十五里上沽头。

大觉寺 旧志有二：一在县西三十里桑子村；一在县东北二十五里丁村。

弥陀寺 旧志有二：一在县西二十里高房集；一在县东北五十五里。

华严寺 旧志有二：一在县东南八里；一在县东北三十里西小房。

小房寺 旧志：在庙道口北湖中，又其西有邢家寺。

丁庄寺 旧志：在庙道口西五里。

洪福寺 旧志：在贺堌集迤东。

卧佛寺 旧志有二：一在高房集南；一在夏镇北，僧圆融建，有明阎尔梅《碑记》。

三教寺 旧志作“三教堂”，有四：一在县西南三里；一在县东北二十里卜家村；一在夏镇见岱门内；一在县东北欢城集。今从府志作寺。

清凉寺 采访：在县南四十里孟集砦东四里。

冰心寺 采访：在县西北三十八里。

老和尚寺 采访：在夏镇东五里。

茶棚寺 采访：在县东南十里。

贯常寺 采访：在县西北。

桑梓寺 采访：在县西南二十余里。

幸梓寺 采访：在县南。

仙林庵 采访：在县西二十里，明崇祯间建。明阎尔梅《创建仙林庵碑》记：沛城西二十里许，有宋道人守林道院，乃葬其师祖张静慈寿域也。静慈生而好道，出家于太和山之金沙坪，深叩元关，严持戒律，时时过天柱、紫霄、南岩、五龙，寻张三丰遗迹，冀于幽壑、古杉、泉声、云气中依稀遇之，凡数十年勤苦犹一日也。门徒甚盛，所至辄有灵征幻相，众皆异之，称为张仙。晚岁归葬二亲，居庐六载。病殁而觅善地，嘉树蓊然，竹松交荫，游人或携酒肴晏息其间，吟“空山不见人，但闻人语响”之句，于是又称为张仙林。林东北隅有静室三五椽，是宋道人焚修课诵之所。乡党乐输钱粟，鸠工庀材，渐次告成，人又称为仙林庵云。或曰："张静慈，家近留城，是汉留侯后裔。"考留城在今沛城东南泗水西岸，基址宛然，即留侯始遇汉高皇帝处。再考，张道陵为留侯八代孙，初隐云锦洞，饵长生丹，得秘书，通变除妖，历朝重之。而元时又有入龙虎山学道者，号神仙宰相，名留孙。明初有张邋遢，号三丰者，游戏太祖、成祖间。至今武当山宫阙辉煌，丽比内庭，皆为三丰而设。虽未详其谱系，而留孙命名之意，未必无因。三丰显化之山，又静慈出家之地，且去留侯故封未远，谓为留侯裔，未尝不可也。按《史记》，子房五世相韩之义，破家报仇，功成避谷。道陵、留孙、三丰、静慈相继出为异人，血食蒸尝，千余年未艾，非以其忠孝之故耶？夫忠孝圣贤之所重，而佛仙两家所不道。然读两家教典，成佛成仙无不一本之忠孝。昔人所谓逃墨归杨、逃杨归儒者，归之忠孝也。余故述厥往事，为此庵作记，欲使天下后世人皆知，从来无不忠孝之圣贤，即无不忠孝之佛祖、神仙也。"

青云庵　（采访）：在三孔桥北运河西岸。

地藏阎王庙　（采访）：在欢城集。光绪十三年修。邑人张汝亮《碑记》：粤自目连有母，而地狱传焉；酆都有城，而阎罗著焉。又考古圣以神道设教，故鬼车鬼方，散见于卦爻；斗蛇啼豕，分列于左乘。即史册所载，亦有"阎罗包老"之说。大抵鬼神之事，圣贤所言，此三代以后，诸佛鬼怪一切奇形异状，多祠于中土也。吾泗亭乡东北界，里曰泗二，集曰欢城，集之东偏，有殿宇一区。创建不可知，寻之残碑，乃续修于前明万历间。旧祀地藏佛，旁有立佛十尊，皆铸铁象之，相传为十殿阎罗。四壁所绘，皆刀山、剑树、锯裂镬之惨。噫！其幽冥始终之理，初不必考，要其彰善瘅恶，福善祸淫，结因果速报，应生死轮回，显然于耳目者，足以警村俗之冥顽，慑强豪之怙恶矣！岂非乡愚之痛惩哉！奈消磨于岁月，剥蚀乎风雨。里中诸善士，触目神伤，遂倾囊醵金，广为募缘，因旧规而为之新焉。竣工以后，余不揣固陋，作记以永垂不朽云。

广福禅院　旧志：在县东北三十五里高村，有金大定五年碑记，久废。

功德禅院　府志：在留城西。

观音堂　旧志有五：一在县西南护城堤内；一在县北十二里张家庄；一在县北三十里庙道口；一在县西十八里鸭子嘴；一在夏镇北门内。按采访云：有十，叙述互异：一在庙东北四十五里李集，有明万历间碑记；一在三河口砦西南，有明成化间碑记；一在夏镇集，曰水月庵；一在夏镇街东；一在蔺楼西北李集；一在县西南三十里鸭子嘴；一在张家洼砦；一在县东南上沽头村；一在草庙砦南；一在砦北。

白衣观音堂　旧志有五：一在县治西门内；一在县东南一里，明万历间建；一在县东南十里；一在夏镇南门外；一在县西十里。又采访有二：一在县东南十七里陶家阁；一在县东南五里即五里庙，又名白衣观，光绪十五年邑人朱绪、李启蓬重修。教谕邱家驹撰《碑记》："原夫灵光殿矗，汉廷昭轮奂之辉；宣律堂灾，法苑减华严之色。溯云房之名胜，鹤篆飞毫；慨梵宇之烟销，狐裘集腋。此沛邑白衣观所由兴修也。按，观去邑东南五里许，建于明代，修自熙朝。黄水曾经，青珉久毁。沧桑更变徒嗟，剥落伽蓝；

仞篑因循难复，羁栖羽客。剩有横阶石碣，宇露零星；余兹废院土基，地储积雪。赖善士共襄善举，旧迹重寻；幸同人允协同心，新模丕焕。经营几载，免教伽叶飘零；土木大兴，胜似山花供养。既竭棉于庙宇，东西廊群仰维新；更循绪以茨涂，前后殿亦徵复故。山门重建，远追茅茨之风；水竹交萦，近浥芰荷之露。我佛之灵，其式凭矣；士女之心，其差慰矣。且夫事难为继，惟有基勿坏，图旧愈于图新；功败垂成，惟永矢弗谖，善创何如善守。斯役也，或进昌黎辟佛之说，而欲援释入儒者；或狃老聃崇教之谈，而思循名责实者。抑知佛场亦纳黄冠，祇园岂遗丹客。运广长舌，二氏原出一途；逞智慧心，三教初无二致。惟兹循途之守，不渻筑室之谋，刻桷丹楹，升阶纳陛。庄严佛像，仿吴道子之写生；藻绘堂廊，比张僧繇之作画。捐金钱之十万，岂为买邻；集珠履之三千，非同食客。造浮屠之级，共颂合尖；寻作序之才，殊惭与会。驹素仰名区，适权学篆，幸值落成之庆，用抒纪事之辞。心鼎铭丹，手民镌白。鹫峰鹿苑，绵百里之烟霞；玉磬金铙，拟六朝之钟鼓。从此风清莲座，宣我闻如是之音；还期露洒柳瓶，播大会无遮之乐。寿铜百级，贞石千秋是为记。”

地藏堂 旧志：在夏镇运河东一里。

鸿沟堂 旧志：在县东八里。

三圣堂 旧志：在孟家桥堤口内，其东又一堂，名曰白衣观。

五圣堂 旧志有二：一在五堡；一在东阎兴集。又东南乡有二堂。

七圣堂 旧志有三：一在西门外刘家园，其后为观音阁；一在谷里村，亦有观音阁；一在安家口。

老君堂 旧志：在张仙林后。

南极堂 旧志：在里仁集北。

无生堂 旧志：在夏镇延庆门外。

百子堂 采访：在珠梅集。

皇经堂 采访：在夏镇城北运河西岸。

三元宫 旧志：有二十二。一在东门外，明万历间建；一在西门外，古城址上；一在南关油房口，明万历间建；一在三里河南岸，曰裴家堂；一在射箭台上；一在城东十五里，曰秦家庙；一在二十里铺，曰朱家阁；一在城北八里屯；一在官庄，明万历间增建准提阁。明郝维一《三元宫醒迷碑记》：三元帝著灵东海，宇内走香火焉。其郡府州县镇，藉灵障一方者，亦建宫分走香火，而情无得媚耶？令媚则福，不乃罪厄及之，是神以媚灵也。盖以赐福、赦罪、解厄，号而误之者，谨以人道论之。夫众人世灵异为神，则神莫神于三元帝焉，而可邀赐乎？历阅天辟地开来，君若臣笃令共，则明良福集，而堂陛无罪厄矣；父若子克孝慈，则作述福集，而家庭无罪厄矣；夫妇明唱随，则福谐琴瑟，而宫闱鲜罪厄矣；又若友恭兄弟，则埙篪福应，敦信朋友，则芝兰福应，而罪厄亦清矣。神何心哉？且执祸福以媚为转移，人世有权势者，尚无以劝惩，况司报冥冥者乎？噫！报应自取，神为假手，令吾辈敬以存心，则举念即三元帝之照鉴，而何以媚为哉？神不可媚，将香火者谁？神且无以著其灵矣。是又不然。神无常享，享于克诚，抱仁心真念以飨神，神无不歆。若凶人逆徒，日赛月建，神且恶其愚渎，犹罪人赂正士以求免罪，未有不甚者。按三元经义报应，大都此理。益知神道设教，无非诱人尽人事焉，而世可自惑哉！我官庄昔有三元宫，乃先君会族党建，而群子弟教于中，为一方镇缘。岁久水圮。兹者乡亲葛乾等，复迁于此，以继先迹。予恐乡人别为邪媚忘人道，因著神之无私及祸福自致之由。盖欲吾党抱真累仁，以培福基，慎无自损其福，而积罪厄，以侥幸于三元帝之阴赐，而求为之赦且解云。 光绪十二年郝远源《重修三元宫碑记》："从来事宜师古，已废亟思振兴。物贵增新，有基当期勿坏，理固然也。官庄旧有三元宫，未审始于何时创建，重修亦不知凡几。读残碑文字，知多由我祖若文，不惮勤劳，倡义监造而成。想其时，三元宫在关帝与准提阁存真，堪为一方之镇也。迨咸丰元年，蟠龙河决，已倾于水，继遭冰燹，复毁于寇。值此岁凶民迫、规模无存之际，我族邻众即有兴修之意，而工巨难举。住持圣如，具刺请议，坐者各竭其力之所能，然要获金无多，仅建草殿数楹，聊以志旧迹于勿替，供香火于不湮云尔。虽近亵渎，奈何奈何！此后迁延岁月，旋复二十余载，圣如殁，其徒性禅辈，承其师未逮之志，虔心募化于江南、山东两省，士民共得助金若干千文。鸠工庀材，更易茅茨，亦悉仍土阶之旧，而殿宇山门，焕然一新。此非好善乐施之助，曷克臻此哉？兹越数月，而工告竣。宫成问记，予踵先世协众重修之后，且承叔父斐公之嘱，敢不实录其事，勒诸贞珉？并登乐善姓字，共传不朽。如曰殿阁神像，犹克复其本初也，窃有望于来兹云。"一在庙道口，旧运河东；一在鸡鸣台上；一在扬名集；一在七山集；一在房家营；一在夏镇城中，明万历间建，有陆檄碑记；一在南庄；又运河东岸二处；戚城东门外二处；傅家集、朱梅集各一处。

天妃行宫 旧志有十：一在县治东关护城堤内，明万历初建；一在县东五里射箭台上；一在县东二十里，明成化初建；一在县北三里吕母冢，明万历间建；一在县西北二十五里刘八店集；一在夏镇新河西岸，明隆庆初建；一在县西南七山北数十武，明万历知县罗士学重修；一在县东南十五里；一在县东南三十里里仁集；一在县北三十里庙道口。

紫阳宫 旧志：在夏镇城中，新安商民建，祀仙人吕岩，旧名吕公堂。

昊天宫 采访：在夏镇城中。

三清观 旧志有六：一在东关玉虚宫右；一在吕母冢西南；一在四堡北，有郝继隆记；一在六堡北；一在张仙林北；一在新河口。

朝元观 旧志：在夏镇文昌阁后，康熙三十五年建。

玉清观 采访：在谭家砦南二里。

文昌阁 府志有三：一入坛庙，名文昌祠；一在夏镇三八集之东北；一在蔡家集。

观音阁 旧志有二：一在西门外刘家园七圣堂后；一在谷里村七圣堂后。

生生阁 旧志：在夏镇康阜楼广度寺内，高五丈。

白云阁　采访：在县东南三十五里韩家夹河。

许家阁　采访：在城西北。

广生殿　旧志：在县东南十五里。采访作治南二十里。

昭惠祠　旧志：在河东岸，祀春秋伍侯员。明嘉靖六年，河决，运道淤塞，都御史章拯屡祷，获应。请于朝，命有司重修，岁时致祭。十三年，副史何鳌令知县杨政更新；三十八年，工部主事陆梦韩修葺，四十四年圮于水。万历十年，知县周治升徙建于小北门外平城集南。明陆梦韩《重修昭惠伍侯庙记》："伍侯，吴相也，奚为而祠于沛？无乃鸱夷之英爽犹烈，而浮泊于漕河；镯镂之积愤未消，而依栖于汉台耶？不然，侯之泽及沛民何其深，而民之涵泳余波，何其汪洋未艾耶？遐想伍侯率忠吴之心，以阴相皇明之漕渠；豁悬门之目，以相视漕渠之原隰。即彼吴其为沼之先见，以洞察七十二泉之源流，故神功运。而丁亥之变，尔灵照烛，而泗、济之淤通。明廷嘉其忠，而昭惠之号于赫；官民食其德，而岁时之祭孔殷。立祠礼也，非滥也；致祭情也，非谄也。夫何岁久而庙将相圮，庙圮而神靡宁，靡宁而小民于何听命哉？兹司土者责也。乃因沛令罗见麟之请，鸠夫役，量财用，尺椽片瓦，皆取诸公余之物，丝粟不敢烦民。嘉靖戊午秋始事，己未夏五月告竣。署县事卫经历王章丐文以扬神休，予乃纪其巅末，使之勒石。且系之乱，俾歌以乐神。辞曰：于惟伍侯，克孝克忠。没已千古，胆烈气雄。漕渠沙涨，水与陆同。边饷告匮，忧廑重瞳。惟侯阴沛，积淤随通。舟楫千里，疾如飞鸿。饷百万石，进彼司农。余职斯土，追忆元功。修举废坠，金碧青葱。神亦妥止，丕振雄风。翊我皇运，万载靡穷。"

大德祠　旧志：在泗河东岸，祀明吏部尚书吴鹏。嘉靖二十二年，淮、徐大饥，鹏以刑部侍郎奉命发淮、徐仓粟来赈。沛适缺令，未以灾报，鹏矫诏发仓以赈，全活甚众，民建祠祀之。四十四年圮于水，祠地四顷皆为豪民占。万历间，知县万民查出，归学田。

折槛祠　旧志：在胡庄，祀汉槐里令朱云，此朱氏家庙也。

茅公祠　旧志：在夏镇分司署东。明万历三十五年，工部郎中茅国缙卒于官，人怀其德，立祠祀之，有董其昌记。

练公祠　旧志：在东郭外，明天启三年，邑人为知县练国事建，今废。

陆公祠　旧志：在夏镇小水门北，明天启中，镇民为工部郎中陆化熙建，今废。

赵公祠　旧志：在夏镇城南运河西岸，明崇祯中，镇民为工部郎中赵士履建。后改为户部分司行署。

三贤祠　旧志：在北郭外，明崇祯间，邑人为兵臬徐标建生祠，并祀伍侯员，颜令环，故称三贤祠。康熙中圮，魏钚改为准提庵。明杨士奇《颜公祠》诗："平生金石见临危，就义从容子亦随。百里山河遗县在，一门忠孝史官知。故乡住近文丞相，光德传从鲁太师。欲吊丘坟何处是，离离芳草泪空垂。"

骊戴二公祠　旧志：在夏镇洪济门内，康熙十二年，镇民为骊汉、戴锡纶建。

乐道庵　采访：在夏镇城内。

清凉院　旧志：在县南关，又采访云：一名清凉庵。

福胜院　旧志：在县西北四十里灌城村。

仲虺墓　旧志：在虺城。

逼阳君墓　在县南五十里，旧志、府志俱不载，今据《峄县志》补入。

微子墓　旧志：在微山上，府志不载。

张良墓　府志引《史记》：留侯死，并葬黄石，每伏腊上冢并祭。《魏书·地形志》：留县有张良冢，有张良祠。旧州志：城北七十里留城南，又云在微山上，有碑刻：汉丞相张良留侯之墓。明徐宝贤诗："群山回合闭英雄，披棘还来认旧踪。石径残云留短屐，墓门斜日倒深松。运筹本为韩仇出，辟谷终辞汉爵封。千古九原如可作，高风邈邈定谁从。"又马出汧《登微山问留侯墓》诗："微山湖面自嵯峨，乘兴西风一棹过。山岂余怀何磈磊，水还世态恁风波。野翁惯见云霞幻，鱼艇常寻鸥鹭多。可是张侯曾蜕委，一丘长此寄烟萝。"

颜公墓　旧志：在学宫西南数十武。公名瓌，又作环，建文时死难，子有为陪葬其旁。明彭勖《沛令颜公墓记》："知县颜公墓，在沛邑南关。公名环，字伯玮，庐陵芗城人也。相传为唐鲁公之裔，素以学行称于州里。洪武末，由明经授知是邑，民悦其政。太宗靖难之兵压境，伯玮父子同日就死。邑人义之，遂殓葬焉。岁久冢平，人莫能知。正统初，监察御史彭勖巡教至邑，询于致仕户部主事孟式，得其葬处，乃令有司起坟立祠，而祭之以文曰：人孰不死？公独死义。荒冢累累，我独公祭。勖非要誉于乡党，盖欲振纲常于百世。维灵爽之洋洋，永庙食于此地。"又黄国用《祭沛令颜公文》："繄先生之在当时兮，郁系乎乡誉。用明经而起家兮，遂筮仕于百里。遭国步之斯棘兮，爰赋诗而见意。蕲只手以扶天柱兮，矢临难无苟免之理。苦力䌷而援绝兮，乃从容南望，拜而自缢。时令子之侍左右兮，痛先生之见弃。遂引决于赤镗之芒兮，期相从于地下。呜呼！子之于父、臣之于君兮，实天下之大戒无适而非义命。试忠孝而沦于慾兮，是果无所逃于天地。胡世道之乖苒日下兮，自卞忠贞父子之外未论矣。何先生父子以佃尔之躬兮，而竦乎天制与人纪。盖自靖难之师临南傃兮，士诋佥谓天命之有归。咨妒嫮之未判兮，孰能量势而见几。渠溃溃娓娓望尘求免兮，一鸿毛之是俪。同时如唐子清、黄谦之就义兮，乃剜叶熏香而自厉。后此若张昭季之经、许伯澜之水、周士修、王叔英之死于黉舍于广德兮，又皆闻风雨而兴起。我怀先生生吾庐陵之芗城兮，实胡忠简、文文山之故里。岂此邦之山水兮，用是多产乎英异。抑先生之世胄兮，乃太师文忠公之裔。多玄训之笺笺兮，求俯仰之弗丑叹。国用之生晚兮，幸托先生之里居。奉皇命而徂征河洛兮，道出丰沛之故区。考图志讯父老兮，知衣带瘗兹南关之埭。知先生握拳透爪兮，念灵修而未已。仰高望洋兮，区区怀先生而罔替。用将只鸡斗酒沃酹冢上兮，聊效昔人抚墓之礼。睹芳草之含烟兮，恸表诚封植之犹未。喟当时之论未公兮，孰能阐先生之微。呜呼！痛惟先生父子昔日之事也。噫！谅至人之有神兮，离列宿而箕尾。是将鞚玉虬鞭青鸾兮，夷犹乎故里。尚阴骘惟予小子兮,俾无愧于为臣为子也吁。"陈宣《祭沛令颜公文》:"为臣死忠,为子死孝。何公父子,而克允蹈。当神兵之压境,众瓦解而澜倒。公岂不知,一木不足以支大厦,独云义不可违于颠造。公从容以就,公之子亦随公而死以报。于戏哀哉!人孰不死,公死善道。人孰不子,公子克肖。日月争光,天地共老。宣历观古人,几同此窍。棘墓累累,矢心一吊。"

蔡佥事墓 旧志:在蔡家村。佥事名楫。

张太常墓 旧志:在东郭内。太常名贞观,明万历癸未进士,任科给事中,追赠太常少卿,有墓碑。

邵状元墓 旧志:在上沽头。状元名世矩,刘豫时登第。嘉靖间,工部主事许诗相其门人訾栋所为志,刻之以传。府志不载。

山云墓 在留城。府志引《明史·山云传》:云为都督,出镇广西,卒于镇。正统四年,谕葬于此,钱习礼撰神道碑。旧志不载。

吕母冢 府志引《魏书·地形书》:沛有吕母冢。旧志:在县西北一里。采访作四里。

郭青儿墓 旧志:在北门外,明弘治时烈女。

许牡丹墓 旧志:在东郭内,明嘉靖时贞孝妇人也,岁久墓平。顺治间,有人经行其地,才举足,则地下有声,连振之,其声不绝。大骇,归拉伴往,试如前,嗣后过者皆然。有长老指为某贞妇坟,有碑湮没久矣。因相与封墓,掬出其碑,随寂然。

清风烈女墓 旧志:在夏镇城北,运河西岸下。

邱孝子墓 旧志:在县东南五里。孝子名祺,吴人,死葬于此。

张仙林[墓] 旧志:在县西南二十里。仙人张静慈墓。

龙化堌 旧志:在夏镇城西南,双丘对峙。

汲冢 旧志:在县西二十里,今冢已废。有汲冢寺,盖因冢而得名。

黄冢 旧志:在县南十五里,今冢已废。有黄冢庙在其地。

白冢 旧志:在广戚城北二里。

双冢 旧志:在三河口北,自龙化堌以次,疑皆古人墓也。

杜烈女墓 采访:在广二里,滶河北岸半里许,墓前有莲花石柱一座。

李白氏墓 采访:在泗二里,西北界滕沛连界处,今犹存有明人石刻。

卷七　学校志

儒学　学额　祭器　书院　义学　学田　书院田

儒　学

宋代庙学在泗河东泗亭坊，靖康中毁。金大定初，移建河西清化坊，元至正间复毁。元孔希冕《重修庙学记》：沛之有庙学，其来尚矣。以岁月有变迁，物理有隆替，夐出俯临，傍风上雨，加以经邑兵火之余，缺于修理，故摧残破折，日就倾圮。而学校之设，殆名有而实废，观者莫不悯惜，痛吾道之阨塞也。至正乙未夏四月，承务郎、济宁路总管府判官伯公寿之，攒运军储，驻车兹邑，瞻礼庙貌，慨然兴念曰："政有似缓而实急者，学校是也。盖学校者，风化之本，出治之源。学校而兴，长幼尊卑皆闻孝弟忠信廉耻之言，皆习孝弟忠信廉耻之行。礼让既行，风俗自厚，政清民化，止盗息奸，不为小补。近年以来，风俗浇漓，民不古若，奸伪日滋，盗贼窃发，虽气运之适然，抑亦教化不明之故。欲正本而清源，舍学校则何为？某荷国恩荣，苟可以化民成俗，有裨政治，力所能为，敢不勉乎！"于是首捐己俸，以为之倡。既而官守、贤良、士夫、耆德，以至府史、胥徒志于善者，莫不欢欣踊跃，各出己赀，鸠工市材，以为之助。乃命路吏李郁董其事，始工于是岁仲夏戊戌，告成于七月壬辰。凡倾者起之，欹者正之，缺者补之，旧者新之。正殿廊庑，讲堂斋舍，应门四楹，角门三座，金铺玉缀，雕闱缘栋，丹漆图象，莫不灿然改观。予尝敬论之：夫人生而有身，业而为士，戴天履地，秉彝好德而灵于万物，不至于斫丧磨灭、摈弃凋落，皆学校教养之力。苟悖天理而弃所学，去人伦而失信义，将何以立于两间？此孟子所谓"饱食暖衣，逸居而无教，圣人有忧之"，盖谓此也。自夫世运艰虞，饥寒流落，由忠君而孝父、舍生而取义者观之，则教化有补于世，岂浅鲜哉！彼或以仁义为迂阔，教化为不急，区区法制，禁令之末，屑屑簿书，期会之密，以促办催科为贤，钩深摘隐为能，护稂莠而害嘉禾，拔本根而扶枝叶，欲事简而愈烦，求政治而益乱，将使斯民捐仁义以徇利诱，遗君父而灭纲常，亦独何心！今伯公寿之，当兵战警急之秋，身劳供给之际，以庙学为首善之地。不整严，无以起人之敬；不尊重，无以道人之善。在公勤恤，见义勇为，故不言而人信，不赏而人劝，工不告劳而事底于成，使风俗薄而复淳，吾道塞而复通。诗曰："訏谟定命，远犹辰告。敬慎威仪，为民之则。"此之谓也。扩而充之，则他日格君心，泽民物，措斯世太和之域，事不难矣。此众所有望于公，公素所蕴藉者也。公名伯颜察儿，寿之其字也。家世阀阅，始由邳州睢宁县主簿，以清慎共恪，选充太常礼仪院太祝。复以贤良廉干，升今任所在。莅政之际，虽文移星火，事务丛棘，而简善惩恶，兴学劝农，弘毅正直，出乎天性。故民怀德畏威,令出惟行,事多类此。沛县达鲁花赤众家奴暨完者不花、县尹王居礼暨刘泽、主簿张造道暨韩仁义、典史刘熙等,协心信美,务兹善政,勇于有为,实赞成之。希冕忝谕斯邑,职守文学,适完盛事,诚为美矣,敢不敬承邑贤大夫之请,以纪公乐善化民之实,刻诸坚珉,为将来莅政者劝。

明洪武三年,知县费忠信、训导华革重建。永乐间,知县常瓘、李举贤,正统间,知县王清相继踵修。至景泰时,知县古信、教谕张晔复大修之。陈亹《重修庙学记》:沛之有学,学之有庙,盖自前代始。历岁既久,虫蠹侵蚀,复震陵以风雨。先圣祼荐之次,师儒讲习之所,倾倒弗修。有司不加省者,亦十数年于兹矣。我朝崇儒重道,天下学宫,敝兴废起。沛县当景泰纪元之初,知县武昌古信、教谕清源张晔,适相继视事,顾明伦堂、大成殿皆倾侧弗修,乃相谓曰:"学所以明孔子之道,而庙又所以尊孔子,使人知是道之所从来者也。今倾侧若是,兴复葺理,其可后乎!"即鸠工度材,运置砖石,以斫以砌。作明伦堂,修大成殿,宏敞清肃,秩然改观。既又立棂星门,创建经阁、射圃,与夫庖厨、库庾,皆无不备。沛人以向已倾侧者既修,而素未有者复建,备庙学之制度,耸士庶之观瞻,役虽勤而不伤于农,用虽费而不及于官,皆喜其成,愿有述以著厥绩。教谕张先生重韪沛人意,走书属予记。予惟建国君民,教学为先,帝王之兴,率由斯道。秦人焚书坑儒,叛乱四起。高祖起沛中,身跻大业。虽当时诗书礼文之事有所未遑,然大纲克正,子孙继承,而经术名节之是尚,卒延国脉于四百年之久者,岂真以马上致哉?亦以斯道为之根柢耳。国家定制,以学校责守令贤否,视学校兴复为殿最,其重于此,而不轻也较然矣。是以薄海内外士劝伦叙,文俗丕变,弦歌之声相接也。沛之庙学,弗修也久,遭时复兴,皆贤令长与掌教者之经营擘画。然潜孚默运,抑何莫而非上人鸢飞鱼跃之化哉?学于兹者,亦知沐朝廷化育之恩,睹学校兴复之盛,惕然以立身、行道、忠君、显亲自励,将不愧为沛中人矣!是役也,经始于景泰二年辛未之春,落成于景泰三年壬申。其时,若县丞韦聪、朱宁,主簿卢蓁,典史邓林,训导周载苾,皆重是举,能与古、张二公同心相协,以毕其功,是咸可书云。

嘉靖八年圮于水。二十二年,知县王治以泡河南龙泉寺地,风气爽垲,遂徙焉。二十五年,知县周泾增置门庑、祠宇、泮池。徐惟贤《新迁沛学记》:嘉靖丁未夏五月,沛县新迁儒学成。学谕朱氏以和、若训季氏珩,合学之士,持状告予曰:学旧在邑治东北,正德间为河决就圮。自是人文靡振,科目屡奇,士论病焉。识者以城南泡河、龙泉之会,风气完朗,文明之宅也。第为浮屠所据。迨岁壬寅,前黄训昶、张训庆旸白于王令治,欲两易之。令闻其议于州守熊君琳,暨兵臬竹墟屠公,亟可之。已而,遍上之抚院蒲湾王公、巡院瀛山高公、栽庵杨公、象罔胡公、水部平川郭公,佥如其议。遂表正方位,易民地如千丈以广之,而改创梵宫为先师庙,继撤旧材为明伦堂,为博文、约礼两斋。工方经始,而王令去矣。甲辰岁,贵溪周君泾以乡进士来代之,相其未备,毅然欲亟终之,顾时未可。越明年,政孚民信,乃复请诸巡院环峰贾公、午山冯公、兵臬同野王公,得廪余若干金,授典史林大理,为之增置两庑。庑前为戟门,旁为庖库,前为泮池;又前为棂星门,门之左右为蛟腾、凤翥坊。又于学宫之东为敬一亭,为启圣祠;西为名宦祠、乡贤祠。垣宇四周,而总括之以学门。盖益备王之所未备，而规模气象，宏翼壮丽，凡所以示瞻仰、遂游息者，靡不饬矣。周令之有功于学也如是，和等愿乞言焉，以征诸远。余辞不获，乃为之言曰：古者考绩论治，兴学为先。故《诗》颂鲁申，《史》赞文翁，昌黎美郧侯之文，柳州著薛伯之勤，盖皆归其功也。今尔多师多士，固知若令之功矣，其亦知所自迪以成令功者乎？夫建学者，有司之事；而敷教者，师儒之责。学立教修，而名实不著焉，多士之耻也。故胡安定教授苏湖，贤才辈出；范文正自做秀才时，便以天下为己任。彼二公者，自迪其选矣。今沛去邹鲁不远，有先圣贤之遗风，且邑隶南畿，为圣祖龙飞首善之区。而今皇上复以敬一之学倡明于上，则视昔苏湖，其机又易以兴也。苟能励胡、范之志，以追孔、孟之遗，振其敝陋者而更新之有如此学，则志气交凝，人文丕应，将必有道德文章卓然名世者，迭出于科目之门，以鸣国家之盛，而绍邹鲁之休。其于兹学，讵不大有光哉！如或不然，而溺于旧习，则未免昔之所病，而有司之志荒矣。予固谅尔，多师多士所不屑也，于是乎言。

隆庆三年，知县白泾改建明伦堂两庑，移启圣祠于庙东。万历二年，知县倪民望重修，立兴贤、育才二坊。九年，知县周治升复修之，建棂星门，创尊经阁，徙启圣、名宦、乡贤三祠于明伦堂后，建文昌祠。弋阳詹世用有记，旧志失考。二十四年，知县罗士学设外屏，改建作圣、成材二坊。二十八年，建敬一箴亭，教谕宋约作魁星楼于仪门外，规制始备。三十一年没于水。三十四年，知邳州李汝让重修，创文笔峰于学门东偏，祀魁星焉。张贞观《重修沛县儒学记》：沛学旧在邑城之东偏，盖金元遗址也，偏安闰位，科目亦不乏人。入国朝来，顾寥寥焉。嘉靖癸卯，邑令永年王公，始采形家言，迁今地。自是科第渐兴，人文蔚起。万历癸卯，河水泛溢，沛受其冲，成巨浸焉。城内外官司、公署及闾左庐舍荡焉若扫，而释菜之宫尽入洪涛巨浪中，惟一正殿巍然独存，若鲁灵光然。是时，先令君以论去，监司两台悯沛邑之垫溺，须可以济时艰、苏民困、兴废圮者，简旁邑贤能之长移治之。周视部内，无如李公才，乃以虹县令治行高等调至。居无何，铨部又最公绩，秩久当迁，而鄜州之命下矣。公受命且驰而西，而当事者复皇皇然，亟请于上而留之，以州刺史五品秩视县事，盖特典也。然犹四顾苍漭，居城堙听政，朔望从睥睨间望先师礼焉。伺及水退，始经画曰："今者县治、学宫，俱宜修葺，弗容缓者。顾时诎举盈，势不能兼，而尤莫急于学，何者？士为四民之首，而学业无所，博士弟子伥伥焉无所之，国家重文教谓何？"于是首议修学，鸠工庀材，甓塈榱臬之资，不浃旬而办。堂斋、廊庑、池梁、门坊之属，甫半期而焕然一新。门外层垒、笋插之峰，亦并时而立。于是东向揖博士而进之曰："修废举坠，有司责也；严科条，振教术，是在博士。"南向群弟子而进之曰："章志贞教，师傅责也。率教化，修课业，是在弟子。"每政事之暇，即诣学宫，谈说经术，旁及文艺，孜孜罔倦，而群弟子亦鼓舞，乐育于其中。向之摧坏剥落不可睹者，今且望其宫翼如也，瞻其堂饬如也，环视其青衿，彬彬如也。由是县治、城隍，咸次第一新，内外相对峙，称沛邑伟观焉，公真异才也哉！当世铜墨之长，视一官如传舍，延岁月，冀旦夕，释之为快，举凡兴作劳勚之事，不啻桎梏视之，孰肯肩其任哉？即肩之，亦苟且塞责，以涂其耳目耳，孰有知无不为、为无不力如公者乎？殚一己拮据之劳，贻百世不朽之绩，讵一时之为烈已耶！公治行卓异，别有纪。诸博士弟子惟以公之加意于学校者甚渥，不可不传之永久。乃伐石而树之堂，属不佞述其大概如此。公名汝让，号逊庵，永宁人。博士司教卢汝霈，宣城人。司训程三德，婺源人。例得并书。三十九年，知县李懋顺踵修之。

国朝顺治十四年，知县郭惟新移启圣祠于尊经阁上，阁左右列名宦、乡贤两祠。张能麟《重修儒学碑记》：沛于古为汉高祖汤沐邑，歌大风而思猛士。初若不事诗书，然过鲁，祀孔以太牢，实基四百年之祚。陆贾奏《新语》，辄称善，帝岂轻儒术者哉？后世立博士，置辟雍，桥门观听几及千人。论者溯其渊源所为，推本于开创之初，而深著夫崇儒重道之效。先王有道德礼乐经术以造士，士之隶庠序者，亦无不以道德礼乐经术相摩切，学成而达诸用，文经武纬，皆出其中。孔子设教洙泗，垂及百年，诸生以时习礼其家，使睹者不能去。隆准公马上得天下，独俯首尼山一布衣，可不谓知所重乎？国家定鼎，混一区宇，弘文教以绥四方，尤加意学宫，以示广厉。乙未，予奉简命，督学三吴，见学舍倾圮，恝焉忧之。况徐沛接壤邹鲁，有先圣贤遗风，可使之倾圮而不治乎？因捐俸金，申饬有司，重加修葺，庀材鸠工，越数月而告成焉。乃为之言曰：古来名世大业，必由理学真儒。孔子有言，志在《春秋》，行在《孝经》。夫孝，德之本也。汉高分羹拥篲，贻讥千古，顾天性纯孝，作新丰，定名号，至子孙皆以孝为谥，其于孔子所言，若合符节。今士子穷年矻矻，不离章句，内无格致诚正之功，外无齐治均平之学，至《孝经》一书，茫焉不解，欲望其见伊吕、失萧曹也得乎？圣天子雅意文治，以孝道风励天下。予尝欲取《孝经》一书，列之棘闱，俾士子知所诵习，庶门内克修，则获上信友，胥于是出，将来为真儒，为名世，端有赖焉。夫高帝不喜儒生，特不喜腐儒耳。推祀孔子之意，使得董江都诸人为之左右，当必有相得益彰者已。丰沛之士，生高帝之遗乡，体尊崇太公之心，以孝律身，以孝作忠，而格致诚正之功，齐治均平之学，皆树其基矣。思皇多士，维国之桢，能不于沛有厚望哉！

康熙七年地震，庙圮，邑人王祉等修正殿。十七年，教谕叶炳修两庑、明伦堂、东西斋舍。三十一年，邑人王贯、王可大建启圣祠。四十年知县杨弘绩、雍正十三年知县李棠踵修。乾隆四年，复修之。四十六年河决，城圮，宫殿祠庑荡然无存。五十六年迁治栖山，草创学宫。咸丰元年，又没于河。八年，复毁于火。十一年，邑还原治，学宫未建，春秋秩祠皆附武庙。光绪十一年，知府桂来县见之，以附祭非礼，遂谕董事，就前建讲堂，在城南，知县王荫福立。略加修饬，并添建东西两庑，设至圣师儒神位，以为春秋丁祭之地。规模卑狭，犹不足以昭典礼也。十二年，陆令秉森主议建学，即于城南购买基地若干丈，拟为创立黉宫之地，缘经费未裕，尚不敢遽言兴功也。十五年己丑春，知县侯绍瀛来宰是邦，遂集绅董等倡首兴修，鸠工庀材，择于某月某日动工建造焉。

新制

大成殿　五楹，龙脊鱼尾，飞檐发角，中覆黄瓦，崇台四周。其前为月台，绕以石柱。左为东庑，右为西庑，各七楹。

戟门　三楹，中左右三门，出入均由左扉。

名宦祠　在戟门左夹室。祀：汉县令许慎，宋知县程珦，明知县颜环，国朝江南总督傅腊塔、郎廷极、范承勋、马鸣珮、于成龙，河督陈鹏年、邵嗣尧、许汝霖、张榕瑞、张元臣、佘正健、张泰交，江苏巡抚张伯行、宋荦。

乡贤祠　在戟门右夹室。祀：商左相仲虺，汉平阳侯曹参、安国侯王陵、绛侯周勃、舞阳侯樊哙、御史大夫周苛、汾阳侯周昌、条侯周亚夫、博士施雠、东平侯傅庆普、郎中蔡千秋、处士姜肱，梁著作郎刘臧，明浙江按察司佥事蔡楫、兴化府教授卢雄、孝子监生赵清、礼科给事中张贞观，国朝文华殿大学士蒋廷锡。

按：入祀名宦、乡贤诸先哲，均依旧志所载。惟蒋公廷锡，系苏州常熟县人，事绩详《国朝先正事略》。祀入沛祠，不知何故。

棂星门　在其南，中左右三门，环以花墙。

棂星门外，东砖门为礼门，西砖门为义路，迎面排列朱栏。外为泮池，照壁又居其南。

崇圣殿　三楹，在大成殿之后，左右列两庑。

明伦堂　三楹，在大成殿东首，对面为斋房。二门外左为文昌宫，右为福神祠，又南为儒学大门。

知县侯绍瀛《创修文庙碑记》：道之大，原出于天；学之极，则崇诸圣。圣人法天而著为道，道之散见在事功。是道也，何道也？是尧舜禹汤、文武周公之道。我夫子集群圣之大成，统万世而立教者也。汉高起沛，不五年而成帝业，首以太牢祀夫子，其知所务哉！以故，汉世人才辈出，高出唐宋元明；而经生循吏，亦媲隆三代。此其明效大验也。或者谓孔子之道在文，而未尝及武。殊不知圣人之言，彻上彻下，有一言可以行之终身，即以一字概括。韬略不观，子之所慎在战乎？与子路论行军，则以临事而惧，好谋而成，其大旨仍不外一慎字。后汉诸葛亮被儒者之服，从容中道，其勋业彪炳，后儒艳称之，而一生学问则在谨慎。慎之时义，大矣哉！《大学》言穷理，《中庸》论至诚，《孟子》著养气，约之则为德业，扩之则为事功，洋洋乎无所不赅，至矣尽矣，蔑以加矣！夫子生于周衰，慨道之不行，夜梦三槐间有赤烟起，遂兆“卯金刀在轸”之谶。然则汉兴，夫子已逆知之。沛为汉高故里，沛之有夫子庙，固宜。无如世事推移，沧桑互变，前代之废兴姑不具论，即以国朝设官分邑言之，始因水患迁治于栖山，复因水患由栖山迁还旧治，因循苟简，迄今亦三十余年矣。诸生无习礼之区，万仞宫墙徒深景仰。余于己丑春，权篆斯邑，进都人士而言曰：“孔子之道，如日月星辰之在天，山河岳渎之载地，布帛菽粟之宜人。凡有血气，莫不尊亲。况我沛邑夙号名邦，久明禋祀，不有宫庙，其何以示尊崇？夫浮屠、老子之宫，无益于人，其徒犹且新之矣。吾人日优游于圣道中，顾无释菜之所，其不为异教所窃笑者几希。虽经费无所出，筹措维艰，而学校公田，犹有余款，若竟任其荒落，将俎豆无闻，嚣凌桀骜之风日炽，所关非细故也，守土者窃为忧之，邑之人宁独无心乎？”于是储料庀材，择于庚寅某月某日兴工，于□月□日工竣。学者由礼门义路而上，跻贤关泮宫之芹藻，依然鹨音可革。所谓士希贤，贤希圣，内圣外王之学，胥于是乎在处，则毖慎独之学，一旦与人，家国举而措之纬武经文，与吾党相期于远大，上企夫两汉之人文，以辅翊我皇家亿万年有道之丕基，孰非夫子在天之灵，以默诱其衷也！董其事者，邑人张世琥、李启艾、封遐龄、郝赐基。谨记。

先贤卜子祠　在微湖东卜家砦。嘉庆十四年，知沛县事许嘉猷《碑记》：盖自文思纪于《尧典》，而文明、文命继焉；学古垂于《说命》，而典学、旧学详焉。由唐虞而迄成周，千有余年，求其继往开来而为万世文学之宗者，圣门十哲之中，言子而外，独推卜子。当是时，从游洙泗，退老西河，入则君子之儒，出则诸侯之师。如魏侯、段干木辈，一经指授，昭若日月，灿如星辰。于圣道相发明者，厥功甚伟。其从祀黉宫，配享圣庙，后世子孙，继继绳绳，相沿勿替。方今圣天子尊崇儒术，褒锡频加。其在巨邑，翰博世袭，以奉祀事。巨野距沛，远数百里，春秋祭祀，恐未能偕宗族子弟以瞻仰前型。往岁嘉庆十三年，庠生卜维德、增生卜继福、监生卜万澄禀明宗主，愿建立先贤祠，明德以荐馨香。报本追远之意，发于至性至情，而小宗亦得以奉祀焉。余自癸亥岁承乏斯邑，戊辰冬督理挑浚事宜，往来河干，屡闻贤后之隶于斯土者，既庶且繁。其先则自巨迁丰，自丰徙沛，阅历已久，谱谍可稽。今者六十七世孙卜万澄，倡率族人建祠以垂不朽。将见夏阳之北，栋宇增辉。岁时祭享，济济跄跄。敬宗尊祖，尔炽尔昌。渊源家学，休有烈光。余既景仰先哲之仪型，又深嘉诸生之能返本也。是不可以不记。

宋五先生祠　在夏镇义学之右。祀濂、洛二程、张、朱五先生。康熙丁亥岁废。

节孝祠　在学内，国朝雍正七年建。

忠孝祠　在县西南里许。祀明靖难时死节知县颜环父子，及主簿唐子清、典史黄谦。嘉靖时，主事颜德伦建，圮于水。万历中，知县罗士学重建。倪民望《重修忠孝祠记》：沛故有颜公祠，祀先令颜公环也。公令邑时，靖难兵进逼，殊死力守。援绝，属子有为归事大父，自赋诗题御史院壁曰："太守诸公鉴此情，只因国事未能平。丹心不改人臣节，青史谁书县令名。一木岂能支大厦，三军空拟作长城。吾徒虽死终无憾，愿采民风达圣明。"赋罢，衣冠南望拜，自经。有为亦自刎以从。及城降，邑簿若尉唐子清、黄谦皆不屈，死于难。天下闻而壮之。邑人思公，为建祠祀，合而四节，兼名"四贤祠"。从其著，又名"忠孝祠"云。祠岁久圮，邑学博邵君华翰及迁去史君思贤，始欲捐俸易以新，筹于摄邑张丞友方为料理，未克就。予承乏来兹土，相厥成而祀始称。既成，博士诸弟子请碑之。倪子曰：予至沛，盖游歌风之台，而览颜公肇祀之区云。尝思文皇帝欲用练子宁、黄子澄辈，而汉高必杀丁公。俯仰今古，作而叹曰：嗟乎！此顺逆之感而厚薄之应也。夫士平居学古，诵法忠义，岂无慨然自许者？及当事局，情境变迁，难言矣。非有利害之择战其中，而卒莫之胜乎。至有传舍视去旧，而比于周周蛩蛩之不如者，薄亦甚矣。有国者何利若人用之哉？乃练、黄烈矣！文皇帝尝曰："若在，则朕固当用之。"呜呼，帝德至矣！岂非以宁等至厚，欲以厚道风天下乎？若颜公者，以城守不守为存亡，而以一死以见志，固亦练、黄之匹，伟然烈丈夫也，利害得入其中乎？当其时若在，将文皇帝所必用矣。且其子非有官守，僚若簿尉，非寄专城，意颜公之教之倡，与蹈死如归，要俱非利害所动者，不可谓非夫也！而君臣、父子、朋友之彝，一举兼惇矣，皆厚之道也。今上即位，诏表忠义，首及靖难之臣，举文皇思用练、黄之语以劝，而诸臣有余耀焉。即如颜公数子之义，又非上所必予者乎？祠而神之，独土人之思之？故遵明诏，崇厚道也。呜呼！此义行，怀二心为自薄者无所得矣！系之词曰：於赫天兵，靡坚弗折。淮徐上游，矧谓援绝。守土裔谁，曰自鲁公。孤城抗志，凛凛遗风。为臣死忠，为子死孝。僚友之倡，家庭之教。献身成信，留壁赋诗。从容仿佛，有赞存衣。地纪天纲，赖以立国。倚与汉乡，山川生色。圣神践祚，爰表忠贞。黄、练同归，死有余荣。泮宫之南，河水浵浵。相厥崇基，堂户再启。有俨来临，有风凄其。愧彼二心，福我群黎。

颜公祠　即忠孝祠，又名“四贤祠”。曰“颜公祠”，从其朔也。杨士奇《颜公祠诗》：平生金石见临危，就义从容子亦随。百里山河遗县在，一门忠孝史官知。故乡住近文丞相，先德传从鲁太师。欲吊邱坟何处是，离离芳草泪空垂。刘玉《颜公祠诗》：大厦原非一木支，纲常轻重此心知。未驱玄武门前骑，已报丹阳镇上旗。千古伯夷真义士，九原卞壸有佳儿。荒坟遍洒行人泪，泗水南流无尽时。邹守益《颜公祠诗》：臣忠子孝首阳情，坐障江淮急浪平。吉郡流风宜有此，鲁公余裔亦知名。祠下新碑齐卞氏，云端清梦到芗城。焚香复古谈遗氏，露净天空见月明。

义烈祠　在东郭外。明天启二年知县林汝翥建，以祀乡兵御妖贼阵亡者。林汝翥《义烈祠碑记》：岁壬戌，予莅沛之三年也。五月十七，妖贼发难，郓滕邹峄一时俱陷。越六日，予至自淮，始得大呼乡兵，冯河为阵，且战且守。其间密谋秘计，用谍用间，详在《纪略》中，不及悉。惟是半载之内，败衄者三，乃令忠义之士，魄封于黄尘，魂栖乎青草，余心实隐痛焉。则建祠之祀，勒绩之碑，是乌容或已哉！盖戚城之役，予与陈弁约会朱备，三路并进。而陈狃于既胜，自率孤军夜趋取败，乡兵从之往者，阵没四十三人。不移时，而予兵与朱兵继进，乡兵复竞出步骑为助。矢石交发，声震天地，遂大歼之。贼自是退守巢穴，不敢西渡。若欢城之民，皆有勇知，方自发难以来，杀贼无虑数百。贼恨之，期大举复仇。但地在河东，非鞭长所及，其民乞兵于焦弁，焦只以百兵赴之，遂为所误，战死六十余人，生员陈应诏、应贞与焉。报至，予即督兵赴援，而贼已奔归矣。续侦贼巢大疫，死者日以百计，予遂一意间谍，兼行招抚。妖党溃散者数万，归降者二万三千余，贼首度势不支，各为远遁。无何，而东兵至，滕巢空矣。最后，残贼取道徐丰以入曹徐之兵以万计，诸将环视，无有撄其锋者。不数日，复抵沛之西南。赵希邦逆战，众寡不敌，遂没五十九人。予躬督乡兵驰至，擒斩二十余众，仍追之于扬石，继尾之于欢口、常家店，斩获二百有奇，然而无当于吾民生死之数也。呜呼！戚城之败，以陈百户之违予约；欢城之役，以焦游击之轻视敌；七山之衄，以赵希邦之先予至。向使操以慎重，需以时晷，则若辈咸得睹荡平之境，而躬饮至之休矣，何至切命于行间耶？今境内幸有宁宇，若辈捐躯殉难，义矣烈矣。用是，创祠以妥之，颜曰“义烈”。复置田二十亩，以供祭祀。躬率僚属，哭而奠焉，并录祭文于左：呜呼！诵睢阳之烈者，曰“三日而救至，十日而贼亡”，千古憾之，千古奇之。乃吾沛慕义之民，自戚城以迄欢城、七山诸役，毕力捐躯，咸不旋踵。而救至不旋踵而贼亡，则可奇可憾，又孰甚焉！亦允奇睢阳之言曰“死当为厉鬼以杀贼”，乃妖贼自戚城败衄之后，遁归滕巢，瘟疫大作，死者日以百计。故予得用谍用间以空其党，未必非吾民忠愤之气所郁结而成者也。然则有睢阳之遭，而未必有其名；无睢阳之名，而不必无其实，其吾民之谓乎？予又何能以无憾也。噫嘻！予能力抗孤城，以保疆土，而不能有吾民；尔能保尔之骨肉，与尔之亲故，不能自有其躯命。则遭时之不幸，抑有数耶？徒令人增恻怛也。余用是旦夕祔心，无可抒哀，惟是建祠以栖尔神，立田以供尔祀。落成之日，取诸妖贼肝血，聊为尔奠。计尔之英魂不磨，侠骨犹香，当幽以壮干城于百代，明以永血食于千秋，庶几写予心之忡忡。

朱公祠 在夏镇，即镇山书院。钱锡汝《镇山书院记》：镇山书院者，建以为少保大司空朱公生祠也。公治漕河，功冠群僚，泽流万世，而谦焉不居，乃以书院名。盖黄河发源星宿海，喷薄万里，贯历重译，以入中夏。怒激奔决，乃自古患之。成祖都冀，岁漕东南粟数百万，自百官、屯卫、边徼校卒，咸取给焉。然河数溃，治未甚也。乃嘉靖乙丑，河走华山抵沛，入昭阳湖，漂闾沉亩，冲壅沙溃，漕路中绝。天子命大司寇万安朱公，为大司空兼御史大夫，往开浚。三年而河成，视故道倍捷，丰功伟绩且载诸名公颂序中。方公之始莅河也，即请发帑以振业流移。又募民趋河役，而与之佣直。河绩既奏，民复奠居前后，所活无虑数十万人。于是民咸仰公，曰："公德著甚大，公寿必长昌。古有生祠，用以崇敬祈愿也，盍亦尸而祝之，俎而豆之乎！"捐镪率力，树宇于河堤之西。建堂三楹，以公所受纶音，金书丹质揭之楣间。前为仪门、大门，堂后楼三楹，左右房。房左右为爨室，楼前有东西廊。房楼后堂三楹，四绕皆垣。大门外则设屏，而匾其上。公命萃夏镇之子弟于院，延师诲之，数申训饬，今亦彬彬能文学升庠序矣。锡汝为公属吏，两役是地，幸遘书院之建，而诸弟子讲诵其中者，以公命得以校视其业。万历改元七月，于堂后之北，拓其隙地筑台，方广二丈，高可丈许。复亭其上，题曰"永赖"，志公功也。雄爽可眺望，帆樯之往来，山色之环拱，皆在瞩焉。亭前有石梁，为偃波形，左右植柏数株，高二丈余，浃旬而有鹊来巢。亭后垒石为三峰，峰左右植竹数十竿，亭左有井甃之冽可汲。前堂东西廊，益以房，后堂左右亦如之，皆植槐柏数株。别建佃房数楹，于市岁入其租，以资缉理供费。夫召公敷惠，蔽芾歌焉；羊叔覃仁，岘首颂焉。兹皆一时之政，民犹咏思之。矧夫起百万生灵于鱼鳖，而生息教训垂诸永久，视召、羊二公，盖相万也。民不爱其财力而奔走之，固其宜哉！院建于丁巳年三月，成于庚午年五月。而峰梁亭台，则以今岁二月成者也。宜有文以纪之，敬述公功之及民者如此。非具慈爱之仁、聪哲之智、宏达之度、敏捷之才，何以成非常之功哉！若夫决排鸿水，逆漕渠，为国家万世计，此功之在社稷者，则有庙堂之议、太史之简，锡汝何敢与知焉！

五中丞祠 即两河书院，故镇山书院也。顾大申《重建两河书院记》：今上御宇十有四载，大申以屯部郎奉玺书视河夏镇。受事之始初，历徐沛，经滕峄，访求新、泇两河疏塞故事，邦之长老犹能道之。其言曰：嘉靖、万历之间，河患屡告，往往漕与河争道。河自西东决，则冲曹、单，横射鱼台、谷亭，而溃漕之胁；自北南灌，则淤邳、睢，载及徐、泗，漂大浮桥而扼漕之吭。于时欲议利漕，不得不先议避河。南阳口新河之役，自松陵盛公始也。功未底，夏村怨谘上闻，落职去。自是，数十年无敢议改者。世宗乙丑，河逆溢，漕艘勿克达，万安朱公被命浚盛公未竣工，言路有劾公虐民者，遣官勘议。疏再上，得报可，留城之功以举。神宗时，徐、邳屡塞，湘源舒公凿韩庄河四十里。沁水刘公继之，复益泇河口百二十里，咸以工巨费繁中辍。甲辰大开泇河，遂成功于长垣李公云。然人情纷纭，李公几冒不韪也。议者谓松陵为万安之权舆，长垣为湘源、沁水之嗣美，凡以去河渐纡，则害漕日浅。自泇河通，遂而河自为河，漕自为漕。[漕]之利而河不为害者，綦六十载。大申闻而叹曰：嗟乎，当日贤士大夫之拮据荒度如此！夫从古任人之难，难于任事；任事之难，难于虑始。暑雨祁寒，民日怨咨。利未及身，罔不腾口，及观厥成，而亿祀称便也。历数前后经理，虽曰明君哲相始终倚任，而诸君子之兴而辍，辍而复集，召尤丛谤，曾匆利钝之是计而身名之是图，以几于永赖者，不诚忘身体国、矫矫烈丈夫哉！传曰：以劳定国则祀之。五中丞者，乌可以无祀？镇有书院，所以祀万安者也，颓于兵燹，乃鸠工庀材，涂塈丹雘，合而祀于其中，被以"两河"之名，志旧勤也。镇人士稽首请曰："大典举矣，有贤使君而弗录，邦人之咎也。若陈公之创始夏阳，梅公之赞成泇河，茅公之惠泽浸淫，陆公之同民患难，其崇功伟德，赫赫若昨日事，盍祀诸！"乃允其请，而附祀于两庑，从舆志也。工肇于丁酉八月，成于己亥二月。募而役者四万余工，材用千六百金有奇，僚属捐助六百四十金，余皆独力营办，以竟作工作，蠲吉安神，而延师集衿士课诵其中。方伐石纪事未毕，其年又议甃镇城，卒勤筹画十有八月，城工集十之七，冀以微劳附先贤之后。今岁三月，起大狱，株连二百余人，大申解任去。十月，获雪南还。镇人士复垂涕攀留，且前请曰："举大功者，必负重谤。前车在望，而偾辕同辙。公所谓前人任事难，后人又将议公难也。盍并记之？"大申曰："表章先烈，后进事也。以五中丞之贤且达，受君相之寄，而不免于蒙垢。小子何人哉，其不幸而获谤，幸而善全，天也，敢过自矜诩，以重诬邦人之月旦？"谨辞众请，而为之记。正祠五公：盛中丞应期，吴江人；朱少保衡，万安人；舒少保应龙，全州人；刘司空东星，沁水人；李少保襄毅公化龙，长垣人。配祠四公：陈公楠，奉化人；梅公守相，宣城人；茅公国缙，归安人；陆公化熙，常熟人。并传贞珉，以贻奕世。

学额　廪膳生、二十名。增广生、二十名。附学生、岁、科试额各八十六名。岁贡生、二年贡一人。拔贡生、十二年拔一人。武生。岁试额八十二名。

祭器待置。

书籍待置。

学校公田

教谕署旧在学宫西北偏。

训导署旧在学宫东南偏。

学田按旧志：十顷九十二亩有奇。明嘉靖中，知县李祯置地六顷九十二亩八厘。万历间，知县苏万民以吴公祠原置赡祠田四顷复归入学，自均载坐落地址。自咸丰元年，丰工漫溢，沙废谅多，现照印册开列三百七十二亩。复于光绪□年，在前署教谕王□□、前署训导周□□任内，为唐团占去三十亩，实存三百三十五亩有奇，俱坐落高家小湖地方。

祭田夏镇文庙旧有学田十三顷亩，并入湖田。于光绪十一年，学校联名，公恳拨复。蒙道宪段饬拨两段，计六顷，一在刘昌庄，一在寨子村。前经绘图存案，改名文庙祭田，以作春秋二丁祀典之费，谕董经理。

新拨湖田

书院

歌风书院 旧在栖山，知县孙朝干建。邑还原治，同治七年，知县王荫福在城南创建讲堂、大门各三间。十年，知县许诵宣因其狭隘，复于城西购买民房三十余间，拟重移建，项绌中止。光绪十二年，知县陆秉森将前院房舍改为文场，今复添置号板桌凳，容坐千余人，规模略备。光绪十三年丁亥春三月，徐州兵备道宿松段喆、知府事临川桂中行《碑记》：咸丰初元，河决兰仪，徙而北。滨微山、昭阳两湖之中，半出为田，绵江苏之铜山、沛，以达于山东。山东民之耕铜山、沛者曰团民，主客相轧，蘖芽日丛。同治五年，曾文正公督师于徐，治刁、王二团之不率者，而分其田于铜山、沛之书院，得田一百二十顷，岁征钱二千四百千，然书院实未建也。七年，知县事王荫福始建之城南，知县事许诵宣复迁之城西，相传为汉高帝歌大风处也，有台尚存，故名书院曰"歌风"。光绪十二年，今知县事陆扩而新之，为讲堂三楹。其南为门者二，与歌风台相直。两门之间，为榭三楹。堂之东为诸生讲习之所，其西别为十八楹，岁、科校一县之士，于是在焉。喆、中行并治徐，尝以此役敦陆公，而乐其有成也。乃进诸生而诏之曰：十步之内，必有芳草；十室之邑，必有忠信。况沛为炎汉权舆，从龙之彦，飚举云兴。其后子政父子湛于经术，《五行》之传，《七略》之编，并学者所仰镜，甲于他州。以并世征之，阎古古之经济，朱伯宅之词章，亦儒林选也。今虽异于昔所闻哉，然朴茂才俊之士，所至而有。苟相与升降乎其中，自科举之业进而求诸经，自洒扫应对、进退之节反而淑其性情。自一家一乡，久而周知天地万物之赜、古今治乱得丧之理，将上之经明而行修，与子政相后先，足备国家一日之用；下亦致其一偏一技一曲之学，不失为阎、朱。沛何必不再甲他州哉！且有子于人之不犯上作乱也，而推本于孝弟。沛迩兖、沂，其民峭直而任气，岂其性也哉？彼有所渐而致然也。今沛之士，诚本其得之经以淑其性情者，亲亲而长长为其下，先其下日渐上之，亲亲而长长也。孝弟之心，油然而生；陗直任气之风，终世而不作。则文正之善其始，与陆公之善其终，信非苟焉而已也。陆公名秉森，浙之嘉兴人。其为书院也，经始于光绪丙戌春二月，落成于冬十月，靡钱三千九百千有奇。董其役者，县之士王景昭、胡朝阳、封遐龄、张世琥、李启艾。而征收湖租委员，则闸官淄川高徽桐也。

其已废者：

泗滨书院 在泗河东岸，即汉高书院故址。

建中书院 在县治南。

仰圣书院 在上沽头，今存断碑，明嘉靖间主事建，上缺数十字。旧志载汪宗元《碑记》：夫君子如欲化民成俗，其必由学乎！古之教者，家有塾，党有庠，州有序，国有学。至有圣朝，自国都及州邑，咸建庙学，专官以职，群士之秀者而教育之。熙洽既久，遐陬僻壤，莫不有学，而胜地名区复有书院之设，所以养蒙育才、广化裨治，翼学之所不逮者也。沽头闸介乎徐沛之间，其地旷野，其俗尚利，其民轻生。夫地旷则无文物之聚，尚利则鲜礼让之风，轻生则有战斗。习俗之不美者，以化之不孚也，教其可少乎？嘉靖戊申春，都水南城吴子衍以督河至，乃叹曰："兹地距曲阜不二百里，去圣人之居，若此其近也。吾夫子周流所至，乃圣人过化之乡也。而弦诵罕闻，礼教不兴，部使者不得辞其责矣！"越明年，乃卜地陶瓦，捐赀招匠，厥志先定，询谋佥同。又明年，请于总理沅溪何公，嘉其议而赞其成。遂度地葺宇，厥土孔臧，厥位面阳，中为正厅三间，请业有堂。东西为厢房六间，栖士有舍。为退居者三，为庖庾者四。约以大门，缭以周垣。书院甫成，乃择子弟之俊秀者肄业其中，延师以切磋。亲为讲解课功，程能逊志，兴行期臻，时效卓然，为徐沛间一善地矣！予适以简命代何公，吴子索文以记之。乃言曰：昔睢阳、石鼓、岳麓、白鹿，由一人倡之，名于天下而传于后世，何也？书院者，养蒙育才，广化而禅治者也，一举而四善备焉。夫十室之邑，必有忠信，不有先觉，迷而罔从。非学，其何以养蒙也？夫群居而无教则杂，杂则志乱，乱则行荒。非学，其何以育才也？夫逸居而无教，则失其恒心；五品不逊，则百姓不亲。非学，其何以广化也？夫经诵之声鲜，则干戈之习兴，教化行，而后习俗美。匪学，其何以禅治也？是故君子之教，揖让以明其礼，进退以明其节，《诗》《书》以启其蔽，六艺以博其趋。蒙以养正，习与性成，非所以养蒙乎？昔朱子《白鹿规》以"博学、审问、慎思、明辨、笃行"五者为为学之方，藏修息游，逊志时敏，安其学业，敬其师，乐其友，而信其道。知类通达，敬业乐群，非所以育才乎？昔契为司徒，敬敷五教。孔子曰："立爱自亲，立敬自长。"朱子《白鹿规》首之以五教之目，必也义行于国，孝弟行于家，而信行于周里，人伦明于上，小民亲于下，不有以广化乎？夫观民以设教，居德以善俗也。而朱子《白鹿》之规，亦以致慎于处事接物之要，必也忿心以惩，欲心以窒，善心以迁。善心迁则感心生焉，感斯恻，恻斯恪，恪斯变，节之而礼生焉，畅之而乐生焉。尊卑贵贱之分明，亲上死长之义笃，不有以禅治乎？抑予又有说焉：学必至于道，道以圣为极。学之至圣，犹登者之巅也。况自天攸纵，启迪含灵，生民以来未有盛于孔子者也。兹近孔子之居，乃孔子过化之地，此仰圣之所以名也。昔孔子之在春秋，之齐之楚之卫之宋，辙迹几遍天下者，忧道之不明、教之不立也。诸士生圣人所近之地，闻圣人之风久矣。其仰思于二千载之上，孜孜汲汲，羹墙如见焉。则圣人之道在于吾心，行义达道，无所往而不可，而邹鲁之风复见于今日矣！则养蒙育才，不为虚举，而广化禅治，皆见意也。《诗》曰："高山仰止，景行行止。"诸生其相与勖之！

沽头精舍　明嘉靖间，主事施笃臣建。

两河书院　在夏镇，即镇山书院，又曰"五中丞祠"。

义学　邑还原治，仅存栖山、夏镇两所。现共十八所。

歌风书院义学　光绪八年，知府曾捐廉创立。

郝家圩义学　在城北。

谭家圩义学　在城西。

胡家圩义学　在城东。

赵圈圩义学　在城西南，四所。光绪八年，知县樊捐廉立。

城东关内义学

城武庙义学

栖山义学 旧设。

夏镇南街义学 旧设。

夏镇北街义学

张家洼义学 在城东南。

大张家圩义学 在城东南。

斗虎店义学 在城南。

三皇庙义学 在城西南。

蔺家楼圩义学 在城西。

司家楼义学 在城西。

闵子祠义学 在城西北。

蔡家村义学 在城北。

其已废者：

圣水社学 在县西南。明嘉靖间，知县杨政建。

天津社学 在旧河东岸，亦杨政建。

高房社学 在高房集。明万历间，知县罗士学建。

夏镇义学 共有三：一在两河书院东偏，明隆庆初，主事钱锡汝建，中屋三楹，祀先圣神位，为朔望蒙师率弟子行礼处，有义田若干亩，即今之文庙也；一在羲皇庙西，国朝康熙初，刑部郎骟汉建；一即分司署，知县佟锟改建。

社学十八区 皆明嘉靖初，知县李祯建。

书院田 同治五年，江督曾丈拨湖地一百二十顷，岁入租息二千四百千，以作书院经费。

义学田 湖田六十顷，亦系江督曾所拨，岁入租息一千二百千。

卷八　艺文志

《施氏易经》　汉施雠著。雠字长卿，沛人。按《汉书·艺文志》：《易经》十二篇，施、孟、梁丘三家。师古曰：上下经及十翼，故十二篇。

《施氏易经章句》　汉施雠著。按《汉书·艺文志》：《章句》，施、孟、梁丘各二篇。

《酒德颂》　晋刘伶著。见《晋书》刘[伶]传。

《梁典》　北周刘璠撰。按《北周书·刘祥传》：璠所撰《梁典》未及刊定，临终谓休征祥字。曰："能成我志，其此书乎！"休征治定缮写，勒成一家，行于世。

《春秋三传指要》十五卷　唐刘轲著。轲字希仁，元和进士，有传。见《唐书·经籍志》。

《帝王历数歌》　唐刘轲著。见《宋史·艺文志》。

《帝王镜略》　唐刘轲著。见《马氏经籍考》。

《唐年历代》一卷　唐刘轲著。见《宋史·艺文志》。

《翼孟》三卷　唐刘轲著。见《宋史·艺文志》。

《豢龙子》十卷　唐刘轲著。见《白氏长庆集》。

《牛羊日历》一卷　唐刘轲著。见《唐书·艺文志》，谓此书系牛僧孺、杨虞卿事，有檀栾子皇甫松序。按《唐书》：牛僧孺素为李德裕所恶，裕南迁，所著《穷愁志》引里俗犊子之谶以斥僧孺，又目为太牢公。虞卿性柔佞，能阿附权幸，以为奸利，而李宗闵朋比唱和，时号党魁。轲藉两姓寓言，以隐相讥刺耳。

《补江总白猿传》　唐刘轲著。按：唐代丛书，有无名氏《白猿传》，即轲之作也。欧阳询博学善书，而貌甚寝陋，面似猴形。长孙无忌嘲之曰："谁于麟阁上，画此一猕猴？"轲戏作此传，托江总之名，非实录也。此外，仍有《刘轲文集》。

《柏庵杂著》　明单镛著。

《掖垣谏草》　明张贞观著。贞观字惟诚，万历进士。有传。《谏草》分《兵垣》二卷、《工垣》一卷、《礼垣》二卷。

《野心堂集》　明张贞观著。

《五宜亭诗草》　明蔡桂著。桂字子芳，明户部郎中。有传。见旧志。

《吹骚集》　明张扬著。扬字仲芳。有传。

《汇骚集》 明张扬著。

《惊心录》 明赵时著。见《江南通志》。

《政体备要录》 明周冕著。明布政参政。有传。

《阎尔梅文集》 明阎尔梅著。尔梅字用卿，有传。崇祯举人，晚年历游晋豫秦蜀，阅十八期而归，自号白耷山人，有文集。

《白耷山人诗集》 明阎尔梅著。诗共四集，其五七言绝句一卷，格律精细，旷逸之趣每溢言表。如《过乌江浦》云："阴陵道左困英雄，骓马长嘶千里风。成败何妨争面目，不随亭长渡江东。"《莫愁湖》云："欲采芙蓉近晚秋，微醺斜倚望江楼。人生都向愁中老，谁解闲行问莫愁。"《访友》云："一湾才过一湾遮，近岸垂杨远岸花。休问烟波来去路，渔郎原不识仙家。"谨录数绝，以见一斑。

《韵学一贯》 明郝继隆著。继隆字允善，崇祯时拔贡生。有传。

《式谷集》 明郝继隆著。

《板荡集》 明郝继隆著。

《六经图考》 朱伯宅著。伯宅，邑增生，湛深经学，著书自娱。

《唐诗汇钞》 朱伯宅著。

《愚泉古文集》 阎文源著。

《删余诗草》 阎焯贞著。

《榕庄诗草》 阎焜贞著。

《宣亭诗草》 阎檠著。

《明史隐林》 阎圻著。圻字千里，古古孙，康熙时翰林。有传。

《理学家传》 阎圻著。

《臣道纪纲》 阎圻著。

《仪真志》 阎圻著。

《罗浮山记》 阎圻著。

《泗山文集》 阎圻著。

《憩养堂诗集》 阎圻著。

《阅耕楼诗集》 阎圻著。

《易训录》 朱之肱著。之肱字尔起，康熙时庠生。

《澹松集》 王者都著。者都字敬止，顺治初拔贡生，历仕至泉州府知府，以干济称。

《山水音》 王者都著。

《昆仑诗草》 王者都著。

《四书集义》二十本 卜世昌著。

《博物类编》　郝质玕著。康熙时庠生。

《开心集》　郝质玕著。

《云笠山人集》八卷　王定勋著。

《古乐府》二卷　王定勋著。

《漱芳斋诗文集》　叶湘管著。

《愿学斋集》　叶崇嵋著。

《含光楼诗稿》　杨淇著。

《南村漫咏》　周士珠著。士珠字味元。有传。

《汲村山人集》　朱重光著。重光字继照。有传。

《敦古堂集》　蔡尧弼著。有传。

《学庸讲义》　张愚著。愚字柴也，号梦桐，乾隆时副榜。穷经讲学，著书自娱，其诱掖后进，恒孜孜不倦。

《周易旁解》　张愚著。

《四书五经字音正讹》　马存宽著。

《看剑斋诗草》　赵敬修著。字以清。有传。

《宝砚堂诗稿》　朱锡藩著。锡藩字翰卿，号星槎，嘉庆时拔贡生，工诗，得句辄脍炙人口。《咏醋》云："蕊榜升沉寒士面，花枝恩怨美人心。"《寻友》云："相邀布袜青鞋客，同上夕阳黄叶村。"笔意浑成，颇有逸致。

《谦谷诗草》　朱训典著。

《学庸讲义》　吕俶著。俶字载南，号石樵。学业深潜，性耽著作。所著《学庸讲义》，见解既精，说理亦畅，真羽翼朱子之书也。其讲格致诚正处，尤极详细。

《石樵诗稿》　吕俶著。诗情绵邈，笔致清新。《飞雁》云："夜静冲开湘月白，秋高点破塞云黄。"《宿雁》云："一片月明芦叶岸，五更霜静蓼花滩。"《雁字》云："影连塞北犹三折，秋到江南已八分。"《春柳》云："几处淡烟寒食路，一桥微雨酒家楼。"《闲居》云："经年曲径无人到，终日闲门任鸟啼。"其咏古诸作，分载各古迹下。

《茅庵诗稿》　胡玉佩著。集中名句如《游圣泉寺》云："树老似龙蟠谷口，泉流如带束山腰。"《雨中春归》云："归树鸦冲千里雾，披蓑人带一身风。"《夜归》云："星红几点渔家火，月白一天夜客程。猝起犬声惊去马，乱喧蛙鼓代传更。"精心结撰，仍复流丽，足征学养功深。

《南坛诗草》　顾效闵著。效闵字绍骞，号灵槎，同治癸亥恩贡生。

《看云草堂诗稿》　魏月香著。字蕊府，同治年岁贡生。其名句如《避寇》

云："壮怀因乱减，饭量为忙加。"《病起》："虫声清似雨，诗骨瘦于秋。"《遣兴》："一病习成随处懒，千金难买乱时贫。"信口而成，颇得自然之趣。

《玉山堂诗集》　朱縠著。乾隆时岁贡生。有传。

《梅影山房诗集》　朱敬瑞著。字辑五，选拔贡生。有传。

《甄氏痘疹慈航》　邑庠生甄遇都著。

《流移集》　贡生吴锡琥著。

附：金石碑碣

关圣帝君庙钟

夏镇三空桥关圣庙，铁像数尺许，祠久倾圮，居人构草庵，左伏大钟，高可隐人，字画模糊，年日不可考。

康阜楼文石

康阜楼旧有文石三方，皆古篆绘，人无识者，于同治十一年为翁阁学载。

汉高祖庙碑

按《水经注》："泡水又东经沛县，城内有汉高祖庙，庙前有三碑，后汉立，庙基以青石为之，阶陛尚存"云云。考《后汉书·盖延传》："延与刘永战于沛西，大破之，永弃城走湖陆。延遂定沛、楚、临淮，修高祖庙。"延所修者，当在沛城之庙，故郦注谓后汉时立。章怀注言"庙在泗水亭"，疑唐时城庙久废，阶石亦不可见，唯泗水亭庙尚存，故误为一耳。

汉泗水亭高祖庙碑

按《水经注》："泗水南经小沛县东，县治故县南垞上，东岸有泗水亭。汉祖为泗水亭长，即此亭也。亭有高祖庙，庙前有碑，延熹十年立。"案班孟坚有《泗水亭碑铭》，《续汉·郡国志》注"泗水亭有汉祖碑，班固为文"，是也。当立于后汉之初，郦注云"延熹十年"，或至桓帝时重修之。或碑本有二，孟坚为文者为立于亭之碑，延熹时立者为故亭庙内之碑。

古泗水石梁画像

石碣有二，准汉虑虒尺，其一长八尺四寸，宽三尺四寸六分，厚四寸，右有断痕，左端缺角。凡画三方，刻列古彝器，左车马，右缺落不完，人或坐或立，衣冠勾勒奇古。边首左侧皆有纹，缺其右。其一已断为三，裂缝适合。边首有纹，长丈九寸，宽三尺三寸二分，厚六分，亦三方，中刻人物、卤簿、车马、楼屋，楹柱，明了可辨。左方三图，二图两人执刀对舞，一图一人若迎拜状，一人鞠躬应之。右方中缺径尺，驳蚀最甚。中有题识，字类八分，漫不可释。其车马、轩盖、衣冠、旌节，悉合古制，与汉武梁祠画像略同。考金石书画像石刻，凡三十余种，皆汉时物,自魏晋而后,造像盛行,画像遂废,故知此碣为汉代故物无疑。旧存夏镇康阜楼,制作朴古。碑阳上方泐石稍薄,两端凿沟宽三寸许,深约三分,寻考规制,实古石栏也。按《水经注》:"泗水亭水中有故石梁处,遗石尚存。"康阜楼去泗水甚近,殆即此欤?现为徐海兵备道吴世熊徙庋郡城署中。

大风歌碑

按旧志云:篆文像钟鼎形,长径尺,阔八寸,相传为蔡邕书。又府志,歌风碑在沛县歌风台,碑有二:一竖于东,不知年代,中断,束以铁,或云汉曹喜书;西则元大德间摹刻者,盖明万历题名并识岁月也。[时知县罗士学,出于沙土中,而树于旧碑之右者也。考《金石萃编》载:"碑高一丈一尺,广四尺四寸,四行,行八字,金元时摹刻。"碑在歌风书院,已断,下截每行阙二字,仅高六尺五寸。原碑闻在东门外里许土田中,亦断,下截文多古篆变体,而原碑较摹刻者为挺秀云。旧志称钟鼎形,误]

沛上原庙碑铭

铭为唐柳宗元撰。见《祠祀考》。碑久湮没,款识无考。案:宗元以德宗贞元九年成进士,宪宗元和十四年卒。恭读《钦定全唐文》,列是碑于《剑门铭》之前。《剑门铭》作于元和初,则此当立在贞元末年也。庙即汉高祖庙。

昭庆寺牒

在夏镇北高村古昭庆寺内,即高墩寺。篆额题"敕赐昭庆寺碑"。碑文连额四截,长七尺五寸,宽三尺。第二截右二行书"尚书礼部牒僧宗遇",有礼部印文,略言:寺本奈宾院大定三年纳钱乞牒,赐名昭庆寺。中三行书"牒奉敕可,特赐昭庆寺,牒至准敕",故牒左书官衔姓押。第三截中右,皆列发卖所官衔姓,左列滕沛官吏衔姓。第四截书碑记,凡二十八行,行二十七八字不等,末署"蕲县主簿兼知县尉李开记",文见《古迹考》。文后题名[两层,上层十一人,下层六十余人,皆本村耆民也。案《金史·地理志》:滕州本宋滕阳军,大定二十三年升为滕阳州,二十四年更今名,沛县属焉。碑立于大定三年,故犹称"滕阳军"。明有山东佥事刘赟与周天球唱和诗石刻。]

张侯残碑

赵氏《金石录》云:张侯者,子房也。碑已断裂磨灭,不可次叙。独其额尚完,题"汉故张侯之碑",在今彭城古留城子房庙中。验其字画,盖东汉时所立。

心经碑

在夏镇崇胜寺。案《金石萃编》载:碑高五尺八寸五分,广二尺一寸五分,分作四截。上截《心经》,十七行,行十七字;次截《记》,十六行,行十九字;三截五行,皆尼僧名;下截十六行,行八字至十一字不等,行书。《记》后题"大唐天宝八载七月二十一日竖”,第四截题名及“治平二年二月十五日记”,第三截书“大宋国崇宁元年二月丁酉日记”。又,碑侧三行,行十七字,行书。题(上缺三字)庆左仆射、辖冠军大将军、行右清(缺二字)府(缺一字)开国公、食邑五百户、上柱国夏侯(缺一字),贞元十五年孟春之月于此主务,故记之耳,共五十一字,今皆漫漶不可辨。盖是碑始建于唐玄宗天宝时,故称载不称年。德宗时加记,至宋英宗、徽宗复题名并识岁月也。又第三截题名,今可辨者七人,《金石萃编》仅列六人,而首行“院主”,前书作“像主”;末行“妙隆”,前书作“妙德”,则亦前书误也。

高帝手敕碑

高帝手敕太子书也。案:高帝征淮南,中流矢,得疾,还至淮,有是敕,沛人传诵,久而不忘。明弘治初,主事胡倬勒石,树之歌风碑亭。

东坡竹石刻

石本二方,旧嵌儒学大门上。干老叶疏,劲挺不倚,颇如先生之立身云。今剩其一,在七山文庙。

漕运新渠碑

在夏镇皇华亭中。俗名“三绝”,盖明徐阶撰,周天球书并刻,为三绝也。

栖山石刻

七山三易其名,俗名“戚”,或因近广戚城也。县志曰“七”,亦未注其考。或云与青龙桂籍共七个山头也。乾隆辛丑,沛城被水,民无安居。癸卯,命迁县治于栖山阴,适予董其事,易曰“栖”,盖取千万年为吾民安居之所云尔。孙朝干志。

无儿碑记

亦曰“梧槭”。案府志,先名“无儿”,为汉萧何求儿处,即青龙桂籍山顶,山有萧何饮马泉,今皆没。有淘井者触石,始知是山。碑改为“梧槭”,从桑子、栗子寺连类而及耳。然“无儿”名在先,而此山为桂籍顶,或可据。

明伦堂碑

在七山堂。址处淤没土中,巡抚□□书,总督铁保书。

石刻书画

石四页,两面,八幅,邑令许公嘉猷手笔。现存栖山北司家楼朱姓。

王公墓碑

墓在鹿家楼西,碑系二树山人童钰为王公树藩《人物·行谊》有传。撰并书,八分体,笔力遒劲,并华表对一联。

王问碑

明御史王问颂朱公治新河绝句二首,镌石四块,在夏镇河西岸玄帝庙内。诗云:“汉代山河几百秋,飞云桥下水狂流。而今倚剑歌风地,尽属皇明海上州”;“疏凿再经神禹手,平成遍起野人讴。伫看帝锡玄圭日,稳济东南万斛舟。”

姚希孟碑

在夏镇部城洪济门内,书希孟祭金龙大王辞,用柏梁体七言古风一百韵,笔姿遒劲。诗前拓墨呈县署。

卷九　武备志

历代兵制　防所附兵额　铺兵额数　营制　营房　墩台
修防营改设

历代兵制

汉宣帝时，发沛郡材官诣金城。《汉书·宣帝纪》。时沛县统于沛郡。

晋赵王石虎命司、冀、青、徐、幽、并、雍七州之民，五丁取三，四丁取二，合邺城旧兵满五十万，欲以击燕。《文献通考》。

宋文帝元嘉二十七年，大举伐魏，以兵力不足，悉发青、冀、徐、豫、二兖六州三五民丁，倩使暂行。《文献通考》。

齐高祖受禅，从李安之策，谕淮北常备外，余军悉皆输遣。《文献通考》。

魏孝文欲迁都洛阳，声言南伐。诏发扬、徐州民丁，广设召募以备之。《文献通考》。

唐府兵在徐州者，号为高望折冲府。《全唐文·王绅〈周氏墓石文〉》。

唐建中三年，李洧以徐州降，置徐海沂密都团练观察使，治徐州，旋废。贞元四年，置徐泗濠三州节度使，治徐州。十六年，又废。元和二年，置武宁节度使，治徐州。咸通三年，罢武宁节度使，置徐州团练防御使。四年，罢徐州防御使。五年，置徐州团练观察使。十一年，赐号感化军。光化元年，感化军复为武宁军。未几，仍为感化军。《唐书·方镇表》。时沛县统于徐。

五代，武宁节度使治徐州。《五代史》。时沛县属徐。

宋初，仍置武宁节度使，治徐州。《太平寰宇记》。徐州又有奉化厢军。苏轼《徐州上皇帝书》。

明设徐州参将，旋改副将，所属中军守备兵八百人。又有淮徐道中军守备兵五百人。时沛县隶于徐州。

国朝嘉庆十年，改副将为总兵，始立徐州镇标，统辖铜、萧、沛、丰、砀、睢等处。

防所　附:兵额

分防夏镇汛守备一员,掌操防巡缉。专管漕河两岸各乡村一带地方协防外委一员,额外外委一员,协同防缉。马兵十三名,步战兵十九名,步守兵六十八名,驻沛县夏镇。旧志:乾隆初旧制,河标左营官弁,驻夏镇者右军守备一员,驻沛县者千总一员。

分防沛汛千总一员,掌操防巡缉。驻沛县城内外委千总一员,驻沛县栖山旧城汛额外外委一员,马兵二名,步战兵五名,守兵五十八名。旧志:乾隆初旧制,河标左营官弁,驻沛县者千总一员。

铺兵额数

沛县县前铺兵五名,旧城、夏镇等二铺兵各二名,人祖庙、林提寺、陈家阁、崔家堤口、吴家集、沿河等六铺兵各一名。凡沛县铺司兵共十五名。

营　制

考旧制营员兵额,嘉庆、道光以来,未有增减。自咸丰年间,黄水入湖,盗贼藏匿,道宪王设微湖水练战船一只、巡船数只,泊夏镇南坝外湖水要处,以为水程防守。嗣于同治年间,又饬拨巡防营五百人于旧城,以资防缉,今之马军是也。其兵皆自徐属城守各营汛调发,派员统领。陆制增兵始此。近又分棚扼守,于湖团杨官屯、三河尖等处,各设巡兵,以为护送行旅、巡缉奸宄之用。刻,大王庙又设汛兵一名。捻逆滋扰,更谕各圩团练、乡兵,无事则荷锄农亩,有事则执戟戎行,稍加训练,皆劲旅也。

夏镇营房六处:一在新河口西岸,一在夏镇东北隅城濠岸,一在卧佛寺西首,一在西门外,一在南门外,一在东门外。今重修草西屋二楹。

夏镇墩台六座:一在刘昌庄,一在杨庄闸,一在大王庙,一在陶阳寺,一在鲇鱼涎,一在珠梅闸。以上墩台俱各倒塌。

旧设修防营,今裁。

同治二年议准,以丰北、铜沛两河营裁留备弁目兵设丰沛营,驻沛县。嗣以由徐至砀一百六十里为萧豫通饷要道,应将原议丰沛营改设西路汛,驻防铜沛砀山交界之梁家寨等处。同治八年,议裁八成,留存二成,始符今额。计存守备一员，把总一员，外委二员，额外外委三员，马步战守兵一百二十五名。

附录：防营赵公政绩

赵立文，字道生，安徽涡阳县人。性沉毅，有勇略，兼善骑射。咸丰六年，以武童从军，剿办捻逆，克复六安等处。保以把总后，攻定远县城，踹毁贼营四座，先后杀贼数千，夺获马匹旗帜无算，兼收复淮河南北两岸，保以花翎守备。及同治八年，捻逆全股荡平，保以游击，赏加副将衔，以参将尽先补用，饬帮带徐防新兵左营，并归徐州镇标适委赴各县巡缉，驻扎沛境。立文善抚循士卒，与同甘苦，一时拿获匪徒首犯无数，余党悉分别治之。除暴安良，境赖以安，邑民立碑颂德云。

水练纪略

水练之兴，肇于咸丰十一年。先是，咸丰辛亥秋，河决丰工，湖水漫溢，群盗啸聚，肆行劫掠，商船为之戒严。有刘太孟者，率其子毓英等数人，带同伙船数十只，雇觅枪溜，保护来往客商。复侦贼所在，力加剿除，湖面以清。后，徐海道吴以各该船助剿得力，遂谕饬兴办水练，分班巡缉，以靖湖面。此水练所由昉也。练分东西两岸，东岸练总有李原、田厉从部，其练事早废。西岸则刘毓英主之，且其船亦有两种：一曰买卖船，名“家眷帮”。帮分为四，一帮驻湖巡缉，三帮出湖贸易，按期轮流，分任其事。一曰枪溜，名“枪帮”，编成前后左右中五队，无事或牧鸭，或捕鱼，有事则护送上下官商船只，轮队梭巡，今犹奉行无懈。夫以微湖毗连赤山、昭阳等湖，跨据两省，纵横三百余里，向为盗贼渊薮。水练之创，盖始于剿贼，终于护商。其事东西两岸分任，至一切调遣分缉事宜，向由微湖厘局委员兼司云。

卷十　秩官志

文职　武职　官绩附

沛置县，始于秦。县有令、有掾，史纪秩官者，宜从令起，然史多阙如。按旧志称：周薛登仕楚为沛公，汉高祖立为沛公，其非县令，明矣。至府志所载，泗川监守、沛郡太守诸官，则辖地甚宽，不仅今之沛邑，于例悉当删之。

文　职

秦

萧何沛吏掾。《史记·萧相国世家》。

曹参沛狱掾。《史记·曹相国世家》。

周昌泗水卒史。《史记·张相国列传》。

周苛泗水卒史。《史记·张相国列传》。

任敖沛狱吏。《史记·张相国列传》。

汉

张叠湖陆令。《后汉书·杨伦传》。

周永沛令。《后汉书·黄琼传》。

晋

郭卿太康时沛令。旧志引《凤阳县志》。

北魏

朱就字祖成，桑乾人，孝文时沛令。《魏书·朱瑞传》。

隋

刘务本留县长。《唐书·宰相世系表》。

唐

岑棣盐官人，沛令。《唐书·宰相世系表》。

于默成高陵人，沛令。《唐书·于休烈传》，又《宰相世系表》。

郑憬荥阳人，沛令。《唐书·宰相世系表》。

徐唐字景明，滑州卫南人，沛令。《唐书·宰相世系表》。

司马氏轶名，沛县丞。旧志。

宋

程珦庆历中知沛县。府志引《朱子文集》。

金

县令

赤盏霞老猛安人。大定三年石刻。

蒲察木鲁虎大定三年石刻。

刘勋大定十一年修庙学。

王立萧县人，在官廉洁刚方。旧志。

孙思旧志。

主簿

丁昭知县、县尉。大定三年石刻。

纳懒旧志。

辛仪旧志。

县尉

李果府志。

刘琥府志。

侯清府志。

王昭府志。

元

县尹

马珪字君章，兖州人，至元时任。

赵野字子开，江南人，大德初任。

丁用历下人，至大时任。

袁说延祐时任。

任焕

刘伯颜

孙文顺

王居礼

刘泽府志"泽"作"铎"。

李旺旧志。

达鲁花赤

扎忽斛大德时任，有惠政，官至参政，封任城郡公。

伯家奴延祐时任。府志“伯”作“百”。

伯颜普花延祐时任。

宝童

众家奴

完者不花

扎忽儿歹旧志。以上皆顺帝时任。

教谕

阮志学

孔希冕

李维贤

王复

房居安

张肃

俞升

郑用府志。以上八人未详年岁。

主簿

梁天祺大德十一年任。

脱不干延祐五年任。府志“干”作“十”。

赵希哲元统三年任。

张造道

韩仁义

李伟

赵伯颜旧志。以上皆顺帝时任。

县尉

李茂《道园学古录》。

李英延祐时任。

蒋希祖

赵侃

王俨

蒋景山

王郁旧志。以上皆顺帝时任。

典史

吴荣周

刘熙

陈义

元永固旧志。以上皆顺帝时任。

附闸官

周德兴至治时金沟闸提领。

明

洪武

知县

费忠信二年任。

县丞

王居鍌忻州人，荐举，二十六年任。

教谕

刘以礼长洲人，荐举，初年任。

训导

华革二年任。

建文

知县

颜环庐陵人，荐举，元年任。

县丞

胡光一作"先"。元年任。

主簿

唐子清元年任。

典史

黄谦武进人，元年任。

永乐

知县

王敏永年人，二年任。

常瓘内乡人，举人，四年任。

王征大同人，十七年任。

李举贤容城人，十九年任。

县丞

李钦

夏天祥旧志载永乐间任，不详何年。

陶骥滋阳人，二十年任。

主簿

何润华容人，岁贡，十七年任。

沈宗源武康人，监生，二十年任。

典史

任敏洪洞人，四年任。

熊信泸州人，十七年任。

洪熙

县丞

吴自熊桂阳人，元年任。

宣德

知县

杜钊衡水人，元年任。

陈源宗衡阳人，六年任。

县丞

何通华阴人，元年任。

张祥栾城人，二年任。

李希贤祥符人，三年任。

黄以容平阳人，五年任。

罗敬衡山人，八年任。

主簿

李经垣曲人，六年任。

正统

知县

王清新都人，元年任。

余升八年任。

王刚鄢陵人，十一年任。

县丞

雷志桂阳州人，元年任。志一作"忠"。

罗瓒固始人，七年任。

沈富仁和人，七年任。

王制完县人，八年任。

杨春温江人，十一年任。

李暹遵化州人，十二年任。

主簿

王勖莱阳人，元年任。

侯智河阴人，八年任。

卢蓁安肃人，九年任。

教谕

潘灿元年任。

徐经广信人，七年任。

何萧九年任。

训导

田昭元年任。

陈谟绍兴人，岁贡，七年任。

周缉吉水人，岁贡，七年任。

典史

唐彦高唐州人，七年任。

刘真东安人，八年任。

胡顺济宁州人，九年任。

景泰

知县

古信嘉鱼人，举人，元年任。

雷应春四川人，旧志不详何年。

县丞

韦骢河间人，元年任。

朱宁金华人，四年任。

教谕

张晔临清州人，元年任。

训导

周在苾元年任。

方璠元年任。

典史

邓林初年任。

成化

知县

王韶泽州人，元年任。

孙泰旧志不详何年。

孙镗十年任。

马时中太原人，举人，十一年任。

冯谦诸暨人，举人，十二年任。

吴钊顺天人，举人，二十一年任。

县丞

张羽中

卢成旧志不详何年。

王锡二十一年任。

刘瑾

陶纪湖口人，旧志不详何年。

主簿

潘安

齐富

黑伦

宋道郑州人。旧志载以上并成化间任，不详何年。

教谕

尤聪初年任。

卢荣天台人，岁贡，二十一年任。

训导

林桂鄞县人，岁贡，二十一年任。

王辅安吉州人，岁贡，旧志不详何年。

典史

宋敏

路瑾旧志载成化间任，不详何年。

弘治

知县

王琛松滋人，举人，元年任。

姚祥归善人，进士，六年任。

袁纪潞州人，监生，七年任。

张珩大名人，举人，旧志不详何年。

徐彬余姚人，举人，旧志不详何年。

马伯琦新乐人，举人，十三年任。府志“琦”作“骐”，又作“岁贡，十二年任”。

栗钲潞州人，举人，旧志不详何年。

杨凤府军前卫人，进士，十七年任。

县丞

陶鉴初年任。

李理十三年任。

陈杰

刘能诸城人，旧志不详何年。

主簿

吴本蒲州人，元年任。

裴克让元年任。

高珽十三年任。

吴举成安人，十二年任。

教谕

李道弘丰城人，举人，四年任。

虞铋金华人，岁贡，府志不详何年。

易宽良乡人，举人，七年任。

蒋弼青田人，岁贡，十七年任。

训导

聂让云梦人，岁贡，四年任。

李兰南安人，岁贡，府志不详何年。

林蕃滕县人，举人，十七年任。

典史

黄琳元年任。

黄廷进十二年任。

李豫遂平人，十七年任。

正德

知县

孙宗尧河间人，举人，元年任。

王瓒华阴人，举人。

胡守约合州人，举人。

麻芝榆林人，监生。旧志以上并不详何年。

县丞

孟文楫文水人，监生，元年任。

谢洪仁四川人。

方廉泗水人，旧志不详何年。

主簿

曹鼎耀州人，元年任。

郭增

孙锦为官者史宣所杀。

易纮湖广人。旧志以上并不详何年。

教谕

杨仲汤溪人，岁贡，五年任。

操松浮梁人，举人，十五年任。

训导

周鹏丰润人，初年任。

张俊同安人，岁贡，五年任。

安信澧州人，岁贡，十五年任。

典史

邢恕阳武人，元年任。

嘉靖

知县

周万金内黄人，元年任。

李祯新昌人，举人，元年任。按：旧志不载，今据府志补入。

孔时长安人，举人，二年任。

郑公奇莆田人，进士，六年任。

向必成黄梅人，监生，七年任。

平世祥日照人，监生，七年任。

杨政南昌人，监生，九年任。

王治永年人，十一年任。按：旧志失载，今据府志补入。

孙灿朝城人，监生，十六年任。

王治十九年再任。

周泾贵溪人，举人，二十二年任。

李祯二十七年再任。

郭进贤麻城人，监生，三十一年任。

叶恒嵩太平人，举人，三十二年任。

张性深邯郸人，举人，三十三年任。

罗见麟番禺人，举人，三十六年任。

滕霁建安人，举人，三十八年任。

宋聚奎闻喜人，监生，三十九年任。

李时奉节人，举人，四十一年任。

县丞

陶恕山海卫人，监生，元年任。

李文宪北直人，二年任。

张钆普安人，监生，三年任。

寇宗仁祥符人，监生，八年任。

周坚竹山人，监生，十一年任。

孟绅济宁州人，吏员，十六年任。

王统大庾人，监生，二十年任。

吴元祥汉阳人，监生，二十三年任。

方绍仁黄冈人，吏员，二十六年任。

沈汝立归安人，监生，三十一年任。

吴杞孝丰人，监生，三十三年任。

曹岳嘉兴人，监生，三十六年任。

徐一举醴陵人，监生，三十九年任。

王评黄县人，监生，四十一年任。

孙公惠罗源人，吏员，四十三年任。

主簿

宁时习永平人，四年任。府志作“永年人”。

田知五年任。

李琦颍川卫人，监生，八年任。

徐杰嘉兴人，吏员，十一年任。

王廷相掖县人，监生，十三年任。

董应期东平州人，监生，十四年任。

何光明兴山人，监生，十四年任。

潘泽涿鹿卫人，监生，十六年任。

李约献县人，监生，十六年任。

刘钲莱州人，监生，十九年任。
王璿神木人，监生，二十年任。
齐邦用邓州人，吏员，二十年任。
蒋廷瓒东安人，监生，二十二年任。
孙汝霖招远人，监生，二十六年任。
宁守宽章丘人，二十七年任。
李意光庆都人，监生，二十七年任。
茂有绩益都人，岁贡，三十二年任。
都永靖林川人，监生，三十六年任。
闻思贤鄞县人，吏员，三十六年任。
郑实涿州人，监生，三十八年任。
马珩郓城人，监生，三十九年任。
李志道嘉兴人，监生，三十九年任。
李存忠漳浦人，承差，四十一年任。
娄聪会稽人，吏员，四十一年任。
谢鸾龙溪人，吏员，四十二年任。
傅儒会稽人，吏员，四十五年任。
孔承学曲阜人，监生，四十五年任。

教谕

周麒处州人，岁贡，元年任。
李洪全州人，举人，府志不详何年。
于乔高唐州人，岁贡，八年任。
蔡玉实华容人，岁贡，十五年任。
马伟广平人，岁贡，二十一年任。
唐伯杰灵川人，举人，二十三年任。
朱以和高安人，岁贡，二十五年任。
滕霁建安人，举人，二十九年任。
李乘鲸南郑人，岁贡，三十年任。
孙惟慎太和人，岁贡，四十年任。

训导

李镕嘉鱼人，岁贡，元年任。
胡福南丰人，岁贡，三年任。
陆渊高要人，岁贡，八年任。

刘学夔兴国人，岁贡，十年任。

苏镆荆州人，岁贡，十三年任。

黄昶确山人，岁贡，十八年任。

张庆旸泰顺人，选贡，二十年任。

季珩浦城人，岁贡，二十三年任。

钟大器曲江人，岁贡，二十九年任。

董勋怀庆人，岁贡。

郑原宣平人，岁贡。

杨爵贵溪人，岁贡。

周可久泸州人，岁贡。

宋时奎新河人，岁贡。

李嵩高要人，岁贡。府志以上并不详何年。

曾维爵上犹人，岁贡，四十年任。

冯中州景州人，岁贡，四十四年任。

典史

韩良辅迁安人，吏员，二年任。

马昂河间人，吏员，八年任。

戴仁鄞县人，吏员，十一年任。

李仕佩莆田人，吏员，十七年任。

林大理莆田人，吏员，二十年任。

沈祚慈溪人，吏员，二十七年任。

陈思德化人，吏员，三十六年任。

刘靖邵武人，吏员，三十八年任。

王尧辅濮州人，吏员，四十一年任。

孙翔沂州人，吏员，四十三年任。

胡朝器东阳人，吏员，四十五年任。

隆庆

知县

白经北京卫籍人，举人，三年任。

徐辂海宁州人，举人，五年任。

县丞

左极星子人，监生，元年任。

孟绪恩岐山人，监生，三年任。

张友方磐石卫人，监生，六年任。

主簿

高述掖县人，监生，元年任。

熊孔廉临桂人，吏员，五年任。

教谕

饶熠德化人，岁贡，二年任。"熠"一作"耀"。

高维崧庐陵人，举人，五年任。

邵华翰普安州人，岁贡，六年任。

训导

窦岭诸城人，岁贡，元年任。

史思贤宁阳人，岁贡，四年任。

典史

周敏政鄞县人，吏员，四年任。

万历

知县

倪民望黄梅人，举人，元年任。

祝希哲德兴人，举人，三年任。

马昺南部人，举人，四年任。

周治升新建人，恩贡，六年任。

杨盐即墨人，举人，十一年任。

符玺龙阳人，举人，十四年任。

苏万民隰州人，选贡，十八年任。

罗士学彭山人，选贡，二十二年任。

张文炳掖县人，举人，二十九年任。

李汝让永平人，选贡，三十三年任。府志作"永宁人"。

李懋顺滑县人，举人，三十八年任。

刘希颜华容人，举人，四十三年任。

练国事永城人，进士，四十五年任。

林汝翥福清人，举人，四十七年任。

县丞

邓海新建人，吏员，二年任。

吕学中零陵人，恩贡，四年任。

钱士彰山阴人，岁贡，九年任。

王国宾唐县人，恩贡，十一年任。
戴经筵昌化人，岁贡。
袁一辅宜春人，吏员，旧志不详何年。
贡守愚灵寿人，吏员，十八年任。
王光宝永嘉人，选贡，旧志不详何年。
汤应龙永康人，吏员，二十二年任。
邓一忠南丰人，选贡，二十五年任。
衷崇源进贤人，二十九年任。
程师明江夏人，岁贡，三十四年任。
高日昇山阴人，三十八年任。
尹知卓蕲水人，四十一年任。
徐师文浙江人，岁贡，四十三年任。
张承嗣怀来卫人，岁贡，四十六年任。

主簿

李惟高松潘人，选贡，二年任。
陈存之江西人，监生，五年任。
俞有家鄞县人，监生，九年任。
石坚获鹿人，监生，十一年任。
涂勋丰城人，吏员，十八年任。
段养安蠡县人，监生，二十一年任。
强性宽阌乡人，吏员，二十二年任。
赵日荣晋江人，选贡，二十五年任。
梁崇朴濮州人，承差，二十九年任。
李华春长兴人，监生，三十四年任。
于应钦浙江人，三十八年任。
应思忠浙江人，四十一年任。
骆允升浙江人，四十二年任。
董士龙山西人，四十六年任。

教谕

成咏兴化人，四年任。
吴世辉嵊县人，岁贡，八年任。
谭尚忠茶陵人，岁贡。
方佐宁国人，岁贡。

李文善合肥人，岁贡。府志以上并不详何年。

陈大复江陵人，举人，十七年任。

倪鲁常熟人，举人，二十一年任。

宋约颍上人，岁贡，二十六年任。

王希贵泾县人，岁贡，二十九年任。

赵国相万全右卫人，岁贡，三十三人年任。

张箴信阳人，岁贡，三十四年任。

卢汝霑宣城人，岁贡，三十五年任。

高汝毅江宁人，岁贡，三十八年任。

杨世贤凤阳人，岁贡，四十一年任。

敖希彦清河人，举人，四十三年任。

陶继宗潜山人，岁贡，四十七年任。

训导

寇立纪应城人，岁贡，四年任。

唐印正邳州人，岁贡，九年任。

丁一杰许州人，岁贡，府志不详何年。

鲁思问和州人，岁贡，府志不详何年。

李宣赞皇人，岁贡，二十六年任。

程三德婺源人，岁贡，三十二年任。

蒋体仁虹县人，岁贡，三十七年任。

王旋聊城人，岁贡，四十二年任。

何羹粥丹徒人，岁贡，四十六年任。

典史

赵万亮南昌人，吏员，二年任。

陈天爵六年任。

黄河清临川人，吏员，十年任。

齐良懋山阴人，吏员，十四年任。

朱大积会稽人，吏员，十六年任。

李琚金乡人，吏员，十八年任。

何应泰於潜人，吏员，二十一年任。

陈纶归安人，吏员，二十二年任。

刘一纲高要人，吏员，二十五年任。

何功显福州人，吏员，二十八年任。

徐鸣阳临海人，吏员，三十一年任。

蔡执礼莆田人，吏员，三十四年任。

区文从广东人，三十八年任。

杨继立广东人，四十三年任。

潘宗庆浙江人。

沈君思浙江人。

李存性浙江人。旧志以上并不详何年。

天启

知县

刘庆长开州人，举人，三年任。

张信鹤庆人，举人，七年任。

县丞

张述颜乐昌人，序班外迁，三年任。

江绍授广信人，旧志不详何年。

教谕

周济生金乡人，岁贡，元年任。

叶万金华亭人，岁贡，四年任。

徐可弼东流人，岁贡，七年任。

训导

张汝蕴泾阳人，岁贡，元年任。

张登瀛济宁州人，岁贡，六年任。

典史

章文远江西人，三年任。

朱一鸣浙江人，七年任。

崇祯

知县

秦聘璁马平人，举人，崇祯三年任。

毕靖之文登人，选贡，四年任。

李显魁苍梧人，举人，七年任。

张象贤腾越人，举人，九年任。

何日澜番禺人，举人，十三年任。

李正茂洪洞人，举人，十四年任。

县丞

蒋逢吉缙云人，岁贡，二年任。

王大来嘉兴人，岁贡，三年任，四年裁缺。

卢胜栾州人，岁贡。旧志以前志失载，据《永平府志》补入，不详年代。

刘筠赣县人，岁贡。旧志以前志未载，据《赣州府志》补入，不详年代。

主簿

罗乘鹏浙江人，元年任。

徐勋铭渤海人，三年任。

胡来臣浙江人，五年任。

赵国栋湖州人，八年任。

李自广曲沃人，十二年任。

邓乔南城人，十四年任。

教谕

魏和微陕西人，岁贡，四年任。

张化枢永昌人，举人，七年任。

吴启泰峄县人，岁贡，十二年任。

成王佐嘉善人，岁贡，十四年任。

训导

柴邦震绛州人，岁贡，四年任。

张弘纲山阳人，岁贡，六年任。

孙联芳仁和人，岁贡，十年任。

季连芳大城人，岁贡，十二年任。

朱一新安东人，岁贡，十六年任。

典史

方应时浙江人，三年任。

俞守素浙江人，五年任。

吴希元义乌人，九年任。

叶应棣浙江人，十二年任。

沽头、夏镇工部主事

明成化二十一年初设，驻沽头，弘治元年罢。七年复设，正德元年再罢。六年复，嘉靖二年又罢。十四年又复。四十四年河决，沽头署圮，乃迁夏镇，改名夏镇工部分司。沽头署，在今县南二十里泗河东岸，成化二十一年主事陈宣建。夏镇署，在夏镇城中洪济街北，隆庆二年主事陈楠建，后圮。

陈宣永嘉人，进士，创建分司署。

胡倬临桂人，进士。

俞稳宁海人，进士。

江师古蒲圻人，进士。

蒙惠苍梧人，进士。

高贯江阴人，进士。

章文韬黄岩人，进士。

章拯字以道，兰溪人，进士。

王孝忠字全之，南充人，进士。

王銮字廷和，大庾人，进士。

李瑜字良卿，缙云人，进士。

乐选字舜举，仁和人，进士。

王佩字朝鸣，文安人，进士。

颜德伦安福人，举人。府志作“进士”。

侯宁字怀德，东平人，进士。

许诗字廷陈，灵宝人，举人。

徐维贤字师圣，上虞人，进士。

吴衍字子繁，南城人，进士。

钦拱极字子辰，太仓人，进士。

曾鉴字万甫，德州人，进士。

陆梦韩字兴文，平湖人，进士。

施笃臣字敦甫，青阳人，进士，嘉靖三十九年任。

宋豫卿富顺人，进士，四十二年任。

以上驻沽头，以下迁夏镇。

陈楠字子才，昌化人，进士，创建夏镇分司署。

钱锡汝字宠伯，吴江人，进士，隆庆二年任。

李膺字元服，华亭人，进士，四年任。

高自新字本澄，获鹿人，进士，六年任。

钱锡汝万历元年再任。

陆檄字羽行，长洲人，进士。

詹思谦字惟炳，常山人，进士，五年任。

王焕字子质，咸宁人，进士，五年任。

詹世用字汝质，弋阳人，进士，八年任。

韩杲字子素，光山人，进士，十一年任。

杨信字以成，咸宁人，进士，十三年任。

余继善府志"余"一作"徐"，字明复，固始人，进士，十六年任。

钱养廉字国新，仁和人，进士，二十年任。

尹从教字心传，宜宾人，进士，二十一年任。

杨为栋字伯隆，綦江人，进士，二十四年任。

梅守相字台甫，宣城人，进士，二十六年任。

茅国缙字荐卿，归安人，进士，三十四年任。推补更替、领敕行事自此始。

汤沐字郑隆，安陆人，进士，三十五年任。

刘一鹏字南溟，南昌人，举人，三十八年任。

钱时俊字仍峰，常熟人，进士，四十年任。

石炬字讱韦，兴国州人，进士，四十三年任。

黄元会字阳平，太仓人，进士，四十六年任。

张应完字宾槎，鄞县人，举人。

章谟字定泓，德清人，进士，天启元年任。

陆化熙常熟人，进士。

刘宏字长源，海盐人，进士，三年任。

朱瀛达字龄洲，余姚人，进士，五年任。

丰建字万年，鄞县人，进士，五年任。

吴昌期字莲坡，吴江人，举人，崇祯二年任。

赵士履字南屏，常熟人，五年任，有生祠。

于重庆字祖洲，金坛人，进士，八年任。

宫继兰字鹫邻，泰州人，进士，十一年任。府志作"静海人"。

朱锡元字惕庵，山阴人，进士，十四年任。

泗亭驿驿丞

驿城衙署，旧在沛治东南，嘉靖末迁夏镇。

魏让

周倘府志作"震倘"，山阴人。

周炳上虞人。

秦绍宾临桂人。

张绀黄岩人。

黄云鹏余姚人。

张四维馆陶人。

王大岳襄阳人。

沈纪临桂人。

刘自新大城人。

张孚先大名人。

朱天宠太仓人。

叶棠歙县人。

萧廷辅仁和人。

丁尚焕仁和人。

江调鼎

各闸闸官

有西柳庄、珠梅、杨庄、夏镇、满家、马桥、留城等闸。《明会典》：七闸俱隆庆元年，以旧河、孟阳、沽头、上中下胡陵城、谢沟七闸改建。又云：嘉靖二年，罢胡陵、沽头、上中下金沟、谢沟、新兴、黄家等八闸官吏。万历间，凡新置正闸，俱有闸官。按：夏镇闸官署在本城，余无考。

李昶胡陵城闸官。

岑谷沽头上闸闸官。

张政金沟口闸官。

丁诚沽头下闸闸官。

兵泉谢沟闸官。

萧公敏新兴闸官。旧志以上俱见正统七年石刻。

邬灌丰城人。

王廷儒襄垣人。

谢永贞博平人。

常三省馆陶人。

饶永宣新建人。

李萼滨州人。

杨津太原人。旧志以上西柳庄闸官。

叶臻丹徒人。

周官恩县人。

王臣城武人。

刘一凤苏州人。

程师尹馆陶人。

路韶棠邑人。

秦尚仓夏县人。

区英南海人。

周凤临桂人。

杨宗颜肥城人。旧志以上马家桥闸官。

李宗道東鹿人。

边大伦长清人。

邱国用上杭人。

王贡济阳人。

高尚策利津人。旧志以上留城闸官。

高昇沽头闸官。旧志不载此人,今据府志补入。

国朝

顺治

知县

徐可大镇彝所人,选贡,二年任。升饶州府同知。

王克生阳城人,进士,三年任。

赵世祯开原人,贡士,七年任。

郭维新字摩庵,大兴人,副贡,十一年任。升宁波府同知。

教谕

朱一新安东人,二年任。

侯靖宸巨野人,五年任。

萧松龄靖江人,举人,府志不详何年。

杨廷蕴武进人,副贡,十二年任。

训导

韩元珍山东人,岁贡,三年任。

包邦甲宣城人,岁贡,八年任。

陈天策宜兴人,岁贡,十二年。

宋懋功泰州人,岁贡,十八年任。

典史

吴孟熙浙江人,二年任。

俞应垣浙江人,七年任。

高思明大兴人,十一年任。

康熙

知县

李芝凤奉天人，四年任。

徐懋昭字晋公，鄞县人，进士，十二年任。

程万圻字本城，保定人，监生，二十年任。

梁文炳字郁哉，正白旗人，监生，二十二年任。

方曰琏建安人，进士，二十九年任。

邓宏芳鄜州人，举人，三十一年任。

佟锟奉天人，三十四年任。

叶光龙东莞人，举人，三十七年任。

杨弘绩正黄旗人，岁贡，三十九年任。

蔡瑚正白旗人，四十七年任。

黄甲海阳人，岁贡，五十一年任。

沈瑞鹤叶县人，进士，五十三年任。

佟世集镶黄旗人，五十五年任。

梁甲第平遥人，拔贡，六十年任。

朱紘新兴人，举人，六十一年任。

教谕

叶炳江宁人，举人，十六年任。

汪士裕江都人，举人，二十四年任。

胡湛宣城人，三十三年任。

阮赞宣城人，三十五年任。

张宗鉴丹徒人，四十五年任。

刘炽虹县人，拔贡，五十二年任。

缪近三如皋人，五十九年任。

蔡书升吴县人，六十年任。

训导

王方来金坛人，岁贡，三年任。

马光前祁门人，岁贡，七年任。

吴维宁府志不详籍贯并何年，但云“康熙间任”。

刘维贞南陵人，岁贡，十九年任。

李先上元人，岁贡，二十二年任。

沈赡祖华亭人，岁贡，二十七年任。

邵允彝全椒人，岁贡，三十七任。

孙珍盐城人，岁贡，四十四年任。

吴嵩桐城人，岁贡，五十九年任。

程士琳丹徒人，岁贡，六十年任。

典史

任守典大兴人，元年任。

秦光焕陕西人，三年任。

梅滃富平人，十二年任。

高明显聊城人，二十年任。

张祥咸宁人，二十九年任。

谢伟略上虞人，三十二年任。

胡启祥大兴人，三十三年任。

曹宏茂山卫人，四十一年任。府志作“三十九年任”。

傅国祥大兴人，四十八年任。

王廷辅宛平人，六十一年任。

雍正

知县

周之准正白旗人，六年任。

张嘉纶海宁州人，七年任。

张登倬大兴人，举人，八年任。

施霈宛平人，九年任。

谢纶音余姚人，十一年任。

李棠海阳人，十三年任。

教谕

吴锴娄县人，举人，五年任。

侯启晋宿州人，拔贡，十二年任。

训导

秦檝新阳人，岁贡，五年任。

吴维宁桃源人，岁贡，十一年任。

典史

吴鋑宛平人，五年任。

李世贵韩城人，十三年任。

乾隆

知县

赵师质元年任。

武承运十二年任。

鲍轶名。二十一年任。

卢世昌普安州人，进士。

荆如棠二十二年任。

杨咏三十四年任。

陈麟四十六年任。

郎赓四十六年任。

孙朝干玉田人，四十八年任。

曹龙树五十三年任。

王昉五十九年任。

张和六十年任。

教谕

杨倓徽州人，岁贡，五年任。

王璞四十年任。

何玉麟六十年任。

训导

王人龙宜兴人，岁贡，元年任。

汪自贤青浦人，岁贡，三年任。

卢杰四十六年任。

刘芳四十六年任。

王吉士五十二年任。

王兆鲲五十三年任。

典史

何文升宛平人，六年任。

李成章二十二年任。

彭咏四十六年任。

吴本源四十八年任。

赵渊四十九年任。

嘉庆

知县

吕圣宗元年任。

王朝飏二年任。

杨宝曾二年任。

朱镇三年任。

王昉四年再任。

彭承泰六年任。

许嘉猷八年任。

陈大名九年任。

许嘉猷九年再任。

曹约歙县人，举人，十四年任。

许嘉猷十四年再任。

关光涵广西人，举人，十五年任。

许嘉猷十五年再任。

郑其忠十六年任。

张肇二十年任。

曹约二十年再任。

郑其忠二十一年再任。

谢肇瀛二十一年任。

郑其忠二十四年再任。

教谕

沈承愈三年任。

训导

沈承愈十五年任。

宋越十七年任。

典史

吴钧三年任。

麻颂恩二十年任。

吴钧二十年再任。

汪英二十三年任。

陈雨泉二十五年任。

道光

知县

冯应渭海丰人，二年任。

萧翀山阴人，举人，二年任。

胡棠三年任。

胡杰四年任。

杜昭五年任。

林大惠会稽人，六年任。

马思裕定兴人，举人，六年任。

云茂琦海南文昌人，进士，七年任。

李鸿钧九年任。

林惠元莒州人，举人，十年任。

赵本敭十一年任。

朱勃十二年任。

朱荣桂十二年任。

赵毓丹云南人，举人，十四年任。

王绍复十六年任。

赵毓丹十七年再任。

翟松十九年任。

张书绅二十年任。

陈保元二十一年任。

李凤鸣二十一年任。

李琮二十四年任。

袁凤鸣二十四年任。

贾辉山二十五年任。

李映棻二十五年任。

朱守让二十五年任。

雷鸿恩二十五年任。

马铁群山阴人，二十六年任。

张志周密县人，举人，二十七年任。

张鹏展二十七年任。

景步逵二十八年任。

教谕

宋越二年任。

沈承愈二年再任。

宋越四年再任。

胡景安四年任。

蒋调五年任。

方大泽五年任。

顾葆之九年任。

丁琳十年任。

顾葆之十一年再任。

谈文焕十二年任。

汤德新十二年任。

汪声镩休宁人,十三年任。

蔡朝枢十六年任。

汪声镩十七年再任。

李金生十八年任。

汪声镩十九年再任。

李金生十九年再任。

余霖澍十九年任。

李金生十九年再任。

翟松十九年任。

解杏芳十九年任。

翟松十九年再任。

陈维藩十九年任。

翟松二十年再任。

张书绅二十年任。

甘霖霑二十年任。

训导

胡景安四年任。

方大泽五年任。

顾葆之无锡人,岁贡,六年任。

汪声镩休宁人,十三年任。

狄遂十三年任。

李金生十四年任。

翟松十九年任。

解杏芳十九年任。

翟松十九年再任。

陈维藩十九年任。

翟松二十年再任。

张书绅二十年任。

陈维藩二十年再任。

周彦增无锡举人，二十七年任。

典史

王元发三年任。

陈雨泉四年再任。

孙丰元四年任。

潘萼五年任。

茹刚十四年任。

魏瀛三十年任。

咸丰

知县

朱维屏三年任。

李宝森四年任。

师炳韩城人，五年任。

李宝森六年再任。

丁炅字煦谷，永城人，副贡，七年任。

赖以平河源人，举人，九年任。

张肄孟九年任。

教谕

李国钧高邮人，举人，九年任。

训导

严正江浦人，举人，九年任。

典史

洪大勋元年任。

陈嵩兆二年任。

邢荣二年任。

杨懋功三年任。

徐立椝五年任。

沈垕六年任。

沈云翔八年任。

张鼒廷胶州人，九年任。

王润江山阴人，九年任。

韩濬余姚人，九年任。

姚谦山阴人，十年任。

徐承乾山阴人，十一年任。

同治

知县

陈迪恂府志载"同治间任"，不详何年。

许邦行鲁山人，举人，三年任。

徐弼廷泰安人，四年任。

王荫福正定人，附生，五年任。

周京霸州人，举人，八年任。

高笏承淄川人，附生，九年任。

许诵宣海宁人，副榜，十年任。

陆嗣龄四川人，进士，十二年任。

教谕

严正江浦人，举人，元年任。

高长龄江都人，二年任。

李国钧三年再任。

严正三年再任。

王端山阳人，拔贡，四年任。

严正五年再任。

王端五年再任。

方廷梁上元人，七年任。

潘欲仁常熟人，副贡，七年任。

吴蜚声仪征人，恩贡，九年任。

李其熉清河人，十年任。

符燮梅甘泉人，十一年任。

丁镇瀛山阳人，副贡，十二年任。

训导

方廷梁上元人，七年任。

俞崧龄丹徒人，举人，八年任。

王希闾兴化人，八年任。

徐倬副贡，九年任。

钱家骏吴江人，举人，九年任。

典史

李兆麟怀宁人，监生，十三年任。

光绪

知县

孔广仁安陆人，孝廉方正，元年任。

高笏承三年再任。

党凤岐大兴人，监生，三年任。

高笏承三年再任。

陈家熊钱塘人，监生，三年任。

樊燮会稽人，监生，五年任。

唐紫封闽县人，举人，九年任。

陆秉森嘉兴人，监生，十一年任。

蓝采锦长沙人，十三年任。

侯绍瀛临桂人，举人，十五年任。

朱公纯寿州人，十六年任。

教谕

刘干贞宝应人，附贡，元年任。

吴秉成山阳人，附生，六年任。

乔廷诰海州人，举人，七年任。

王诩沭阳人，举人，八年任。

王会开盐城人，廪贡，十一年任。

丁葖山阳人，岁贡，十二年任。

邱家驹山阳人，岁贡，十四年任。

韦鉴山阳人，廪贡，十五年任。

杨士沅句容人，拔贡生，十八年任。

潘志询吴县人，举人，二十年任。

训导

周殿乔山阳人，副贡生，九年任。

殷殿扬山阳人，举人，十二年任。

陶汝鼎高淳人，增生，十三年任。

陶福保吴县人，举人，十四年任。

韦鉴山阳人，廪贡生，十六年兼任。

黄宗城昭文县人，举人，十七年任。

潘志询吴县人，举人，二十年兼任。

叶梦熊吴县人，举人，二十年冬任。

顾敦彝丹徒人，举人，二十八年冬任。

典史

倪昌勋归安人，监生，五年任。

陶

高

刘

盛朝泰

赵经绶

钮家墉乌程人。

夏镇工部分司

国初，亦仍明制，原管沛县河道闸座。康熙十五年，裁归淮徐道管理。三十二年，题准并东省道员管辖。至今因之。

杨天祥字兴寰，沈阳人，顺治二年任。

高鹏南旧志不详。

狄敬溧阳人，进士，八年任。

常锡胤鄠陵人，十一年任。

顾大申华亭人，进士，十四年任。

李禧熊仁和人，进士，十七年任。

郭谏字怀荩，福山人，进士，康熙二年任。

符应琦字毅斋，饶阳人，进士，五年任。

戚崇进字仲叔，威海卫人，拔贡，八年任。

驸汉满洲人，九年任。

戴锡纶字丝如，余姚人，进士。

穆臣满洲人，十二年任。

吴定上海人。

铜沛河务同知

顺治初，设徐属河务同知，驻徐州。乾隆二年，改为铜沛同知，驻徐治西南，即明淮安府同知署改建。咸丰十年裁。

钟昭宛平人。

林孟文

陈景瀛鱼台人，乾隆三年任。

冯焜涿州人，四年任。

叶存仁江夏人，八年任。

张宏运十一年任。

李轶名，十五年任。

舒超十七年任。

孔传橿曲阜人，至圣裔，孝廉方正，十八年任。

常绍炜正蓝旗人，二十一年任。

王峅常山人，二十六年任。

黄涛镶红旗人汉军，二十九年任。

王益灿山阳人，三十三年任。

师彦公韩城人，三十三年任。

徐文炜镶蓝旗人，三十四年任。

唐侍陛甘泉人，三十七年任。

杨恪曾四十二年任。

唐侍陛四十二年再任。

何堂清河人，拔贡，四十四年任。

师彦公四十五年再任。

王谟山阳人，四十六年任。

何堂五十年再任。

范普钱塘人，副贡，五十二年任。

何堂五十二年再任。

陈熙秀水人，五十四年任。

福庆正黄旗人汉军，举人，五十六年任。

范普五十九年再任。

刘祖志高阳人，举人，五十九年任。

冯珏历城人，六十年任。

张鼎宛平人，嘉庆三年任。

吴宽钱塘人，七年任。

袁德辉钱塘人，八年任。

王元佐宛平人，十年任。

朱景昌十年任。

王元佐十年再任。

严炳仁和人，十六年任。

马瀛山平遥人，二十年任。

马宁二十年任。

王豫泰二十三年任。

马宁二十三年再任。

孙茂承宛平人，二十四年任。

胡晋大兴人，道光二年任。

陆楷山阴人，十年任。

胡晋十年再任。

陆楷十一年再任。

崔志元凤台人，举人，十三年任。

曹文昭汾州人，十五年任。

田宝裔安阳人，荫生，十五年任。

任为琦十七年任。

田宝裔十七年再任。

任为琦十八年再任。

晏曙东南宁人，举人，十八年任。

黄世铭桐乡人，二十年任。

晏曙东二十年再任。

孙企曾归安人，二十一年任。

丁映南二十二年任。

唐汝明剑州人，二十三年任。

金安澜桐乡人，进士，二十五年任。

李赓扬郑州人，二十九年任。

左仁湘乡人，举人，三十年任。

朱忻山阴人，三十年任。

屠元瑞宛平人，举人，咸丰元年任。

范凤谐南城人，举人，元年任。

屠元瑞二年再任。

马濬归安人，三年任。

沈文藻归安人，三年任。

张用熙桐城人，举人，三年任。

主簿

洪永禄黄冈人，顺治二年任。

李占春陕西人，九年任。

黄志顺大兴人，十三年任。

王吉晖浙江人，康熙二年任。

魏运泰直隶人，八年任。

支可培十四年任。

王炳直隶人，二十二年任。

朱之辅涿州人，二十九年任。

戴文诩济宁州人，四十一年任。

于伟正白旗人，五十四年任。

邵士环山阴人，雍正二年任。

程恪永宁人，五年任。

成其名大名人，七年任。

张士英永定人，九年任。

黄孙辐曲阜人，十一年任。

李廷梁山阳人，十二年任。

赵廷干清平人，十二年任。

刘澄慈溪人，十三年任。

刘鈛汶上人，十三年任。

韩尧洪洞人，乾隆四年任。

杨山立十二年任。

江树二十二年任。

李三锡四十九年任。府志自此至咸丰初，皆无考。

谈荣熙宛平人，咸丰九年任。

王尚志考城人，十年任。

额勒和蒙古镶黄旗人，十一年任。

陆承烈乌程人，同治元年任。

王尚志元年再任。

屠棨会稽人,元年任。

陈元清河人,元年任。

尹联芳上元人,元年任。

李志言大兴人,四年任。

郭逢滢大兴人,光绪五年任。

师世存朝城人,九年任。

沈保慈大兴人,九年任。

崔克明安阳人,十二年任。

夏阳司巡检

曾森嘉庆十二年任。

汪英二十四年任。

曾森二十四年再任。

唐大绅道光五年任。

师泰章十二年任。

叶于慎十三年任。

师泰章十七年再任。

白鹏骞三十年任。

杨懋功咸丰二年任。

沈云翔八年任。

杨懋功九年再任。

吴捷元大兴人,同治二年任。

沈坤仁和人,三年任。

沈德薰嘉兴人,五年任。

顾朱华嘉善人,六年任。

程宝树大兴人,八年任。

黄侃钱塘人,九年任。

裴懋勋钱塘人,十年任。

王润江山阴人,十二年任。

胡庆恩山阴人,十二年任。

吕藻枢新繁人,光绪三年任。

殷汝骏平阳人,七年任。

泗亭驿驿丞

孟尚德归安人，康熙二年任。

李逢春十九年任。

汪天祚二十五年任。

杨琳浙江人，二十八年任。

程瑛安阳人，四十四年任。

许九仪建德人，五十年任。

陶滨宛平人，五十七年任。

李柑仪封人，雍正三年任。

厉益新大兴人，六年任。

刘景奇曲阳人，十二年任。

江调鼐钱塘人，乾隆二年任。

以下俱见旧志，年月无考。

魏让

周倘

周炳

秦绍宾

张绀

黄云鹏

张四维

王大岳

沈纪

刘自新

张字先

朱天宠

叶棠

萧廷辅

丁尚焕

魏让以下十五人，与明驿丞姓名俱同，想是重出。然府志既已并载，未敢妄删。待考。

杨庄、夏镇闸官

沈时顺治间任。

董耀先临汾人，康熙三十六年任。

张志鼎富平人，五十一年任。

曾世球崇仁人，六十一年任。

徐能基丰城人，雍正二年任。

张士英永定人，三年任。

纪钧如皋人，九年任。

刘瑛济宁州人，十年任。

徐学乾江阴人，十二年任。

陆良瑜吴县人，乾隆二年任。

沈时绍兴人，以下见旧志，年月无考。

沈大英顺天人。

翁光岳萧山人。

杨梦熊义乌人。

王克明博野人。

吴典绍兴人，以上杨庄闸闸官。

邢文煌汾阳人，顺治初任。

侯凤鸣顺治间任。

陈宗器河间人，康熙二十六年任。

黎家全长汀人，四十二年任。

李暨侯渭南人，四十四年任。

李静安肃人，五十三年任。

魏湘年建昌人，五十五年任。

张山涛嘉祥人，雍正九年任。

杨山立山阳人，十一年任。

胡简常熟人，十二年任。

李鹏翮济宁州人，十三年任。

雍然山阳人，乾隆四年任。

以下见旧志，年月无考。

孙光耀

陈文泰

黄守信富平人。

以下夏镇闸闸官。

陈宗器山阴人。

武 职

沛自叠罹水患，城邑频迁，衙署俱无，况乎档册？而府志守备以次，又置不书，以故千、把、外委等官，未由稽考。兹案府志，录夏镇守备、铜沛河营守备如左，并查得城守千总若干附焉。余仿阙文之例，以俟将来。

夏镇汛守备

张弼明顺治年任。

白国栋

高霑

舒良干宁国人，武进士，康熙元年任。

忻维世宣府人，武进士，十年任。

樊述英榆林人，武进士，二十年任。

林之本燕山卫人，武进士，二十八年任。

姚钦明三原人，武举，三十六年任。

郭光烈南昌人，三十六年任。

阎滨威榆林人，四十四年任。

刘维翰顺天人，武进士，五十二年任。

朱世杰宁夏人，五十八年任。

徐文芳番禺人，五十九年任。

王琰保定人，雍正二年任。

董士杰湖广人，七年任。

王俨祥符人，武举，八年任。

以上属漕标营守备。

翟应熊河南人，十一年任。

李振元正红旗人，武举，十三年任。

张一宗南漳人，乾隆八年任。以上改属河标左营，为右军守备。自嘉庆十年，改为夏镇守备。

刘允昌天津人，嘉庆十七年任。

裘安邦会稽人，武进士，十八年任。

周祐宿迁人，二十一年任。

徐化鹏铜山人，武举，道光元年任。

刘振常夏邑人，二年任。
陈廷献诸暨人，武举，九年任。
傅国昌天津人，十二年任。
周焕章山阳人，十九年任。
李际泰铜山人，二十一年任。
严殿敖临海人，二十五年任。
马炳宣化人，武举，二十七年任。
李万年铜山人，二十九年任。
胡永祺湖南人，武举，二十九年任。
张衍熙江宁人，武举，咸丰元年任。
张衡玉六安人，二年任。
刘庆云浚县人，武进士，三年任。
徐凤台铜山人，武举，六年任。
李朝庆铜山人，十年任。
卜履嶷铜山人，武举，同治三年任。
孙玉崑铜山人，四年任。
徐凤台七年再任。
孙广恩铜山人，十一年任。
刘承恩上元人，武生，光绪元年任。

铜沛河营守备

孟宣阳谷人，乾隆七年任。
宋得胜十七年任。
孟宣二十年再任。
沈忠二十六年任。
李永吉二十九年任。
王辅臣三十二年任。
王定基清河人，三十六年任。
郑永泰四十二年任。
刘相四十三年任。
刘普铜山人，四十八年任。
包宗尧桃源人，五十六年任。
姜焕宿迁人，五十九年任。
孔成桃源人，嘉庆四年任。

贺清元六年任。

孔成七年再任。

陆盛宿迁人，九年任。

孔成十一年再任。

陆盛十一年再任。

陆允宿迁人，十二年任。

包延龄桃源人，十三年任。

宁坤十四年任。

陈应奎清河人，十七年任。

封绍砀山人，十九年任。

陈应奎二十年再任。

张重二十年任。

万源清河人，二十四年任。

封绍道光元年再任。

张松年元年任。

汪庆安桐城人，二年任。

封绍二年再任。

汪庆安二年再任。

张松年二年再任。

汪庆安三年再任。

张松年六年再任。

汪庆安更名定安，六年再任。

沈衡十八年任。

汪定安十八年再任。

阚兴邦砀山人，二十一年任。

王廷福二十三年任。

周阶二十三年任。

张成功二十三年任。

周阶二十三年再任。

张上二十四年任。

周阶二十五年再任。

欧阳文铜山人，二十六年任。

徐承宗二十八年任。

欧阳文三十年再任。

许怀本咸丰十年任。

城守汛千总

李光裕铜山人，嘉庆十一年任。

朱致和铜山人，十六年任。

钱永甸夏邑人，十八年任。

李衡年铜山人，二十二年任。

王永标铜山人，道光二年任。

袁耀宗铜山人，三年任。

李际泰铜山人，五年任。

马焕章铜山人，十一年任。

张兆金铜山人，武举，十四年任。

刘朝贵宿州人，二十年任。

卜履嶷铜山人，武举，二十二年任。

李大杰铜山人，二十三年任。

周升大清河人，二十八年任。

孙大忠铜山人，二十八年任。

耿超铜山人，武举，二十八年任。

徐凤台铜山人，武举，二十九年任。

岳朝栋铜山人，咸丰八年任。

徐凤台九年再任。

秦凤安铜山人，同治六年任。

徐凤台六年再任。

李得源沛县人，八年任。

曹秉权沛县人，九年任。

徐凤台十一年再任。

卜履巇铜山人，武举，十三年任。

沙力山睢宁人，武进士，十四年任。同治无十四年。

宦绩附

宋

程珦　字伯温，河南人。庆历初，知沛县。会久雨，平地大水，谷既不登，晚种不入。珦谓:俟可种而耕,则时已过矣!募富民捐菽数千石以贷农,使布之水中。水未尽涸,而甲已露矣。是年,遂不艰食。有丐于市者,自称僧伽之弟,愚民争遗金钱。珦杖而出之境。《朱子文集》。

元

马珪　字君章,兖州人。至元中,沛县尹。为政循良,颇有古风。民思之不忘,为立去思碑。《明一统志》。

赵野　字子开,济南人。大德初,为沛县尹。劝农兴学,政平讼理,人多称之。有去思碑。府志引《南畿志》。

李茂　字庭实,德州齐河人。沛尉,有美政,邑人为立碑。旧府志。元虞集《沛县尉李君美政记》:沛人有尉,善其职,其父老爱之,愿列姓名于石,以示远久。国子生张复,邑人也,疏其邑人之颂云:舟车冲冲,出我沛邦。我任我载,唯尉之从,力用不穷。岁饥有盗,尉制之有道。田则有蝗,尉除之有方。泗汉患水,防堤善圮。尉将役人,如视妻子。民有无告,尉缮其屋。有系在狱,尉哺之粟。顾瞻学宫,乃牖乃墉。释其弓刀,揖让有容。复之言曰:尉尝学于济南李昌道先生,故知爱人之说。其父奉使平阳,罹地震之祸,尉以恩得官,故能感愤自树立也。嗟夫!尉于县政,无所敢自遂也,而及乎民者如此。自昔沛以勇宕为俗,今父老独不忘于一尉之善者又如此。且世之豪民狂吏,以动摇劫持为能。视一秩满,尉何有此?乃以终爱闻,不亦善夫!使尉益自励,所至不倦。虽古循吏,何以过之?有司用材者,能无考于斯乎?尉姓李,名茂,字廷实,德州齐河人。初为濮州观城尉,迁沛尉。父老曰张仲昂。

明

颜伯玮　名环,以字行,江西庐陵人。建文元年,以贤良征,授沛县知县。靖难兵起,李景隆屯德州。沛人终岁挽运,伯玮善筹画,得不困。会设沛丰军民指挥使,乃集民兵五千人,筑七堡为备御。寻调三千益山东,所存皆疲弱,不任战。燕兵攻沛,伯玮遣县丞胡先、百夫长邵彦庄,间行至徐州告急。援不至,遂命其弟珏、子有为,还家侍父。题诗于壁,誓必死。燕兵夜入东门,指挥王显迎降。伯玮具衣冠,南向拜毕,自经死。有为不忍去,复还,见父尸,自刎。福王时,赠伯玮太仆少卿,谥忠惠;有为,翰林待诏,谥孝节。

唐子清　沛主簿也,不知何许人。在沛有善政,民爱之。颜伯玮守沛,专调兵食,逻察事皆付子清。燕师入,被执。燕将欲释子清,子清曰:“愿随颜公地下!”遂死之。福王时,赠工部员外郎,谥义节。

黄谦　字损之,武进人,以儒士为沛县典史。果敢善战,能戢下。燕兵薄沛,谦与颜伯玮、唐子清集民兵,筑堡备御。燕兵不克,去。谦寻统死士,往东昌援铁铉。及燕兵入沛,遣谦往徐州招降。谦不从,亦死。福王时,赠工部员外郎,谥果义。以上颜伯玮、子有为、唐子清、黄谦四人,死事相连,俱本《明史》并府志。

常瓘　内乡人，永乐四年以举人知沛县。古信，嘉鱼人，景泰元年以举人知沛县。俱平恕不苛，勤民事，远近德之。

马时中　太原人。成化十一年知沛县。持守廉介，为政简易。以忤权官，谪庆远卫经历。

冯谦　诸暨人。成化间以举人知沛县。为政平恕，勤于民事。

王琛　松滋人。弘治初以举人知沛县。为政宽和，笃意学校。

姚祥　字应龙，归善人。弘治六年以进士知沛县。自奉清约，爱民如子。天旱，虔祷郊外，大澍如注。民有负官租数年者，久拘于官。祥与之期而遣归，果如期至。常诣学，进诸生课之。甫八月，擢御史去。明都水主事高贯《沛令姚君惠政记》：弘治甲子秋七月，予治水事既竣，当自沛还京师。沛之父老数百十人，诣予庭下，请曰：邑令姚公，初以御史征，去沛任十年矣。去之日，民计不能留，请以一靴，度之县门之左。方兹日就敝坏，民之念公者不衰。愿顺吾民心，文诸石，以垂不朽。先是癸丑岁，公以进士来令吾邑属。天旱，禾菽焦槁，生意余无几。公瞻于四野，忧形面目，自为文祷于郊坛，引咎侧身，罔敢宁处。越三日，若有灵向，雨果如注，原隰霑足，岁于是乎复有秋。民无智愚，皆知为公休德之赐。民有负官租者殆百人，系已累年，莫为之所。公至，乃与之期而遣之。及是，民奉约惟谨，虽升斗不相负。是时，民皆给衣食，闤闠镇店无穿窬之警。市有恶少某姓者，尝被酒挟刃以拟其父。公曰："是风俗民教所关也！"刑无赦，立杖杀之。远近震怖，无复纵群饮、勇私斗者。沛之学校，虽苟文具，而士习久不振。公为葺而新之，暇则进诸生童，以课其业。士始知向慕，检奇衷以就绳墨，实自公始焉。鳏寡惠鲜，每逾常数。循阡陌，课桑麻，询所疾苦于民蒭蕘间。公之善政，种种未艾。民方期于永承，而公御史之命下矣。公治沛仅八月，去为御史凡九年，进擢宪副又一年，今读礼于家。大任远到，行且树伟功以泽天下，吾沛不复蒙被耶？然请书于今兹者，非敢贡誉而干泽也。特人心于公之德，自不容泯焉耳。乌乎！今之令或有九载而弗绩者，去之日，掷瓦石，恣诟詈，甚如拒寇逐仇。然其视公八月之治，获民无穷之思者何如哉！夫天下古今，人心不相远。顾在上者，处之何如也。庸书于石，以告来者。公名祥，字应龙，广右惠之归善人。先令江西之新喻，惠政亦称于是云。

栗钲　潞州人。弘治中以举人知沛县。在官清勤，以诬去。

杨凤　府军前卫人。弘治十七年以进士知沛县，刚明果断。

胡守约　字希曾，合州人。正德中知沛县。时，织造中官史宣，进贡经沛。陵轹官吏，索挽夫千人。守约酌给其半。宣怒，自至县捕吏。守约与宣抗，宣诬奏，被系狱。比鞠对，持论侃侃，无屈挠。竟罢归。后复起用，官至湖广按察司佥事。《明纪·武宗本纪》并参府志。

麻芝　榆林卫人。正德中知沛县。性刚才敏，强御慑服。

李祯　新昌人，举人。嘉靖间两任沛县。县田多芜，祯给牛开垦，尽成畲。发奸摘伏如神明，暇集诸士论文不倦。寻擢御史。

王治　字纯甫，永年人。嘉靖十一年由国子生知沛县，十九年再任。沛故无城，治为创筑。又撤龙泉寺，徙建学宫。

周泾　字澄之，贵溪人。嘉靖二十二年以举人知沛县。强毅有为，百废具举。

滕霁　字子开，建安人。嘉靖间由举人署沛学教谕。岁饥，沛适缺令，未以灾报。霁为请上官，发仓赈之，全活无算。迁嘉善知县，沛民请于吏部，遂知沛县。锄强抑暴，礼士爱民。以不善事上官，投劾去。

徐辂　海宁人。隆庆五年以举人知沛县，亢直不私。

倪民望　黄梅人。万历初年以举人知沛县，温和坦易。

祝希哲　江西德兴人。万历三年以举人知沛县，平易近民。

马日丙　旧志《职官》云"马昺"，府志《职官》亦然，而《宦绩传》又云"马日丙"，必有一误。四川南部人。万历四年以举人知沛县。筑堤护城，有功于民，遗思不置。

周治升　四川新津人。万历六年以恩贡知沛县，有吏治材。

符玺　龙阳人。万历十年以举人知沛县。慎重得体，不任吏胥。

李汝让　字逊庵，直隶永宁人，选贡。万历癸卯，邑大水，汝让时知虹县，以才能调沛。居城堙理事，悉心抚恤，诸废圮渐次修举。寻迁知鄜州，邑人乞留，诏改授邳州知州，仍留管县事。初，汝让补筑护城堤、修学宫、迁县治未竣。至是，益专力营治。修筑太皇溃堤、缕水缺堤，纂辑志书，百废具举。

李文宪　字从周，北直人。嘉靖二年由国子生任县丞。明年三月二十八日夜，忽有贼百余人，入城劫掠。宪率民兵往捕，挺身当先，矢尽遇害。

操松　字廷节，浮梁人。正德十五年以举人任教谕。勤于立诲，捐赀赈济贫生。

于乔　高唐人。嘉靖中以岁贡任教谕。性刚方，不能容人之过。清节自持，却贫士馈，且捐俸助之。

张俊　同安人。正德中以岁贡任训导。持躬清洁，善教人。

张庆旸　泰顺人。嘉靖中以选贡任训导。笃学能文，志操端洁。其师模之善，与于乔先后见称。

鲁师问　字汝祥，和州人。万历中以岁贡任训导。敦名行，崇教化，拔才俊。计口食俸，贫约如诸生时。

高贯　字曾唯，江阴人。弘治间为都水主事，分治三沽诸闸。厘正萧砀丰沛岁役夫，修昭阳湖堤及沽头南北堤，济漕便民，为河渠重者三年。《行水全鉴》引邵宝《高君墓志》。

宋豫卿　富顺人。嘉靖四十二年以进士任工部主事，分司夏镇。时值春旱无麦，乡民嗷嗷待毙。豫卿乃以湖柴尽给诸民，赖以存活甚众，民有遗思。明沛令李时《工部主事宋公去思碑》：昔孔孟言仁，其称王者则曰必世，其称尧舜则曰得人。必世言久，得人言大。然则帝王仁民之意，其可想见乎？自秦废井地，历代因时立政，政有隆污，治乱因之。我国家酌古制贡，薄赋敛以厚下，疏爵禄以养士，凡以为民也无已。则又法外布惠，以恤灾眚，实翼皇运无疆之休。壬戌仲春，我二山宋公以水部使督漕河，驻上沽。沛适春旱无麦，公免息贷粟。夏秋潦无菽，湖柴减值之半。明年春，又旱无麦，仍贷粟如旧，宽约免息。一日适野，见老稚杂男女，率羸黑，鲜人肤色。衣敝垢，不能蔽体。提筐筥，拾野菜草根。又或呻吟卧伏坟壤间，在在有之。问之，则告曰：往者麦秋至，主者是刈是获，贫者群逐群拾，而又荷杖操刃，以收余秸。故恒业之家，积冈阜，盈仓箱；无业之室，累筐筥，遗穗亦充橐满楼，收秸亦足资薪用。今室且悬磬，野无所取，富无所贷，举家嗷嗷待哺。徒取诸彼，以续喘息。穷日之力，不举一火。其道路间流徙者，亦复类是。公闻之，恻然良久，遂图之曰："吾忍视野之莩而不一拯之乎？"乃阅湖柴旧籍，岁得值若干缗，喜曰："得之矣！"适月朔，公具以语时，时再拜曰："生沛民，时与赐矣！"遂意决，集左右议。左右曰："释此，何以乐朋求也？"公曰："不然。先朋情而后民命，仁矣乎？"众皆唯唯。于是上其事于总理吾崖王公。公允其议，且嘉其溥川泽之利而同诸民也，示民永遵守之。其略曰：湖柴例比堤草，听民自取。又戒曰：惟负毋乘，惟急之周，无继富；龙见毋入，水涸无争。故近洽沽头，远周县北，日一二负者，日数负者，称户大小，强弱均得之。由是，湖柴载道塞市。值是旧裁，无复翔贵，居者便甚。得钱易米，老幼相哺，妇子嘻嘻。未举火者得举，一举火者再举。风闻流徙，相率来归，民免灾眚焉。嗟乎！文王刍荛同囿，利被周之世者且数百年。湖自二百年来，未闻有举文王之政与民同者，盖待其人也。公捐湖柴之利民，后数千百年有举文王之政者，非公其人与？沛民世有湖柴之利，得与成周之刍荛者并，盖王者必世之仁也。圣天子为天下得人如公，而民赖以养，非尧舜得人之仁与！呜乎休哉！公以是岁十一月奏绩北上，沛民先期告时，曰："公，仁人也。吾民作息则思，寝食则思，曷其已乎？愿为吾民图之。"时曰："然。公之来，未可期也；公之去，未可忘也。当率若等树石以识其事，且愿仁人之继公政者，以圣天子之仁为仁，以公之心为心，于以惠若等子子孙孙于无穷。"民咸喜曰："诺！"公在沽，善政之可书者，多不书；书此，其大焉者也。遂刻于石。

陆檄　字羽行，长洲人。万历间以工部主事，分司夏镇。以堤束水，以水涤沙，疏浚启闭，皆亲自经画，功绩甚伟。进秩郎中。

梅守相　字台甫，宣城人。万历间以进士任工部主事，分司夏镇。自刘东星开后韩家庄，至李化龙凿泇河，皆守相为之佐理。身历涂潦，冒艰险，九载绩成。有功漕河，不亚于二公。

茅国缙　归安人。万历间以进士任工部郎中，分司夏镇。办事认真，力除积弊。设义塾，以教镇之子弟，捐金为束脩费。暇则亲课其艺，从游者数十人。莅任八月而卒，柩行之日，镇民泣送河浒者数千人。明邑人张贞观《工部郎中茅公去思碑》：沛旧无工部分司。成化末，始设于沽头。嘉靖末，河湮漕梗，又迁设于夏镇。故事，水曹郎职以节宣水利、攒输粮艘为务，固不得与郡邑吏亲民者，此何得言思，何得有碑？顾水曹郎即不与民事，其所分司地，则郡邑属也。乃分司地外者，能驿传视其民，犹称异数；间多荼毒鱼肉之者。一有高贤大良出其间，举属民而煦噢之、施渥泽焉，民奈何不思而碑耶？公以丁未夏，拜朝命于家，得分司夏镇。十月抵任，即书示父老子弟曰："河漕巨务，能有硕画佐挽输者，告无隐。"间有以策进者，公手录而斟酌。食例取之县，而分散之责，多属之倅贰，倅贰复属之小吏，递从减缩，十去四三。公稔其弊，手分给之。夫始沾惠，注意作人，遴里中粗有学行者为塾师，群镇之子弟教焉，捐金为束脩费。又不时临观，以示鼓劝。博士弟子从公门下者数十人，公又时时品其课业而差次之。弥留之顷，犹呼从事掾曰："善为我告后人，幸分湖田万千顷作义田，永充塾费，无废斯举！"柩行之日，镇民几为罢市，父老子弟泣而送之河浒者逾数千人。僻居穷巷，村氓稚子，无不人人掩涕者。公何以得此于民哉，不佞盖难为言矣。公莅任甫八月，善政已纷不可纪。假之岁时，又定更仆易悉者耶？国朝令甲，以劳死王事者，例有恤典。公驰驱王事，竭力苦心，死而后已，似与例合。而当事者未闻议及，其将有待乎？不佞又有感于今之横章拖绶者，无问称否，一离官，所构生祠碑去思者，前后相望。稽真实，非门生故吏之贡谀，则奸民猾胥之图利。苟非其人，有朝构而暮斥其像前碑，而继踣其石者，非益之光，衹滋之垢。盖心迹溷而真赝淆也，久矣！窃谓得民之心者，碑以心；得民之面者，仅碑以石。心不可见，石可见，古之碑去思者，恐或出此；心不可假，石可假，今之碑去思者，大抵然也。观者要惟稽当日之官履，察去后之民情，而品斯辨耳。石以人重，峨峨片石，讵足轩轾人哉？岘山坠泪，惟归羊叔子；而志郭有道之墓，蔡中郎独信为无愧，敢谓公碑近之。不佞不习于文，尤不习于谀。故与公同举进士，同令齐东，同跻台省，兹又辱居公部下，聊因镇父老子弟之意，为述公莅镇颠末如此。他若公生平履历，则有巨笔如杠者在，不佞何与焉？公讳国缙，字荐卿，湖州之归安人。

国朝

赵世祯　字兴公，开原人。顺治七年知沛县，旧志失载政绩。据《丰志》云：世祯以顺治壬辰兼摄丰事，政尚简易。旧例有收粮大户，每一签报，辄数十家绎骚不宁。世祯悉为裁之，民皆称庆。其治沛，亦可想见矣。

郭维新　字摩庵，大兴人。顺治十一年，以副贡知沛县，兼署丰县。性聪敏，长于吏治，发奸摘伏，朗如鉴照。未几，擢去。

方曰琏　建安人。康熙二十九年，以进士知沛县。自奉俭约，绝贿赂，雅意作人。

杨弘绩　正黄旗人。康熙三十九年，以岁贡知沛县。有吏才，善剖断。时，县连年大水。弘绩力请蠲赈，全活甚众。圣祖南巡阅河，前后四经沛境，役夫数千。弘绩捐赀，日给口粮，民皆乐从。在任八年，修邑志，建义学，善政甚多。坐催科不力，罢。总督阿山复题授丹阳县知县。临行，民涕泣以送。

沈瑞鹤　叶县人。康熙五十二年，以进士知沛县。乙未、丙申，再遇水灾，瑞鹤竭力抚绥。居二载，以忧去。人甚惜之。

施霈　宛平人。雍正九年知沛县。初，雍正五年河决护城堤，民奔避无所。八年，又水至，民益恐。霈至，即集邑中士庶议筑。凡两阅月而堤成，赖以保障。

陈麟　乾隆四十六年知沛县。时青龙冈决，河漫，水淹没城，麟死之。府志引《南河成案》。

云茂琦　字以卓，广东文昌人。道光七年以进士知沛县。立品端方，操守廉介。在官二年，多善政。去后，人益思之。尝捐廉修南门外桥，以便行人。人怀其德，称"云公桥"。去时，邑人送诗，有"父老桥头欲断魂"句。殁祀名宦、乡贤，登国史。

丁炅　字煦谷，河南永城人。咸丰七年以副贡知沛县，省民间疾苦。时流民被水初复，山东客民杂居争地界，焚掠汹汹，而皖逆由铜萧入境。炅抚良锄暴，督民团严守湖口要隘，贼不得逞，奸宄亦敛迹。既而巡缉劫盗，遇盗燕家集，力战不敌，勇丁皆溃散。炅厉声骂，被害。赐恤如例。

许邦行　河南鲁山人。同治三年以举人知沛县。爱民如子，兴理学校。时值山东团民垦种沛地，劫杀刘庄砦居民。邦行欲往验，吏民阻之，不从。几至不测。乃申文请兵，偕总、镇会剿。团民纠众来拒，邦行匹马厉士，击退之，尽复所占之地，民甚德之。

陆嗣龄　字子年，四川人。同治十二年以进士知沛县。学养精纯，课士子为文，一准理法。循循善诱，如师弟然。去后，人多思之。旋调江宁，卒于任。

唐紫封　闽县人。光绪九年以举人知沛县。酷嗜读书，手不释卷。与诸生讲画，一秉至诚，不染官场习气。

钱家骏　字子骧，苏州人。同治九年以举人任训导。果毅有为，深得士林悦服。学校赖之。

顾大申　华亭人。顺治十四年，以进士任工部主事，分司夏镇，廉干有才。

王荫福　字梅叔，真定人。由附生历保同知衔，同治五年知沛县事。创建书院，详请上宪筹拨学田。每朔望课士，必谆谆教诲，俨若家人。在任三年，无苛刑，无烦政。邑人至今颂之。

卷十一　田赋志

赋额　支解　杂税　湖田　户口　蠲免　盐法

赋　额

沛县额田地一万一千七百二十三顷一十亩六分二厘。

每亩科征漕粮正赠米五合六勺一抄九撮一圭六颗一粒三黍七稷五糠八粃，共征米六千五百八十七石三斗三升七合八勺。

每亩科征折色起存银一分四厘九毫二丝六微三纤八尘四渺七漠八埃二逡，科征人丁银三厘三毫五丝三忽三纤六沙二尘四渺五漠五埃六逡，摊征杂办银五丝七忽五微七纤八沙九尘五渺四漠四埃五逡，科征徐仓麦折银五毫二丝九忽九微三纤三沙七尘八渺一漠五埃四逡，随征耗羡下一丝五忽八微九纤七沙六尘六渺三漠七埃，共征银二万二千一百二十九两七钱九分八厘。

起运项下

额运江安粮道漕银正耗米六千二百七十三石六斗五升五合。

又赠五米三百十三石六斗八升二合八勺。

额解江藩司地丁银一万二千八百三十七两八钱一分五厘，闰月增银二十六两四钱七分七厘。内留支文昌、关帝祭品银一百二十两。

额解扛脚银五十两二钱二分一厘。

额解江安粮道漕项银八百八十八两五钱七分七厘。内随漕芦席、船料、旱脚等银一百四十四两四钱五分六厘，漕赠五银三百一十三两六钱八分三厘，扬州仓麦折银一百七十七两八钱五分二厘，亳州仓麦折银五十一两二钱五分，额拨漕项银二百一两三钱三分六厘。

又仓项银三千六百五十三两八钱六分二厘。内徐州广运、永福二仓米麦折银三千一十三两九钱七分八厘，徐仓正耗麦折银六百三十九两八钱八分四厘。

存留项下

额征驿站夫马工粮廪粮三千六百七十二两五钱一分九厘。按：驿站夫马工粮廪粮等银额征四千三百三十六两六分，除荒沈，实征此数，由县径支给领。

额支各衙门俸工及祭品杂支编银一千二十六两八钱四厘，闰月增银十四两八钱八分四厘，内荒银三两六钱二分六厘，赴司请领。又赴司请领荒俸银二十九两一钱七分七厘，又荒缺役食银一百九十七两六钱二分。

按：知县俸银四十五两，内除荒俸银九两八钱八分四厘向不请领，又拨补佐杂荒缺不敷银二两五钱九分一厘，实支银三十二两五钱二分五厘。门子工食十二两，马快工食四十八两，民壮工食一百八十八两，皂隶工食九十两，仵作工食十八两，禁卒工食四十八两，轿伞夫工食四十二两，库丁工食二十四两，斗级工食二十四两，铺司工食七两二钱，铺兵工食七十五两六钱，修理仓监五两，儒学俸银八十两，斋夫工食三十六两，门斗工食十四两四钱，廪生廪粮八十两。闰月加支银六两六钱六分七厘。膳夫工食十三两三钱二分四厘。闰月加支银二两二钱二分二厘。管河主簿俸银三十三两一钱一分四厘，门役工食六两，马夫工食六两，皂役工食二十四两。巡检俸银三十一两五钱二分，门子工食六两，皂隶工食十二两，弓兵工食三十六两。典史俸银三十一两五钱，门子工食六两，皂役工食二十四两，马夫工食六两。

文庙春秋祭祀银四十八两一钱二厘。

各坛祭祀银四十两五钱三厘。

文庙香烛银二两五钱七分四厘。闰月加银六分。

乡饮酒礼银二两五钱。内荒银五钱四分九厘。

岁贡旗匾银三两。内荒银六钱五分九厘。

江宁科场银四两九钱五分。内荒银一两八分七厘。

武场供应银三钱四分。内荒银七分五厘。

孤贫口粮银九十一两四钱一分五厘。闰月加银五两九钱三分五厘。

一、知县养廉银一千两。

一、河工主簿养廉银六十两。

一、巡检养廉银六十两。

一、典史养廉银六十两。

一、杨庄闸官养廉银六十两。

一、珠梅闸官养廉银六十两。

按：各官养廉银两在地俸耗羡内经拨。

额征杂办项下银二百八十两七钱二分，内积谷军饷银一百二十两，大房租银一百四十六两八钱六分，牧马草场银十三两八钱六分。

杂 税

额征牙税银一百四十四两九钱六分一厘。

又牙户认完军饷盈余银二两三钱一分二厘。

额征陆税银一百三两七钱三分五厘。

额征牛猪税银七十五两二钱八分八厘。

田房税无额，尽征尽解。

以上俱随正加一耗羡，即在每两征收钱二千五百二十文内提出批解，并不另征。

额征学田十顷九十二亩八厘，每亩科征银三分，由儒学解司。

额征金沟等处柳园屯田，共地四顷，每亩征麦秋租钱二百文，由县批解，徐道转解淮扬道衙门。

额征太行废堤共地十顷九十亩五厘，每亩征麦秋租钱一百五十文。

额征旧城地基九十四亩。查此地从前系民间完纳大小房租，乾隆四十六年黄水淹没，嗣后水涸，民间侵种。现甫饬查前数，拟即招领输租，拨充善举。

湖 田

按：此地咸丰初年，丰工决口，系属一片汪洋。嗣后黄水北徙，地遂涸出，东民纷纷来沛僭种，经曾文正公议定章程，分别派拨，奏明有案。惟湖地尚有甫经涸出、未能招种丈量者，一时无从稽考。兹将丈清拨定承种输租者，概行列存，余俟厘订定案，再行续补。

百顷公田，共地一百一顷六十六亩一分六厘四毫九丝九忽九微，每亩征麦秋租二百文，归县中收租，以作修理衙署、城垣等项之用。

学校公田，共地三百九十八顷七亩，每亩征麦秋租二百文，系归沛董收租，抵支书院膏火、宾兴之费及建复文庙之用。

唐团，共地八百二十顷十五亩二分四厘一毫一丝。《湖团志》详细载明。

北王团，共地二百五顷八十一亩二分六厘二丝二忽四微。《湖团志》详载。

赵团，共地一百二十五顷四十五亩一分三厘九毫。《湖团志》详载。

唐团界外新增余田，共地二百三十七顷九十一亩八分二厘五毫九丝八忽二微，内除八号东首让坟地十亩，又禀准拨给巡、典及守、千、缉捕经费十顷，其余二百二十七顷八十一亩八分二厘五毫九丝八忽二微，每亩征麦秋两租，分上则八十文、中则七十文、下则六十文，由县征收，批解徐道拨充饷需。

新增界外续涸十二号，共地一百七十顷，每亩征麦秋租钱二百文，归沛局委员征租，批解徐道拨充饷需。

赵团及学校公田界外新涸湖田二十二段，共地七百五十一顷八十九亩五分六厘二毫三丝六忽三微，每亩征麦秋租钱二百文，归沛局委员征租，批解徐道拨充饷需。

新团河东、河西民田并河荒余田，共地五百八十六顷六十九亩七分八厘八毫四丝三忽七微，内除河东拨出沙废地一顷三亩二分九厘三毫五丝二微、河西拨出沙废地一顷九十九亩九分二毫一丝四忽三微外，实地五百八十三顷六十六亩五分九厘二毫七丝九忽二微，每亩征麦秋租分上、中、下三则，上则每亩八十文、中则每亩七十文、下则每亩六十文，归道委收租，批解徐道拨充饷需。

户　口截至光绪十五年八月止

实存合县民数人丁五十万六千九百七十三丁口，内男丁二十八万四千六百九十五丁，妇女二十二万二千二百七十八口。

蠲　免

同治七年起，至同治十年止，豁免地丁、杂办、驿俸等款正银三万一百三十五两二分三厘，又豁免扛脚正银八十二两九钱八分八厘，又豁免漕项正银一千四百六十八两三钱四分八厘，又豁免仓项正银六千二十二两九钱二分八厘，又豁免漕粮正耗米一万四百三十九石八斗一升二合七勺，漕赠五米五百二十一石九斗九升七勺。

同治十一年起，至光绪五年止，豁免地丁、杂办、驿俸正银六万一千六百九十两四钱一分七厘，又豁免扛脚正银一百七十一两九钱五分六厘，又豁免漕项正银三千四十二两四钱五分八厘，又豁免仓项正银一万二千四百四十八两一钱七分三厘，又豁免漕粮正耗米二万一千四百六十七石五斗六升六合四勺，漕赠五米一千七十三石三斗七升八合四勺。

盐　法

按：沛县行销东盐，额引一万一千一百七十五道。光绪十五年，因山东连岁荒歉，私枭船只由韩庄趋入微山湖，入江苏徐州府属，到处洒卖。嗣经徐道禀奉督宪曾批，准增设舢板炮船二号、四板炮船六号，就湖招募水勇，委员带巡。所有弁勇薪粮，共计月共需银四百两有奇。其造船工费为数不多，统由徐防支应，所正款项下照章动支，奏明立案。

卷十二　选举表征辟、进士恩榜附

举人恩榜附　恩贡、拔贡优贡附　副贡恩榜附　岁贡　武进士　武举人
文阶　武胄　封爵　戚畹　荫袭　饮宾

汉

征辟

施雠梁丘贺荐为博士。见《人物志》。

姜肱广戚人，屡征不起。见《人物志》。

单飏湖陆人，桓帝时举孝廉，仕至尚书。

文阶

范方渠沛人。天汉四年，范方渠为执金吾。见《百官表》。

弘谭沛人。元寿元年，光禄大夫弘谭为右扶风。《百官表》。

唐

进士

刘轲元和进士。

宋

进士

邵化仕至通俸大夫。

邵奎化子，仕至金紫大夫。

邵敏能化孙，仕至朝请大夫。

金

进士

邵世矩字彦礼，开州司户。父敏德。伪齐阜昌六年兖州解元，省试第三，廷试第一甲第一名，授承事郎、单州佥判。齐国废，仕于金，历棣州防御判官、冠氏令、京兆府推官、朝城令、河中府推官，官至中靖大夫。

高焕大定时。

兀底辖大安时。

长寿奴大安时。

刘贤佐

举人

鹿楫大定时。

王良佐大定时。

訾廷杰大定时。

信民立大定时。

邵南大定时。

胡兼善大安时。

元

进士

韩准延祐时进士。

张谦旧志云:至元时乡贡进士,辛巳岁为县尹,马圭撰去思碑。按:至元时未尝设科,前此太宗九年,令诸路试士,谦贡举当在此时。至至元辛巳岁,已四十余年矣。

朱襘至正时。

吉僧至正时。

举人

丁尚文至正年榜。

郝世隆至正年榜。

石确至正年榜。

徐廷瑞至正年榜。

冯纳至正年榜。

乡贡

张复国子生。时临川虞集为博士,复从受业。旧志列之乡贡中,意其贡入国学者也。

明

征辟

蔡楫洪武中举孝廉,仕至浙江按察司佥事。

吴希文宣德中举贤良方正,授直隶献县知县。

甄英举明经。旧志。

进士恩榜附。

李绅成化丙戌科,光禄寺少卿。

李生芳南工部主事。

张贞观礼科都给事中。

以上万历癸未科。

张斗万历丙戌科,南刑部主事。

举人恩榜附。
杜旸建文己卯科，鸿胪寺鸣赞。
张威建文壬午科。
李巽永乐乙酉科。
赵斌永乐辛卯科，登州府同知。
蒋让宣德乙卯科，邓州判官。
周崧景泰庚午科。
李绅成化乙酉科顺天榜中式。
刘章嘉靖壬午科。
周乾嘉靖丁酉科。
蔡桂嘉靖戊午科，户部郎中。
马一化嘉靖甲子科。
李生芳隆庆庚午科河南榜中式。
张贞观万历癸酉科。
张斗万历丙子科。
蔡日知万历乙卯科。
刘福科分未详。
阎尔梅崇祯丙子科。《明诗别裁》。案：尔梅集作“庚午科”。
恩贡
王嘉宾隆庆朝宁津县知县。
纵纯万历朝辰州府经历。
刘永清万历朝青浦训导。
蒋赓明泰昌元年恩贡，任巢县教谕。
拔贡优贡附。
彭应选选贡，福清县丞。
周乾选贡。
崔棠选贡，禹城县丞。
唐本选贡，利津教谕。
以上嘉靖年贡。
张凤翼选贡，镇安知县。
马之驯选贡，黄梅县丞。以上万历年贡。
李联芳选贡，天启年贡。
郝继隆拔贡，崇祯年贡。

副贡

蒋光荫崇祯丙子科。

岁贡

张泰洪武十七年贡。

张本洪武十八年贡。

郭冕洪武十九年贡。

谢昇洪武二十年贡，监察御史。

王缵洪武二十一年贡，监察御史，吏部郎中。

王观洪武二十二年贡。

蒋迪洪武二十四年贡，浏阳县知县。

王钥洪武二十六年贡，任莒州学正。

吕宁洪武二十七年贡，户部员外郎。

刘昶洪武二十八年贡，进贤县县丞。

李勖洪武二十九年贡，任南阳府通判。

王睿洪武三十年贡。

吕哲永乐四年贡，任广东按察使经历。

郭本永乐五年贡，赣州府推官。

刘端永乐六年贡。

张伦永乐七年贡。

张昱永乐八年贡，任陕西主簿。

梁怡永乐九年贡，任蒲城知县。

魏廷永乐十年贡，任河南布政司经历。

申明

张奂

孔继宗

班肃

李恪

张勉永乐十六年贡，任湖广按察司经历。

孟式永乐十八年贡，户部主事。

田竣永乐十九年贡。

王立永乐二十年贡。

王恽永乐二十二年贡。

胥敬宣德元年贡，光禄寺署丞。

李旻

李复

朱芾宣德七年贡，兖州府经历。

张玹宣德八年贡。

郑宁宣德十年贡。

张铉正统二年贡，任武强训导。

岳崇

纵昭正统六年贡，宁远县知县。

纪信正统九年贡，任藩府引礼舍人。

赵监正统十一年贡，任成都府推官。

李郁

张显景泰元年贡，任富阳知县。

陈伦景泰二年贡，任磁州判官。

李显

甄寿之景泰四年贡，授岳府照磨。

刘昌景泰五年贡，九江府经历。

李迪

石泰

刘仪天顺二年贡。

周铭天顺四年贡，留守卫经历。

巩敩天顺六年贡，任曹州判官。

高恺成化元年贡，任保定知县。

张俊成化二年贡，任邓州判官。

朱璿

杨辅

韩昇成化八年贡，登州府训导。

李孜成化十年贡，任玉田训导，事母至孝。

吴玘贤良希文子。成化十二年贡，洛阳县县丞。

夏昌

田玘

袁宪成化十八年贡，任按察司检校。

李和

彭政成化二十二年贡，任醴陵县丞。

杨春弘治二年贡，任麟游县丞。

刘福

单镛巡检祥子。弘治六年贡，任昌黎训导。

蒋雍弘治八年贡，任寿光主簿。

贾聚弘治十年贡，任平原县丞。

闵桢

蒋洪弘治十四年贡，任浚县丞。

周良弼铭子。弘治十六年贡，任胶州判官。

李松正德二年贡，开平卫经历。

韩禩

王道

崔恺

钟昂正德十年贡，宛平县丞。

李璟正德十二年贡，广南经历。

周思明正德十四年贡，固始县丞。

赵清正德十六年贡。

王守约嘉靖三年贡，嵫阳主簿。

赵汉嘉靖四年贡，四川按察司经历。

陆本嘉靖六年贡，故城知县。

龚贵嘉靖七年贡，桐庐县丞。

梁昇嘉靖九年贡，饶州府知事。

崔仕绅嘉靖十七年贡。

田润嘉靖十八年贡，荥泽训导。

张连嘉靖十九年贡。

梁敦嘉靖二十年贡，安丘主簿。

周思忠嘉靖二十一年贡，任栖霞主簿。

李士通

徐守润嘉靖二十五年贡，任宁阳县丞。

赵时若清子。嘉靖二十七年贡。

张桂

吕文旌

杨材嘉靖三十三年贡。

王文馆嘉靖三十四年贡。

孙宗尧嘉靖三十五年贡。

卢雄嘉靖三十六年贡，任兴化府教授。

贾池嘉靖三十九年贡，任新乡县丞。

田泰嘉靖四十一年贡，任晋州学正。

王守道嘉靖四十三年贡，任常德府教授。

曹世勋嘉靖四十五年贡，任安庆府教授。

辛汉隆庆元年贡，任永昌教授。

钟耀先隆庆三年贡，任武陟训导。

蔡楠隆庆五年贡，任绛州同知。

刘可久万历二年贡，任凤阳府教授。

梁鹗万历四年贡，任新城教谕。

刘藻万历六年贡，任霍邱训导。

那武万历八年贡，乐安教谕。

封汝才万历十年贡，六合教谕。

尹乐舜万历十二年贡，泰州教授。

张汝贤万历十四年贡，临江同知。

吴邦周万历十六年贡，泰安学正。

郝维精万历十八年贡，霍山教谕。

周行万历二十二年贡。

张修万历二十六年贡，任汶上训导。

陈栋

王大任万历三十年贡，海门训导。

杨希震材子。万历三十二年贡，任泰兴训导。

孟羽世

王好义万历三十六年贡，任潜山训导。

张鲤化万历三十八年贡，任遂平教谕。

崔元英万历四十年贡，涪州学正。

唐诰

郭维藩万历四十四年贡，任高淳教谕。

马出汧万历四十六年贡，任汤阴教谕。

孙名胤万历四十八年贡，任长宁知县。

刘发祥

陈思谦天启四年贡，庐州府教授。

龚伯堂天启六年贡，南昌府训导。

朱之裔

张振

彭贞学崇祯元年贡，扬州府教授。

邵仲雍崇祯二年贡，任吴江训导。

张扬崇祯四年贡。

王应桢崇祯六年贡，高邮训导。

吴三省崇祯八年贡。

蒋友闻崇祯十年贡。

尹尔弘崇祯十二年贡。

孟士醒崇祯十四年贡。

王国祚崇祯十六年贡。

吴应试崇祯年贡，候选训导。

李乔年崇祯年贡，枣强训导。

国朝

顺治

举人恩榜附。

郝铉顺治庚子科。

恩贡

张豸顺治二年恩贡。

张凤至顺治三年恩贡。时天下未一，凤至与王化行诣山东学使者考试，谓之流寓贡。历任河南延津、湖广沅陵知县。

封珂顺治八年恩贡，任福建上杭知县。

张家騄顺治十八年贡。

拔贡优贡附。

王者都顺治五年拔贡，历仕至泉州府知府。

张居易顺治十一年选贡。

岁贡

王化行顺治二年贡，任江西永宁县知县。

辛焻顺治二年贡，历仕至凤阳府教授。

阎机顺治四年贡，任广东饶平县知县。

韩胤昌顺治六年贡，任繁昌训导。

赵衍祚顺治八年贡，授霍邱训导。

朱敏治顺治十年贡，授山阳训导。

张学正顺治十二年贡。

吴生鹏顺治十二年贡，建平训导。

封琯珂弟。顺治十四年贡，仕盱眙训导。

张之典顺治十六年贡，东流训导。

康熙

进士恩榜附。

阎圻尔梅孙。寄籍河南虞城，康熙己丑联捷翰林，历官工科给事中。

举人恩榜附。

张钜寄籍山东汶上，己酉科。

沈圣愿丁卯科，长山知县。

陈周礼丁卯科山东榜。

阎圻戊子科河南榜。

王纲癸巳科。

恩贡

王化熙十四年恩贡。

阎桧三十四年恩贡。

蔡芳誉四十六年恩贡。

曹宜瑞六十年恩贡。

拔贡优贡附。

王祐十一年拔贡。

朱廷策二十五年拔贡，江浦教谕。

封禹岐三十七年选贡。

副贡恩榜附。

张纯任宿松训导。

岁贡

韩健二年贡。自此停贡至七年。

蒋之仪八年贡。

吴生鹗十年贡。

王宪列十二年贡。

徐养冲十五年贡。

封开奕十六年贡。

孟谱伟十八年贡。

张纯二十年贡，任宿松训导。
朱廷猷庚辰年贡。
冯心正
邹晃
王道纯
周炳斗
王廷钦三十年贡。
朱瑢甲子年贡。
王镳康熙三十六年贡。
贾文汉三十八年贡。
孟时中四十年贡。
金文泽
张开禧四十四年贡。
朱珣四十六年贡。
朱琬四十八年贡。
张玉五十年贡。
沈晋五十二年贡。
马梦弼五十四年贡，当涂县训导。
封开维五十八年贡。
封禹青五十八年贡。
张发华六十年贡。

雍正

拔贡优贡附。
封凤翥雍正七年拔贡。
朱衣点雍正乙卯拔贡，任大理寺左丞，乾隆甲午科钦点顺天乡试同考官。

岁贡

吴昌华元年贡。
魏天保元年贡。
朱廷勷辛亥年贡。
张于襄五年贡。
朱耕沛七年贡。
张珠九年贡。
张秉真

高岳

朱乔

乾隆

举人恩榜附。

赵敬修丁酉科，霍邱知县。

张广绪己酉科。

恩贡

张一经乾隆年恩贡。

朱元澄乾隆年恩贡。

朱国奇乾隆年恩贡。

拔贡优贡附。

徐尔辉乾隆年拔贡。

张庭莃乾隆年优贡。

副贡恩榜附。

张梦桐甲午科副榜。

岁贡

崔汝鹏

张廷荇

唐生翼

朱涵任吴县训导。

张廷菊

朱漪戊寅年贡。

朱均乙酉年贡。

朱鸣韶庚戌年贡。

朱縠建平训导。

朱溥壬子年贡。

嘉庆

进士恩榜附。

蒋淦戊辰举人，己丑恩赐同进士及第，授翰林院检讨。

恩贡

杨沅嘉庆年恩贡。

朱凤鸣甲申年恩贡。

张允杰恩贡。

踪煜恩贡。

贺长龄恩贡。

拔贡优贡附。

朱锡藩嘉庆年拔贡。

翁盛勋嘉庆年拔贡。

岁贡

朱祖㥣乙亥年贡。

朱士淑丙子年贡。

朱祖光己巳年贡。

刘梦邹

郝桐

叶凤彩

马天蕴

张京岳

赵汝翼

道光

举人恩榜附。

张金标恩赐寿榜举人,恩赐翰林院检讨,科分失考。

恩贡

王钰恩贡。

拔贡优贡附。

朱锡均拔贡,大理寺评事。

吴云舒丁酉年拔贡。

朱延恩己酉年拔贡。

岁贡

朱尊侃丙戌年贡。

张大范丙午年贡。

朱锡黻甲午年贡。

刘涵

朱祖芝壬寅年贡。

朱祖标辛丑年贡。

陈九仪

王玉树
叶湘管
阎封
阎阿锡
阎文源
阎凭
马伏勋高淳训导。
魏继夏
魏廷芬
赵自修
朱训典以上年分均无所考，存之以备查详。

咸丰

恩贡
张文纯恩贡。
李明良壬子恩贡。
张益增甲寅恩贡。
顾绍骞丙辰恩贡。
阎佑珠庚申恩贡。
王世康壬戌恩贡。
王景昭辛未恩贡。
拔贡优贡附。
朱敬瑞辛酉拔贡。
朱方会癸酉拔贡。
副贡恩榜附。
王庆余辛亥科恩赐副榜。
李念修癸酉科恩赐副榜。
岁贡
李嘉善候选训导。
吴绣轩壬子岁。
蔡赓谦甲寅。
张士举戊午。
叶崇嵋庚申。
韩介

张其浦
吴云鹤
王钊
赵一琴壬戌。
孟毓训甲子。
朱普恩丙寅。
王励谦戊辰。
朱敬彭庚午。
赵一鹤壬午。
韩永勋
王维干壬申。
严敬存甲戌。

光绪

恩贡

郝巨川乙亥恩贡。
郝逮源辛巳恩贡。
张继先乙酉。
张汝亮己丑。
张志修庚寅。

拔贡优贡附。

魏江亭乙酉拔贡。
赵锡蕃丁酉拔贡。
阎汉亭己酉拔贡。
李得中己酉拔贡。

副贡恩榜附。

刘桐栖戊子科恩赐副榜。

岁贡

魏月香丙子。
郭毓荣戊寅。
王丹书庚辰。
张文本壬午。
朱敬予甲申。
郝广轮丙戌。

赵玉理戊子。

唐

行伍

陈璠由武宁军卒历任右职，至宿州刺史，为时溥所杀。

五代

行伍

刘知俊唐季宣武二年，由武宁牙将历海、怀、郑三州刺史，匡国军节度使，历仕梁、岐、蜀三国，皆任节，后为蜀所杀。见《志余》。

刘知浣梁亲军指挥使。又有刘知偃、刘嗣彦，俱武秩，官爵未详。

金

行伍

李果骁骑尉。

刘琥飞骑尉。

侯清飞骑尉。

王昭云骑尉。

以上四人见金大定石刻，乃邑人之有勋绩者，古志以为县尉，非也！

元

官吏

季瑛任单州、泗水等处库务副使。

行伍

薛显元季为泗州守将，降明至荣禄大夫、柱国。

明

武举人

程斌万历己酉科。府志作“程可斌”。

刘子将崇祯己卯科，镇江卫千总。

石颖见府志。

文阶

辛礼湖广桃源主簿。

马思仁通山知县。

朱颐新城主簿。

唐弼陵县知县。

王环眉州判官。

王宪泗水县丞。

蔡俸乐清县丞。

吕景南宁府知事。

杨东鲁兖州府经历。

马允让宁海主簿。有传。

崔岱荣河主簿。

孟瀛富阳主簿。

马允敬封丘主簿。

韦纪汝州判官。

陆东掖县县丞。

吕社忻州同知。

龚恕长葛主簿。

宁谦南康府照磨。

赵维藩庆都县丞。

卓禄馆陶主簿。

王楫潞府奉祀。

唐九成会稽县丞。

唐九官沅江府经历。

彭时熙广西按察经历。

朱孔昭鸿胪寺序班。

周稳鲁山主簿。

朱选上饶主簿。

李东周湖口主簿。

吕时顺郑州吏目。府志作"时熙"。

赵民服常德府照磨。

朱孔阳抚州府照磨。

蔡日强京卫经历。

朱芥鸿胪寺序班。

张应星兴化府检校。

冯启元京卫经历。府志"冯"作"马"。

朱一麟中书舍人。

王逊宁都县丞。

曹礼枣强知县。见府志。

蔡杏福州典簿。

宫璋上虞主簿。

阎维精桐庐主簿。

周顺德溆浦主簿。

曹应瞻南宁府经历。

刘若埙瑞府奉祀。

王国胤汀州卫经历。

张道明瑞府引礼舍人。

刘平成瑞府典仪副。

王之喉崖州判官。

程道生中书舍人。

邱世德光禄寺署丞。

王克明会溪巡检。

单祥湖南巡检。

王伦高都巡检。

孙皓遵化仓大使。

那道兴国州吏目。

张麟建宁巡检。

姜明平原典史。

王缙锦田仓大使。

辛希道延平府剑浦驿丞。

蔡俊南安府御所吏目。

常希仁汲县主簿。

曹禄平凉典史。

张鉴元氏典史。

甄荣随州巡检。

冯时新宁典史。

常宣南京守御所吏目。

赵潢韶州府大使。

周德麟严州府照磨。

孟江铜梁主簿。

赵楷海宁仓大使。

邱英襄阳主簿。

赵锟东光主簿。

赵锜夷陵州巡检。

刘僖武功典史。

张岱温州府知事。

刘仪南京龙江大使。

王周安福守御所吏目。

张廷俸江夏驿丞。

罗纹乐陵典史。

朱孔显锦田县丞。

张文德黄冈大使。

杨杰浙江盐大使。

张士魁巨野巡检。

张承宣饶州府大使。

许文奇江阴县大使。

朱镇南京豹韬左卫仓大使。

孟一元南安府驿丞。

朱轨富阳典史。

潘纬山东开河闸官。

王应乾济南府大使。

孟一桂嘉兴府大使。

耿珪德清巡检。

黄恩景陵巡检。

朱鲲襄阳驿丞。

王景阳澧州巡检。

耿伸保安州大使。

朱鳌大平典史。

封汝德岳州府大使。

葛兰辽东广宁库大使。

苗文进堂邑主簿。

姜伟嵊县主簿。

赵营直隶新城仓大使。

冯化兖州府大使。

宫嘉宷霑化典史。

韩弘纬霑益州吏目。

饶尚贤利州卫经历。

杨日昇青田典史。

何文元北流典史。

韩茂才福州卫经历。

徐琛镇安府知事。

吕继龙江关大使。

邱可度宁州卫经历。

武胄

李义四川都指挥，见府志。

翟七十金吾左卫指挥。

赵裕南京神策卫指挥。

吴阿社贵州卫指挥。

张能福州中卫指挥。

吕彬羽林前卫指挥。

徐广义勇左卫指挥。

曹荣宣德左卫指挥。

曹兴金吾左卫指挥。

刘礼府军左卫指挥。

张宣武昌卫指挥。

杨福凤阳卫指挥。

刘定童金吾左卫指挥。

张奴才旗手卫指挥。

张刚忠义前卫指挥。

张国柱忠义前卫指挥。

张宣燕山前卫指挥。

马思义燕山前卫指挥。

孙真云川卫指挥。

张志学金吾卫指挥。

朱明燕山前卫指挥。

李忠河南卫指挥。

费清济南卫指挥。

李官保燕山前卫指挥。

刘照常德卫指挥。

陈英龙里卫指挥。

陈斌山西行都司右卫指挥。

邓聪金吾左卫指挥。

李鸾四川重庆卫指挥。

魏骥义勇后卫指挥。

高宜来甘州卫指挥。

马良宁波卫指挥。

贺宽燕山左卫指挥。

王德金吾左卫指挥。

孙重名燕山前卫指挥。

刘广儿茂山卫指挥。

王俊常山护卫指挥。

孟臣长淮卫指挥。

刘兴沅州卫指挥。

李良儿金吾左卫指挥。

沈斗儿云南卫指挥。

沈三驴燕山卫指挥。

杨真南京府军卫指挥。

刘忠陕西留守卫指挥。

朱通燕山前卫指挥。

李七儿乌撒卫指挥。

陈川儿镇番卫指挥。

阎胜燕山前卫指挥。

任泮儿平山卫指挥。

赵兴金吾卫指挥。

吴海金吾左卫指挥。

范泉虎贲右卫指挥。

陈聚金吾卫指挥。

陈贵平凉卫指挥。

王升金吾左卫指挥。

王贵陕西都司。

贾能金吾左卫指挥。

王信金吾左卫指挥。

屈奉茶陵卫千户。

武滔建阳左卫千户。

任俊山海卫千户。

宫全豹韬卫千户。

贾成忠义后卫千户。

贾旺抚宁卫千户。

冯利见羽林前卫千户。

吴胜大宁中卫千户。

吴英羽林前卫千户。

孙鉴洛阳中卫千户。

李让燕山前卫千户。

朱留儿燕山前卫千户。

张贵羽林前卫千户。

刘全南京兴武卫千户。

韩胜羽林前卫千户。

高军儿燕山前卫千户。

陈良儿燕山前卫千户。

赵忠凉州卫千户。

王仲室会州卫千户。

贾九儿宣州卫千户。

刘和尚燕山前卫千户。

周勇建昌卫千户。

朱兴永清右卫千户。

孔信金吾左卫千户。

许敬燕山前卫千户。

顾全宝庆卫千户。

杜兴贵州卫千户。

任驴儿贵州卫千户。

李俊会州卫千户。

汤营保安卫千户。

刘翦儿归德卫千户。

丁真燕山前卫千户。

王贵和阳卫千户。

王廷镇海卫千户。

蒋尖儿宁夏左卫千户。

马祥金吾左卫千户。

贺进先温州卫千户。

杨恩广宁卫千户。

孟能保定卫千户。

孙宾绍兴卫千户。

徐友燕山前卫千户。

张全羽林前卫千户。

孙林南京兴武卫千户。

陈荣金吾左卫千户。

何升彭城卫千户。

李文锦衣卫千户。

陈兴雷州守御千户。

杨易燕山前卫千户。

赵偏头台州卫千户。

张英南丹卫千户。

许銮燕山左卫千户。

任忠山海卫千户。

鹿见羽林卫千户。

李粪儿山海卫千户。

刘广沈阳右卫千户。

康成龙江右卫千户。

赵福缘茂山卫千户。

司成府军前卫千户。

孙刚海门卫千户。

夏景传金乡卫千户。

牛全义勇后卫千户。

刘聚德州卫千户。

邱胜燕山前卫千户。

李并弘羽林前卫千户。

华永先杭州右卫千户。

刑宣营州左屯卫千户。

邱何青州卫千户。

李廷芳山海卫千户。

刘兴兴州左屯卫千户。

牛忠宁辽守御千户。

张信隆庆卫千户。

王智浙江观海卫千户。

姚政徐州卫千户。

陈祐大宁卫千户。

胡旺羽林前卫千户。

曹兴羽林前卫千户。

赵八十羽林前卫千户。

朱咬儿羽林后卫千户。

陈贵金吾左卫千户。

刘俊苏州卫千户。

赵省儿九溪卫千户。

路税儿宽河卫千户。

仝成金吾右卫千户。

罗英辽海卫千户。

黄海神电卫千户。

徐行神电卫千户。

石岩会州卫千户。

周胜燕山前卫千户。

尚荣南京兴武卫千户。

鲁仓儿隆庆卫千户。

胡狗儿燕山右卫千户。

孟政燕山前卫千户。

刘福燕山前卫千户。

尚广儿登州卫千户。

张敏金吾左卫千户。

秦七儿燕山前卫千户。

许才燕山前卫千户。

赵奴儿燕山前卫千户。

贾五十宣州卫千户。

唐海施州卫千户。

赵渊神电卫千户。

孟云羽林前卫千户。

胡纲燕山前卫千户。

刘政秦州礼店所千户。

夏良儿山海卫千户。

陈真金吾左卫千户。

皮勉羽林前卫千户。

冯福安金山卫千户。

梁铁鎚弘农卫千户。

张锡羽林卫千户。

陈友儿燕山前卫千户。

赵忠燕山前卫千户。

席滕保密云卫千户。

周安辽东[宁]辽卫千户。

袁润驴景东右卫千户。

傅雄羽林卫千户。

刘旺燕山前卫千户。

陈群儿蓟州镇朔卫镇抚。

杨纲儿广东碣石卫镇抚。

侯庙兴岷州卫镇抚。

陈文儿美溪千户所镇抚。

明

封爵

甄子美以子实封中议大夫。

李道明以子绅封户部员外郎。

张辅以子贞观赠文林郎。

张密以子斗赠承德郎。

蔡俸以子桂赠承德郎。

朱臣以子芥赠登仕郎。

朱苓以子一麟赠文林郎。

徐实以子琛赠登仕郎。

戚畹

刘崇以鲁王妃父，封东城兵马司。

刘秉仁尚鲁府阳信王孙女商洛郡君，为宗人府仪宾，封朝列大夫。见贞观旧志。

赵锜

饮宾

李三阳数举乡饮。

朱一麟数举大宾。

李学大万历时乡饮大宾。

国朝

武进士

王之吕顺治辛丑科。

吴烈康熙乙丑科，赣州卫守备。

张纯康熙乙未科。府志作“癸巳”。

袁梦熊嘉庆辛未科，御前侍卫，任阳河游府。

郝赐均同治辛未科，钦点卫守备。

张其�同治甲戌科，本省督标候补管弓。

武举人

王之吕顺治丁酉科。

邵铎康熙癸卯科，太仓卫千总。

王彬康熙癸卯科顺天榜。

朱士俊长淮卫千总。

董起龙以上康熙丙午科。

王廷璜康熙己酉科。

刘元恺康熙乙卯科。

吴烈康熙甲子科。

甄绂康熙丁卯科。

周埴康熙丁卯科。

吴熹康熙癸酉科。

张纯康熙辛卯科。

马依伦康熙癸巳科。

朱垂夔康熙甲午科。

马秉佩康熙丁酉科。

金铭康熙丁酉科。

吴芳茂康熙庚子科。
郝才振雍正癸亥科。
袁堤雍正己酉科。
郭乔年雍正壬子科。以上均见府志。
李方科乾隆戊子科,安徽庐州卫守备。
张京元嘉庆癸卯科,直隶通州卫守备。
袁荣庆嘉庆甲子科。
梁辅亭道光辛卯科。
梁相亭道光丁酉科。
李承宗
张其筠庚午科。
李振江
郝守典
郝赐均
朱有声
朱宗美
以上均同治庚午科。
王兴言
魏怀栋
以上同治癸酉并补行己未恩科。
张允洽光绪乙亥恩科。
封家赞
董继程
以上光绪丙子科。
王冠军光绪己卯科。
魏立琼光绪壬午科。
夏振清光绪乙酉科。
袁金铎道光甲辰恩科。
吴锡义乾隆武举,任守备。
文阶
马龙黄平知州。
王可继霸州判官。
郭祯河东盐运使。府志作“郭裕”。

魏天质翰林院典簿。

马志高凤阳府通判。

马志义泉州府经历。

桑成鼎湖广按察使。

蔡见龙清河知县。

郭振仪云南知府。

郭宪仪涪州知州。

郭从仪南城兵马司指挥。

孟承绪保定同知。

王祇大定州吏目。

魏准卫辉府通判。

朱炜鸿胪寺序班。

张瑜衍圣公府典乐。

左国瓒衍圣公府管勾。

阎沛饶平县令。

张廷钜庆丰闸官。

蔡日乾鸿胪寺序班。

蔡景丰太医院判。

蔡尧邻灵璧训导。

顾庆云德安府经历。

蒋赓明邳州训导。

辛金庐州府通判。

朱潍邳睢河务同知。

朱家柱嘉兴府同知。

张檖岢岚州大使。

张明远杭州府税课大使。

王穰山东布库大使。

张继华儋州吏目。

孟履祥山东按察经历。

孟江铜梁县知县。

杨昶腾越州巡检。

祝有伦临汾县典史。

贾铨兰阳巡检。

朱达桃源知县。
朱浣顺天北路同知。
张廷翰河南布政司理问。
魏治海盐知县,湖州同知。
朱漪婺源训导。
朱树桂浙江上虞知县。
张京选河南淇县县丞。
朱尊球户部清吏司郎中升用道。
朱瀚通政司知事。
赵惟一凤阳府同知。
张龙灵壁县知县。
朱尊霖番禺知县。
朱尊馥广东盐大使。
朱殿华鄜州直隶州同。
朱祖煦海州学正。
赵玉瑞山西府经历。
彭义金山教谕。
李承恩湖州府经历。
李逢恩金坛教谕。
彭凤翙山东城武知县。
彭嵘平度州知州。
李蕴昆广东高廉道库大使。
魏京元南宁府知府。
朱尊琜两广盐大使。
李嘉恩陕西平定州吏目。
魏炯庆阳府知府。
魏奉尧运河同知。
张晋锡特用教谕。
蒋坦河南祥符典史。

武胄

鲍士锦山东安东卫守备。
贾文玉本名铎,成都府游击。
刘省吾广州府守备。

陈韶仪海州钱家集都司。
李长庆武昌卫守备。
张京魁宁波卫守备。
张谦六镇江卫守备。
张宰六湖北领运千总。
张金保长淮卫守备。
张奉诰南昌卫守备。
马秉琚邳州城守千总。
王复元丰县把总。
刘汉宣丰县把总。
方志德丰县千总。
李蕴钤浙江宁波卫千总。
张学谦沛县外委。
张元珂把总。
蒋继荣四川提标普阜等处参将。
孟瀛任阜阳县纠察。
阎合增补用守备，蓝翎。
李德源武生，盐城守备。
邱尊谦军功，尽先提督。
张振清军功，记名总镇。
陈大本军功，副将带营。
陈大虎军功，副将带营。
刘士毅军功，守备驻防。

国朝

封爵

王应隆以子者都赠中宪大夫。
吴铁以子烈赠明威将军。
王祺以子可继赠修职郎。
郭登魁以子裕赠中宪大夫。
沈环以子圣愿赠文林郎。
孟时雍以子承绪赠奉政大夫。
马敏兴以子梦弼赠修职郎。
郭祉以子振仪赠奉政大夫。

张秉志以孙京魁封武德骑尉。

张廷翰以子京魁封武德骑尉。

张廷猷以子京元封武德骑尉。

张昆六以弟谦六赠武略佐骑尉。

蒋华阳以侄孙继荣赠武功将军。

蒋存全以侄继荣赠武功将军。

蒋存庄以子继荣赠武功将军。

王祜以孙明仁赠征士郎。

王可大以子明仁赠征士郎。

张广纶以子晋锡敕封修职郎。

蒋延吉以子淦赠文林郎、翰林院检讨。

朱鎡以孙瀚赠奉直大夫。

朱鉚以孙衣点晋赠奉直大夫。

朱元英以子衣点晋赠奉直大夫。

朱元观以子瀚晋赠朝议大夫。

朱元瑞以孙树桂赠奉直大夫。

朱惠以子树桂赠奉直大夫。

朱浣貤封中宪大夫。

朱溎以子尊琜晋封朝议大夫。

朱元佐以子涵赠修职佐郎。

朱元烈以侄涵赠修职佐郎。

朱士良以子瑴赠修职佐郎。

朱尊纯以子祖昇赠儒林郎。

朱尊琜诰授中宪大夫。

阎若愚以孙合增诰授武德骑尉。

阎维祄以子合增诰授武德骑尉。

魏汉以子京元诰封中宪大夫。

荫袭

彭嶟以父凤翙世袭云骑尉。

饮宾

蔡见龙乡饮大宾。

周士珠乡饮祭酒。

辛祖仁年九十余岁，赐八品顶戴。

韩文封以耆寿赐八品顶戴。

刘梦正以耆寿恩赐粟帛。

张云路年九十三岁，赐正八品。

卷十三　人物志

勋绩　行谊　忠烈　文学　隐逸　侨寓　方伎　[仙释]　寿典

勋　绩

汉

萧何　沛人也，以文毋害为沛主吏掾。高祖为布衣时，数以吏事护高祖。高祖为亭长，常左右之。高祖起为沛公，何为丞督事。沛公至咸阳，诸将皆争走金帛财物之府分之，何独先入收秦律令图书藏之，沛公以是具知天下阨塞、户口多寡、强弱之处。沛公为汉王，以何为丞相。何进韩信，汉王以为大将军。汉王引兵东定三秦，何留，收巴蜀，镇抚谕告，使给军食。汉二年，汉王与诸侯击楚，何守关中，为令约束，立宗庙社稷宫室县邑，计户口，转漕给军。汉王数失军，何尝与关中卒辄补缺，以此专属任何关中事。五年，汉王即皇帝位，以何功最盛，封酂侯，位第一，拜为相国。高祖崩，事惠帝。何素不与曹参相能，及何病，帝自临视何疾，因问："君百岁后，谁可代者？"对曰："知臣莫如主。"帝曰："曹参何如？"何顿首曰："帝得之矣，臣死不恨矣！"何买田宅，必居穷僻处为家，不治垣屋。曰："令后世贤，师吾俭；不贤，毋为势家所夺。"孝惠二年薨，谥曰文终侯。《史记·萧相国世家》。班固《酂侯萧何铭》：耽耽相国，弘策不追。御国维艰，秉统枢机。文昌四友，汉有萧何。序功第一，受封于酂。

曹参　字敬伯，沛人也。秦时为沛狱掾。高祖起沛公，参以中涓从，以功赐爵七大夫，迁五大夫。楚怀王以沛公为砀郡长，将砀郡兵。于是乃封参为执帛，号曰建成君，迁为戚公，属砀郡，又迁为执珪。沛公至咸阳，灭秦，项羽以沛公为汉王，汉王封参为建成侯。从至汉中，迁为将军，从还定三秦。参自汉中为将军中尉，从击诸侯，及项羽败，还至荥阳，凡二岁。高祖三年，拜为假左丞相，入屯兵关中。月余，魏王豹反，以假左丞相别与韩信东攻魏，生得魏王豹。取平阳，得魏王母、妻子，尽定魏地凡五十二城，赐食邑平阳。韩信已破赵，为相国，东击齐，参以右丞相属韩信，攻破齐历下军，定齐，凡得七十余城。韩信为齐王，引兵诣陈，与汉王共破项羽，而参留，平齐未服者。项籍已死，天下定。汉王为皇帝，韩信徙为楚王，齐为郡，参归汉相印。高帝以长子肥为齐王，而以参为齐相国。高祖六年，赐爵列侯，与诸侯剖符，世世不绝。食邑平阳，号曰平阳侯。孝惠帝元年，更以参为齐丞相，厚币请胶西盖公。盖公为言"治道贵清静，而民自定"，参于是用黄老术。相齐九年，齐国安集，大称贤相。惠帝二年，萧何卒，参闻之，告舍人："趣治行，吾将入相！"居无何，使者果召参。参去，属其后相曰："以齐狱、市为寄，慎勿扰也！"后相曰："治无大于此者乎？"参曰："不然。夫狱、市者，所以并容也。今君扰之，奸人安所容乎？吾是以先之。"参代何为相，举事无所变更，一遵何约束。择郡国吏讷于文辞、重厚长者，即召除为丞相史。吏之言文刻深、欲务声名者，辄斥去之。日夜饮醇酒，参见人之有细过，专掩匿覆盖之，府中无事。参为汉相国，出入三年。卒，谥懿侯。子窋，代侯。百姓歌之曰："萧何为法，讲若画一。曹参代之，守而勿失。载其清净，民以宁一。"《史记·曹相国世家》。班固《平阳侯曹参铭》：寋寋相国，允忠克诚。临危处险，安而匡倾。兴代之际，济主立名。身履国土，秉御乾桢。

王陵　沛人，始为县豪。高祖微时，兄事陵。及高祖起沛，入咸阳，陵亦聚党数千人，居南阳。及汉王还击项籍，陵乃以兵属汉，从定天下，封安国侯。陵少文任气，好直言，为右丞相二岁。惠帝崩，高后欲立诸吕为王。问陵，陵曰："高皇帝刑白马而盟曰：'非刘氏而王者，天下共击之！'今王吕氏，非约也。"太后不悦。问左丞相陈平及绛侯周勃等，皆曰可。陵让平、勃曰："诸君纵欲阿意背约，何面目见高帝于地下乎？"平曰："于面折廷争，臣不如君；全社稷，定刘氏后，君亦不如臣。"陵无以应之。吕后阳迁陵为帝太傅，实夺之相权。陵谢病免，杜门不朝请十年，而薨。《汉书》本传。班固《安国侯王陵铭》：明明丞相，天赋庭直。刚德正行，不枉不曲。功业茂著，荣显食邑。距吕奉主，昭然不惑。

樊哙　沛人，以屠狗为事。初从高祖起丰，攻下沛。高祖为沛公，哙以舍人从，攻战每先登却敌，赐爵封，号贤成君。项羽在戏下，欲攻沛公。沛公从百余骑，因项伯面见项羽。项羽既飨军士，中酒，亚父谋欲杀沛公，令项庄拔剑舞坐中，欲击沛公，项伯常屏蔽之。时，独沛公与张良得入坐。樊哙闻事急，乃持盾入。初入营，营卫止哙，哙直撞入，立帐下。项羽目之，问为谁，张良曰："沛公参乘樊哙也。"项羽曰："壮士！"赐之卮酒彘肩。哙既饮酒，拔剑切肉食之。项羽曰："能复饮乎？"哙曰："臣死且不辞，岂特卮酒乎！且沛公先入定咸阳，暴师霸上，以待大王。大王今日至，听小人之言，与沛公有隙。臣恐天下解心疑大王也！"项羽默然。沛公如厕，麾哙去。既出，沛公留车骑，独骑马，哙等四人步从，间道归走霸上军，而使张良谢项羽。是日，微哙奔入营，沛公几殆。从入汉中，还定三秦。项羽败汉王于彭城，哙以将军守广武一岁。汉王为帝，以哙有功，封舞阳侯。哙以吕后女弟媭为妇，故其比诸将最亲。黥布反时，高祖尝卧病禁中，诏户者毋得入。群臣绛、灌等莫敢入。十余日，哙乃排闼入，大臣随之。上独枕一宦者卧，哙等见上，流涕曰："始陛下与臣等起丰沛，定天下，何其壮也！今天下已定，又何惫也！且陛下病甚，大臣震恐，不见臣等计事，顾独与一宦者绝乎？且陛下独不见赵高之事乎？"高帝笑而起。孝惠六年薨，谥曰武。《汉书》本传。班固《舞阳侯樊哙铭》：歔歔将军，威盖不当。操盾千钧，拔主簿堂。兴汉破楚，矫矫忠良。卒为丞相，帝室以康。

夏侯婴 沛人，为沛厩司御。高祖为沛公，以婴为太仆，常奉车，赐爵封，转为滕令。沛公为汉王，赐爵号昭平侯。复为太仆，从入蜀汉。还定三秦，从击项籍至彭城。项羽大破汉军，汉王不利，驰去。见孝惠、鲁元，载之。汉王急，马罢，虏在后，常蹶两儿弃之。婴常收载，行面雍树驰。汉王怒，欲斩婴者十余，卒得脱，而致孝惠、鲁元于丰。汉王既至荥阳，收兵复振，赐婴食邑沂阳。汉王即帝位，更食汝阴。从击韩信军胡骑晋阳旁，大破之。追北至平城，为胡所围，七日不得通。高帝使厚遗阏氏，冒顿开其围一角。高帝出，欲驰，婴故徐行，弩皆持满外乡，卒以得脱。益食细阳千户，定食汝阴。婴自上初起沛，常为太仆从，又以太仆事惠帝。及高后崩，代王之来，婴以太仆，与东牟侯入清宫，以天子法驾迎代王代邸，与大臣共立文帝，复为太仆。八岁卒，谥文侯。《汉书》本传。班固《汝阴侯夏侯婴铭》：斌斌将军，鹰武是扬。内康王室，外镇四方。诸夏乂安，流及要荒。声聘海内，苗嗣纪功。

周昌 沛人，其从兄周苛，秦时皆为泗水卒史。及高帝起沛，攻破泗水守监，于是苛、昌自卒史从沛公。沛公以昌为职志，从入关。沛公为汉王，以昌为中尉。项羽烹苛，汉王于是拜昌为御史大夫。从破项羽，封汾阴侯。昌为人强力，敢直言，自萧、曹等皆卑下之。高祖欲废太子，而立戚姬子如意，昌廷争之强。上问其说。昌为人吃，又盛怒，曰："臣口不能言，然臣心知其不可，陛下欲废太子，臣期期不奉诏！"后如意为赵王，年十岁，高祖徙昌为赵相。帝崩，太后诏王，昌令王称疾不行。乃征昌，复诏王鸩杀之。昌薨，谥曰悼。《汉书》本传。班固《汾阴侯周昌铭》：肃肃御史，以武以文。相赵距吕，志安君身。征诣行所，如意不全。天秩邑土，勋乃永存。

周勃 沛人。其先卷人，徙沛。勃以织薄曲为生，常为人吹箫给丧事，材官引强。高祖之为沛公初起，勃以中涓从，攻战先登，赐爵五大夫。沛公为砀郡长，拜勃为襄贲令，从沛公至咸阳，灭秦。沛公为汉王，赐勃爵威武侯。从入汉中，拜为将军。还定三秦，赐食邑怀德。项籍已死，因东定楚地。还守雒阳、栎阳，赐与颍阴侯，共食钟离。又颁爵列侯，剖符世世勿绝，食绛，号绛侯。迁为太尉，击陈豨，定雁门、云中郡，斩豨，定代郡。燕王卢绾反，勃以相国代樊哙将，击破绾军沮阳，追至长城，定上谷、右北平、辽西、辽东、渔阳县。勃为人木强敦厚，高帝以为可属大事。勃不好文章，每召诸生说士，东乡坐而责之："趣为我语！"其椎少文如此。高祖崩，以列侯事孝惠帝。孝惠帝六年，以勃为太尉十年。高后崩，吕禄、吕产秉汉权，欲危刘氏。勃为太尉，不得入。襄平侯纪通尚符节，乃令持节矫内勃北军。勃令郦寄、典客刘揭说禄曰："帝使太尉守北军，欲令足下之国，急归将军印，辞去。不然，祸且起。"禄遂解印属典客，而以兵授太尉勃。勃入军门，行令军中曰："为吕氏右袒，为刘氏左袒。"军皆左袒，勃遂将北军。然尚有南军，丞相平召朱虚侯章佐勃。勃令章监军门，产不知禄已去北军，入未央宫欲为乱。殿门弗内，徘徊往来。平阳侯驰语太尉勃，勃尚恐不胜，未敢诵言诛之，乃谓朱虚侯章曰："急入宫尉帝。"勃乃击产，杀之，并杀禄，分部悉诛诸吕。东牟公兴居，朱虚侯章弟也，曰："诛诸吕，臣无功，请得除宫。"乃与太仆滕公入宫。滕公前谓少帝曰："足下非刘氏，不当立。"遂召乘舆，车载少帝出。奉天子法驾，迎皇帝代邸，报曰："宫谨除。"皇帝入未央宫，有谒者十人，持戟卫端门，曰："天子在也，足下何为者？"不得入。太尉往喻，乃引兵去。文帝既立，以勃为右丞相。居月余，谢请归相印，上许之。岁余，丞相平卒，上复以勃为丞相。十余月，免相就国。岁余，人有上书告勃欲反，下廷尉。廷尉下其事长安，逮捕勃治之。勃恐，不知置辞，吏稍侵辱之。勃以千金与狱吏，狱吏乃书牍背示之，曰："以公主为证。"公主者，孝文帝女也，勃太子胜之尚之，故狱吏教引为证。文帝既见绛侯狱辞，乃谢曰："吏事方验而出之。"于是使使持节赦绛侯，复爵邑。绛侯出，曰："吾尝将百万军，安知狱吏之贵也！"复就国。孝文帝十一年卒，谥为武侯。子胜之代侯，坐杀人，国除。文帝乃择勃子贤者、河内太守亚夫，封为条侯，续绛侯后。文帝后六年，匈奴大入边。以河内守亚夫为将军，军细柳以备胡。上自劳军，之细柳。先驱至，不得入。先驱曰："天子且至！"军门都尉曰："将军令曰：军中闻将军令，不闻天子诏！"居无何，上至，又不得入。于是上乃使使持节诏将军："吾欲入劳军。"亚夫乃传言开壁门。壁门士吏谓从属车骑曰："将军约：军中不得驱驰！"于是天子乃按辔徐行。至营，将军持兵揖曰："介胄之士不拜，请以军礼见。"天子为动，改容式车，使人称谢："皇帝敬劳将军。"成礼而去。既出军门，群臣皆惊。文帝曰："嗟乎，此真将军矣！"月余，三军皆罢，乃拜亚夫为中尉。孝文帝且崩时，诫太子曰："即有缓急，周亚夫真可任将兵。"文帝崩，拜亚夫为车骑将军。孝景帝三年，吴、楚反。亚夫以中尉为太尉，东击吴、楚。凡相攻守三月，而吴、楚破平，迁为丞相，景帝甚重之。景帝废栗太子，丞相固争之，不得。景帝由此疏之。其后匈奴王徐卢等五人降，景帝欲侯之以劝后，丞相亚夫曰："彼背其主降陛下，陛下侯之，何以责人臣不守节者乎？"景帝曰："丞相议不可用！"乃悉封徐等为列侯。亚夫因谢病。景帝中三年，以病免相。条侯子为父买工官尚方甲楯五百被可以葬者，取庸苦之，不予钱。庸知其盗买县官器，怒而上变告子，事连污条侯。召诣廷尉，因不食五日，呕血死，国除。《史记·绛侯世家》。班固《绛侯周勃铭》：懿懿太尉，惇厚朴诚。辅翼受命，应节御营。历位卿相，二国兼并。见危致命，社稷以宁。

任敖　沛人，少为狱吏。高祖尝避吏，吏系吕后，遇之不谨。敖素善高祖，怒，击伤主吕后吏。及高祖初起，敖以客从为御史，守丰二岁。高祖为汉王，敖迁为上党守。陈豨反时，敖坚守丰，为广阿侯。高后时，为御史大夫。孝文元年薨，谥曰懿侯。《汉书》本传。

周緤　沛人，以舍人从高祖起。至霸上，西入蜀汉，还定三秦，常为参乘，赐食邑池阳。从东击项羽荥阳，绝甬道。从出度平阴，遇韩信军襄国。战有利有不利，终无离上心。上以緤为信武侯。上欲自击陈豨，緤泣曰："始秦攻破天下，未曾自行。今上常自行，是亡人可使者乎？"上以为爱我，赐入殿门不趋。后改封緤为鄘城侯。孝文五年薨，谥曰贞。《汉书》本传。

鄂千秋　沛人，汉祖定功行封，千秋进曰："萧何有万世之功，当第一。"上曰："进贤受上赏，何功虽高，得鄂君乃益明矣！"封安平侯。见《汉书·功臣表》。

召欧　以中涓从起沛。至霸上，为连敖。入汉。以骑将定燕赵，得燕将军，封广侯。朱轸，以舍人从起沛。以队帅先降翟王，虏章邯，封昌侯。见《汉书·功臣表》。

严不职　以舍人从起沛。至霸上，以骑将入汉，还击项羽，用将军击黔布，封武强侯。见《汉书·功臣表》。

奚涓　以舍人从起沛。至咸阳，为郎。入汉，以将军定诸侯，功比舞阳侯，死军事。封鲁侯。见《汉书·功臣表》。

周止　以舍人从起沛。以郎中入汉，还定三秦，以骑将破项羽东城，封魏其侯。见《汉书·功臣表》。

孙赤　以中涓从起沛。以郎入汉，以将军击项羽，为惠侯。后为上党守，击陈豨，封堂阳侯。见《汉书·功臣表》。

雍齿　故沛豪，有力。与高祖郄隙，故晚从。后封什邡侯。见《汉书·张良传》。

冷耳　以客从起沛。入汉，击破齐军。黔布反，以楚丞相坚守彭城，封下相侯。见《汉书·功臣表》。

秘彭祖　以卒从起沛。以卒开沛城门，为太公仆。以中厩令击陈豨，封戴侯。见《汉书·功臣表》。

单父圣　以卒从起沛。入汉，以郎击黔布，封中牟侯。始高帝微时，有急，给高祖马，故封。《索隐》作“单父左车”，《汉·功臣表》作“单右耳”。

卫毋择　以队卒从起沛。以郎击陈余，用卫尉，封乐平侯。见《汉书·功臣表》。

刘凭　沛人。以军功封金乡侯，汉武帝尝征之。后入太白山中，复归乡里。年三百余岁。见《汉魏丛书》。

朱轸　以舍人从起沛。降翟王，虏章邯，封都昌侯。十四年薨，谥严侯。见《功臣表》。

徐厉　以舍人从起沛。入汉，还，得雍王邯家属，用常山丞相，封祝兹侯。见《汉书·功臣表》。

杜得臣　以卒起湖陵。以郎将迎左丞相军击项羽，封棘阳侯。见《汉书·功臣表》。

度尚　字博平，山阳湖陆人。家贫，积困穷，为郡上计吏，拜郎中，除上虞长。为政严峻，明于发擿奸非，吏人谓之神明。迁文安令，遇时疾疫，谷贵人饥，尚开仓廪给，营救疾者，百姓蒙其济。时冀州刺史朱穆行部，见尚甚奇之。延熹五年，长沙、零陵贼合七八千人，入桂阳、苍梧、南海、交阯，太守望风逃奔。遣御史中丞盛修募兵讨之，不能克。豫章艾县民六百余人，应募而不得赏直，怨恚，遂反，焚烧长沙郡县，寇益阳。又遣谒者马睦，督荆州刺史刘度击之，军败。尚书朱穆举尚，自右校令擢为荆州刺史。尚躬率部曲，广募诸蛮夷，明设购赏。进击，大破之。桂阳宿贼渠帅卜阳、潘鸿等，畏尚威烈，徙入山谷。尚穷追数百里，遂入南海，破其三屯，多获珍宝。而阳、鸿等党众犹盛，欲击之，而士卒骄富，莫有斗志。尚乃宣言贼：“今兵寡少，未易可进，当须诸郡所发悉至，并力攻之。”申令军中，恣听射猎。尚乃密使所亲客，潜焚其营，珍积皆尽。猎者还，莫不泣涕。尚人人慰劳，因曰：“卜阳等财宝足富数世，诸卿但不并力耳。所亡少少，何足介意。”众闻，咸愤跃。尚敕令秣马蓐食，明旦，径赴贼屯，大破平之。七年，封右乡侯，迁桂阳太守。明年，征还京师。时荆州兵朱盖等复作乱，与桂阳贼胡兰等攻桂阳，众至数万。转攻零陵，太守陈球固守拒之。于是以尚为中郎将，将幽冀黎阳、乌桓步骑二万六千人救球，又与长沙太守抗徐等发诸郡兵，并势讨击，大破之，斩兰等首三千五百级，诏赐尚钱百万。复以尚为荆州刺史，后为辽东太守。数月，鲜卑率兵攻尚，与战，破之，戎狄惮畏。年五十，延熹九年卒于官。《后汉书》本传。《汉荆州刺史度尚碑》：君讳尚，字博平。其先出自颛顼，与楚同姓。熊严之后，□亦世掌位，统国法度。秦兼天□和之纯质，秉黄中之正性。智含渊薮，仁隆春暖。义高秋云，行洁冰霜。慷慨壮厉，临□休誉固已著矣。及其典牧，必招振贤才，抽拔幽逸。选召所任，极当世之秀士。养民有□，令闻弥崇，晖光日新，可谓盛德者已。初奉岁计，拜郎中，除上虞长。五化潜洞，百姓□数县，恩信并宣，令行禁止。以从父忧去官，更举孝廉，为右校令。是时南蛮蠢动，擢拜□丑。殊俗宾服，远人用绥。封右乡侯，迁辽东太守。旬月之间，秽貉宁辑。会杨贼畔于□，拜中郎将。杀敌制胜，威谋合神。持重优于营平，深入则轻冠军；附士渥于李广，御众□同滋味。必达井辨幕，然后饮舍。惠以厚下，说以犯难。是故所征辄克，师徒无顿。□寇殄殪，干戈载戢。走马以说，朝贪厥里。复拜荆州刺史，以故秩居，册书尉荐。因赐□之，荆域号慕。虽周人之思召伯，弗此逾也。于是故吏感《清庙》之颂，叹斯父之诗，乃□曰：于惟我侯，允懿允明。文武是该，克忠克贞。粤初发藻，在彼上虞。迈种厥德，□矣。匪禄是荣，无言不雠。帝扬厥声，俾作配□。往抚于荆，抚荆惟何？南夏是□邦家。截彼海外，绩莫匪嘉。天生我侯，实为民望。□□□□心乎其爱，四方是仰。如何不永，□而不朽，芳烈遗兮。□□□□永康元年，岁在鹑尾，龙集丁未，时惟□岁□。

隋

刘行本　沛人也。父环，仕梁，历职清显。行本起家武陵国常侍，遇萧修以梁州北附，遂与叔父璠同归于周。每以讽读为事，精力忘疲，虽衣食乏绝，晏如也。性刚烈，有不可夺之志。周大冢宰宇文护引为中外府记室。武帝亲总万机，转御正中士，兼领起居注，累迁掌朝下大夫。及宣帝嗣位，多失德，行本切谏忤旨，出为河内太守。高祖为丞相，尉迥作乱，进攻怀州，行本率吏民拒之。拜仪同，赐爵文安县子。及践阼，征拜谏议大夫、检校治书侍御史。未几，迁黄门侍郎。上尝怒一郎，于殿前笞之。行本进曰："此人素清，其过又小，愿陛下少宽假之。"上不顾。行本于是正当上前曰："陛下不以臣不肖，置臣左右。臣言若是，陛下安得不听？臣言若非，当致之于理，以明国法，岂得轻臣而不顾也！"因置笏于地而退，上敛容谢之，遂原所笞者。拜太子左庶子，领治书如故，皇太子虚襟敬惮。时唐令则亦为左庶子，太子昵狎之，每令以弦歌教内人。行本责之曰："庶子当匡太子以正道，何有嬖昵房帷之间哉！"令则甚惭而不能改。时沛国刘臻、平原明克让、魏郡陆爽，并以文学为太子所亲。行本怒其不能调护，每谓三人曰："卿等正解读书耳！"时左卫率、长史夏侯福为太子所昵，尝于阁内与太子戏。福大笑，声闻于外。行本时在阁下闻之，待其出，行本数之曰："殿下宽容，赐汝颜色。汝何物小人，敢为亵慢！"因付执法者治之。复以本官领大兴令，权贵惮其方直，无敢至门者，由是请托路绝。法令清简，吏民怀之。未几，卒官，上甚伤惜之。及太子废，上曰："嗟乎！若使刘行本在，勇当不及于此！"无子。《隋书》本传。

元

韩准　字公衡，沛人。少沉重好学，年二十，登进士第，旧志云：延祐五年进士。

授承仕郎、同知孟州事，擢河南儒学副提学，屡转至江西湖南道佥事，南康路总管，进本道廉访使，江西行省参知政事，江浙行省左丞，改福建廉访使，复为侍御史。准方为别驾时，州大饥疫，出入赈救。所乘马至不忍食豆粟，人谓感准化。冬时，蝇集州署，准令人广藏冰。明年大热，病者赖服冰以愈。在河南有陂田若干顷，为水所泛，准行部至，敕有司率民障堤，岁收粟谷千斛。蕲黄寇围江西，平章以下皆出避，独准留，慰抚居民。相持五十四日，城赖以全。南康累经兵火，城内荒芜。舟居以治，招民复业，乃葺草屋为署。野豕残民禾，吁于神，豕遂去不为害。陈友谅攻破隆兴城，来见准，准病，面壁卧不起。友谅曰："吾向为县小吏，已闻公名。"准不答。既去，使人致糗，亦拒不受。后脱身入闽，朝廷嘉之，授江西行省参政，扶病以往。是冬，城陷，准藉稿堂下，以丧礼自处。吏来追准索敕，准卧不应。厉刃向之，曰："此吾所受于君者，必欲取之，并取吾首去！"吏不敢迫。迨新制变冠服，乃著帽终日。及病甚，遂不服药以卒，槁葬福州。吴海《韩文公权厝志》：岁辛亥，三月二十四日，行台御史韩公卒于福州光泽里寓舍。五月甲午，其子儒奉公柩，槁葬于城东之凤邱。送者若干人，皆涕泣相吊。行道观者，莫不咨嗟，以为难得。既卒事，乃众相与谋曰："呜呼！惟公宿德重望，嘉善休烈，有不待言而彰纪而垂者，惟是假厝于兹，不可以弗识也！"则有众应曰："诺！"于是，公之门人新安郑桓述公行实，以来告郡人吴海，请书其墓石。按：公讳准，字公衡。先生居胜，金源时迁曲房，迨今八世为沛人。公生六岁始能言，七岁能行，沉重好学。年二十，登进士第，授承事郎、同知孟州事，擢河南儒学副提学，调儒林郎、德安府推官，选太常博士，拜监察御史，转奉训大夫、佥河南北道廉访司事，改奉直大夫、江西湖南道佥事，加中奉大夫、南康路总管，进中宪大夫、本道廉访副使升正使，授中奉大夫、江西行省参知政事，徙行台治书侍御史，进资善大夫、江浙行省左丞，又改福建廉访使、资政大夫，后为侍御史。公方为别驾时，州大饥疫，公出入赈救。所乘马至不忍食豆粟，或杂草以饲之，则并草不食，人谓感公化。冬时，蝇集州署。公令民广藏冰。明年大热，病者赖服冰以愈。在河南有陂田若干顷，为水所泛，守令因循不治。公行部至，敕有司率民障堤，岁收粟数千斛。壬辰春，蕲黄寇围江西，平章、道同出避，宪臣从之，独公与右丞万伯颜谋，遣郎中伯颜不花出战，而公抚慰居民，民大感励。相持五十四日，城赖以全。南康累经兵火，城内荒芜，公舟居以治，招民复业。归者既众，遂葺草屋为署。野豕残民禾，公吁于神，豕遂去不为害。戊戌岁四月，陈友谅攻破隆兴城，来见公。公疾，面壁卧不起。友谅曰："吾向为吏，已闻公名。"公不答。既去，使人致糗，公拒不受，然竟不敢加害。壬寅春，脱身入闽，朝廷嘉公，授公江西省参政。江西无治所，寓顺昌。公志在收复，扶疾以往。迨复为侍御史，以告老归。而是冬，城陷，公籍稿堂下，以丧礼自处。吏来，追公宣敕，公取枕以卧。厉刃向之，曰："此吾所受于君者，必欲取之，并取吾首去！"吏不敢迫。迨新制变冠服，由是著帽终日，未尝去首。园瓜有苦者，辄取尝之。及病甚，遂不服药以终，年七十有三。配李氏，继丁氏，累赠南阳郡夫人。三子：洛安、燕安俱早卒，为后者儒也。公考讳彧，累赠中奉大夫、河南北等处行中书省参知政事，护军，南阳郡公。祖讳润，累赠嘉议大夫，佥书江浙等处行枢密院事，上轻车都尉，南阳郡侯。妣王氏，祖妣朱氏，皆累赠南阳郡夫人，以公显。公性俭素，平居泊如，常端坐，寡言笑。然对宾客朋友谈论，亹亹不倦。常读小学书，至老莱子诈跌仆地，曰："设有所损，岂不反贻忧乎？"其端如此。为文章简古，不事华藻，有《小学书阙疑》《水利通编》藏于家。呜呼！士之处平世，贤不肖不能大相异，顾君子若不足，小人反若有余。及遇变故，然后君子之所守凝然不挠，而小人颠倒反易。凡平日所以夸众炫世者，悉丧气而不存矣。福城之陷，能蹈死守节者不三四人，其叛恩取宠者比比然。是若公，可谓纯臣矣！铭曰：行务实，不几以文昌。政为循，不几以名扬。气直以刚，文静有常。遭运之倾，其节益彰。有史有作，考予铭章。

明

李荣　元末为陆聚部将守徐，后与聚同归。明官徐州镇将，赐爵百户。从征中原，克沂州、济东，复从下河南，进爵千户。卒，子义嗣。

蔡楫　字汝济。洪武十五年，以孝廉拜福建道御史，复擢浙江按察司佥事。多惠政，解缙尝为之作《劲节轩记》。

吕宁　字安仁。洪武中，由国子生授户部主事，迁员外郎。尝荐郡人权谨于朝，世多其知人。

张斗　字紫垣，其先江西人。先祖泉，从元兵入关，所向克捷，不妄戮一人，以怀远将军驻防除沛间，因家于沛。斗为泉十一世孙，万历丙子举人，登丙戌进士。初授浙江江山县知县，有惠政。后以丁艰起复，改授山东茌平县知县。下车首问民疾苦，皆以藩王替僧虐害不堪，对公按法诛之，获谴甚急，因弃官归。茌民思之，作去思碑，崇祀名宦。天启初，以同官交荐，特授刑部主事，历除南京清吏司郎中。子道生，以荫官京师，亦以清节著于时。

周冕　正统中，由孝廉荐辟，仕至布政司参政。洁己爱民，不阿权贵，著有《政体备要录》行世。

王守道　字易斋。为人诚笃，不苟取与。以岁贡授禹城训导，惓惓以身体力行教人。诸生有以礼馈者，辞弗受。又时捐俸，以恤诸生贫者。未几，迁庐江教谕，躬先范士，如在禹城。及迁常德教授，不就，遂归里，闭门却执，人罕识其面。及卒，禹城、庐江皆祀诸名宦祠。有子嘉宾，字汝观，亦以恩贡任萧山县丞，尝摄县事，屡兴水利，民立碑颂德。

张贞观　字惟诚，别字惺宇。万历时登进士第，除山东益都知县。省徭役，振疲敝，抑豪右，决冤狱，民神明之。擢兵科给事中，出阅山西边务。五台奸人张守清，招亡命三千余人，擅开银矿，又缔姻潞城、新城二王。帝纳巡按御史言，敕守清解散徒党，谕二王绝姻。守清乞输课于官，开矿如故。贞观力争，乃已。前巡抚沈子木、李采菲，皆贪。子木夤缘为兵部侍郎，贞观并追劾之。子木坐贬，采菲夺职。还，进工科右给事中。泗州淮水大溢，几啮祖陵。贞观往视，定分黄导淮之策。再迁礼科都给事中。三王并封制下，贞观率同列力争。沈王珵尧由郡王进封，其诸弟止应为将军，珵尧为营得郡王。贞观及礼部尚书罗万化守故事，极谏不纳。时郊庙祭享，率遣官代行，贞观力请帝亲祀。俄秋享，复将遣官。贞观再谏，不报。明年正月，有诏皇长子出阁讲读，而兵部请护卫、工部奏仪仗、礼部进仪注，皆留中。又止预告奉先殿，朝谒两宫，他礼皆废。于是贞观等上疏极谏，忤旨，除贞观名。中外交荐，卒不起。服青衣，步出都门，怡然以老，著有《野心堂诗》。祀名宦、乡贤，天启中赠太常少卿。《明史》本传暨旧志。

马之驯　字伯良，宁海主簿允让子也。性强介鲠直，一毫不苟取。以选贡授黄梅县丞，携一僮自随，日月所需，泊如也。尝摄县事，政尚清简。时邑数被水，之驯勤抚字，缓催科。因坐公事免，梅人为立去思碑。

蔡俸　号竹溪，侍御楫孙也。性质直，不与人竞。以诸生入太学，授建宁主簿。适倭寇海上，当道征蛮兵剿之。后兵归，遍掠郡邑。道出建宁，俸饷以酒肉，慰遣之，邑赖不扰。后迁乐清县丞，邑有能仁寺，寺僧屡苛其塘洋，佃户许昭等遂煽变，遽以叛闻。上令捕之急，俸揭示许其自新，昭等遂自缚诣官。因杖配奸僧，而活塘洋数千人。邑人祠之。有子桂，字春宇，由孝廉历任户部云南司郎中，多善政，以廉干称。及谢政归，与都人士为文酒会，怡然自得。次子楠，亦由选贡任山西绛州同知，有惠政。后去官，民思之，绘《卧辙图》。

王克明　景泰六年任湖广巡检。时，秦襄毅公纮以御史谪沅陵丞，适同候上官。秦意不怿，克明劝之曰："公但始终一节，处顺以待，无以官职为意。"秦自是怿然。

国朝

王者都　字敬止。顺治中，由拔贡为西宁卫通判。以才迁肇庆府同知，移大名。康熙九年，升泉州知府。时郑氏据台湾，海氛浸炽，水陆皆屯重兵，与民杂处者。都调剂得宜，上下悦服。稍闲，则率民垦荒芜、兴学校。以疾卒于官，人甚惜之。

孟承绪　字嗣兴，由廪贡生任保定同知，民戴其德。综铜政，监修战舰，以廉干著声。

王可继　字文绪，以诸生入太学，循例授山东博平丞。建闸修堤，事皆办。署东昌通判，擢霸州州判。所至，军民戴之。

郭裕　字贞如，官成都通判，累擢河东盐运使。兴利除弊，多善政。

郭宪仪　字时羽，诸生。官涪州知州，不苟取与。廉俸不足，则取给于家。涪人戴之。

朱达 字素斋，太学生。以军功授清河县丞，理河务，著有成绩。升桃源知县，旋引疾归。年九十一。

蔡见龙 官清河知县，致政归。邑里利弊，陈于当道，多所兴除。

朱尊球 字筠圃，附贡生。遵例捐授户部主事，升广东司郎中。乾隆甲辰，圣驾南巡，钦差头队护驾官，沿途丝毫不取。民间疾苦，必虚心访问，代为上闻。议叙广东即用道。晚年告归，清风两袖。年八十卒。

朱衣点 字梯云，千秋集人。性颖异，十岁善属文，学无所不究。由拔贡考选州同，历任云南昆明县丞，呈贡知县，兼镇雄州知州，推升大理寺左丞。所至，存心爱民。凡事有益于百姓者，必尽力为之，一时民咸被其泽。

朱尊霖 字雨田，衣点子。由国学考取方略馆誊录，议叙两淮盐大使，调两广盐场大使。卓异，升番禺知县。平生负性慷爽，不避权贵，所至皆卓著政声。

朱锡均 字芷湘，尊霖子。以拔贡生朝考一等，历官江西德安、湖口、安远、南丰、新城知县，升饶州府同知，行取大理寺评事，所至皆有政声。为人口吃，而听断精明，有神君之目。其任南丰时，建义仓，修书院，惩蠹役，抑豪横，民至今颂之。书法颜鲁公，劲健圆足，一时罕匹。

朱瀚 字浤波，附贡生。援例捐授通政司经历，升通政司知事。官司喉舌，政裁弊窦。晚以终养告归。家居，布衣不饰。卒年七十五。

李长庆 乾隆时人，以监生仕至湖北武昌正卫守备。洞悉漕河诸水利，著有《治漕左券》一卷，言诸利弊，为时流推重。夏镇部城大仓，为沛萧丰砀兑米之所，船役踢斛淋尖，吏胥收一索十，大为民病。长庆为言当道，力剔积弊，民称颂之。子二：长承恩，任浙江乌程知县；次逢恩，任金坛教谕。皆有政绩。

赵敬修 字惺圃，沛人。以举人大挑一等分发山西，历署河曲、怀仁知县，补蒲县，所至称治。以艰归，服阕，选安徽祁门知县。祁俗泥于风水之说，率以坟墓涉讼。又多停柩不葬，山谷间厝屋累累相望，日久辄为野火所焚。敬修严禁之，又以理反覆譬谕，俗为之变。调霍邱，县民姜墨诉其父某为李甲所杀，讯甲无杀人迹，而墨词闪烁。先是，墨为某妻前夫子，归某后，生二子，某由是憎墨。墨又尝诱某妾，恐某知，遂以斧斫其脑裂死。敬修廉得其情，而凶器匿不出。乃引某二幼子，询其家刀斧、椹杵若干件验视，独少斧。墨于是始承杀人状，出斧，血痕犹渍，与伤格不差累黍。因释李而置姜于法，时称神明。

朱浣 字澡庵，增贡生。遵例捐知府衔，分发直隶，授顺天府同知。在任五年，有政声。任满后，以终养告归。

行谊

汉

姜肱 字伯淮，彭城广戚人也。今沛县地。与二弟仲海、季江，俱以孝行著闻。其友爱天至，常共卧起。肱博通五经，兼明星纬，士之远来就学者三千余人。辟命，皆不就。二弟名声相次，亦不应征聘，时人慕之。肱尝与季江谒郡，夜于道遇盗，欲杀之。肱兄弟更相争死，贼遂两释焉，但掠夺衣资而已。既至郡中，肱终不言。盗闻而感悔，后乃就精庐求见，皆叩头，还所掠物，肱不受而遣之。后与徐穉等俱征，不至，桓帝乃使画工图其形。肱伏卧于幽暗，以被韬面，工竟不得见之。中常侍曹节等专执朝事，诛陈蕃、窦武，欲借宠贤德，以释众望，乃白征肱为太守。肱得诏，乃私告其友曰："吾以虚获实，遂藉声价。明明在上，犹当固其本志，况今政在阉竖，夫何为哉！"乃隐身遁命，远浮海滨。再以玄纁聘，诏书至门，灵帝诏曰：肱抗青云之志，养浩然之气，以朕德薄，未肯降志。昔许由不屈王道，为化夷齐，不挠周德，不亏有司，以礼优顺，勿失其意。肱使家人对曰："久病就医。"遂羸服间行，窜伏青州界中，卖卜给食，历年乃还。熹平二年终于家。弟子陈留刘操，追慕肱德，刊石颂之。《后汉书》本传。

晋

刘伶 字伯伦，沛国人也。身长六尺，容貌甚陋。放情肆志，常以细宇宙、齐万物为心。澹默少言，不妄交游。与阮籍、嵇康相遇，欣然神解，携手入林。初不以家产有无介意，常乘鹿车，携一壶酒，使人荷锸而随之，谓曰："死便埋我。"尝渴甚，求酒于其妻。妻捐酒毁器，涕泣谏曰："君酒太过，非摄生之道。"伶曰："善！吾不能自禁，惟当祝鬼神自誓耳。便可具酒肉。"妻从之。伶跪祝曰："天生刘伶，以酒为名。一饮一斛，五斗解酲。妇儿之言，慎不可听。"仍引酒御肉，隗然复醉。尝醉与俗人相忤，其人攘袂奋拳而往。伶徐曰："鸡肋不足以安尊拳！"其人笑而止。伶陶兀昏放，而机应不差。未尝厝意文翰，惟著《酒德颂》一篇。其辞曰："有大人先生，以天地为一朝，万期为须臾。日月为扃牖，八荒为庭衢。行无辙迹，居无室庐。幕天席地，纵意所如。止则操卮执觚，动则挈榼提壶。惟酒是务，焉知其余。有贵介公子，缙绅处士，闻吾风声，议其所以。乃奋袂攘襟，怒目切齿。陈说礼法，是非蜂起。先生于是方捧罂承槽，衔杯漱醪。"尝为建威参军。泰始初，对策，盛言无为之化。竟以寿终。按：乾隆旧志宫室门据《舆图备考》谓"沛县有刘伶宅"。乾隆《峄县志》书陵墓门"县东北有刘伶墓"，注谓："伶，沛人，去峄未百里。"伶为沛人，奚疑？

明

郭全 汉台里人，事母孝。母殁，竭力营葬事，躬负土成坟墓，庐墓三年。

龚谦 千秋里人，贫而能孝。父早没，事母曲尽子职。母卒，哀毁逾礼，结庐墓所，朝夕号泣。

赵安 泗亭里人。母早逝，事父尽孝。父殁，哀恸几绝。三年庐于墓侧。

赵清《明史·孝义传》作"蔡清"。贡生，父孜。年十七，曾割股疗亲疾。孜卒，妻卓氏守节，清事母最孝。母殁，庐墓三年。墓濒河，大水且至，清守死弗去，水竟不溢。庐旁有隙，鼠衔草塞之，墓侧槁瓜复荣秀，闻者异其事。卒祀乡贤。

杨冕 庠生，事母至孝。母殁，庐墓三年，哀痛弗辍。嘉靖中，有司奏请得旌表，仍赐冠带，复其家。

石璞 广戚里人，天性朴实，事亲孝。母殁，庐墓三年，俱衔哀饮泣。服阕，亲友往迎归，月余，病卒。

杨东莱 汉台里人，性至孝。年十四，母马氏疾笃，东莱刲股调羹以进，母食之愈。有司请于督学御史，令补邑庠生，月给米赡其母。

张奉 汉台里人。父与继母先后卒，庐墓不归。县令闻之，给以布粟。

李三阳 年十三，家贫，力食。母唐氏卒，负土为坟，庐居三年。有司上其事，当道下令旌之。三阳为人谨愿，晚年数举乡饮，人以为无愧云。

陈永 嘉靖末奉母避水他邑。母病危，永吁天，曰："永，羁旅人也。母万一不讳，棺殓且无资，愿减算以延母年。"母竟不死，未几归沛。母以天年终，永朝夕负土成坟，终丧，遂定居墓傍。日惟一饭，历三十年如一日。

张楫 性纯孝，事母尽孝。母卒，居丧毁瘠。及葬，庐墓三年。

刘永清 字练湖，以恩贡任青浦教授。逾年，意有所不屑，乃潜出城，脱衣冠挂留门郭上而去。诸弟子收所挂衣冠藏之，学宫崇德堂之楣间题曰"抗节挂冠"，又为之立碑，太史张以诚为之记。

龚伯堂 字四侗，以明经授江西南昌府训导。性耿介不苟，淡泊自适，读书以躬行为本。门下执经问难者，多所成就。

马珍 字文重，汉台里人。力耕致富，慷慨好义，邑人称之。王守仁《马文重墓志铭》：沛汉台里有马翁，身长而多智。涉书史，少喜谈兵，交四方之贤，指画山川道里，弛张阖辟，自谓功名可掉臂取。尝登芒砀山，左右眺望，吁嘻慷慨，时人莫测也。中年从县司辟为掾，已得选，忽不惬，复遂弃去。授登仕郎，归与家人力耕，致饶富，辄以散其族党乡邻。葬死恤孤，赈水旱，修桥梁，惟恐[有]阙。既老，乃益循饬。邑人望而尊之，以为大宾焉。年八十六，正德丙子四月三日，无疾而卒。长子思仁，时为鸿胪司仪署丞，勤而有礼，予既素爱之。至是，闻父丧，恸哭几绝。以状来请予铭，又哀而力，遂不辞。按翁状，名珍，字文重。父某，曾祖某，皆有隐德。子男若干人，女若干人，以年月日葬祖茔之侧。为之铭曰：丰沛之间，自昔多魁异材力。若汉之萧、曹，使不遇高祖，乘风云之会，固将终老其身于刀笔之间。世之怀奇不偶，无以自见于时，名湮没而不著，何可胜数。若翁，亦其人非耶？然考其迹，亦异矣。呜呼！骐骥之足，困于伏枥。连城之珍，或混瓦砾。不琢其章，于璧何伤？不驾以骧，奚损于良？呜呼马翁，兹焉允臧。

邵奇　千秋里人，诸生。正德时，岁饥，里中无赖子欲为窃而畏奇，相聚劫之。奇曰："我读书明大义，不能戢汝乱，安肯从汝为乱耶？"夜旋馈之米肉，奇不受，遂饿以死。

李绅　字缙绅，家世居沛。父道明，始入京师，隶锦衣卫籍。绅生而颖异，长能属文。登成化丙戌进士，授行人，数奉使天下，闻见益博。后荐擢至光禄少卿，旋以事降山西忻州知县。不欲往，三疏乞致仕。及得请，榜于座曰："五斗懒将双膝屈，三章乞得一身闲。"遂归沛，日以觞咏自娱，足不履城市，因号抱犊山人。卒年六十，大学士李东阳志墓。

张居厚　字崇者，增广生。甲申之变，挂冠服于明伦堂，痛哭而去。嗣后隐居教授，足不入城市，号衣衲野樵。卒年七十五。

甄鉴、周防、李卓、王原、蒋荣、张麟、马士云、黄成、龚成、黄智、卓旺、周成十二人，俱各出麦千余石，赈济饥民。正统五年，奉敕立坊，旌异其家。

阎尔梅　字用卿，号古古，阎家集人。族故大。曾祖勇，有隐德。祖文泉，邑诸生，勤学博闻，性峻洁，不苟取与。父景文，增生，沉默好学，动必以礼。家世治《毛诗》，数以经教授乡里。尔梅生有异秉，磊落负奇气，博学，工诗古文词，而性最孝。举崇祯庚午北榜，主试者称其文"旷逸跌宕，有吞吐四海之概"。丁父艰，丧葬一准古礼，庐墓三年。壬午，寇氛四起，尔梅练乡兵，亲教勾缩腾进之法。有巨猾刘元，拥贼数千围沛，尔梅率壮士歼其渠，贼遂溃。甲申之变，伪防御使武愫至沛，使使招尔梅。梅义不辱，贻书却之。愫览书大惭。未几贼溃，愫遁去。时史阁部驻师淮北，兴平伯高杰为许定国诱杀。梅因劝史公驰檄河南，慰抚其众。史公惧，不敢进，退保维扬。尔梅知必败，贻书径引去。复为刘泽清画战守策，不听，遁海上。则兴朝兵已渡淮矣。至是，事不可为。不得已，还沛，未久复去。及壬辰山东兵败，首事者辞连尔梅，执之。总督沈与同官商所以处[尔梅]。尔梅至，瞪目直上视，不拜。沈知不可屈，佯语之曰："而何为者，欲作文丞相乎？"尔梅旋步堂阶，高吟曰："天如存赵祀，谁可杀文山？"沈无语，遂檄兵拥之北去。未几，移下济南狱。不之禁，任其出入，因得归沛。遂放游晋豫秦蜀，历览九塞，复从汉沔东下，取次西江以归，盖去沛已十八年矣。是时，山东狱平，爰循吴淮，复归沛，结庐先人垅旁，杜门不与世事，日以著书为乐，因号白耷山人，著有诗文集行世。子二，长炅，次煛，皆有隽才，能世其业。炅早逝，煛尤奇伟，年十六，徒走京师，上书讼父冤。及得白，遂归。奉亲曲尽色养，终身不应科举，族党咸称其孝。

马允让 任浙江宁海主簿。允让师崔仕申，尝密寄银八十两允让所。未几，崔廷试，卒于京。允让随以原银还崔妇，封识宛然。

国朝

郝铉 字黄臣，顺治庚子举人。性孝友，嗜学励品，为士林所重。亲殁，弟稍不给，悉以己产予之。沛官地税最重，民受其累，铉力请减之。岁饥，乡人贷至千金，除日取券焚之，曰："吾减己济人，安望偿乎?"子二，质瑜早亡，质瑭亦能承父志。

郭祺 字吉如，性敦朴，好施济。康熙癸未春，大饥，祺煮糜食饿者，多所存活。夏减粜，冬复施绵衣。庚寅又饥，捐赈谷五百石。自是，置义渡、修桥梁，靡不捐资以倡。邑文庙久圮，祺欲新之，未几病卒，惟以修学、拯饥之事嘱其子遵仪、尚仪，子一一能遵之，人以为克承父志云。

魏天正 字介石，家素封，慷慨好施予。康熙四十八年，邑大饥，天正出资千余金助赈，全活无数，屡为大府所旌。又尝恤贫交、助婚丧，里人尤德之。弟天质，字介文，官翰林典簿。时有胡某，以典簿候选，闻天质欲归，馈八百金为贶，速其行。天质坚却之，即日解组出都。雍正丁未，捐谷三百石赈饥。又尝有储粮千石在村舍，佃人尽啖之，置不问。是年大水，溃邑郭，民失所者，天质以己宅居之。有子准，任卫辉通判，亦廉谨好义，无忝厥父。

王嘉重 太学生。兄嘉训，弟嘉猷，皆力修任恤，而家不甚富。壬寅春，山左大饥，流民集境内，并土著贫民，无以存活。嘉重出粟千石，计口赈之。粟尽，来者益众，至万余。乃鬻田宅，籴谷以给，日尽四百余金。流者尚不能归，重等复倾家继之。比饥者去，遂大窘。兄弟相对怡然，略无怨悔。雍正元年，举孝廉方正，已详请矣，嘉重亟以疾辞。子玉玑、玉璐、玉衡，亦顺亲力善，乡人称之。

蔡尧弼 日知子，庠生。天性孝友，爱幼弟尤笃。弟殁，抚其孤成立，邑人贤之。

蔡锡范 尧弼子，贡生。事继母以孝闻。母殁，居丧婴疾，尤朝夕号恸，三年不见齿，邑人称其孝。子亮采，字载熙，庠生，慷慨好义，果敢有为。里中大祲大役，皆力任，不避险难，尤为学校推重。

马夔龙 字云卿，庠生。母善病，因习岐黄术，卒为调摄益寿。乡里以病求疗者，应之，多奇验，不受馈。性至孝，居丧，毁瘠泣血，不见齿。好读书，明大义，淡泊自如，尤乐与人为善。

刘美昌 武庠生。事母至孝,母年八十不能食,命妻乳哺之。

张我愚 增生。事母以孝,称品端方,力学尤著,士林之望。

徐登龙 性纯孝。幼丧父,哀毁尽礼,事母无间晨昏。长好施予,修桥济涉,助人婚丧,善事尤多。

郭鸿仪 字六羽,纯孝性成。亲疾笃,侍汤药,衣不解带,日夜哀吁,愿以身代。亲殁,毁瘠呕血死。

张依义 字履宜,乾隆时人,性最孝。幼失恃,继母性严厉,时加鞭挞。依义仍尽孝养,未尝离膝下。未几父殁,复率其妻敬事孀母,视寝问膳,未尝稍懈。年逾五旬,每值母怒,犹跪终日,非亲族婉说,不敢起,退亦无怨怼。母年八十余而殁,丧葬一准古礼,至今人犹称之。

王廷光 字献华,庠生,贾家阁人,居乡以仁让称。当捻逆初起,即劝民筑圩,以保身家。经理区画,无不毕备,人赖以安。

阎若愚 庠生。性情高淡,不慕荣利,品行足范乡里。

胡朝阳 监生。性仁厚,仗义轻财。亲邻贫乏者有求,无不应。又有监生袁梦笔,为人端正,亦以救灾怜贫,重于一乡。

张文纯 字敬止,岁贡生。穷经博学,教授四方。晚年家居授徒,启迪后学,一时及门者成就甚众。又有增生王廷烈,亦以穷经讲学,教授乡里。

阎维祄 字又伯,太学生。性纯笃,好学,敦品谊,乡里称之。寿八十八卒,因子合增,诰封武德骑尉。

赵一琴 字韵清,岁贡生。好学能诗,教授乡里,喜汲引后进。又有庠生崔任,亦家贫授徒,事亲孝,于兄弟尤加友爱,晚年以善教称于乡。

孟兴禹 字惜光,监生。家素饶,性轻财,好施予。岁歉,里人乞贷者各如其意以去。皖匪之乱,倡筑人和寨,以卫乡里,独捐赀数千金。寨成,远近咸得所庇,至今人尤称之。

孟传晖 字照临,廪生。性孝友,好学不倦。咸丰初,河决,奉母避水他邑。虽流离之际,未尝废学,亦能曲尽孝养。水退,旋沛,以能文教授乡里,一时知名士,多出其门。

孟继廪 字洁庵,附贡生。性公正廉明,善为乡里排解。皖匪之乱,与文生魏荣衢同筑人和寨,固众志,安反侧,一时称为民望。

李庭柱 性孝友,敦行笃实,尤好施予。家有余财,必分给诸亲邻。

范广运 范家庄人,性孝友,乐善好施。有弟早卒,抚侄逾己子。咸丰间,效力河工,所得银辄散给亲邻,或助棺、施衣食诸善举,无不尽力为之。一日,过砀城东立河集,有丰邑避水者李姓,欲卖妻以养亲,其妻号泣终夜。广运闻之,询知其故，因助钱数千。

甄嘉润　字德昭，太学生。幼失恃，事继母以孝闻。赋性平和，尝为亲族排解。后以河决，忧劳致疾，卒。又有从九嘉泮，早岁嗜学，常抱高逸之志，终其身不慕荣利，卒年八十。

朱宗逵　居杜桥。父敬溪，为捻逆所执，宗逵闻而奔救，绐贼以知藏金所，贼因释其父。后索金不得，遂被害，祀昭忠词。又有於启乐、於继亭，皆以救父为贼所杀。

姬正品　居姬庄。贼至，奉母入寨中，途为贼所执。正品泣诉："母老，愿杀己以代！"贼遂释其母，而正品遇害。又有於启英，亦以救母为贼所杀。

王召南　父云汉，咸丰间为捻匪陈大剁、二剁所杀。是年，贼又至，召南聚乡里少年数十人，乘夜潜入贼队，杀大剁等，以报父仇。

郭禧　字祉如，贡生。母病痿十八年，侍汤药无稍懈。岁歉，尝减价以粜。又修学宫及飞云桥，筑邑南堤，人尤称之。

张之典　字元式。少孤，事母至孝。长为诸生，以能文名。邑人有延之授徒者，数日辄辞归，不忍一日离母侧。学使者将举以孝行，之典固辞，乃止。晚为东流训导，以礼让为先，诸生化之。告归，年八十卒。旧志。《张广文传》：张广文，讳之典，字元式，别号肃斋。先世自元时居沛，邑称旧族，必曰"晓鸣寺张氏"云。广文天性真挚，少孤，事母以孝闻。年十九，补博士弟子，试辄高等。家故饶，不假教授为生。或重其文行，强延之居。才数日，如违定省数年者，意忽忽如有失。中夜起行，彷徨不寐。明旦即辞去，依依膝下，终不肯复至塾中。主人不能强，而广文之孝益有声。会督学使者试淮徐，佥议以孝行举。议既上，广文闻之，则惶恐谢不敢当。当事者益重之，然重违其意，不果题。初，邑中每岁签里长任事者，辄至破家。邑某例不应役，邑大夫欲脱之，顾尝重广文，欲得广文一言乃免。某承旨怀金为寿，广文为言，得释矣。越日，携酒诣谢。广文与饮，尽欢。某挈榼归，则原金在焉。某惊且感，为传颂于邑中，而广文则自讳曰"无之"。年逾七旬，训导东流，教士以礼让为先。诸生化之，无争讦者。在任三年，以老告归。举乡饮大宾，卒年八十三。子其猷，孙某，皆名诸生。

孟钦　邑庠生，积学敦品。居乡里，排难解纷，不遗余力，士林重之。

卢雄　字文表，诸生，兵备道宋延课其子。有人犯重罪，以百金馈雄，求为一言，雄峻拒之。后以贡任崇仁训导，历上饶、兴化教谕，廉谨为时所重。卒祀乡贤。

张之俊　字秀实。端方诚悫，人称长者。喜推解，凡欲求于己者，咸欲竭力快其念而去。又尝两还遗金，人尤重之。有子某，中康熙乙未武进士。

周士珠　字味元，育德子，诸生。性峻洁，足不履城市，片牍不入公门。接乡里子弟，极恭谨，言皆孝弟忠信。邻里有争忿，辄造庐求平。婚丧不能举者，垂橐相助。一乡推为祭酒。晚嗜诗，有《南村漫咏集》。

郝鑣　字石友。性孝友嗜学，不慕荣利。言行方严，有古人风。

郝质琈　庠生。年八十，好善乐施，乡里推重。

郝惟一　与兄惟精俱庠生，素相友爱，一饮食弗与，俱意不适也。学使录科，一见录，精被遗。一涕泣求以己名与兄易，学使感其谊，许之。精因得以贡，叙为训导；一即以诸生老。乡里义之。

郭登魁　字文轩。天性孝友，好义轻财。岁凶，出谷麦减价平粜，多所存活。

韩宏范　庠生，力学砥行，为邑人所重。前令方举乡饮介宾。

王禘　字子诚，父化霨。见《忠节传》。禘弱冠为诸生，勇于行善。人有以产售者，既予厚值，未几，复持产来。禘曰："君二产俱罄，何以为生？"恻然久之，再予值而却其产。吴逆之乱，役烦赋重，奸猾籍以为利。禘鸣于上台，弊政得除。

李时伟　邑庠生。尝鬻麦米梅集，买者误筹，倍偿其值，伟却还之，人称其廉。

张其宾　字渐逵，张家洼人。家素贫，不以艰苦废学。童时，试辄冠军。游庠后，尤究心性理。其启迪后学，皆先器识，后文艺。卒年八十四。

张大光　字耀庭。读书明大义，乐善好施，尤笃孝友。仲兄某，早逝，抚兄子如己子。时岁饥，尝出粟赡宗族。又尝捐赀平道路，倡筑堰坝以护田亩。乡人德之。

蒋观岳　处士，蒋家桥人。幼读书，性颖悟，事亲以孝闻，尤好施与。岁饥，尝出粟济贫乏。不继，又称贷以益之。族中有贫而缺养者，咸始终恤之。卒年八十五。

李茂春　庠生，杜家楼人，事亲孝。读书幼承庭训，长能本父所教。教其子，有义方，乡人咸矜式焉。且立品端正，勤于讲学，士之游其门者，尤多成就。

郝炽祥　字瑞庵，庠生。性孝友，轻财好施，济人之急，无吝色。年八十一岁卒，远近称为长者。

郝炽文　字耿光，增生。性宽和，恤难济灾。发逆北窜，首先筑圩，以卫邻里。有资粮窘迫者，必出粟赠之。卒年六十六。

朱祖俊　字见三，庠生。性孝友，与世无忤。里中子弟有趋浮华者，必谆谆戒之。年八十卒。

谭蓝田　字蕴辉。由增生捐内阁中书，性明敏果决。道光三十年修文庙，捐资数百千，身董其事。邻里有困乏者，助以资财，辄焚其券。咸丰十年，倡修圩砦，人多归之。卒年九十二，五世同堂。

胡大立　性至孝。同治六年冬，母病，医药罔效。大立默祷，乞以身代。一日，母思食牛肉，仓猝无可办，因割股肉奉之，病立愈。人以为孝思所感。

李蕴镳　字椿繁，性至孝，重义轻财。嘉庆二十二年，捐资倡修旧城内小石桥。邻里有困乏、婚丧不给者，辄倾囊助之，无德色。卒年八十二。

赵澄冰　字印壶，候选县丞。性沉毅，慷慨好施，笃于伦纪，博涉经史。咸丰二年，水患甫平，村左右滞柩累累，因于村南施义地，率佃人掩埋。遇赈所得粮，尽散给贫民，丝毫不自取。同治元年，捐资筑砦，以庇邻里。排难解纷，乡人赖之。卒年五十岁。

李嘉栗　字树周，监生。性慷慨，好施予。咸丰十年，倡筑旧城圩，不辞劳瘁，深得人心。同治四年，发逆围城，栗率乡兵死守十余昼夜，目不交睫，城赖以完。乡人至今称之。

张贵典　字敬之，附贡生。赋性刚方，取与不苟。闭户读书，不干预外事。晚年教授乡里，多所成就。著有《南轩堂诗草》。卒年六十岁。

张金彩　候补州同知，字华堂。同、光间，董办夏镇圩务，兴利防患，多所裨益。初，夏镇有过坝行在三孔桥，贻害商民。金彩力请各宪，革去积弊。至今勒石河干，商旅颂德。

朱祖昇　字平叔，候选州同。性孝友，才亦敏捷。幼因疾弃读，晚尝筑圩砦卫邻里。年登八秩，乡邻颂之。

李鸣岗　字仪堂，邑诸生。性孝友，恤姻族，乐善不倦。道光二十六年，邑令马公兴修文庙并书院，置同善堂，鸣岗皆首捐赀以成其事。咸丰间，盗贼充斥，复以办团筑砦，为里党所推重。

张文钠　字继舆，例贡生。咸丰九年，捻匪猖獗，沛民多被杀伤裹胁。文钠与弟文珊，同创圩砦。复有义士王献华等，同力襄办。砦成，邑内绅民咸依附焉。后有踵其成效，分筑各砦，咸推文钠为首功云。

王可立　字文卓，以岁贡为州佐。事寡母尽孝，尝为中表完婚，且三为置产。又尝买婢，闻已许聘，觅而还之，不索值。

韩文封　字秉益。性喜施予，凡助婚丧、还遗金、输医药诸多，躬行不倦，且不求人知。又有张云路，性孝友，亦尝让产于弟，乡里称之。

周思明　字维达，邑诸生。有廉操，动必以礼。以岁贡任河南固始县丞，人有夜馈以金者，辄峻拒之。少尝师事单柏庵，单既殁，岁时必躬拜其墓，存问其子孙，至老靡间。年八十三卒。

朱普恩　字子洋，贡生。性倜傥，读书期实用。同治间，皖匪扰乱乡里，普恩倡筑栖山寨，练卒御贼，人咸德之。

魏席珍 庠生。性孝友，乐善好施。诸兄不事生产业，时周其困乏。道光间，岁大饥，里中有乏食者，尝出粟按户分给。卒年八十八。后其孙江亭，应光绪乙酉选拔，人谓为善之报云。

孟毓训 字佩庭，贡生。力学敦品，乡邻钦重。家贫，课徒里中，成就后学尤多。

朱敬立 字翰章，庠生。品优学粹，邑人欲举孝廉方正，敬立固辞。兄弟间尤以友爱称。卒年八十。

叶干庠 名兰畦，字香圃，梅家村人，品学俱粹。少家贫，事母至孝，爱弟尤切。母卒，历叙其母七十七年实事，作《永怀记》一卷，以为开卷即如见母。现年八十有六，犹捧卷泪下如雨。可见孝本天性，情不自禁。邻里欲举其孝廉，遂力辞不肯。其孝友无双，有如此者。

谢景骞 字孝庵，增生。幼失怙恃，抚于祖母，长亦能尽孝。先是，祖某有志于学，未成，喜藏书。及景骞弱冠游庠，人以为能承祖志云。

吕良田 字腴阡，庠生。端谨老成，一乡钦其德。又增生蔡云翔，亦以严正敦品，重于一乡。二人年皆八十余而卒。

顾绍骞 字灵槎，岁贡生。涉世耿介不苟，读书以躬行为本。一时执经门下者，成就甚多。卒年六十五。

李振翰 字仲鹤，廪生，善书画。咸丰间，丰县令张志周延课其子。南寇陷丰，张殉节，仲鹤携张子逃之沛。寇退，复偕入丰，收其尸棺殓之。且扶柩抵徐，为之经纪其丧，备尽况瘁。得呕血，病归未，三月而卒。

韩介 岁贡生。性敦朴廉谨，笃于伦纪，士林重之。子永勋，亦应咸丰辛酉岁贡，邃于经史，以能文称。一时知名士，皆出其门。

胡玉佩 处士。少读书，端方慈良。家贫，课徒萧邑。有刘某者，因博而私卖其妻。妻知之，服毒誓死不去。玉佩闻而奔救，得不死。复以钱数缗，为赎其婚约。因喻刘以廉耻，劝使归正。刘果感悔。自是，夫妇相安如初。

魏荣衢 邑庠生，汉五里崔堤口人。性孝友，轻财好施，尤勇于义。咸丰壬子，河决，人皆走避，荣衢方丁母艰，独守柩弗去。后父殁，厝堤上。水浸堤，人趣其去，荣衢以舟为屋，朝夕守视。日久乏食，以豆糁杂草根啖之，终弗忍去。兄弟三人分产，荣衢仅取其半，以半归其兄，曰："吾一子，侄辈多，忍视吾有余，而兄不足耶？"咸丰七年，邑大饥，衢粮仅百余斗，择里中贫而无告贷者，计口分给之，全活甚众。十一年，捻匪扰乱，人多移家人和寨中。有恶少阴约贼来攻，举火以应。众知，不敢发。荣衢治酒食，召恶少，责以大义。诸恶果感悟，因谋待贼至而潜为擒之，一寨赖以安。至今人犹颂其德弗衰。

林廷选 佾生，事亲至孝。父病危，乞以身代，遂自经死。遗有《代父文》一篇。

王兰田 字心圃，庠生，刘家堤人。性长厚，好义疏财，遇人贫乏，辄思倾囊济之。一乡推重。

王树藩 可立子，家世耕读。事亲孝，好施予，尤急公义。每岁饥，尝煮粥食饿者。邑无芦课，一日河工急，上宪征之，合邑惶惧无以应。树藩力白大吏，且著为令。人尤德之。

赵汝一 字若夔，敬修长子。性纯孝，尤慷慨好施予。晚年居积致富，乡里每有义举，辄捐赀助成之。卒年五十六。弟汝棐，庠生，性亦沉静，不慕进取。每遇岁饥，尝出粟济族里，全活甚众，时论称之。年六十六卒。

阎克友 字胜云。喜读书，性最孝。居父母丧，一准古礼。生平耿介不苟，虽饔飧莫继，能忍饿，未尝妄干于人。卒年八十七。

刘运书 咸丰间捻匪窜扰，县令张因筑旧城圩，以庇居民，运书与李嘉栗、惠师箴各捐钱数百缗助成之。后筑辘轳湾圩，运书复捐二千余缗。时人重之。

忠　烈

汉

周苛 沛人。初从沛公为客。及为汉王，以苛为御史大夫。楚围荥阳急，汉王遁去，使苛守荥阳。楚破荥阳，欲令苛将，苛骂曰："若趣降汉王。不然，今为虏矣！"项羽怒烹苛。后论功，封苛子成为高景侯。见《汉书·周昌传》。晋陆机《功臣颂》：周苛慷慨，心若怀冰。形可以暴，志不可陵。贞轨既没，亮迹以升。帝酬尔庸，后嗣是膺。唐李观《周苛碑记》：昔天丧水德，未有受命者，而刘项之战方苦，残毒轧于生民。御史大夫周苛，世籍于沛。始，汉祖起而随焉。时，汉以新阨睢水之围，遽保荥阳。楚人四面攻之，内无完备，忧难持久。用将军纪信计而汉祖免，用周苛守后事以御外敌。敌知其危，并力荡摇。哀哀遗军，创痛如积。虽授之以利兵，束之以坚甲，而莫能起。非爱死也，力不堪也，故城覆于项氏。项氏毅然鹰瞬，爨大鼎于宇下。谓苛曰："请封三万户为上将军。军之政，自不谷而下及卒乘，皆听其所为。不从则烹，决无疑焉！"公怒色作，视羽而咳之曰："吾闻不善者善人之资，今天将锡汉，是用汝资之。不即倒戈请命，汝死无日矣。且秦政反道，歼灭六国，天人含怒，噍类不留。今汝之业不足侔秦，而罪侈于秦，曾不知天以阴骘兴丧与夺，而犹与汉争锋。且若战数胜，攻数克，非君能也。天厚其恶，恶厚将崩，何得长哉！"项氏恚公之不屈，而耻其诡己，怒如乳虎，指左右摔公于沸鼎。公奋身不顾，蹈鼎而卒。呜呼！糜躯冀于不朽，不朽在乎立节，立节在乎显主。主显节立，独苛有之。与夫由余授戈，弘演内肝，不殊也。初，苛杀魏豹，可谓无人薄我。及拒项氏，岂非临难不苟免邪？观感公之雄果，而史无传记，敢镂幽石，以承阙文。其辞曰：龙战未分，崩雷泄云。雷崩云泄，其下流血。荥阳攻急，介士涕泣。赤帝徘徊，惟公在哉。秉心慷慨，处死不改。沉沉积冤，千古奚言。纪公之烈，系史之阙。

魏讽　字子京，沛人。有才名，倾动邺都。钟繇辟之，以为西曹掾。曹操征汉中未反，讽潜结众，又与长乐卫尉陈祎谋袭邺。未及期，祎惧，以告操子丕。讽见杀，一时坐死者数十人，繇亦坐免。按：讽为人，他无所考，据《世语》云"有才，倾动钟繇"，殆亦非碌碌者。其谋袭邺，自是为汉讨贼，不幸未就而死，其志固可嘉也。史以谋反伏诛，党于曹氏，岂为定论？

晋

刘毅　字希乐，彭城沛人。少有大志，不修家人产业。仕为州从事，桓弘以为中兵参军属。桓玄篡位，毅与刘裕、何无忌等起义兵讨玄及其将。战于江乘、罗落桥、覆舟山，皆大破之。玄军奔散，乃逼帝及琅琊王西上。毅追及玄，战于峥嵘州，乘风纵火，尽锐争先，玄众大败，烧辎重夜走。及玄死，毅与诸将讨破桓振于江陵。乘舆反正，毅执玄党尽杀之。诏以毅为豫州刺史，以匡复功封南平郡开国公，进拜卫将军，开府仪同三司，改荆州刺史，加督交、广二州。刘裕以毅贰于己，率军攻之。毅众散，自缢死。兄迈，字伯群，少有才干，为殷仲堪中兵参军。桓玄之在江陵，甚豪横，曾于仲堪厅事前戏马，以槊拟仲堪。迈时在坐，谓玄曰："马槊有余，精理不足。"仲堪为之失色。后为竟陵太守，及毅与裕等同谋起义，迈将应之，事泄，为玄所杀。《晋书》本传。

南北朝

朱龄石　字伯儿。父绰，世为将，后归桓温，每战辄先登，复参桓冲车骑军事。龄石少好武事，不治崖检。武帝克京城，以为建武参军，从至江乘。将战，龄石言："世受桓氏恩，不忍以兵刃相向，乞在军后。"帝义而许之，以为镇军参军。迁武康令，县人姚系祖专为劫盗，郡县畏不能讨。龄石至县，伪为与亲厚，召为参军。系祖恃其强盛，乃出应召，龄石斩之，率吏人至其家，悉杀其兄弟徒党，由是一郡得清。后为徐州主簿，复为高祖参军。龄石有武干，又练吏职，帝甚亲委之。平卢循有功，为西阳太守。义熙九年，徙益州刺史，为元帅伐蜀。初，帝与龄石密谋进取，曰："刘敬宣往年出黄武，无功。贼谓今应从外水往，而料我出其不意，犹从内水来也。必重兵守涪城，以备内道。若向黄武，正堕其计。今以大众自外水取成都，疑兵出内水，此制敌之奇也。"而虑此声先驰，贼审虚实，别有函封付龄石，署曰："至白帝乃开。"诸军虽发，未知处分所由。至白帝发书，曰："众军悉从外水取成都，臧熹、朱林于中水取广汉，使羸弱乘高舰十余，由内水向黄武。"谯纵果备内水，使其大将谯道福以重兵戍涪城，遣其前将军侯辉、蜀郡太守谯诜等率众万余，屯彭模，夹水为城。龄石至彭模，诸将以贼水北城险阻众多，咸欲先攻其南城。龄石曰："不然。虽寇在北，今屠南城，不足以破北。若尽锐以攻北垒，南城不麾而自散也。"率刘钟、蒯恩等攻城，四面并登，斩侯辉、谯诜，仍回军以麾，南城即时散溃，诸营守以次土崩。谯纵奔于涪城，巴西人王志斩送。纵守将封府库，以待王师。纵及道福乃逃于獠中。巴西民杜瑶缚送之，斩于军门。以平蜀功，封龄石丰城县侯。武帝还彭城，以为相国右司马。后从桂阳公镇关中，还，遇敌被执，死于长安。子景符嗣。《南史·宋书》本传。

朱超石　龄石弟也，亦果锐，善骑乘。虽出自将家，兄弟并闲尺牍。初为桓谦参军，又参何无忌辅国右军事。徐道覆破无忌，得超石以为参军。至石头，超石说同舟人乘单舸走归高祖。高祖甚喜之，以为徐州主簿。超石迎桓谦身首，躬营殡葬。屡迁宁朔将军、沛郡太守。义熙十二年北伐，超石前锋入河，魏遣十万骑屯河北，常有数千骑缘河随大军进止。时军人缘河南岸，牵百丈，河流迅急，有漂渡北岸者，辄为敌所杀略。遣军裁过岸，便退走；军还，即复东来。高祖遣队主率七百人及车百乘，于河北岸上，去水百余步，为却月阵，两头抱河，车置七仗士。事毕，使竖一白旄。敌见数百人步牵车上，不解其意，未动。遣超石驰往赴之，并赍大弩百张，一车益二十人，设彭排于辕上。敌见营阵既立，乃进围营。超石先以软弓小箭射之，敌以众少兵弱，四面俱至。嗣又遣三万骑，内薄攻营。于是百弩俱发，又选善射者丛箭射之，敌众多，不能制。超石初行，别赍大鎚并千余张槊，乃断槊长三四尺，以锤锤之，一槊辄洞贯三四人，敌众不能当，一时奔溃。超石追之，复为敌所围，奋击尽日，杀敌兵千计，敌乃退走。大军进克蒲坂，以超石为河东太守，寻还。高祖自长安东归，超石常令人水道至彭城，除中书侍郎，封兴平县五等侯。关中扰乱，高祖遣超石慰劳河洛。始至蒲坂，值龄石自长安东走至曹公垒，超石济河就之，与龄石俱没，为赫连勃勃所杀，时年三十七。《南史·宋书》本传。

明

谢昇　字仲刚，洪武中贡生。建文初，任湖广道监察御史。壬午，靖难兵南下，昇练兵给饷，夙夜勤劳。城陷，不屈死。父旺，年七十四；子咬儿，十余岁，俱发金齿卫编伍。见《吾学》《遗忠录》。

李义　荣子也。见《勋绩传》。荣既老，诏以义嗣千户，累官仪真卫指挥佥事。永乐中，升都指挥佥事，守真州。旋以本官为四川都司，从黔国公征安南。至生厥江大安梅口，与贼大战，力竭而死。子敬，嗣其官，迁重庆卫同知。

徐实　素有胆略。嘉靖中，倭寇海上，朝议调山东、徐邳之众征之。实兄弟三人皆在选中。从大军自苏州出，与倭战，师溃。实兄弟角立不退，殊死战，多所杀伤。迄以无援，陷阵死。建安滕霁伤之，为作《哀征夫吟》。

陈应诏　欢城人。及居沛，与弟应祯俱入沛庠。天启二年夏，白莲妖贼陷夏镇，应诏率乡人击贼，斩数百级。及秋，贼大举复至，乡兵遂败，应诏兄弟皆死之。自贼陷夏镇以来，死事者百余人，知县林汝翥建义烈祠祀之。

王化霐　字吉士，庠生，能诗古文，尤精骑射。甲申岁，闯贼以泾阳武愫充淮徐防御使，闻化霐有技勇，征之不从，遂围其宅。霐谓家人曰："吾岂以诗书之身从贼哉？"乃自缢死。

侯颖　邑庠生，家于滕。白莲教陷滕，其族人从逆，欲逼使附己。颖知不免，先趣其妻女投缳，自杀，阖门俱死。

姜上桂　庠生。白莲教陷夏镇，桂与其父避乱村居，皆被执，骂贼不屈而死。

张凤　世居夏村，膂力过人。流贼之乱，斩木为寨，护居民其中，自持梃斗贼，击伤甚众。旋以无援退，登楼少息，贼射杀之。

国朝

周育德　字心安，冕四世孙，以例授户部员外郎。家居好善，尝输粟赈饥。值闻香寇掠境，被执，不屈死。

彭凤翙　字竹坡，官山东城武知县。咸丰二年，粤逆李开方北犯，陷城武，凤翙死之。事闻，赠知府，袭云骑尉，祀昭忠祠。

张沛霖　田家集人。咸丰十一年，贼犯夏镇圩。沛霖扼守北门，以炮击死十余贼。圩陷被执，骂贼不屈死。又有监生孙嘉猷、郭士琳、张善六及子宠诰、从九品李树本、儒童张恩诰、张鸿陵，俱同时遇贼不屈死。

叶荣柱　被贼虏至滕县丁家楼，踊身投水，贼刺杀之。

陈开疆　夏镇营记名外委。咸丰五年剿贼巢县，阵亡。

王立人　事母孝。咸丰六年三月，遇贼于吴家丛林，斗毙二贼，力竭而亡。

儒童张懋绪、布衣孔憨胆，及屠人刘廷耀　咸丰间贼陷夏镇，俱同时被执，不屈死。

张奎　为小贾于部城洪济门内。咸丰间，贼破夏镇圩，奎恨无计杀贼，乃遍置药于油酒中以毒贼。后贼麇至，奎知不免，因率妻女六人投井而死。

叶湘岷　字江峰，寄居滕邑王家楼。咸丰间，土匪突起，湘岷以火枪立毙二贼，后力不支，遇害。时，子崇信年十一岁，跪贼求贷，子亦同遇害。

廪生叶崇礼、叶崇仑　博学能诗文。咸丰间，贼陷夏镇圩，同时尽节。又有张赋仁，授徒来村，亦因南匪骤至，不及避被执，贼以火炙之，肌肤尽裂，投井而死。

郭毓梅　秉信子，贡生，毓荣弟也。咸丰间，捻匪破夏镇圩，毓梅携妻陈氏及一子二女，逃至天齐庙，闭门与妻及子女五人同缢死。

朱祖池　朱家集人。同治二年秋，发逆北窜，祖池率众御贼，力绌遇害。一时同殉难者，有朱祖诚、祖浚、朱敬舒、敬孟四人。

程纬　为杨庄练长。同治元年，贼窜杨庄闸，纬督练守御漕河西岸，力战而死。又兄程纯，亦同时遇难身殉。

吴从周　以武进士任苏州昆山县守备。发逆之乱，督兵守城，力战阵亡。

民人罗焕、罗树增、李大观、任衍稳、徐国香、高承羡、张殿魁、罗坤、欧阳起、高河浚、仇逢甲、於兆林、罗学汉、欧阳章、褚修尚、鲁迎道、仇逢进、刘尧、张振海、康振千、袁中庸、孟玉章、张传诰、刘佩、张凤池、蒋开泰、姜怀雅、伊长汉、王兆颜、常凤山、仇学增、宋淑标、张可太、杨夏、李广照、张效甲、李新义、任景山、马凤高、王臣、朱天信、周志毓、吕有昌、胡明臣、魏连城、冯兴吉、高鸿才、张寅、吕秉厚、刘宇、吴秉仲、王端松、张塝、蒋淑连、吕湘清、郭仓、谢汉元、程允修、王三曰、张凤鸣、郭士贵、姜志平、王金保、何中举、张先、乔凤来、朱锡占、张天顺、陈凤栖、李成江、赵瑞、赵连、张书辰、萧登元、左起元、王梦盘、王凤昌、朱凤林、刘斗、张荣清、朱书同、李万年、王心科、孙学全、毕星居、魏升堂、徐东山、陈仰赤、刘进才、孔继新、曹孔阳、杨心念、乔凤太、王成桂、李凤元、傅如和、陈建修、郭保林、守可大、刘连、李凤祥、李心坦、魏敬栻、刘得文、张集贤、刘秉振、薛廷弼、关兆秋、魏茂华、温展朋、翟尉一、刘凤来、孙一贯、刘玉基、高成、温连平、唐党、江朝英、陶见武、宁长仁、于克礼、王万春、唐信省、袁殿魁、张春溪、李有信、秦玉元、吕孟俊、张信泰、陈士勤、张二甲、左安山、范兴林、冯广田、唐守城、张永存、王永著、杜万春、安东刚、冯占朋、冯万福、张兰义、杨万珠、王希程、薛连梅、高广成、杨朝杰、张端冕、田汝仓、吕小山、孙苞如、姚福、丁云峰、房大兴、刘朝刚、刘兑、陶士谦、王仁、孙永迭、杜鹤、黄芳、刘革、江化仓、朱德明、张保安、金维、冯小山、张金铎、江朝班、杨其占、刘魁、魏存、张大官、薛隆兹、王兴业、刘淑曾、奚喜儿、魏良、杜大官、韩莅垣、徐濬、宁月明、常玉、魏美、孙科、张清纯、阎德颀、孙明桂、李大观、程成、常柱、刘学申、吴玉朴、张学增、吕新士、冯廉、杨春、汪中垣、王其修、张志、张汉、徐事、刘四、吴中和、张四同、张臧、刘留、李大观、刘安、高连贵、李永善、张广成、徐淑成、冯石、徐泗、张二襄、冯第、高小三、吴燕、王龄、陈国桢、江十三、冯小小、温存、牛兴、於兆坤、陈大，以上二百余人皆邑人同时死寇难者。江苏忠义局来访奏旌第六十七案。

文　学

汉

施雠　字长卿，沛人也。沛与砀相近，雠为童子，从砀田王孙受《易》。后雠徙长陵，田王孙为博士，复从卒业，与孟喜、梁丘贺并为门人。贺为少府，荐雠结发事师数十年，贺不能及，诏拜雠为博士。甘露中，与五经诸儒杂论同异于石渠阁。雠授张禹，禹授淮阳彭宣，由是施家有张、彭之学。同郡戴宾，亦受《易》于雠。《前汉书·儒林·施雠传》。

高相　沛人。治《易》，其学亦亡章句，专说阴阳灾异。自言出于丁将军，传至相，相授于康及兰陵毋将永。康以明《易》为郎，永至豫章都尉。由是《易》有高氏学。《前汉书·儒林·高相传》。

闻人通汉　字子方。后仓说《礼》数万言，号曰《后氏曲台记》，东海人孟卿受之，以授通汉。以太子舍人论石渠，至中山中尉。同郡庆普，字孝公，与戴德、戴圣亦同受《礼》于孟卿。由是《礼》有大戴、小戴、庆氏之学。普仕为东平太傅。见《汉书·孟卿传》。

蔡千秋　字少君，沛人。尝授《谷梁春秋》于鲁荣广，又事王孙皓星公，为学最笃。宣帝时为郎，召见，与《公羊》家并说。上善《谷梁》说，擢千秋为谏大夫给事中。后有过，左迁平陵令。复求能为《谷梁》者，莫及千秋。上愍其学且绝，乃以千秋为郎中户将，选郎十人从受。汝南尹更始翁君，本自是能千秋说矣。见《汉书·瑕丘江公传》。

邓彭祖　字子夏，沛人。五鹿充宗弟子，为真定太傅。同学于充宗者，平陵士孙张仲方、齐衡咸长宾，皆至显仕。由是有士孙、邓、衡之学。见《汉书·梁丘贺传》。

翟牧　字子兄，沛人。兰陵孟喜弟子，为博士，与同学白光齐名。由是有翟、孟、白之学。梁焦延寿，尝从孟喜学《易》，会喜死，京房以为延寿《易》即孟氏学，翟牧、白生不肯，皆曰非也。其笃信师说如是。见《汉书·孟喜传》。

戴崇　字子平，沛人，丞相张禹弟子。传施氏之学，官至九卿，有名于时。

唐林　字子高，沛人。师事长安许商长伯，商以四科号其门人，而以林为德行。王莽时，林为九卿，自表上师冢，大夫、博士、郎吏为许氏学者，各从其门人，会车数百辆，儒者荣之。见《汉书·周堪传》。

褚少孙　字佚，沛人。与东平唐长宾同事王式，问经数篇，式谢曰："闻之于师具是矣，自润色之。"不肯复授。少孙与长宾应博士选，诣博士，抠衣登堂，颂礼甚严。试诵说，有法，疑者丘盖不言。诸博士惊问何师，对曰“事王式。”于是共荐式为博士。见《汉书·王式传》。

庆普　字孝公。孝公为东平太傅。戴德号《大戴礼》，圣号《小戴礼》，普号《庆氏礼》，三家皆立博士。普授鲁夏侯敬，又授族子咸，为豫章太守。见《汉书·孟卿传》。

爰礼　沛人。孝平时，征礼等百余人，令说文学未央廷中，以礼为小学元士、黄门侍郎。

戴宾　沛人。陈留刘昆尝从宾受施氏《易》。见《汉书·刘昆传》。

北周

刘璠　字宝义，沛国沛人也。六世祖敏，以永嘉丧乱，徙居广陵。父臧，性方正，笃志好学，居家以孝闻，梁天监初，为著作郎。璠九岁而孤，居丧合礼。少好读书，兼善文笔。年十七，为上黄侯萧晔所器重。范阳张绾，梁之外戚，才高口辩，见推于世。以晔之懿贵，亦假借之。璠年少未仕，而负才使气，不为之屈。绾尝于新渝侯坐，因酒后诟京兆杜骞曰：“寒士不逊。”璠厉色曰：“此坐谁非寒士?”璠本意在绾，而晔以为属己，辞色不平。璠曰：“何王之门不可曳长裾也!”遂拂衣而去。晔辞谢之，乃止。后随晔在淮南，璠母在建康遘疾，璠弗之知。尝忽一日举身楚痛，寻而家信至，云其母病。璠即号泣戒道，绝而又苏。当身痛之辰，即母死之日也。居丧毁瘠，遂感风气。服阕后一年，犹杖而后起。及晔终于毗陵，故吏多分散，璠独奉晔丧还都，坟成乃退。梁简文时，在东宫遇晔素重，诸不送者皆被劾责，唯璠独被优赏。解褐王国常侍，非其好也。璠少慷慨，好功名，志欲立事边城，不乐随牒平进。会宜丰侯萧循出为北徐州刺史，即请为其轻车府主簿，兼记室参军，又领刑狱。循为梁州，除信武府记室参军，领南郑令。又板为中记室，补华阳太守。属侯景度江，梁室大乱，循以璠有才略，甚亲委之。时寇难繁兴，未有所定。璠乃喟然赋诗以见志，其末章曰：“随会平王室，夷吾匡霸功。虚薄无时用，徒然慕昔风。”循开府，置佐史，以璠为谘议参军，仍领记室。梁元帝承制，授树功将军、镇西府谘议参军。赐书曰：“邓禹文学，尚或执戈。葛洪书生，且云破贼。前修无远，属望良深。”梁元帝寻又以循绍鄱阳之封，且为雍州刺史，复以璠为循平北府司马。及武陵王纪称制于蜀，以璠为中书侍郎，屡遣召璠，使者八返，乃至蜀。又以为黄门侍郎。令长史刘孝胜深布腹心，使工画《陈平度河归汉图》以遗之。璠苦求还，中记室韦登私曰：“殿下忍而蓄憾，足下不留，将至大祸。脱使盗遮于葭萌，则卿殆矣。孰若共构大厦，使身名俱美哉!”璠正色曰：“卿欲缓颊于我耶?我与府侯，分义已定。岂以宠辱夷险，易其心乎?丈夫立志，当死生以之耳。殿下方布大义于天下，终不逞志于一人。”纪知必不为己用，乃厚其赠而遣之。临别，纪又解其佩刀赠璠，曰："想见物思人。"璠对曰："敢不奉扬威灵，克剪奸宄。"纪于是遣使就拜循为益州刺史，封随郡王，以璠为循府长史，加蜀郡太守。还至白马西，属达奚武军已至南郑，璠不得入城，遂降于武。太祖素闻其名，先诫武曰："勿使刘璠死也。"故武先令璠赴阙。璠至，太祖见之如旧，谓仆射申徽曰："刘璠佳士，古人何以过之！"徽曰："昔晋主灭吴，利在二陆。明公今平梁汉，得一刘璠也。"时南郑尚拒守未下，达奚武请屠之，太祖将许焉，唯令全璠一家而已。璠乃请之于朝，太祖怒而不许。璠泣而固请，移时不退。柳仲礼侍侧曰："此烈士也！"太祖曰："事人当如此。"遂许之。城竟获全，璠之力也。太祖既纳萧循之降，又许其反国。循至长安累月，未之遣也。璠因侍宴，太祖曰："我于古谁比？"对曰："常以公命世英主，汤、武莫逮。今日所见，曾齐桓、晋文之不若。"太祖曰："我不得比汤、武，望与伊、周为匹，何桓、文之不若乎？"对曰："齐桓存三亡国，晋文不失信于伐原。"语未终，太祖抚掌曰："我解尔意，欲激我耳。"于是即命遣循。循请与璠俱还，太祖不许。以璠为中外府记室，寻迁黄门侍郎、仪同三司。尝卧疾居家，对雪兴感，乃作《雪赋》以遂志云。其词曰："天地否闭，凝而成雪。应乎玄冬之辰，在于冱寒之节。苍云暮同，严风晓别。散乱徘徊，雰霏皎洁。违朝阳之暄煦，就凌阴之惨烈。若乃雪山峙于流沙之右，雪宫建于碣石之东。混二仪而并色，覆万有而皆空。埋没河山之上，笼罩寰宇之中。日驭潜于蒙汜，地险失于华嵩。既夺朱而成素，实矫异而为同。始飘飖而稍落，遂纷糅而无穷。萦回兮琐散，皛皓兮溟濛。绥绥兮飒飒，瀌瀌兮沨沨。因高兮累仞，藉少兮成丰。晓分光而映净，夜合影而通胧。似北荒之明月，若西昆之阆风。尔乃凭集异区，遭随所适。遇物沦形，触途湮迹。何净秽之可分，岂高卑之能择。体不常消，质无定白。深谷夏凝，小山春积。偶仙宫而为绛，值河滨而成赤。广则弥纶而交四海，小则澌沥而缘间隙。浅则不过二寸，大则平地一尺。乃为五谷之精，实长众川之魄。大壑所以朝宗，洪波资其消释。家有赵王之璧，人聚汉帝之金。既藏牛而没马，又冰木而凋林。已堕白登之指，实怆黄竹之心。楚客埋魂于树里，汉使迁饥于海阴。毙云中之狡兽，落海上之惊禽。庚辰有七尺之厚，甲子有一丈之深。无复垂霙与云合，唯有变白作泥沉。本为白雪唱，翻作白头吟。吟曰：昔从天山来，忽与狂风阅。逆河阴而散漫，望衡阳而委绝。朝朝自消尽，夜夜空凝结。徒云雪之可赋，竟何赋之能雪。"初，萧循在汉中与萧纪笺及答国家书、移襄阳文，皆璠之辞也。世宗初，授内史中大夫，掌纶诰。寻封平阳县子，邑九百户。在职清白简亮，不合于时，左迁同和郡守。璠善于抚御，莅职未期，生羌降附者五百余家。天和三年卒，时年五十九。著《梁典》三十卷，有集二十卷，行于世。子祥嗣。

祥　字休征，幼而聪慧，占对俊辩，宾客见者皆号神童。事嫡母，以至孝闻。其伯父黄门郎璆，有名江左，在岭南闻而奇之，乃令名祥，字休征。后以字行于世。年十岁能属文，十二通五经。解褐梁宜丰侯主簿，迁记室参军。江陵平，随例入国。齐公宪以其善于词令，召为记室。府中书记，皆令掌之。寻授都督，封汉安县子，食邑七百户，转从事中郎。宪进爵为王，以休征为王友，俄除内史上士。高祖东征，休征陪侍帷幄。平齐露布，即休征之文也。迁长安令，频宰二县，颇获时誉。大象二年，卒于官，时年四十七。初，璠所撰《梁典》始就，未及刊定而卒。临终谓休征曰："能成我志，其此书乎！"休征治定缮写，勒成一家，行于世。

唐

刘轲　沛人，字希仁，慕孟轲为人，故以名焉。少为僧，止于豫章高安之果园。后复求黄老之术，隐于庐山。元和末进士第，洛州刺史。文宗朝，官弘文馆学士。文章与韩、柳齐名。《摭言》。白居易《荐刘轲书》：庐山自陶、谢洎十八贤以还，儒风绵绵，相续不绝。贞元初，有符载、杨衡辈隐焉，亦出为文人。今其读书属文，结草庐于岩谷间者一二十人，即其中秀出者，有彭城刘轲。开卷慕孟轲为人，秉笔慕杨雄、司马迁为文，著《翼孟》三卷、《豢龙子》十卷、杂文百余篇。圣人之旨，作者之风，虽未臻极，往往而得。予佐浔阳二年，轲每著文，辄来示予。予知轲志不息，异日必能跨符、杨，攀陶、谢。轲一旦尽赍所著书及所为文，访予告行，欲举进士。予方沦落江海，不足发轲事业，又羸病无心力，不能遍致书台省故人，因援纸引笔，写胸中事授轲曰：此为予谒集贤庾三十二补阙、翰林杜十四拾遗、金部元公、监察牛二侍御、秘省萧正字、蓝田杨主簿兄弟，彼七八君子，以予愚直，常信其言。苟于今不我欺，则子之道庶几光明矣！

金

邵世矩　字彦礼，沛人。父敏德，仕宋为开州司户。靖康末，兵革扰乱，世矩孤处乡里，食贫诵读。家无文籍，惟存《戴礼》一帙，治之，遂贯通焉。齐阜昌时，以廷试第一人，授承事郎、单州佥事。历仕金，至河中府推官、中靖大夫，遂致仕归。世矩天资端悫，居官廉直，以俭约自节，所在皆有治绩。不阿事上官，虽在常调，亦不苟进。守道恬淡，有古君子之遗风。訾栋《中靖大夫邵公墓志铭》：先生讳世矩，字彦礼。其先幽州人，至石晋之乱徙沛，因家焉。曾祖通奉，讳化。伯祖金紫，讳奎。伯父朝请，讳敏能。皆进士登第，俱累典大郡。父儒林，讳敏德，任开州司户。宋末兵革扰乱，家事索然，宗族解散。先生孤处乡中，多难剧贫，而无他念，惟务读诵，朝夕不辍。夜之膏油，县君时与。燃薪继晷，精勤不知寒暑。初则治诗，后无文籍，惟存《戴经》全帙，遂攻治焉。曾不数载，以至精通。迨废齐阜昌六年，初出应试，作兖州解元，省试第二人，廷试第一甲第一名登第，时年三十有六。敕授承事郎、单州佥判。次任皇统三年授禄州防判，次任冠氏县令，次任京兆府推官，次任朝城县令，末任河中府推官，逾岁而致仕，官至中靖大夫。先生性资端悫，居官廉直，秋毫无犯。自俭约为节，所在屡有治绩。虽州牧侯伯，亦不阿事，常不以进为念，所乐者诗书而已。故在常调，亦不苟进。年才六十有三，遽然告致而归。守道恬淡，真古君子所为。年六十有七，时丁亥岁八月三日，因病而逝。有男六人，长曰敦仁，与佑、僎、侯、佐、傅，女四人，孙二十一人。曾祖通奉，暨父儒林，皆先葬夏村西北狼石沟东岸。缘旧茔濒河，水涨浸近，大定三十八年岁次戊申二月六日，别葬先生于泗河之湾。始娶邓氏，病卒，再娶许氏，后娶王氏，皆封博陵县君，因附葬焉。学生訾栋，幼蒙教养，稔闻先生行状。诸子昆仲令栋作志，辞不获已，姑述大概，以应其命。为之铭曰：甘棠余庆，世生直臣。我公彬彬，博物洽闻。卓冠豪俊，内蕴经纶。进不屈志，退能保身。完名高节，耀乎缙绅。

明

马一化　字元升。其先淮安人。祖应乾，正德末避仇居沛。一化生而聪颖，十岁能属文，举嘉靖甲子乡试。父早亡，事寡母孝。隆庆四年，宁乡王友贤荐其行于朝，不获用。母没，居丧尽礼。卜筑东郊，课农教子，经年不履城市。卒年六十，所著有《知非集》《闻见录》。子出汧，字伯龙，别号元同。高才博学，诗文雅澹，不事险拗，别饶隽永之致。以岁贡授高邮训导，迁河南汤阴教谕。致仕归，读书自乐，所著有《夏阳志》《蒿园草》《珠湖集》。

单镛　字时鸣。幼随父宦游湖湘间，有文誉，见知于时。后归沛，补博士弟子。性敦厚，不言人过，时称长者。以岁贡任昌黎训导。既归，辟柏庵书院，以著述自娱，有《柏庵杂咏》《纪善录》等书。

符令仪　字敬吾，万历时诸生。为人沉静，寡言笑，文行重一时。邑中每有兴建，传记多出其手。县令罗士学修县志，聘仪督修，撰一纪、四表、八志、十传，附以杂志，凡二十五篇，时称其有良史才。

朱其阃　字伯宅，增生。明天启间，随祖仁寰宦游京师，尝奉东林君子教。既长，会文金山，名籍甚。性好山水，尝登九华，蜡屐所至，穷极幽险，篇什由是益富。

张扬　字仲芳，以明经贡于乡。旧例，所给贡生旗匾，应派里甲。扬辞不受，使里胥不得借名科敛，时人重之。生平博学，喜吟咏，著书甚多。邑人阎尔梅《张仲芳传》：吾邑张仲芳先生，卒于崇祯九年之八月，以十年之阳月归葬。其长子豸，次子龙，持年谱示余，欲立传以志不朽，且曰："先君在日，与子交最久，唯子知先君生平亦最深。他亲友中即有知之者，或艰于属辞，恐未能快述先君志也。则作传者，非子而谁？"予唯唯。盖自初春受简，及初冬既葬，始成予之为先生传若此。其敬慎焉，盖重之也。先生生平可传者甚多，然或有因其先太常之力以成事者，或阴为人德、多忌讳难于显言者，或事出纤琐、措之词章不雅驯者，或屡经学士家言之无庸覆说者，或学问别有得力而迹出奇幻、滋人疑诞者。凡若此，皆不可为先生传也。传先生者，当如太史公传管夷吾、晏婴，止载其友鲍叔、举越石父各一事；传廉颇、郦食其，不载议赦阏与及谋立六国后。盖君子立德立言，各具本末。苟得志于天下，则当传其小者，谓其大者人皆知之，小者人未必知之也；不得志于天下，则当传其大者，谓其小者人皆忽之，大者人皆不敢忽之也。若先生，可谓不得志于天下也，则请言其大者。吾乡旧以诸生之食饩者前三四人，为一庠冠冕，凡遇邑中大利大病，得与荐绅先达、里父老商确持衡，邑大夫雅宠礼之。若托公议阴以济其私干者，则众鄙夷焉。先生素自爱，凡私干概为拒绝。至大利大病，如水灾、驿马、夫役、柳草、钱谷、催科、湖田、加派，诸害及百姓者，先生知无不言，言无不尽。邑大夫信之，荐绅先达服之，里父老悦之，吏胥奸政者畏之。言之而效，则百姓蒙其惠；而不效，亦感其心。自任事以及宾兴，凡此六七年间，虽身居朝廷之上者，犹未免有任劳任怨之嫌，而先生独以诸生力行之不顾。然则先生之丰功盛业，又孰有大于此者乎？先生与予先君同时补邑诸生，试有司，辄居高等，邑诸生咸退舍避之。甲寅，先君入城授生徒，先生携其长子豸来从游，予始一识其人，后遂时时受先生教益。适先生次子龙与予季弟尔鼎连姻高氏，予复继聘先生之兄子，朋友师生之义，加以婚姻子女之好，历二十年余而素志不渝，所谓交最久而知之最深者，其在是也。然则作传，非予而谁耶？先生幼负异资，日熟数千言，博学治闻，老而不倦。六经史汉及关老孙吴诸杂书，并古乐府歌行、选体近体，无不毕览，往往发为诗文，悲放沉郁。今读其所著《缪幕歌》《蓼莪微思》《落落咏》《汇骚集》《吹骚集》《淮吟草》《秋风弃志》《范吁言马》《议防御略》《医先述》《辽阳叹》《终军行》等刻几百余卷，大都皆畏天悯人、孽子孤臣之感。而意之所存，则归于不得志于天下而借以发其愤。若曰以我学行我志，天下事谁复为我难者？而天顾一第靳我，使我终为资格域而不克竟其用也。呜呼，此屈原之所以作《离骚》也！

蔡日知　字虚白，郎中春宇四子也，举万历乙卯乡试。为人静而寡言，好诗酒。每宴集，人虽嚣而意殊温然。晚年绝意进取。所著有《治平议》及《敝帚集》。

王应桢　字兴之，岁贡生，任高邮训导。性放达好客，喜饮酒。诸生馈问，概谢却之。有以酒问字者，受之。在官以振士气为务，后以同官不协坐免。归，贫益甚，褐衣蔬食晏如也。年八十八卒。邑人阎尔梅《王广文墓志铭》：王广文者，沛汉台里人也。祖易斋先生，名守道，岁贡，历仕常德府教授。父谦所先生，名嘉宾，选贡，仕宁津县令。两地皆祠名宦。广文名应桢，字兴之，号德符。十八岁补邑博士弟子员，盖有明万历二十一年癸巳也。试高等，食饩久之，以岁贡仕高邮州训导，沛士人称王广文云。先是，易斋、谦所两世清节，宦游无腴产。广文轻财，又不喜营家人业，性放达好客，喜饮酒，贫不能给，鬻城中宅，徙居城南之秦村，其邱陇也。日与父老农夫坐桑柳浓阴下，命酒狂歌。醉辄睡，稍醒则又饮，倏醒倏睡，率以为常。邻舍灾火，广文拉门人丁生携杯斝往视。火正炽，草焰瓦音，流光迸散。广文大声叫绝，谓："此不愈于灯市题'火树银花'耶！"主人盛怒，出儿女谩诟之。广文曰："柳子厚贺王进士失火，今吾贺汝，亦欲汝异日成进士耳！何诟为？"众皆大笑。沛令李公逊庵月课，以酒肴劳诸士。诸士辞以醉，李公云："凡人真醉，必不自知，反酣呼索酒。今不尔，安言醉？"广文信其语，少刻，酣呼云："我不醉，当连酌我！"李公云："王君直率，不似诸君饰说！"即命巨觥连酌。广文苦不能支，众皆大笑。在高邮，厌腐儒礼，时时徒步湖干，上酒楼，开窗眺烟雨，淮南渔村山影，一览入目。兴发，则呼客持箫管，荡舟芙渠深处，取菏叶贮五加皮酒，效古人碧筒饮法。悲歌狂啸，四渚花香，湖外但闻笑语，声出菰芦间，竟不知何人也。诸生节赀常仪，概谢却。有以酒问字者，受之。有刁民讼诸生，斥逐之，曲为保全，士气大振。缘月课与同官不合，遂赋归来。归里后，贫益甚。亲知省候，则就其所携之酒共醉，壶尽而止。或假贷之，则受弗谢，未尝先向人言也。甲申后，绝迹城市，享年八十有八，终老秦村。广文博古，能歌行，喜杜工部、苏端明集。题句草堂云："诗宗老杜，文法大苏。"铭曰：郁彼香城，有蔚其云。山川之秀，产此榆枌。曰媪曰负，以善酿闻。亭长悲歌，继之伯伦。风流遗韵，爰及广文。筮仕郑虔之官，没与陶家为邻。吾将遣江州之白衣，酬乞食之征君。九原可作，夫复何云！

郝继隆　字允善，崇祯间拔贡。父宏谟，庠生，读书好义。有旧家子因偿官赋质其女，谟为赎之。继隆能继其志，砥行嗜学。甲申后，绝意仕进，以著述为乐。居乡，冠婚丧祭，一准古礼，里人式之。年九十卒。所著有《韵学一贯录》《医俗方书》及《式谷》等集行世。

朱一蛟　字腾寰，庠生。湛深经术，学期实用。因兄服官京邸，身督家务，未竟其学。晚年寓情诗酒，有隐君子之风焉。

国朝

阎圻　字堃掌，白夅山人孙。性孝友，聪明嗜学。康熙戊子举人，己丑联捷，入翰林，以编修修三朝国史。雍正元年，纂修《明史》。史成，称旨，授工科给事中。甲辰会试，同考官。复掌吏、礼、刑三科印务。后授通州坐粮厅，未履任，以病乞假归。越一年卒。弟封，字千秋，岁贡生，亦刻苦好学，性复雅淡，喜愠无形于色，时人重之。又有岁贡生阎阿锡，字在鲁；文源，字希邵；诸生焯贞、焜贞，皆以能文明于时。

金文泽　字汉章，康熙时岁贡。性不喜交游，日惟闭户读书，所著有《多识编》《韵学一贯》等书。

郝莲友　乾隆时诗人，与山阴童二树为布衣交，时相倡和。又有王定勋，字和庵，博学嗜古，亦与二树倡和无虚日，所著有《云笠诗钞》及《柘亭乐府》。

张柴也、刘孟邹二人　乾隆时名宿，人称"孟邹才子，柴也经生"。皆以岁贡终。

吕俶　字载南，乾隆乙酉拔贡。博学能文工诗，尤邃于程朱之学，所著有《学庸讲义》三卷。里人后学崔思九《吕文学传》：先生讳俶，字载南，号石樵，故沛北郗庙道口人也。应乾隆乙酉拔贡，尝携长子赴郡试。时龙口河决，室家沦没，逆徙于栖山东，家焉。先生为人，赋性澹远，不趋世路。应试外，足未尝入城市。读书以坚苦自励，尝秉笔著书，池墨方浓，而午餐适至。食毕，侍者曰："先生唇何多墨？"始悟而笑曰："余以为辣艽也，以饼濡而食之矣！"其专一如此。故贯通经术，练达史事。所著书有《学庸讲义》，诗有《清光集》。其脍炙人口者，如《咏雁字》云："影连塞北犹三折，秋到江南已八分。"《赠砀山徐烈女》云："悲深白日犹为女，死入黄泉未识君。"诗虽未梓，传诵颇多。其文稿散佚难收，惜矣！名场屡困，以教读终。及卒，贫无以葬，用门板三扇，外以甓垒，封柩室中。其尤奇者，三年开柩，尸犹未化，如枯木然。殆涵养功深，非阴阳之气所能败耶？抑古所谓"尸解仙去"者耶？

卜世昌　字和鸣，邑诸生，先贤裔也。性嗜学，至老不辍，著有《四书集义》二十卷。年九十三，两蒙恩赐粟帛。从曾孙端甫，字华旃，监生。道光三年，临雍大典，宗子世袭五经博士卜广运选举报部，随同衍圣公陪祀。礼成，恩赐入监肄业。

朱锡藩　字翰卿，嘉庆癸酉选拔。学问精博，工书诗，赋尤擅长。性高淡，晚年不与世通，著有《宝砚堂诗集》。弟锡黻，字梦严，岁贡生，性亦淡定，博通经史，一时知名士多出其门。卒年七十，著有《砚耕堂文稿》。

朱训典　字筠坡，岁贡，姜家庙人。幼颖异过人，读书务求实用。邃于经史，一时从游者甚众。晚年闭门却扫，专精于诗，著有《谦谷诗草》。前督学龚锡以额曰"鹿洞遗风"。年八十二，无疾卒。

张允杰　字铁园，岁贡生，张家庄人。博学工诗，著有《焚余草》。又贡生张士举、士烈，诗才敏捷，专写性灵。士举尤工骈体。又有贡生魏备五、庠生封宜方，皆以博学能诗，见称于时。又贡生郝桐、王庆时、王励谦、王钰、王钊，皆以能文教授乡里，一时游其门者甚众。

李明良　字庶康，千四里人，岁贡生。性慷慨好义，不事生产，为文能刊落浮艳，独写性灵，所成就后学尤多。著有《课幼草》行世。又拔贡吴云舒、岁贡云鹤兄弟，皆博学能文，见称于时。又有贡生叶湘管、叶崇嵋，诸生蔡兰馥，监生杨淇，俱邃于学，以五经教授乡里，及门皆端士。淇尤工诗。

阎凭　字心山，岁贡生，白耷山人后。笃志好学，雅善诗画，著有《古近体诗钞》一卷。

郝质玗　生平博极群书，尚考据，著有《博物类编》数卷。

赵培元　字春湖，诸生。平时究心经史，尤精于《易》。课徒引掖后进，居乡以仁让称。晚尤工诗，著有《易经集解》及《咏史》诸杂咏。

朱榖　字玉山，岁贡生。天资敏捷，幼以诗文名于时，著有《玉山堂诗集》。其兄鸣韶及坊，亦皆湛深经术，教授乡里，一时从游者甚众。

朱家都　字会之，增生。性嗜读，未得竟其志，专以诗书启后。子瑢琬，贡生。孙廷策，拔贡；廷襄，岁贡。皆以能文称。

朱之肱　字尔起，邑庠生。幼失怙，有志成立，苦读废寝食。性鲠直，事有关地方利弊，咸慷慨言之。尤笃友爱，待诸异母弟恩，而严加启迪。晚年酷嗜

《周易》，于《大全》《本义》《蒙引》诸书，无不研精奥蕴，著有《易训录》一卷。

吴锡琥　字绣轩，岁贡生。幼悟，强记过人。尝访萧寺，扪藓读古碣，归不遗一字。弱冠游庠，学使者奇其文，名大噪。门徒数百人，多成就以去。惟乡闱连蹇不遇，身所历多困苦，一皆寄之于诗。著有《流移集》。

朱延恩　字芝珊，道光己酉科拔贡。博学能诗，兼工书画，著有《破砚诗存》。

赵敦修　岁贡生，博学穷经，见称于时。长子汝翼，岁贡生，经学湛深，家居授徒，邑中知名士多出其门，著有《大学讲义》。次子汝器，廪生，读书亦期实用，复以书法噪名一时。

朱敬瑞　字节卿，同治癸亥补行辛酉拔贡。性沉静，寡言笑，博学兼工诗。时因南匪扰乱，绝意仕进。年四十余卒。著有《梅影山房诗文集》。

隐　逸

陶唐

许由　隐于沛泽。帝尧朝而谓之曰："日月出矣，而爝火不息，其于光也，不亦难乎？时雨降矣，而犹浸灌，其于泽也，不亦劳乎？夫子立而天下治，而我犹尸之。吾自视缺然，请致天下！"许由曰："子治天下，天下既已治矣，而我犹代子，吾将为名乎？名者，实之归也，吾将为实乎？鹪鹩巢于深林，不过一枝；偃鼠饮酒，不过满腹。归休乎君，予无所用天下！"遂之箕山之下，颍水之阳，耕而食。《庄子》。今沛、峄接壤处有许由泉，由之隐居，当在此处。按：许由系阳城槐里人，隐居沛泽，系属侨寓，非沛产也。

汉

范冉冉或作丹　字史云，陈留外黄人也。以狷急不肯从俗，常佩韦于朝。议者欲以为侍御史，因遁身逃命于梁、沛之间，徒行敝服，卖卜于市。遭党人禁锢，遂推鹿车，载妻子，捃拾自资。或寓息客庐，或依宿树荫，如此十余年，乃结草室而居焉。所止单陋，有时绝粒，穷居自若，言貌无改。《后汉书·范冉传》。

侨　寓

秦

吕公　单父人也。《相经》：名文，字叔中。善沛令，避仇，从之客，因家焉。沛中豪杰吏闻令有重客，皆往贺。萧何为主吏，主进，令诸大夫曰："进不满千钱，坐之堂下。”汉祖为亭长，素易诸吏，乃给为谒曰“贺钱万”，实不持一钱。谒入，吕公大惊，起迎之门。吕公者，好相人，见汉祖状貌，因重敬之，引入坐上坐。萧何曰：“刘季固多大言，少成事。”季因狎侮诸客，遂坐上坐，无所诎。酒阑，吕公因目固留季。竟酒，后。吕公曰：“臣相人多矣，无如季相，愿季自爱。臣有息女，愿为箕帚妾。”酒罢，吕媪怒曰：“公始尝奇此女，欲与贵人。沛令善公，求之不与，何自妄许与刘季？”吕公曰：“此非儿女子所知！”卒与汉祖。汉祖即汉王位，封吕公为临泗侯。汉四年，薨。高后称制，追尊为宣王。吕公二子，长曰泽，次曰释之。

汉

闵贡　字仲叔，太原人，世称节士。客居安邑，老病家贫，不能得肉，日买猪肝一片，屠者或不肯与。安邑令闻之，敕吏常给焉。贡怪而问之，叹曰：“闵仲叔岂以口腹累安邑耶？”遂去。客沛，以寿终。

三国

袁涣　字曜卿，陈郡扶乐人。昭烈之为豫州牧也，举涣茂才。涣来沛中，从昭烈。后避地江淮间，为吕布所获。布攻昭烈于沛，昭烈出走，布使涣作书骂辱昭烈。涣不可，布大怒，以兵胁之。涣颜色不变，笑而应之曰：“涣闻惟德可以辱人，不闻以骂。使彼固君子耶，且不辱将军之言；彼诚小人耶，将复将军之意。则辱在此，不在彼。且涣他日之事刘将军，犹今日之事将军也。如一旦去此，复骂将军，可乎？”布惭而止。

晋

孙惠　字德施，吴国富阳人。口讷好学，有才识，州辟不就。尝寓居萧、沛之间。

元

陈绎曾　字伯敷，湖州归安人，登进士。口吃而精敏，诸经注疏多能记诵。文词汪洋浩博，其气烨如，论者谓其与莆田陈旅相伯仲。官至国子助教，尝往来兖扬徐冀间，晚年遂家于沛。所著有《行文小谱》传于世。

明

甄实　字德辉，河间庆云人。由乡贡中洪武庚午经魁，历官汝宁、襄阳、湖州三府同知，擢太仆寺少卿。后出为湖广右布政使，转四川左布政使，益著勤能。往来过沛，爱其土俗，及致仕，遂家焉。其子孙世为沛人。

周天球　字公瑕，别号幼海，长洲人，有高行。工诗文，精楷篆。嘉靖之季，工部尚书朱衡开新河于夏村，聘天球主管记室，《新渠碑》其所书也。

李国祥　字休征，江西南昌人，博学能文。仕兖，罢官，贫不能归，寓居夏镇，日不能给。购其文者或予数金，得即散之。所著有《河工诸议》《松门山房集》行世。

孙盛　字君承，歙县人，随父贾夏镇。倜傥不矜小节，诗文洗陈言，趋于冲澹。督学熊公廷弼补博士弟子，所著有《不朽集》。

叶廷秀　字润山，山东濮州人。少游沛中，读书汲冢寺数年。性刚毅不苟，登进士，历官郎署。黄石斋以建言忤旨，救者获遣，廷秀慷慨论，列廷杖，削籍。甲申之难，南北纷纭，徐州兵借端扰害，城门昼闭。廷秀过沛，谕以大义，兵始戢。后以选郎被征，未至，迁佥都御史。归野，服道装，隐居沛地，日与衲子辈游处，非素交不知其为叶也。山东榆园巨寇欲假其名义以招诱愚民，踪迹而劫质之，竟不得其死。

汪伟　字叔度，别号长源。先世徽之休宁人，世居于沛。以江宁籍登进士，授浙江慈溪知县，擢翰林院检讨。闯贼围京师，伟怆愹累日不食。妻耿氏从容语曰："事苟不测，请从君共死。"城陷，伟与妻呼酒命酌，大书前人语于壁曰："志不可屈，身不可降。夫妻同死，节义成双。"为两缳于梁间，耿就左，伟就右，耿复曰："虽在颠沛之际，不可乱也。"乃易位相对共缢。后追谥文毅。

周昉　字彦华，徐州人，通天文阴阳之术。景泰时，以占候有功，历进五官、灵台。及卒，二子佐、儒，孙瀹，皆世其业，居于沛。弘、正间，犹参署《天官书》。

姜居安　丰人，世居沛沙河镇，以医名时。有达官过沙河，稚子病厥，延居安治之。姜诊毕，告达官曰："请毋惊，但得沙一斗，病即愈。"官如其指，布沙舟中，令儿卧其上。久之，手足能动。不数时，而病良已。官问故，姜曰："小儿纯阳，当春月而衣絮皆湖棉，过热，故得凉气而解。"时称神明。

陈名夏　字百史，溧阳人。崇祯初，来游于沛。贫甚，冬月犹衣绨绤。明经张扬知为奇士，舍于家。未几，南还，举癸酉乡试。明年，会试不第，仍留沛中。后登癸未会元。

国朝

商调韵　山西洪洞人。考授州佐，客于沛三十余年。端方好义，助一切善举，且倡捐筑护城堤，以障水患。尹大中丞给以"行谊可风"额。

江汉　句容人，为小贾于沛。父病，思鹿脯，汉力不能致，潜割股肉，脯而进之。时称其孝。

方 伎

汉

单飏　字武宣，山阳湖陆人，以孤特清苦自立。善明天官、算术，举孝廉，稍迁太史令、侍中。出为汉中太守，公事免。后拜尚书，卒于官。初，熹平末，黄龙见谯，光禄大夫桥玄问飏："此何祥也？"飏曰："其国当有王者兴。不及五十年，龙当复见，此其应也。"魏郡人殷登密记之。至建安二十五年，黄龙复见谯，其冬，魏受禅。《后汉书·方术传》。

三国

朱建平　沛人，以善相称。

明

鹿凤　邑人，幼习百家阴阳杂书，尤善法术，精祈祷。尝寓凤阳，岁旱，郡守访之，祷于坛，得大雨，由是知名。后沛每遇旱，延凤祷之辄应。

蔡炯　字文荣，楫季子，以医名于时，缙绅大夫多延之。

周溥　邑人，习医疗疾，多一服而愈。尝至京，适院官内人暴疾，医人数十辈不能治。延溥诊之，曰："伤暑。"时方冬月，院官怪而讯之。内人曰："昨骤寒，因启箧取七日所暴棉衣著之，遂病。"因使进药，果一服而愈。

孟思贤　字齐之，工绘事，尤精泥金人物。万历间，中使张洪尝以进呈，召见文华殿，命写御容，称旨，授锦衣卫千户。

陈表　邑诸生，善书，兼善画梅。同时有王选者，善画竹，得夏太常笔意。其后，太学生赵汉，画翎毛最著。时人为之语曰："陈表梅花王选竹，赵汉翎毛天下无。"汉尝为四川经历，华阳郡王慕其名，时新涂垩壁，延使画之。汉方被酒大醉，泼墨壁上，淋漓满地，王大恚。及醒，援毫点染，顷刻而神彩轩腾，飞走万状，王叹服。

国朝

徐佑实　乾隆时人，精于医，务济人急，不射利。叶天驷访之，谈论竟夕，曰："君可谓江北一人！"著有《临证指南》行世。

陈启善　太学生，幼业医。病者不能办药，则倾囊济之。邑令尝延至署中，诊脉外，无一语干渎。

程某　幼尝瘿疾，因废书业医，苦心研究方书四十余年，诊脉多奇中，时称神明。

孟兴平　字理斋，以针灸济人，尤精堪舆。一时造门而请者无远近，咸踵相接。然馈谢皆坚辞弗受,曰:“吾生平技止此,敢鬻技以肥己耶?”乡里推为长者。年八十九,卒。

孟传宝 字怀珍,廪生。精数学,尤善大六壬。尝有人袖一物使射覆,占曰:“外圆内方,文字中藏,上有污秽,磨之始彰。”出其物,果是粪土堆中拾得一钱。一时颂以为神。

朱鸣韶 字绍唐,贡生。湛深经术,晚年教授乡里,讲解精确。而六壬奇门,尤得其妙。

阎燾 阎家集人,白耷山人后。善丹青,名重一时。

时立山 字静含,增生,品优学邃。晚业医,精脉理,思以济世,不取利。乡人称之。

朱尊慓 字季常,庠生,性嗜学。因多疾,业岐黄,精脉理。终岁服药,寿逾七旬犹健。人谓其得导养之术。

朱霈恩 号澍堂,庠生。工书画,日以挥纸为乐,不与世交,故鲜有知者。又有王兰垞,工诗善书,终其身以幽闲自适,不求人知。又庠生赵履平、贡生张承瓒,俱以书法噪于一时。

贡生陈九仪、叶凤彩、王玉树 皆工书画。九仪、玉树尤能诗。

朱重光 字继照,隐居岚山阴,诗酒自娱。工绘事,尤精倪高士法。著有《汲村山人集》行世。

孟传仁 字淑元,庠生。少力学敦品,为乡里所称。晚业岐黄,专以济世为念,一时求疗者无贫富给以药,皆不取赀。即间有馈,谢亦坚辞弗受。年九十余,卒。

胡镛 字东序,少因亲疾,专业岐黄,精脉理,一时求疗者无不应手辄愈。然意存济人,不取分毫之利,人尤重之。

张楙斌 字郁文,诗人张吉裔孙也。闭户读书,不慕荣利。中年因母痼疾,广求方书,日夜精研,遂通五运六气及经脉秘诀,治诸奇症,应手辄效。又有张坤贞,亦家贫学富,肆力于古。晚年尤精岐黄,著有《脉理意解》一卷。

甄遇都 字愚合,庠生。性嗜学,善医理,尤精痘疹,著有《甄氏痘疹慈航》一书行世。

仙 释

春秋

琴高 沛人,居香城泗水中。以善鼓琴为康王舍人,行彭涓之术,浮游梁、砀间。二百余年后，入砀水中取龙子，乘赤鲤出入。

汉

刘政　沛人也。高才博物，学无不览，以为世之荣贵乃须臾耳，不如学道可得长生。乃绝进取之路，求养生之术。勤寻异闻，不远千里，苟有胜己，虽奴客必师事之。复治墨子《五行记》，兼服朱英丸，年百八十余岁，色如童子。能变化隐形，以一人分作百人，百人作千人，千人作万人。又能隐三军之众，使成一丛林木，亦能使成鸟兽。试取他人器物，易置其处，人不知觉。又能种五果，立使华实可食，坐致行厨，饭膳俱数百人。又能吹气为风，飞砂扬石。以手指屋宇、山陵、壶器，便欲毁坏；复指之，即还如故。又能化作美女之形，及作水火。又能一日之中行数千里，能嘘水兴云，奋手起雾，聚土成山，刺地成渊。能忽老忽少，乍大乍小，入水不沾，步行水上，召江海之中鱼鳖、蛟龙、鼋鼍，即皆登岸。又口吐五色之气，方广十里，直上连天。又能跃上，下去地数百丈。后去，不知所在。见《神仙传》。

晋

王元甫　沛人，学道于赤城霍山。服青精石饭，得吞日精丹景之法，内见五脏。穆帝永和九年正月望日，白日升举。为中岳真人。《明一统志》。

唐

李旺　沛人。少不羁，日与群小博。尝过城隍庙，见衲子坐神像下，旺悯之，遗以饼饵。衲与旺语合，遂得异术。寻筑所居室，得钱。因游市中，委钱于地。诸丐者洎小儿竞拾取之，罄其钱而后去。尝游金陵，过逆旅求宿，主人不纳，旺即趺坐门外。会夜大雪，主人以为不耐寒，死矣。早启门视之，旺所卧处，三尺内无片雪，始异而留之，旺谢去。后死于家，已棺敛矣，翌日有人见之丰县某地，众以为尸解云。《江南通志》。

寿　典

国朝

魏一士　庠生，性端正，喜急人难。年九十八岁，五世同堂。

张大昂　庠生，年九十四岁，五世同堂。

燕粹轩　年九十岁，五世同堂。

张国聘　字任卿，性长厚，乐施予。年八十九岁，五世同堂。

——以上系五世同居者。

席之德　年一百一十四岁。

朱钦南　年百有五岁。

封文光　年百有五岁。

甄嘉猷　年百有三岁。

朱训依　年百有二岁。

刘震　蔡家集人,年百有二岁。

高师孔　来家庙人,年百有二岁。

张惠普　年九十九岁。

——以上系已故者。

叶兰畦　庠生,性笃厚,喜成就后学。年八十五岁。

魏宪忠　厚诚笃,与物无忤。年八十七岁。

李景颜　监生,居乡朴实,排难解纷。年八十余岁。

蔡赓谦　贡生,博学能文,雅善乡里。年八十六岁。

赵大典　品行端方,尤善排解。年八十六岁。

朱延价　附贡生,性和平,居乡善排解。年八十五岁。

李兆修　庠生,力学敦品,性好施予。年八十三岁。

封宜澳　性笃诚,急公好义。年七十五岁。

——以上系现存者。

附载《人物搜古表》见府志

周

刘清　汉高之曾祖。《路史·后纪》。

刘仁　汉高之祖。《路史·后纪》。

刘煓　字执嘉,汉高之父。《路史·后纪》。

前汉

刘缠　即项伯。《史记·功臣侯表》。

项襄赐姓刘,以大谒者击布,封桃侯。《史记·功臣侯表》。

刘舍　襄子,景帝为丞相,嗣封,谥哀侯。《史记·张丞相列传》。

刘申　舍子,建元元年嗣封,谥厉侯。

刘自为　申子,元朔二年嗣侯,元鼎五年坐酎金,免。以上《史记·功臣侯表》。

项它赐姓刘。汉六年,以砀郡长封平皋侯,谥炀。

刘远　它子,孝惠五年嗣封,谥共侯。

刘光　远子,孝景元年嗣封,谥节侯。

刘胜　光子,建元元年嗣侯,元鼎五年坐酎金,免。以上《汉书·功臣侯表》。

萧禄　沛人何之子,袭文终侯。

萧延　何之子，封筑阳侯，更封酂。

萧遗　延之子，嗣封。

萧则　遗之弟，嗣封。有罪，免。

萧嘉　则之弟，封列侯。以上《汉书·萧何传》。

萧彪　延子，侍中。萧何居沛，侍中彪免官居东海兰陵郡。《南齐书·高帝纪》。《唐书·宰相世系表》又云：则生彪，字伯文。与此不同。

萧胜　嘉之子，嗣侯。有罪，免。

萧庆　何之曾孙，则之子。元狩中，复封酂侯。

萧寿成　庆之子，嗣封。坐为太常牺牲瘦，免。

萧建世　何之玄孙。复封酂侯，传子至孙获，坐奴杀人，减死论。

萧喜　何之玄孙之子。南緣长，复封酂侯。以上《汉书·萧何传》。

曹窋　参之子，袭封平阳侯。

曹襄　窋之曾孙，袭封。子宗有罪，免为城旦。

曹本始　参玄孙之孙，复封平阳侯。

曹宏　本始之子，嗣侯。以上《汉书·曹参传》。

吕文和　汉文帝初自沛避难，徙略阳。《晋书·吕光载纪》。

周坚　沛人，勃之孙，续封平曲侯。

周建德　坚之子，为太子太傅，嗣封。有罪，国除。

周恭　勃之玄孙，为绛侯，千户。以上《汉书·周勃传》。

樊伉　沛人，哙之子，嗣封舞阳侯。诛。

樊市人　哙之庶子，复封舞阳侯。

樊章　哙之玄孙，续封舞阳侯。以上《汉书·樊哙传》。

任越人　沛人，敖之曾孙，袭封广阿侯。坐为太常庙酒酸，不敬，国除。《汉书·任敖传》。

周昌　沛人，緤之子，袭封鄘城侯。有罪，国除。

周应　緤之子，封郸侯，谥康。

周仲居　应之子，嗣郸侯。有罪，国除。以上《汉书·周緤传》。

周意　沛人，昌之孙，袭封汾阴侯。有罪，国除。

周左车　昌之孙，封安阳侯。有罪，国除。以上《汉书·周昌传》。

刘庆忌　德之孙，袭阳城侯。

刘岑　庆忌之子，嗣封。以上《汉书·楚元王传》。

后汉

范迁《汉官仪》　字子闾，沛人。案：是书皆载"县人"，"沛"指县名也。汉明帝时，历河南尹、司徒。《后汉书·明帝本纪》。《郭丹传》作"字子庐"。

周仪　字帛民，杨统故吏，沛[人]。汉沛相杨统碑阴。

尹仓　字升进，湖陆人。

董膺　字元夜，湖陆人。以上谒者景君碑阴。

三国　晋

刘敏　沛人，以永嘉乱，徙广陵。《周书·刘璠传》。

刘距　彭城沛人，广陵相毅之曾祖。

刘镇　毅之叔父，左光禄大夫。二人见《晋书·刘毅传》。

朱绰　沛郡沛人，龄石之父，西阳、广平太守。

朱宪　绰之兄，为袁真将佐，官梁国内史。

朱斌　宪之弟，为袁真将佐，官汝南内史。《宋书·朱龄石传》。

南朝

刘思道　沛郡刘思道行晋康太守。《宋书·羊玄保传》。

朱景符　龄石之子，嗣丰城侯。

朱祖宣　景符之子，嗣侯。

朱隆祖　宣之弟，嗣封。以上《宋书·朱龄石传》。

北朝

郑廓　彭泗人，长猷之子，袭云阳伯。

郑元休　廓之子，袭封睢州刺史。

郑凭　字元祐，元休弟，司徒从事中郎。以上《魏书·刘芳传》。

卷十四　烈女志

节妇　烈妇　烈女　贞女　孝妇　贤妇　寿妇　孝女

节　妇

汉

刘长卿妻桓氏　桓鸾女。生一男五岁而长卿卒，妻防远嫌疑，不肯归宁。儿年十五又夭殁，桓虑不免，乃豫刑其耳以自誓。宗妇相与愍之，共谓曰："若家殊无他意，何贵义轻身之甚哉？"曰："昔我先君五更，学为儒宗，历代不替，男以忠孝显，女以贞顺称，是以豫自刑翦，以明我情。"沛相王吉上奏显其门闾，号曰"行义桓嫠"，县邑有祀必膰焉。《后汉书·列女传》。

元

刘宅妻王氏　夫殁，誓不他适。天历二年旌，建坊，在北门外。

明

李伯奴妻白氏　白思明女。二十岁，思明无子，遂以女赘伯奴。洪武乙丑，伯奴从戍死，氏抚遗女，誓不他适，事父母终养如礼。乡人有托其邻谋娶之，氏正色拒绝。粗衣粝食，苦节四十余年。宣德六年，知府陈原宗请旌其门。

单祯妻郑氏　二十八岁夫殁，孝事衰姑，守节五十年。

生员马继立妻贺氏　十八岁夫殁。赤贫，亲族或劝他适，氏誓死不从。守节五十二年，有司表其闾。

杨霈妻张氏　张德女。十九岁夫殁，遗女甫三月。有托媒求娶，氏挟刃自誓，乃止。孝事衰姑终养如礼，守节五十余年，直指使者檄旌其门曰"励志贞节"。

周思恭妻闵氏　年未三十，夫出，死于盗，遗二女并幼弟思忠，氏矢志抚教成立，守节七十余年。

龚九成妻张氏　二十岁夫殁，抚育遗孤，艰苦百状。逾十余年，子又亡，氏号泣绝粒而死。

王彩妻韩氏　二十六岁夫殁，纺织以度，抚孤成立，守节四十余年。

韩鼎妻王氏　王经女。年未三十，夫殁，抚遗孤寅成立，为娶黄氏，生二子。寅又卒，氏率妇抚育弱孙，备极荼苦。守节均七十余年。

孝子杨东莱妻曹氏　二十二岁夫殁，遗孤子椝甫数月，抚育成立，娶妇生女。椝又亡，氏育女孙，依夫兄东周夫妇以度。未几，东周夫妇继逝，女孙又死。艰苦万状，守节七十余年。

张英妻许氏　时值岁歉，英扶母就食他郡，未娶，父母欲别嫁，氏以大义拒之。及英从母还，氏遂归英。逾数年，英殁，氏纺绩佣作，事孀姑以孝闻。卒年七十余岁。

甄一韩妻周氏　十八岁夫殁。抚遗孤陶入邑增，娶妇生孙，亦游庠。人咸谓节孝之报云。

孟一鹏妻辛氏　辛淮女。二十一岁夫殁，遗腹生子，抚育成立，守节七十余年。

蔡时昇妻王氏　二十四岁夫殁，抚遗二女，茹苦衔哀。守节六十三年，邑令张文炳旌其门曰"乾坤正气"。

孟佑妻尚氏　归佑数载未育，劝佑纳妾王氏生男。未几，佑卒，氏虑家人莫喻其志，遂断指自誓，率妾奉翁抚孤，孝慈兼至。卒年八十余岁。

庠生王应梦妻崔氏　崔作哲女。十九岁夫殁，抚育孤女，守节五十余年。

庠生蒋元性妻甄氏　二十六岁夫殁，抚孤成立，入邑庠。守节六十余年。

廪生陈思诚妻郝氏　郝惟精女。夫殁，抚遗二孤成立，为长男娶韩氏，次男游庠。未几，长男又逝，氏偕韩相依一室，共守苦节而终。

韩寅妻黄氏　夫殁，事翁姑以孝闻，守节而终。府志。

吴元奇妻朱氏　朱贞明女。二十六岁夫殁，事翁抚女，纺绩维勤，守节四十九年。

阎中含妻王氏　二十八岁夫殁，抚孤成立，守节四十年。

阎文学继妻蔡氏　蔡际飞女。二十八岁夫殁，抚孤成立，守节三十年。

国朝

文童陈仪妻孟氏　于归三月夫殁，孝事翁姑二十八年。翁姑逝，殡葬成礼，氏曰："吾事毕矣！"遂自经。请旌。

文童蔡尧揆妻张氏　二十四岁夫殁。事姑抚孤，备极荼苦。守节五十余年。旌。

文童孟锦孙妻王氏　二十九岁夫殁。孝事翁姑，抚教子女，守节三十三年。旌。

文童郝质瑜妻冯氏　十九岁夫殁，绝粒欲死，转念翁姑在堂，强代子职，终养成礼。守节六十余年。

文童王锡珪妻蒋氏 蒋元性女。十九岁夫殁，孝事翁姑，抚孤成立，守节三十四年。

文童王琪妻张氏 十九岁夫殁。孝事翁姑，抚孤成立，勤劬百状，守节三十六年。

文童郝修妻封氏 翁姑早逝，依叔抚养，氏事叔婶如翁姑。二十八岁夫殁，遗子女三。未几，子女继殇，氏悲痛自经而死。

石膳妻张氏 张鼎女。二十二岁夫殁，上事翁姑，下抚孤女，内外无间。守节五十余年，学政张元臣旌以贞节。

文童鲍世勋妻高氏 十八岁夫殁，号泣欲死，因翁姑衰老，强代子职，立嗣以延夫祀。守节而终。

文童孔种奇妻马氏 二十七岁夫殁。翁姑恐氏年少，或不能守，氏窥其意，遂以火炙右手自誓。孝事翁姑，抚孤成立。守节五十余年。

李复心妻陈氏 夫殁，抚遗孤寀成立，为娶妇张，生之蕃，而寀亡。张抚之蕃成人，为娶妇张，生三子，蕃又亡。张矢志抚育诸孤，长入邑庠。一门三代，均守节终，道宪旌曰“三世冰霜”。

杨某妻周氏 年未三十，夫殁。事翁姑终养成礼，嗣子以延夫嗣。守节而终。

吴生鹤妻徐氏 夫殁，姑老且病，氏供养曲尽孝道，备极勤劬，守节而终。学使张泰交给额旌之。

吴钏妻邱氏 邱大伦女。夫殁，遗孤女，茕茕无依。夫兄铨居徐州，诱致之，欲夺其志。氏闻之，潜遁于沛，女留于铨。后送归，母女复得完聚。不数年，氏以病卒，大伦舟载其柩，与钏合葬。

庠生叶英妻蔡氏 二十八岁夫殁。孝翁姑，抚二孤成立，均游庠。守节五十六年，学宪张奖曰“陶欧遗范”。

庠生魏天祺妻郭氏 夫殁，孝翁姑，抚孤成立，娶妇生汝魁，入邑庠。守节二十余年，学宪谢奖曰“贞操遗范”。

吴若宰妻耿氏 二十五岁夫殁，抚二孤女，姆教咸宜，嗣侄以延夫祀。守节三十七年。

庠生郝质珑妻张氏 夫殁，遗二孤，抚育成立，长入太学。氏以节终。

卓开禄妻丁氏 二十四岁夫殁。奉衰翁，抚遗孤，孝慈兼尽，闾里称之。

吴国兴妻常氏 十九岁夫殁，抚孤成立，守节四十一年。

朱文英妻梁氏 夫殁，事翁姑以孝闻，抚孤成立，以节著。

石文伟妻鹿氏　二十六岁伟殁，遗二孤，鹿均抚育成立，长入国学。文炳妻汪氏，二十九岁炳殁，乏嗣，汪立鹿次子以为己子。同事孀姑，备尽孝道。鹿守节三十五年，汪守节四十三年。

胡士超妻童氏　二十九岁夫殁，守节五十余年。

苗三妻许氏　二十岁夫殁，遗腹生子，抚育成立，艰辛百状，人咸矜之。

饶文华妻陈氏　十九岁夫殁，矢志不贰。因念夫鲜兄弟，遂典衣饰，劝翁置妾生二子。妾瞽，氏代抚养成立。翁逝，丧葬成礼。邑令李奖曰“节孝可风”。

顾纯继妻叶氏　叶云蒸女。二十岁夫殁，矢志不贰，抚嗣子成立，艰苦百状。邑令李额曰“志比秋霜”，学博侯曰“节坚如玉”，吴曰“柏舟永矢”。

庠生王禘妻阎氏　阎定国女。二十九岁夫殁，遗孤襁褓，抚育成立。有亲族婚丧不给，多为资助，且每岁制棉衣给寒苦者，乡里称之。

文童朱廷枢妻王氏　明经王者乡女。十九岁夫殁，弥留之际，嘱以“奉亲立嗣大事，生贤于死”。氏遵遗命，事翁姑终养成礼，嗣子以延夫祀，守节六十余年。

庠生郝见珵妻朱氏　夫殁，谨事衰翁，抚遗孤，教有义方。守节七十五岁卒，学宪张、县令李、儒学侯，俱有额言。

鹿文元妻张氏　于归四载夫殁。事衰姑终养如礼，抚遗孤，教有义方，乡党重之。

文童谭评妻孙氏　二十一岁夫殁。孝事衰姑，抚孤成立。姑逝，丧葬如礼。卒以节著。

处士齐化新妻孟氏　二十二岁夫殁，抚孤成立，守节五十余年。

太学生孟橘妻张氏　二十九岁夫殁，遗二孤，抚教成立，均入学。守节五十余年，邑令梁额曰“冰霜节操”，佟额曰“松筠并茂”。

郭某妻孟氏　岁贡生孟时中女。二十岁夫殁，赤贫，纺绩自给，抚遗孤振宗，早岁游庠。守节四十五年，邑令李奖以“劲节遐龄”，学博侯奖以“祺寿冰操”。

鹿某妻李氏　邑庠生鹿俊之母也。二十七岁夫殁，继俊为嗣，爱如己出，事衰姑终养成礼。守节五十余年。

明经朱之顺继室蒋氏　夫殁，抚前室子成立，娶妇生二子：长耕余，妻董，生垂象；次耕郢，妻韩。未几，余、郢继逝，董、韩抚象成人，为娶妇甄。生子四龄，象又亡，甄亦矢志抚育。蒋与侄妇赵，子妇董、韩，孙妇甄，守节各四十余年，邑令王旌曰“节萃一门”，学博张曰“贞节联芳”。

饶福妻王氏　二十岁夫殁，遗子襁褓，抚育成立，事翁姑终养成礼，守节五十余年。

王永茂妻郝氏　孝廉郝铉女。十五岁于归，逾年夫殁。孝事孀姑，曲体姑意，抚嗣侄如己出。姑卒，殡葬尽礼。守节六十余年。

太学生王略妻郑氏　二十九岁夫殁，守节四十余年。

王雨妻朱氏　三十岁夫殁，守节四十余年。

梁弘毅妻赵氏　赵玺女。二十六岁夫殁，事翁姑，抚遗孤，孝慈兼至。守节八十余岁卒。

张缟妻燕氏　二十一岁夫殁。抚孤子女成立，婚嫁得时。守节四十二年卒。

傅继先妻张氏　夫殁，遗一孤二女，氏均抚育成立。以节著。

张弘印妻李氏　二十九岁夫殁。遗二孤，抚教成立，长入太学，次游庠。守节七十余岁卒，邑令佟额曰"松筠并美"。

贡生张日玠妻孟氏　夫殁，孝事衰姑，嗣侄兆祚，教有义方，乡党多称其贤云。

刘永昌继妻郭氏　二十三岁夫殁。抚前室二孤，逾于己出。守节八十二岁卒。

文童张松龄妻郭氏　二十一岁夫殁，矢志不易，嗣侄金鉴以延夫祀，守节六十余岁卒。

张国顺妻阎氏　年未三十夫殁。家贫，纺绩自给，事翁姑终养成礼。守节七十余岁卒。请旌。

文童刘万祺继妻蔡氏　十九岁夫殁。事祖姑暨翁姑终养，靡不尽礼。抚前室子增成立，为娶妇王，生文博、文灿。增亡，王矢志抚育二孤，为博娶妇王。逾年，博又亡，王亦坚守不贰。灿渐成立。三世孤孀，均以节著，学使张旌其门曰"节孝"。

文童燕瑞妻朱氏　朱奕闾女。二十一岁夫殁，抚孤成立，守节三十一年。请旌建坊。

文童朱奕闳妻柴氏　二十四岁夫殁。奉亲抚孤，孝慈兼尽，守节三十六年。请旌建坊。

文童孟振民妻丁氏　二十三岁夫殁。奉亲抚孤，孝慈兼尽。未几，子女继殇。氏事翁姑，始终如一。守节四十七年，七十岁卒。

王应昌妻项氏　二十九岁夫殁。遗二孤，抚教成立。并出资赒贫恤孤，乐善不倦。守节五十三年，八十二岁卒。

郝銮妻甄氏　夫殁，抚孤成立。守节八十六岁卒，蒙赐肉帛。

郝鍹妻曹氏　夫殁，抚孤质玫成立，为娶妇韦，生子六龄，玫又亡，曹率韦同抚弱孙。曹守节五十余年，韦守节八十余岁卒，蒙赐粟帛。

郝见璲妻丁氏　夫殁，事衰翁以孝闻，抚孤成立。守节数十余年，蒙赐肉帛。

庠生郝见珽妻朱氏　夫殁，遗子甫六月，勤劬抚育，事孀姑以孝闻。守节四十一岁卒。

张瑞宗妻郝氏　夫殁，誓以死殉，因念亲老女幼，遂强生。及翁姑逝，女又殇，殡葬甫毕，氏遂自经而死。

曹兆祥妻梁氏　二十七岁夫殁，事衰姑以孝闻，抚孤成立。守节三十余年卒。

郝令学妻李氏　十八岁夫殁。事继姑，曲尽其孝，抚幼孤成立，勤劬百状，族党重之。

许名硕妻朱氏　二十三岁夫殁。抚孤天佑六载，氏以病卒。乃祖抚之成立，为娶妇张，生永言、延龄。佑早亡，张抚育二孤，为永言娶妻马，生子一；延龄妻封，生子三。逾数年，永言、延龄继逝，马与封同抚诸孤成立，事张终养如礼。人称三世冰霜，一门节孝。

例贡孟之儒妻汪氏　二十九岁夫殁。孝奉翁姑，抚嗣子，爱如己出。守节三十余年。

庠生孟之斌妻严氏　二十二岁夫殁。抚遗孤岳成，早岁游庠。学政张额以“贞松劲节”。

朱城妻冯氏　二十八岁夫殁，守节五十七年，八十五岁卒。

文童朱汝宣妻李氏　二十八岁夫殁，遗一女，誓以死殉，翁姑泣劝乃止。氏矢志奉亲育女，抚嗣子逾于己出。以节终。

徐严妻邱氏　二十七岁夫殁。事衰姑以孝闻，抚孤成立，艰劬百状。以节终。

魏士玉妻王氏　二十四岁夫殁，抚孤守节五十余年。

庠生马慷妻张氏　二十七岁夫殁，守节而终。学宪张奖以“风高陶孟”。

朱恪妻杨氏　二十四岁夫殁。奉亲抚孤，孝慈兼尽，守节三十五年卒。

庠生孟寅妻蔡氏　年少夫殁，抚遗孤作梅，早岁游庠。守节五十余年，学宪张奖以“筠节松年”。

陈清遂妻王氏　二十四岁夫殁。奉亲抚孤，孝慈兼至，守节三十余年。

儒童俞宗准妻朱氏　夫殁，守节三十余年。

赵某妻王氏　二十岁夫殁。事翁姑以孝闻，抚夫幼弟国彬成立，入邑庠。

乡党敬之。

崔麟妻卜氏 二十一岁夫殁,遗孤二龄,抚教成立,守节五十余年。

庠生郝质珖妻朱氏 于归一载夫殁,誓以身殉,因翁姑泣劝始转念,嗣侄以延夫祀,守节三十余年。

高某妻石氏 年少夫殁,守节四十年。

李霖继妻卢氏 二十二岁夫殁。抚孤方炽成立,为娶妇魏。逾年,炽又逝,卢偕魏守节三十余年。一门冰操,相传五世,人咸悲其志云。

魏梅妻王氏 二十一岁夫殁,守节三十余年。

蒋兆鹏妻孟氏 十九岁夫殁。孝事翁姑,立嗣以延夫祀,守节四十年。

郝佳桢妻朱氏 二十五岁夫殁。事衰姑终养成礼,抚二孤成立,艰劬百状,卒以节终。

白如三妻李氏 二十三岁夫殁。事翁姑,抚孤女,孝慈兼尽。父母悯其少,欲嫁之,氏因绝不归宁。以节终。

庠生王之域妻朱氏 二十七岁夫殁,仅遗孤女。扶夫弟妹,嫁娶得时。卜葬翁姑,嗣侄以延夫祀。守节五十余年。

太学生魏天礿妻王氏 二十八岁夫殁。抚孤成立,守节三十七年。学宪张额曰"兰芳玉洁",州牧姜额曰"风高寿永"。

孙钿妻张氏 二十七岁夫殁。事翁姑终养,抚子女成立,以节终。

陈正选妻王氏 二十九岁夫殁。抚遗孤恺成立,为娶妇谢生子。恺又亡,姑妇相依一室,共抚雏孤。王守节六十年,谢守节六十二岁卒。

魏继隆妻马氏 二十八岁夫殁。家贫,奉亲抚孤,取给十指,艰苦万状。守节十余年卒。

邵梦熊妻郭氏 二十三岁夫殁。奉继母,曲尽孝道,抚孤成立,辛苦百状。守节四十余年。

贾连芳妻康氏 二十四岁夫殁。抚孤成立,娶妇生孙。孤又亡,氏偕妇共励冰蘖,抚育雏孙,守节各三十余年。

袁玉昌妻谢氏 二十八岁夫殁。赤贫,纺纴自给,奉翁姑终养如礼,抚子女婚嫁以时。邑令李额以"筠年松龄"。

吕某妻刘氏 二十八岁夫殁。抚孤成立,娶妇生宗继。孤又亡,氏复抚宗继成人,入国学。乡里敬之。

文童李文彩妻邹氏 二十三岁夫殁。抚孤成立,入邑庠。守节八十七岁卒。

太学生李凤翥妻郝氏 夫殁,嗣侄孙以延宗祀。守节七十六年。

董某妻李氏　二十八岁夫殁。上奉翁姑终养，下抚遗孤成立，守节八十余岁，孙曾绕膝。蒙两赐粟帛。

黄某妻王氏　偕妇李氏，均以节终。

庠生郝质瑑妻朱氏　夫殁，以节终。

郝质典妻李氏　夫殁，守节而终。

郝倬妻朱氏　夫殁，守节而终。

耿铎妻杨氏　夫殁，遗孤一龄，抚育成立，艰苦万状，守节七十三岁卒。

韦显祖妻魏氏　二十一岁夫殁，矢志柏舟，嗣侄以延夫祀，守节三十八年。

韦惟烈妻卓氏　二十三岁夫殁，抚孤成立，守节五十三年。

文童孙磏试妻于氏　二十三岁夫殁。事亲育女，孝慈兼至，守节三十余年。

邹冕妻蒋氏　二十三岁夫殁。抚孤成立，守节九十八岁卒。蒙屡赐粟帛。

高崇福妻张氏　二十七岁夫殁。抚孤成立，守节九十五岁卒。蒙屡赐粟帛。

高珩妻郝氏　二十四岁夫殁，遗孤二龄。逾半载，翁姑继逝，夫兄夫妇又亡，氏均营葬成礼。抚遗侄如子，皆获成立。族里钦服之。

蔡鸿福妻赵氏　二十三岁夫殁。抚孤永贵成立，为娶妇杨，生孙。贵又亡，氏偕妇抚育雏孙，共砺苦节。七十余岁卒。

费增来妻张氏　二十四岁夫殁，遗孤在抱，抚育成立。守节三十七年。

阎某妻徐氏　二十岁夫殁。孝奉孀姑，姑病，刲臂以疗。抚孤成立。邑令徐额曰“节孝双全”。

阎士杰妻周氏　二十三岁夫殁。遗孤一龄，抚育成立。守节三十五年。

阎延铭妻董氏　二十岁夫殁。遗孤甫四月，抚育成立。守节三十四年。

刘嘉桂妻吴氏　二十七岁夫殁。遗子襁褓，抚育成立，艰苦百状。守节七十五岁卒。

文童李大伦妻杜氏　二十五岁夫殁。事姑以孝闻，嗣侄以延夫祀。守节四十余年。

陈某妻吕氏　二十岁夫殁。赤贫，抚孤维柱成立。守节五十九年，七十九岁卒。

增生沈旸妻郝氏　二十二岁夫殁。事翁姑，抚子女，孝慈兼尽。守节三十余年。

朱耕青妻张氏　二十岁夫殁。事翁姑终养如礼，抚孤成立，勤劬百状。守节六十余年。

文童朱莪妻杜氏　二十二岁夫殁。抚遗孤，十余年而亡，嗣侄孙以延夫祀。

守节四十余年。

张需妻韩氏　韩有义女。二十九岁夫殁，上事翁姑终养，下抚二子成立，辛苦万状。守节五十余年。

太学生汪鸣辅妻丁氏　二十四岁夫殁，抚孤守节，七十五岁卒。

张某妻郭氏　二十三岁夫殁，守节四十七年，七十岁卒。

杨国栋妻郑氏　二十岁夫殁。事亲终养如礼，抚孤成立，艰苦百状。守节三十余年。

魏天褕妻邹氏　二十九岁夫殁，投缳遇救，遂矢志嗣侄以延夫祀。守节七十六岁卒。

文童卢卫周妻徐氏　二十三岁夫殁。事翁姑生养死葬，靡不尽礼。抚孤成立，备历艰苦。守节四十年，六十三岁卒。

魏天祎妻王氏　于归二载夫病，躬侍汤药，逾年不倦。及殁，矢志柏舟。奉翁姑丧葬成礼。抚孤成立，娶妇生二孙。孤又亡，氏复抚二雏孤，艰辛备历。学宪郑奖以"节并松筠"。以上见旧志。

萧某妻李氏　夫殁，乞食佣纴，事翁姑殡葬以礼。守节三十七年。

胡陆妻徐氏　夫殁，姑老且盲，遗幼孤。遭水患，氏负姑携子而逃。既而贼至，氏泣曰："势急矣！子已八岁，离吾或不死。姑老病，离吾何生？"遂弃子负母逃。子后复得完聚。氏佣作事姑，丧葬如礼。守节三十余年。

张国庄妻陈氏　夫殁，守节而终。请旌。

儒童吕兰馥妻李氏　于嘉庆十七年夫故，氏年二十一岁，冰霜自励。道光二十三年，蒙学宪毛旌表，奖入节孝祠。卒于咸丰三年十一月初五日亥时。

王东妻许氏　许德女。东死，氏年二十九，生一子甫四岁。翁姑俱存，氏曲尽孝养，如东未死者。家有副祖姑，老而衰，氏事之，益得其欢心。后副祖姑与翁姑丧，俱殡葬如礼。宗党见者咸太息，以为东果未尝死焉。氏年七十六，尚健饭。嗣子以孝称，孙曾众多，悉奉甘旨，且振振以文学起矣！山阴童钰撰。

王可质妻丁氏　与许为妯娌。行年十九，归王可质，未一周而可质夭，遗腹生一子曰福得，未几殁。或有劝之改适者，丁曰："余岂以子之存亡定吾志哉！且继姑尚无恙，家无次丁。新妇往，姑何恃耶？"遂以苦节称者三十年。山阴童钰撰。

王星煌妻司氏　丰邑庠生司溥女。星煌家业贫，勤于学。氏于归后，能以纺绩佐之，为文学生。期年煌卒，遗子元春。氏上奉尊嫜，下抚藐孤，养生送死，悉出之十指间，无稍恨。年老矣，犹纺绩如初嫁时。山阴童钰撰。

王山妻刘氏　年二十四称未亡人。当山死时，父母未艾，二子悉幼。妇以妇职代子职，且以母道作父道焉。贞节凛然五十年，乡里重之。山阴童钰撰。

王瓒为山再从弟，亦早夭，妇郝氏守志不移，亦如刘氏。子一，亦已成立矣。山阴童钰撰。

王长年妻韩氏　长年育三子相继殇，无何，长年亦死，止一女，氏抚之泣曰："吾以女为子矣！"女年十七复死。孑然一身，守志不贰。言王氏节者，于氏为特苦焉。山阴童钰撰。二树山人曰：余以邑令聘修邑乘来此，事虽未行，阐幽之心固未尝一日忘也。如王氏诸节妇，皆信而有征，皎皎在闾里者！后之良有司，其忍听其湮没已耶？故汇录之，以俟执彤管者采焉。

文童张蔼妻李氏　李秉厚女。二十六岁夫殁，孝事翁姑，抚夫弟妹。及翁姑逝，殡葬如礼。夫弟为之娶，夫妹为之嫁。氏曰："三事既全，誓必从夫于地下也！"遂自经。立碑以纪其事。

监生张大简妻赵氏　二十三岁夫殁。抚孤成立，为娶妇。孤又亡，氏与妇同守苦节五十一年。学宪龚给以"荼苦筠清"额。

王兰亭妻李氏　铜邑监生李月攀女。二十五岁夫殁，养亲抚孤，守节四十六年。道光年请旌。

王锟妻朱氏　州同朱彭年女。二十一岁夫殁，守节四十六年，道光十四年卒。请旌。

王镀妻刘氏　刘立方女。二十五岁夫殁，守节二十八年，道光十八年卒。请旌。

庠生王则恒妻赵氏　赵静逢女。二十六岁夫殁，养亲抚孤，孝慈兼尽。守节四十四年，道光二十年卒。请旌。

徐正宗妻陈氏　陈依仁女。二十六岁夫殁，守节四十五年，道光三十年卒。

庠生朱延祺妻徐氏　十八岁于归，五年夫殁。弥留之际，嘱以养亲大事。氏遵遗命，事翁姑终养如礼。守节五十六年，七十七岁卒。

文童赵玉珍妻李氏　十九岁于归，五年夫殁，勺饮不入口者七日，不果死。氏复矢志柏舟，守节二十九年，五十三岁卒。

庠生胡开业妻辛氏　辛泗女。二十八岁夫殁，遗子女，氏茹苦含哀，抚育成立。守节二十九年，五十七岁卒。

段化南妻孟氏　孟毓贤女。二十八岁夫殁，遗子女，氏勤纺绩，抚育成立。守节五十年，七十八岁卒。

文童封自行妻王氏　王镜女。二十二岁夫殁，遗孤一龄，抚育成立。守节二十九年，五十一岁卒。

李大辂妻朱氏　庠生朱祖严女。十九岁于归，不数日，夫抱病故，氏矢志柏舟。守节五十九年，七十八岁卒。

监生张大时妻唐氏　十七岁于归，逾年夫殁。事亲以孝闻，守节七十六年，九十三岁卒。

张泰兆继妻郭氏　三十岁夫殁。孝事亲，抚遗孤，教有义方，次男游庠。守节二十七年，五十七岁卒。

魏凌霄妻孙氏　二十二岁夫殁，守节六十二年，八十四岁卒。

宋廷荫妻李氏　监生李文华女。三十岁夫殁，遗三孤，茹蘖含冰，抚育成立。守节四十六年，七十六岁卒。

朱福恩妻阎氏　庠生阎焜贞女。十八岁随翁锡均于江西任。逾六载福恩殁，遗孤宪曾数月，氏矢志抚育成立。及翁解印旋里，翁姑继逝，殡葬成礼。宪曾亦候补佐贰。守节四十三年。

魏立科妻范氏　年未三十，河决，随夫避定陶。夫疫殁，子女继殇。氏欲自殉，又恐夫柩终抛异乡，遂强生，乞食以度。有无赖谋欲劫卖，幸乡绅陈茂勋怜其坚贞，收养佣作。五年，氏扶柩归里殡葬。守节四十余年。

陈大川妻李氏　岁歉，随夫就食曹县。年二十余夫殁，遗孤茕茕无依，遂旋里，孤又殇。氏独往曹，起夫棺还葬。守节八十四岁卒。

张伯群妻朱氏　朱训典女，二十一岁，夫以疾殁。事姑生养死葬，靡不尽礼。抚孤梦麟成立。守节七十八岁卒。

文童蔡以兰妻刘氏　二十岁夫殁，事翁姑以孝闻。守节六十年，学宪彭奖以“竹行松操”。

张元卫妻邓氏　贡生邓尚经女。二十四岁夫殁，两次投缳遇救，翁姑泣劝，念始回。奉翁姑益尽孝道，及翁姑逝，殡葬礼毕，氏复绝粒而死。

陈某妻王氏　王鉽女。十八岁夫殁，誓以身殉，因念翁姑衰老，遂强代子职，立嗣以延夫祀。守节七十岁卒。

庠生朱在曾妻魏氏　魏经邦女。二十八岁夫殁，抚孤子幼女成立，艰苦百状。守节八十五岁卒，学政辛给“苦节风清”额。

庠生孟昭来妻李氏　贡生李树芝女。二十六岁夫殁，投缳遇救。孀姑泣劝曰：“二女幼，吾老病，其何以生？”氏转念守节，事姑抚女，孝慈兼尽。七十六岁卒，学政黄奖以“节孝可风”。

杨秉让妻张氏　张治女。二十七岁夫殁，抚孤成立，入太学。孙曾绕膝。守节六十八岁卒。

孟传备妻魏氏　魏廷升女。二十二岁夫殁，事衰翁瞽姑以孝闻，抚夫二幼弟成立，辛勤万状。守节六十三年，学宪童给以“节孝两全”匾额。

徐朝标妻吴氏　二十二岁随夫避水汴梁。夫殁，流离万状，不易坚贞。后旋里，纺绩以度。守节四十五年，六十七岁卒。

黄开甲妻那氏　二十九岁夫殁，守节三十八年，六十七岁卒。

程开曾妻李氏　李学诗女。二十八岁夫殁，守节六十年，八十八岁卒。

陈世珍妻裴氏　裴永谦女。二十八岁夫殁，守节四十年，六十八岁卒。

卜继宣妻尹氏　二十余岁夫殁。事孀姑终养如礼，抚子女婚嫁以时。守节八十九岁卒，学宪辛给以“苦节修龄”。

赵丕彦妻卜氏　庠生卜继唐女。二十余岁夫殁，遗孤在抱，抚育成立。守节终，学宪龚给以“柏舟励志”。

刘汉英妻汪氏　汪守智女。二十六岁夫殁，孝事孀姑，善抚嗣子，守节二十八年。

谢承让妻王氏　滕邑王朝宗女。二十二岁夫殁，翁姑老病，氏事之曲尽孝道，抚嗣子逾于己出。守节七十八岁卒，学宪林给以“柏节松龄”。

房元兆妻吕氏　滕邑监生吕永恕女。十七岁于归，逾五年夫殁，事庶姑克尽妇道，抚遗孤教有义方。守节六十余年。

房元秀妻王氏　王鈖女。二十九岁夫殁，事衰姑以孝闻，抚遗孤教有义方。守节五十余年。

孔谋妻马氏　年少夫殁。翁逼再嫁，氏以手入烈火中，锻指自誓。守节数十年而终。

叶兆祥妻李氏　夫殁，守节而终。

孙忠陛妻周氏　二十三岁夫殁，迭经水患兵灾，坚守不易，守节四十一年。

孙良宝妻邱氏　二十一岁夫殁。赤贫，矢志不贰，守节四十年。

郭盛芝妻刘氏　二十六岁夫殁。事亲终养如礼，抚孤成立，艰苦万端，守节四十九年。

徐鋕妻周氏　周世铨女。二十三岁夫殁，欲自殉，因念亲老子幼，遂强生。矢志冰霜，守节而终。

叶元春妻贺氏　贺芹女。二十二岁夫殁。事翁姑以孝闻，抚遗二孤成立，艰苦万状。学政辛给“荼苦筠清”额。

张庭蕙妻甄氏　甄从珠女。二十八岁夫殁，奉翁姑，抚子女，孝慈备至。守节七十三岁卒。

吴朝秀妻徐氏　徐朝选女。二十三岁夫殁，姑老子幼。咸丰初，河决，避砀邑。天雪断炊，氏鬄发易粮供姑。有媒以财诱姑，姑泣谋诸氏，氏毁面自誓。后旋里，姑卒，殡葬如礼。子亦成立。守节六十八岁卒。

王维清妻郭氏　十九岁夫殁。事翁姑曲尽孝道，抚嗣子爱如己出。现年六十一岁。

蔡玉岐妻赵氏　赵德智女。二十五岁夫殁，抚孤成立。守节六十六岁卒。

席舜兴妻张氏　二十岁夫殁，事两重翁姑，均以孝称。抚孤成立。守节六十六年，咸丰元年卒。

鹿棠妻王氏　十八岁夫殁，抚嗣子成立。守节六十六年，咸丰元年卒。

朱祖芸妻李氏　李科女。二十岁夫殁，事翁以孝闻。守节三十七年，咸丰二年卒。

鹿文辉妻刘氏　刘陶成女。二十六岁夫殁，遗三孤，抚育成立。守节五十六年，咸丰八年卒。

李茎妻王氏　二十岁夫殁。抚育嗣子，避河决，辛苦百状。守节三十六年，咸丰九年卒。

刘凤鸣妻郑氏　二十一岁夫殁。孝事翁姑，抚夫幼弟成立，嗣侄以延夫祀。守节二十八年，咸丰九年卒。

程锦妻杨氏　杨德女。二十五岁夫殁，守节三十五年。咸丰十一年贼至，殉难死。

李覃妻邓氏　邓寅女。二十三岁夫殁，抚孤成立。守节三十七年，同治十一年卒。

孙蓝田妻魏氏　魏凤喈女。二十四岁夫病，侍汤药数月不倦。逾二年夫殁，氏矢志奉亲抚孤。未几，子又殇。氏遂悲痛成疾，即于同治十二年卒。

徐士秀妻朱氏　朱祖颂女。三十岁夫殁，抚嗣子成立。守节二十八年，光绪元年卒。

郭基相妻孟氏　监生孟兴邦女。二十岁夫殁，事亲抚孤，孝慈兼至。后值水患兵灾，困苦百状。守节四十五年，光绪三年卒。

庠生程愚亭妻李氏　李恒女。十八岁于归，逾年夫殁。守节四十四年，卒于光绪三年，六十三岁。

尹秉玲妻马氏　马文德女。二十八岁夫殁，父母怜其少，欲他适，氏誓以死殉。嫂固慰劝，乃育嫂子为嗣，事衰翁甚谨。咸丰元年河决，家多疫卒，氏力营葬具。后携嗣子广义、侄广仁避水患，困苦万状。同治五年春，义被贼掳，氏与妇范计议，破产赎回。义受伤旋死，遗二孙，姑妇相依一室抚之。守节四十四年，光绪五年卒。

张元彭妻孙氏　二十九岁夫殁。孝事翁姑，抚嗣子成立。守节四十一年，光绪六年卒。

李阶庄妻张氏 二十二岁夫殁。事衰姑生养死葬，靡不尽礼。守节三十年，光绪七年卒。

杨正起妻王氏 王大魁女。二十七岁夫殁，守节二十一年，卒于光绪七年，四十八岁。

朱敬潭妻吕氏 吕良田女。二十二岁夫殁，遗孤一龄。翁姑继逝，河决，俱未殡葬。水平后，氏均卜葬如礼。孑立无依，遂归母家，抚孤成立。守节四十余年，光绪年卒。

鹿棣轩妻王氏 十九岁夫殁。事孀姑以孝闻。守节四十五年，光绪八年卒。

叶兆祥妻李氏 李凤绍女。十九岁夫殁，事衰姑终养如礼。守节六十七年，光绪六年卒。

袁继赐妻赵氏 赵景商女。二十七岁夫殁，遗三孤，抚育成立。守节三十六年，光绪九年卒。

张学坤妻孟氏 孟传巽女。二十一岁夫殁，嗣子延昌以延夫祀。守节十五年，光绪九年卒。

杨景琪妻郝氏 郝□女。二十一岁夫殁，赤贫，勤纺绩以奉瞽姑，终养如礼。遗女早殇，氏孑然一身，佣作以度。守节五十四年，光绪十一年卒。

监生陈瑞芳妻施氏 施洪信女。二十九岁夫殁，守节四十九年，卒于光绪十三年，七十八岁。

鹿文梦妻魏氏 二十六岁夫殁。守节三十八年，光绪十三年卒。

李阶藻妻刘氏 监生刘同福女。二十一岁夫殁，事翁姑以孝闻，嗣子爱如己出。守节三十四年，光绪十三年卒。

文童吴怀泗妻韩氏 岁贡生韩介女。二十四岁夫殁，欲自殉，因姑老女幼，遂强生。嗣侄敬之，教有义方。姑丧女嫁，靡不如礼。守节五十一年，光绪十四年卒。学宪黄给以"画荻遗徽"额。

姜某妻赵氏 赵启信女。幼失怙，鲜兄弟。咸丰元年河决，随母冯氏避单邑，时年十九，招赘姜某。水平，姜同旋里依母居。逾六年姜殁，遗一女，氏欲自殉，转念母老女幼，遂强生。女及笄又殇，氏事母益孝。守节三十四年，光绪十四年卒。

张坦妻宋氏 二十八岁夫殁。事姑以孝闻，抚孤成立。守节四十四年，光绪十五年卒。

吴宝三妻张氏 张汝珍女。十七岁于归，逾年夫殁。家贫亲老，又值岁歉，氏扶翁姑就食异乡，乞食供养。翁姑逝，寄葬于外。后旋里，纺绩余资，求亲邻往起骨骸殡葬。守节六十五年,光绪十五年卒。

汪虔妻吴氏　吴从三女。二十八岁夫殁,家贫,事姑抚孤,悉出之十指间。守节五十二年,光绪十五年卒。

李克证妻蔡氏　蔡有斗女。二十七岁夫殁,守节四十九年。

朱敬法妻阎氏　阎永贞女。二十九岁夫殁,守节二十三年。

韩曾述妻阎氏　阎信矼女。二十三岁夫殁,守节六十年。

岁贡生阎封侧室滕氏　二十一岁夫殁,抚孤阿锡成立。守节七十一年。

太学生阎愉妻李氏　县丞李茂根女。二十八岁夫殁,事亲以孝闻,抚诸孤成立。守节五十七年。

许承训妻李氏　二十五岁夫殁,守节五十二年。

阎真妻朱氏　朱英理女。三十岁夫殁,抚孤成立,守节五十一年。

张重阳妻王氏　王阳女。二十一岁夫殁,守节五十三年。

徐某妻阎氏　阎祓女。二十四岁夫殁,抚孤成立,守节二十七年。

寇方来妻严氏　严天垣女。二十八岁夫殁,抚二孤,教有义方,次入国学。守节五十八年,学宪旌以“葆贞式谷”。

严正渊妻蔡氏　二十七岁夫殁,抚遗腹子成立,守节四十八年。

石蕴琛妻寇氏　寇永宁女。二十九岁夫殁,抚遗腹子成立,教入国学。守节五十年,学宪旌以“茹苦含辛”。

刘长玉妻寇氏　太学生寇永顺女。二十三岁夫殁,遗孤茕茕无依,遂归母家,抚育成立。艰苦万状,守节四十七年。

胡大妻严氏　严尚钥女。十九岁夫殁,孑立无依,遂归母家生活,守节五十五年。

严廷森妻张氏　二十八岁夫殁。抚嗣子中谦成立,守节三十八年。

王琴妻陈氏　二十四岁夫殁。赤贫,为人佣作,事翁姑终养如礼,立嗣以延夫祀。守节五十二年。

谢鹏起妻李氏　李廷登女。二十二岁夫殁,赤贫,事亲抚孤,悉出之十指间。守节五十五年。

周勤芳妻赵氏　二十六岁夫殁。事亲抚孤,辛苦万状,守节六十二年。

杨士昌妻李氏　二十七岁夫殁,守节二十九年。

刘红山妻葛氏　二十四岁夫殁,事翁姑以孝闻,守节四十九年。

卢璇之妻黄氏　黄运之妹,于嘉庆十七年十九岁适璇为妻。嘉庆二十二年,氏年二十四岁夫殁,孀孤苦守,子甫三龄,惟恃纺绩,以资膳养。翁姑病殁,遵礼殡葬,孝慈兼尽,齿德俱尊。于同治十二年病故,守节六十五年。

严永纲妻宗氏　滕邑监生宗有序女。二十二岁夫殁,欲自殉,姑以怀娠谕解。及期,果举男,抚至四龄又殇,氏悲痛成疾而死。

姚学勤妻袁氏　袁大印女。二十岁夫殁,事亲抚孤,孝慈兼尽。守节二十二年。

阎朝理妻甄氏　甄嘉猷女。二十八岁夫殁,事翁姑以孝闻,抚二孤成立。守节三十三年。

例贡生刘文进妻孟氏　监生孟传典女。二十八岁夫殁,事亲抚孤,孝慈兼尽。守节三十九年。

许玉瑚妻董氏　董士奇女。二十二岁夫殁,事孀姑以孝闻,嗣子以延夫祀。守节三十一年。

孟继由妻王氏　王巨川女。十九岁夫殁,事翁姑曲尽孝道,守节四十六年。

孟传贞妻胡氏　二十四岁夫殁。事衰姑以孝闻,抚孤成立,守节而终。

庠生朱元佐妻蔡氏　庠生蔡颈女。三十岁夫殁,抚两孤成立,教有义方。长任吴县训导,次任婺源训导。五世同堂,享年一百岁。守节七十二年。

儒童朱敬深妻曹氏　监生曹方器女。夫殁,氏二十三岁,子女俱无,随孀姑度日。虽遭河患兵荒,不改初志。卒年三十六岁。

庠生朱松年妻张氏　丰庠张灿女。松年殁,氏年二十四岁,抚孤守节六十七年,五世同堂。族里请旌建坊。

朱尊珮妻王氏　单邑两淮盐大使王守符女。归珮五载,珮即患病三载有余,卒至不起。氏侍汤药,昼夜辛苦,亦忧劳成疾,逾六年而殁。

儒童朱敬祥妻王氏　邑太学生王鲁溪女。敬祥喜读书,昼夜攻苦,终未身游庠序,恒以为憾。氏叹夫读书抱恨而殁,亦终年饮泣。后值捻逆北窜,自缢以死。

儒童甄正格妻朱氏　邑太学生朱钦瑚女。格嗜读,积劳成疾而殁。氏年二十八岁,抚女守节五十余年。

石广禄妻朱氏　邑岁贡生朱鸣韶女。夫殁,年二十五岁,子女俱无。氏孝翁姑,尽妇道,守节三十六年。

庠生朱敬任妻谭氏　庠生谭蓝田女。敬任应道光癸卯科江南乡试,归途患病而殁。氏年二十六岁,翁老女幼,仰事俯畜四十年。

韩增荣妻朱氏　太学生朱祖基女。夫殁,氏年二十九岁,翁姑已无,子女尚幼。值河决,乃依母家教子读书。守节三十余年。

朱祖绪妻黄氏　黄宝善女。归五载而绪殁,氏年二十四岁,翁姑已老,子女俱无,氏纺绩以孝二亲。卒年七十五岁。

朱尊洵妻封氏　候选州判封履正女。二十五岁夫殁，抚嗣子祖图成立。守节五十余年。

李著焜妻朱氏　通政同知事朱瀚女。二十岁夫殁，抚嗣子奎璧如己出。守节五十六年。

朱家翰妻冯氏　南京军卫右经历冯启元女。二十八岁夫殁，抚孤达成立，守节终。

朱敬慧妻李氏　庠生李锡绂女。二十二岁夫殁，抚孤守节六十六年。

朱祖等妻赵氏　赵辉女。二十岁夫殁，抚嗣子成立，守节终。

丁志学妻麻氏　麻利占女。二十六岁夫殁，守节五十七年。

陈家惠妻赵氏　赵守礼女。二十二岁夫殁，抚孤守节四十六年。

夏开封妻卢氏　文童卢宪章女，于咸丰九年十七岁适开封为妻。同治元年，氏年二十岁，氏夫出亡。翁姑谢世，遵礼归营，苦守贞节，孝事孀母。于同治十三年病故，守节二十五年。

李兰妻尹氏　尹秉屾女。二十二岁夫殁，誓以身殉，因念翁姑衰老，遗孤幼弱，遂强代子职，奉亲抚孤，艰辛备历。现年八十一岁。学使黄奖以"慈竹长春"。

曹尚典妻马氏　马抡阁女。三十岁夫殁，孝事翁，抚孤成立。现年八十岁。

张国允妻某氏　二十九岁夫殁，矢志柏舟，现年八十一岁。请旌。

曹尚清妻那氏　二十三岁夫殁。孝事孀姑，嗣侄爱如己出。现年八十五岁。

蔡赓义妻葛氏　葛景舜女。二十四岁夫殁，遗三孤，纺绩作佣，抚育成立，孙曾绕膝。现年八十四岁。同治十二年入祠，建总坊。

王忠妻张氏　张鸣岐女。二十岁夫殁，事翁姑终养如礼。现年八十五岁。学使黄给以"孝竹贞松"，请旌。

杨大琸妻刘氏　刘云立女。二十七岁夫殁，事翁姑终养如礼，抚孤成立。现年八十五岁。

王善继妻刘氏　刘鸿禄女。二十二岁夫殁，孝事孀姑，立嗣以延夫祀。现年八十三岁。

郝兆珠妻魏氏　魏一士女。二十八岁夫殁，抚孤成立。现年八十六岁。

赵启信妻冯氏　年未三十夫殁，抚遗孤女。咸丰元年河决，避单邑，以女赘姜某，相依为命。后旋里姜殁，女又逝，氏孑立一身。现年八十七岁。

刘凤岐妻裘氏　二十六岁夫殁，抚孤成立。现年七十三岁。

刘尊让妻王氏　二十八岁夫殁，抚孤成立。现年七十一岁。

刘德如妻陈氏　二十六岁夫殁。奉亲抚孤,孝慈兼至。现年七十三岁。

卢长泰妻杨氏　杨文烈女。二十九岁夫殁,事翁姑以孝称。现年七十三岁。

唐开昌妻段氏　段询女。二十八岁夫殁,遗二孤,抚育成立,事翁姑终养成礼。现年七十岁。

朱祖鹏妻张氏　张治女。二十七岁夫殁,奉亲育女,孝慈兼尽。现年七十六岁。

独守谦妻朱氏　文生朱训占女。二十九岁夫殁,茕茕孑立。河决,依母家避河东,坚贞不易。现年七十三岁。

王开景妻赵氏　赵光宗女。二十七岁夫殁,纺绩以度,孝事瞽姑。现年七十四岁。

黄作节妻董氏　董敬和女。二十九岁夫殁,抚嗣子成立。现年七十三岁。

廪生郭基广妾吴氏　吴青云女。二十六岁夫殁,遗二孤,抚育成立。现年七十岁。

鹿塄妻张氏　二十一岁夫殁。奉亲抚孤,孝慈兼全。现年七十一岁。

王尊由妻孟氏　孟毓相女。十九岁于归,五年夫殁,欲自殉,因念承嗣乏人,未忍轻绝,后嗣侄以延夫祀。咸丰九年,贼突至,母子冲散,氏求母兄找寻无迹,自分必绝。越十余年,子忽偕妇携子回归,人咸谓节孝之报云。光绪三年旌。现年七十三岁。

席光彩妻杨氏　杨秉正女。二十四岁夫殁,事孀姑以孝闻。现年六十岁。

张从悦妻周氏　周怀亮女。二十七岁夫殁,避水砀邑,乞食以供瞽姑,艰辛百状。现年六十五岁。

王昭林妻程氏　程连元女。三十岁夫殁,事翁姑以孝闻。现年六十八岁。

尹某妻蔡氏　二十二岁夫殁。事翁姑终养如礼,抚子女婚嫁以时。现年六十六岁。

文童蔡赓富妻陈氏　陈以先女。十九岁夫殁,孝奉孀姑,善抚嗣子。光绪元年旌,学使林额以"茹苦励节"。现年六十六岁。

文童张念德妻赵氏　赵太平女。二十三岁夫殁,奉亲育女,备历艰辛。现年六十七岁。光绪年旌,学使王奖以"竹节松操"。

徐起鹭妻王氏　王士明女。二十岁夫殁,赤贫,乞食佣作,事姑以孝闻。现年六十六岁。请旌。学使彭奖以"节孝两全"。

蔡猗占妻杜氏　杜汝梅女。二十四岁夫殁,赤贫,佣作以度,奉亲抚孤,艰苦万状。现年六十六岁。

文生朱霈恩妻陈氏　文生陈志广女。二十六岁夫殁，遗孤一龄。时避水丰邑，氏扶孀姑，携襁褓儿，哀求亲族，买棺葬夫。后移居师家楼，纺绩事姑，终养如礼，抚孤成立。又起夫棺，葬于姑墓之侧。现年六十九岁。

张文达妻袁氏　二十一岁夫殁。养亲抚孤，孝慈兼尽。现年五十九岁。

王其占妻徐氏　二十岁夫殁。奉亲抚孤，孝慈兼尽。现年五十二岁。

文童蔡法善妻刘氏　刘开昌女。二十四岁夫殁，遗孤宪钧甫六月，茕茕无依。遂归母家抚教钧，已应童子试。现年五十二岁。

徐嵊山妻赵氏　赵纾女。于归月余夫殁，事孀姑以孝闻，嗣子以延夫祀。现年五十五岁。光绪年旌。学使黄给以“孝竹贞松”。

朱明诰妻陈氏　陈文良女。二十八岁夫殁，抚嗣子爱如己出。现年四十九岁。

孟起凤妻柴氏　柴树林女。二十一岁夫殁，遗三孤。氏欲自殉，绝粒五日，忽夜梦夫劝曰：“抚育吾儿，生贤于死。”氏转念守节，抚诸孤成立。现年四十九岁。

孟传俊妻葛氏　葛书女。二十岁夫殁，事衰姑，抚孤女，孝慈兼至。现年五十岁。

蔡宪古妻殷氏　殷显女，十九岁于归。逾数年，夫被匪掳，遗孤敦泉。时有以夫死诱其改适，氏以死自誓，后遂无敢犯者。现年五十九岁。

蔡法先妻王氏　王怀正女。二十六岁夫殁，抚孤宪皋成立。现年五十二岁。

卫千总夏殿邦妻封氏　州同封淇澳女。二十五岁夫殁，遗二孤，抚育成立，次中武举。逾数年，二孤继逝，氏偕两孀妇同守苦节。现年五十八岁，人称“一门节孝”。

邱广业妻尹氏　尹兆基女。二十二岁夫殁，奉翁姑终养成礼，抚嗣子爱如己出。现年四十九岁。

佾生林廷选妻邵氏　庠生邵振英女。三十岁，夫以父病危，笃祷求身代。父殁，夫遂自殉。遗二孤，氏抚育成立。现年五十九岁。

张步墀妻孙氏　孙保凌女。二十三岁夫殁，孝事孀姑，抚孤成立。现年四十六岁。

张立库妻田氏　田汝经女。二十三岁夫殁，抚孤成立。现年五十三岁。

张立庙妻李氏　李坤女。十九岁夫殁，抚孤成立。现年六十六岁。

监生殷贤峙继妻孔氏　孔继彰女。二十九岁，夫遇难故，遗三孤，氏抚育成立。现年五十七岁。

李开乾妻褚氏　褚明纲女。三十岁夫殁，抚孤成立，娶妇生二孙。孤又亡，氏复抚育雏孙，难辛百状。现年六十七岁。

陈汝淇妻余氏　余龙跃女。二十五岁夫殁守节，现年五十八岁。

文童韦敬成妻许氏　许家荣女。二十一岁夫殁，事孀姑，抚遗孤。逾年姑逝，子又继殇，茕茕孑立，备历艰辛。现年六十岁。

文童张培先妻韦氏　二十五岁夫殁，迭经河决兵荒，坚贞不易。现年六十岁。

李永贵妻王氏　王荣女。二十二岁夫殁，纺绩御贫，养亲抚孤。现年五十一岁。

赵凤楷妻朱氏　朱祖雅女。二十八岁夫殁，事翁姑以孝闻。现年六十七岁。

朱敬认妻张氏　张效南女。二十三岁夫殁，避河决，困苦万状，后依夫兄嫂以度。现年六十三岁。

王忻妻李氏　李春女。二十七岁夫殁，纺绩以度，奉亲教子。现年六十四岁。

郭方贞妻张氏　张廷猷女。二十三岁夫殁，抚孤成立。现年六十六岁。

鹿文燕妻孟氏　孟毓彩女。二十二岁夫殁，抚嗣子成立。现年五十四岁。

王丕元妻张氏　张蕙田女。二十一岁夫殁，事翁姑终养如礼。现年五十一岁。

王永清妻鲍氏　鲍景同女。二十五岁夫殁，事亲始终无间。现年六十岁。

宋怀立妻胡氏　胡自新女。二十二岁夫殁，遗孤甫一月，孑立无依，遂归母家，抚育成立。现年六十三岁。

王景春妻罗氏　二十六岁夫殁。赤贫，乞食奉姑，艰困万状。现年六十七岁。

宋怀清妻胡氏　胡镛女。二十四岁夫殁，赤贫，子女在抱，勤纺绩以事翁姑，丧葬如礼。现年六十一岁。

石金标妻李氏　李化远女。二十四岁夫殁于难，事亲以孝闻。现年六十五岁。

袁兆丰妻阎氏　二十二岁夫殁，绝粒欲死，因姑泣劝，遂强代子职。事姑丧葬如礼，嗣子以延夫祀。避河决，艰辛万状。现年六十九岁。

程辅清妻徐氏　徐中兴女。二十二岁夫殁，孝事衰姑，始终如一。现年五十六岁。

李允含妻陈氏　陈大鹏女。二十二岁夫殁，抚孤女相依为命。现年四十八岁。

监生郭于敬妻张氏 监生张国云女。二十四岁夫殁，抚孤成立。现年六十一岁。

孟毓勋妻蔺氏 蔺云峰女。十五岁于归，事姑孝。二十岁夫殁，遗孤女。避河决，辛苦万状。时岁歉，存粱数十石，施给亲族。后嗣侄以延夫祀。现年六十八岁，同治十二年旌。

鹿德镇妻曹氏 二十二岁夫殁。事亲抚孤，孝慈兼至。现年六十三岁。

吴家驷妻曹氏 曹凤苞女。二十二岁夫殁，事衰姑，抚遗孤。现年六十一岁。

李阶苞妻张氏 二十二岁夫殁。事姑终养如礼，嗣子以延夫祀。现年六十岁。

袁秉仁妻封氏 监生封听语女。十九岁于归，甫三月夫殁，翁姑继逝，嗣侄绍修以延夫祀。现年五十六岁，学使王奖以"清节延龄"。

高禧妻赵氏 赵池女。二十四岁夫殁，翁姑衰老，奉养甘旨不缺。翁姑逝，殡葬尽礼。嗣子永思，为娶妇王，生子三。永思又卒，氏偕妇抚诸雏孙成立。现年六十六岁。

文童赵继贤继妻宋氏 宋存道女。二十一岁于归，孝事翁姑，抚前室女如己出。逾年夫殁，欲自殉，因事翁姑无人，遂强生，并典簪珥，劝翁置妾，以延一线之传。未几姑卒，丧葬如礼。咸丰初，河决，氏偕翁及妾避河坍，佣作乞食事翁。后旋里，妾生女三，翁卒。氏复嗣子锡瓒，以延夫祀。现年六十五岁。

宋广远妻石氏 二十一岁夫殁。事姑教子，孝慈兼至。现年六十岁。

马文立妻杨氏 杨学渊女。二十八岁夫殁，遗孤甫三月，抚育成立。现年五十五岁。

冯立顺妻徐氏 二十九岁夫殁。遗二孤，抚育成立，艰苦万状。现年六十一岁。

汤某妻张氏 三十岁夫殁，抚孤成立。现年六十九岁。

周世林继妻张氏 张在文女。十九岁于归，抚前室子如己出。咸丰初，河决，氏随夫避萧邑，佣作以度。后匪至，夫遇难故，氏年二十六。有劝以他适者，氏誓死不从，抚孤成立。现年五十九岁。

尹广义妻范氏 范广运女。十九岁于归，事姑孝。二十七岁夫被匪掳，受伤赎回，旋卒。氏奉姑抚孤备极荼苦。现年五十岁。

孟毓申妻凭氏 凭光禹女。十八岁于归，甫三月夫殁。赤贫，佣工事姑，丧葬如礼。现年八十九岁。

从九杨蔚妻席氏 从九席效典女。二十四岁夫殁,事翁姑曲尽孝道。嗣侄德元为己子,抚育成立,为娶妇生子。德元又亡,氏复抚育雏孙。现年七十六岁。

孟传桐妻鹿氏 鹿三杰女。十九岁于归,甫三月夫殁,弥留之际,嘱以奉亲抚弟大事。氏遵遗命,事姑终养如礼,抚夫弟传重成立,为娶妇生子女。不数年,传重夫妇继逝,氏抚侄与侄女成人,婚嫁以时,乡里咸钦服之。现年八十五岁。

王芬妻李氏 三十岁夫殁。携二孤避水患兵灾,流离万状。后旋里,纺绩以度。现年七十五岁。

雷桂荣妻郑氏 郑广训女。二十二岁于归,甫一年夫殁。孝事翁姑,嗣侄清远,为娶妇韩。未几,翁姑逝,丧葬如礼。清远又继亡,氏偕妇相依一室,又复嗣孙平,以延夫祀。郑现年八十一岁,韩现年五十四岁。

刘兴藻妻魏氏 监生魏铭三女。十九岁于归,逾四年夫殁,欲自殉,因翁姑泣劝,遂强代子职,立嗣以延夫祀。现年六十一岁。

文童赵玉琚妻蒋氏 丰邑武生蒋兆鹏女。二十二岁夫殁,欲自殉,家人防之密,氏遂矢志柏舟,嗣子以延夫祀。现年五十九岁。

监生王銧侧室爰氏 二十五岁夫殁,遗女四龄,氏抚育择配,备极辛苦。现年七十三岁。

文童张大元妻胡氏 庠生胡开业女。二十一岁夫殁,遗孤一龄,氏茹蘖吞冰,抚育成立。现年七十岁。

孙玉岩妻侯氏 侯大宽女。二十三岁随夫避外异乡,夫染疫殁,遗孤二龄,勤劬抚育,事翁姑终养如礼,苦处百状。现年六十五岁。

刘维均妻葛氏 葛栋女。三十岁夫殁,无子女,水患流离,坚贞不易。现年七十岁。

文童孔继光妻胡氏 庠生胡开业女。二十九岁夫殁,事翁姑,始终无间。抚孤广居成立,为娶苗怀新女为妇。二十八岁广居又亡,子女继夭。苗复嗣子昭安,以延夫祀,事胡以孝闻。胡年七十九岁,苗年五十一岁。

夏元让妻甄氏 甄正方女。二十九岁夫殁,奉亲抚孤,孝慈兼尽。年七十二岁。

文童朱才恩妻胡氏 胡从文女。二十岁夫殁,事亲诚敬,抚孤成立。现年五十一岁,学使王奖以“清节芳型”。

胡在风妻高氏 高廷玉女。二十四岁夫殁,矢志柏舟,嗣子以延夫祀。现年五十八岁。

李万金妻魏氏 魏绍进女。十八岁于归,一年夫殁,孝事翁姑,嗣子以延夫祀。现年六十九岁。

苗宗雨妻郝氏 郝士曾女。于道光二十四年,十六岁适宗雨为妻。咸丰元年,氏年二十三岁,夫故,女将四岁。守节居贫,上奉翁姑,下抚幼女。翁姑弃世,以礼营葬。现年六十一岁,守节已三十九年。

孙振山妻张氏 张玉升女。二十一岁夫殁,事翁姑甚谨,嗣子以延夫祀。现年七十岁。

徐大烺妻苗氏 苗成女。二十六岁夫殁,抚孤成立。现年七十岁。

王宗传妻冯氏 十八岁于归,数月夫殁,守节。现年五十六岁。

文童王士谔继妻朱氏 朱训瑞女。二十八岁夫殁,守节。现年六十四岁。

丁其瑞妻朱氏 朱训祥女。二十一岁夫殁,遗孤数月,氏勤纺绩,抚育成立。现年六十五岁。

魏立朝妻张氏 张民珍女。二十六岁夫殁,遗一女。翁姑欲他适,氏誓死不从。翁姑折挫,不给衣食,氏勤纺绩以度,苦守坚贞。现年五十六岁。

彭凤诰妻朱氏 十七岁于归,未匝月夫殁。父母怜其少,欲他适,氏誓以死拒,卒成其志。现年七十四岁。

张懋修妻孙氏 十九岁于归。余年,夫殁守节。现年七十八岁,学政佟奖有匾额。

李讲妻孙氏 孙自修女。二十八岁夫殁,矢志柏舟,抚育孤女。现年五十二岁。

丁凤章妻李氏 三十岁夫殁,抚孤成立。现年六十岁。

梁书勋妻李氏 铜邑监生李则谦女。二十四岁夫殁,抚孤成立。现年九十一岁。

武举梁相延继妻刘氏 刘蕴华女,三十岁夫殁守节。现年六十四岁。

梁兆梦妻王氏 庠生王铭女。二十五岁夫殁,抚遗孤成立。现年七十五岁。

梁怀珍妻刘氏 刘介山女。二十九岁夫殁,抚孤成立。现年五十九岁。

梁书玺妻巩氏 巩华岳女,三十岁夫殁守节。现年五十九岁。

梁光珍妻周氏 砀邑周政女,二十二岁夫遇难殁。现年五十八岁。

梁汝盐妻李氏 李阶柏女,二十三岁夫殁守节。现年五十三岁。

耿德明妻马氏 马锦女,二十六岁夫殁守节。现年八十五岁。

丁德元妻朱氏 朱训墀女。二十三岁夫殁,抚孤成立。现年六十八岁。

彭凤彩妻顾氏 十七岁于归,数月夫殁,父母怜其少,欲他适,氏誓以死拒。

现年七十五岁。

秦思惠妻禄氏　二十六岁夫殁守节。现年六十三岁。

秦怀瑶妻张氏　三十岁夫殁守节。现年七十一岁。

秦念理妻韩氏　二十六岁夫殁守节。现年五十六岁。

杨华妻宋氏　宋大真女。二十岁夫殁，祖姑年逾八旬，姑亦老病，氏生养死葬，靡不尽礼。现年八十岁。

尹茂林妻范氏　范广运女。二十五岁夫殁，事孀姑终养如礼，抚二孤成立，艰苦万状。现年五十二岁。

黄得芳妻朱氏　朱秀坤女。二十六岁夫殁，纺绩以度，事衰翁甚谨，抚遗孤成立。现年六十四岁。

宋某妻谢氏　谢承训女。二十岁夫殁，纺绩维勤，事衰姑终养如礼，嗣子兆珠以延夫祀。现年六十八岁，学宪林给以“冰檗怀清”。

蔡法兴妻朱氏　朱训瑟女，二十岁兴殁。兴弟法顺妻朱氏，朱训福女，二十三岁顺殁。二氏共励冰霜，事翁姑终养如礼，嗣子宪则以延宗祀。兴妻现年七十八岁，顺妻现年七十五岁。学宪孙给以“松筠并茂”。

张承阶妻房氏　房振镛女。二十三岁夫殁，无翁姑子女，茕茕孑立，遂归母家，纺绩以度，独励冰霜。现年五十九岁。

卜广群妻丁氏　滕邑丁司义女。二十一岁夫殁，事翁抚女，孝慈兼至。因念翁无次子，劝翁娶继室，生子二。越十数年翁殁，丧葬如礼，抚两小叔成立。现年六十八岁，乡里称之，学宪王给以“淑德芳行”。

陈文治妻汪氏　汪治清女。二十九岁夫殁，翁老姑盲，遗孤甚幼，氏勤纺绩，事上抚下，备历艰辛。现年五十九岁。

汪尚仁妻蔡氏　蔡法禧女。二十三岁夫殁，孝事翁姑，始终如一，嗣子以延夫祀。现年六十岁。

杜学俊妻张氏　张永吉女。二十九岁夫殁，遗孤。家赤贫，无所依赖，遂携子归母家，抚育成立。现年六十六岁。

王希风妻张氏　滕邑张继韶女。二十岁咸丰十一年，夫与姑俱死于难，氏茹蘖饮冰，抚夫两幼弟成立。现年五十六岁。

班兴芳妻娄氏　二十六岁夫殁。事翁姑终养尽礼，抚孤成立。现年六十六岁。

王希怀妻尹氏　尹士伦女。二十四岁咸丰十一年，夫殁于难。事衰姑，始终无间。遗孤旋殇，氏茕茕孑立，矢志冰霜。现年六十七岁。

汪瑞妻阎氏　阎锡禄女。二十七岁夫殁，家贫，勤纺绩以事姑，生养死葬，靡不尽礼。现年八十四岁。

汪桂林妻陈氏 陈鹤柏女。二十一岁夫殁，投缳遇救，因姑泣劝，念始转。氏遂矢志冰霜，纺绩事姑，抚嗣侄逾于己出。现年六十一岁。

张敏妻张氏 张瑞盈女。二十五岁夫贸易遇难死，事孀姑终养如礼。现年六十一岁。

杨在渭妻史氏 史毓奇女。二十二岁夫殁，家贫，乞食事姑，抚遗孤成立，艰苦万状。现年六十九岁。

马秀章妻徐氏 徐霖女。二十四岁夫殁，事翁姑终养如礼，抚孤成立。现年五十六岁。

徐赓成妻王氏 王云中女。二十五岁夫殁，嗣侄以延夫祀。现年五十五岁。

王云岳妻徐氏 徐廷栋女，二十一岁夫殁守节。现年六十七岁。

李振宗妻刘氏 刘善昌女，二十七岁夫殁守节。现年五十四岁。

王北瑞妻李氏 李明第女。二十四岁夫殁，嗣子以延夫祀。现年六十四岁。

文童朱英奎妻阎氏 阎永贞女。二十六岁夫殁，抚两孤成立。现年六十一岁。

程大增妻邱氏 邱松女，二十一岁夫殁守节。现年六十四岁。

郭毓光妻严氏 二十二岁夫殁。事姑抚女，孝慈兼尽。现年五十二岁。

孙良玉妻刘氏 二十九岁夫殁，抚侄成立。现年七十岁。

耿德仲妻郭氏 二十五岁夫殁。矢志冰霜，誓不他适。守节四十年。

赵焕妻李氏 二十八岁夫殁。抚遗子女成立，辛苦万状。现年五十八岁。

赵资德妻李氏 从九李栋女。二十三岁夫殁，事姑生养死葬，靡不如礼。现年六十一岁。

徐熙朝妻阎氏 阎伟女。二十六岁夫殁，抚孤成立。现年七十二岁。

徐锡嘏妻李氏 李正伦女。二十五岁夫殁，抚孤守节，现年六十八岁。

刘介奇妻阎氏 阎介女，二十岁夫殁守节。现年六十五岁。

李大妻阎氏 阎祓女，二十三岁夫殁守节。现年六十四岁。

文童阎朝基妻李氏 岁贡生李振翩女。二十七岁夫殁，抚孤守节。现年六十六岁。

胡从圣妻陈氏 陈守成女，二十七岁夫殁守节。现年六十七岁。

文童李鸣环妻燕氏 监生燕作楫女。二十二岁夫殁，抚孤教有义方。现年六十二岁。

封家仁妻燕氏　太学生燕廷遴女，十九岁夫殁守节。现年七十三岁。

严中烈妻张氏　滕邑监生张继武女。二十八岁夫殁，抚遗子女成立，难辛万状。现年五十五岁。

孔宪芝妻严氏　严正洓女。二十二岁夫殁，纺绩维勤，事孀姑终养如礼。现年六十一岁。

周化鲁妻严氏　武生严金彪女。二十五岁夫殁，抚孤成立，为娶妇生孙。孤又亡，氏复抚育雏孙。现年七十三岁。

周玉珊妻张氏　二十六岁夫殁守节。现年六十三岁。

李士魁妻秦氏　二十九岁夫殁守节。现年六十九岁。

汪厚乐妻魏氏　魏含倪女，二十一岁夫殁守节。现年六十岁。

李宗骥妻蔡氏　蔡灵高女，十七岁夫殁守节。现年六十岁。

燕作箴妻赵氏　赵会一女，三十岁夫殁守节。现年七十二岁。

张元墀妻王氏　王贵女。二十一岁夫殁，嗣子宗挑，抚育成立，为娶赵复振女为妇，生一女。宗挑又亡，氏偕妇相依一室，共育女孙。王现年六十一岁，赵现年三十七岁。

庠生董宗一妻韩氏　三十岁随夫避水萧邑，教读以度。咸丰三年春，匪至，夫遇难殁。氏流离困苦，不易坚贞。后旋里，纺绩自给。现年七十岁。

李光密妻封氏　监生封禀初女。十九岁于归，甫三年夫殁。孝事亲，抚遗孤明瑶成立，为娶妇拾，生子宗谨。明瑶又早亡，氏偕妇相依一室，抚育宗谨成立。封守节八十四岁卒，拾现年六十三岁。

文童封涵性妻蒋氏　丰邑蒋童山女。二十四岁夫殁，孝事亲，抚遗孤自元成立，为娶妇李，孙曾绕膝。现年七十七岁。

监生孟继柱妻李氏　李嘉鱼女。二十五岁夫殁，赤贫，纺绩佣作，事衰姑以孝闻。遗二孤，抚育成立。现年五十五岁。

庠生魏之汉妻王氏　铜邑王有条女。十九岁于归，甫一年夫殁。善事翁姑，终养如礼，嗣侄锡俊，爱如己出。现年七十四岁。

封家权妻曹氏　曹怀瑾女。十八岁于归，逾三载夫殁。事姑以孝称，抚夫幼弟成立，嗣侄以延夫祀。现年七十一岁。

叶长松妻施氏　施宏昌女。二十一岁于归，逾七年夫殁，守节。现年六十九岁。

沈中诚妻郭氏　监生郭廉女，二十八岁夫殁守节。现年七十岁。

程汝梅妻杨氏　杨纬女，三十岁夫殁守节。现年六十三岁。

张魁赞妻蔡氏　蔡法安女。二十三岁夫遇贼死，欲自殉，翁姑泣劝，乃止。

氏茹蘖饮冰，事翁姑终养如礼。现年四十九岁。

都司孟传美妻田氏　田治平女。二十四岁夫殁，事翁姑以孝闻。现年五十岁。

张绍辰妻孙氏　孙树宗女。二十六岁夫殁，谨事衰翁，抚孤成立。现年八十一岁。

张元杨继妻孟氏　孟兴兵女。十九岁夫故，事翁姑以孝闻，抚前室子女如己出。现年六十岁，学宪王奖以“孝慈贞节”。

丁禄妻滕氏　滕玉林女。三十岁夫殁，赤贫，抚育子女成立，难辛万状。现年七十二岁。

孟毓堂妻张氏　张广福女。二十五岁夫殁，事亲抚孤，孝慈兼尽。现年六十四岁。

孔继昌妻李氏　李坦舒女。二十二岁夫殁，抚孤成立。现年六十岁。

罗松妻王氏　王月柱女，二十八岁夫殁守节。现年五十八岁。

吴毛妻汪氏　二十七岁夫殁于外，氏食贫坚守，艰苦百端。现年七十五岁。

封自任妻郝氏　郝蘧女。二十岁夫殁，投缳遇救，翁姑泣劝，念始转，嗣子以延夫祀。现年七十四岁。

周心田妻祝氏　祝彩女。二十八岁夫殁，事翁姑以孝闻，抚嗣子如己出。现年九十一岁。

潘容妻袁氏　袁大任女。二十八岁夫殁，事衰翁甚谨，抚孤子女成立。现年五十二岁。

张基平妻田氏　田敬容女。三十岁夫殁，孝事翁姑。河决，氏扶翁姑远适，佣作以养。有诱以他适者，氏誓死不从。旋里，翁姑继逝，殡葬如礼。现年六十八岁。

李树菊妻赵氏　赵宗柏女。二十七岁夫殁，赤贫，孝事翁姑。现年六十七岁。

李树春妻阎氏　阎凤复女。二十三岁夫殁，事翁姑终养如礼。现年七十九岁。

刘元继妻孟氏　孟毓光女。二十一岁夫殁，欲自殉，因念亲老，无人奉养，遂强代子职，矢志冰霜。现年七十六岁。

封自升妻刘氏　刘子申女。二十三岁夫殁，事姑孝，抚育子女。无何，子女继殇，氏茕茕孑立。现年五十三岁。

朱祖纲继妻李氏　李怀圣女。二十五岁夫殁，抚二孤成立，艰苦万状。现年九十六岁。

王绥大妻朱氏　县丞朱尊玠女。二十五岁夫殁，嗣子以延夫祀。现年六十七岁。

燕作孚妻朱氏　庠生朱敬溪女。二十五岁夫殁，事姑终养如礼。现年五十二岁。

蒋长艺妻朱氏　朱绍恩女。二十九岁夫殁，抚三孤成立，艰辛万状。现年五十一岁。

杨维翰妻唐氏　唐允中女。二十六岁夫殁，遗孤五龄，抚育成立。现年七十一岁。

赵训古妻李氏　李大本女，二十八岁夫殁守节。现年七十五岁。

朱祖池继妻李氏　李永新女。三十岁夫被匪害，氏矢志柏舟，嗣子以延夫祀。现年六十一岁。

朱宗洛妻蒋氏　庠生蒋润之女，二十六岁夫殁抚孤。现年四十八岁。

朱敬沼妻张氏　张懋林女，二十三岁夫殁抚孤。现年四十九岁。

朱敦冉妻王氏　王效宓女，二十九岁夫殁抚孤。现年七十一岁。

杨柱妻某氏　二十四岁夫殁，欲自殉，转念亲老女幼，遂矢志冰霜。现年六十五岁。

甄嘉润妻张氏　张效颜女，二十八岁夫殁抚孤。现年六十六岁。

甄正茂妻李氏　李大同女。二十七岁夫殁，遗孤六龄，避河决，艰辛万状。现年七十七岁。

沈广业妻谭氏　谭景祥女。二十八岁夫殁，氏矢志柏舟，守节三十八年。现年六十六岁。

补录节妇府志

陈质鲁妻安氏守节七十余年。

胡纯妻张氏　封乐性妻蔡氏，封履成妻郝氏，朱文雅妻郑氏，时开都妻王氏，刘阁妻史氏，刘世福妻纵氏。均守六十余年。

张树策妻韩氏，张京选妻万氏，刘准妻满氏，王念芬妻魏氏，马文博妻李氏，夏维芝妻朱氏，俞礼妻王氏，张克庄妻王氏，张学训妻陈氏，郝儒节妻宋氏，吴秀士妻张氏，曹训妻马氏，朱延禅妻张氏，朱训妻阎氏，朱爌妻徐氏，“徐”一作“渠”。朱仰全妻王氏，朱敬绅妻刘氏，朱尊德妻刘氏，朱训镐妻李氏，朱延吕妻田氏，孟之域妻朱氏，黄在俭妻谢氏，叶太平妻杜氏，张大节妻任氏，张现妻王氏，张汭妻宋氏，蔡增光妻李氏，许茂妻董氏，李元秀妻胡氏，马士言妻朱氏，马方朋妻冯氏，宋克武妻朱氏，郝炽昌妻冯氏，王休妻李氏，阎利贞妻韩氏，阎惺妻方氏，程标妻阎氏，郑兴溪妻张氏，张顺德妻王氏，牛学礼妻赵氏，陈志合妻张氏，董学尹妻冯氏，龚志曾妻孙氏，卜继煊妻尹氏，刘汉英妻汪氏。以上均守五十余年。

贺凤枝妻曹氏，郝景泗妻孟氏，郝炽盛妻惠氏，郝焕俊妻秦氏，阎维祉妻程氏，阎信矼妻李氏，阎华研妻韩氏，阎克让妻褚氏，阎良才妻李氏，陈学法妻杨氏，陈有宁妻刘氏，房元兆妻吕氏，房元秀妻王氏，朱延墀妻李氏，朱训聪妻王氏，朱光紫妻邱氏，朱均妻赵氏，朱士奇妻王氏，朱敬睿妻师氏，朱英贵妻李氏，赵永俭妻傅氏，赵玉相妻颜氏，张继文妻丁氏，张希艺妻王氏，张丕基妻侯氏，张京元妻赵氏，张绍臣妻孙氏，张伯忍妻李氏，吴秉献妻杨氏，蔡毓奇妻赵氏，贺冠英妻李氏，燕以封妻甄氏，孟毓润妻王氏，韩秉德妻耿氏，卜以政妻史氏。以上均守四十余年。

朱祖参妻孙氏，朱祖彬妻刘氏、妾李氏，朱尊身妻史氏，朱祖普妻刘氏，孟毓泰妻冯氏，孟毓洛妻吴氏，王岳妻徐氏，王廷锐妾袁氏，李鸣环妻燕氏，封嘉仁妻燕氏，封自韶妻孟氏，於振铎妻孙氏，阎兆恔妻李氏，阎理硋妻李氏，杨毓宾妻王氏，张岭南妻程氏，张廷薪妻陈氏，杨某妻朱氏，张凤彩妻陈氏，张庆吉妻王氏，王维钦妻孙氏，刘士芳妻郝氏，冯学鲤妻陈氏，郝炽修妻燕氏，孔昭益妻陈氏，孙锦凤妻朱氏，周开昌妻吕氏，孟继由妻王氏，张懋修妻刘氏，张士昱妻李氏，张世允妻朱氏，张佩妻徐氏，张克灵妻陈氏，梅蕤妻叶氏，桑子玉妻郭氏，王云露妻徐氏，某妻黄氏，黄霭女。某妻褚氏，马文勇妻王氏，马思尚妻卜氏，蔡玉田妻田氏，蔡赓印妻葛氏，宋兆坦妻谢氏，鹿蓁妻谭氏，陈继诲妻阎氏，胡惓妻顾氏，王允珠妻倪氏，韩存业妻刘氏，邵暐妻燕氏，纪逢瑞妻王氏，傅宗魁妻孟氏，杨华妻宋氏，李光谟妻梅氏，燕从德妻朱氏，燕以揆妻李氏，徐志纯妻孙氏，邱继清妻朱氏，朱祖鸿妻辛氏，朱立言妻张氏，朱孔阳妻包氏，朱则之继妻薛氏，赵淇川妻李氏、妾刘氏，张懋勉妻董氏，张辅伦妻李氏，张景昂妻马氏，张文轩妻徐氏，张培厚妻封氏，孙大勇妻闵氏，胡从好妻沙氏，胡继孟妻张氏，李士林妻胡氏，燕作雨妻王氏，李永昌妻燕氏，崔义妻孔氏，赵广才妻燕氏，刘百福妻李氏，王维休妻朱氏，王克勉妻张氏，王维忠妻侯氏，王曰让妻孙氏，田贞妻吴氏，韩永选妻李氏，韩炽妻吴氏，魏允芳妻封氏，蔺魁元妻丁氏，朱仆柱妻杨氏，朱祖锦妻黄氏，“锦”一作“绵”。朱敬杲妻王氏，朱祖彭妻张氏，朱丽妻董氏，邱际颜妻袁氏，孟简斋妻常氏，彭有运妻吴氏，燕运馨妻龚氏。以上均守三十余年。

吴仪妻郭氏，魏某妻李氏，张文林妻曹氏，张懋本妻殷氏，张华轩妻韩氏，刘澍妻王氏，左广运妻谢氏，孟兴基妻张氏，燕秉善妻陈氏，朱宗达妻王氏，黄启尚妻朱氏，朱宗偃妻谢氏，徐峻山妻王氏，张世介妻王氏，刘际祥妻杨氏，冯忠良妻张氏。以上均以节著。

烈　妇

明

陈恕妻姜氏　姜子华女。二十五岁夫病，家贫，脱簪珥以佐医药。夫殁，氏遂自缢而死。县令白请旌建祠。

张化龙妻胡氏　夫殁，誓不欲生，姑防之甚严。越四日姑倦，氏即自缢而死。县令白请旌建祠。

王嘉任妻张氏　张荷宠女。二十二岁夫殁，悲哭不绝，是夕即缢死于夫尸之侧。

卓冠伦妻张氏　张修女。夫病，躬侍汤药不倦。及殁，悲痛异常，是夜缢于柩侧。

庠生吕登瀛妻郑氏　二十七岁夫殁，誓不欲生，母防之严。迨三日夜母倦，氏即缢于柩前。

冯东鲁妻张氏　张光大女。夫殁，誓以死从，次日乘间缢于柩前。

刘纬妻彭氏　彭大治女。夫殁，矢志从夫，姑以怀妊泣劝，氏强从。及生女，死志益决。女复夭，氏即自缢而死。

潘季春妻马氏　夫殁，誓以死从，家人防甚密。迨六日后稍倦，氏即缢于棺侧。邑令林汝翥请旌建坊。

廪生韩晟继妻李氏　李一纶女。夫病不起，敬事罔懈。及殁，殡葬礼毕，氏遂缢于棺侧。邑令李正茂请旌。

庠生张慊妻唐氏　唐见素女。夫殁，誓不欲生。时方有娘家人谕以存嗣大义，氏强从以待。及生男不举，复自缢死。邑令李正茂卜葬立碑于歌风台右。

郝綦隆妻周氏　周敏德女。二十三岁夫殁，誓以身殉，姑以抚孤解谕，氏强从。及孤又殇，氏潜缢于柩侧，与夫同葬。水部赵士履作长歌哀之，仍檄学博张弘纲代祭其墓。

生员李吉士妻常氏　夫殁，未俟殡敛，是夕即缢死于夫尸傍。

朱炳妻赵氏　赵志浩女。十八岁夫殁，誓不欲生，是夜即自缢死。

庠生朱奕暄妻孙氏　孙枢女，十六岁，崇祯十四年夫染疫殁，悲痛异常，当夜自缢而死。

庠生王心纳侧室马氏　马平康女。夫殁，是夜遂自缢死。

李某妻刘氏　十七岁归李。甫一月夫殁，既敛，氏遂缢于棺侧。邑令李芝凤树坊以表之，曰“幽灵独著”。

甄遇昂妻李氏、朱鹤龄妻董氏，李天佑妻高氏，侯之桢妻梁氏 以上俱殉夫。

张尔玠妻孟氏 孟以中女。崇祯十五年贼围城，夫妇被掠，氏大骂不绝，遂见杀。

白鹿鸣妻朱氏 二十一岁；白鹭鸣妻牛氏，二十岁。崇祯十四年贼突至，二氏被掠不屈，大骂而死。

陈沅妻彭氏府志。

孝廉阎尔梅妻张氏 张弘纲女。尔梅当明鼎革之秋，仗义不从，因系济南狱。后逃归，官军追捕，围其宅。张氏义不受辱，与妾樊氏皆缢死。以上殉难。

国朝

翁化麟妻杜氏 曾文祚妻朱氏，黄元德妻许氏，罗镇福妻蔡氏，李应考妻朱氏及义妇李氏。以上顺治初殉难。

张悦三妻廉氏 夫殁，殡敛礼毕，因无翁姑子女，遂自缢于棺侧。请旌。

文童蔡方諫妻张氏 二十一岁，姑与夫俱病，氏躬侍汤药不倦。逾三年姑逝，夫旋殁，又无子女，是夕即缢于夫尸之傍。各宪给额旌之。

庠生朱奕讱妻张氏 夫赴考覆舟死，氏悲痛不食。俟夫棺归，缢于棺侧。请旌。

王小报妻李氏 夫出贾，邻贾冯之儒突加调谑，氏羞忿自缢。请旌。

文童冯家爵妻徐氏 徐昺女。夫殁，恸哭几绝，是夕遂缢死于尸侧。抚宪奖曰“节比松筠”，学宪曰“女中志士”，邑令佟曰“名重香骨”。

国学生朱鈐妻汪氏 夫殁，誓以死殉，遂投缳于柩次。各宪皆奖其节，教谕孙奖曰“倡随泉路”。

张四排妻周氏 周崇得女。于归四载夫殁，哭泣不食，家人防之密。越四日防稍倦，即缢死于柩前。

王世德妻张氏 张窭人女，依母居。二十九岁夫殁，无子，誓不欲生，母防护甚严。迨月余母倦，氏即缢于夫柩之侧。邑令杨弘绩奖以“天命完节”。

沈宏智妻孙氏 孙守玉女。二十一岁夫病，侍汤药三年不倦。及殁，氏即自缢于柩次。邑令、学博皆有额言旌之。里人复醵钱树石以表其墓，明经金文泽为之铭。

刘銮妻朱氏 二十四岁夫殁，是夕遂自缢死。

文童朱士熊妻高氏 夫殁无子，殡敛甫毕，氏即入室自缢。

张尧妻郝氏 于归十日夫殁，氏即缢死。

李茂妻张氏 夫殁，悲痛不食，越四日自缢而死。县令施奖曰“节烈可嘉”。

蔡天资妻崔氏 二十五岁夫殁，哭泣不食，次日投缳死。邑令佟立碑纪其事。

孟承谟妻魏氏　魏天衿女。夫殁，两缢遇救，越三日复投缳死。郡侯孔旌曰“高节清风”，邑令佟曰“洁同冰玉”。

李循妻李氏　李廷瓒女。二十七岁夫殁，殡敛甫毕，遂投缳死。邑令黄奖曰“光在泉壤”。

文童汪揖妻吴氏　夫殁，投缳遇救。逾两月，防之稍倦，仍自缢死。学博吴给额旌之。

徐云昇妻傅氏　傅继先女。夫殁，因无翁姑子女，遂投缳死，与夫合葬，勒石称“烈妇墓”。

孝廉朱某侧室钱氏　夫殁，自刎以殉。年久墓倾，好义者为修墓勒石。墓在夏镇地藏庙东北。

文童王鈖妻徐氏　徐资裓女。夫病，侍汤药不倦。及殁，殡敛甫毕，氏乘家人不防，遂自缢死。

马騊妻丁氏　二十四岁夫殁，投缳遇救，家人防益严。氏乘间潜于夫死所，饮卤自尽。邑令施奖曰“节烈可风”。

文童朱来鹤妻郭氏　郭敬胜孙女。夫殁，遂自缢于灵右。邑令梁额以“贞烈芳规”。

章贵妻张氏　二十一岁夫殁，因无翁姑子女，殡敛甫毕，遂自缢死。以上旧志。

卫守备张谦六继妻陈氏　咸丰十一年贼至，氏恐被执，服毒死。时年二十八岁。

於振先妻徐氏　咸丰十一年贼至投井，贼拯起逼之，大骂被杀。

满效琳妻杨氏　咸丰十年贼至投井，贼欲拯出之，大骂被捌而死。

余濬哲妻郭氏　夫殁守节二十余年。贼至，恐被执，遂投井死。

崔以仲妻吕氏　咸丰十一年贼至，氏守姑不去。贼胁以刃，氏大骂，以喉迎刃死。贼惊走，姑得免。

朱延善妻魏氏　魏典祥女，二十六岁夫殁。咸丰十年贼至，氏携子避乱栖山。后被执，大骂而死。

梁某妻□氏　夫殁守节。咸丰十年捻匪窜境，氏携子避乱栖山。后被匪逼，遂入井死。

胡士选妻蒋氏　蒋存休女，十八岁。咸丰二年贼至，度不能逃，遂投井死。

辛汝旒妻赵氏　丰邑赵玉亭女，十九岁于归。咸丰八年捻匪骤至，恐被执，遂急投井而死。

吕善五继妻张氏 张学诗女，二十二岁。光绪五年六月，被匪抢掠，及时追回，氏羞忿自缢。光绪八年旌。

刘台妻陈氏 咸丰十一年贼至，氏被执，遂自殉节而死。

赵德柱妻邵氏 二十四岁夫殁。咸丰十一年贼至，氏即投河死。

寇学文妻李氏 李克明女。咸丰十一年贼至，投缳死。

聂怀珠妻寇氏 寇学文女，三十四岁。咸丰十一年贼至，投缳而死。

王六妻周氏 太学生周玉璞女，二十七岁。咸丰十一年贼至，投井而死。

严中时妻张氏 二十八岁。咸丰十一年贼至被执，乘间投井死。

严中照妻张氏 滕邑张梅女，二十三岁。咸丰十一年贼至，投缳而死。

李廷干妻赵氏 二十三岁夫殁，守节四十余年。咸丰十一年贼至，氏即投井死。

文童封自元妻石氏 石绍绪女。咸丰二年夫殁，乘间缢死棺侧，时年二十六岁。

王汝松妻李氏 咸丰十一年夫被贼执，氏即骂贼遇害。

周桂登妻任氏 咸丰十一年贼至，投井死。

张怀亮妻孙氏 咸丰十一年夫被贼执，氏骂贼遇害。

张裕凤妻姜氏 八十五岁。咸丰十一年被贼殴，立时死。

周玉琳妻梁氏 咸丰十一年贼至被执，大骂遇害。

韩同妻王氏 咸丰十一年贼至，投河死。

周化淳妻王氏 三十八岁。咸丰三年贼至圩破，氏恐被执，遂携二女共投井死。

卜广誉妻赵氏 庠生赵辅彤女。咸丰十一年逆匪窜沛，氏恐遇贼，即投缳死。

监生杨淇妻陆氏 咸丰十一年贼至圩陷，氏殉节死。

张道荣继室杨氏 咸丰十一年流贼窜境，全家离散，氏携幼子逃避，贼追掠其子，氏大骂不绝。贼怒，以戈击氏落井，下土石以塞之。后数年其子逃归，同诸兄发井出骸葬之。学宪王给以"光耀重泉"。

武生吴瑞征妻赵氏 赵慕涟女，三十岁。咸丰三年匪至，举家逃在舟中。匪得舟追之，氏恐被逼，遂挟幼女投河死。以上殉难。

张其位妻李氏 夫病笃，亟语氏曰："汝年少，无子女，宜亟嫁，勿贻吾死后忧！"氏曰："妾善自处，使君瞑目也！"夫殁，氏遂自缢。

张元塾妻邓氏 二十九岁夫殁，姑老女幼。未几，女死，姑继逝。殡葬礼毕，氏绝粒数日而死。

周宏茂妻张氏　张复堂女。二十六岁夫殁，即夕服毒而死。

孔宪志妻潘氏　潘士俊女。夫殁，即日服毒自尽。氏年二十四岁。

陈怀德妻邓氏　邓玉璋女。二十岁夫殁，遂潜入室自缢。学政黄奖以“节性真操”。光绪十年旌。

王录妻徐氏　幼晓大义。适录，未期年而录病。病且死，哭之恸，欲以身殉，妯娌咸慰之。妇曰：“新妇，弱女子耳。无他志可死，无所出可死。且翁姑老矣，膝下尚繁盛，诸婶事之有余欢，不忍以一未亡人伤老人心也！”越一日录葬，妇辞墓归，遂从容自缢而死。邑侯佟多其烈，亲往奠焉。山阴童钰撰。

王汝谟妻邱氏　农家女。归汝谟，笃于伉俪，勤执妇道，孀姑爱怜之。生一子，姑见之，喜曰：“余守节十余年，仅一子，今见孙矣！媳妇贤，吾知其必有成也！”妇闻之亦喜。会汝谟病咯血，姑有忧色。妇竭力侍汤药，咯转剧。姑泣谓妇曰：“苟吾子死，吾殆无生理。汝尚少，将奈何？”于是妇泣，姑相抱泣。汝谟在床第闻之，亦大声泣。妇忽跃起曰：“姑勿恐，儿殆不死也！”出谓其灶下老妪曰：“余昔闻人云，有代死禳生者，汝知之乎？”老妪漫应之。妇即疾趋入，见姑泣尚未止，而汝谟已奄奄殆尽矣。复出祷于天，喃喃作叩头状，入别室自缢死。汝谟亦于是夕卒。山阴童钰撰。

文童曹凤瑞妻蔡氏　岁贡蔡赓谦女。二十岁夫殁，即日自缢而死。学宪孙额以“磨笄矢志”。同治十二年旌。

生员贺励操继妻张氏　张凤羽女，二十四岁。夫以水患兵灾致疾，氏默祷，愿以身代。竟殁，氏遂入室投缳而死。拔贡朱敬瑞代作《烈妇传》，梓于《梅影诗集》。

王兆科妻封氏　封自纯女。二十岁夫殁，既敛，悲痛三日不食，遂缢死于棺侧。

韩维朴妻周氏　十七岁归朴。数月，朴以病故，氏遂乘间自缢。

魏立卓妻曹氏　于归年余夫殁，事翁姑以孝闻。数年，翁姑继逝，殡葬如礼。氏父母怜其少，欲他适。氏恐强夺其志，遂潜至夫墓，痛哭诀别，夜缢而死。请旌。

裴景仲妻杨氏　二十七岁夫殁，殡葬甫毕，氏即自缢而死。

文童王厚栽妻席氏　席教典女。于归，事祖姑孝。捻匪窜境，氏挟衣箧，扶祖姑奔避。匪追至，氏恐见逼，出翦刀向喉，骂曰：“衣箧任尔取去。若相迫，吾拼一死，愿勿丧吾祖姑命！”遂欲自刺，声色俱厉。贼感其孝，舍之去。后夫病笃，默祷愿以身代。竟死，氏慨然曰：“祖姑与舅，自有叔在！”乘间自缢而死。学宪彭给以“节同摩笄”。旌。

吴利魁妻孟氏　孟相毓女。二十一岁夫殁，遗孤半龄，氏矢志抚育，以延夫祀。孤又殇，氏悲痛自缢而死。

庠生吕道达妻曹氏　道达幼失怙恃，依叔婶抚育成立。氏十九岁归道达，事叔婶甚谨。道达设帐前吕楼，疾笃，送主家。夫妻相见，已不能言，旋殁。氏谛视之，不哭不言，遂入室自缢而死，时年二十五岁。请旌建坊。咸丰元年河决，坊淤无存。

庠生尹骥妻某氏　十九岁于归。未一月，夫殁，投缳遇救。氏痛哭异常，越旬日，绝粒而死。

魏训章妻孟氏　孟传梅女，十九岁于归。逾二年夫殁，欲自殉，家人以怀妊劝解，遂强待。月余，生男又殇，氏即缢死。请旌。

文童丁会典妻杨氏　监生杨芳女，十八岁于归。夫病，侍汤药三年不倦，默祷求以身代。夫殁，殡敛礼毕，遂投缳死。旌。

马振标妻某氏　同治二年贼窜沛，夫出遇害。氏闻之，号泣欲赴贼营，邻人劝阻。氏遂得疯疾，不数日，即自缢死。

庠生朱至行继室张氏　进士张惺宇孙女。笄年归至行，抚前室子如己出。康熙八年，夫随翁淮试，舟覆溺死，氏闻之欲自殉。有谓至行遇救，氏不之信，亦不遽自引决。迨夫柩至，家人防之密。氏治奠毕，绝口不言殉节事。俟防稍倦，遂阖户自缢死。旌。

姜凤来妻高氏　高士林女，十九岁于归。六年夫殁，遗孤一龄，氏视殡敛甫毕，遂入室自缢而死。

文童葛峻峰妻马氏　马志岭女，十七岁于归。甫半年夫殁，即自缢死。

文童封守典妻胡氏　武生胡麟泰女，十七岁于归。逾数年夫殁，事亲抚孤，孝慈兼尽。未几翁姑逝，殡葬成礼。孤又殇，氏复嘱夫弟守文，代立嗣以延夫祀。是夜，遂投缳死。

佾生张心一妻王氏　王铭女。二十四岁夫殁，是夕遂自缢死。学宪奖以"节同磨笄"。

文童陈怀义妻邓氏　邓采章女，十九岁于归。年余夫殁，欲自殉，家人防之密。越数日稍懈，氏遂乘间自缢。学政奖有匾额。

丁凤仁妻杨氏　杨方女。十九岁夫殁，是夜即自缢死。

张奉璋妻李氏　二十八岁。随夫避水河滩李庄，夫以病殁。殡敛甫毕，氏乘家人未防，遂投水死。

韦奉珊妻柳氏　二十五岁夫殁，殡敛甫毕，遂服毒死。

韦连溪妻那氏　那凤来女，十九岁于归。甫一载夫殁，欲自殉，家人防之密。迨数月稍倦，氏遂服毒自尽。

张莪妻李氏 李荣女。咸丰二年夫殁，氏乘间投水而死。

封家元妻石氏 石绍绪女。二十六岁夫殁，氏即自殉而死。

韩迎春妻张氏 二十三岁夫殁，氏即投缳而死。

张服周妻刘氏 刘化女。二十三岁夫殁，氏俟服阕，即殉节死。

马凤麟妻李氏 李克念女。二十五岁夫殁，次日氏即投缳死。

阎伯重妻姚氏 二十岁夫殁，殡敛甫毕，氏即殉节而死。

庠生阎贡府继妻师氏 二十七岁夫殁，氏即自缢而死。

王厚安妻刘氏 刘维显女。二十一岁夫殁，氏即服毒死。

宣焕妻方氏 夫殁，氏即自殉而死。

文童刘允修妻陈氏 二十岁夫殁，悲泣异常，绝粒数日而死。

赵德栋妻孙氏 二十七岁夫殁于外，氏闻凶信，遂自缢死。

朱延益妻王氏 王恒太女，十九岁于归。甫三月夫殁，欲自殉，家人防之密。越三日，氏乘间服毒而死。

邱士楹继妻张氏 张辅和女，二十二岁于归。逾三年夫殁，弥留之际，嘱以家贫难守。氏但饮泣不言，于夫易箦时，遂自缢而死。

陈玉珠妻殷氏 殷贤令女，二十岁于归。甫一月夫病，氏默祷愿以身代。夫竟殁，誓以死殉，家人防之密。逾一月，乘间服毒死。

李家泰妻陆氏 陆世鸣女。十九岁夫殁，氏视敛毕，即投缳死。

袁桓妻孟氏 年少夫殁，是夕即自缢死，与夫合葬。墓在戚山之麓。

吕建功妻于氏 二十五岁夫殁，氏即日自缢以殉。

朱炳妻赵氏 庠生赵其天女。二十八岁夫殁，氏遂绝粒而死。

李承勋妻石氏 太学生石楫庵女。二十二岁夫殁，绝粒而死。

朱士熊妻高氏 岁贡高元巩女。二十四岁夫殁，即日自缢而死。

朱宗濂妻史氏 太学生史明谟女。二十七岁夫殁，投缳遇救，家人防之密，氏卒不食死。以上殉夫。

补录烈妇府志

国朝

张宗瑞妻王氏，左尚礼妻孟氏，王应魁妻张氏，崔庆恩妻张氏并幼女，张懋本妻殷氏，张兰畹妻某氏，张岱妻秦氏，岱子兰皋妻刘氏，王学文妻张氏，陈凤书妻任氏，张伟妻陆氏，伟子某妻李氏，张某妻于氏，刘某妻唐氏，赵传德妻张氏，徐新民妻孙氏，赵得言妻魏氏，李海若妻王氏，宁月明妻安氏，李丙太妻李氏，李坦妻吴氏，刘书堂妻蔡氏，赵秉凭妻徐氏，王恩聪妻李氏，张士轩妻刘氏，唐锡三妻张氏，贾文方妻王氏，宋方运妻萧氏，张怀妻郑氏，刘运登妻李氏，张同山妻李氏，杜玉昆妻王氏，赵元德妻张氏，奚玉璞妻刘氏，安金铃妻王氏，曹永杰妻魏氏，李嘉臣妻王氏，任廷林妻史氏，谭继泰妻胡氏，王某妻崔氏，李某妻张氏，周化洽妻张氏。以上贼至均殉难死。

赵琤妻孙氏，王云霭妻朱氏，阎湑妻姚氏，一作“伯重妻饶”。魏某妻李氏，阎锐煜妻程氏，阎三才妻朱氏，贺广持妻张氏，邵田妻柴氏，马肇瀛妻张氏，朱敬五妻李氏，李树本妻张氏，马某妻张氏，张宠诰妻钟氏，鲍居垲妻张氏，范昌炜妻蒋氏，孟毓濂妻李氏，孟介眉妻张氏，朱云翮妻郭氏，孟继儒妻王氏，张奉诰妻徐氏，张恩诰妻朱氏，张震六妻蒋氏，张鸿陵妻孙氏，封守冉妻饶氏。以上夫亡均自殉节。

烈　女

明

袁经女玉会　年十七，许王得旻，未娶。正德辛未春，流贼窜沛，人皆避匿。经令女男服，杂众中走。贼逐获，知为女，令随去。女绐贼曰：“待我去男衣。”适道傍有深池，遽跃入死。

郭一德女　年十五。崇祯辛巳年，遇贼不屈，大骂被杀。

赵竹女　年二十，未字。崇祯庚辰年，遇贼不屈，大骂被杀。以上殉难。

郭瑞女青儿　年十六，许里人王成。一日，成与邻人争，怒，欲自死，乃诣女家求一见。女拒之，终不与见。成归自经。女闻之，痛不食，以死自誓，母防护甚严。及成将就窆，欲往送丧，父母不许。乃绐母，求面羹食。母入厨，遂自缢死。与成合葬。县令王率僚属吊之，学使表其墓。

张浩女　年二十。受蒋政聘，未娶，政卒。女闻之，痛哭几绝。欲往吊，父母不可。欲往视葬，又不可。父母往送政丧，女遂自缢。

石隆女景姐　年十七。父死，独与母居。受张旺聘，未娶，旺卒。女闻之，哀痛不已，是夜即自缢死。与旺合葬。

陈宣女季春　年十六。尝读《孝经》《列女传》。受甄时用聘，未归，时用病卒。女闻之，入寝室，手书时用及己姓名置诸怀，自缢死。与时用合葬。

张文津女　年十四。许宋夺光，未归，夺光病卒。女闻之哀泣，欲奔丧，父母不可，遂自缢。崇祯六年，建坊旌其门。

周某女　许丁中伦。未归，伦卒。女闻之，饮泣不食，是夕遂自缢死。与伦偕葬。

庠生杜宗预女　字万灿。未归，灿殁。女闻之，绝粒五日而死。知邳州李汝让请建坊，徐州同知宋一征为作《烈女行》。以上殉夫。

国朝

祁某女　许生员王玉衡。二十三岁未归，衡病，迎女侍汤药，勤谨弗懈。衡卒，女遂乘间缢于夫尸之侧。请旌。

朱祖慎女　即朱敬申之妹，字杨某。未归，夫殁。女闻之，遂自缢死。

张志勤女　字马某。未归，夫殁。女闻之，遂自缢死。

张柱之女　幼字李钦次子为妻。逾十余年，夫故，李匿不报。日久，女方知，鼠思泣血。伺父母未防，遂自缢，时年十八。以上殉夫。

王某女　顺治八年贼至，投河而死。

周鳌次女震姐　十八岁。咸丰八年贼突至，被执不屈，遂见杀。圩董张敬修请有匾额。

朱敬守女三姐　咸丰八年避乱居丰。贼至城破，女被执大骂，遂见杀。入丰邑节烈祠，拔贡朱延恩题其墓曰“烈女朱三姐之墓”。

李克孝女　字高某，十八岁，未归。咸丰八年捻匪窜沛，被执不屈，大骂而死。

张继修女　十九岁，许文童赵凤，未归。咸丰年土匪窜沛，母率女逃，遇贼不屈，大骂被杀。

张已修女　十七岁。咸丰九年皖匪突至，被执不屈，遂见杀。

庠生封守矩女九姐　十五岁。咸丰八年贼突至，被执不屈，以手指骂。贼怒，断其右手。仍骂不绝口，贼又劈，脑浆并出死。

蒋逢运女　十八岁。咸丰十一年贼至，女被执，胁之不从，贼以刃击之。女绐入室取衣服，久不出。贼排闼入，已自缢死。

郭毓美二女大姐、二姐　咸丰十一年贼至，均殉节死。

孙忠谋女　十七岁。咸丰十一年贼至，女恐被执，遂入井死。

陈永年二女大姐二十岁，二姐十八岁　咸丰十一年贼至，二女恐被执，遂殉节死。

乡饮严廷俊女　十八岁。咸丰十一年贼至，投井死。

太学生严廷相次女　十六岁。咸丰十一年，随母避乱夏镇。砦失守，女恐不免，遂投井死。

千总衔严廷机长女　年十八岁。咸丰十一年贼至，女恐不免，遂投井死。

张中继次女　二十一岁。咸丰十一年贼至，投缳死。以上殉难。

国朝

张善六女三姐，叶崇嵋女，郭仪二女大姑、二姑，王凤卜女大姐，杨加榕女，唐守传女，唐盘女，甘来聘女梅姐，甘殿举女桂姐，王登岚女二姐，冯万相女兰姐，李昌欣女大姐、二姐，张敦信女敏姐，徐体健女，李克让女二姐，徐克功女蓝姐，李松云女好姐，徐桂峰女大姐，吴以庄女攀姐，李东岭女秋姐，刘淑夏女景姐，赵连合女凤姐，常则之女，宋鸣江女欣姐，孙苞如女，李福之女，安东纯女，唐锡三女，杜玉昆女大姐，李凤祥女，薛九明女，陈德亮女，任廷魁女暖姐，武魁千女二姐。均殉难。

贞　女

国朝

庠生朱一蛟侍婢王女　蛟丧正妻，女摄中馈，敬事罔懈。蛟殁，殡敛甫毕，女遂缢于寝所。当事旌其门曰“贞烈”。

魏宣女荣姐　宣出樵采，邻恶孟猫每肆引诱，氏忿恨自缢。案成，孟猫抵法，魏氏请旌。

马方云女　受刘仁修聘，未娶修殁，往吊守志，孝事翁姑四十五年。

孝　妇

明

俞耀祖妻邱氏　邱世德女。姑吴氏病剧，氏割股疗之。姑梦神曰：“汝媳纯孝，当增寿半纪。”吴果逾六年而卒。

国朝

武生赵国璧继妻沈氏　孝事翁姑。姑殁，夫妇庐墓五年，沈躬负土筑坟。未几翁殁，夫妇复同庐墓。岁余夫死，氏仍携子同处，增筑故坟，孀居八十三岁卒。邻邑皆称其孝，萧令蔡为绘《庐墓图》，砀山令曾为制《孝德词》三十韵。

谢某妻李氏　姑病笃，焚香默祷，割臂疗姑，立愈。县令、学博皆有额言。

文童谢松妻李氏　姑病三年，侍汤药日夜不倦。病笃，绝食数日，氏割股以进，姑病立愈。县令蔡奖以“幽谷兰馨”。旧志。

杨斌妻曹氏　曹湘女，乾隆甲午归斌。家贫，事翁姑以孝闻。善制葛褙，积败麻为之，鬻于市，老幼衣食胥取给于此。值岁饥，道馑相望，里人多不相保。氏于平日预计，每食减少许，贮之壶中。至是，合家垂毙矣，出所贮米，得七斤，咸赖以活。又翦发求售，无有问者。归家惫甚，方假寐，怆然于心。醒而发不见，于鼠穴中觅之，因掘得古钱二千七百余枚，一家得不死。岂非天怜其孝，而相其贤欤！

陈鸿谟妻唐氏　事姑以孝闻。姑病，粒米难下，氏曲尽孝道，无微不至。乡党称之。

补录：孝妇府志

国朝

张世南妻孙氏，王大宾妻杨氏，张文兆妻王氏。均以孝称。

贤　妇

汉

王陵母　项羽取陵母置军中。陵使至，则东乡坐陵母，欲以招陵。陵母既私送使者，泣曰："愿为老妾语陵，善事汉王。汉王长者，毋以老妾故，持二心。妾以死送使者！"遂伏剑死。

国朝

处士朱铘妻张氏　秉性温惠，孝事翁姑，勤理家务，内顾无忧。年至九十九岁，孙曾绕膝，乡党咸称其贤。两邀皇恩。

邑绅郭方妻鲍氏　三十余岁夫殁，抚子崇勋入太学。好善乐施，每冬亲制棉衣数十领给寒苦者。雍正丁未大水，为筏数十，拯多人养之。壬子、癸丑，命子捐地三十亩，筑护城堤，赈粮二百石、棉衣一百领。甲寅，命孙和梅同从叔尚仪，共捐五百金助圣殿伦堂琉璃瓦，外捐五十金益修斋房。又命捐三百金修孟家桥，捐二百五十金修桥畔东南两坝，自此绝水患。又捐三百金修金山口桥。年至八十九岁，孙曾绕膝。钦赐粟帛，抚宪高奖曰"兰质高风"，藩宪白旌曰"笄惟善士"，县令谢旌曰"一乡慈母"。

寿　妇

国朝

千秋乡卧佛寺东有李媪者　年百二十九岁。

朱元佐妻蔡氏　年百有二岁。以上见府志。

廪生封凤藻妻韩氏　年八十九岁，孙曾绕膝。江藩司康奖以"贞寿贻谋”额。

李蕴钧妻张氏 年八十七岁。督学青给“萱寿兰馨”匾额。

孝女

明

赵某女 既适人,以父瞽,还依父居。岁饥,有赢粟。盗入,人皆惊走,女挺身卫父,执厨刀与盗斗,中数枪。盗不能近而去,父得免其难。

国朝

程国勋女明姐 十三岁。父病笃,女痛父无子,祖母老病,因两割臂以进父,病立愈。

太学生阎文池女 十五岁。母病危笃,女默祷愿以身代。母果愈,女竟数日而死。

附:流寓节烈妇女

明

新河节妇 失姓氏。嘉靖初,新河之役,夫在募中,死于疫。妇独伏夫尸傍,三日不食而死,督工官义而葬之。

饿节妇 失其籍。崇祯庚辰寓沛,岁大饥,夫妇随人拾湖中草根为食。夫饿,仆于路,妇抱夫首,望于路傍。时群丐掠人为食,或劝妇去,妇不应。及暮,果胥为乞丐刲而食之。

李缝人妻徐氏 失其籍。侨居夏镇,嗜酒。万历癸巳,岁饥,有女十四岁,欲鬻于娼,妻不可。继有乐人司姓者,买有成议。妻知不可争,乘李醉卧,携女跃潭水死。越三日,尸浮出,犹一手挽女,一手挽两岁儿。

有流寓夏镇者,失其姓氏里居。岁饥,鬻妻得钱买饼,悲不能食,乃沉于闸之侧。妻行未远,亦自沉。官闸者出其尸,夫妇相抱犹不解,居民哀而葬之。

国朝

晋人卢铉妻卫氏 侨居夏镇,夫病不能起。顺治六年贼至,守之不忍去。被掳不屈,大骂而死。铉亦哀卒。

王随大妻朱氏 单县人。夫殁,守节三十余年。

杨某 鱼台人。聘朱祖桓女,亲迎之日,杨卒于路。氏归,守节三十余年。

附:流寓贤妇

明

刘栋妻某氏　滕邑人,寓沛。栋弟枢生子,旬日妻死。栋妻时方生女,遂弃女而乳侄,抚育成立。人称其贤。

浙江山阴县郭念曾妻张氏　张宝森女。二十六岁于归。逾年夫殁,矢志柏舟。现年五十九岁。

乞人妇　色美。媒饵其姑,欲嫁之,氏婉谢。俟夫服阕,会何姑卒,氏求里人葬毕,遂自缢。

补遗:贤妇

三国

蜀甘后　沛人,昭烈帝称为"神智妇人"。全传见《拾遗记》及《三国志》,并见《太平广记》诸书。

补遗:节烈妇女

国朝

朱逢恩妻吴氏　监生吴元女。氏于归二载,夫殁,子绎曾尚在襁褓。抚孤事亲,备极艰苦。守节五十五年,现年七十四岁。

孟传介妻王氏　王和贵女。夫殁,遗孤二子,翁姑就衰,氏仰事俯畜,孝慈兼尽。守节四十年,现年六十五岁。

儒童封自强妻孟氏　孟毓秀女。于归五载,夫殁,遗子女各一。又一年,子殇。因翁姑衰迈,强生以尽孝养,择继以延夫祀。守节五十五年,卒年七十九岁。请旌建坊。

李师望妻程氏　于归二年,生一子登蓬。流离奔波,守志不移。后抚前室子登阁成立,为娶阎氏。甫三年,登阁亦卒,婆媳相依为命。后,程苦守四十余年,卒年六十七岁;阎苦守三十九年,现年六十一岁。

儒童胡作楫妻蔡氏　年二十三岁夫殁。氏事亲抚孤,备极孝养。现守节三十年。

孟传仁妻蔡氏　年十八岁夫殁。孝事翁姑,殡葬如礼,抚女择嫁。现守节四十年。

王念芬妻魏氏　年二十七岁夫殁。氏矢志柏舟,择嗣入继,苦守四十七年卒。学宪祁旌其门曰"荼苦筠清"。

王四让妻孙氏　孙棹女。氏二十七岁,夫殁。氏哀毁绝粒,欲殉,舅姑邻里劝以抚孤。后教幼子志绅游庠,守节四十一年卒。学宪祁旌以“彤史垂芬”匾额。

儒童王景春妻罗氏 夫殁,氏年二十一岁。孝亲养女,苦节坚贞。现守节四十年,学宪林旌以“荼蘖清心”。

赵开明妻于氏 于化龙女。夫殁,氏年二十八岁。姑老子幼,衣食取给十指间。氏后葬姑以礼,教子成立。至光绪十三年,氏七十三岁,无疾而终。

王珍玉妻徐氏 徐永盘女。夫殁,氏年二十九岁。孝亲抚孤,忍死守志,逃水避兵,苦节四十五年。氏现七十二岁。

谢文朗妻袁氏 夫殁,氏年二十七岁。携幼子奔波履险,纺棉卖饼度生,守节五十四年。氏现八十三岁。

朱宗诗妻徐氏 徐永贵女。夫殁,氏年二十一岁,茹蘖饮冰,守节四十四年。氏现六十五岁。

赵中和妻郭氏 郭谦女。夫殁,氏年二十五岁。教女择婿,抚侄延嗣,苦节四十年。氏现六十五岁。

王文质妻李氏 年二十七岁夫殁。氏念姑老侄幼,养育无人,兵火流离,孝节苦守。氏现六十七岁。

赵宝三妻刘氏 年十九岁于归。三年夫殁,氏以妇道而进子职,孝养备至。现年四十六岁。

傅渭妻张氏 张金标女。年十九岁于归,越九年夫殁,矢志抚孤,守节三十三年。氏现六十一岁。

潘谋妻郭氏 郭连三女。十八岁于归,半年夫殁。翁姑欲令改嫁,氏即自缢死。

黄迟妻张氏 庠生张玉梅女。于归三年夫殁,氏即于夜间服毒以殉。

儒童甄承武妻曹氏 年二十岁夫殁。氏水浆不入,绝粒以殉。

张树甡妻叶氏 廪生叶毓琇女。年十七岁于归,半年夫殁。氏即欲殉,家人防守甚严,氏从菜圃内收取治虫砒霜,冲服以殉。

王汝为妻陈氏 年二十岁夫殁,殡后即投河死。

张茂贵妻董氏 董凤林女,于归二年夫殁。氏十九岁,食贫苦守,抚侄以继夫嗣。氏现年五十一岁。

孟传点妻刘氏 年二十三岁夫殁,遗孤二子一女,抚育成立,苦节二十九年。氏现五十二岁。

王成立妻刘氏 刘学周女。夫殁,氏年二十八岁,纺绩奉姑,生葬如礼,守节四十五年。氏现七十三岁。

张现妻王氏 雍正九年夫殁,氏年二十五岁,孤子希艺,甫六龄;次子从政,遗腹生。姑老叔幼，赖氏维持家计，教子成立，守节五十年。请旌，敕褒“清标彤管”四字。氏年八十岁终。长子希艺妇王氏，于归三载夫殁，以叔子京元为嗣，事姑训子，苦志坚贞，卒年六十四岁。京元妻赵氏，于归五载夫殁，氏年二十三岁，因事孀姑强生，抚叔子伯忍为嗣，仰事俯畜，孝贤著闻。邑人申请上宪，旌以“节苦风清”四字。守节四十七年，卒年七十岁。伯忍妻李氏，李沂女，于归六年夫殁，氏年二十五岁，上奉六旬孀姑，下育周岁孤儿，因转殉为守，备极辛勤，为子敬书婚娶孟传启三女。孟年十七岁于归，越八载敬书殁。氏依衰姑，更相为命，遗孤三龄，严教成立。姑李现存，八十四岁，孟今六十一岁。一门五世，苦节奇特，阃范冰操，允称清德萃聚云。

张世熹妻阎氏　夫殁，氏年二十三岁。因念衰翁无人奉养，以妇道代子职，孝节终身。里人公请表扬，以“节孝遗婺”旌其门闾。

谭树兰妻郭氏　郭天助女。二十一岁夫殁，守节四十四年。

郝炽昌妻冯氏　庠生冯建亭女。二十三岁夫殁，子女俱无。氏上奉翁姑，下抚嗣子，苦节五十五年。督、抚、学三宪给匾“柏节松龄”。

郝炽盛妻惠氏　增生惠孚轩女。二十二岁夫殁，抚弱女守节。未几女又殇，其志益坚。历六十余年，现八十九岁。督、抚、学三宪旌表“苦节冰霜”。

郝景泗妻王氏　三十一岁夫殁。家甚贫，赖纺织糊口，抚幼子弱女成立。守节六十余年，现年九十五岁。

郝炽俊妻秦氏　年三十岁夫殁，一子尚幼。水患兵燹，艰苦备尝，卒抚孤成立。年七十五岁。

郝遇源妻刘氏　廪生刘兆义女。夫殁，氏年二十九岁，一子尚幼。未几，子又殇。氏抚嗣子成立，娶妻尚氏。甫十岁，嗣子又亡，婆媳相依。刘氏现年六十五岁，尚氏现年四十四岁。

陈质鲁　庠生陈傧长子。娶妻安氏，三月鲁殁。家贫，孝事翁姑，苦守清节。后嗣夫弟质整子守环，以延夫祀，亦以孝闻。氏寿至九十六岁，环年亦九十四岁。人皆称节孝之报。

朱祖真妻李氏　岁贡李思岑女。夫殁，氏年二十六岁。家甚贫，抚二女，守节四十九年。

丁训哲妻卢氏　庠生卢润亭女。十九岁于归，逾年夫殁。氏守孀苦，柏舟矢志，松筠比操，奉养翁姑，惟赖针刺。守节十二年，氏现三十一岁。

饶广厚妻张氏　继舆之女，岁贡生继先之侄女也。十九岁于归，越十年夫殁。夫殓之夕，遂仰药殉。邑廪生马克思等请旌，敕褒“古井盟心”。拔贡生朱方曾撰文以志，并书丹于碑。文附于左本。

卷十五　志余

按土地、政事、人民编次

沛县侨寄处

晋永嘉之乱，沛之流民过淮南及江南者，侨立沛郡、沛县以统治之。明帝立南沛郡。《宋书》云成帝立。文帝分南沛立北沛郡，所统沛县寄治广陵，在今扬州府境。后，南、北沛郡并省。孝武大明五年，复分广陵为南沛郡，所统萧、相、沛三县。齐因之。《晋书》。

宋永初时，豫州秦郡有沛县，元嘉中并入顿丘，在今来安县。《宋书·州郡志》。按胡文忠公《舆地全图》，来安县西有秋沛市，或即沛县当年侨寄之处。

齐南兖州镇广陵，属有南沛郡，领沛、萧、相三县，今扬州府治。《南齐书·州郡志》。

梁北沛郡近颍川，今河南新蔡县。南沛郡近盱眙，今泗州天长治。《南北史补志》。时沛县属魏，南、北沛郡侨寄，均有沛县也。

陈并梁泾城、东阳二郡为沛郡，置沛县，今在天长县治。即梁南沛郡。梁已侨置，齐因之也。

魏兖州北沛郡治济阴，兴和二年立。西沛郡治虞城，延昌中立。并有沛县。《魏书·地形志》。

丰沛之间有赤烟

鲁哀公十四年，孔子夜梦三槐之间有赤烟气起，乃呼颜渊、子夏往视之。驱车到楚西北范氏街，见刍儿摘麟，伤其前左足，薪而覆之。孔子曰："儿来！汝姓为赤诵，名子乔，字受纪。"孔子曰："汝岂有所见邪？"儿曰："见一禽，巨如羔羊，头上有角，其末有肉。"孔子曰："天下已有主也。为赤刘，陈、项为辅。五星入井，从岁星。"儿发薪下麟示孔子，孔子趋而往。麟蒙其耳，吐三卷图，广三寸，长三寸，每卷二十四字。其言赤刘当起，曰："周亡，赤气起，大耀兴，玄丘制命，帝卯金。"孔子作《春秋》，制《孝经》，既成，使七十二弟子向北辰星磬折而立，使曾子抱《河》《洛》事北向。孔子斋戒向北辰而拜，告备于天曰："《孝经》四卷，《春秋》《河》《洛》凡八十一卷，谨已备。"天乃洪郁起白雾摩地，赤虹自上下，化为黄玉，长三尺，上有刻文。孔子跪受而读之曰："宝文出，刘季握。卯金刀，在轸北。

字禾子，天下服。"南《宋书·符瑞志》。

福泉

福泉，在王氏一野园中。羞淘井，而适有泉在下也。泉冽而味甘，王兰垞自题为"福泉"。一时名人游憩，吟咏甚多，因泐石以纪其事。采访。

古迹虺城夜月

仲虺城在沛之南偏，离沛境十二里，有村名虺城。仲虺墓在村之西南二里，今尚崔嵬可观。村西头有天齐庙，庙东二十余步有一井，庙东北三十余步河上又有一井，其月出此则落彼，出彼则落此。将出之时，先见井上白光闪烁者一二次，俄见一月大如车轮，自井中出，倏忽落去。然只无意得之，若有心伺之，不可得而见也。盖尝闻村之居人云云。考《广舆记》，顺治间徐州仅辖四县，丰、沛、萧、砀而已，其后增铜山，遂将虺城拨入铜境。若以虺城为沛之北境，则误之甚。采访。

张贞观议拨夫马费

邑为水陆冲途，使客陆行过沛者，日索夫马。南送徐州，往返辄三日；北送济宁，往返辄四日。万历壬辰，谏垣张公贞观奉命勘河，以桑梓之困于是役，言诸总河舒公应龙，行下所司，俾之议处。邑令苏公万民议："天下驿路率六十里，使客过往，夫马即于交界处更换，定例也。沛抵济宁，驿路三站，中隔鱼台一县。鱼台抵沛一百里，至济宁八十五里，河桥驿在济、沛间，途路适均，且去鱼台十五里而近。"由是遍牒两省抚按臬司，详为酌处。济、沛、鱼台各设马十匹，夫十名。马一匹工食草料银二十二两，夫每名一岁工食银七两二钱，按季拨支鱼台河桥驿，雇募殷实人户喂养行差。使南下，则济宁送鱼台，鱼台送沛县，北上者亦然。本县马十匹，许于里甲走递马十五匹内岁扣银二百二十两；夫十名，许于路夫五十名内岁扣银七十二两，支付河桥驿。自万历二十二年十月一日始。乾隆旧志。

帝王琐记

上皇游酆沛山中，寓居穷谷里，有人欧冶铸。上皇息其旁，问曰："此铸何器？"工者笑而言曰："为天子铸剑，慎勿泄言！"《三辅黄图》。又《拾遗记》。

汉祖之为泗上亭长也，常从王媪、武负贳酒。醉卧，武负、王媪见其上尝有龙，怪之。高祖每酤留饮，售数倍。岁竟，此两家常折券弃债。《汉书·高帝纪》。

汉祖为亭长，以竹皮为冠。及贵，常冠之，所谓"刘氏冠"也。《汉书·高帝纪》。

高祖为泗水亭长，送徒骊山，将与故人诀去。徒卒赠高祖酒二壶，鹿脯、牛肝各一，高祖与乐从者饮酒食肉而去。后即帝位，朝脯尚食，尚其此二炙并其二壶。《西京杂记》。

明太祖讳元璋，字国瑞，姓朱氏。先世家沛，徙句容，再徙泗州。《明史·太祖纪》。明武宗幸金陵，御舟过沛，邑人汤歌儿以善歌得幸，赐以负郭田若干顷。未几，没入官。今山川坛侧即歌儿所赐田也。乾隆旧志。

皇后家世

王奉光，其先沛人，高祖时有功，赐爵关内侯，徙长陵。传至奉光，女为孝宣倢伃。霍皇后废，立倢伃为皇后，进封奉光为邛成侯。元帝即位，复封奉光子舜为安平侯。《汉书》。

先主甘皇后，沛人也。先主临豫州，任小沛，纳以为妾。先主数丧嫡室，常摄内事。随先主于荆州，产后主。章武二年，谥皇思夫人。后主立，因丞相亮上言，追谥昭烈皇后。《蜀志》。

杨朱之沛

周杨朱南之沛，老聃西游于秦，至梁而遇。老子中道仰天而叹，朱至舍膝行而前。《庄子》。

樊哙冠

樊哙冠，广九寸，高七寸，前后出各四寸，制似冕。哙造次所冠，以入项羽军。汉有天下，令司马殿门大难卫士服之。或曰：樊哙常持铁楯，闻项羽有意杀汉王，哙裂裳以裹楯，冠之入军门，立汉王旁，视项羽。《续汉书·舆服志》。

马冢

夏侯婴之丧，柩出东都门外，驷马不行，踣地悲鸣。掘马蹄下得石椁，铭曰："佳城郁郁，三千年，见白日，吁嗟滕公居此室。"遂葬焉。冢在饮马桥南四里，时人谓之"马冢"。张华《博物志》。

盗不受姜伯淮钱

姜伯淮与弟季江俱乘车行，过野庐，为贼所劫，欲杀其兄弟。伯淮曰："弟幼，愿自杀济弟！"季江曰："兄年德在前，乞自受戮代兄！"盗义之，弃物而去。伯淮车中尚有钱数千，使从者追以予之，盗亦不受。伯淮以物经盗手，以付亭吏而去。《后汉书》本传注谢承书。

吕光始祖家沛

吕文和，高后族人也，居沛。孝文初，诛诸吕。文和避难，徙居略阳，与氐人杂处，世为酋豪。是为凉王吕光之始祖。《晋书·吕光载记》。

韩演坐法

司徒韩演坐法征。萧令吴斌，演同岁也。未至，谓其宾从："到萧乃一相劳！"而斌内之狴犴，躬送出境。从事汝南阎符迎之于杼秋，止传舍，解桎梏，为致肴毕，慰礼过于所望。到亦遇赦。无几，演为沛相。《风俗通》。

朱绰

晋朱绰，沛人也，世为将。兄宪及斌，并为西中郎袁真将佐。桓温伐真于寿阳，真以宪兄弟潜通温，并杀之。绰逃归温，每战常居先，不避矢石。寿阳平，真已死，绰辄发棺戮尸。温怒，将斩之，温弟冲苦请得免。绰受冲更生恩，事冲如父，参冲车骑军事，西阳、广平太守。及冲薨，绰吐血死。见《宋书·朱龄石传》。

陈璠

陈璠，沛中走卒，与徐帅时溥结好，表为宿州太守。后以贪污斩之，临刑作诗云："积玉堆金官亦崇，祸成倏忽变成空。五年荣贵今何在，不异南柯一梦中。"璠不知书，时以为鬼代作。乾隆旧志。

刘知俊

刘知俊，字希贤，徐州沛县人也。姿貌雄杰，倜傥有大志。始事徐帅时溥，为列校，溥甚器之，后以勇略见忌。唐大顺二年冬，率所部二千人来降，即署为军校。知俊披甲上马，轮剑入敌，勇冠诸将。太祖命左右义胜两军隶之，寻用为左开道指挥使，故当时人谓之"刘开道"。后讨秦宗权及攻徐州，皆有功，寻补徐州马步军都指挥使。攻海州，下之，遂奏授刺史。天复初，历典怀、郑二州，从平青州，以功奏授同州节度使。天祐三年冬，以兵五千破岐军六万于美原。自是，连克鄜、延等五州，乃加检校太傅、平章事。开平二年春三月，命为潞州行营招讨使。知俊未至潞，夹寨已陷，晋人引军方攻泽州，闻知俊至，乃退。寻改西路招讨使。六月，大破岐军于幕谷，俘斩千计，李茂贞仅以身免。三年五月，加检校太尉兼侍中，封大彭郡王。时，知俊威望益隆，太祖雄猜日甚，会佑国军节度使王重师无罪见诛，知俊居不自安，乃据同州叛，《鉴戒录》云：彭城王刘知俊镇同州日，因筑营墙，掘得一物，重八十余斤，状若油囊，召宾幕将校问之。刘源曰："此是冤气所结，古来囹圄之地或有焉。昔王充据洛阳，修河南府狱，亦获此物。源闻酒能忘忧，奠以醇醪，或可消释耳。然此物之出，亦非吉征也！"知俊命具酒馔祝酹，复瘗之。寻有叛城背主之事。送款于李茂贞。又分兵以袭雍、华，雍州节度使刘捍被擒，送凤翔害之，华州蔡敬思被伤获免。太祖闻知俊叛，遣近臣谕之曰："朕待卿甚厚，何相负耶?"知俊报曰："臣非背德，但畏死耳！王重师不负陛下，而致族灭。"太祖复遣使谓知俊曰："朕不料卿为此。昨重师得罪，盖刘捍言阴结邠、凤，终不为国家用。我今虽知枉滥，悔不可追，致卿如斯，我心恨恨，盖刘捍误予事也，捍一死固未塞责。"知俊不报，遂分兵以守潼关。太祖命刘鄩率兵进讨，攻潼关，下之。时知俊弟知浣为亲卫指挥使，闻知俊叛，自洛奔至潼关，为鄩所擒，害之。寻而王师继至，知俊乃举族奔于凤翔。李茂贞厚待之，伪加检校太尉，兼中书令，以土疆不广，无藩镇以处之，但厚给俸禄而已。寻命率兵攻围灵武，且图牧圉之地。灵武节度使韩逊遣使来告急，太祖令康怀英率师救之，师次邠州长城岭，为知俊邀击，怀英败归。《九国志》云：李彦琦、刘知俊自灵武班师，途经长城岭，梁师率精锐数万蹑其后，彦琦与知俊同设方略，以击败之。茂贞悦，署为泾州节度使，复命率众攻兴元，进围西县。会蜀军救至，乃退。《九国志·王宗鐬传》云：岐将刘知俊等领大军分路来攻，由阶、成路夺固镇粮，王宗侃、唐袭等御之，至青泥岭，为知俊所败，退保西县。会大雨，汉江涨，宗鐬自罗村得乡导，缘山而行数百里，与宗播遇于铁谷，合军出汤头。时知俊自斜谷山南直抵兴州，围西县，军人散掠巴中，宗鐬与宗播袭之。会王建亦至，遂解西县之围。既而为茂贞左右，石简颙等间之，免其军政，寓于岐下，掩关历年。茂贞犹子继崇镇秦州，因来宁觐，言知俊途穷至此，不宜以谗嫉见疑。茂贞乃诛简颙等以安其心。继崇又请令知俊挈家居秦州，以就丰给，茂贞从之。未几，邠州乱，茂贞命知俊讨之。时邠州都校李保衡纳款于朝廷，末帝遣霍彦威率众先入于邠，知俊遂围其城，半载不能下。会李继崇以秦州降于蜀，知俊妻孥皆迁于成都，遂解邠州之围而归岐阳。以举家入蜀，终虑猜忌，因与亲信百余人夜斩关奔蜀。王建待之甚至，即授武信军节度使。寻命将兵伐岐，不克，班师，因围陇州，获其帅桑宏志以归。久之，复命为都统，再领军伐岐。时部将皆王建旧人，多违节度，不成功而还，蜀人因而毁之。先是，王建虽加宠待，然亦忌之，尝谓近侍曰："吾渐衰耗，恒思身后。刘知俊非尔辈能驾驭，不如早为之所。"又嫉其名者于里巷间作谣言云："黑牛出圈棕绳断。"知俊色黔而丑生，棕绳者，王氏子孙皆以"宗""承"为名，故以此构之。伪蜀天汉元年冬十二月，建遣人捕知俊，斩于成都府之炭市。《旧五代史·梁书·刘知俊传》。

诗有别才

鸿沟村人张吉，进士斗大父也。幼就外傅授《大学章句》，而辍业。中年以掾吏办事帝京，尝作《白发叹》寄其子曰："揽镜见白发，白发真可惜。昨日白数茎，今朝数茎白。予发能几多，宁禁几时白？"语意浑然，绰有古风。论者谓"诗有别才，非关学也"，信哉！乾隆旧志。

驸马秀才

韩学武，字文轩。嘉靖间将降公主，礼部咨行选尚。沛郡以学武应至京，宠赉甚渥，钦赐生员，遣归。人呼为"驸马秀才"。乾隆旧志。

姜贞女

姜贞女者，沛之千秋乡人也。父绍先，母氏耿。许字同里张文行之子九经。乾隆初，沛大水，饥疫交作。文行死，九经随母觅食于外，而女父母又相继疫殁，遂携小弱弟依堂兄容。因惎之曰："今使若富贵终身，愿之乎？"女曰："张家虽出，总有返期。丧心相卖，死不能从！"兄见其志之决也，不敢逼。益饿之，女曰：

“吾死，分也，弟则父祀所系！”遂潜寄于寡姑孟，而自待毙。从母燕媪怜之，以其情达张家。九经有寡嫂，不能任，其婶母闻之曰：“十四龄女能如是，是贞女也！”与二子干、粲具舟迎女。女感再生恩，誓不他适。性复端谨，事婶如事母。故婶视之如女，而干、粲亦妹视之，兄弟迭月养焉。水退，与九经偕出者多返，而九经绝无音耗。无何，报凶问者至，并详日月。女细诘之曰：“死在三年前，而汝报于三年后。且素非亲故，岂肯远涉至此？此必受人指使，来诓我耳！”两兄亦憬然悟。人以是多贞女之智，女亦自誓益坚。而浮议外滋，日夜撼干、粲。女知之，亟欲以死自明。投缳不果，遂绝粒具服待尽。婶持食劝之，泣曰：“儿所以欲不食死者，以为如此庶可共白尔？否则何所不得死，而必不食哉？但不良人将谓婶家杀儿。儿受恩厚，恐以后患相遗，且婶独不欲儿全尸而死乎？”婶惧，急邀其姑孟母慰谕之。不少回，且曰：“不死，祸终不塞。倘见逼于人，死且羞天日！”姑曰：“为汝立后，谁敢逼汝？”遂召姜、张两族议，以九经寡嫂之子为之后。乃越数年，而九经归矣，而女年已二十八矣。呜呼！自初矢志时，至兹凡十五年，艰苦万端，而卒得完聚，天也！若贞女者，可谓不愧天者矣！故里人啧啧称女之贞，而并称干、粲之义。胡维萼诗：峨峨陵上柏，郁郁宅畔柳。柳围贞女居，碑在路人口。共云女节烈，近今得未有。丙子丁丑间，冯夷舞户牖。十室九室空，十家五家走。嗟嗟姜氏女，父母双亡后。一哭水波兴，再哭风雨吼。从兄试因依，弱弟抱左肘。弟也四五龄，女也长八九。是时岁久荒，仁义视刍狗。拟将金玉质，嫁作商人妇。岂紧珍珠解，所贪粟升斗。呜咽前致辞，兄忆兄忆否？阿妹父母存，许张执箕帚。张家虽远出，妹是张家妇。饥寒弃旧盟，何用异猪狗？是时饥且疫，人半沟中朽。兄曰是汝师，相从定不久。汝死狗当饭，张氏复何有。今后汝不食，节义任汝守。嫂曰贱痴物，明日试身手。女曰莫相侵，赈粟为我寻。嫂曰尔父母，带去作棺衾。女曰空凄迷，抱弟不敢啼。似闻媒者至，抱向邻船寄。北庄孟姑姹，好心能活汝。弟也附船去，鞭挞女不惧。持臂愿截手，索楔李氏斧。商闻缩头逝，货此非吾利。女也竟绝粒，水咽虫唧唧。家东何所有，银花□白蘋。富家蒸以盐，聊用作夕飧。家西何所有，紫荇青菱藻。聊用□朝餐，无食此亦好。家前何所有，莲子断茎菱。长弃本恨逝，何用有此生。家后何所有，赫然浮死人。男女不复辨，遮体无衣衿。拟向水中死，可丑亦如此。徘徊欲何归，掩泪向青沚。扁舟何处来，中有半老妇。见我从婶母，顺风闻细雨。是我婿家婶，见我涕先陨。苦道儿苦辛，死生随老身。闻此难为臆，回面泣向壁。婶也再三言，掖人上彼船。夙昔闻婿婶，德性颇能贤。忍死从之去，哀哀复何言。在室四五年，不敢至门前。送客偶一出，锣鼓何填填。彩轿结花红，流苏缀四边。四面悬宝镜，照耀罗彩幡。云是谁家女，轿中婿少年。入室还向壁，此亦何足言。客从远方来，面目爜且鬈。报言阿婿死，前年彼曾埋。闻之泣呜咽，转思前致诘。一诘魑魅逃，树上鸣鸱鸮，黄犬复嗷嗷。冰窗无青蝇，青蝇愤冰操。何物享老公，抛舌漫嚣嚣。此女与其婿，结发未同牢。养之谤所招，婿兄为之摇。凄凄复凄凄，弟还未有期。喃喃复喃喃，存亡未可探。女时二十五，兄女与宿处。贞女询侄女，长兄何忧楚。

女言无他故，愁来为外侮。贞女素聪明，闻声已知情。曰汝莫我蒙，我志不可更。狂且若有谋，头断身难图。洒血溅狂且，尔家祸何辜。早言可避趋，女也敢模糊。贞女起坐襦，逡巡卧复吁。乘侄睡已熟，乃起任缧组。惊醒持而呼，芳魂返阳巫。婶母谋孟姑，立后相宽舒。真成未亡人，且复活斯须。婿在顺德府，归来日卓午。来共兄弟啼，婶闻来亦哭。苦言儿妇在，良人拭泪目。喜极伊重泣，侬返闺女屋。戚姻大喜欢，邻里走相呼。杨柳最深处，便是贞女庐。节烈有如此，天眼未全无。炎炎火中莲，今日复芬敷。寒天松柏株，春来看何如。羞煞蔡仲妻，乃言人尽夫。

乌云陡起

訾某，訾家洼人。咸丰初，河决，挈母及女避水。值季冬，母冻甚，欲衣其衣，坚不与，遂冻死。越明年，女适邑人朱敬彬。朱故贫士，觅馆在外，招与同居。有前妻子十岁，訾领出，失所在。其女询之，曰："已饿死，路埋矣！"时水兵相继，遍地饿殍，事逐寝。后朱就馆砀邑，携眷去。一日，訾往省女，造饭食之，饱卧井边柳树下。乌云陡起，直覆井上。人见其忽起旋倒，视之已毙，奔告。朱往视，见背上有旨记"腊三九，活埋异姓孙"两行红字，拭之益显。采访。

义犬

有刘媪者，年七十余，蓄一犬。同治初，遇贼死，犬守之不去。寻获媪子，且噬且嗥，若有所告者。不省，叱之，遂去。贼退，子见犬死母尸旁，始悟犬之义也。遂于葬母之后，哭而埋之。采访。

卷十六　湖团志附

湖团纪事始末

湖团滨微山、昭阳两湖西岸，南迄铜山，北跨鱼台，绵亘二百余里，广三四十里，或二三十里，铜山、沛县属境也。咸丰元年，河决丰北，其下游沛县诸邑当其冲，于是两湖漫溢，合铜、沛、鱼台之地汇为巨浸，居民奔散，不复顾恋。五年，河决兰仪，其下游郓城诸邑当其冲。于是山东昏垫之众，挈家转徙，麇处徐境。是时，向所称巨浸，已半涸为淤地矣。无聊之民，结棚其间，垦淤为田，立团长，持器械自卫。有司亦以居民亡而地无主也，且虞游民之失常业也，遂许招垦，缴价输租以裕饷，谓之团民府志。当是时，团之在铜、鱼境者，姑弗具论，而在沛境者有：曰唐团，曰北赵团，曰北王团，均以首事之人为团长。后沛民流亡渐归，以旧业尽为客户侵据，构讼械斗，日无休息。迨同治五年，曾相国驻军徐州，见绅民控诉累累，乃为区别定谳，奏请王、刁二团通贼者诛其魁，其男女悉逐归本籍，还其前缴之价。若守分诸团，仍执业如故。其王、刁二团所垦之地，除拨还沛民有印契、粮票诸户外，余俱量充公田。此沛县百顷公田及宾兴、公车、义塾、歌风书院诸田咸在团中云。附：载两江总督曾文正公奏疏：两江总督、协办大学士曾，奏为查办湖团，分别留遣，并酌筹善后事宜，拟议结案，恭折驰奏，仰祈圣鉴事。窃臣于上年奏复军情折内，附陈铜沛境内有与剿捻相关之湖团一案，亟宜查办，以杜后患。今年正月，复将通贼之王、刁二团勒限驱逐，安分之唐、赵等团仍留徐州，先后具奏在案。查湖团，本山东曹、济之客民，垦种苏、齐交界之地，聚族日众，立而为团也。该处滨微山、昭阳两湖西岸，南迄铜山，北跨鱼台，绵亘二百余里，宽三四十里，或二三十里不等。其在鱼台之团有二：曰魏团，曰任团。其在铜沛之团有：曰唐团、北王团、北赵团，曰南王团、南赵团，曰于团、睢团、侯团，均以首事者之姓为名。昔之侯团，即今之刁团是也。鱼台二团以东民居东境，人数寡而垦地少，官为处置，渐以相安无事。惟铜沛之八团，人数众而垦地多，主客构讼，几成不可解之仇。溯查咸丰元年，黄河决丰工，下游沛县等属正当其冲，凡微山、昭阳之湖地，铜沛、鱼台之民田，均已汇为巨津，一片汪洋，居民流离转徙，以为故乡永成泽国，不复顾恋矣。厥后咸丰五年，黄河决于兰仪，下游郓城等属正当其冲，于是郓城、嘉祥等县之难民，由山东迁徙来徐。其时，铜沛之巨津已为新涸之淤地，相率寄居于此，垦荒为田，结棚为屋，持械器以自卫，立团长以自雄。前任徐州道王梦龄，以其行迹可疑，饬县押逐回籍。继而来者日多，复经沛县禀请，以东民实系被灾困穷，拟查明所占沛地，押令退还。其湖边无主荒地，暂令耕种纳租。经前河臣庚长批准，旋议勘丈湖荒，分为上中下三则，设立湖田局招垦，缴价输租充饷。又饬于沛团交错之地，通筑长堤，名曰大边，以清东民与土民之界限，遂得创立各团，据为永业。此东民初至，留住湖团之情形也。铜沛之土民，当丰初决时，流亡在外，迨后数载还乡，睹此一片淤地为山东客民之产，固已心怀不平，而官长议定所占沛地押令退还者，又仅托诸空言，并未施诸实事。且同此巨浸新涸之区，孰为湖荒，孰为民田，茫然无可辨。沛民之有产者既恨其霸占，即无产者亦咸抱公愤。而团民恃其人众，置之不理，反或欺侮土著，日寻争斗，遂有不能两立之势。咸丰九年，侯团窝匪擒窃铜山之郑家集，经徐州道派兵拿办，并将该团民驱逐出境，另行遴董招垦，辗转更置，是为今之刁团。同治元年，又有东民在唐团边外，占种沛地，设立新团，屡与沛民械斗，争控至三年六月，遂有攻破刘家寨、连毙数十命之事，经漕臣吴棠派徐州镇道带兵剿办，平毁新团。此咸丰六、七年后，客民擅逞，迭酿巨案之情形也。新团既毁，擒斩至千人之多，并将团地退出，谓可抒沛民之愤而折其心矣。乃沛人贡生张其浦、张士举，文生王献华等，与刘庄事主刘际昌先后赴京，以新团一案，唐守忠主盟指使，情同叛逆，请将各旧团一概剿办，各情在都察院呈控。钦奉谕旨，交吴棠密速查办。旋经吴棠以唐守忠来团最早，其名特著，核诸所控各辞，毫无实据，且与原呈不符，不过欲将新旧各团一概驱逐，而夺其成熟之田等语，奏复在案。而沛人纷纷构讼，仍复不休。臣博采舆论，昔年铜沛受害之家，被水而田产尽失，水退而田复被占，其怀恨兴讼，自出于情之不得已。近则构讼之人，并非失业之户，不过一二刁生劣监，设局敛钱，终岁恋讼，不特团民苦之，即土民亦以按户派钱为苦。而主讼者多方构煽，既以强客压主，激成众怒，又以夺还大利，歆动众心，官长或为持平之论，讼者辄目为受贿。各团岂无安分之民？讼者概指为通贼。初至有领地之价，后来有输地之租，而讼者不问案牍之原委，必欲尽逐此数万人而后快。此又新团既剿以后，沛民健讼不顾其安之情形也。上年八月，臣驻扎徐州，铜沛绅民赴臣辕控告各团，呈词累数十纸。臣以案情重大，实兆兵端，未敢遽为剖断。至九月间，捻逆东窜，远近探禀，均称湖团勾贼。询据生擒贼供，亦称南王团有人函约贼来，百口一辞，虽反复研究，未得主名。而平时该团窝匪抢劫，积案累累，情实可信。又刁团平日窝匪，与南王团相等。此次贼退之后，臣饬徐州府县，亲赴各团察看情形。旋据复称，以捻首牛、赖各贼目，均住刁团之中，该团房屋、粮草、器具，完好如故。其为纵容贼党，亦无疑义。又称唐团练董唐守忠，其子唐锡彤、其叔唐振海，带练击贼，力绌被执，胁之以降，骂不绝口，同时遇害。除王、刁两团外，其余六团，或凭圩御贼，或圩破被害，遭贼焚掳杀掠之情状，历历在目。其为并未通贼，亦属确有可据。而沛县上年京控湖团之王献华等，一闻湖团通贼之语，复行联名多人指控各团无非贼党，即殉难甚烈之唐守忠，仍加叛逆之名，禀请一律剿逐。臣亲提鞫讯，原告既多捏名，供词亦多支饰，其为刁讼生事，亦属无可置辩。臣乃剖别是非，平情论断，不分土民客民，但分孰良孰莠。其有契串各据产业为团所占，急求清还者，是土民之良者也；无契串产业，但知敛钱构讼，激众怒以兴祸端者，是土民之莠者也。其平日安分耕种，如唐团之拒贼殉节，受害极惨者，是客民之良者也；其平日凌辱土著，如王团之勾贼、刁团之容贼，是客民之莠者也。遂于腊月下旬，通行晓谕,饬令王、刁两团,勒限正月十五日以前,逐回山东本籍,派刘松山带兵前往弹压。顷据各州县禀报,该两团业已全数徙去,安静回籍。臣酌定善后事宜三条,檄饬徐州道督,同府县次第清理。一曰酌给钱文,以恤已逐之团。王、刁两团,平日之窝匪、去秋之通贼,众所共知。除首犯王长振罪在不赦外,其余要犯未能指出姓名,应即全数赦宥,以安反侧之心。此外无辜之众,尤应酌加体恤,同沛朝廷之泽。现定于郓城县设局,将两团原缴地价,照数发还;其两团已种之麦,现派徐州镇兵在彼屯守,待至四月收割,估价若干,以一半给屯田之兵,一半给两团之民。庶东民回籍者,不至流离失所矣。二曰设立官长,以安留住之团。两团既去,尚有唐、赵等六团留居徐境。拟请设立同知一员,俾客民有所依归,或令徐州同知移驻该处,听断词讼,稽查保甲,筹办湖田一切事务。俟二三年后,安置既定,仍将湖团地分归铜沛两县,奏明按地升科,输租执业,以归画一。各团所筑大堤,酌量平毁,以期水利之通畅,亦免畛域之太明。团中如有窝匪通捻重情,官为查明,小则拿犯诛惩,大则派兵剿办,视之同于土著,永不再言驱逐之说,亦不许土民妄控,目为畲匪字样,尽消争讼之嫌,同敦睦姻之谊。三曰拨还田亩,以平土民之心。昔年东民开垦湖荒,虽不免侵占民田,然为数要不甚多。今王、刁两团退出之田六百五十余顷,以抵侵占之数,有赢无绌。此项田产,先尽失业之户,凡有印契、粮票者,准其照数拨还;无契票者概不拨给,以示限制而断葛藤。其次则培植学校,凡铜沛两县书院之膏火、小考之卷价、乡试之宾兴费、会试之公车费,各准拨田若干,以为造士之资。纵使民田被占,契票无存,私家偶失有限之田,通县共享无穷之利。其余则概充官田,派兵屯种,兵或不足,召民佃种。在铜沛可解积年之公愤,在东民可免霸种之恶名矣。所有骂贼之五品顶戴州同衔前平阳屯屯官唐守忠、其子文生唐锡彤、其叔唐振海三名,同时被害,尤堪嘉悯。应请旨交部从优议恤,并建立专坊,以为草莽效忠者劝。沛县激众构讼之文生王献华,应请褫革衣衿,以示惩儆。王长振现尚在逃,俟缉获之日,尽法处治,以为通匪者戒。未尽事宜,除分咨江苏、山东督抚及漕督诸臣妥筹会办外,合将湖团一案拟结缘由,恭折驰陈,伏乞皇太后、皇上圣鉴训示。谨奏。

同治五年二月十三日,内阁奉上谕:曾国藩奏查办湖田,分别留遣,并酌筹善后事宜一折,据江苏铜沛两县滨湖田亩,前于咸丰元年间,因黄水丰工决口时,被水淹没,嗣因黄水退涸,变为荒田。经前任南河道总督庚长,设立湖田局招垦,缴价输租充饷,山东曹、济等属各县客民,遂陆续前赴该处,创立湖团,相率垦种,聚族日多。铜沛土民于水退归乡后,因旧时田产被客民所垦,日相控斗,叠酿巨案。并有刁劣生监,设局敛钱,屡以湖团通捻谋逆等词诬控,希图将客民概行驱逐。现经讯明,分别良莠办理,并拟设立同知,及筹办善后章程三条等语,所办甚属允协。铜沛土民田产,因被客民占垦,控斗不休,固出于情之不得已。惟当地方官立局招垦时,该处土民并不呈请认还旧产,迨客民出资认垦,变荒为熟,始行争控,亦无以服客民之心。且所垦之田,亦有官荒地亩,土民被占田产并无如许之多。其聚众构讼者,亦非田产被占之户。现经曾国藩查明,将上年容留捻匪之刁、王两团客民驱回山东本籍,所有该两团退出田亩六百五十余顷,抵还侵占之数,计已有盈无绌。凡有印契、粮票之失业土著各户,均准其报官认种,以昭平允。其余安分各良团,均不得概行驱逐,所垦地亩,均准其永为世业,该处土民不得再行争控。经此次清理之后,该地方官遇有土客争控之案,但当分别良莠，不得复存土客之见，以期永断葛藤。其沛县激众构讼之生员王献华，著即革去衣衿，以示惩儆。嗣后，倘再有土著刁劣绅民聚众诬控，希图敛钱肥己，及客民中有恃众逞强滋事者，均著该地方官从严惩办。通匪在逃之客民王长振，着曾国藩严拿，务获以正法。团首五品顶戴州同衔前平阳屯屯官唐守忠、生员唐锡彤、卫千总唐振海，于上年捻匪窜至湖团地界，带练迎击，力竭被执，同时骂贼遇害，均堪悯恻，着交部从优议恤，并准其建立专坊，以慰忠魂。所请将徐州同知移扎该地方以资弹压之处，著该部议奏。余者照所议办理，该部知道。钦此！

沛境湖团田亩

北赵团 田一百二十五顷四十四亩有奇。中则地五十七顷九十二亩零，下则地六十七顷五十二亩零。府志。

唐团 田八百二十三顷十四亩有奇。上则地九十五顷三十亩零，中则二十七顷八十一亩零。府志。

北王团 续垦唐团边外荒地二百五顷八十一亩有奇。府志：巨野生员孙天洁《新置王团事略》：东民来垦斯地，已有年矣。自咸丰癸丑，黄河北徙，昭阳湖新涸田数千顷，郓、巨饥民约万余家，有巨邑拔贡王孚字惠中，率众偕唐中宪公来垦兹土。当其初至，荆棘遮天，可耕之田有限；蒲芦盈地，能种之土几何。不过欲辟蓬蒿，以聊蔽风雨已耳。孰知荒渐开而渐远，壤益拓而益多。于是首事画界分疆，披荆斩棘，吾侪始得平土而居之，五谷获沃壤而树之。佥曰："非王公之力，不及此！"尝考湖团大势，自西北而东南，不下三百余里。睢、于诸团，南居铜山；任、魏二团，北属鱼台；唐、赵两团，专隶沛县。惟我王团，地邻两省，北连鱼台，南接沛邑，非较南北诸团所难而又难者乎？倘非王公谙乎时势，握要以图，将何以相安无事若此？厥后，王公因保荐就青城教谕，嘱次子珙字仲璧曰："尔其诚心接办，勿负我心！"珙遵父命，劝耕凿，设义塾，凡惠中公当年所欲为者，今已为之矣；当年所未成者，今已成之矣。继志述事，仲璧有焉！谨述其开垦湖田大略，而志其巅末云。

附录：领垦湖田缴价章程

咸丰七年，河督庚公长委勘南自铜山境荣家沟起，北至鱼台界止，东至湖边，西至丰界止，计地二千余顷。分上中下三则，上则地价每顷三十千，年租每亩钱八十；中则地价每顷二十七千，年租每亩七十；下则地价每顷二十四千，年租每亩钱六十。府志。

唐团圩砦

大屯圩　卫千总唐振海及六品军功魏昌汇于咸丰十年同筑，周一千四百步。

曹家圩　监生曹书润于同治四年筑，周六百七十步。

小屯圩　千总丛沛然于咸丰十一年筑，周一千一百步。

孔家圩　庙员孔继恭及屯官韩秋山于咸丰十一年同筑，周一千四百步。

姚家圩　宋兰玉于同治三年筑，周六百五十步。

卞家圩　监生卞光车于同治元年筑，周一千零五十步。

北王团龙固圩　拔贡王孚于同治五年筑，周九百余步。

赵团赵家楼圩　咸丰十一年团董赵其忠筑，南北六十丈，东西一百零八丈，周三百三十六丈，计占地基一顷零八亩。后因河决司马口，此圩淹没。光绪三年，始经团董李伯禹重修。

书　院

湖陵书院

通判唐鹤龄于同治十一年禀请徐海道吴，由各团捐建。盖初建时，无公田，惟有大屯、杨官屯两处集市，丰乐村、安家营两处粮行，禀请部帖，得由书院纳税。大屯集每岁捐大钱六十千，杨官屯一百千，丰乐村、安家营各一百二十五千。更有唐、王两团盐店，每开盐一包，捐大钱四百。后又有丰乐村、安家营两处埠头，每年亦捐大钱八十千，俱归入书院，作山长脩金并生童膏火。

祠　宇

唐公祠

光绪十三年，湖团绅耆候选知县赵钟骥、候选训导满亚江、候选县丞王珙、候选从九胡兰芳，以唐中宪公父子死事至烈，团民深戴其德，因合词吁诸爵督，请建专祠。爵督援例入奏，奉旨特建。子锡彤及族叔振海，俱从祀。翰林院庶吉士高熙喆《唐中宪公祠碑文》：光绪十有三年，湖团绅耆以唐中宪公父子死事至忠、至孝、至烈，有大功德于民，合词吁诸爵督，请建专祠以栖神明而抒昭告。爵督韪其意，援吴江徐泰吉案入奏，奉旨著照所请，子附生唐锡彤、族叔卫千总唐振海，并得附祀，由沛县地方官春秋致祭。命下之日，团民抃舞，歌声若雷，争踊跃输资鸠工。因丐余为丽牲之碑辞。余惟授徒湖团三年矣，尝景仰公之盛节，询诸耆老最悉。倘复挂名碑尾，附公以不朽，固所愿也，因不敢以不文辞。谨按：公姓唐氏，讳守忠，字尧臣，山东巨野县人。幼失怙，兄守正、弟守绪相继殁。公事母以孝，处乡里以诚，具载家传。初以授例任平阳屯屯官。咸丰四年，发逆北窜，巨野破，土匪乘机煽动。公归，约绅士姚鸿烈、张桂梯，钦遵谕旨团练，擒杀土匪张掌、郑假等，境内肃然。其垦湖田也，偕巨邑灾黎至沛，结庐于丛苇萑夷间，以人牵耒，公躬率操作，与畊丁最下同甘苦。当是时，洪逆负固金陵，淮济南北，捻匪鼎沸。公东因微湖、昭阳之险，西筑长圩，训练义勇，恪遵徐州道保甲约束。寇至，乘垒固守，伺衅出击。贼指长圩相戒曰："唐某智勇敢战，汝辈勿犯也！"以是，曹、滕、萧、砀、丰、沛之民避难来归，所全活者十数万人。咸丰八年，与黑旗贼接仗，生擒逆酋樊三、丁豹三十余人解案。九年，奉旨赏给五品顶戴。十年，奉僧邸檄，于大刘庄防御获捷。同治元年，捐助僧邸军需二千五百缗。二年，擒杀白莲池西窜教匪陈周若干人。自是，或助官军剿捻，或查拿窝匪，又劝捐军衣三千，解郭镇宝昌营。公之威声日以著，贼之切齿于公者日以深，遂有捻逆任柱等纠大股贼，并力协攻大屯。子锡龄日夜乞援于徐州未至，公竭众拒守凡六日夜。天大雨雷电，圩墙砉然崩溃，贼乘势入，公负创巷战，无不一以当百，敌入而复出者再。贼知公性纯孝，方战时，侦太恭人所在，舁以出。时年九十余矣，白发飘皤，问贼曰："汝何为者也，吾子安在？"贼协公曰："君不出，母不归矣！"公不得已，出迎太恭人。子锡彤、叔振海从之。恭人归，贼以长梏曳床舁公去，以白刃加颈，冀招降各圩。每至一圩，公大呼曰："吾力竭捐躯，分也。汝切勿降！"凡七日，至铜山县之袁家庙，贼复以好言慰公。公戟手骂曰："贼奴，尔老子岂从尔反乎！"贼怒，以刀挥之，五指尽落。子锡彤顿足搏膺，大哭且骂，目眦尽裂。贼曰："此眼中好光芒！"因抉其睛。骂益厉。公大呼曰："吾父子今日明白死矣！"锋刃雨集。叔振海夺长矛以刺贼。贼反缚之于树，断其首，聚火焚之。呜乎痛哉！时同治四年九月二十九日也。爵相文正公委郡守查验土人，已槁葬十余日矣。上闻，特旨赐恤，赠道衔，世袭云骑尉；唐锡彤，照四品下阵亡例议，给云骑尉世职；唐振海咨兵部赠荫如例。归葬之日，数郡毕至，送葬者千余家。下至妇孺，无不感叹涕泣。呜乎！荣已既得，建祠之季年，乡人为图以示余，堂庑深邃，馂食有所，庖湢有庐。余乃揖耆老而进之曰："公等知中宪所难者安在乎？两军交绥，血战捐躯，壮夫烈士优为之。如公者，绝粒数日，多方迫诱，而忠义之气百折不回，奋力骂贼，从容赴难，虽颜、段何以加哉？以身易母，母完身殉，谁谓忠孝不能两全者？智勇过赵苞远矣！自是之后，登公之堂，日以公之所为忠且孝者训诲其子弟，以上报朝廷，而无使滋蔓以处此。是则乡民之所以报公，而公之神灵必当歆慰而降福于一方者也。"耆老拜手而退曰："谨如公言！"

普济桥

按：在龙固集西北六里边沟上，有记。魏象县《新修普济桥碑记》：昔者圣人作，仰观于天，必俯察于地，规地之势兴其利，以利天下，有所谓取诸《涣》者，有所谓取诸《随》者。中天之时，洪荒未定，禹乘四载，告厥成功。已故，舟车之便，楯樏之用，后人得以济不通。而独至形势之所限，为舟车楯樏所不能施者，此桥梁之所由设也。沛邑西北三十余里，王团姚家楼西、魏团东里村东地，旧通衢，为江南、山东所分界，行李之往来，络绎不绝。每当湖水涨发，负耒者、担簦者、牵车而服贾者，往往临流踯躅。邛涉之声，闻于里外。即欲诗吟《匏叶》，深厉浅揭，亦多泥淖，其不便属甚焉。村人久欲建修石桥，以通行旅，苦无人以为之倡。今春，两团首事人王珙、魏一修等纠社募修，阅数月而告成。自此，经其地者，永无病涉之患，甚盛举也。工既竣,问记于予。予以为鸠庀之事无他,就修桥所取,意与其济人苦心,表而出之,未知其有当否也?时在光绪十二年岁次丙戌六月立,爰为之序其本末,以志之焉。

回龙桥

按:在龙固集东南,同治十二年岁次癸建修,有记。王有翼《创修回龙桥碑记》:回龙桥者,因回龙集而名也。是圩三面距河,龙沙回抱,故以名圩者名桥焉。此处系南北通衢,而路乃当河之冲。夏秋雨水涨溢,行旅弗便。故旧置木桥一座,奈风雨损坏,难于持久。癸酉春,易以石。是桥也,董事者不乏人,而总其成者,则丰山张君也。张君募化各村,鸠集众口,不阅月而告成。兹又益以石栏。工甫竣,嘱序于余。余思张君以耄耋之年,不惮劳瘁,昕夕拮据,毅然任之而弗辞,勇也。日击轮折蹶脱之艰,慷慨举事,非仅为一村便,义也。而且一劳永逸,既无虞剥蚀者之朽蠹为忧;历久常新,复不至捐输者之资财告匮,尤智且仁也。在昔先王立政,徒杠舆梁,民未病涉,是惠也,张君其有焉。余不文,而有感于张君之勇且义,智且仁也。用是,不揣谫陋,爰濡毫而为之叙,以志不朽云尔。

人　物

国朝唐守忠　字尧臣,山东曹州巨野县人。性孝友,慷慨好义。初任平阳屯官,洁己爱民,颇著政声。咸丰间,兰工河决,钜当其冲,民庐多被漂没,守忠散粟赈饥,全活甚众。先是,河北徙,沛、鱼边境湖滨一带地涸,河督庚以土著流亡,出示招垦。曹、济灾民失业,欲往应佃,虑无统属,因共推守忠。忠久伤东民流离,恐生变,遂率众领照垦荒,因移湖陵,家焉。同治四年,捻匪犯大屯圩,守忠与其子文生锡彤,及族叔卫千总振海,悉力堵御,贼众多所杀伤。后捻逆合股来攻,转战六昼夜,圩破被执。贼尤多方诱胁,守忠坚不肯从。贼以白刃加颈,舁以绳床,欲招降各圩。守忠每至圩,辄大呼曰:“吾唐守忠也,不幸为贼虏。为国捐躯,分也!尔居民宜固守,勿从贼!”贼怒,屡挫辱之。骂愈力,遂与其子及族叔同遇害。事闻,奉旨议恤,赏加道衔,咨取事实,宣付史馆。后以湖团绅民禀请,复奉旨建专祠,由地方官春秋致祭。

欧阳章　字凌汉,嘉祥县陶官屯人。材技超众,素负勇略。初办湖团,为队长,任战守事。同治二年,南匪北窜,章率众堵御,出奇制胜,屡挫贼锋。时有巨野文生郭淑陶同御贼,身受重伤。章背负之,且战且走。约一里许,遇败卒十余人,共护之,得免。后贼又追至,章奋力连毙十余贼。于是贼怒,放百余骑冲突,章力竭被执。贼胁降之,章骂不绝口而死。

蒋开泰　蒋家庄人。同治间,捻逆北窜,开泰率众御贼,力竭身死。一时相从殉节者,张传诰、冯兴基等,共五十四人。同时又有宋淑标,亦力竭被执,骂贼不屈而死。

练丁唐守成、唐信省、唐党、唐小三　同治间贼破大屯圩，御贼力竭被害，奉旨入忠义祠。一时遇害者，又有刘东振、李广顺、张志信、王希成、王瑞松、刘凤来、江朝英、江朝班、江朝爱、任衍稳、唐本和、冯广田、冯占朋、张文亮、江希孟、刘五代、张广成、张端冕、张学登、张四同、吕孟俊、李成江、魏茂华、魏敬诗、孙有堞、李凤翔、房大兴、安秉刚、李有信、刘淑赠、刘淑堂、刘朝政、张存、徐逊、李心坦、江中坦、贾来俊、杨团，共四十四人。

杜青春　同治四年，贼破西安庄圩，率众御贼，力竭被害。一时同遇害者，又有王金保、谢汉元、张埒、李孟春五人。

王丕基　字弼我，山东曹州菏泽县人。岁贡，居龙固集。性端厚，力学敦品，一乡推重。年八十余，光绪戊子山东乡试，恩赐举人。己丑会试，复蒙钦赐翰林。

王有翼　字飞卿，巨野人，同治癸酉恩贡。博学能文，雅善启迪。尝设教湖陵及铜沛间，一时知名士，多出其门。

节　妇

国朝

山东钜野县文童唐锡勇妻王氏　十八岁于归。逾七年，夫殁，遗二孤，抚育成立。守节二十九年，五十四岁卒。居唐团。故节妇。

山东钜野县解纯一妻傅氏　傅邦平女，二十三岁夫殁，欲自殉，因翁姑泣劝，遂强代子职，孝事翁姑，立祀以延夫祀。现年五十二岁，居王团独山集。

山东钜野县傅诚一妻吴氏　吴亭鹤女，二十九岁夫殁，抚孤成立，事翁姑终养如礼。现年六十岁，居王团韩家庄。

山东钜野县徐本纯妻傅氏　傅邦平女，二十四岁夫殁，欲自殉，姑泣劝止。氏矢志孝事孀姑，抚夫幼弟。未几姑逝，殡葬礼毕，茕茕孑立，遂引夫弟归母家，抚教成立，为娶妇生子。氏苦守贞节，现年五十六岁，居王团龙固集。

山东钜野县宋淑元妻吕氏　二十六岁夫殁守节。现年八十一岁，居唐团。

山东钜野县冯广寒妻刘氏　二十二岁夫殁。孝事翁姑，抚嗣子毓三，入曹州郡庠。现年六十一岁，居唐团。

山东钜野县吕秉合妻王氏　二十三岁夫殁守节。现年六十三岁，居唐团。

山东钜野县文童唐守绪妻赵氏　赵士成女。十九岁夫殁，事姑孝，苦守贞节。现年六十九岁，居唐团。

山东钜野县卞作桢妻冯氏　冯千秋女。二十八岁夫殁守节，现年八十四岁，居唐团。

山东钜野县向敬尧妻李氏　李格女。二十七岁夫殁守节，现年五十五岁，居唐团。

山东钜野县张可九妻李氏　李乃楷女。二十六岁夫殁守节，现年七十七岁，居唐团。

山东钜野县宁执中妻唐氏　卫千总唐振海女。十九岁夫殁守节，现年五十一岁，居唐团。

山东郓城县阎文朗妻李氏　李福缘女。三十岁夫殁，抚孤成立。现年六十岁，居赵团广一里。

烈　妇

山东钜野县文童姜自濯妻史氏　史继东女。二十岁夫殁，欲自殉，家人防之密。越十日，乘间自缢。

山东钜野县唐锡三妻张氏　同治四年贼至，氏恐被执，遂抱幼女投井死。

山东郓城县李嘉辰妻李氏　同治四年贼至被执，大骂而死。

山东钜野县安中庸妻王氏　同治四年夫殁，遇贼不辱而死。

山东钜野县宁越朋妻安氏　同治四年遇贼而死。

山东嘉祥县贾文方妻王氏　同治四年遇贼而死。

山东钜野县徐心敏妻王氏　同治四年遇贼而死。

山东嘉祥县曹振杰妻魏氏　同治四年遇贼而死。

山东钜野县刘连登妻李氏　同治四年遇贼而死。

山东钜野县赵东明妻魏氏　同治四年遇贼而死。

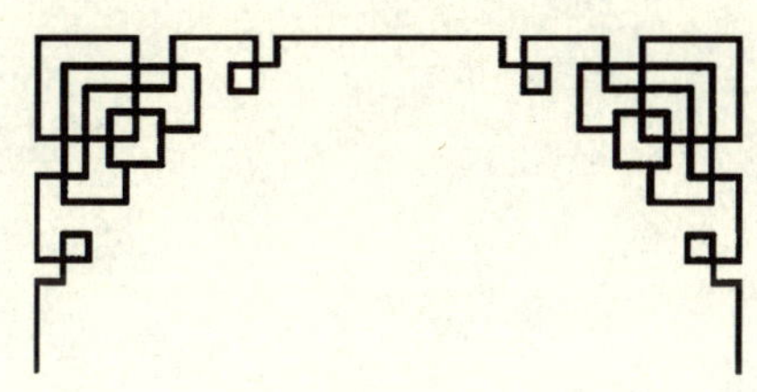

民国《沛县志》

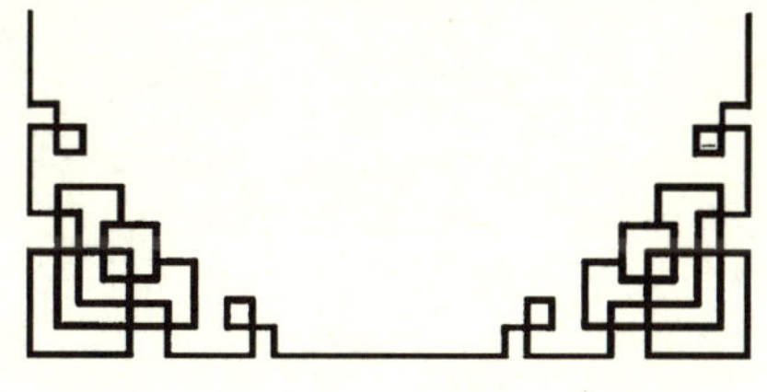

导读

赵明奇

民国《沛县志》十六卷末一卷(《中国地方志联合目录》未著录末一卷),于书云主修,赵锡蕃主纂,是现今存世最多、通行最广的沛县地方志书,其"新旧并叙"的编排体例,体现了民国新旧社会交替时期的地方志编纂特色。

民国《沛县志》主修人于书云,字祥五,山东武城(今山东费县)人,民国三年(1914)七月就任沛县知事(地方首官,初称民政长,民国元年冬改此称),期间曾一度离任,民国六年秋回任,十四年升徐海道道尹。于书云回任沛县之际,国内战乱稍停,缪荃孙、冯煦等人再次发起议修《江苏省通志稿》,并向各县遴员征稿。于是,于书云召集地方人士筹款开局,延聘本乡绅士赵锡蕃任总纂,动手新修方志。赵锡蕃(1873－1935),字晋三,沛县鹿湾乡赵圈村人,光绪二十三年(1897)丁酉科拔贡,曾有《闲庭墨申》十余卷行世,今不复存。辛亥革命后,受民众公推,出任首任沛县民政长。民国五年,在安徽督军张文生(沛人)的引荐下,出任山西省稷山县知事,次年三月去任。赵锡蕃回乡后,受知事于书云之邀,主持续修《沛县志》,并组织了本乡一些知识分子参加参订、征访工作,加强了修志班子的力量。据该志《纂修姓氏》显示,李恒昌、张洪源、李昭轩、张敬斋四人负责参订,王化才、赵锡棻、魏江亭等十四人负责征访,蔡培元、封绪香、秦亚宾等七人负责校对,江苏河海工程测绘学校毕业生杨敬胜、朱仲彝负责测绘。在赵锡蕃的带领下,网罗散佚,广征博采,补缀编修,几经努力,为沛县编纂出了一部最为完整的地方志书。

民国《沛县志》编纂工作,始于民国七年春,至民国九年冬全部脱稿,中间历时三年。如果从徐州各县历次修志的工作进度来比较,该志在时间上可以说是非常从容的,但在资料搜集上却是异常艰难,经常"以无所依据,未易着手为恨"。正如赵锡蕃在《续修沛县志序》中所云:"无论明景泰旧本,销沉于兵燹水火,泯焉无足征;即乾隆志书,亦几经搜索,仅有存者;光绪续修之稿,修而未刊,且散而无存,至乞灵于外人,始得抄本(光绪志旧稿于民国八年自法国教会上海总教堂处抄回,已非完本),而鲁鱼滋甚,难卒读。沛人之于沛事,直如数典而忘祖!"

民国《沛县志》内容分旧志和新志两大部分，旧志共十六卷，民国新志一卷。据该志《凡例》言："此志事迹年代，悉依省志条例，叙至宣统三年，所以存旧典也；辛亥以后，共和肇兴，新政既繁，变更亦夥，自应另行记载，于旧志划分鸿沟。"

民国《沛县志》旧志部分十六卷，分土地、政事、人民三大纲目，次第别为条目：卷首冠有于书云序、赵锡蕃序、侯绍瀛光绪旧志序、李棠乾隆旧志序。卷一《图考》：彩印沛县全图、彩印沛县城厢图及墨印沛县公署图、文庙图、地方公产公款经理处图、警察所图、县农会图、商务会图、教育会图、劝学所全图、师范讲习所图、县立第一女子高等小学校全图、县立第一高等小学校址全图、县立第一国民学校及公园图、体育场图、县立第一农林试验场图、县积谷仓图、县苗圃图、马家巷营房图等凡十九幅；又凡例、续修姓氏、目录附于《图考》之后。卷二《沿革纪事表》：封建、时政、兵燹、灾祥，附载史辩四篇《合乡不属沛县说》《夏镇戚城即汉广戚县解》《偪阳半属峄县考》《沛无戚县解》。卷三《疆域志》：至到、星野、晷度、风俗、物产。卷四《河防志》：山川、高阜、古今水道、湖泽、运河、闸堰、漕渠。卷五《建置志》：城垣、公署、监狱局所、仓庾、坛庙、街市、圩砦、集镇、驿置、善堂、马厂、坊表、津梁、义阡。卷六《古迹志》：故城、宅里、亭台、祠庙寺观、邱墓。卷七《学校志》：学宫、学额、祭器、书院、义学、学堂、学田。卷八《艺文志》：碑碣附。卷九《武备志》：防所兵额、铺兵额数、营制、营房、墩台、水练纪。卷十《秩官表》：文职、武职、宦绩附。卷十一《田赋志》：赋额、支解、杂税、湖田、户口、蠲免、盐法、附录前代赋税科则。卷十二《选举表》：征辟、进士（恩榜附）、举人（恩榜附）、恩贡、拔贡（优贡附）、副贡、岁贡、武进士、武举、文阶、武胄、封爵、戚畹、荫袭、饮宾。卷十三《人物志》：勋绩、行谊、忠烈、文学、方伎、寿典、侨寓、仙释、附人物搜古表。卷十四《烈女志》：节妇、烈妇、烈女、贞女、节女、孝妇、孝女、贤妇、寿妇。卷十五《志余》：按土地、政事、人民编次。卷十六《湖团志》：湖团纪事始末、附载两江总督曾文正奏疏、附录领垦湖田缴价章程、田亩、圩砦、人物。

民国《沛县志》旧志部分"门类悉依光绪侯志旧稿，略无更动，亦兼有一二移易增减处，如颜公祠、朱公祠，旧列《学宫》门内，殊与体例不合，兹为移置《祠庙》门内，庶部位较清"。其中卷三、卷五、卷七、卷九、卷十、卷十一之细目同光绪《沛县志》未变，惟于卷五《建置志》增附《监狱局所》、卷七《学校志》增附《学堂》、卷十一《田赋志》增《附录前代赋科则》，盖因"学堂始于清季，赋税略于前代，兹为分类增补，以见古今异制也"。又卷九《武备志》以"旧志叙述历代兵制多系转录府志，阔泛过甚，兹为删除"，体现了"县志宜专纪一县之事"的纂修义例。特别值得注意的地方是，辛亥以后，国体既更，专制时代之规例自不适用于新社会，民国《沛县志》一改乾隆、光绪旧志行文多讳之弊，凡为清廷避讳之字，径改回本字。间亦有漏改者，如卷十《秩官表》载康熙三十九年知县“杨弘绩”，同卷《宦绩附》仍作“杨宏绩”，是其未能改尽之处。凡旧志为尊重清廷及长官所采用的抬头、谨阙等格式，该志亦作取消。另外，民国志之《人物志》《列女志》，从内容和体量上来看，较之先前的光绪志大为缩减，盖因清廷已不复存，旧志所旌表的忠君观念及为朝廷死难殉节之人物，自然亦无存录必要。整体来看，民国《沛县志》内容上以求实为原则，时代和地域特色鲜明；思想上，民主与科学性增强，并带有强烈的爱国情怀。

民国《沛县志》新志部分，即末附《民国新志》一卷：首列沿革纪事表，次曰疆域、户口、风俗、交通、河流、建置、学校、武备、职官、俸饷、田赋、选举、文阶、武功、人物等。卷末附李昭轩《跋》，介绍本次修志编纂始末。民国时期作为我国重要的社会转型期，《民国新志》相对摆脱了传统旧志的编纂体系，重视现实，突出个性，较之明清旧志，及时增加了很多新的自然地理知识，框架和资料的安排也较为灵活，反应了方志编纂正在由传统向现代转型。稍有遗憾之处，就是新志类目失之简略，设置也不尽合理。然当此政体一新、社会内容大变之际，编纂者力图使志书突破旧作而向新志编修过渡，主动载记了这些原始资料，对于当时人们了解社会形势和今日学者研究民国社会，都具有重要的参考价值。因此，不应该对他们加以过分苛责。

民国《沛县志》为上海商务印书馆铅印竖排线装本，每面十一行，每行二十五字，夹注小字双行亦二十五字。其成书技术远超古人，版面之清洁亦非旧版所能望尘，现代测绘技术亦应用于绘图之中，《图考》有图例、比例，清晰明了。民国《沛县志》校勘严密，因光绪《沛县志》成书仓促，刊印过程几经波折，所存刻本、抄本“鱼鲁亥豕，触目皆是，颠倒错乱，不堪卒读”，编纂者只能逐条校对，订正了光绪《沛县志》存在的很多讹谬错乱之处，“凡关于史传及有记载可寻者，则检据原书核正，俾复庐山真面；其绝无书籍可查者，则将其一二错误处，注明缺空，不敢妄为涂改，以从‘疑以传疑’之例”。版成之后，又于当时已经发现的文字脱误二十二处，用《校勘表》列出附于卷末，其工作之认真，态度之严谨，可见一斑。民国《沛县志》脱稿于民国九年冬，但据卷首《沛县城厢图》边栏上有“中华民国十一年五月制印”一排小字，据此估计，该志实际刊成行世的时间不会早于1922年。

目 录

续修《沛县志》序(于书云) …… 928

续修《沛县志》序(赵锡蕃) …… 929

光绪旧志序(侯绍瀛) …… 930

乾隆旧志序(李棠) …… 931

凡　例 …… 932

续修《沛县志》姓氏 …… 936

卷一　图考 …… 938

卷二　沿革纪事表 …… 945

卷三　疆域志 …… 970

　至到 …… 970

　星野 …… 970

　晷度 …… 971

　风俗 …… 973

　物产 …… 975

卷四　河防志 …… 978

　山川 …… 984

　高阜 …… 985

　古水道 …… 985

　今水道 …… 987

　湖泽 …… 991

　运河　闸堰附 …… 992

　漕渠 …… 993

卷五　建置志 …… 996

　城垣 …… 996

　公署 …… 998

　监狱局所 …… 1002

　仓庾 …… 1003

坛庙 …… 1003
街市 …… 1006
圩砦 …… 1006
集镇 …… 1011
驿置 …… 1014
善堂 …… 1015
马厂 …… 1016
坊表 …… 1017
津梁 …… 1018
义阡 …… 1020
卷六　古迹志 …… 1021
故城 …… 1021
宅里 …… 1024
亭台 …… 1025
祠庙寺观 …… 1033
邱墓 …… 1054
卷七　学校志 …… 1057
学宫 …… 1057
学额 …… 1062
祭器 …… 1062
书院 …… 1063
义学 …… 1065
学堂 …… 1066
学田 …… 1067
卷八　艺文志碑碣附 …… 1068
碑碣附 …… 1072
卷九　武备志 …… 1076
防所兵额 …… 1076
铺兵额数 …… 1076
营制 …… 1076
营房 …… 1077
墩台 …… 1077
水练纪 …… 1077

卷十 秩官表 …… 1078
文职 …… 1079
武阶 …… 1113
宦绩附 …… 1117
卷十一 田赋志 …… 1124
赋额 …… 1124
支解 …… 1125
杂税 …… 1127
湖田 …… 1128
户口 …… 1129
蠲免 …… 1129
盐法 …… 1129
附录:前代赋税科则 …… 1130
卷十二 选举表 …… 1132
卷十三上 人物志 …… 1165
勋绩 …… 1165
行谊 …… 1182
卷十三下 人物志 …… 1197
忠烈 …… 1197
文学 …… 1203
方技 …… 1210
寿典 …… 1212
侨寓 …… 1214
仙释 …… 1216
附人物搜古表 …… 1218
卷十四 烈女志 …… 1220
补录节妇 …… 1256
烈妇 …… 1258
补录烈妇 …… 1267
烈女 …… 1268
补录烈女 …… 1269
贞女 …… 1270
节女 …… 1270

孝妇 …… 1271
补录孝妇 …… 1272
孝女 …… 1272
贤妇 …… 1272
寿妇 …… 1273
卷十五 志余 …… 1274
卷十六 湖团志 …… 1280
附 民国新志 …… 1287
跋 …… 1304
后 记 …… 1305

续修《沛县志》序

县之有志，所以网罗散佚、保存文献，备一代之志乘、资后人之观感者也。沛邑志书，自乾隆四年知县事李公棠重修后，迄今已一百八十九年。中间或削稿已成，因事辄止；或设局编纂，又以官去而辍。迨至改革以后，土匪陷城，稿本丧失，将使吾沛之典章文物与夫忠孝贞廉之瑰节轶行，尽随沦胥以没。此不惟邑人士之羞抑，亦官斯土者之责也。

余自民国三年莅沛，正值匪徒滋扰之后，凋瘵未苏，疮痍满目，有续修之愿而未能举。六七年来，仰承省、道长官之训诲，兼赖邦人君子之赞助，得以渐次削平丑类，辑绥民生。迄今市井复业，耕凿无恙，殊始愿所不及，乃召集城乡绅董，筹款开局，续修县志。延邑绅赵君晋三董其事，广为搜辑。旋辗转觅得旧日抄本，亥豕鲁鱼，几经雠校，于其是者因之，略者详之，疑者、漏者则缺之、补之。其征访在光绪志稿后，自己丑迄戊午者，为时较近，采择益求核实，事迹年代断至宣统三年，民国建元，另行纪载，以示区别。

而此一百八十九年中，凡吾沛疆域沿革之要，山川人物之美以及文章功业、操行节义之流传人口者，胥于是乎大备。后之览者，憬然于兵燹之余，休养匪易，各安耕作，以渐遂其生机，争自濯磨，以日趋于善路，俾吾沛人才事业随文明进化之潮流，循底于极轨。是，又余之所深企也夫。

中华民国九年岁次庚申夏六月一日，简任职存记、署沛县知事、武城于书云序。

续修《沛县志》序

沛志之待修，久矣。无论明景泰旧本，销沉于兵燹水火，泯焉无足征，即乾隆志书，亦几经搜索，仅有存者；光绪续修之稿，修而未刊，且散而无存，至乞灵于外人，始得抄本，而鲁鱼滋甚，难卒读。沛人之于沛事，直如数典而忘祖；又如椎鲁蒙崽之子，瞠乎不能道己家事。吁！可慨已。

民国三年，武城于公祥五知县事，时值萑苻遍野，烽警迭闻，经年督捕，地方粗就。安堵听政之暇，每邀集锡蕃及各法团于公廨议缓急事，倡言曰："主人家，而不能道家珍、数米盐，则家事弗能修；入人国，而不能话子姓、诵昭穆，则国事弗能理；百里之邑，万姓之民，不能明变迁、辨风俗，则邑事无所戒备。不鉴不备，不患不悚，古人编年纪事，此物此志也。沛志虽抱残守阙已久，然究有残阙之可寻，及今不修，何以示后？且后之视今，犹今之视昔，亡羊补牢，宁为过晚？诸君子盍急图之。"锡蕃既韪于公之论，复经各法团公举任编辑事，自愧学植未立，知识暗昧，何以称此。即网罗散佚，补缀后闻，亦恐文体之不纯，笔力之弗任，赖张君星涛、李君镜甫等皆文学士，相助为理；更延聘鱼邑李其卜先生主任雠校。就旧日抄本，正其误，详其略，疑不敢补者，则从阙。光绪后，为时较近，征访尚易，勉为补辑。年代则断至宣统三年。民国纪元以后，则另行纪载，名为民国新志。旧日《图说》，亦测绘而更正之，共成十八篇，汇为七卷。

稿成，复质之于公与各法团，佥曰：斯可矣，如举家珍而数米盐矣，如话子姓而诵昭穆矣，可以明变迁、辨风俗而有所戒备矣。觉汉祖龙兴、风云际会、奇伟震撼之气去人未远，如名儒名宦、文章事业焜耀照人，以及独行节义，可泣可歌、可惊可愕之情状，靡不奕奕然扑人眉宇。后之学者，读其书，论其世，审其志，兴观群怨，其在斯乎，其在斯乎！谋急付刊印，毋延滞。

夫唐虞三代，地志之书，掌之太史，故《禹贡》纪山水物产，周公《职方》增以谷、畜、男女之数。汉承周制，郡国图集，上之太史。后改国史之例，为郡县之书，州县利病，专赖图志，前贤著作，彰彰可考。则图志一书，若何郑重！如鲰浅之续述，宁敢妄拟令典？惟饩羊之供，孔子惜焉，不得不探纂前录，敬贡后学。则是书也，作梯古之阶，汲古之绠，不至瞠乎莫能道，贻椎鲁蒙崽之诮也，幸矣！是为序。

中华民国九年岁次庚申冬至前二日，赵锡蕃晋三序。

光绪旧志序

不佞宰睢宁四年，既与丁西圃学博辑有志稿付梓矣。己丑春，量移沛县。沛为徐州北鄙，齐、鲁、滕、曹交错之地，毗连丰、砀、铜、萧，自昔人物俊伟，照耀寰区。览川原之漭漾，湖河之浩瀚，犹想见古豪杰奋兴之地，乃迁流至今，胡异于古所云也。况屡遭河患，城邑迁徙靡定，由栖山移还旧治，比三十余年流亡，虽复文物荡然，问沛宫、泗亭、歌风台遗址犹有存焉者乎？樊巷烟迷，虺城月冷，宰斯土者，宁不怃然？

查阅旧志，尚系乾隆四年邑侯李公棠所纂，迁延百五十余年，其间散佚亦已多矣。适逢今巡抚长白刚公檄饬各属呈献志书，如无书可呈，及时编纂，以备查考。

夫表扬节义，发潜阐幽，有司责也；而信今传后，俾一方掌故不至湮没无闻，亦生于斯长于斯者所深愿也。不揣固陋，复延丁西圃、陶平如学博，暨幕中诸君共襄赞其事，都人士采访故实，搜辑维勤。越十阅月，全书告蒇，咸欣然走相告曰：不图今日复睹文献之存也。

夫修志之义例林立，简者不可不简，详者不可不详，惟择其善者从之，折衷贵当。是编大致以质实为主，其无据之谈，概从阙如。一切凡例，谨遵钦定《四库全书·总目提要》经睿裁论定者以准，从违间有选用他志之佳者，亦分别列于简端，或得或失，识者自能辨之，兹不赘述云。

光绪十六年庚寅立春日，特授徐州府睢宁县、调署沛县知县、桂林侯绍瀛撰。

乾隆旧志序

沛有志，始前明景泰时邑令武昌古公，嘉靖时永年王公重辑，更五十余年，彭山罗公加辑于万历丙申，越一纪，永宁李公更加纂订，迄我朝百余年矣。邑境洼下，数罹水患，迁复靡常，即漫漶之旧版，亦无从征觅。古今政绩无可稽，前贤芳躅无可考，疆境分合、兴废、属隶及赋役、物产、利弊，均莫能求其确实。

余忝承乏是邑三载，每思访诸前令旧本，详加补辑，付剞劂氏，匆匆未遑也。然沛当曹、滕、齐、鲁之冲，接壤古豫，属《禹贡》徐州，汉祖龙兴以来，为用武之地。濒大河，屡汩于水，民贫而土瘠，抚绥最难。宰是邑者，非参之古，酌之今，得其情，宜其俗，其能免于咎戾欤？是志之修，又必不容缓者。况欣逢我圣天子重熙累洽，文治光于率土，凡省会郡州县志，无不焕然一新，成千古大一统之盛。沛虽蕞尔，讵遂无纪载耶？

乾隆二年春，集绅士于黉宫而议之，众皆踊跃鼓舞，议即日定，乃请于各宪，允行。

余幼不敏慧，学殖未充，鹿鹿簿书间，覆悚是惧，何敢及笔墨事。但奉先人遗训，叨莅一方，其纪载劝惩大端，固不敢以谫劣诿。忠孝节义，凡增一人，必集舆论以定，邮致郡博合肥田君编纂之。田君起家庚戌，与余家兄弟辈为同年，素稔其闳通，是以相属，慎之又慎也。增者，庶几无遗芳乎，无溢美乎。至旧志所录，未尝删汰一人，而繁句冗字，则商之田君而芟之，文取其简也。

梓将竣，适余有修城之役，田君亦奉檄乡闱，遂停止。延至今秋，书始就，而余自甫至沛时，数年之愿获酬焉。虽然，采访或有未遍；湮没或有未彰；荒烟蔓草之墟或多未历；残碣断碑之文或多未读。事经两甲子，兵燹水患中，不可考者，未能综括之于一旦而纤毫无漏，是则余之责也。邑人士之览是书者，举所遗以告，得以补载，是余之所深幸也夫，是余之所深望也夫。

清乾隆五年秋八月望日，敕授文林郎、江南徐州府沛县知县、海阳李棠撰。

凡 例

一 《元和郡县志》为古今地志之滥觞，而乾道《临安志》又为州县纪叙之原始。元、明以来，邑乘极多，其卓卓可传者，惟韩汝庆之《朝邑县志》，康对山之《武功县志》，笔墨虽佳而纪载太简。武功县并学校于建置中，识者均有遗议。有清一代，府厅州县，各有纪略，分合增减，互相参差。迨《四库全书总目提要》出，折衷定论，至为允当。自是，修志书者，翕然遵循。此志，于《提要》之以为是者，则悉奉为准；于《提要》之以为非者，则改易之，以昭大同。

一 此志十六门，悉依明唐枢《湖州府志》，分土地、政事、人民三大纲，而次第别为条目。封域、城郭，非图不明，故首图说；疆域离合，今古各别，知各朝之郡县、人物、掌故，始不致于歧讹，故次沿革；纪事寰宇分明，政事方有定准，故次疆域；沛邑黄河，旧为巨患，城邑之徙移，陵谷之变迁，俱缘黄水淤垫，惟千古不移者山岳，川渎纵有改流，峰麓终为凭借，故次河防、山川；城署、仓厫，具徵官府缔造，故次建置；故宅荒丘，访旧者藉资考镜，故次古迹——其统于土地者有如此。政事之极要者，莫如尊师重道，故学校次之；师儒之讲贯，著作成书，故艺文次之；而建邦设邑，文事与武略兼修，故武备次之；地方之整顿，视乎官师之措施，故秩官次之；致邦国之用者，在则壤成赋，故田赋次之；吁俊抡才，政之大典，分榜设科，首在求贤，故选举又次之——此均统于政事者也。由是以次人民，勋业文章，彪炳史乘，忠孝仁寿，奖励乡闾，人物殊品，分登焉；而藉振懦顽，节烈清贞，人崇阃范，贤孝淑婉，邑号女宗，列女流芳，广搜焉；而攸关风化，盖人民中之翘焉特异者也。此外，土地不能统，政事不能入，而纪载又非人民可以兼摄，则并入志余，以补其阙。湖团，旧系流寄，光绪末年始入沛籍，然田庐书院，久定成规，忠孝节烈，亦蒙旌典，自应以《湖团志》纳之，以从其朔。至占籍后，所有事迹，悉载入沛志，庶分合各有其道存焉。

一 乾隆旧志，域图绘者固非精手，然亦时代所限，后人又乌可厚非；光绪志图板既无存，抄本又缺；县中所存《清乡图略》，可师仿，然亦舛错叠见。诸有未合，兹经分区更正，凡村集之距离，城乡之部位，无不考查详明，度例精确。共为图十八张，有总有分。总，以举其全；分，以见其细。而河流路线并详列之，庶览者执图寻径，不致徘徊于道路云。

一 沛县疆界，伊古以来，分合靡定，广狭攸殊。而自黄水淤高，城邑屡迁。此志悉遵近今疆界，而远溯历朝封域，或一县而割为数邑，嬴缩不齐，或一地而叠改旧名，古今屡易，均于历代史书地理州郡志悉心稽考，复旁究郦道元《水经注》、魏王泰《括地志》、《元和郡县志》、《太平寰宇记》、《春秋》杜注、胡氏《禹贡锥指》、李申耆《地理韵编》、顾亭林《郡国利病书》、顾祖禹《方舆纪要》等书，反复研稽，实事求是。其有地名本隶他邑者，辨别焉，以订其讹；或有郡名并属两县者，分半焉，以定其界，为沿革表。管蠡之识，是否有当，尚望博雅，匡其讹舛。

一 沿革门，县名下均以历代史书地志记载，按照各代事实时政叙录，而援引书籍，亦择各朝舆地记为准。即如一薛国，而夏商周封建不同，一留国，而虞殷周经史互异。唐代引书以《元和郡县志》所载为案，宋代引书以《太平寰宇记》所存为准，庶几周不能移之汉，汉不能移之唐。学者藉各朝之舆记，庶知历代之变迁。

一 本县封疆，时立时废，载于史册者，固昭然若揭也，而累朝之政治、历代之兵革、终古之灾祥、一邑之事迹、实觇各代之设施，另立专条，不惟门类繁多，且虑事端复沓。兹将各条于沿革门，按年纪载，庶读者循序稽查，藉知各朝故事。

一 星野，因疆域而殊，歧星野于疆域外者，未免悬空罔据。兹列星野于疆域中，将历代史书以次胪列，占星者藉知地方之灾异。而风俗物产，每因疆域而分类兼收，地方之奢俭，都邑之盛衰，胥于此焉系之。

一 山川，例有专门。沛邑山阜不多，而古时水道又为黄水淤塞，蓄泄疏浚，无关紧要，不必特立专门。惟自宋以来，黄河南徙，溃决之害，沛邑屡当其冲，堤防之修废、城乡之安危系焉。此志于豫东堤岸决口，有关于沛邑者，分年纪载，随时检阅，知山川、闸堰、昭阳湖，均因黄河改变创立，故以次附载。

一 沛邑城垣公署，因河决而屡迁；宅里、庙坛经沙淤而难考；建置古迹，两门访古者，不免有桑田沧海之感焉。然地虽改变，而古制未可听其沦亡，此志于建置一门，必旧与新备载。即如仓庾、公署，本在旧城，及乾隆四十六年黄河冲没，徙于栖山；又因咸丰元年丰堤漫口，栖山之衙署、城池，悉行淤没，移驻夏镇；复于咸丰十一年，距旧城南门里许建筑土圩，由夏镇仍还旧治。循迹纪叙，盖不忘其初之义也。他条仿此。古迹之中，宅里、亭台，寺观、邱墓各迹，所存无几，然亦详悉叙载，庶好古者藉资考证。

一 学校为尊师之地，自须特立专门，未便统入建置。惟沛邑学宫，屡经迁圮，而立学湖租，亦系新拨。此志于历次迁学源流，分时汇载，并以各碑记附载学宫，庶历任官师创造之精心不致沦没。歌风书院为多士会课之区，改建、章程，固当备纪，而义学、学田、书院田，亦并详叙其建设之乡及拨给原委，庶日久检册稽查，经管者不难整顿。

一　在祀典者，如文昌祠、关帝祠、城隍庙、火星庙、大王庙、先农坛、刘猛将军祠，均列于坛庙。此外，如先贤闵子祠、卜子祠、颜公祠，以及二郎、五岳等庙，悉列于古迹，稍事区别。而浮屠、寺观，得并载焉。

一　历来艺文一门，多将庙宇、碑碣及名流诗歌，汇载一处，殊欠裁制。自康对山《武功县志》出，记传、咏歌，散附各门，自是修邑乘者，艺文一门，均仿史书，仅载书目。《四库全书总目提要》又议其太简。沛邑汉朝经学，各有师承，而唐代之刘希仁、明朝之阎用卿辈，等身著作，彪炳儒林。有清一代，人才辈出，间有专集。此志搜罗全集，每人俱以小传叙明著书体要、诗集，兼摘录警句数韵，以见一斑。

一　著述各家及宦绩，人物俱录。已故之人，庶有范围，现存之人，概不选录，以符史例。其建置、古迹，山川、学校各门，或附今人记说咏歌，系因叙事而采及，俾典物之原委因是而明，非记其人也。

一　秩官，驻扎本邑者，俱分文职、武职，按年编入，其功德治绩，即散附本册之次，观其设施与当时之舆论，足以知其人之贤明，毋庸别出宦绩。近年《邳州志》、《溧水志》俱此例也。沛邑由汉迄元，名宦极多，依代叙列，不分爵秩。自明分职纪载，其姓氏不可考者，概从阙如，而勋烈卓卓者，即胪叙之，以资观感。

一　则壤成赋，岁有常经，而杂税摊征，亦成定额。惟湖田淤涸，随时变更，未便据为常例。而大河北徙，涸出之地，东民占种，生聚日繁，谓之湖团，岁纳租息，以为徐防经费，至光绪末年，始行升科，兹并志其原委。沛邑赋役户口，因黄水为灾，代有迁移，此志额赋人丁，悉以清代为定，而仓储、盐法、保甲，均以次附载，以存时政。

一　沛邑选举，古代难稽。科名之兴，纪自明代，而恩拔、岁副各贡，挨次纪叙，以见人材之盛。文阶武秩，具征乡宦勋猷；显爵饮宾，同仰一时人望。分门胪列，均出类拔萃之英也。

一　沛邑人物，甲于他邦。汉初，帝王将相，乘运而兴；成、哀之世，人才蔚起，一时如施雠、高相、蔡千秋、邓彭祖等，俱以经学名家；即隋代之刘行本、元代之韩公衡，俱属一时物望。此志于古人之有本传者，据实登载，而近今卓行奇忠、名儒高隐，以及技艺、释老，亦采访叙录。人品之萃集，具征地方之钟毓焉。

一　此志门类，悉依光绪侯志旧稿，略无更动。亦兼有一二移易增减处，类如颜公祠、朱公祠，旧列学宫门内，殊与体例不合，兹为移置祠庙门内，庶部位较清。武备，旧志叙述历代兵制，多系转录府志，阔泛太甚，兹为删除，至清代悉为存留，以昭核实而备掌故。又学堂始于清季，税赋略于前代，兹为分类增补，以见古今异制也。

一 侯志修于光绪十五年，刊而未完，因故停止。嗣经变乱，旧稿失存。今所据者，系由法教会中转抄之本，鲁鱼亥豕，触目皆是，颠倒错乱，不堪卒读。兹经逐条较对，凡关于史传及有纪载可寻者，则检据原书核正，俾复庐山真面；其绝无书籍可查者，则将其一二错误处注明、缺空，不敢妄为涂改，以从疑以传疑之例。

一 此志事迹年代，悉依省志条例，叙至宣统三年止，所以存旧典也。辛亥以后，共和肇兴，新政既繁，变更亦夥，自应另行纪载，于旧志划分鸿沟。

续修《沛县志》姓氏

纂修

于书云简任职存记　五等嘉禾章五等文虎章　署沛县知事

协修

赵锡蕃清拔贡生　前署山西稷山县知事

参订

李恒昌清岁贡生　候选儒学教谕

张洪源清廪生　曾充夏阳乡乡董

李昭轩清廪生　日本实科学校毕业　现任县视学

张敬斋清廪生　两江法政学堂毕业　江西候补县佐

征访

王化才清庠生　县立师范传习所毕业　现充沛城市学务委员

赵锡棻清庠生　江苏省议会第二届议员

魏江亭清拔贡生　曾充栖山市市议会议长

朱静涵沛县县立师范传习所毕业　现充栖山市学务委员

封树藩清庠生　上海单级练习所毕业　现充汉台乡学务委员

张升三清附贡生　江南审判研究所毕业　分发山东委任职

王超瀛江北师范学堂毕业　现充千秋乡学务委员

朱季伍清廪生　现充千秋乡保卫团团总

阎汉亭清拔贡生　分发河南直隶州州判　曾充县公署第二科科长

吴心敏清庠生　县立师范传习所毕业　现充泗亭乡学务委员

蔡春元两江优级师范学堂毕业　现任劝学所所长

杨俊仪清郡庠生　现充夏阳乡保卫团团总

冯德新清岁贡生　分发河南直隶州州判

杨庆霖徐州师范学堂毕业　现充湖陵乡学务委员

校对

蔡培元清廪生　日本法政大学自治科毕业　曾充县公署第三科科长

封绪香日本高等警察学校毕业　现任沛县警察所一等警佐

秦亚宾省立第七师范讲习科毕业　现充县立第一高等小学校校长

张绍孟清庠生　徐州师范学堂毕业　现充县立师范讲习所所长

孙炳轩清庠生　现充县公署内务科主任

王薪传清廪贡生

赵锡谟徐州中学校毕业　现充沛城市市立第一高等小学校校长

测绘

杨敬胜江苏河海工程测绘学校毕业

朱仲彝江苏河海工程测绘学校毕业

卷一　图考

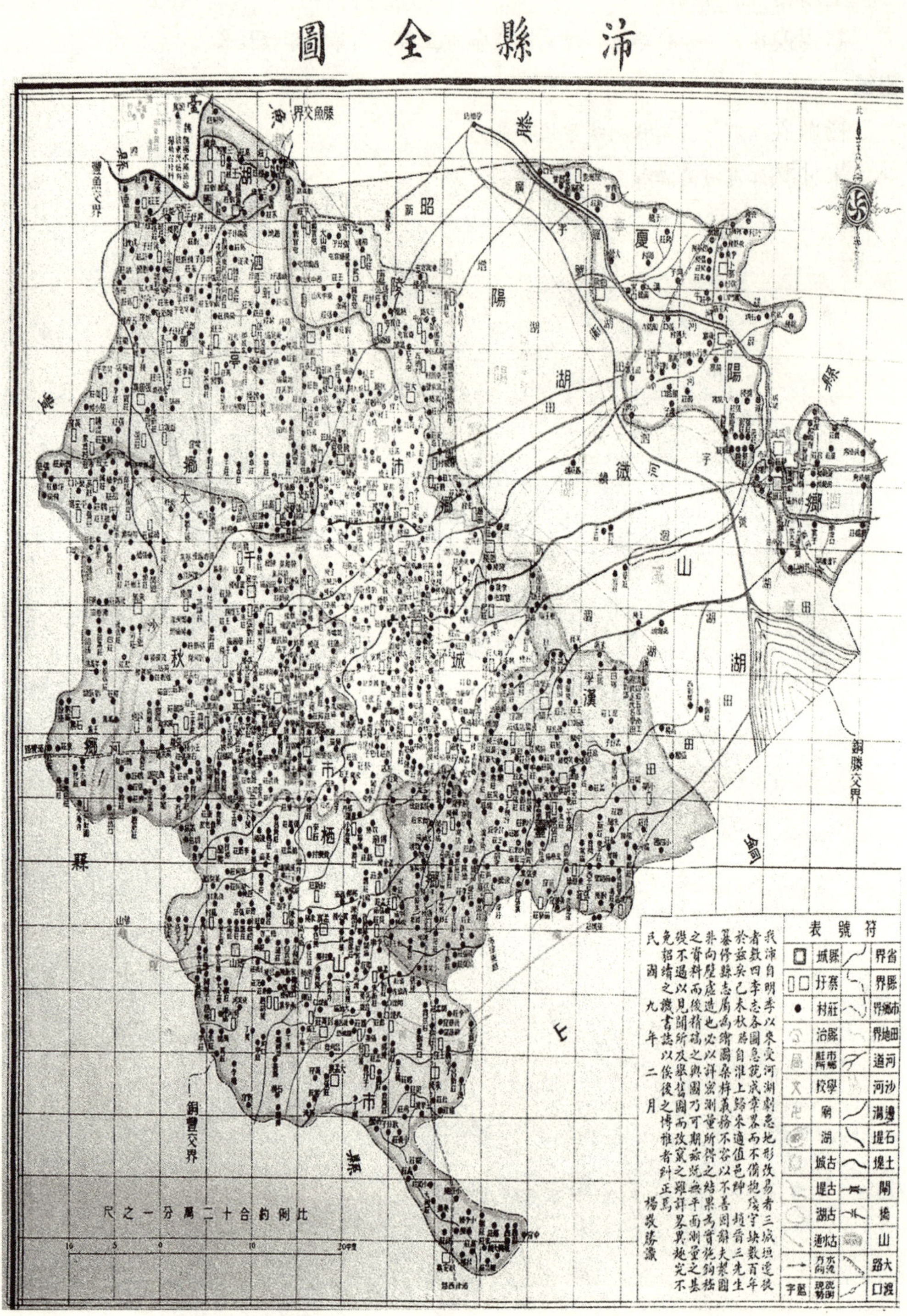
沛縣全圖
滕魚交界
豐魚交界
銅滕交界
銅豐交界
昭陽湖
微山湖
符號表
縣城
村莊
學校
廟
湖
古城
古堤
古湖
省界
縣界
河道
沙河
石堤
土堤
閘
山
大路
渡口
我沛自明季以來受河湖劇患地形改易者三城垣遷徙者數四李志各圖急就成章畧而不備抱殘守缺數百年於茲矣乙未秋爲自淮上歸來適值邑紳趙晉三先生纂修縣志屬爲繪圖桑梓義務不容以不善圖辭夫製圖非向壁虛造也必以詳密測量所得之結果爲實施鉤稽之資料而後精確之輿圖乃可期茲既無平面測量之基礎不過以見聞所及舉舊圖而改竄之雖詳畧異趣究不免貽續之譏書誌以俟後之博雅者糾正焉
民國九年二月
比例約合二十萬分之一尺

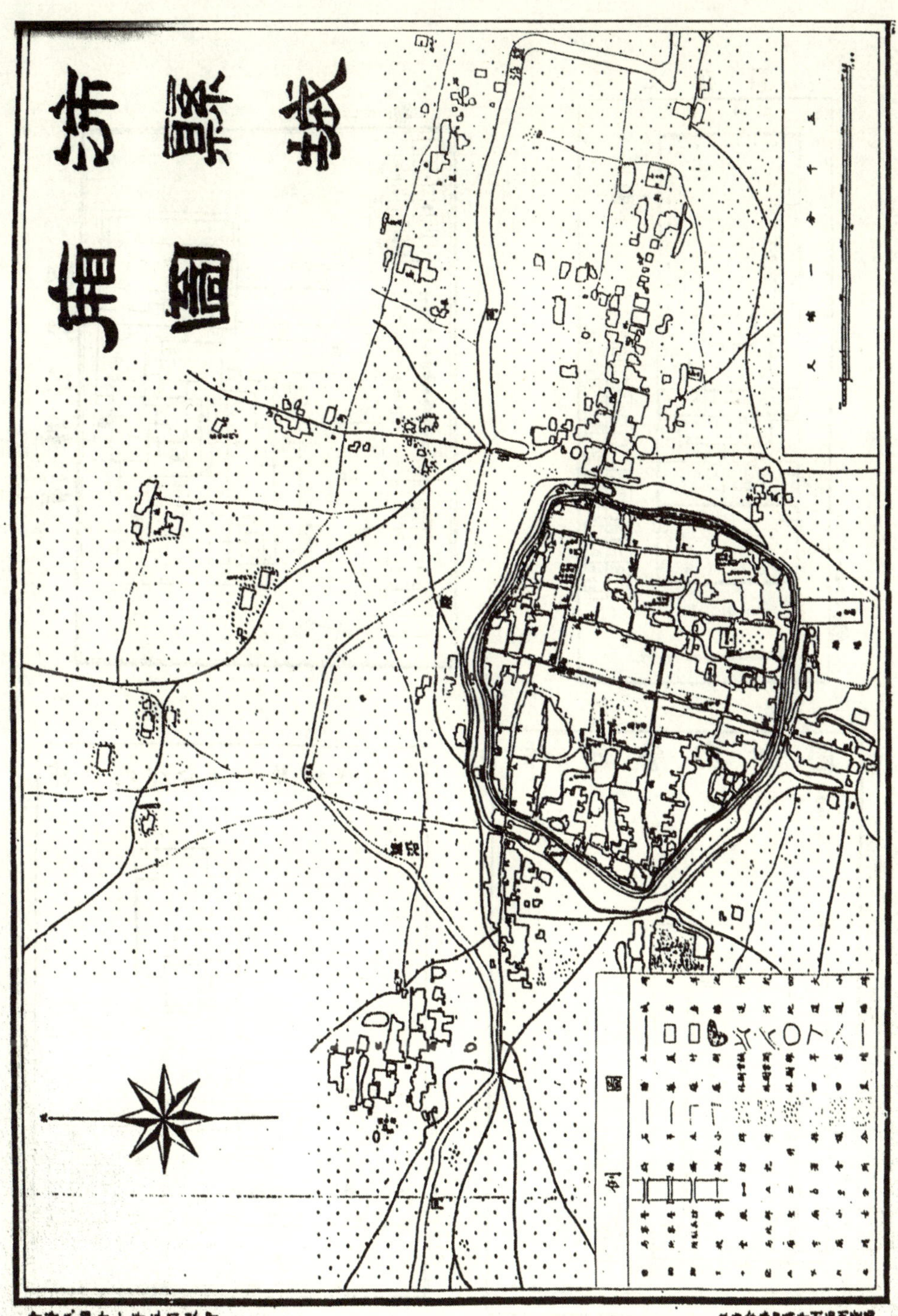
济甯縣城圖

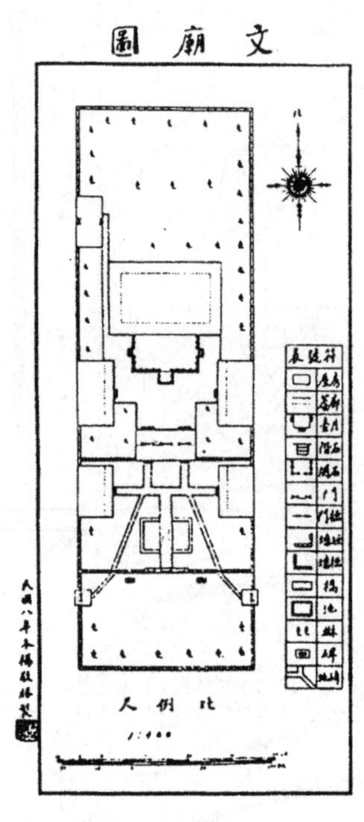
文廟圖

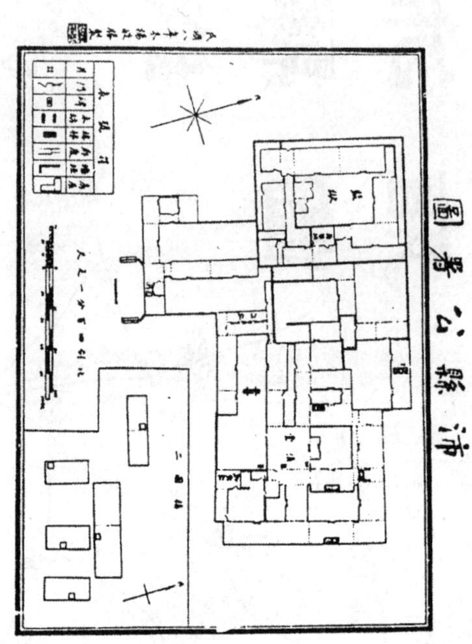
沛縣公署圖

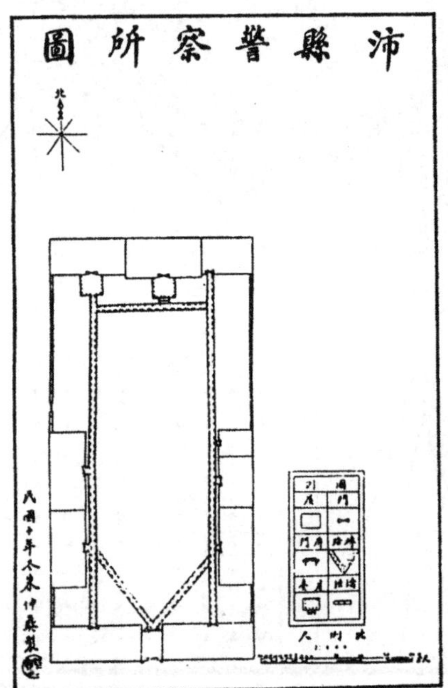
沛縣警察所圖

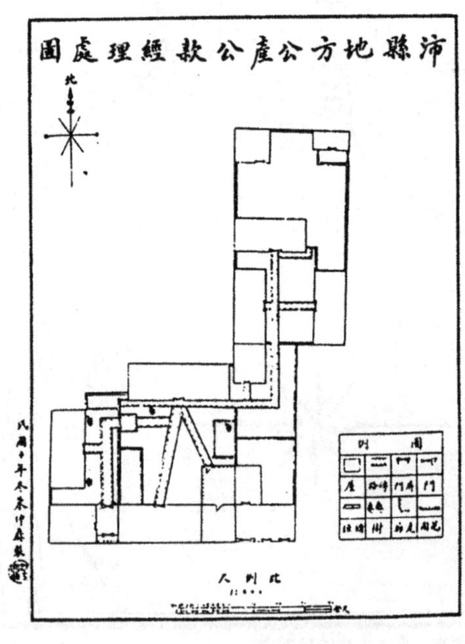
沛縣地方公款公產經理處圖

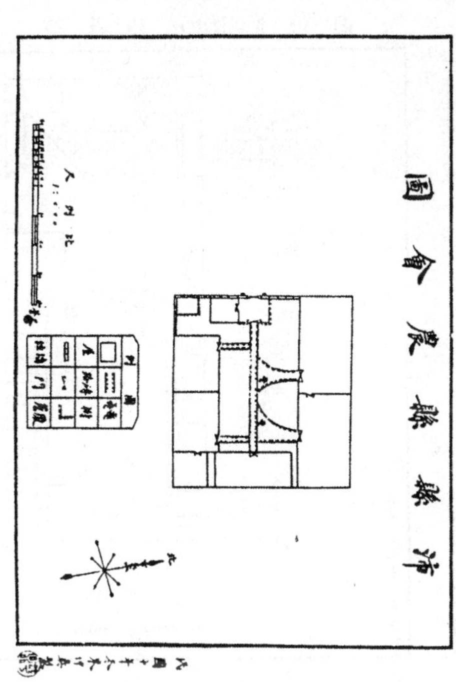
沛縣農會圖

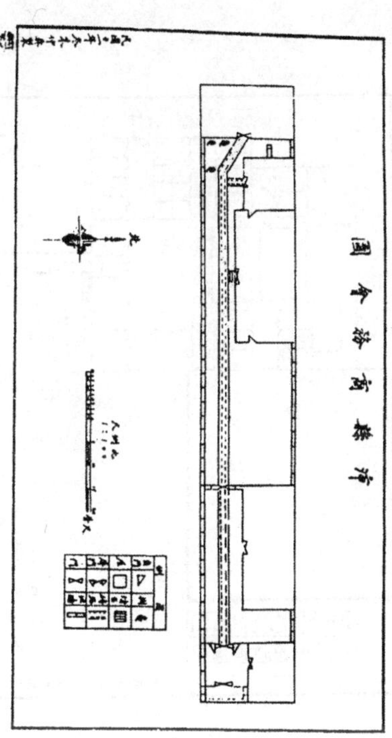
沛縣商會圖

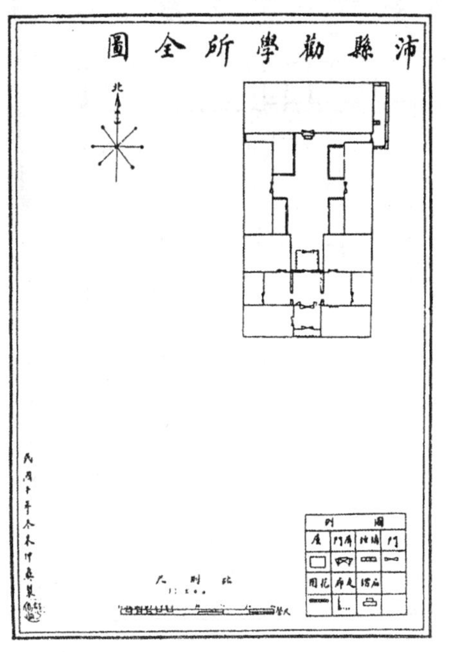
沛縣勸學所全圖
北

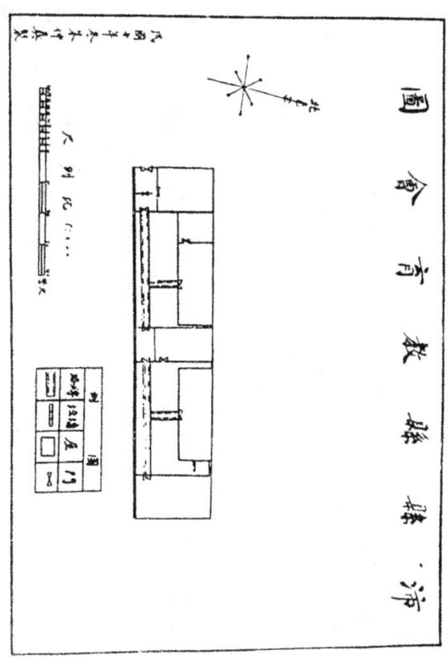
沛縣教育會圖

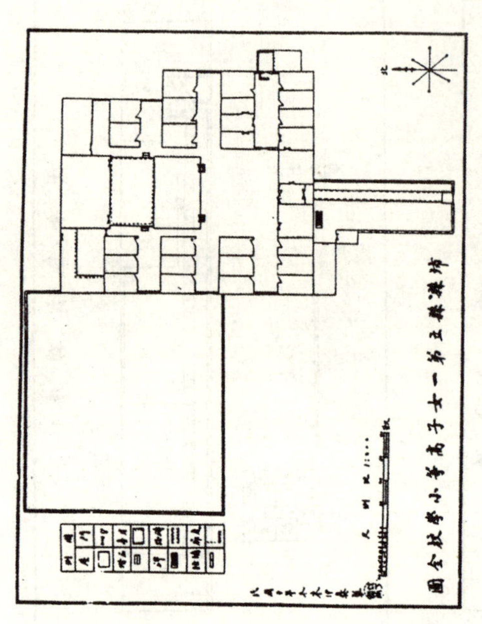
沛縣立第一高等小學校址全圖

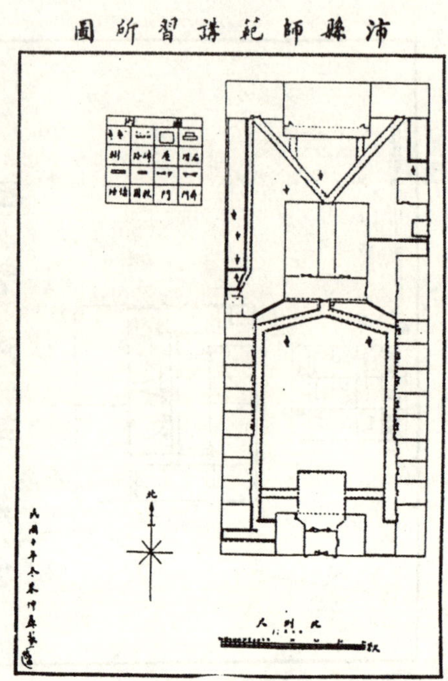
沛縣師範講習所圖

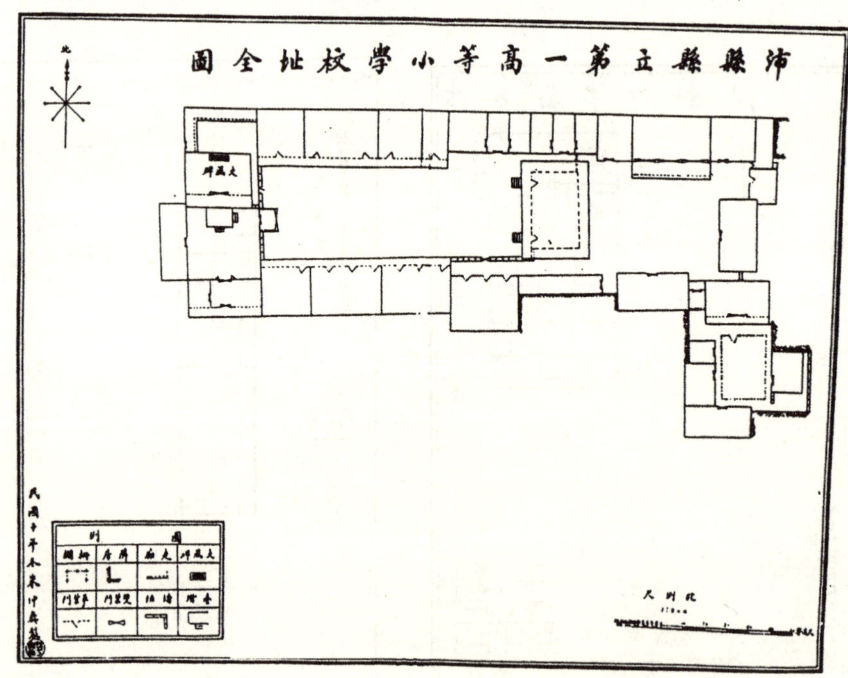
沛縣立第一高等小學校址全圖

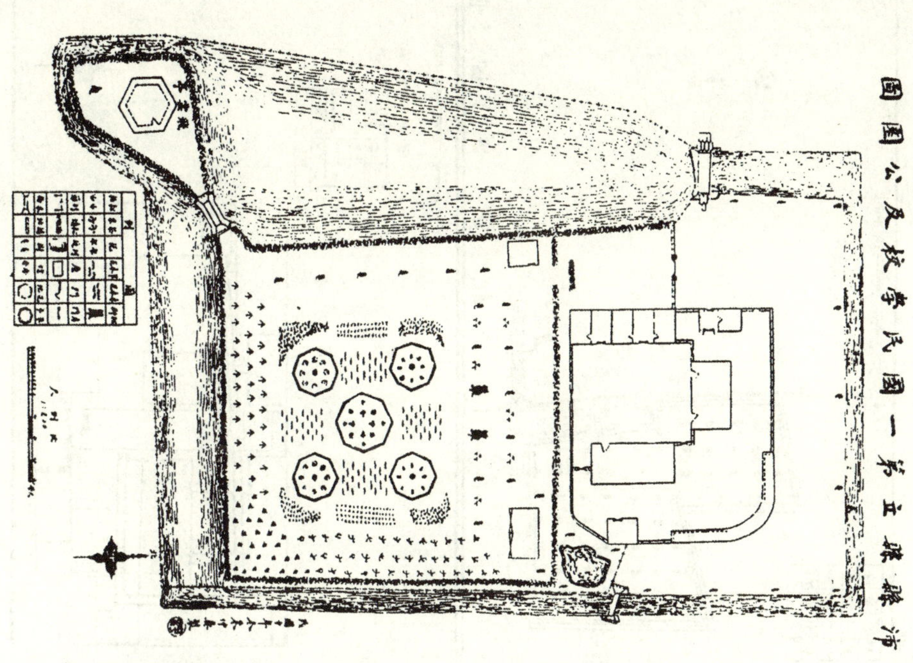
沛縣縣立第一國民學校及公園圖

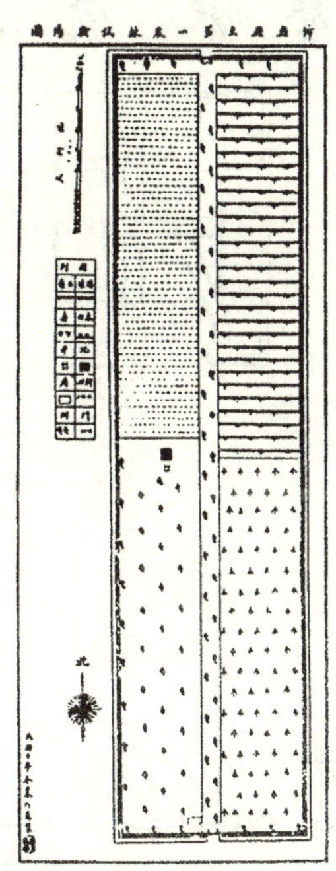

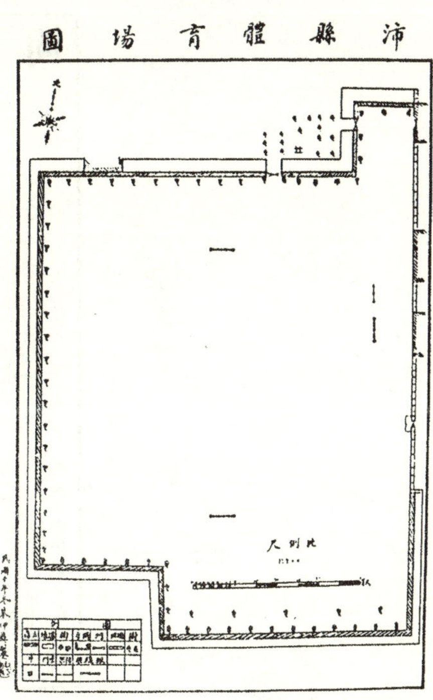
沛縣體育場圖

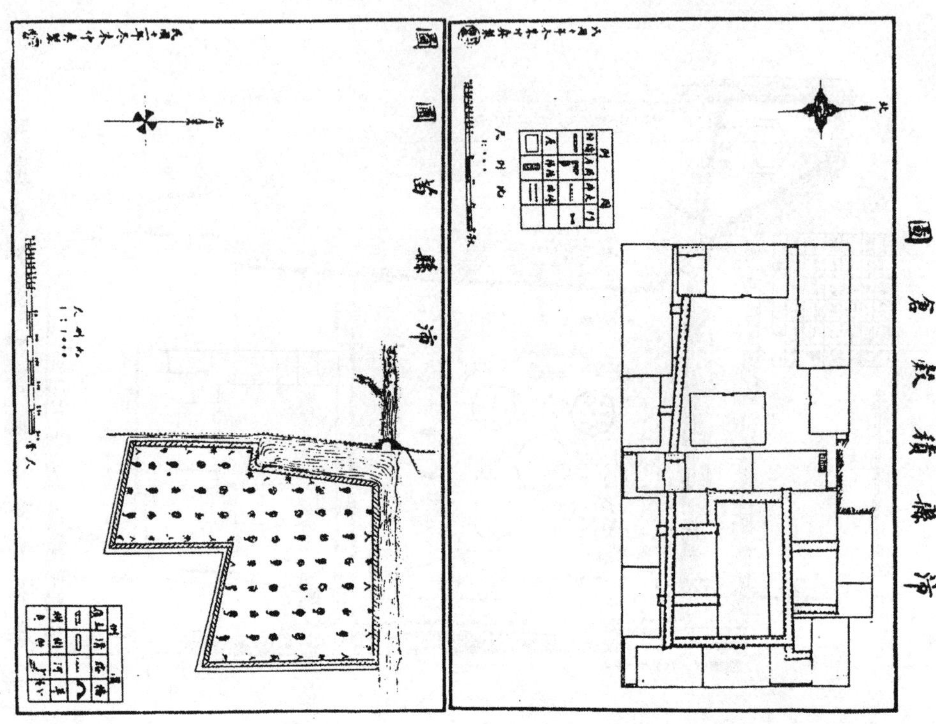

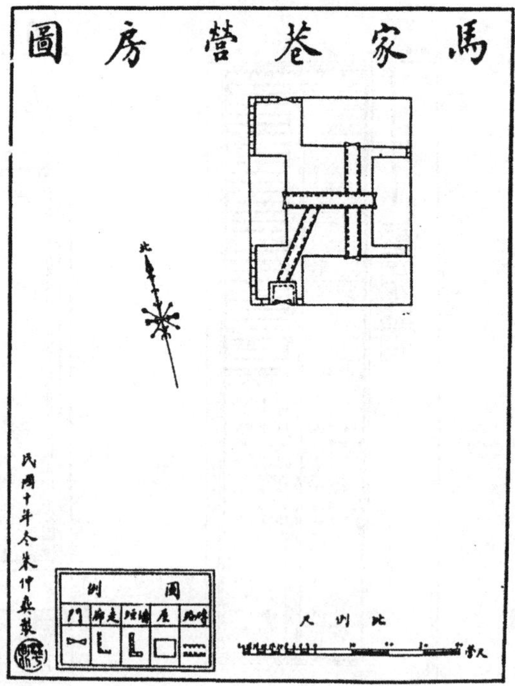
馬家巷營房圖
民國十年冬朱仲泉製
圖例
北

卷二　沿革纪事表

历代　**统隶**国县**名**　**纪事**封建、时政、兵燹、灾异悉载

唐　海岱及淮惟徐州　沛地郦道元《水经注》："昔，许由隐于沛泽。"即此县也。县盖取泽为名，则沛自陶唐时已有其地。

虞　徐州　留国《路史》："尧子封于留，一作镏。刘氏所自出。"则留之封国，当在有虞之时。繁休伯《避地赋》："朝余发兮泗州，夕余宿兮留乡。"即指此地。

唐尧　〇〇年　许由，字仲武，隐于沛泽之中。尧让以天下，不受，而逃去。皇甫谧《高士传》。

虞舜　〇〇年　丹朱庶弟九，其封于留国者，为留氏。《路史·国名纪》。

夏徐氏　沛地　留国　薛国江慎修《春秋地理考实》："薛，任姓，侯爵。奚仲封于薛。"今滕县南四十里有薛城，在沛之东，故城属沛县地。

大禹　〇〇年　薛氏，出自任姓。奚仲为夏车正，禹封为薛侯。地今鲁国薛城。《唐书·宰相世系表》。

商　徐州之域沛国《路史》："徐地有沛氏，商人六族有条氏。"王符云："殷氏姓。"商南隶留国即古留国。《诗·王风》："彼留子国。"据此，则殷之衰世，其国犹存。东隶薛国乾隆旧志："仲虺封于薛。"汪梅村《水经注图》："沛之东属薛国。"

汤　〇〇年　奚仲十二世孙仲虺复居薛，为汤左相。《唐书·宰相世系表》。

周　青州并徐入青　沛邑《左传·昭公二十一年》："齐侯田于沛。"江慎修《春秋地理考实》引《水经注》："时水至梁邹城入于沛。"齐之沛泽，即沛水上游，则沛邑在周实为宋地。东为薛国《唐书·宰相世系表》："武王克商，复封为薛侯。齐桓公霸诸侯，独薛侯不从。"《孟子》："齐人将筑薛。"则薛之为国，战国时犹存。南为留邑《左传》杜注："吕、留二县，今属彭城郡。"江慎修《春秋地理考实》引之，则周时之留，已为宋邑，留国在殷之末世已亡。东南有偪阳国之半《路史·国名纪》："黄帝之宗，有偪国。注：晋襄公母偪姬。注：即周之偪阳国。"《文献通考》："偪阳，妘姓，子爵，国在彭城偪阳县。今沂州承县。"《一统志》："沛县，古偪阳国地。"今检《峄县志》，峄县，即汉承县。偪阳故城，在今峄县万年闸西。据此，则春秋时之偪阳，即古之偪国，故城在峄，而疆域当可统辖沛县，与封域考之偪阳国界沛与峄各据其半焉。

桓王八年　春，滕侯、薛侯来朝，争长。薛侯曰："我先封。"《左传·隐公十一年》。

简王十四年　秋，楚子辛救郑，侵宋吕、留。《左传·鲁襄公元年》。

灵王九年　晋荀偃、士匄请伐偪阳，而封宋向戌焉。甲午灭之，以与向戌。

晋侯有间,以偪阳子归。《左传·鲁襄公十年》。

赧王二十九年　齐、楚、魏共灭宋,而三分其地。楚得沛地,以为县。《史记》并《通鉴》。

显王四十二年　九鼎沦泗,没于渊。《竹书纪年》。

显王四十六年　秦使张仪,与楚、齐、魏相会盟于啮桑。《史记·楚世家》。

秦　泗水郡治沛县。始皇廿四年置。《地理志·稽疑》:"秦末称泗川郡。"　沛县　留县　西北有湖陵县三分之一。

二世元年　九月,沛父老子弟共杀沛令,开城门迎刘季为沛公。沛公祠黄帝、蚩尤于沛庭。《史记·高祖本纪》。

二世二年　十月,沛公攻湖陵、方舆,破。秦监军还守丰。《史记·秦楚之际月表》并《汉书》。

二世三年　正月,东阳宁君秦嘉立景驹为楚王,在留。沛公往从之,道得良,遂与俱见景驹。是时,秦将章邯定楚,沛公引兵与战萧西。不利,还。收兵聚留。《汉书·高祖本纪》。秦嘉已立景驹为楚王,以拒梁。梁引兵击,嘉军败走,追至湖陵,嘉战死。梁并秦嘉军,军湖陵。将西,章邯至栗。梁使别将朱鸡石与战,朱鸡石败,亡走湖陵。《汉书·项籍传》。

汉　沛郡　沛县《汉书·地理志》:"沛,属沛郡。"案:县在秦属泗水郡,汉为沛郡,移治相。沛为属邑,谓之小沛。沛郡,领县三十七,沛与广戚,俱偪近泗水者也。其县,终汉世,恒封为国。广戚县《汉书·地理志》:"广戚,属沛郡。"案:在沛县东。《水经注》:"泗水又东南,流经广戚县故城南。"即其城也。其县,即今夏镇戚城。疆域不大,在汉,以此封侯国。楚国　留县《汉书·地理志》:"留,属楚国。"案:留,即春秋留国。在沛县东南,春秋为宋邑。秦,始置县。汉时,为张良封国。　东南有傅阳县之半《汉书·地理志》:"傅阳县,即古之偪阳国。为博阳,偪与博同。"《郡国志》谓"沛,古偪阳国地。"《峄县志》亦谓"其南为偪阳国",考:乾隆《峄县志·图》,偪阳故城在峄县西界,与沛县昭阳湖相近。以封域稽之,古傅阳县,今沛、峄各占其半。莽曰辅阳。　山阳郡　西北有湖陵县三分之一。《汉书·地理志》:"湖陵,属山阳郡。"案:湖陵,即湖陆。秦,始置县,汉因之。考实:滕县旧志:湖陵,城西属鱼台;南属沛县;滕仅得其一角。以封城稽之:鱼台据地较多,沛仅有三分之一。

高祖元年　九月,汉王遣将军薛欧、王吸,因王陵兵从南阳迎太公、吕后于沛。《汉书·高帝纪》。

高祖二年　羽自以精兵三万人,从鲁出湖陵至萧,晨击汉军,大战彭城、灵壁东,大破汉军。汉王得与数十骑遁去。过沛,使人求室家,室家亦已亡,不相得。《汉书·高帝纪》。

高祖三年　项羽使项声复定淮北。灌婴渡淮,破项声,下下邳、寿春,遂降彭城，虏柱国项佗，降留、薛、沛、酂、萧、相。《灌婴传》。

高祖六年　正月丙午，封张良为留文成侯。《汉书·功臣表》。

高祖十一年　秋七月，淮南王黥布反，渡淮。《史记·汉高祖纪》。曹参从悼惠王将车骑十二万，与高祖会，击黥布，军大破之。南，至蕲，还定竹邑、相、萧、留。《汉书·曹参传》。十二月癸巳，封兄子濞为沛侯。《汉书·王子侯表》。

高祖十二年　冬十月，上破布军还，过沛，留。置酒沛宫，悉召故人父老子弟佐酒，发沛中儿童得百二十人，教之歌。以沛为汤沐邑，复其民，世世无所与，并复丰比沛。《汉书·高帝纪》。立濞于沛，为吴王，王三郡五十二城。《汉书·吴王濞传》。辛丑，封周聚为博阳侯。二十四年，薨。《汉书·功臣侯表》。

惠帝元年　以沛宫为元庙，皆令歌儿习吹以相和，常以百二十人为员。

高后元年　封后兄康侯少子吕种为沛侯。八年，坐吕氏事诛，国除。《史记·惠景间侯年表》。

武帝元朔元年　十月，封鲁共王子刘将为广戚侯，始嗣。元鼎五年，坐酎金，免。《汉书·王子侯表》。

元朔三年　三月，封齐孝王子刘就为傅阳侯，旋薨，终古嗣。元鼎五年，坐酎金，免。《汉书·王子侯表》。傅阳即博阳。

宣帝元康元年　诏复高帝功臣绛侯周勃等百三十六家。

宣帝神爵元年　西羌反，发沛郡材官诣金城。《汉书·宣帝纪》。

成帝河平二年　正月，沛郡铁官铸铁，铁不下，隆隆如雷声，又如鼓声，工十三人惊走。音止，还，视地，地陷数尺，炉分为十一，炉中消铁散如流星，皆上去。《汉书·五行志》。河堤大坏，泛滥青、徐，州、县略遍。《后汉书·循吏王景传》注引《十三州志》。

成帝河平三年　二月，封楚孝王子刘勋为广戚侯，薨，子显嗣。王莽篡位，奉显子婴为定安公。《汉书·楚孝王嚣传》。

哀帝建平四年　四月，山阳、湖陵雨血，广三尺，长五寸，大者如钱，小者如麻子。《汉书·五行志》。

新莽天凤五年　赤眉寇楚、沛等郡。《后汉书·刘盆子传》。

淮阳王更始二年　梁王刘永招诸豪杰，沛人周建等并署为将帅，攻下沛、楚。《后汉书·刘永传》。

后汉　沛国　沛县《续汉郡国志》："沛有泗水亭。"注：亭有高祖庙，班固为文以记之。《地道记》有许城。《左传·定公八年》："郑伐许。"案：许，在今河南，与沛相距甚远。《左传》八年亦未有"郑伐许"事，"许"字恐有错讹。刘昭之注，未可以为训也。

彭城国　广戚县《续汉郡国志》："广戚，故属沛国，东汉章帝改属彭成国。恒为县治，不复如前汉之时为封国焉。"留县《续汉郡国志》注:"《西征记》曰:留,县中有张良庙。该邑俱为县治,终东汉世未尝封国。"东南有傅阳国之半。《续汉郡国志》:"傅阳有柤水。注:《左传·襄公十年》灭偪阳,即此县也。"其地,东汉时亦未尝封国。柤水,即□水,在峄县南。西北有湖陵三分之一。《续汉郡国志》:"湖陵,故湖陆。章帝更名。注:《前汉志》王莽改曰:湖陆。章帝复其号。"《博物记》曰:"荷水出湖陆。"《地道记》:"县西有费亭城,魏武帝所封。"桑钦《水经》:"注泗水,又屈东南,过湖陆县"是也。其地更东,汉明帝时增益东平国,章帝时封东平王子为侯。

世祖建武二年　夏,虎牙将军盖延等南伐刘永。永将苏茂与佼彊、周建,合军三万人,救永。盖延等与战于沛西,大破之。茂奔还广乐,彊、建从永,走保湖陵。延遂定沛、楚、临淮,修高祖庙,置啬夫、祝宰、乐人。《通鉴辑览》并《后汉书·盖延传》。

建武三年　春,遣大司马吴汉等,围苏茂于广乐。周建率众救茂,茂、建战败,弃城,复还湖陵。《后汉书·盖延传》。

建武四年　春,盖延击苏茂、周建于蕲,进与董宪战,留下,皆破之。《后汉书·盖延传》。

建武五年　秋七月,王常攻拔湖陵。《后汉书·王常传》。丁丑,幸沛,祠高原庙。诏修复西京园陵。进幸湖陵,征董宪。《后汉书·光武帝纪》。

建武十九年　九月,南巡狩,进幸淮阳、梁、沛。《后汉书·光武纪》。诏问郡中诸侯行能,太守荐言:刘般,束脩至行,为诸侯师。帝闻而嘉之。《后汉书·刘般传》。

建武二十年　六月乙未,徙中山王辅为沛王。冬十月,东巡狩。甲午,幸鲁,进幸东海、楚、沛国。《后汉书·光武帝纪》。刘般复与车驾会沛国,从还洛阳,赐谷食什物,留为侍祠侯。《后汉书·刘般传》。

建武二十八年　夏六月,沛太后郭氏薨。秋八月,沛王辅就国。《后汉书·光武帝纪》。

世祖中元元年　东海王彊、沛王辅等,皆来朝。《后汉书·光武帝纪》。

中元二年　封沛献王辅子刘宝为沛王。《后汉书·沛献王辅列传》。

明帝永平二年　以湖陵益东平国。《后汉书·东平宪王苍传》。秋九月,沛王辅、楚王英等来朝。

永平六年　春正月,沛王辅、楚王英等来朝。冬十月,行幸鲁,会沛王辅、楚王英。《后汉书·明帝纪》。

永平十年　闰月,南巡狩。冬十一月,征沛王辅,会睢阳。《后汉书·明帝纪》。

永平十五年　春二月,东巡狩。征沛王辅,会睢阳。《后汉书·明帝纪》。

永平十八年　徐州大旱，诏勿收田租、刍藁，以见谷给贫人。《后汉书·明帝纪》。

章帝建初七年　春正月，沛王辅、济南王康、东平王苍来朝。《后汉书·章帝纪》。

章帝元和元年　六月辛酉，沛王辅薨。《后汉书·章帝纪》。以东平宪王子刘口为湖陵侯。

元和二年　芝生沛，如人冠状。《班固传》注。

章帝章和元年　八月，南巡狩。己丑，遣使祠沛高原庙。乙未，幸沛，祠献王陵。九月庚子，幸彭城，东海王政、沛王定，皆从。

和帝永元十六年　二月己未，诏兖、豫、徐、冀四州，比年雨多伤稼，禁沽酒。夏四月，遣三府掾分行四州，贫民无以耕者，为雇犁牛直。《后汉书·和帝纪》。

安帝永初二年　十二月辛卯，禀沛国等五郡贫民。《后汉书·安帝纪》。

永初三年　五月丁酉，沛王正薨。《后汉书·安帝纪》。

永初四年　夏四月，徐、青等六州蝗。《后汉书·安帝纪》。

永初六年　夏四月，沛国大风、雨雹。《后汉书·安帝纪》。

永初七年　赈饥民。

安帝延光三年　五月壬戌，沛国言甘露降。《后汉书·安帝纪》。

顺帝建康元年　三月庚子，沛王广薨。八月，扬、徐盗贼范容、周生等寇掠城邑，遣御史中丞冯赦督州郡兵讨之。《后汉书·顺帝纪》。

冲帝永嘉元年　时扬、徐剧贼，寇扰州郡。皇太后临朝，委任太尉李固分兵讨伐，群寇消夷。《后汉书·顺烈梁皇后传》。

桓帝永兴六年　六月，彭城泗水增长逆流。诏曰："皇灾为害，水变仍至，其令所伤郡国种芜菁以助人食。"《后汉书·桓帝纪》。

桓帝延熹七年　正月庚寅，沛王荣薨。《后汉书·桓帝纪》。

灵帝中平二年　六月，前中山太守张纯畔，入邱力居众中，遂为诸部乌桓元帅，寇掠青、徐等州。次年乃定。《后汉书·乌桓传》。

中平五年　六月，沛、彭城、下邳等七郡国水大出。《后汉书·灵帝纪》引袁山松书。冬十月，青、徐黄巾贼起，寇郡县。《后汉书·灵帝纪》。

献帝初平元年　会徐州黄巾贼起，以陶谦为徐州刺史，击黄巾，破走。《后汉书·陶谦传》。

初平四年　曹操击谦，破彭城、傅阳。谦退，保剡。《后汉书·陶谦传》。

献帝兴平元年　曹操攻陶谦，刘备救之。谦表刘备为豫州刺史，屯小沛。《通鉴》。

献帝建安元年　袁术攻刘备。吕布掳刘备妻子。备请降。布乃召备，复以豫州刺史，使屯小沛。布自称徐州牧。《通鉴》。袁术遣将纪灵等步骑三万，攻刘备。备求救于布。布请灵等与备共饮食,解之。各罢。《通鉴》。

建安二年 十一月,韩暹、杨奉寇掠徐、扬间,刘备诱奉,引军诣沛,请入城饮食,于座上缚,斩之。《通鉴》。

建安三年 吕布复与袁术通,攻刘备。九月,破沛城,虏备妻子,备单身走。曹操救,击布,擒杀之。《通鉴》。

建安四年 十二月,刘备遂杀徐州刺史车胄,举兵屯沛。《三国志·魏武帝纪》。时关某守下邳城,行太守事。备身还小沛。《三国志·关某传》。

三国 魏 沛国 沛县《三国疆域志》:"沛,故属沛郡。明帝景初初,改封沛国。终魏之世,全为封国。"

广戚县《三国疆域志》:"广戚,故属彭城国。景初初改封沛国。终魏之世,全为封国。"

彭城国 留县《三国志》:"留县,属彭城。"东南有傅阳县之半《三国志》:"傅阳县,属彭城国。"汉魏代兴,统辖或有稍殊,而疆域之赢缩相若也。

山阳郡 西北有湖陵三分之一《三国疆域志》:"湖陵,属山阳郡。"查,湖陵之名,起于秦世,汉代因之。王莽虽更曰湖陆。而东汉《舆地》仍复旧名。《光武本纪》一则曰"进幸湖陵",再则曰"复还湖陵";章帝封宗子,亦曰"湖陵侯"。初,未尝有湖陵之称也。乃《续汉郡国志》径改为"湖陆",《三国志》复沿用"湖陆",均因于《汉书》纪载,未之详察。

文帝黄初五年 九月,赦青、徐二州。《三国志·魏文帝纪》。

黄初六年 春二月,遣使者巡行许昌以东尽,沛郡问民疾苦,贫者赈贷之。《三国志·魏文帝纪》。

明帝太和六年 六月,徙谯王林,改封沛。《三国志·沛穆王林传》。

明帝景初元年 九月,徐、豫等州水,遣侍御史循行,没溺、死亡及失财产者,开仓赈救之。《三国志·魏明帝纪》。

景初二年 以沛、杼秋、公邱、彭城、丰国、广戚并五县为沛王国。《三国志·魏明帝纪》。又改沛国为汝阴郡,以沛县为沛王国。《乾隆志》。

少帝甘露元年 春正月乙巳,沛王林薨,子韩嗣。《三国志·魏少帝纪》。

晋 沛国 沛县《晋地理志》:"沛,属沛国。初为王封,自永嘉初,连年兵革,靡宁焉。"

彭城国 留县《晋地理志》:"留,属彭城国。其时军旅迭兴,留为东西门户。太宁中,没于赵燕。"广戚县《晋地理志》:"广戚,属彭城国。魏故属沛国,今初改属焉。东晋时,没于胡。"

高平国 西北有湖陵三分之一。《晋地理志》:"傅阳、湖陵,属高平国。故属山阳郡,晋初改属高平国。南渡以来,沛地全陷于胡,惟湖陵独存。晋、胡叠以重兵屯戍其地,固南北之咽喉也。"

武帝泰始元年 十二月,封顺王景为沛王,邑三千四百户。《晋书·沛顺王景传》按：景《传》，字子文。《武帝纪》作"封子文为沛王"。

泰始四年　九月，徐州大水，开仓以赈之。《晋书·武帝纪》。

泰始五年　二月，徐州水，遣使赈恤之。《晋书·武帝纪》。

武帝咸宁元年　八月，沛王子文薨。九月，徐州大水。《晋书·武帝纪》。

咸宁三年　正月，白虎见沛国。《宋书·符瑞志》。九月，大水伤秋稼，诏赈给之。《晋书·武帝纪》。

惠帝元康二年　冬十一月，沛国雨雹，伤麦。《晋书·惠帝纪》。

元康五年　徐州大水，诏遣御史巡行赈贷。《晋书·惠帝纪》。

元康八年　九月，徐州大水。《晋书·惠帝纪》。

惠帝太安元年　七月，徐州大水。冬十月，地震。《晋书·惠帝纪》。

惠帝永兴元年　三月，陈敏攻石冰，徐州平。《晋书·惠帝纪》。

怀帝永嘉元年　二月辛巳，东海人王弥起兵反，寇青、徐二州。《晋书·怀帝纪》。

永嘉二年　三月，王弥寇青、徐、兖、冀四州。《晋书·怀帝纪》。

永嘉四年　春正月，刘渊遣兵分寇徐、兖诸郡。《十六国春秋·前赵录》。

永嘉五年　秋七月，石勒寇谷阳。沛王滋战败，遇害。《晋书·怀帝纪》。

东晋元帝大兴元年　八月，徐州蝗食生草尽，至二年。《晋书·五行志》。是岁，彭城内史周坚即沛人周抚。害沛国内史周默，亦沛人。以彭城降于石勒。石勒遣骑援之。《通鉴》。

大兴二年　五月，徐州蝗。《晋书·元帝纪》。

元帝永昌元年　徐、兖间诸坞，多降于后赵，勒置守宰以抚之。《通鉴》。

明帝太宁三年　夏五月，司豫、徐、兖，率皆入于后赵，以淮为境。《通鉴》。

穆帝永和七年　秋八月，魏、徐、兖、荆、豫五州来降。《通鉴》。

穆帝升平三年　燕慕容恪进兵入寇河南，汝、颍、谯、沛皆陷。《晋书·慕容恪传》。

海西公太和四年　夏四月，大司马桓温帅师伐慕容暐。《晋书·海西公传》。六月，舟师自清水入河，舳舻数百里，遣建威将军桓元攻湖陆，拔之。《通鉴》。

太和五年　是岁，沛地并于秦。《通鉴》。

孝武帝太元三年　八月，秦兖州刺史彭超攻沛郡太守戴逯于彭城。《十六国春秋·秦录》。

太元四年　兖州刺史谢元帅师万余救彭城。秦将彭超围彭城，置辎重于留城。元扬声遣何谦向留城。超闻之，释彭城围，守将戴逯随谦奔元。超遂据彭城，留兖州治中徐褒守之。《通鉴》。秦以毛盛为兖州刺史，戍湖陆。《十六国春秋·前秦录》。

太元九年　是岁，沛地复归于晋。八月，遣都督谢元帅师伐秦。谢元据彭城。《通鉴》。

太元十二年　是岁，北府遣戍湖陆。《晋书·五行志》。

太元十九年　秋七月，徐州大水，伤秋稼。遣使赈抚之。《晋书·孝武帝纪》。

太元二十年　夏六月，徐州大水。《晋书·孝武帝纪》。

安帝义熙十二年　进爵刘裕，以徐州之彭城、沛等十郡封为宋公。《宋书·武帝纪》。

义熙十三年　正月，刘裕以舟师进讨，留彭城公义隆镇守彭城。军次留城。《宋书·高帝纪》。

南北朝　沛郡　沛令《宋书·州郡志》："沛令，属沛郡太守。"乾隆旧志称"宋移沛郡治萧县，属如故。"又按《南北史补志》略同。其地屡为魏掠，而孝建末年，始为魏所夺焉。

彭城郡　留令《宋书·州郡志》："留令，属彭城太守。"按：《南北史补志》相同。其时，广戚并留、偪阳并于吕，而湖陵则并于高平县焉。

宋武帝永初元年　诏复彭城同丰、沛，其沛郡下邳复租布三十年。《宋书·高祖纪》。

永初三年　徐州刺史王仲德将兵屯湖陆。《宋书·索虏传》。

宋少帝景平元年　三月，索虏率三千余骑破高平。兖州刺史郑顺之戍湖陆，不敢出。《宋书·索虏传》。

魏明帝泰常八年　刁雍招集谯、梁、彭城、沛民五千余家，置二十七营，迁镇济阴。《北史·刁雍传》。

宋明帝元嘉七年　魏叔孙建大破竺、灵、秀军，追至湖陆。《魏书·岛夷传》。

魏太武神嘉三年　春，刁雍立徐州于外黄城，置谯、梁、彭、沛四郡九县。《魏书·刁雍传》。

宋文帝元嘉十七年　八月，徐州大水，遣使检行赈抚。《宋书·文帝纪》。

元嘉二十二年魏太平真君五年　冬十一月，魏人侵宋，分为二道，掠淮泗以北，徙青、徐之民，以实河北。《通鉴》。

元嘉二十六年　沛郡见白雉。《宋书·符瑞志》。

元嘉二十七年魏太平真君十一年　魏高凉王那自青州趋下邳，楚王建自清西进屯萧城，步泥公自清东进屯留城。武陵王骏遣参军马文恭将兵向萧城，江夏王义恭遣军主稽元敬兵向留城。文恭为魏所败。步泥公遇元敬，引兵趋苞桥欲渡清西，沛县民烧苞桥，夜于林中击鼓，魏兵争渡苞水，溺死过半。《通鉴》。

宋孝武帝孝建元年魏文成兴光元年　三月，徐遗宝以新亭功遣戍湖陆。义宣既叛，遗宝遣长史刘雠之袭徐州长史明胤于彭城，不克。胤与兖州刺史夏侯祖欢、冀州刺史垣护之，共击遗宝于湖陆。遗宝弃众走。《通鉴》。

魏文帝皇兴元年　是岁，沛地入于魏。

魏　沛郡　齐　沛县《魏书·地形志》："沛，属沛郡。注：有汉高祖庙、沛城、吕母冢、沛泽、小沛、泗水亭。"齐省。按：沛县终魏之世，兵革不多，而水灾、虫伤叠书，亦地方之厄也。

彭城郡　留县《魏书·地形志》："留，属彭城郡。注：有微山、留城、微子冢、张良墓、广戚城、薛城、戚夫人庙、黄山祠。"据此，则其时广戚并于留县，而留城东南统辖，亦兼铜山界焉。

文帝太和五年齐高帝建元三年　终齐之世，地全为魏。民不乐属魏，常思归江南，齐王多遣间谍诱之。于是，徐、兖之民，所至蜂起，保聚五固，推司马朗之为主。魏遣尉元、薛虎子等讨之。《通鉴》。

太和十九年齐明帝建武二年　夏四月，曲赦徐、豫二州。癸巳，幸小沛，遣使以太牢祭汉高祖。《魏书·文帝纪》。

太和二十三年齐废帝永元元年　六月，徐州大水。八月，自甲寅至乙未，大风拔树。《魏书·灵征志》。

宣帝景明元年齐和帝中兴元年　五月，魏徐州蚜蚄害稼。七月，徐州大水平堤一丈五尺。《魏书·灵征志》。

景明二年齐和帝中兴二年　三月，徐州大水。饥民死者万余。《魏书·宣帝纪》。

宣帝正始二年梁武帝天监四年　三月，徐州大雨霖。《魏书·灵征志》。

宣帝永平五年梁武帝天监十一年　八月，徐州蚜蚄害稼，三分食二。《魏书·灵征志》。

肃宗熙平元年梁武帝天监十五年　夏六月，徐州大水。秋七月，霜。《魏书·灵征志》。

出帝太昌元年梁武帝中大通四年　五月，以太傅淮阳王欣为太师，封沛郡王。九月，以太师沛王欣为广陵王，前废帝子渤海王子恕改封沛郡王。《魏书·出帝纪》时沛郡统相、沛、萧。

东魏　沛郡　沛县《南北史补志》魏、齐、周，地形相同。

彭城郡　留县《南北史补志》魏、齐，地形相同。

孝静帝元平元年梁武帝中大通六年　是岁，沛国属东魏。

孝静帝兴和二年梁武帝大同六年　四月己丑，金木相犯于奎；丙午，火木相犯于奎。奎，为徐方。《魏书·天象志》。

北齐　彭城郡　沛县《隋书·地理志》注："后齐废，开皇十六年复。"按：《南北史补志》"沛、留二县，魏、齐、周，地势相同。"或齐末为废减。

齐宣帝天保元年　省沛郡，以沛县隶于彭城。乾隆旧志。

北周　陈　彭城郡　沛留《隋书·地理志》彭城注："旧置郡，后周并沛留地。开皇初，郡废；大业初，复置郡。"据此，则沛、留二县，齐末已废。

周武帝建德六年陈宣帝大建九年　是岁，沛地属周。

周静帝大象元年陈宣帝大建十一年　二月，封内史上大夫郑译，进爵沛国公。《周书·郑译传》，考《南北史·地形补志》：时沛国领相、沛、萧三县。

大象二年陈宣帝大建十二年　尉迟回以隋文帝当权，将图篡夺，遂谋举兵。其将席毗罗众十万，屯于沛县，将攻徐州。隋文使于仲文统兵击之。时毗罗妻子在金乡城中，仲文袭取金乡。于是，毗罗自沛薄仲文军，仲文结陈，去军数里设伏于麻田中。两陈才合，伏兵发，俱曳柴鼓噪，尘埃张天。毗罗军大溃，仲文乘而击之。兵投洙水死，追擒毗罗。勒石纪功，树于泗上。《周书·尉迟回传》、《隋书·于仲文传》。

隋　彭城郡　留县《隋书·地理志》："沛、留，属彭城郡。开皇十六年复，有微山、黄山。其时，彭城有兰陵，与滕县、傅阳、湖陵，均并入焉。"

文帝开皇元年　九月，上柱国沛国公郑译有罪，除名。未几，复爵沛国公。考《南北史·地形补志》："时沛国领相、沛、萧三县。"《周书·郑议传》。冬十一月，罢郡为州。从苏威之言也，以沛直隶徐州。《通鉴》、乾隆旧志。

文帝开皇十年　八月，上柱国沛国公郑译卒。《隋书·文帝纪》。

炀帝大业三年　改州，仍为郡。沛县复属彭城郡。时郑帝王世充僭号于彭城，复置徐州行台。乾隆志。

唐　徐州彭城郡　沛县武德四年置，属徐州。考《元和郡县志》：有微山、泗水、泡水。县里城有故留城、故沛宫。与今县界相仿。

高祖武德四年　王世充得徐州。五月，王世辩以徐州降。《唐书·任环传》并《通鉴》。

太宗贞观三年　五月，徐州蝗。秋，徐州水。《唐书·五行志》。

贞观十三年　冬十二月，诏徐州等州，并置常平仓。《唐书·太宗纪》。

贞观十六年　夏，徐州疫。秋，徐州水。《唐书·五行志》。

高宗龙朔元年　九月壬子，徙封潞王贤为沛王。《唐书·高宗纪》。

玄宗开元十三年　冬十一月丁酉，赐徐州等州父老帛。《唐书·玄帝纪》。

玄宗天宝七年　五月，诏历代帝王肇基之处未有祠宗者，所在各置一庙。沛县汉高祖庙，以张良、萧何为配。《唐书·玄宗纪》。

德宗贞元八年　徐州平地水深丈余，害稼，溺死人，湮没庐舍。《唐书·德宗纪》并《新书·五行志》。

宪宗元和十年　王智兴常以徐军抗李纳，累历滕、丰、沛、狄四镇将。时李师道频出军侵徐，智兴以步骑抗贼。贼将王朝晏以兵攻沛，智兴击败之。朝晏自沂以轻兵袭沛，夜战狄邱，复破之。《唐书·王智兴传》。

元和十一年　夏四月丁巳，以徐、宿饥，赈粟八百石。《唐书·宪宗纪》。

元和十三年　王师诛李师道。王智兴率徐军八千次湖陆。《唐书·王智兴传》。

文宗太和三年　四月，徐州大水，害稼。《唐书·五行志》。

宣宗大中十二年　八月，徐州等州水深五丈，湮没数万家。《唐书·五行志》。

懿宗咸通四年　七月，徐州大水，伤稼。《唐书·五行志》。

咸通九年　十月，庞勋遣伪将军屯丰、沛、萧，以张其军，即残砀山等十余县。帝命康承训为徐泗行营都招讨使，更以泰宁节度使曹翔为北面招讨使，屯滕、沛。《唐书·康承训传》。

咸通十年　六月，朝廷复以将军朱威为徐西北面招讨使，将兵三万，屯于萧、丰之间。曹翔引兵会之。秋七月，翔拔滕县，进击丰、沛。沛县裨将朱玫举城降于翔。《通鉴》，府志朱威作宋威。十月戊戌，免徐州等州三岁税役。《唐书·懿宗纪》。

僖宗中和四年　九月己未，就加朱温检校司徒、同平章事、封沛郡侯，食邑千户。光启中，进封为沛郡王。《旧五代史·梁太祖纪》。

昭宗乾宁四年　二月，徐州没于全忠。《唐书·昭帝纪》。

昭宗天祐四年　十二月，朱瑾自与河东将史俨、李承嗣在丰、沛搜索粮馈，以给军食。《五代史》并《通鉴》。

五代　梁　徐州　沛县沛县疆域志据《新五代史·职方》考：梁、唐、晋、汉、周，俱有其地。惟稽查各书，徐州以东邳、睢各邑，即为吴、南唐之地，则徐、沛等县，乃是五代之边界，此武宁节度使所以为一时之重镇也。

唐明宗长兴三年　六月甲子，徐州等州大水。《五代史·明宗纪》。

晋高祖天福二年　四月，徐州旱。《五代史·晋高祖纪》。

天福七年　八月，徐州蝗。《五代史·晋高祖纪》。

周世宗显德五年　五月，徐、宿等州所欠去年夏秋税物，并与除放。《五代史·周世宗纪》。

显德六年　二月庚辰，发徐、宿等州丁夫数万，濬汴河。《五代史·周世宗纪》。

宋徐州京东路彭城郡　沛县《宋史·地理志》："沛县，属彭城郡，武宁节度使。"考《太平寰宇记》："沛县，有古偪阳国地，有泗水、泡水、徽山、沛宫、泗水亭、留城、歌风台、张良墓、仲虺庙”，与《元和郡县志》略同。惟合乡在峄县，置入沛县，未免歧讹。

太宗太平兴国八年　夏，河决滑州，徐、沛大水。乾隆旧志。

太宗淳化二年　徐州等州旱。《宋史·太宗纪》。

真宗大中祥符二年　七月，徐州大水。《宋史·五行志》。乙亥，蠲徐州水灾田租。《宋史·真宗纪》。

真宗天禧三年　夏，河决滑州，徐、沛大水。乾隆旧志。

真宗乾兴元年　二月，诏徐州赈贫民。《宋史·真宗纪》。

仁宗皇祐三年　正月，诏徐、宿等七州军采磬石。《宋史·食货志》。

神宗熙宁二年　夏四月甲午，定徐州等州保甲。《宋史·神宗纪》。

熙宁十年　秋，河决澶州，徐、沛大水。乾隆旧志。

徽宗建中靖国元年　沛县禾合穗。《宋史·五行志》。

南宋高宗绍兴十年　八月乙亥，韩世忠围淮阳军，不克。庚辰，金人及郦琼合兵驻于千秋、湖陵，韩世忠遣统制刘宝等夜袭取之。《宋史·高宗纪》。

绍兴十一年　十一月辛酉，与金国和议成，立盟书，约以淮水中流划疆。《宋史·高宗纪》。

金　山东东路　滕州　沛县《金史·地理志》："沛，有微山、泗水、泡水、滲水。"按：沛地自古以来，间有兵革，不知河患。自金明昌中，黄河南北分流，而铜、沛、丰、砀，迭撄河患。自此，徐州不能安枕矣。

宣宗贞祐二年宋宁宗嘉定七年　时金山东、河北诸郡失守，惟徐、邳等数城仅存。命仆散安贞为诸路宣抚使，安集遗黎。《金史·宣宗纪》。

宣宗兴定五年宋宁宗嘉定十四年　十一月辛丑，金诏蠲除徐、邳等州逋租，官民有能垦辟闲田，除来年科征。《金史·宣宗纪》。

哀宗天兴二年宋理宗绍定六年　正月，以完颜仲德行尚书省于徐州。车驾至归德，遣人与国用安通问。县人卓翼、孙璧冲者，初投用安，封翼为东平郡王、璧冲博平公，升沛县为源州。已而，翼、璧冲来归，金仲德畀之旧职，令统河北诸砦，行源州事。《金史·完颜仲德传》。七月，金徐州行省完颜赛不以州粮乏，遣郎中王万庆会徐、宿、灵璧兵取源州，令元帅郭恩统之。至源州城下，败绩而还。再命卓翼攻丰县，破之。郭恩与河北叛将郭野驴辈，谋归国用安，见徐州空虚，约源州叛将麻琮，内外相应。十月甲申，袭徐州行省，完颜赛不死之。《金史·完颜赛不传》。

天兴三年是岁，金亡　正月，元兵围沛。国用安往救之，败，走徐州。《金史·国用安传》。元将张荣，甲午攻沛，沛拒守稍严。其守将苏克原作唆蛾。夜来捣营，荣觉之。苏克返走，率壮士追杀之。乘胜急攻，城破。《元史·张荣传》。

元　济州　沛县《元史·地理志》:“至元二年,省,入丰县。三年,复置。八年,隶济宁府。十三年,属济州。”自是,由元逮明,黄河之患,无岁无之,地渐凋敝矣。

元太宗七年　移滕州治沛县。乾隆旧志。

宪宗二年　滕州废,复为县。乾隆旧志。

世祖至元二年　十二月,徐、邳等州蝗。是年,省入丰县。次年,复置。《元史·地理志》。

至元八年　升古济州为济宁府,治任城。沛县改属济宁府。《元史·地理志》。

至元十二年　以任城当要冲,复立济州,属济宁路,而任城废。沛县,属济州。《元史·地理志》。

至元十七年　八月,济宁等路水。《元史·五行志》。

至元十八年　济宁府始升为路,济州隶焉。沛县,属如故。《元史·托音色辰传》并乾隆旧志。

成宗元贞二年　六月,济宁、沛县,水。《元史·五行志》。

成宗大德五年　六月,济宁等郡,水。《元史·五行志》。

武宗至大元年　七月,济宁路雨水平地丈余。《元史·五行志》。

至大四年　六月,济宁诸州水,给钞赈之。《元史·武帝纪》。

仁宗延祐元年　闰三月,济宁路霜,杀桑,无蚕。《元史·五行志》。

延祐六年　六月,济宁路大蝻,害稼。《元史·五行志》。

泰定帝泰定二年　六月,沛县水。《元史·五行志》。

泰定帝致和元年　六月,济宁等郡二十县大水。《元史·五行志》。

文宗天历二年　八月乙巳,赐御史中丞史惟良沛县地五十顷。《元史·文宗纪》。

顺帝至正四年　五月,大雨,黄河暴溢,决白茅堤。丰、沛大水,乾隆旧志。徐州大饥,人相食。《元史·五行志》。

至正七年　二月,河南、山东盗贼蔓延济宁、滕、邳、徐州等处。《元史·顺帝纪》。

至正九年　夏五月,白茅河东注,沛县遂成巨浸。《元史·顺帝纪》。黄河入沛,始此。

至正十五年　闰月壬寅,以各卫军人屯田。《元史·顺帝纪》。置军民屯田使司于沛。乾隆旧志。

至正十七年　秋七月,镇守黄河义兵万户田丰叛,陷济宁路,分省右丞实勒们遁。《元史·顺帝纪》。

至正十八年　二月壬午，田丰复陷济宁路。《元史·顺帝纪》。

至正二十七年　十二月丁未，明兵取济宁路，陈秉置遁。《元史·顺帝纪》。

明　南京徐州　沛县《明史·地理志》："沛，属徐州。南有大河，东有泗水自山东鱼台县流入；泡河在西，薛河在东，昭阳湖在县东，东北有夏镇。"

太祖洪武二年　迁县治于泗水西浒。乾隆旧志。

洪武二十一年　秋七月甲午，除徐州萧、沛等四县夏税。汤《明史·太祖纪》稿。

洪武二十四年　徐、沛大饥，民食草实。《明史·五行志》。

惠帝建文三年　夏五月甲寅，盛庸等断燕粮道。时大军驻德州，运道出徐、沛间。六月壬申，燕王棣遣李远以轻兵六千，诈为大军袍铠，人插柳一枝于背，径渡济宁沙河。至沛，人无觉者。焚粮艘数万，河水尽热，鱼鳖皆浮死。《明史·惠帝纪》。秋，诏设丰沛军民指挥使。乾隆旧志。

建文四年　正月甲辰，燕王棣兵攻沛县，知县颜伯玮遣人至徐告急，援不至。伯玮誓必死。棣兵入东门，指挥王显迎降。伯玮死，子有为亦死，主簿唐子清、典史黄谦，俱死。

成祖永乐十三年　徐州暨诸属县饥。乾隆旧志。

宣宗宣德七年　沛大蝗。巡抚曹洪奏，蠲沛租。乾隆旧志。

英宗正统二年　建祠祀颜令伯玮，以主簿唐子清、典史黄谦配享。乾隆旧志。

代宗景泰元年　八月，徐州平地水高一丈，民居尽圮。《明史·五行志》。

景泰二年　徐郡大饥，发广运仓赈济。《明典汇》。

景泰五年　知县古信修县志。旧志。

宪宗成化元年　徐、丰、沛大饥。乾隆旧志。夏，宁考满入都，言徐州旱涝，民不聊生，饥馁切身，必为盗贼，乞特遣大臣镇抚，蠲租发廪。《明纪·宪宗纪》。

成化七年　沛县水。《明政统宗》。

孝宗弘治十六年　筑金沟、昭阳湖堤。金沟堤，五里；昭阳湖堤，三十里。

弘治十七年　巡抚张缙以州邑比罹河患，赋役繁重，特为奏，免养马。乾隆旧志。

武宗正德二年　黄河徙入沛县泡河，漂民庐舍，损禾稼。乾隆旧志。

正德六年　流寇余党掠沛。乾隆旧志。

正德七年　秋，沛、丰大水。乾隆旧志。自是历年，沛、丰均罹水患，民不聊生。乾隆旧志。

正德十年　六月，沛、丰大水，有二龙斗于泡水。乾隆旧志。

正德十一年　织造中官史宣过沛县，索挽夫。知县胡守约不遂其欲。宣诬奏于朝，逮守约锦衣卫狱。《明帝纪》。

正德十四年　冬十月，武宗南巡狩，过沛，晏邑太学生赵达家；过庙道口，晏宋氏楼。乾隆旧志。

世宗嘉靖二年　沛河决，塞运道，坏庐舍，民多流亡。乾隆旧志。

嘉靖四年　沛大蝗，无禾。乾隆旧志。

嘉靖八年　沛大水。舟行入市，平地沙淤数尺。乾隆旧志。

嘉靖十一年　知县杨政均平地粮。有碑竖福德祠。秋八月，建谯楼。行人孙世祐有记。乾隆旧志。

嘉靖十四年　疏汴水，出泡河，达于泗。是岁，敕建昭惠祠，成。乾隆旧志。

嘉靖二十一年　夏，沛大霖雨如注，昼夜不息，湖河并溢。水深数尺，居民禾稼，伤者过半。乾隆旧志。

嘉靖二十二年　春，修县志成、筑土城成。冬，沽头城成。

嘉靖二十六年　筑砖城成。知县周泾迁社稷坛，建义仓。

嘉靖三十一年　春，沛饥。乾隆旧志。

嘉靖三十二年　春，沛大饥，人相食。乾隆旧志。

嘉靖四十三年　春，开湖柴禁。秋，大水。

嘉靖四十四年　秋七月，河决沛县上下二百余里，运道俱塞，散漫湖陂，达于徐州，浩渺无际。《明纪》。徐、萧、沛、丰大水，民饥。乾隆旧志。

穆宗隆庆二年　元日，沛、丰大风拔树。八月，大风雨三日夜，坏居民庐舍、禾稼。乾隆旧志。

隆庆三年　秋七月壬午，河决沛县，自考城、虞城、曹、单、丰、沛至徐州，坏田庐无算。《明史·穆宗纪》。

隆庆四年　秋，大水入市。乾隆旧志。

神宗万历二年　夏，沛雨雹，伤稼。乾隆旧志。

万历四年　九月，河决，冲及沛县缕水堤，田庐漂溺无算。冬十月乙亥，赈徐州及丰、沛、睢宁等七县水灾，蠲租有差。《明史·神宗纪》。沛有鸷鸟攫取民男妇冠。旧志。

万历五年　春，筑护城堤。知县马禺秋八月，河复决宿迁、沛县等县，两岸多坏。

万历六年　十二月，沛、丰大雪二十余日。旧志。

万历七年　夏，麦秀三歧，多有至五歧者。五月，雨雹，伤麦。乾隆旧志。

万历九年　春，均丈田地、归并里甲、徙昭惠祠。乾隆旧志。

万历十一年　五月，沛大旱。乾隆旧志。

万历十四年　夏，疫。

万历十四年　春，饥。

万历十七年　夏镇土城成。

万历二十一年　沛、丰苦霖雨，凡三月。人有食草木皮者。乾隆旧志。

万历二十二年　春，饥、疫，截漕，发帑以赈。

万历二十四年　秋，蝗。

万历二十五年　春，修学宫。知县罗士学夏四月，修县志，立微子祠。父老云：邑东半里许有微子庙，久没于水。罗士学访得其处，特建庙祠之。七月，建护城堤、东西二口闸。知县罗士学八月，修颜公祠。地震三日，水涌。九月十一日，地复震。

万历二十七年　浙江民赵占元至徐，谋作乱，丰、沛人多有从者。未及发，兵备郭光复捕获，诛之。徐州旧志沛，麦双歧。旧志。

万历二十八年　春正月十二日，淮西兵备副使郭光复擒逆党孟化鲸，邑中戒严。化鲸，逆党，浙江人，逆一平党也。居丰，停灵台集，与沛接壤。一平谋为不轨，欲首事中原，赌聚逆党。徐、丰、沛株连蔓接，在在而是。化鲸姻家宁炳然者，亦在城中，惧祸及而首其谋于官。详见光复所刻《己庚夜袇录》。夏，均丈邑地。邑地，自知县周治升均后，数减于旧邑。民包赔告扰，岁无宁日。知县罗士学患之，因复丈量，得侵欺之地甚多，均。乾隆旧志。

万历三十一年　五月，河决沛县四堡口大行堤，陷县城，灌昭阳湖，入夏镇，横冲运道。丰县被浸。《明纪》。秋，大疫，病死数千人。乾隆旧志。

万历三十二年　春，发临、德二仓漕米来赈恤。总河李化龙请濬泇口河。夏，大疫。浚黄河。总河李化龙秋七月，河决赵庄口，复决新洋庙口。

万历三十三年　春，修护城堤。知县李汝让迁县治于城北隅。冬十月，浚黄河。总河曹时聘役直隶、山东、河南夫二十万人，阅六月，工始告成。

万历三十四年　春，修学宫。李汝让刻《沛志》成。

万历三十五年　夏，四堡水堤成。先是，癸卯秋，河决朱旺口，直射太皇堤，冲决沛城四堡以东者，阔几一里。至是，汝让修补之。

万历三十六年　夏，缕水堤成。堤为癸卯秋河水所破者，数百处，至是补完之。

万历三十七年　春，飞云桥成。

万历四十一年　夏五月，麦大稔。斗值银二分。秋，大水。时霖雨，水与堤平，堤几溃。

万历四十二年　秋七月，雨雹，伤禾。

熹宗天启元年　冬，有星大如斗，光烛上下，起东北，至西南灭。

天启二年　春二月六日，夜半，地震。有声如雷，鸡犬皆鸣。六月，妖贼陷夏镇。贼首徐鸿儒，众至数万，连陷山东诸县。时神机营都督萧如薰镇徐州，贼攻沛县，知县林如翥坚守，不下。《明纪·熹宗纪》。

天启四年　夏五月，麦大稔。九月，贼拥众攻沛县，沛人御之。遂掠南关而去。旧志引州志。

天启六年　夏，蝗。是岁，自春至夏，多雨，蝗起遍野，损田禾十之七八。乾隆旧志。

天启七年　河决沛县。《明史·熹宗纪》。

怀宗崇祯元年　夏夕，有声如雷，起自西南。时天晴无云，或谓天鼓鸣。乾隆旧志。

崇祯二年　秋，沛霖雨，大水。乾隆旧志。

崇祯三年　夏，烈风，雨雹。秋，霖雨，田禾尽没。冬，无雪。乾隆旧志。

崇祯四年　春，旱。秋，大雨。夏秋之际，淫雨连旬。自是，黄河决新洋庙，水大至，堤几溃。

崇祯七年　夏六月甲戌，河决沛县。《明史·庄烈帝纪》。

崇祯八年　春，流贼犯砀山，邑中戒严。乾隆旧志。

崇祯九年　正月己巳，闯贼东奔宿州，突入沛县，焚戮妇竖，掠其精壮入营中。乾隆旧志。

崇祯十一年　夏，蝗，食尽田禾。

崇祯十二年　夏，蝗，食尽田禾。秋八月，盗自西北来，啸聚湖中。比暮，抵关厢，恣意焚掠。城中断桥闭门。冬，兵乱。乾隆旧志。

崇祯十三年　春，盗复掠关厢。夏，大蝗。冬，饥，人相食，斗麦千钱，非持梃不敢昼行，或以子妇易饭一餐。乾隆旧志。

崇祯十四年　春二月，盗陷夏镇，工部员外郎宫继兰走。入县城，焚掠南关而去。时守城兵刃遍生火光。乾隆旧志。夏五月，盗复入夏镇，沂州指挥使韦祚兴击破之。是年，大疫，蝗。冬，大饥。乾隆旧志。

崇祯十五年　春，旱，昭阳湖水涸。秋，霖雨，昭阳湖水溢。土寇纷起，张方造、王善道等啸聚河北，掠丰、沛；程继孔等盘踞铙山一带，四出焚掠。副使何腾蛟率兵平河北盗，招继孔就抚。《南略》。

十二月丁卯，清兵破夏镇。丙子，攻县城。有流寓人童彦甫出谒大兵，乞和，乃解去。乾隆旧志。

崇祯十六年　春正月庚子，雷。壬寅，又雷。旱。夏六月，有星大如斗，自东南至西北灭，声如雷。秋九月，地震，有声。冬十二月，地复数震。

崇祯十七年　春三月，流寇陷京师。邑中大乱。夏五月，知县李正茂遁。

秋七月，主簿邓桥以县印奔淮安。九月，徐州兵乱。十月，清杨方兴委鱼台人胡谦光来署县事，人始奉正朔。乾隆旧志。

清　徐州　沛县时徐州为直隶州，属邑铜、沛、丰、砀、萧五县。自雍正十一年，升徐州为徐州府，兼辖邳、宿、睢。自是，徐州府属沛县。

世祖顺治元年　五月，明分江北为四镇。高杰辖徐泗，以徐州、萧、砀、丰、沛十四州县隶之。《明史·史可法传》、《明季南略》。

十月，清兵南下，沛县降。乾隆旧志。

顺治二年　夏六月，大风拔树，大雨坏田禾庐舍。秋，清兵由夏镇河道南下。河决刘通口，邑中大水。乾隆旧志。

顺治五年　秋，湖陵贼长驱抵沛城，徐州副将周维墉击败之。旧志。

顺治六年　六月，旱。秋，地震。九月，协漕将军孙塔来剿，湖陵贼渠魁刘三奇及子姓庄客悉诛之，掳妇女归。十一月，山东余寇焚掠夏镇。乾隆旧志。

顺治七年　夏，蝗。秋七月，山寇再入夏镇。乾隆旧志。

顺治八年　春，谷贵。乾隆旧志。

顺治九年　冬，饥。工部主事狄敬施粥。乾隆旧志。

顺治十七年　冬，大饥。知县郭维新施粥。乾隆旧志。

圣祖康熙元年　秋，河决香炉口，邑中大水。乾隆旧志。

康熙二年　夏，麦大稔。乾隆旧志。

康熙三年　夏，谷贱。斗值银二分。冬，有星孛于东南方。乾隆旧志。

康熙七年　夏六月甲申，地震，有声。公私庐舍，倾圮几尽，民人有压死者。冬，大雪，深五六尺。乾隆旧志。

康熙十年　秋八月癸卯，地震。冬，大雪。乾隆旧志。

康熙十三年　夏，旱。乾隆旧志。

康熙十五年　夏，大雨雹。秋九月，雷。乾隆旧志。

康熙十六年　夏，沛大雨雹，有巨如升斗者。乾隆旧志。

康熙十七年　春，陨霜，杀麦。秋，大水。冬，沛饥。乾隆旧志。

康熙十八年　夏，旱，地震。秋，水，比年报灾，皆照被灾分数，蠲免钱粮。乾隆旧志。

康熙十九年　夏五月辛丑，大雨雹。秋，霖雨如注，月余，平地水深尺许。冬无雪。乾隆旧志。

康熙二十一年　春正月，地震。夏，旱。秋，水。乾隆旧志。

康熙二十二年　夏四月迄六月，不雨。秋，大水。乾隆旧志。

康熙二十三年　春，大饥。秋，大水。乾隆旧志。

康熙二十四年　沛县饥。《通志》、旧志。

康熙二十五年　是年，旱。沛县秋灾，又蠲免沛县地丁钱粮，仍赈济饥民。《通志》、旧志。

康熙二十八年　春正月丙子，雷电。夏六月，大雨，水，无禾。乾隆旧志。

康熙二十九年　春，大饥。巡抚佥都御史洪之杰来赈。秋，蝗，牛大疫。乾隆旧志。

康熙三十年　夏四月，麦秀双歧。秋，沛有虎。乾隆旧志。

康熙三十二年　春二月壬辰，大风，霾，昼晦。秋，大水。乾隆旧志。

康熙三十三年　春正月己酉，雷电。乾隆旧志。

康熙三十四年　夏四月丁酉，地震。乾隆旧志。

康熙三十五年　夏四月甲午，地震。秋，大水为灾。冬，饥。是岁，未完钱粮尽蠲。乾隆旧志。

康熙四十年　夏，旱。秋，沛大水。自是，连三年皆水。府志。

康熙四十三年　沛大饥，人相食。已，大旱，疫。乾隆旧志。

康熙四十四年　六月，龙见沛东北郊，首尾毕露。乾隆旧志。

康熙四十八年　春正月，迅雷。三月，大雨六十日。五月，无麦。六月，大水。民多流亡，或群聚为盗。乾隆旧志。

康熙五十一年　沛大水。乾隆旧志。

康熙五十四年　秋，沛大水。乾隆旧志。

康熙五十五年　春，旱。夏五月，大雨、迅雷一昼夜。冬十月，地震。旧志。

康熙五十六年　沛饥。旧志。

康熙五十七年　蠲免沛县上年被灾地丁并湖租银三千二百余两。《通志》。

康熙六十年　三月，沛犹大寒，井冻不可汲。岁大饥。乾隆旧志。八月，蠲免沛县地丁银二千一百余两。《通志》。

世宗雍正五年　秋，清水套决，淹护城堤，坏民庐舍，塞城门乃免。自是，连三年大水。旧志。

雍正八年　大水，无麦、无秋，岁大歉。次年春，大饥。秋，徐州、丰、沛、萧、砀五州县及徐州卫，灾。《通志》。

雍正十年　春，沛令施霈重筑护城堤，邑绅郭从仪等蠲金监修，沿堤植柳万余株。《通志》。

高宗乾隆四年　大水，赈。

乾隆五年　秋，大水，赈。知县李棠修县志成。

乾隆六年　夏，雨涝，伤秋稼。民大饥。光绪《志稿》。

乾隆十六年　秋，大雨，坏庐舍，河湖并溢。光绪《志稿》。

乾隆二十年　大水。冬，沛城中外俱冰。夜中冰作声如鬼嚎，鸡鸣而罢。凡二月余。光绪《志稿》。

乾隆二十一年　夏，大旱。有青蝇结陈如密雨过，大疫随之，邑人多死。光绪《志稿》。

乾隆二十六年　沛县灾。《南巡盛典》。

乾隆三十年　麦三歧，多有至五歧者。岁大丰。秋，蝗不入境。光绪《志稿》。

乾隆三十二年　夏，大雨。田中二麦半变为草子。光绪《志稿》。

乾隆四十三年　夏，大旱，大风毁房屋，树木尽拔。岁大饥。光绪《志稿》。

乾隆四十六年　八月，豫省青龙岗河决，沙淤陷沛县城，仓、署、坛、庙，全行沉没。乃迁治栖山。光绪《志稿》。

乾隆五十一年　岁大饥，斗米千钱。光绪《志稿》。

乾隆五十九年　六月，河决丰县，注微山湖。沛县被水。《南河成案续编》。

仁宗嘉庆元年　六月，河决，丰、沛等县皆水。是岁，自秋至冬，铜、丰、沛、砀，赈四月。《南河成案续编》。

嘉庆二年　沛、丰、萧、砀，皆蠲赈有差。《南河成案续编》。

嘉庆三年　砀、萧、丰、沛，皆抚恤有差。《南河成案续编》。

嘉庆四年　是岁，铜、丰、沛等县及徐州卫，皆有赈。《府案册》。

嘉庆十二年　夏四月，雨雹，伤麦。岁饥。光绪《志稿》。

嘉庆十七年　大旱四月，雾霾，伤麦。是年，微山湖涸。民掘藕为食。《铜山志》。

嘉庆十八年　夏，大旱，昭阳湖干。乡民在留城起石。岁大饥。次春，人多流亡。光绪《志稿》。

宣宗道光元年　夏五月，疫盛行。秋，淫雨，害禾稼。光绪《志稿》。

道光六年　六月，大雨，平地五尺余，田禾、庐舍尽毁。岁饥。光绪《志稿》。

道光七年　春，水始涸，蠡蝗满野，麦菽俱啮尽。岁大饥。自是，蝗灾数年乃灭。光绪《志稿》。

道光十二年　夏，淫雨百日，湖水涨高八尺许，抵旧县治南，田禾无一存者。光绪《志稿》。

道光十三年　春，大饥。麦贵，每斗钱七百有奇；疫盛行，人死无数。是年，大雪。光绪《志稿》。

道光二十年　连年秋冬淫雨，湖水涨溢，东抵漕河，西到大行堤。光绪《志稿》。

道光二十七年　九月，地震。光绪《志稿》。

道光二十八年　麦有两歧者，岁大稔。光绪《志稿》。

文宗咸丰元年　闰八月，河决丰县蟠龙集，沙淤没栖山县治。是年，春夏间，儿童成群以高粱稭作撑船状，为欸乃声。比秋，而黄河决矣。是年，迁治夏镇。光绪《志稿》。

咸丰二年　夏，大水。秋，桃李重华。冬，地震。民饥。城外里许，积冰如山。光绪《志稿》。

咸丰三年　黄河合口复决。二月，粤匪陷金陵，邑中戒严。匪股窜临清州，回，过沛县，溺死者甚多。是年，疫，人死过半。光绪《志稿》。

咸丰四年　粤匪攻陷丰，沛中戒严。冬，饥。光绪《志稿》。

咸丰五年　春，沛县地震。是岁，河决兰仪铜瓦厢。自是，徐属各县，始免河患。秋九月，唐团来占湖地。光绪《志稿》。

咸丰六年　夏，旱，蝗，民饥。秋，禾秀而不实。是岁，赵团来占湖地。光绪《志稿》。

咸丰七年　春，大饥，人相食，死者无算。三月，暴风拔木。夏，麦双歧，且有三歧者。是年六月，盗杀知县丁炅于燕家集。光绪《志稿》。

咸丰八年　八月初六日，捻匪入沛。十一月，复来。焚掠裹挟甚众。光绪《志稿》。

咸丰九年　春，地震。七月，大雨连绵，湖水涨溢。光绪《志稿》。

咸丰十年　六月，大雨，禾多伤。十一月，捻匪焚掠村庄。光绪《志稿》。

咸丰十一年　三月，捻匪陷夏镇，人民死伤极惨。十一月，复结联东匪，盘踞邑中，四出掠夺，村庄尽成灰烬。是年，复还旧治。光绪《志稿》。

穆宗同治元年　五月，蝗，伤禾。六月，阴雨。八月，始晴。平地水深尺许。九月，桃李生华，有实。是年，徐州道设局夏镇，抽收微湖厘捐。先是，土著大猾袁继昌，借办乡团为名，勒收货捐，旋为徐州道查悉，改归官办。光绪《志稿》。

同治二年　秋，捻匪破大屯寨，盘踞二十余日，始去。光绪《志稿》。

同治三年　五月，沛旱。十一月，雷雨。府志。

同治四年　三月，雨雹伤稼。五月，山东捻匪由曹掠沛。同治府志。

同治五年　十月，贼首赖文洸等自曹、济窜沛，入湖团。同治府志。

同治十年　河决山东侯家林，昭阳湖漫溢成灾。光绪《志稿》。

同治十二年　十月十五日，暴风大起，雨黑雪。光绪《志稿》。

同治十三年　八月，湖水涨。十月，河决山东石庄户，平地水深数尺，麦苗被淹。光绪《志稿》。

德宗光绪二年　麦秀双歧，岁大稔。光绪《志稿》。

光绪三年　三月，雨水冰，麦伤。秋，人多疫。光绪《志稿》。

光绪五年　春，大饥。光绪《志稿》。

光绪九年　四月，蜻蜓结阵，多可蔽日。六月，大雨，百日始止，田禾尽淹。光绪《志稿》。

光绪十二年　夏，旱。九月，大风暴起，铁器、树木皆生火光。冬，人疫、牛瘟。光绪《志稿》。

光绪十四年　夏，大雨经旬，湖水涨，禾稼被淹。是年，法人来设教堂于城外西关。

光绪十五年　五月，大雨雹。

光绪十九年　春，畜疫。是岁，拨衍圣公湖田若干顷，岁折提解。

光绪二十一年　五月，大风拔木。

光绪二十四年　夏四月，大雨三昼夜，平地水深数尺，人民捞取麦粒，多臭，不可食。至冬，饥。是年，县试废八股文，以经义策论取士。旋复旧。

光绪二十五年　春，大饥，平粜赈济。时久旱不雨，至五月始得补种秋禾。秋，罢微湖横捐。初，釐捐只抽南北商货，后并抽及东西。有一货纳两捐者，谓之横捐。至是罢之。

光绪二十六年　夏，拳匪仇教，围攻教堂。知县马光勋击败之，匪势潜销。

光绪二十七年　二月庚戌，大风，昼晦。

光绪三十一年　春，斗麦千钱。秋，停止科目考试。县中始兴办学堂。

光绪三十二年　秋，大雨百余日。乔家窝潘姓生男四岁，一夕暴哭。视之，已化为女。

光绪三十三年　夏、秋，旱，湖田涸尽。是年，沛邑初设代办邮局。

光绪三十四年　湖麦丰稔，人多争讼。秋，旱。彗星见东方。是年，设地方自治筹备处，清查户口，分全县为七区。

宣统元年　夏五月，阴雨连绵，湖水陡涨。滨湖登场之麦，复被漂没。

宣统三年　除夕，大雨如注，彻夜不息，人无守岁之乐。秋八月，武昌起义，南京不守。变兵至徐州，纠合土匪，盘踞沛境，焚劫掳掠，乡里成墟。十二月，悍匪吕四破县城，徐防营管带沈栋梁、知县戴宗焘潜逃。越夕，匪渡湖，破夏镇，焚掠后仍归湖西。是年，清亡。以上新访。

沛，古泽名也。初未尝置县，汉代之沛与今之沛，疆域亦大相悬殊。留，始于陶唐，春秋时国亡，地入宋。薛，始于夏，战国时齐灭之。偪阳国，始于周，鲁襄公十年，晋伐而灭之，以与宋。

沛，秦始置县，与留、湖陆属泗水郡。汉兴，改泗水郡为沛郡，移治相，沛为属邑。更析今沛县东界，为立广戚县，偕秦留县，属楚国。又就古偪阳地，立傅阳县，并隶于楚。湖陵，亦因秦名，而别属山阳郡。

夷考汉世，沛地封域极狭。以今沛县核之，南，不兼留县；东，不并广戚；即傅阳、湖陆，亦未能割半以相隶。各邑均自为县，惟西南界领于沛郡。其时，沛郡，为大沛；沛邑，为小沛。此小沛之名所自昉也。

东汉暨魏，封域广狭，异代相同。惟傅阳移属彭城国，与汉稍异。魏、晋制，沛县仍属沛国；留县、广戚、傅阳，仍属彭城国；惟湖陵改属高平国。东晋以还，彭城、沛国，全陷于胡，赵、燕与秦迭有其地。太元中，晋亦恢复旧壤，而不久仍为胡夺。

南北朝，广戚并于留，傅阳并于吕，湖陵并于高平，仅存沛、留二县，宋时尚属南朝。自齐，而地全入魏。大通以还，东魏、北齐，互相攘夺。盖自胡骑凭陵，户口凋敝，或地无百里而数县并置，或户不满千而二县分领。僚众实多，租调岁省，杨尚希之请，洵属名言。

隋兴，分遣十使，并省、州、县，遂合沛、留为一县矣。

唐室初兴，合留城、广戚，并为沛县，复割傅阳、湖陆之半，以附益之。以汉沛县界较，汉绌而唐赢，汉分而唐合。综其大略：汉则析唐一县，而歧为五邑；唐则综汉五邑，而并为一县云尔。

五代之时，沛为重镇，特置武宁节度使，以为边防。宋沿五代，地势相齐，而县统于京东路。绍兴十一年，立和议，与金以淮河中流为界。自是，沛入于金，金改属滕州。未几，升县为源州。虽郡县易名，而地之疆域，与唐、宋亦不少出入。

元、明之时，沛县疆域如故。惟元属济州，明属徐州，统辖不甚相同。

考：沛县为汉皇发迹之乡，将相臣邻，星罗棋布，蠲租给复，迭为侯封，固古来一望县也。东晋以还，胡骑凭陵，元气剥丧。而自金明昌中，河患屡撄，非惟人民凋敝，抑且桑海变更。嗟乎！沛，犹是沛也，而盛衰之数，今昔不同矣。

兹因沛县为古名区，书籍纪载，间有传讹。用是，详考经史，旁稽典籍，订讹纠谬，谨述大略如此。

附载：

合乡不属沛县说

《太平寰宇记》："沛县，有合乡故城。"引刘芳《徐州记》谓："即古之互乡。"此其说非也。按：沛今之南，幅宽不过五十里，留城业经在东南边界。合以乡名，地非狭小。留城之东，更何处再著合乡？则合乡不在沛境中，固昭昭矣。且，合乡不属于沛，按之书，其证甚多。

《水经》郦注《泗水记》有“漷水出东海合乡县，其水西南流入郝。”郝，即今邹县，则合乡与邹相近，在今沛县之东。其证一也。

《元和郡县志·滕县记》：“合乡故城，在县东二十五里。”则合乡与滕相错，不属于沛县。其证二也。

《汉书·地理志》：“沛，属沛郡，与广戚、丰、郸近。”“合乡，属东海郡，与兰陵、缯、承近。”相距遥远，合乡断非沛属邑。其证三也。

《地理韵编》：“合乡，在山东兖州府滕县东二十三里。”与《元和郡县志》合。合乡既在滕东，即不属沛。其证四也。

今检乾隆《峄县志》，谓：“晋分东海之兰陵、承、戚、合乡、昌虑五县，置兰陵郡，治承县。金改承为峄州，明始改峄州为峄县。”其《古迹门》则曰：“合乡城，在县西北。”合乡属于峄县，固信而有征矣。

《寰宇记》系传讹《春秋大事表》、《四书释地》，同治徐州府志则又沿《寰宇记》之讹，而未细考耳。

夏镇戚城即汉广戚县解

夏镇戚城，径以为汉之戚县，而不知其即广戚故城也。按：汉《地理志》：山阳郡有爰戚、沛郡有广戚、东海郡有戚县。爰戚，为今济宁州嘉祥县治；广戚，在今沛县东夏镇；戚县，属今峄县，与滕接壤处。俱在今徐、兖二州，鼎峙三县，不相连也。

夏镇戚城，即汉广戚，其证有四：

乾隆旧志《城垒门·广戚城》：“在县治东北四十里夏镇。”距今县治，里数相符；地，又在东北。此其证一。

沛县广戚乡统夏镇、沽头等。集广戚统夏镇，而谓“夏镇戚城”，非汉广戚，揆之时势，转有抵牾。此其证二。

姜肱，为汉广戚人。此其证三。

《水经》郦《注》：“泗水南经小沛县东，又东南，流经广戚县故城南。”今夏镇运河，即古泗水。泗水经广戚县南，即今夏镇地。夏镇为广戚县城，非汉戚县，明甚。此其证四。

考滕县，汉时为公邱，东界戚县，西界广戚县，俱与滕接壤。为夏镇戚县之说者，缘只知戚县与滕相接，不知治在城东；又因广戚割入滕县，未加详察，遂去“广”字，径以“戚县”属夏镇，改为“戚城”，而不知古昔一县今分属两县者，固甚多也。

尝考古来县治，即有废灭，而故址常存，仲虺、湖陵二城，犹有道其详者。谓夏镇为戚县故城，则广戚县故城又在何所？考核不精，又谓广戚即汉沛县，更谓广戚距沛一里，则歧之又歧矣。

偪阳半属峄县考

《春秋大事表》："偪阳，在徐州府沛县，与山东兖州府峄县南接界。"今夏镇、利国、韩庄三处，为滕、峄、沛、铜四邑错界，偪阳适当其地，遂滋考古之疑。

按：《文献通考》曰："偪阳，今沂州府丞县。"宋时之丞，即明时之峄。检查乾隆《峄县志》："偪阳，故在万年闸西，距县治五十里，与昭阳湖相近。"

据此，则古偪阳国城，在今峄县界中，而统辖今沛县东南半湖。谓偪阳国之地，沛与峄各占其半，揆之形势，较为精确。

《一统志》谓："沛县，古偪阳国地"，就沛县东南一隅言之，不能该全邑也。《文献通考》谓："偪阳，今丞县"，就治城故迹言之，不能统全界也。《春秋大事表》谓："偪阳，在滕、峄、铜、沛四邑错界"，犹属凭空之说耳。

沛无戚县解

《汉书·地理志》：沛，属沛郡；戚，属东海郡。相距甚遥，不相连也。而同治《徐州府志·沿革表》，沛县，横格汉、晋两朝，均列戚县，殆以夏镇、戚城世兢，称为戚县，因其与沛逼近，遂亦信为戚县，与沛相统属耳。不知夏之戚城，即汉之广戚县城。城虽属滕，而统辖犹多兼沛，犹之偪阳，城虽在峄，而封域犹多占沛也。

滕县东界，古接戚县。夏镇系属滕县，世人因其城既在滕，而戚与广戚又似相类，遂径以戚城为戚县矣。

《续汉书·郡国志》："戚、朐、昌虑、承、合城，属东海郡"，俱今峄县地。是则戚县属峄而不属沛，可知矣。

峄县在滕地之东，戚县当别有故城可寻；夏镇在滕县之西，又与沛广戚乡毗联，则戚城为汉广戚县，而非戚县，又可知矣。

卷三　疆域志

至到　星野　晷度　风俗　物产

至　到

按府志：县在府城北少西，县境东西凡广九十里、南北袤八十里。东至络房村五十里，界滕。县，属山东兖州府。西至杨明集四十里，界丰。南至孟家集圩四十里，界铜山。孟家圩南，即铜界，圩东南小周等十八庄，斗入铜境，约袤二十五里、广仅五里。北至运河界牌口四十里，界鱼台。县，属山东兖州府。并界滕。珠梅闸西北二十五里许曰王家水口，口之上半里许有界牌，东北为滕、西南为沛、西北为鱼台，谓之界牌口。东南至张家集三十里，界铜山。以圩内为界。西南至黄庄集四十里，界丰，并界铜山。黄庄集在沛县旧治栖山圩南十里。东北至夏镇四十里。夏镇二城跨运河。南城属沛、北城属滕。夏镇圩在二城之间，圩内滕、沛界犬牙相错。西北至邱家集五十五里，界丰并鱼台。集西五里，即丰县之萧家堰，以两集中为界，集北，即鱼台魏团边沟，西接丰县北边沟，与鱼台南北分界。到滕县治八十七里，到丰县治六十里，到鱼台县治八十五里，到铜山县治百二十里，到府如到铜山里数。到苏州府治一千二百九十里，到省城江宁府治八百六十里，到京师一千四百里。

星　野

《周礼》："保章氏以星土辨九州之地。"郑注："大火，宋也。熊耳、外方至泗水、陪尾、豫州，属摇星。"

《汉书·地理志》："宋地，房、心之分野也。"今之沛、梁、楚、山阳、济阴、东平及东郡之须昌、寿张，皆宋分也。

《后汉书·天文志》刘昭注引《星经》云："玉衡九星，第七星为豫州，常以五午日候之，戊午为沛国。"

《晋书·天文志》："北斗七星，四为权，七为摇光。权为徐、扬州，摇光为豫州。"王引之《疏证》据《开元占经》引《春秋纬文耀钩》曰："蒙山以东，南至江，徐、扬之州属权星；外方、熊耳，以至泗水、陪尾、豫州，属杓星杓，摇光也。”又引魏太史令陈卓曰：“豫州、楚国，入房四度；梁国，入房五度；沛郡，入房四度；兖州、山阳，入角一度。”沛之故湖陆，山阳属也。

《隋书·地理志》：“《禹贡》：海岱及淮，惟徐州。彭城、鲁郡琅琊、东海下邳得其地焉。”在天文，自奎五度至胃六度为降娄，于辰在戌，其在列国，则楚、宋及鲁之交。

《唐书·天文志》：“氐、房、心，大火也。”初氐二度、中房二度、终尾六度，自雍邱而东，右泗水达于吕梁，接太昊之墟，尽汉阳、楚国、丰、沛之地。丰、沛负南河，阳气之所布也，为房分，其下流与尾同占。

《金史·历志》：“黄道十二次入宫宿度：春分，奎二度三十五分八十五秒外，入鲁分，降娄之次，辰在戌；霜降，氐一度七十七分七十七秒外，入宋分，大火之次，辰在卯。”

《明史·天文志》：“氐二度，大火之次也。徐、宿二州，皆房、心。”又刘基《清类天文分野书》曰：“氐、房、心，在卯。自氐二度至尾二度，属宋，徐州。今开封之陈留及归德、亳、寿以东，与宋徐、曹、单，皆宋分也。”

清《一统志》折衷定论，以徐州之铜、萧、砀、丰、沛，为房、心分野，大火之次。

晷　度

以经纬度分，求得纵横里数：

沛县北极出地：三十四度五十一分，得六千九百七十里弱，距京师中线偏东四十二分，得一百十四里。附：接境丰县北极出地：三十四度四十七分，得六千九百五十七里弱，距京师中线偏东二十一分，得五十七里。　铜山县北极出地：三十四度十五分，得六千八百五十里，距京师中线偏东五十八分，得一百五十九里。　山东滕县北极出地：三十五度十四分，得七千零四十七里弱，距京师中线偏东五十七分，得一百五十五里。　山东鱼台县北极出地：三十五度零八分，得七千零二十七里弱，距京师中线偏东十九分，得五十一里。

求得县治纵横距值鸟道里数：

东距府治铜山：四十五里；南距铜山：一百二十里。东距滕：四十一里；北距滕七十七里。南距丰：三十里；西距丰：五十七里。西距鱼台：六十三里；北距鱼台：五十七里。

求得县治斜距鸟道里数：

东南距府治鸟道：一百二十八里十分里之一。西南距丰鸟道：五十八里十分里之五。

东北距滕鸟道：八十七里十分里之二。

西北距鱼台鸟道：八十五里。

求得冬夏至日出入并昼夜长短时刻：

冬至：日出辰初初刻十分二十八秒；日入申正三刻四分三十二秒；昼长三十八刻九分四秒。

夏至：日出寅正三刻四分三十二秒；日入戌初初刻十分二十八秒；昼长五十七刻五分五十六秒。冬至之夜，即夏至昼长刻数；夏至之夜，即冬至昼长刻数。

求得各节气午正黄道高弧度数：

春、秋分：五十五度零九分。

冬至：三十一度三十九分。

小寒、大雪：三十二度二十九分。

大寒、小雪：三十四度五十七分。

立春、立冬：三十八度四十六分。

雨水、霜降：四十三度三十九分。

惊蛰、寒露：四十九度十四分。

夏至：七十八度三十七分。

芒种、小暑：七十七度四十九分。

小满、大暑：七十五度二十一分。

立夏、立秋：七十一度三十二分。

谷雨、处暑：六十六度三十九分。

清明、白露：六十一度零四分。

求得各节气午正黄道高度加日轮半径余切数：

春、秋分：五十五度二十四分。余切〇六八九八五三八。

冬至：三十一度五十四分。余切一六〇六五六七二。

小寒、大雪：三十二度四十四分。余切一五五五六六八五。

大寒、小雪：三十五度十二分。余切一四一七五九〇四。

立春、立冬：三十九度零一分。余切一二三四一六二九。

雨水、霜降：四十三度五十四分。余切一〇三九一五三七。

惊蛰、寒露：四十九度二十九分。余切〇八五四五八三九。

夏至：七十八度五十二分。余切〇一九六七九六四。

芒种、小暑：七十八度零四分。余切〇二一一四三〇七。

小满、大暑：七十五度三十六分。余切〇二五六七五六三。

立夏、立秋：七十一度四十七分。余切〇三二九一〇六五。

谷雨、处暑：六十六度五十四分。余切〇四二六五三六二。

清明、白露：六十一度十九分。余切〇五四七一〇六〇。

风　俗

旧志：地邻邹鲁，人务稼穑；敦尚礼义，不乐健讼；婚姻死丧，闾里相助。明景泰旧志。凡旧志引前代史书所论郡国通俗，而不专属今沛邑者，概从删削。县当南北通衢，四方之民杂处。其间日渐奢侈，颇尚势力，挟意气相高。独婚姻不论财，犹为近古。明嘉靖旧志。

近日风俗，习为简易，颇事奔竞。乾隆旧志。

邑无高山大陵以为巨观，独诸水环匝纡回，包络天堑为固耳。田地沙瘠，过半亩才收数升，衣食率不给。膏腴地祇十二三。乃山阳、棠渚诸郡邑之水，遇夏秋之交，且挟淫潦而至。由是，东、北、西三面汇为巨浸，稍遇旱暵，民方得布种，间有收获。又辄市舆马，炫衣服，不为蓄积，计凶年。饥岁，枵腹者比户皆然矣。乾隆旧志。

按今俗，雅重儒术，虽寒素家，必以诗书教子，但进修之士，恒以家贫半途而废。即不废学，亦不得不并务力田，道食兼谋，不名专业。贸易多居寨、圩，按日而集市廛中，谓之逢集。每集自辰，至午始散。货物罗列，购买者错杂纷纭，毂击肩摩，有举袂如云之盛。商贾多齐、晋人。光绪志稿。

士民鲜诈伪，重廉耻。农家男业耕耘，无田者亦为人佃种；女业纺织，躬操作，虽缙绅家亦然。一切悉从简朴。光绪志稿。

妇女知以礼自守，不游城市，不御铅华，尤多重节义。夫亡，则誓守，甚有以身殉者。编户穷嫠，亦知此义，非万不获已，不再适也。至娼妓，率不能容。虽偶有流娼至境，必驱逐之。光绪志稿。

自兵燹以来，民喜佩刀剑以自卫。家具炮、铳，与贼相遇，奋不顾身。班固所谓“沛楚之失，急疾颛己”，遗风犹未艾也。且酗酒善怒，乡里小不适意，辄露刃仇视，动至戳伤人命，破产杀身。至无业游民，聚众剽劫，较他处为甚，诛不胜诛。主持风化者，宜何如正本清源也。光绪志稿。

近来踵事增华，凡饮食、服御、婚丧仪节，日趋于奢，往往祖若父创成家业，毕世勤劳，传之子孙，不旋踵而产业荡尽。移风易俗，是在操司牧之权者。光绪志稿。

全境风俗，计分三部：微湖东岸，俗近滕、峄，婚丧典礼，大概相同。居民崇祀碧霞元君最虔，每值四月，奉神出巡，肸蚃之盛，率聚数万人，刺肱挂香，号为舍身者，亦动辄数百。微湖西岸，自成风气。俗好停柩，往往有历数十年不葬者。盖缘赙薄费巨，相沿为例。又好早婚，多有十三、四岁幼童，即娶及年之妇者。改良社会风俗，讵可缓哉！沿湖唐、王、赵三团，以东民来沛五十余年，其风俗习惯，仍与山东无异。光绪志稿。

风俗之关于礼制者——

冠礼旧志："沛俗，冠礼久废。"

婚礼邑人多于襁褓中议婚，重门第，不论财帛。及婚，先期行纳采礼，届期婿往亲迎、奠雁，入门拜天地，行合卺礼，亦如常俗。旧志：亲迎后一日，婿谢于舅家；三日，舅家迎女归宁，午后，送回婿家，及拜见翁、姑。至礼仪之丰啬，则视贫富为不同矣。

丧礼亲亡，孝子擗踊，亲视含敛。敛之次日，通讣戚族，行家祭礼。向晚，张灯火、具冥器，至郊外焚化，哭踊而返，谓之送行。殡葬如常俗，无饭僧诵经等事。丧服，以三十六月为断，绝无隆杀。已嫁之女，犹为父、母服斩。惟俗尚缓葬，往往停柩数十年，而嫁、娶宴会，略不知怪。

祭礼旧志：俗重墓祭，不立祠堂。农隙，村野集会，醵金往祀泰山、峄山者，甚众。

风俗之关于节序者——

元旦户无大小，必着洁衣，具酒醴、香烛，祭天地、祖先，序拜尊长，出谒亲友。市肆不张，半月内互相招饮春酒。

上旬旧志：妇女群戏秋千，以祓除灾厉，至望日止。

元宵比户张灯烛，燃花爆，祀祖先，与元旦同。

十六亲友相约过桥，名"走百病"。旧志：妇女延厕姑神，以问岁之丰啬。

二月二日撒灰作圈，中覆五谷，谓之"围仓囤"，以祝丰稔。炒豆，加糖，与小儿食，可免蝎螫，谓之"吃蝎子爪"。

清明插柳枝于户。扫墓，祭先，会食墓次。男女游郊外，踏青。

端午插艾，食角黍，饮雄黄酒，以禳毒。以五色线系小儿手足，谓可避蛇。于日未出时，采树头叶，以为茗。

六月一日荐新谷，宰羊豕，以祀神，呼之为过小年。

六月六日曝衣，食炒面。

七月十五祭先，扫墓。市镇街坊醵资，作盂兰会。

中秋晚间聚亲友拜月，食西瓜、月饼，饮酒尽欢，谓之"圆月"。

重阳旧志：登吕母冢上饮酒。

十月一日祭先，扫墓，焚冥金，剪纸为衣，送墓上烧之，谓之"送寒衣"。

腊八十二月八日杂米枣为粥以食，曰"腊八粥"。

二十三日列酒果、糖饼，祀灶神。

除夕换门神桃符，燃爆竹，列酒果祀神、祀先祖，一如常俗。旧志：夜多娶妇，谓无忌讳。

物　产

谷之属：多麦。麦分大、小两种，为农业大宗出品。多菽。种类甚多，有黄豆、黑豆、绿豆、青豆、小豆、豌豆、扁豆、豇豆、杂文豆之分。惟黄豆收额最巨，与小麦等。多粱。亦名谷，有黄、白、黑三种。收额颇多。有黍。叶细长而尖，似芦苇而茎短，分黄、白、黑三种，通谓之黄米。黏者可酿酒、制角黍。有稷。状似黍，分黑。黄两种。种植较黍为广。少稻。旱田不宜于稻，洼区间有种者。府志引《说文》："沛国谓稻曰稬。"或古昔独盛欤。有脂麻。分白、黑两种。白者可取油，黑者可制果饼。有玉蜀秫、俗呼为棒子，多以隙地种之。无直鲁专植之盛。薏苡。亦名薏仁。其米极佳。有菰。产微湖中，俗呼为高苗米。实细而长，渔人资以为食。有芡实。产微湖中，俗呼为鸡头米。有蓟秫。亦名高粱。其秸可以编篱造屋。分红、白两种，红者，可酿酒，名曰高粱烧，收额之多，与麦、豆同。道光年间，由关东余来之种，有骡子尾、老鹳坐等名，皆象形而得。有荞麦。

蔬之属：多菘。叶厚而多心，每本大者可十余斤，俗呼为白菜，又称为黄芽菜。出产甚富，以夏镇、部城者为良。有葵。有莴苣。多芸苔、菠薐。即菠菜。多韭。多葱。多蒜。多芥。多蔓菁、萝卜。有红、白、青、紫数种。有胡萝菔、即胡萝卜。莳萝、俗谓土茴香。胡荽、即芫荽。茼蒿、地蚕、俗名甘螺。山药。多甘薯。俗名山芋。有蹲鸱芋。俗名毛芋头。有茄。水旱两种。有芹。多豆荚。有柳条青、绣鞋带等名目。有眉豆、刀豆、羊角豆。多苋。有青、赤两种。多马齿苋、灰藋。俗呼为灰灰菜。多荠。多苦荬。有蘑菰、天花、草莪。以上七种皆野菜。多苜蓿。有萱花、金针。多藕。多蒲。蒲产微湖中。光绪中叶，一岁蒲枯，自是不复生。有慈茹。有匏。有葫芦。有王瓜、丝瓜、南瓜、冬瓜、笋瓜。有香椿。木属，春初摘其芽食之。多辣艽。即辣椒。

果蓏之属：多桃。有李。有杏。有梅。有梨。有柿。多枣。有栗。有核桃、沙果、苹果、林禽、花红。俗名。与林禽相类。有文官果。有柰。有樱桃。有石榴、葡萄、西瓜、甘瓜。有莲房。有菱角。有地栗。俗名毛地梨，生微湖中，形如球，而色黑有毛。有羊枣。有甘蔗。味逊于粤产。有落花生果。有荸荠。有百合。

木之属：有椿。分香、臭二种。有桑。有柘。有槐。槐有数百年者。多榆。多柳。多杨。有青、白二种，间有黄杨。有松、柏。有桐。分梧桐、青桐两种。有冬青。有白蜡。有木瓜、木梨。有椒。有楮。有橡。旧有，今稀。有棠。有楝。有皂荚。有枳。有棘。有樗。有洋槐。似槐而有刺，最易生长。有马缨。有柽。有楸。有椶。

花之属：有迎春、长春、牡丹、芍药、蔷薇、木香、玫瑰、宝相、丁香、有白、紫两种。蜀葵、秋葵、亦名鸭脚葵。木槿、海棠、棣棠、紫荆、紫薇、亦名百日红。金盏、玉簪、虞美人、秋海棠。多凤仙、鸡冠。有滴滴金、紫茉莉、子午花、剪秋罗。多菊。多月季。有芙蓉、夹竹桃、金银花。多莲。产微湖中。有桂。有旱莲、栀子、玉兰、辛夷、金丝桃、碧桃、绣球花、榆叶梅、望江南。亦名凌霄花。杜鹃、亦名踯躅花。扁竹、天竺、腊梅、藤萝。多米囊。即罂粟。盛时连阡累畴,不减百里。芙蕖奉禁后,始绝。有女贞、石竹。

竹之属:有青竹、文竹。

秀草属:有吉祥草、书带草、忘忧草、即萱草。虎耳草。亦名金丝荷叶。有游龙松、芭蕉、马兰、翠草、老少年、万年青、薜荔、虎刺、麦冬。

野草属:多苇。多芦。多蓬。多蒿。多茅。多莎。有蒨。有蓝。分水红兰、槐兰两种,取靛染衣。昔产极盛,后为德产所夺,种者渐少。有茭。有艾。有荭草。亦名水红。

药之属:有何首乌、大戟、芫花、甘草、天仙子、地丁、豨莶、牵牛、蛇床。多香附、车前、苍耳子、益母草。有蓖麻子、沙参、忍冬、射干、瞿麦、茴香、蒲黄、红花、紫苏、薄荷、远志、菖蒲、防风、荆芥、南星、半夏、瓜蒌草、决明、蒲公英、王不留、牛蒡子、菟丝子、茵陈、青蒿、地榆、蒺藜、白扁豆、粉葛根、桃仁、杏仁、槐角、百部、枸杞子、地骨皮、青粘、《后汉书·华佗传》:"青粘,生于丰、沛间。"陀《别传》曰:"青粘,一名地节,一名青芝,主理五脏、益精气",陀方:有漆叶,青粘散,淡竹叶、叶似竹,秋初开小蓝花,类蜂,故俗名秋蜜蜂。谷贼、地黄、白茅根。

畜之属:多马。有牛。多羊。多鸡。有犬。多豕。有鹅。有鸭。有骡。有驴。有猫。

兽之属:有兔。有獾。有猬。有鼠狼。有狐。有狸。多鼠。

鸟之属:多麻雀。有乌。有鹊。有鸠。有鸽。多鹑。有桑扈。有桃虫。有阿鹄。即布谷鸟。有地牛。有鹰。有鹞。有雕。有鹳。有鸥鹭。有鸳鸯。有淘河。有天鹅。有鸬鹚。有鹡鸰。有支鳌。多鹜。即野鸭,微湖中最盛。多章鸂。俗名章鸡,亦出微湖。有鸺鹠。有布谷。有提壶。有啄木。有老鸦。有鹖。有鸮。有黄雀。有水翠。

鳞介之属:有鲤。有鲂。多鲫。有鳜。有鳢。有鲦。有鲙。多鲢。多鳅。有鲇。有鳗。有鳝。有鳖。多虾。《郝质玕集》:"昭阳湖小虾,有青、黄、赤、白、黑、碧六种"。多蛤。多蛙。有虾蟆。

昆虫之属:有蚕。有蜜蜂。有蝉。多蚊。多虻。多蝇。有细腰蜂。有蛇。有蝎。有壁虎。有蚰蜒。有醯鸡。有蜻蜓。有蚱蜢。有促织。有蛾。有蝶。有螳螂。有蚯蚓。有蝼蝈。有蛣蜣。有蜗牛。有蜥蜴。有阜螽。有草虫。旱时多蝗。有斑蝥。有桑螵蛸。有蛛蜘。有土鳖。有蝤蛴。有土蚕。有果蠃。

货之属:有丝。有绢。有棉。有布。有麻。有苘。有靛。有碱。有硝。有面。多豆油。有菜油。有蜜。有蜡。有粉皮、粉条、藕粉、藕干、桑皮纸、楮皮纸、柿油扇。以上乾隆旧志。有金针、瓜子、牛皮、羊皮、莲蕊、芡实、茧秧、牛骨。多高粱酒。沛酒名最著,贾人常贩之他郡。多鸦片烟土。同治初,种者始盛。当收浆时,商贾云集,最为沛邑大宗出品。光绪末年,奉令严禁。至是,根株斩绝。有苎麻线。有草帽瓣。疑为"辫"之形讹。多鸡蛋。自设专厂售卖,出产极富。有鸭蛋、猪毛、野鸭毛、土盐。栖山附近,旱时则出土盐,贫民能食之。多淡巴菰。即烟叶。微湖东岸出产极盛,亦能销远。

卷四　河防志

山川　湖泽　运河　闸堰附

汉

武帝元光三年，河决濮阳瓠子，东南注巨野，通淮泗。元封二年，瓠子河塞，梁、楚无水灾。《史记·河渠书》、《汉书·武帝本纪》。河经沛县凡二十四年。

宋

太宗太平兴国八年五月，河大决滑州韩村，泛澶、濮、曹、济诸州，东南流至彭城界，入于淮。诏发丁夫塞之。十二月，滑州言决河塞。《宋史·河渠志》。河经沛县凡八月。

真宗咸平三年五月，河决郓州王陵扫，浮巨野，入淮泗。命使率诸州丁男二万人塞之，逾月而毕。《宋史·河渠志》。

真宗天禧三年六月，夜，滑州河溢城西北天台山，复溃于城西南，岸摧七百步，漫溢州城，历澶、濮、曹、郓，注梁山泊。即遣使赋诸州薪、石、楗、橛、芟之数，千六百万，发兵夫九万人治之。四年二月，河塞。《宋史·河渠志》。河经沛县凡九月。

天禧四年六月，河决天台下，走卫南，浮徐、济。害如三年，而益甚。

仁宗天圣元年，以滑州决河未塞，诏募京东、河北、陕西、淮南民，输薪刍。五年十月丙申，塞河成。《宋史·河渠志》。河经沛县凡八年。

神宗熙宁十年七月，河大决于澶州曹村，北流断绝，河道南徙，东汇于梁山张泽泺，分为二派。凡灌郡县四十五，而濮、济、郓、徐尤甚。

神宗元丰元年四月，决口塞，河经沛县凡八月。《宋史·河渠志》。

高宗建炎二年冬，杜充决黄河，自泗入淮，以阻金兵。《宋史·高宗本纪》。

金

世宗大定二十七年，令沿河州县徐州彭城、萧、丰、滕、沛等州长贰官，皆提举河防事，县令皆管勾河防事。《金史·河渠志》。

元

顺帝至正四年五月，大雨，河决白茅堤。六月又北决金堤，金乡、鱼台、丰、沛等处，皆罹水患。十一年，命贾鲁以工部尚书为总治河防使。四月鸠工，七月疏凿,成。十一月,水土工毕,河乃复故道。《元史·河渠志》。

至正九年五月,白茅河东注,沛县遂成巨浸。《元史·顺帝本纪》。

至正二十六年二月,河北徙,上至东明、曹、濮,下及济宁,皆被其害。《元史·五行志》。

明

太祖洪武元年,河决曹州双河口,入鱼台。徐达北征,开塌场口,引河入泗,以济漕运。《明史》。

成祖永乐九年,尚书宋礼于济宁、沛县并湖地,设水柜、陡门。在漕河西者,曰水柜;东者,曰陡门。柜,以蓄泉;门,以泄涨。复浚贾鲁河故道,引黄水至塌场口,会汶,经徐、吕,入淮。运道以定。《明史·河渠志》。

英宗正统三年,河复决阳武及邳州,灌鱼台、金乡、嘉祥。越数年,又决金龙口、阳谷堤,而徐、吕二洪亦渐浅。《明史·河渠志》。

孝宗弘治十三年,巡按直隶御史曹玉奏,河决丁家道口,徐州并萧、沛、砀、丰皆被河患。《行水金鉴》引《孝宗实录》。

弘治十六年,筑金沟、昭阳湖堤。金沟堤,长五里;昭阳湖堤,长三十里。乾隆旧志。

武宗正德元年,浚曲房河,绵延三十余里。乾隆旧志。

正德二年,黄河东徙,入泡河,坏民居,损禾稼。乾隆旧志。

正德四年六月。河徙至沛县飞云桥入漕。《明史》《方舆纪要》:"正德四年,河决曹县杨家口,奔流单、曹二县,东达壬子河,抵丰、沛,舟楫通行,遂为大河。"《行水金鉴》引沛志:"正德二年,黄河徙入泡河,坏民居。"按:《实录》及《明史》无"河入泡河"事,疑或四年之误也。九月,又决曹县、梁靖等口,围丰县城郭,两岸阔百余里。《武宗实录》。

正德五年九月,河复冲黄陵岗,入贾鲁河,泛滥横流,直抵丰、沛。《明史·河渠志》。其下流仍归飞云桥,分决徐州之溜沟,皆入运河。侍郎李镗言:"观梁靖以下,地势最卑,故众流奔注成河,直抵沛县。藉令其口筑成,而容受全流无地,必致回激黄陵岗堤岸,而运道妨矣。至河流故道,堙者不可复疏。请起大名三春柳,至沛县飞云桥,筑堤三百余里,以障河北徙。"从之。《明史·河渠志》。

世宗嘉靖二年,河决沛县北,入鸡鸣台口,漫昭阳湖,塞运道。南司空胡世宁上言:"今日之事,开运道最急,治河次之。运道之塞,河流致之也。使运道不假于河,则亦易防其塞矣。计莫若于昭阳湖东岸滕、沛、鱼台、邹县界,择土坚无石之地,另开一河,南接留城,北接沙河口。就取其土,厚筑西岸,为湖之东堤,以防河流之漫入、山水之漫出。而隔出昭阳湖在外,以为河流漫散之区。"下其议,总河都御使盛应期以为可行,役丁夫九万八千开渠。自南阳,经三河口,过夏村，抵留城，共一百四十一里，未就，而罢。乾隆旧志。

嘉靖五年，黄河上流骤溢，东北至沛县庙道口，截运河，注鸡鸣台口，入昭阳湖。《明史·河渠志》。

嘉靖六年，又决曹、单城，武杨家、梁靖二口、吴士举庄，冲入鸡鸣台，夺运河，沛地淤填七、八里，粮艘阻不进。《明史·河渠志》。大学士费宏言："涡河等河，日就淤浅，黄河大股南趋，从兰阳、考城、曹、濮，奔赴沛县飞云桥及徐州之溜沟，悉入漕河，泛滥弥漫。此前数年，河患也，近者沙河至沛县，浮沙涌塞，官民舟楫，悉取道昭阳湖。春夏之交，湖面浅涸，运道必阻。涡河等河，必宜亟浚。"《明史·河渠志》。

嘉靖七年闰十月，河决，东冲入昭阳湖，庙道口淤数十里。《世宗实录》。以工部侍郎潘希曾治之。希曾因赵皮寨开浚未通，疏孙家渡口以杀河势。希曾又言："漕渠庙道口以下，忽淤数十里者，由决河西来，入冲口上，并掣闸，河之水东入昭阳湖，致闸水不南，而飞云桥之水，时复北漫故也。今宜于济、沛间加筑东堤，以遏入湖之路，更筑西堤，以防黄水之冲，则水不散缓，而庙道口可永无淤塞之虞。"从之。《明史·河渠志》。

嘉靖八年六月，单、丰、沛三县长堤成。是年，飞云桥水北徙鱼台、谷亭。《行水金鉴》引《续文献通考》。

嘉靖九年五月，孙家渡河堤成。逾月，河决曹县东，北经单县长堤，抵鱼台，漫为坡水，傍谷亭入运河。单、丰、沛三县，长堤障之，不为害。《明史·河渠志》。

嘉靖十三年秋，河徙，一出鱼台塌场口入运，一从曹县榆林集南向徐州。十月，又决赵皮寨，南向亳、泗、归、宿之流日甚；东向梁靖之流渐微。自济宁南至徐、沛，数百里间，运河悉淤。命总河副都御史刘天和治之。《行水金鉴》引刘天和《问水集》。

嘉靖十四年，疏汴水出泡河，达于泗。刘天和至，浚淤导溃，以顺水性。疏汴河自朱仙镇至沛县飞云桥，杀其下流。乾隆旧志。

嘉靖二十六年秋，河决曹县，水入城二尺，漫金乡、鱼台、定陶、城武，冲谷亭，水仍下徐、吕。总河都御史詹瀚请："于赵皮寨诸口，多穿支河，以分水势。"诏可。《明史·河渠志》。

嘉靖三十七年，河决段家口，析而为六，曰：大溜沟、小溜沟、秦沟、浊沟、胭脂沟、飞云桥。俱由运河至徐洪。《明史·河渠志》。

嘉靖四十四年七月，河决沛县，上下二百余里，运道俱淤。全河逆流，自沙河至徐州以北，至曹县棠林集而下，北分二支：南流者，绕沛县戚山、杨家集，入秦沟，至徐；北流者，绕丰县华山东北，由三教堂出飞云桥，又分而为十三支，或横绝，或逆流，入漕河，至湖陵城口，散漫湖坡，达于徐州，浩淼无际，而河变极矣。乃命朱衡为工部尚书兼理河漕，又以潘季驯为佥都御史总理河道。衡乃开鱼台南阳抵沛县留城，百四十余里新河；而浚旧河自留城以下，抵境山茶城，五十余里，由此，与黄河会；又筑马家桥堤三万五千二百八十丈，石堤三十里，遏河之出飞云桥者，趋秦沟以入洪。于是，黄水不复东侵，漕道通而沛流绝矣。方工未成，而河复决沛县，败马家桥堤。论者交章论罢衡。未几，工竣。帝大喜，赋诗四章志喜，以示在直诸臣。《明史·河渠志》。

穆宗隆庆元年，加朱衡太子太保。始河之决也，支流散漫。迨新河成，则尽趋秦沟，而南北诸支河，悉并流焉。然，河益大涨。《明史·河渠志》。

隆庆三年七月，河决沛县。自考城、虞城、曹、单、丰、沛，抵徐州，俱受其害。河水横溢沛地，秦沟、浊河口淤沙，旋疏旋壅。《明史·河渠志》。是年，海啸，河水涨徐、邳、丰、沛。尚书朱衡开回回墓，上通昭阳湖，以泄坡水，滕、沛利之。乾隆旧志。

隆庆五年秋，河溢，大水夜至，城几陷。力御，始免。乾隆旧志。

隆庆六年，尚书朱衡缮丰、沛大黄堤，正河安流，运道大通。《明史·河渠志》。

神宗万历元年，河决房村，沛县窑子头至秦沟口，筑堤七十里，接大北堤。徐邳新堤外，别筑遥堤，而河稍安，运道亦利。《行水金鉴》引《南河全考》。

万历四年，河决沛县缕水堤、丰曹二县长堤，丰、沛、徐州、睢宁，田庐漂没无算。《明史·河渠志》。

万历七年秋，筑夏镇护堤、缕水堤成。乾隆旧志。

万历十七年六月，黄水暴涨，决兽医口月堤，漫李景高口新堤，冲入夏镇内河，坏田庐、没人民无算。十月，决口塞。《明史·河渠志》。

万历十九年，河道尚书潘季驯以留城一带湖水难行，改开李家口河，自夏镇吕公堂迤西，转东南，经龙塘，至内华闸，以接新开镇口河，共一百里。乾隆旧志。

万历二十年，李家口河成。自朱尚书开新河后，递年束积，东则微山、吕孟诸湖，西则马家桥、李家口一带，汇为巨浸，牵挽无路，军民船只栖泊无所。工部主事余继善，采伐官民树株，架木桥二十余里，暂得牵挽。总河潘季驯因舍朱公之旧，新浚是河。冬，开塔山、戴村二支河。塔山，西通牛角湾；戴村，东通尹家林。自总河舒应龙新开二河后，是冬，邑积水得泄，民间赖以有麦。

万历三十一年四月，水暴涨，冲鱼、单、丰、沛间。乃命李化龙为工部尚书治之。化龙甫至，河大决单县苏家庄及曹县缕堤，又决沛县四堡口太行堤，灌昭阳湖，入夏镇，横冲运道。《明史·河渠志》。

万历三十二年，部议《河臣李化龙疏》：于坚成集以上开渠引河，使下流疏通，分为中路、北路、南路。由曹、单、沛，出飞云桥，泛昭阳湖，入龙塘，出秦沟，降徐、邳，名银河，为北路。是秋，河决丰县黄庄，由昭阳湖，穿李家港口，出镇口，上灌南阳。《明史·河渠志》。李化龙遂改开泇河。自夏镇李家港口起，至宿迁董沟出口，凡二百六十里。自是，漕舟不畏二洪之险及镇口之淤。乾隆旧志。

万历三十五年夏，四堡堤成。旧志：先是，癸卯秋，河决朱旺口，直射太黄堤，冲决沛城堤，四堡以东者，阔几一里。至是，知县李汝让修补之。

万历三十七年冬，巡抚都御史李三才，复浚李家口河。乾隆旧志："自吴兴潘季驯开浚后，不数载，黄水冲射堤岸，胥圮于水。牵挽无路，行河使者，植椿于水，架草垫土，暂为纬络，苟济一时，行者病之，旋有泇河之议。泇河地亢多山，窄塞碍舟，且地属郯、邳，人烟稀少，盐徒矿盗，出没无常，官舟贾舶，时遭剽掠。乃复有开旧河之议，至是功成，邑主簿李华春与有力焉。"

万历三十九年，总河都御史刘士忠疏请：并用两河，泇以通运，黄以回空。乾隆旧志。

庄烈帝崇祯中，漕舟复由李家口河上者，一年，夏镇分司所辖旧河道，上自珠梅闸起，下至镇口闸止，一百四十里；新开泇河，上自李家口起，下至黄林庄止，一百六十里。乾隆旧志。

崇祯二年，黄河溢，大水自七山来，田禾皆没于水，民乏食，以牛易粟。乾隆旧志。

崇祯七年，河决沛县之满坝及陈岸水口。《崇祯长编》。

清

世祖顺治二年秋，河决考城刘通口，邑中大水。乾隆旧志。

顺治中，镇口河废，夏镇分司所辖运道西至朱梅闸，东至黄林庄，共一百九十四里。自朱梅闸至刘昌庄四十八里，属沛县；自刘昌庄至朱姬庄四十八里，属滕县；自朱姬庄至黄林庄九十八里，属峄县。

顺治四年九月，河溢。余流自单入丰，注太行堤，深丈余。

圣祖康熙元年秋，河决香炉口，邑中大水。乾隆旧志。

康熙五年夏，总河部院杨茂勋征千夫，塞黄家嘴决河，河干大疫。乾隆旧志。

康熙五十九年六月，丰汛河决，入微山湖，并入邳、宿运河。七月，江督书麟奏报：合龙。于是，有塞曲家庄之役。《南河成案》。

世宗雍正五年秋，清水套决，淹护城堤，坏民居庐舍。塞城门，乃得免。乾隆旧志。

高祖乾隆七年七月，河溢，冲坍铜山石林、黄村二口，东决沛县缕堤，入微山湖，淹及滕、峄。《续行水金鉴》。

乾隆二十一年，挑浚沛县茶城支河。江南总督尹继善疏称："沛县茶城旧河，全身沙淤尽，止小梁山一线去路，宣泄甚微。拟将下段干涸之地，先行挑浚，以资去路。"部议：从之。

乾隆二十三年，巡漕给事中海明请筑拦黄堤，以防滕、沛、鱼、济之害。刘统勋、尹继善、裘日修、白钟山合词覆奏：为陈筹办筑堤情形仰祈圣训事，乾隆二十三年四月三十日奉上谕："据巡漕给事中海明奏称'东省水患由微山湖之涨溢，而微山湖之涨溢，由黄河北岸之内灌。请于微山湖之南，圈筑拦黄堤工，即以取土方塘，挑成顺堤河形，导入荆山桥，出猫儿窝入运。并于内华山西，建筑通湖闸座，以备宣泄'等语，具见悉心筹划。查，黄河由豫入徐，两岸束束，河身甚狭，不溃决为铜山诸邑害，则漫延而入于金乡、鱼台。今徐城已增筑石工，足资捍御，而山东之滨湖州县，民社田庐，不免仍成巨浸。孰非赤子，而忍坐视？果使民生永获安全，即多费帑金，朕所不惜。且年年蠲赈，所费不更无已耶？但是否实有裨于东省，而于徐郡两岸，亦不至另生他险工，或究不如于北岸无堤处所，接筑堤工之为得计。着尚书刘统勋，驰驿前往，会同尹继善、白钟山，逐加阅勘，详筹妥议，请旨办理。梦麟、裘日修如尚在河干，着一并会同查办。钦此。"钦遵。臣等伏查：黄河北岸上年因虑漫水过多，当时花沟漕筑做碎石坝工。本年春，于议善后事宜案内，又将各土坝改填碎石，并接筑土堰。臣等遵旨节次查勘，无非欲使黄水有所节制，而又恐束之太骤，致生他险也。今海明请于微山湖南圈筑拦黄堤，至挑挖顺堤引河由荆山桥入运。是原为拦黄起见，但拦之于微山湖边，不若拦之于黄河北岸。恭诵谕旨"于北岸无堤处所，接筑堤工之为得计"，圣谟广远，洞悉机宜，臣等所当钦遵办理者也。今勘得黄村坝起，至大谷山，计程六十里，应筑土堤，长一万五百丈，高以六尺，底宽八丈。估需土方银六万余两。其应筑之堤，相度地势之高下，与河形之纡直，总以离河十里内外为度。庶地面宽阔，平衍容纳，不致冲击堤工。其自大谷山至苏家山，计程二里，则逼近河身，恐生他险，且两山夹峙，地势高亢，原无庸筑堤。查旧有石坝基址，应行修整，俾平常之水，不致上滩。纵遇异涨漫坝而过，亦止由荆山桥归运。该处相距微山湖四十余里，且在下游，断不致涓滴复入湖内。如此通盘筹划，在东省既收保障之益，而江省亦可无另生险工之虞矣。所有议筑堤工，臣等现遴委多员，发帑赞办，务期迅速如式完竣，仰副圣主慎重河防，奠安民生之至意。臣等合词，具折绘图，恭奏。

乾隆二十四年，拦河堤成。沛县因兴筑湖堰。乾隆旧志。沛县知县荆如棠《新筑湖堰碑记》：沛邑之水患有二，外则逼近黄河，内则昭阳湖环绕激射。自孙家集漫溢之后，卷地北趋，浊水尽入于湖，淤淀益深，而荆山桥之路遂绝。如棠量移兹土，维时弥望汪洋，城不没者，不及三版。额征地亩一万二千余顷，被淹者一万五百顷有奇。生灵垫溺，触目伤心。上赖圣主如天好生，广行赈恤，蠲金转粟，百计补苴，幸延穷黎旦夕残喘，而于经久奠定之方，未遑及也。制宪宫保尹公、抚宪宫保陈公，仰体宵旰，殷忧焦思，纡筹运策，驻节河干，会给谏今阁学海公，奉命巡视河漕，莅止沛境，谋议佥同。遵旨建拦黄堤一道，而黄水之内灌，永无虞矣。夫何患既徐，则湖水亟宜防范。如棠乃访舆情，亲行相度，傍湖两岸，估挑子堰，以为民田保障。各宪报可，遂择绅耆老成谨慎者督其役。北岸起凤凰嘴至草寺，长三十余里，南岸起白家庙至斗虎店，又起杨家河至徐家集，长一百六十余里。创基之始，底宽八尺，高三尺五寸，期以递年增培。至于内地沟渠，逐条疏浚，随其远近纡直引之，以达于湖，堰边兼设涵洞，备蓄泄焉。令下之日，众心踊跃，各照业食佃力，例按地出夫。畚锸云兴，事不繁而人不扰。克期竣工，时戊寅仲□之十六日也。

乾隆四十六年七月，河决豫省北岸青龙岗，全溜入运，分泄微山湖。九月，青龙岗决，河漫水淹没沛城，迁治栖山。四十八年三月，大学士阿桂等奏，青龙岗决口合龙。《河渠纪闻》。

乾隆五十九年六月，丰汛，四堡曲家庄河溢，水由丰县清水河入沛县食城河，注微山湖。七月，江督书麟等奏报，合龙。《南河成案续编》。

仁宗嘉庆元年六月，丰汛，六堡高家庄河堤漫塌，掣溜北趋，一由丰县清水河入沛县食城河，散漫而下；一由丰遥堤北赵河分注微山湖，开蔺家坝放入荆山桥河。丰、沛二县城内水深三、四、五尺不等。二年正月，东河总督李奉翰等奏报，合龙。《南河成案续编》。

嘉庆三年，河决考城，水由西北转入昭阳湖，漫淹沛境。光绪志稿。

嘉庆二十四年九月，河决武陟县北岸，注张秋，东北入海。丰沛河涸。《南河册稿》。

宣宗道光二十年，湖水涨溢，东至漕河，西至太行堤。光绪志稿。

文宗咸丰元年八月十九日，河决蟠龙集，沛当顶冲，入昭阳湖，淹没栖山沛县城。三年正月，江督陆建瀛等奏，丰工合龙。是年五月朔，三堡复决，丰、沛漫流如故。光绪志稿。

咸丰六年，河决兰仪北岸铜瓦厢，由张秋穿运，夺大清河入海，丰、沛黄水遂涸。光绪志稿。

穆宗同治十年，河决山东侯家林，昭阳湖漫溢，丰、沛乡镇田畴，俱被淹没。光绪志稿。

同治十三年十月，河决山东石庄户，夏镇水深数尺，高阜并可行船。光绪志稿。

山　川

七山　州志作“戚山”。县志：“在县南三十里，圆耸前参，若为邑镇。居民利其石。明嘉靖间，知县周泾勒石禁之。”即今栖山。乾隆四十六年迁治于此，咸丰元年，河决丰县，沙淤壅遏，县城陷溺。舍此，迁治夏镇。按：本名戚山，俗呼七山，今改名栖山。戚、七，声相近也。

青龙桂籍山　乾隆旧志：在县南稍西三十里，上有石池，相传萧何饮马处。

州志:下有无儿寺,或谓萧何为祈子建。其山高及丈,上有乱石,今淤漫无迹矣。

葛墟岭　徐州旧志:在县东南九十里。《方舆纪要》引县旧志,谓"岭傍南北通衢,南去徐州洪九十里。"万历中,议开泇河,自县之东南四十里马家桥开微山、赤山、吕孟诸湖起,至葛墟岭下,凡三十里为始工处。

九乳阜　乾隆旧志:在欢城西,九峰若乳然。

黄山　铜山旧志:黄山在城北七十里,半属沛境。《隋书·地理志》:"沛县有黄山。"即此山。东有黄山湖,有饮马珠泉。世传汉高祖曾饮马于此。《一统志》:"沛县东南有微山、黄山,皆去县治五十里。"据此,则黄山分属两邑,南麓属铜山,北麓属沛界矣。

微山　《元和郡县志》:微山,上有微子冢,去沛县六十五里。《魏书·地形志》暨《隋书·地理志》"留县有微山",即此山。《金史·地理志》:沛有微山。按:微山今属滕县。明马出沂《登微山问留侯墓》诗:"微山湖面自嵯峨,乘兴西风一棹过。山岂余怀何磈磊,水还世态恁风波。野翁惯见云霞幻,渔艇常亲鸥鹭多。可是张侯曾蜕委,议邱长此寄烟萝。"

高　阜

扶风岭　在县治东北三十五里,巍然而高,上有昭庆寺。今旧址尚在。

黄邱　在广戚城北,高七八尺,方广数亩。

杏堆　在县治西二十五里,高五六尺,方广数亩。上有大杏树,高三丈,枝干扶疏,登城西门即见之。正、嘉间,黄河泛滥,往来者多舣舟于此。明季,杏枯,堆亦平,人犹呼为杏堌堆。

古水道

泗水　《周礼·职方氏》:"青州,其川淮泗。"《水经注》:"泗水过方与县东,又屈东南,过湖陆县南,左会南梁水,又南,漷水注之,又南,经薛之上邳城西,又南过沛县东,黄水注之,又东南,经广戚县故城东,又经留县西,南经垞城东。"《汉书·地理志》:"鲁国卞泗水,西南至方与县入沛。"《元和郡县志》:"沛县泗水自西北流入,东去县五十步。"《金史·地理志》:"沛县有泗水。"《明史·地理志》:"县东有泗河,自山东鱼台流入境。"《方舆纪要》:"在县城东,自山东鱼台流经县北,又自城东南流入徐州境。"徐州旧志:"泗水自鱼台流至沙河,入沛县境二十里,为湖陵城,二十里至庙道口,三十里至县城北,为北门渡,有飞云桥,十五里受金沟水，为金沟渡。金沟，在县东五里，三河口由此入运。其中隐隐若河，发源滕县之玉花泉，地多沙麸，若金然。五里至沽头，有上沽头渡，有下沽头渡。十里至谢沟，达于州境。明时漕运，由徐州入泗北抵会通，故亦名漕河。"乾隆旧志："泗水，源出山东泗水县陪尾山，经济宁至沛县东南，与泡水合，运道因之。嘉靖乙丑开新河，自是而泗水亦随东矣。"光绪志稿："自明以来，泗渐没于黄水。今湖水涸时，安家口西一带，略有东移河形可认。近时行船之河，乃泗水东岸之支流，直通微山湖，非古泗之旧道也。"据诸说，则泗水汉时由县城西北来，向东南流入彭城，去沛县极近；金时，黄虽为灾，泗水安流如故；自明以来，黄水逐年淤遏，泗渐东移；今则全行入运，夏镇运道，即泗水经行之新渠也。清张翻《泗水怀古和石蕴辉》："丰沛雄图望眼消，空余泗上水迢迢。诗歌旧迹碑犹在，汤沐遗恩事已遥。白鹭闲依荒草渡，锦禽争过断阳桥。山川无限兴亡意，月色风声正寂寥。"

菏水　《水经·济水》篇："又东过方与县北，为菏水。菏水又东经武棠亭北，又东过湖陆县南，东入于泗水。又东南过沛县东北，又东南过留县北。"《注》："《尚书》曰：浮于淮泗，达于河，是也。又云：济与泗乱，故沛纳于菏矣。"《泗水》篇："菏水从西来注之。"《注》："菏水即济水之所苞以成湖泽也，而东与泗水合于湖陵县西六十里谷亭城下，俗谓之黄水口。"《汉书·地理志》"山阳郡湖陵。"《禹贡》："浮于淮泗，达于河。"菏水在南，即此。今在县北境庙道口北，没于昭阳湖。《禹贡锥指》云："《说文》：'菏，从水，苛声'，隶作菏，俗遂讹为荷，又河矣。"《水经注》："菏水，俗谓之五丈沟。桑钦《水经》又以为济水，其说非是。"总之，湖陵以西，菏与泗分；沛县以西，菏与泗合。今黄水淤遏，微特菏不可考，即古之泗水，亦改道东行矣。

泡水　《水经注·泗水》篇：沣水，俗谓之丰。丰，泡也。"自下，沣、泡并得通称。泡水所出，又经丰西泽，谓之丰水。水上旧有梁，谓之泡桥。"旧志作"苞"。《汉书·地理志》："泡水自平乐县东北至沛入泗。"《述征记》云："城极大，四周堑通丰水，丰水于城南东注泗，即泡水也。"《元和郡县志》："泡水，即丰水也。西去县一百五十里。"按：平乐，在今单县。又按：《路史》"包，地在山阳，即汉之平乐，有包牺陵，及包水东北入沛。亦作鲍、庖、泡。"《汉志》言"入泗"而此言："入沛"者，沛即菏水，菏与泗合流故也。总之，泡水与黄水、丰水合流，并得通称。《地理志》则谓之泡水，据《水经注》，曰泗水过沛县东，黄水注之，是泡水，亦可谓之黄水；《述征记》曰丰水于沛角东注泗，是泡水，亦可谓之丰水，其实一也。嘉靖十四年，总河都御史刘天和疏："汴水自河南朱仙镇至沛县飞云桥，以达于泗"，泡又与汴合。嘉靖四十四年，河淤。万历二年，知县倪民望浚新渠十里，东北入支河，由留城入运。万历四年，知县马昺筑护城堤，截泡河旧道，由是泡水徙于堤外,仍东会于泗。历年黄水频经,诸水皆不通流,虽有大河数道,乃系黄水新洪,非复当年旧渠也。

南梁水　《汉书·地理志》:“鲁国蕃南梁水西至湖陵,入沛渠。”《水经注·泗水》篇:“又屈东南,过湖陆南,涓涓水从东北来流注之。”《注》:“泗水又左,会南梁水。《水经》鲁国蕃县故城东,俗以南邻于漷,亦谓之西漷水。”《地理志》曰“其水西流注于沛即沛县渠”,沛,在湖陆西而左,注泗,泗、沛合流。故《地记》或言“沛入泗”,泗亦言“入沛”。互受通称,故有“入沛”之文。《十三州志》曰“西,至湖陆入泗”,是也。《经》无南梁之名,而有涓涓之称,疑即此水也。《西征记》亦言“湖陆县之东南有涓涓水”,亦无记于南梁。据此,则涓涓水即南梁水,亦即西漷水。本名涓涓水,以其在蕃县南,故曰南梁水;因其在漷水之西,故曰西漷水,源同而名异耳。今河之来源,犹称为南梁水,自入沛界,贯古漷河,格于运道,不能西流矣。

漷水　《水经注·泗水》篇:“漷水又西南经蕃县故城南,又西经薛县故城北,又西经仲虺城北,又西至湖陆入于泗。”故京相璠曰“薛县漷水,首受蕃县,西注山阳湖陆”,是也。襄十九年“取邾田自漷水”,哀二年“季孙斯取漷东田,及沂西田”,俱指此水。杜预《左传注》谓“漷水出东海合乡县,至湖陆入泗”,顾祖禹《方舆纪要》“漷水源出莲青山西南,流至三河口,合于薛河”,同为漷水,而古今泉源远近有不同耳。

今水道

新渠　乾隆旧志:知县倪民望于泡泗交会处浚新渠十里,接鸿沟东北入支河,由留城入运。蒋思孝《沛县新渠记》:古之动大众、兴大役者,必有卓见硕画,始克基谟底绩。然,非蓄爱民之实,将谁信之?兹择可而劳,尼父惓惓;佚道之使,邹轲恳恳也。沛,古泽国。元至正间白茅东注,二百年来,倏南忽北,民罹荼毒,十年之中常三四数。乙丑秋,黄河迸流而东,灌城湮漕。自是,岁为民患,秋夏之交,霖潦暴至,泡水故道久塞,靡从导泄,辄壅潴近郊,浸城溃堤,坏庐损稼,土旷民流,日就凋瘵矣。癸酉秋,楚黄吉所倪侯承命来知是邑事。逾年,政通人和,百废渐举,乃日与缙绅父老,洎博士弟子询民所疾苦、利弊当急兴革者,两学博率诸生庭告侯曰:“民害莫毒于洪水,兴利莫先于浚渠。”侯亟下堂谢两学博洎诸生,曰:“民可乐成,难与图始。斯役也,予当力任之,而邑缙绅弟子尚有以襄予倡民者乎?”先是,诸缙绅弟子例不役,两学博因力饬诸生先事,为民倡。邑缙绅弟子欣然奉命曰:“侯为吾兴百代利,且重以二师命,予辈财力奚靳?”侯于是下令,谕民以开渠便民,胥欣然赴之,曰:“侯为吾兴百代利,诸缙绅弟子且靡爱财力,吾民敢自后乎?”侯嘻然曰:“民可使矣。”因遍牒诸当道,诸当道是之。于是,度远近,相原隰,遴材以董其事,程期以稽其功。阅月,功将半,宿猾揣不利己也，则相与煽危言以沮之。侯毅然曰："吾知为民兴利耳，浮言奚恤哉！"屹不为动。越三月，功乃成，侯竟以归养去。未几，黄水猝至，视昔几倍，胥顺渠而下，民庐稼赖不漂损，商贾舟楫亦络绎不绝。邑人士睹渠，多陨涕思侯功，争诣谢两学博。两学博面谕之曰："兹役也，固尔邑侯功也。尔辈既知颂侯功，当思所以永侯功者。"邑人士因构亭、伐石纪侯绩。学博合溪邵公，致其邑缙绅弟子意，走书京邸，丐予言揭之碑。予不识侯，固识邵公。邵公，予乡丈人也，谊难辞。曩余读《徐志》，绍圣中萧张令惇疏"引水新渠，以远民患"，陈后山实为之记。后山，宋室文豪也，其言信，足传百代。予，何人也，乃敢执笔记侯绩哉？虽然，绍圣迄今，五百有余岁，邑令凡几更？乃导滞援溺，一见于萧，再见于沛。其专意为民，不是己见、不撼群议，诚非袭旧拘方者拟，庸得以谫陋辞哉？后山之记曰："引渠，更数令不能决，而卒成于张令"，往，予闻令沛者，民盗渠坏土，辄置之法议，上诸当道，以浮言阻。任事之难，信古今同之矣。后之继侯者，尚当因其已成者，而日增廓之可也。渠起飞云桥，东至张化口，为丈者，二千二百有奇；工，为日者，九十夫；役民，一千四百。侯在沛逾年，爱民礼士，诸所修建，若学舍、汉高庙，业已就绪，当别有纪述者。兹重渠事，例不得旁及。

南沙河　即古漷河。《明史·地理志》："县北有南沙河，会于泗。"徐州旧志："在县东北，源出滕县东北莲青山，流入昭阳湖，又西南流于薛水。"《漕渠志》："漷水，发源述山，流至三河口会薛赶牛沟水，流经鸿沟入旧泗。"乙丑开新河，是河流沙梗漕，乃筑三坝遏之，使西注尹、满二湖，此即南沙河也。今因黄水屡决，古迹变更矣。

北沙河　即西漷水，一名南梁水。《明史·地理志》："县北有北沙河，会于泗。"府志："源出山东邹县峄山，至沛县东北五十里之三河口，合薛水，经鸿沟入泗。"《一统志》："北沙河源出滕县龙山，西流经鱼台县界入昭阳湖。"按：《齐乘》以薛水为漷水，《漕渠志》又以沙河为漷水，《滕志》则不认薛、漷为一，而认漷水为南沙河，谓"北沙河由峄南流经龙山，至洪疃分为二，一由马家口入漕，一由桥头入漕"，是则《徐志》所谓"至三河口合薛入泗"者，疏也。且南沙与北沙，自有别也。考：嘉靖间漕河东徙，恐沙为害，筑黄甫坝遏漷水，北出赵沟，始于南梁会，分合显然，惟今昔异名耳。

薛河　《漕渠志》："河有两源，出滕县之宝峰山为西江，出湖陵山者为东江。两江会于靴头城，同为薛河，西流会昭阳湖，自金沟口达于旧泗。嘉靖乙丑，开新河，筑石坝，横截其流，南注微山、吕孟等湖。"查：此自滕县宝峰山发脉，迄石坝始入沛界，抵震远桥一里许，格于漕河。逾漕河西岸行里许，入漷河，薛河遂没，此处名三河口。今成平陆，尚有河形。嘉道以来，有大柳数千株。咸丰三年，毁于粮船水手。地皆膏腴，已没于土人。

鸿沟河　徐州旧志："在县东十五里。旧自滕县界引昭阳湖入薛水，后废。"《方舆纪要》："隆庆中，河臣翁大立奏，开鸿沟废渠，自昭阳湖达鸿沟，自鸿沟达李家口，达回回墓东出留城，河长六十余里，引水济运，并灌民田数千顷，滕、沛利之。”袁氏云：鸿沟在新河西，昭阳湖东，旧引沙、薛二水，从此入旧河，旧河废，而鸿沟亦淤其半。鸿沟开，而新旧二河俱得宣泄。今北赵团有地名鸿沟大楼，下有渠通昭阳湖，为唐团南界，盖即鸿沟遗迹也。

鸡鸣台东小河　顾亭林《郡国利病书》：“在县治东北五十五里，源出滕县三里桥泉并七星沟泉，西南流百余里，至鸡鸣台东，入漕河。初，二泉之水漫流为泽，正统六年，漕运参将汤节始开渠引入漕河，置闸以积水，既以济漕，又变沮洳为良田。今淤。”

回回墓河　旧志：在昭阳湖东。尚书朱衡所开，以泄湖中积水者，经回回墓左，因以为名。

辛庄河　府志：在县东北，出滕县西南五十里，南流十里入昭阳湖。又章公河在县东北三十五里曲防西。明弘治间，主事章拯所浚泄水河也，今淤。

食城河　府志：上承丰县华家陂河，东经沛南，与铜山毗接，东入微山湖。乾隆五十五年，挑浚，嘉庆元年，河决，夺食城河。咸丰初，河复决食城水道，湮没无存。

顺堤河　《续行水金鉴》：丰北缕堤南，顺堤河由山东姜家套泄漫滩之水，经沛县石林，南入黄河。乾隆二十年浚，五十五年重浚，今湮。

大沙河　咸丰初，河决。丰县蟠龙集东北，趋华山入县境，经石集砦东，又北经朱集砦东，又北经刘范庄砦东，又北入新团分渠灌溉公田，又北会于北王团砦南，又东而北至城子庙，东入昭阳湖。按；是渠今受无源之水，通塞不常。

斗虎店河　长二里，下通边沟入湖。

张家洼河　光绪志稿：圩前后有河，俱向东流，下通边沟入湖。

元帝庙河　庙前有河一道，东北趋二十里堡，稍漫，下接辛庄河。

杜家楼河　上通蟠龙集，下通微湖。

辘轆湾河　此河来源多去路少，虽有挑挖之工，水大不能纳，非设法疏浚，柴家洼十里堡等处民难安枕。

唐团南界河　光绪志稿：由沛城东门外抵聂庄铺口入湖，东对卜家湾口。或曰，此古鸿沟遗迹也。疏浚深通，借以宣泄县东积潦。

王家庄河　光绪志稿：来经沙河，经神仙林，又经张家圩分支。南支绕刘家大庄，抵聂庄铺入湖，东对三河口。或曰：此即薛水之故道也。

丰乐村河　光绪志稿：来源与王家庄水统为沙河县城西分支。北支绕郝家圩抵官庄，又经丰乐村入湖，东对邵家集口。此河在唐团南界。

张家油房河　来源由大安寺径高房集，又径马家寺，又径姚桥圩，抵坌路口入湖，东对邢家堂口。此河在唐团界外。

孔家庄河　光绪志稿：由县西水塘径安国集，又径庙道口，又径杨官屯，抵安家营入湖，东对徐家营坊口。此河亦在唐团界。

唐团界北河　光绪志稿：由刘邦店径卓洼，统名大沙河，迄城子庙口入湖，东对马家口，为滕界。此河与古菏水相近。

小支河　光绪志稿：在欢城西北。旧志未载。此水自滕之宋家口坝折来，由尹家洼西行，抵陈楼入沛界，经房家庄石桥西，南流入鲇鱼泉。

小泥河　光绪志稿：自滕县来，抵石家庄袁家桥入沛界，南入马场坡五里，由寨门口入漷河，经石桥。咸丰间，石桥东为干沟，今淤。

沿河　采访：即古泡河，在旧治南，今治北，淤没有年。光绪二十五年挑浚。由城东门外经双楼、李家集、三所楼，抵王家庄入湖。湖水盛时，船可抵东门外，商贾便之。

赶牛沟　光绪志稿：发源滕县玉花泉，迄马场坡南，径县界三河口，达石桥，贯漷河，与薛、沙二水合。西行六七里，过陶阳寺，又西北七八里入漕河，即为鲇鱼泉，注入新河。

泥沟　《方舆纪要》：在县西北五十里，自鱼台县流入沛，经沙河镇西南而入于旧漕河。亦曰泥沟河。旧志：县治西蔡家村亦有泥沟水，流入泡河。

灰沟　光绪志稿：在夏镇东，乃滕邑芦村桥诸河水与柏山、四面山泉，汇而成渠，迄沛界之灰沟，流为河形，跨有石桥南行，绕络房村入漕河。

金沟　乾隆旧志：在沛县治东五里。旧渠侧，地多沙，似金屑，故名。

圣水沟　乾隆旧志：水自西南曹家嘴来，至磘子头西，入泡河。

封沟　乾隆旧志：在县治西南十里，东北流。

谢沟　乾隆旧志：在县治东南四十里，半属铜山。

挑沟　乾隆旧志：在县治东南二十里。

胭脂沟　乾隆旧志：在县治东，土皆红色，故名。今湮。

寨里沟　乾隆旧志：在寨子里。未开泇河之先，薛水由此入张庄湖。

柳沟　乾隆旧志：在新开泇河北岸。

梭沟　乾隆旧志：在新开泇河北岸。

狼石沟　乾隆旧志：在夏镇西北。见《邵世矩墓志》。

鲇鱼泉　府志：在县东北三十里曲坊北，流入漕河。

荆沟泉　徐州旧志：在县东北。出滕县东北五十五里，泉眼百余，水流迅急，西南流八十里抵辛庄桥，漫流为泽。明正统六年，参将汤节开渠十里，引入昭阳湖。

龙泉　乾隆旧志：在学宫后泡河内。今汇为巨渊，泉隐不见。徐州旧志：在县治前，旧没于泡河，迨河涸，泉水自地涌出不竭。

双龙泉　乾隆旧志：在鲇鱼泉东南。昔人掘地，见土形如双龙，故名。

湖　泽

昭阳湖　《明史·地理志》："昭阳湖，在县东。"徐州旧志："湖在县东八里，《齐乘》谓之山阳湖，俗名刁阳湖。"有大小二湖相连，周八十余里。北属滕，南属沛。诸山之泉，俱汇于此，下流与薛水合，自金沟达于泗水。永乐中，于湖口建石闸，东、西二湖建板闸；成化时，俱易石闸；弘治中，重修，以时蓄泄，为浚渠之利；嘉靖四十四年，黄河决，入运河，漫入昭阳湖，因改凿新渠出湖之东；隆庆六年，又于其南筑土堤二百五十余丈，又筑东西决口二堤，以防河患。自是，河南徙，不复趋湖，东岸阻以漕堤，其南仍由旧道分为二。一由徐北境至镇口闸入黄，一由垞城十字河，出荆山口，合房亭河，至猫儿窝入漕。康熙初，镇口闭，惟荆山口流通，今亦闭塞，惟韩庄湖口坝通漕。清郝质玗《游昭阳湖记》：昭阳湖去沛城十余里，湖中心谓之支河。《博物典汇》谓："古时有三支河，东西皆被黄水淤，而沛之昭阳独存焉，故溢而为湖。"考：水名泗，出陪尾山，经曲阜，贯兖州，达济宁，分南北流，北者接漕运。南者入沛，为昭阳湖活水，穿豆腐店，由微子山趋留城，即张良受封处也。绝荆山口，走猫儿窝，汇运河渠，抵黄水归海。其宅产灵物，济人每凶年，见稔则否。其产，或以鱼，或以蚌，或以螺，或以藕，或以芰，或以雕菰，无赋无税，又不为豪强所夺，滨湖穷民，岁食其利焉。东眺滕、峄，而崇岭峻巘，危磴干云，乔林拂日者，则千山头也；北顾邹、鱼，而素萦碧联，磊磊砢砢，岿然在望者，则峄山也。其湖西边，堤高二丈，阔如之，长百里，嘉靖二十一年兵部侍郎王以旗筑，今不存；崇祯末年，昭阳尽蓄蒲苇，为贼首王奎峰、张兑宇探丸之所，岸上居民几无宁日；自国朝定鼎，大兵一过，而群贼授首，昭阳始得晏如，每年秋雨连绵，漕渎西泄，湖水猖獗，浸害民田，其祸甚于流贼；近来蒲苇一空，荷花盛开，绝蛟龙波涛之危，泛一泻千里之概，诚为沛邑之巨观也，不可不游。乾隆元年七月既望，先从邵家渡登舟，泊采钟寺，但见浮柴堆积，蜗庐缭绕，虽有遗址而瓦砾无存，遂放舟而涉常民里宅后，石椁砾裂，尽作渔场，其当为庄为林，莫可究诘；又从而北征，登鸡鸣台，其神狰狞可畏，出；步方与，履湖陵——王莽恶"陵"改"陆"，《沛志》言"楚汉相争，为汉所筑"——因思汉高皇攻湖陵不克，迨得天下四年，差樊哙屠之，岂是汉筑？又曰"此秦时所筑"，或者近是。因吊汉章帝封东平宪王子为湖陵侯，至今为荒烟蔓草，令人览之，不觉凄然泪下，是迨与秦之阿房、楚之章台、魏之铜雀，同荡然邱墟，化为尘埃矣，何况我辈之田园庐舍，不及沧海之粟，安望其子若孙常守也哉？未几，日暮，返棹而归，放舟芙蕖丛里，一望无极，梃梃者如夷光出浣，丽华晓妆，嫣然有态；偃偃者，如新妇得配，倦而忘起，而风吹英落；又如姮娥脱遗，上结太虚之舍，下临元冥之宫，左则芘菱争艳，右则菏藻呈媚，重以青黄相间，香风徐来，阵阵扑面，顾而乐之，安得关汉卿、罗贯中、李笠翁辈，再则如佛印其人者，与之烹酪把酒舱中，作诗论古，讲鸠摩什、说无为人生，一大快也。渐渐夕阳衔山，凫鸭振翮，水蛙唱歌，鳞族潜泳，黾鱼出跃，云散玉露，墨雾空蒙，舢舻相接，倦憩波上，若鹰船、若钓船、若贾船、酒船、面米船，群聚如市，其中有执爨者、有炊饼者、有补网者、有呕咏、吹箫者、呼卢者、为叶子戏者，灯火一片，照耀水湄，如列星然。余亦欣然幸其有托，于是为记。青州赵执信《昭阳湖诗》："湖上人家无赖秋，门前水长看鱼游。当窗莫晾西风网，时有行人来缆舟。""白波如沸浸沟塍，禾黍菰芦互作层。棹入青苍前路夕，半规秋月起鱼罾。""屋角参差漏晚晖，黄头间绰绿蓑衣。倦来枕石无人唤，鹈鸭如云解自归。""微子山头隐晚霞，湿云浓压峭帆斜。回风忽皱平湖水，雨立船舷看浪花。"王士祯《昭阳湖诗》："满湖风皱碧琉璃，微子山前返照时。闲挂笭箵泊沙觜，红霞一抹晒鸬鹚。"王初桐《晚步昭阳湖上》诗："断霞鱼尾远舒丹，点点青螺夕照残。野水连空人不渡，鹭鹚飞过白萍滩。"

微山湖　乾隆旧志：在县东南。《漕河考》：县境有赤山、微山、吕孟诸湖，与昭阳湖并为潴水、济漕之处。按：今诸湖皆并为一，不复可分，世俱以微山名之，而山已属滕。微山湖中有三界湾，为铜、沛、滕三县分界处。

运河　闸堰附

元世宗至元二十六年始，开会通河，置闸。自孟阳闸南至金沟闸九十里，大德八年正月四日兴工，五月十七日工毕。金沟闸南至隘船闸，一十二里，大德十年闰正月二十五日兴工，四月二十日工毕。沽头闸二，北隘闸南至下闸，二里，延祐二年二月六日兴工，五月十五日工毕。南闸南至徐州，一百二十里，大德十一年二月兴工，五月十四日工毕。延祐元年二月，省臣言："会通河大船充塞其中，以致阻滞官民舟楫。如于河头置小石闸，一止许行百五十料船便。"从之。

至始三年四月，都水分监言："会通河沛县东金沟、沽头诸处，地形高峻，旱则水浅舟涩，省部已准置二滚水堰。近延祐二年，沽头闸上置隘闸一，以限巨舟，每经霖雨，则三闸、月河截河土堰尽为冲决，自秋摘夫刈薪，至冬水落，或来岁春首修治，工夫浩大，动用丁夫千百，束薪十万余，数月方完，劳费万倍。又况延祐六年雨多，水溢月河土堰及石闸雁翅，日被冲啮，土石相离，深及数丈，其功倍多，至今未完。今若运金沟、沽头并隘闸三处，见有石于沽头、月河里修堰闸一所，更将隘闸移置金沟闸、月河或沽头闸，月河内水大则大闸俱开，使水得通流；小则闭金沟大闸，止开隘闸，沽头则闭隘闸而启正闸行舟。如此，岁省修治之费，亦可免丁夫冬寒入水之苦，诚为一劳永逸。"朝廷从之，令移沽头隘闸，置金沟大闸南；易沽头截河土堰为石堰，尽除旧有土堰三道；金沟闸月河内创建滚水石堰，长百七十尺；沽头月河内修截河堰，长百八十尺。《元史·河渠志》。

明宣德四年十一月，陈瑄奏："自徐州至济宁，河水多浅，谢沟、湖陵城，皆当置闸。"从之。《太宗实录》。按：沛境留城北十二里曰谢沟闸，又十里曰下沽头闸，又北五里曰中沽头闸，又五里曰上沽头闸，又七里曰金沟闸，又十里至沛县城东，又北二十里曰庙道口闸，又北十八里曰湖陵城闸。

漕　渠

嘉靖四十四年，河决沛县，淤沽头闸上下百余里。工部尚书朱衡循盛应期遗迹，北至南阳，南至留城，开新河一百四十一里。穆宗隆庆元年五月，新河成，去旧河三十里。《明史·河渠志》。徐州旧志：河在沛县东北四十里，西北接山东鱼台县界，东接滕县界，一名新运河，源流即今古泗水也，而七分之汶水，亦由是经行焉。

明大学士徐阶《漕运新渠记》：先皇帝之四十四年秋七月，河决而东注，自华山出飞云桥截沛以入昭阳湖，于是沛之北水逆流，历湖陵、孟阳至谷亭八十余里，其南溢于徐，渺然成巨浸，运道阻焉。事闻，诏吏部举大臣之有才识者督河道。都御史直隶河南、山东之抚臣、洪闸之司属，暨诸藩臬、有司治之，得令万安朱公衡，爰自南京刑部尚书改工部尚书、兼都察院右副都御史，奉玺书总理其事。公至，驾轻舠，凌风雨，周视河流，规复沛渠之旧。而时，潴者为泽，淤者为沮洳，疏与塞，俱不得施。公喟然言曰："夫水之性，下。而兹地，下甚。不独今不可治也，即能治之，他岁河水至，且复沦没，若运事何？"召诸吏士及父老而问计，或曰："道南阳折而南，东至于夏村，又东南至于留城，其地高，河水不能及。昔中丞盛公应期尝议凿渠于此而不果，就其迹尚存，可续也。"公率僚属视之，果然。驰疏以请，先皇帝从之。工既举，而民之规利，与士大夫之泥于故常者，争以为复旧渠便。先皇帝若曰：兹国之大事，谋之不可不审也，敕工科右给事中何君起鸣勘议焉。何君具言：旧渠之难复者五，急宜治新渠而增其所未备，以济漕运。诏工部集廷臣议，佥又以为然。诏报：可。公乃庐于夏村，昼夜督诸属，程役以工、授匠以式，测水之平，铲高而实下；导鲇鱼诸泉，薛、沙诸河会于中坝三河口，以杜浮沙之壅堤；马家桥遏河之出飞云桥者，尽入于秦沟，涤泥沙，使不得积；凡凿新渠，起南阳迄留城，百四十一里有奇；疏旧渠，起留城迄境山，五十三里；建闸九，减石闸二十；为月河于闸之旁者，八；为土若石之坝，十有二；为土堤于渠之两涯，以丈计者，三万五千二百八十有奇，以里计者，五十三；为石堤，三十里，而运道复通。已，又溯薛河之上流，凿王家口，导其水入于赤山湖；凿薛城之左右，导玉花泉、赶牛沟之水会于赤山，经微山、吕孟诸湖，达于徐；溯沙河之上流，凿黄甫，导其水入于独山湖；沿渠之东西建减水闸十有三，独山溢，则泄而归诸昭阳；凿翟家等口，导其水入于尹家湖及饮马池；凡为支河八，夹以堤六千三百四十六丈，旱足以济，而涝不能为灾。于是，新渠之工，备矣。阶惟：国家建都燕蓟，百官六军之食，咸仰给于东南。漕运者，盖国之大计也。自海运罢而舟之转漕，独兹一线之渠，其通与塞，又国之所谓大利大害也。河势悍，而流浊塞之，则复决；浚之，则辄淤。事在往代及先朝者，姑弗论，即嘉靖间，疏筑之役屡矣，而卒未有数岁之宁。则今徙渠而避，诚计之所必出也。然，当议之初上也，或以为方命，或以为厉民，哗之以众口，挠之以贵势，诬之以重谤，胁之以危言。于其时，公之身且不能自保，况敢计渠之成哉！赖先皇帝明圣，不怒不疑，徐以公论付之；谏臣择两端之中，而因得夫远猷之所在。由是，公始得竭智毕力，以竟其初志，而质其谋之非迂。然则兹渠之成，固公之功，实先皇帝成之也。昔，禹受治水之命于舜，尽舍其前人湮塞之图，而创为疏导之说，彼其骤闻焉者，岂无或骇且谤乎？惟舜信之深、任之笃，至八年而不二，禹是以得建万世永赖之绩，奉元圭以告厥成，则洪水底平，虽谓舜之功，可也。而虞夏之使臣与后世之文人学士，咸知称禹而莫知颂舜，其得为探本之论哉？洪惟先皇帝力持国是，以就兹渠，功德之隆，较之帝舜，可谓协矣。阶曩岁备员内阁，尝屡奉治河之谕，迩谢政南归，复得亲至新渠，观其水土而考论其事之始末，追感往昔，不自知涕泗之交颐也。遂因公请，僭为之记，且以告夫修实录者。役前后历四年，用夫九万一千有奇，银四十万；赞其议者——河道都御史孙公慎、潘公季训；综理于其间者，工部郎中程道东、游季勋、沈子木、朱应时、涂渊；主事，陈楠、李汶、吴善言、李承绪、王宜、唐鍊、张纯；参政，熊桴；副使，梁梦龙、徐节、胡涌、张任、陈奎、李幼滋；佥事，董文寀、黎德充、郭天禄、刘贽——并列名左方。　朱琏《新河篇》诗：圣人出震黄河清，舳舻万国咸输征。忽而冯夷旋地轴，兖徐千里洪涛惊。荇藻栖宫龙走路，桑田新作鲛人屋。漕舟远近尽胶泥，居民黔白皆含哭。事闻阊阖动宸衷，沈玉投薪未有功。佥曰考亭能继禹，乃借少宰为司空。司空重来东土喜，万户编氓生意起。国中棠树勿剪伤，天上衮衣姑信处。金章玉节驻河滨，只见洪流不见人。白浪漭漭吞地尽，黄云冉冉入波深。周旋顾视公心恻，谋国应当建长策。阳侯未可与争锋，为下先须因潴泽。询之夏村有旧河，用力实少成功多。公先桴鼓率百役，师徒任辇咸讴歌。如何新进摇国是，谗口嗷嗷向尧吠。舍新图旧有虚词，横木柔沙无实地。公笑书生未读书，以水治水胡可滞。黄河自古难复故，禹迹芒芒今几处。圣明天子信任坚，朕责成功不责言。逾月圭书驰殿陛，浃旬漕舫到幽燕。吁嗟成功贵在断，吁谋莫遣浮言乱。当时尧禹不同心，平成事业何由见。　王问《颂功》石刻：朱镇山司空治沛河功成，为诗颂之——汉代山河几日秋，飞云桥下水狂流。只今倚剑歌风地，尽属皇明海上州。疏凿再经神禹手，平成遍起野人讴。伫看帝锡玄圭日，稳济东南万斛舟。　徐中行《新河功成》诗：扬尘忽自阻神州，纡策谁分圣主忧。疏凿九河唐伯禹，转输三辅汉酂侯。天连河岳仍通贡，地压鱼龙自稳流。却笑汉皇临瓠子，负薪投璧不曾休。漂摇独立众言余，胼胝功成总不如。堤筑千金高白郑，舻衔百里蔽青徐。元圭已告开天绩，玉简曾传治水书。更道史才司马后，濡毫还自记河渠。　王世贞《过新河》诗：日出烟空匹练飞，大荒中划万流依。连山尽压支祈锁，逼汉疑穿织女机。九道征输宽气象，六军容物迥光辉。甘棠欲让金堤柳，曾护司空却盖归。两朝三锡玺书专，自矢流言格上天。功似元熊官百揆，渠名龙首帝元年。飞艘雪拥吴都稻，系笮波穿少府钱。长孺只今称社稷，当时巨野总茫然。

隆庆元年新河成。自留城而北，建留城、马家桥、西柳庄、满家桥、夏镇、杨庄、珠梅等七闸。《明会典》：以上七闸以旧河孟阳泊、沽头上中下、湖陵城、庙道口、谢沟七闸改建。按：留城北十三里曰马家桥闸，闸北五里有百中桥，又十里曰西柳庄闸一名萧县闸，又五里曰满家闸，又五里曰夏镇闸，又六里曰杨庄闸，在县东北四十三里，旧名杨家楼闸——《河漕考》。闸东北即薛河坝，又北即沙河坝——《方舆纪要》。又北三十里接鱼台界曰珠梅闸，又筑三坝。《明会典》：沙河口坝，隆庆元年筑；薛河口石坝，嘉靖四十五年筑，旧有新兴闸、金沟口、飞云桥、鸡鸣台、昭阳湖中东西六积水闸，今废。

万历十九年，总河潘季驯请："筑满家闸西拦河坝，使汶、泗尽归新河，设减水闸于李家口，以泄沛县积水。"从之。《明史·河渠志》。

万历三十年闰二月，凤阳巡抚李三才建议：由镇口闸北建六闸，节宣汶、济之水。按：即留城等闸。

清代沛境为拦河之闸三，北曰珠梅闸，乾隆四十年、嘉庆二十三年拆修，南去杨庄闸三十里。有闸官，乾隆四十六年设。次南曰杨庄闸，嘉庆二十年拆修，南去夏镇闸八里。有官，兼理夏镇闸。又南曰夏镇闸，乾隆三十年拆修。三闸闸夫各三十人，皆有月河。东岸钳水之闸一，曰民便闸。北去夏镇里许。乾隆八年建，嘉庆四年拆修，泄坡水入运。西岸石坝曰吕坝。在夏镇闸南里许。前明建，以蓄水。嘉庆二十三年，于坝北十四丈三尺，建吕坝三孔桥滚水石坝，如运河深，五尺以外即泄入微山湖。其东北有黄甫坝，今属滕县。东岸入运水口八。曰王家水口，有涵洞一，乾隆十七年建；曰邢家堂水口，二十四年建；曰白家水口，有涵洞一，乾隆十七年建；曰苏家水口、鲇鱼涎水口；曰三河口；曰寨子上下水口，有涵洞，乾隆二十年建，皆泄坡水入运；曰三河口，下西岸有月河。西岸分运支渠。吕坝水长，则漫坝入湖，其渠长五百三十丈。东岸土堤六百有八丈。沛志：土工分六号，乾隆二十四年筑。排桩石工七百有五丈。沛字石工三号，华佗阁至奶奶庙河面碎石排桩工长二百二丈；四号，康阜楼南长二十五丈，俱嘉庆二十四年建；五号，越河南至夏镇闸长二百九十丈，嘉庆四年建；六号，三官阁长二十五丈乾隆二十四年建；七号，戚城南门码头至玄帝庙长四十二丈，嘉庆四年建；八号，长百二十一丈，乾隆二十四年建。民堰三千四百二十二丈九尺，西岸土堤二千二百六十二丈。沛字土工分十六号，俱系乾隆二十四年筑。碎石堤长二十丈。沛字石工一号，在断堤口。嘉庆四年建。民堰千八百九十三丈，沛县主簿司之，隶东湖之泇河厅。《续行水金鉴》。

惠通新河　光绪三十四年，避十字河沙淤，开夏镇水火庙东新河。由河口穿南庄，抵郄山，入旧漕，并筑惠通上下闸，上闸跨河口，下闸在南庄，下、中距五里。时督工者测量少，验工甫竣，而河水尽泄。盖缘新河地势陡洼，初勘未详审也。嗣经下板闭蓄，河流暂缓，然不能畅行船只，虽存若废矣。采访。

卷五　建置志

城垣　公署　监狱局所　仓庾　坛庙　街市　圩寨　集镇
驿置　善堂　马厂　坊表　津梁　义阡

城　垣

沛城　始于秦季。《水经注》引郭缘生《述征记》曰："沛城极大，四周堑通丰水。今城西南隅外有古城址，相传为汉时城。元至正十七年，孔士亨据其地筑小城，周二里有奇。"《方舆纪要》谓之"小王城"，在今县治西北。明初，无城，县治在泗水西浒。嘉靖二十二年，知县王治始筑土城，周回五里。《方舆纪要》："旧治周二里。"高二丈，阔一丈八尺。隍深二丈，阔三丈。雉堞千三百二十，为门四，东曰永清、南曰会源、西曰恒休、北曰拱极，门各设楼橹。郡人马津《记》：夫城之设险守国，自古及今，未有能易之者，而其义尤取诸"豫"。盖重门击柝，以待暴客，非豫则为人所乘也，故天子守万邦，诸侯守一国，罔不有事于此。泗水之东，沛故有城，元人筑之，湮没久矣。今县治临于西浒，其民聚庐托处而已，未有守也。嘉靖二十一年，有倭警，言者请"修内以攘却之"，制曰：可。县尹王君治，始因县治筑城。其垣，周五里，筑土为之，高二丈，阔一丈八尺；濠深二丈，阔三丈；雉堞凡千三百二十，高五尺，周庐八所、四门，各具其胜，设楼橹。经始于本年十月，次年三月迄工。曾未期月，城池完美，伟然一县之观，可谓应命速矣。县之士夫耆老，咸以学训黄君昶状请记。余惟城池之役，虽曰佚德使民，然非上下之间，诚意交孚，鲜有协心而即绪者。城，非作之难，作者难也。沛，尝为郡、为国，其地非不可城，其覆于隍，非不可改作也。乃自我明开国以来，未有能任之者，其难可知。属者，县当孔道，河徙岁侵，又苦罢于奔命，非乐土矣。虽有金汤之险，尚虑无以守之，而况草创为城，谁与守耶？君子于此，可以观政，可以考时，可以为民庆也。按状，王君先世，方岳郡县，代为显人。其始至也，平繇更赋，振业疏冗，肃保伍，弥乱阶，植善良、敦化本，以至警游惰、广储蓄，迁学宫、秩祀典，学道爱人，谨身节用。凡诸要务，率若轻车熟路，按次举行，鲜有阻。今兹城役，用银凡若干两，用夫凡若干名，银取诸官而民不知，夫取诸田而民不扰。其民信之，不以为劳，固其所也。然，城虽一县，我圣天子用言图治之效，风行万里，四国于蕃，其于无怠无荒、四夷来王之治，有足征矣。来者可继也，不可忽也。故曰：民之庆也。二十五年，知县周泾垒石甃甓，高、广视旧稍增，改其门名：东曰长春、南曰来熏、西曰永清、北曰拱辰，增建雉堞、台铺。费寀《砖城碑记》：沛，徐属邑，自汉兴始著闻。其地高源巨陆，汇泗阻河，四方之贡赋舟车达京师者，道沛无虚日，以故民多业贾。旧无城郭，方承平时，民易为生事，使卒有警，则沛被害尤深。岂千百年来，无一良有司议兹城者？盖亦任事之难也。嘉靖壬寅，边围孔棘，关津戒严，前令王君治始筑土城，以卫沛民。然，地多沙碛，霖潦则圮，及周君为令，即行城，慨然曰："计大而惜小费，举事而忘永图，非政也。沛岂可晏然？土城，已乎！"既又曰："民未知信，不可劳也。"于是，赈穷苏困，节用平赋，辟荒抚流，除梗植良，专务修其政教。行至二年，民和岁丰，弊厘废举。曰："民可劳矣。"乃协丞吴元祥、簿齐邦用、蒋廷瓒、史林大理，集沛之缙绅父老与其秀弟子于廷，议厥砖城事，咸唯之。白诸当道，若巡抚都御史王公、喻公，巡按监察御史陈公，兵备副使王公，又咸可之。君于是下令，召陶、暨梓、暨厥圬墁，度工商材，各有成画。凡陶之薪，则征诸计亩；梓之材、圬之灰石，工之饩廪，则出诸公锾；董役，则简诸干勤，若官耆张进、杨文焕者；费不民敛、役不农妨，趋事子来，如治私作。工始于丙午季秋，迄于丁未孟夏，仅五月而告成。城延袤仍旧；垣高二丈四尺，基厚二丈五尺，颠半之；雉堞凡千四百五十有六，为台八座，座置铺舍一区；为四门，门有子城，惟东门缺者，以运河妨。上各植楼五楹，东曰长春、南曰来薰、西曰永清、北曰拱辰；西南势稍下，故为石门以泄水，中树铁棂五枝；卫城有濠，捍河有堰。登城而望，则见其据淮上游，屹如巨镇，彭城、芒砀诸峰相比肩，立使沛中之山若增而峻、水若辟而深者，非兹城也乎？城成，而鲁寇适张，邻邑骚动，沛独恃以无恐，民咸颂曰："此周君赐也。"又，方修砌时，土崩者三，而役者辄先警避，无恙。人尤异之，以为周君诚感所致，噫其然乎！乃今邑博朱君偕缙绅父老与其秀子弟，胥谋镌石纪其事，请言于余。余曰：嗟！城之系于政也，岂易易为哉?！予读《春秋》，见其书城不一，而独于城邢无贬辞者，知役有不可已者也。向使信不孚民，时诎举嬴，非时用众，则大咎必加焉。若是，则城果易为哉？兹役也，众和财裕，使之以时，可谓得新城之道矣。虽《春秋》，固将是之，君子以是知沛之永逸也。周君，名泾，江西贵溪人也，乡进士，予门生。将来树立，必为国伟器者，沛城之功，乃其初试云。四十四年，黄河泛溢，城濠淤为平陆。隆庆元年，知县李时开南门于东南隅。李时《重修县志记》：予于壬戌春拜沛令，迄乙丑孟春积冰，水暴至，冲决桥两岸，堕南月城。仲秋，乃洋溢无涯，没阜襄城五六尺，予塞西门，幸不浸灌。然泉窍潜通，县廨迤西北，水亦二三尺许，出入门堂，揭衣徒涉。公廨墙垣，次第倾覆，予亦挈室避之民居。院史上状，世宗皇帝遣大臣祭告，出内帑安抚。浊流北趋，下流壅塞，漕渠淀淤，几百里散漫乱流，直冲城西址，运舫皆乘急流而行，缆夫则登城而挽。如是者数月，官民凛凛，佥谓：此水继来，势将无邑。丙寅仲秋，及期大至，民无生气。幸次，西堤北走，扼杀正流，城址如故，积淤五尺，外高内洼，城中汇为水潴。至于丁卯夏中，乃涸焉。院史议：改邑，就新河高阜。予曰："民苦垫溺，坊乡流徙，遗民方免巢居，呻吟未息，迁何以堪?"乃募民，先筑中后堂基，约高三尺余，次露台、次仪门、次鼓楼，悉仿旧营建，以树标准。院史罢迁议，助修行院及史曹僚舍。城垣南楼近蔽院前，则撤移稍东。总理部院议：修补旧堤及古土城，为县学右臂防水直突。是役也，不无劳民，然视改邑，力省万倍财贿无算。以是年十二月，百工告成，且淤高而水远，河无复决。沛民各复故土，渐次就业矣。万历二年，知县倪民望重修。五年，知县马舄筑护城堤，周十里。十年，知县周治升开便门于东北隅，泄城中积水。十六年，知县符玺开浚城濠。二十五年，知县罗士学增建东西二角楼，三十一年秋，又圮于水。三十三年，知县李汝让重修，增筑护城堤，高、厚倍昔。清康熙二年，知县郭维新筑杨家河堤，自为记。七年，地震，城东、南两面大坏。九年，知县李芝凤有修堤之役，邑人蔡见龙记。二十年，知县程万圻筑东门迤北数丈。三十一年，知县方曰琏筑南门迤西丈余。雍正五年，水决护城堤，城益圮。十年，知县施霈重筑护城堤。乾隆二年，知县李棠修复旧观。乾隆四十六年，黄水陷城，县令孙朝干移治栖山，建砖城。咸丰元年，河决丰工，沛当顶冲，城陷，移治夏镇，十年，沛旧治南大桥寨成。十一年，流寇陷夏镇圩，遂移治大桥寨，于南关筑土垣，盖就民寨筑也，居民以去旧城近，故仍呼为旧城圩，周围三里许。咸丰十年春，邑人李家栗倡筑，今仍之。光绪志稿。按：今城土垣高二丈，阔一丈八尺，池阔二丈，为门三，无北门。沛自黄水淤后，土质坟垆，墙垣岁有修补，不足纪述矣。

公　署

知县署　元世在城西北隅，至正时兵毁。明洪武二年，知县费宗信徙建城南门内，寻坏。永乐十一年，知县李举贤重建，规模宏敞，左为县丞宅，右为治农、管河二主簿宅。嘉靖十二年，知县杨政设谯楼于大门上。十六年，孙灿建库楼于后堂之左。二十年，王治创吏廨于主簿宅之右，四十七年圮于水。隆庆初，李时重修，自为记。万历四年，祝希哲创迎宾馆于福神祠之前。十五年，符玺改建大门，迁谯楼于城南门楼上。万历三十一年，黄河北趋，坏堤破城，衙宇胥没于水。三十三年，知县李汝让改建于北门之东偏，去旧治二射许，中为正堂，左为銮驾库，右为赞政厅，前为戒石亭，东、西列吏房科。戒石亭之前为仪门，仪门外左为福神祠、迎宾馆，右为狱、为总铺、为女铺，前为大门。大门外为屏墙、为正堂，后为中堂，东为库楼，西为书房。中堂后为知县宅，左为县丞宅，右为典史宅六房，后为左、右吏廨。邑人张贞观记。张贞观《新迁县治记》：沛当黄河下流，冲蚀激射，夷陵断岭，沙漫土淤，率以为常。旧治面临泡水，乃父老相传。去旧治西南一射许，今三官庙址，为古城头，则泡水贯沛城，其来久矣。嘉靖壬寅，永年王公治始筑新城，南阻泡而东临泗，县治随逼近南子城。时以筑城、迁学二役，一时并举，卒未议迁，意有待也。嗣丙午贵溪周公泾始包城以砖，县治尚仍其旧。甲子黄河北泛，冲泡湮泗、运，且徙而东。今皇帝丁丑，河复泛，城几不保，赖南部马公昺力捍得免。癸卯秋，黄河挟泾潦卷地北趋，溃堤灌城，官舍民居胥沦于水。议者遂欲迁邑于戚，以避其锋。士民皇惑，莫知所定。会总河大中丞长垣李公行河过沛，登陴望曰："民即陷溺，城固屹然，关厢闾井，依然无恙。乘毁废修，县治就中以实之,在得人耳。何事迁蕨?"顷,诸当道以沛频遭荡析,兴废起坠,非绵弱所克肩。爰简所部诸僚,得今邳郡守永宁李公。旋,以虹尹迁知沛事,异数也。公至,则寄家民舍,寄身残垣败障间,日图所以修护堤、新县治者。邑缙绅父老咸以为迁县便,不佞亦僭陈五利之说效之公。公是群议,遍牒诸当道,诸当道咸报:可。徐太学生高君彭寿者,素擅堪舆家言,公延而礼之,得盛地于城之坎隅。其地水深且数尺,众病其功之莫施,公毅然曰:"天下容有难竟之功哉?顾任之何如耳。"爰诹日动众,畚土于城垣之外沉之水者,再逾岁,而基始就。地,盖逾三十亩,称巨矣。念分治非人,无以征功稽效也。选邑民干济者十余曹,谓之曰:"惟兹大役,岂一手足、一耳目之能办哉?倘其襄余,不逮而功底于成。"诸役奉命唯谨,鸠工集徒,晓夜趋事,即祈寒暑雨无间。公亦谢众务,不时诣工所简视之。一砖瓦,一榱桷,罔不凝精注念;诸匠之勤惰工拙,心谙目计,又无不人人效之、人人咋舌者。史称陶士行之治荆襄,诸葛武侯之理蜀,竹头木屑罔或弃,而贤愚佥忘其身者,公近之矣。是役也,经始于乙巳之夏,落成于戊申之春,时阅三岁。乃辇土垫基居三之二,营堂宇、树垣墉,则甫满一期云。费出当道所捐助者十之五,出公所自刯划者亦十之五。不借财于帑藏,不殚力于闾阎,则公所为蒿目焦心者,多矣。当公莅任时,首询不佞以兴革之要。不佞申臆曰:"非常之事,恒待非常之人。当可为之地,值得为之时,而不思为地方建不朽之业者,非夫也。"意不无厚望于公。公兹且有味予言,而力图不朽矣,亦知公所以图是者之难乎?疮痍甫脱,众议沸腾,为高因卑,骇人视听,则持议难;库无朽贯,庾鲜陈积,民靡盖藏,时诎举盈,则筹费难;安陋就简,今古类然,力拂众心,独行己意,则任事难。公顾不难人之难,而独易己之易,则公之大过人也。公惟有过人之识,故群议不能挠;惟有过人之画,故繁费不能窘;惟有过人之才,故庶事不能困。树不拔之业,而垂永世之名,厥有由矣。曩永年、贵溪两公,以筑城、迁学着,今公又以迁县显。沛人士所宜世世崇之,畏垒者将微,三公其谁与归?邑缙绅父老以公是举,实百年旷典,不可无纪以示后。爰授简不佞,俾文而镵之石云。　李汝让《迁县附记》:新县之迁,力其事者,不佞汝让,而首其议者,则邑都谏惺宇张公也。方河之决堤灌城也,富者携妻孥出避,贫者依埤垸为家,四顾汪洋,居然水泽,议者遂有避地迁县之议。当时是也,何得有城?何得有今新县?独都谏君屹不为摇,泊宅水滨。不佞汝让亦假丽谯视事,得相保而有今日。乃新城所占之地,多都谏君业,不佞请以官地偿之,都谏君坚不受。曰:"郡侯为乡邦建百世不拔之业,而为邑人者,顾独吝尺寸之土,不以成厥美,且阴有市心焉?亦何以闻于邻国?"不佞亦高都谏君之谊,受其地,得藉手而成今县治。今年秋,县治落成,辱都谏君不弃,赐文勒之石。乃都谏君首事让地之美,不表示后人,则不佞汝让过也。聊疏数语,记诸石,匪徒示后之守土者知所景仰,亦将示后之父老子弟,颂都谏君高谊无穷期云。县地占都谏君地十分之七,而出蔡司徒、张司寇、王宁津、高太学者,则十分之三焉。都谏君名贞观,司徒名桂,司寇名斗,宁津名嘉宾,太学名棠。　李汝让《县令题名记》:题名有记,厥来久矣。今天下内而台、省,外而郡、邑,在在皆然,乃是邑独缺,岂前政者未遑图也。邑介徐、济南北孔道,缙绅过往,络绎不绝。有司者日饰厨传戒,徒旅役役,风尘仆仆,道左无宁刻,且地又濒河水,不时至荡蚀田庐,岁仍不登,民半流移,逋赋山积,征输最苦,簿领倥偬,礼文不暇。职此之由,不佞承乏是邑亦几六祀,爬剔庶务,补苴疮痍,粗获就绪。今年秋,始考邑乘,自费公忠信而下,得若干人,刻石堂左。敢曰补前政者之缺，聊以备故事云耳。汉帝有言曰："郎官，上应列宿，出宰百里，苟非其人，民受其殃。"宋儒程子亦云："士大夫自一命而下，苟存心于爱物，于人必有所济。"信斯言也。为民上者，可不谨哉？要在上体朝廷设官之意，下谅斯民望治之心，毋徒驿传其民，使民亦毋得以驿传视己，斯于令也，几矣。抑闻之，上下一体，感应一机，如风偃草，如鼓应桴，莫或爽者，与其令民有口碑，孰若令民无腹诽？与其令民有在官誉，孰若令民存去后思？凡我有位君子，其尚懋勉，而勿忽焉、是，则不佞今日题名意也。爰执笔而为之记。清乾隆四十六年，黄水陷县城，迁治栖山。咸丰元年，河决蟠龙集，栖山新城复陷于水，一切制度淤没无存，是年，迁夏镇。十一年，复迁大桥寨。即今县城。光绪五年，知县樊燮拨百顷公田租款，买南门内典房共一百七十九间，用钱二万一千缗。嗣于十二年，知县陆秉森亦用公田租款改建，共存新旧屋九十四间，内楼房二十五间，外照墙一道，东西牌楼二架，头门三间，左右为八字墙，内马房三间，民壮房三间，差房二间，仪门五间，北福神祠一间，科房三间，南字纸库一间，柜收房二间，公生明牌楼一座，门房八间，照墙一道，卷棚三间，大堂三间，东库房一间，茶炉二间，厨房三间，签押房一间，书房一间，东西幕宾馆共计十二间，东西楼房各六间，上方九间，新添下房二间。是为今县署。

千总署　本在栖山，因河决没于水。同治十三年，千总徐凤台移扎旧城，因办公无所，遂会商知县陆秉森，用地方公租钱购买旧城东街市宅一座，内草堂三间，小草堂二间，东屋三间，西屋三间，东西十步二尺，南北十三步，围墙俱全。光绪志稿。

儒学署　旧志：在东门旧学东偏。万历三十一年，圮于水。天启二年，训导张汝蕴重建。中为溯洄堂，前为仪门，又前为大门，外为屏墙。溯洄堂后为教谕宅，堂西偏为训导宅。今废。

阴阳学　旧志：在射戟台右。洪武十七年，设训术一人。今废。

医学　旧志：在旧县治前。洪武十七年，设训科一人。万历时为居民占。

僧会寺　旧志：居龙泉寺。今废。

道会司　旧志：居城隍庙。今废。

管河主簿署　旧志：在夏镇洪济门内，隆庆三年建。康熙四十六年，主簿戴文诩取废寺之材，别建大堂，以故堂为中堂。今存空基，计地五亩余。

夏阳巡检署　在夏镇部城工部分司前街。久废，地迹犹存。新访。

泗亭驿丞署　旧志：在县治前屏墙之西，又在夏镇崇胜寺之左。后裁丞，归县驿，亦颓废。光绪初，设驿于夏镇闸上陈姓充公宅，计楼房三间，瓦屋三间。宣统三年冬，毁于匪。

察院　旧志：先是在旧治东。永乐四年，知县常瓘建。万历三十一年圮于水。三十七年，知邳州李汝让徙建。其地有正堂、有穿堂、有后堂、有寝室、有厢房、有厨房、有仪门、有大门、有屏墙。邑人张贞观作记：察院在旧县治之东，创自永乐四年。今皇帝三十一年癸卯秋，沛罹河害，溃堤灌城，公私衙宇，胥没于水，察院与焉。甲辰夏，今邳郡守逊庵李公，承上命来知邑事。邑遭飘溺，百务猬兴，财无所出。三、四年来，迁县修学，岁无宁日，工即未举，乃公殷殷，未始少释于怀云。今年春，得旧县遗址。爰鸠工命匠，选材程良，构大堂三间，中堂五间。后为寝室，左右翼以厢房。前为二门，又前为大门，卫以垣墙，大门外设屏墙一座。兴工于正月，讫工于九月。是役也，费官镪若干两，砖瓦木植称。是壁画布置，藻绘雕斫，屹如翼如，视旧有加。今宇内，近而圻省，远逮边隅，郡邑棋置，靡不有察院焉。沛邑独以水故，僦民舍为公寓，亦越六载。今大夫承积弊余，不动声色，力襄大役。自是，輶轩得所，棨戟无暴，厨传饰，徒旅戒，宾至如归，大夫之功于斯为大矣。第是院之设，上自孤卿，下及藩臬，过兹土者，例得居焉。观风省俗之暇，亦尝译察之义乎？于土地，而思察其荒垦；于赋税，而思察其繁缩；于民风，而思察其浇淳；于吏治，而思察其良枯。蒿目以图，盱衡以计，无徒役旅是邑，而秦越其民，则享丰供、当大养，谁曰不可？若徒纵溪壑之欲，而思察及鸡豚；极综核之术，而思察及秋毫；假明炳之机，而思察及渊鱼——信心以出，靡所底止，斯其于奉六条以察官邪者，旨则倍矣。望公堂而屏息，视门庑而思避，民亦奚乐斯土有斯构哉?！大夫授简征记，因为差次其颠末，而僭陈鄙臆以复焉。康熙中，废。知县方曰琏改建义学。

工部分司署　旧志：先在上沽头，成化二十二年主事陈宣建，嘉靖四十四年圮于水。明年，迁夏镇。隆庆二年，主事陈楠市民地十八亩建署，中为大堂，后为穿堂，又后为中堂，又后为主事宅。大堂东为宾馆，西为书房，前为仪门，又前为大门。大门外东、西列二坊，东坊外为官厅。工部尚书雷礼记。雷礼《创建夏镇分司记》：沽头故有分司，自成化乙巳宪皇纳平江伯陈公锐议，命主事陈宣治水事，于上沽头东隅创建衙宇。嗣后，莅斯土者，相继增葺，至嘉靖四十四年七月，河决漕淹，公署淤没，司官暂憩民舍。大司空吉安镇山朱公、吴兴都御史印川潘公，会三省巡抚及司道等官，佥议：旧河弥漫无迹，工难施，题下工部会议。奉世宗谕旨，改凿新河，将分司议驻夏镇。缘连岁经营河工，未遑修造。至隆庆二年七月，大工底绩，主事陈楠子材乃买民地十八亩六分，定基址。其工费，司道会估，请于朱公，允支河道银两。檄沛县知县李时总管，主簿高述、典史胡国器分管。于是月初九日兴工，八月十六日起正厅及大门，九月十二日成寝楼，十月初四日立大门、仪门，并仪门内东西小房、行廊，十九日兴后堂及寝楼并后堂东西侧房，缭以周垣，宽广视沽头旧址加倍。垣外南留八丈八尺，北留三丈五尺，西留三丈，为官路，便往来。值予告老南行抵其地，阅视工程，子材求予记其事。予闻建大事者，不胶于一迹，图永逸者，不惜乎一劳。国家定鼎北京，军国之需，仰给东南贡赋，其漕艘必由徐沛浮济以达于帝都。济宁据中原之脊，其地独高，漕河跨之，势顷南北，三沽当其下流，为咽喉要地。正统以来，黄河北徙，靡常涨溢，无所底止，丰、沛屡罹其患。至嘉靖年间，前后冲决、塞淤者凡几处，建白经理者凡几疏，卒不免三沽淤没焉。此其为咽喉之病，非一日矣，可蹈常惜劳而不思所以疗之耶？夫治人之病者，必先通咽喉利饮食，庶命脉不虚。今三沽淤没，阻滞南北咽喉，治之不可不先且急。镇山公操国手、切脉络，聚集良方，力主改凿南阳、贯夏镇、通留城、接旧河，使咽喉利达，漕艘无梗，而国家命脉实永赖之。其视善治病者，使人气血流通，为何如也？况夏镇居昭阳湖东北，形峻且远，黄水不能淤没，实天设此地，以俟改凿通运道，而分司创建，不有待于今日欤？子材负俊才，躬亲河患，督夫役疏凿堤防而宣节之，冒风霜者凡数载。兹奉镇山指画，率属官、新轮奂，使荒僻草莽之墟峻公宇肃具瞻，而街市比邻环拱，凡万艘入贡者，得叙食于兹土焉，其利济所及，不与国运同其悠久耶?！予睹其成而记之，庶以后职水者，仰思今日改创之艰，求所以只厥命、表官常，则漕务有补于前修，亦有光于史乘云。顺治八年，主事狄敬建安夏楼于后圃，自为记。自康熙十五年裁分司，大半颓坏矣。

夏镇闸官署　旧志：在见泰门外，东临闸。

守备署　旧志：在夏镇运河东岸。顺治十一年，工部主事常锡胤特建。今废。

河防同知行署　旧志：在夏镇城中工部分司署之东北隅。旧为营田仓，万历中知县罗士学改为公馆，后改为河防行署。有堂三楹，有穿堂，有后堂五楹，有厢房，有厨房，有仪门，有大门，有屏墙。顺治十四年，同知魏裔鲁重修毁穿堂，更为中门。今废。

户部分司署　旧志：故为赵公祠，顺治十六年户部郎中吴愈圣改建行署。今为义学。

皇华亭　旧志：在夏镇小水门外，临河。隆庆元年建，内竖大学士徐阶新渠碑，其后为君子堂。万历七年，工部主事王焕建，为往来使客驻节之所。郡人姜体仁记。顺治十二年，主事常锡胤树坊于亭前。十五年，员外郎顾大申因建砖城，毁君子堂。康熙三十年，知县方曰琏重修亭，匾曰“河清永镇”。今废。

刘家堤口公馆　里仁集公馆　七山公馆　庙道口公馆　沙河公馆　以上俱万历中知县罗士学建。明季，废。

监狱局所

监狱　在县署仪门外之西北隅，知县陆秉森建。共计室二十四间，南北围墙十一丈五尺，东西围墙九丈四尺。光绪志稿。

化莠所　在县署头门内之西南隅，门楼一间，南屋三间。光绪十五年知县侯绍瀛创建。光绪志稿。

习艺所　在县署西，共计瓦房二十五间。光绪三十二年知县李保田创建。新访。

学田局　在南庵门街东，共计草房十四间。新访。

湖田局　在东门街北，共计瓦房十五间。新访。

递运所　旧志：在县治东南，旧泗水东岸，泗滨书院之左。永乐四年知县常瓘建，厅房三间，大门三间。本县设红船十一只，外徐州五只、萧县十只、砀山五只、丰县三只，共三十四只。六分，每只水夫十名，共夫三百四十六名。嘉靖末，废。

税课局　旧志：在城内东北隅，永乐四年设，嘉靖十一年裁革。贸易酒醋之家，额办课钞三千八百五十四锭一贯四百二十文，共折银六十一两六分四厘，半起解徐州户部，半存留本县，支给官吏，折色俸钞门摊之税。可考者，如此。

仓　庾

预备仓　旧志：在县治西南一射许。初为义仓，嘉靖二十六年知县周泾建，丽水叶珪记，后废。万历三十七年，知邳州李汝让即其地建预备仓，今亦废。旧志载：预备仓五所，一在北门外，广戚、泗亭、千秋、汉台四乡各一所。久废。

水次仓　旧志：在夏镇小水门内。先是，在县城外旧河南岸，隆庆二年迁，其西为丰县仓。今废。

常平仓　旧志：在銮驾库东，故县丞宅也。康熙三十年，知县方曰琏改为仓。今废。

积谷仓　在沛城圩西门内。光绪五年，知县樊燮购买民房共二十八间，改建房十九间。六年，又添建八间。十一年，知县唐紫封添建十二间。十五年，知县侯绍瀛又添建十七间。共计存五十六间。以上均见光绪志稿。

坛　庙今并废。凡在祀典，为官府创建之庙，收入古迹门

社稷坛　旧志：在西门外迤北。旧在县城西北半里，永乐二年知县王敏建，嘉靖二十年知县王治迁。二十六年，知县周泾建。

山川坛　旧志：在县治南一里，永乐二年知县王敏建。嘉靖二十一年，知县王治重修。

先农坛　雍正五年，奉旨新建，在县东，地五亩七分。六年建，坛下籍田四亩九分，牛只、农具、祭器，每春，地方官亲耕。光绪志稿。

南坛　旧志：在南门内，雍正十年闰五月十一日，奉行建造。光绪志稿。

西坛　旧志：在西门外，与南坛同日建修。

邑厉坛　旧志：在北门外迤东。旧在县北一里，永乐二年知县王敏建，嘉靖二十一年，知县王治徙。

文庙　文庙，详《学校志》。春秋二丁，祭品、祀仪，一切如制奉行。又一在夏镇砖城内。考旧志，建于隆庆三年，为两河书院，即嘉靖时镇山书院也。后工部主事钱锡汝为屋三间，立宣圣神位，朔望率弟子肃揖。外为大门，匾以“义学”。有主事陆檄记。原设有学田若干亩，万历中侵于豪民。先是，嘉靖乙丑，分司迁于夏镇，因去县远，与部臣朔望胥就此义学谒先师。未几，去“义学”匾，而揭以“先师庙”，岁举二丁祭。清顺治十六年秋，工部郎中顾大申又重建，延师集士，课诵其中。十八年，朱文燧重修。康熙元年，主事李禧熊拓庙基，增建鼎新，规制宏敞。雍正四年，夏阳司翁琰重修。按：庙本位分司主祭，康熙十五年裁分司，主祭者为主簿。雍正以来，又为夏阳司主祭。惟庙每剥落，均归士绅修葺，亦时势使然。计乾隆五十六年修葺者为叶兆龄、陈九叙等，嘉庆九年修葺者为叶凤苞、张松等，道光十年修葺者为韩光烈、赵培元等，二十六年修葺者为程善长、叶崇崔等，同治十一年修葺者为叶崇嵋、赵一琴等，光绪二十七年修葺者为张开均、程学濂、杨俊卿等，三十二年修葺者为杨俊仪、张洪源等。其工之大小，费之繁简，与时之难易，皆有碑记可考。

关帝庙　旧志：在县治东南，泗河南岸，羽士王凤建。万历中毁于火，十五年重建。雍正八年，奉旨改关帝庙为武庙。岁凡三祭，每祭支帑银二十两。庙在县治东南护城堤。乾隆辛卯，公举兴修殿宇、廊庑、山门、垣墙、看台、戏楼，越四载，而始落成。嘉庆丙辰秋，大水淹没，至道光辛巳，仿其旧制复建大殿，重整山门，围墙、禅房于焉粗备。惟规模简略，不及从前之宏敞云。今无考。

城隍庙　旧志：在县西南，永乐四年知县常瓘建。正统六年，知县王清重修。弘治三年，主簿吴本重建。嘉靖十三年，知县杨政继修。三十七年，知县罗见麟修。隆庆二年，知县李时重修。万历九年，知县周治升修。三十一年，圮于水。三十六年，知州李汝让重修。周缉《重修城隍庙记》：尝考：城隍庙肇自李唐，迄今奉祀尤谨。夫城以保民禁奸，通节内外，其有功于人最大。而居民岁时祈禳报赛，独城隍是祀，其礼亦至重焉。沛城隍居县治之西，历岁滋久，木石丹漆黝垩，举皆摧折刓泐，弗称邑人尊祀之意。正统间，蜀新都王君本洁来知县事，越二年，人民乂安，田谷丰稔，乃谋诸同寅而新之。于是，邑丞沈富、簿王勖、幕唐彦相与协力，各捐己俸，抡材庀工，命耆民邓贵等董之，卜吉于辛酉之春，落成于是年之冬。昔之摧折者，易以坚良，刓泐者，施之涂塈，而凡门庑宫寝，巍峨炳耀，晃人目矣。缉忝分教于兹，使来求记。余惟生人之食而祭先，啬衣帛而祭先，蚕饮而祭先，酒蓄而祭先，牧尚不敢忘其初，今神之灵，凡灾疠之兴、旱潦之变、有秋之庆，皆于兹祈报焉，是恶可以无祀以妥其灵？此王君暨诸同寅之念所由兴也。抑尝闻之，具仁义礼智谓之人，秉聪明正直为之神，故古之祭者，必先思神之所好，好在正直也。吏之仕于此者，恣肆弗臧，以为神羞，虽丰豆硕俎，无以致其昭格；民之不敬，以获罪于神，虽日系羊豕谒拜祠下，亦无以致其来享。记是祠之重新，以识夫岁月，且以着神之正直而不可诬也，登斯祠而览者，亦将有警于斯文。　符令仪《重修城隍庙记》：郡邑之祀城隍，固国家理报功之典，非其他淫祀逆祀比也。我太祖高皇帝鉴前代之失，郡邑城隍咸去公侯旧号，还厥本称，春秋二仲既得陪祀于山川坛，乃于春季、秋中、冬首，设特祀于厉坛，俾主其祀，典至渥矣。二百年来，有司恪遵成命惟谨。沛之有庙创置，莫详其始，前政者数修数废，载之丽牲之石者，亦既班班可考。今皇帝御宇之三十二年癸卯七月下旬，黄水挟秋潦卷地北趋，决堤灌城，邑治民居，陷沮洳汪洋者，十室而九，神宇亦倾毁过半。大殿即幸获存，水实没神之足，诸黄冠俱散处，莫能奉香火。甲辰夏，当道者以邑在中原上游，南北咽喉，舟车都会，灾沴荐加，非得剸繁治剧之才，恐未易抚疲氓而兴庶务也。爰简庶僚中，得今郡伯永宁李公奏诸朝上，可其奏。缘是，得以虹尹来知沛事。下车例当首谒神祠，以水弥漫无可着足，旋迎神于城垣而祀之。退而自念曰："神人相依，幽明互政。使神靡所依，政亦安从出乎?"及水即平，衙宇未及缮理，独于荆棘瓦砾中首新是庙。爰捐月俸若干金为士民倡。命下日，邑士民闻公之有是举也，咸踊跃乐为之助。砖石泉涌，畚锸云兴，匠石呈巧，群工献力，甫一载，而殿宇、门庑、垣墉、像设，焕然一新。寝宫两旁室逼仄，碍神道，公授意董事者，令得辟故地东西各数尺，旷然宏敞，视旧改观矣。公以落成届期，爰授简小子，俾记其事。夫宣尼大圣，不轻语神，神理难言久矣。古之垂世立教者，率以德福相因之机，殃庆必报之效，谆谆示儆，今天下梵宇神祠，缘假像设、示善恶、昭劝戒，其说固出佛氏遗旨。然俾闾阎恶少，闺闼悍妇，束心缄意、屏气肃容，假明威于咫尺，惧阴谴于须臾，凛凛惕惕，不敢萌一恶念，作一不道者，谓非圣人，神道设教，胡克臻此哉？起尧舜、三王于千古，谅不易此而治矣。独吾沛城隍起，废坠于河伯，残毁之余，钟簴不移，享祀如故，岁之旱涝，祷求有地，民之灾眚，吁告有所。观听一新，政教兼举，公之功讵可诬耶？因为迎送神辞二章，镵诸石以俾司祀者歌以侑神，其辞曰：神之来兮无时，驾赤虬兮骖苍螭。鸣鼍鼓兮树云旗，统百灵兮列诸司。歆俎豆兮飨牲牺，时雨旸兮无愆期。繁生殖兮跻雍熙，享明赐兮乐矣无涯。（迎神）风肃肃兮檐楹，气蒸蒸兮上升。鉴明禋兮浮至诚，回鸾辂兮履太清。登天门兮朝玉京，视六合兮瑞霭生。窥下界兮渺入冥，永奠神居兮千载宁。（送神）光绪十六年，知县朱公纯在县署东新建城隍庙正殿三间，卷檐三间，前门楼三间，戏楼一间，后殿三间，左右厢房各五间，垣墙一周，规模粗具。光绪二十五年，知县马光勋重修。

火星庙二　旧志：一在县南门内，正统七年主簿王勖建；嘉靖二十一年知县王治迁南关山川坛东北数十武；三十八年复移置盐店街口之东天妃行宫地，而移天妃行宫于旧火星庙地；隆庆六年重修；万历二十九年复修。一在县治西南城隍庙东，万历三十七年知州李汝让创建。

福神祠　旧志：在县仪门外之东，旧西向，万历三十一年知县祝希哲改南向，春秋丁祭后一日祭。今改在仪门内北，南向。

文昌祠　旧志：在学宫内，万历三十九年知县李懋顺建阁于北门外迤东，今附山西会馆西北小楼上。

刘将军庙　旧志：将军讳锜，宋提举江州，太平兴国官淮南江东浙江制置使，景定四年三月敕封扬武侯、天曹猛将天神，敕内有“飞蝗犯禁，宵旰怀忧，赖尔神力，扫荡无余”等语。雍正十三年奉旨祭祀。今庙在故城南护城堤外。

街市

县前街　　鼓楼下十字街

韩家街口　　太常里

察院前街　　中宪巷

北门街　　小北门街

西门街　　白衣庙东街

魏家巷以上在城内，建旧志。　　北关

西关在城中北郭及西郭俱一铺，地方见旧志。　　学前街

学东街　　鼎新街

柴市其南为驴市。以上街市及武定楼街，俱二铺地。

南北大街旧志：自武定楼至南郭二铺、三铺分界于节妇坊在中。

鱼市口鱼市南为盐店街，其里门曰：永固门。

帽铺街

油篓巷以上三铺，地方。

东西大街旧志：鱼市口至东郭三铺四铺分界于光启坊，中为粮食市。今移于关帝庙后街。

辛家巷先是，名马家巷，巷东四铺，巷西三铺。

故段家巷今关帝庙后街。

竹竿巷　　封家巷

故油坊口　　玉虚宫前街

猪市口以上四铺地方，旧有姜店口。

龙泉寺前街以上五铺地方，近并一铺，俱见旧志。

圩砦四乡旧编户三十里，嘉靖志载三十六村，旧州志二十九村，县志多不合。旧府志乡属，亦与今不同，今参录之

北方泗亭乡泗一至泗二，上、下凡四里。

夏镇砦　府志：城东北四十里。旧有三城，跨运河筑，河西本名夏村。明隆庆元年，沽头分司驻此，建为镇。万历十六年，工部主事杨信、余继美筑土城，门四，各有楼，东曰建泰、西曰瞻华、南曰延庆、北曰拱极。东临河，又增二门，曰洪济、曰小水门。清顺治十五年，员外郎顾大申、主事李禧熊建砖城，周九百余丈，高二丈五尺雉堞千一百余。禧熊自为记。康熙七年，地震，门圮。西南有护城堤，明万历七年，主事王焕筑。按：此城今名部城，自康熙七年运河东岸镇市渐盛，清朝于此置夏阳司，巡检城垣，不详所始。咸丰初，就故城筑砦。栖山县治没于河，迁治于此。十一年，复还治旧城之南。按旧府、县志：夏镇属广戚乡，今据同治八年《沛县图册》，在泗亭乡泗一里。又按旧府、县志：广戚乡，旧州志有杨庄，在夏镇北八里；曰高村，在镇西北三里；曰刘村，在镇西；曰石羊村，在李家口东南；曰范家村，在夏镇南；曰鹿家场、曰吕坝、曰南庄，在满家闸南；曰寨子里，在夏镇东南；曰刘昌庄，北与络房相对；曰络房村，在夏镇东八里；有南、北、中三村曰黄邱村、曰白冢村、曰纸房村，在夏镇北六里，居人率以制纸为业；曰汇子里，在夏镇西北；又夏镇西南湖中曰三界湾，居徐、滕、沛之交。以上诸村，今皆改属泗一里。

三河口砦　旧志：在城东北四十里，府志有三河口集。今就故集筑砦，周三里余，同治元年，傅敬斋等沿堤修筑。西六里，卓家庙；西南十里，卜家湾渡口；西北十里，曲防砦；东北三里，纸房；东八里，惠家楼，界滕县；东南十里，杨庄闸；北四里，卜家砦。

卜家湾砦　旧志：在城东北三十里。府志故邵玉集分为班家、卜家等集，又析班家集为卓家集，卜家集即卜家湾，卓家集在砦北五里。均沿微山湖东岸。以上在泗一里。

曲防砦　府志：在城东北四十里微山湖洲上，东三里湖岸为常家口，有集。

顺安砦　城北二十五里。俗名三岔路，西南五里有废砦口、丛家村。

孔庄砦　城北少西三十里以上在泗二里。

李家集砦　旧志：城东北五十里，微湖东。府志：泗亭乡有废集曰李家集，即此。西北三里故漷河，西有欢城集。互见古迹。今按：此即卜家砦，在集南一里，周四百余弓。同治四年，卜端甫筑。东北四里于家村；又东三里石家庄，界滕县；北三里，界碑口；西北一里，欢城集；十六里，珠梅闸，闸西北二里，王家渡口；又一里界滕县，东四里，珠梅集。在泗二中里。

刘大庄砦　府志：在城北十里。今按：周五百余弓，同治三年刘允恒筑，东北四里，丰乐村；废砦北五里，官庄；西北四里，郝家砦。

中连村砦　城北十五里。砦南四里为官庄，西北四里为时家口。旧志：属泗亭乡，是也。

魏家营砦　府志：在城西北二十里。砦西五里为苇子园，旧志属泗亭乡，是也。今按：周一千余弓，咸丰十一年魏广厚筑。北八里庙道口砦，西南十五里魏家楼砦。

郝家砦　府志：在城西北十四里。今按：周四百余，咸丰十年郝耿光筑。北六里魏家营砦，西北十六里庙道口砦，西十五里魏家楼砦。

张家庄砦　旧志：在城北十二里。

大社村　旧志：在邵玉集西。

右泗亭乡。东跨微山湖，接界滕、峄；北滨昭阳湖西；南抵县治。湖东六砦，湖西六砦，东西五十五里，南北四十五里。见府志。

东方广戚乡因汉广戚县名，凡二里。

北赵团砦　城东北十二里。南十里曰金沟，即旧志之金沟店，在县东七里有金沟口渡；金沟东南五里曰鲁村；又砦东北四里曰鸿沟大楼，即故鸿沟；又聂庄，在鸿沟北七里；又砦东北十里湖中，曰安家口。在广一里。又按：运河东北首入沛境有珠梅闸，东北有珠梅集；南有大房集。均在广二里附近，无砦。

摊上　旧志：去城五里。

右广戚乡。东北跨昭阳湖，西南抵县治，东错界泗亭乡，斜袤四十里。见府志。

西方千秋乡因汉千秋城名，千一至千六下，凡九里。

阎集砦　府志：城西少南十八里。砦东北五里有集，名黄家井，旧志属千秋乡，是也。今按：周八百余弓，同治元年阎保申筑。西北七里家堂庙砦，西五里谭家砦。

张家集砦　府志：城西南十五里。砦南二里有谢庙集，旧志谓之"斜庙集"。今按：周八百余弓，同治元年张绍祖筑。西北六里阎集砦；西南三里神仙林；十五里蔺楼砦，东八里赵圈砦。以上在千一里。

家堂庙砦　府志：城西二十里。砦北三里有梅家村，西北七里有蔡家集。今按：周七百余弓，同治元年朱敬立筑。西十二里朱集砦，北十二里魏楼砦，南三里燕集。在千二上里。

朱集砦　府志：在城西三十里，砦南即千五里界也。今按：北十五里，张鲁集砦；西四里，界丰县；西南六里，扬名集；九里，石集砦，在千二下里。

庙道口砦　府志：城西北二十八里。明初，为运河所经，嘉靖中黄河屡决于此，见《河防》。考：北五里，有废砦，曰安庄。今按：周五百余弓，同治元年马兆鹏筑。十二里，下庄砦；西北十五里，三道砦；西十八里，刘范庄砦；西南十二里，魏楼砦。

卓家洼砦　旧志：城西北四十五里。砦西北滨大沙河，河为新团公田；砦北少西十五里，曰沙河镇。府志：明初置沙河驿。“建文三年，燕兵南下，驻沙河驿，攻沛县，下之。”即此。隆庆三年，驿废。镇居鱼、沛之界。以上在千三上里。沙河西，旧有张小圩砦，今废。

魏家楼砦　旧志：在城西北二十五里。砦西北三里为灌城寺。府志：又西六里，为刘邦店，盖即旧志之“刘八店”也。今按：周四百弓，同治二年刘凤山筑。西十二里张鲁集砦，西北九里刘范庄砦，东北三里安固集，东南五里周田。在千三下里。

谭家砦　府志：城西二十三里。砦南，地洼下，夏秋积水周十余里，盖河决潴流也。今按：周一千余弓，同治元年谭蓝田筑。北六里家堂庙砦，西北十二里朱集砦，西十五里石集砦，西南十二里蔺楼砦，西三里高房集，西南四里鹿楼集，南九里王店集砦。在千四里。

石集砦　府志：城西四十里。砦东北三里有扬名集，去县三十三里十弓，同治三年石室临筑。东十五里，谭家砦；东南二十里，蔺楼砦；南六里，大安寺，界丰；西一里，界丰。在千五里。

三道砦　府志：在城西北四十五里。砦东三里，故有头道砦，今废。在千六上里。

北王团砦　亦名龙堌集，城西北五十五里。

刘范庄砦　府志：在城西北四十里。砦北三里，旧有废砦，曰程团。今按：周三百五十弓，咸丰十一年刘德中筑。东北十五里，龙堌集；砦北二里，新团边；十里，均安砦。

均安砦　府志：城西北六十里。砦北三里，旧有废砦，曰侯家团。今按：周六百弓，同治元年王玉树筑。南十里，刘范庄砦；西六里，丰县界；西北五里，邱集；西北三里余，丰县界。在新团。

张鲁集砦　府志：城西北三十六里。砦西二里指挥店砦，南十里有彭家庄。旧志谓之“彭村”。今按：周五百四十弓，咸丰九年张保山筑。东六里刘邦店，东北六里刘范庄砦，西六里张小楼，界丰县，南七里邵集。以上千六下里。

磘子头　旧志：在西南郭外，东接瓦子村。

谷里村　旧志：在二堡迤北，一名小虫坡。

右千秋乡。东北逾唐团边沟，南抵县治，西北界鱼台，西南界丰。东西四十里，南北五十里。见府志。

南方汉台乡因汉歌风台，故名。汉一至汉六，凡十三里余。

傅家庙砦 府志:城南少西十六里。今按:周五百弓,同治二年孟传炳筑。东南十二里,大张家砦;南四里,杨村集;十八里,朱楼砦;西南十里,孟家砦;西北十二里,张集砦。

赵家圈砦 府志:城西南八里。今按:周七百四十弓,同治元年赵澄冰筑。西南八里傅庙砦,十里张集砦,东六里辘轳湾砦。在汉二上里。

七山砦 府志:城西南三十五里,七山下。俗称栖山圩,国初为七山集,有公馆。乾隆四十六年,河决,旧县冲没,县移治此。四十七年,即建县城。咸丰元年,城复陷没,迁夏镇。十年,朱普恩等就旧城基筑砦,又经王励谦等于南关加筑一千余弓。西八里界丰,西南十五里解家楼,交界丰、铜,东南八里封黄庄砦,东八里孟庄砦,西北十里蔺楼砦。

蔺楼砦 府志:城西南三十里,七山西北十里。今按:周八百三十弓。咸丰十一年李仪堂筑。西北二里李集,北二里孟家庙,均界丰,北三里袁集。以上在汉二又中里。

辘轳湾砦 府志:在城东南十里。今按:周七百余弓,咸丰十一年刘运书筑。东南五里草庙砦,西南十二里傅庙砦,东北十里大闸砦,西南十二里杨家村集。

草庙砦 府志:在城东南十五里。今按:周八百弓,咸丰十一年张兰坡筑。东六里胡家砦,南十二里大张家砦,西南十五里傅庙砦。以上在汉二下里。

大张家砦 府志:城南二十五里。跨铜山界。今按:周一千二百四十弓,咸丰九年张敬修筑。东八里张洼砦,东北十二里胡家砦,西四里唐楼集,接铜山。在汉二又中里。砦西为汉六里。

胡家砦 府志:城东南十八里。砦东五里有沽头村,旧志"其地有沽头城,明为工部分司所驻。嘉靖四十四年圮于水。"详《河防》。考:其地有上沽头渡、下沽头渡,皆运河渡也。今淤。沽头村东少南十里,有砦曰北七段圩,今废。砦东北五里有中闸集。按:周三百五十弓,咸丰十一年胡朝阳筑。北六里大闸砦,南十二里张洼砦。在汉三上里。

孟家集砦 府志:城西南四十里,接铜山界。今按:周一千二百弓,同治元年袁金铎筑。西南五里兖家湾,东三里袁围,又东南三里钟楼,接十八庄。

朱家楼砦 府志:城南少东三十五里。今按:周七百六十弓,同治四年韩永瑞筑。西南四里半截楼,南二里杜庄,东南三里陈杨庄,东四里韩夹河,均界铜山;西南十里孟集砦,东北十二里大张家砦,西十里封黄庄砦,西北四里孔堤口集。以上汉三下里。

张家洼砦 府志:城东南二十八里,接铜山界。东六里即斗虎店也。今按:周七百五十弓,同治二年张世琥筑。斗虎店又东十五里,留城,界铜山。在汉四里。

大闸砦　府志：城东十五里。砦西北三里阎家集，西距城十二里。今按：周六百六十弓，同治二年沈本初筑。东北六里北九段圩，西南八里草苗砦。在汉五上里。

封黄庄砦　府志：城西南三十六里。今按：周六百弓，同治元年封浚哲筑。东南四里孟集砦，南七里杨洼，均界铜山；东北三里崔堤口，东三里房家营。在汉五中里。

孟家砦　在县西南二十六里。周一千余弓，同治元年孟兴禹筑。西少南八里七山砦，南十里封黄庄砦。在汉五又中里。

马村　旧志：在县治西南二十七里。

盘龙村　旧志：在县治西南，大小二村。

秦村　旧志：在县治南二十里，南北二里。

桥窝　旧志：前后二村，前村今名张潘集。

胡庄　旧志：在县南鄙。

右汉台乡。北抵县治，西界丰，东南错界铜山。东西五十里，南北四十里。所属汉二中里，汉六里无砦。见旧志。

集　镇

夏镇故名夏村，嘉靖乙丑开新河于此建为镇。

金沟店在县治东七里。

阎兴集旧志：在县治东八里。

沽头闸店陈宣《沽头新集记》：始，予以水事寓泗亭驿，明年创都水分司于上沽头东隅少北，南距河，其西故有民居。余莽然邱野，营生者绝念不谋于其中，过者佯而不顾。其惟人也，地亦自弃之久矣。又明年，为成化二十三年丁未，春正月咨其乡之父老吴荣、刘海辈，曰："予欲倡一集于分司之旷地，必若招民作室环向，而中街之为集者所，每五阅日为集者期。奔走四方，俾居者行者，皆知有生于兹地。惟惴惴焉，未稽有众，为不敢是。慎可否，毋苟予顺，以助无益，以为识者鄙。"佥曰："为我生者也，敢不敬事？"乃出令榜之，分地标次，籍其愿室者五十家。室欲壮，毋饰；栋欲连，毋断；间多寡，量力，毋强；方位，如街而毋背；街欲宽，以容，毋窄；树其土之所宜木于街之两旁，为后日者荫，毋苟乱。二月朔吉举事，终月告成。屋，仅二百楹；树，倍楹之数。立东西为二门，设铺编守者，以警暮夜。立集长，以主祀事；立教读，以训童蒙；立老人，以掌市法。分集以二，日卒事，期如初。三月朏，乃社于新集，羊一，豕一。诸执事者，择其能子弟为之，令其习熟，可继赞礼者二人、瘗毛血者二人、司献者二人、读祝者一人，礼竣，又一人读誓文。既而，复谕之曰："尔沛旧有乡社，而祀非礼，适予初正之。其神，祀五土、五谷；其仪，如上，而别为祝。兹复责之主祀事者，俗袭泼汤娱尸以为孝，殊戾风教，予力禁，既息。兹申之掌市法者，邑之市道故无甃，微雨，若负涂然，予令在官者以官甃、在民者以民甃，幸不为病。”是日向晚，成醉而歌，儿童走卒皆相庆。明日，群拜于阶下，请书岁月。时按察御史姜公宏达，观而更其名曰“陈公集”，予不敢居，惟乐居民从之之易如此，而岁月安敢不书耶？乃以祝于神，与吾民之歌者并刻之，又刻其从事者姓名于碑阴云尔。祝曰：惟神道，协阴阳，镇兹乐土。南接邳淮，北邻邹鲁。界我封疆，新我环堵。尔茅尔绚，有相其始。苟完苟美，亦括于度。工以日者期月，楹以间者二百，而缺不三五。情祈同于骨肉，树喜联于桑梓。懋天下之有无，走日中之傍午。歌曰：昔草莽兮今吾庐，昔泥泞兮今吾衢，日中退兮各以居。礼作闲兮无敢逾，呜呼！百年兮歌唐虞。

杨家店

中闸集

白水店旧志：在县东北十五里。

邵玉集在县治东北二十八里。久废。

傅家集自邵玉集移于此。后为马家集。

班家集近又析为卓家集。

卜家集

三河口集久废。

田家集广戚城东。久废。

右在广戚乡

陶阳镇旧志：沛有陶阳镇。

沙河镇旧志：在县北鄙。昔为南北孔道，民居稠密。今萧条矣。

庙道口南至县治三十里，北至沙河二十里。

魏家营

平成集旧志：在县北门外，久废。唐邦正《平成集记》：邑旧北门无集，集之自蜀平宇周侯始。邑自王、周二令修城后，黄河岁洊至城外，土日旋增，高平城内逾数尺。一遇霖潦，暴无注泻，官民、庐舍咸居沮洳中。西北隅地特下，停潴者经冬，春始涸，继以夏潦，辄复汪洋无际矣。邑治前旧有水门，丁丑秋，河经是门入，城几坏，前政者塞之。侯既治沛之五年，诸敝陋葺治一新，乃积潦病民，无一日不惕惕在念也。邑旧南北孔路，东门迫隘，近河，轮蹄鲜道。即穿城由北门入，又迂回不便。今年，始得地于城东北隅，议开便门，泄潴水兼通往来者。门既成，侯登陴望之，视城堧空地，风气环聚，曰：“有地若此，顾不可居民乎？邑东南民居鳞次，西北可独令荒僻乎？即于阴阳家‘抱负’、‘环拱’之说莫合矣。”乃始下令议集。先运由沛，时濒河有昭惠祠，直城东门，盖以祀吴伍侯员者。迩运且东徙，祠亦颓圮莫支者，逾二纪。然祠载令甲，又莫可废，侯复议迁祠就集右，曰：“神、人庶得相依也。”工既竣，邑缙绅士庶竞问名于予，因僭名其门曰“平成”，集因之云。

常家口集旧志:在曲房东北。

官庄集

曲房集

珠梅集

李家集

欢城集右在泗亭乡。

蔡家集旧志:去县治二十八里。

千秋集旧志:一名朱家集。

石家集

高房集旧志:去县治二十五里。

锺吕集旧志:今废。

安国集

大安集

李家集在七堡南。

刘八店在县治西北二十五里,刘邦店,汉高祖故里俗呼为刘八店。

小朱家集今废。

张鲁集

指挥店在县治西北三十五里。昔有指挥驻此。

周家店

王家店旧志:古彦里村。

贺堌集旧志:在县治西北四十五里,为丰、沛之交。

二堡马庄集

三堡郝许庄集

四堡赵庄集

五堡徐庄集

左家集

顺河集

徐集

顺成集

邱集

朱集

扬名集

梁集

胡王集

袁集

新燕集

张集

孟集

刘集

阎家集右在千秋乡。

斜庙集旧志:在县治西南十五里。

七山集

栗子寺集

草庙集在县治东南十五里。

里仁集旧志:在县治东南二十里斗虎店北首。

赵家店

李家店　　张潘集

卓家集

贺家口集旧志:在县治南三十八里。今改集河岸,曰李集。

袁家集　　李兴集

孟集　　李家集

东魏集　　韩集

蒋集　　吴家集

众姓集今众兴村。　　张集

阎集　　高集

小韩集右在汉台乡。

驿置

泗亭驿　明极冲。隆庆以前,驿在南关辛家巷之东,临泡水。本县设站船十一只,三分外丰县站船七,分萧县三只、砀山一只。每只水夫十名、铺陈一副、什物一副。山东:胶州驴一头、即墨马一匹,马驴夫二名,铺陈二副、什物二副;河南:商城县站船一只,驴一头,驴夫一名,铺陈、什物各一副。隆庆二年,迁于夏镇崇胜寺旁。万历壬辰,谏垣张公贞观奉命勘河,以桑梓之困于是役,言诸总河舒公应龙行下所司,俾之议处。邑令苏公万民议:天下驿路率六十里,使客过往夫马即于交界处更换,此定例也。沛抵济宁,驿路三跕,中隔鱼台一县,鱼台抵沛一百里,至济宁八十五里,河桥驿在济沛途路适均,且去鱼台十五里,而近由是遍牒两省抚、按、臬、司,详为酌处。济、沛、鱼台,各设马十匹、夫十名。马一匹每年工食草料银二十二两,夫每年工食银七两二钱,按季支。鱼台河桥驿雇募殷实人户喂养,行差使客,南下则济宁送鱼台,鱼台送沛县;北上者,亦然。本县马十匹,许于里甲走递马十五匹内,岁扣银二百二十两;夫十名,许于路夫五十名内岁扣银七十二两,支付河桥驿——自万历二十二年十月十日始。清初,原设马十二匹,马夫十名,扛轿夫二十名。后裁马七匹,马夫六名。雍正六年,又裁马二匹,马夫二名,扛轿夫全裁。旧制:设马三匹,每匹日支草料银六分,共银六十四两八钱,马价银三十两,鞍辔银四两二钱六分,马夫二名,工食银二十一两六钱。府志。按:泗亭驿丞署,清康熙七年毁于地震,至光绪初移置夏镇闸上陈姓充公宅,宣统三年冬毁于匪。

夫厂　在夏镇平正街东首。隆庆二年迁泗亭驿,现设水夫七十名,长养水夫二十八名,扣留水夫四十二名。每名日支工食银四分,岁共支银一千八两,廪粮银二百五十两。清初,原设水夫八十名,扛轿夫二十名。雍正四年,裁减水夫十名,扛轿夫全裁。府志。

夏镇厂　现设水夫一百三十五名,长养水夫五十四名,扣留水夫八十一名。每名日支工食银四分,岁共支银一千九百四十四两。清初,原设水夫一百五十名,扛轿夫六十名,雍正四年,裁减水夫十五名,扛轿夫全裁。旧州志。

县前总铺　旧志:在县治大门外左。明,设司吏一人。今省。

南路十里铺　二十里铺　里仁铺　府志:达铜山王家集铺。

东路聂庄铺　桃源铺　夏镇铺　府志:达山东滕县戚城铺。

鹿鸣铺　府志:上接夏镇,下接里仁铺。

西路十字河铺　高房铺　倪陵铺　府志:达丰县周村铺。

老鹳铺　旧志:铺基地三亩。久废。

杨家厂铺　旧志:铺基地三亩。久废。

界沟铺　旧志:铺基地一亩二分。久废。以上三铺,达徐州府界。

宣邱铺　旧志:铺基地一亩五分。久废。

东仓铺　净明铺　以上二铺,久废。

代办邮局　光绪三十三年,沛县初设邮柜,由商号代办。采访。

善　堂

养济院　旧志:在永清门外,明景泰三年知县古信建于县治北。万历三十一年圮,三十七年知邳州李汝让迁此。至清乾隆,县没于河,遂废。

广济堂　旧志:在县东旧驿南。景泰三年水灾,流亡丐食者众,巡抚都御史王公竑令有司煮粥于此济之,凡活十六万余人。

孚惠堂　旧志:在旧泗北岸。景泰三年,疫疠盛行。王公竑令有司制药督医分疗于此,凡活六百一人。以上二堂久废。

安怀堂　在东门内石牌坊北首。光绪十五年知县侯绍瀛建。睢宁训导丁显记:盖闻养老存孤,王政著于《月令》;敬老慈幼,霸主以为首图。自来身为人牧者,未有不于老幼加之意者也。沛县之善堂,均在栖山旧治,自咸丰元年蟠龙集决口,栖山善堂尽行淤没。咸丰十一年,县治始迁于旧城之南,规模粗立。历任大宪,叠敕设立养济院,并议行保婴会,均以经费支绌，未遑经营。不特鳏寡穷民冻馁可悯，而黄童赤子鞠育靡依、教诲未立、疴养疾痛，在在堪怜。凶年饥岁，老稚转乎沟壑，比比然也。乙丑，桂林侯君绍瀛来宰是邦，下车之始，以修志书、建学宫、举节孝为首务，而目击孤苦穷民流离失所者，心焉伤之？商于绅董，又设立安怀堂。即以旧城基地四项余，酌收租息，以为堂费，并于城内捐廉购买房屋二十间，酌定章程，光绪十六年三月某日起，开堂收养。经费不足，后之君子必有善其后也。《礼》曰："老有所终，幼有所养"，《诗》曰："恺悌君子，民之父母"，其侯君之谓矣！侯君曾宰睢宁，百废俱兴，于安怀堂尤加意焉。余与侯君同官一邑，知之甚悉。今侯君移宰沛邑，吾知侯君宰沛，亦犹宰睢之意焉。侯君甫创斯堂，即行交卸，仍愿诸绅董及接斯篆者，推而广之，将见鼓腹含哺、感颂循良之政，宜民善俗、群登康乐之书。人之为善，谁不如我？后之览斯文者，痌瘝之念，触目而生，是尤无告之民所深幸也已。

马　厂

马场　广戚乡：场地一顷二十亩。

泗亭乡：上场地二十三亩；下场地一顷二亩。

千秋乡：场地八亩。

汉台乡：场地二十四亩。

明初，州洎四邑，并领孳牧。其草场以给刍养，死者，责偿于民；岁课驹为备用，民重困之。弘治十七年，巡抚都御史张公缙奏免养马，而草场地赋民征租，民用苏息。见旧志。

马房　旧志：在县治大门之东，顺治十五年知县李正茂建。

演武场　旧志：在北郭外稍西，嘉靖二十二年知县王治自城南迁于此。地，凡三十三亩五分。二十七年，知县周泾建厅事、列营垒、筑哨整，环以周垣。丽水叶珪记。久之，为水倾圮。万历二十五年，知县罗士学重建厅三楹。康熙七年地震，复倾。

楠木堡　旧志：在县治西北，其上有亭。

夏镇演武场　旧志：在夏镇北门外，有厅三楹，为工部分司演武之所。今废。

守备演武场　在夏镇部城崇胜寺前。采访。

铺兵额数　沛县县前铺，五名；旧城、夏镇等二铺，各二名；人祖庙、林提寺、陈家阁、崔家堤口、吴家集、沿河等六铺，各一名。凡沛县铺、司兵，十五名。《中枢政考》。今按：沛县铺司兵共十五名。总铺在县治大门外左，南路为十里铺、二十里铺、里仁铺，达铜山王家集铺；东路为聂庄铺、桃源铺、夏镇铺，达山东滕县戚城铺，又有鹿鸣铺，上接夏镇铺，下接本县里仁铺；西路为十字河铺、高房铺、倪陵铺，达丰县周村铺。旧州志有夏镇铺，今止接投粮船，公文不随路。又有宣邱铺、老鹳铺、杨家厂铺、界沟铺，并久废。旧志同。

坊表

泗亭坊　清化坊　中和坊　达道坊　迎恩坊旧志：以上五坊，不详所在。

登云坊　为举人甘旸立。

攀桂坊　为举人张威立。

步蝉坊　为举人李巽立。

桂林坊　为举人赵斌立。

折桂坊　为举人蒋让立。

义民坊　为周昉等十二人立。

鹗荐坊　为举人周松立。

进士坊　为李绅立。

凤鸣坊　为举人周乾立。

节妇坊　为李伯奴妻白氏立。旧志：以上诸坊，万历时已无存者矣。

南畿第一坊　旧志：在县治前。知邳州李汝让建。崇祯十一年毁。

作圣成材二坊　旧志：在学宫左右，知县罗士学建。康熙七年，倾。

歌风台坊　旧志：知县苏万民立。久废。

樊井坊　旧志：知县罗士学立。久废。

鸿胪坊　旧志：在武定楼之东，为鸣赞唐弼立。久废。

孝子坊　旧志：为杨冕立。废。

光启坊　旧志：为举人刘章立。废。

节妇胡氏坊　旧志：在鱼市北，为张化龙妻立。

烈女坊　旧志：为杜宗预女立。废。

幽灵独著坊　旧志：在东郭内，为节妇刘氏立。废。

节妇张氏坊　旧志：在北门内，为朱奕讱妻立。

节妇坊　旧志：在东门内，为陈仪妻孟氏立。

南漕巨镇、北饷通津二坊　旧志：在工部分司署左右。

崇德报功坊　旧志：在镇山书院前。今废。

洪济坊　旧志：在洪济门外。

金声玉振坊　旧志：在夏镇义学前。今废。

四渎通津坊　旧志：在皇华亭前，工部主事常锡胤建。今废。

泗亭问渡坊　旧志：在夏镇闸上，工部主事李禧熊建。今废。

烈竞秋阳坊　在夏镇运河东岸，雍正中为生员王玉衡妻祁氏立。现存。

汉汤沐邑明先世家坊　在县署左右，光绪中知县朱公纯建。后毁于火，知县马光勋重修。

津　梁

飞云桥　旧志：在南门外，跨泡河之上。桥近歌风台，摘歌词中“风起”“云飞”之句以名桥。永乐中，县丞夏天祥、景泰中知县古信、嘉靖中知县孙灿，皆尝修焉。隆庆中，李时改建南门于东南隅，桥亦随之。万历中，知县周治升、符玺、罗士学、李汝让，先后重修。天启二年，邑人朱之解重修。崇祯十五年毁，邑人朱耀武再建。耀武，之解子也。及清，知县赵世桢、郭维新、李芝凤，皆有修桥之役。康熙二十七年，贡生王祐重修。三十年，知县方曰琏置左右槛、竖石为表。三十六年，知县佟鋐重修，监生郭桢倡捐。四十五年，知县杨宏绩重修。蔡桂《重修飞云桥记》：黄河入海之支流，在今徐沛之境者数派，泡其一焉。泡水自西来，经邑南门外，东合于泗。泗则发源山东泗水之陪尾山，经邑东门外，南达于徐，国家藉以资运者也。泗河南岸，有台隆然，世所称汉高皇帝归宴父老处。台畔树穹碑二，则刻其所歌大风辞焉。跨泡以便往来者，旧有桥，桥名曰飞云，则摘其辞中“风起云飞”之句。俗有谓张飞、赵云造者，其说近诬。成化间，河决泡水，而台陨于泗，碑且移就北岸之琉璃井。嘉靖末，河再决，泡、泗且随运而东矣。去邑南门数武，而近有泉汪然，冬夏不竭，旧尝没于泡。今泡既涸，而泉之伏于水底者，犹时时溢出，合泾潦绕城垣，为衣带水。前政者尝作方舟以济，逾数岁辄坏。一二窭人子赁舟以渡，渡者吝，不赉一钱以偿，有竟日不博一饱者。缘是，舟人多避匿，而行旅病，祈寒盛暑，风雨泥途，争涉喧渡，多至有倾舟溺水者。今皇帝三十一年癸卯秋，河又决泡，邑城不守。逾岁甲辰，今邳郡伯永宁李公自虹尹迁知沛事，盖诸当道以才举者也。公下车后，见闾井凋落、田地污莱、衙宇胥沦于水，日夜焦劳，思所以宁民而奠之居者，历三载犹一日，桥泡之役，盖殷殷注念。时以迁县、修学、浚河、筑堤，费巨工繁，猝难兼举。丁未春，诸役业有绪，乃始议桥。首捐俸金若干两为士民倡，邑士民好义者咸乐为之助，匝岁而桥成。桥自乙丑河决后，迄今四十余年，盖三修矣。始新津周公，嗣龙阳符公，但二公遭时之易，公则遘会之难，程功比绩，二公当不无逊公矣。偃水面之长虹，树中流之砥柱，易梗道为康衢，更难涉而利济，轮蹄无阻，冠盖如归，即有入境观风、善占得失如单襄公者而在，亦乌能有间于公耶！徒杠舆梁，今载之令甲者，固昭然若睹也。长民者，宁可视为末务，漫不加省哉？公材优干济，视国如家，纠工课匠，锱铢不爽，县学徙、新河通、堤岸固，百年旷举，肩之一身，公之才诚不负当道之举。倘侪之往哲，黄次公之于颍川、陶士行之于荆襄，不是过矣。新津之桥也，学训下邳唐君实为之记；龙阳之桥也，碑既具而文未及镌；今公之桥也，属文不佞辞不获，爰纪其颠末而为论著如此,俟后之君子考焉。

济民桥 旧志:在东门外,跨旧运河,隆庆中建,曰:清河桥。久之,圮。万历二十一年,知县苏万民重建,易今名。寻复圮。二十五年,知县罗士学易以浮梁。四十六年,知县练国事复建板桥。

北门桥 万历十六年,知县符玺建。旧志。

小北门桥 旧志:万历二十四年知县罗士学建。崇祯十五年毁。

丰城桥 旧志:在西门外,亦符玺建。今废。

东岳庙前桥 旧志:跨旧运。久废。近日筑土坝,以便行者。

三元桥 旧志:在古城址三官庙前。故有潴水桥,久废。万历二十五年,乡民张子元等重建,知县罗士学为之名。明季,久废。

通济桥 旧志:故名东堤桥,万历七年乡民李东阳建。顺治末年知县郭维新重修,易今名。康熙十三年,贡生封瑸等募建石桥。

南郭三官庙前桥 旧志:万历二十五年,民人李赓建。今废。

利济桥 旧志:在南郭外,故名便民桥。万历十五年乡民李东阳建。康熙元年圮于水,三年知县郭维新重修,易今名。五年,释行深募建石桥。今废。

磖子头桥 旧志:万历六年乡民李东阳建。今废。

万善桥 旧志:在县治西南护城堤外,故名孟家桥。今废。

梁山桥 旧志:在县治南十五里。今废。

张潘集桥 旧志:在县治南二十里。今废。

宣邱桥 旧志:在宣邱铺。久废。

谭家桥 旧志:在沽头中闸。今废。

营子桥 旧志:在里仁集西。今废。

鸿沟桥 旧志:久废,石址尚在。今淤没。

夏镇城河、月河桥 旧志:城河桥五、闸桥一、月河桥三。

灰沟桥 旧志:在刘昌庄东北,滕、沛分界于此。

利涉桥 旧志:在三河口。

震远桥 旧志:在薛河口夏镇北十五里纸房村,万历二十五年乡民刘迪建。今有石桥。

双龙桥 旧志:在三河口。

三孔桥 按:在夏镇闸南二里。

两孔桥 按:在城东北池外百步许,邑人赵继周创建。

城濠桥 按:在城南门外。

络房桥 在夏镇东络房村。为通临城大道,光绪间,乡民捐资重建。采访。

小石桥　按:在城内,光绪三年贡生李启艾重修。

义　阡

东门内一区　旧志:杨氏地。工部主事文安王佩记。

西门外一区　旧志:康熙三十一年知县方曰琏置。

夏镇运河东岸一区　旧志:东十七亩五分,徐州人张思敬地:中二十亩,徽郡人吴可堂地:西十亩,汉台乡民齐士学地。

丰乐村南一区　二亩六厘,邑人魏保清地。光绪志稿。

东门外妇人义地一区　□亩□厘。光绪十六年知县侯绍瀛捐廉置。光绪志稿。

卷六　古迹志

故城　宅里　亭台　祠庙寺观　邱墓

故　城

古小沛城　古,沛国;秦,县,泗水郡治此;汉,属沛郡;东汉,沛国;东晋,属沛郡;齐,废郡县,属彭城;唐,属徐州。府志引《元和郡县志》:"县理城,即秦沛县城也。"按:县理城,应作县治城。唐避高宗讳,故易作理。《太平寰宇记》亦云"县理城,即秦沛县城",是今旧城,即秦、汉、宋、元故治可知。《寰宇记》又云:"微山在县东南,上有微子冢,下有故沛县城存焉。"乐氏于微山之沛不言汉县,意谓县之别城非秦县亦明甚。乃明《一统志》、《方舆纪要》皆谓"沛县故城在微山下",不知隋以前微山属留县。《隋书·地理志》"留,有微山"是也。唐废,留县始并入沛,则留城亦可谓之沛城。明《一统志》、《方舆纪要》,均指唐、宋之时而言,时留已属于沛,故遂称为沛故城。《水经注》:"泗水南经小沛东,县治南垞上东岸有泗水亭。"所指"小沛县治",宋即仍其旧,以泗水亭推之,是其明证。并见泗水亭下,盖秦汉而后,县治亦略有移徙,于此可见一端。详《建置志》。按:《通鉴》:"兴平元年,刘备屯小沛。"胡三省注:"沛国,治相,而沛自为县,属沛国。时人谓沛为小沛。"《孔宙碑》阴"弟子沛国小沛周升,字仲甫"。《潜研堂金石文跋尾》云"碑立于延熹末,已有小沛之名。疑当时县名故有小字,非土俗之称也。魏郡治邺不治魏,此碑籍魏郡魏县者二人,不称小魏,与沛国小沛书法迥异,则小沛为县名,审矣。"《元和志》、《寰宇记》亦云"汉改泗水为沛郡,理相城,以此为小沛。自是至南北朝,皆称小沛。萧齐建武三年,'魏主宏如小沛',是也。"县东又有泗水城,相传秦泗水郡治此。按《说文·邑部》:"郋,国也。水部:沛水,在辽东番汗塞外。"据此,知丰沛之"沛",当作"郋",后世假借作"沛",非正字也。唐刘长卿《雨中登沛县楼,赠表兄郭少府》诗:"楚泽秋更远,云雷有时作。晚陂带残雨,白水昏漠漠。伫立收烟氛,洗然静寥廓。卷帘高楼上,万里看日落。为客频改弦,辞家尚如昨。故山今不见,此鸟那可托。小邑务常闲,吾兄官何薄。高标青云器,独立沧江鹤。惠爱原上情,殷勤邱中诺。何当遂良愿,归卧青山郭。"鲍溶《怀古》诗:"烟芜歌风台,此是赤帝乡。赤帝今已矣,大风邈凄凉。惟昔仗孤剑,十年朝八荒。人言生处乐,万乘巡东方。高台何巍巍，行殿起中央。兴言万代事，四座沾衣裳。我为异代臣，酌水祀先王。抚事复怀昔，临风独彷徨。”宋文天祥《过沛怀古》诗：“秦世失其鹿，丰沛发龙颜。王侯与将相，不出徐济间。当时数公起，四海王气闲。至今尚想见，龙光照人寰。我来千载下，吊古泪如潸。白云落荒草，隐隐芒砀山。黄河天下雄，南去不复还。乃知盈虚故，天道如循环。卢王旧封地，今日设函关。”元傅若金《沛县诗》：“县路迷青草，行人荫绿杨。时逢沛父老，能说汉君王。芒砀来秋气，彭城送夕阳。凭高发慷慨，远色正苍苍。”程敏政《沛县诗》：“万乘还家日，威生泗水前。楚歌聊复尔，汉业已茫然。宿雨苔花乱，斜阳树影偏。一台惭戏马，相望已千年。”明颜瑄《过沛县》诗：“独坐蓬窗对月明，静闻谯鼓已三更。舟将泊处闻人语，驿未临时见吏迎。泗水亭前荒草遍，歌风台上宿云平。英雄白首今何在，抚景空悬万古情。”归有光诗：“泗水抱城阓，东去日瀰瀰。丰沛至今存，汉事已千春。嗟我亦何为，独叹往来频。封侯不可期，白日生沉沦。每见沛父老，旅行泗水滨。鸡犬如昨日，此亦非昔民。空传泗水亭，井邑拟未真。城外绿杨柳，高帘悬风尘。犹有卖酒家，王媪几世亲。高庙神灵在，英雄却笑人。”李东阳《过沛怀古》诗：“小县萧条野水滨，旧时遗迹尚风尘。山中白帝先降汉，天下黔黎正苦秦。五载衣冠朝北面，三章号令忆西巡。南畿亦是今丰沛，莫作凄凉吊古人。”清纪昊《过沛有作》：“刘季歌大风，授权于巾帼。菹醢及韩彭，何事不轻易。阶成产禄祸，其势由渐积。可怜戚夫人，母子遭虺蜴。社稷方摇摇，儿女漫啧啧。壮哉朱虚侯，拔剑侍前席。将种诛一人，诸吕已夺魂。汉祚不可移，焉用右袒裼。纷纷南北军，抚掌陈曲逆。”邵大业诗：“箨冠人起白蛇倾，烂醉东邻帝业成。王气自随三尺剑，霸才能乞一杯羹。雪迷衰草荒沟合，日落寒原野烧明。回首绣衣怜下相，东归寂寞竟宵行。”刘铭传《道经沛县》：“沛公阔达真豪杰，四百年过今如何。关内曾更秦法律，眼前不见汉山河。削平乡寇兵防紧，老大还家感慨多。莫谓高皇情太薄，晚年犹作大风歌。”

故留城　古国，秦县，汉属楚国，东汉属彭城国，东晋属彭城郡，后齐废，隋复，唐省。府志：在今县东南五十里，与铜山接界。城，今陷入微山湖。《元和郡县志》、《太平寰宇记》：“留城在沛县。”《方舆纪要》从之。旧府志及《铜山志》列入铜山界，非是。唐刘长卿《归沛县道中，晚泊留侯城》诗：“访古此城下，子房安在哉。白云去不返，危堞空崔嵬。伊昔楚汉时，颇闻经济才。运筹风尘下，能使天地开。蔓草日已积，长松日已摧。功臣满青史，祠庙唯蒿莱。百里暮城远，孤舟川上回。进帆东风便，转岸山前来。楚水澹相引，沙鸥闲不猜。扣舷从此去，延伫仍徘徊。”

偪阳故城　周，国；汉，傅阳县，属楚国；东汉，属彭城国；东晋，没于胡，县废。府志引《春秋大事表》：“偪阳，在徐州府沛县，与山东兖州府峄县南接界。”今考《峄县志》：“偪阳故城，在峄县万年闸西，与昭阳湖相近。”则偪阳故城实隶于峄，而封域兼有沛县昭阳湖东南。《大事表》谓“偪阳在徐州府沛县”，考核犹未真也。

广戚故城　汉，县，属沛郡；东汉，属彭城国；三国，属沛国；晋，属彭城国；东晋，没于胡，县废。按：广戚故城，各说互异。有谓城在沛县东南者，《水经注》云

“泗水南经小沛县东，又东南流经广戚县故城南”，是也；有谓沛县即广戚者，《通典》云“徐州沛县，即汉广戚故城”者，是也；有谓广戚属留县者，《魏书·地形志》“留县有广戚城”，是也；有谓广戚城与县相距仅一里者，《寰宇记》“沛宫，在广戚城中，县东南一里”，是也；有谓广戚在沛县东北者，《一统志》“故城在今沛县东北”、旧志“在县治东北四十里”，是也。谓广戚在沛县东南，与《魏书·地形志》“留县有广戚城”相合，特《一统志》又谓在沛县东北，其说已歧；而《通典》谓沛县即广戚故城，或又谓一城分属两县，其说亦歧；谓广戚与沛县相距仅一里，地形密迩，而并置两县，揆之于势，亦有不合。总之，广戚故城，东晋已废于胡，以故唐代魏王泰《括地志》、李吉甫《元和郡县志》，俱不载广戚之名，则广戚在唐，其迹已不可考矣。微特《寰宇记》、《一统志》系属凭空之说，即郦道元《水经注》、桑钦《水经》仅言“泗水南过沛县东，又东南过彭城”，县东北未尝言广戚也，《魏书·地形志》亦未尝目睹其势。今据旧志谓广戚在县治东北四十里，与《一统志》相符，径以夏镇戚城当之，以地形地势揆之，其说当有合也。顾大申《戚城诗》：“汉帝营六宇，群雄受羁绁。徒手并秦项，壮心顿房闼。悲歌抱幼子，饮泣诀爱妾。羽翼彼已成，恩宠中道歇。含笑谢四公，尫隤痛伤割。朱颜销永巷，旨酒摧晨腊。清跸不可期，黄泉为谁说。我来戚城边，蓬飞风凛冽。乌鸦啄城头，巢倾鸟子灭。不见当时人，但闻水幽咽。乌飞上高柯，未央宫若何？”

湖陵故城　秦，县；汉，属山阳郡，新莽改湖陆；晋属高平国；刘宋，省。府志引《方舆纪要》：“在县北五十里，南至庙道口十八里，与鱼台县接界。”《汉书·地理补注》按“《说文》作胡陵，《史记》诸《记》、《传》亦作胡陵。盖湖、胡，古通。”阎古古《游湖陵城》诗：“海岳周遭万里还，故乡云树梦魂间。春来蹋雪湖陵寺，遥见凫山接峄山。”“谁将湖陆唤湖陵，水落洼田麦万塍。乱后残堤多寄冢，犹随朔望礼神灯。”“洙洸分水向南来，万舳粮帆一曲回。嘉靖末年沙塞后，鸡鸣寂寂剩荒台。”“烟水昭阳万顷漩，香城隐隐住琴仙。我来闲访红鱼事，偏有邻家认酒钱。”

上邳城　一名仲虺城，商仲虺、汉刘郢封国。《水经注》：“邳，有下，故此为上邳。”府志引《晋书地道记》：“仲虺城，在薛城属山东滕县西三十里。《齐乘》曰‘俗曰斗城’。漷水经城北，西入于泗。”按滕县与徐州城，南北相直得百九十里，故薛城在滕南四十里，仲虺城在薛西三十里。是城当在徐州西北百数十里昭阳湖内。采访，现没湖内。实为沛属无疑。《方舆纪要》“徐州西北百二十里有灰城”，疑即虺城之讹也。清代邑人吕做《虺城夜月》诗：“一轮皓魄伫银盘，左相城边夜未阑。不是平分秋色里，如何远上暮云端。漷门滟滟千家照，关树沉沉万影寒。傅作列星虺作月，光留宇宙任人看。”

欢城　旧志：在县治东北四十四里。相传为齐右师王欢食邑。府志引《兖州府志》谓“即虺城之转音”，未详是否。按：采访，治东北四十五里有欢城集，旧迹微存。光绪志稿。

灌城　旧志：在县治西北二十里，相传汉将灌婴所筑。采访，作二十六里，今名灌婴寺。府志又引《方舆纪要》云："泗河东岸有旧城，相传为张士诚所筑"。府志有"许城，在薛城左右。"光绪志稿。

千秋城　旧志：在县治西北六十五里。《魏书・地形志》"高平有千秋城"，即此。按：高平，即今鱼台县，城在沛、鱼台之间。

夏镇西城　一名部城。府志：始于明万历十六年，工部主事杨信筑土垣于南、北、西三面，十七年主事余继善补筑东面。四门各有楼，东曰见泰；西曰瞻华；南曰延庆；北曰拱极。东面临河，特多辟二门，曰洪济、曰小水门。《方舆纪要》"隆庆二年，管界分司自沽头移驻于此。"清顺治十五年，员外郎顾大申始建砖城，十七年主事李禧熊继修。康熙七年，地震，四门楼并圮。按：今夏镇圩砦，在运河东岸，此城在西岸。王世贞《夏镇诗》："一片云飞护夏阳，人传帝子大风乡。波分沂泗争天堑，沟号胭脂带汉妆。碧树断香销艳舞，青村含景入斜阳。年年飞挽趋京洛，王气犹经水一方。"宋思仁《过夏镇》诗："片帆风利挂残阳，一镇区分南北疆。花色暗思滕县白，钟声遥送沛城凉。归心渐喜乡音近，羁况还怜客路长。今夜孤舟何处泊，梦魂先与雁南翔。"明万寿祺《过夏阳》诗："夏阳全盛日，城阙半临河。夜月楼船满，春风环佩多。几人还梦寐，十载一蹉跎。处处蓬蒿遍，花时掩泪过。"又《将去夏阳留别》："尘世碌碌何所求，湖东高台时一游。不需奏免孙长水，更遇鞭挞张徐州。南月涓涓倚峭壁，北风栗栗吹寒邱。出城盗贼满郡县，两耳蹇驴归去休。"

沽头城　府志引旧志"在县治东十五里，旧泗东岸，明嘉靖二十二年工部主事东平侯宁建。四十四年圮于水。"《方舆纪要》"明管界分司旧驻南沽头"，即此。

宅　里

卧龙岗　旧志：在县治东一里，相传汉高祖微时尝卧其上。今为沙没。

防陵　旧志：在县治西北三里。相传汉筑，以防吕母冢者。

沛廷　旧志引《汉书》"高帝立为沛公，祠皇帝、祭蚩尤于沛廷"。

沛宫　旧志引《括地志》"在县治东南二十里，汉祖宴父老于沛宫"，即此。《史记》"孝惠五年，以为高祖原庙"，又府志云"《寰宇记》所载，沛宫在县东南一里"，与《括地志》异，未详孰是。北周庾信《置酒沛宫赞》："游子思旧，来归沛宫。还迎故老，更召歌童。虽欣入沛，方念移丰。酒酣自舞，先歌大风。"明万寿祺《再入沛宫诗》二首："故宫百里草芊芊，原树春云满祭田。父老岁时犹设醴，碑亭日月已忘年。人心思汉皆如此，鹿走兴王岂偶然。却望鱼膏燃火处，秦皇空使凿重泉。""泗亭春尽树婆娑，汉帝宸游不再过。

魂魄有时还至沛，楼台落日半临河。风吹大泽龙蛇近，天入平沙雁惊多。我亦远随黄绮去，东山重唱采芝歌。”清朱彝尊《彭城经汉高祖庙作百字令词》：“歌风亭长，剩三楹遗庙，断垣摧动。芒砀云霾销已尽，惟见马头山拥。逐鹿人亡，斩蛇沟冷，一片闲邱陇。彩幡斜挂，绿杨丝里飘动。赢得割据群雄，六朝五季，各自夸龙种。魂魄千秋还此地，人彘野鸡谁共？社古枌榆，村遥巫觋，孰管神迎送？行人凭吊，看来终胜刘仲。”

曹相国宅　旧志：今无考。

樊巷　旧志：在县治东南，旧泗东岸，舞阳侯故里也。旧有古碑，今断裂。清邑人吕傲《樊巷》诗二首：“一巷寒烟锁碧流，至今人说舞阳侯。雨余关树笼犹暗，月照孤村淡未收。不见旗飘杨柳岸，微闻人语酒家楼。英魂已远风尘静，省幂云桥古渡头。”“干戈堋运起元功，旧巷含烟泡水东。在昔阵云迷战垒，于今英气满寒空。霏微酒旆晴关里，晻暧屠门夕照中。井树茫茫笼霁色，不随晨雾散春风。”又二首：“樊侯故里草萋萋，漠漠寒烟锁巷迷。汉业已随秋色改，将军犹有阵云低。滁门隐现凝春雨，关树微茫暗晓堤。落日秋风吹不散，英魂常在泗亭西。”“汉台东望树婆娑，一巷寒烟绕泗河。此日屠沽余壮气，当年燕赵几悲歌。渔归渡口孤帆暗，人语关前落照多。记得沛公还霸上，功名应不愧萧何。”

滕公宅　旧志：今无考。

周田　旧志：在县治西北二十里，相传周勃居此。

姜肱故里　采访：在夏镇北广戚城中。今河干有碑题志。

安国侯故里　旧志：县西北三十里有安国集，相传王陵居此，土人因以名集。

豫州牧廨　旧志：昭烈屯小沛时所居。今废

刘伶宅　旧志引《舆图备考》“沛有伶宅”，今无考。

武宗宴饮楼　旧志：在庙道口宋氏宅。明武宗南幸尝宴此，宋氏遂扃闭之，不敢复居。

洪济楼　旧志：在夏镇运河西岸。顺治十五年，因建砖城毁焉。

康阜楼　旧志：在运河东岸，与洪济楼对峙。明隆万时建。采访：基尚存。沈德潜《晚泊夏镇康阜楼下》诗：“舟泊一湾分两省，楼高百尺记三层。故宫魂魄常思沛，经界公私尚忆滕。户插竹枝风自古，儿垂花胜岁方增。夜寒篷底难成寐，坐拥残编对一灯。”

春雨楼　旧志：即夏镇城见泰楼也。顺治十五年，工部员外郎顾大申重修。康熙七年，圮。清顾大申《春雨楼》诗：“临河面郭耸朱楼，缥缈波光楼上头。东海万山分障列，兖州泗水抱城流。望中烟绕长堤柳，天际云浮锦缆舟。况复夜凉凭眺里，水晶澄碧起吴钩。”

李氏竹园　旧志：在县治东南十里。李氏，失名。

亭　台

泗水亭　府志引《水经注》：县治南垞上东岸，有泗水亭。《地道记》：“沛有泗水亭，亭有高祖碑，班固为文。”

汉班固《高祖泗水亭碑铭》：“皇皇圣汉，兆自沛丰。乾降著符，精感赤龙。承魁流裔，袭唐末风。寸天尺土，无竢斯亭。建号宣基，维以沛公。扬威斩蛇，金精摧伤。涉关陵郊，系获秦王。应门造势，斗璧纳忠。天期乘祚，受爵汉中。勒陈东征，剟擒三秦。灵威神佑，鸿沟是乘。汉军改歌，楚众易心。诛项讨羽，诸夏以康。陈张画策，萧勃翼终。出爵褒贤，裂土封功。炎火之德，弥光以明。源清流洁，本盛末荣。叙将十八，赞述股肱。休勋显祚，永永无疆。国宁家安，我君是升。根生叶茂，旧邑是仍。于皇旧亭，苗嗣是承。天之福佑，万年是兴。”

晋陆云《圣德颂》：“余行经泗水，高帝昔为亭长于此。瞻望山川，意有慨然，遂奏章以通情焉，并为之颂云尔。晋太子舍人粪土臣云稽首再拜，上书皇帝陛下：臣云顿首，死罪。伏惟陛下绍轩辕之睿哲，越三代之高踪，膺有圣之元景，蕴生民之上略。秦政肆虐，渐衅生民。在昔上帝，乃眷多方，肃雍宝命。鉴民顾天，思文睿圣，以宅神器，六合炎驾，八荒星错。企皇居于阿房，逸犄鹿于九野。谋猷回遹，天人匪祚。乃茶斯国，授汉于西京。是以克绍五纬，章太素，神母哀号，底命丹野。九垓辟授命之符，钧天清建皇之鉴。陛下螭蟠泗水，龙跃下亭，庆云徘徊，紫尘熠烁。皇威肇于断蛇，神武基于丰沛。掩四维以盖天，廓玄谋以辟宇。华宫山藏，玉堂海细，云盖景阴，金门林蔚。拔足崇长揖之宾，吐飧纳献规之客。元猷上通，德辉下济，仰翰云禽，俯跃鱼鲂。是以四海之内，莫不企景岳以接群，望广川而鳞集。乘山涉水，视险若夷，奔波阙廷，思效死节。乃鸣鸾在衡，奔骥服辂。良、平凤栖，信、布虎据，豪雄凌暴于外，奇谟补阙乎内。威谋兼陈，智勇毕效。乃凌河海，河海无梁；乃仆高山，岳华不重。三秦席卷，项籍灰分。逋虏雾散，遗寇云彻。泛时雨以清天，洒狂尘以肃地。驰广辔于丹舆，竦峻盖于苍昊。功济宇宙，德被群生，天人允嘉，民伸协爱。历数在身，有命将集。而陛下犹复允执高让，成功靡有，普天归德，群后固请，然后谒天皇于圆丘，延万乘于帝室。率土离暴秦之乱，臣妾蒙有道之惠。戎羌蛮夷之墟，雕趾肃慎之国，莫非帝臣。巍巍荡荡，盖天临地，自启辟以来，有皇之美，未有若圣功之著盛者也。臣云顿首顿首，死罪死罪！臣以鄙倍，文武无施，忝宠本朝，承乏下位。而臣遘愍，自西徂东，行迈攸止，路经泗水。伏见史臣班固，撰录圣功，窃承陛下扶桑始照，天晖未融之日，尝临御此川。于是即命舟人，弭楫水沚，瞻仰山川。旧物不替，永惟圣辉。罔识所凭，远眺逖念。感物兴哀，终怀靡及，拊心遐慕。臣命违千载之运，身生四百之外，恨不得役力圣明之鉴，寓目风尘之会，挥戈前队，待罪下军，抽锋咸阳之关，提钺项籍之领。痛心自悼，不知所裁。行役之臣，牵制朝宪。虽怀彷徨，王事靡盬。肃将言迈，实衔罔极。臣闻游魂变化，神道无方，虽圣灵登遐，降陟在天，连光五精，流辉太乙。或冀神舆降观，薄狩五服，时迈玉辂，言巡兹邑。是以下臣仰瞻紫宫，俯息恍惚，愚情振荡，靡审所如，不胜延颈紫微，结心阊阖之情，谨住水滨，拜章陈愚。臣云诚惶诚恐，顿首顿首，死罪死罪！稽首以闻。臣云言：臣闻歌咏所以宣成功之烈，诗颂所以美盛德之容。是以闻其声，则重华之道弥新；存其操，则文王之容可睹。永惟陛下圣德丰化，比隆前代，元勋茂功，超踪在昔，故诗歌之所依咏，金石之所揄扬者也。臣谨上《盛德颂》一篇，虽不足以仰度天高，伏则地厚，贵献狂夫区区之情。臣云云云。晋太子舍人臣陆云上。于皇汉祖，纂胄有唐。平章在昔，文思百王。丹辉栖烈，火精幽光。爰兹圣绪，颓维弛纲。灵曜熠烁，隮景扶桑。则天未坠，重规昊苍。其规伊何，横乾作峻。厥德不回，矩地能顺。凭河拓景，襄岳殷韵。龙章炯伟，虎质硕变。有秦不竞，罔极黔首。震惊予师，思虔神主。上帝曰咨，天鉴有赫，乃眷伊汉，此惟予宅。明明圣皇，既受帝祉，云腾下邑，风骇泗水。仰镜天文，五纬同晷；俯察云符，神母爰止。思文圣王，克广克遐，威凌群桀，德润诸华。爰祀天人，天人攸嘉。爰辑蒸徒，蒸徒既和。既和既顺，乃矢德音。丰沛之旅，其会如林。朱旗虹超，彤旆电寻。推师萧曹，抚剑高吟。元戎薄伐，时罔不龛。凌波川溃，肆野陆沉。咸阳克殄，既系秦后。峨峨阿房，乃清帝宇。穆穆圣皇，天保攸定。有项畔援，不式王命。王命既愆，黜我西土。于铄王师，遵时匪怒。爰赫乘衅，席卷三夏。啴啴戎轩，矫矫乘马。燮伐强楚，至于垓下。天诛薄曜，暴籍授首。区夏既混，宇宙蒙乂。肃肃帝居，巍巍神器。有皇于登，是临天位。绣文于裳，组华于黻。明明天子，有穆其容。至止锵锵，相维辟公。宣声路寝，发号紫宫。颁此恺悌，以畜万邦。思乐皇庆，协于时雍。琴瑟在御，大予舞功。越裳委质，肃慎来王。明明圣皇，开国乘制。分圭祚劳，河山命誓。礼律克彰，典文垂艺。有汉恢恢，疏罔不替。圣功克明，九方孔安。良宰内干，武臣外闲。渐泽冀域，沾被戎蛮。连光大素，万载不刊。"

元傅若金《沛公亭》诗："遥山寂寂对危亭，坏砌攲沙柳自青。四海久非刘社稷，千秋犹有汉精灵。丰西雾散烟沉浦，砀北云来雨入庭。坐觉酒酣思猛士，歌风台下晚冥冥。"

明王僎《宿沛县泗亭驿》诗："维舟当泗水，凉雨洗炎蒸。砧杵孤城月，渔舟别浦灯。客愁秋更甚，乡梦远难凭。千古龙飞地，令人感废兴。"

又汪乾利诗："芒砀山前秋草多，彭城王业竟如何？云来还作真人气，风起犹传帝子歌。朔雁南飞离紫塞，淮流东下接黄河。知君跃马能乘兴，一路江山取次过。"

袁凯《泗上书怀》："为客山川远，封侯岁月迟。后生方尔汝，吾辈复驱驰。岂是逢迎倦，深知气力衰。还将归老意，先报白鸥知。"

清赵执信诗："汉祖遗墟古道旁，秋波东去管兴亡。骊山气向沙邱尽，泗水云连芒砀长。豪吏宁知季成事，沐猴安得帝归乡。贾生漫会歌风意，前席无缘问四方。"

吴锡麒诗："列岫森彭门，回风荡泗水。真人昔鱼服，大度表乡里。敛魄素灵藏，承符赤曜起。收秦见衔璧，馘楚无费矢。棱威播区陬，炎德受图玺。绵蕞缅礼兴，戎亭眷戈止。时来奋英雄，事往思壮士。荒波闪余明，故迹标桀峙。云气芒砀归，落日照犹紫。"

鸡鸣台　县志：在沙河东岸上，明嘉靖时，河决于此。详见《河防考》。

元周权诗："横空阵气长云黑，戈鋋照耀旌旗色。龙跳虎跃神鬼怒，汉楚存亡一丝隔。相持两地皆雄据，楚力疑非汉能拒。瑞起炎图芒砀云，悲歌霸业乌江路。空余故垒传遗迹，离合山河几勍敌。战尘吹尽水东流，落日沙场春草碧。"

歌风台　《汉书·高帝纪》："自淮南还，过沛，留。置酒沛宫，作歌，令儿皆和习之。"台在今县治东南，旧泗水岸。屡圮屡葺。

宋张方平《歌风台歌》："落魄刘郎作帝归，樽前一曲大风辞。才如信越犹葅醢，安用思他猛士为？"

贺铸诗："汉祖高风百尺台，千年客土生蒿莱。无穷人事水东去，如故地形三四来。江淮犹沸鲸鲵血，八十一车枉归辙。白叟逢迎皆故人，斗酒欢呼惜将别。崤渑迢遥非我乡，死生此地乌能忘。酒阑鸣筑动云物，青衿儿曹随抑扬。尔时可无股肱力，端思猛士守四方。君不闻淮阴就缚何慨慷，解道鸟尽良弓藏。"

文天祥诗："长陵有神气，万岁光如虹。有时风云变，魂魄来沛宫。壮哉游子乡，一览万宇空。击筑戒复隍，帝业慎所终。重瞳爱梁父，此情岂不同。锦衣绚行昼，丈夫何浅中。缅怀首丘意，自足分雌雄。尚惜霸心存，慷慨怀勇功。不见往年事，烹狗与藏弓。早知致两生，礼乐三代隆。匹夫事已往，安用责乃翁。我来汤沐邑，白杨吹悲风。永言三侯章，隐隐闻儿童。叶落皆归根，飘零独秋蓬。登台共悽恻，目送南飞鸿。"

元吴澄诗："黄屋巍巍万乘尊，千秋游子故乡魂。韩彭自取夷三族，平勃犹堪托后昆。湛露只今王迹息，大风终古霸心存。当时尽是规模远，愿起河汾与细论。"

揭傒斯诗："万乘东归火德开，汉皇曾此宴高台。沛中父老讴歌入，海内英雄倒载回。汤沐空余清泗在，风云犹似翠华来。穹碑立断苍苔上，静阅人间几劫灰。"

于钦诗："素灵夜哭赤旗开，鸿鹄高飞楚舞回。猛气消沉人易老，白云千载绕荒台。"杨祖恕诗："怒涛突千骑，上有峥嵘台。六合一望间，万里天风来。畴昔龙虎气，芒砀深云堆。煌煌赤帜立，赫赫炎运开。皇灵固有属，亚夫徒惊唉。得志家海内，故乡重徘徊。寤寐猛士守，宿将胡嫌猜？矧兹霸心存，咄被后乘骀。朗咏三侯章，击节嗟雄哉！"

林彦华诗："芒砀云气高崔巍，山东噫气声如雷。睢阳拔木真细事，天遣吹暖秦坑灰。沛中小儿强解事，击筑高歌搅乡思。周南正始风化行，可惜歌中无此意。伯心之存良可知，五叶变作秋风辞。"

傅若金诗："黔首厌秦暴，龙德奋炎刘。英雄乘天诛，拔剑起相仇。天风堕陵谷，飞云扬九州。天下事既定，怀土未遑休。置酒宴高台，中厨进庶羞。悲歌落林木，父老皆涕流。功臣日葅醢，壮士复何求？至今丰沛间，长顾使人愁。故乡帝所爱，零落遗旧邱。大运各有终，贤圣谁能留？焉知万岁后，魂魄复来游。"

吴师道诗："沛宫置酒君王归，酒酣思沉风云飞。儿童环台和击筑，父老满座同沾衣。一歌丰沛白日动，再歌淮楚沙波涌。龙髯气拂半空寒，虎士心驰四方勇。河山萧瑟长陵荒，野中怒响犹飞扬。高台未倾心未息，故乡之情那有极？"

韩性诗："武帐如星连钜鹿，重瞳谁敢向驰逐。刘郎深闭函谷关，坐听城南新鬼哭。赤鳞半月天无光，阴陵匹马心彷徨。百二山河谈笑取，殿前上寿称明良。榆社归来故庐在，山川不改风光改。酒酣自作三侯章，儿童拍手声翻海。君不见帐中悲歌愁美人，乐府千载传授新。英雄吐气天为窄，便肯变灭随飞尘。高台石碑字盈尺，神呵鬼护蛟龙石。四海铜雀叹凄凉，坠瓦无声落花碧。远山横空暮烟起，行客徘徊殊不已。当年遗事尚可寻，断云飞渡香城水。"

练鲁诗："沛宫秋风起，游子伤所思。故人侍高宴，故乡亦在兹。酣歌自起舞，慷慨有余悲。秦鹿方犄角，英雄并驱驰。帝业亦有在，真气匹夫知。天下且归己，功臣何自危。九江自取尔，会稽徒尔为。俯仰数行泣，何以安四陲？天地驱日月，出入六马驰。上瞻芒砀云，下顾泗水湄。荒台忽千载，烟芜夕霏霏。”

李凤诗：“一剑西提与楚争，风云惨淡五年兵。归来四海成家日，犹自悲歌气未平。”

萨天锡诗：“歌风台下河水黄，歌风台前春草碧。长河之水日夜流，碧草年年自春色。当时汉祖为帝王，龙泉三尺飞秋霜。五年马上得天下，富贵乐在归故乡。里中故老争拜跪，布袜草鞋见天子。龙颜自喜还自伤，一半随龙半为鬼。翻思向日亭长时，一身传檄日夜驰。只今宇宙极四海，一榻之外难撑持。却思猛士卫神宇，安得常年在乡土。可怜创业垂统君，却使乾机付诸吕。淮阴年少韩将军，金戈铁马立战勋。藏弓烹狗太急迫，解衣推食何殷勤？致令英杰遭妇手，血溅红裙即追首。萧何下狱子房归，左右功臣皆掣肘。还乡却赋大风歌，向来老将今无多。咸阳宫阙亲眼见，今见荆棘埋铜驼。台前老人泪如雨，为言不独汉高祖。古来此事无不然，稍稍升平忘险阻。荒凉古庙依高台，前人已矣今又哀。悲歌感慨下台去，断碑春雨荒莓苔。”

汪巽元诗：“碑存溪石高嵯峨，汉字漫灭新镌讹，台非旧筑行人过。赤帝当年布衣起，老妪悲啼白龙死，芒砀生云凝夜紫。一朝花发咸阳春，老剑磨血消京尘，归来故里天上人。千古斜阳愁色里，草没荒城孤掉尾，不信英雄化为鬼。”

张灵诗：“世间快意宁有此，亭长还乡作天子。沛公不乐复何为？诸母父兄知旧事。酒酣起舞和儿歌，眼中尽是汉山河。韩彭诛夷黥布戮，且喜壮士今无多。纵酒极欢留十日，慷慨伤怀泪沾臆。万乘旌旗不自尊，魂魄犹为故乡惜。由来乐极易生哀，泗水东流不再回。万岁千秋谁不念，古之帝王安在哉？莓苔石刻今如许，几度西风霸陵雨。汉家社稷四百年，荒台犹是开基处。”刘原俊诗：“六国无人祖龙死，布衣提剑山东起。八年置酒未央宫，千载犹思复田里。风飞雷厉来咸阳，锦衣其如归故乡。登台作歌醉眼白，俯视四海诸侯王。寂寞河边一邱土，烟树苍茫接齐鲁。行人何必重伤心，世事回头今已古。”

明杨士奇诗：“汉皇靖宇内，六合承统御。万乘还沛中，龙旗翼銮辂。酒酣歌大风，气势排云雾。往绩示殊伟，丕图怀永固。宽仁运乾刚，四百隆鸿祚。至今千载余，光华垂竹素。崇台面河曲，穹碑依烟树。我来属秋杪，维舟久瞻顾。矫首芒砀云，澹澹青空曙。”

曾棨诗：“秦皇失其鹿，咸阳为飞灰。沐猴万人敌，叱咤生风雷。堂堂隆准翁，仗剑起蒿莱。天威动四海，顾视群雄摧。垂衣坐关中，黄屋高崔嵬。一朝念乡土，万乘忽归来。酒酣发浩歌，意气何壮哉！大风撼枌榆，白日照尊罍。焉知天运移，炎祚忽已颓。凄凉千载后，秋草翳荒台。流景能几时，昆明起尘埃。飘飘芒砀云，飞散不复回。至今中阳里，恻怆令人哀。”

薛瑄诗：“故城南畔泗河隈，汉祖歌风有旧台。乐饮一时酬父老，壮心千古忆雄才。新丰桑柘萧疏尽，芒砀云霞散漫开。一自鼎湖龙去后，英雄几复沛中来。”又“素灵夜哭秋郊月，汉祖吴钩三尺血。芒砀云气从飞龙，咸阳竹帛随烟灭。独绌群策驱群雄，汉中一旅红旗东。韩郎对语识成败，董公遮说开天衷。王者之师仁以武，诸侯效顺力如虎。关河百战芟群雄，垓下一歌散强楚。风尘荡涤天下清，万乘不忘布素情。黄屋归来见乡邑，宴饮父老如平生。

酒酣拔剑高歌起，歌词激烈振天地。雄志深知大业成，霸心尚思猛士倚。群儿逐我声悠扬，起舞四顾何慨慷。乐极哀来泪沾臆，魂魄千秋思故乡。遂令此邑为汤沐，独承天宠何优沃。四百休运同始终，三国遗民想兴复。至今有台泗水滨，雄豪一去千余春。坏埒层层积苍藓，平源漠漠生黄尘。我来正值清秋暮，桑柘萧萧叶飞雨。泗水南流芒砀高，霸业王风复何许。徘徊重是古帝郊，摩挲石刻心焦劳。俯仰秋天莽空阔，杳杳鸿鹄凌风高。"

李时勉诗："君不见歌风昔日有高台，古人不见今人哀。露砌荒凉余白石，断碑剥落生苍苔。忆昨歌风台下路，凤辇归时花满树。锦筵戏乐天上来，娇娥舞袖云中度。威加海内未可论，何如归见旧山村。青云壮士古来有，白发遗民今少存。秋日经过望齐鲁，野草寒花是谁主？远色平分砀北云，寒声暝度丰西雨。层台叠榭势转奇，世人相逢那得知。好看汉祚从此启，铜雀姑苏空尔为。"

李东阳诗："风急高城涌暮波，旧时台榭此山阿。鹿当秦楚黄尘合，龙去芒砀紫气多。海内英雄休战伐，里中耆旧喜经过。功成坐失萧墙计，遗恨当年猛士歌。"

唐顺之诗："我来拟上歌风台，岂意台空只平地。琉璃古井亦崩塌，断碑无字苔藓翳。当年此地说豪华，富贵归乡多意气。枌榆社里列黄麾，泗水亭前张赤帜。里中父老竞来窥，昔日刘郎今作帝。共谈畴昔帝一噱，季固大言少成事。椎牛张宴里闬空，进钱今日几万计。坐中只戴竹皮冠，众里长呼武负字。酒酣击筑帝起舞，乐极歌残更流涕。游子谁不悲故乡，万岁吾魂犹乐沛。赐名此朕汤沐邑，世世田畴免租税。风尘云飞又一时，往事萧条谁复计。樵人不识斩蛇薮，行客还归贳酒市。台下黄河尽日流，瞬息人间几兴废。"

叶向高诗："汉帝歌风去不回，空山落日照高台。一从芒砀无云气，几见昆明有劫灰。原庙草荒清跸路，断碑苔掩浊流隈。长余魂魄千年在，惆怅枌榆事可哀。"屠隆诗："汉家汤沐旧山河，宫树临淮控夜波。明月可能销艳舞，西风吹不散悲歌。山中紫气春阴合，台上黄云秋色多。万岁欢娱欢不足，平沙辇道此经过。"

沈梦麟诗："孤舟入沛夜如何，况复登台感慨多。龙虎已销天子气，山河先入大风歌。九宵霜露凋黄叶，五夜星辰下白波。独有当时三尺剑，至今光在未全磨。"

李磐诗："古道春阴赤帝城，疏藤斜竹隐丹楹。鸿沟未许中分立，龙彩常惊五色横。台上风云丰沛酒，马头烟雨古今情。相逢莫叹山河改，莺语犹能出汉声。"

王洪诗："赤精自天启，黄屋凌空开。富贵归故乡，遂筑歌风台。佳人弄瑶瑟，故老持金罍。酒酣自击筑，浩歌何雄哉！飒爽龙虎姿，旷荡风云怀。顾为万岁后，英魂尚归来。回首望彭城，孤台亦崔嵬。百战功不成，千载令人哀。"

叶铭臻诗："黄屋初乘入故乡，悲风从此醉壶觞。固知有国因三杰，复恐无人守四方。丰沛到今何寂寞，风云终古自飞扬。荒台独上追陈迹，空见残碑傍夕阳。"

万寿祺诗："日暮高台风大呼，沛宫子弟尚存无？莫言猛士今安得，已识真人先有符。杨柳岸高悬野渡，桃花沙暖入平芜。弥弥泗水环祠庙，谁见尘埃旧酒徒。"

徐渭诗："醉媪酒，卧媪垆，武家垆畔鼾呼呼。丰沛中，群酒徒，噱季鼻大糟所都，谁唤隆准而公乎？十二年，左纛还，着红衫，应午炎。七尺所临万马环，诸王列侯敢不虔？猎徒酒伴隘巷看，独召故老金爵干。惜青齐，赭朱颜，乃思猛士得将安，归问野鸡还我韩。”

张贞观诗：“大蛇中断老妪哭，泗上真人起逐鹿。提去三尺失紫氛，归来五载得黄屋。沛中父老欢相语，落魄刘郎今帝服。豁达应念故乡人，故乡会且乞余馥。帝云游子悲故乡，其以沛为朕汤沐。烹鲜酾酒宴沛宫，醉舞酣歌仍击筑。寄兴风起与云飞，翩翩豪气凌苍覆。磐石疆场意念深，安得猛士托心腹。汉家相传四百年，一脉忠厚从此毓。嗤彼锦衣绚昼游，楚猴冠沐真朴樕。太牢帝始重儒林，放歌谁谓霸心伏？挥涕慷慨不胜悲，中情似海韩彭族。展也帝为马上翁，茹芝讵解尊绮角。陵勃终称社稷臣，即伊猛士岂碌碌。万岁千秋归沛魂，计今应在泗水澳。可堪原庙久荒凉，蔓草寒烟难寓目。看取勋业是如何，奄忽已更几陵谷。今古直从俯仰过，仰天一笑倾醽醁。”

罗坤泰诗：“翠华遥指故乡来，隆准高歌亦壮哉。海内风云三尺剑，沛中烟雨数层台。斩蛇空洒秦陵泪，戏马常怜楚霸材。二十四陵俱寂寞，古碑犹自枕苍苔。”

陈孚诗：“沛中一曲大风歌，谁识尊前慷慨多。拔木扬沙睢水上，大风中有汉山河。”“沛上风云志未酬，彭城先有锦衣游。同为富贵归乡者，只是龙颜异沐猴。”“原庙衣冠久已灰，断碑无首卧苍苔。至今风起云飞夜，犹想帝魂思沛来。”

阎尔梅诗：“上得歌台风满天，如闻击筑十三弦。还乡高会山河动，开国元音创守全。重过屠门颁铁券，亲呼酒媪赐金钱。西京乐府从兹始，俯仰情深妙不传。”“芒砀云绎七峰藏，泗水波澄发怪光。屋上龙交生汉祖，山中蛇斩应秦皇。英雄原不羞贫贱，歌舞何曾损帝王。认取当年悲乐地，蛩吟鸟语尽宫商。”“泗水亭阴列汉官，营连桑梓共盘桓。屠沽拜将亲朋贺，子弟封侯父老欢。驻跸不劳绵蕞礼，围樽仍着竹皮冠。军多汲尽琉璃井，无数绳痕泐石干。”“天然风雅创无伦，写意狂歌若有神。不到故乡乘酒兴，谁知隆准是诗人。湖山响应王侯和，丝竹音谐节奏匀。伏腊永怀汤沐事，每登原庙辄沾巾。”“荒台径可作离宫，妙选良家百二童。击节三声风响变，停銮十日酒垆空。追谈壮士诃蛇媪，漫对群臣谑狗功。虽与项王同泣下，还将成败决英雄。”“淮南振旅过香城，衣绣云何肯夜行。驱策群雄三杰冠，摧挫大敌五年平。直开关内星辰气，不讳山东酒色名。嫚骂亦看何等客，腐儒原自使人轻。”“威加海内不言尊，天子王侯醉里门。昔假万钱争上座，今提三尺定中原。飞扬自写真人概，慷慨能招猛士魂。莫与汾阴辞并奏，秋风衰飒不堪论。”“张饮城西恋首邱，帝王难得此风流。中兴十世生文叔，后起三分托武侯。斗智无方能破楚，临终数语径安刘。音容杳矣羹墙近，疑有灵光在上头。”

又《歌风台猛士行》：“汤沐之乡多猛士，风云附会高皇帝。枌榆胜迹两千年，尚有萧曹功臣裔。屠沽酒媪悉英雄，海内何人敢轻视？辛巳之年三月暮，荒岁民饥逃满路。揭竿四起弄潢池，烽飞曾不计其数。直过湖陵犯歌台，深宵烽火如棋布。余心恶之传私令，邻里儿童皆听命。乡兵不与官兵同，止可用奇不用正。铁马金戈农夫少，旌旗虚插垂杨杪。深春土气发烟光，土波摇动白茫茫。贼自西偏向东视，人影浮空几丈长。步者森森喧鼓炮，骑者随余捣中央。直入前茅洞后劲，淋漓血溅绿沉枪。贼方蓐食寻攻具，闻声哄然各奔去。别遣余贼焚吾庐，楼厅图史尽灰墟。破我一家救一城，城上亲朋谢再生。岂知此非我所能，乃是吾乡子弟兵。战罢疾书猛士铭，配大风歌勒泗亭。”

清邵长蘅《怀古》诗:“芒砀真人乘赤龙,故乡行幸有遗宫。壁埋蝌蚪荒碑在,木落牛羊寝殿空。汤沐百年欢父老,衣冠十日拥儿童。淮阴已族黥彭醢,慷慨何须悲大风?”

顾大申《雪后登歌风台示沛令》:“一剑收秦鹿,秋风万里心。悲歌谁掩泣,壮士已成禽。井邑新丰旧,龙蛇大泽深。残碑埋野戍,雪后此登临。”

袁枚二首:“高台击筑忆英雄,马上归来句亦工。一代君臣酣饮后,千年魂魄故乡中。青天弓剑无留影,落日山河有大风。百二十人飘散尽,满村牧笛是歌童。”“泣下龙颜气概粗,子孙世世免全租。有情果真是天子,无赖依然旧酒徒。父老尚知皇帝贵,水流如听筑声孤。千秋万岁风云在,似此还乡信丈夫。”

张鹏翮诗:“残碑读罢意徘徊,猛士何如王佐才?泗上云飞烟树晚,空怜明月伴荒台。”

孔广仁诗:“楚人沐猴秦人鹿,东归彭城徒功逐。白帝化蛇赤帝龙,万里云从旋沛宫。沛宫銮仗罗重重,十五年前隆准公。揃刈群雄若振槁,大言始信成大功。列馔饫庖主恩盛,汤沐特赐交欣庆。里中故旧几人存,海内车书一统正。酒酣击筑歌声长,和习齐唱诸儿郎。竹皮冠换冕衣裳,少年豪吏皆侯王。此乡之乐乐何极,千秋万岁不能忘。麻姑持筹计桑海,台新台故经屡改。神剑飞去原庙空,泗上亭子知安在?惟见断碑蚀莓苔,收拾残缺发光彩。砀之山,何苍苍?丰之泽,何茫茫?苍苍茫茫一气里。登高邱兮望远水,斯台终古凌云起。”

射戟台　府志:台在今南门内,即吕布中戟解斗处。旧志:上有三结义庙。清吕俶《上射戟台》诗二首:“层台缥缈镇云山,试射辕门落照间。月满雕弓临暮垒,霜明画戟隐重关。春旂一道寒光闪,铁马三军笑语蛮。当日偶然扶帝裔,风流千古重人寰。”“一槛松阴隔彩霞,凤仪人去旧京华。若将徐濮归先主,争得山河属魏家。月出画门虚避雁,风高战垒乱啼鸦。玉钿金箭皆零落,赤兔无声蔓草斜。”

射箭台　府志:在县治东南五里,明成祖南下时筑。上有天妃行宫。

啮桑亭　《方舆纪要》:在县西南。徐广曰“梁与彭城间,有啮桑”,谓此地也。汉武帝《瓠子歌》:“啮桑浮兮淮泗满。”

静安亭　县志:在飞云桥东南。元季邑人符世荣所构,吴兴陈绎为记。今不存。

永赖亭　旧志:在镇山书院后,万历元年工部主事钱锡汝建,志朱公功也。亭在高台之上,雄爽可眺望,前有石梁为偃波形,左右植柏数株,高三丈余。亭后垒石为三峰,左右植竹数千竿。明季,亭毁,柏、竹俱尽,惟三峰在。康熙丁亥岁,知县杨宏绩以供应故,移而碎之。

琉璃井　旧志:在歌风台西偏。《史记》“秦始皇东游,厌天子气,凿井浚沟以断王脉”,即此。明嘉靖中,日本国使臣过沛观琉璃井题诗壁上云:“玉虎风轻转辘轳,汉家汤沐旧规模。不知一勺寒泉水,洗得君心杂霸无?”清吕俶《琉璃井》诗:“银床剥落倚层台,曾是秦皇旧凿来。泗上一泉初见水,咸阳三月已成灰。梧桐落影澄秋雨,鹁鸪无声叫翠苔。白帝未能消火德,灌园今日荷栽培。”

樊井　旧志:相传南门外井为樊哙屠狗处。明万历间,知县罗士学立坊表之。今案:井犹在故城外苇园中。

清风潭　旧志:在夏镇城中,河防同知行署后。皮工妻、女沉水处。工部主事綦江杨为栋立石表之。

饮马池　旧志:青龙桂籍山上有方池,相传萧何尝饮马于此。

马蹄泉　光绪志稿:在三河口集大王庙前运河岸下。泉水甘洌,细流不竭。

苞桥　府志引《方舆纪要》:在今沛邑西,一作"泡桥",宋元嘉中,魏兵败于此。

石梁　府志引《水经注》:泗水南经小沛县东。县治故县南垞上东岸,有泗水亭,水中有故石梁处,遗石尚存。同治间,徐海兵备道吴世熊徙皮郡城,存监司署中。

祠庙寺观

武庙　府志:有十一。一入《坛庙》;一在南关堤内;一在邵玉集;一在夏镇运河东岸;一在县东北五十里北络房村;一在县北十二里张家庄;一在县北三十里庙道口;明万寿祺《小沛壮缪侯庙》诗:"沛城城北路,庙貌一时新。友道殉臣道,今人愧古人。春风看立马,夜雨泣悬鹑。牧畜东山客,悲歌东鬼神。"一在邑东南汉台乡;一在卜家圩北;一在邑南十二里;一在邑东三十里。光绪志稿又载:一在鸡鸣台之左,同治十年湖团东民所建。巨野王有翼撰记:吾乡各村,率有关圣帝君神祠,春秋祈报,肃观瞻焉。湖团历年兵燹,日不暇给。迨干戈稍息,爰于正殿东偏拓地三弓,辉煌圣像,焕然聿新。余每览《帝君庙碑》,非颂功德,即感灵应,昔人所已言,亦无庸再赘。谨即所愿望者,为我团祝。祝曰:帝君有灵兮勿动刀兵,流寓土著兮如弟如兄。帝君有灵兮英才蔚起,百年树人兮蒸我髦士。帝君有灵兮岁逢大有,鱼龙潜藏兮勿为渊薮。帝君有灵兮灾祲永息,人寿年丰兮祉福无既。帝君之灵乐洋洋,年年箫鼓兮报赛长。黍稷鸡豚兮与酒浆,白叟黄童兮竞趋跄。含沙鬼蜮兮咸遁藏,国税早登兮催科不忙。各安生业兮足稻粱,帝君之灵兮锡福无疆。光绪志稿、采访有二十三,叙述重复。姑录数处备考。一在治东南二十三里朱家阁;一在治东南二十里陆朱庄,有碑记;一在夏镇东北隅,曰山西会馆,规模极大;一在部城吕公堂后殿,相传神像系由兖州息马地摹来。

火神庙　旧志有三。其二入《坛庙》;一在夏镇南门内西偏,明万历间建。光绪志稿、谓采访:有八。一在庙道口;一在治东北四十五里袁家堂;一在欢城集;一在治西南三十里袁集;一在蔺楼西北李集;一在七山砦内;一在孟家桥南;一在辘轳湾砦南。今案:夏镇南门庙,已废。

大王庙　旧志：有五。一在县南泗河北岸，明万历间建；一在县西南四十里小盘龙村，嘉靖间建；一在县东南十五里上沽头，嘉靖间工部主事陆梦韩建，今废；一在县东南二十五里下沽头；一在县东北三十五里三河口，嘉靖间建。嘉靖四十五年李邦振撰有碑记，吴郡周天球书：水之难治，古人累言之，谓川流利导，行所无事，治之善者也。然有其地、行其性，则功易施。若夫奔涛怒湍，沙水下涌，我适有渠横阨厥冲，而地不能徙，又欲资水之我利、避沙之我湮，于此治之，非出古人所难之外者乎？今之三河口，固其所也。滕之东境，层岭沓涧，霖潦水溢，自青山而发，是为沙河。自费西入滕，山长泉广，众源合流，泉行两河之间，是为赶牛沟。三河交汇处曰口，西趋昭阳湖百里而遥，流长势缓，惟余清泚由荆沟口入旧渠，以济转漕，亦永有利矣。乃嘉靖乙丑，河决于沛，旧渠湮没，上廑圣衷，乃命大司空行御史大夫事吉州朱公衡往治之。公虚己咨询，议开新渠——自南阳至三河口，迄于留城——斥远冲啮，使不与河争利。《疏》闻，制曰：可。仍命大中丞吴兴潘公季驯副之，相与协恭，讲求疏凿之故，而首以三河口为计。盖洼之难于起，阜之难于深，皆可倍工取效，而三河之治也，务利之归、害之去，势不可兼善，难莫甚焉！揆维山东参政武昌熊公桴，尝官吴中，修水利、缮海防，茂章勋望，俾分理之。公得三河以北之地，星驰野宿，躬率万众，□力□□，劝勤倡惰，浚深凿坚，旋将竣事。顾三河不易为力，乃期同事河南宪使梁公孟龙、曹濮兵宪胡公涌、沂州佥宪郭公天禄，搜壑穷源，心思是竭；质求三老，务俾永图，上下其谋，逾时未决。一旦，二老移教同文，与公之情相吻合。遂开土渠数□□□□□里，筑长堤过沙河之冲，沿渠则断以高坝；相视上游，疏瞿家口诸处，泄其水于马陂湖，而北合鲇鱼泉，以济新渠。盖逶迤其势，与趋昭阳湖出荆沟者，同意也。赶牛沟之口，则筑塞之，折其流；而会于薛河之口，则筑石坝稍昂之，使水溢出而泥滓不得俱下。凡水土木石之工，费以巨万而始克报竣。值秋潦而水三溢，水行如所处，尽得厥利而害卒以远。新渠用成，而安我国家万世重计，熊公不敢居其成，而颂美二老。朱公曰："余其贪天之功哉？或神之启余也。第山川导灵，而辄有更置，盍祠之水口以报飨之？"潘公闻而趯然曰："异哉！余有先兆，昨梦三神人云：'帝赐尔祉，当祠我于水西。'水西，沙口也。"熊公喜，以宪使刘公贽，策多裨益，徐语及之。刘公曰："心之虚境，神之俯也；身之虚境，天地之神之所游也。吾有谋有猷，根诸心之诚，则我之神合天地之神，所以成天地之务者。若或导之，是故思之。思之人谋、鬼谋，相参以诚，所谓吉事有象，有开必先是已。兹二老，忠贞体国，忧勤至计，而熊公夙夜惕若，以求允济，则神之听之，发其明睿，出其嘉画，以毕此骏功。不有冥佑默相，而曷克臻此耶?!"相与捐帑，建神龙之祠，为三河口之镇。时滕尹吉安张君启元、邹尹章君时鸾，俱以文学政事知名，克肩堤坝之筑，有劳于是役者也，谓祠成当记诸石，以表群公之德，昭神明之贶，垂示绵代，俾由渠而上下者，知所以治之之难，乃属余为之辞。辞不获，辄叙次之，而系之言曰：维河有神，禹则肇之。血马沉碧，灵庥乃滋。悯兹徐方，洪流斯震。民命胥沦，王□会厪。帝命司空，图之著蔡。桓桓中丞，桢干攸赖。戾止河滨，集议广思。参政乃来，协恭以维。相惟三河，新渠中贯。利则我济，淤亦我患。难之慎之，嘉画是资。久而通之，实神告之。乃堤乃坝，以宣以遏。疏凿互兴，水利用达。湜湜新渠，国之元脉。万方来廷，迈往靡忒。宣房徒侈，郑白匪俦。终缵禹功，千祀永休。功高不伐，归美于神。有炳神烈，景贶聿臻。肃肃庙貌，惟神永妥。肤功勿忘,念哉元佐。

送子白衣观音庙　采访:在欢城集。今改碧霞元君庙。雍正四年,新安汪翰碑记:赤子黎元,结有情之善果;白衣大士,广应世之潮音。愿力宏深,因缘普遍。非女曰女,共昧法身;祈男则男,顿归灵感。如掘地得水,无处不然;或采珠于渊,有时后获。念愿猛省,妙湛而生光生形;尘劫尽弥,圆通而无人无我。爰当圣会庄严之期,正逢人寰兴胜之秋。从兹祥云永覆,慧日常悬。莲台清净,悯群黎而法海无边;竹径幽深,慨下愚而慈航普渡。所有修建姓氏,镌石于后,永垂不朽云。

泰山庙　采访:在珠梅闸上,嘉庆十五年重修。知县事海宁许嘉猷撰记:盖闻汝阴旧壤,湖陵名区;星分房宿,地据河滨。春雨楼中,怀前代胜游之迹;大风台畔,溯当年酣歌之基。刘伶之宅靡留,永赖之亭已圮;凡此名胜之区,必建祠坛之所。一邑咸蒙呵护,万姓胥仰声灵。维嘉庆元年丙辰,河流漫溢,百里汪洋。珠梅闸上,旧有泰山庙一座,崇垣倾陷,神像漂流。厥后,大王庙中,暂供香火。暨七年壬戌,武昌左、卫运职等倡议重建,第虑工巨费大,独力难支。住持僧性诚,捐资得半,遂观厥成。余承乏是邑,八载于兹,庚午春督挑竣事。冬复往来河干,因得瞻仰庙貌光昌,神灵巩固。既美运职之好施,又嘉僧人之有志也。是不可以不记。

吕公堂　在夏镇文庙西偏。正殿塑吕洞宾仙师像,匾书"古风仙境"四字,相传阎古古笔。道光二十五年,僧妙用募建春秋阁、两庑于大殿后。阁塑关帝像,神气如生。

玉皇庙　旧志:有四。一在县西门外,万历间建,清康熙时知县郭维新增建;一在县东北三十里曲房集;一在县东二十五里,嘉靖间建;一在夏镇,万历间重建。光绪志稿:有六。一在治东南二十一里贾家阁;一在庙道口砦;一在珠梅闸;一在傅庙砦西北二里;一在治西北一里;一在姚家桥砦。

东岳庙　旧志:有五。一在县东半里泗河北岸,元至正间建,有吴兴陈绎曾碑记,明永乐间重建,万历间重修;一在县西三十五里北孟村;一在县西北六十里沙河镇;一在夏镇部城,嘉靖间建,有万历醮会碑;一在县南五里,嘉靖间建,有邑人楚维贤记,万历间重建。光绪志稿:又一,在杨庄闸西岸。

玄帝庙　旧志:有八。一在县治河东岸半里,明正统时知县王清建,弘治间修,有邑人高恺记,万历间重修;一在北门子城内,万历间知县罗士学自城内迁建。明张贞观《新迁玄帝庙记》:"玄帝庙之在邑治者二。一在泗河之浒,载在邑乘,谓创于天顺间者,是也。一为今庙,邑乘不载。盖嘉靖乙未,自县南潴水桥迁入城北市中,迨今匝一甲子。客岁秋,彭山罗侯顾瞻庙宇逼近居民,湫隘弗称,以北门子城之右隙地僻静,安神为宜。爰下令迁之。选匠僝工,撤旧为新,以坚易腐,不两月而工告成。侯以兹役不可无言纪成事,乃授简不佞。不佞承乏礼垣,职典祀事,其于国家崇祀诸神,博稽详绎,粗窥梗概。窃怪传真武者之幻妄不经,诬世且以诬神也。《周礼·司服》有祀昊天上帝与祠五帝之文,盖天帝一也。以冒覆言，谓天；以主宰言，谓帝。而帝之随方因时、异位异名，则有赤、青、黄、白、黑之分，实一气分布为五。玄帝者，即上天，北方之分气，黑帝是也。又青龙、白虎、朱雀、玄武之名，见于《曲礼》，陈澔谓指四方之星，形似而言。北方七宿，虚、危如龟，腾蛇位其下，故称玄武。至宋真宗避祖讳，始易玄为真。而世称真武神者，例必曰玄天上帝，其意固可识也。史称三代祀天之礼，至秦无复存者。秦襄公始作西畤，祠白帝。其后并青、黄、赤而祀之。至汉高，乃立黑帝祠，名北畤，与故四帝祠而五。则玄帝之祀，其为北畤又何疑？论者谓天，犹之性；帝，犹之心；五帝，犹仁、义、礼、智、信之心，随感而应，其说为近。大都天为积气，气之所积，神灵生焉。一气五运，总之皆天，犹太极分布为五行，五行总之一太极也。元帝之祀，几遍宇内，视他祀为特隆，无亦以北方之分气，于象为水，于卦为坎，于时为冬。天一之生气独先，而万物胥此归根复命，成始成终，功德斯世，更腆且渥，与乃混同。赤文谓帝生于开皇初劫，为净乐国王太子，遇紫虚元君授以道秘，遇天神授以宝剑，东游武当，修炼飞升。《元洞玉历记》又云：帝于殷纣时，与六天魔王战于洞阴之野，魔王以坎、离二气，化苍龟、巨蛇，帝以神力摄伏之。无论其说浩渺怪诞，茫不足据，即果如所云，则真武之祀，且当在狄梁公所毁千七百祀之列。而我太祖厘正祭典，罢一切淫黩，诸祀何独俨然列之留都十庙？我成祖于太和山备极尊崇，典鸿仪缛，赫奕千古，又何为哉？盖秩祀有三：天神、地祇、人鬼。古者祀天地必配以人帝，如春祀青帝而配以太皞，夏祀赤帝而配以神农，诚谓功德参天地，即配之无怍耳。祠祭家不达其旨，于天神、地祇之祀，妄立名姓，惑世愚民。如真武之说者，往往而是，甚且列昊天上帝于其所谓三清之下。夫老聃生于衰周，死有墓，延有子孙，乃人鬼也，而可跻之上帝上乎？此唐玄、宋徽欲尊天，而不自知其亵天祇，为老氏者流添口实。不佞有激于中，旧矣。辄因侯之命而并道其所欲言者，如此。若侯之事神、治民，经画、注厝，种种宜人，此曾未足概其万一，不佞奚赘焉？庙凡为正殿三间，大门一座，周围以垣。别为余室一所，则黄冠者所寄宇也，例得附书之。”一在县南十里汉台乡；一在县北三十里庙道口；一在县西北三十里徐家集；一在县西二十五里高房集；一在县东北四十五里欢城集；一在县南三里漷河南岸，今废。光绪志稿：有六。一在城内；一在大张家砦北二里；一在三河口砦西南；一在扬名集；一在蔺楼砦西北李集；一在栖山砦东门外，新访；一在夏镇运河西岸，中铸铜像，殿壁中箝有王问《颂功碑》，又咸丰辛酉殉难士女碑，庙始于明，清光绪二十八年邑人张开均重修。

三官庙　府志：有四。一在县西南古城址；一在县东关油坊口；一在县东射箭台；一在夏镇部城，有明管河主事陆檄碑记。光绪志稿：有五。一在县东南二十二里；一在高房集；一在治南三十里刘庄；一在朱楼砦南二里张李庄；一在大闸砦，今圮。

三皇庙　旧志：有五。一在鸭子村；一在高房集东南；一在千秋集；一在南秦村；一在夏镇城南。又光绪志稿：有二。一在傅家庙砦西北二里；一在治西。

汉高祖庙　旧志：一在沛宫故地，为汉高原庙，汉孝惠帝时以沛宫为原庙，后汉光武建武五年，帝幸沛，祠高原庙，即此，今失其处。一在泗水亭中，建武二年盖延定沛楚，修高祖庙，久废，明万历三年治西倪民望始于歌风台东南建殿三楹，春秋致祭。按：府志引前志云：原，训重。于京师高庙之外，又立庙，故谓之原。断无原庙之旁复有庙之事。且盖延岂有舍原庙而别修无名之庙，光武又岂有舍延所修而祠未修之庙乎？分为二者，非是。然据《水经注》“沛宫有汉高祖庙碑”，泗水亭又有高祖庙碑，年代绵远，未敢定论，姑存旧说于此，今录之以备考。唐柳宗元《沛上原庙碑铭》：“昔在帝尧，光有四海，元首万邦。时则舜、禹、稷、契，佐命垂统，股肱天下，圣德未衰。而内禅元臣，继天而受命，四姓承休，迭有中邦。五神还运，炎德复起，周道削灭，秦德暴戾。皇天畴庸，审厥保承。乃命唐帝之后，振而兴之；又俾元臣之后，翊而登之。所以绍复丕绩，不坠厥祀。故曲逆起为策士，辅成帝图，吐谋洞灵，奋奇如神，舜之胄也。汝阴脱帝密网，摧敌暴气，扶乘天休，运行嘉谋，禹之苗也。酂侯保绥三秦，控引汉中，宏器廓度，以大帝业，契之裔也。淮阴整齐天兵，导扬灵威，覆赵夷魏，拔齐殄楚；平阳破三秦、虏魏王；绛侯定楚地、固刘氏，皆稷之裔也。克复尧绪，昭哉甚明。天意若曰建大德者，必唐帝之胄，故汉代兴焉。翼炎运者，必唐臣之孙，故群雄登焉。是以高帝诞，膺圣祚以垂德厚。探昊穹之奥旨，载幽明之休祐。杀白帝于大泽，以承其灵；建赤旗于沛邑，以昭其神；假手于嬴，以混诸侯；凭力于项，以离关东。奉赞尧之元命，而四代之后，咸献其用；德乘木之大统，而秦楚之盛，不保其位。既建皇极，设都咸阳；抚征四方，训齐天下。乃乐沛宫，以追造邦之本；乃歌大风，以昭武成之德；乃奠旧都，以壮王业之基。生为汤沐之邑，殁为思乐之地。且曰：万岁之下，魂游于此。惟兹原庙，沛宫之旧也。祭蚩尤于是庭，而赤精降；导灵命于是邦，而群雄至。登布衣于万乘，而子孙得以缵其绪；化环堵为四海，而黎元得以安其业。基岱岳之高，源洪河之长，蓄灵拥休，此焉发迹。盖以道备于是，而后行之天下；制成于是，而后广之宇内。天下备其道，而神复乎本；宇内成其制，而心怀其旧。宜其正名以表功，用成其始，俾生灵尽其敬焉；陈本以宅神，用成其终，俾生灵尽其慕焉。故高帝定位，建兹閟宫；惠皇嗣服，爰立清庙；绵越千祀，至今血食。此所以成终而成始也。且夫以断蛇之威，安知不运其密用、佐岁功以流泽欤？以约法之仁，安知不流其神眷、相旧邦之遗黎欤？以绍唐之余庆，统天之遗烈，安知不奋其神化，大祐于下土欤？然则展敬乞灵，乌可已也。铭于旧邑，以迪天命。其辞曰：荡荡明德，厥维放勋。揖让而退，祚于后昆。群蛇辅龙，以翊天门。登翼炎运，唐臣之孙。秦纲既离，鹿骇东夏。长蛇封豕，蹈跃中野。天复尧绪，钟祐于刘。赫矣汉祖，播兹皇猷。扬旂沛庭，约从诸侯。豪暴震叠，威声布流。总制虎臣，委成良畴。剿殄霸楚，遂荒神州。区宇怀濡，黔黎辑柔。表正万国，炎灵用休。定宅咸阳，以都上游。留观本邦，在镐如周。穆穆惠皇，宗禋克承。崇崇沛宫，清庙是凭。原念大业，肇经兹地。方专元命，亦举严祀。建旂衅鼓，遂据天位。魂游故都，永介丕祚。焕列唐典，严恭罔坠。勒此休铭，以昭本始。”

唐皇甫冉《汉祖庙诗》：“古庙风烟积，春城车骑过。方修汉祖祀，更使沛童歌。寝帐巢禽出，香烟水雾和。神心降福处，应在故乡多。”

明周允嘉《高村谒汉高祖庙》诗：“高村汤沐地，下马独徘徊。落日吹原庙，歌风想旧台。

新丰鸡犬去，故土梦魂来。猛士空烦忆，韩彭安在哉？”

陶望龄《沛县过汉祖庙》诗：“路经旧沛山川古，龙起中原战斗多。一代雄图开赤帝，千秋遗庙傍黄河。云归尚识真人气，风起犹传猛士歌。魂魄来游长此地，汉宫秋色近如何？”

留侯庙　府志：在留城。戴延之《西征记》：“留城中有张良庙”；裴子野《宋略》：“义熙十三年，高祖北伐，大军次留城，令修张良庙”；旧志：“自留城移入里仁集，今废”。元陈孚《汉留侯庙》诗：“子房王佐才，其风凛冰雪。天遣鹤发翁，圯上授宝诀。博浪沙中千尺铁，祖龙未死胆已裂。况此喑哑扛鼎夫，不直秋风一剑血。谈笑帷幄间，六合雌雄决。卯金四百年，只在三寸舌。但恨汉德非姚虞，不得身为古稷契。雍熙至治如可作，岂肯脱冠挂北阙？留城古祠今千载，碧藓溜雨眠断碣。我恐至人或不死，尚有笙鹤拥玉节。酌泉采菊往奠之，回首芒砀随山月。”

樊哙庙　旧志作樊将军庙，在邑南鄙胡庄。邑人朱翰卿《樊侯祠》诗：“荒祠杨柳绿如绸，系马残阳吊古邱。半世雕虫惭寄旅，一肩生彘祭君侯。从龙事业先屠狗，怀古闲情暂依楼。我本歌风台畔客，白云犹是汉时秋。”“慷慨鸿门拥盾过，将军手挽汉山河。指挥刘项分成败，谈笑蛟龙脱网罗。此日威灵摧亚父，他年剑履让萧何。英雄最是关心事，十万横行刀未磨。”“驰驱草昧识英雄，乡里亲交气概同。百战整军归灞上，片言排闼到宫中。几番义烈披肝胆，一代君臣竟始终。西望长陵满丰草，破楼钟打夕阳红。”

华祖庙　旧志：有四，祀汉神医华佗。一在山川坛之左；一在城西二十二里；一在七山堤南；一在苇子园。夏镇运河东岸，有华祖阁，光绪间重修。邑人张开均碑记：“盖闻正直之士，殁为神明，凡有功德于民，载在祀典。况仁术济众，功逾和缓之奇；庙貌妥灵，合享笾豆之荐。如我华祖仙师，隶籍谯郡，游学徐邦。道衍岐伯之妙，丹鼎活人；举辞沛相之征，青囊救世。是以千秋肹蠁，魂魄应惓此方；百尔精诚，馨香宜隆斯地。钦为后汉神医，缘深泗里；溯自前明建庙，辉映漕渠。迄今风雨摧颓，云牖之飘零已甚；兵燹剥落，画栋之朽腐难支。每睹壁坏蛇盘，讶曩时愈疮之挂；几逢屋穿雀角，岂当年破瘤之飞。同此恻心，何容坐视？爰谋仁人，美成君子，或分鹤俸之余，或集狐裘之腋，佽彼工修，襄斯义举。宇重新夫玉户，面复发其金光。共祝室成，轮奂无美不彰；伏愿疾起，膏肓有求必应。可知财输九府，福各造其吉康；从此方赐千金，域咸登于仁寿。计用木石若干，金钱几许。首善勷事，例得书名于左云。”采访：一在今治城隍庙前，光绪中叶邑人李廷灿建。

相山庙　旧志作相山神庙，在县西部。

三结义庙　旧志：有二。一在县南门内西偏旧射戟台上，明永乐年间建，正统七年主簿王勖重修。明周绎《重修三义庙碑记》：去县治东南百步许，有崇邱曰戟台，戟台上有祠，其中祠汉昭烈，并关羽、张飞神像焉。祠曰三结义庙。考之志书可见，而其立名、创建之始，则无所据也。志载：昭烈守此，与袁术相拒，吕布救之。曰：“我射戟，中小支，当各罢兵。”一发，果中小支，是戟台得名之由也。按：史记昭烈，中山靖王之后，实帝室之胄。有大志，少语言，喜怒不形于色。素与河东关羽、涿郡张飞相友善，昭烈起，以二人为别部司马统部曲，恩若兄弟。名祠之意，其以是欤？或者谓飞之走下邳，羽之失荆州，似有负所托，名未称其情也。呜呼！是岂足以知心哉？观曹操之留羽，羽辞，以受刘将军，恩誓以共，死不可背之之言；飞随侍昭烈，周旋其间，不避艰险，其自阆州率兵来会，亦无非欲同心雪耻。二人于昭烈为股肱，昭烈以二人为心腹，其视蹄渠之在原、率然之在山，首动则尾应，何以异哉?!名祠之意，盖有见于此也。至于利钝得失者，势也、天也，诸葛公所谓不能逆睹者，此也。缉来沛尝造祠、拜遗像，慨祠宇之倾圮，神像之剥落，无有能新之者。正统壬戌夏，莱阳王君文勉，始于勾稽簿书之暇，乃谋诸同寅，捐赀鸠工，仍旧址而图改之。革其朽腐而易以良材，去其坏朽而环以涂甓，剥落者，各肖其像而更塑饰，于是庙貌巍然。旧无榜，乃因名而重题之。落成之日，使来征记，遂述其大概，刻之坚珉，以示来者。万历间知州李汝让重修；一在夏镇南，南门外。

田祖庙　旧志：在蔡家村。

马神庙　旧志：有三。一在东郭内；一在县治左；一在夏镇城北运河南岸。

泰山庙　府志：有六。一在夏镇新河口；一在田李集；一在邵玉集；一在汇子村；一在欢城；一在徐家村。又光绪志稿：有五。一在治东南二十里铺；一在杨庄闸东岸；一在阎家砦南二里；一在扬名集；一在七山砦内。

明符令仪《泰山行宫记》："泰山行宫者何？碧霞元君祠也。元君祠在沛者，不下六七区，而在七山者尤著。七山行宫，创始年月无考。万历丙申冬，守宇者不戒，毁于火。阅三月，未有议修者。今年春，邑侯彭山罗公行部至其地，谂知其为元君祠也，议修之，顾任事者难其人。行宫地属汉台里，里耆王君守己者，素为里人倚重，因俾司其事焉。侯首捐金若干两，而为民倡，且谕之曰："尔乡人，不岁岁醵金祀东岳乎？裹负跋涉之苦，醵钱出息之繁，甚且冒霜露、疲筋骨，不惮为之。神无远近，至诚乃克享。设行宫一建，乡人岁时伏腊，率其子弟、姻戚，一修祀事祠下，又何必泰山之登哉?"守己辄唯唯从事。畚土陶甓，鸠工抡匠，甫四月而殿宇轩腾，庄严靓丽，视旧有加。落成之日，征言不佞，镵石纪事。不佞惟道之在天地间，昭若日星、沛若江河，不外于纲常伦理。古圣帝、明王所以修治于上，贤人、君子相与讲明于下者，率是物也。明之，则比屋可封；不明，则如无烛而夜行，昧昧然莫知所底。世趋愈下，无能挽而之古。上非不修之，而徒严于公令；下非不明之，而徒饰乎口耳。由是，异端者流，得肆其说——谓不修行于今日，而可徼福于来世。卒俾一世之人，舍纲常伦理而不事，徒日仆仆于跽拜丛祠神宇前，意福善、祸淫之柄，神实司之，惑之甚矣。诚使司教宣化者，日以纲常伦理率吾民；服命遵教者，日以纲常伦理尽吾分。臣思尽忠，子思尽孝；友爱笃于家庭，忠信达于州里；用古之道，变今之俗。务俾三代之风再见于今日，则出往游衍，无在非神，泰山之登可无事矣。邑侯修祠之举，倘在是乎？不佞嗣为申之。"

阎尔梅《泰山行宫碑记》："予登泰山者二，盖幼时为母病，遵俗尚祝厘祈福祉也。山有秦皇、汉武，唐玄宗、宋真宗封禅遗迹。古人剥落，大抵谓泰山东隅巨镇，王者受命以其功德宣布海内山川，锡福下民。故祭告矜崇，载之金石，初未闻有所谓元君名号也。况饰之为妇人女子，金碧粉朱之妆，贻秽山灵乎？或曰："元君，古隐士也。修道泰山，丹成仙去。"若是，则亦山中栖真羽士，非妇人女子明矣。俗传若此，殆不可解。余尝按《地舆志》，齐鲁广纵千里，地尽东海，群峰大壑，周环钧玦，悉自岱宗发祥。民生其间者，衣蚕食粟，老死不他迁。安居久而性情移，山之灵实惠之。饱其惠，斯丰其报，又山之灵实启之，非元君所能招致也。乡村夫妇，未尝读古人书，不知泰山何山，元君何人，遂妄以元君为泰山之神，又误以妇人女子为元君之貌。狄怀英巡抚江南，毁淫祠千七百所，其此类耶？今天下牧民司教化者，独无梁公其人。学士大夫之言，不足以夺乡村儿女子之好，无怪乎遍青、齐、徐、兖之区，而筑之行宫也。沛东南里仁集，旧亦有之，圮于水，里人捐赀重修，工程树碑。予不详其庀材鸠工之事，而思泰山之祀典与元君之出处，使荐馨受祉之士庶人，明于礼之所由著，而义之所由归，勿复以俗尚诬山灵，则梁公遗意也。礼天子，郊上帝，时巡海内山川而柴望之，诗云："怀柔百神，及河乔岳"，兹岱宗其首重者。诸侯祭封内山川，庶人各祭其祖宗于家庙。苟大夫而祭泰山，犹谓之僭，矧士庶人乎？今之有事于泰山者，不曰祭，而曰进香。倘亦考礼稽古之家，不欲拂乡村儿女子之意，而姑为之，微其辞欤！盖其所从来者，远矣。"采访：一在里仁集。今废。

五岳庙　旧志：在县南三十里高坨村，明万历年间建。

圣德庙　旧志：在庙道口集东北。府志云：无考。

伏羲庙　旧志：有二。一在夏镇南门内，元大德间重修，元彭般《重修伏羲庙记》："夫有天地，然后男女生，而万物备焉；有圣人，然后夫妇立，而礼乐兴焉。故伏羲者，乃经天立极、开物成务之圣人也，宜乎享万代无疆之休、无穷之祀。何哉？孔子系《易》曰"始作八卦，以通神明之德；复造书契，以代结绳之政；立五常、五行，明君臣、父子。"至于结网佃鱼、象天法地以利于民者，伏羲也。宜乎，享万代之祀，非幸也，诚宜也。按《春秋图经》，沛本偪阳国，在《禹贡》则南徐之分。自大元奄有天下，始为济州属邑。邑东四十里，有城曰戚，亦春秋雄要之国；南驰徐郡，北走滕阳，东峙峄山，西通厥邑；土俗古远，人物风流。城南有里曰夏村，古有伏羲庙者，即青帝太昊风姓氏庙；帝生于西方、出于震，死葬匡山；其后子孙封于任、薛，守其祭祀，故称山与庙曰"耶娘"，百姓习俗莫能改。于兹建庙，起于前代，神门、阶址、石柱参然，惜无碑铭，不知初建岁月。庙像中居，后妃配享，圣子、圣孙咸皆列位四方。居民春秋祭祀，远迩咸臻。惜其殿宇崩摧、神门废坏，坏而复兴，理之常也。方今圣上继体守文，未尝不以敬神为先。乃者沛东数君子，相率而谓邑人副使李瑛曰："是庙重修，非君莫能济。"公应曰："允若作新，非众弗能。"乃与一方士民刘和、姚通、丁用、郭斌、王和，同心协力、施资出镪、集木鸠工，不日而成。庙貌俨然，复以后妃配享、子孙列位，焕然一新。以春秋二奠之仪，使一方居民大惬瞻望，端可谓不负圣朝、敬神报本之心矣。厥功既毕，爰授予简，以祈为文。辞，不获已，因以议集作新之能事，多□臆说，仆惑，鲜能播其嘉美。公之介然首能率众，无其难辞，终告成功而喜。询其实，聊为之记。铭曰：开天理事，太昊称皇。生于西土，出震东方。奄有天下，死葬于匡。于其子孙，继序孔彰。封任封薛，百代为乡。本其祖考，号曰耶娘。习俗相绍，语不更张。春秋祭祀，享于蒸尝。诚心荐庙，报本靡忘。愿祈明神，阴相四方。方今圣上，万寿无疆。"明正德、万历间又修，俱有记；一在县南二十五里，明万历年建。

二郎庙　旧志：在县治西三十里。

昭惠灵显真君庙　旧志：在县治东北五十里泗亭乡，元延祐七年邑人杜珍建。元陈绎曾撰记:“沛东北五十里,乡曰泗亭,里曰欢城;前挹薛河,后带漷水。新庙翼然,出榆枌荫蔚间,曰昭惠灵显真君祠。里人杜珍实作之,经始于延祐元年之春,落成于延祐七年之冬。复殿重栾,两楹五栿;金碧丹彩,邕邕煌煌。像设端丽,有赫有严,以为乡人水旱、疾疠之所依。凡施以钱计二千五百余缗,自基及像,皆独力创为之。乡人醵钱以助,不足,于是聚而谋曰:‘杜翁之所以福于我者,备矣!其何以报?’乃介乡先生傅君国祥征记于予,将刻石以著不朽。予闻《祭法》能‘御大灾、捍大患,则祀之。’昭惠灵显真君者何?灌口神也。灌口者何?蜀彭门山阙也。蜀神而祀于中国者何?宋取蜀,故蜀王孟昶之妾私祀王之像于宋宫中。太祖至而问之,诡以灌口神对。帝悦,因敕建祠于汴都,御灾捍患之功,于是著于中国,而祀之者几遍天下,此沛人所以并缘而得祀也。蜀神之灵,果能惠于沛之人乎?昔蜀太守李冰,秦人也,而惠于蜀。今昭惠灵显真君,蜀神也,而惠于沛。秦之人可以惠蜀,则蜀之神恶得不能以惠沛哉?况鬼神之道,不疾而速、不行而至,感之则应,又有妙于人者乎!是故一勾龙而社天下,一周弃而稷天下,圣人不以为过,则沛之人禬灾禳患于蜀之神,可也。杜公不以神惠自私,而求福其乡人,亦可也。国祥与予交厚,求记,故不辞云。”

水母庙　旧志:在县治南,面临泡水。今废。

洪庙　旧志引《漕渠志》云:“洪庙,在满家闸南。敕建,祀汉汉寿亭侯。”水浸,移置康阜楼上。采访:清光绪中叶,楼坏像落,居民重修。莫考何神,好事者妄云“旧奉苍颉”,遂易像祀苍帝。

微子庙　旧志:在县治东南半里许,明万历间知县罗士学建。今废。

三司庙　旧志:在上沽头,元至正三年建。相传祀汉关、张,及宋包拯。

洪济庙　旧志:在夏镇新河西岸。今圮。明于慎行《敕建新河洪济庙记》:往嘉靖乙丑,河决丰沛。世宗皇帝忧之,策命大司空镇翁相公持节临决河相治。粤二年,新河告成,穆宗皇帝嘉焉。诏晋太子少保,召入掌大司空。又二年,都水郎华亭李君赝上疏,请“于新河口中司空旧所屯处,建祠祠河神,有司以春秋奉祀如显惠诸庙故事。”制曰:“可。”勒石“洪济”,昭神贶焉。于是,祠在夏镇以岁壬申落成,命门人于生慎行为记。记曰:国家岁漕江南四百万给京师,由淮达济,势不能越河而上。乙丑之役,则庞家屯南流塞也,而河遂北徙,横贯运道而东,舟胶淮不进矣。公既受命,驰七日至河上,身率四部使者、诸郡长吏以下,行河所溃运道,自湖陵、方与溢溢数百里,杳茫无际岸。从沛城上望,河高出民屋数丈所,民走栖木上。间有高游,皆浮沙,不可著足。挑之,栽没沙终不能去。而议者言“开新集、庞家屯故道,放河使南下,宜不病漕”,则又率使者、长吏以下,行河上流。故道在平地上镌之,费四百万,河势不□能就,于是令徐沛中吏民有能条河便宜者,恣奏记上。于是,言河事者日至,其长老善策者曰:“河之所为,东下者,利在昭阳湖也。而故漕,在湖之西,即开之,不过为河除道耳。况其难如此,则稍稍言夏镇,地高卬,可渠也。”夏镇者,故中丞盛公所欲成河,中作而罢。于是,公又率使者、长吏以下,行今夏镇渠,自南阳而东百四十里,而与故渠接在昭阳湖东岸。即河羡溢,得湖止不来,乃道里所径,较谷亭河可疾十日许。及榷其费,发卒九万人,可治也。公喜,叹曰:“嗟乎!天作之漕也。”立上疏白,请“弃故渠,予河勿通。通今渠,大便利。"报曰:"司空议,是。"于是,开今渠。集河南、山东、两畿丁夫若干万,画地而作,推择贤有才吏,各以所部督工作、调金谷。藩、臬、大使,量道里远近,周行杂视。而公身居河上,以一楹为庐,夜则召集群吏,商度利害,日来往其间,劳苦吏卒也。居无何,渠有状而诸故渠民以漕去,无所居货,因诡曰:"故渠可开也。"人有忌公者,以闻。上使使者行视,至则一巨汇耳。使者还,白状,下九卿廷臣议,又报曰:"司空议,是。"遂卒就渠。渠长百四十一里,西首南阳,东抵留城,建闸八座、水门十四、月河六道、土石坝十有二、堤四万余丈、柳十万有奇,皆平地上穿,所谓新渠也。而留城以下故渠五十里可通,因镌广之,更为一闸、二坝,东岸筑大堤一道,长与渠等,遮河,使顺漕而下。明年九月中,漕舟从南来,击櫂代鼓,不十日过去。于是,中外咸贺公,公曰:"未也!有三河口。"三河者,薛、沙、赶牛沟三水入渠口也,所从来湍悍、善败渠。乃从莲青山足股引薛河,酾为两支,渠长九十六里,而注之吕孟湖;又股引沙河,别注之独山湖;又多为一支河,长坝近渠口而不迫,以注之尹家湖。盖三河,即两水□□交入渠□涸则入之。于是,又咸贺公,公曰:"未也!夫河者,漕之本也。"则自曹、单以上,遥筑月堤。王仪庄为长堤四十里,其他皆为小堤,诸防河功利,故所未备,皆以便增置。居久之,忌者果又请"开河上源",上又使使,视之,则巍然,堤也。于是,言者大沮,不敢复谈河事矣。异时,漕船从沽头上,率八月而罢;今从留城上,遇淮泗不阻,辄四月罢;而戊辰、己巳,江淮间大水,水病四五郡,新渠无恙矣。是时,言司空渠便□□□百数,朝士、大夫道新渠上者,未尝不倚舟瞻睇,问公治河时事叹之也。方公治河时,慎行岁来谒。六月大暑望,见公袢袍去。盖日中立河堤,汗淫淫雨下,面目黧黑;又见公夜二鼓栈车行,泥滓雨沾衣也。当是之时,□□□□踊跃百倍,呼声振野,顾为公效力。嗟乎!大臣之为国,当如此矣。古今言治水,率称神禹。当禹之前,非闻有凿山开道,隳断天地之险,如龙门砥柱,即出入大荒、旷日劳远,又非一丁之力也。然而,规画素□□如运之几席耳,曷其易也?!乃宣房瓠子之役,所决裁一郡,汉天子亲临河,沉白马、玉璧,将军以下负薪,仅乃塞之,又何难也!或曰:禹盖受玄夷之书,有神灵焉,故曰神禹。综其荒度之迹,手足胼胝、三过不入其门,勤矣。阿曲移太行,鲁阳回白日,精之极也。禹之所谓神,倘以是耶,超哉,邈乎!我公之功,精诚之志,神式灵之矣。嗣以勒功,大矣哉,祠之立也!盖李君既得请,而受成于少司马两溪万公。万公,豫章人也。谨系之以颂曰:昭哉景运,赫矣世皇。末纪不造,洚水茫茫。漕舟百万,舣彼徐方。嗷嗷天邑,小大震惶。皇帝之叹,畴奠怀襄。选于群后,公在朝堂。诞告有位,载锡之章。公拜稽首,肃肃宵行。遄臻于沛,于徐于扬。相彼故道,泮洐汪洋。势如奔马,莫之敢当。乃迁于陆,在河之阳。龟筮协吉,我谋允臧。蒸蒸我徒,画地于浒。伐材于山,榷金于府。荷锸如云,挥汗成雨。人百其身,声腾鼛鼓。司空胼胝,茇而不宇。悉心毕力,靡有遗所。平陆为渠,横流入浦。延袤二百,如携如取。河流洋洋,舟如迅羽。乃秉玄圭,三命而俯。帝谓司空,或克绩禹。勋格皇天,泽敷后土。何以锡之,白金文黼。何以宠之,上功之组。公拜稽首,非臣之庸,光光庙谟。天子之功,赫赫神贶。肃我皇灵,左右群吏。以奏肤功,乃诏守土。建义河宫,有侐其宫。于沛之里,表以两观。神逵如砥,人吏岁时。敬共明祀,操蛇戴玉。于焉燕喜,于万斯年。为国之纪,亮我皇禄。灾不复起,九域之贡,千艘缅缅。皇皇我公,既多受祉。民有讴吟,国有图史。陋彼宣房,在河之沚。志之玄石,以观遐迩。案:庙所祀之神，即金龙四大王。有明崇祯五年，工部员外郎赵世履所勒，姚希孟祭词与于记，今并存废庙。姚希孟《祭金龙大王祠》仿柏梁体，有序：天启壬戌冬，史氏姚希孟将母而南，过洳河，有胶舟之患。祷于金龙，为文以祭。妄意百川吐纳，神龙得主之，遂以神为龙神。言金龙者，或西方邑也。逾一年，见南浔朱平涵相国所著《涌幢小品》，载神事甚悉。神，姓谢，讳绪，晋太傅安裔。生宋季，以戚畹不乐仕，隐金龙山椒，筑望云亭自娱。咸淳中，浙大饥，捐资活人甚众。元兵入临安，虏太后少主去，神愤惋赴江死，尸不僵不坏，乡人异而瘗之。大明起兵，神示梦，当佑圣主。时傅有德与元左丞李二战徐州吕梁洪，士卒见空中有披甲助战，虏大溃。遂着灵应，成祖凿会通渠，舟过洪者，祷辄应，于是建祠洪上。隆庆中，潘司空季训以"漕河塞、控于神"语稍倨，有掾史过洪者，神示梦让司空并扑掾史，而预以河通之日告。相国与司空同里，言当不谬，其存没颠末亦必有据。向者，妄以灵族相拟，则不学之过矣。逾二年，舟过祠下，复以少牢祭而申之词曰："混茫划破分两仪，日星河汉相昭垂。弼辅天帝先乘箕，谁与川后闲地维。黄流沸出银河湄，奔腾赴海穿郊圻。鼋鼍鼓鬣分东西，波臣队队迎灵妃。泙渹溯湃洪涛吹，宛如万马空中驰。狂飙拔地风伯痴，危樯欲舞蓬欲飞。满船胆裂声悲嘶，相对面面如死灰。仓皇一似东门斯，又若秦廷赋无衣。玉腰金肘安所施，赳赳扛鼎称健儿。到此拳踟成缚鸡。惟有达人稍委蛇，谢公泛海犹水戏。管宁有过心自知，科头晏起皆非宜。有时回柁旋淤泥，流沙坟起惊舟师。篙楫弱似枯杨枝。三日五日舲不濡，谁将锦缆攀长堤。愚公北山不得移，众口如同一口齐。急呼大王声相随，纸钱乱掷飘云旂。愿供刲羊及屠豨，惟神仿佛能鉴之。一呼一转行如砥，阳侯拱手开前衢。老蛟戢啄长鲸披，片帆仍挂蓬窗推。游鯈浴鹭双依依，平川落日蒸晴晖。悠扬欸乃疑埙篪，以此贤愚共嗟咨。巫风相率陈坛壝，坎其击鼓舞僛僛。鸾刀既奏倾甘醴，我因佚史探灵奇。知神灏气胜虹霓。双龙溅血崖山矶，踊身南向蛟人居。矢将七尺肩民彝，屈徒伍相相扶携。素车白马喧鼓鼙，济漯直下通淮淝。银涛涌出光陆离，烈烈生气横须眉。贲志誓欲吞胡夷。排阊叫天天欲欹，真人应运黄钺挥。役使虎豹驱熊罴。勾陈太乙随鞭笞，君于此际张神威。欃枪迅扫旄头摧，神异昭昭众目窥。舳舻衔尾军国粢，千仓万箱凭护持。庙食美报非无稽，威灵直使泰华低。药师未许轻恣睢，从来正直号神祇。忠孝为骨仁为基，上帝博临置有司。岂容听滥绐群迷。人世狐疑纷相挤，沐猴冠盖争雄雌。皇灵反作窃弄资，民膏吮尽如豺䴕。筐篚簋簠罗阶墀，如以血食供山魑。人听返高天听卑，岳渎主者恒无私。曾分苍璧受元圭，彰威布德皆天机。堪笑众人尽蚩蚩，祷神不知神是谁。若将祭赛徼宠绥，何异望岁操豚蹄。我兹来往行迈迟，小小迂滞消惊疑。板舆顺适同荆扉，画船箫鼓月照帏。中宵跼蹐思皇慈，窃禄乘传曾何裨。六年史职编摩亏，应有神明责素尸。香焚一瓣酒一卮，揽衣褰拜瞻灵祠。皇皇大节知者稀，当年犹愧空摅词。征文考献允若兹，丰碑不独宣房诗。"

人祖庙　光绪志稿：有二。一在县南二十五里；一在县东北四十五里邢家堂，有明天启间碑记。

耶娘庙　光绪志稿：在三河口集北三里，有明成化二十二年重修碑记。殿宇多圮。

铁关帝庙　在夏镇三孔桥外河西岸。不知建于何时，庙已圮，现有钟委地，高可隐人。旁有古柏一株，直干苍然，舟行数十里外，辄能望见之。相传为宋时所植。距柏数弓，又有古槐一株，枝干已朽化。

水火庙　光绪志稿：在三孔桥东运河南岸，有明崇祯元年碑记。

阎君庙　光绪志稿：在封黄庄砦北二里，一名王家庙。

城子庙　光绪志稿：在治北五十里鸡鸣台，一名三官庙，光绪十年湖团东民重修。巨野王有翼撰碑记：城子庙者，三官也。前明以来，创修历有年所。自丰工失险，适当黄水之冲，垣廊倾圮，惟正殿巍然独存。乙卯年，吾乡诸董事随同唐尧翁奉宪来垦湖荒，僦居者日多，虔心祈祷，屡荷神庥。阅数年而修葺之，己巳岁告成功。夫拜佛诵经，大抵皆妇孺贡谀之词，侈诸聪明正直之神，则近于亵，亦断非神灵呵护之意。惟愿自兹以往，凡承遗业而缅先型者，抚有土地之膏腴，则思当年之斩荆棘；见黍麻之茂密，则思当年之辟草莱；乘肥策坚，则思当年之携妻抱子奔走于途；履丝曳缟，则思当年之沐雨栉风、饥寒莫恤。崇勤俭、戒佚游，革浇薄，从忠厚，庶几基业可存，灾祲可免，而庙貌亦可常新也。君子曰：此即所以报神。

双庙　在县城南。

白杨庙　在县城南。

黄庙　在县西三十里。

斜庙　在县治西南。

钢叉庙　在县西南二十五里。

南陈庙　在西南三十里。

家堂庙　在朱砦西北。

城隍庙　在七山。

邵家庙　在县西。

甄家庙　在县西十五里。

姜家庙　在县西南二十五里。

蔡家庙　在县西南二十里。

燕家庙　在县西。

吴家庙　在县西北。

孟家庙　在县西南三十里。

胡家庙　在县西。

北陈庙　在西南二十五里。

李家庙　失考。

张家庙　在邑南二十余里。

高家庙　未详。以上均见光绪志稿

废庙二　一在夏镇南庄外，相传为关帝庙，有断碑沉于河，水少落，则现露；一在寨里村南韩家岗，相传有玄帝庙址，旧存巨钟，为某教民舁去，今惟乱石一堆，不能详考矣。

英会寺　府志：在留城，金大定三年建。

昭庆寺　府志：在县东北三十五里高村，有金大定年赐牒碑，又明万历塑像碑。金《赐昭庆寺牒碑记》："佛法东来，流入中土，殆逾千年。以其慈悲，方便行住坐卧，四威仪无所去，故号如来天人师。仰智慧，超三界，德高最无上，一切咸作法灯烛、作法舟航、作法梯磴、作法津梁，济渡众生，出离烦恼，故曰同趋异名，分流合体。故诸佛出世，惟一大事，百亿三昧，无非度门。于舍利弗之定慧罗之，罗之密行；须菩提之解空，皆最上乘，证第一人。差磅礴万劫而不遗，涛载恒沙而不有，复归无物而不无，六通四辟咸归依。尊之如上帝，仰之如神明。故十族之乡、百家之闾必立，植福延生。粤邑古沛高村，村之背坎，崇台岿然，广袤方大，榛荒佛七。八年建，置道场，额“柰宾寺”。岁月久，败基遗址，萧然厘存。至鸠工庀材，崇饰绘宇，精舍攸隮。后遭靖康、建炎之乱，玄关、琳宇化为乌圜。念我佛之悲凉，悼故宫之堙霭，输诚丐缘，化及邻众檀越，乃缔构，补坏支倾，髹彤轮奂，焕然聿新。尊崇经像俨供，圣贤包容，丕乃佛力弘大，梵宇郁兴。落成滋久，际大定二年诏“赐天下寺观未名者，额以‘昭庆’”颁焉，易“柰宾”之号。光贲林麓，晓以众生，从无始来，种种颠倒，开不二门，示真实际，出浊恶苦，方诸趣生庆善地，亦以明矣。而韩愈以为上古未有佛，时同家连世寿考，非因事佛而致然也。自汉明帝始有佛法，其后乱离相继，妙觉妙明遍十方界，常善救人，常善救物。商人告倦，自息丘城，穷子喻等恒河沙，亿劫修行，尽天地墨，弘济四生，大庇三有，佛何容心哉！有大德者，必得其寿；有大德者，必得其禄；有大德者，必得其名；有大德，命长矣，茀禄尔康矣。“俾尔弥尔性，纯嘏尔常矣”，此则昭朗令终，其有善之家，必有余庆，此庶人之庆也；“来章有庆誉，吉”，此臣邻之庆也；“邦之彦”，天子之庆也。自天子至于庶人，尊卑虽殊途，命分无差别，宿植德本，善月，黎元乐康，宝祚延洪，率由此道也。昔周家忠厚，仁及草木，卜世卅代显。如此，勿谓小善为无益而不为，小恶为无伤而不去，祸福自己，灾祥在冥昧也。凡方袍褒衣，缁褐上首，葳西方教，奉竺乾法，翻经梵呗，当以天下昭庆怍矣。”

龙泉寺　旧志：在县治运河东岸，明万历间知县罗士学迁建。新迁龙泉寺，倪鲁为记：丰水自西来，经县城东南隅合于泗。丰，一名泡水云。泡未入泗处，有泉曰龙泉。嘉靖末，泡水中涸，人犹见及见之。据泡河南岸，有佛寺焉，因泉为名，厥来旧矣。肃皇帝御极之三十二年癸卯，堪舆家谓邑科第久乏人，由学地未吉。龙泉寺占泡河之胜，风气垲爽，善地也。学迁于是，斯簪笏蝉联，人才辈出矣。当是时，南滏王公适宰是邑，采其议，遍牒诸当道，是之，下令许迁焉。乃以学地畀寺僧觉颐，而移学宫于寺址。自是，邑科第始奕奕显。而寺从改建来逾五十年，殿庑倾侧，垣墙崩圮，梵呗之声几绝。岁丙申，邑侯载获罗公始议迁寺于泗河东浒昭惠祠地。昭惠祠者，祀春秋吴将伍侯员也。祠旧在泗亭乡，嘉靖初改于此。万历壬午，平宇周侯始移于平城门外。侯谓旧祠址地势宏敞，面水揖山，称卓锡地。今年春二月，首捐俸金若干两，为士民倡。邑士民闻侯有是举，咸乐于施金钱助之。甫五月而功且告成，侯乃授简不佞鲁，俾记之。不佞鲁方以经生起家，安得作佞语，为学佛者谀？顾独有慨于世之学焉。圣学自宋室诸儒讲明后，逮今几五百年，发挥演绎，抑已足矣。学士家循其言而上之，可造圣域；守其说而不变，亦不失为作圣之徒。近代来，一二英敏之士，斥旧说、倡异议，黜平淡、务新奇，空虚莽荡、泛而无归，惊世骇俗、狂澜莫挽，户释经而家玄典，三尺之童，且日嗫嚅于《圆觉》、《法华》，甚则寓其说于经艺中，其不胥天下，而佛不止矣！抱世道之忧者，方思焚其书、庐其居，故兢兢焉迁而新之，毋乃煽其焰而导其流乎？是有说焉——世道之坏，患在上，而不患在下；患在我，而不患在彼。两晋之清谈，梁武、宋徽之释老，可鉴也。缁黄之流，不事生业，蠹蚀齐民则有之矣，奚足为深患哉？侯读书明理，素以羽翼圣道为己任，则其迁是寺而新之也，固将为演礼祝禧者地耳，岂曰煽其焰而导其流哉？王侯名治，永年人；周侯名治升，新津人；罗侯名士学，彭山人。

隆兴寺　旧志：在县北二十里。

白水寺　旧志:在县东北二十里。今废。

丁村寺　旧志:在县东二十里。

青墩寺　旧志:在县南二十五里,旧名玉皇。

昭阳寺　旧志:在县东北二十里。殿有明嘉靖间碑记。光绪十四年重修,有邑人崔思九记。

新兴寺　旧志:在县东二十里。

草堂寺　旧志:在县东三十里。

崇庆寺　旧志:在县东北四十里夏镇。

汲冢寺　旧志:在县西二十五里。光绪志稿:一作二十二里。

陶阳寺　旧志:在县东北三十里。

龙兴寺　旧志:在县西四十里大盘龙村。

秦村寺　旧志:在县南二十里。

临堤寺　旧志:在县南八里。光绪志稿作十里,"临"作"林"。

永宁寺　在县东北三十五里欢城集,有明碑记。

无儿寺　旧志:在县西南二十里。光绪志稿作三十里青龙桂籍山颠,碑亦曰"梧槭寺"。

栗子寺　在县西南二十里。光绪志稿作县南三十里。

黄龙寺　旧志:在县南十里。

释迦寺　旧志:在县西南三十里七山。

石楼寺　旧志:在县东北十二里。

永寺　旧志:在县西北四十里。

祥国寺　旧志:在县东南二十五里。

广度寺　旧志:在夏镇新河东岸康阜楼内。明万历间主事余继善建,一名广度观。旧伫佛经一藏,寺僧大千募置。采访云:今废。

晓明寺　旧志:在县西十里。

兴隆寺　旧志:在县西北四十里。光绪志稿作西南三十里。

白云寺　旧志:在县西二十里。

龙岗寺　旧志:在县西北二十里。采访作十八里。

扬名寺　旧志:在县西二十里。

泰安寺　旧志:在县西三十五里。

延寿寺　旧志:在夏镇城东一里。

四面佛寺　旧志:在庙道口。又,其东湖中有马家寺。

崇胜寺　旧志:寺在夏镇城中,有唐天宝八载《心经碑》。光绪志稿又云:有宋崇宁元年、明景泰七年、天启三年等碑。唐丁思礼《竖心经碑记》："□□乾元有象，大道难量。无广乘则不知其永归，无渐教则莫详其肇发，亦如大川之相也，初浅而后深之之行也。爰有清信士丁思礼，硕德纯孝、谅直彰仁，贤彩若丹、词林洒落，早扬儒训、曷际释流，宿植善□、一门深入。妻朱氏，芳兰佳秀、智炬恒晖，虽染世尘、常乐□离，往因东迈、路届灰沟，遇见古碑、隳落弥极，于时稽颡、遂发愿言，敬镌《阿弥陀佛一铺密多心经》一卷。愿则彼作、碑在此修，竭力尽忠、继踵前迹，竖虽殊异、功乃无差，百福庄严、檀波为一。是时也，惠风梵响、曙色舒晖，缁黄骈阗、衣冠雾集。且以珠投浊水、便可澄清，日出浮云、皎然开霁。发于内而应乎外，起于微而至于极。休哉幽玄、宝相标德，尅为碑板、永赞不息。其词曰：迷士修兮圣作悟，立灵相兮寻觉路。标丰碑兮色身求，了心澄兮登净土。"又邑人朱崇仁《重修崇圣寺金刚殿并增饰诸佛像记》，明天启三年碑："余为沛广戚乡之三图人，而夏镇即其地。凡镇之梵宫道院，尝游衍其中，时考碑上岁月，无如崇圣寺最远。寺之制，梁栋取之桑枣，檐阿不事雕绘。创造在唐天宝间，嗣后增修，数百年仅再见于明景泰碑上。迄今又百年而过矣，宁复无残毁之图更新者，乃茫然无考。于是知纪功业于不朽者，不得不托勒石。及今天启初，夏秋雨甚，寺之倾颓亦甚。得今之孙有良室中人为张氏者，纠众聚赀，以新旧制。若金刚殿，横处于大雄殿之前者，悉以砖砌易旧垣；世尊之丈六金身，及大士向左右列者，更绘饰以丹碧。一时壮丽，颇为改观。大都庙貌久，则毁；毁，则修。修之者，或思以此徼神庥，讵知夫是刹之新，殆佛力之妙，若默启人心，欲行教以济，吾儒所不及也。夫儒，即假诗书礼乐，用以淑世范俗，亦惟是中人以上，可率其教。以故行不愧衾影，心可质鬼神，何用礼空王，以究心于因果之说乎？第怪乎人，多列中之下，既不怀德，亦不怀刑。西来氏则教以慈悲，教以布施，教以种福田，嗜杀有戒、贪淫有戒、嫉妒有戒，地狱若彼、天堂若此，中人下之愚夫妇，靡不传说而警惕，化礼乐所不及化，格刑政所不及格，佛教有俾于世，亦若此乎！以是，知佛非甘溺一偏，因民禀之偏，不得不于吾儒外另辟一法门耳。倘舍功用以究根宗，则如来与复初非有异同，兼爱与济众何分醇疵？又怪夫不识佛而好佛者，舍其正，而溺其偏，则佛乃坐受偏之弊，不得与素王埒。故善崇佛者，贵识佛之真也。"

观音寺　旧志：有二。一在县东二十里；一在县东南十五里上沽头。

大觉寺　旧志：有二。一在县西三十里桑子村；一在县东北二十五里丁村。

弥陀寺　旧志：有二。一在县西二十里高房；一在县东北五十五里。

小房寺　旧志：在庙道口北湖中。又其西有邢家寺。

华严寺　旧志：有二。一在县东南八里；一在县东北二十里小房。

丁庄寺　旧志：在庙道口西。

洪福寺　旧志：在贺堌集迤东。

卧佛寺　旧志：有二。一在高房集南；一在夏镇北，僧圆融建，有明阎尔梅碑。今按：阎尔梅记为僧无疆建。无疆，本名寿。旧志误。

三教寺　旧志作三教堂，有四。一在县西南三里；一在县东北二十里卜家村；一在夏镇见岱门内；一在县东北欢城集。今从府志作寺。

清凉寺　光绪志稿:在县西南四十里孟集砦东四里。

水心寺　在县西北三十八里。

和圣寺　在夏镇东北三里。旧志作老和尚寺,兹经采访,该村旧有和圣祠,遗迹尚有可指处。盖祀鲁柳下惠也。土人相沿呼作“和尚”,因“和尚”故又冠以“老”字云。

茶棚寺　在县东南十里。

贯堂寺　在县西北。

桑梓寺　在县西南二十余里。以上均见光绪志稿。

仙林庵　采访:在县西二十里,明崇祯间建。明阎尔梅《创建仙林庵碑记》:“沛城西二十里许,有宋道人守林道院,乃葬其师祖张静慈寿域也。静慈,生而好道,出家于太和山之金沙坪,深叩玄关,严持戒律。时时过天柱、紫霄、南岩、五龙,寻张三丰遗迹,冀于幽壑、古杉、泉声、云气中,依稀遇之。凡数十年勤苦,如一日也。门徒甚盛,所至辄有灵征幻相,众皆异之,称为张仙。晚岁,归葬二亲,居庐六载。病殁而觅善地,嘉树蓊然,竹松交荫,游人或携酒肴晏息其间,吟‘空山不见人,但闻人语响’之句于是,又称为张仙林。林东北隅,有净室三五椽,是宋道人焚修课诵之所。乡党乐输钱粟,鸠工庀材,渐次告成。人又称为仙林庵云。或曰:张静慈家,近留城,是汉留侯后裔。考留城,在今沛城东南,泗水西岸,基址宛然,即留侯始遇汉高皇帝处。再考,张道陵为留侯八代孙,初隐云锦洞,饵长生丹,得秘书,通奕除妖,历朝重之。而元时,又有入龙虎山学道者,号神仙宰相,名留孙。明初,有张邋遢,号三丰者,游戏太祖、成祖间,至今武当山宫阙辉煌,丽比内庭,皆为三丰而设。虽未详其谱系,而留孙命名之意,未必无因。三丰显化之山,又静慈出家之地,且去留侯故封未远,谓为留侯裔,未尝不可也。按:《史记》子房以五世相韩之义,破家报仇,功成辟谷。道陵、留孙、三丰、静慈,相继出为异人,血食蒸尝,千年未艾,非以其忠孝之故耶?夫忠孝,圣贤之所重,而仙、佛两家所不道。然读两家教典,成佛、成仙,无一不本之忠孝。昔人所谓逃墨归杨,逃杨归儒,归儒者,归之忠孝也。余故述厥往事,为此庵作记,欲使天下后世人皆知,世无不忠孝之圣贤,即无不忠孝之佛祖神仙也。”

青云庵　采访:在三孔桥北运河西岸。

地藏阎王庙　光绪志稿:在欢城集,光绪十三年重修。邑人张汝亮记:“粤自目连有母而地狱传焉,酆都有城而阎王著焉。又考古圣以神道设教,故鬼车、鬼方,散见于卦爻,斗蛇、啼豕,分列于左乘。即史册所载,亦有阎罗、包老之说,大抵鬼神之事,圣人所言,此三代以后,诸佛、鬼怪,一切奇形异状多祠于中土也。吾泗亭乡东北界,里曰泗二,集曰欢城,集之东偏,有殿宇一区,创建不可知。寻之残碑,乃明万历间旧祀地藏佛。旁有立佛十尊,皆铸铁,像之相传为十阎罗。四壁所绘,皆刀山剑树,锯裂鼎镬诸惨状。噫!其幽冥始终之理,初不必考,要其彰善瘅恶,福善祸淫,结因果、速报应,生死轮回,显然于耳目者,足以警村俗之冥顽,慑强豪之怙恶矣。奈消磨于岁月,剥蚀乎风雨,里中诸善士触目神伤,遂倾囊醵金,广为募缘,因旧规而为之新。工竣,余不揣固陋,作记以垂不朽云。

广福禅院　旧志:在县东北三十五里高村,有金大定五年碑记。久废。

功德禅院　府志:在留城西。

观音堂　旧志:有五。一在县西南护城堤;一在县北十二里张家庄;一在县北三十里庙道口;一在县西十八里鸭子嘴;一在夏镇北门内,有明万历年碑。光绪志稿:有九。一在县东北四十五里李集,有明万历间碑记;一在三河口砦西南,有明成化间碑记;一在夏镇平政街,曰水月庵;一在夏镇猪市;一在蔺楼西北李集;一在张家洼砦;一在县东南上沽头村;一在草庙砦南,一在砦北。

白衣观音堂　旧志:有五。一在县治西门外;一在县东南一里,明万历间建;一在县东南十里;一在夏镇南门外;一在县西十里。又光绪志稿:有二。一在县东南十七里陶家阁;一在县东南五里,即五里庙,又名白衣观,光绪十五年邑人朱绪、李启蓬重修。

地藏堂　旧志:在夏镇运河东一里,有乾隆时重修碑。

鸿沟堂　旧志:在县东八里。

三圣堂　旧志:在孟家桥堤口内,其东又一堂,名曰白衣观。

五圣堂　旧志:有二。一在五堡;一在东阎兴集。又东南乡有二堂。

七圣堂　旧志:有三。一在西门外刘家园,其后为观音阁;一在谷里村,亦在观音阁;一在安家口。

老君堂　旧志:在张仙林后。

南极堂　旧志:在里仁集北。

无生堂　旧志:在夏镇延庆门外。

百子堂　旧志:在珠梅集。

皇经堂　光绪志稿:在夏镇城北运河西岸。

三元宫　旧志:有二十二。一在东门外,明万历间建;一在西门外古城址上;一在南关油房口,明万历间建;一在三里河南岸,曰裴家堂;一在射箭台;一在城东十五里曰秦家庙;一在二十里铺曰朱家阁;一在城北八里屯;一在官庄,明万历间增建准提阁;一在庙道口旧运河东;一在鸡鸣台上;一在扬名集;一在七山集;一在房家营;一在夏镇城中,明万历年建,有陆檄碑记;一在南庄。又运河东岸二处,戚城东门外二处,傅家集、朱梅集各一处。

天妃行宫　旧志:有十。一在县治东关护城堤内,明万历初建;一在县东五里射箭台上;一在县东二十里,明成化初建;一在县北三里吕母冢,明万历间建;一在县西北二十五里刘八店集;一在夏镇新河西岸,明隆庆初建;一在县西南七山北数十武,明万历间知县罗士学重修;一在县东南十五里;一在县东南三十里里仁集;一在县北三十里庙道口。

紫阳宫　旧志：在夏镇城中。新安商民建，祀仙人吕岩，旧名吕公堂。

昊天宫　旧志：在夏镇城中。

三清观　旧志：有六。一在东关玉虚宫右；一在吕母冢西南；一在四堡北，有郝继隆记；一在六堡北；一在张仙林北；一在新河口。

朝元观　旧志：在夏镇文昌阁后。康熙三十五年建。

玉清观　光绪志稿：在谭家砦南二里。

文昌观　府志：有三。一入《坛庙》，名文昌祠；一在夏镇三八集之东北；一在蔡家集。

生生阁　旧志：在夏镇康阜楼广度寺内，高五丈。

白云阁　光绪志稿：在县东南三十五里韩家夹河。

许家阁　光绪志稿：在县西北。

广生殿　旧志：在县东南十五里。光绪志稿作"治南三十里"。

先贤闵子祠　在城西北闵家堤口，闵氏家祠也。

先贤卜子祠　在微湖东卜家砦。嘉靖四年，知县许嘉猷碑记："盖自文思纪于《尧典》，而文明文命继焉；学古垂于《说命》，而典学敩学详焉。由唐虞而迄成周，千有余年，求其继往开来，而为万世文学之宗者，圣门十哲之中，颜子而外，独惟卜子。当是时，从游洙泗，退老西河。入则君子之儒，出则诸侯之师——如魏文侯、段干木辈，一经指授，昭如日月，灿如星辰——于圣道发明者，厥功甚伟。其从祀黉宫，配享圣庙，后世子孙，继继绳绳，相沿勿替。方今圣天子尊崇儒教，褒锡频加，其在巨邑，翰博世袭，以奉祀事。巨野距沛，远数百里，春秋祭祀，恐未能偕，宗族子弟，数往以瞻仰前型。嘉庆十三年，庠生卜维德、卜继福，监生卜万澄，禀明宗主，愿建立先贤祠，明德以荐馨香，报本追远之意，发于至性至情，而小宗亦得以奉祀焉。余自癸亥岁承乏斯邑，戊辰冬督理挑浚事宜，往来河干，屡闻贤后之隶于斯土者，既庶且繁。其先则自巨野迁丰，自丰徙沛。阅历已久，谱牒可稽。今者，六十七世监生卜万澄倡，率族人建祠，以垂不朽。将见夏阳之北，栋宇增辉；时祭孔明，济济跄跄；敬宗尊祖，尔炽而昌；渊源家学，休有烈光。余既景仰先哲之仪型，又嘉其子孙能返本也。是不可以不记。"

宋五先生祠　在夏镇义学之右，祀濂溪、二程、张、朱五先生。康熙丁亥岁，废。

节孝祠　在县学大门内，雍正七年建。

忠义祠　在县学大门内，雍正七年建。

忠孝祠　在县西南里许，祀明靖难时死节知县颜瓌父子，及主簿唐子清、典史黄谦。嘉靖时，主事颜德伦建，圮于水。万历元年知县倪民望、二十二年知县罗士学先后重修。倪民望《重修忠孝祠记》："沛故有颜公祠，祀先令颜公瓌也。公令邑时，靖难兵进逼，殊死力守。援绝，属子有为归事大父，自赋诗题御史院壁，曰：'太守诸公鉴此情，只因国事未能平。丹心不改人臣节，青史谁书县令名。一木岂能支大厦，三军空拟作长城。吾徒虽死终无憾，愿采民风达圣明。'赋罢，衣冠南望拜，自经，有为亦自刎以从。及城降，邑簿若尉唐子清、黄谦皆不屈，死于难。天下闻而壮之，邑人思公，为建祠，合祀四节，兼名'四贤祠'，从其著，又名'忠孝祠'云。祠岁久圮，邑学博邵君华翰及迁去史君思贤，思欲捐俸易以新，筹于摄邑张丞友方为料理，未克就。予承乏来此土，相厥成，而祀始称。既成，博士诸弟子请碑之。倪子曰：予至沛，盖游歌风之台，而览颜公肇祀之区云。尝思文皇帝欲用练子宁、黄子澄辈，而汉祖必杀丁公。仰俯今古，作而叹曰：嗟乎！此逆顺之感、而厚薄之应也。夫士，平居学古，诵法忠义，岂无慨然自许者？及当事局，情景变迁，难言矣！非利害之择战其中，而卒莫之胜乎？至有传舍视去旧，而比于周周蛩蛩之不如者，薄亦甚矣。有国者何利若人用之哉？乃练、黄烈矣，文皇帝盖曰：'若在，则朕固当用之。'呜乎！帝德至矣，岂非以宁等之厚，欲以厚道风天下乎？若颜公者，以城守不守为存亡，而以一死以见志，固亦练、黄之匹，伟然烈丈夫也！利害得入其中乎？当其时，若在，将文皇帝所必用矣。且其子非有官守，僚若簿、尉，非寄专城，意颜公之教之倡，与蹈死如归，要俱非利害所能动者，不可谓非夫也。而君义、父子、朋友之彝，一举兼惇矣，皆厚之道也。今上即位，诏表忠臣，首及靖难之臣，举文皇帝思用练、黄之语以劝，而诸臣有余耀焉。即如颜公，数子之义，又非上所必与者乎？祠而神之，非独土人之思之故，遵明诏、崇厚道也。呜呼！此义行，怀二心为自薄者，无所得矣。系之词曰：于赫天兵，靡坚弗折。淮徐上游，矧谓援绝。守土裔谁？曰自鲁公。孤城抗志，凛凛遗风。为臣死忠，为子死孝。僚友之倡，家庭之教。献身成信，留壁赋诗。从容仿佛，有赞存衣。地纪天纲，赖以立国。猗欤汉乡，山川生色。圣神践祚，爰表忠贞。黄练同归，死有余荣。泮宫之南，河水弥弥。相厥崇基，堂户再启。有俨来临，有风凄其。愧彼二心，福我群黎。"

颜公祠即忠孝祠，又名四贤祠，曰公祠，从其朔也。杨士奇《颜公祠》诗："平生金石见临危，就义从容子亦随。百里山河遗县在，一门忠孝史官知。故乡居近文丞相，先世传从鲁太师。欲吊丘坟何处是，离离芳草泪空垂。"刘玉《颜公祠》诗："大厦原非一木支，纲常轻重此心知。未驱元武门前骑，已拔丹阳镇上旗。千古伯夷真义士，九原卞壶有佳儿。荒坟遍洒行人泪，泗水南流无尽时。"顾大申《颜公祠》诗："臣忠子孝首阳情，坐障江淮波浪平。吉郡流风宜有此，鲁公余裔亦知名。祠下新碑齐卞氏，云端清梦到芗城。焚香复古谈遗事，露净天空见月明。"

义烈祠在东郭外，天启二年知县林汝翥建，以祀乡兵御妖贼阵亡者。林汝翥《义烈祠碑记》："岁壬戌，予莅沛之三年也。五月十七，妖贼发难，郓、滕、邹、峄，一时共陷。越六日，予至自淮，始得大呼乡兵，冯河为阵，且战且守。其间密谋秘计，用谍用间，详在《纪略》中，不及悉。惟是半载之内，败衄者三。乃令忠义之士，魄封于黄尘，魂栖乎青草，予心实隐痛焉。则建祠之祀，勒绩之碑，是乌容或已哉！盖戚城之役，予与陈弁约会朱备，三路并进。而陈狃于既胜，自率孤军，夜趋取败，乡民从之往者，阵没四十三人。不移时，而予兵与朱兵继进，乡民复竞出步骑为助，矢石交发，声震天地，遂大歼之。贼自是退守巢穴，不敢西渡。若欢城之民，皆有勇知，方自难发以来，杀贼无虑数百。贼恨之，期大举复仇。但地在河东，非鞭长所及，其民乞兵于焦弁。焦只以百兵赴之，遂为所误，战死六十余人，生员陈应诏、应贞与焉。

报至予，即督兵赴援，而贼已奔归矣。续侦妖巢大疫，死者日以百计。予遂一意间谍，兼行招抚，妖党溃散者数万、归降者二万三千余。贼首度势不可支，各为远遁。无何，而东兵至，滕巢空矣。最后，残贼取道徐丰，图以入曹。徐之兵以万计，诸将环视，无有撄其锋者。不数日，复抵沛之西南，赵希邦等逆战，众寡不敌，复没五十九人。予躬督乡兵驰至，擒贼二十余众，仍追之于扬石，继尾之于蠡口常家店，斩获二百有奇，然而无当于吾民生死之数也。呜呼！戚城之败，以陈百户之违予约；欢城之役，以焦游击之轻视敌；七山之衄，以赵希邦之先余至。向使操以慎重，需以时暑，则若辈咸得睹荡平之境，而躬饮至之休矣，何至切命于行间耶?！今境内幸有宁宇，若辈捐躯殉难，义矣，烈矣！用是，创祠以妥之，额曰"义烈"。复置田二十亩，以供祭祀。躬率僚属，哭而奠焉，并录祭文于左——呜呼！诵睢阳之烈者，曰三日而救至，十日而贼亡，千古憾之，千古奇之。乃吾沛慕义之民，自戚城以迄欢城、七山诸役，毕力捐躯，咸不旋踵而救至，不旋踵而贼亡，则可奇可憾，又孰甚焉？抑又尤希睢阳之言，曰：'死当为厉鬼以杀贼。'乃妖贼自戚城败衄之后，遁归滕窠，瘟疫大作，死者日以百计，故予得用谍用间，以空其党，未必非吾民忠愤之气所郁结而成也。然则有睢阳之遭而未必有其名，无睢阳之名而不必无其事，其吾民之谓乎？予又何能以无憾也。噫嘻，予能力抗孤城以保疆土，而不能有吾民；尔能保尔之骨肉与尔之亲故，不能自有其躯命。则遭时之不幸，抑有数耶？徒令人增恻怛也。予用是旦夜拊心，无可抒哀，惟是建祠以栖尔神，立田以供尔祀。落成之日，取诸妖贼肝血，聊为尔奠。计尔之英魂不磨，侠骨犹香，当幽以壮干城于百代，明以永血食于千秋，庶几写予心之忡忡。"

昭惠祠　旧志：在河东岸，祀春秋伍侯员。明嘉靖六年河决，运道淤塞，都御史章拯屡祷获应。请于朝，命有司重修，岁时致祭。十三年，副使何鳌令知县杨政更新。三十八年，工部主事陆梦韩修葺。四十四年，圮于水。万历十年，周治升徙建于小北门外平城集南。重修昭惠伍侯庙，陆梦韩为记："伍侯，吴相也。奚为而祠于沛？无乃鸱夷之英爽犹烈，而浮泊于漕河；属镂之积愤未消，而依栖于汉台耶？不然，侯之泽及沛民何其深，而民之涵泳余波，何其汪洋未艾耶？遐想伍侯，率忠吴之心，以阴相皇明之漕渠；豁悬门之目，以周视沛邑之原隰。即彼吴其为沼之先见，以洞察七十二泉之源流，故神功运。而丁亥之变，弥灵烛照，而泗济之淤通。明廷嘉其忠，而昭惠之号于赫；官民食其德，而岁时之祭孔殷。立祠，礼也，非滥也；致祭，情也，非谄也。夫何岁久而庙将圮，庙圮而神靡宁，靡宁而小民于何听命哉？兹司土者责也。乃因沛令罗见麟之请，鸠夫役，量财用，尺椽片瓦，皆取诸公余之物，丝粟不敢烦民。嘉靖戊午秋始事，己未夏五月告竣。署县事卫经历王章，丐文以扬神休，予乃纪其颠末，使之勒石，且系之辞，俾歌以乐神。辞曰：于赫伍侯，克孝克忠。没已千古，胆烈气雄。漕渠沙涨，水与陆同。边饷告匮，忧廑重瞳。惟侯阴相，积淤随通。舟楫千里，疾如飞鸿。饷百万石，进彼司农。余职斯土，追忆元功。修举废坠，金碧菁葱。神亦妥止，丕振雄风。翊我皇运，万载靡穷。"

朱公祠　旧志：在夏镇，即镇山书院也。祀故工部尚书万安朱公衡。

大德祠　旧志：在泗河东岸。祀明吏部尚书吴鹏。嘉靖二十三年，淮徐大饥，鹏以刑部侍郎奉命发淮徐仓粟来赈。沛适缺令，未以灾报。鹏矫诏发仓以赈，全活甚众，民建祠祀之。四十四年，圮于水。祠地四顷，为豪民占。万历间，知县苏万民查出，归学田。

折槛祠　旧志：在胡庄，祀汉槐里令朱云，此朱氏家庙也。

茅公祠　旧志：在夏镇分司署东。明万历三十五年工部郎中茅国缙卒于官，人怀其德，立祠祀之，有董其昌记。

练公祠　旧志：在东郭外，明天启三年邑人为知县练国事建。今废。

陆公祠　旧志：在夏镇小水门北，天启中镇民为工部郎中陆化熙建。今废。

赵公祠　旧志：在夏镇南运河西岸。明崇祯中镇民为工部郎中赵世履建，后改为户部分司署。

七圣祠　旧志：有三。一在县东北安家口；一在县西门护城堤外；一在县西北五里小虫坡，邑人潘怀德、甄章等建。

三贤祠　旧志：在县北郭外。明崇祯间，邑人为兵臬徐标建生词，并祀伍侯员、颜令瓌，故称三贤。康熙中圮，魏瓌改建准提庵。

弱戴二公祠　旧志：在夏镇洪济门内，康熙十二年镇民为刑部郎中弱汉、戴锡纶建。

乐道庵　光绪志稿：在夏镇城内，顺治初年创建。邑人妙观居士张景厚记：天下有忙者，则有忙境；有闲者，则有闲境。缘境起情，因情作境；撄谧意绪，苦愉攸分。如凫胫鹤膝，造物所钧，不可得而易置之也。何谓忙者？争利益于野，争名宠于朝，此皆天下之忙人也。即有忙境以奔走之，其苦殊甚，而在局中者，亦不自知其苦也。何谓闲者？高隐癖泉石、名韬，作□□，此皆天下之闲人也。即有闲境以袵席之，其乐未央，而在局外者，亦不解其乐也。是二者，质之世人，皆不可相无，然而其趣则悬矣。市陌之间，别无丘壑；城郭之余，而有寺观。其去僧弥远者，其去道弥迩。夏阳当襟带冲要，舳舻所汇，泗水群峰，环之烟堵万家，间以梵刹庵址十数。自明末，兵燹叠仍，所在荒圮，而此间之忙者，率弗过而问焉。即有闲者，亦安从为之息肩而栖心哉？清兴，水部杨公来莅，举坠修废。东北城阙，旧有清风潭，以烈女徐氏沉节于此，故名。潭岸高瞭厂净，俯控镇西。原有大士庵，古制甃逼，有住持□□□更新之。堪舆家以偏在潭曲，乃于其东力募创建，与西相比峙，而制更洪丽。陈名道真因题庵曰“乐道”，索余记之。余慨夫道之丧，世之久□□，□习不察，终身役役而不知其道者，何限是庵？顾以“乐道”名，吾知居是庵者之大，与忙人异也。夫不忙则闲，闲则乐，乐则心与道契。而天地□□，□委尘矣，又安肯疲神殚志，苟苟逐逐，为人间无益之事，求无用之物哉？而特恶闲者非真闲，乐者之非真乐，为无益而托于不为求，无□□□不求，是又愈于不间不乐，离道之尤者，□□居。是庵者，而名实乖副，其必不然，而况夫萝月松风，晨钟夕贝，是独乐也；露节霜幢，士女骈□，□□唱□，腾音如雷，是群乐也。庵名乐道，岂特为一庵指□乎？所异者，别庵皆中贮大士像，而此则塑盘天圣母，又救苦白衣，皆大悲菩萨化身，□□□右足添之。是役也，施基者，为张道生，以其母宿持大士斋，酬母愿也。鸠会则崔本诚等，皆镇之善居士，而其福缘，则悉自陈道姑以高行□□□□。

节妇祠　旧志：在县治东关猪市街南。隆庆四年知县白泾建，以祀陈恕妻姜氏、张化隆妻胡氏。今废。

清风烈女祠　旧志：在夏镇运河西岸。万历二十四年建，以祀皮工妻、女者。西蜀杨为栋记。

混元庙　旧志：在县治西南十五里三堡白衣观后，有混元殿。

毗庐阁　旧志：在县治东十二里。

洒净阁　旧志：在颜公祠右。

地藏庵　旧志：在县北堤外，僧人幻休创建。

普照庵　旧志：在飞云桥西。

宋家庵　旧志：在县西二十里。

准提庵　旧志：在北门外，旧三贤祠基，邑人魏瓌改建。

三大士庵　一在南关帽铺街西首；一在七堡，曰袁家堂。

碧霞庵　城乡各有之，凡三十处。其在东郭内者，万历元年建；在南郭下者，康熙十四年，监生魏镇建；在歇马亭者，万历十六年乡民钟世卿建。余多改名泰山行宫。

清凉院　旧志：在县南关。光绪志稿：一名清凉庵。

福胜院　旧志：在县西北四十里灌城村。

邱　墓

仲虺墓　旧志：在虺城。

偪阳君墓　在县南五十里。旧志、府志俱不载。今据《峄县志》补入。

微子墓　旧志：在微山上，有汉匡衡题名碑，文曰“殷微子墓”，南昌尉梅福篆额为“仁参箕比”四字。

张良墓　府志引《史记》：“留侯死并葬黄石，每伏腊上冢并祭。”《魏书·地形志》：“留县有张良冢、有张良祠。”旧州志：“在城北七十里，留城南。”又云“在微山上，有碑刻‘汉丞相张良留侯之墓’。”唐卢思道《春夕经行留侯墓》：“少年期黄石，晚年游赤松。应成羽人去，何忽掩高封。疏芜枕绝野，逦迤带斜峰。坟荒随草没，碑碎石苔浓。狙秦怀猛气，师汉挺柔容。盛烈芳千祀，深泉闭九重。夕风吟宰树，迟光落下舂。遂令怀古客，挥泪独无从。”明晋州尹梁《留侯墓》：“孤冢依山麓，何人识子房。乾坤仍日月，楚汉几星霜。蔓草封幽径，危峰挂夕阳。韩彭非若匹，回首俱亡羊。”上虞徐维贤《留侯墓》：“群山回合闭英雄，披荆还来认旧踪。石径残云留短屐，墓门斜日到深松。运筹本为韩仇出，辟谷终辞汉爵封。千古九原如可作，高风邈邈定谁从。”南昌胡俨《留侯墓》：“辟谷何劳禄万钟，功成志就却辞封。分明古墓埋青草，始信空言托赤松。”马出沂《登微山问留侯墓》：微山湖面自嵯峨，乘兴西风一棹过。山岂余怀河魂磊，水还世态恁风波。野翁惯见云霞幻，渔艇常亲鸥鹭多。可是张侯曾蜕委，一邱长此寄烟萝。”

颜公墓　旧志：在学宫西南数十武。公名瓌，又作环，建文时死难，子有为陪葬其旁。明彭勖《沛令颜公墓记》：“知县颜公墓，在沛邑南关。公名瓌，字伯玮，庐陵芗城人也。相传为唐鲁公之裔，以学行称于州里。洪武末，由明经授知是邑，民悦其政。太宗靖难之兵压境，伯玮父子同日就死。邑人义之，遂敛葬焉。岁久冢平，人莫能知。正统初，监察御史彭勖巡教至邑，询于致仕户部主事孟式，得其葬处。乃命有司起坟立祀，而祭之以文曰：人孰不死，公独死义。荒冢累累，我独公祭。勖非要誉于乡党，盖欲振纲常于百世。维灵爽之洋洋，永庙食于兹地。”黄国用《祭沛令颜公文》：“繄先生之在当时兮，郁系乎乡誉；用明经而起家兮，遂筮仕于百里。遭国步之斯棘兮，爰赋诗而见意。蕲只手以扶天柱兮，矢临难无苟免之理。苦力殚而援绝兮，乃从容南望拜而自缢。时令子之侍左右兮，痛先生之见弃。遂引决于赤堇之芒兮，期相从于地下。呜呼！子之于父、臣之于君兮，实天下之大戒无适而非义命。诚忠孝而沦于慜兮，是果无所逃于天地。胡世道之乖舛日下兮，自下忠贞父子之外末论矣。何先生父子以曲尔之躬兮，而竦乎天制与人纪。盖自靖难之师临南傃兮，士氓佥谓天命之有归。咨妒嫮之未判兮，孰能量势而见几。渠溃溃娓娓望尘求免兮，一鸿毛之是俪。同时如唐子清黄谦之就义兮，乃剩华薰香而自厉。后此若张昭季之经，许伯澜之水，周士修、王叔英之死于黉舍于广德兮，又皆闻风而兴起。我怀先生生吾庐陵之芗城兮，实胡忠简、文文山之故里。岂此邦之山水兮，用是多产乎英异？抑先生之世胄兮，乃太师文忠公之裔？多玄训之笺笺兮，求俛仰之弗愧。叹国用之生晚兮，幸托先生之里居。奉皇命而徂征河洛兮，道出丰沛之故区。考图志讯父老兮，知衣带瘗此南关之埭。知先生握拳透爪兮，念灵修而未已。仰高望洋兮，区区怀先生而罔替。用将只鸡斗酒沃酹冢上兮，聊效昔人抚墓之礼。睹芳草之含烟兮，恸表志封植之犹未。喟当时之论未公兮，孰能阐先生之微。呜呼！痛惟先生父子昔日之事也。噫！谅至人有神兮，离列宿而箕尾是将。鞚玉虬鞭青鸾兮，夷犹乎故里。尚阴骘惟予小子兮，俾无愧于为臣为子也吁。”

蔡佥事墓　旧志：在蔡家村。佥事，名楫。

张太常墓　旧志：在东郭内。太常，名贞观，明万历癸未进士，礼科给事中，追赠太常少卿，有墓碑。

邵状元墓　旧志：在上沽头。状元名世矩，刘豫时登第。嘉靖间，工部主事许诗，相其门人訾栋所为志，刻之以传。

怀远将军张泉墓　采访：在鸿沟村前，碑碣半沦土中。

山云墓　在留城。府志引《明史・山云传》：“云为都督，出镇广西，卒于镇。”正统四年，谕葬于此。钱习礼撰神道碑，旧志不载。

吕母冢　府志引《魏书·地形志》:“沛有吕母冢。”旧志:在县西北一里。采访作四里。

郭青儿墓　旧志:在北门外,明弘治时烈女。按:万寿祺有《郭烈女墓碑》“为女未嫁,夫卒,同母往哭,自经死,葬城北”,叙述颇详。惟称系嘉靖二十一年事,与旧志不同,或万误耳。

许牡丹墓　旧志:在东郭内,明嘉靖时贞孝妇人也。岁久墓平,顺治间有人经行其地,才举足,地下有声,连振之,其声不绝,嗣后过者皆然。有长老指为某贞妇坟,有碑,湮没久矣。因相与封墓,扫出其碑,遂寂然。

清风烈女墓　旧志:在夏镇城北运河西岸下。

邱孝子墓　旧志:在县东南五里。孝子名祺,吴人,死葬于此。

张仙林　旧志:在县西南二十里,仙人张静慈之墓。

龙化堌　旧志:在夏镇城西南,双邱对峙。

汲冢　旧志:在县西二十里,今冢已废。有汲冢寺,因冢以为名。

黄冢　旧志:在县南十五里,今冢已废。有黄冢庙,在其地。

伯冢　在夏镇北三里,有先贤冉伯牛墓。《滕志》及《山东通志》考据特详,不知地实属沛。光绪间,有人诉于衍圣公,谓墓被践踏,曾咨沛县修整。盖村以伯牛之冢得名。旧志讹作白冢,土人又呼为白庄,字随音变,村名往往如是。去墓不远有古槐一株,虬干下垂,荫可及亩。征访。

双冢　旧志:在三河口北。自龙化堌以次,疑皆古人冢墓也。

阎古古墓　采访:在县西二十五里蔡家集。光绪间,知县马光勋题志。古古山人父景文,原葬于微山。甲申明鼎革,正山人庐墓时也。万年少题曰:“瞰庐”。后陈名夏与山人书,曰:“微山风摇水荡,绝无佳处。尊先墓,宜迁之。”嗣卜地于城西杏花堆,迁焉。既迁葬,山人复于茔北数武结庐以居。龚芝麓过之,题曰:“文节堂”,傅青主题曰:“枫树山人”。殁,因葬于杏花堆祖茔左侧。光绪年,邑侯马光勋题碑于墓,曰“明故孝廉阎古古先生之墓”。其文节堂遗址尚在。

杜烈女墓　光绪志稿:在广二里滲河北岸半里许,有墓,莲花石柱一座,旁刻明状元朱之蕃联语一韵,中镌解元张彩诗一首。

李白氏墓　光绪志稿:在泗二中里西北滕沛连界处。今犹存有明人石刻。

石鼓　夏镇康阜楼东二里,有石鼓一,厚约三尺,圆径约七尺,周围作伏钉状,鼓形宛然。惜中裂,半没于土,其出土上面,常为行人蹲踞,颇滑洁。无文字可考,不详其何代物也。

卷七　学校志

学宫　学额　祭器　书院　义学　学堂　学田

学　宫

宋代庙学，在泗河东泗亭坊，靖康中毁。金大定初，移建河西靖化坊。元至正间，复毁。元孔希冕《重修庙学记》：沛之有庙学，其来尚矣。以岁月有变迁，物理有隆替，夐出俯临，旁风上雨，加以邑经兵火之余，缺于修理，故摧残破折，日就倾圮。而学校之设，殆名有而实废，观者莫不悯惜，痛吾道之阨塞也。至正乙未夏四月，承务郎济宁路总管府判官伯公寿之，攒运军储，驻车兹邑，瞻礼庙貌，慨然兴念曰："政有似缓而实急，学校是也。盖学校者，风化之本，出治之源。学校兴，而长幼尊卑，皆闻孝弟、忠信、廉耻之言，皆习孝弟、忠信、廉耻之行。礼让既行，风俗自厚，政清民化，止盗息奸，不为小补。近年以来，风俗浇漓，民心不古，若奸伪日滋，盗贼窃发，虽气运之适然，抑亦教化不明之故。欲正本而清源，舍学校则何为？某荷国恩荣，苟可以化民成俗，有裨政治，力所能为，敢不勉乎？"于是首捐己俸，以为之倡。既而，官守、贤良、士夫、耆德，以至府史、胥徒，志于善者，莫不欢欣踊跃，各出己赀，鸠工市材，以为之助。乃命路吏李郁董其事，始工于是岁仲夏戊戌，告成于七月壬辰。凡倾者起之，欹者正之，缺者补之，旧者新之。正殿、廊庑、讲堂、斋舍，应门四楹，角门三座，金铺玉缀，雕闱缘栋，丹漆图象，莫不灿然改观。予尝敬论之，夫人生而有身业而为士，戴天履地，秉彝好德，而灵于万物，不至于斫丧磨灭，摈弃凋落，皆学校教养之力。苟悖天理而弃所学，去人伦而失信义，将何以立于两间？此孟子所谓"饱食暖衣，逸居而无教，圣人有忧之"，盖谓此也。自夫世运艰虞，饥寒流落，由忠君而孝父、舍生而取义者观之，则教化有补于世，岂浅鲜哉？彼或以仁义为迂阔，教化为不急，区区法制，禁令之末，屑屑簿书，期会之密，以促办催科为贤，钩深摘隐为能，护稂莠而害嘉禾，拔本根而扶枝叶，欲事简而愈烦，求政治而益乱，将使斯民捐仁义以狗利诱，遗君父而灭纲常，亦独何心？今伯公寿之，当兵战警急之秋，身劳供给之际，以庙学为首善之地，不整严无以起人之敬，不尊重无以道人之善。在公勤恤，见义勇为，故不言而人信，不赏而人劝，工不告劳而事底于成，使风俗薄而复淳，吾道塞而复通。《诗》曰："吁谟定命，远犹辰告。敬慎威仪，惟民之则。"此之谓也。扩而充之，则他日格君非、泽民物，措斯世泰和之域，事不难矣。此众所有望于公，公素所蕴藉者也。公名伯颜察儿，寿之，其字也。家世阀阅，始由邳州、睢宁县主簿，以清慎共恪，选充太常礼仪院太祝，复以贤良廉干，升今任。所在莅政之际，虽文移星火，事务丛棘，而简善惩恶，兴学劝农，弘毅正直，出乎天性，故民怀德畏威，令出惟行，事多类此。沛县达鲁花赤众家奴暨完者不花，县尹王居礼暨刘泽，主簿张造道暨韩仁义，典史刘熙等，协心信美，务兹善政，勇于有为，实赞成之。希冕忝谕斯邑，职守文学，适完盛事，诚为美矣。敢不敬承邑大夫之请，以纪公乐善化民之实，刻诸坚珉，为将来莅政者劝。

明洪武三年，知县费忠信、训导华革重建。永乐间知县常瓘、李举贤、正统间知县王清，相继踵修。至景泰时，知县古信、教谕张晔，复大修之。陈璺《重修庙学记》：沛之有学，学之有庙，盖自前代始。历岁既久，虫蠹侵蚀，复震陵以风雨，先圣裸荐之次、师儒讲习之所，倾侧弗修，有司不加省者，亦十数年于兹矣。我朝崇儒重道，天下学宫，敝兴废起。沛县当景泰纪元之初，知县武昌古信、教谕清源张晔，适相继视事。顾明伦堂、大成殿皆倾侧弗修，乃相谓曰：学所以明孔子之道，而庙又所以尊孔子，使人知是道之所从来者也。今倾侧若是，兴复葺理，其可缓乎？即鸠工度材，运置砖石，以斫以砌，作明伦堂，修大成殿。宏敞清肃，秩然改观。既，又立棂星门，创建尊经阁，射圃与夫庖厨、库庾，皆无不备。沛人以向已倾侧者既修，而素未有者复建，备庙学之制度，耸士庶之观瞻。役虽勤而不伤于农，费虽多而不及于官，皆喜其成，愿有述以著厥绩。教谕张先生，重踸沛人意走书属予记。予惟建国君民，教学为先。帝王之兴，率由斯道。秦人焚书坑儒，叛乱四起。高祖起沛中，身跻大业，虽当时诗书礼文之事，有所未遑，然大纲克正，子孙继承，而经术名节之是尚，卒延国脉于四百年之久者，岂真以马上致哉？亦以斯道为之根柢耳。国家定制，以学校责守令贤否，视学校兴复废为殿最，其重于此而不轻也，较然矣。是以薄海内外，士劝伦叙，风俗丕变，弦歌之声相接也。沛之庙学弗修也久，遭时复兴，顾皆贤令长与掌教者之经营摹画，潜孚默运，抑何莫而非本于上之鸢飞鱼跃之化哉？学于兹者，亦当知沐朝廷化育之恩，睹学校兴复之盛，惕然以立身行道、忠君显亲自励，将不愧为沛中人矣。是役也，经营于景泰二年辛未之春，落成于景泰三年壬申。其时若县丞韦璁、朱宁，主簿卢蓁，典史邓林，训导周载苾，皆襄是举，能与古、张二公同心相协，以毕其功，是咸可书云。

嘉靖八年，圮于水。二十三年，府志作十一年，误。知县王治以泡河南龙泉寺地风气爽垲，遂徙焉。二十五年，知县周泾增置门庑、祠宇，凿泮池，购民地拓大之。徐维贤《新迁沛学记》：嘉靖丁未夏五月，新迁沛县儒学成，学谕朱氏以和、若训季氏珩合学之士，持状告予曰："学旧在邑治东北，正德间为河决就圮，自是人文靡振，科目屡奇，士论病焉。识者以城南泡河，龙泉之会，风气完朗，文明之宅也，第为浮屠所据。迨岁壬寅，前黄训泉张训庆旸白于王令治，欲两易之。令闻其议于州守熊君琳，暨兵臬竹墟屠公，亟可之。已而，遍上之抚院蒲湾王公、巡院瀛山高公、裁庵杨公、象冈胡公、水部平川郭公，佥如其议。遂表正方位，易民地如干丈以广之，而改创梵宫为先师庙。继撤旧材，为明伦堂，为博文、约礼两斋。工方经始，而王令去矣。甲辰岁，贵溪周君泾以乡进士来代之，相其未备，毅然欲亟终之，顾时未可。越明年，政孚民信，乃复清诸巡院环峰贾公、牛山冯公，兵臬同野王公，得廪余若干金，授成典史林大理，为之增置两庑。庑前为戟门，旁为庖库，前为泮池，又前为棂星门，门之左右为蛟腾、凤翥坊。又于学宫之东为敬一亭，为启圣祠，西为乡贤祠，为名宦祠，垣宇四周，而总括之以学门，盖益备王之所未备，而规模气象宏翼壮丽，凡所以示瞻仰、遂游息者，靡不饬矣。周令之有功于学也如是，和等愿乞言，以征诸远。”予辞不获，乃为之言曰：古者考绩论治，兴学为先。故《诗》颂鲁申、《史》赞文翁，昌黎美邺侯之文，柳州著薛伯之勤，盖皆归其功也。今尔多师多士，固知若令之功矣，其亦知所自迪以成令功者乎？夫建学者，有司之事；而敷教者，师儒之责；学立教修，而名实不著焉，多士之耻也。故胡安定教授苏湖，贤才辈出；范文正自做秀才时，便以天下为己任。彼二公者，自迪其选矣。今沛去邹鲁不远，有先圣贤之遗风，且邑隶南畿，为圣祖龙飞首善之地，而今皇上复以敬一之学倡明于上，则视昔苏湖，其机又易以兴也。苟能励胡、范之志，以追孔、孟之遗，振其敝陋者而更新之。有如此学，则志气交凝，人文丕应，将必有道德文章卓然名世者，迭出于科目之门，以鸣国家之盛，而绍邹鲁之休，其于兹学宁不大有光哉？如或不然，而溺于旧习，则未免昔之所病，而有司之志荒矣。余固谅尔多师多士所不屑也，于是乎言。

隆庆三年，知县白经改建明伦堂、两庑，移启圣祠于庙东。万历二年，知县倪民望重修，立兴贤、育才二坊。九年，知县周治升复修建棂星门，创尊经阁，徙启圣、名宦、乡贤三祠于明伦堂后，并建文昌祠。弋阳詹世用有记。旧志失考。二十四年，知县罗士学设外屏，改建作圣、成材二坊。二十八年，建敬一亭，教谕宋约作魁星楼于仪门外，规制始备。三十一年，没于水。三十四年，知邳州李汝让重修，创文笔峰于学东偏，并移魁星祀于此。张贞观《重修沛县儒学记》：沛学旧在邑城之东偏，盖金元遗址也。偏安闰位，科目亦不乏人，入国朝来顾寥寥焉。嘉靖癸卯，邑令永年王公始采形家言迁今地。自是科第渐兴，人文蔚起。万历癸卯，河水泛溢，沛受其冲，成巨浸焉。城内外官、司公署及闾左庐舍，荡焉若扫，而释菜之宫尽入洪涛巨浪中，惟一正殿巍然独存，若鲁灵光然。是时，先令君以论去，监司两台悯沛邑之垫溺，须可以济时艰、苏民困、兴废圮者，简旁邑贤能之长移治之。周视部内，无如李公才，乃以虹县令治行高等调至。居无何，铨部又最公绩，秩久当迁，而鄘州之命下矣。公受命且驰而西，而当事者复皇皇然，亟请于上，而留之以州刺史五品秩视县事，盖特典也。然犹四顾苍茫，居城堙听政，朔望从睥睨间望先师礼焉。嗣及水退，始经画曰：“今者县治、学宫俱宜修葺，弗缓。顾时诎举盈，势不能兼，而尤莫急于学。何者？士为四民之首，无学焉，则博士弟子伥伥焉无所之，国家重文教谓何？”于是首议修学。鸠工庀材，甓墍榱臬之资，不浃旬而办，堂斋、廊庑、池梁、门坊之属，甫半期而焕然一新。门外层垒笋插之峰亦并时而立。于是，东向揖博士而进之曰：“修废举坠，有司责也；严科条，振教术，是在博士。”南向揖群弟子而进之曰：“章志贞教，师傅责也；修课业、率教化，是在弟子。”每政事之暇，即诣学宫，谈说经术，旁及文艺，孜孜罔倦。而群弟子亦鼓舞，乐育其中。向之摧坏、剥落不可睹者，今且望其宫翼如也，瞻其堂饬如也，环视其青衿，彬彬如也。由是，县治、城隍咸次第一新，内外相对峙，称沛邑伟观焉。公真异才也哉！当世铜墨之长，视一官如传舍，延岁月，冀旦夕释去为快。举凡兴作劳动之事，不啻枉梏视之，孰肯肩其任哉？即肩之，亦苟且塞责，以涂其耳目耳，孰有知无不为、为无不力如公者乎？殚一己拮据之劳，贻百世不朽之绩，讵一时之为烈已耳。公治行卓异，别有纪。诸博士弟子，惟以公之加意于学校者甚渥，不可不传之永久，乃伐石而树之堂属，不佞述其大概如此。公名汝让，号逊庵，永宁人；博士司教卢汝沾，宣城人；司训程三德，婺源人。例得并书。

三十九年，知县李懋顺踵修之。

清顺治十四年，知县郭惟新移启圣祠于尊经阁上，阁左右列名宦、乡贤两祠。张能麟《重修儒学碑记》：沛，于古为汉高帝汤沐邑。歌大风而思猛士，初若不事诗书，然过鲁祀孔子以太牢，实基四百年之祚。陆贾奏《新语》，辄称善，帝岂轻儒术者哉？其后世立博士、置辟雍，桥门观听，几及千人，论者溯其渊源，所为推本于开创之初，而深著夫崇儒重道之效也。先王有道德、礼乐、经术以造士，士之隶庠序者，亦无不以道德、礼乐、经术相磨切，学成而达诸用，文经武纬，皆出其中。孔子设教洙泗，垂及百年，诸生以时习礼其家，使观者祗徊不能去。隆准公马上得天下，独俯首尼山一布衣，可不谓知所重乎？国家定鼎，混一区宇，弘文教以绥四方，尤加意学宫，以示广厉。乙未，予奉简命，督学三吴，见学舍颓圮，恻焉忧之。况徐沛接壤邹鲁，有先圣贤遗风，可使之倾圮而不治乎？因捐俸金，申饬有司，重加修葺。庀材鸠工，越数月，而告成焉。乃为之言曰："古来名世大业，必由理学。真儒孔子有言：'志在《春秋》，行在《孝经》。'"夫孝，德之本也。汉高分羹、拥篲，贻讥千古，固天性纯孝，作新丰、定名号，至子孙皆以孝为谥，其于孔子所言，若合符节。今士子穷年矻矻，不离章句，内无格致诚正之功，外无齐治均平之学，至《孝经》一书，茫焉不解，欲望其见伊吕、失萧曹也得乎？圣天子雅意文治，以孝道风励天下。予尝欲取《孝经》一书，列之棘闱，俾士子知所诵习，庶门内克修，则获上信友，胥于是出，将来为真儒，为名世，端有赖焉。夫高帝不喜儒生，特不喜腐儒耳。推祀孔子之意，使得董江都诸人为之左右，当必有相得益彰者已。丰沛之士，生高帝之遗乡，体尊崇太公之心，以孝律身，以孝作忠，而格致诚正之功，齐治均平之学，皆树其基矣。思皇多士，维国之桢，能不于沛邑有厚望哉？

康熙七年，地震，庙圮，邑人王祉等修正殿。十七年，教谕叶炳修两庑、明伦堂、东西斋舍。三十一年，邑人王贯、王可大等建启圣祠。四十年知县杨宏绩、雍正十三年知县李棠踵修。乾隆年复修之。四十六年，河决城陷，宫殿祠庑荡然矣。迁治栖山，建砖城。后并建黉宫。咸丰元年，复没于水。十一年，邑还原治，学宫未建，春秋秩祀，皆附武庙。光绪十一年，知府桂中行以附祭非礼，谕就前建讲堂，略加修饬，并添建东西两庑，设至圣师儒神位以为春秋丁祭之地。规模卑狭，犹不足以昭典礼。十二年，陆令秉森于城东南购买民地若干，拟建新庙，困于经费，未遑遽举。十六年春，知县侯绍瀛购置木料，未及兴修，会以事去职。二十年，知县马光勋建大成殿，其前为月台，石皆取之栖山旧庙。次建东西两庑，次戟门，次名宦、乡贤两祠，其南为棂星门，中为泮池，棂星门外东西礼门、义路两门。庙之东偏为奎星楼，则训导叶梦熊捐廉建也。知县马光勋《重修沛县学宫记》：沛邑学宫，始在旧城，乾隆初年没于黄水。移建栖山，功将竣，而又遭咸丰元年丰工之变。同治八年，曾文正查办湖田，收东民侵地三百九十余顷，拨还沛民为学校公田，岁收租七千九百余缗，以千缗存为创建学宫经费，惜经理不得其人。三十年来，无岁无灾，入款少而存款亦无几。光绪十五年，前署任桂林侯东洲大令创议兴修，未果。十七年，余莅兹土，款绌，未敢轻举。及秋，租户报灾，乃往勘，得其伪，遂以后不准虚捏。未几，余调省去，十九年回任，而二十一年乃又去。五年中，惟二十年收全租，余仍灾缓如故。二十二年，余再回任，叠遇丰年，收全租者再，时前府宪詹，潘、叶两学博先后莅任，留心学校，知余有志兴庙工。二十年，任内所购木料已备，每见辄以速鸠工为余责。余乃清理各款，共得钱万七千缗。禀请道宪桂、前府宪詹，于二十年秋动工，以贡生张世琥、赵玉理、李启岳董其事。先立围墙，建大成殿、两庑、大成门，次名宦乡贤祠、棂星门、泮池，历三年，至今夏落成。邑人士伐石磨碑，嘱余为文记之。时拳匪肇衅，京津不守，两宫西幸，而东省刀匪时来，团内勾结，莠民乘机思再逞。余闻而慨然，曰：噫！此何时，而尚崇丽学宫为百年树人计耶？继而思之，学也者，学为人也。夫人道之极，可以赞化育、参天地，而其源则始于事亲，终于事君，时有险夷，道无兴废。我朝深仁厚泽，沦浃胶庠，但使百里之内，人知向学，如孟子所云“壮者以暇日修其孝悌忠信”，将来中外辑睦，乘舆返正，吾与若幸安无事，雍容弦诵，敦叙彝伦，讲让型仁，以厚风俗，万一天下有变，则将仗义兴师，号召四方忠信之士，荷戈先驱，为子死孝，为臣死忠，上以报国家二百年养士之恩，下以申普天率土敌忾同仇之义，使天下万世史臣载笔而书之曰：惟沛人，不愧为人！此则从古建学明伦之实效，余旦夕厚望于邑人士而不敢必者也。若夫掇高科、登显仕，则敦品积学，时来偶为之，何烦余之哓哓为哉？邑人士曰：“善。请即以此泐诸石。”

名宦祠在戟门左，祀——

汉县令许慎

宋知县程珦

明知县颜瓌

清总督马鸣佩

清总督于成龙

清总督傅腊塔

清总督范成勋

清总督郎廷极

清总河陈鹏年

清江苏巡抚宋荦

清江苏巡抚张伯行

清督学许汝霖

清督学邵嗣尧

清督学张榕端

清督学张泰交

清督学张元臣

清督学余正健

清知县云茂琦

乡贤祠在戟门右，祀——

商左相仲虺

汉平阳后曹参

汉安国侯王陵

汉绛侯周勃

汉舞阳侯樊哙

汉御史大夫周苛

汉汾阴侯周昌

汉条侯周亚夫

汉博士施雠

汉东平侯傅庆普

汉郎中蔡千秋

汉处士姜肱

梁著作郎刘臧

明浙江按察司佥事蔡缉

明孝子监生赵清

明兴化教授卢雄

明礼科给事中张贞观

明举人阎尔梅

清大学士蒋廷锡按：蒋，常熟人，雍正间奉旨一体崇祀，各属均附入焉。

学 额

廪膳生二十名。 增广生二十名。 附学生岁科试额各入十六名。 又岁试例拨府学生员一名 岁贡生二年贡一人。 武生岁科试额入二十名。

祭 器

笾豆各五十余，略备。

书籍 《十三经注疏》一部 《二十四史》一厨 《汉魏丛书》一部 《渊鉴类涵》一部 《佩文韵府》一部 《文献通考》一部光绪中叶购置，宣统三年毁于匪。

书院

镇山书院　在夏镇。明隆庆初建。钱锡汝《镇山书院记》：镇院者，建以为少保大司空朱公生祠也。公治漕河，功出群僚，泽流万世而不朽。乃以书院名者，何也？盖黄河发源星宿，喷薄万里，贯历重译，以入中夏，怒激奔决，乃自古患之。成祖都燕冀，岁漕东南粟数百万，自百官屯卫、边徼校卒，咸取给焉。然河虽数溃，犹未甚也。乃嘉靖乙丑，河走华山，抵沛入昭阳湖，漂闾沉亩，漕路中绝。天子命大司寇万安朱公为大司空兼御史大夫往，开浚新河，三年而河成，视故道倍捷，丰功伟烈，俱载诸名公《颂》、《序》中。方公之始莅河也，即请发帑，以振业流移，又募民趋河役而与之傭直。河绩既奏，民复奠安，前后所活无虑数十万众。于是，民咸仰公，曰："公德甚大，公寿必昌。古有生祠，用以崇敬祈愿也。盍亦尸而祝之，俎而豆之乎？"捐镪率力，树宇于河堤之西，建堂三楹，以公所受纶音，金书丹质，揭之楣间。前为仪门、大门，堂后楼三楹，左右有房。房左右为爨室，楼前有东西廊房。楼后堂三楹，四绕皆垣。大门外则设屏，而匾其上。公命萃夏镇之子弟于院，延师诲之，数申训饬，今亦彬彬乎能文学、升庠序矣。锡汝为公属吏，役是地幸逢书院之建，而诸子弟讲习其中者，公命得以校视其业。万历改元七月，于堂后之北，拓其隙地筑台，方广三丈，高可丈许。复亭其上，题曰"永赖"，志公功也。雄爽可眺望，帆樯之往来，山色之环拱，皆在瞩焉。亭前有石梁，为偃波形，左右植柏数株，高二丈余，浃旬而有鹊来巢。亭后磊石为三峰，峰左右植竹数十竿。亭左有井甃之冽可汲。前堂东西廊益以房，后堂左右亦如之，皆植槐柏数株。别建佃房数楹于市，岁入其租，以资缉理供费。夫召公敷惠，蔽芾歌焉；羊叔覃仁，岘首颂焉。兹皆一时之政，民犹咏思之，况夫起百万生灵于鱼鳖，而生息教训垂诸永久，功视召、羊二公，盖相万也。民不爱其财力而奔走之，固其宜哉。院建于丁巳年三月，成于庚午年五月，而峰、梁、亭、台，则以今岁二月成者也。宜有文以纪之，敬述公功之及民者如此。若夫决排鸿水，改易漕渠，为国家万世计，此功之在社稷者，则有庙堂之议、太史之简，锡汝何敢与知焉。

两河书院　初名镇山书院，顺治十六年工部郎中顾大申重建，并改今名，即五中丞祠也。顾大申《重建两河书院记》：今上御宇十有四载，大申以屯部郎奉玺书，视河夏镇。受事之初，历徐沛、经滕峄，访求新、泇两河疏塞故事，邦之长老犹能道之。其言曰："嘉靖、万历之间，河患屡告，往往漕与河争道。河自西东决，则冲曹、单，横射鱼台、谷亭；而溃漕之胁，自北南灌，则淤邳、睢，载及徐泗，漂大浮桥，而阨漕之吭。于时欲议利漕，不得不议避河。南阳口新河之役，自松陵盛公始也，功未至夏村，怨讟上闻，落职去。自是十余年，无敢议改者。世宗乙丑，河逆溢，漕艘匆克达，万安朱公被命，浚盛公未竣工。言路有劾公虚民者，遣官勘议，疏再上。得报：可。留城之功以举。神宗时，徐、邳屡塞，湘源舒公凿韩庄河四十里，沁水刘公继之，长垣李公复开泇河口百二十里，皆以工大费多，李公几冒不韪也。议者谓：松陵为万安之权舆，长垣为湘源、沁水之嗣美。凡以去河渐纡，则害漕日浅。自泇河通，遂而河自为河、漕自为漕之利，而河不为害者，綦六十载。"大申闻而叹曰："嗟乎，当日贤士大夫之拮据、荒度如此！”夫从古任人之难，难于任事；任事之难，难于虑始。暑雨祈寒、民曰怨咨，利未及身、罔不腾口；及观厥成、而亿祀称便也。历数前后经理，虽曰明君哲相，始终倚任，而诸君子之兴而辍、辍而复集者，不诚忘身体国、矫矫烈丈夫哉？《传》曰：“以劳定国，则祀之。”五中丞者，乌可以无祀。镇有书院，所以祀万安者也，颓于兵燹。乃鸠工庀材，涂塈丹雘，而合祀于其中，被以两河之名，志旧勋也。镇人士稽首请曰：“大典举矣，有贤使君而弗录，邦人之咎也。若陈公之创始，夏阳梅公赞成，泇河茅公之惠泽浸淫，陆公之同民患难，其崇德显功，赫赫若昨日事，盍祀诸？”乃允其请，而祔祀于两庑，从舆志也。工肇于丁酉八月，成于己亥二月。募而役者，四万余工，材用千六百金有奇，僚属捐助六百四十金，余皆独立营办以竟工作。蠲吉安神，而延师集士，课诵其中。方伐石纪事，未毕，其年又议甃镇城。辛勤筹画，十有八月，城工集十之七，冀以微劳附先贤之后。今岁三月，起大狱，株连二百余人，大申解任。十月获雪南迁，镇人士复垂涕攀留，且前请曰：“举大功者，必负重谤。前车在望，而偾辕同辙。公所谓前人任事难，后人又将议公难也。盍并记之？”大申曰：“表章先烈，后进事也。以五中丞之贤且达，受君相之寄，而不免于蒙垢，小子何人哉？其不幸而获谤，幸而善全天也。敢过自矜诩，以重诬邦人之月旦？”谨辞众请，而为之记。正祠五公：盛中丞应期，吴江人；朱少保衡，万安人；舒少保应龙，全州人；刘司空东星，沁水人；李少保襄毅公化龙，长垣人。配祠四公：陈公楠，奉化人；梅公守相，宣城人；茅公国缙，归安人；陆公化熙，常熟人。并传贞珉，以贻弈世。

歌风书院　旧在栖山，知县孙朝干建。邑还原治，同治七年，知县王荫福在城南创建讲堂、大门各三间。十年，知县许诵宣因其狭隘，复于城西购买民房三十余间，拟重移建，项绌中止。光绪十二年，知县陆秉森将前院房舍改为文场，容坐千余人，规模略备。徐州兵部宿松段喆、知府事临川桂中行碑记：咸丰初元，河决兰仪，徙而北，滨微山、昭阳，两湖之中半出为田，绵江苏之铜山、沛，以达于山东。山东民之耕铜山、沛者，曰“团民”，主客相轧，孽芽日丛。同治五年，曾文正公督师于徐，治刁、王二团之不率者，而分其田于铜山、沛之书院，得田百二十顷，岁征钱二千四百千，然书院实未建也。七年，知县事王荫福始建之城南。十年，知县事许诵宣复迁之城西，相传为汉高帝歌大风处也，有台尚存，故名书院曰“歌风”。光绪十二年，今知县事陆侯扩而充之，为讲堂三楹，堂之东为诸生讲习之所，其西别为十八楹岁科校，一县之士，于是在焉。喆、中行并治徐，尝以是役敦陆侯，而乐其有成也。乃进诸生而诏之曰：“十步之内，必有芳草；十室之邑，必有忠信。况沛为炎汉权舆，从龙之彦，飚举云兴。其后，子政父子，湛于经术，五行之传，七略之编，并学者所仰镜，甲于他州。以并世征之，阎古古之经济，朱伯宅之词章，亦儒林选也。今虽异昔，然朴茂才俊之士，所至而有，苟相与升降乎其中，自科举之业进而求诸经术，自洒扫应对进退之节，反而淑其性情，自一家一乡，久而周知天地万物之迹，古今治乱得失之理，将上至经明而行修，与子政相后先，足备国家一日之用，下亦致其一偏一技一曲之学，不失为阎、朱。沛何必不再甲他州哉？沛迩兖沂，其民陗直而任气，要非其性也，彼有所见而致然也。自今得书院之陶淑，士诚本经术以淑其性，使陗直任气之风终世而不作，则文正之善始，与陆侯之善其终，信非苟焉而已也。”陆侯，名秉森，浙之嘉兴人。其为书院也，经始于光绪丙戌春二月，落成于冬十月，靡钱三千九百千有奇。董其役者，县之士王景昭、胡朝阳、封遐龄、张世琥、李启艾，而征收湖租委员则闸官，淄川高徽桐也。

泗滨书院　在泗河东岸，即汉高书院故址。

建中书院　在县治南。

仰圣书院　在上沽头。今存断碑，上缺数十字。明嘉靖间主事吴衍建。汪宗元碑记：夫君子如欲化民成俗，其必由学乎。古之教者，家有塾，党有庠，州有序，国有学。圣朝自国都及州邑，咸建庙学，设专官，萃群士之秀者而教育之。熙洽既久，遐陬僻壤，莫不有学。而胜地名区，复有书院之设，所以养蒙育才，广化裨治，翼学之所不逮者也。沽头闸介乎徐沛之间，其地旷野，其俗尚利，其民轻生。夫地旷，则无文物之聚；尚利，则无礼让之风；轻生，则有战斗之习。俗之不美者，以化之不孚也，教其可少乎？嘉靖戊申春，都水南城吴子衍以督河至，乃叹曰：“此地距曲阜不二百里，去圣人之居，若此其近，乃吾夫子周流所至过化之乡也。而弦诵罕闻，礼教不兴，部使者不得辞其责矣。”越明年，乃卜地陶瓦，捐赀召匠。厥志先定，询谋佥同。又明年，请于总理中丞沅溪何公，嘉其议而赞其成。遂度地葺宇，厥土孔臧，厥位面阳。中为正厅三间，请业有堂；东西为厢房六间，栖士有舍。为退居者三、为庖庾者四，约以大门，缭以周垣。书院甫成，乃择弟子之俊秀者，肄业其中，延师以切磋，亲为讲解，课功程能，逊志兴行，期臻实效，卓然为徐沛间一善地矣。予适以简命代何公、吴子索文以记之。乃言曰：“学必至于道，道以圣为极。沛，近孔子之居，乃孔子过化之地，此仰圣之所以名也。昔孔子之在春秋，之齐、之楚，之卫、之宋，辙迹几遍天下者，忧道之不明、教之不立也。诸士生圣人所近之地，闻圣人之风久矣。其仰思于二千载之上，孜孜汲汲，羹墙如见焉，则圣人之道，在于吾心，而邹鲁之风，何为不可复见于今日？诗曰：‘高山仰止，景行行止’，诸生其相与勖之。”

沽头精舍　明嘉靖间主事施笃臣建。

义　学

邑义学，邑还原治，仅存栖山、夏镇两所。

歌风书院义学　光绪八年知府曾公捐廉建立。

谭家圩义学　在城西。

大张家圩义学　在城南。

胡家圩义学　在城东。

斗虎店义学　在城南。

赵圈圩义学　在城南。光绪八年知县樊燮捐廉立。

三皇庙义学　在城西南。

城东关内义学

蔺楼圩义学　在城西。

城子庙义学

司家楼义学　在城西。

栖山义学　旧设。

闵子祠义学　在城西北。

夏镇南街义学　旧设。

蔡家村义学　在城北。

夏镇北街义学

张家洼义学　在城东南。

圣水社学　在城西南。明嘉靖二年知县杨政建。

天津社学　在旧泗河东岸。亦杨政建。

高房社学　在高房集。明万历间知县罗士学建。

夏镇义学　共有三。一在两河书院东偏，明隆庆初主事钱锡汝建，中屋三楹，祀先圣神位，为朔望蒙师率弟子行礼处，有义田若干亩，即今之文庙也。万历三年陆檄《夏镇义学记》，赐进士出身 承直郎 工部都水 清吏司提督 夏镇等闸河主事 长洲陆檄撰并书：余初抵夏镇，睹司之东北有堂三楹，而未就问所以，则朗峰钱公为义学计也。渊乎钱公，用意之深乎！庶富而教，自古记之家塾、党庠，即三代盛时不废。盖民俗移于习，习成于豫，十室忠信，可与至道。顾教诲之弗豫，童而习、长而服，不复知有圣贤之训，而恣睢儇巧，是趋其为风俗，治化累非鲜也！夏镇，始以村名，居民鲜少，自新河开，为运道所经，民日成聚。地距县治三十余里，远于黉校师儒之教，兼以四方游市、杂集喧处，所闻见贾贩乾没耳，安事诗书？是可为习俗虑也。钱公之欲举义学，其以此欤？余乃尊其规画，督诸役首成之。葺修堂宇，缭以周垣，立大门，书“义学”，匾其上。后起堂三楹，东西旁舍具。遂群弟子其中择端方不贰者，给馆谷傅之，训以古先圣人之格言、孝弟礼让之大致，呻吟诵读，朗朗彻朝夕矣。自是，有忠信志道者出，接邹鲁之风，庶几于章甫逢掖之裔，则钱公建学豫教之意，讵可少哉？是役也，义官李学专董之，而沛县主簿李维高、滕县主簿毛骞羽，皆相与共事者也，得例书云。一在羲皇庙西，康熙初刑部郎中驺汉建。一即户部分司行署，康熙三十六年知县佟锟改建。

社学十八区　皆明嘉靖初知县李桢建。

学　堂

县立高等小学堂光绪三十一年设立，年支经费二千四百千，后增至三千千。校址就本城文昌阁改建。

县立师范传习所光绪三十二年设立，年支经费三千千。校址就歌风书院改建。养成学生二级，停办。

青墩寺高初两等小学堂光绪三十三年成立，经费每年由县教育费补助三百千，余由创办人自筹。校址就寺宇略加修饬。辛亥年，因乱停办。

初等小学堂自光绪三十二年至辛亥年，陆续设立五十一堂，除义学改设之十八堂，经费由县教育费每年补助七十千，其余均系私立用款，全由创办人自筹。

劝学所光绪三十二年成立，年支经费八百千。

教育会光绪三十二年成立，年支经费四百千。

学　田

旧学田按旧志：十顷九十二亩有奇。明嘉靖中，知县李桢置地六顷九十二亩八厘。万历间，知县苏万民以旧吴公祠原置赡祠田四顷复归入学，均载坐落地址。自咸丰元年丰工漫溢，多有沙废。县存印册，仅余三百七十二亩，复于光绪年间为唐团占去三十亩有奇，俱坐落高家小湖地方。

书院田同治五年，江督曾丈拨湖地一百二十顷，岁入租息二千四百千，以作经费。

义学田湖田六十顷，亦系江督曾所拨，岁入租息一千二百千。以上光绪志稿。

学田同治八年，曾文正查办湖田，收东民侵地，连同五年所拨书院、义学两田，共计三百九十八顷七亩，发还沛民，更名学校公田，每亩岁收租钱三百文，共收租一万一千九百四十二文。

学校余田光绪二十二年，清丈学田余出地十五顷八十四亩三分九厘，每亩收租钱三百文，共收租四百七十五千三百十七文。

儒学田共十一顷二十九亩，租凡五等，由六百文递减至二百八十文，共计岁收租钱四百八十九千一百二十文。

祭田夏镇圣庙旧有学田四十三顷亩，散在湖滨，多为豪强所占，莫可究诘。咸丰七年，湖涸，经生员王家宾等请县查复，颇复旧额。然无专董经管，仍无条贯。嗣被湖田局收没。光绪十三年，经生员陈翊卿等呈请，拨复。旋蒙徐州道段饬就湖田高阜处酌拨六顷，计砦子村三顷，刘昌庄三顷，植石立界，并谕董经管，改名祭田，岁收租款，藉允祭需。又农民朱延瑱，光绪二十五年施助文庙祭田四十四亩，地在马家寨。见庙碑，及禀批各稿。

卷八　艺文志碑碣附

施氏《易经》汉施雠著。雠,字长卿,沛人。按:《汉书·艺文志》:"《易经》十二篇,施、孟、梁邱三家。"师古曰:"上、下经及十翼,故十二篇。"

施氏《易经章句》汉施雠著。《汉书·艺文志》:"《章句》,施、孟、梁邱各二篇。"

《酒德颂》晋刘伶著。见《晋书·刘伶传》。

《梁典》北周刘璠撰。按:《周书·刘祥传》:"所撰《梁典》,未及刊定,临终谓休征(祥字)曰:'能成我志,其此书乎?'休征治定缮写,勒成一家,行于世。"

《春秋三传指要》十五卷唐刘轲著。轲,字希仁,元和进士,有《传》,见《唐书·经籍志》。

《帝王历数歌》唐刘轲著。见《宋史·艺文志》。

《帝王镜略》唐刘轲著。见《马氏经籍考》。

《唐年历代》一卷唐刘轲著。见《宋史·艺文志》。

《翼孟》三卷唐刘轲著。见《宋史·艺文志》。

《豢龙子》十卷唐刘轲著。见《白氏长庆集》。

《牛羊日历》一卷唐刘轲著。见《唐书·艺文志》,谓此书系牛僧儒、杨虞卿事,有檀栾子、皇甫松序。按:《唐书》牛僧儒素为李德裕所恶。南迁所著《穷愁志》引里俗犊子之谶以斥僧儒,又目为太牢公。虞卿性柔佞、能阿附,权幸以为奸利,而李宗闵彼此唱和,时号党魁。轲籍两姓,寓言以隐,相讥刺耳。

《补江总白猿传》唐刘轲著。按:唐代丛书有无名氏《白猿传》,即轲之作也。欧阳询,博学善书,而貌陋甚寝,似猴形。长孙无忌嘲之曰:"谁于麟阁上,画此一猕猴。"轲戏作传。托江总之名,非实录也。此外,仍有《刘轲文集》。

《柏庵杂著》明单镛著。

《掖垣谏草》明张贞观著。观,字惟诚,万历进士。《谏草》分《兵垣》二卷、《工垣》卷、《礼垣》二卷。

《野心堂集》明张贞观著。

《汇骚集》明张扬著。

《五宜亭诗草》明蔡桂著。桂,字子房,明户部郎中。有《传》,见旧志。

《吹骚集》明张扬著。扬,字仲房。有《传》。

《惊心录》明赵时若著。见《江南通志》。

《政体备要录》明周冕著。官布政司参政。有《传》。

《阎尔梅文集》明阎尔梅著。尔梅，字用卿，有《传》。崇祯举人，晚年历游晋、豫、秦、蜀，阅十八期而归。自号白耷山人，著有文集二册。

《白耷山人诗集》明阎尔梅著。诗共四集，其五七言绝句一卷，格律精细，旷逸之趣，每溢言表。如：《过乌江浦》云“乌陵道左困英雄，骓马长嘶千里风。成败何妨争面目，不随亭长渡江东。”《莫愁湖》云“欲采芙蓉近晚秋，微醺斜倚望江楼。人生都向愁中老，谁解闲行问莫愁？”《访友》云“一湾才过一湾斜，近岸垂杨远岸花。休问烟波来去路，渔郎原不识仙家。”谨录数绝，以见一斑。

《印雪诗草》一卷阎尔梅著。

《板荡集》明郝继隆著。

《阎古古年谱》一卷张允杰编。

《愚泉古文集》阎文源著。

《寅宾录》阎氏家藏。

《榕庄诗草》阎焜贞著。

《韵学一贯》明郝继隆著。字允善，崇祯时拔贡生。

《明史隐林》阎圻著。圻，字千里，古古孙，康熙翰林。

《式谷集》明郝继隆著。

《臣道纪纲》阎圻著。

《六经图考》朱伯宅著。伯宅，增生，湛深经学，著书自娱。

《罗浮山记》阎圻著。

《唐诗汇钞》朱伯宅著。

《憩养堂诗集》阎圻著。

《删余诗草》阎焯贞著。

《易训录》朱之肱著。之肱，字尔起，康熙时庠生。

《宣亭诗草》阎棨贞著。

《昆仑诗草》王者都著。

《理学家传》阎圻著。

《博物类编》郝质玗著。康熙时庠生。

《仪真志》阎圻著。

《雪笠山人集》八卷王定勋著。

《泗水文集》阎圻著。

《漱芳斋诗文集》叶湘管著。

《阅耕楼诗集》阎圻著。

《含光楼诗稿》四卷杨淇著。

《澹松集》王者都著。者杜，字敬止，顺治初拔贡生。历仕至泉州府知府，以干济称。

《山水音》王者都著。

《汲村山人集》朱重光著。重光，字继照，有《传》。

《四书集义》二十本卜世昌著。

《学庸讲义》张愚著。愚，字柴也，号梦桐。乾隆时副榜，穷经讲学，著书自娱，其诱掖后进，恒孜孜不倦。

《周易旁解》张愚著。

《开心集》郝质玗著。

《看剑斋诗草》赵敬修著。字以清。

《柘亭乐府》二卷王定勋著。

《敦古堂集》蔡尧弼著。有《传》。

《愿学斋诗集》八首叶崇嵋著。

《四书五经字音正讹》马存宽著。

《南村漫咏》周士珠著。士珠，字味元。有《传》。

《谦谷诗草》朱训典著。

《宝砚堂诗稿》朱锡藩著。字翰卿，号星槎，嘉庆时拔贡生。工诗，得句辄脍炙人口。《咏醋》云："蕊榜升沉寒士面，花枝恩怨美人心。"《寻友》云："闲邀布袜青鞋客，同上夕阳黄叶村。"笔意浑成，颇有逸志。

《学庸讲义》吕俶著。俶，字载南，号石樵。学业深潜，性耽著作。《学庸讲义》见解既精，说理亦畅，真羽翼朱子之书也。其说格致诚正，尤见详细。

《石樵诗稿》吕俶著。诗情绵邈，笔意清新。《飞雁》云："夜净冲开湘月白，秋高点破塞云黄。"《宿雁》："一片月明芦叶岸，五更霜净蓼花滩。"《雁字》："影连塞北犹三折，秋到江南已八分。"《春柳》："几处淡烟寒食路，一桥微雨酒家楼。"《闲居》："经年曲径无人到，终日闭门任鸟啼。"其咏古作，分载各古迹下。

《茆庵诗稿》胡玉佩著。集中名句如《游圣泉寺》云："树老似龙盘谷口，泉流如带束山腰。"《雨中春》："归树鸦冲千里雾，披蓑人带一身风。"《夜归》："星红几点渔家火，月白一天夜客程。猝起犬声惊趣马，乱喧蛙鼓代传更。"精心结撰，流复仍丽，足征学养功深。

《南檀诗草》顾效闵著。效闵，字绍骞，号灵槎。同治癸亥恩贡生。

《玉树棠诗集》朱毅著。乾隆时岁贡生。

《看云草堂诗稿》魏月香著。字蕊府。同治年岁贡生。其名句如《避寇》云："壮怀因乱减，饭量为忙加。"《病加》："虫声清似雨，诗骨瘦于秋。"《遣兴》："一病习成随处懒，千金难买乱时贫。"信口而成，颇得自然之躯。

《梅影山房诗集》朱敬瑞著。

《慈航痘疹》原书元赵慈航著，邑庠生甄遇都补著。

《流移集》贡生吴锡琥著。

《天渊室诗草》三册封椠著。

《汲村诗钞》一卷朱重光著。

《琅琊诗钞》一卷朱敬持著。

《知足草堂诗稿》一卷徐启文著。

《洗钵斋诗草》一卷张其浦著。

《易经浅说》一卷吴锦著。

《焚余草》一卷张允杰著。

《望岸斋诗》一卷张世琥著。

《苇露轩诗草》一卷赵敬修著。

《绿阴轩诗集》一卷魏怀琦著。

《松溪诗稿》一卷吴云舒著。

《帐中集》十七卷张开均著。光绪年岁贡生。有《传》。

《埜亭遗草》一卷张懋斌著。

《摭古卮言》二卷张开均著。

《镜麈新谈》八卷张开均著。

《虎穴再生记》一卷张开均著。

《榆香韵存》二卷张开均著。

《东篱清话》两卷张开疆著。

《一方居吟稿》四卷张开均著。

《红杏山房遗诗》一卷叶崇礼著。

《燹余诗钞》两卷赵昚庵著。

《惜阴轩诗稿》三卷叶崇苍著。

《墨兰斋诗稿》一卷叶湘兰著。

《江南官程诗草》张士举著。

《铭菊轩诗稿》一卷陈女士玉映著。

《三余诗草》刘维一著。

《学庸释义》韦琪著。

《姓氏便览》张益麟著。

《树萱堂诗草》孙荣先著。

碑碣附

汉高祖庙　按:《水经注》"泡水又东,经沛县城内,有汉高祖庙。庙前有三碑,后汉立。庙基以青石为之,阶陛尚存"云云,则此庙为后汉时立也。考《后汉书·盖延传》:"延与刘永战于沛西,大破之。永弃城走湖陆,延遂定沛、楚、临淮,修高祖庙。"延所修者,当在沛城内之庙,故郦注谓"后汉时立"。章怀注言"庙在泗水亭中",疑唐时城内之庙久废,即阶石亦不可见,惟泗水亭庙尚存,故章怀误为一耳。

汉泗水亭高祖庙碑　按:《水经注》"泗水南经小沛县东,县治故县南垞上东岸有泗水亭。汉高祖为泗水亭长,即此亭也。故亭今有高祖庙,庙前有碑,延熹十年立。"按:班孟坚有《泗水亭碑铭》,《续汉郡国志》注"泗水亭有高祖碑,班固为文是也。"是泗水亭之高祖庙,当立于后汉之初。郦注云"延熹十年",或至桓帝时重修之耶,或碑本有二,孟坚为文者为立于亭之碑,延熹十年者为故亭庙之碑。

古泗水石梁画像　石碣有二。准汉虑虒尺,其一长八尺四寸、宽三尺四寸、厚四寸六分,右有断痕、左端缺角,凡画三方,中列古彝器、左车马、右缺落不完,人或坐、或立,衣冠勾勒奇古,边首、左侧皆有纹,缺其右。其一已断为三,裂缝适合,边首有纹,长丈九寸、宽三尺三寸二分、厚六寸;亦三方,中刻人物、卤簿、车马、楼屋、楹柱,明了可辨,左方三图,二图两人执刀对舞,一图一人若迎拜状,一人鞠躬应之,右方中缺,径尺许,驳蚀最甚,中有题识字,类八分,漫漶不可释,其车马轩盖、衣冠旌节,悉合古制,与汉武梁祠画像略同。尝考,金石书画像石刻凡三十余种,皆汉时物。自魏晋而后,造像盛行,画像遂废,故知此碣为汉代故物无疑。旧存沛之夏镇康阜楼下,制作朴古,人莫能识,或疑为古圹椁墙。然准今尺,宽仅二尺余,浅不容棺,绝非古椁可知。又碑阳上方泐石稍薄,两端凿沟宽三寸许,深约三分。寻考规制,实古石栏也。按:《水经注·泗水》篇"泗水南经小沛县东,县治故县南垞上东岸有泗水亭。汉高祖为泗水亭长,即此亭也。水中有故石梁处,遗石尚存",今康阜楼去故沛邑泗水亭甚近,郦氏所谓故梁"遗石",殆即此欤?! 徐海兵备道吴世熊徙庋郡城署中。

大风歌碑　按:旧志云"篆文像钟鼎形,长径尺、阔八寸,相传为蔡邕书",又府志:"歌风碑在沛县歌风台。碑有二,一竖于东,不知年代,中断,束以铁,或云汉曹喜书;西则元大德间摹刻者。"按:今二碑并存,旧碑庋置于歌风台内,元碑则倒卧于故城荒野中,亦已中断矣。

汉张侯残碑　赵氏《金石录》云:"张侯者,子房也。碑已断裂,磨灭不可次叙，独其额尚完，题‘汉故张侯之碑’。在今彭城古留城子房庙中，验其字画，盖东汉时所立。”

汉度尚碑　按：碑今不存。文见《隶释》与《后汉书》本传，大略符合。惟碑不言“为文安令”，洪氏以为阙文。又碑言“封右乡侯，迁辽东太守”，《传》作“迁桂阳太守”，而云“尚为辽东太守”，在“复为荆州刺史”之后，“遂卒于辽东”，赵氏以为史误，洪氏以为碑阙。按：碑于“迁辽东太守”下，即云“蔑貉宁辑会杨贼畔于”云云，则守辽东，正在朱盖、胡兰未叛以前，且《传》云“以尚为中郎将，将幽冀黎阳、乌桓步骑二万六千人”，此皆北方兵，尚时守辽东，就近调拨之耳。汉时，部民为官长立庙，例皆书其卒官，此碑之额明云“汉故荆州刺史度侯之碑”，见《隶释》。其不卒于辽东太守可知，赵氏说是也。《水经注》言“碑在湖陆”，《隶释》云“在湖陵荒野，政和壬辰巡检王当世始迁于官廨也。今滕君欲徙碑于沛，舟三载三覆，没于水。后刘宗仪摄事，乃能立之使星亭。”明嘉靖间杨升庵尚见碑额。今已不知其处矣。又按：尚以桓帝延熹九年卒，碑载永康元年，则葬后立碑，在逾年五月以后，故改称元号也。

唐《沛上原庙碑铭》　《铭》为唐柳宗元撰。见《祠祀考》。碑久湮没，款识无考。按：宗元以德宗贞元九年成进士，宪宗元和十四年卒。《全唐文》列是碑于《剑门铭》之前。《剑门铭》作于元和初，则此碑当立在贞元末年也。

唐丁思礼《心经碑》　在夏镇崇胜寺。按：《金石萃编》载“碑高五尺八寸五分，广二尺一寸五分。分作四截，上截《心经》十七行，行十七字；次截十六行，行十九字；三截五行，皆尼僧名；下截十六行，行八字至十一字不等。行书。”今第三截以上与前书所载同，惟前书录记阙文过多，盖拓本不清，非碑剥落所致。今增可辨者三十余字。按：府志作二十六字，故亦拓本劣之故耳。文见《古迹考》。又《记》后题“大唐天宝八载七月二十一日竖”，前书误作“大历八载”。又前书列第四截题名及“治平二年二月十五日记”，又第三截书“大宋国崇宁元年二月丁酉日记”等字，今已淤没。又碑侧三行，行十七字，行书题“上阙三字度左仆射辖冠军大将军，行右清阙二字府阙一字开国公，食邑五百户，上柱国夏侯阙一字贞元十五年孟春之月于此主务，故记之耳”，共五十一字，今皆漫漶不甚可辨。盖是碑始建于唐玄宗天宝时，故称“载”不称“年”，后德宗时加“记”，至宋英宗、徽宗复题名并识岁月也。又第三截题名，今可辨者七人，《金石萃编》仅列六人，而首行“院主”，前书作“像主”，末行“妙隆”，前书作“妙德”，则亦前书误也。

玉皇庙唐碑　碑在欢城南张家楼庙中。高二尺五寸，宽一尺四寸，文凡十五行，中十三行，行皆三十二字余不等，字多磨灭难辨。惟首行可识者，有“大唐中阙二字岁次癸未十月丙寅朔”十一字耳。

金昭庆寺牒　在夏镇北高村古昭庆寺内。篆额题“敕赐昭庆寺碑”，碑文连额四截，长七尺五寸，宽三尺。第二截右二行书“尚书礼部牒僧宗遇”，有礼部印文，略言——寺本柰宾院，大定三年纳钱乞牒，赐名昭庆寺。中三行书“牒奉敕：可。特赐昭庆寺。牒至，准。敕”，故牒左书官衔、姓、押。第三截中、右皆列发卖所官衔、姓，左列滕、沛官吏衔、姓。第四截书碑记，凡二十八行，行二十七八字不等，末署“蕲县主簿兼知县尉李开记”。文见《沛县古迹考》。文后题名两层，上层十一人，下层六十余人，皆本村耆老施主也。按：《金石萃编·庄严禅寺牒跋》曰“大定初，寺观纳钱请赐名额之事，金石无考。据同官县《灵泉观记》云‘大定初，王师南征，军须匮乏，许进纳以赐宫观名额。今得于陕西者，凡十四碑’云云”。今此碑结衔与庄严寺牒正同，盖通颁各州军同一例也。又按：《金史·地理志》“滕州，本宋滕阳军，大定二十三年升为滕阳州，二十四年更今名，沛县属焉。”碑立于大定三年，故犹称“滕阳军沛县”，与史合也。

薛氏孝至营葬记　碑在夏镇北十五里傅家村。金大定五年山夙撰记，文颇结涩，中有“选择坚原，卜筮吉地。爰居爰处，可止可久。前临漷溪，激飞泉之漱玉；背偎何窄，藏猛兽之奔猝。薛氏先远以孝悌忠信为务，以仁义道德为驰。寓目敏于囊箱遥弦，落其鸿雁，家豪铜臭眉寿椿龄，子孙众多，则椒实之沃若光华，兄弟则棠棣之怡如”等语。碑长一尺八寸，宽一尺七寸。文作十一行，行二十三字，后附词作五排计四十八句，句凡四字，末两行一纪年月，一书衔、名。全碑剥落约四十字，书衔处适值剥落，仅存“校尉”二字。

东坡竹石刻　为时道安所刻。有道安父，泽州通判时敦《跋语》。敦，徐州人。石，本二方，旧嵌儒学大门壁上。干老叶疏，劲挺不倚，颇如先生之立身云。今剩其一，在栖山文庙。

无儿碑　亦曰“梧槭”。按：府志先名无儿，为汉萧何求儿处，即青龙桂藉山。山顶有萧何饮马泉。今皆没。有淘井者，触石始知是山，碑改为“梧槭”，从桑子、栗子寺，连类而及耳。

高帝手敕碑　高帝《手敕太子书》也。按：高帝征淮南，中流矢，得疾，还至沛，有是敕。沛人传诵，久而不忘。明弘治初，主事胡倬勒石，树之歌风碑亭。

漕运新渠碑　在夏镇皇华亭中。明大学士徐阶撰文，吴人周天球书。书家评为神品。

明王问碑　明御史王问颂朱公衡治新河绝句一首，飞白草书勒石四块，夏镇河西岸玄帝庙中。诗见《河防考》。

周天球刘赞唱和石刻　在夏镇北高村寺，石刻两方，各有小序，共计五律四首。周诗云：“破殿余双树，平原剩一邱。萧条龙象圮，清寂驷车留。半偈无僧说，孤尊有客酬。少令尘目醒，可负化城游。""佳树阴能合，荒台席更移。风来广漠冷，月出破云迟。对酒难良夜，忘忧得少时。玄言坐相洽，已托使君知。"刘诗云："古寺依祗树，清幽近比邱。班荆怜并坐，沦茗得相留。灰劫知无极，怀襄绩未酬。浮生碌碌耳，空作野萍游。"落日消炎景，阴从多树移。咽风蝉噪急，翻月鸟归迟。庾亮登高夕，周颙爱佛时。相逢喜同调，微语得深知。"

明姚希孟碑　在夏镇部城洪济门内。书希孟《祭金龙大王辞》，用柏梁体，七言古风一百韵，笔姿明朗。词见《古迹考》。

卷九　武备志

防所兵　铺兵额　营制水　额营房　数墩台　练附

清嘉庆十年，改副将为总兵，始立徐州镇标，统辖铜、萧、沛、丰、砀、睢等处。

防所兵额

分防夏镇汛守备一员，掌操防巡缉。专管河漕两岸地方。外委把总一员，额外一员。协同防缉。马兵十三名、步战兵十九名、守兵六十八名，驻沛县夏镇。光绪末年，京畿编练陆军，以标营太老，递裁略尽。旧志：乾隆初旧制，河标左营官弁，驻夏镇者右军守备一员。

分防沛汛千总一员，掌操防巡缉。驻沛城内。外委千总一员，驻栖山旧城。汛额外一员、马兵二名、步战兵五名、守兵五十八名。光绪末年，递裁略尽。旧志：乾隆初旧制，河标左营官弁驻沛县者，千总一员。

咸丰十年，改黄河修防为操防。同治二年，复以铜、沛河营裁留弁兵，改设丰沛营，驻扎沛县；嗣以由徐至砀一百六十里为萧、豫通饷要道，应将原议丰沛改设西路汛，驻防铜、沛、砀山交界之梁家集等处。同治八年，议裁八成，留存二成，计存守备一员、把总一员、外委二员、额外三员、马步战守兵一百二十五名。光绪末年，递裁略尽。

铺兵额数

沛县县前铺兵五名，旧城、夏镇等二铺兵各二名，人祖庙、林堤寺、陈家阁、崔家堤口、吴家集、沿河等六铺兵各一名。凡沛县铺司兵十五名。

营　制

考旧志营员兵额，嘉庆、道光以来，未有增减。自咸丰间黄水东决，湖贼始盛，道宪王因设微湖水练，战船一只，巡船数只，泊夏镇南坝外湖水要处，以为水程防守。嗣于同治年间又饬拨巡防营五百人于旧城，以资防缉，今之马军是也。

其兵皆自徐属城守各营汛调发，派员统领，陆制增兵始此。光绪年，又分兵扼守于湖团杨官屯、三河尖等处，护送行旅、巡缉奸宄，地方赖以安谧。后又更调花旗营驻沛，分防无定，视地方安危，随时布置。

营　房

夏镇营房六处　一在新河口两岸；一在夏镇东北隅城濠岸；一在卧佛寺西首；一在西门外；一在南门外；一在东门外。

墩　台

夏镇墩台六座　一在刘昌庄；一在杨庄闸；一在大王庙；一在陶阳寺；一在鲇鱼涎；一在珠梅闸。以上墩台俱各倒塌。

水练纪

水练之兴，肇于咸丰十一年，河决丰工，湖水漫溢，群盗肆行，劫掠商船，为之戒严。有刘大孟者，率其子毓英等数人，带同夥船数十只，雇觅枪划，保护往来客商。复侦贼所在，力加剿除，湖面以清。后徐海道吴，以各船助剿得力，遂谕饬兴办水练，分班巡缉，以靖湖面，并以微湖捐局委员司之。光绪以后，主者非人，又加匪类枪支快厉，乃名存实亡。

卷十　秩官表

文职　武阶　官绩附

沛之为县，始于楚顷襄王置县尹，僭称公。

秦置令、丞、尉为长吏，斗食，佐史为少吏；乡置三老、啬夫、游徼；亭，置长。

汉置令、丞、尉及乡、亭之吏，并如秦制。建侯则改县令曰相，置家丞、门大夫、庶子，武帝时置铁令、丞。

晋置令、主簿、录事史、主记室史、门下书佐、干、游徼、议生、循行功曹史、小史、廷掾功曹史、小史书佐干、户曹掾史干、法曹门干、金仓贼曹掾史、兵曹史、吏曹史、狱小史、狱门、亭长、都亭长、贼捕、掾等员，方略吏四人。乡，置啬夫一人。里，置吏一人。

刘宋置令、尉，乡、亭之吏如汉制，诸曹、掾、史如晋制。

元魏置三令，宗室一人、异姓二人。

北齐置令、丞、中正、光迎功曹、光迎主簿、功曹、主簿、录事，及西曹、户曹、金曹、租曹、兵曹等，掾、市、长等员。

隋置令、丞、尉，正光初功曹，光初主簿、功曹，主簿、西曹，金、户、兵、法、士等曹佐及市令等员，其后佐及以曹为名者，并改为司。大业中，尉为县正。

唐置令、丞、主簿各一人，尉二人。于时，沛为上县，令从六品上，丞从八品下，主簿正九品下，尉从九品上。有录事、司户、司法、司功佐、司仓佐、司户佐、司兵佐、司法佐、司士佐、典狱、门事、经学博士、助教、市令、义仓督等员。贞元中设镇将。

宋置知县、丞、主簿、尉。

金置令、主簿。于时，沛为下县，令从七品、主簿正九品，省丞、尉。

元置达鲁花赤、尹、并从七品。主簿、尉、典史、儒学教谕、金沟闸提领、军民屯田使司。秩正三品。

明设知县一人、正七品。县丞二人、正八品，分司粮、马，后俱裁。主簿二人、正九品，分司农、河，后裁农官。典史一人，儒学教谕、训导，阴阳学训术、医学、训科、僧会司、道会司、泗亭驿丞、递运所大使。嘉靖末年省。成化二十二年，设工部分司于沽头。任革不常。弘治元年罢，七年复之；正德二年罢，六年复之；嘉靖二年又罢，十四年又复。

设沽头上闸、下闸、湖陵城、金沟口、谢沟、留城闸官。嘉靖末移分司夏镇，沽头及谢沟五闸官并废，更设杨庄、夏镇、马家桥、西柳庄闸官。万历二十九年，设漕河道于夏镇，旋罢。

清设知县、主簿、典史各一人，教谕、训导、训术、训科、僧会、道会、驿丞、城守、武弁、工部分司、康熙十五年裁。闸官、防漕、守备、夏镇巡检。

文　职

周见于史传者，凡县尹一人。

薛登故薛公子。国亡，以国为氏。仕楚，为沛公。

秦见于史传者，凡县佐吏五人。

萧何沛吏掾。《史记·萧相国世家》。

曹参沛狱掾。《史记·曹相国世家》。

周苛泗水卒。《史记·张相国列传》。

周昌泗水卒。《史记·张相国列传》。

任敖沛狱吏。《史记·张相国列传》。

汉见于史传者，凡县令三人。

张叠湖陵令。《后汉书·杨伦传》。

周永沛令。《后汉书·黄琼传》。

许慎为洨长。《后汉书》本传。

晋见于记载者，凡县令一人。

郭卿沛令。《凤阳府志》。

元魏见于史传者，凡县令一人。

朱就沛令。《魏书·朱瑞传》。

唐见于史传者，凡县令四人，县丞一人。

徐唐沛令。字景明，滑州卫南人。《唐书·宰相世系表》。

于默成沛令。高陵人，燕公志宁曾孙。《唐书·宰相世系表》。

岑棣沛令。盐官人，麟台少监景倩子。《唐书·宰相世系表》。

郑憬沛令。荥阳人。《唐书·宰相世系表》。

县丞

司马氏轶名。玄英先生方干《送司马丞》诗曰："举酒一相劝，逢春聊尽欢。羁游故交少，远别后期难。路上野花发，雨中青草寒。悠悠两都梦，小沛与长安。"旧志。

宋见于记载者，凡知县一人。

程珦庆历中知沛县，有《传》。《朱子文集》。

金见于记载者，凡行帅府事二人，县令五人，主簿三人，县尉四人。

卓翼源州行帅府事。《金史·完颜仲德传》。

孙璧冲源州行帅府事。《金史·完颜仲德传》。

县令

赤盏霞老沛令，猛安人。大定三年石刻。

蒲察木鲁虎沛令。大定五年石刻。

刘勋沛令。大定十一年修庙学。

王立沛令。萧县人，在官廉洁刚方。旧志。

孙思沛令。旧志。

主簿

丁昭沛主簿兼县尉。大定三年石刻。

纳懒沛主簿。旧志。

辛仪沛主簿。旧志。

县尉

刘琥沛尉。府志。

李果沛尉。府志。

王昭沛尉。府志。

侯清沛尉。府志。

元见于旧志者，凡县尹十人，达鲁花赤七人，教谕八人，主簿七人，县尉七人，典史四人，金沟闸提领一人。

县尹

马珪字君章，兖州人，至元中尹。明《一统志》。

赵野字子闻，江南人，大德初尹，有《传》。《南畿志》。

丁用历下人，至大时尹。

袁说延祐时尹。

任焕顺帝时尹。

刘伯颜顺帝时尹。

孙文顺顺帝时尹。

王居礼顺帝时尹。

刘泽顺帝时尹，府志作刘铎，误。

李旺顺帝时尹。

达鲁花赤

扎忽觪大德时达鲁花赤，有惠爱，官至参政，封任城郡公。

伯家奴延祐时达鲁花赤。

伯颜普花延祐时达鲁花赤。

宝童延祐时达鲁花赤。

扎忽儿歹顺帝时达鲁花赤。

完者不花顺帝时达鲁花赤。

众家奴顺帝时达鲁花赤。

教谕

王复字克明，鄮人，作新学校，振起士风。

阮志学不详任期。

孔希冕至正时任。

李维贤不详任期。

房居安不详任期。

张肃不详任期。

余升府志作“俞升”，不详任期。

郑用不详任期。

主簿

赵希哲元统三年任。

梁天祺大德十一年任。

脱不干延祐五年任。

张造道顺帝时任。

韩仁义顺帝时任。

李伟顺帝时任。

赵伯颜顺帝时任。

县尉

李茂有《传》，《道园学古录》。

李英延祐时任。

蒋希祖顺帝时任。

赵侃顺帝时任。

王俨顺帝时任。

蒋景山顺帝时任。

王郁顺帝时任。

典史

吴荣周旧志列入金代，误。典史自元时设。

刘熙顺帝时任。

陈义顺帝时任。

元永固顺帝时任。

闸官

周德兴至治时金沟闸提领。

明见于旧志者，凡工部分司五十五人，知县七十二人，县丞七十一人，典史四十八人，泗亭驿驿丞十六人，县属闸官三十人，教谕四十九人，训导四十九人。

工部分司

陈宣浙江永嘉人，成化辛丑进士。创建分司署。

胡倬广西临桂人，成化甲辰进士。

俞稳浙江宁海人，弘治庚戌进士。

江师古湖广蒲圻人，弘治癸丑进士。

蒙惠广西苍梧人，弘治庚申进士。

高贯字曾唯，江阴人，弘治己未进士。筑金沟、昭阳湖堤。

章文韬浙江黄岩人，弘治己未进士。

章拯字以道，浙江兰溪人，弘治壬戌进士。浚曲房河。

王效忠字全之，四川南充人，弘治丙辰进士。

王銮字廷和，江西大庾人，正德戊辰进士。以忤内监史宣劾去。

李瑜字良卿，浙江缙云人，正德丁丑进士。

王佩字朝鸣，顺天文安人，嘉靖壬辰进士。

乐选字舜举，浙江仁和人，正德辛未进士。

颜德伦江西安福人，正德己卯举人。嘉靖十九年修颜公祠。

侯宁字怀德，山东东平人，嘉靖乙丑进士。筑沽头城。

许诗字延陈，河南灵宝人，嘉靖乙酉举人。

徐惟贤字师圣，浙江上虞人，嘉靖甲辰进士。

曾鉴字万甫，山东德州人，嘉靖癸丑进士。

吴衍字子繁，江西南城人，嘉靖丁未进士。建仰圣书院。

钦拱极字子辰，太仓人，嘉靖庚戌进士。

陆梦韩字舆文，浙江平湖人，嘉靖丙辰进士。

施笃臣字敦甫，青阳人，嘉靖丙辰进士。三十九年任。

宋豫卿字元顺，四川富顺人，嘉靖丁未进士。四十二年任。

以上驻沽头

陈楠字子才，号鹿峰，浙江昌化人，嘉靖壬戌进士。授工部主事，从尚书朱衡开河夏镇，创建分司署。

钱锡汝字龙伯，号朗峰，吴江人，嘉靖乙丑进士。隆庆二年以忧去，万历元年复任。

李膺字元服，号雁山，华亭人，嘉靖乙丑进士。隆庆四年任。

高自新字本澄，号剑山，直隶获鹿人，隆庆戊辰进士。六年任。

陆檄字羽行，号冲台，长洲（原作"州"，误）人，万历甲戌进士。本年任。

詹思谦字惟柄，浙江常山人，万历甲戌进士。五年任，以忧去。

王焕字子质，湖广咸宁人，隆庆辛未进士。万历五年任。

詹世用字汝宾，江西弋阳人，隆庆戊辰进士。万历八年任。

韩杲字子素，河南光山人，隆庆辛未进士。万历十一年任。

杨信字以成，一字助我，陕西咸宁人，万历癸未进士。十三年任，十四年初给分司关防印信。十五年，信筑夏镇土城。

余继善字明复，河南固始人，万历庚辰进士。十六年任，修建泰楼。

钱养廉字国新，浙江仁和人，万历己丑进士。二十年任，逾年以忧去。

尹从教字心传，四川宜宾人，万历庚辰进士。二十一年任。

杨为栋字伯隆，四川綦江人，万历己丑进士。二十四年任。

梅守相万历二十六年任。任详见名宦传。

茅国缙万历三十四年任。有《传》。自此以后，以郎中莅事。

汤沐字郑陆，湖广安陆人，万历壬辰进士。三十五年任。

刘一鹏字南溟，江西南昌人，万历壬午举人。三十八年任。

钱时俊号仍峰，常熟人，万历甲辰进士。四十年任。

石炬字讱韦，湖广兴国人，万历丁未进士。四十三年任。

黄元会字阳平，太仓人，万历癸丑进士。四十六年任。

张应完字宾槎，浙江鄞县人，万历丁酉解元。四十八年任。

章谟号定泓，浙江德清人，万历丁未进士。天启元年任，卒于官。

陆化熙有《传》。

刘泓字长源，浙江海盐人，万历己未进士。天启三年任。

朱瀛达字龄洲，浙江余姚人，万历癸丑进士。天启五年任。

丰建字万年，浙江鄞县人，天启乙丑进士。六年任。

吴昌期号莲坡，吴江人，万历乙酉举人。崇祯二年任。

赵士履号南屏，常熟官生，崇祯五年以员外郎任，升郎中，有生祠。

于重庆号祖洲，金坛人，崇祯辛未进士。八年任。

宫继兰号鹫邻，泰州人，崇祯丁丑进士。十一年，以员外郎任。

朱锡元号惕庵，浙江山阴人，崇祯戊辰进士。十四年，以员外郎任。

以上驻夏镇

知县

费忠信洪武二年任。

颜瓌建文元年任。有《传》。

王敏直隶永平人，永乐二年任。

常瓘四年任。有《传》。府志作"灌"，误。

王徵山西大同人，十七年任。

李举贤直隶容城人，十九年任。

杜钊直隶衡水人，宣德元年任。

陈原宗湖广衡阳人，六年任。

王清四川新都人，正统元年任。

余升八年任。

王刚河南鄢陵人，十一年任。府志作"纲"。

古信湖广嘉鱼人，举人，景泰元年任。有《传》。

雷应春四川人。

王韶山西泽州人，成化元年任。

孙泰阙年。

孙镗成化十年任。

马时中山西太原人，举人，十一年任。

冯谦浙江诸暨人，举人，十二年任。有《传》。

吴钊顺天府人，举人，二十二年任。

王琛湖广松滋人，有《传》。

姚祥广东归善人，有《传》。

张珩直隶大名人，举人。

徐彬浙江余姚人，举人。

马伯琦直隶新乐人，举人，十三年任。府志作"伯骐"。

栗钲山西路州人，有《传》。

袁纪山西路州人，监生，弘治七年任。卒于官。

杨凤府军前卫人，有《传》。

孙宗尧直隶河间人，举人，正德元年任。

王瓒陕西华阴人，举人。

胡守约四川合州人，有《传》。

麻芝陕西榆林人，有《传》。

周万全直隶内黄人，举人，嘉靖元年任。

李祯新昌人，举人，元年任。

孔时陕西长乐人，举人，二年任。

郑公奇字德辉，福建莆田人，进士，六年任，升凤阳府同知，迁广西太平府知府。

向必成湖广黄梅人，监生，七年任。

平世祥山东日照人，监生，七年任。

杨政江西南昌人，监生，九年任。有《传》。

王治永平人，十一年任。

孙灿山东朝城人，监生，十六年任。

王治十九年再任。有《传》。

周泾江西贵溪人，举人，二十二年任。有《传》。

李祯二十七年再任。授广西道御史。

郭进贤湖广麻城人，监生，三十一年任。

叶恒嵩浙江太平人，举人，三十三年任。

张性深直隶邯郸人，举人，三十三年任。历升户部郎中。

罗见麟广东番禺人，举人，三十六年任。

滕霁三十八年任。有《传》。

宋聚奎山西闻喜人，监生，三十九年任。

李时四川奉节人，举人，四十一年任，升户部主事。

白经北京卫籍，举人，隆庆三年任。

徐辂浙江海宁人，举人，五年任。亢直不私。

倪民望湖广黄梅人，举人，万历元年任。有《传》。

祝希哲江西德兴人，有《传》。

马昺四川南部人，有《传》。

周治升四川新津人，有《传》。

杨盐山东即墨人，举人，十一年任。

符玺湖广龙阳人，有《传》。

苏万民山西隰州人，选贡，十八年任。

罗士学四川彭山人，选贡，二十二年任。

张文炳山东掖县人，举人，二十九年任。

李汝让直隶永平人，有《传》。

李懋顺直隶滑县人，举人，三十八年任。升巩昌通判。

刘希颜湖广华容人，举人，四十三年任。

练国事河南永城人，选士，四十五年任。

林汝翥福建福清人，举人，四十七年任。

刘庆长直隶开州人，举人，天启三年任。

张信云南鹤庆人，举人，七年任。以廉能调知宛平县。

秦聘璁广西马平人，举人，崇祯三年任。有诗集。

毕靖之山东文登人，选贡，四年任。

李显魁广西苍梧人，举人，七年任。

张象贤云南腾越人，举人，九年任。

何日澜广东番禺人，举人，十三年任。

李正茂山西洪洞人，举人，十四年任。甲申之变，遁去。

县丞

王居鎏忻州人，以人材举，洪武二十六年任。

胡光一作"先"，建文元年任。

李钦阙年。

夏天祥永乐年任。

陶骥山东滋阳人，二十年任。

吴自然湖广桂阳人。

何通陕西华阳人，宣德元年任。

张祥直隶栾城人，二年任。

李希贤河南祥符人，三年任。

黄以容浙江平阳人，五年任。

罗敬湖广衡山人。

雷志湖广桂阳人，正统元年任。嘉靖志：雷忠。

罗瓒河南固始人。

沈富浙江仁和人，七年任。

王制直隶完县人，八年任。

杨春四川温江人，十一年任。

李暹顺天遵化人，十二年任。

韦聪直隶河间人，景泰元年任。府志作"骢"。

朱宁浙江金华人，景泰四年任。

卢成

张羽中
王锡二十一年任。
刘瑾
陶纪江西湖口人。
陶鉴弘治年任。
李理十三年任。
陈杰
刘能山东诸城人，监生。
孟文楫字济川，文水人，监生，正德元年任。
谢洪仁四川人。
方廉山东泗水人。
陶恕直隶山海卫人，监生，嘉靖元年任。
李文宪直隶人，二年任。
张轨贵州普安人，监生，三年任。
寇宗仁河南颍州人，监生，八年任。
周坚湖广竹山人，监生，十一年任。
孟绅山东济宁人，吏员，十六年任。
王统江西大庾人，监生，二十年任。
吴元祥湖广汉阳人，监生，二十三年任。
方绍仁湖广黄冈人，吏员，二十六年任。
沈汝立浙江归安人，监生，三十一年任。
吴杞浙江孝丰人，监生，三十三年任。
曹岳浙江嘉兴人，监生，三十六年任。
徐一举黄冈醴陵人，监生，三十九年任。性耿介能诗。
王评山东黄县人，监生，四十一年任，卒于官。
孙公惠福建罗源人，吏员。
左极江西星子人，监生，隆庆元年任。
孟绪恩陕西岐山人，监生，二年任。
张友方浙江磐石卫人，监生，六年任。
邓海江西新建人，吏员，万历二年任。
吕学中湖广零陵人，恩贡，四年任。
钱士彰浙江山阴人，岁贡，九年任。
王国宾河南唐县人，恩贡，十一年任。

戴经筵浙江昌化人，岁贡。

袁一辅江西宜春人，吏员，卒于官。

贡守愚直隶灵寿人，吏员，十八年任。

王光宝浙江永嘉人，选贡。

汤应龙浙江永康人，吏员，二十二年任。

邓一中江西南丰人，选贡，二十五年任。府志作"一忠"。

衷崇源江西进贤人，二十九年任。

程师明湖广江夏人，岁贡，三十四年任。

高日升浙江山阴人，三十八年任。

尹如卓湖广蕲水人，四十一年任，府志作"知卓"。

徐师文浙江人，四十三年任。

张承嗣直隶怀来卫人，贡士，四十八年任。

张述颜山东乐安人，序班外迁，天启三年任。

江绍授江西广信人，贡士，升广东封川知县。

蒋逢吉浙江缙云人，贡士，崇祯二年任。

王大来浙江嘉兴人，贡士，三年任，四年缺裁。

卢胜北直滦州人，贡士，明时任，见《永平志》。

刘筠江西赣县人，岁贡，明时任，见《赣州志》，旧志遗，以阙年，附志于此。

主簿

唐子清有《传》，建文元年任。

何润湖广华容人，岁贡，永乐十七年任。

沈宗源浙江武康人，监生，二十年任。

李经山西垣曲人，洪熙六年任。

王勖山东莱阳人，正统元年任。

侯智河南河阴人，八年任。

卢蓁直隶安肃人，九年任。

潘安

齐富

黑伦

宋道河南郑州人。以上四人并成化间任。

吴本山西蒲州人，弘治元年任。

裴克让元年任。

高珽十二年任。

吴举直隶成安人监生，十二年任。

曹鼎陕西耀州人，正德元年任。

郭增

孙锦为官者史宣所杀。

易纮湖广人，并阙年。

宁时智直隶永平人，嘉靖四年任。

田志五年任。

李琦河南颍川卫人，监生，八年任。

徐杰浙江嘉与(当系“兴”之讹)人，吏员，十一年任。

王廷相山东掖县人，监生，十三年任。

董应期山东东平州人，监生，十四年任。

何光明湖广兴山人，监生，十四年任。

潘泽直隶涿鹿卫人，监生，十六年任。

李约直隶献县人，监生，十六年任。

刘钲山东莱州人，监生，十九年任。

齐邦用河南郑州人，吏员，二十年任。

王璿陕西神木人，监生，二十年任。

蒋廷瓒湖广东安人，监生，二十二年任。

孙汝霖山东招远人，监生，二十六年任。

宁守宽山东章丘人，监生，二十七年任。

李意光直隶庆都人，监生，二十七年任。

茂有绩山东益都人，岁贡，三十二年任。

都永靖山西林川人，监生，三十六年任。

闻思贤浙江鄞县人，吏员，三十六年任。

郑实直隶涿州人，监生，三十八年任。

马珩山东郓城人，监生，三十九年任。

李志道浙江嘉兴人，监生，三十九年任。

李存忠福建漳浦人，承差，四十一年任。

娄聪浙江会稽人，吏员，四十一年任。

谢鸾福建龙溪人，吏员，四十二年任。

傅儒浙江会稽人，吏员，四十五年任。

孔承学山东曲阜人，监生，四十五年任。

高述山东掖县人，监生，隆庆元年任。

熊孔廉广西临桂人，吏员，五年任。
李惟高四川松潘卫人，选贡，万历二年任。
陈存之江西人，监生，五年任。
俞有家浙江鄞县人，监生，九年任。
石坚直隶获鹿人，监生，十一年任。
涂勋江西丰城人，吏员，十八年任。
段养安直隶蠡县人，监生，二十一年任。
强性宽河南阌乡人，吏员，二十二年任。
赵日荣福建晋江人，选贡，二十五年任。
梁成朴山东濮州人，承差，二十九年任。府志作"崇朴"。
李华春浙江长兴人，监生，三十四年任。
于应钦浙江人，三十八年任。
应思忠浙江人，四十一年任。
骆允升浙江人，四十二年任。
董士龙山西人，四十六年任。
罗乘鹏浙江人，崇祯元年任。
徐勋铭山东渤海人，三年任。
胡来臣浙江人，五年任。
赵国栋浙江湖州人，八年任。
李自广山西曲沃人，十二年任。
邓乔江西南城人，十四年任，甲申难南奔。
典史行尉事
黄谦武进人，儒士，建文元年任。
任敏山西洪洞人，永乐四年任。
熊信四川泸州人，十七年任。
唐彦山东高唐人，正统七年任。
刘真直隶东安人，八年任。
胡顺山东济宁人，九年任。
邓林景泰初任，见邑志《庙学记》，《表》遗。
宋敏
路瑾并成化间任。
黄琳弘治元年任。
黄廷进十二年任。

李豫河南遂平人，十七年任。

邢恕河南阳武人，正德元年任。

韩良辅北直迁安人吏员，嘉靖二年任。

马昂北直河间人，吏员，八年任。

戴仁浙江鄞县人，吏员，十一年任。

李士佩福建莆田人，吏员，十七年任。

林大理福建莆田人，吏员，二十年任。

沈祚浙江慈溪人，吏员，二十七年任。

陈思江西德化人，吏员，三十六年任。

刘靖福建邵武人，吏员，三十八年任。

王尧辅山东濮州人，吏员，四十一年任。

孙翔山东（原作“束”，误）沂州人，吏员，四十三年任。

胡朝器浙江东阳人，吏员，四十五年任。

周敏政浙江鄞县人，吏员，隆庆四年任。

赵万亮江西南昌人，吏员，万历二年任。

陈天爵六年任。

黄河清江西临川人，吏员，十年任。

齐良懋浙江山阴人，吏员，十四年任。

朱大积浙江会稽人，吏员，十六年任。

李琚山东金乡人，吏员，十八年任。

何应泰浙江於潜人，吏员，二十一年任。

陈纶浙江归安人，吏员，二十二年任。

刘一纲广东高要人，吏员，二十五年任。

何功显福建福州人，吏员，二十八年任。

徐鸣阳浙江临海人，吏员，三十一年任。

蔡执礼福建莆田人，吏员，三十四年任。

区文从广东人，三十八年任。

杨继立广东人，四十三年任。

潘宗庆浙江人。

沈君思浙江人。

李存性浙江人。并阙年。

章文远江西人，天启三年任。

朱一鸣浙江人，七年任。

方应时浙江人，崇祯三年任。

俞守素浙江人，五年任。

吴希元浙江义乌人，九年任。

叶应樌浙江人，十二年任。

泗亭驿驿丞

魏让

震倘山阴人。

周炳上虞人。

张绀黄岩人。

黄云鹏余姚人。

张明维馆陶人，府志作“四维”。

沈纪临淮人。

刘自新大城人。

张字先大名人，府志作“孚先”。

秦绍宾临桂人。

王大岳襄阳人。

朱天宠太仓人。

叶棠歙县人。

萧廷辅仁和人。

丁尚焕仁和人。以上皆不详任期。

沛县属闸官夏镇、杨庄二闸闸官，旧志不载。

沽头上闸闸官

岑谷沽头上闸闸官，见正统七年石刻。

郝福绶沽头上闸闸官，见景泰七年石刻。

湖陵城闸官

李昶见正统七年石刻。

金沟口闸官

张政见正统七年石刻。

沽头下闸闸官

丁诚见正统七年石刻。

高升见府志：沽头闸官。

谢沟闸官

岳泉见正统七年石刻。

新兴闸官旧志无新兴闸，疑即留城积水闸也，建于正统五年，宜有新兴之名。

萧公敏

留城闸官

李宗道东鹿人。

边大伦山东长清人。

邱国用福建上杭人。

王贡山东济阳人。

高尚策山东利津人。

西柳庄闸官

邬灌江西丰城人。

王廷儒山西襄垣人。

谢永贞山东博平人。

常三省山东馆陶人。

饶永宣江西新建人。

李萼山东滨州人。

杨津山西太原人。

马家桥闸官

叶臻丹徒人。

周官山东恩县人。

王臣山东成武人。

刘一凤苏州府人。

程师尹山东馆陶人。

路韶山东堂邑人。

秦尚仓山西夏县人。

区英广东南海人。

周凤广西临桂人。

杨宗颜河南胙城人。

教谕

刘以礼长洲人，洪武中以博学荐授教谕。

潘灿见正统元年石刻。

徐经江西广信人，见正统七年石刻。

何肃正统九年任。府志作“何萧”。

张晔山东临清人，景泰元年任。

尤聪成化时任。

卢荣浙江天台人，成化二十一年任。

李道弘江西丰城人，举人，弘治四年任。

虞铋浙江金华人。

易宽直隶庆都人，举人，弘治七年任。

蒋弼浙江青田人，弘治十七年任。

杨仲浙江汤溪人，正德五年任。

操松有《传》。

周麟浙江处州人，嘉靖元年任，府志作“麒”。

李洪广西全州人。

干乔山东高唐人，嘉靖八年任，刚方苦介，士类称之。

蔡玉实湖广华容人，嘉靖十三年任。

马伟直隶广平人，嘉靖二十五年任。

唐伯杰广西灵川举人，嘉靖二十三年任。

朱以和江西高安人，嘉靖二十五年任。

滕霁有《传》。

李乘鲸陕西南郑人。

孙惟慎江南太和人，嘉靖四十年任，能诗。

饶耀江西德化人，隆庆二年任，府志作“熠”。

高继崧江西庐陵举人，隆庆五年任，升英山知县，选授御史。

邵华翰贵州普安人，隆庆六年任，升霑益州学正。

成咏兴化人，万历四年任，能诗文，升泽州学正。

吴世辉浙江嵊县人，万历八年任。

谭尚忠湖广茶陵人。

方佐宁国人，万历十一年任。

李文善合肥人，升安州学正。

陈大复湖广江陵举人，万历十七年任，温雅恬静，卒于官。

倪鲁常熟人，大河卫籍举人，万历二十二年任，贵州浙江同考官，升山东临淄知县。

宋约颍上人，万历二十六年任。

王希贵泾县人，万历二十九年任。

赵国相万全都司右卫人，万历三十三年任。

张箴山东阳信人。

卢汝霈宣城人，万历三十五年任。

高汝毅江宁人，万历三十八年任。

杨世贤凤阳人，万历四十一年任。

敖希彦江西清江举人，万历四十三年任。

陶继宗潜山人，万历四十九年任。

周济生山东金乡人，天启元年任。

叶万全华亭人，天启四年任，能诗。

徐可弼东流人，天启七年任。

魏知微陕西泾阳人，崇祯四年任，升登州府通判。

张化枢字环如，云南举人，崇祯七年任，升汉阳府推官。

吴启泰山东峄县人，崇祯十二年任，卒于官。

成王佐浙江嘉善人，崇祯十四年任。

训导

华革洪武三年任。

弘昭见正统元年石刻。

陈谟浙江绍兴人。

周缉江西吉水人。

周载苾府志作"在苾"。

方璠以上二人见景泰元年石刻。

林贵浙江鄞县人，成化二十一年任，卒于官。

王辅浙江安吉州人，廉静不苟。

聂让湖广云梦人，弘治十年任。

李兰福建南安人，弘治十七年任。

林蕃广西籐县举人。

周鹏直隶丰润人，正德五年任。

张俊福建同安人，持守洁清，诲人有方。

安信湖广澧州人。

李镕湖广嘉鱼人，嘉靖元年任。

胡福江西安福人。

陆渊广东高要人，嘉靖八年任。

刘学夔湖广兴国州人，嘉靖十一年任。

苏锳湖广荆州府人，嘉靖十三年任。

黄暴河南确山人，嘉靖十八年任。

张庆旸浙江泰顺选贡，嘉靖二十年任，笃学能文，志趋不苟。

李珩福建浦城人，府志作“季珩”。

钟大器广东曲江人。

董勋河南怀庆人。

郑厚浙江宣平人，府志作“郑原”。

杨爵江西贵溪人。

周可久四川泸州人。

宋时奎直隶新河人。

李嵩广东高要人。

曾继爵江西上犹人，府志作“维爵”。

冯中州直隶景州人，嘉靖四十年任。

窦岭山东诸城人，隆庆元年任，二年裁革。

史思贤山东宁阳人，隆庆四年任，升内邱教谕。

寇立纪湖广应城人，万历元年任。

唐邦正邳州人，万历九年任，升鲁府教授。

丁一杰河南许州人。

鲁思问和州人。

李宣直隶赞皇人，升邳州学正。

程三德婺源人，万历三十一年任，升连城知县。

蒋体仁虹县人，万历三十七年任。

王璇山东郓城人，万历四十二年任。府志作聊城人。

何羹弼丹徒人，万历四十六年任，升阳江知县。

张汝蕴陕西泾阳人，天启元年任。

张登瀛山东齐东人，天启六年任。

柴邦震山西绛州人，崇祯三年任。

张弘纲山阳人，崇祯六年任。

孙联芳浙江仁和人，崇祯十年任。

季连芳直隶大城人，崇祯十三年任，升开州学正。

朱一新安东人，崇祯十六年任。

阴阳训术

王隆坪

清

夏镇工部分司

顺治初，差汉司官一员，三年更代。康熙九年，添差满司官一员。又随带笔帖式二员。十年，裁笔帖式。十五年裁。按：《行水金鉴》本司原管山东、河南道闸座，是年裁归山东东兖道管理；原管沛县闸座，裁归淮徐道管理。康熙三十二年，总河于成龙题准沛县河道亦归东省道员管辖。迄清季如旧。

杨天祥字兴寰，沈阳人，顺治二年以员外郎任。

高鹏南

狄敬号陶邻，溧阳人，顺治己丑进士，八年以主事任，撰《漕渠志》。

常锡胤

顾大申有《传》。

李禧熊字省薇，浙江仁和人，顺治壬辰进士，十七年以主事任。

郭谏字怀莪，山东福山人，顺治戊戌庶吉士，康熙二年以员外郎任。升郎中。

符应奇号毅斋，直隶饶阳人，顺治乙未进士，康熙五年以员外郎任。

戚崇进字仲升，山东威海卫人，顺治戊子拔贡，康熙八年以主事任，升员外郎，逾年还召部。

弼汉满洲人，康熙九年以刑部郎中任，有小惠及民。

戴锡纶字丝如，浙江余姚人，顺治乙未进士，以刑部郎中任。

穆臣满洲人，康熙十二年以刑部郎中任。

吴定号澹菴，上海人，以刑部郎中任。沛自设分司以来，前后一百九十二年，其间名公巨卿多矣。乃督理之余，恩流斯土者，据符书弘、正间，则江阴高公之筑堤堰、兰溪章公之浚河渠；嘉、隆间，富顺宋公之弛湖禁、吴江钱公之办协济；万历中，革宿蠹则仁和钱公、溥惠爱则归安茅公、郝志云；天启中，御妖氛则常熟睦公、锄凶恶则余姚朱公；至顺治中，则华亭顾公甃城卫民，尤其表表者云。

铜沛河务同知顺治初设，徐属河务同知，驻徐州。乾隆二年改为铜沛同知，驻徐治西南，即明淮安府同知署改建，咸丰十年裁。

钟昭宛平人，旧志乾隆二年任。

林孟文二年任，旧志。

陈景瀛鱼台人，三年任。

冯焜涿州人，四年任。

叶存仁江夏人，八年任。

张宏运十一年任。

李轶名。十五年任。

舒超十七年任。

孔传橿曲阜人，至圣裔孝廉方正，十八年任。

常绍炜正蓝旗人，二十一年任。

王岵常山人，二十六年任。

黄涛镶红旗人，汉军，二十九年任。

王益灿山阳人，三十三年任。

师彦公韩城人，三十三年任。

徐文炜镶蓝旗人，三十四年任。

唐侍陛甘泉人，三十七年任。

杨恪曾四十二年任。

唐侍陛四十二年再任。

何堂清河人，拔贡，四十四年任。

师彦公四十五年再任。

王谟山阳人，四十六年任。

何堂五十年再任。

范普钱塘人，副贡，五十二年任。

何堂五十二年再任。

陈熙秀水人，五十四年任。

福庆正黄旗人，汉军，举人，五十六年任。

范普五十九年再任。

刘祖志高阳人，举人，五十九年任。

冯珏历城人，六十年任。

张鼎宛平人，嘉庆三年任。

吴宽钱塘人，七年任。

袁德辉钱塘人，八年任。

王元佐宛平人，嘉庆十年任。

朱景昌十年任。

王元佐十年再任。

严炳仁和人，十六年任。

马瀛山平遥人，二十年任。

马宁二十年任。

王豫泰二十三年任。

马宁二十三年再任。

孙茂承宛平人，二十四年任。

胡晋大兴人，道光二年任。

陆楷山阴人，十年任。

胡晋十年再任。

陆楷十一年再任。

崔志元凤台人，举人，十三年任。

曹文昭汾州人，十五年任。

田宝裔安阳人，荫生，十五年任。

任为琦十七年任。

田宝裔十七年再任。

任为琦十八年再任。

晏曙东南宁人，举人，十八年任。

黄世铭桐乡人，二十年任。

晏曙东二十年再任。

孙企曾归安人，二十一年任。

丁映南二十二年任。

唐汝明剑州人，二十三年任。

金安澜桐乡人，进士，二十五年任。

李赓扬郑州人，二十九年任。

左仁湘乡人，举人，三十年任。

朱忻山阴人，三十年任。

屠元瑞宛平人，举人，咸丰元年任。

范凤谐南城人，举人，元年任。

屠元瑞二年再任。

马濬归安人，三年任。

张用熙桐城人，举人，三年任。

知县

徐大可陕西镇彝所人，由贡士顺治二年昌黎县丞迁沛县知县事，升江西饶州府同知。

王克生山西阳城人，登丙戌进士，随授知县，以才力不及降调去。

赵世祯奉天开原人，由贡士七年任。

郭维新号摩庵，顺天大兴人，乙酉副榜，十一年知沛县事，才能过人，事至立剖，秩满陞浙江宁波府同知。

李芝凤奉天人，康熙四年任。

徐懋昭字晋公，浙江宁波人，康熙庚戌进士。府志作鄞县。

程万圻字本城，直隶保定人，由监生二十年任。

梁文炳字郁哉，正白旗人，由监生二十二年任。

方曰琏号璞庵，福建建安人，壬戌进士，二十九年知县事。

邓宏芳四川郿州人，由举人三十一年任。

佟锟满洲籍辽阳人，又监生三十四年任。

叶龙光广东东莞人，由举人三十七年任。

杨宏绩字四畏，正黄旗人，三十九年任，安静不扰，坐公事降调，旋改知丹阳县。

蔡瑚正白旗人，四十七年任。

黄甲广东澄海人，由贡士五十一年任。府志作海阳人。

沈瑞鹤河南南阳人，丙戌进士，五十三年任，丁父忧去。府志作叶县人。

佟世集镶黄旗人，由监生五十五年任。

梁甲第山西平遥人，由拔贡六十年任。

朱紘云南新兴人，由举人六十一年任。

周之准正白旗人，由进士雍正六年任。

张嘉论浙江海宁人，由监生，府志作嘉纶七年任。

张登卓顺天大兴人，由举人，府志作登倬八年任。

施霈顺天宛平人，由监生九年任。

谢纶音浙江余姚人，由监生十一年任。

李棠山东海阳人，由监生雍正十三年任。

赵师资乾隆元年任。

武承运十二年任。

鲍轶名。二十一年任。

卢世昌普安州人，进士，二十二年任。

荆如棠二十二年任。

杨咏二十四年任。

陈麟四十六年任。

郎赓四十六年任。

孙朝干玉田人，四十八年任。

曹龙树五十三年任。

王昉五十九年任。

张和六十年任。

吕圣宗嘉庆元年任。

王朝飏二年任。

杨宝曾二年任。

朱镇三年任。

王昉四年再任。

彭承泰六年任。

许嘉猷八年任。

陈轶名。九年任。

许嘉猷九年再任。

曹约歙县人，举人，十四年任。十四年再任。

许嘉猷十四年再任。

关光涵广西人，举人，十五年任。

许嘉猷十五年再任。

郑其忠十六年任。

张肇二十年任。

曹约二十年再任。

郑其忠二十一年再任。

谢肇瀛二十一年任。

郑其忠二十四年再任。

冯应渭海丰人，道光二年任。

萧翀山阴人，举人，二年任。

胡棠三年任。

胡杰四年任。

杜昭五年任。

林大惠会稽人，六年任。

马思裕定兴人，举人，六年任。

云茂琦七年任。

李鸿钧九年任。

林惠元莒州人，举人，十年任。

赵本敭十一年任。

朱勃十二年任。

朱荣桂十二年任。

赵毓丹云南人，举人，十四年任。

王绍复十六年任。

赵毓丹十七年再任。

翟松十九年任。

张书绅二十年任。

陈保元二十一年任。

李凤鸣二十一年任。

李琮二十四年任。

袁凤鸣二十四年任。

贾辉山二十五年任。

李应棻二十五年任。

朱守让二十五年任。

雷鸿恩二十五年任。

马铁群山阴人，二十六年任。

张志周密县人，举人，二十七年任。

张鹏展二十七年任。

景步逵二十八年任。

朱维屏咸丰三年任。

李宝森四年任。

师炳韩城人，五年任。

李宝森六年再任。

丁炅八年任。

赖以平河源人，举人，九年任。

张肄孟九年任。

陈恂同治年任。

许邦行鲁山人，举人，三年任。

徐弼廷泰安人，四年任。

王荫福正定人，附生，五年任。

周京霸州人，举人，八年任。

高笏承淄川人，九年任。

许诵宣海宁人，副榜，十年任。

陆嗣龄四川人，进士，十二年任。

孔广仁安陆人，孝廉方正，光绪元年任。

高笏承三年再任。

党凤岐大兴人，监生，三年任。

高笏承三年再任。

陈家熊钱塘人，监生，三年任。

樊燮浙江会稽人，五年任。

唐紫封福建侯官人，举人，九年任。

陆秉森嘉兴人，监生，十一年任。

蓝采锦长沙人，十三年任。

侯绍瀛临桂人，举人，十五年任。

朱公纯寿州人，十六年任。

马光勋四川石柱厅人，举人，十七年任。

许炳常十八年任。

马光勋十九年再任。

沈承德二十年任。

王之全安徽凤阳人，二十一年任。

马光勋二十二年再任。

芳镇汉军旗人，进士，二十七年任。

张晸四川人，举人，二十八年任。

陶瑞徵安徽人，三十年任。

孟桂庭直隶人，三十二年任。

李宝田直隶沧州人，三十二年任。

李绪田山东栖霞人，三十三年任。

刘庭举湖南人，宣统元年任。

朱学煌浙江人，二年任。

戴宗焘安徽人，三年任。

教谕

侯靖宸字畹梅，山东巨野人，顺治五年任，升大嵩卫教授。

萧松龄字公木，靖江人，举人，崇祯己卯乡试，顺治十年来署教谕事，逾岁改建，平教谕工诗画，能文章，课诸生自拈七艺，思如涌泉，嶙峋孤峭，不肯一字犹人，有《怪存草》行世。

杨廷蕴字容如，武进人，举顺治丙戌乡试，乙未会试中副榜，是年来署教谕，事选诸生之工于文者，授以揣摩举业之法，重修学宫，焕然一新，升黄陂知县。

叶炳字其蔚，江宁人，康熙己酉举人，十六年来署教谕事，学宫赖以修整，升江西安仪知县。

汪士裕号左岩，江都人，康熙癸卯举人，初任太湖教谕，以忧归，二十四年补沛学教谕，升庐州府教授，所至乐育人才，扶植风化。卒后人皆思之。

胡湛宣城人，例贡，康熙三十三年任，以病免。

阮赞宣城人，例贡，康熙三十五年任，升授知县之例，谢事去。

张宗鉴丹徒县人，由廪生捐纳，康熙四十五年任。

刘炽虹县人，拔贡，康熙五十二年任。

缪近三如皋人，附生，康熙五十九年任。

蔡书升吴县人，附生，捐纳，康熙六十年任。

吴锴娄县人，举人，雍正五年任。

侯启晋宿州人，由拔贡雍正十二年现任。

杨倓徽州人，岁贡，乾隆五年任。

王璞四十年任。

何玉麟六十年任。

沈承愈嘉庆三年任。

宋越道光二年任。

沈承愈二年再任。

宋越四年再任。

胡景安四年任。

蒋调五年任。

方大泽五年任。

顾葆之九年任。

丁琳十年任。

顾葆之十一年再任。

谈文焕十二年任。

汤德新十二年任。

汪声镎休宁人，十三年任。

蔡朝枢十六年任。

汪声镎十七年再任。

李金生十八年任。

汪声镎十九年再任。

李金生十九年再任。

余霖澍十九年任。

李金生十九年再任。

翟松十九年任。

解杏芳十九年任。

翟松十九年再任。

陈维藩十九年任。

翟松二十年再任。

甘霖霑二十年任。

张书绅二十年任。

李国钧高邮州人,举人,咸丰元年任。

严正江浦人,举人,同治元年任。

高长龄江都人,二年任。

李国钧三年再任。

严正三年再任。

王端山阳人,拔贡,四年任。

严正五年再任。

王端五年再任。

方廷樑上元人,七年任。

潘欲仁常熟人,副贡,七年任。

吴蜚声仪征人,恩贡,九年任。

李其焆清河人,十年任。

符燮梅甘泉人,十一年任。

丁振瀛山阳人,十二年任。

刘干贞宝应人,附贡,光绪元年任。

吴秉成山阳人,六年任。

乔廷诰海州人,七年任。

曹熤山阳人,廪贡,四年任。

王诩沭阳举人,八年任。

周殿乔山阳人,附生,十年任。

王会开盐城人,增贡,十一年任。

丁荥山阳人,廪贡,十三年任。

邱家驹山阳人,岁贡,十四年任。

韦鉴山阳人,廪贡,十五年任。

蔡朝枢十六年任。

程金寿山阳人。

杨士沅句容人,选拔,十八年任。

潘志询吴县人,举人,二十年任。

训导

韩元珍字席公,山东人,顺治三年任。

包邦甲宣城人,顺治八年任。

陈天策字铭以,宜兴人,顺治十年任,博学能文,升贵池教谕。

宋懋功字弓贶,泰州人,顺治十六年任。

王方来金坛人，康熙三年任，卒于官。

马方前祁门人，康熙七年任，改临海县丞，辞。

吴维宁康熙年任，见府志。

刘维桢南陵人，康熙十九年任，以直忤县令，中伤去。

李先上元人，康熙二十年任，卒于官。

沈瞻祖号青田，华亭人，康熙二十七年任，性刚直，遇士子泾渭分明，以老归。

邵允彝字幼常，全椒人，康熙十七年贡士，是岁以博学宏词荐召试入格，继而截去不用，遣归田里，至三十六年授沛学训导，斋中无事，闭户读书而已，所著有《读易一得》、《春秋三传论》、《定运世大舆》诸书，及诗文集若干卷，年八十，力求致仕，沛人留之修县志成而去。

孙珍盐城县人，由岁贡康熙四十四年任。

吴嵩桐城县人，由岁贡康熙五十九年任。

程士琳镇江府人，由岁贡康熙六十年任。

秦櫬新阳县人，由岁贡雍正五年任。

吴维宁桃源县人，由岁贡雍正十一年任。

王人龙宜兴县人，由岁贡乾隆元年任。

汪自贤青浦县人，由岁贡乾隆三年任。

卢杰四十六年任。

刘芳四十六年任。

王吉士五十二年任。

王兆鲲五十三年任。

沈承愈嘉庆十五年任。

宋越十七年任。

胡景安道光四年任。

方大泽五年任。

顾葆之无锡人，岁贡，六年任。

汪声镎休宁人，十三年任。

狄遂十三年任。

李金生十四年任。

翟松十九年任。

解杏芳十九年任。

翟松十九年再任。

陈维藩十九年任。

张书绅二十年任。

翟松二十年再任。

陈维藩二十年再任。

周彦增二十七年任。

严正江浦人，举人，咸丰九年任。

方廷樑上元人，同治七年任。

俞松龄丹徒人，举人，八年任。

王希闾兴化人，八年任。

徐倬副贡，九年任。

钱家骏吴江人，举人，九年任。

周殿乔山阳人，十一年任。

殷殿扬山阳人，十二年任。

陶汝鼎高淳人，附贡，光绪十三年任。

陶福保吴县人，举人，十四年任。

黄宗城昭文人，举人，十七年任。

叶梦熊吴县人，举人，二十年任。

顾敦彝丹徒人，举人，十七年任。

主簿管理沛县运河两岸堤工属，泇河同知，山东运河道统之，其署在夏镇城中洪济闸北，宣统元年裁。

洪永禄黄冈人，顺治二年任。

李占春陕西人，九年任。

黄志顺大兴人，十三年任。

王吉晖浙江人，康熙二年任。

魏运泰直隶人，八年任。

支可培十四年任。

王炳直隶人，二十二年任。

朱之辅涿州人，二十九年任。

戴文诩济宁州人，四十一年任。

于伟正白旗人，五十四年任。

邵世环山阴人，雍正二年任。

程恪永宁人，五年任。

成其名大名人，七年任。

张士英永定人，九年任。

黄孙辐曲阜人，十一年任。

李廷梁山阳人，十二年任。

赵廷干清平人，十二年任。

刘澄慈溪人，十三年任。

刘鉽汶上人，十三年任。

韩尧洪洞人，乾隆四年任。

杨山立十二年任。

江树二十二年任。

李三锡四十九年任，自此咸丰初皆无考。

谈荣熙宛平人，咸丰九年任。

王尚志考城人，十年任。

额勒和蒙古镶黄旗人，十一年任。

陆承烈乌程人，同治元年任。

王尚志元年再任。

屠楳会稽人，元年任。

陈元清河人，元年任。

尹联芳上元人，元年任。

李志言大兴人，四年任。

郭逢滢吴县人。

沈保慈祥符人。

崔克明彰德人。

屠邦英河南人。

李锦树延津人。

王锡卣丰润人。

张圣枢

张玉堂

董庆同

师世存江宁人。

黄彝昌广西人。

夏阳巡检司管理地方缉务，驻夏镇。

沈炯文乾隆三十六年任，见《地藏庵碑》。

曾森嘉庆十二年任。

汪英二十四年任。

曾森二十四年再任。

唐大绅道光五年任。

师泰章十一年任。

叶于慎十三年任。

师泰章十七年再任。

白鹏骞三十年任。

杨懋功咸丰二年任。

沈云翔八年任。

杨懋功九年再任。

吴捷元大兴人，同治二年任。

沈坤仁和人，三年任。

沈德薰嘉兴人，五年任。

顾朱华嘉善人，六年任。

程宝树大兴人，八年任。

黄侃钱塘人，九年任。

裴懋勋钱塘人，十年任。

王润江山阴人，十一年任。

胡庆恩同治十二年任。

陆振德光绪三年任。

吕藻枢三年任。

阮振清六年任。

殷汝骏七年任。

陶瑞徵安徽人，十四年任。

倪昌勋以典史二十一年兼任。

张樾二十二年任。

高远程淄川人，二十三年任。

张樾二十四年再任。

陈家祯

徐廷英

丁均平

李琅辉嘉应人。

典史

吴孟熙浙江人，顺治二年任。

俞应垣浙江人，七年任。

高思明大兴人，十一年任。

任守典大兴人，康熙元年任。

秦光焕陕西人，三年任。

梅滃富平人，十二年任。

高明显聊城人，二十年任。

张祥咸宁人，二十九年任。

谢伟略上虞人，三十二年任。

胡启祥大兴人，三十三年任。

曹宏茂山卫人，三十九年任。

傅国祥大兴人，四十八年任。

王廷辅宛平人，六十一年任。

吴鋕宛平人，雍正五年任。

李世贵韩城人，十三年任。

何文陞宛平人，乾隆六年任。

李成章二十二年任。

彭咏四十六年任。

吴本源四十八年任。

赵渊四十九年任。

吴钧嘉庆元年任。

麻颂恩二十年任。

吴钧二十年再任。

汪英二十三年任。

陈雨泉二十五年任。

王元发道光三年任。

陈雨泉四年再任。

孙丰元四年任。

潘萼五年任。

茹刚十四年任。

魏瀛三十年任。

洪大勋咸丰元年任。

陈嵩兆二年任。

邢荣二年任。

杨懋功三年任。

徐立椝五年任。

沈垕六年任。

沈云翔八年任。

张黼胶州人,九年任。

王润江山阴人,九年任。

韩濬余姚人,九年任。

姚谦山阴人,十年任。

李兆麟十三年任。

徐承乾山阴人,十一年任。

倪昌勋浙江归安人,光绪五年任。

陶瑞徵安徽人。

周绍文蒙城人。

徐振恩通州人。

曾德森江西人。

金钰徐州人。

丁均平

陈维枢

杨庄闸闸官

弘时顺治间任。

董耀先临汾人,康熙三十六年任。

张志鼎富平人,五十一年任。

曾世球崇仁人,六十一年任。

徐能基丰城人,雍正二年任。

张士英永定人,三年任。

纪钧如皋人,九年任。

刘瑛济宁州人,十年任。

徐学乾江阴人,十二年任。

陆良瑜吴县人,乾隆二年任。

沈时绍兴人。以下六人,年月无考。

沈大英顺天人。

翁光岳萧山人。

杨梦熊义乌人。

王克明博野人。

吴典绍兴人。

夏镇闸闸官

邢文煌汾阳人，顺治初任。

侯凤鸣顺治间任。

陈宗器河间人，康熙二十六年任。

黎家全长汀人，四十二年任。

李暨侯渭南人，四十四年任。

李静安肃人，五十三年任。

魏湘年建昌人，五十五年任。

张山涛嘉祥人，雍正九年任。

胡简常熟人，十二年任。

李鹏翮济宁州人，十三年任。

雍然山阳人，乾隆四年任。

孙光耀以下四人，年岁无考。

陈文泰

黄守信富平人。

陈宗器山阳人。

杨山立山阳人，十一年任。

泗亭驿驿丞乾隆年裁。

孟尚德归安人，康熙二年任。

李逢春十九年任。

汪天祚二十五年任。

杨琳浙江人，二十八年任。

程琠安阳人，四十四年任。

许九仪建德人，五十年任。

陶滨宛平人，五十七年任。

李柑仪封人，雍正三年任。

厉益新大兴人，六年任。

刘景奇曲阳人，十二年任。

江调鼎钱塘人，乾隆二年任。

武　阶

沛自叠罹水患，城邑频迁，衙署俱无，况乎档册？而府志守备以下又置不书，以故千把、外委等官末由查考。兹按府志录夏镇汛守备、铜沛河营守备如左；并查得城守、千总及外委、额外若干，附焉。

夏镇汛守备顺治初，原设属漕标，雍正十年改属河标，左营为右军守备。嘉庆十年改为夏镇汛守备。

张弼明顺治年任。

白国栋

陆某

高霔

薛某

舒良干宁国人，武进士，康熙元年任。

忻惟世宣府人，武进士，十年任。

符某

樊述英榆林人，武进士，二十年任。

林之本燕山卫人，武进士，二十八年任。

姚钦明三原人，武举，三十六年任。

郭光烈南昌人，三十六年任。

阎滨威榆林人，四十四年任。

刘维翰顺天人，武进士，五十二年任。

朱世杰宁夏人，五十八年任。

徐文芳番禺人，五十九年任。

王琰保定人，雍正二年任。

董士杰湖广人，七年任。

王俨祥符人，武举，八年任。以上漕标营守备。

翟应熊河南人，十一年任。

李振元正红旗人，武举，十三年任。

张一宗南漳人，乾隆八年任。以上河标左营右军守备。

刘允昌天津人，嘉庆十七年任。

裘安邦会稽人，武进士，十八年任。

周祐宿迁人，二十一年任。

徐化鹏铜山人，武举，道光元年任。

刘振常夏邑人，二年任。

陈廷献诸暨人，武举，九年任。

傅国昌天津人，十二年任。

周焕章山阳人，十九年任。

李际泰铜山人，二十一年任。

严殿敖临海人，二十五年任。

马炳宣化人，武举，二十七年任。

李万年铜山人，二十九年任。

胡永祺湖南人，武举，二十九年任。

张衍熙江宁人，武举，咸丰元年任。

张衡玉六安人，二年任。

刘庆云浚县人，武进士，三年任。

徐凤台铜山人，武举，六年任。

李朝庆铜山人，十年任。

卜履嶷铜山人，武举，同治三年任。

孙玉崑铜山人，四年任。

徐凤台七年再任。

孙广恩铜山人，十一年任。以上夏镇汛守备。

赵宗禹同治十三年任。

刘承恩上元人，光绪元年任。

郭启泰铜山人，十八年任。

方宝怡吴县人，十九年任。

张行福铜山人，二十四年任。

方宝怡二十五年再任。

程学举铜山人，武举，三十年任。

王天佑陕州人，武进士，三十一年任。

铜沛河营守备

孟宣阳谷人，乾隆七年任。

宋得胜十七年任。

孟宣二十年再任。

沈忠乾隆五十一年任。

李永吉二十九年任。

王辅臣三十二年任。

王定基清河人，三十六年任。

郑永泰四十二年任。

刘相四十三年任。

刘普铜山人，四十八年任。

包宗尧桃源人，乾隆五十六年任。

姜焕宿迁人，五十九年任。

孔成桃源人，嘉庆四年任。

贺清元六年任。

孔成七年再任。

陆盛宿迁人，嘉庆九年任。

孔成十一年再任。

陆盛十一年再任。

陆允宿迁人，十二年任。

包延龄桃源人，十三年任。

宁坤十四年任。

陈应奎清河人，十七年任。

封绍砀山人，十九年任。

陈应奎二十年再任。

张重二十年任。

万源清河人，二十四年任。

封绍道光元年再任。

张松元元年任。

汪庆安桐城人，二年任。

封绍二年再任。

汪庆安二年再任。

张松年二年再任。

汪庆安三年再任。

张松年六年再任。

汪庆安六年再任，更名定安。

沈衡十八年任。

汪定安十八年再任。

阚兴邦砀山人，二十一年任。

王延福二十三年任。

周阶二十三年任。

张成功二十三年任。

周阶二十三年再任。

张上二十四年任。

周阶二十五年再任。

欧阳文铜山人，二十六年任。

徐承宗二十八年任。

欧阳文三十年再任。

许怀本咸丰十年任。

城守营汛千总

李光裕铜山人，嘉庆十一年任。

朱致和铜山人，十六年任。

钱文甸夏邑人，十八年任。

李衡平铜山人，二十二年任。

王永标铜山人，道光二年任。

袁耀宗铜山人，三年任。

李际泰铜山人，五年任。

马焕章铜山人，十一年任。

张兆金铜山人，十四年任。

刘朝赉宿州人，二十年任。

卜履嶷铜山人，二十二年任。

李大杰铜山人，二十三年任。

周升天清河人，二十八年任。

孙大忠铜山人，二十八年任。

耿超铜山人，三十年任。

岳朝栋铜山人，咸丰八年任。

李德源本县人，八年任。

沙力山睢宁人，十四年任。

李成有

戴棠福

王长龄

刘伯奇以上皆光绪年任。

夏镇汛外委把总

张元魁

张彦翎同治年任。

牛绍九

冯袭之

曹大志铜山人。

苗振清

闵得元铜山人。

贾瑞堂

王长龄铜山人。

郭金玉铜山人。

靖德荣铜山人。

徐傅文铜山人。

王占一铜山人。

赵嘉存铜山人。

郭廷兰铜山人。以上皆光绪年任。

张凤岐铜山人，宣统年任。

夏镇汛额外外委

袁继昌同治年任。

常凤舞

任占鳌

郝宗源

郝云峰以上皆本县人，光绪年任。

陈世恩本县人，宣统年任。

城守营汛额外外委

李作霖铜山人。

赵锡典本县人。皆光绪年任。

宦绩附

宋

程珦　字伯温，河南人。庆历初知沛县，会久雨，平地大水，谷既不登，晚种不入。珦谓俟可种而耕，则时已过矣。募富民捐菽数千石以贷农，使布之水中，水未尽涸，而甲已露矣。是年，遂不艰食，有丐于市者，自称僧伽之弟，愚民争遗金钱。珣杖而出之。《朱子文集》。

元

赵野 字子开，济南人，大德初为沛县尹，劝农兴学，政平讼理，人多称之，有《去思碑》。《南畿志》。

马珪 字君章，兖州人，至元中沛县尹，为政循良，颇有古风，民思之不忘，为立《去思碑》。明《一统志》。

李茂 字庭实，德州齐河人，沛尉，有美政，邑人为立碑。旧志元虞集《沛县尉李君美政记》：沛人有尉，善其职，其父老爱之，愿列姓名于石，以示远久。国子生张复，邑人也，疏其邑人之颂云："舟车冲冲，出我沛邦。我任我载，唯尉之从，力用不穷。岁饥有盗，尉制之有道；田则有蝗，尉除之有方。泗汉患水，防堤善圮。尉将役人，如视妻子。民有无告，尉缮其屋。有系在狱，尉哺之粟。顾瞻学宫，乃牖乃墉。释其弓刀，揖逊有容。"复之言曰："尉尝学于济南李昌道先生，故知爱人之说。其父奉使平阳，罹地震之祸。尉以恩得官，故能感愤自树立也。"嗟夫！尉于县政，无所敢自遂也。而及乎民者如此，自昔沛以勇宕为俗，今父老独不忘于一尉之善者又如此。且世之豪民狂吏，以动摇劫持为能，视一秩满，尉何有此？乃以终爱闻，不亦善夫？使尉益自励，所至不倦，虽古循吏何以过之？有司用材者，能无考于斯乎？尉姓李，名茂，字庭实，德州齐河人。初为濮州观城尉，迁沛尉。父老曰：张仲昂。

明

高实 字曾唯，江阴人，弘治间为都水主事，分治三沽诸闸，厘正萧、砀、丰、沛，岁役夫修昭阳湖堤及沽头南北堤，济漕便民，为河渠重者三年。《行水金鉴》引《邵宝高君墓志》。

宋豫卿 富顺人，嘉靖四十二年以进士任工部分司夏镇。时值春旱无麦，乡民嗷嗷待毙，豫卿乃以湖柴尽给，诸民赖以存活甚众，民有遗思。明沛令李时《工部主事宋公去思碑》：昔孔孟言仁，其称王者则曰"必世"，其称尧舜则曰"得人"。"必世"，言久；"得人"言大。然则帝王仁民之意，其可想见乎？自秦废井地，历代因时立政，政有隆污、治乱因之。我国家酌古制，贡薄赋敛以厚下，疏爵禄以养士，凡以为民也。无已，则又法外布惠，以恤灾眚，实翼皇运无疆之休。壬戌仲春，我二山宋公以水部使督漕河，驻上沽。沛适春旱，无麦，公免息贷粟；夏秋潦，无菽，湖柴减值之半；明年春，又旱，无麦，仍贷粟如旧，宽约免息。一日适野，见老稚杂男女率羸黑，鲜人肤色，衣敝垢，不能蔽体，提筐筥，拾野菜草梗，又或呻吟卧伏坟壤间，在在有之。问之，则曰："往者麦秋至，富者是刈是获，贫者群逐群拾，而又荷杖操刃，以收余秸。故恒业之家，积冈阜、盈仓箱；无业之室，累筐筥，遗穗亦充橐满楼，收秸亦足资薪用。今室且悬磬，野无所取，富无所贷，举家嗷嗷待哺，徒取诸彼以续喘息。穷日之力，不举一火，其道路间流徙者亦复类是。"公闻之，恻然良久。遂图之曰："吾忍视野之莩，而不一拯之乎？"乃阅湖柴旧籍，岁得值若干缗，喜之曰："得之矣。"适月朔，公具以语时，时再拜曰："生沛民，时与赐矣！"遂意决，集左右议。左右曰："释此，何以乐朋来也？"公曰:"不然。先朋情而后民命,仁矣乎?"众皆唯唯。于是,上其事于总理吾崖王公。公允其议,且嘉其溥川泽之利而同诸民也,示民永遵守之。其略曰:"湖柴,例比堤草,听民自取。"又戒之曰:"惟负毋乘,惟急之周,毋继富龙;见毋入,水涸无争。"故近洽沽头,远周县北。日一二负者,日数负者,称户大小、强弱均得之。由是,湖柴载道塞市,旧柴无复翔贵,居者便甚,得钱易米,老幼相哺,妇子嘻嘻。未举火者得举,一举火者再举,风闻流徙,相率来归,民免灾眚焉。嗟乎!文王刍荛园囿,利被周之世者,且数百年。湖自二百年来,未闻有举文王之政与民同者,盖未得其人也。公捐湖柴之利利民,沛民世有之,得与成周之刍荛者并,盖王者必世之人也。圣天子为天下得人如公,而民赖以养,非尧舜得人之仁与?呜呼,休哉!公以是岁十一月奏绩北上,沛民先期告时曰:"公,仁人也。吾民作息则思,寝食则思,曷其已乎?愿为吾民图之。"时曰:"然公之来未可期也,公之去未能忘也,当率若等树石以识其事,且愿仁人之继公政者,以圣天子之仁为仁,以公之心为心,于以惠若等子子孙孙于无穷。"民咸喜曰:"诺。"公在沛善政之可书者多不书,书此,其大焉者也。遂刻于石。

陆檄　字羽行,长州人,万历间以工部主事分司夏镇,以堤束水、以水涤沙,疏浚启闭,皆亲自经画,功绩甚伟,进秩郎中。

梅守相　字台甫,宣城人,万历中授工部,主事分司夏镇。自刘东星开浚韩家庄,至李化龙凿泇河,皆守相为之佐理,身历途潦、冒艰险,九载绩成,有功漕河,不亚于二公。

茅国缙　归安人,万历间以进士任工部郎中,分司夏镇。办事认真,力除积弊,设义塾以教镇之子弟,捐金为束脩费,暇则亲课其艺。莅任八月而卒,柩行之日,镇民泣送河浒者数千人。明张贞观《工部郎中茅公碑》:沛旧无工部分司,成化末始于沽头。嘉靖末,河湮漕梗,又迁设于夏镇。故事,水漕郎职以节宣水利、攒输粮艘为务,固不得与郡邑吏亲民者比,何得言思?何得有碑?顾水曹郎即不与民事,其所分司地则郡邑属也。乃分司其地者能驿传,视其民犹称异数,间多荼毒鱼肉之者。一有高贤大良出其间,举属民而呴噢之,施渥泽焉,民奈何不思而碑耶?公以丁未夏拜朝命于家,得分司于夏镇。十月抵任,即书示父老子弟曰:"河漕巨务,能有硕画、佐挽轮者,告无隐。"间有以策进者,公手录而斟酌。食例取之县而分散之,责多属之倅贰,倅贰复属之小吏,递从减缩,十去三四。公谂其弊,手分给之,士夫始沾惠。尤注意作人,遴里中粗有学行者为塾师,群镇之子弟教焉。捐金为束修费,又不时临观,以示鼓励。博士弟子从公门下者,数十人。公又时时品其课业而差次之。弥留之顷,犹呼从事掾曰:"善为我告后人,幸分湖田若干顷作义田,永充塾费,无废斯举。"柩行之日,镇民几为罢市,父老子弟泣而送之河浒者,逾数千人。僻居穷巷,村氓稚子,无不人人掩涕者,公何以得此于民哉?不佞盖难为言矣。公莅任甫八月,善政已纷不可纪,假之岁时,又岂更仆易悉者耶?国朝令甲以劳,死王事者,例有恤典。公驰驱王事,竭力苦心,死而后已,似与例合,而当事者未闻议及,其将有待乎?不佞又有感于今之横章拖绶者,无问称否,一离官所,构生祠、碑去思者,前后相望。稽其时,非门生故吏之贡谀,则奸民猾胥之罔利。苟非其人,有朝构而暮斥其像,前碑而继踣其石者,非益之光、只滋之垢。盖心迹溷而真赝淆也,久矣。窃谓得民之心者，碑以心；得民之面者，仅碑以石。心，不可见；石，可见。古之碑去思者，恐或由此心不可假，石可假；今之碑去思者，大抵然也。观者要惟稽当日之宦履，察去后之民情，而品斯辨耳。石以人重，峨峨片石，讵足轩轾人哉？岘山堕泪，独归羊叔子，而志郭有道之墓，蔡中郎犹信为无愧，敢谓公碑近之。不佞不习于文，尤不习于谀。故与公同举进士，同令齐东，同跻台省，兹又辱居公部下，聊因镇父老子弟之意，为述公莅镇颠末如此。他若公生平历履，则有巨笔如杠者在，不佞何与焉。公讳国缙，字荐卿，世浙之归安人。

颜伯玮　名瓌，以字行，江西庐陵人。建文元年，以贤良征授沛县知县。靖难兵起，李景隆屯德州，沛人终岁挽运。伯玮善筹画，得不困。会设沛丰军民指挥使，乃集民兵五千人，筑七堡为备御，寻调三千益山东，所存皆疲弱，不任战。燕兵攻沛，伯玮遣县丞胡先、百夫长邵彦庄，间行至徐州告急。援不至，遂命其弟珏、子有为还家侍父，题诗公署壁上，誓必死。燕兵夜入东门，指挥王显迎降。伯玮具衣冠向拜毕，自经死。有为不忍去，复还见父尸，自刎。福王时，赠伯玮太仆少卿、谥忠惠，有为翰林待诏、谥孝节。

唐子清　沛主簿也，不知何许人。在沛有善政，民爱之。颜伯玮守沛，专调兵食逻察事，皆付子清。燕师入，被执。燕将欲释子清，子清曰："愿随颜公地下。"遂死之。福王时，赠工部员外郎，谥义节。

黄谦　字损之，武进人，以儒士为沛县典史，果敢善战，能戢下。燕兵薄沛，谦与颜伯玮、唐子清集民兵筑堡备御。燕兵不克，去。谦寻统死士往东昌援，铁铉及燕兵入沛，遣谦往徐州招降。谦不从，亦死。福王时，赠工部员外郎，谥果义。以上颜伯玮、子有为、唐子清、黄谦四人死事相连，具本《明史》，兼参旧志。

常瓘　内乡人，永乐四年以举人知沛县。古信，嘉鱼人，景泰元年以举人知沛县。俱平恕不苛，能勤民事，远近德之。

冯时中　太原人，成化十一年知沛县。持守廉介，为政简易，以忤权宦谪庆远卫经历。

冯谦　诸暨人成化间以举人知沛县，为政平恕，勤于民事。

王琛　松滋人，弘治初以举人知沛县，为政宽和，笃意学校。

姚祥　字应龙，归善人，弘治六年以进士知沛县，自奉清约，爱民如子。天旱，虔祷郊外，大雨如注；民有负官租数年者，久居于官，祥与之期而遣归，果如期至；常诣学进诸生课之。甫八月，擢御史去。明都水主事高贯《沛令姚君惠政记》。

栗钲　潞州人，弘治中以举人知沛县，在官清慎。

杨凤　府军前卫人，弘治十七年以进士知沛县，刚明果断，事无停滞。

胡守约　字希曾，合州人。正德中知沛县，织造中官史宣进贡经沛，陵轹官吏，守约与宣抗。宣诬奏，被系狱。比鞠对，持论侃侃，无屈挠，竟罢归。后复起用，官至湖广按察司佥事。《明纪·武宗本纪》并参府志。

麻芝　榆林人，正德中知沛县。性刚才敏，强御慑服。

倪民望　黄梅人，万历时知沛县。为人温和坦易。

祝希哲　江西德兴人，万历三年以举人知沛县。为政平易近民。

马昺　四川南部人，万历初知沛县。筑堤护城，民有遗思。

周治升　四川新津人，以恩贡知沛县。有治干材。

符玺　龙阳人，由举人万历十四年知沛县。慎重得体，不任吏胥。

李祯　新昌人，举人，嘉靖间两任沛县。县田多芜，桢给牛开垦，尽成畲；发奸摘伏，如神明；政暇集诸生论文，不倦。寻擢御史。

王治　字纯甫，永年人，嘉靖十一年由国子生知沛县，十九年再任。沛故无城，治为创筑，又撤龙泉寺建学宫。

周泾　字澄之，贵溪人，嘉靖二十二年以举人知沛县。强毅有为，百废俱举。

李汝让　字逊庵，直隶永平人。万历癸卯，沛大水，汝让时知虹县，以才能调沛，居城堙理事，悉心抚恤，诸废圮渐次修举。寻迁知鄜州，邑人乞留，诏改授邳州知州，仍留管县事。初，汝让补筑护城堤、修学宫、迁县治未竣，至是，益专力营治，修筑太皇溃堤、缕水缺堤，纂辑县志，百务俱举。

滕霁　字子开，建安人，由举人署沛学教谕。岁饥，沛适缺令，未以灾报。霁为请上官，发仓赈之，全活无算。迁嘉善知县，沛民请于吏部，遂知沛县。锄强抑暴，礼士爱民，以不善事上官，被劾，去。

徐辂　海宁人。隆庆五年，以举人知沛县。抗直不私。

操松　字廷节，浮梁人。正德中为沛教谕，勤于立诲，捐赀济贫生。

于乔　高唐人，嘉靖中以岁贡任沛教谕。性刚方，不能容人之过，清节自持，却贫士馈，捐俸助之。

张庆旸　泰顺人，以贡任沛训导。笃学能文，志操端洁，其师模之善，与乔先后见称。隆庆以后，郡邑志皆缺载。

张俊　同安人，为沛训导。清洁，善教人。

鲁思问　字汝祥，和州人，为沛训导。敦名行，崇教化，拔才俊，计口食俸，贫约如诸生时。

李文宪　字从周，北直人，嘉靖二年由国子生授沛县丞。明年，三月二十八日夜，忽有贼百余人入城劫掠，宪率民兵往捕，挺身当先，矢尽遇害。

清

顾大申　华亭人，进士。顺治十四年以工部主事分司夏镇河道，廉干有才。

赵世祯　字兴公，开原人。顺治七年知沛县，兼摄丰事，政尚简易。旧例，有收粮大户每一签报，辄数十家绎骚不宁。世祯悉裁之，民皆称庆。

郭维新　宛平人，顺治十一年知沛县。丰志云："维新以沛令署丰，性聪明，长于吏治，发奸擿伏，朗如鉴照。"未几擢去。

方曰琏　建安人，康熙二十九年知沛县。自奉简约，绝贿赂，雅意作人。

杨宏绩　正黄旗人，康熙三十九年知沛县。有吏才，善剖断。时县连年大水，宏绩力请蠲赈，全活甚众。圣祖南巡阅河，四经沛境，役夫数千。宏绩捐赀，日给口粮，民皆乐从。在任八年，修邑志、建义学，善政甚多。坐催科不力，罢。总督阿山复题，授丹阳知县。临行，民涕泣以送。

沈瑞鹤　叶县人，康熙五十三年知沛县。乙未丙申再遇水灾，瑞鹤竭力抚绥。居二载，以忧去，人皆叹惜。

施霈　宛平人，雍正九年知沛县。初，雍正五年河决护城堤，民奔避无所。八年，水又至，民益恐。霈至，即集邑中士庶议筑，凡两月而成。今赖其保障。

陈麟　乾隆四十六年任沛令。时青龙岗决，河漫，水淹没沛城，麟死之。《南河成案》。

云茂琦　字以卓，广东文昌人。道光七年以进士知沛县，立品端方，操守廉介。在官二年，多善政，去后人益思之。常捐廉修南门外桥，以便行人。人怀其德，称"云公桥"。殁，祀名宦。

景步逵　河南祥符人，道光二十八年以进士知沛县事。巽言法语，和蔼近人。咸丰元年河决，直冲栖山，城为之陷，隍路仅存，数万生灵栖其上。步逵先期因公赴徐州，闻耗，雇大船十余只，满载米面、饼食而归。比至城上，嗷嗷者已三日矣，遍食之，得全活。又飞申上宪，请截漕运以赈灾，黎民赖以生。去之日，白叟黄童送别者，途为之塞。

丁炅　字熙谷，河南永城人。咸丰七年以副贡知沛县，注意民间疾苦，时出省视。沛民避水初，复山东客民筑团杂居，占地争界、焚掠汹汹；而皖逆又自铜、萧入境。炅抚良除暴，督队严守要害，贼不得逞，内地奸宄亦渐敛迹。嗣巡缉至燕家集，猝与贼遇，悍捕蒋振与匪通，勇丁溃散。炅厉声骂贼，遂被害，赐恤如例。

许邦行　河南鲁山人，同治三年以举人知沛县。爱民如子，兴理学校。时山东团民垦种沛地，劫杀刘庄砦居民。邦行按验吏民，阻之不从，几至不测，乃申文请兵，偕总镇会剿。团民纠众来拒，邦行匹马厉士，击追之，尽复所占之地，民甚德之。

王荫福　字梅叔，真定人，由附生历保同知衔，同治五年知沛县事。创建书院，详请上宪，筹拨学田，每朔望课士，必谆谆教诲，俨若家人。在任三年，无苛刑、无烦政，邑人至今颂之。

周京　直隶人，同治八年以举人任沛县知县。兴利除害，擘画久远。时夏镇过坝行，为害最巨。京痛惩之，勒碑严禁，一时口碑载道，遐迩称颂。

钱家骏　字子骧，苏州人。同治九年以举人任训导，果毅有为，士林悦服，学校赖之。

陆嗣龄　字子年，四川人，同治十二年以进士知沛县。学养精纯，课士子为文，一准理法，循循善诱，如师弟然。去后，人多思之。旋调江宁，卒于任。

樊燮　浙江会稽人，光绪五年知沛县事。性刚直勇武，有膂力，时当沛、团交哄之后，团民、窝匪为患。燮侦悉，辄负铜锤先士卒，直捣巢穴，锤掷无虚击。二年之间，捕获净尽，闾里安枕，颂声载道焉。

唐紫封　闽侯官县人，光绪九年以举人知沛县事。酷嗜读书，手不释卷，与诸生讲论，一秉至诚，不染官场习气。

蓝采锦　长沙人，光绪十三年任沛县。和易待人，精明强记，居心慈祥，多惠政。

侯绍瀛　字东洲，桂林举人。光绪十五年由睢宁县调署沛，勤政之余，以续修县志为急务。旧志修于乾隆时，值河患，急就成章，非独征访挂漏，亦且体例驳杂，博辑详考、补叙厘订，一方掌故，灿然大备。惜其旋被檄去，继任者不踵其成，遂使剞劂顿停。兵燹后，旧稿散佚，今所存者，系据法国教会抄本转录，亥豕鲁鱼，满纸讹误。然，即此益令人思侯公不置也。

裘安邦　会稽人，嘉庆十八年任夏镇守备，严禁赌风、净绝窃盗，历升至徐州总镇。

马光勋　字筱元，四川石柱厅人。光绪年间以举人三任沛县，洁己爱民，实心任事，尤留心教育。创建学宫，整理书院，文风赖以日进。慕阎古古先生义烈，为之树石墓上，详请入祀乡贤，识者韪之。置沛饥，预以贱值，购豆饼四万块，举办平粜，饥民赖以存活。沛俗，命案向多拖累，光勋禁绝苞苴，随讯随结，从不妄牵一人。光绪庚子，拳匪仇教，声势汹汹。光勋痛加剿除，匪始四散，事平。教堂需索赔款，往复抗辨，独力捐给五千千。自是，民、教相安。二十八年去官，卒于家。沛民胪列政绩，请祀名宦。

顾敦彝　字啸谷，丹徒举人。光绪二十九年任沛县训导，至诚恻怛，善气迎人。宣统三年，土匪陷沛城，抢劫一空，宦橐萧然。尤能以淡泊自守，士林钦之。

倪昌勋　字剑芝，光绪间任沛典史十余年，冲淡寡欲，工书画，一时佐职中无逾其廉者。

卷十一　田赋志

赋额　支解　杂税　湖田　户口　蠲免　盐法

赋　额

额征实在田地：一万一千七百二十三顷一十亩六分二厘。

每亩科征折色起存银一分四厘九毫二丝六微三纤八尘四渺七漠八埃二逡，共征银一万七千四百九十一两六钱一分四厘。

每亩摊征人丁银三厘三毫五丝三忽三纤六沙二尘四渺五漠五埃六逡，共征银三千九百三十两八钱。

每亩摊征杂办匠班银五丝七忽五微七纤八沙九尘五渺四漠四埃五逡，共征银六十七两五钱。

每亩科征徐仓麦折银五毫二丝九忽九微三纤三沙七尘八渺一漠五埃四逡，共征银六百二十一两二钱四分七厘。

每亩科征耗麦折银一丝五忽八微九纤七沙六尘六渺三漠七埃，共征银十八两六钱三分七厘。

又杂办项下马场地二顷七十七亩二分，每亩科租银五分，共银一十三两八钱六分。

积谷军饷银一百二十两。

房租正盈银一百四十六两八钱六分。

以上丁田杂办，总共征银二万二千四百一十两五钱一分八厘，闰月增科折色银每亩三丝二忽一微八纤八沙五尘六渺七漠九埃九逡，共征银三十七两七钱三分五厘，均随正加一耗羡银两。

每亩科征本色米五合六勺一抄九撮一圭六颗一粒三黍七稷五糠八秕，共征米六千五百八十七石三斗三升七合八勺。按《赋役全书》：国初，原额田地一万六千三百六十九顷九十七亩三分八厘，共征折色银二万四千二百八十五两八钱九分二厘，本色米九千二百八十六石六升六合四勺，内减编一半，麦折银六百九十四两，改编一半，本色麦一千七百三十五石。人丁节年滋生参差不一。始于康熙五十二年，奉恩诏岁额征银三千九百三十两八钱，永不加赋。嗣至乾隆二年止，升科免豁，续有增减，实该地亩一万四千五百三十四顷二十五亩九厘，共征折色银二万一千九百五两三钱五分四厘，闰月银四十六两七钱八分四厘，本色米八千一百六十六石九斗四升九合八勺，麦一千五百四十石四斗三升七合七勺。于乾隆二十年，改归折色每石银五钱，共麦折银七百七十两二钱一分九厘，又耗麦四十六石二斗一升三合一勺，共折银二十三两一钱六厘。又至乾隆四十年止，续有减豁，实该田一万一千七百二十七顷六十亩七分七厘，共征折色银一万七千四百九十九两八钱六分六厘，闰月银三十七两七钱四分九厘，本色米六千五百八十九石八斗六升七合二勺，徐仓正耗麦折银六百四十两一钱三分。又至乾隆五十年止，续有减豁，合符前数。

支　解

起运项下

额解江安粮道漕粮实征米六千五百八十七石三斗三升七合八勺。

按：前项内系正兑米三千一百六十五石三斗一升五合四勺，加二五耗米七百九十一石三斗二升八合八勺，改兑米一千八百九十九石一斗八升九合二勺，加二二耗米四百一十七石八斗二升一合六勺，漕赠五米三百一十三石六斗八升二合八勺，合符额数。

额解江宁藩司地丁实征银一万三千一百一十八两五钱三分五厘。闰月银二十六两四钱七分七厘。内留支。

文昌关帝祭品银一百二十两。

又解水脚银五十两二钱二分一厘。

按：原定留支河工项下，旧额河工银改派抵补河工轻赍车盘银、浅夫桩草砖灰银、堤夫桩草银，派剩仓麦折银浅夫工食银。泗亭驿水夫改拨缕夫、堤夫工食银，折征岁夫银，共银一千二百三十二两七钱二分六厘，已于乾隆二十八年奉文归入地丁项下，解司充饷。

额解江安粮道漕项仓项，实征银四千五百四十二两四钱三分九厘。

按：前项内系随漕船料旱脚银九十七两九分七厘，给军芦席银四十七两三钱五分九厘，漕赠五银三百一十三两六钱八分三厘，扬州仓麦折银一百七十七两八钱五分二厘，亳州仓麦折银五十一两二钱五分，漕项银二百一两三钱三分六厘，徐州广运、永福二仓米、麦、草折银三千一十三两九钱七分八厘，徐仓名本实折麦改征折色银六百二十一两二钱四分七厘，耗麦折银一十八两六钱三分七厘，合符额数。应征加一耗羡银两，随正解道。

留存项下：

留存支给驿厂夫役工食实征银三千六百七十二两五钱一分九厘。按：驿站原额共支银四千三百三十两六钱六分，内荒缺银六百五十八两一钱四分一厘，应赴司库领补。

按：前项内系现设四夏厂水、旱夫工等项银三千六百一十九两六钱，留存支给。又原裁旱夫工食银四百三两二钱，裁减驿站夫马工料等项银一百二十两六钱六分，抽拨仪征、六合二县水旱夫一十三名工食银一百八十七两二钱，改解司库，合符原额。

留存支给各衙门官役俸工实征银八百五十五两八钱六分五厘。闰月银六两七钱一分五厘。按：俸工共额支银一千七十二两六钱八分八厘，内该荒缺银二百十六两八钱二分三厘，除知县荒俸银九两八钱八分四厘，修理仓监荒缺银一两九分八厘，不补外，实赴司库，请补荒缺银二百五两八钱四分一厘。

按：前项内系知县俸银四十五两，两门子二名工食银十二两，马快八名工食银四十八两，民壮二十五名、器械工食银二百两，皂隶十六名工食银九十六两内裁三名，拨给仵作工食，禁卒八名工食银四十八两，库子四名工食银二十四两，斗级四名工食银二十四两，轿伞扇夫七名工食银四十二两，总铺铺司兵一名工食银七两二钱，各铺兵夫工食银七十五两六钱，修理监仓银五两。以上知县员下，共额支银六百二十六两八钱，内荒缺银一百三十七两六钱七分一厘，实征银四百八十九两一钱二分九厘。

儒学教谕、训导俸银八十两，斋夫三名工食银三十六两，门斗二名工食银一十四两四钱，廪生二十名廪粮银八十两。闰月银六两六钱六分七厘。膳夫二名工食银十三两三钱三分四厘。闰月银二两二钱二分二厘。以上儒学员下共额支银二百二十三两七钱三分四厘，内荒缺银四十九两一钱四分二厘，实征银一百七十四两五钱九分二厘。闰月共银八两八钱八分九厘，内荒缺银二两一钱七分四厘，实征银六两七钱一分五厘。

主簿俸银三十三两一钱一分四厘，门子一名工食银六两，皂隶四名工食银二十四两，马夫一名工食银六两。以上主簿员下共额支银六十九两一钱一分四厘，内荒缺银一十五两一钱八分，实征银五十三两九钱三分四厘。

夏阳司巡检俸银三十一两五钱二分，门子一名工食银六两，皂隶二名工食银十二两，弓兵六名工食银三十六两。以上巡检员下共实征额支银八十五两五钱二分。此缺于乾隆二十六年添设，故无荒缺银两。

典史俸银三十一两五钱二分，门子一名工食银六两，皂隶四名工食银二十四两，马夫一名工食银六两。以上典史员下共额支银六十七两五钱二分，内荒缺银一十四两八钱三分，实征银五十二两六钱九分。

留存祭祀杂支实征银一百七十两九钱三分九厘。闰月银四两五钱四分三厘。

按:祭祀杂支共额支银一百九十三两三钱八分八厘,内该荒缺银二十二两四钱四分九厘,除乡饮酒礼荒缺银五钱四分九厘,岁贡旗匾荒缺银六钱五分九厘,江宁科场荒缺银一两八分七厘,武场供应荒缺银七分五厘,外实赴司库,请补荒缺银二十两七分九厘。

按:前项内系文庙春秋祭祀银四十八两一钱二厘,火神庙常雩礼银二两一钱八分九厘,社稷等五坛银一十两九钱四分七厘,厉坛银三两二钱八分四厘,专祠十一庙银二十四两八分三厘,文庙香烛银二两五钱七分四厘。闰月银六分。以上祭祀各款实征银九十一两一钱七分九厘。闰月银六分,如遇灾荒之年,皆不扣蠲。又杂支乡饮酒礼银二两五钱,此款于道光二十三年奉文停止解司。岁贡旗匾银三两,江宁科场银四两九钱五分,武场供应银三钱四分,孤贫二十二名均给花布柴薪米折银九十一两四钱一分九厘。闰月银五两九钱三分五厘。

以上杂支各项共额支银一百二两二钱九厘,内荒缺银二十二两四钱四分九厘,实征银七十九两七钱六分。闰月银五两九钱三分五厘,内荒缺银一两四钱五分二厘,实征银四两四钱八分三厘。

凡地丁扛脚驿站俸工正项随收加一耗羡银两内,留支正佐各官养廉银一千三百两余,均解司拨用。

按:前项内系知县养廉银一千两,主簿养廉银六十两,夏阳司巡检养廉银六十两,典史养廉银六十两,珠梅闸闸官养廉银六十两,杨庄闸闸官养廉银六十两,合符额数。

以上赋额解留各项,系本光绪十六年志稿,与同治府志悉皆吻合。谨将光绪末年成案列后,俾留心政治者,藉以识民赋升降之原焉。

光绪二十八年,唐、王、赵三团升科地一千一百九十六顷四十一亩九分六忽。三团分数,另详湖田。

额征银二千一百九十九两九钱九分二厘。

额征米六百五十四石八斗七升三合八勺。

杂　税

额征牙税银一百四十四两九钱六分一厘。

又牙户认完军饷盈余银二两三钱一分二厘。

额征陆税银一百三两七钱三分五厘。

额征牛猪税银七十五两二钱八分八厘。

田房税无额,尽征尽解。

以上俱随正加一耗羡,即在每两征收钱二千五百二十文内,提出批解并不另征。

额征学田十顷九十二亩八厘，每亩科征银三分，由儒斋解司。

额征金沟等处柳园屯田共地四顷，每亩征麦秋租钱二百文，由县批解徐道转解淮扬道衙门。

额征太行废堤共地十顷九十亩五厘，每亩征麦秋租钱一百五十文。

额征旧城地基九十四亩，查此地从前系民间完纳大小房租。乾隆四十六年，黄水淹没，嗣后水涸，民间侵种。光绪十五年，知县侯绍瀛查出，招领输租，拨充善举。

光绪年间，征收烟土税最为大宗，末年，烟酒两税亦逐渐增加。以案牍无存，不可复考。

湖　田按：沛当咸丰初年，丰工决口，系属一片汪洋。嗣后，黄水北徙，地始涸出东民纷纷来沛僭种，经曾文正公议定章程，分别派拨，奏明有案，惟湖地尚有甫涸，涸出未能招种丈量者，一时无从稽考。兹将丈清拨定承种输租者，列存如左：

百顷公田，共地一百一顷六十六亩一分六厘四毫九丝九忽九微。每亩征麦秋租二百文归县中，收租以作修理衙署、城垣等项之用。

学校公田　共地三百九十八顷七亩，每亩征麦秋租二百文，系归沛董。收租抵支书院膏火、宾兴之费，及建复文庙之用。

唐团　共八百二十顷十五亩二分四厘一毫一丝。《湖团志》详细载明。

北王团　共地二百五十顷八十一亩二分六里二忽二丝四微。《湖团志》详载。

赵团　共地一百二十五顷四十五亩一分三厘九毫。《湖团志》详载。

以上唐、王、赵三团共地一千一百九十六顷四十一亩九分六忽。光绪二十八年，一律升科。

唐团界外新增余田　共地二百三十七顷九十一亩八分二厘五毫九丝八忽二微。内除八号东首让坟地十亩，又禀准拨给巡检、典史及守备、千总、缉捕经费十顷，其余二百二十七顷八十一亩八分二厘五毫九丝八忽二微，每亩征麦秋两租分上、中、下八十、七十、六十三则，由县征收，批解徐道，拨充饷需。

新增界外续涸十二号　共地一百七十顷，每亩征麦秋租钱二百文，归沛局委员征租，批解徐道，拨充饷需。

赵团及学校公田、界外新涸湖田二十二段共地七百五十一顷八十九亩五分六厘二毫三丝六忽三微，每亩征麦秋租钱二百文，归沛局委员征租，批解徐道，拨充饷需。

新团河东西民田并河荒余田　共地五百八十六顷六十九亩七分八厘八毫四丝三忽七微，内除河东西拨出沙废地一顷三亩二分九厘三毫五丝二微，又九十九亩九分二毫一丝四忽三微外，实地五百八十三顷六十六亩五分九厘二毫七丝九忽二微，每亩征麦秋租分八十、七十、六十三则，归道委收租，批解徐道，拨充饷需。

户　口截至光绪十五年止

实存合县民数丁人数五十万六千九百七十三，丁口内男丁二十八万四千六百九十五丁，妇女二十二万二千二百七十八口。

蠲　免

同治七年起至同治十年止，豁免地丁、杂办、驿俸等款正银三万一百三十五两二分三厘，又豁免扛脚正银八十二两九钱八分九厘，又豁免漕项八十二两三钱四分八厘，又豁免仓项正银六千二十二两九钱二分八厘，又豁免漕粮正耗米一万四百三十九石八斗一升三合七勺，漕赠五米五百二十一石九斗九升七勺。

同治十一年起至光绪五年止，豁免地丁、杂办、驿俸正银六万一千六百九十两四钱一分七厘，又豁免扛脚正银一百七十一两九钱五分六厘，又豁免漕项正银三千四十二两四钱五分八厘，又豁免仓项正银一万二千四百四十八两一钱七分三厘，又豁免漕粮正耗米一万二千四百六十七石五斗六升六合四勺，漕赠五米一千七十三石三斗七升八合四勺。

盐　法

沛县当宋时，行销淮北盐，见《文献通考》。至明，则改食东盐，见《明史·食货志》。清仍明制。额引一万一千一百七十五道，乾隆二年，增引一千一百一十七道，见乾隆旧志。嘉、道以后，灾祲频仍，见于光绪志稿者，已无增引之数。而原额一万一千一百七十五道，亦岁有缩减，不能如额取盈。

按：沛县行销东盐额引一万一千一百七十五道，每引配盐三百二十五斤，课银二钱四分五厘八丝，光绪末年税额日重，民间食贵矣。

附录:前代赋税科则

明嘉靖十一年,丈量沛县成熟地为一万七千九百二十二顷二十一亩。见府志。

清初,沛县成熟额地一万四千五百三十顷二十五亩,比明代成数缩减三千三百九十一顷九十六亩,其故无考。康熙四十六年,沛民王学儒等以水沉地亩叩阍,奉旨查明实在水沉地一千二百六十八顷七十六亩六分六厘五毫九丝,议照海滩例,每顷征银二钱八分。雍正四年,复经户部议定,每年冬月委道员查勘,冬涸,赋全出;淹,则全蠲。至是,除水沉外,沛县实存成熟田地一万二千三百六十五顷四十八亩四分二厘三毫三丝。见乾隆旧志。

按:光绪志稿及同治府志均载沛县额田一万一千七百二十三顷一十亩七分二厘,比照雍正时代,实又缩减六百四十二顷三十七亩七分三毫三丝,何年豁除,亦无声叙明文。

康熙二十二年,实在当差人丁三万一千四百三十丁,实征丁则银三千九百三十两八钱。雍正四年,奉文随田派征,嗣后遇审增人丁,止将实数造报,永不加赋。见乾隆旧志。

常平仓雍正十年奉文建造,共五十间,系中县仛谷二万石。见乾隆旧志。光绪年间,积谷无定额,常存款数万串,多为徐州府道提存,典铺生息,接济官荒,而民荒转不得沾实惠。

康熙、雍正时,额征漕米七千七百七十八石四升七合四勺三抄五撮五圭一粟二颗五稷一糠五粃三粞,又征漕赠五米三百八十八石九斗二合三勺七抄一撮七圭七粟五颗六粒二糠五粃七粞,交兑徐州卫运官领运北上,赴通交兑。见乾隆旧志。

实征月粮麦一千五百八十六石六斗五升八勺九抄九撮三圭二粟八粒四黍七稷九粃八粞。康熙三十四年,改折征收,五十八年附一条编征收。雍正四年,蠲豁水沉,折征银一百一十八两三钱七分八厘一毫五丝二忽一微三纤四尘一漠三埃一逡三巡一须,实征总数,附地丁内。见乾隆旧志。

雍正七年,除豁匠班银六十七两五钱,归入地亩,随田派征。

丁田两项额征银二万五千七百三十六两一钱四分零,又改折本色麦,归入地亩一条编升增银七百九十三两三钱三分零。雍正四年,蠲豁水沉地粮麦,照数扣除。乾隆三年,实在额征银二万三千三百九两九钱三分零,计加征银三十九两八钱二厘零。乾隆旧志。

税　关

《明史》有中河工部分司在夏镇征税，又有徐仓户部分司在夏镇征税。清康熙五年，归并淮扬道管理，七年改归徐属河务同知管理，八年复归中河分司，十一年以徐仓分司归并中河分司，裁夏镇税关。同知元年，徐州道设厘局于微湖夏镇，抽厘助饷。

卷十二　选举表

征辟　进士恩榜附　举人恩榜附　恩贡　拔贡　副贡　岁贡　饮宾　武进士　武举人　文阶　武胄　封爵　戚畹　荫袭

汉

征辟

施雠梁邱贺荐为博士。见《人物志》。

姜肱广戚人，屡征不至。见《人物志》。

单飏湖陆人，桓帝时举孝廉，仕至尚书。

文阶

范方渠沛人，天汉四年范方渠为执金吾。见《百官表》。

弘潭沛人，元寿元年光禄大夫弘潭为右扶风。见《百官表》。

唐

进士

刘轲元和时举进士。

武胄

陈璠由武宁军卒历右职至宿州刺史，为时溥所杀。

五代

刘知俊唐季由武宁宣武二年牙将历海、怀、郑三州刺史、匡团军节度使，又历仕梁、岐、蜀三国，皆任节镇。卒于蜀。

刘知浣梁亲军指挥使知俊又有弟知偃、从子嗣业，并未详其官爵。

宋

文阶

邵化仕至通俸大夫。

邵奎化子，仕至金紫大夫。

邵敏能化孙，仕至朝请大夫。

金

进士

邵世矩字彦礼，开州司户敏能子，伪齐阜昌六年兖州解元，省试第三人，廷试第一甲第一名，授承事郎、单州佥判。齐国废，仕于金，历棣州防御判官、冠氏令、京兆府推官、朝城令、河中府推官，官至中靖大夫。

高焕大定进士。

兀底辖

长寿妖

刘佐贤三人俱大定时进士。

举人

鹿楫大定时。

王良佐大定时。

訾廷杰大定时。

信民立大定时。

邵南大定时。

胡兼善大定时。

武胄

李果骁骑尉。

刘琥飞骑尉。

侯清飞骑尉。

王昭云骑尉。

以上四人见金大定三年石刻，乃邑人之有勋级者，旧志以为县尉，误也。

元

进士

韩准延祐五年进士，仕至南台侍御史。祖润，累赠嘉议大夫，佥书江浙等处行枢密院事，轻车上都尉，南阳郡侯；父彧，累赠中奉大夫，河南江北等处行中书省参知政事，护军，南阳郡公；继妣朱氏、妣王氏俱累赠南阳郡夫人。

张谦旧志云"至元时乡贡、进士，辛巳岁为县尹"，马圭撰去思碑。按：至元时未尝设科。前此，太宗二年，令诸路试士兼贡举，当在此时。至至元辛巳岁，已四十余年矣。

朱禬至正时。

吉僧至正时。

举人

丁尚文至正年榜。

郝世隆至正年榜。

石确至正年榜。

徐廷瑞至正年榜。

冯讷至正年榜。

乡贡

张复国子生。时临川虞集为博士，复从受业。旧志列之乡贡中，意其贡入国学者也。

文阶

季瑛任单州、泗水等处库务副使。

明

征辟

蔡楫洪武中举孝廉，仕至浙江按察佥事。

吴希文宣德中举贤良方正，授直隶献县知县。

甄瑛举明经。旧志。

进士

李绅成化丙戌科，光禄寺少卿。

李生芳南工部主事。

张贞观礼科都给事中。以上万历癸未科。

张斗万历丙戌科，南刑部主事。

举人

杜旸建文己卯举人，任鸿胪寺鸣赞。

张成建文壬午中式。府志作"威"。

李巽永乐乙酉中式。

赵斌永乐辛卯中式，任山东文登州府同知。

蒋让宣德乙卯中式，任河南邓州判官。

周崧景泰庚午中式。

刘福科分未详。

李绅成化乙酉科顺天榜中式。

刘章福子，嘉靖壬午中式。

周乾字子建，别号巽斋，嘉靖癸巳选贡，丁酉中式。

蔡桂字子芳，别号春宇，嘉靖戊午亚魁。历任湖广永州府、北京顺天府通判，南京工部虞衡司主事、北京户部河南司主事、云南司郎中。

马一化嘉靖甲子中式。见《人物志》。

李生芳隆庆庚午科河南中式。

张贞观万历癸酉科。

张斗万历丙子科。

蔡日知桂子，万历乙卯科。旧志。

阎尔梅崇祯丙子科，《明诗别裁》。按：《阎尔梅集》作庚午科。

恩贡

王嘉宾隆庆二年恩贡，任宁津知县。

踪淳万历元年贡，任辰州府经历。府志作“纯”。

刘永清万历三十一年恩贡，任青浦训导。

蒋赓明泰昌元年恩贡生，任吴县及邳州教谕。

拔贡

彭应选嘉靖十一年选贡，任福清县丞。

周乾科代未详。

崔棠嘉靖十四年选贡，任禹城县丞。

唐本嘉靖十五年选贡，任福清县丞。

张凤翼万历二十年选贡，任镇安知县。

马之驯万历二十四年选贡，任黄梅县丞。

李联芳天启元年选贡。

郝继隆崇祯八年两场授贡。

副贡

蒋光荫崇祯丙子科副榜。

岁贡

张泰洪武十年贡。

张本洪武十八年贡。

郭冕洪武十九年贡。

谢升洪武二十年贡，任监察御史。

王缵洪武二十一年贡，历监察御史、吏部郎中。

王观洪武二十二年贡。

蒋迪洪武二十四年贡，任浏阳知县。

王鑰洪武二十六年贡，任莒州学正。

吕宁洪武二十七年贡，户部主事，迁员外。

刘昶洪武二十八年贡，任进贤县丞。

李勖洪武二十九年贡，任南阳府通判。

王睿洪武三十年贡。

吕哲永乐四年贡，任广东按察经历。

郭本永乐五年贡，任赣州府推官。

刘端永乐六年贡。

张伦永乐七年贡。

张昱永乐八年贡，任陕西主簿。

梁怡永乐九年贡，任蒲城知县。

魏廷永乐十年贡，任河南布政司经历。

申明

张奂

孔继宗

班肃

李恪

张勉永乐十六年贡，任湖广按察司经历。

孟式永乐十八年贡，任户部主事。

田畯永乐十九年贡。

王立永乐二十年贡。

王恽永乐二十二年贡。

胥敬宣德元年贡，任光禄署丞。

李文府志作“旻”。

李复

朱芾宣德七年贡，任兖州府经历。

张玹宣德八年贡。

邓宁宣德十年贡。

张铉正统二年贡，任直隶武强训导。

岳崇

踪昭正统六年贡，任宁远县知县。

纪信正统九年贡，任藩府引礼舍人。

赵监正统十一年贡，任成都府推官。府志作“鉴”。

李郁

张显景泰元年贡，任富春知县。

陈伦景泰二年贡，任磁州判官。

李显

甄寿之景泰四年贡，任岳州府照磨。

刘昌景泰五年贡，任九江府经历。

李迪

石泰

刘仪天顺二年贡。

周铭天顺四年贡，任南京留守卫经历。

巩敩天顺六年贡，任曹州判官。

高恺成化元年贡，任保定知县。

张俊成化二年贡，任登州判官。

朱璿

杨辅

韩升成化八年贡，任登州府训导。

李孜成化十年贡，任玉田训导。事母至孝。

吴玘贤良希文子，成化十二年贡，任洛阳县丞。

夏昌

田玘

袁宪成化十八年贡，任广东按察司检校。

李和

彭政成化二十二年贡，任醴陵县丞。

杨春弘治二年贡，任麟游县丞。

刘福

单镛巡检祥子，弘治六年贡，任昌黎训导。

蒋雍弘治八年贡，任寿光主簿。

贾聚弘治十年贡，任平原县丞。

闵祯

蒋洪弘治十四年贡，任浚县丞。

周弼铭子，弘治十六年贡，任胶州判官。府志作“良弼”。

李松正德二年贡，任开平卫经历。

韩悮

王道

崔恺

钟昂正德十年贡，任宛平县丞。

李璟正德十二年贡，任广南卫经历。

周思明正德十四年贡，任固始县丞。

赵清正德十六年贡。

王守约嘉靖三年贡，任嵫阳主簿。

赵汉嘉靖四年贡，任四川按察司经历。

陆本嘉靖六年贡，任故城知县。

龚贵嘉靖七年贡，任桐庐县丞。

梁升嘉靖九年贡，任饶州府知事。

崔士绅嘉靖十七年贡，府志作“伸”。

田润嘉靖十八年贡，任荥泽训导。

张连嘉靖十九年贡。能诗。

梁敦嘉靖二十年贡，任安邱主簿。

周思忠嘉靖二十一年贡，任栖霞主簿。

李士通

徐守润嘉靖二十五年贡，任宁阳县丞。

赵时若清子，嘉靖二十七年贡。

张桂

吕文旌

杨材嘉靖三十三年贡，以孝友称。

王文馆嘉靖三十四年贡。

孙宗尧嘉靖三十五年贡。

卢雄嘉靖三十六年贡，任兴化府教授。

贾池嘉靖三十九年贡，任新乡县丞。

田泰嘉靖四十一年贡，任晋州学正。

王守道嘉靖四十三年贡，任常德府教授。

曹世勋嘉靖四十五年贡，任安庆府教授。

辛汉隆庆元年贡，任永昌教授，七摄县事。

钟耀先隆庆三年贡，任武陟训导。

蔡楠隆庆五年贡，任绛州同知。

刘可久万历二年贡，任凤阳府教授。

梁鹗万历四年贡，任新城教谕。

刘藻万历六年贡，任霍邱训导。著《思齐集》。

那武万历八年贡，任乐安教谕。

封汝才万历十年贡，任六合教谕。

尹乐舜万历十二年贡，潮州教授。

张汝贤万历十四年贡，任临江府同知。

吴邦周万历十六年贡，博兴教谕，泰州学正。

郝维精万历十八年贡，任六安训导，霍山教谕。

周行万历二十二年贡。

张修万历二十六年贡，任汶上训导。

陈栋

王大任万历三十年贡，任海门训导。

杨希震材子，万历三十二年贡，任泰兴训导。

孟羽世

王好义万历三十六年贡，任潜山训导。

张鲤化万历三十八年贡，任遂平教谕。

崔元英万历四十年贡，凤阳训导，涪州学正。

唐诰

郭维藩万历四十四年贡，任高淳教谕。

马出汧万历四十六年贡，任淮阴教谕，高邮训导。

孙名胤万历四十八年贡，任长宁知县。

刘发祥天启二年贡。

陈思谦天启四年贡，任庐州府教授。

朱之裔

龚伯堂天启六年贡，任南昌府教授。

张振

彭贞学崇祯元年贡，任扬州教授。

邵仲雍崇祯二年贡，任吴江训导。

张扬崇祯四年贡。

王应桢崇祯六年贡，任高邮训导。

吴三省崇祯八年贡。

蒋友闻崇祯十年贡。

尹尔弘崇祯十二年贡。

孟士醒崇祯十四年贡。

王国祚崇祯十六年贡。

吴应试崇祯时贡，候选训导。

李乔年嘉靖间枣强训导。《真定府志》、旧志。

文阶

辛礼任湖广桃源县主簿。

朱颐任直隶新城主簿。

马思仁正德中历南京鸿胪署丞，湖广通山知县。

唐弼嘉靖中历鸿胪鸣赞，山东陵县知县。

王环任四川眉州判官。

王宪任山东泗水县丞。

蔡俸历福建建宁主簿，浙江乐清县丞。

吕景任广西南宁府知事。

杨东鲁任山东兖州府经历。能诗。

崔岱任山东荥河主簿。

马允让任浙江宁海主簿。

孟瀛任浙江富阳主簿。

马允敬任河南封邱主簿。

韦纪任河南汝州判官。

陆东任山东掖县丞。

吕社任山西忻州同知。府志作“祉”。

龚恕任河南长葛主簿。

宁谦任江西南康府照磨。

赵维藩任直隶庆都县丞。

卓禄任山东馆陶主簿。

王楫任潞府奉祀。

唐九成任浙江会稽县丞。

唐九官任河南元江府经历。

彭时熙任广西按察司经历，卒于官。

朱孔昭任鸿胪寺序班。

周稳任河南鲁山主簿。

朱选任江西上饶主簿。

李东周任江西湖口主簿。

吕时顺任河南郑州吏目。府志作“熙”。

赵民服任湖广常德府照磨。

朱孔阳孔昭弟，任江西抚州府照磨。

蔡杏任福州典簿。

宫章万历时任浙江上虞主簿。

阎惟精任浙江桐庐主簿。

周顺德由庠入监，任湖广溆浦县主簿。

曹应瞻任广西南宁府经历。

冯启元任南京府军右卫经历。府志作“马”。

朱一麟字仁寰，千秋乡人。父苓，赠文林郎、大理寺卿、右评事，母王氏，赠孺人。一麟体貌凝重而娴于仪节，任武英殿办事中书舍人，天启初加大理寺右评事，再加户部主事，知江北会馆。钜公名流，悉与之游。在中书五十余载，两膺荣封，三宴大宾，四奉使命。享年八十有七，子姓满前。

王逊宁都县丞。《赣州志》。

曹礼枣强知县。

朱芥累迁鲁府右长史。

张应星任兴化府检校。

刘若埙任瑞府奉祀。

蔡日强任宛平县丞。

王国胤任福建丁州卫经历。

张道明任瑞府引礼舍人。

刘平成任瑞府奠仪副。

王之喉任广东崖州判官。

程道生休宁人，任武英殿办事中书舍人。

邱世德本县籍，休宁人，任光禄寺署丞。

王克明任湖广会溪巡检。

单祥任湖南巡检。

王伦任湖广桃源高都巡检。

孙浩任直隶遵化仓大使。

那道任湖广兴国州吏目。

张麟历均州大使，建宁府巡检。

姜明任山东平原典史。

王缙任湖广锦田仓大使。

辛希道任延平府剑浦驿丞。

蔡俊任南安守御所吏目。

常希仁任汲县主簿。

曹禄任陕西平凉典史。

张鉴任直隶元氏典史。

甄荣任湖广随州巡检。

冯时任湖广新宁典史。

常宣任南京守御所吏目。

赵潢任韶州府大使。

周孟麟任严州府照磨。府志作德麟。

孟江任铜梁主簿。

赵楷任海宁仓大使。

邱英任湖广襄阳主簿。

赵锟任东光主簿。

赵锜任夷陵州巡检。

刘僖任武功典史。

张岱任温州府知事。

刘仪任南京龙江大使。

王周任安福守御所吏目。

张廷俸隆庆时任江夏驿丞。

罗纹任乐陵典史。

朱孔显任锦田驿丞。

张文德任黄冈大使。

杨杰任浙江盐场大使。

张士魁任巨野县巡检。

张承宣任饶州府大使。

许文奇任江阴县大使。

朱镇任南京豹韬左卫仓大使。

孟一元任南安府驿丞。

朱轨任富阳典史。

潘纬任山东开河闸官。

王应乾任济南府大使。

孟一桂任嘉兴府大使。

耿珪任德清巡检。

黄恩任景陵巡检。

朱鲲任襄阳驿丞。

王景阳任澧州巡检。

耿伸任保安州大使。

朱鳌任大平典史。

封汝德任岳州府大使。

葛兰任辽东广宁库大使。

苗文进任泷水驿丞。棠邑主簿。

姜伟任嵊县主簿。

赵营任直隶新城仓大使。

冯化任高唐驿丞，兖州府大使。

宫嘉宷任霑化典史。

杨日升任青田典史。

饶尚贤任利州卫经历。

韩弘纬任霑益州吏目。

何文元任北流典史。

韩茂才任福州卫经历。

徐琛父实，赠登仕郎。琛至镇府知事。

吕继任龙江关大使。

邱可度任宁州卫经历。

武举

程斌万历乙酉科。府志作“程可斌”。

刘子将崇祯乙卯科，镇江卫千总。

石颖见府志。

武胄

李义四川都指挥。旧志。

翟七十金吾左卫指挥。

赵裕南京神策卫指挥。

吴阿社贵州卫指挥。

张能福州中卫指挥。

吕彬羽林前卫指挥。

徐广义勇左卫指挥。

曹荣宣德左卫指挥。

刘礼府军左卫指挥。

曹兴金吾左卫指挥。

张宣武昌卫指挥。

杨福凤阳卫指挥。

刘定童金吾左卫指挥。

张奴才旗手卫指挥。

张刚忠义前卫指挥。

张国柱忠义前卫指挥。

张宣燕山前卫指挥。

马思义燕山前卫指挥。

孙真云川卫指挥。

张志学金吾卫指挥。

朱明燕山前卫指挥。

李忠河南卫指挥。

费清济南卫指挥。

李官保燕山前卫指挥。

刘照常德卫指挥。

陈英龙里卫指挥。

陈斌山西行都司右卫指挥。

邓聪金吾左卫指挥。

李鸾四川重庆卫指挥。

魏骥义勇后卫指挥。

高官来甘州卫指挥。

马良宁波卫指挥。

贺宽燕山左卫指挥。

王德金吾左卫指挥。

孙重名燕山前卫指挥。

刘广儿保定府茂山卫指挥。

王俊常山护卫指挥。

孟臣长淮卫指挥。

刘兴沅州卫指挥。

李良儿金吾左卫指挥。

沈斗儿云南卫指挥。

沈三驴燕山卫指挥。

杨兴南京府军卫指挥。

刘忠陕西留守卫指挥。

朱通燕山前卫指挥。

李七儿乌撒卫指挥。

陈川儿镇番卫指挥。

阎胜燕山前卫指挥。

任拌儿平山卫指挥。

赵兴金吾卫指挥。

吴海金吾左卫指挥。

范泉虎贲右卫指挥。

陈聚金吾卫指挥。

陈贵平凉卫指挥。

王升金吾左卫指挥。

王贵陕西都司。

贾能金吾左卫指挥。

王信金吾左卫指挥。

屈奉茶陵卫千户。

武滔建阳左卫千户。

任俊山海卫千户。

宫全豹韬卫千户。

贾成忠义后卫千户。

贾旺抚宁卫千户。

冯利儿羽林前卫千户。

吴胜大宁中卫千户。

吕英羽林前卫千户。

孙鉴洛阳卫千户。

李让燕山前卫千户。

朱留儿燕山前卫千户。

张贵羽林前卫千户。

刘全南京兴武卫千户。

韩胜羽林前卫千户。

高军儿燕山前卫千户。

陈良儿燕山前卫千户。

赵忠凉州卫千户。

王仲宝会州卫千户。

贾九儿宣州卫千户。

刘和尚燕山前卫千户。

周勇建昌卫千户。

朱兴永清右卫千户。

孔信金吾左卫千户。

许敬燕山前卫千户。

顾全宝庆卫千户。

任驴儿贵州卫千户。

杜兴贵州卫千户。

李俊会州卫千户。

汤营保安卫千户。

刘剪儿归德卫千户。

丁真燕山前卫千户。

王贵和阳卫千户。

王廷镇海卫千户。

蒋尖儿宁夏左卫千户。

马祥金吾左卫千户。

贺进光温州卫千户。府志作“先”。

杨恩广宁卫千户。

孟能保定卫千户。

孙宾绍兴卫千户。

徐友燕山前卫千户。

张全羽林前卫千户。

孙林南京兴武卫千户。

陈荣金吾左卫千户。

何升彭城卫千户。

李文锦衣卫千户。

陈兴广东雷川守御千户。

杨易燕山前卫千户。

赵偏头台州卫千户。

张英南丹卫千户。

徐銮燕山左卫千户。

任忠山海卫千户。

鹿见羽林卫千户。

李粪儿山海卫千户。

刘宽沈阳右卫千户。“户”，府志作“广”。

康成龙江右卫千户。

赵福缘茂山卫千户。

司成府军前卫千户。

孙刚浙江海门卫千户。

夏景传金乡卫千户。

牛全义勇后卫千户。

刘聚德州卫千户。

邱胜燕山前卫千户。

李并弘羽林前卫千户。

华永先杭州前卫千户。

邢宣营州左屯卫千户。

邱何青州卫千户。

李廷芳山海卫千户。

刘兴兴州左屯卫千户。

牛忠湖广宁远守御千户。

张信隆庆卫千户。

王智浙江观海卫千户。

姚政徐州卫千户。

陈祐太宁卫千户。

胡旺羽林前卫千户。

曹兴羽林前卫千户。

赵八十羽林前卫千户。

朱咬儿羽林后卫千户。

陈贵金吾右卫千户。

刘俊苏州卫千户。

赵省儿九溪卫千户。

路税儿宽河卫千户。

仝成金吾左卫千户。

罗英辽海卫千户。

黄海神电卫千户。

徐行神电卫千户。

石岩会州卫千户。

周胜燕山前卫千户。

尚荣南京兴武卫千户。

鲁仓儿隆庆卫千户。

胡狗儿燕山右卫千户。

孟政燕山前卫千户。

刘福燕山前卫千户。

尚宽儿登州卫千户。府志作"广儿"。

张敏金吾左卫千户。

秦七儿燕山前卫千户。

许才燕山前卫千户。

赵奴儿燕山前卫千户。

贾五十宣州卫千户。

唐海施州卫千户。

赵渊神电卫千户。

孟云羽林前卫千户。

胡纲燕山前卫千户。

刘政陕西秦州礼店所千户。

夏良儿山海卫千户。

陈真金吾左卫千户。

皮勉羽林前卫千户。

冯福安金山卫千户。

梁铁锤弘农卫千户。

张锡羽林前卫千户。

陈友儿燕山前卫千户。

赵忠燕山前卫千户。

席胜保密云卫千户。府志作"滕"。

周安辽东宁远卫千户。

袁润驴景泰右卫千户。

傅雄羽林卫千户。

刘旺燕山前卫千户。

韩隆任兴州左屯卫。

马伟任南昌卫。

张刚任燕山左卫。

王清任天津卫。

王礼任九江卫。

史牛儿任淞潘卫。

孙狗儿任燕山前卫。

黄政任燕山前卫。

张锦任燕山前卫。

朱洪任安东中屯卫。

许邻任密云卫。

张锐任茂山卫。

王章任太原右卫。

房禄任会州卫。

萧荣任台州卫。

周宽任广州卫。

陈伯成任腾骧左卫。

张定儿任燕山左卫。

张忠任兴州中屯卫。

王通任万全都司怀来卫。

赵存儿任羽林前卫。

曹达子任鹰扬卫。

孙真任南京锦衣卫。

陈黑厮任景东卫。

张清任庄浪卫。

房胜任燕山前卫。

赵信任温州卫。

朱旺任燕山前卫。

王振任海州卫。

李党儿任兴州左屯卫。

曹罩儿任密云卫。

鞠能任燕山前卫。

杜寄儿任燕山前卫。

闵虿儿任燕山卫。

阎江任燕山前卫。

赵鼻儿任金山卫。

陈友德任密云卫。

张达儿任密云卫。

张名任密云卫。

朱旺任南京沈阳右卫。

石友朋任永清左卫。

韩文任东胜卫。

张普儿任浙江磬石卫。

赵庆任羽林前卫。

胡定任大宁中卫。

高旺任燕山卫。

商旺任武功卫。

王原任开平卫。

姜敬任贵州卫。

张敬任忠义卫。

王俊任武功右卫。

刘镇儿任宁波卫。

刘楷任南京饶骑卫。

魏刚儿任大宁都司会州卫。

孟林任广州右卫。

张祥任桂林中卫。

孙五儿任锦衣卫。

吴春任大嵩卫。

潘庄儿任江南兴武卫。

丁宽任燕山前卫。

常通任燕山前卫。

王神保任燕山前卫。

王政任燕山前卫。

夏见任蔚州卫。

张仲礼任金吾卫。

程孙儿任永清中卫。

刘蚕儿任燕山前卫。

程聚儿任宣德左卫。

康胜任沈阳卫。

刘锁儿任涿鹿卫。

胡得任大宁都司会州卫。

关清任燕山前卫。

朱勇任庐州卫。

丁广任福州卫。

张真任万全都司保安卫。

史役任赣州卫。

陈胜任朔州卫。

鲁剪儿任温州卫。

冯信任府军前卫。

关全任神电卫。

张清任贵州兴隆卫。

刘山任沈阳右卫。

陈群儿任蓟州镇朔卫。

杨纲儿任广东碣石卫。

侯庙兴任岷州卫镇抚。

陈文儿任美谷千户所镇抚。

封爵

甄子美以子实封中议大夫。

张密以子斗赠承德郎。

朱臣以子芥赠登仕郎。

朱苓以子一麟赠文林郎。

李道明以子绅封户部员外郎。

蔡俸以子桂赠承德郎。

张式以子道明封承德郎。

徐实以子琛赠登仕郎。

张辅以子贞观赠文林郎。

戚畹

刘崇以鲁王妃父封东城兵马副指挥。

刘秉仁尚鲁府阳信王孙女商洛郡君，为宗人府仪宾，封朝列大夫。见旧志。

赵锜

饮宾

李三阳数举乡饮。

朱一麟数举乡饮。

李学大万历时乡饮大宾。

清

进士

阎圻字千里，尔梅孙，寄籍河南虞城。康熙戊子乡试己丑联捷，翰林编修，历工科给事。

蒋淦嘉庆乙丑科恩赐同进士及第。

举人

郝铉顺治庚子科。

张之钜康熙己酉科山东榜。

沈圣愿长山知县。

陈周礼康熙丁卯科山东榜。

阎圻康熙戊子科河南榜。

王纲康熙癸巳科。

彭家绪康熙甲午科山东榜。旧志。

赵敬修乾隆丁酉科霍邱知县。

张广绪乾隆己酉科。

蒋淦嘉庆戊辰科。

张绪宣光绪癸巳科恩举。

恩贡

张凤至恩贡，沅陵知县。

张豸恩贡，通判。

封珂恩贡，上杭知县。

张家琭以上顺治年贡。

王化熙

阎桧

蔡芳誉

曹宜瑞府志作“祥”。以上康熙年贡。

张一经

朱元澄

朱国奇以上乾隆年贡。

杨沅

朱凤鸣

张允杰

踪昱

贺龄以上嘉庆年贡。

王钰道光年贡。
张文纯
李明良
张益增
顾绍骞
阎佑珠
王世康
王景昭以上同治年贡。
张继先光绪五年贡。
郝之源乙亥恩贡。
郝逮源辛巳恩贡。
张汝亮十五年贡。
张自修十八年贡。
谢桂品庚子恩贡。
拔贡
王者都泉州知府。
张居易以上顺治年贡。
王祜
朱廷策
封禹岐以上康熙年贡。
孟梦玉
封凤翥
朱衣点以上雍正年贡。
徐尔辉乾隆年贡。
朱锡藩
翁胜勋以上嘉庆年贡。
谢景昭
张廷萶
朱希匀大理评事。
朱廷恩以上道光年贡。
吴云舒
朱敬瑞咸丰年贡。
朱方曾同治年贡。

赵锡藩光绪丁酉科贡。

魏江亭光绪乙酉科贡。

阎汉亭宣统己酉科贡。

李得中宣统己酉科贡。

副贡

张纯康熙时副贡，任宿松训导。

张梦桐乾隆甲午科。

王敬馀咸丰辛酉科。

李念修咸丰癸酉科。

刘桐栖光绪戊子科。

朱元策光绪庚子、辛丑并科恩赐。

岁贡

王化行永宁知县。

辛焰凤阳府教授。

阎机饶平知县。

韩胤昌繁昌训导。

赵衍祚霍邱训导。

朱敏治山阳训导。

张学正

吴生鹏建平训导。

封琎盱眙训导。

张之典东流训导。以上顺治年贡。

韩健康熙二年贡，停贡至七年。

蒋之仪八年贡。

朱廷勷阜宁训导。

吴生鹗十年贡。

王宪烈十二年贡。

徐养冲十五年贡。

封开奕十六年贡。

孟谱伟十八年贡。

张纯宿松训导。

冯心正

邹晃旧志作“见”。

王道纯
周炳斗
王廷钦三十年贡。
朱镕甲子贡。
王镳三十六年贡。府志作“曹镳”。
贾文汉三十八年贡。
孟时中四十年贡。
金文泽
张开禧四十年贡。
朱珣四十六年贡。
朱琬四十八年贡。
张玉五十年贡。
封开维
沈晋五十二年贡。
马梦弼五十四年贡，旌德训导。
封禹清五十八年贡。
张发华六十年贡。
吴昌龄雍正元年贡。
魏天保二年贡。
张于襄五年贡。
朱耕沛七年贡。
张珠九年贡。
高岳
朱乔
张秉真
崔汝鹏乾隆年贡。
张廷荇
唐生翼
朱涵吴县训导。
张廷菊
朱漪乾隆戊寅年贡。
朱均乙酉年贡。
朱鸣韶庚戌年贡。

朱縠建平训导。

朱溥壬子年贡。

朱祖邑嘉庆乙亥年贡。

朱士淑丙子年贡。

朱祖光己巳年贡。

刘梦邹

郝桐

叶凤彩

马天蕴

张京岳

赵汝翼

朱尊侃道光丙戌年贡。

张大范丙午年贡。

朱锡黻甲午年贡。

刘涵

朱祖标辛丑年贡。

朱祖芝壬寅年贡。

陈九仪

王玉树

赵培元

郝玉树

叶湘管

马伏勋

燕檀癸未科。

阎文源

魏继夏

赵自修

阎封

阎凭

阎阿锡

魏廷芬

朱训典

李嘉善候选训导。

韩介辛酉贡。

孟毓训甲子。

赵一鹤庚午。

吴绣轩壬子。

张其浦

朱普恩丙寅。

韩永勋壬午。

蔡赓谦甲寅。

吴云鹤

王励谦戊辰。

王维翰壬申。

张士举戊午。

王钊

朱敬彭庚午。

严敬存同治甲申科。

叶崇嵋庚午。

赵一琴壬戌。

魏月香丙子。

王丹书庚辰。

王维干

朱敬予甲申。

郝广轮丙戌。

郭毓荣戊寅。

张文本壬午。

朱敬铨庚寅科。

赵玉理光绪戊子科。

苗鹤龄辛卯科。

张开均甲午科。

张宗科

李玉田戊戌科。

踪德全庚子科。

汪振杰

赵锡福

孙书田癸卯科。

杨秀选丙午科。

李振翮科代未详。

郝承坤科代未详。

李含晟科代未详。

文阶

朱炜顺治中任鸿胪寺序班。

张龙灵璧知县。

赵维一凤阳府同知。

蔡见龙清河知县。

马龙黄平州知州。

张樣岢岚州大使。

王可继霸州通判。

郭升高山陕河东都转盐运使。

郭振仪云南知府。

张猄衍圣公典乐。

朱家柱嘉兴府同知。

郭裕河东盐运使。

郭钦仪盐城县丞。

郭遵仪宁波同知。

郭宪仪涪州知州。

左国瓒衍圣公府管勾。

朱滩邳睢河务同知。

魏天质翰林院典簿。

郭从仪南城兵马司指挥。

阎沛饶平县令。

辛金卢州府通判。

马志高凤阳府经历。

孟承续保定同知。

张廷钜庆丰闸官。

蒋赓明邳州训导。

郭熙东河曹仪通判。

马志义泉州府经历。

王祇大定州吏目。
蔡日乾鸿胪寺序班。
顾庆云德安府经历。
桑成鼎湖广按察使。
魏准卫辉府通判。
蔡景丰太医院判。
蔡尧邻灵璧训导。
朱尊霖番禺知县。
张明远通政知事。
王穰山东布库大使。
张继华儋州吏目。
孟履祥山东按察司经历。
杨昶腾越州巡检。
祝有伦临汾典史。
赵敬修历署河曲怀仁知县,调署祁门知县。
贾铨兰阳巡检。
朱殿华直隶州同。
李蕴崑广东库大使。
朱尊球户部清吏司郎中,升用道。
朱达桃源知县。
朱浣顺天府北路同知。
朱漪婺源训导。
朱桂树上虞知县。
朱祖熙海州学正。
魏京元南宁府知府。
张京选河南淇县县丞。
赵玉瑞山西府经历。
朱遵馥广东盐大使。
彭义金山教谕。
李嘉恩陕西平定州吏目。
孟江铜梁知县。
魏治海盐知县,湖州同知。
李承恩金坛教谕。

魏奉尧运河同知。

张廷翰河南布政司理问。

李逢恩湖州府经历。

魏炯庆阳府知府。

彭凤翙成武知县。

张晋锡金坛教谕。

彭嵘平度州知州。

蒋坦河南祥符典史。

李振翼河南吏目。

彭祖辉山东知县。

彭嶟河南知县。

武进士

王之吕顺治辛丑科。

吴烈康熙乙丑科,赣州卫守备。

张纯康熙癸巳科,亦作乙未。

袁梦熊乾隆戊辰科,御前侍卫,河南游击。

吴从周道光己丑科,云南守备转昆山都司。

郝赐均同治辛未科,卫守备。

张其筠科代未详。候补守备。

武举

王之吕顺治丁酉科。

邵铎康熙癸卯科,太仓卫千总。

王彬康熙癸卯科,顺天榜。

朱士俊长淮卫千总。

董其能以上康熙丙午科。

王廷璜康熙己酉科。

刘元恺康熙乙卯科。

吴烈康熙甲子科。

甄绂康熙丁卯科。

周埴康熙丁卯科。

吴熹康熙癸酉科。

张纯康熙辛卯科。

马依伦康熙癸巳科。

朱垂夔康熙甲午科。
马秉佩康熙丁酉科。
金铭康熙丁酉科。
吴芳茂康熙庚子科。
郝才振雍正癸卯科。
袁瑅雍正己酉科。
郭乔年雍正壬子科。
李方科雍正戊子科。
吴锡义乾隆时举,任守备。
袁梦熊乾隆丁卯科。
袁魁乾隆乙巳科。
张京元嘉庆癸卯科。直隶通州卫守备。
袁荣庆嘉庆庚子科。
梁辅亭道光辛卯科。
梁相亭道光丁酉科。
吴从周道光戊子科。
袁金铎道光甲辰恩科。
郝守典同治乙丑科。
郝赐均
张其筠
朱有声
李承宗
李振江
朱宗美以上同治庚午科。
王兴言
魏怀栋以上同治癸酉并补行己未恩科。
金明远科代未详。
张允洽光绪乙亥恩科。
封家赞光绪丙子科。
王凤冈光绪丁亥科。
魏立琼光绪壬午科。
夏镇清光绪乙酉科。
阮金科光绪丁酉科。

董继成光绪丁丑科。

袁相乾光绪己卯科。

武胄

鲍士锦山东安东守备。

房志德丰县千总。

李蕴铃浙江千总。

李德源武生,盐城守备。

贾文玉成都府游击。

刘汉宣丰县千总。

张学谦本县外委。

邱尊谦军功尽先提督。

刘省吾广州府守备。

王复元丰县把总。

张振清军功记名总镇。

陈绍仪海州钱家集都司。

马秉琚邳州城守千总。

陈大本军功副将带营。

李长庆武昌守备。

张奉诰南昌卫守备。

孟瀛四川提标参将。

陈大虎副将带营。

张京魁宁波守备。

张金保长淮卫守备。

刘士毅守备驻防。

张谦六镇江守备。

张宰六湖北领运千总。

严万清署理平山卫。

蒋继荣四川普安参将。

张文济副将随左文襄,征回阵亡。

阎合增漕标守备,管带奋勇营。

张元珂淮安守备。

张宗典漕标营官。

孟传美邳州守备。

李修己襄阳府游击。

封爵

王应隆以子者都赠中宪大夫。

郭祉以子振仪赠奉直大夫。

蒋存庄以子继荣封武功将军。

吴名轶以子烈赠明威将军。

张秉志以孙京魁封武德骑尉。

王可大以子明仁赠征仕郎。

王祺以子可继赠中宪大夫。

张廷翰以子京魁封武德骑尉。

张广纶以子晋锡封修职郎。

郭登魁以子裕赠中宪大夫。

张廷猷以子京元封武德骑尉。

蒋延吉以子淦赠文林郎、翰林院检讨。

沈环以子圣愿赠文林郎。

张昆六以弟谦六赠武略佐骑尉。

朱镃以侄孙衣点赠奉直大夫。

孟时雍以子承绪赠奉政大夫。

蒋华阳以侄孙继荣赠武功将军。

朱鉶以孙衣点晋奉直大夫。

马敏兴以子梦弼赠修职郎。

蒋存全以侄继荣赠武功将军。

朱元英以子衣点晋赠奉直大夫。

朱元观以子浣晋赠奉直大夫。

朱尊球诰授中宪大夫。

朱元瑞以孙桂树赠奉直大夫。

阎若愚以孙合增诰授武德骑尉。

朱惠以子桂树赠奉直大夫。

阎维祄以子合增诰授武德骑尉。

朱浣晋封中宪大夫。

朱滢以子尊球晋封朝议大夫。

朱元烈以子涵赠修职佐郎。

朱士良以子榖赠修职佐郎。

朱尊纯以子祖升赠儒林郎。

魏汉以子京元诰封中宪大夫。

荫袭

彭嶟以父凤翙世袭云骑尉。

饮宾

蔡见龙乡饮大宾。

周士珠乡饮祭酒。

辛祖仁年九十余岁，赐八品顶戴。

韩文封以耆寿赐八品顶戴。

刘梦正以耆寿恩赐粟帛。

张云路年九十三岁，赐正八品。

郭显高乡饮大宾。

卷十三上　人物志

勋绩　行谊　忠烈　文学　方技　寿典　侨寓　仙释

勋　绩

汉

萧何　沛人也，以文毋害为沛主吏掾。高祖为布衣时，数以吏事护高祖。高祖为亭长，常佑之。高祖以吏繇咸阳，吏皆送奉钱三，何独以五。秦御史监郡者，与从事辨之，何乃给泗水卒史事第一。秦御史欲入言征何，何固请，得毋行。及高祖起为沛公，何尝为丞督事。沛公至咸阳，诸将皆争走金、帛、财物之府，分之，何独先入收秦丞相、御史律令、图书藏之。沛公具知天下厄塞、户口多少、强弱处、民所疾苦者，以何得秦图书也。初，诸侯相与约，先入关破秦者，王其地。沛公既先定秦，项羽后至，欲攻沛公。沛公谢之，得解。羽遂屠烧咸阳，与范增谋曰："巴、蜀道险，秦之迁民皆居蜀。"乃曰："蜀汉亦关中地也。"故立沛公为汉王，而三分关中地，王秦降将以距汉王。汉王怒，欲谋攻项羽。周勃、灌婴、樊哙皆劝之，何谏之曰："虽王汉中之恶，不犹愈于死乎？"汉王曰："何为乃死也？"何曰："今众弗如，百战百败，不死何为？《周书》曰'天予不取，反受其咎'。语曰'天汉'，其称甚美。夫能诎于一人之下，而信于万乘之上者，汤、武是也。臣愿大王王汉中，养其民以致贤人，收用巴、蜀，还定三秦，天下可图也。"汉王曰："善。"乃遂就国，以何为丞相。何进韩信，汉王以为大将军，说汉令引兵东定三秦。语在信《传》。何以丞相留收巴、蜀，镇抚谕告，使给军食。汉二年，汉王与诸侯击楚，何守关中，侍太子，治栎阳。为令约束，立宗庙、社稷、宫室、县邑，辄奏，上可，许以从事；即不及奏，辄以便宜施行，上来以闻。计户转漕给军，汉王数失军遁去，何常兴关中卒，辄补缺。上以此剸属，任何关中事。汉三年，与项羽相距京、索间，上数使使劳苦丞相。鲍生谓何曰："今王暴衣露盖，数劳苦君者，有疑君心。为君计，莫若遣君子孙昆弟能胜兵者，悉诣军所，上益信君。"于是何从其计，汉王大说。汉五年，已杀项羽，即皇帝位。论功行封，群臣争功，岁余不决。上以何功最盛，先封为鄼侯，食邑八千户。功臣皆曰："臣等身被坚执兵，多者百余战，少者数十合，攻城略地，大小各有差。今萧何未有汗马之劳，徒持文墨议论，不战，顾居臣等上，何也？”上曰：“诸君知猎乎？”曰：“知之。”“知猎狗乎？”曰：“知之。”上曰：“夫猎，追杀兽者，狗也；而发纵指示兽处者，人也。今诸君徒能走得兽耳，功狗也；至如萧何，发纵指示，功人也。且诸君独以身从我，多者三、两人；萧何举宗数十人皆随我，功不可忘也！”群臣后皆莫敢言。列侯毕已受封，奏位次。皆曰：“平阳侯曹参身被七十创，攻城略地，功最多，宜第一。”上已桡功臣、多封何，至位次，未有以复难之，然心欲何第一。关内侯鄂千秋，时为谒者，进曰：“群臣议皆误。夫曹参，虽有野战略地之功，此特一时之事。夫上与楚，相距五岁，失军亡众，跳身遁者数矣，然萧何常从关中遣军补其处。非上所诏令召，而数万众会上乏绝者，数矣。夫汉与楚，相守荥阳数年，军无见粮，萧何转漕关中，给食不乏。陛下虽数亡山东，萧何常全关中待陛下，此万世功也。今虽无曹参等百数，何缺于汉？汉得之不必待以全。奈何欲以一旦之功，加万世之功哉?！萧何当第一，曹参次之。”上曰：“善。”于是乃令何第一，赐带剑履上殿，入朝不趋。上曰：“吾闻进贤受上赏，萧何功虽高，待鄂君乃得明。”于是因鄂千秋故所食关内侯邑二千户，封为安平侯。是日，悉封何父母、兄弟十数人，皆食邑。乃益封何二千户，“以尝繇咸阳时，何送我独赢钱二也。”陈豨反，上自将，至邯郸。闻诛信，使使拜丞相为相国，益封五千户，令卒五百人一都尉为相国卫。诸君皆贺，召平独吊。召平者，故秦东陵侯。秦破，为布衣，贫，种瓜长安城东，瓜美，故世谓“东陵瓜”，从召平始也。平谓何曰：“祸自此始矣。上暴露于外，而君守于内，非被矢石之难，而益君封置卫者，以今者淮阴新反于中，有疑君心。夫置卫卫君，非以宠君也。愿君让封勿受，悉以家私财佐军。”何从其计，上说。其秋，黥布反，上自将击之，数使使问相国何为。曰：“为上在军，拊循勉百姓，悉所有佐军，如陈豨时。”客又说何曰：“君灭族不久矣。夫君位为相国，功第一，不可复加。然君初入关，本得百姓心，十余年矣。皆附君，尚复孳孳得民和。上所谓数问君，畏君倾动关中。今君胡不多买田地？贱贳贷以自污，上心必安。”于是，何从其计，上乃大说。上罢布军归，民道遮行，上书言“相国强买民田、宅”数千人。上至，何谒。上笑曰：“今相国乃利民？”民所上书皆以与何，曰：“君自谢民。”后何为民请曰：“长安地狭，上林中多空地，弃，愿令民得入田，毋收稿为兽食。”上大怒曰：“相国多受贾人财物，为请吾苑！”乃下何廷尉，械系之。数日，王卫尉侍，前问曰：“相国胡大罪，陛下系之暴也？”上曰：“吾闻李斯相秦皇帝，有善归主，有恶自予。今相国多受贾竖金，为请吾苑，以自媚于民。故系治之。”王卫尉曰：“夫职事苟有便于民而请之，真宰相事也。陛下奈何乃疑相国受贾人钱乎？且陛下距楚数岁，陈豨、黥布反时，陛下自将往。当是时，相国守关中，关中摇足，则关西非陛下有也。相国不以此时为利，乃利贾人之金乎？且秦以不闻其过，亡天下。夫李斯之分过，又何足法哉?！陛下何疑宰相之浅也?”上不怿。是日，使使持节赦出何。何年老，素恭谨，徒跣入谢。上曰：“相国休矣。相国为民请苑，吾不许，我不过为桀纣主，而相国为贤相。吾故系相国，欲令百姓闻吾过。”高祖崩，何事惠帝。何病，上亲临视何疾，因问曰：“君即百岁后，谁可代君?”对曰：“知臣莫若主。”帝曰：“曹参何如?”何顿首曰：“帝得之矣，何死不恨矣。”何买田宅必居穷辟处，为家不治垣屋。曰：“令后世贤，师吾俭；不贤，毋为势家所夺。”孝惠二年，何薨，谥曰文终侯。

曹参　沛人也，秦时为狱掾，而萧何为主吏，居县为豪吏矣。高祖为沛公也，参以中涓从击胡陵、方与，攻秦监公军，大破之。东下薛，击泗水守军薛郭西。复攻胡陵，取之。徙守方与。方与反为魏，击之。丰反为魏，攻之。赐爵七大夫。北击司马欣军砀东，取狐父、祁善置。又攻下邑以西，至虞，击秦将章邯车骑。攻辕戚及亢父，先登。迁为五大夫。北救东阿，击章邯军，陷陈，追至濮阳。攻定陶，取临济。南救雍丘，击李由军，破之，杀李由，虏秦侯一人。章邯破杀项梁也，沛公与项羽引兵而东。楚怀王以沛公为砀郡长，将砀郡兵。于是乃封参执帛，号曰建成君。迁为戚公，属砀郡。其后，从攻东郡尉军，破之成武南。击王离军成阳南，又攻杠里，大破之。追北，西至开封，击赵贲军，破之，围赵贲开封城中。西击秦将杨熊军于曲遇，破之，虏秦司马及御史各一人。迁为执珪。从西攻阳武，下轘辕、缑氏，绝河津。击赵贲军尸北，破之。从南攻犨，与南阳守齮战阳城郭东，陷陈，取宛，虏齮，定南阳郡。从西攻武关、峣关，取之。前攻秦军蓝田南，又夜击其北军，大破之，遂至咸阳，破秦。项羽至，以沛公为汉王。汉王封参为建成侯。从至汉中，迁为将军。从还定三秦，攻下辨、故道、雍、斄。击章平军于好畤南，破之，围好畤，取壤乡。击三秦军壤东及高栎，破之。复围章平，平出好畤走。因击赵贲、内史保军，破之。东取咸阳，更名曰新城。参将兵守景陵二十三日，三秦使章平等攻参，参出击，大破之。赐食邑于宁秦。以将军引兵围章邯废丘；以中尉从汉王出临晋关。至河内，下修武，度围津，东击龙且、项佗定陶，破之。东取砀、萧、彭城。击项籍军，汉军大败走。参以中尉围取雍丘。王武反于外黄，程处反于燕，往击，尽破之。柱天侯反于衍氏，进破取衍氏。击羽婴于昆阳，追至叶。还攻武强，因至荥阳。参自汉中为将军中尉，从击诸侯及项王，败，还至荥阳。汉二年，拜为假左丞相，入屯兵关中。月余，魏王豹反，以假丞相别与韩信东攻魏将孙遬东张，大破之。因攻安邑，得魏将王襄。击魏王于曲阳，追至东垣，生获魏王豹。取平阳，得豹母、妻、子，尽定魏地，凡五十二县。赐食邑平阳。因从韩信击赵相国夏说军于邬东，大破之，斩夏说。韩信与故常山王张耳引兵下井陉，击成安君陈余，而令参还围赵别将戚公于邬城中。戚公出走，追斩之。乃引兵诣汉王在所。韩信已破赵，为相国，东击齐，参以左丞相属焉。攻破齐历下军，遂取临淄。还定济北郡，收著、漯阴、平原、鬲、卢。已而从韩信击龙且军于上假密，大破之，斩龙且，虏亚将周兰。定齐郡，凡得七十县。得故齐王田广相田光，其守相许章，及故将军田既。韩信立为齐王，引兵东诣陈，与汉王共破项羽，而参留平齐未服者。汉王即皇帝位，韩信徙为楚王。参归相印焉。高祖以长子肥为齐王，而以参为相国。高祖六年，与诸侯剖符，赐参爵列侯，食邑平阳万六百三十户，世世勿绝。参以齐相国击陈豨将张春，破之，黥布反，参从悼惠王将车骑十二万，与高祖会击黥布军，大破之。南至蕲，还定竹邑、相、萧、留。参功：凡下二国，县百二十二；得王二人，相三人，将军六人，大莫嚣、郡守、司马、侯、御史各一人。孝惠元年，除诸侯相国法，更以参为齐丞相。参之相齐，齐七十城。天下初定，悼惠王富于春秋，参尽召长老诸先生，问所以安集百姓。而齐故诸儒以百数，言人人殊，参未知所定。闻胶西有盖公，善治黄、老言，使人厚币请之。既见盖公，盖公为言“治道贵清静而民自定”，推此类具言之。参于是避正堂，舍盖公焉。其治要用黄、老术，故相齐九年，齐国安集，大称贤相。萧何薨，参闻之，告舍人趣治行，“吾且入相。”居无何，使者果召参。参去，属其后相曰：“以齐狱市为寄，慎勿扰也。”后相曰：“治无大于此者乎？”参曰：“不然。夫狱市者，所以并容也，今君扰之，奸人安所容乎？吾是以先之。”始参微时，与萧何善，及为宰相，有隙。至何且死，所推贤惟参。参代何为相国，举事无所变更，壹遵何之约束。择郡国吏长大，讷于文辞，谨厚长者，即召除为丞相史。吏言文刻深，欲务声名，辄斥去。日夜饮酒。卿大夫以下吏及宾客见参不事事；来者皆欲有言。至者，参辄饮以醇酒，度之欲有言，复饮酒，醉而后去，终莫得开说，以为常。相舍后园近吏舍，吏舍日饮歌呼。从吏患之，无如何，乃请参游后园。闻吏醉歌呼，从吏幸相国召按之。乃反取酒张坐饮，大歌呼与相和。参见人之有细过，掩匿覆盖之，府中无事。参子窋为中大夫。惠帝怪相国不治事，以为“岂少朕与？”乃谓窋曰：“女归，试私从容问乃父，曰‘高帝新弃群臣，帝富于春秋，君为相国，日饮，无所请事，何以忧天下？’然无言吾告女也。”窋既洗沐归，时间自从其所谏参。参怒而笞之二百，曰：“趣入侍，天下事非乃所当言也！”至朝时，帝让参曰：“与窋胡治乎？乃者我使谏君也。”参免冠谢曰：“陛下自察圣武孰与高皇帝？”上曰：“朕乃安敢望先帝？”参曰：“陛下视参孰与萧何贤？”上曰：“君似不及也。”参曰：“陛下言之是也。且高皇帝与萧何定天下，法令既明具，陛下垂拱，参等守职，遵而勿失，不亦可乎？”惠帝曰：“善！君休矣。”参为相国三年，薨，谥曰懿侯。百姓歌之曰：“萧何为法，较若画一。曹参代之，守而勿失。载其清靖，民以宁壹。”

王陵　沛人也，始为县豪，高祖微时兄事陵。及高祖起沛，入咸阳，陵亦聚党数千人，居南阳，不肯从沛公。及汉王之还击项籍，陵乃以兵属汉。项羽取陵母置军中，陵使至，则东乡坐陵母，欲以招陵。陵母既私送使者，泣曰："愿为老妾语陵，善事汉王。汉王长者，毋以老妾故持二心。妾以死送使者。"遂伏剑而死。项王怒，亨陵母。陵卒从汉王定天下。以善雍齿，雍齿，高祖之仇。陵又本无从汉之意，以故后封陵，为安国侯。陵为人少文，任气，好直言，为右丞相二岁，惠帝崩。高后欲立诸吕为王，问陵。陵曰："高皇帝刑白马而盟曰：'非刘氏而王者，天下共击之'。今王吕氏，非约也。"太后不说，问左丞相平及绛侯周勃等，皆曰："高帝定天下，王子弟。今太后称制，欲王昆弟诸吕，无所不可。"太后喜。罢朝，陵让平、勃曰："始与高帝啑血而盟，诸君不在邪？今高帝崩，太后女主，欲王吕氏，诸君纵欲阿意背约，何面目见高帝于地下？"平曰："于面折廷争，臣不如君；全社稷，安刘氏后，君亦不如臣。"陵无以应之。于是，吕太后欲废陵，乃阳迁陵为帝太傅，实夺之相权。陵怒，谢病免。杜门竟不朝请，十年而薨。

樊哙　沛人也，以屠狗为事，后与高祖俱隐于芒砀山泽间。陈胜初起，萧何、曹参使哙求迎高祖，立为沛公。哙以舍人从攻胡陵、方与，还守丰，击泗水监丰下，破之。复东定沛，破泗守薛西。与司马仁战砀东，却敌，斩首十五级，赐爵国大夫。常从沛公击章邯军濮阳，攻城先登，斩首二十三级，赐爵列大夫。从攻阳城，先登。下户牖，破李由军，斩首十六级，赐上闻爵。从攻围都尉、东郡守尉于成武，却敌，斩首十四级，捕虏十六人，赐爵五大夫。从攻秦军，出亳南。河间守军于杠里，破之。击破赵贲军开封北，以却敌先登，斩侯一人，首六十八级，捕虏二十六人，赐爵卿。从攻破扬熊于曲遇。攻宛陵，先登，斩首八级，捕虏四十四人，赐爵封号贤成君。从攻长社、轘辕，绝河津，东攻秦军尸乡，南攻秦军于犨。破南阳守齮于阳城。东攻宛城，先登。西至郦，以却敌，斩首十四级，捕虏四十人，赐重封。攻武关，至霸上，斩都尉一人，首十级，捕虏百四十六人，降卒二千九百人。项羽在戏下，欲攻沛公。沛公从百余骑因项伯面见项羽，谢无有闭关事。项羽既飨军士，中酒，亚父谋欲杀沛公，令项庄拔剑舞坐中，欲击沛公，项伯常屏蔽之。时，独沛公与张良得入坐，樊哙居营外，闻事急，乃持盾入。初入营，营卫止哙，哙直撞入，立帐下。项羽目之，问为谁。张良曰："沛公参乘樊哙也。"项羽曰："壮士！"赐之卮酒彘肩。哙既饮酒，拔剑切肉食之。项羽曰："能复饮乎？"哙曰："臣死且不辞，岂特卮酒乎？且沛公先入定咸阳，暴师霸上，以待大王。大王今日至，听小人之言，与沛公有隙，臣恐天下解心疑大王也！"项羽默然。沛公如厕，麾哙去。既出，沛公留车骑，独骑马，哙等四人步从，从山下走归霸上军，而使张良谢项羽。羽亦因遂已，无诛沛公之心。是日，微樊哙奔入营谯、让项羽，沛公几殆。后数日，项羽入屠咸阳，立沛公为汉王。汉王赐哙爵为列侯，号临武侯。迁为郎中，从入汉中。 还定三秦，别击西丞白水北，雍轻车骑雍南，破之。从攻雍、斄城，先登。击章平军好畤，攻城，先登陷阵，斩县令、丞各一人，首十一级，虏二十人，迁为郎中骑将。从击秦车骑壤东，却敌，迁为将军。攻赵贲，下郿、槐里、柳中、咸阳；灌废丘，最。至栎阳，赐食邑杜之樊乡。从攻项籍，屠煮枣，击破王武、程处军于外黄。攻邹、鲁、瑕丘、薛。项羽败汉王于彭城，尽复取鲁、梁地。哙还至荥阳，益食平阴二千户，以将军守广武一岁。项羽引东，从高祖击项籍，下阳夏，虏楚周将军卒四千人。围项籍陈，大破之。屠胡陵。项籍死，汉王即皇帝位，以哙有功，益食邑八百户。其秋，燕王臧荼反，哙从攻虏荼，定燕地。楚王韩信反，哙从至陈，取信，定楚。更赐爵列侯，与剖符，世世勿绝，食舞阳，号为舞阳侯，除前所食。以将军从攻反者韩王信于代。自霍人以往至云中，与绛侯等共定之，益食千五百户。因击陈豨与曼丘臣军，战襄国，破柏人，先登，降之，定清河、常山凡二十七县，残东垣，迁为左丞相。破得綦毋卬、尹潘军于无终、广昌。破豨别将胡人王黄军代南，因击韩信军参合。军所将卒斩韩信，击豨胡骑横谷，斩将军赵既，虏代丞相冯梁、守孙奋、大将王黄、将军大将一人、太仆解福等十人。与诸将共定代乡邑七十三。后燕王卢绾反，哙以相国击绾，破其丞相抵蓟南，定燕县十八、乡邑五十一。益食千三百户，定食舞阳五千四百户。从，斩首百七十六级，虏二百八十七人。别，破军七，下城五，定郡六、县五十二，得丞相一人，将军十三人，二千石以下至三百石十二人。哙以吕后弟吕媭为妇，生子伉，故其比诸将最亲。先黥布反时，高帝尝病，恶见人，卧禁中，诏户者无得入群臣。群臣绛、灌等莫敢入。十余日，哙乃排闼直入，大臣随之。上独枕一宦者卧。哙等见上，流涕曰："始，陛下与臣等起丰沛，定天下，何其壮也！今天下已定，又何惫也！且陛下病甚，大臣震恐，不见臣等计事，顾独与一宦者绝乎？且陛下独不见赵高之事乎？"高帝笑而起。其后卢绾反，高帝使哙以相国击燕。是时，高帝病甚，人有恶哙党于吕氏，即上一日宫车晏驾，则哙欲以兵尽诛戚氏、赵王如意之属。高帝大怒，乃使陈平载绛侯代将，而即军中斩哙。陈平畏吕后，执哙诣长安。至则高帝已崩，吕后释哙，得复爵邑。孝惠六年，哙薨，谥曰武侯。

夏侯婴　沛人也，为沛厩司御，每逢使客，还过泗上亭，与高祖语，未尝不移日也。婴已而试补县吏，与高祖相爱。高祖戏而伤婴，人有告高祖。高祖时为亭长，重坐伤人，告故不伤婴，婴证之。移狱复，婴坐高祖，系岁余，掠笞数百，终脱高祖。高祖之初与徒属欲攻沛也，婴时以县令史为高祖使。上降沛一日，高祖为沛公，赐爵七大夫，以婴为太仆。常奉车从攻湖，婴与萧何降泗水监平，平以胡陵降，赐婴爵五大夫。从击秦军砀东，攻济阳，下户牖，破李由军雍丘，以兵车趣攻战疾，破之，赐爵执圭。从击赵贲军开封，扬雄军曲遇。婴从捕虏六十八人，降卒八百五十人，得印一匮。又击秦军洛阳东，以兵车趣攻战疾，赐爵封，转为滕令。因奉车从攻定南阳，战于蓝田、芷阳，至霸上。沛公为汉王，赐婴爵列侯，号昭平侯，复为太仆，从入蜀汉。还定三秦，从击项籍。至彭城，项羽大破汉军。汉王不利，驰去。见孝惠、鲁元，载之。汉王急，马罢，虏在后，常跋两儿弃之，婴常收载行，面雍树驰。汉王怒，欲斩婴者十余，卒得脱，而致孝惠、鲁元于丰。汉王既至荥阳，收散兵，复振，赐婴食邑沂阳。击项籍下邑，追至陈，卒定楚。至鲁，益食兹氏。汉王即帝位，燕王臧荼反，婴从击荼。明年，从至陈，取楚王信。更食汝阴，剖符，世世勿绝。从击代，至武泉、云中，益食千户。因从击韩信军胡骑晋阳旁，大破之。追北至平城，为胡所围，七日不得通。高帝使使厚遗阏氏，冒顿乃开其围一角。高帝出欲驰，婴固徐行，弩皆持满外乡，卒以得脱。益食婴细阳千户。从击胡骑句注北，大破之。击胡骑平城南，三陷陈，功为多，赐所夺邑五百户。从击陈豨、黥布军，陷陈却敌，益千户，定食汝阴六千九百户，除前所食。婴自上初起沛，常为太仆从，竟高祖崩。以太仆事惠帝。惠帝及高后德婴之脱孝惠、鲁元于下邑间也，乃赐婴北第第一，曰“近我”，以尊异之。惠帝崩，以太仆事高后。高后崩，代王之来，婴以太仆与东牟侯入清宫，废少帝，以天子法驾迎代王代邸，与大臣共立文帝，复为太仆。八岁薨，谥曰文侯。

周昌　沛人也，其从兄苛，秦时皆为泗水卒史。及高祖起沛，击破泗水守监，于是苛、昌自卒史从沛公，沛公以昌为职志，苛为客。从入关破秦，沛公立为汉王，以苛为御史大夫，昌为中尉。汉三年，楚围汉王。荥阳急，汉王出去，而使苛守荥阳城。楚破荥阳城，欲令苛降，苛骂曰：“若趣降汉王，不然，今为虏矣。”项羽怒，亨苛。汉王于是拜昌为御史大夫。常从击破项籍。六年，与萧、曹等俱封，为汾阴侯。苛子成以父死事，封为高景侯。昌为人强力，敢直言，自萧、曹等皆卑下之。昌尝燕入奏事，高帝方拥戚姬，昌还走。高帝逐得，骑昌项，上问曰：“我何如主也?”昌仰曰：“陛下即桀、纣之主也。”上笑之，然尤惮昌。及高帝欲废太子，而立戚姬子如意为太子，大臣固争莫能得，上以留侯策止。而昌廷争之强，上问其说，昌为人吃，又盛怒，曰：“臣口不能言，然臣期期知其不可。陛下欲废太子，臣期期不奉诏。”上欣然而笑，即罢。吕后侧耳于东厢听，见昌，为跪谢曰：“微君，太子几废。”是岁，戚姬子如意为赵王，年十岁，高祖忧万岁之后不全也。赵尧为符玺御史，赵人方与公谓御史大夫周昌曰：“君之史赵尧年虽少，然奇士，君必异之，是且代君之位。”昌笑曰：“尧年少，刀笔吏耳，何至是乎?”居顷之，尧侍高祖，高祖独心不乐，悲歌，群臣不知上所以然。尧进请问曰："陛下所为不乐，非以赵王年少，而戚夫人与吕后有隙，备万岁之后而赵王不能自全乎？"高祖曰："我私忧之，不知所出。"尧曰："陛下独为赵王置贵强相，及吕后、太子、群臣素所敬惮者乃可。"高祖曰："然。吾念之欲如是，而群臣谁可者？"尧曰："御史大夫昌，其人坚忍伉直，自吕后、太子及大臣皆素严惮之。独昌可。"高祖曰："善。"于是召昌谓曰："吾固欲烦公，公强为我相赵。"昌泣曰："臣初起从陛下，陛下独奈何中道而弃之于诸侯乎？"高祖曰："吾极知其左迁，然吾私忧赵，念非公无可者。公不得已强行。"于是，徙御史大夫昌为赵相。既行久之，高祖持御史大夫印弄之，曰："谁可以为御史大夫者？"孰视尧曰："无以易尧。"遂拜尧为御史大夫。尧亦前有军功食邑，及以御史大夫从击陈豨有功，封为江邑侯。高祖崩，太后使使召赵王，其相昌令王称疾不行。使者三反，昌曰："高帝属臣赵王，王年少，窃闻太后怨戚夫人，欲召赵王并诛之。臣不敢遣王，王且亦疾，不能奉诏。"太后怒，乃使使召赵相。相至，谒太后，太后骂昌曰："尔不知我之怨戚氏乎？而不遣赵王！"昌既被征，高后使使召赵王。王果来，至长安月余，见鸩杀。昌谢病，不朝见，三岁而薨，谥曰悼侯。

周勃　沛人也，其先卷人也，徙沛。勃以织薄曲为生，常以吹箫给丧事，材官引强。高祖为沛公初起，勃以中涓从攻胡陵，下方与。方与反，与战，却敌。攻丰。击秦军砀东。还军留及萧。复攻砀，破之。下下邑，先登，赐爵五大夫。攻兰、虞，取之。击章邯车骑，殿。略定魏地。攻辕戚、东缗，以往至栗，取之。攻啮桑，先登。击秦军阿下，破之。追至濮阳，下蕲城。攻都关、定陶，袭取宛朐，得单父令。夜袭取临济，攻寿张，以前至卷，破李由，雍丘下。攻开封，先至城下为多。后章邯破项梁，沛公与项羽引兵东如砀。自初起沛还至砀，一岁二月。楚怀王封沛公号武安侯，为砀郡长。沛公拜勃为襄贲令。从沛公定魏地，攻东郡尉于成武，破之。攻长社，先登。攻颍阳、缑氏，绝河津。击赵贲军尸北。南攻南阳守齮，破武关、峣关。攻秦军于蓝田。至咸阳，灭秦。项羽至，以沛公为汉王。汉王赐勃爵为威武侯。从入汉中，拜为将军。还定三秦，赐食邑怀德。攻槐里、好畤，最。北击赵贲、内史保于咸阳，最。北救漆。击章平、姚印军。西定汧。还下郿、频阳。围章邯废丘，破之。西击益已军，破之。攻上邽。东守峣关。击项籍。攻曲遇，最。还守敖仓，追籍。籍已死，因东定楚地泗水、东海郡，凡得二十二县。还守洛阳、栎阳，赐与颍阴侯共食钟离。以将军从高祖击燕王臧荼，破之易下。所将卒当驰道为多。赐爵列侯，剖符世世不绝。食绛八千二百八十户。以将军从高帝击韩王信于代，降下霍人。以前至武泉，击胡骑，破之武泉北。转攻韩信军铜鞮，破之。还，降太原六城。击韩信胡骑晋阳下，破之，下晋阳。后击韩信军于硰石，破之，追北八十里。还攻楼烦三城，因击胡骑平城下，所将卒当驰道为多。勃迁为太尉。击陈豨，屠马邑。所将卒斩豨将军乘马降。转击韩信、陈豨、赵利军于楼烦，破之。得豨将宋最、雁门守圂。因转攻得云中守遬、丞相箕肆、将军博。定雁门郡十七县、云中郡十二县。因复击豨灵丘，破之，斩豨丞相程纵、将军陈武、都尉高肆。定代郡九县。燕王卢绾反，勃以相国代樊哙将，击下蓟，得绾大将抵、丞相偃、守陉、太尉弱、御史大夫施屠浑都。破绾军上兰，后击绾军沮阳。追至长城，定上谷十二县、右北平十六县、辽东二十九县、渔阳二十二县。最从高帝得相国一人，丞相二人，将军、二千石各三人；别破军二，下城三，定郡五、县七十九，得丞相、大将各一人。勃为人木强敦厚，高帝以为可属大事。勃不好文学，每召诸生说事，东乡坐责之："趣为我语。"其椎少文如此。勃既定燕而归，高帝已崩矣，以列侯事惠帝。惠帝六年，置太尉官，以勃为太尉。十年，高后崩。吕禄以赵王为汉上将军，吕产以吕王为相国，秉权，欲危刘氏。勃与丞相平、朱虚侯章共诛诸吕。语在《高后纪》。于是，阴谋以为"少帝及济川、淮阳、恒山王皆非惠帝子，吕太后以计诈名它人子，杀其母，养之后宫，令孝惠子之，立以为后，用强吕氏。今已灭诸吕，少帝即长，用事，吾属无类矣，不如视诸侯贤者立之。"遂迎立代王，是为孝文皇帝。东牟侯兴居，朱虚侯章弟也，曰："诛诸吕，臣无功，请得除宫。"乃与太仆汝阴侯滕公入宫。滕公前谓少帝曰："足下非刘氏，不当立。"乃顾麾左右执戟，皆仆兵罢。有数人不肯去，宦者令张释谕告，亦去。滕公召乘舆车载少帝出。少帝曰："欲持我，安之乎？"滕公曰："就舍少府。"乃奉天子法驾，迎皇帝代邸，报曰："宫谨除。"皇帝入未央宫，有谒者十人持戟卫端门，曰："天子在也，足下何为者？"不得入。太尉往喻，乃引兵去，皇帝遂入。是夜，有司分部诛济川、淮阳、常山王及少帝于邸。文帝即位，以勃为右丞相，赐金五千斤，邑万户。居十余月，人或说勃曰："君既诛诸吕，立代王，威震天下，而君受厚赏、处尊位以厌之，则祸及身矣！"勃惧，亦自危，乃谢，请归相印。上许之。岁余，陈丞相平卒，上复用勃为相。十余月，上曰："前日吾诏列侯就国，或颇未能行。丞相，朕所重，其为朕率列侯之国。"乃免相就国。岁余，每河东守尉行县至绛，绛侯勃自畏，恐诛，常被甲，令家人持兵以见。其后，人有上书告勃欲反，下廷尉，逮捕勃治之。勃恐，不知置辞。吏稍侵辱之。勃以千金与狱吏。狱吏乃书牍背示之，曰"以公主为证"。公主者，孝文帝女也。勃，太子胜之尚之，故狱吏教引为证。初，勃之益封，尽以予薄昭。及系急，昭为言薄太后，太后亦以为无反事。文帝朝，太后以冒絮提文帝，曰："绛侯绾皇帝玺，将兵于北军，不以此时反，今居一小县，顾欲反邪？"文帝既见勃狱辞，乃谢曰："吏方验而出之。"于是，使使持节赦勃，复爵邑。勃既出，曰："吾尝将百万军，安知狱吏之贵也！”勃复就国，孝文十一年薨，谥曰武侯。子胜之嗣，尚公主不相中，坐杀人，死，国绝。一年，弟亚夫复为侯。亚夫为河内守时，许负相之：“君后三岁而侯。侯八岁，为将相，持国秉，贵重矣，于人臣无二。后九年而饿死。”亚夫笑曰：“臣之兄以代父侯矣，有如卒，子当代，我何说侯乎？然既已贵如负言，又何说饿死？指视我。”负指其口曰：“从理入口，此饿死法也。”居三岁，兄绛侯胜之有罪，文帝择勃子贤者，皆推亚夫，乃封为条侯。文帝后六年，匈奴大入边。以宗正刘礼为将军，军霸上，祝兹侯徐厉为将军，军棘门，以河内守亚夫为将军，军细柳，以备胡。上自劳军，至霸上及棘门军，直驰入，将以下骑出入送迎。已而，之细柳军，军士吏披甲，锐兵刃，彀弓弩持满。天子先驱至，不得入。先驱曰：“天子且至！”军门都尉曰：“军中闻将军令，不闻天子之诏。”有顷，上至，又不得入。于是上使使持节诏将军曰：“吾欲劳军。”亚夫乃传言开壁门。壁门士请车骑曰：“将军约，军中不得驱驰。”于是天子乃按辔徐行。至中营，将军亚夫揖，曰：“介胄之士不拜，请以军礼见。”天子为动，改容式车，使人称谢：“皇帝敬劳将军。”成礼而去。既出军门，群臣皆惊。文帝曰：“嗟乎，此真将军矣！乡者霸上、棘门如儿戏耳，其将固可袭而虏也。至于亚夫，可得而犯邪！”称善者久之。月余，三军皆罢。乃拜亚夫为中尉。文帝且崩时，戒太子曰：“即有缓急，周亚夫真可任将兵。”文帝崩，亚夫为车骑将军。孝景帝三年，吴、楚反。亚夫以中尉为太尉，东击吴、楚。因自请上曰：“楚兵剽轻，难与争锋。愿以梁委之，绝其食道，乃可制也。”上许之。亚夫既发，至霸上，赵涉遮说亚夫曰：“将军东诛吴、楚，胜则宗庙安，不胜则天下危，能用臣之言乎？”亚夫下车，礼而问之。涉曰：“吴王素富，怀辑死士久矣。此知将军且行，必置间人于殽、黾厄陿之间。且兵事上神密，将军何不从此右去，走蓝田，出武关，抵雒阳，间不过差一二日，直入武库，击鸣鼓。诸侯闻之，以为将军从天而下也。”太尉如其计。至雒阳，使吏搜殽、黾间，果得吴伏兵。乃请涉为护军。亚夫至，会兵荥阳。吴方攻梁，梁急，请救。亚夫引兵东北走昌邑，深壁而守。梁王使使请亚夫，亚夫守便宜，不往。梁上书言景帝，景帝诏使救梁。亚夫不奉诏，坚壁不出，而使轻骑兵弓高侯等绝吴、楚兵后食道。吴、楚兵乏粮，饥，欲退，数挑战，终不出。夜，军中惊，内相攻击扰乱，至于帐下。亚夫坚卧不起。顷之，复定。吴奔壁东南陬，亚夫使备西北。已而其精兵果奔西北，不得入。吴、楚既饿，乃引去。亚夫出精兵追击，大破吴王濞。吴王濞弃其军，与壮士数千人亡走，保于江南丹徒。汉兵因乘胜，遂尽虏之，降其县，购吴王千金。月余，越人斩吴王头以告。凡相守攻三月，而吴、楚破平。于是诸将乃以太尉计谋为是。由此梁孝王与亚夫有隙。归，复置太尉官。五岁，迁为丞相，景帝甚重之。上废栗太子，亚夫固争之，不得。上由此疏之。而梁孝王每朝，常与太后言亚夫之短。窦太后曰："皇后兄王信可侯也。"上让曰："始南皮及章武先帝不侯，及臣即位，乃侯之，信未得封也。"窦太后曰："人生各以时行耳。窦长君在时，竟不得侯，死后，乃其子彭祖顾得侯。吾甚恨之。帝趣侯信也！"上曰："请得与丞相计之。"亚夫曰："高帝约'非刘氏不得王，非有功不得侯。不如约，天下共击之'。今信虽皇后兄，无功，侯之，非约也。"上默然而沮。其后匈奴王徐卢等五人降汉，上欲侯之以劝后。亚夫曰："彼背其主降陛下，陛下侯之，即何以责人臣不守节者乎？"上曰："丞相议不可用。"乃悉封徐卢等为列侯。亚夫因谢病免相。顷之，上居禁中，召亚夫赐食。独置大胾，无切肉，又不置箸。亚夫心不平，顾谓尚席取箸。上视而笑曰："此非不足君所乎？"亚夫免冠谢上。上曰："起。"亚夫因趋出。上目送之，曰："此鞅鞅，非少主臣也！"居无何，亚夫子为父买工官尚方甲楯五百被可以葬者。取庸苦之，不与钱。庸知其盗买县官器，怨而上变告子，事连污亚夫。书既闻，上下吏。吏簿责亚夫，亚夫不对。上骂之曰："吾不用也。"召诣廷尉。廷尉责问曰："君侯欲反何？"亚夫曰："臣所买器，乃葬器也，何谓反乎？"吏曰："君纵不欲反地上，即欲反地下耳。"吏侵之益急。初，吏捕亚夫，亚夫欲自杀，其夫人止之，以故不得死，遂入廷尉，因不食五日，呕血而死。

任敖　沛人，少为狱吏。高祖尝避吏，吏系吕后，遇之不谨。敖素善高祖，怒，击伤主吕后吏。及高祖初起，敖以客从为御史，守丰二岁。高祖立为汉王，东击项羽，遨迁为上党守。陈豨反，敖坚守，封为广阿侯。高后时，为御史大夫。孝文元年薨，谥曰懿侯。《汉书》本传。

周緤　沛人，以舍人从高祖起沛，至灞上，西入蜀汉，还定三秦，常为参乘，赐食邑池阳。从东击项羽荥阳，绝甬道，从出度平阴，遇韩信军襄国，战有利不利，终无离上心。上以緤为信武侯。上欲自击陈豨，緤泣曰："始秦攻破天下，未曾自行，今上常自行，是无人可使者乎？"上以为"爱我"，赐入殿门不趋，更封緤为鄘城侯。孝文五年，薨，谥曰贞侯。《汉书》本传。

鄂千秋　沛人，高祖定功行封，千秋进曰："萧何有万世之功，当第一。"上曰："进贤受上赏，何功虽高，得鄂君乃益明。"封安平侯。见《汉书·功臣表》。召殴《史记·功臣表》作吕欧。以中涓从起沛，至灞上，为连敖入汉，以骑将定燕赵，得燕将军，封广侯。

朱轸　以舍人从起沛，以队帅先降翟王，虏章邯，封都昌侯。见《汉书·功臣表》。严不职，以舍人从起沛，至灞上，以骑将入汉，还击项羽属丞相宁功、侯用，将军击黥布。封武强侯。见《汉书·功臣表》。

奚涓　以舍人从起沛，至咸阳，为郎入汉，以将军定诸侯，功比舞阳侯。死军事，封鲁侯。见《汉书·功臣表》。

周止　以舍人从起沛，以郎中入汉，还定三秦，以骑将破项羽东城。封魏其侯。见《汉书·功臣表》。

孙赤　以中涓从起沛，以郎入汉，以将军击项羽为惠侯，后为上当守，击陈豨。封堂阳侯。见《汉书·功臣表》。

雍齿　故沛豪，有力。与高祖有隙，故晚从。后封什方侯。见《汉书·张良传》。

冷耳　　以客从起沛，入汉，击破齐军，黥布反，以楚丞相坚守彭城。封下相侯。见《汉书·功臣表》。

祕彭祖　以卒从起沛，以卒开沛城门，为太公仆，以中厩令击陈豨。封戴侯。见《汉书·功臣表》。

单父圣　以卒从起沛，入汉，以郎击黥布，封中牟侯。始高祖微时，有急，给高祖马，故封。《索隐》作"单父左车"，《汉书·功臣表》作"单右军"。

卫毋择，以队卒从起沛，以郎击陈馀用卫尉。封乐平侯。见《汉书·功臣表》。

杜得臣　以卒从起湖陵，入汉，以朗将迎左丞相军击项羽。封棘阳侯。见《汉书·功臣表》。

度尚　字博平，山阳湖陆人也。家贫积困穷，为郡上计吏，拜郎中，除上虞长。为政严峻，明于发擿奸非，吏人谓之神明。迁文安令，遇时疾疫，谷贵人饥，尚开仓廪给，营救疾者，百姓蒙其济。时冀州刺史朱穆行部，见尚，甚奇之。延熹五年，长沙、零陵贼合七八千人，入桂阳、苍梧、南海、交阯，太守望风逃奔。遣御史中丞盛修募兵讨之，不能克。豫章艾县民六百余人应募，而不得赏直，怨恚，遂反。焚烧长沙郡县，寇益阳。又遣谒者马睦，督荆州刺史刘度击之，军败。尚书朱穆举尚，自右校令擢为荆州刺史。尚躬率部曲，广募诸蛮夷，明设购赏，进击，大破之。桂阳宿贼渠帅卜阳、潘鸿等畏尚威烈，徙入山谷。尚穷追数百里，遂入南海，破其三屯，多获珍宝。而阳、鸿等党众犹盛，尚欲击之，而士卒骄富，莫有斗志。尚乃宣言贼今兵寡少，未易可进，当须诸郡所发悉至，并力攻之。申令军中，恣听射猎。尚乃密使所亲客潜焚其营，珍积皆尽。猎者还，莫不泣涕。尚人人慰劳，因曰："卜阳等财宝足富数世，诸卿但不并力耳。所亡少少，何足介意?"众闻，咸愤踊。尚敕令秣马蓐食，明旦，径赴贼屯。大破，平之。七年，封右乡侯，迁桂阳太守。明年，征还京师。时荆州兵朱盖等复作乱，与桂阳贼胡兰攻桂阳，众至数万。转攻零陵，太守陈球固守拒之。于是以尚为中郎将，将幽、冀、黎阳、乌桓步骑二万六千人攻球，又与长沙太守抗徐等发诸郡兵，并势讨击，大破之，斩兰等首三千五百级。诏赐尚钱百万。复以尚为荆州刺史，后为辽东太守。数月，鲜卑率兵攻尚，与战，破之，戎狄惮畏。年五十，延熹九年，卒于官。

魏

张茂　字彦林，沛人。仕魏，为太子舍人，尝上书《谏明帝录夺吏民妻以配战士书》。据《三国志》裴松之注。

隋

刘行本　沛人也，父瓌，仕梁，历职清显。行本起家武陵国常侍，适萧修以梁州北附，遂与叔父璠同归于周。每以讽读为事，精力忘疲，虽衣食乏绝，晏如也。性刚烈，有不可夺之志。周大冢宰宇文护引为中外府记室。武帝亲总万机，转御正中士，兼领起居注。累迁掌朝下大夫。及宣帝嗣位，多失德，行本切谏忤旨，出为河内太守。高祖为丞相，尉迥作乱，进攻怀州。行本率吏民拒之，拜仪同，赐爵文安县子。及践祚，征拜谏议大夫，检校治书侍御史。未几，迁黄门侍郎。上常怒一郎，于殿前笞之。行本进曰："此人素清，其过又小，愿陛下少宽假之。"上不顾。行本于是正当上前曰："陛下不以臣不肖，置臣左右。臣言若是，陛下安得不听？臣言若非，当致之于理，以明国法，岂得轻臣而弗顾也！"因置笏于地而退，上敛容谢之，遂原所笞者。拜太子左庶子，领治书如故。皇太子虚襟敬惮。时唐令则亦为左庶子，昵狎之，每令以弦歌教内人。行本责之曰："庶子当匡太子以正道，何有嬖昵房帷之间哉?!"令则甚惭，而不能改。时沛国刘臻、平原明克让、魏郡陆爽，并以文学为太子所亲。行本怒其不能调护，每谓三人曰："卿等止解读书耳。"时左卫率长史夏侯福为太子所昵，常于阁内与太子戏。福大笑，声闻于外。行本时在阁下闻之，待其出，行本数之曰："殿下宽容，赐汝颜色。汝何物小人，敢为亵慢?"因付执法者治之。复以本官领大兴令，权贵惮其方直，无敢至门者。于是请托路绝，法令清简，吏民怀之。未几，卒官，上甚伤惜之。及太子废，上曰："嗟乎！若使刘行本在，勇当不及于此。"《隋书》本传。

元

韩准　字公衡，沛人。少沉重好学，年二十登进士第。旧志云：延祐五年进士。授承事郎，同知孟州事。擢河南儒学副提学，屡转至江西、湖南道佥事，南康路总管，进本道廉访使、江西行省参知政事、江浙行省左丞，改福建廉访使，复为侍御史。准方为别驾时，州大饥疫，出入赈救所乘马，至不忍食豆粟。人谓感准化，冬时蝇集州署，令民广藏冰。明年，大热，病者赖服冰以愈。在河南有陂田若干顷，为水所泛。准行部至，敕有司率民障堤，岁收粟数千斛。蕲黄寇围，江西平章以下皆出避，独准留慰抚民，相持五十四日，城赖以全。南康累经兵火，城内荒茀，准舟居以治，招民复业，乃葺草屋为署。野豕残民禾，吁于神豕遂去，不为害。陈友谅攻破隆兴城，来见准，准疾，面壁卧，不起。友谅曰："吾向为县小吏，已闻公名。"准不答。既去，使人致糗，亦拒不受。后脱身入闽，朝廷嘉之，授江西行省参政，扶疾以往。是冬，城陷。准藉藁堂下以丧礼自处，吏来追准，索敕。准卧，不应。万刃向之曰："此吾所受于君者，必欲取之，并取吾首。"去，吏不敢迫。迨新制，变冠服，乃著帽终日。及病，甚遂，不服药以卒，藁葬福州。吴海《韩文公权厝志》：岁辛亥三月二十四日，行台侍御史韩公卒于福州光泽里寓舍。五月甲午，其子儒奉公柩藁葬于城东之凤丘，送者若干人，皆啼泣相吊，行道观者莫不咨嗟，以为难得。既卒事，乃众相与谋曰："呜呼！惟公宿德重望，嘉政休烈，有不待言而彰、纪而垂者。惟是，假厝于兹，不可以弗识也。"则有众应曰："诺。"于是，公之门人新安郑桓述公行实以来，告郡人吴海，请书其墓石。按：公讳准，字公衡。先世居胜，金源时迁曲房，迨今八世为沛人。公生六岁始言，七岁能行，沉重好学，年二十登进士第。授承事郎、同知孟州事，擢河南儒学副提举，调儒林郎、德安府推官，选太常博士，拜监察御史，转奉训大夫，佥河南北道廉访司事，改奉直大夫、江西湖南道佥事，加中奉大夫、南康路总管，进中宪大夫、本道廉访副使，升正使，授中奉大夫、江西行省参知政事。徙行台治书侍御史，进资善大夫、江浙行省左丞，又改福建廉访使、资政大夫。后为侍御史。公方为别驾时，州大饥疫，公出入赈救，所乘马至不忍食豆粟，或杂草以饲之，则并草不食，人谓感公化。冬，时蝇集州署，公令民广藏冰。明年，大热，病者赖服冰以愈。在河南，有陂田若干顷，为水所泛，守令因循不治。公行部至，敕有司率民障堤，岁入粟数千斛。壬辰春，蕲黄寇围，江西平章道同出避，宪臣从之。独公与右丞万伯颜谋，遣郎中伯颜不花出战，而公慰抚居民。民大感励，相持五十四日，城赖以全。南康累经兵火，城内荒茀，公舟居以治，招民复业，归者既众，遂葺草屋为署。野豕残民禾，公吁于神，豕遂去，不为害。戊戌岁四月，陈友谅攻破隆兴城，来见公。公疾，面避卧，不起。友谅曰："吾向为县小吏，已闻公名。"公不答。既去，使人致糗，公拒不受，然竟不敢加害。壬寅春，脱身，入闽。朝廷嘉公，授江西省参政。江西无治所，寓顺昌。公志在收复，扶疾以往。迨复为侍御史，以告老。章此处原脱一"上"字，而是冬城陷，公藉藁堂下以丧礼自处。吏来，追公宣敕，公取枕以卧，厉刃向之，曰："此吾所受于君者，必欲取之，并取吾首去。"吏不敢迫。迨新制，变冠服，由是著帽终日，未尝去首。园瓜有苦者，辄取尝之。及病甚，遂不服药以终，年七十有三。配李氏，继丁氏，累赠南阳郡夫人。三子，洛安、燕安俱早卒，为后者儒也。公考讳彧，累赠中奉大夫、河南北等处行中书省参知政事、护军南阳郡。公祖讳润，累赠嘉议大夫、佥书江浙等处行枢密院事，上轻车都尉、南阳郡侯。妣王氏，祖妣朱氏，皆累赠南阳郡夫人，以公显。公性俭素，平居泊如，常端坐、寡言笑，然对宾客朋友，谈论亹亹不倦。尝读小学书，至老莱子诈跌仆地，曰："设有所报，岂不反贻忧乎？"其端如此。为文章简古、不事华藻，有《小学书阙疑》、《水利通编》藏于家。呜呼！士之处平世，贤不肖不能大相异。顾君子若不足，小人反若有余。及遇变故，然后君子之所守凝然不挠，而小人颠倒反易，凡平日所以夸众眩世者，悉丧弃而不存矣。福城之陷，能蹈死守节者，不三、四人，其叛恩取宠者，比比然是。若公，可谓纯臣矣。铭曰：行务实，不几以文昌；政为循，不几以名扬。气直以刚，文静有常。

遭运之倾，其节益彰。有史有作，考子铭章。

张泉　其先江西人，少任侠，精于骑射。从元阿术帅攻城掠地，所向克捷，能得士卒心。时元兵残暴，公所部破城，不妄杀一人。会督帅松江立大功，于至元十三年，赐洪字第三号金牌，敕授怀远将军。一时群相推重，呼为“金牌张氏”。后驻防济沛间，因家于沛。卒，葬广戚乡。子为关中镇将，名不传。其孙良弼、良臣，更为元重臣。

张良弼　字思道，沛人。祖泉，怀远将军；父某，为关中镇将驻华阴。思道，生于华阴，以任子起家，三世将兵，夙娴韬略。至正末，天下兵起，思道以所部讨李喜喜于巩昌，遂驻秦州，袭破拜帖木儿。元以思道为湖广行省参知政事，讨南阳、襄樊。孛罗帖木耳遣托列伯等据延安，思道出南山义谷，驻蓝天营鹿台转陕西行省参知政事，伏兵，大破李思齐于武功，元平章察罕死。诏王保保领其军，号扩廓帖木儿，封河南王，总天下兵马，檄关中诸将。不应，引兵西击思道，复与李思齐合盟，长安含元殿基拒保保经年，数百战。事具《元史》。思道有弟良佐、良臣，德山、珪、俊德、顺德共七人，皆善战。军中语曰：“不怕金牌张，惟怕七条枪。”盖一指乃祖之勇，一指良弼、良臣等勇也。明兵已下山东，收大梁。思道次栎阳，阻潼关，拒明。明祖谓群臣曰：“张思道百战之余，骤与角力，未易定也。”当是时，思道与李思齐、扩廓帖木儿并雄关陕。洪武二年，大将军徐达引兵西渡河，会凤翔。议所向，曰：“思道城险而兵悍，未易猝拔。”遂攻思齐，进逼临洮。思道闻，退保宁夏。时元亡，扩廓兵败，奔大同。明祖以书谕李思齐，思齐穷蹙，举城降。思道知事不济，耻为明用，乃脱身走回沛。时，明求之急，遂隐滕之王开村，诛茅为屋，时与农夫老圃课晴问雨，人无知其为方面大帅者。良臣，号小平章，据庆阳，夜尝出兵劫明将薛显，会徐达大兵来救。良臣战败，为薛显所斩。事具《明史》。

明

李荣　元末为陆聚部将，守徐，后与聚同归于明，官徐州镇将，赐爵百户，从征中原，克沂州济东，复从下河南，进爵千户，卒，子义嗣。

蔡楫　字汝济。洪武十五年，以孝廉拜福建道御史，复擢浙江按察司佥事。其政绩详宣宗《五伦书》，解缙尝为之作《劲节轩记》。

吕宁　字安仁。洪武中，由国子生授户部主事，迁员外郎，尝荐郡人权谨于朝，世多善其知人。

周冕　正统中，由孝廉荐辟，仕至布政司参政。洁己爱民，不阿权贵。著有《政体备要录》行世。

王守道　字易斋。为人诚笃，不苟取与，以岁贡授禹城训导。惓惓以身体力行教人，诸生有以礼馈者，辞弗受。又时捐俸以恤诸生贫者。未几，迁庐江教谕，躬先范士，如在禹城。及迁常德教授，不就。遂归里，闭门却轨，人罕识其面。及卒，禹城、庐江皆祀诸名宦祠。子嘉宾，字汝观，亦以恩贡授萧山县丞，尝摄县事，屡兴水利，民立碑颂德。

蔡桂　字子芳，别号春宇。由孝廉历仕户部云南司郎中，官多善政。及谢政归，与都谏诸人为文酒会，构亭高村，徘徊花竹，流连鱼鸟，怡然自得。所著有《五宜亭诗草》行于世。

张贞观　字惟诚，别字惺宇。万历时登进士第，除山东益都知县，省徭役、振疲敝、抑豪右、决冤狱，民神明之。擢兵科给事中，出阅山西边务，五台奸人张守清招亡命三千余人，擅开银矿，又缔姻潞城、新城二王，帝纳巡按御史言，敕守清解徒党，谕二王绝姻。守清乞输课于官，开矿如故。贞观力争，乃已。前巡抚沈子木、李采菲皆贪。子木夤缘为兵部侍郎，贞观并追劾之。子木坐免，采菲夺职。还，进工科右给事中。泗州淮水大溢，几啮祖陵。贞观往视，定分黄导淮之策。再迁礼科都给事中。三王并封制下，贞观率同列力争。潘王珵尧由郡王进封，其诸弟止应为将军，珵尧为营得郡王。贞观及礼部尚书罗万花守故事极谏，不纳。时郊庙祭享遣官代行，贞观力请帝亲祀。俄秋享，复将遣官。贞观再谏，不报。明年正月有诏，皇长子出阁讲读，而兵部请护卫，工部奏仪仗，礼部进仪注，皆留中。又止预告奉先殿朝谒两宫，他礼皆废。于是，贞观等上疏极谏，忤旨，除贞观名。中外交谏，卒不起。服青衣，步出都门，怡然以老。著有《掖垣谏草》、《野心堂诗》，祀名宦乡贤。天启中，赠太常少卿。《明史》本传暨旧志。

马之训　字伯良，允让子也。宁海主簿，性强介鲠直，一毫不苟。取以选贡，授黄梅县丞，携一僮自随，日用所需，泊如也。尝摄县事，政尚清简。时，邑数被水，之训勤抚字、缓催科。因坐公事，免，梅人为立去思碑。

王克明　景泰六年任湖广巡检时，秦襄毅公纮以御史谪沅陵丞，适同候上官，秦意不怿。克明劝之曰："公但始终一节，处顺以待，无以官职为念。"秦自是释然。

张斗　字紫垣，元将军泉十一世孙。万历丙子举人，丙戌进士，出仕江山县，兴革沿除，诸大吏咸器之。寻改山东茌平县，下车日，询问民间疾苦，咸以恶僧对。僧，故万历替身寺众五百余名，浸淫剽掠，阖境侧目。故事，新县令到任，必具朝服往谒僧，行朝拜礼。吏役屡促斗往，斗不肯行。僧亦耳斗名，不为怪。会僧恶愈炽，斗投刺往招，至，则就缚之。一鞫，尽吐恶状。杖，将死。役白"为斗罪"，斗曰："吾宁身受诛，为朝廷除害民贼。"立毙之。僧众围县署，更诉各大吏。斗闭门坚守，静待处分。顷，闻仪门喧阗，则礼科给事中张贞观衔上命莅东省至，则问故，僧围已日余矣。贞观诡词譬解，遂排众入见斗，曰："事急，安坐而受刑戮，何如暂避不测，以图后效？"斗为之动，遂弃冠潜遁，匿居微山。越三年，各同年抗疏救之。会上悉僧恶，特赦斗。旋蒙引见，简授南京刑部清吏司主事。在位数年，以老病乞归，卒于家。

蔡倖　以明经任浙江乐清县丞，摄知遂昌县，邑人祠之。子楠，由选贡任山西绛州同知，署州事，有善政。临解任，民思之，绘《卧辙图》。

清

王者都　字敬止。顺治中由拔贡为西宁卫通判，以才选肇庆府，同治移大名。康熙九年，升泉州知府。时郑氏据台湾，海氛浸炽。水陆皆屯重兵，与民杂处者，都调剂得宜，上下悦服。稍闲，则率民垦荒芜、兴学校。以疾卒于官，人甚惜之。

孟承绪　字嗣兴。由廪贡生任保定同知，民戴其德，综铜政、监修战舰。以廉干著，有声。

王可继　字文绪。以诸生入太学，循例授山东博平丞，建闸修堤，署东昌通判，擢霸州州判。所至军民戴之。

郭裕　字贞如。官成都通判，累擢河东盐运使。兴利除弊，多善政。

郭宪仪　字时羽，诸生。官涪州知州，不苟取与，廉俸不足，则取给于家。涪人戴之。

朱达　字素斋，太学生。以军功授清河县丞，理河务，著有成绩。陞桃源县知县，旋引疾归。年九十一岁。

朱尊球　字筠圃，附贡生。遵例捐授户部主事，升广东司郎中。乾隆甲辰，南巡钦差头队护驾官，沿途丝毫不取，民间疾苦，必虚心访问，代为上闻。议叙广东即用道。晚年告归，清风两袖。年八十卒。

朱衣点　字梯云，千秋集人。性颖异，十岁善属文，学无所不究。由拔贡选州同，历任云南昆明县丞、呈贡知县，兼镇雄州知州，推陞大理寺左丞。所至存心爱民，凡事有益于百姓者，尽力为之，一时咸被其泽。

朱尊霖　字雨田，衣点子。由国学考取方略馆誊录，议叙两淮盐大使，调两广盐场大使。卓异，升番禺知县。负性康爽，不避权贵，所至皆卓著政声。

朱锡筠　字芷湘，尊霖子。以拔贡生朝考一等，历官江西德安、湖口、安远、南丰、新城知县，升饶州府同知，行取大理寺评事，所至有政声。为人口吃，而听断精明，有"神君"之目。其任南丰时，建义仓、修书院，惩蠹役、抑豪横民，至今颂之。书法颜鲁公，劲健圆足，一时罕匹。

朱瀚　字浤波，附贡生。援例捐授通政司经历，升通政司知事，官司喉舌、政裁弊窦。晚以终养告归，家居，布衣不饰。卒，年七十五。

赵敬修　字惺圃。以举人大挑一等，分发山西，历署河曲怀仁知县，补蒲县，所至称治。以艰归，服阙，选安徽祁门知县。祁俗，泥于风水之说，率以坟墓涉讼，又多停柩不葬，山谷间厝屋叠叠。日久，辄为野火所焚，敬修严禁之。又以理反复譬喻，俗为之变。调霍邱县，民姜墨诉其父某为李甲所杀。讯甲，无杀人迹。而墨词闪烁。先是，墨为某妻前夫子，归某后，生二子，某由是憎墨。墨又尝诱某妾，恐某知，遂以斧斫其脑裂死。敬修廉得其情，而凶器匿不出。乃引某二幼子，询其家刀斧碓杵若干件，验视独少斧。墨于是始承杀人状，出斧，血痕犹渍，与伤格不差累黍。因释李而置姜于法，时称神明。

蔡见龙　字际飞。由廪贡任清河县知县。致政归，邑里利弊多所兴革，为地方造福。

朱浣　字澡庵，增贡生。遵例捐知府衔，分发直隶授顺天府同知。在任五年，有政声。任满后，终养告归。

李长庆　任湖北武昌正卫守备，江西十三帮总催。洞悉漕河诸水利，名论侃侃，为时推重。著有《治漕左券》，总漕周天爵、杨以增多就询利弊。夏镇部城大仓，为沛、萧、丰、砀兑米之所，船役踢斛淋尖，胥吏收一索十，为病农民。长庆为言各当道，力去之，民皆称颂。子二，长承恩，次逢恩。以上均见旧志。

行　谊

汉

姜肱　字伯淮，彭城广戚人也，广戚故城，今徐州沛县东。家世名族。谢承书曰："祖父，豫章太守；父，任城相也。"肱与二弟仲海、季江，俱以孝行著闻。其友爱天至，常共卧起，谢承书曰："肱性笃孝，事继母恪勤。母既年少，又严厉。肱感凯风之孝，兄弟同被而寝，不入房室，以慰母心也。"及各娶妻，兄弟相恋，不能别寝。以系嗣当立，乃递往就室。肱博通五经，兼明星纬，士之远来就学者，三千余人。诸公争加辟命，皆不就。二弟名声相次，亦不应征聘，时人慕之。肱尝与季江谒郡，夜于道遇盗，欲杀之，肱兄弟更相争死，贼遂两释焉，谢承书曰："肱与季江俱乘车行适野，庐为贼所劫，取其衣物，欲杀其兄弟。肱谓盗曰：'弟年幼，父母所怜愍，又未聘娶，愿自杀身济弟。'季江言：'兄年德在前，家之珍宝，国之英俊，乞自受戮以代兄命。'盗戢刃曰：'二君所谓贤人，吾等不良，妄相侵犯。'弃物而去。肱车中尚有数千钱，盗不见也。使从者追以与之，亦复不受。肱以物经历盗手，因以付亭吏而去。"但掠夺衣资而已。既至，郡中见肱无衣服，怪，问其故，肱托以它词，终不言盗。盗闻而感悔，后乃就精庐精庐，即精舍也。

求见征君。肱与相见，皆叩头谢罪而还所略物。肱不受，劳以酒食而遣之。后与徐穉俱征不至。桓帝乃下彭城使画工图其形状，肱卧于幽暗，以被韬韬，藏也。面，言感眩疾，不欲出风，工不得见之。中尝侍曹节等专掌朝政，诛陈蕃、窦武，欲借宠贤德以释众望，乃白征肱为太守。肱得诏，乃私告其友曰："吾以虚获实，遂籍其声价，明明在上，犹当固其本志。况今政在阉竖，夫何为哉？"乃隐身海滨。再以玄纁聘，诏书至门，灵帝诏曰："肱抗青云之志，养浩然之气，以朕德薄，未肯降志。昔许由不屈，王道为化；夷齐不挠，周德不亏。有司以礼优顺，勿失其意。"肱使家人告曰："久病就医。"遂羸服间行，窜伏青州界，卖卜给食。历年，乃还。熹平二年，终于家。弟子陈留刘操追慕肱德，刻石颂之。见《汉书》本传。

孔车　洨县人，沛有洨县。为主父偃客。主父方贵幸时，宾客以千数。及其族，死无一人收者，唯独洨孔车收葬之。天子闻之，以为孔车，长者。《史记·主父偃传》。

晋

刘伶　字伯伦，沛国人也。身长六尺，容貌甚陋。放情肆志，常以细宇宙、齐万物为心。澹默少言，不妄交游。与阮籍、嵇康相遇，欣然神解，携手入林。初不以家产有无介意。常乘鹿车，携一壶酒，使人荷锸随之，谓曰："死，便埋我。"其遗形骸如此。尝渴甚，求酒于其妻。妻捐酒毁器，涕泣谏曰："君酒太过，非摄生之道，必宜断之。"伶曰："善！吾不能自禁，惟当祝鬼神自誓耳。便可，具酒肉。"妻从之。伶跪祝曰："天生刘伶，以酒为名。一饮一斛，五斗解酲。妇儿之言，慎不可听。"仍引酒御肉，隗然复醉。尝醉与俗人相忤，其人攘袂奋拳而往。伶徐曰："鸡肋不足以安尊拳。"其人笑而止。伶虽陶兀昏放，而机应不差。未尝厝意文翰，惟著《酒德颂》一篇。其辞曰："有大人先生，以天地为一朝，万期为须臾，日月为扃牖，八荒为庭衢。行无辙迹，居无室庐，幕天席地，纵意所如。止，则操卮执觚；动，则挈榼提壶。惟酒是务，焉知其余。有贵介公子、搢绅处士，闻吾风声，议其所以，乃奋袂攘襟，怒目切齿，陈说礼法，是非锋起。先生于是方捧罂承槽，衔杯漱醪，奋髯箕踞，枕曲藉糟，无思无虑，其乐陶陶。兀然而醉，怳尔而醒。静听不闻雷霆之声，熟视不睹泰山之形。不觉寒暑之切肌，利欲之感情。俯观万物，扰扰焉若江海之载浮萍。二豪侍侧焉，如蜾蠃之与螟蛉。"尝为建威参军。泰始初对策，盛言无为之化，时辈皆以高第得调，伶独以无用罢。竟以寿终。

明

郭全　汉台里人。事母孝，母殁，竭力营葬，躬负土成坟，庐墓三年。

龚谦　千秋里人，贫而能孝。父先逝，事母曲尽子职。母卒，哀毁逾礼，结庐于墓，朝夕号泣。

赵安　泗亭里人。母早逝，事父尽孝，父殁，踊恸几绝，三年庐于墓侧。

赵清《明史·孝义传》作"蔡清"　贡生，父孜。年十七，曾割股疗亲疾。孜卒，妻卓氏守节。清事母最孝。母殁，庐墓三年。墓滨河大水且至，清守死弗去。吁天曰："墓陷，则清与俱殁矣。"俄而，水竟不溢，庐旁有隙，清仓猝不暇塞。夜有鼠啮草塞之。墓侧槁瓜复荣秀，闻者异之。卒，祀乡贤。

杨冕　庠生。事母至孝，母殁，庐墓三年，哀痛弗辍。嘉靖中有司奏请，得旌表，仍赐冠带，复其家。

石璞　广戚人。天性朴实，事亲孝，母殁，庐墓三年，衔哀饮泣。服阕，亲友往迎，归月余，病卒。

杨东莱　汉台里人也。性至孝，年十四，母马氏疾笃，东莱割股调羹以进。母食之，愈。有司请于督学御史，令补邑庠生，月给米赡其母。东莱年二十二，卒。

张奉　汉台里人。父与继母先后卒，庐墓不归。县令闻之，给以布粟。未几，奉亦卒于墓所。石璞、杨东莱及奉三人，笃孝秉礼，而天竟夺其年，人皆伤之。

李三阳　年三十，家贫力食。母唐氏卒，负土为坟，庐守三年。有司上其事，当道旌之。三阳为人谨愿，晚年数举乡饮，人以为无愧云。

陈永　嘉靖末，奉母避水他邑。母病危，永吁天曰："永，羁旅人也。母万一不讳，棺殓且无资。愿减算，以延母年！"母竟不死。未几，归，母以天年终。永朝夕负土成坟，终丧，遂定居墓旁，日惟一饭，历三十年如一日。

张楫　性纯笃，事母孝。母卒，居丧毁瘠。及葬，庐墓三年。后为僧。

刘永清　字练湖，以恩贡任清浦教授。逾年，意有不屑，乃潜出城，脱衣挂冠郭门而去。诸弟子收所挂衣冠，藏之学宫崇德堂之楣间，题曰"抗节挂冠"。又为之立碑，太史张以诚为之记。

龚伯堂　字泗侗，以明经授江西南昌府训导，性耿介不苟，恬淡自适，读书以躬行为本，门下执经问业者，多所成就。

马珍　字文重，汉台里人。力耕致富，慷慨好义，邑人称之。王守仁《马文重墓志铭》：沛汉台里有马翁，身长而多智，涉书史，少喜谈兵，交四方之贤，指画山川道里，弛张阖辟，自谓功名可掉臂取。常登芒砀山，左右眺望，吁嘻慷慨，时人莫测也。中年为县司辟掾，已得选，忽不惬，复遂弃去。授登仕郎归，与家人力耕，致饶富。辄散其族党乡邻，葬死恤孤，赈水灾、修桥梁，惟恐后。既老，乃益循饬。邑人闻而尊之，以为大宾焉。年八十六，正德丙子四月三十无疾而卒。予为之铭曰：丰沛之间，自昔多魁。其才力若汉之萧曹，使不遇汉高，乘风云之会，固将终老其身于刀笔之间。世之怀奇不偶，无以自见于时，名湮没而不著者，何可胜数？若翁者亦其人，非耶。然考其迹，亦异矣。呜呼！骐骥之足，困于伏枥；连城之珍，或混瓦砾。不琢其章，于璧何伤？不驾于骧，奚损于良。呜呼马翁，兹焉允臧。

甄鉴、周防、李卓、王原、蒋荣、张麟、马士云、黄成、龚成、黄智、卓旺、周成，俱沛人。正统五年，各出麦千石，赈济饥民，奉敕立坊，旌异其家。

郭奇　千秋里人，诸生。正德间，岁饥，里中无赖子欲为窃而畏奇，相聚劫之。奇曰："吾读书明大义，不能戢汝乱，安肯从汝为乱耶？"夜，旋馈之米肉，奇不受，遂饿以死。

李绅　字缙绅，世居沛。父道明，始入京师，隶锦衣卫籍。绅，生而颖异，长能文，登成化丙戌进士。授行人，奉使天下，闻见益博。后荐擢至光禄少卿，旋以事降山西忻州知县。不欲往，三疏乞致仕，及得，请榜于座曰："五斗懒将双膝屈，三章乞得一身闲。"遂归，日以咏觞自娱，足不履城市，因号抱犊山人。卒，年六十。大学士李东阳志墓。

阎尔梅　字用卿，号古古，阎家集人。故大族，曾祖勇，有隐德；祖文泉，邑诸生，勤学博闻，性峻洁，不苟取与；父景文，增生，沉默好学，动必以礼。家世治《毛诗》，数以经教授乡里。尔梅生有异禀，磊落负奇气，博学工诗、古文词，而性最孝。举崇祯丙午北榜，主试者称其文"旷逸跌宕，有吞吐四海之概"。丁父艰，丧葬一准古礼，庐墓三年。壬午，寇氛四起，尔梅团练乡勇，亲教勾缩腾达之法。有巨猾刘元，拥贼数千，围沛。尔梅率壮士歼其渠首，贼遂溃。甲申之变，伪防御使武愫至沛，使使招尔梅，义不屈，贻书却之。愫览书大惭。未几，贼遁去，愫亦潜走。时史阁部驻师淮北，兴平伯高杰为许定国诱杀。梅因劝史公驰檄河南，抚慰其众。史公惧，不敢进，退保维扬。尔梅知必败，贻书径引去。复为刘泽清画战守策，不听。遁海上，则清兵已渡淮矣。至是，事不可为，不得已，还沛。未久，复去。及壬辰，山东兵败，首事辞连尔梅，执之。总督沈与同官商所以处尔梅，尔梅至，瞪目直视，不拜。沈知不可屈，佯语之曰："尔何为者？欲作文丞相乎？"尔梅旋步堂阶，高吟曰："天如存赵氏，谁可杀文山？"沈无语，檄兵拥之北去。未几，移下济南狱。不之禁，任其出入，因得归沛。遂放游晋、豫、秦、蜀，历览九塞，复从汉、沔东下，取次江西以归。盖去沛已十八年矣。是时，山东狱平，爰循吴淮复归沛。结庐先人陇旁，杜门不与世事，日以著书为乐，因号白耷山人。著有文、诗集行世。光绪二十八年，入祀乡贤祠。子二，长炅，次畟，皆有隽才，能世其业。炅，早逝；畟，尤奇伟，年十六，徒步走京师，上书讼父冤，及得白，遂归，事亲曲尽色养，终身不应科举，族党咸称其孝。

张道生　少司寇斗之子。以荫官京师，告归终养。未十年，鼎革，邑人阎古古谋起义兵，公破产佽助之，为当事物色征求甚急。时溧阳陈名夏居中用事，古古乃阴致意百史，得解免。公尝筑一庵，题曰“乐道”，奉母皈佛，自号忍辱头陀。尝自题其画像云：“事君不终，难为忠臣；事母以身，复托空门。四海虽广，无地可存；天地虽大，跼蹐斯人。以诗书之身，而不获济于民，呜呼噫嘻！复何所云？”古古先生题云：“峣峣然，岸岸然，其古之所谓清修之君子欤？不然，何以使人俨然而肃然？后之子孙，其亦修尔厥德兮，庶几无愧此桮棬。什袭珍之，勿为风雨攫之而天飞兮，庶几人以像传。而吾之文，亦庶几以人传。”

张居厚　字崇者，别号衣衲野樵，明增生。甲申之变，弃冠服于明伦堂，痛哭而去。隐居教授，不入城市。卒，年七十五，祭吊诗文盈箧。

马允让　任浙江宁波主簿。其师崔仕申尝密寄银八十两于允让所，未几，崔廷试，卒于京。允让遂以原银还崔妇，封识宛然。

马出汧　字伯龙，举人马一化子也。以贡生任汤阴县教谕，谢事归，怡情诗酒，颇有著述。

清

俞善长　夏镇人，明季高士。家多园林，风雅好客。甲申变后，益纵情诗酒，避世遗老常相过访。与铜山万年少最惬，年少每至沛，辄淹留其家，除唱和外，不谈世事。年少《留别》诗有云：“犊车载酒时相过，虎落藏花不易寻。”渊明东篱之况，宛然在目。其风格概可想见云。

蔡兰馤　字洁斋，夏阳乡人。制行不苟，笃于孝悌。年七十余，事其兄兰馥维谨，遐迩称之。一时，士大夫皆有额言。

郝铉　字黄臣，顺治庚子举人。性孝友，嗜学励品，为士林重。亲殁，弟稍不给，悉以己产与之。沛官地税重，民受其累，铉力请减之。岁饥，乡人贷至千金，除日取券焚之，曰：“吾减己济人，安望偿乎？”子二，质瑜早亡，质瑭能承父志。

郭祺　字吉如。性敦朴，好施济。康熙癸未春，大饥，祺煮米食饿者，多所存活。夏，减糶；冬，施棉衣。庚寅，又饥，捐赈谷五百石，置义渡、修桥梁，靡不捐资以倡。邑文庙久圮，祺欲新之。未几，病，卒乃以修学、拯饥之事嘱其二子。遵仪、尚仪，能成父志。

魏天正　字介石，家素封，慷慨好施予。康熙四十八年，邑大饥，天正出千余金助赈，全活无数，屡为大府所旌。又常恤贫交，助婚丧，里人尤德之。弟天质，字介文，官翰林典簿。时有胡某以典簿候选，闻天质欲归，馈八百金为赆，以速其行。天质坚却之，即日解组出都。缺归胡某，同寅义之。雍正丁未，捐谷三百石赈饥。又常有储粮千石在村舍，佃人尽啖之，置不问。是年，大水溃邑郭。

民失所者，天质以己宅居之。子准，任卫辉通判，亦廉谨好义，无忝厥父。

蔡尧弼　日知子，庠生。性孝友，爱幼弟尤笃。弟殁，抚其孤成立，邑人贤之。尧弼子锡范，贡生，事继母以孝闻。母殁，居丧婴疾，犹朝夕号痛，三年不见齿。子亮采，字载熙，庠生，慷慨好义，里中大祲大疫，皆力任不避险难，尤为学校推重。

张扬　字仲芳，以明经贡于乡，旧例给贡生，旗匾俱派里甲。扬辞，不受，里胥不得借名科敛。著有《会骚》、《吹骚》等集。

马夔龙　字云卿，庠生。母善病，因习岐黄术，为调摄益寿。乡里以病求疗者，应之，多奇验，不受馈。性至孝，居丧毁瘠泣血。读书明大义，淡泊自守，尤乐与人为善。

刘美昌　武庠生。事母至孝，母年八十，不能食，命妻乳哺之。

张我愚　增生。事母以孝称，端品力学，尤著士林之望。

徐登龙　性纯孝。幼丧父，哀毁尽礼。事母无间晨昏，长好施予，修桥济涉，助人婚丧，善事尤多。

刘梦　字兆先。醇谨笃实，为里人所重。平生无妄言谑语，诗书外，事稼圃，教子以立品向学。子克昌，庠生，遵父训，优于文行。年，八十一。

王禘　字子诚。父化蔼死难，时年甫周，叔吉人抚之。天资明敏，好读书。年二十，入邑庠。事父母，尽色养。壮，益植德。有以产售者，继又售以别产，禘曰："君二产俱失，奚以生为？"恻然久之，再予之值，却其产。吴逆乱，差役繁杂，奸猾借为利。禘悉济给之，鸣于上宪，弊政得除。

郭鸿仪　字六羽。纯孝性成，亲疾笃，侍汤药，衣不解带，日夜哀吁，愿以身代。亲殁，毁瘠，呕血死。

张依义　字履宜，乾隆时人。性最孝，幼失恃，继母性严厉，时加鞭挞。依义孝养益进，未尝离膝下。未几，父殁，复率其妻敬事孀母，视寝问膳，未尝稍懈。年逾五旬，值母怒，犹跪终日，非亲族婉说不敢起。退，亦无怨怼。母年八十余而殁，丧葬一准古礼。至今，人犹称之。

王廷光　字献华，诸生。果毅有为，遇事善断。咸丰以来，水患兵燹，人无宁居，兼之东民甫入沛，主客交哄。廷光倡议，筑砦圩以御群寇。继，王、刁二团勾匪扰害地方，乃率邑绅诉诸上宪，得驱逐，人赖以安。

阎若愚　庠生。性情高淡，不慕荣利，品行足范乡里。

胡朝阳　监生。性仁厚，仗义轻财，亲邻贫乏者，有求无不应。又有监生袁梦笔，为人端正，亦以救灾怜贫，重于一乡。

张文纯　字敬止，贡生。家居授徒，启迪后学，一时及门者甚众。又有增生王廷烈，亦以穷经讲学，教授乡里。

阎维祄　字又伯，太学生。性纯笃，学品重于乡间。寿八十八卒，因子合增诰封武德骑尉。

赵一琴　字韵清，岁贡生。好学能诗，教授乡里，善汲引后进。又有庠生崔任，亦家贫授徒，事亲孝，于兄弟友，晚年以善教称于乡。

孟兴禹　字惜光，监生。家素饶，轻财好施。岁歉，里人乞贷者，各如其意。皖匪之乱，倡筑人和砦以卫乡里，捐资数百金，寨成，远近咸得所庇。至今人犹称之。

李廷柱　字砥中，大李庄人。性笃实，以勤俭称素封。顾居近微湖，田多水患，一村之中，什九患贫。廷柱常赒恤之，至冬春，则按户分给，免使流亡。其勤而耐劳者，或拨地使佃，或借资俾作小负贩，以故一村无游手。又常劝人仁爱，其族若邻皆化之，相与互勉，咸能食其力而遵其道。毕其世，一村无淫博之徒，无雀鼠之争。子榜，字金第，太学生，克承父志，名重乡里。

李启岳　字五峰，贡生。品格端方，留心掌故。邑令侯修志，尝勷其役。后为学田董事，于创建文庙之工，筹画督理，尤著勤劳。

范广运　范庄人。性孝友，乐善好施。弟早卒，抚侄，愈己子。咸丰间，效力河工，所得银辄散给乡邻，或助棺施衣食。一日，过砀城东立河集，有丰邑避水者李姓，欲卖妻以养亲，妻号泣终夜。广运询知其故，助钱数千，俾完聚。

朱宗逵　居杜桥。父敬溪，为捻匪所执。宗逵闻而奔救，绐贼以己知藏金处。贼释其父，后索金不得，遂被害。祀昭忠祠。

姬正品　居姬庄。闻贼至，奉母入寨，中途为贼所执。正品泣诉"母老，愿杀己以代"，贼遂释其母，而正品遇害。同时，又有於其英，亦以救母，为贼所杀。

王召南　字云溪。咸丰间，父为捻匪陈大剁、二剁所杀。是年，贼又至，召南聚乡里壮士，乘夜入贼队，杀大剁以报父仇。

郭禧　字祉如，贡生。母病痿，十八年侍汤药，无稍懈。每岁歉，减价以粜。又修学宫、飞云桥，筑邑南堤，邑人称之。子二，长鸿仪，次宪仪，皆有传。

张广文　之典，字元式。先世自元时居沛，张氏称旧族者，必曰"晓鸣寺"。广文，天性真挚，少孤，事母孝。年十九，补博士弟子，试辄高第。家故饶，不假教授为生。或重其文，强延之，居数日，念母亟切，意忽忽若有失，中夜起行，彷徨不寐。明旦，即辞去。依依膝下，终不肯复至塾。主人不能强，而广文之孝益有声。会督学试淮徐，佥议以孝行举。议既上，广文闻之，惶恐谢不敢当，当事者益重之。然重违其议，不果题。初，邑中每岁签，里长任事，辄至破家。邑某，例不应役，邑大夫欲脱之。顾常重广文，欲得广文一言乃免。某承旨，怀金为寿。广文为言，得适矣。越日，携酒诣谢，与饮尽欢。某挈榼归，则原金在焉。某惊且感，为传颂邑中。而广文则讳曰："无之。"年逾七旬，训导东流教士，以礼让为先，诸生化之，无争讦者。在任三年，告归。卒，年八十三。子其犹，孙某，皆名诸生。

王嘉重　太学生。兄嘉训，弟嘉猷，皆力修任恤，而家不甚富。壬寅春，山左大饥，流民集境内并土著，贫民无以存活，举目皆是。嘉重出粟千石，日计口赈之。粟尽，来者益众，乃鬻田宅糴谷以给，日费四百余金。又尽，流者尚不能归，兄与弟复倾家继之。比饥者去，遂大窘。相对怡然，略无怨悔。各宪俱有旌言。雍正元年，邑绅举嘉重孝廉方正，详请亟以疾辞。子玉玑、玉璐、玉衡，先后入国学，顺亲立善，乡人称之。

孟钦　庠生。绩学敦品，居乡里排难解纷，不遗余力，士人重之。

卢雄　字文表，诸生。兵备道宋公延课其子，有犯重罪者，以百金馈雄，求为一言，雄峻拒之。以后贡任崇仁训导，历上饶、兴化教谕。廉谨，为时所重。卒，祀乡贤。

张之俊　字秀实。端方诚悫，人称长者。尤喜推解，凡有所求，无不竭力，俾快意而去。又尝两还遗金，人愈重之。子醇，康熙乙未武进士。

周士珠　字味元，育德子。性峻洁，足不履城市，片牍未尝至公门；接见邻里，言语恭谨；邻有争忿，辄造庐求平；婚丧不能举者，以财助，一乡推为祭酒。晚嗜诗，有《南村漫咏集》。

郝镳　字石友。孝友嗜学，不慕荣利，言行方严，有古人风。

郭登魁　字文轩。家素丰，好义轻财。岁凶，出谷麦，减价平粜，多所存活。

李嘉栗　字树周。性纯谨，有智略，慷慨好施，遇公益事尤热心。咸丰元年，河决岁歉，出储粟活人无算。八年春，捻匪大至集，里人谋防御，出资筑圩，率众固守，远近归之。沛城自河决冲陷后，县署暂移夏镇，数年无定所。邑侯丁公炅，商之嘉栗，移住圩内，即今县治也。县有悍捕蒋振，蓄纳亡命，鱼肉乡民，丁公欲除之，未果。旋，丁公被贼戕。时大乱，人皆自危，莫敢谁何。嘉栗义愤填胸，邀集邑绅声其罪，率死士攻杀之，阖邑称快。子启艾，慷爽有父风。乱后，百废待举，黉宫、书院、衙署、庙宇，诸钜工，皆其规画。对于积谷备荒、兴学育才，尤为出力。邑侯陈额其堂曰"勤慎急公"。

张贵典　字敬之，附贡生。性刚正，取予不苟。闭户读书，不预外事。著有《南轩堂诗草》，卒年，六十岁。

张金彩　字华堂，候补州同知。同光之际，董办夏镇圩务，兴利防患，多所裨益。初，夏镇有过坝行在、三孔桥，贻害商民，金彩力请各宪，革去积弊。勒石河干，商旅颂德。

郝惟一　与兄惟精俱庠生，素友爱，一饮食弗与俱，意不适也。学使录科，一见录，精被遗。一泣求以己名与兄易。学使感其义，许之。精，因得以贡叙为训导；一，竟以诸生老。乡里义之。

张文钠　字继舆，例贡生。咸丰九年，捻匪猖獗，沛民多被杀掠。文钠与弟文珊同创圩寨，绅民咸得依附。后别村踵其成效，圩砦始多。

王可立　字文卓，以岁贡为州佐。事寡母孝，常为中表完婚，且三置产。又买婢，闻已许聘，觅而还之，不索值。

韩文封　字秉益。性喜施予，助婚丧、还遗金、输医药，躬行不倦，且不求人知。

周思明　字维达，邑诸生。有廉操，动必以礼。以岁贡任河南固始县丞，有夜馈金者，峻拒之。少尝师事单柏庵，单既殁，岁时必躬拜其墓，存问其子孙，至劳靡间。年八十三，卒。

朱普恩　字子洋，岁贡生。生性倜傥，读书期实用。同治间，皖匪扰乱，倡筑栖山寨，练卒御贼。里人感德。

魏席珍　庠生。性孝友，诸兄不事生业，时周其困乏，又乐善好施。道光间，岁大饥，里中有乏食者，出粟按户分给。卒，年八十八。孙，江亭，应光绪己酉选拔，人谓积善之报。

孟毓训　字佩廷，贡生。力学敦品，乡邻钦重。家贫课徒，成就后学尤多。

朱敬立　字翰章，庠生。品优学粹，邑人欲举孝廉方正，立固辞。兄弟间尤以友爱称。卒，年八十。

叶兰畦　字香圃，庠生，梅家村人。品学俱粹，少孤贫，事母孝，母卒，历叙其生平事实，作《永怀记》一卷，以为开卷如见母也。年八十六，每捧卷泪下如雨。其孝本天性，实有情不自禁者。乡里欲举其孝行，力辞不受。

谢景骞　字孝菴，增生。幼失怙恃，抚于祖母，能尽孝道。先是，祖某有志于学，未成，喜藏书，及景骞羽冠游庠，人以为能承祖志云。

吕良田　字腴阡，庠生。端谨老成，人钦其德。又增生蔡云翔，亦以严正端方重于一乡。年皆八十余而卒。

顾绍骞　字灵槎，岁贡生。涉世耿介不苟，读书以躬行为本，一时执经门下者，成就甚多。卒，年六十五。

张懋斌　字郁文，居夏镇。博识强记，尤精岐黄。咸丰辛酉，圩破受创，偃卧路隅，酋长桂锡桢见而异之，命扶马上，偕归。懋斌与语竟夕，因悉桂桢为时所迫，即喻以及时反正。桂为首肯曰："大丈夫不遇时，不过借此为阶梯耳。"复劝其立名必先立德，能保全妇女名节，即立德之大者。桂即除大宅，凡胁裹妇女悉置其中，令乡老看守。嘱懋斌通知其家属领还，一无所索。后桂率众北上，招懋斌同往，斌辞以疾。桂旋投诚僧邸，复来函招致，斌婉谢之，携家避地微山，教子读书，时吟诗以见志。著有《野亭诗草》。

李振翰　字仲鹤，廪生。品学端粹，雅迈群伦，邑令张公莲渠极器重之。咸丰初，张公调丰县，延课其公子汝梅。值粤匪陷城，张公投水殉难，诸幕友各奔避，独振翰于仓皇间捍卫公子匿民舍。旋乘夜缒城出，张公得保遗孤，振翰力也。振翰既遭时变，常寄居夏镇，以画自娱。好以墨写兰、竹、菊、梅，古秀异俗。天寒不寐，拥衾朗诵古文、诗词，声渊然，如出金石。没后，家中落。其门生汝梅，光绪间位至东抚，尝遣人至沛恤其家。

胡玉佩　端方慈良，家贫课徒。萧邑有刘某者，博而负，卖其妻以偿，妻服毒，誓死不去。玉佩闻之而奔救，得不死，因代偿其负，喻以廉耻。刘感悔。自是，夫妇相安如初。

林廷选　佾生。事亲孝，父病危，乞以身代，遂自缢死，有代父文一篇。

王兰田　字心圃，庠生，刘家堤人。性长厚，好义乐施，一乡推重。

王树藩　可立子。慷慨好义，凶年食饿者；河工欲出席课，树藩力请大吏，乃免，人尤德之。

赵汝一　字若夔。性纯孝，好施予。晚年居积致富，有义举，辄捐资以助。卒，年五十六。

阎克友　字胜云。喜读书，最孝。居父母丧，一准古礼。性耿介，虽饔飧不给，不妄干人。卒，年八十七。

刘运书　咸丰间，捻匪扰乱，县令张筑旧城圩，以庇居民，运书捐钱数百缗。后筑辘轳湾圩，复捐二千余缗。时人重之。

孟传仁　号强恕。孝亲睦族，至性过人。因母患眼疾，遂专医道。著有《眼科经验良方》。子库亭，号洁菴，捻匪之乱，在孟庄筑圩，保全数千家，嗣奉道宪谕，充董事经理学款，急公好义，时论称之。

张宗程　字雪门。性刚直，善排解里中是非；笃于孝行。咸丰间河决，母避水，殁于外，权葬河堤上。水退，往启母骨，时荒冢累累，难辨，乃号泣，刺指，血流渗入骨，因得其母而葬焉。

魏荣衢　邑庠生。性孝友，轻财好施，尤勇于义。咸丰壬子河决，人争避。荣衢丁母艰，守棺不去。后父殁，厝堤上，水漫堤，荣衢以舟为屋，朝夕守视，日久乏食，以豆糁、杂草根啖之，终弗忍去。兄弟分产，荣衢仅取少数，以大半归兄，曰："吾兄食指多，忍视吾有余而兄不足耶?!"咸丰十一年，捻匪扰乱，所居寨有恶少约贼来攻，举火以应，众知，不敢发。荣衢治酒食召恶少，责以大义，恶少感悔，因谋待贼至潜擒之，一寨安全。

李家香　父祖谦，以事赴句容县，卒于疫。家贫，无力归骨。时家香年十五，遇有南来者，即询问经过都邑及水陆路程。未几，窃钱五百逃去。越三月，忽负竹筐败絮而归，启视之，则其父遗骸也。众惊异，叩其颠末，始知其归途之难，更有甚于去时者。以未成年之人，归父骨于千里之外，乡里每称道之。

谢珍　字应征。兄殁，遗侄五人俱幼，薄田数十亩，恒衣食不给。珍勤于持家，俭于自奉，督耕课读，五侄皆赖成立。后增产至五百余亩。子三人，析居时，以八分为准，士论重之。

封自牧　汉台乡韩楼人。家素丰，邻里悉沾其惠。同族读书之人颇盛，有不足者，辄出资助之，俾得成名而后已。一子家鳌，幼颖异，弱冠游庠，人谓厚德之报。又孟传备，孝友性成，尝割地以一顷奉伯，一顷奉叔，一顷养老姊，乡闾咸钦其德。

张文炯　字藜光。性至孝，父殁，三年不入寝室。

孙惟一　字朗斋，廪生。叔卒，无子，其婶母爱之，欲立为嗣，母以昭穆有序，非所当继，婉辞。婶母志极肫恳，惟一弗忍违。出，则就苫块以尽礼；归，则脱素服以顺亲。委曲求全，以博母与婶母欢。及婶母卒，房舍田产，胥让承嗣者，人谓其有古人风云。

苗鹤龄　字冠书，岁贡生。性冲淡，勇于公义。咸同间，东民占据沛地，王、刁二团尤强暴，勾结土匪，扰害地方。公同邑绅诉上宪，卒得驱所遗地，悉以培养士子。晚年，设教乡里，成就甚多。及卒，门人醵资，勒石颂其德，学宪瞿题曰："垂范士林"。

朱用周　字培三。乐善好施，应世诚悫，人谓为长者。创立青墩寺两等学校，建筑校舍，筹画款项，用周首为之倡。历充学田董事，民国四年接充教育款产经历总董，经理十余年，急公好义之心未尝懈。卒年，五十六岁。

李兆修　庠生，茂春长子。性笃实，勤学问，设教善诱，桃李如林。晚年自励尤笃。年八十七终。

张世琥　字绣珍，贡生，晚号耐烦老人。沛自乾隆后巍科途绝，咸丰后仕宦亦稀，又兼县治草创，百凡不备。世琥为一时士林领袖，创建文庙、书院、考场，诸钜工或经其建议，或监视落成。尝自言"以学校人，办学校事，自觉精神不疲。"享年八十岁，著有《望岸斋诗草》。

封遐龄　字象鼎，附贡生，封黄庄人。言信行果，一方仰望。为学田董事三十余年，上下无异言，建修书院、黉宫诸钜工，皆其规画，士林赖之。寿八十六终。其堂侄家政，乐善好施，友爱素著，阖家五十余口，同居六十余年，妇子无诟厉声。尤喜排难解纷，至困于经济，空口不能了者，解囊助之。寿七十四终。

张宗水　字向泉。性慈善，饥年尝卖地粜粮以活人。年四十无子，其弟为买二婢，大者有疯疾，询其姓氏，弗能道；小者尚记其夫家，公急使人寻至，为制装嫁之。夫妇感其德，佣工数年，后去。大者亦为择配遣嫁。弟悯兄甘作伯道，怼焉。后年余，正室竟生子。宗水友爱出天性，于族情尤重，族多困乏，时学田纳价招领，宗水出资领千余亩，尽给族人。

魏廷聘　友爱诚笃，兄弟怡怡。游庠后，易读而耕，以勤俭裕家，性好施予。道光十三年，沛大饥，死者相望，廷聘每日周视近村室无烟火者，畀以升斗；乡里购粮者，按数量给，必益以一合，一方德之。

苗庆云　字霭轩，鹤龄次子，廪生。事父母以孝称，平时衣服饮食，必亲自检点。母病，坐卧榻前，昼夜侍奉无倦容。及殁，哀毁骨立，咯血数升。后遭父丧，以忧卒。里人重其孝行，上于学使，旌其门曰："锡类垂型"。

蒋观岳　字安仁。轻财好义。咸丰七年，大饥，死亡枕藉。观岳卖腴田、设粥厂以食饿者，米尽则新麦继之，历时百余日，全活无算。卒于光绪八年，寿百岁。子步廪，敦厚有父风，寿九十二。两世耆年，佥谓为善之报。

蒋步蟾　字丹桂，汉台乡蒋桥人，性慷慨，好施予，遇穷厄，解囊资助，无德色。地内荒冢累累，皆旅榇无归者也。同治间，有滕邑徐某避荒来沛，举家数口奄奄待毙，步蟾与之衣食，并给地七亩，使耕，不索值。后徐某家近小康，子孙繁衍。光绪二年，豫省饥，有夫妇携弱女来沛乞食，夫中途饿毙，妇弃其女逃生。步蟾遇女哭，携归家，抚养成人，为择配孙姓，此女至今犹感德不置云。

杨兆祥　字庆馀。幼好学，博涉经史，家贫不能竟业。入刑科习公牍。清代，胥吏多贿例，兆祥独清白自矢。而又好谈儒术，接近儒者，故士林重之。寿八十五，邑令朱额其堂曰："硕德耆英"。

李作檠　字乐轩，太学生。品行端方，廉介自持。在公署佐治十余年，未尝妄取一钱。天性友爱。捻匪之乱，侄德源被掳去，作盘寻之年余，出生入死，卒得同归，人高其义。晚年，精于医及地理之学，寿世济人，乡誉特隆。寿八十六，终。子德潜，事之孝，起居饮食能先意承志，佥谓善德之报。

罗玉树　字香亭，庠生。慷慨尚气节。乡里争斗，虽极强横，必理解情谕，务使平和了结而后已。光绪十七年，岁荒，请仓谷以恤闾里。二十三年，夏蝗、秋大水，禾稼淹没。玉树复请开仓赈济。时灾遍谷少，邑宰难之，玉树力言，谓"救得一人，即多活一人。因噎废食，宁为善政？"于是，择极贫者，赈之，卒舒一邑之困。

谭士玉　字蓝田。家素丰，好义乐施。咸丰纪元，河决，避居滕邑，邻族从者多赖以生全。水患平，捻匪乱作，士玉倡筑圩，贼猝至，入圩者仓皇未及裹粮，散柴给米，众心益固，圩赖无虞。寿九十三。子孙繁盛，咸称积德之报。又燕朝聘者，董理团练数十年，保卫乡里，一方赖之。

赵玉理　字润甫，赵家圈人。世业儒，其高、曾、祖，均以名宦称。玉理少承家学，年甫冠，入庠食饩。性严介，处人一禀至公，以故乡邻有斗，得一言为评判，辄息词罢讼。于地方，尤以提携后进，振兴学务为心。尝充学田积谷董事，务核实不使公款虚縻。修理书院、黉宫诸钜工，皆身与其役。沛自道咸以来，文风不振，邑侯马咨振兴策，玉理乃荐名儒为山长，复请优给膏火，使寒素者亦得所肄业。县东旧有河，年久淤平，玉理献疏通之策，异议者多方阻挠，乃毅然会同士绅倡捐开挖，卒底于成。至是，积潦有所泄，舟楫无所阻，商民皆利赖之。晚岁，家道充裕，戚族之孤苦，推解无吝色。子四，锡藩，拔贡生；锡苓、锡荫、锡菜，皆有声庠序。

朱赞　字化育，五里庙人，以例贡加候补县丞。性友爱，好施予。伯仲七人，赞最长，析居时，先业听诸弟取，余始归己。遇读书或婚葬无力者，出财资助，不责偿。卒年七十四，乡里称之。

朱方曾　字矩臣，千秋乡朱王庄人。祖锡蕃，父延恩，皆以文学名，且继世善书。方曾少承家学，甫冠，膺同治癸酉科选拔。性豪爽，重气节。旋，于乡试寓所因同人误伤人命，官厅挺身分过，罣误除名，多年始获复，遂蹉跎老乡里。事母以孝闻。清宣统初，被选省谘议局议员。民国二年，卒于家。只字寸简，人得之如获拱璧云。

李鸣冈　字仪堂，诸生。敦孝友，恤姻族，乐善不倦。道光二十六年，邑令兴修文庙、书院，并置同善堂，鸣冈首倡捐资以成其事。咸丰间，盗贼充斥，办团、筑圩，殚心力为之。又有刘培豫，字云门，慷慨乐善，输数千金，助工修寨，里党推重。

封家荣　字耀廷，武庠生。性至孝。父听语，年七十三患瘫枯，家荣身侍不假仆隶。父八十一，病益剧，为祷神，愿损己年益父寿。病果愈，八十四岁，寿终。荣昕夕侍奉，十余年如一日，人咸称孝行云。

王忠丞　字维承，太学生，云笠散人曾孙，孝友敦笃。其弟与侄贫弱不能自立，忠丞常资助之，并教以成名。又好济人之急，里党钦仰，见重一方。晚年，辟一野园旧址，广植花木，结草庐数椽，奉老亲游乐其中，门以内蔼如也。邑宰侯公额其堂曰："一室太和"。

张开均　字镜秋，岁贡，懋斌长子。博学多识，器局峻整。咸丰辛酉之乱，被贼掳去，旋为侠士救出。乱后，里巷萧条，男女死难者，户相望。开均并记其事状，事平，得一一旌表。尝助修县治，搜剔特详，谈掌故者，争取资焉。后被推为镇董，地当冲要，事猥繁，开均处之以静，事无不理。时司榷政者，初抽微湖南北商船，后兼抽东西渡船，谓之横捐，商民苦之，为申请当道，卒得裁免。庚子大刀会起，镇无赖聚而仇教，世家子亦与焉。开均陈说利害，一日而解散者，数处。及事定，到处拿办好事者，始咸感服。老年无子，教养侄辈，有著声黉序间者。生平最嗜读书，虽盛暑严寒，未尝一日离，故其著述有《虎穴再生记》一卷、《一方居吟稿》四卷、《镜尘谈新》八卷、《帐中集》二十卷、《榆香拾遗》二卷，及《夏阳志略》、《望益轩文集》、《自序年谱》等书藏于家。

叶毓瑛　字仲和，世居夏镇，明经崇嵋子也。幼秉家训，以礼自持。有弱妹，既嫁而孀，无可倚，毓瑛迎养终身，以全其节。性倔强，动忤时流，又往往悔之，辄复亲诣谢过，以故争惮之，而转谅其直。尝吊故人丧，哭甚哀丧，子怜其老，即苫次释杖劝止。毓瑛挥涕数之曰："尔亲丧不哀，已不可为人！我哀之，尔尚劝我耶？岂尔亲不应哭耶？"亲属有停丧为子完婚者，贺客盈庭，时浮薄后进及二三乡绅，谬膺知礼，约毓瑛贺拜主人丧柩。毓瑛拂然曰："停丧完婚，以为非礼，况又罗拜柩次，不重彰主人过耶?"众为之阻。以故乡里有婚丧，宾客正欢喧，闻毓瑛至，咸肃然。一夕，闻谈同镇有悌弟者，时已更余，辄往叩其门，呼名跪拜。其人方错愕，瑛曰："我闻子悌弟，故敬之。"已而，频呼"好，好!"而去。其直率类如此。

苗献廷　字元珍。少孤，事母至孝。长入邑庠，奉县谕派为里长，值捻匪乱，避居城圩，赞助圩务。复充学田董事，创立歌风书院，规画详明，有功学校。办公十余年，人无间言。

惠师箴　字警斋，附贡生。捻匪之乱，县治迁夏镇，湖西士民多向隅之叹，师箴首请移归旧城圩，并借典商房舍，权作县署。嗣经理公田，积款一万二千缗，遂将该典商房舍收买，其余公地，如书院、仓房，皆师箴相度购置。举止端方，为士民倡。知县陈深嘉之，额其堂曰："廉让可风"。

李纯　字心一，居李桥。有至行，家仅湖田数十亩。光绪某年，收获颇稔，纯出其赀，凡近族避水殁于外者，悉令徙柩回里。有邻某，营葬无资，纯卖犁以济。家人难之，纯曰："凡民有丧，匍匐救之，是何足惜?"所居近湖，每逢暑涝，西水辄东注湮田。纯议挑杜楼河通大闸，以泄水。辗转数年，始底于成，一方赖之。

张承烈　增生，栖山人。勤学工诗。咸丰初，栖山县城没于水，公私庐舍淤平。承烈倡议改筑土圩，以防捻乱。光绪间，知县马光勋创建文庙，以栖山旧庙石工多佳，欲访其处，而遗老已尽。承烈乃率导指示，掘土丈余，尽得旧石而用之，一时士林传为佳话。卒，年七十八。

刘士友　字得中。诸生，刘庄砦人也。咸丰五年，东民侵占沛地，筑团盘踞，有所谓新团者，士友之祖墓在焉，被团平毁。士友愤，与团民抗。咸丰九年，团民攻破刘庄砦，杀十三人。会僧邸统兵驻单，士友奔赴鸣冤，蒙檄饬徐海道剿办，乃得稍安。讵团民侵略性成，同治二年复将士友所筑别砦占据。士友愤极，联合附近村民，时相争杀。团民势众，不能敌。是年夏，团民冒称官军，赚入士友砦，又杀三十二人。知县许邦行通详列宪，旋漕宪吴棠派兵、并檄徐海镇痛剿，新团灭，乃复地五百余顷，分户招领。自有团以来，受祸之惨，费心之苦，无过于士友者。后曾文正公廉得士友事状，保举五品衔。年九十三，卒。

朱英佩　黄家村人。事父至孝，族党邻里无间言。督学唐题旌。

蒋步廷　字献甫，斗虎店人。少孤，能立志，师友皆器重之。光绪中叶，微湖多盗，扰害乡里。步廷创办水练，以功奖五品衔。二十八年，岁饥，道宪桂委办平粜。步廷复筹粟数十石，分给邻佑。县东通湖沿河，久经淤垫，步廷同邑绅筹款浚挑，商民便之。其叔继荣，仕至四川参将，卒于任，无子，不能归葬。步廷激于性分，只身赴蜀，备历艰险，卒载其叔柩回籍，人愈重之。卒年，七十二岁。

刘际昌　刘庄砦人。同治二年，赴徐应试，会团匪赚砦杀人，其父士品与焉。际昌闻耗奔回，敛后，星夜赴郡鸣冤。及将新团剿除，欲尽逐别团，复赴京叩阍。未几，发苏州，为团民贿毒，死旅次。知县许邦行为诗吊之，有“愚公苦志山难易，精卫衔冤石可吞”语。

王景时　贾阁人。性至孝，事亲先意承志。家贫，营商别村，距家约四五里。母病，羁于商，一夜往返七次，寝不成寐。母殁，号痛泣血，哀毁骨立。学宪唐额其堂曰：“庸行克敦”。

封浚亭　字晓楼，增生。敦品力学，工诗文，肄业歌风书院，遇试辄冠其曹。邑侯马深器之，谓其文发扬得春夏气。光绪甲午乡试，卒于省。士林悼痛，灵柩回里，时马公遣人致祭，并制文铭其墓。

卷十三下　人物志

忠　烈

汉

周苛　沛人。初，从沛公为客，及沛公立为汉王，以苛为御史大夫。楚围荥阳，急，汉王遁去，使苛守荥阳。楚破荥阳，欲令苛将。苛骂曰："若趣降汉王，不然，今为虏矣。"项羽怒，烹苛。后论功，封苛子成为高景侯。见《汉书·周昌传》。晋陆机《功臣表颂》"周苛慷慨，心若怀冰。形虽可烹，志不可陵。贞轨既殁，亮节以升。帝酬尔庸，后嗣是膺。"唐李观《周苛碑记》："昔天丧水德，未有受命者，而刘项之战方苦，残毒轧于生民。御史大夫周苛，世籍于沛，始汉高起而随焉。时汉以新阨濉水之围，而遽保荥阳。楚人四面攻之，内无完备，忧难持久，用将军纪信计而汉祖免，用周苛守后事以御外敌。敌知其危，并力荡摇，哀哀遗军，创痛如积，虽授之以利兵，束之以坚甲，而莫能起——非爱死也，力不堪也——故城覆于项氏。项氏毅然鹰瞬，爨大鼎于宇下，谓苛曰：'请封三万户、为上将军，军之政，自不毂而下及卒乘，皆听其所为。不从，则烹，决无疑焉。'公怒甚，色作，视羽而咳之曰：'吾闻不善者善人之资，今天将锡汉，是用汝资之。不即倒戈请命，汝死无日矣。且秦政反道，歼灭六国，天人合怒，噍类不留。今汝之业不足侔秦，而罪侈于秦，曾不知天以阴骘兴丧与夺，而犹与汉争锋。且若战数胜、攻数克，非君能也。天厚其恶，恶厚将崩，何得长哉?!'项氏恚公之不屈，而耻其诡己，声如乳虎，指左右捽公于沸鼎。公奋身不顾，蹈鼎而卒。呜呼！糜躯冀于不朽，不朽在乎立节，立节在乎显主。主显节立，独苛有之，与夫由余受戈、宏演内肝，殊也。初，苛杀魏豹，可谓无人薄我，及拒项氏，岂非临难不苟免耶？观感公之雄果，而史无传记，敢镂幽石，以承阙文。其词曰：龙战未分，崩雷泄云。雷奔云泄，其下流血。荥阳攻急，介士涕泣。赤帝徘徊，惟公在哉。秉心慷慨，处死不改。沉沉积怨，千古奚言。纪公光烈，系史之阙。

魏讽　字子京，沛人。有才名，倾动邺都，钟繇辟之以为西曹掾。曹操征汉中未返，讽潜结众，又与长乐卫尉陈祎谋袭邺。未及期，祎惧，以告操子丕。讽见杀，一时坐死者数十人。繇亦坐，免。按：讽为人，他无所考云。有才能，倾动钟繇，殆亦非碌碌者。其谋袭邺，自为汉讨贼，不幸未就而死，其志固可嘉也。史以谋反伏诛，党于曹氏，岂为定论？

晋

刘毅　字希乐，彭城沛人。少有大志，不修家人产业。仕为州从事，桓弘以为中兵参军属。桓元篡位，毅与刘裕、何无忌等起义兵讨元。及其将战于江乘、罗落桥、覆舟山，皆大破之，元军奔散。乃逼帝及琅邪王西上，毅追及元，战于峥嵘州，乘风纵火，尽锐争先，元众大败，烧辎重夜走。及元死，毅与诸将讨破桓振于江陵，乘舆反正，毅执元党尽杀之。诏以毅为豫州刺史，以匡复功封南平郡开国公，进拜卫将军，开府仪同三司，改荆州刺史，加督交、广二州。刘裕以毅贰于己，率军攻之，毅众散，自缢死。兄迈，字伯群，少有才干，为殷仲堪中兵参军。桓元之在江陵，甚豪横，曾于仲堪厅事前戏马，以稍拟仲堪。迈时在坐，谓元曰："马稍有余，精理不足。"仲堪为之失色。后为竟陵太守。及毅与刘裕等同谋起义，迈将应之，事泄，为元所害。《隋书》本传。

宋

高进之　沛国人。父瓒，有拳勇，尝送友人之丧，丧反，友妻为士宦所掠，瓒救之，杀七人，而友妻亦刎颈死，遂亡命江湖。进之生十三年，母刘死，葬毕，走四方，求父不得，乃谒征北将军刘牢之。牢之高会，进之入幕，推上客，而踞其坐大饮嚼，一坐大惊。牢之揖客，问所长，进之曰："善以计数中数密事。"牢之问部下甲兵刍粮，进之布指算，不爽，乃辟行军司马。居五日，进之曰："刘公猜而不忍，怨而好叛，不去，必及祸。"遂去之。与下邳薛彤为友，因薛交檀道济。三人者，志义合，刑牲盟生死。从道济征桓玄，得首将王雅，败桓兵于奔牛塘。又杀路雍岐，得天子旌节与桓所弃舟。事平，以功让道济。及围广固，进之作攻具，甚精巧。事平，授广固相。徐、傅等谋废立，招道济，道济谋于进之。进之曰："公欲为霍光乎？为曹操乎？为霍，则废；为曹，则否。"道济惊问，进之曰："公欲辅宋，则少帝不废，琅琊王不立；天下非宋有也，故必废。如欲自取，则长乱阶，逢愚君修德布惠，招罗心腹，天子非公而谁？故不必废。"进之此时按腰间刀伺道济，有异言，则杀之。道济趋，下阶叩头曰："武皇帝在上，臣道济如有异心，速殛之。"乃与进之定议，不为戎首，亦不相阻也。及谢晦反，兵锐，道济忧之。进之诈道济书致晦，与之连，晦喜，不设备，悉精锐蔽江下。进之遂间道入江陵，扬言曰："檀江州率重兵败谢晦于江中，斩其首以徇。"故晦党闻之解体，部下闭门拒之。事平，进之为司空参军。后到彦之伐魏，知其名，乞与同行，进之告仆曰："到公必败。吾言，则惑军；否，则及难。"遂请护粮，乃免。道济惧祸，其夫人刘遣婢问进之，进之曰："道家戒盈满，祸或不免。然司空功名盖世，如死得所，亦不相负。"夫人泣语道济，道济意狐疑。亡何，被收，道济目光如炬，脱帻投地曰："坏汝万里长城！"薛彤曰："身经百战，死非意外事。"进之掀髯笑曰："累世农夫。父以义死友，子以忠死君，此大宋之光。"坐地就刑，神色不变。见《三十国春秋》。

朱绰　沛人也。世为将，父腾，建威将军，吴国内史；兄宪及斌等，为西中郎袁真将佐。桓温伐真于寿阳，真以宪兄弟潜通温，并杀之。绰逃，归温，每战常居先，不避矢石。寿阳平，真已死，绰辄发棺戮尸。温怒，将斩之，温弟冲苦请，得免。绰受冲更生恩，事冲如父。参冲车骑军事，西阳广平太守。及冲薨，绰呕血死。

朱龄石，字伯儿，沛人，绰子也。少好武事，不治崖检。武帝克京城，以为建武参军。从至江乘，将战，龄石言"世受桓氏恩，不容以兵刃相向，乞在军后。"帝义而许之，以为镇军参军，迁武康令。县人姚系祖专为劫盗，郡县畏不能讨。龄石至县，伪为与亲厚，召为参军。系祖恃其强盛，乃出应召，龄石斩之。率吏人至其家，悉杀其兄弟徒党。由是，一部得清。后为徐州主簿，复为高祖参军。龄石有武干，又练吏职，帝甚亲委之。平卢循有功，为西阳太守。义熙九年，徙益州刺史，为元帅伐蜀。初，帝与龄石密谋进取，曰："刘敬宣往年出黄武，无功而退。贼谓我今应从外水往，而料我出其不意，犹从内水来也。必重兵守涪城，以备内道。若向黄武，正堕其计。今以大众自外水取成都，疑兵出内水，此制敌之奇也。"而虑此声先驰，贼审虚实，别有函封付龄石，署曰："至白帝乃开。"诸军虽发，未知处分所由。至白帝，发书，曰："众军悉从外水取成都，臧熹、朱林于中水取广汉，使羸弱乘高舰十余，由内水向黄武谯。"纵果备内水，使其大将谯道福以重兵戍涪城，遣其前将军侯辉、蜀郡太守谯诜等率众万余屯彭模，夹水为城。龄石至彭模，诸将以贼水北城险阻众多，咸欲先攻其南城。龄石曰："不然。虽寇在北，今屠南城，不足以破北；若尽锐以攻北垒，南城不麾而自散也。"率刘钟、蒯恩等攻城，四面并登，斩侯辉、谯诜，仍回军以麾，南城即时散溃。诸营守以次土崩。谯纵奔于涪城，巴西人王志斩送。纵守将、封府库以待王师。纵及道福逃于獠中，巴西民杜瑶缚送之，斩于军门。以平蜀功，封龄石丰城县侯。武帝还彭城，以为相国右司马。后从桂阳公镇关中，还遇敌，被执，死于长安。子景符，嗣卒；子祖宣，嗣以罪夺爵。更以祖宣弟隆绍封。齐受禅，国除。

朱超石　龄石弟也。亦果锐善骑乘，虽出自将家，兄弟并闲尺牍。初为桓谦参军，又参何无忌辅国右军军事。徐道覆破无忌，得超石，以为参军。至石头，超石说同舟人乘单舸，走归高祖。高祖甚喜之，以为徐州主簿。超石迎桓谦身首，躬营殡葬。屡迁宁朔将军、沛郡太守。义熙十二年，北伐，超石前锋入河，魏遣十万骑屯河北，常有数千骑缘河随大军进止。时军人缘河南岸，牵百丈，河流迅急，有漂渡北岸者，辄为敌所杀略。遣军裁过岸，便退走；还，即复来。高祖遣队主率七百人及车百乘，于河北岸上，去水百余步，为却月阵，两头抱河，车置七仗士，事毕，使竖一白旄。敌见数百人步牵车上，不解其意，未动。遣超石往赴之，并赍大弩百张，一车益二十人，设彭排于辕上。敌见营阵既立，乃进围营。超石先以软弓小箭射之，敌以众少兵弱，四面俱至。嗣又遣三万骑，肉薄攻营。于是，百弩俱发，又选善射者丛箭射之，敌众多，不能制。超石初行，别赍大锤并千余张矟，乃断矟长三四尺，以锤锤之，一矟洞贯三四人，敌众不能当，一时奔溃。超石追之，复为敌所围，奋击尽日，杀敌兵千计，敌乃退。大军进克蒲坂，以超石为河东太守。寻还，高祖自长安东归，超石常令人水道至彭城。除中书侍郎，封兴平县五等侯。关中扰乱，高祖遣超石慰劳河、洛。始至蒲坂，值龄石自长安东走至曹公垒，超石济河就之，与龄石俱没，为赫连勃勃所杀，时年三十七。

明

谢升　字仲刚，洪武中贡生。建文初，任湖广道监察御史，壬午靖难兵南下，升练兵给饷，夙夜勤劳。城陷，不屈死。父旺七十四、子咬儿十岁，俱发金齿卫编伍。见《遗忠录》。

李义　荣子也。勇略过人。荣既老，诏以义嗣千户，累官仪真卫指挥佥事。永乐中，升都指挥佥事，守真州，旋以本官为四川都司。从黔国公征安南，至生厥江大安梅口，与贼大战，力竭而死。子敬，嗣其官，迁重庆卫同知。见《扬州府志》。

徐实　素有胆略。嘉靖中，倭寇海上，朝议调山东、徐、邳之众征之，实兄、弟皆从征。军至苏州，与贼战，师溃，实兄弟三人角立不退，殊死战，多所杀伤，迄以无援，阵亡。建安滕霁伤之，为作《哀征夫吟》。

陈应诏　欢城人，与弟应桢俱入沛庠。天启壬戌夏，白莲妖贼陷夏镇，应诏率乡人击贼，斩数级。及秋，贼大举复至，乡民遂败，应诏兄弟皆死之。自贼陷夏镇以来，死事者百余人，知县林汝翥建义烈祠祀之。

王化霭　字吉士。能诗古文，尤精骑射。甲申岁，闯贼以泾阳武愫充淮徐防御使，闻化蔼有技勇，征之，不从，遂围其宅。霭谓家人曰："吾岂以诗书之身从贼哉?!"乃自缢死。

侯颖　邑庠生。家于滕，白莲教陷滕，族人从逆，欲使附己。颖知不免，先趣其妻女，投环自杀，阖门俱死。

姜上桂　庠生。白莲教陷夏镇，桂与父被执，骂贼，不屈而死。

张凤　世居夏村。勇力过人。流贼之乱，斩木为寨，护民居。自持梃与贼斗，无援，旋登楼息，贼射杀之。

清

周育德　字心安，冕四世孙，以例授户部员外郎。性好善，尝赈饥。值闻香寇掠境，被执，不屈死。

彭凤翙　字竹坡。咸丰二年，任山东成武县知县。时沛方大水，昏垫阻饥，招里人三百余口，食居署内。三年秋，发匪北窜，城陷，殉难。诏以知府例恤，晋赠中宪大夫，世袭云骑尉，崇祀昭忠祠。四子，以署中食客义士李茂溪，冒险救出。长子嶟，承袭世职，后改知县，分发河南；次子嵘，在僧邸办理文案，累功补授知县，历署蒙阴、嘉祥，升平度州知州；三子峤，候选教谕；四子崇，候选主簿。

张霈霖　李集人。尝从军高堂，得睹五花八门之奇，遂洞悉指要。归，教乡里团练，尽得坐作击刺之法，以其旧尝任侠也。为势家所忌，郁郁家居。及峄贼攻夏镇，霈霖挺出，请以向之所练五百人攻扑，当事弗许，使扼守北门。贼方麕聚，公开炮轰毙数十人，贼内应猝起，斫公仆地，外贼大入，遂醢之。同时遇难者孙嘉猷、张思敬、张善六及子宠诰、李树本、张恩诰、张懋绪、张鸿陵等皆骂贼，不屈而死。

张奎　为小贾于部城洪济门内。贼破夏镇圩，奎恨无计杀贼，乃遍置药于油、酒中，以毒贼。后贼麕至，奎知不免，因率妻、女六人投井死。

郭毓梅　秉信子，贡生，毓荣弟也。咸丰间，捻匪破夏镇圩，毓梅携妻陈氏及一子二女，逃至天齐庙，闭门与妻及子、女五人，同缢而死。

朱祖池　朱家集人。同治二年秋，发逆北窜，祖池率众御贼，力绌，遇害。同时殉难有朱祖诚、祖浚，朱敬舒、敬孟四人。

程纬　为杨庄练长。同治元年，贼窜杨庄闸，纬督练守御漕河西岸，力战而死。

吴从周　字礼堂，以武进士任云南、贵州守备，后转江苏昆山县都司。越匪之乱，苏州失守，殉难。

民人罗焕、罗树增、任衍稳、高河浚、徐国香、高永羡、张殿奎、李大观、欧阳起、鲁迎道、仇逢甲、於兆林、罗学汉、罗坤、楮修尚、孟玉章、仇逢进、刘尧、张振海、罗增、尹长溪、张传诰、刘佩、张凤池、欧阳章、袁中庸、杨夏、王兆颜、常凤山、张书臣、刘斗、仇学增、康振平、姜怀雅、王臣、李广照、张效甲、姜志平、张荣清、李新义、蒋开泰、张可泰、冯兴吉、朱天信、周志毓、张天顺、朱书同、吕有昌、宋淑标、马凤高、王端松、高鸿才、张寅、萧登元、李万年、吕秉厚、任景山、魏连城、程允修、张塝、蒋淑连、陈凤栖、王心科、吕湘清、胡明臣、吴秉仲、何中举、王三曰、张凤鸣、左起元、孙学全、郭士贵、刘宇、谢汉元、李成江、高光、乔风来、王凤昌、毕星居、朱锡占、郭仓、王金保、王梦盘、赵瑞、赵连、朱凤林、魏升堂、徐东山、陈仰赤、孔继新、曹孔扬、杨心念、乔凤泰、王成桂、李凤元、傅如和、陈见修、郭保林、宋可大、刘秉振、李凤祥、李心坦、魏敬栻、刘得文、张集贤、刘连、薛廷弼、关兆秋、魏茂华、温展朋、翟尉一、刘凤来、孙贯一、刘玉基、高成、温连平、唐党、姜朝英、陶见武、宁长仁、于克礼、王万春、唐有信、袁殿魁、张春溪、李有信、秦玉元、吕孟俊、张信太、陈士勤、张二甲、左安山、范兴林、冯广田、唐守成、张永存、王永著、杜万春、安秉刚、冯占朋、冯万福、张兰义、杨万春、王希程、薛连梅、高广成、杨朝杰、张瑞冕、田汝仓、吕小山、孙苞如、姚福、丁云峰、房大兴、刘朝刚、刘兑、陶士谦、江化仓、江朝班、王兴业、徐浚、阎德润、吴玉朴、王其修、张曰同、李永善、冯第、冯小小、王仁、朱德明、杨其占、刘淑增、宁月明、孙明桂、张学曾、张志、张藏、张广成、高小三、温存、孙永逸、张保安、刘魁、奚喜儿、常玉、李大官、吕新士、张汉、刘留、徐淑成、吴燕、牛兴、杜鹤、金维、魏存、魏良、魏美、程成、冯连、徐事、李大管、冯石、王龄、於兆坤、黄芳、冯小山、张大官、杜大福、孙科、常柱、杨春、刘四、刘安、徐泗、陈国桢、陈大、刘革、张金铎、薛金兹、韩莅坦、张清纯、刘学申、江中坦、吴中和、高连贵、张二泉、江十三。以上二百余人，皆邑人同时死寇者，江苏忠义局采访奏旌第六十七案。

张家驰　字逸珠。性伉直，有胆略，幼习拳术，精技击。同祖兄弟二十三人，皆以武勇名于时。世居小闸村，村近微湖。康熙四年，匪首阚黄旗据微山，四出抢掠沿湖，居民苦之。家驰率乡团屡败其众，匪衔之。邑侯李公奉檄剿匪，极倚重之。会匪大举犯小闸，扬言报复，家驰奋勇出战，所向披靡。卒以无援，众寡不敌，负重创，死。其兄弟率所部，愤激追剿，歼匪无算。阚黄旗亦毙，余众溃散。

陈大纲　庠生，夏镇人。咸丰十一年，贼破圩，欲胁之以为民望。公坚拒不从，乃书纸纳怀，同妻杜氏举家十口，阖门缢死。事闻，恩赐世袭云骑尉。友人葬于圩北仰岱门外，砌坟以砖，伐石树碑。其自缢时，书壁云："三日事一言难尽，十口人九死不回。读圣贤书所学何事，与盗贼伍甘死不为。"又云："问天独何心，十口难星邻。""三月骂贼空有舌，一家同死赴九泉。"

郭士琳　夏镇圩董也。咸丰十一年，贼破夏镇，士琳被杀。子振河、家人孔庆和奔救，皆同时殉难。妻刘氏，亦以身殉。

张赋仁　授徒来村南，匪骤至，不及避，被执，以火炙之，肌肤尽裂，投井而死。

叶湘岷　字江峰，寄居滕邑王家楼。咸丰间，土匪突起，湘岷以火枪立毙二贼，后力不支，遇害。子崇信，年十一岁，哀贼求贷，亦遇害。又廪生叶崇礼、叶崇苍，博学能文，同时尽节。

李德源　武庠生，栖山李庄人。精骑射，归标效力，骁勇善战。宿口之役，贼围数重，龚统领督队死守，资粮俱尽，命德源求救。夜缒城出，贼觉，飞骑直追，短兵相接，身被数创，黎明抵经略营，号哭求救。经略傅感其义，拔队赴援，命德源为前驱，率队直入，毙匪多人。城兵夹击，贼势披靡。围解，录首功，以参将衔特授盐城守备。在任五年，乞归。去之日，百姓攀辕者，道相属。

刘廷耀　平时使酒善骂。及夏镇圩陷，贼势汹汹，乃提酒倾饮，沿街骂贼。被贼攒刃死。

叶崇嶣　处士，寓居寄庄。夏镇圩陷，携壶飧，入圩寻母被虏，不屈，投水死。

孔酣胆　素赤贫，貌憨而胆壮，故人以"酣胆"呼之。及贼入圩，驱使执役，酣胆不屈，大呼曰："吾圣人后裔，岂供尔贼徒役者？"贼怒，杀之。

陈开疆　沛县人，夏镇营记名外委。咸丰五年，剿贼于巢县，阵亡。

王立仁　沛县人。事母孝。咸丰六年三月，遇贼于吴家丛林，斗毙二贼，力竭而亡。

文　学

汉

施雠　字长卿，沛人也。沛与砀相近，雠为童子，从砀田王孙受《易》。后，雠徙长陵。田王孙为博士，复从卒业。与孟喜、梁邱贺并为门人。贺为少府，荐雠"结发事师数十年，贺不能及。"诏，拜雠为博士。甘露中，与五经诸儒杂论同异于石渠阁。雠授张禹，禹授淮扬彭宣。由是，施家有张、彭之学。《前汉书·儒林·施雠传》。

高相　沛人。治《易》，其学亦无章句，专说阴阳、灾异。自言出于丁将军传至相，相授子康及兰陵毋将永。康，以明《易》为郎；永，至豫章都尉。由是，有高氏学。《前汉书·儒林·高相传》。

闻人通汉　字子方。后苍说《礼》数万言，号曰《后氏曲台记》，东海人孟卿受之，以授通汉，以太子舍人论石渠，至中山中尉。同县庆普，字孝公，与戴德、戴圣，亦同受《礼》于孟卿。由是，《礼》有大戴、小戴、庆氏之学。普，仕为东平太傅。《汉书·孟卿传》。

蔡千秋　字少君，沛人。常受《谷梁春秋》于鲁荣广，又事王孙皓星公，为学最笃。宣帝时为郎，召见，与《公羊》家并说，上善《谷梁》说，擢千秋为谏议大夫、给事中，后有过，迁平陵令。复求能为《谷梁》者，莫及千秋。上愍其学且绝，乃以千秋为郎中户将，选郎十人从之受。汝南尹更始翁君，本自是能千秋说矣。《汉书·瑕邱江公传》。

邓彭祖　字子夏，沛人，五鹿充宗弟子，为真定太傅。同学于充宗者，平陵士孙张仲方、齐衡咸长宾，皆至显仕。由是，有士孙、邓、衡之学。《汉书·梁邱贺传》。

翟牧　字子兄，沛人。兰陵孟喜弟子，为博士，与同学白光齐名。由是，有翟、孟、白之学。梁焦延寿尝从孟喜学《易》。会喜死，京房以为延寿《易》即孟氏学，翟牧、白生不肯，皆曰："非也。"其笃信师说如是。《汉书·孟喜传》。

戴崇　字子平，沛人。丞相张禹弟子，传施氏之学。官至九卿，有名于时。《汉书·施雠传》。

唐林　字子高，沛人。师事长安许商长伯，商以四科号其门人，以林为德行。王莽时，林为九卿，自表上师家，大夫、博士、郎吏为许氏学者，各从其门人，会车数百辆，儒者荣之。《汉书·周堪传》。

褚少孙　沛人。与东平唐长宾同事王式，问经数篇。式谢曰："闻之于师俱是矣，自润色之。"不肯复授。少孙与长宾应博士选，诣博士，抠衣登堂，颂礼甚严，试诵说，有法，疑者丘盖不言。诸博士惊问："何师？"对曰："事王式。"于是，共荐式为博士。《汉书·王式传》。

唐尊　沛人。山阳张无故弟子。无故传小夏侯，建学转授尊。尊仕为王莽太傅。

庆普　字孝公，为东平太傅。戴德号大戴《礼》、戴圣号小戴《礼》、普号庆氏《礼》，三家皆立博士。普授鲁夏侯敬，又授族子咸，为豫章太守。《汉书·孟卿传》。

爰礼　沛人。孝平时征礼等百余人，令说文字未央廷中，以礼为小学元士、黄门侍郎。

戴宾　沛人。陈留刘昆尝从宾受施氏《易》。《后汉书·刘昆传》。

北周

刘璠　字宝义，沛国沛人也。六世祖敏，以永嘉丧乱，徙居广陵。父臧，性方正，笃志好学，居家以孝闻。梁天监初，为著作郎。璠九岁而孤，居丧合礼。少好读书，兼善文笔。年十七，为上黄侯萧晔所器重。范阳张绾，梁之外戚，才高口辩，见推于世。以晔之懿贵，亦假借之。璠年少未仕，而负才使气，不为之屈。绾尝于新渝侯坐，因酒后诟京兆杜骞曰："寒士不逊。"璠厉色曰："此坐谁非寒士？"璠本意在绾，而晔以为属己，词色不平。璠曰："何王之门不可曳长裾也?”遂拂衣而去。晔辞谢之,乃止。后随晔在淮南。璠母在建康,遘疾,璠弗之知。忽一日举身楚痛,寻而家信至,云其母病。璠即号泣戒道,绝而又苏。当身痛之辰,即母死之日也。居丧毁瘠,遂感风气,服阕后一年,犹杖而后起。及晔终于毗陵,故吏多分散,璠独奉晔丧还都,坟成乃退。梁简文时,在东宫,遇晔素重,诸不逆者多被劾责,唯璠独被优赏。解褐王国常侍,非其好也。璠少慷慨,好功名,志欲立事边城,不乐随牒平进。会宜丰侯萧循出为北徐州刺史,即请为其轻车府主簿,兼记室参军,又领刑狱。循为梁州,除信武府记室参军,领南郑令,有拔为中记室,补华阳太守属。侯景渡江,梁室大乱,循以璠有才略,甚亲委之。时寇难繁兴,未有所定,璠乃喟然赋诗以见志。其末章曰:“随会平王室,夷吾匡霸功。虚薄无时用,徒然慕昔风。”循开府,置佐史,以璠为谘议参军,仍领记室。梁元帝承制,授树功将军、镇西府谘议参军。赐书曰:“邓禹文学,尚或执戈;葛洪书生,且云破贼。前修无远,属望良深。”元帝寻又以循绍鄱阳之封,且为雍州刺史,复以璠为循平北府司马。及武陵王纪称制于蜀,以璠为中书侍郎。屡遣召璠,使者八反,乃至蜀。又以为黄门侍郎,令长史刘孝胜深布心腹,使工画《陈平渡河归汉图》以遗之。璠苦求还,中记室韦登劝之,词意悲切。璠言与循有定分。纪知必不为己用,乃厚赠而遣之。遣使就拜循为益州刺史,封随郡王,以璠为循府长史、蜀郡太守。还至白马西,属达奚武军已至南郑,璠不得入城,遂降于武。太祖素闻其名,先诫武曰:“勿使刘璠死也。”故武先令璠赴阙。璠至,太祖见之如旧。时南郑尚拒守未下,武请屠之,太祖将许焉,唯令全璠一家。璠乃请之于朝,太祖怒而不许。璠泣而固请,移时不退。柳仲礼侍侧,曰:“此烈士也。”太祖曰:“事人当如此。”遂许之,城竟获全,璠之力也。太祖既纳萧循之降,又许其返国。循请与璠俱还,不许。以璠为中外府记室,迁黄门侍郎、仪同三司。尝卧疾居家,对雪兴感,乃作《雪赋》,以遂其志云。其词曰:“天地否闭,凝而成雪。应玄冬之辰,在冱寒之节。苍云暮同,严风晓别。散乱徘徊,雰霏皎洁。违朝阳之暄煦,就陵阴之惨烈。若乃雪山峙于流沙之右,雪宫建于碣石之东。混二仪而并包,覆万有而皆空。埋没河山之上,笼罩寰宇之中。日驭潜于濛汜,地险失于华嵩。既夺朱而成素,实矫异而为同。始飘摇而稍落,遂纷糅而无穷。萦回兮琐散,暠皓兮溟濛。绥绥兮飒飒,瀌瀌兮沨沨。因高兮累仞,藉少兮成丰。晓分光而映净,夜合影而通朦。似北荒之明月,若西昆之阆风。尔乃凭集异区,遭随所适。遇物沦形,触途湮迹。何净秽之可分,岂高卑之能择?体不常消,质无定白。深谷夏凝,小山春积。偶仙宫而为绛,值河滨而成赤。广则弥纶而交四海,小则淅沥而缘间隙。浅则不过二寸,大则平地一尺。乃为五谷之精,实长众川之魄。大壑所以朝宗,洪波资其消释。家有赵王之璧,人聚汉帝之金。既藏牛而没马，又冰木而凋林。已堕白登之指，实怆黄竹之心。楚客埋魂于树里，汉使迁饥于海阴。毙云中之狡兽，落海上之惊禽。庚辰有七尺之厚，甲子有一丈之深。无复垂霙与云合，惟有变白作泥沉。本为白雪唱，翻作白头吟。吟曰：昔从天山来，忽与狂风阅。遡河阴而散漫，望衡阳而委绝。朝朝自消尽，夜夜空凝结。徒云雪之可赋，竟何赋之能雪？”初，萧循在汉中与萧纪笺，及答国家书、移襄阳文，皆璠之辞也。世宗初，授内史中大夫，掌纶诰，封平阳县子，邑九百户。清白简亮，不合于时，左迁同和郡太守。璠善于抚御，莅职未期，生羌降附者五百余家。天和三年卒，时年五十九。著《梁典》三十卷，有集二十卷，行于世。子祥嗣。

刘祥　字休徵。幼而聪慧，占对俊辨，宾客见者皆号神童。事嫡母以至孝闻。其伯父璆任黄门郎，有名江左，在岭南，闻而奇之，乃令名祥，字休徵。后以字行于世。年十岁能属文，十二通五经。解褐梁宜丰侯主簿，迁记室参军。江陵平，随例入国。齐公宪以其善于词令，召为记室，府中书记皆令掌之。寻授都督，封汉安县子，食邑七百户。转从事中郎。宪进爵为王，以休徵为王友。俄除内史上士。高祖东征，休徵陪侍帷幄，平齐露布，即休徵文也。寻去官，领万年令，迁长安令，频宰二县，颇获时誉。大象二年，卒于官，时年四十七。初，璠所撰《梁典》始就，未及刊定而卒，临终谓休徵曰：“能成吾志，其在此书乎。”休徵治定缮写，勒成一家，行于世。

唐

刘轲　沛人，字希仁。慕孟轲为人，故以名焉。少为僧，止于豫章高安之果园，后复求黄老之术，隐于庐山。元和末进士第，洛州刺史。文宗朝官弘文馆学士。文章与韩、柳齐名。《摭言·白居易荐刘轲书》：庐山自陶、谢洎十八贤已还，儒风绵绵，相续不绝。贞元初，有符载、杨衡辈隐焉，亦出为文人。今其读书、属文，结草庐于岩谷间者一二十人。其秀出者，有彭城刘轲。开卷慕孟轲为人，秉笔慕扬雄、司马迁为文。著《翼孟》三卷、《豢龙子》十卷、杂文百余篇，圣人之旨、作者之风，虽未臻极，往往而得。予佐浔阳二年，轲每著文辄来示予。予知轲志不息，异日必能跨符杨、攀陶、谢。轲一旦尽赍所著书及所为文访予告行，欲举进士。予方沦落江海，不足以发轲事业，又羸病，无心力，不能遍致书于台省故人。因援纸引笔，写胸中事授轲曰：此为予谒集贤庾三十二、补阙翰林杜十四、拾遗金部元公、监察牛二、侍御秘书省萧正字蓝田、杨主簿兄弟，彼七八君子，以予愚直，常信其言。苟于今不我欺，则子之道庶几明矣。

金

邵世矩　字彦礼，沛人。父敏德，仕宋为开州司户。靖康末兵革扰乱，世矩孤处乡里，食贫诵读，家无文籍，惟存《戴礼》一帙，治之，遂贯通焉。齐阜昌时，以廷试第一人，授承事郎，单州佥事，历仕金至河中府推官，中靖大夫，遂致仕归。世矩天资端悫，居官廉直，以俭约自节，所在皆有治绩。不阿事上官，虽在常调，亦不苟进。守道恬淡，有古君子之遗风。訾栋《中靖大夫邵公墓志铭》：先生讳世矩，字彦礼。其先幽州人，至石晋之乱，徙沛，因家焉。曾祖通奉讳化伯，祖金紫讳奎，伯父朝请讳敏能，皆进士登第，俱累典大郡。父儒林讳敏德，仕开州司户。宋末兵革扰乱，家事索然，宗族解散。先生孤处乡中，多难剧贫，而无他念，惟务读诵，朝夕不辍。夜乏膏油，县君时与燃薪继晷，精勤不知寒暑。初则治诗，后无文籍，惟存《戴经》全帙，遂改治焉。曾不数载，以至精通。迨废齐阜昌六年，开辟应试，作兖州解元，省试第二人，廷试第一甲第一人，登第时年三十有六。敕授承事郎单州佥判，次任皇统三年，授禄州防判，次任冠氏县令，次任京兆府推，次任朝城县令，末任河中府推官。逾岁而致仕，官至中靖大夫。先生性资端悫，居官廉直，秋毫无犯，自俭约为节，所在屡有治绩。虽州牧侯伯，亦不阿事，常不以进为念，所乐者诗书而已。故在常调，亦不苟进。年才六十有三，遽然告致而归。守道恬淡，真古君子所为。年六十有七，时丁亥岁八月三日，因病而逝。有男六人，长曰敦仁，与佑、僎、侯、佐、传，女四人，孙二十一人。曾祖通奉暨父儒林，皆先葬夏村西北狼石沟东岸。缘旧茔濒河，水涨侵近，大定三十八年，岁次戊申二月六日，别葬先生于泗河之湾。始娶邓氏，病卒，再娶许氏，后娶王氏，皆封博陵县君，因祔葬焉。学生訾栋，幼蒙教养，稔闻先生行状。诸子昆仲令栋作志，辞不获已，姑述大概，以应其命。为之铭曰：甘棠余庆，世生直臣。我公彬彬，博物洽闻。卓冠豪俊，内蕴经纶。进不屈志，退能保身。完名高节，耀乎缙绅。

明

王应桢　字兴之，岁贡生。任高邮训导，性放达，好客喜饮酒。诸生馈问，辄却之。有以酒问字者，受之。在官以振士气为务，后以同官不协，免归。年八十八，卒。邑人阎尔梅《王广文墓志铭》：王广文者，沛县汉台里人也。祖，易斋，岁贡生，历常德府教授；父，谦所，选贡，仕宁津县令。两地皆祠名宦。广文，名应祯，字兴之，号德符。十八岁，补邑博士弟子员，盖有明万历二十一年癸巳也。试高等，食饩久之。以岁贡仕高邮州训导。沛士人称王广文云。先是，易斋、谦所，两世清节，宦游无腴产。广文轻财，又不喜营家人业。性放达，好客，饮酒，贫不能给，鬻城中宅，徙居城南之秦村，其丘陇也。日与父老坐桑柳下，饮酒狂歌。醉，辄睡；醒，而又饮。倏醒倏睡，率以为常。在高邮，厌腐儒礼，时时徒步湖干，上酒楼开窗眺烟雨淮南，渔村山影，一览入目中。兴发，则呼客持箫管，荡舟芙渠深处，取荷叶贮酒，效古人碧筒饮，悲歌狂啸。四渚花香，湖外但闻笑语，响出菰芦间，竟不知何人也。诸生节贽常仪，概谢却。有以酒问字者，受之。有刁民讼诸生者，斥逐之，曲为保全，士气大振。因月课与同官不和，遂赋归来。归里后，贫日益甚。亲朋省候，则就其所携之酒共醉，壶尽乃止。或假贷之，则受弗谢，未尝向先人言也。甲申后，绝迹城市。享年八十有八，终老秦村。其铭曰：郁彼香城，有蔚其云。山川灵秀，产此榆枌。曰媪曰媪，以善酿闻。亭长悲歌，继之伯伦。流风余韵，爰及广文。筮仕郑虔之官，没与陶家为邻。吾将遣江州之白衣，酬乞食之征君。九原可作，夫复何云？

郝继隆　字允善，崇祯间拔贡。父宏谟，庠生，读书好善，有旧家子，因偿官赋质其女，谟为赎之。继隆能继其志，砥行嗜学。甲申后，无意仕进，以著述为乐。居乡，冠、婚、丧、祭，一准古礼，里人式之。年九十九，卒。所著有《韵学一贯》、《医俗方书》及《式谷》等集，行于世。

朱一蛟　字腾寰，庠生。湛深经术，学期实用。因兄服官，京邸身督家务，未竟其学。晚年，寓情诗酒，有隐君子之风。

清

阎圻　字坤掌，白奋山人孙。性孝友，聪明嗜学。康熙戊子举人，己丑联捷，入翰林，以编修《三朝国史》。雍正元年，纂修《明史》，史成，称旨，授工科给事中。甲辰，充会试同考官，复掌礼、吏、刑三科印务。以病乞假归，越一年，卒。子陈锡，詹事府主簿；弟封，字千秋，岁贡生，亦刻苦好学，性复雅淡，喜愠无形于色，时人重之；封子贡生阿锡，字在鲁；阿锡子文源，字希邵，诸生；焯贞、焜贞，皆以能文名于时。

金文泽　字汉章。康熙时岁贡。性不喜交游，日惟闭户读书。所著有《多识编》、《韵学一贯》等书。

郝莲友　乾隆时诗人，与山阴童二树为布衣交，时相唱和。又有王定勋博学嗜古，亦与二树唱和无虚日。所著有《云笠诗钞》及《柘亭乐府》。

张柴也、刘孟邹　二人乾隆时名宿，人称"孟邹才子，柴也经生"，皆以岁贡终。

吕俶　字载南。乾隆乙酉拔贡。博学能文，工诗，尤邃于程朱之学。所著有《学庸讲义》三卷。邑人崔思九文学传：载南，庙道口人。性淡远，贯通经术，练达史事。所著书有《学庸讲义》，诗有《精华集》，其脍炙人口者，如《咏雁字》云："影连塞北犹三折，秋到江南已八分。"《吊徐烈女》云："悲深白日犹为女，死入黄泉未识君。"诗虽未梓，传颂颇多。其文稿散佚难收，惜矣！名场屡困，以教读终，及卒，贫无以葬，用门板三扇，外以甓甃柩室中。其尤奇者，三年开柩，尸犹未化，如枯木然。殆涵养功深，非阴阳之气所能败耶?！抑古所谓尸解仙去者耶?

张洵　字新斋。乾嘉间，以岁贡授淮安教谕。博闻强识，学使先后额其堂曰："士林仪式"、曰："经明行修"。归里后，捐资设义塾，寒士多所成就。著有《家政弁言》。

崔思九　字惺庵。敦行励学，不与外事。置《自省册》，凡有喜怒，虽微必记。事父母以孝称，学使旌其门曰："士林表率。"

王维干　字济桢，岁贡生。幼鲁钝，能用苦功。弱冠，入邑庠。家贫，不能继膏火，里党有怜助者，丝毫不妄取。居近湖，时捻匪墟里舍，先生以扁舟泊湖中，朝夕朗诵，声出芦苇间，与渔歌相应，竟忘流离颠沛之苦。乱定后，教授乡里，一时讲学家无出其右云。

张元仁　字耀珊。幼聪慧，读书倍侪僮。未冠，游庠为文，援笔立成，如宿构。尝设馆讲学，能因材施教，承学之士，多名于时。

卜世昌　字和鸣，邑诸生，先贤裔也。性嗜学，至老不辍。著有《四书集义》二十卷。年九十三，卒。

朱锡蕃　字翰卿，嘉庆癸酉选拔。学问精博，工书，诗赋尤擅长，性高淡。晚年，不与世通。著有《宝砚堂诗集》。弟锡瓛，字梦岩，岁贡生，性亦冲淡，博通经史，一时之名，士多出其门，卒年七十，著有《砚耕堂文稿》。

朱训典　字筠坡，岁贡生，姜家庙人。幼颖异，读书务求实用，邃于经史，一时知名，士多出其门。晚年，闭门却扫，专精于诗书，著有《谦谷诗草》。督学龚锡以匾额曰："鹿洞遗风"。年八十二，卒。

郝质玗　生平博极群书，考据尤精。著有《博物类编》数卷。

李明良　字庶康，千四里人，岁贡生。性慷慨好义，不事生产。为文能刊落浮艳，独寓性灵。所成就后学尤多。著有《课草》行世。又拔贡吴云舒，弟云鹤，皆博学能文，见称于时。又贡生叶湘管、诸生蔡兰馥、监生杨淇，俱邃于学，以五经教授乡里，及门皆端士，淇尤工诗。

阎凭　字心山，岁贡生，白夆山人后。笃志好学，善诗书。著有《古近体诗抄》一篇。

赵培元　字春湖，诸生。平时究心经史，尤精于《易》，居乡以仁让称。晚，尤工诗。著有《易经集解》及《咏史》诸杂咏。

朱穀　字玉山，岁贡生。天资敏捷，幼以诗文名于时。著有《玉山堂诗集》。

吴锡琥　字绣轩，贡生。幼颖悟，强记过人。尝访萧寺，扪藓读古碑，归不遗一字。弱冠游庠，学使奇其文，名大噪。门徒数百人，皆有声庠序。惟乡闱连蹇不遇，以身所历，困苦多发之于诗。著有《流移集》。

朱延恩　字芝珊，道光乙酉拔贡。博学能诗，兼工书画。著有《破砚斋诗存》。

赵敦修　岁贡。博学穷经，见称于时。长子汝翼，贡生，经学湛深，家居授徒，邑中名士多出其门，著有《大学讲义》；次子汝器，以书法名一时。

朱敬瑞　字节卿，同治癸亥补行辛酉拔贡。性沉静，寡言笑，博学兼工诗书。因南匪扰乱，绝意仕进。年四十余，著有《梅影山房诗文集》。

叶崇岺　廪生。妻陈女士玉映，夫妇均能诗，一时推为佳偶。崇岺著《惜阴轩诗》四卷；玉映著《铭菊轩诗》一卷。玉映诗，尤为闺阁传诵，缙绅家竞宝之。

陈九仪 岁贡生。能诗，工书画。叶凤彩，岁贡生，工书；王玉树，岁贡生，能诗，善书。皆沛人。

张继先 字绳武，岁贡生。授徒设教，每值学使案临，采芹食饩者，半出其门。又同时有朱敬修、顾绍骞、陈心和、张贵典，皆师严道尊，多所成就。

张益麟 字瑞朝。纯静寡欲，舌耕所得，悉购书以自娱。晚年，著有《姓氏便览》六卷。

李明哲 字浚泉。累叶书香，游庠后专攻医道。道大行，每岁活人无算。

张文纯 贡生。精《易》学，教授乡里。又张宗科，字登瀛，性爱清洁，著有《习静斋诗草》。

蔡宪甫 字崧生。工书画，尤长于诗，风流文采，照耀一时。

张广绪 字理斋，乾隆乙酉举人。尝讲学滕、单间，从游者多俊品。道光建元，举孝廉方正，辞不就。寄情诗酒以终。

吴锦 字体乾。以经学名于时。著有《易经浅说》。

张其浦 字镜泉，岁贡生。博雅能诗。咸、同之际，东民来占沛地，其浦愤慨，约合同志赴京呈控。虽事未申理，然义声载道，识与不识，无不钦其丰采。其浦既遭世变，积懑于胸，风雨晦明，皆托之于诗以写其意。又生平最慕古古先生之为人，尝迹其著作遭逢，编为年谱一卷。该洽之士，谓其勾心斗角，能曲尽当时情事，使古古先生九泉有知，当亦因为知己云。

叶崇嵋 咸丰时贡生。事继母至孝。及贼破圩，家人尽逃。崇嵋守母不去，为贼所执。有代为求者，贼释之。逃之湖西，时已六旬，负母行二十余里。其生平学问，长于诗赋。著有《愿学斋》，其门人代为刊行。

谢恩 字惠廷，邑廪生。生当咸丰乱离之时，讲学不辍，整饬名行，为士林表率。

王景芬 字香山，廪贡生。性旷达，不拘小节，应世处人，无不以天真相见。常设帐乡里，临邑学子负笈来游，采芹食饩者，不下数十人，人以是多之。

王励谦 字训之，岁贡生。家贫力学，文名擅一时，四方学子从游者众。晚年，德益修，学益进。又有增生胡树标，品端学粹，与之齐名。

方 技

汉

单飏 字武宣，山阳湖陆人。以孤特清苦自立，善明天官算术。举孝廉，稍迁太史令，侍中。出为汉中太守，公事免。后拜尚书，卒于官。初，熹平末，黄龙见谯,光禄大夫桥玄问飏:"此何祥也?"飏曰:"国当有王者兴。不及五十年,龙当复见,此其应也。"魏郡人殷登密记之。至建安二十五年,黄龙复见谯,其冬,魏受禅。见《汉书·方术传》。

三国

朱建平 以善相称。

明

鹿凤 邑人。幼习百家阴阳杂书,尤善法术,精祈祷。尝寓凤阳,岁旱,郡守访之,祷于坛,得大雨。由是知名。后沛每遇旱,延凤祷之,辄应。

蔡炯 字文荣,佥事楫季子也。以医鸣于洪熙宣德间,缙绅大夫多与之游,赠言积成卷轴,名"杏林春意"云。

周溥 邑人。习医疗病,多一服而愈。常至京,适院官内人暴疾,医人数十辈不能治。延溥诊之,曰:"伤暑。"时方冬月,院官怪而讯之,内人曰:"昨骤寒,因启箧取七月所暴棉衣著之,遂病。"乃进药,果一服而愈。

孟思贤 字齐之。工部给事,尤工泥金人物。万历间召见,命写御容。称旨,授锦衣卫千户。

陈表 邑诸生。善画梅,同时王选善画竹,得夏太常笔意。其后,太学生赵汉画羽毛最著,时人为之语曰:"陈表梅花王选竹,赵汉羽毛天下无。"尝为四川经历,华阳郡王慕其名,时新涂垩壁,延使画之。汉方被酒,大醉,泼墨壁上,淋漓满地,王大恚。及醒,爰毫点染,顷刻而神彩轩腾,飞走万状。王叹服。

清

徐佑实 乾隆时人。精于医务,济人急,不射利。叶天士访之,谈论竟夕。曰:"君可谓江北一人。"

陈启善 字敬臣,太学生。深研理学,兼探仓扁之奥,投剂辄效,户限屡穿。贫不能办药者,倾囊济之,虽贵品弗吝。颜公父子忠孝祠,倡首捐,置石甃,祀赖以存。寿七十三。

孟传宝 字怀珍,廪生。精数学,尤善六大壬。常有人袖一物使射覆,占曰:"外圆内方,文字中藏。上有污秽,磨之始彰。"出其物,果是粪堆中拾得一钱,一时颂为神明。

甄遇都 字愚合,沛邑诸生。朴直少文,善痘疹术。时常御泠先生司水部于夏镇,以疗痘故,与遇都称忘形交。居久之,御泠先生迁秩去京师,京中小儿患痘者,以无善手,多致夭殇。是时,缙绅士庶之家,多有未痘之子女御泠先生思患预防,不远千里聘遇都至京师。至,则痘疹盛行矣。遇都用药多奇效,群医所不能解,至观其君臣佐史,无不吐舌称异者。性古淡,时有余暇,则弹琴吹箫、挥毫染翰，言论风生，潇洒不羁，一时名公巨卿，多结纳之。至与论其所以治痘之法，乃出抄本一册相示。盖遇都得之外租朱太初，太初得之于其友杨昆峰，昆峰得之于其乃祖所传，有元赵君号慈航者也。其法精妙，遇都得其传，能随时变化，得心应手，所谓神而明之，存乎其人然。遇都不自私其书，每至一处，辄假人抄写，仍名之为《慈航痘疹》。盖其心存济世，不没前贤，人愈重之。其子绂，康熙丁卯举人。见《慈航痘疹·序》。书计四厚册，约字十余万。现仅存单本，其后人秘之。

朱鸣韶　字绍唐，廪生，湛深经术。晚年教授乡里，讲解精确，而六壬奇门，尤得其妙。

阎悫　白耷山人之裔孙。工画山水，有奇气，尤工墨龙，能于浓云黑滃中，传其夭矫之势，盛暑观之，令人洒然忘热。

朱傣　字季常，庠生。性嗜学，精岐黄脉理。终岁服药，寿七旬犹健，人谓其得导养之术。

朱霈恩　号澍堂，庠生。工书画，以挥纸为乐，不与人世交，故鲜有知者。又有王兰垞，工诗善书，终其身以幽闲自适，不求人知。又有诸生赵履平、张承瓒，俱以书法噪一时。

朱重光　字继照。隐居岚山阴，诗酒自娱。工绘事，尤精倪高士法。著《汲村山人集》，行于世。

张坤贞　家贫学富，肆力于古。晚年，尤精岐黄。著有《脉理臆解》一卷。

李杰　沛之夏镇人。当乾嘉之际以诸生，蓄书数万卷，工绘事，好写芦鸭渔翁，一时推为神品。

姜璠　字佩章，夏镇人。精医，别有神解。同治间，避乱南阳，业医者，皆以为不及。

时立山　字静函，增生，狄庄人。敦品力学，精于岐黄。每曰："医者，寄人死生，审症立方，当慎之又慎。"著有《脉方辨论》数卷，一时推为名医。

李祥　字庆宜，诸生，大李庄人。精于医，尤善治痘疹。晚年目盲，求治者，用手摸之，立方辄效。人皆谓"李祥之手，愈于庸医之目。"

寿　典

清

魏一士　庠生。性端正，喜急人难。年九十八岁，五世同堂。

辛祖仁　邑处士。工丹青。隐居乐善，寿逾大耋。恩赐八品顶戴。

张云路　天性醇谨，善体亲心。因自能立，以全产让弟。堂叔国宰幼孤，代理其家，业不给，则以己物助之，亲为劝迪，以至成立。为循例入太学，始付以产，毫无所亏，乡人称重。寿九十三，恩赐正八品。

张大昂　庠生。九十四岁，五世同堂。

燕粹轩　年九十五岁，五世同堂。

张国聘　字任卿。性长厚，乐施予。年八十五，五世同堂。

席之德　年一百一十四岁。

朱钦南　年百有五岁。

封文光　年百有五岁。

甄嘉猷　年百有三岁。

朱训依　年百有二岁。

刘震　蔡家集人，年百有二岁。

高师孔　来家庙人，年百有二岁。

张惠普　年九十九岁。

魏宪忠　忠厚诚笃，与物无忤。年八十七岁。

朱景颜　监生，居乡朴实，排难解纷。年八十余岁。

蔡赓谦　贡生。博学能文，雅善乡里。年八十六岁。

赵大典　品行端方，尤善排解。年八十五岁。

郝质琈　邑庠生。好善乐施，乡里推重。寿八十二岁。

朱延价　附贡生。性和平，居乡善排解。年八十五岁。

封宜澳　性笃诚，急公好义。年七十五岁。

蔡云翔　增生，严正敦品，重于远近。寿八十余而卒。

甄嘉润　字德昭。事继母以孝闻，排难解纷，乡里推重。卒年八十岁。

张瑶林　邑庠生。八旬余，犹能灯下楷书。

张珠　年九十余，尚强健。孙、曾绕膝，家门雍睦。

张元甲　附贡生。性慈善，好谈因果，乡里有事，遇公至无不解。学宪龙奖以“乡闾矜式”匾额寿，八十岁。

王景运　贾家阁人。待人接物，忠厚存心。享年百岁。

张元陞　字跻堂，邑增生。性朴素，敦品励学。年八十，以寿终。

张成珠　幼孤贫。织鱼箔为业。中年置田数百亩。至九十九岁，除夕前患病，不能食，子基智，就榻前祝曰：“新年方足百岁，望父勉进饮食。”祝后精神顿长，饮食如常。上元节后，瞑坐而逝。卒满百岁。乡人惊为异。

孟继路　大寺庄人。寿八十有四。

李茂春　字椿龄。经明行修，享寿九十有六，无疾而逝。子兆修，敦品力学，亦登上寿。孙良品，天性纯笃，年八十三，尚康健。

封自涤　字克洁，大封楼人。性至孝，廉介自守，而厚以处人，乡里称之。卒年，八十六岁。

侨　寓

陶唐

许由　隐于沛泽，帝尧朝而谓之曰："日月出矣，而爝火不息，其于光也，不亦难乎？时雨降矣，而犹浸灌，其于泽也，不亦劳乎？夫子立而天下治，而我犹尸之。吾自视缺然，请治天下。"许由曰："子治天下，天下既已治也。而我犹代子，为名乎？名者，实之归也。吾将为实乎？鹪鹩巢于深林，不过一枝；偃鼠饮河，不过满腹。归，休乎！君子无所用天下为。"遂之箕山之下，颍水之阳，耕而食《庄子》。今沛峄接壤处有许由泉，由之隐居当在此处。按：许由系阳城槐里人。

秦

吕公　单父人也。《相经》："名文，字叔平。"善沛令，避仇，从之客，因家焉。沛中豪杰吏闻令有重客，皆往贺。萧何为主吏主进，令诸大夫曰："进不满千钱，坐之堂下。"汉祖为亭长，素易诸吏。乃绐为谒曰："贺钱万！"实不持一钱。谒入，吕公大惊，起，迎之门。吕公者，好相人，见汉祖状貌，因重敬之。引入，坐上坐。萧何曰："刘季固多大言，少成事。"汉祖因狎侮诸客，遂坐上坐，无所诎。酒阑，因目固留汉祖。竟酒后，吕公曰："臣相人多矣，无如季相，愿季自爱。臣有息女，愿为箕帚妾。"酒罢，吕媪怒，曰："公始常寄此女，欲与贵人。沛令善公，求之不与，何自妄许与刘季?"吕公曰："此非儿女子所知。"卒与汉祖。汉祖即汉王位，封吕公为临泗侯。汉祖四年，薨。高后称制，尊为宣王。吕公二子，长曰泽；次曰释之。

汉

范冉　字史云，"冉"，或作"丹"。陈留外黄人也。以狷急不肯从俗，常佩韦于朝，议者以为侍御史。冉遁身于梁沛之间，徒行敝服，卖卜于市，遭党人禁锢。遂推鹿车，载妻子，捃拾自资，或寓身客庐，或依宿树荫。如此十余年，乃结草舍居焉。所出单陋，有时绝粒，穷居自若，言貌无改。见《汉书》。

闵贡　字仲叔，太原人，世称节士。客居安邑，老病家贫，不能得肉，日买猪肝一片，屠者或不肯与。安邑令闻之，敕令常给焉。贡怪而问之，叹曰："闵仲叔岂以口腹累安邑耶?"遂去，客沛，以寿终。

三国

袁涣　字曜卿，陈郡扶乐人。昭烈之为豫州牧也，举涣茂才。涣来沛中，从昭烈避地江淮间，为吕布所获。布攻昭烈于沛，昭烈出走，布使涣作书骂辱昭烈。涣不可，布大怒，以兵胁之。涣颜色不变，笑而应之曰："涣闻惟德可以辱人，不闻以骂使。彼固君子耶，且不辱将军之言；彼诚小人耶，将复将军之意。则辱在此，不在彼。且涣他日之事刘将军，犹今日之事将军也。如一旦去此，复骂将军，可乎？"布惭而止。

晋

孙惠　字德施，吴国富阳人。口讷好学，有才识。州辟不就，尝寓居萧、沛之间。后封临湘县公。

元

陈绎曾　字伯敷，湖州归安人。登进士，口吃，而精诸经，注疏多能记诵。文词汪洋浩博，其气烨如，论者谓其于莆田陈旅相伯仲。官至国子助教，常往来兖、扬、徐、冀间。晚年，遂家于沛。所著有《行文小谱》行于世。

明

甄实　字德辉，河间庆云人。由乡贡中洪武经魁，历官汝宁、襄阳、湖州三府同知，擢太仆寺少卿。后出为湖广右布政使，转四川左布政使，益著勤能。往来过沛，爱其土俗，及致仕，遂嘉焉。

周天球　字公瑕，别号幼海，长洲人。有高行，工诗文，精楷篆。嘉靖之季，工部尚书朱衡开新河于夏村，聘天球主管记室。《新渠碑》，其所书也。

李国祥　字休征，江西南昌人。博学能文，宦兖州，罢官。贫，不能归。寓居夏镇，日不能给。购其文者，或予数金，得即散之。所著有《濡削选章河工诸议》、《松门山房集》行于世。

孙盛　字君承，歙县人。随父贾夏镇，倜傥不矜小节，诗文洗陈言趋于冲淡。督学熊公廷弼补博士弟子。所著有《不朽集》。

叶廷秀　字润山，山东濮州人。少游沛中，读书汲冢寺数年，为人刚毅不苟。登进士，历官郎署。黄石斋以建言忤旨，救者获谴，廷秀慷慨论列，廷杖削籍。甲申之难，南北纷纭。徐州兵借端扰害，城门昼闭。廷秀过沛，谕以大义，兵始戢。后以选郎被征，未至，迁佥都御史。归，野服道装，萍踪沛地，日与衲子辈游处，非素交，不知其为叶也。山东榆园巨寇欲假其名义，以招诱愚民。踪迹而劫质之，竟不得其死。

汪伟　字叔度，别号长源，先世徽之休宁人，世居于沛。以江宁籍登进士，授浙江慈溪县知县，擢翰林院检讨。闯贼围京师，伟倥偬累日不食，妻耿氏从容语曰："事苟不测，请从君共死。"城陷，伟与妻呼酒命酌，大书前人语于壁曰："志不可屈，身不可降。"夫妻同死，节义成双。为两缳于梁间，耿就左，伟就右，耿复曰："虽在颠沛之际，不可乱也。"乃易位相对，共缢。后，追谥文毅。

周昉　字彦华，徐州人。通天文阴阳之术。景泰时，以占候有功，历进五官灵台。及卒，二子佐、儒，孙沦，皆世其业。居于沛，宏正间，犹参署《天官书》。

姜居安　丰人，世居沛沙河镇。以医名时，有达官过河，稚子病厥，延居安治之。姜诊毕，告达官曰："请勿惊，但得沙一斗，病即愈。"官如其指，布沙舟中，令儿卧其上。久之，手足能动，不数时，而病良已。官问故，姜曰："小儿纯阳，当春月而衣絮，皆湖棉，过热，故得凉气而解。"时称神明。

陈名夏　字百史，溧阳人。崇祯初来游于沛，贫甚，冬月犹衣绨绤。明经张扬知为奇士，舍于家。未几，南还，举癸酉科乡试。明年，会试，不第，仍留沛中。后登癸未会元。

清

商调韵　山西洪洞县人。考授州佐，客于沛三十余年。端方好义，助一切善举，且倡捐筑护城堤，以障水患。尹大中丞给以"行谊可风"额。

江汉　句容人。为小贾于沛，父病，思鹿脯。汉力不能致，潜割股肉，脯而进之。时称其孝。

黄继法　郓城人。年七岁，奉母避水来沛，佃于李家集。其母孙氏病瘫，筋骨挛曲，膝与肩接，转侧不能自由，饮食便溺需人。继法佣工糊口，每日必数四奔驰视其母。主人嘉其孝，不以废工见责。邻村以其勤厚，价佣之，继法不往，以其离母远也。一日，母卒，设木主，朝夕礼拜。三年后，焚而瘗之。

童钰　号二树，山阴人。乾隆时游沛，寓王氏一野园，时与文士结诗酒之会。

仙　释

春秋

琴高　沛人，居香城泗水中。以善鼓琴为康王舍人。行彭涓之术，浮游梁砀间二百余年。后入砀水中，取龙子乘赤鲤出入。

汉

刘政　沛人也。高才博物，学无所不览。以为世之荣贵，乃须臾耳；不如学道，可以长生。乃绝进取之路，求长生之术。勤寻异闻，不远千里，苟有胜己，虽奴客必师之。复治墨子《五行记》，兼服朱英丸，年百八十余岁，色如童子。能变化隐形，以一人分作百人，百人作千人，千人作万人，又能以三军之众，作一丛林，木亦能使成鸟兽。试取他人器物，易置其处，人亦不知觉。又能种五果，立时华实，可食坐致行厨饭膳俱数百人。又能吹气为风，飞沙扬石，以手指屋宇、山陵、壶器，便欲毁坏，复指之，即还如故。又能化作美人之形，及作水火。又能一日之中，行数千里；能嘘水兴云，奋手起雾，聚土成山，刺地成渊；能忽老忽少，乍大乍小；入水不沾，步行水上，召江海之中鱼鳖、蛟龙、鼋鼍，即皆登岸。又口吐五色之气，方广十里，直上青天。又能上跃，去地数百丈。后去，不知所在。见《神仙传》。

晋

王元甫　沛人。学道于赤城霍山，服青精石饭，得吞日精丹，景之法内见五脏。穆帝永和九年正月望日白日升。明《一统志》。

唐

李旺　少不羁，与群少博。尝过城隍庙，见衲子坐神像下，旺悯之，遗饼饵。衲与旺语合，遂得异术。寻筑所居室，得钱，日游市中，委钱于地，诸丐者洎小儿竞拾取之，罄其钱而后去。尝游金陵，过逆旅求宿，主人不纳。旺即趺坐门外，会大雪，主人以为不耐寒，死矣。早，启门视之，旺所卧处，三尺内无片雪，始异而留之。旺谢去，后死于家，已棺敛矣。翌日，有人见之丰县某地，众以为尸解云。《江南通志》。

幻休和尚　不详何处人。万历时，卓锡于沛城北之茶棚庵，一时名流畸士，多与往来，度亦有道厌世者也。现庵中藏其画像一轴，多名士题赞墨迹。秦鉴题云："尽日蒲团上，说法不开口。遗容即化身，静中狮子吼。"显卿张炤题云："其貌愉悦，其体硕丰。寄迹空山，大阐禅宗。度世群迷，彼岸咸登。尘幻尽休，弥勒复生。"丘文锡题云："若个上人，祖居西域。战胜呵呵，在世弥勒。尘耶幻耶，倏然休息。许度众生，咸宗南北。点完碧眼，一尊功德。"儒哲汪启浚题云："真释子，西方人。幻体相著，凡尘乾坤。懒度慈航，意禅觉灵，光共月明。"徐沛题云："智觉为心，澄莹是质。色相两忘，尘情俱寂。一钵自如，了然真释。乾坤浩荡寄微身，遥指西天看飞锡。"天都江秉羔题云："尔貌古奇，尔行皎洁。出自河东，慈航彭北。随地建庵，遇缘说偈。为写者此际幻休，犹道是化身弥勒。"河东释真一题云："汶邑城西南永安寺剃度祝发遗言：'纵教烦恼等山高，一睹慈颜意自消。无限春风回大地，那来霜雪上头毛。'"白奋山人阎尔梅题云："余为童子时，即识幻大师于城北之草庵，盖其初卓锡时事也，今三十余年矣。一日其弟子文玄，出师《行乐图》见示，余为恍然，如复睹当年榻上膝坐人也。因笔之于此，丁亥八月初三日。"又题七绝三章云："扶桑已过走崦嵫，海下鱼蛟总未知。看着空花真面目，千峰绝顶笑嘻嘻。""此身些子不争差，问尔归来那是家？解得恒河千万劫，西风满院独拈花。""花开花谢剩残茵，毛孔须弥一粒尘。捧腹山头全不认，看来还是本来人。"晋须僧洞六秦鉴，法名寂惺题云："虽然有相，皆是虚妄。形容如生，尽谁模样。不言法说，不动神旺。眉目依然，团蒲坐上。即色即空，空色亦忘。幻矣休矣，不愧和尚。"南华岳俊题云："是何上人，说偈于此？与言无应，与揖不起。訾之不嗔，誉之不喜。幻耶休耶，真空空矣。”又题：“亦听非耳，亦视非目。言不必口，行不必足。身身无身，物物无物。迷悟两忘，如声应谷。想若形神，到此工夫。”心逸戎祥题云：“一体还元，六根清净。无等等觉，自冥冥性。百千变化，莫知所至。见形阊阖，道即在是。”抱真野人题云：“虚灵尔心性，天地尔形骸。语寄丹青客，曾描此意来。”玉山杜思智题云：“赤颜大腹，悦口欢容。覆手跌足，分明记得。是何人有此眉目？噫，正是那梵王宫内尊者。班头呵呵的，弥勒复临尘俗。”刘芹题云：“视无其视，听无其听。若语若默，亦动亦静。无功之功，无定之定。醒极慧极，真圆通性。”张博题云：“幻原是幻，休亦是休。知幻方能休，能休方知幻。电光石火两无踪，镜花水月皆虚见。几年悟得西来意，一苇乘风登彼岸。”

附人物搜古表见府志

周

刘清汉高之曾祖。《路史·后纪》。

刘仁汉高之祖。《路史·后纪》。

刘煓字执嘉，汉高之父。《路史·后纪》。

前汉

萧禄沛人，何之子。袭文终侯。

萧延何之子。封筑阳侯，更封酂。

萧遗延之子。嗣封。

萧则遗之弟。嗣封，有罪免。

萧嘉则之弟。封列侯。以上五人，《汉书·萧何传》。

萧彪延之子，侍中。萧何居沛，侍中彪免官，居东海兰陵县。《南齐书·高帝纪》。《唐书·宰相世系表》又云：“则生彪，字伯文。”与此不同。

萧胜嘉之子。嗣侯，有罪免。

萧庆何之曾孙，则之子。元狩中，复封酂侯。

萧寿成庆之子。嗣封，坐为太常牺牲瘦免。

萧建世何之元孙。复封酂侯，传子至孙，获坐奴杀人减死论。

萧喜何元孙之子南䜌长，复封酂侯。以上五人《汉书·萧何传》。按：检《汉书》萧何本传作“南䜌长”，而沛志于“䜌”头上著“山”，硬是生造一字，未知何据。

萧窋参之子，袭封平阳侯。

曹襄窋之曾孙，袭封子。宗有罪免为城旦。

曹本始参元孙之孙。复封平阳侯。

曹宏本始之子，嗣侯。以上四人《汉书·曹参传》。

吕文和汉文帝初，自沛避难徙洛阳。《晋书·吕光载纪》。

周坚沛人，勃之孙。续封平曲侯。

周建德坚之子，为太子太傅。嗣封，有罪，国除。

周恭勃之元孙，为绛侯，千户。以上三人《汉书·周勃传》。

樊伉沛人，哙之子。嗣封舞阳侯，诛。

樊市人哙之庶子，复封舞阳侯。

樊章哙之元孙，续封舞阳侯。以上三人《汉书·樊哙传》。

任越人沛人，敖之曾孙，袭封广阿侯。坐为太常庙酒酸不敬，国除。《汉书·任敖传》。

周昌沛人，緤之子，袭鄘城侯。有罪，国除。

周应緤之子，封郸侯，谥康。

周仲君应之子，嗣郸侯。有罪，国除。以上三人《汉书·周緤传》。

周意沛人，昌之孙，袭封汾阴侯，有罪，国除。

周左车昌之孙，封安阳侯。有罪，国除。二人《汉书·周昌传》。

刘庆忌德之孙，袭阳城侯。

刘岑庆忌之子，嗣封。以上《汉书·楚元王传》。

后汉

范迁《汉官仪》：字子闾，沛人。汉明帝时历河南尹、司徒。《后汉书·明帝本纪》、《郭丹传》作“字子庐”。

周仪字帛民，杨统故吏，沛人。以上六人《汉沛相阳统碑》阴。

尹仓字升进，湖陆人。

董膺字元夜，湖陆人。《谒者景君碑》阴。

晋

刘敏沛人。以永嘉乱，徙广陵。《周书·刘璠传》。

刘距彭城沛人，广陵相毅之曾祖。

刘镇毅之叔父，左光禄大夫。二人《晋书·刘毅传》。

朱绰沛郡沛人，龄石之父，西阳广平太守。

朱宪绰之兄，为袁真将佐，官梁国内史。

朱斌宪之弟，袁真将佐，官汝南内史。以上三人《宋书·朱龄石传》。

南朝

刘思道沛郡刘思道，行晋康太守。《宋书·羊元保传》。

朱景符龄石之子，嗣丰城侯。

朱祖宣景符之子，嗣侯。

朱隆祖宣之弟，嗣封。以上三人《宋书·朱龄石传》。

卷十四　烈女志

节妇　烈妇　烈女　贞女　孝妇　孝女　贤妇　寿妇

汉

桓氏刘长卿妻，鸾女。生一男，五岁而长卿卒。妻远嫌疑，不肯归宁。儿年十五夭殁，桓虑不免，乃豫刑其耳以自誓。宗妇相与愍之，谓曰："殊无他意，何贵义轻身之甚哉?"曰："昔我先君，五更学为儒宗，历代不替。男以忠孝显，女以贞顺称。是以豫自刑剪，以明我志。"沛相王吉上奏，显其门闾，号曰"行义桓嫠"，县邑有祀必膰焉。

元

王氏刘宅妻，夫殁，誓不他适。天历二年旌表，有石坊在北门外。

明

白氏李伯奴妻，白思明女。二十岁，思明无子，遂以女赘伯奴。洪武乙丑，伯奴从戍死，氏抚遗女，誓不他适。乡人有谋娶之者，氏正色拒之。粗衣粝食，苦节四十余年。宣德六年，知县陈旌其门。

郑氏单祯妻。二十八岁，夫殁。孝事衰姑，守节五十年。

贺氏马继立妻。十八岁，夫殁。无子，或劝他适，氏誓死不从。守节五十二年，有司表其闾。

张氏杨霈妻。十九岁，夫殁。遗女甫三月，里人谋娶之，氏挟刃自誓，乃止。孝事衰姑，守节五十余年。旌表。

闵氏周思恭妻。夫出贸易，死于盗。遗二女，氏依夫弟思忠，守节不贰。思忠敬之如母。年七十余卒。

张氏龚九成妻。二十岁，夫殁。抚遗孤艰苦百状，十余年，子又亡，氏号泣绝粒，死。

韩氏王彩妻。二十六岁，夫殁。家贫，纺织以度，抚孤成立，守节四十余年。

王氏韩鼎妻。未三十，夫殁。抚遗孤寅成立，为娶黄氏，生二子。寅又殁，氏率妇抚孙，备极荼苦。姑、妇各七十余岁，卒。

曹氏杨东莱妻。夫殁，遗子枭甫数月，抚育成立，娶妇生女，枭又亡。氏育女孙，依夫兄东周以度。未几，东周继逝，女孙又死。艰苦万状，守节七十余年。

许氏张英妻，勉之女。幼受英聘，年歉，英同母就食他郡，数年不归。父母欲别嫁，氏拒之曰："一马不二鞍，何以兽道诲女耶?"遂寝其议。又数年，英从母归，娶之。未几，英遘疾逝，氏悲痛哀毁。纺织佣作以养姑，姑殁后，氏七十余岁卒。

周氏甄一韩妻。十八岁，夫殁。抚遗孤陶入庠、娶妇、生孙。孙亦游庠，人咸谓节孝之报。

辛氏孟一鹏妻，淮女。夫殁，年二十一，产遗腹子士显。稍长，能诵读。氏纺绩相伴，督课甚严，门庭之内，肃然。卒，年七十余。

王氏蔡时升妻。二十四岁，夫殁。抚二女，茹苦衔哀，守节六十三年。邑令张文炳旌其门曰“乾坤正气”。

尚氏孟佑妻。归佑数载，未育。劝佑纳妾王氏，生男。未几，佑卒。氏年仅二十余岁，率妾奉翁抚孤，孝慈兼至。卒，年八十余。

甄氏庠生蒋元性妻。年二十六寡，终身素服无欢容，抚孤从典入邑庠，援例授州同。寿八十一，女亦以节显。

蒋氏王锡珪妻，甄节母之女也。年十九，锡珪殁。氏孝翁姑，鞠幼子。苦节三十七年，卒。

郝氏陈思诚妻。夫殁，抚遗孤二，为长男娶韩氏。守节，卒年九十一，韩七十矣。

崔氏王应梦妻，庠生作哲女。年十九，夫殁。遗腹生一女，孀守五十余年卒。

张氏庠生于清妻。清客死广陵，氏年二十四，二女，无子。孝事舅姑。舅姑殁，依母居，频遭荒乱，志节弥坚。卒，年九十。

清

张氏蔡尧揆妻。二十四岁，夫殁。事姑抚孤，备极荼苦。守节五十余年，旌。

耿氏吴若宰妻。二十五岁，夫殁。抚二孤女，嗣侄以延夫祀。守节三十七年。

叶氏顾纯继妻。二十岁，夫殁。抚嗣子成立，艰苦百状。邑令李额曰：“志比秋霜。”学博侯曰：“节坚如玉。”吴曰：“柏舟永矢。”

阎氏庠生王祎妻，饶平令定国女也。夫殁，年二十九，子永茂未周岁。可立左右提携，教以诗书。其治家内宽外严，上下肃然。

王氏朱廷枢妻，明经者卿女。夫病，弥留之际，嘱以“奉亲立嗣生，贤于死殁。”氏遵遗命，事翁姑，养嗣子，守节六十余年。

朱氏郝见珅妻。夫殁，谨事衰翁，抚遗孤教养有方。守节七十五年。学宪张、县令李、儒学侯，俱有额言。

张氏鹿文元妻。归四载，夫殁。事衰姑、抚遗孤，孝慈兼至，族党重之。

孟氏齐化新妻。二十二岁，夫殁。抚孤成立，守节五十余年。

张氏孟橘妻。二十九岁，夫殁。遗子二，抚教，均入学。守节五十余年，邑令梁额曰：“冰霜励节。”佟额曰：“松筠并茂。”

孟氏郭某妻，岁贡生时中女。夫殁，赤贫，纺绩自给，抚遗孤振宗游庠，守节四十五年。邑令李、学博侯皆旌其门。

李氏鹿某妻，庠生俊之伯母也。二十七岁，夫殁。以俊为嗣，爱如己出。事姑，终养如礼。守节五十余年。

蒋氏明经朱之祯继室。夫殁，抚前室子成立，娶妇，生二子。长耕馀，妻董氏，生垂象；次耕郢，妻韩氏。未几，馀、郢继逝，董、韩抚象成人，为娶妇甄氏，生子四龄，象又亡。甄亦矢志抚育。蒋与侄妇赵，子妇董、韩，孙妇甄，守节各四十余年。邑令王旌曰："节萃一门。"学博张曰："贞节联芳。"

王氏饶福妻。二十岁，夫殁。遗襁褓子，抚育成立，事翁姑孝。守节五十余年。

王氏孟锦孙妻。二十九岁，夫殁。孝事翁姑，抚教子女。守节三十三年旌。

冯氏郝质瑜妻。十九岁，夫殁。自经五次，绝食七日，翁姑苦劝，不得死。事亲孝，营葬如礼。年六十余，卒。

张氏王琪妻。十九岁，夫殁。孝事翁姑，抚孤成立，勤劬百状。守节三十六年。

张氏石膳妻。二十二岁，生一女，而夫殁。上事翁姑，下抚幼女。守节五十余年。学使张元臣旌。

高氏鲍世勋妻。十八岁，夫殁。号泣欲死，因翁姑衰老，强代子职，立嗣以延夫祀。守节而终。

马氏孔种奇妻。奇亡，氏年二十七。翁姑谓年少，或不能守。氏窥其意，适灶火方热，突舒右手入火，及见，救之，已皮肉尽伤。问其故，氏言："一手，无人肯娶。"为涂药保护，掌愈而指残，翁姑始信其无他。事亲先意承志，无微不周。抚子成立，娶妻，生孙。寿八十。

陈氏李复心妻。李业儒，早亡。子宷，五岁。陈守节，八十余，卒。宷，亦业儒，妻张氏。宷又早亡，子之蕃二岁。张氏守节，至七十余，卒。之蕃业儒，娶张氏。蕃，又早亡，有三子。长楫，六岁；次梅；季霖。张氏守节教子，长子楫入庠。守节六十余年，道宪旌曰："三世冰霜。"

徐氏吴生鹤妻。早寡，孝事姑。姑多病，不嗜饮食。氏釀醴以供，姑饮之倍爽。乡里称孝，督学张给额言旌之。

邱氏吴钊妻，吴人孝子延祺女孙，父大伦。归钊，生二女而寡，茕茕无依。携二女归母家，殇一女。钊兄铨居徐州，诱致之，欲夺其志。氏闻，遁于乡亲之家，转达于沛，而女留于徐。铨大恚，乃鬻其女。好义者赎以还邱氏，母女复得完聚。又十年，邱病故，父大伦以舟载其柩往，与钊合葬。遇大风簸荡湖中，竟不覆，大伦堕水，亦不死。

郭氏魏天祺妻。夫殁，孝翁姑。抚孤成立，娶妇，生汝魁，入邑庠。守节二十余年。学宪谢奖曰："贞操遗范。"

张氏庠生郝质珑妻。夫殁，遗二孤，抚育成立，长入太学。氏以节终。

丁氏卓开禄妻。二十四岁，夫殁。奉衰翁，抚遗孤，孝慈兼尽，闾里称之。

常氏吴国兴妻。十九岁，夫殁。抚孤成立，守节四十一年。

鹿氏石文伟妻。二十六岁寡，文炳妻汪氏二十九岁寡，共奉孀姑，备极孝道，一门双节。

童氏胡士超妻。二十九岁，夫殁。守节家贫，备极荼苦。年七十，卒。

许氏苗三妻。二十岁，夫殁。遗腹生子，自耕田三亩以给，发秃爪偻，望而堪悯。子获成立。卒年，七十余。

陈氏饶文华妻。夫殁守节，因念夫鲜兄弟，典衣得金，为翁置妾。生二子，妾瞽，氏抚养成立。邑令李奖曰："节孝可风。"

李氏程遇亭妻。十八岁于归，逾年夫殁。守节四十四年。

石氏韩珠妻。年二十七，夫故。氏上事翁姑，下抚犹子。寿七十，学宪林奖以"荼苦筠清"。

孟氏封自强妻，毓桓女。守节终身。学宪鲍奖以"清节芳型"。

郭氏张泰兆继妻。三十岁，夫殁。孝亲抚孤，教子义方次男游庠，守节二十七年，卒。

孙氏魏凌霄妻。二十二岁，夫殁。守节六十二年，八十四岁卒。

李氏宋廷荫妻，监生文华女。三十岁，夫殁。遗三孤，茹蘖含冰，抚育成立。守节四十六年，卒。

阎氏朱福恩妻，庠生焜贞女。十八岁，随翁锡均之江西任。逾六年，福恩逝，遗孤宪曾数月，矢志抚育。及翁解印旋里，与姑继逝。殡葬成礼，宪曾亦候补佐贰。守节四十三年。

朱氏张伯群妻，训典女。二十一岁，夫殁。事姑终养，抚孤梦麟成立。七十八岁，卒。

王氏陈某妻，鉽之女。十八岁，夫殁。以翁姑衰老，强代子职，立嗣以延夫祀。守节，七十岁卒。

郝氏王永茂妻，孝廉郝铉孙女。十五岁于归，逾年，夫殁。孝事孀姑，曲体其意，抚嗣子如己出。守节六十余年。

郑氏太学生王略妻。年二十九岁，夫殁。守节四十余年。

朱氏王雨妻。三十岁，夫殁。守节四十余年。

赵氏梁弘毅妻，玺之女。二十六岁，夫亡。事翁姑，育遗子，孝慈兼尽。卒年，八十余岁。

燕氏张缟妻。二十一岁，夫殁。抚子女成立，守节四十二年。

张氏傅继先妻。夫殁，遗一孤二女，均抚育成立。以节著。

李氏张弘印妻。二十九岁，夫殁。遗二孤，抚教成立。长入太学，次游庠。守节七十余年，邑令佟额曰："松筠并美。"

孟氏贡生张曰玠妻。夫殁，孝事衰姑，嗣侄兆祥，教有义方，乡党称其贤。

郭氏刘永昌继妻。二十三岁，夫殁。抚前室子泽高、泽普如己出。年八十二，卒。

郭氏张松龄妻。二十一岁，夫殁。矢志嗣侄，以延夫祀。守节六十余年。

阎氏张国顺妻。年未三十，夫殁。家贫，纺绩自给，事翁如礼，守节七十余年。旌。

蔡氏刘万祺继妻。十九岁，夫殁。事祖姑、翁姑，皆尽礼，抚前室子增成立，为娶王氏，生文博、文灿。增亡，王矢志抚育二孤，为文博娶王氏。逾年，博又亡，王亦坚守。次文灿渐成立，三世孤孀均以节著。学使张旌其门曰："节孝。"

柴氏朱奕闳妻。二十四岁，夫殁。奉亲抚孤，孝慈兼尽。守节三十六年，旌坊。

丁氏孟振民妻。二十三岁，夫殁。遗一子一女，矢志奉亲抚孤。未几，子亡。又数年，女亦亡。氏励节益坚。

庞氏辛炫侧室。炫死，庞年十八，正室单以其年少无子，欲遣之。庞伏枕不食，以死誓。单感其诚，与同居积二十余年。单寝疾，且死，谓其子若妇曰："庞氏好人，心如金石，吾爱敬之。我死，汝等善事之。"子妇遵遗言，事庞氏惟谨。后值乱离，艰苦备尝，矢志愈励。年六十九，卒。初，炫死逾月，单始生季子，庞抚之，恩同己出，人不知其非己子也。季子成人，事庞如母，事必咨而后行，人亦不知其非所出也。炫孙钧，为邛县掾，病死，无子，妻唐氏仰药死。

项氏王应昌妻。二十九岁，夫殁。抚教二孤成立，出资赒贫，乐善不倦。守节五十三年。

甄氏郝鸾妻。夫殁，抚孤成立。守节，八十四岁卒。蒙赐肉帛。

曹氏郝鍠妻。夫殁，抚孤质玟成立。为娶韦氏，生子。玟又亡，曹率韦同抚弱孙。曹守节五十余年；韦守节，八十余岁卒。蒙赐粟帛。

丁氏郝见璲妻。夫殁，事衰翁以孝闻。抚孤成立，守节数十年。蒙赐帛。

朱氏郝见斑妻。夫殁，遗子甫六月，勤劬抚育；事孀姑孝。守节，四十一岁。

梁氏曹兆祥妻。二十七岁，夫殁。事衰姑以孝闻，抚孤成立。守节三十余年。

李氏郝令学妻。十八岁，夫殁。事继姑尽孝道，抚孤成立，勤劬百状。守节数十年，族党称之。

朱氏许名硕妻。二十三岁，夫殁。抚孤天佑六年，氏病卒。其祖抚天佑成立，为娶妇张，生永言、延龄。佑又亡，张抚育二孤，为永言娶妻马生子一，延龄妻封生子三。逾数年，永言、延龄继逝，马与封，同抚诸孤，事张尽礼。人称"三世冰霜"。一门节孝。

汪氏例贡孟之儒妻。二十九岁，夫亡。无子，遵舅姑命，以夫弟子为嗣，上养下教，三十余年而终。

严氏例贡孟之斌妻。二十二岁，夫殁。抚遗孤岳成，早岁游庠。学宪张额以"贞松劲节"。

冯氏朱城妻。二十八岁，夫殁。守节五十七年，八十五岁卒。

王氏魏士玉妻。二十四岁，夫殁。抚孤守节五十余年。

张氏庠生马愫妻。二十七岁，夫殁。守节终，学宪张奖以"风高陶孟"。

杨氏朱恪妻。二十四岁，夫殁。奉亲抚孤，孝慈兼尽。守节三十五年，卒。

蔡氏庠生赵寅妻。年少，夫殁。抚遗孤作梅，早岁游庠。守节五十余年，学宪张奖以"筠节松年"。

王氏陈清遂妻。二十四岁，夫殁。奉亲抚孤，孝慈兼至。守节三十余年。

王氏赵某妻。二十四岁，夫殁。事翁姑以孝闻。翁姑殁，抚夫弟国彬成立，入邑庠。乡党敬之。

卜氏崔麟妻。二十一岁，夫殁。遗孤二龄，抚教成立。守节五十余年。

朱氏庠生郝质珖妻。归一载，夫殁。誓以身殉，翁姑劝止，嗣侄以延夫祀。守节三十余年。

石氏高某妻。年少，夫殁。守节四十年。

卢氏李霖继妻。二十二岁，夫殁。抚孤方炽成立，为娶魏。逾年，炽又亡。卢偕魏守节三十余年，一门冰操。

王氏魏梅妻。二十一岁，夫殁。守节三十余年。

孟氏蒋兆鹏妻。十九岁，夫殁。无子，以犹子为嗣。守节四十年。

朱氏郝桂桢妻。二十五岁，夫殁。事衰姑，终养如礼，抚孤成立，艰劬百状。以节终。

李氏白如玉妻。二十三岁，夫殁。事翁姑，抚孤女，孝慈兼尽。父母悯其少，欲嫁之，氏因不归宁。以节终。

朱氏庠生王之域妻。二十七岁，夫殁。遗孤女，抚夫弟、妹，嫁娶得宜。葬翁姑，嗣侄延祀。守节五十余年。

王氏魏天礿妻。二十八岁，夫殁。抚孤成立，守节三十七年。学宪张额曰："兰芳玉洁"；州牧姜额曰："风高寿永。"

张氏孙田妻。二十七岁，夫殁。事翁姑终养，抚子女成立。以节终。

王氏程正选妻。夫殁，抚遗孤恺成立，为娶妇，生子。恺又亡。姑妇相依，共抚雏孤。王守节六十余年；谢守节六十二年卒。

马氏魏继隆妻。二十八岁，夫殁。家贫，奉亲抚孤，取给十指，艰苦万状。以节卒。

郭氏邵梦熊妻。二十三岁，夫殁。奉继姑尽孝，抚孤成立，辛苦百状。守节四十余年。

康氏贾连芳妻。二十四岁，夫殁。抚孤成立，娶妇生孙。孤又亡，氏偕妇共励冰蘖，抚育雏孙。守节各三十余年。

谢氏袁玉昌妻。二十八岁，夫殁。赤贫纺纴自给，奉翁姑养葬如礼，子女婚嫁以时。邑令李额以"筠年松龄"。

刘氏吕某妻。二十八岁，夫殁。抚孤成立，娶妇生宗继。孤又亡。氏复抚宗继成人，入国学，乡里敬之。

邹氏李文彩妻。二十三岁，夫亡。抚孤成立，入邑庠。守节，八十余岁卒。

李氏董某妻。二十八岁，夫殁。上奉翁姑，下抚遗孤。守节，八十余岁，孙曾绕膝，蒙两赐粟帛。

朱氏庠生郝质琭妻李氏、郝质珙妻朱氏、郝倬妻，皆青年矢节，白首完贞。

魏氏韦显祖妻。二十一岁，夫殁。矢志柏舟，嗣侄以延夫祀。守节三十八年。

张氏高崇福妻。年二十七，夫殁。矢志抚襁褓子章成立。年九十五岁，蒙赐粟帛。

卓氏韦维烈妻。二十三岁，夫殁。抚孤成立，守节五十三年。

于氏孙连试妻。二十三岁，夫殁。事亲育女，孝慈兼至。守节三十余年。

蒋氏邹冕妻。二十三岁，夫殁。抚子广誉成立。氏年九十八岁，蒙赐粟帛。

郝氏高珩妻。二十四岁，夫殁，遗孤廷铨。逾半载，翁姑继逝，兄、嫂又亡，遗侄廷铣。营葬以礼，抚子、侄成立。族里钦之。

赵氏蒋鸿福妻。二十三岁，夫殁。抚孤永贵成立，为娶妇杨氏，生孙。贵又亡，氏偕妇抚育雏孙，共砺苦节，七十余岁。

张氏费增来妻。二十四岁，夫殁。遗孤在抱，抚育成立。守节三十七年。

徐氏阎某妻。二十岁，夫殁。奉孀姑，姑病，刲臂以疗；抚孤成立。邑令徐额曰："节孝双全。"

周氏阎士杰妻。二十三岁，夫殁。遗孤一龄，抚育成立。守节三十五年。

董氏阎延铭妻。二十岁，夫殁。遗孤甫四月，抚育成立。守节三十四年。

吴氏刘嘉桂妻。二十七岁，夫殁。遗子襁褓，抚育成立，艰苦百状。守节，七十五岁。

杜氏李大伦妻。二十五岁，夫殁。事姑孝，嗣侄以延夫祀。守节四十余年。

吕氏陈某妻。二十岁，夫殁。赤贫，抚孤维柱成立。守节五十九年，七十九岁卒。

郝氏沈旸妻。二十二岁，夫殁。事翁姑，抚子女，孝慈兼至。守节三十余年。

杜氏朱莪妻。二十二岁，夫殁。抚遗孤，十余年而亡，嗣侄孙以延夫祀。守节四十余年。

韩氏张需妻。二十九岁，夫殁。食贫励志，上事翁姑，下抚二子，辛苦万状。守节五十余年。

丁氏太学生汪鸣辅妻。二十四岁，夫殁。抚孤守节，七十五岁。

郭氏张某妻。夫亡，氏二十三岁。苦节四十余年，卒。

郑氏杨国栋妻。二十岁，夫殁。事亲终养，抚孤成立。守节三十余年。

邹氏魏天褕妻。二十八岁，夫殁。无子，投缳者三，遇救得免。矢志自守，嗣侄以延夫祀。守节七十六年。

徐氏卢卫周妻。二十三岁，夫殁。事翁姑，生养终葬，靡不尽礼；抚孤成立。守节四十六年，六十三岁卒。

王氏魏天禘妻。于归二载，夫病，侍汤药逾年不倦，及殁，矢节奉翁姑，丧葬成礼；为子娶妇，生二孙。子又亡，氏复抚二孤，艰辛备历。学宪郑奖以"节并松筠"。

徐氏胡陆妻。夫殁，姑老且盲，遗幼孤。遭水患，氏负姑携子而逃。既而贼至，氏泣，曰："事急矣！子已八岁，离吾或能不死；姑老病，离吾何生。"遂弃子，负母逃。子后复得完聚，氏佣作事姑，丧葬如礼。守节三十余年。

陈氏张国庄妻。夫殁，守节四十年而终。请旌。

王氏张现妻。雍正九年，夫殁，氏二十五岁，孤子希艺甫六龄，次子从政遗腹生，姑老叔幼，赖氏维持家计。教养成立，守节五十年。请旌，敕褒"清标彤管"。氏年八十岁，终。长子希艺妇王氏，于归三年，夫殁，以叔子景元为嗣，事姑训子，苦志坚贞，卒年六十四岁。景元妻赵氏，于归五载，夫殁，氏年二十三岁，事孀姑、抚叔子伯忍为嗣，仰事俯育，贤孝著闻，邑人申请上宪旌以“节苦风清”，守节四十七年卒。伯忍妻李氏，李沂女，于归六年，夫殁，氏年二十五岁，上奉六旬衰姑，下育周岁孤儿，备极艰勤，为子敬书娶孟传启女，孟十七岁于归，越八年，敬书殁，氏依衰姑更相为命，遗孤三岁，严教成立。姑李，现年八十四岁；孟，今年六十一岁。一门五世苦节，闺范冰操，允称清德萃聚云。

李氏王兰亭妻，铜邑监生月攀女。二十五岁，夫殁。养亲抚孤。四十六岁，道光年请旌。

王氏封自行妻，镜之女。二十五岁，夫殁。遗孤一龄，抚育成立。守节二十九年，卒。

黄氏韩寅妻。夫殁，事翁姑以孝闻。守节四十年而终。

朱氏吴元奇妻，贞命女。二十六岁，夫殁。事翁抚女，纺绩维勤。守节四十九年。

王氏阎中含妻。二十八岁，夫殁。抚孤成立，守节四十年。

蔡氏阎文学继妻，际飞女。二十八岁，夫殁。抚孤成立，守节三十年。

许氏王东妻，德之女。东死，氏年二十九，生一子，甫四岁。翁姑俱存，氏曲尽孝养如东未死者。然家有副祖姑老而衰，氏事之得其欢心，宗党见者，咸太息，以为东果未尝死焉。年七十六，尚健饭。嗣子以孝称，孙曾众多，悉奉甘旨，且振振以文学起矣。

丁氏王可质妻。与许为妯娌，行年十九，归可质。未一周，而质殁。遗腹生子曰福得，未几，殇。或劝之改适。丁曰：“余岂以子之存亡易吾志哉？且继姑无恙，家无次丁，妇往，姑何恃耶？”苦节三十年。

刘氏王山妻。年二十四，夫殁。称未亡人，养老抚孤，备历艰苦，贞节五十年。

郝氏王瓒妻。瓒为山再从弟，早殀。氏守志不移，亦如刘氏。子一，抚之成立。

韩氏王长年妻。生三子，相继殇，长年亦死。只一女，氏抚之泣曰：“吾以女为子矣。”女年十七，复死。孑然一身，守志不二。言王氏节者，于氏为特苦焉。二树山人曰：“余以邑令聘修邑乘来此，事虽未行，阐幽之心，固未尝一日忘也。如王氏诸节妇，皆信而有征，皎皎在闾里者，后之良有司，其忍听其湮没已耶？故录之，以俟执彤管者采焉。”

吕氏房元兆妻，滕邑永恕女。十七岁于归，逾五年，夫殁。事庶姑克尽妇道，抚遗孤教有义方。守节六十余年。

王氏房元房妻，鈖之女。二十九岁，夫殁。事衰姑以孝闻，抚遗孤教有义方。守节五十余年。

李氏宋廷荫妻，监生文华女。三十岁，夫殁。遗三孤，抚育成立，茹蘖含冰。守节四十六年。

张氏杨秉让妻。二十七岁，夫殁。抚孤成立，孙曾绕膝。守节六十八年。

吴氏徐朝标妻。二十二岁，随夫入汴。夫殁，流离万状，不易坚贞。后旋里，纺绩度日，守节四十五年。

李氏程开曾妻，学诗女。二十八岁，夫殁。守节六十六年，八十八岁卒。

刘氏郭盛芝妻。二十六岁,夫殁。事亲终养,抚孤成立,艰苦万端。守节四十九年。

张氏王祺妻。嫁四载而寡,子可继仅二岁。氏仰事俯育,备尝艰苦。子,官山东博平县丞,覃恩封孺人,奉旨建坊。

孙氏王四让妻。年二十七,夫殁。遗一子志绅,氏抚孤教子。后志绅游庠,守节四十一年。学宪祁旌。

严氏冠方来妻,天垣女。二十八岁,夫故。抚两孤,次子永顺入国学,道光八年旌其门曰:"葆贞式谷。"

赵氏张大简妻。二十三岁,夫故。遗一子,旋夭。苦守贞节,七十四岁卒。旌表。

任氏张大节妻。二十四岁,夫故。无子,氏勤纺织以奉衰姑。道光二十四年旌表。八十五岁,卒。

李氏魏文锦妻,萧县李某女。年十九于归,二年,文锦卒。家素饶,翁姑在堂。氏事之谨,婢仆虽众,饮食衣服,不假他人手,翁姑极爱怜之。六十四岁,卒。乾隆年奉旨建坊。

朱氏张世允妻。年二十二,夫故。无子,奉姑孝。八十五岁,卒。

那氏曹尚清妻。二十三岁,夫故。无子,以夫兄子为嗣,教养备至,事姑以孝。卒年,九十岁。

孙氏张绍臣妻。二十一岁,夫故。矢志守节,茹苦含辛五十余年,终。

王氏张世玠继室。年二十九岁,夫故。视前室子如己出,人不知为后母。卒,年七十有六。

李氏吕兰馥妻,志尚女。十九岁于归,馥笃学成疾,子良田方周岁。病笃,谓氏曰:"汝教子成名,他日不坠书香,目即瞑矣。"寻卒,氏年二十一。营葬后,无翁姑可依,遂携子归母家。纺织自度,督良田力学,既冠入庠。邑人钦氏之能成夫志,请于学宪,得旌表。

黄氏卢璇妻。二十四岁,夫故。遗一子,甫三龄,翁姑老、多病。氏侍汤药,尝数十夜目不交睫。后数年,翁姑相继亡,丧葬后,氏几起。及子成立,入邑庠,氏已五旬。于道光丙申蒙旌。又数年,子亡,复抚其孙以成名。

朱氏王锟妻,州同彭年女。二十一岁,夫殁。守节四十六年。道光十四年卒,请旌。

刘氏王镀妻,立方女。二十五岁,夫殁。守节二十八年,道光十八年卒,请旌。

赵氏庠生王则恒妻,静逢女。二十六岁,夫殁。养亲抚孤,孝慈兼尽。守节四十四年,道光二十年请旌。

陈氏徐正宗妻,依仁女。二十六岁,夫殁。守节四十五年,卒。

徐氏庠生朱廷祺妻。十八岁于归,五年,夫殁。弥留之际,嘱以养亲大事。氏遵遗命,事翁姑惟谨。守节五十六年。

辛氏庠生胡开业妻,泗之女。二十八岁,夫殁。遗子女,氏勤纺绩,抚育成立。守节二十九年,五十七岁卒。

孟氏段化南妻,毓贤女。二十八岁,夫殁。遗子女,茹苦含辛,抚孤成立。守节五十年。

朱氏李大略妻，庠生祖严女。十九岁于归，不数年，夫故。矢志守节。年七十八岁，卒。

唐氏监生张大时妻。十七岁于归，逾年夫殁。事亲孝，守节七十六年，卒。

魏氏庠生朱任曾妻，经邦女。二十八岁，夫殁。抚孤子幼女成立，艰苦百状。八十五岁，卒。学政辛给额"苦节清风。"

张氏杨秉让妻。二十七岁，夫殁。抚孤成立，入太学，孙曾绕膝。守节六十八年。

尹氏卜继宣妻。二十余岁，夫殁。事孀姑，终养如礼；抚子女婚嫁以时。八十九岁，卒。学宪辛给以"苦节修龄"。

卜氏赵丕彦妻。二十余岁，夫殁。遗孤在抱，抚育成立。学宪龚给以"柏舟励志"。

周氏孙忠陛妻。二十三岁，夫殁。水患兵灾，坚守不易。守节四十一年。

邱氏孙良宝妻。二十一岁，夫殁。赤贫，矢志不二。守节四十年。

邱氏郭盛芝妻。二十六岁，夫殁。事亲终养，抚孤成立，坚苦万端。守节四十九年。

贺氏叶元春妻，芹之女。二十二岁，夫殁。事翁姑以孝，抚二孤成立，艰苦万状。学宪辛给额"荼苦筠清"。

赵氏蔡玉岐妻，德智女。二十五岁，夫殁。抚孤成立，守节六十六年，卒。

王氏鹿棠妻。十八岁，夫殁。抚嗣子成立，守节六十六年，咸丰元年卒。

李氏朱祖芸妻，科之女。二十岁，夫殁。事翁姑孝，守节三十七年。咸丰二年，卒。

刘氏鹿文辉妻，陶成女。二十六岁，夫殁。遗三孤，抚育成立。守节五十六年，卒。

朱氏徐士秀妻。三十岁，夫殁。抚嗣子成立，守节二十八年，卒。

李氏庠生程愚亭妻，恒之女。十八岁于归，逾年夫殁。守节四十四年，卒。

魏氏王念芬妻。年二十七，夫殁。氏矢志不二，择嗣入继，苦守四十七年。学宪祁旌曰："荼苦筠清。"

安氏陈质鲁妻，义淑女。于归一载，夫故。氏投缳得救不死，以夫弟子为嗣。年八十一，学宪孙奖以"松筠励节"。

蔡氏严正渊妻。二十七岁，夫故。遗腹生一子，抚育成立。守节，七十五岁终。

寇氏石蕴琛妻，永宁女。二十九岁，夫故。遗腹生子荆玉，氏教之成人，入国学。七十八岁终，学宪旌曰："茹苦含辛。"

寇氏刘长玉妻，永顺女。二十三岁，夫故。氏携子归母家，备极艰辛。六十九岁终。

严氏胡大妻，尚钥女。十九岁，夫故。无嗣，依母家守节五十余年，无疾而终。

张氏严廷森妻。二十八岁，夫故。抚嗣子成立，入国学。六十五岁终。

严氏周化鲁妻，武生金彪女。二十五岁，夫故。遗一子，氏抚之成立。后子亡，又抚孙，守节五十余年。

陈氏朱明诰妻。诰从军战亡，以夫弟子为嗣，治家勤俭，训子有方。守节五十余年。

田氏蔡玉田妻。于归一年，夫故。玉田本兰州籍，父任夏镇守府，又陞都阃，因家于沛。

氏孀，依其弟以终，年五十八岁。

袁氏孟（原作“盂”，显误，径改）传禧妻。年十八于归，四载夫故。遗一女，时翁姑在堂，夫弟尚幼。氏奉亲抚幼，以侄为嗣，苦节四十余年，卒。

李氏国学生孟继柱妻，在南女。年十八于归，仅一衰姑。六载，生二子，夫病，嘱以“奉亲抚孤，吾目即瞑。”氏善教子，长广厚食饩，次广载县丞，皆氏之力也。学宪唐旌以“仉淦遗徽”。

郝氏孟广载妻。年十九于归，六年夫故。遗一子五岁，氏奉姑孝，相依垂二十年；教子义方，昭文习武，功至守备。六十三岁，卒。

马氏刘仁修妻，方云女。年九岁归刘为童养媳，十二岁，仁修病疫死。翁姑欲改嫁之，氏涕泣弗应。十六岁，抱仁修灵牌成婚礼。事翁姑数十年如一日。年九十，无病死。邑人士为之请旌立石。

张氏童学礼妻，存让女。十八岁于归，越五载，翁姑与夫俱殁。氏矢志守节，立侄为嗣。年六十一，得旌。

蔡氏张魁瓒妻，法安女。十九岁于归，二年，夫殁。守节四十余年，以夫兄子锦堂为嗣，娶朱氏。甫一子，锦堂亦殁。姑媳共抚雏孙。氏年六十一，学宪奖以“彤管扬辉”。

蔡氏汪尚仁妻，法禧女。年十九于归，尚仁病殁。氏誓以身殉，姑善劝止。氏料理家务，躬亲纺织，供夫弟尚德膏火，不使以家计分心。后尚德早岁入庠，翁姑皆登大耋。氏年八十四，学宪溥奖以“柏节松龄”。

汪氏刘汉英妻，守智女。十九岁于归，越三年，夫殁。家贫，纺织奉姑，艰苦备尝。姑殁，氏依母家。年七十余，学宪溥旌。

郝氏张绍启妻，炽德女。十九岁于归，八年生子女各一，夫殁。惟姑尚在，氏事之孝，抚子女成立。寿六十九。

陈氏蔡赓富妻。十八岁于归，逾年夫故。水患兵燹，扶姑远避，六年始归。立堂侄为嗣。林学使旌。

燕氏李鸣环妻，作楫女。十八岁于归，二十一岁夫卒。遗一子，氏教养成立，克延宗祧。光绪三年旌。

滕氏岁贡阎玫侧室。二十一岁，夫殁。抚孤阿锡成立，守节七十一年。

李氏监生阎瑜妻，县丞茂根女。二十八岁，夫殁。事亲孝，抚诸孤成立。守节五十七年。

李氏许承训妻。二十五岁，夫殁。守节五十二年。

朱氏阎真妻，英理女。三十岁，夫殁。抚孤成立，守节五十一年。

王氏张重阳妻，阳之女。二十一岁，夫殁。守节五十三年。

赵氏周勤芳妻。二十六岁，夫殁。事亲抚孤，辛苦万状。守节六十二年。

袁氏姚学勤妻，大印女。二十岁，夫殁。事亲抚孤，孝慈兼尽。守节二十二年。

甄氏阎朝理妻，嘉由女。二十八岁，夫殁。事翁姑孝，抚二孤成立。守节三十三年。

孟氏例贡刘文进妻，监生传典女。二十八岁，夫殁。事亲抚孤，孝慈兼尽。守节三十九年。

董氏许玉瑚妻，士奇女。二十二岁，夫殁。事孀姑孝，嗣子以延夫祀。守节三十一年。

胡氏孟传真妻。二十四岁，夫殁。事衰姑以孝闻，抚孤成立，守节而终。

蔡氏庠生朱元佐妻，颈之女。三十岁，夫殁。抚两孤，教有义方，长任吴县训导，次任婺源训导。五世同堂，寿百岁。守节七十二年。

曹氏朱敬琛妻，监生方器女。夫殁，氏二十三岁，无子女，随孀姑度日。河患兵荒，不改初志。卒年三十六岁。

张氏庠生朱松年妻，丰庠灿之女。夫殁，氏二十四岁，抚孤守节六十七年，五世同堂。建坊。

朱氏甄正格妻，太学生钦瑚女。格嗜读，积劳成疾而卒，氏二十八岁。抚女守节五十余年。

朱氏石广禄妻，岁贡鸣韶女。夫殁，年二十五岁。子女俱无，氏孝事翁姑，守节三十六年。

朱氏韩增荣妻，监生祖基女。夫殁，氏年二十九，无翁姑，子女尚幼。值河决，依母家教子读书。守节三十余年。

黄氏朱祖绪妻，宝善女。归五载，而绪殁。氏年二十四，翁姑已老，子女俱无。氏纺织孝亲，卒年七十五岁。

封氏朱尊洵妻，候选州判履正女。二十五岁，夫殁。抚嗣子祖图成立。守节五十余年。

朱氏李著焜妻，通政同知事瀚女。二十岁，夫殁。抚嗣子奎璧成立。守节五十六年。

冯氏朱家翰妻，南京军卫右经历启元女。二十八岁，夫殁。抚孤成立，守节而终。

李氏朱敬慧妻，庠生锡绂女。二十二岁，夫殁。抚孤守节六十六年，卒。

赵氏陈家惠妻，守礼女。二十二岁，夫殁。抚孤守节四十六年。

某氏张国允妻。二十九岁，夫殁。矢志守节。现年八十一岁旌。

杜氏蔡猗占妻。二十四岁，夫殁。赤贫，佣作奉亲抚孤，艰苦备尝。现年六十六岁。

孔氏殷贤峙继妻，继彰女。二十九岁，夫遇难死。遗三孤，氏抚育成立。现年五十七岁。

褚氏李开乾妻，明纲女。三十岁，夫殁。抚孤成立，娶妇，生二孙。孤又亡，氏抚育雏孙，艰苦百状。现年六十七岁。

徐氏吴朝秀妻，朝选女。二十三岁，夫殁，姑老子幼。咸丰河决，避砀邑，天雪断炊，氏剪发易粮，供姑。有媒以财诱姑，姑泣谋诸氏，氏毁面自誓。后旋里，姑卒，殡葬如礼。子亦成立。守节，六十八岁。

马氏尹冬玲妻，文德女。二十八岁，夫殁。父母怜其少，欲使他适，氏誓以死殉。嫂固慰劝，氏乃育嫂子为嗣，事翁姑甚谨。咸丰元年，河决，家多疫卒，氏力营葬具。后携子广义、侄广仁，避水患，困苦万状。同治五年春，被贼掳，氏与妇范计议，破产赎回。义受伤，旋死，遗二孙。姑妇相依抚之。守节四十四年。

孙氏张元彭妻。二十九岁，夫殁。事翁姑孝，抚嗣子成立。守节四十一年。

李氏叶兆祥妻，凤绍女。十九岁，夫殁。事衰姑终养如礼。守节六十七年。

王氏朱尊珮妻，单邑两淮盐大使守符女。归珮五载，患病。氏侍汤药，昼夜辛苦。珮殁，氏忧劳成疾，逾六年，殁。

王氏朱敬祥妻。敬祥喜读书，日夜攻苦，未游庠，赍志以殁。氏叹夫读书抱恨而死，亦终年饮泣。值捻逆北窜，自缢死。

杨氏耿铎妻。夫亡，子永仅周岁。一贫如洗，氏苦守，抚子成立。年七十三，卒。

李氏朱汝宣妻。宣殁，誓以身殉，翁姑劝阻，命以侄为嗣，孝慈兼笃。翁卒，与姑同寝，先意承志。闻者称贤。

邱氏徐严妻。夫亡，年二十七，遗子怀德方六龄，姑八十三岁。氏奉姑教子，克延先绪。人高其节。

朱氏俞宗准妻。夫故，贫苦守志三十余年。里人怜而重之。

刘氏吕继宗祖母。年二十八，守节抚子。子成立，又亡。乃抚孙继宗，得见成立。

郝氏李凤翥妻。早寡，以侄孙谞为嗣，守志不易。七十六岁，卒。

孙氏谭评妻。年二十一，夫故。姑老且病，遗一子，氏抚遗孤，善承姑意。及殁，丧葬如礼。孤长，教以义方，获成立。

梁氏朱文英妻。嫁二年，英殁。氏矢节，奉翁姑、抚孤子。翁姑殁，丧葬如礼。子成立。

赵氏朱祖峙妻，赵辉女。二十岁，夫殁。抚嗣子成立。守节终。

麻氏丁志学妻，利占女。二十六岁，夫殁。守节五十七年。

赵氏陈家惠妻，守礼女。二十二岁，夫殁。抚孤守节四十六年。

尹氏李兰妻。二十二岁，夫殁。翁姑衰老，遗孤幼弱。氏奉亲抚孤。年八十一，学使黄奖以“慈竹长春”。

马氏曹尚典妻，抡阁女。三十岁，夫殁。孝事翁姑，抚孤成立。守节八十岁，卒。

葛氏蔡赓义妻。二十四岁，夫殁。遗三孤。纺绩佣作，抚育成立。孙曾绕膝，年八十四。同治十二年，入祠建坊。

张氏王忠妻，鸣岐女。二十岁，夫殁。事翁姑，终养如礼。年八十五，学使黄给以“孝竹贞松”。

刘氏杨大瑸妻，云立女。二十七岁，夫殁。事翁姑，终养如礼，抚孤成立。年八十五岁。

刘氏王善继妻，鸿禄女。二十二岁，夫殁。孝事孀姑，立嗣以延夫祀。现年八十三岁。

魏氏郭兆珠妻，一士女。二十八岁，夫殁。抚孤成立。现年八十六岁。

冯氏赵启信妻。夫殁，抚孤女。咸丰河决，避单邑，以女赘姜某。后姜殁，女亦死。氏子立一身。现年八十七岁。

裘氏刘凤岐妻。二十六岁，夫殁。抚孤成立，年七十三岁，无疾而终。

王氏刘尊誏妻。二十八岁，夫殁。抚孤成立，现年七十一岁。

陈氏刘德如妻。二十六岁，夫殁。奉亲抚孤，孝慈兼至。现年七十三岁。

杨氏卢长泰妻，文烈女。二十九岁，夫殁。事翁姑以孝闻。现年七十三岁。

段氏唐开昌妻，询之女。二十八岁，夫殁。遗二孤，抚育成立，事翁姑孝养。现年七十岁。

张氏朱祖鹏妻，治之女。二十七岁，夫殁。奉亲育女，孝慈兼尽。现年七十六岁。

朱氏独守谦妻，庠生训占女。二十九岁，夫殁。避河患，依母家，坚贞不易。现年七十三岁。

赵氏王开景妻，光宗女。二十七岁，夫殁。姑目瞽，纺绩以养，丧葬尽礼。现年七十四岁。

董氏黄作节妻，敬和女。二十九岁，夫殁。抚嗣子成立。现年七十三岁。

吴氏廪生郭基广妾。二十六岁，夫殁。遗二孤，抚育成立。现年七十岁。

孟氏王尊由妻，毓相女。十九岁于归，五年，夫殁。欲自殉。以承嗣乏人，立侄以延夫祀。咸丰九年，贼突至，母子冲散，氏求母、兄，寻找无迹，自分必绝。越十余年，子忽偕妇携子归。氏大喜过望，既得子并添孙矣。人咸谓节孝之报。光绪三年旌，年七十三。

杨氏席光彩妻，秉正女。二十四岁，夫殁。事翁姑以孝闻。现年六十二岁。

程氏王昭林妻，连元女。三十岁，夫殁。事翁姑以孝闻。现年六十八岁。

蔡氏尹某妻。二十二岁，夫殁。事翁姑终养如礼，抚子女婚嫁以时。现年六十六岁。

王氏徐起鹭妻，士名女。二十岁，夫殁。赤贫，佣作事姑。年六十六岁，学使彭奖以“节孝两全”。

陈氏朱霈恩妻，文生志广女。二十六岁，夫避水丰邑殁。遗孤一龄，氏扶姑挟襁褓儿，哀求亲族，买棺以葬。后移居师家楼，纺绩事姑，终养如礼，抚孤成立。卒徙夫棺，葬于姑墓之侧。现年六十九岁。

徐氏王其占妻。二十岁，夫殁。奉亲抚孤，孝慈兼尽。现年五十九岁。

刘氏蔡法善妻，开昌女。二十四岁，夫殁。遗孤宪钧甫六月，茕茕无依，遂归母家，抚育成立。年五十二。

柴氏孟起凤妻，树林女。二十一岁，夫殁。遗三孤，欲自殉，夜梦夫曰：“抚育吾儿，生贤于死！”氏遂忍死守节，抚诸孤。现年四十九岁。

葛氏孟传俊妻，书之女。二十岁，夫殁。事衰姑，抚幼女，孝慈兼至。现年五十岁。

殷氏蔡宪古妻。十九岁于归，逾年夫殁，遗孤敦泉被匪掳。里人诱其改适，氏以死自誓，无敢犯者。现年五十九岁。

王氏蔡法现妻，怀正女。二十六岁，夫殁。抚孤宪皋成立。现年五十二岁。

尹氏邱广业妻，兆基女。二十二岁，夫殁。奉翁姑，终养成礼，抚嗣子，爱如己出。现年四十九岁。

孙氏张步墀妻，保凌女。二十三岁，夫殁。孝事孀姑，抚孤成立。现年四十六岁。

田氏张立库妻，汝经女。二十三岁，夫殁。抚孤成立。现年五十三岁。

李氏张立庙妻，坤之女。十九岁，夫殁。抚孤成立。现年六十六岁。

余氏陈汝祺妻，龙跃女。二十五岁，夫殁。守节。现年五十八岁。

王氏李永贵妻，荣之女。二十二岁，夫殁。纺绩御贫，奉亲抚孤。现年五十一岁。

朱氏赵凤阶妻，祖雅女。二十八岁，夫殁。事翁姑以孝闻。现年六十七岁。

李氏王忻妻，春之女。二十七岁，夫殁。纺绩以度，奉亲教子。现年六十四岁。

张氏郭方贞妻，廷猷女。二十三岁，夫殁。抚孤成立。现年六十六岁。

孟氏鹿文燕妻，毓彩女。二十二岁，夫殁。抚嗣子成立。现年五十四岁。

魏氏王永清妻，景同女。二十五岁，夫殁。事亲始终无间。现年六十岁。

胡氏宋怀立妻，庠生自新女。二十二岁，夫殁。遗孤甫一月，孑然无依。遂归母家，抚孤成立。现年六十三岁。

宋氏赵继贤继妻，存道女。二十一岁于归，抚前室女如己出。逾年，夫殁。典簪珥为翁置妾，生女三，翁卒。嗣子以延夫祀，年六十五。

范氏尹广义妻，广运女。十九岁于归，二十七岁，夫被匪掳。受伤，赎回，旋卒。氏奉姑抚孤，备极荼苦。现年五十岁。

席氏杨蔚妻，效典女。二十四岁，夫殁。事翁姑孝，嗣侄德元，为娶妇，生子元又亡。氏复抚育雏孙。七十六岁，卒。

鹿氏孟传桐妻，三杰女。十九岁于归，三月夫殁。弥留之际，嘱以"奉亲抚弟。"氏遵遗命，事姑终养，抚夫弟传重成立，为娶妇，生子女。不数年，传重夫妇继逝。抚侄与侄女成人，婚嫁以时。乡里咸钦服之。现年八十五岁。

李氏王芬妻。三十岁，夫殁。携二孤，水患兵灾，流离万状。后旋里，纺绩以度。现年七十五岁。

郑氏雷桂荣妻，广训女。二十二岁于归，一年，夫殁。孝事翁姑，嗣侄清远，为娶妇韩。未几，翁姑逝，清远又亡。氏偕妇相依，又继孙平以延夫祀。郑，现年八十一岁；韩，现年五十四岁。

魏氏刘兴藻妻，铭三女。十九岁于归，逾四年，夫殁。欲自殉，翁姑泣劝，乃止。立嗣以延夫祀，现年六十一岁。

爰氏王鋐侧室。二十五岁，夫殁。遗女四龄，氏抚孤择配，备极辛苦。现年七十三岁。

胡氏张大元妻，庠生开业女。二十一岁，夫殁。遗孤一岁，氏茹蘖含冰，抚育成立。现年七十岁。

侯氏孙玉岩妻，大宽女。随夫避水异乡，夫殁。遗孤二龄，勤劳抚育；事翁姑，终养如礼。现年六十五岁。

胡氏孙广居母，庠生开业女。二十八岁，夫殁。事翁姑以孝闻，抚广居成立。现年七十九岁。

胡氏朱才恩妻，从文女。二十岁，夫殁。事亲孝敬，抚孤成立。现年五十一岁，学使奖以“清节芳型”。

郝氏苗宗雨妻，士曾女。十六岁于归，越六年，夫故，女四岁。氏上奉翁姑，下抚幼女。守节三十九年。

张氏张振山妻，玉升女。二十一岁，夫殁。事翁姑甚谨，嗣子以延夫祀。现年七十岁。

苗氏徐大烺妻，成之女。二十六岁，夫殁。抚孤成立。现年七十岁。

冯氏王宗传妻。十八岁于归，数月，夫殁。守节，现年五十六岁。

朱氏丁其瑞妻，训详女。二十一岁，夫殁。遗孤数月，氏勤纺绩，抚育成立。现年六十五岁。

张氏魏立朝妻。夫殁，遗一女。翁姑劝其适，氏誓死不从。翁姑挫折，不给衣食。氏纺绩以度，苦守。现年五十六岁。

朱氏彭凤诰妻。十七岁于归，未匝月，夫殁。父母怜其少，欲使他适。氏誓以死拒，卒成其志。现年七十四岁。

孙氏张懋修妻。十九岁于归，逾年夫殁，守节。现年七十八岁。学宪佟奖以匾额。

孙氏李讲妻，自修女。二十八岁，夫殁。无子，抚育孤女。现年五十二岁。

刘氏武举梁相廷继妻，蕴华女。三十岁，夫殁，守节。现年六十四岁。

王氏梁兆梦妻，铭之女。二十五岁，夫殁。抚孤成立。现年七十五岁。

刘氏梁怀珍妻，介山女。二十九岁，夫殁。抚孤成立。现年五十九岁。

巩氏梁书玺妻，华岳女。三十岁，夫殁。守节，现年五十九岁。

周氏梁光珍妻，政之女。三十三岁，夫遇难死，守节。现年五十八岁。

李氏梁汝言妻，阶柏女。二十二岁，夫殁。坚苦守节。现年五十三岁。

顾氏彭凤彩妻。十七岁于归，数月，夫殁。父每怜其少，欲他适。氏誓死拒之。现年七十五岁。

禄氏秦思惠妻。二十六岁，夫殁。矢志守节。现年六十三岁。

房氏张承阶妻，振镛女。二十三岁，夫殁。无翁姑子女，遂归母家，纺绩度日。现年五十九岁。

汪氏陈文治妻，治清女。二十九岁，夫殁。亲老姑幼，氏勤纺绩，事上抚下，备极艰苦。现年五十九岁。

张氏杜学俊妻。二十九岁，夫殁。家贫，携子归母家，抚之成立。现年六十六岁。

阎氏汪瑞妻。二十七岁，夫殁。家贫，纺绩事姑，生养死葬尽礼。现年八十四岁。

陈氏汪桂林妻，河伯女。二十一岁，夫殁，投环遇救。纺绩事姑，抚嗣子若己出。现年六十一岁。

史氏杨在渭妻，毓奇女。二十二岁，夫殁。赤贫，乞食奉姑，抚孤成立，艰辛万状。现年六十一岁。

张氏张敏妻，瑞盈女。二十五岁，夫贸易遇难。事孀姑，终养如礼。现年六十一岁。

徐氏马秀章妻。二十四岁，夫殁。事翁姑，终养如礼，抚孤成立。现年五十六岁。

徐氏王云岳妻。年二十一岁，夫殁。守节，现年六十七岁。

刘氏李振宗妻。年二十七岁，夫殁。守节，现年五十四岁。

李氏王兆瑞妻。年二十四岁，夫殁。嗣子以延夫祀。现年六十四岁。

阎氏朱英奎妻。年二十六岁，夫殁。抚两遗孤成立。现年六十一岁。

邱氏程大增妻，松之女。二十一岁，夫殁。守节，现年六十四岁。

严氏郭毓光妻。二十二岁，夫殁。事姑抚女，孝慈兼尽。现年八十二岁。

郭氏耿德仲妻。二十五岁，夫殁。矢志冰霜，誓不他适，守节四十年。

李氏赵资德妻，栋之女。二十三岁，夫殁。事姑，养葬以礼。现年六十一岁。

阎氏徐熙朝妻。二十六岁，夫殁。抚孤成立。现年七十二岁。

李氏徐锡嘏妻，正伦女。二十五岁，夫殁。抚孤守节。现年六十八岁。

阎氏刘介奇妻，介之女。二十岁，夫殁。守节，现年六十五岁。

阎氏李大妻，祓之女。二十三岁，夫殁。守节，现年六十四岁。

李氏阎朝基妻，岁贡生振翮女。二十七岁，夫殁。抚孤守节。现年六十六岁。

陈氏胡朝圣妻，守成女。二十七岁，夫殁，守节。现年六十七岁。

张氏严中烈妻，滕邑监生继武女。二十八岁，夫殁。抚遗孤，子女成立，艰辛万状。现年五十五岁。

张氏周玉珊妻。二十六岁，夫殁，守节。现年六十三岁。

秦氏李士奎妻。二十九岁，夫殁，守节。现年六十九岁。

蔡氏燕作箴妻，会之女。三十岁，夫殁。守节，现年七十二岁。

王氏张元稱妻。二十一岁，夫殁。嗣子宗祧，为娶赵，生一女，祧又亡。氏偕妇相依，共育女孙。王，现年六十一岁；赵，现年三十七岁。

韩氏庠生董宗一妻。三十岁，随夫避水萧邑。咸丰三年春，匪至，夫遇害。氏流离困苦，旋里后，纺绩自给。现年七十岁。

封氏李光密妻，监生禀初女。十九岁于归，三年，夫殁。抚遗孤明瑶成立，为娶妇拾，生子宗谨，瑶又亡。氏偕妇相依，抚育宗谨成立。封，守节，八十四岁卒；拾，现年六十三岁。

蒋氏封涵性妻，丰邑童山女。二十四岁，夫殁。孝事亲，抚孤自元成立，孙曾绕膝。现年七十七岁。

孟氏张元扬继妻。十九岁，夫故。孝事翁姑，抚前室子女如己出。年六十，学政王奖以

“孝慈贞节”。

滕氏丁栎妻，玉林女。三十岁，夫殁。赤贫，抚子女成立，艰辛万状。现年七十二岁。

张氏孟毓堂妻，广福女。二十五岁，夫殁。事亲抚孤，孝慈兼尽。现年六十四岁。

祝氏周心田妻，彩之女。二十八岁，夫殁。事翁姑以孝闻，抚嗣子如己出。现年九十一岁。

袁氏潘容妻，大任女。二十八岁，夫殁。事养衰翁甚谨，抚子女成立。现年五十岁。

田氏张平基妻。夫殁，事翁姑。河决，奉亲远适，佣作以养。或诱以他适，誓死不从。翁姑继逝，殡葬如礼。年六十八岁。

赵氏李树菊妻，宗柏女。二十七岁，夫殁。事翁姑，终养如礼。现年六十七岁。

阎氏李树春妻，凤复女。二十三岁，夫殁。事翁姑，终养如礼。现年七十九岁。

孟氏刘元继妻，毓光女。二十一岁，夫殁。欲殉，因亲老无人奉养，遂强代子职。现年七十六岁。

刘氏封自升妻，子申女。二十三岁，夫殁。事翁姑孝，奉养子女。无何，子女继殇。氏茕茕孑立。现年五十三岁。

李氏朱祖纲继妻，怀圣女。二十五岁，夫殁。抚二孤成立，艰辛万状。现年九十六岁。

朱氏王绥大妻，县丞尊玠女。二十五岁，夫殁。嗣子以延夫祀。现年六十七岁。

朱氏燕作孚妻，敬溪女。二十五岁，夫殁。事姑终养如礼，艰辛万状。现年五十二岁。

朱氏蒋长艺妻，绍恩女。二十九岁，夫殁。事姑，抚三孤成立，艰辛万状。现年五十一岁。

唐氏杨维翰妻，允中女。二十六岁，夫殁。遗孤五龄，抚育成立。现年七十一岁。

吴氏朱逢恩妻，监生元之女。于归二载，夫殁。子绎曾尚在褓褓。抚孤事亲，备尝辛苦。守节五十年。

王氏孟传介妻，和贵女。夫殁，遗二孤，翁姑衰老。氏仰事俯蓄，孝慈兼至。守节四十年。

蔡氏胡作楫妻。年二十三，夫殁。事亲抚孤，备极孝养。守节四十二年。

蔡氏孟传仁妻。年十八，夫殁。孝事翁姑，殡葬如礼；抚女择嫁。守节四十年。

于氏赵开明妻，化龙女。夫殁，氏二十八。姑老子幼，衣食取给十指。后姑殁，葬以礼；教子成立。七十三岁，无病而终。

徐氏王珍玉妻，永盘女。夫殁，氏二十九岁。孝亲抚孤，忍死守志，逃水避难，苦节四十五年。

袁氏谢文朗妻。夫殁，年二十七。挟幼子奔波履险，纺棉卖饼。苦守贞节五十年。

徐氏朱宗诗妻，永贵女。夫殁，氏二十一岁。茹蘖饮冰，守节四十四年。现年六十五岁。

郭氏赵中和妻。夫殁，年二十五。抚女择婿，嗣侄以延夫祀。苦节四十年。

李氏王文芝妻。二十七岁，夫殁。无子，仅一孤侄。氏念姑老侄幼，奉养无人，兵燹流离，孝节苦守。现年六十七岁。

刘氏赵宝三妻。十九岁于归，三年夫殁。氏事姑，孝养备至。现年四十六岁。

张氏传渭妻，金标女。十九岁于归，九年夫殁。氏矢志抚孤，守节三十三年。

卢氏丁训哲妻，庠生润亭女。十九岁于归，逾年夫殁。家极贫，奉养翁姑，惟赖针刺。守节三十余年。

李氏朱祖真妻，岁贡思岑女。夫殁，年二十六岁。家极贫，抚二女。守节四十九年。

董氏张懋贵妻，凤林女。归二年，夫殁，氏十九岁。食贫守苦，抚侄以继夫祀。现年五十一岁。

刘氏孟传典妻。二十二岁，夫殁。遗二子一女，抚育成立。苦节二十九年。现年五十二岁。

刘氏王成立妻，学周女。夫殁，年二十八。纺绩奉姑，生葬如礼。守节四十五年。

阎氏张世禧妻。年二十三，夫殁。奉养衰姑三十余年。里人共为请旌。

郭氏谭树兰妻，天助女。二十一岁，夫殁。守节四十四年。

王氏郝景泗妻。三十一岁，夫殁。家贫，纺织糊口，抚子女成立。守节六十余年。

秦氏郝炽俊妻。年三十，夫殁。一子尚幼，水患兵燹，艰苦备尝，抚孤成立。七十五岁，卒。

刘氏郝遇源妻，廪生兆义女。夫殁，子幼。未几，子殇。氏抚嗣子成立，娶尚氏。嗣子又亡，姑媳相依。刘，现年六十五岁；尚，四十四岁。

张氏蒋银田妻。二十四岁，夫故。氏养子事亲，守节七十年，卒年九十有四。

吴氏蒋继福妻。于归一年，夫从军亡。氏奉姑避乱，迭经困厄。守节七十余年。

周氏张从悦妻。夫故，家贫，无子女。黄河水患，奉姑外出。姑瞽，负之乞食，性命相依，四十年如一日。邑人上其事，得旌。

吴氏张元楷妻。归二年，夫故。家贫甚，黄水之患，乞食奉亲。水涸，返里，事翁姑终其身。卒年七十有五。

张氏吴宝三妻。二十岁，夫殁。河决，氏奉姑避水，乞食养亲。姑殁于外，氏佣工，积资负骨还葬。守节五十年。

徐氏张元性妻，庠生伯雅女。归一年，夫殁，遗一女。氏誓以身殉，绝而复苏。事翁姑孝，养嗣子成立。守节四十余年。

李氏张学荫妻。二十一岁，夫故。无子女，以织纺养衰姑。年六十五岁，卒。邑绅请于学使，得旌。

王氏张延敬妻。年二十五，夫故。遗一女，事翁姑以孝闻。守节四十五年，邑绅请于学使，得旌。

王氏张元坦妻。年二十三，夫故。氏善事翁姑，孝声闻远近。苦节五十年，得旌。

张氏王培元妻。二十二岁，夫故，遗子女各一。事翁姑孝，抚孤成立。守节四十八年，得旌。

罗氏王景春妻。年二十三，夫故。矢志守节，事翁姑孝。水患兵燹，备极艰苦。守节四十七年，得旌。

孙氏张绪科妻。年二十，夫故。无子女，矢志守节。奉事翁姑，艰苦备尝，四十余年。

李氏张元顺妻。归一年，夫故，遗一女。氏矢志不渝，事翁姑孝。守节三十五年。

王氏沈继敏妻。年十九于归，三年，夫故。氏矢志守节三十余年。

赵氏张国枟妻。于归一年，夫故。遗一子，矢志守节，抚孤成立。卒，年八十。

袁氏张文达妻。归三年，夫死于水。氏抚孤守节。卒，年七十有五。

张氏张元阶妻。于归一年，夫故。守节六十余年。

王氏张国柁妻。于归四年，夫故。守节四十七年。

黄氏刘彦灵之母。早年孀居，守节六十年卒。

朱氏张宗武妻。年二十五，夫故。遗二子，家贫。氏艰难抚孤，守节五十余年。

朱氏张元政妻。二十一岁，夫殁。氏誓守，寄居母家，每以余资分润乡里。刚直好义，里人谓氏有丈夫气。卒年，八十余岁。

刘氏蒋步玉妻。夫从军战殁。氏备历艰难，卒归夫骨。守节四十年。

秦氏于道海妻。年二十五，夫故，遗一子。守节五十余年。

张氏张元益妻。年二十一，夫故。苦守五十余年，族人为之树碑，以志贞节。

王氏秦作楷妻。于归二年，夫故。无子女，守节五十八年。

陈氏刘德顺妻。于归二年，夫故。遗一子，家贫，氏艰难抚孤，存节四十四年。

陈氏秦秉颜妻。于归五年，夫故。矢志守节，三十五年。

那氏秦秉立妻。于归四年，夫故。守节三十九年。

高氏王秀轩妻。于归五年，夫故。遗二子，家贫，教养成立。守节三十八年。

张氏段绍亭妻。于归五年，夫故。氏矢志靡他，孀居四十一年。

孙氏房天照妻。于归二年，夫故。守节三十八年。

陈氏申志正妻。年十九，夫故。矢志守节，四十九年。

刘氏张元升妻。年二十四，夫故。守节三十四年。

张氏王学收妻。年二十二，值水患，随夫奉翁姑远避。夫卒，遗一子。未几，翁姑继逝。氏痛绝，复苏。舁夫尸与翁姑同埋于黄河堤畔。伶仃孤苦，依母居，结网为业。患平，携子负骨归葬。守节四十八年。

王氏潘允中母。于归越二年，夫故。氏守节抚孤四十余年。

张氏姚广福母。于归一年，夫故。守节四十余年，抚广福成立。现年六十一岁。

张氏林明朗妻。十七岁归明朗为继室，甫二年，夫故。氏坚贞守义，抚前室女如己出。

营葬两代柩，苦节三十余年。旌表。

许氏孟继程妻，兆图女。于归一年，夫殁。氏年二十，守义事姑，存节三十余年。旌表。

李氏王以恒妻。年二十三，夫故。氏矢志守节，事衰姑以尽天年，抚三岁孤儿成立，历四十年。旌表。

封氏卫千总夏殿邦妻。年二十四，夫故。遗二子，氏守义抚孤，艰辛备历四十年。旌表。

孟氏封自然妻，兴禹女。年二十三，夫殁。氏孝事翁姑，茹蘖含冰五十余年。旌表。

席氏杨茂隆妻，会典女。归三载，夫故。氏奉事翁姑，守节三十五年。旌表。

郝氏封自任妻。年二十，夫故。以侄为嗣，教养成立，为娶室。侄又亡，遗二子，赖氏抚育。八十七卒。

阎氏秦克友妻凤亭女。年二十一，夫故。氏誓以身殉，嗣以衰姑待养，忍死守节。年六十四，卒。

李氏孟毓鹏妻，中恕女。年二十二，夫故。咸丰年间，水患兵燹，流离艰辛，苦守四十余年。

胡氏孟继曾妻。年二十二，夫殁。时翁姑七旬，衰病无依。氏矢志奉养，终其天年。卒，年七十有五。

王氏吕明尚妻，中和女。年二十五，夫故。氏奉六旬孀姑，抚一周孤儿，兵燹水灾，茹苦含辛。守节四十余年。

张氏朱敬訒妻，效南女。咸丰河决，从夫避难，夫疫死。水涸，启攒回里，抚犹子如己出。年逾六旬，学宪黄旌其门。

李氏张承秀妻。归三年，夫故。遗腹生一子，氏奉老抚孤，水患兵燹，艰苦备历。光绪十九年旌。

黄氏朱有仓妻。十九岁于归，二年，夫故。遗一子，又殇。氏与姑共处，奉养无缺。姑殁，修墓建铭。年逾七旬，光绪六年旌。

周氏徐志妻。归五载，生子女各一，夫卒。上事衰翁，下抚弱孤。后翁殁，子亦成立。同治十年，旌。

王氏徐起元妻。咸丰三年，避水患，于丰遇匪，惊，姑逃于砀，夫殁焉。氏自往砀寻姑。适姑病，氏乞食以奉。及愈，负姑以归，复自丰归其夫骨。学宪林旌其门。

谭氏增生朱敬任妻，增生蓝田女。二十五岁，夫故。守节四十二年。光绪末年旌。

燕氏李茂远妻，贡生廷献女。年二十八，夫故。矢志不移，守节，六十八岁。旌。

王氏陈心正妻，开清女。十九岁以归，三载，夫故。氏奉亲抚孤，孝慈备至。守节六十三年，旌。

李氏阎文朗妻。年二十五，夫殁。抚孤成立，卒以完贞。

王氏唐锡勇妻。十八岁于归，七年，夫殁。遗二孤，抚育成立。守节三十余年。

傅氏解纯一妻。二十三岁,夫殁。欲自殉,翁姑劝止。事亲终养矢节,四十余年。

吴氏傅诚一妻,二十九岁,夫殁。抚孤成立,事翁姑,终养如礼。苦节五十年。

王氏张汝章妻。年十七以归,逾二年,夫故。家贫甚,抚弱女,孝翁姑。苦节五十余年。

阎氏张学谦妻。年二十,夫殁于边。抚子连祥成立,遣赴边外寻父骸以归。事闻,奖以“母贞子孝”。

傅氏徐本纪妻。二十四岁,夫殁。氏孝事孀姑,抚夫幼弟。姑殁,携夫弟归母家,抚养成立,娶妇,生子。守节四十余年。

吕氏朱淑元妻。年二十六,夫殁。守节五十余年。

刘氏马广含妻。年二十二,夫殁。孝事翁姑,抚嗣子毓三成立,入郡庠。守节五十余年,无疾而终。

王氏吕秉合妻。二十三岁,夫殁。事姑孝,苦守贞节。年七十九而终。

张氏李兴邦妻。二十一岁,夫故。守节七十五年。

赵氏唐守绪妻。十九岁,夫殁。孝事翁姑,守节五十余年。

冯氏卞作桢妻。二十八岁,夫殁。守节五十余年。

李氏向敬尧妻。二十七岁,夫殁。节凛冰霜,五十年如一日。

唐氏宁执忠妻,卫千总振海女。年十九,夫殁。誓死靡他,守节五十余年。

龚氏燕莲馨妻。十九岁于归,甫一载,夫故。氏矢志完节,以夫弟子凤辉为嗣。学宪奖以“励节延宗”。

李氏诸生赵玉珍妻。十九岁于归,二年,夫故。值水患兵燹流离转徙,奉养舅姑,艰苦备尝。同治十三年旌。

蒋氏诸生赵玉琚妻。十九岁于归,玉琚死,其兄玉珍亦殁。氏与嫂共守,一门双节,同受旌表。

孟氏王自岑妻,毓琪女。十九岁于归,三年,夫故。时姑老子幼,氏奉亲抚孤,孝养备至。年八十九,黄学使旌。

程氏王怀义妻,凤藻女。十七岁归怀义,生子女各二,夫故。艰难抚孤,支持门户。年六十一岁,卒。

严氏孔宪芝妻。二十二岁于归,月余,夫故。事孀姑,二年,姑又殁。贫无依,归母家,纺绩为生,守节四十余年。

宗氏严永纲妻,滕邑监生有序女。二十二岁,夫故。遗腹生一子,四岁而殇。氏痛夫乏嗣,哀毁成疾,死。

汪氏吴毛妻。二十七岁,夫外出不归。氏贫苦不堪,恃十指为生。守节五十余年。

陈氏王琴妻。二十四岁,夫故。家极贫,姑殁,未葬。为人佣作,蓄积数十年,卒迁姑攒与翁合葬,立碑表墓,并为其夫立碑。又赎林地,付嗣子。年七十五岁,终。

任氏余浚澄妻。十八岁于归,二年,夫故。翁姑衰老,氏艰苦奉亲守节。七十三岁,卒。

朱氏张训庭妻，训诰女。归二年，夫殁。贫甚，家无炊米，辄闭户不起。邻人重之，给以食。后为人佣作，年五十三，卒。

张氏鹿谔妻。早孀，无子。立嗣子，未几，又殁。苦节终身。

石氏张承文妻。家赤贫，夫殁。姑老女幼，水患兵燹，流离转徙。葬姑、嫁女之资，皆从十指取。六十余岁，卒。无嗣，乡里贤之，醵资为勒石。

王氏徐赓诚妻，允中女。十七岁于归，六年，夫殁。以夫弟子为嗣。年六十五，学宪李奖曰"瑶池冰雪"。

尹氏刘其文妻。二十三岁，夫故。矢志守节五十年，旌表。

刘氏谢肇修妻，单邑振安女。年二十岁，夫殁。矢志坚贞，孝事翁姑。守节四十年，旌表。

秦氏周存恭妻，尚成女。年二十，夫故。无子，孝事翁姑，艰苦备尝，存节五十余年。旌表"寒木不彫"。

许氏韩永莪妻。年二十三，夫故。无子，事翁三十余年，六十岁卒。旌表。

郭氏王维清妻，丰邑云亭女。年二十一，夫故。无子，养亲守节。年七十九，卒。光绪二十五年，旌。

傅氏王汝铭妻。于归逾年，夫故。以侄双祧，年八十岁，卒。旌表。

王氏陈殿一妻，斌之女。年二十五岁，夫殁于水。氏上事翁姑，下抚弱孤，苦节六十余年。

封氏袁秉仁妻，宜龄女。年二十九，适秉仁，未旬而殁。氏代夫养亲，以侄为嗣，侄又殁。遗一子，赖氏抚育。九十三岁卒。旌。

王氏吴玉璠妻。十九岁于归，年余，夫殁。氏默祷曰："若遗腹生男，是天佑吴氏也。"果生男。历捻乱、水灾，卒以全节。得旌。

韩氏李永顺妻。于归十八日，夫殁。以侄林香为嗣，娶张氏。次年，林香殁。张氏守贞，一门双节。光绪二十二年，同旌。

陈氏吴伦彩妻，明远女。夫早丧，苦节，旌表。

蔡氏韩诰妻。十九岁于归，次年夫故。事翁姑孝，守节五十余年。

李氏朱英芝妻。十九岁于归，次年夫故。翁姑衰老，氏孝事，历三十年。五十岁，卒。旌表。

魏氏朱宗和妻。十九岁于归，未一年，夫殁。奉孀姑，相依十余载如一日。姑殁后，氏年近七十，亦卒。

魏氏王从善妻，以经女。十七岁于归从善，未周年夫故。无子，家贫，纺织奉姑终身。

张氏王玉中妻。年二十，夫卒。无子，抚侄尊永为嗣。永复相继殁，遗一子二女，氏教养成立。光绪十年，旌。

刘氏张懋修妻，焕章女。十九岁于归，越二年，翁病故。夫哀毁而殁，姑在堂，从死不得。奉姑以终，旌曰“竹节松贞”。

李氏王密妻。夫殁，家贫，以纺绩奉翁姑。守节五十八年。

韩氏王怿妻，世奇女。夫故，无子。孝事翁姑，苦节四十二年，殁。

秦氏郝焕臣妻，观光女。二十二岁，夫卒。守节抚孤，八十三殁。旌表。

魏氏李书俊妻，绍栋女。十七岁于归，七年，夫故。子女俱无，孝事翁姑。立嗣、建碑，艰苦备历。守节四十余年。

徐氏赵明善继室，金栋女。年二十于归，越四年，夫故。遗一子，氏上事衰姑，下抚幼子，艰苦备尝。现年五十七岁。

贾氏朱世则妻。二十四岁，夫殁。无子，央翁纳妾，翁固辞。氏私为买妾，时翁七旬，逾年，得一子。赖不绝嗣。寿六十，旌表。

郝氏朱英服妻。二十三岁，夫故。守节四十余年，旌表。

张氏郝震基妻，从周女。二十四岁守节，现年六十一。旌表“贞松励操”。

朱氏郝赐璞妻，延莅女。二十五岁，守节。现年六十一，旌表“节励冰霜”。

张氏陈志合妻。二十二岁，夫故。遗二子，氏勤俭持家，抚孤成立。七十三岁，卒。

周氏张从岳妻，铜邑怀亮女。咸丰元年，避水砀山，夫亡。无子，姑瞽目，乞食奉养。水涸，回里，织纺事姑，终其身。

徐氏卫千总张奉恩妻，滕邑绅五城兵马司甲椿女。生于名门，精通书史。时与夫析疑问难，考论古今，族中奉为女师。奉恩卒，无子，散家资于族，留一老妪役使。礼佛唪经，不出庭户近三十年，院内隙地蓬生，见者悲恻。光绪十五年，卒。

褚氏增生张开疆妻，慎辩女。开疆通医术，姑请视疾，值山水暴发，溺焉。氏年二十八，遗一女。饮蘖茹苦，励节三十年。

朱氏蔡法兴妻，训瑟女。归二年，夫故。兴胞弟法顺妻朱氏，训福女。归四年，夫亦故。姊妹冰霜共凛，苦节四十年。同治八年，请旌，给额“松筠并茂。”

尹氏王希贤妻。咸丰十一年，夫被捻匪掳。死，遗一子，十五又死。氏贫甚，结草帽自给。同治八年卒，乡里共为立碑。

宋氏刘文新妻，廷贺女。于归四载，夫殁。遗一女，尚在襁褓，氏抚育成人。年七十，请旌。蒙奖“昭我彤管”。

张氏甄嘉润妻。十九岁于归，越五年，生二子，翁及夫相继殁。氏奉姑抚孤。匪乱水灾，间关奔避。寿九十二，旌。

张氏程学锦妻。生一子，学锦殁。弟钧妻马氏，生一子，学钧亦殁。娣姒互相怜悯，茹苦抚孤，教养成人，一门双节。

朱氏庠生郑毓德妻，监生效孔女。十九岁于归，生三子，夫殁。衰姑在堂，氏仰事俯蓄，教子成立。年七十二岁，卒。

郑氏孟继世妻。年十七于归，二年，夫殁。时姑近六旬，家极贫。氏以织纺谋生，姑媳相依为命。现年六十四岁。

丁氏卜广群妻。十九岁于归，二年，广群死。无子女，又无兄弟。氏恐宗祧之绝，为翁聘吕氏为继室，生广成、广居，皆成人授室。即以广成子昭文为嗣。广成、广居以事其母者，事嫂及氏。殁，为制服三年。请旌，蒙奖“淑德芳行”。

邹氏朱延阁妻。年二十二于归，越四年，夫故。守节四十余年。学宪唐奖以“雪朗贞蕤”。

孔氏赵广荣妻。十九岁于归，生一子，广荣死。氏矢志守节。年六十三，学宪李奖以“志洁冰壶”。

朱氏朱京彩妻。二十一岁于归，彩贸易死于外。咸丰河决，氏奉姑避水，流离困苦，未尝一日离姑。姑殁，依母氏居。年六十六，学宪杨奖以“孝竹贞松”。

王氏谢承让妻。年二十五，生一子，夫故。氏抚育成立，守节三十余年。蒙奖“柏节松龄”。

张氏崔以玉妻。十九岁于归，越十年，夫故。氏事翁姑孝，守节三十余年，以侄成元为嗣。蒙奖“冰清松洁”。

张氏王希丰妻。十九岁于归，甫二年，捻匪至，夫死于井。氏携二叔奔逃，幸得保全，抚之成人，授室。蒙奖“志坚金石”。

王氏张庆吉妻。二十一岁于归，生二子，并夭，二十七岁，庆吉故。氏与姑茕茕相依，一门两孀，蒙旌“筠贞萱永”。

俞氏张克俭妻，礼信女。十九岁于归，二载，夫故。祖姑年老，患瘫。氏洗污濯垢，不敢告劳。年七十三，学宪奖以“古井盟心”。

于氏张克举妻。十八岁于归，越三年，夫殁。家贫，翁姑俱老。氏事之孝，守节数十年。学宪龙奖以“节并松筠”。

张氏朱耕清妻。十九岁于归，举一子，甫三岁，耕清死。家贫，或讽以他适。氏引刀自刺其颈，急救得免。卒，年九十余。得旌。

葛氏於启常妻。年二十于归，越四年，夫殁。遗一女，贫甚，躬自纺织。不数年，女病故，姑亦继亡。苦守数十年，得旌。

孙氏於慕周妻。十九岁于归，越七年，夫故。遗二子，翁殁姑老。氏纺织奉姑，子成立。年七十九，得旌。

崔氏夏朝俊妻。十七岁于归，越三年，夫殁。遗一女，祖姑在堂。氏上事祖姑，下抚幼女，四十余年。蒙奖“节并松筠”。

田氏王维学妻。十九岁于归，二十六岁夫故。守节三十余年。学宪唐奖以“荼苦筠青”。

张氏朱英俊妻。十九岁于归，甫七月，夫病殁。家极贫，氏茹苦含辛，事翁姑孝，守节四十余年。六十四岁，卒。

丁氏张允平妻。年未二十而寡，遗腹生子。家酷贫，族人有利其嫁者，氏得耗，毁容。犹恐不免，乃携子遁母家，颠连四十余年，终。

布氏於华三妻。家酷贫，岁歉，华三丐，死异境。氏年二十四，得凶耗，携子乞食，求夫骨，往返数百里。母子居破屋中，恒日不举火，氏处之晏如也。年七十七，卒。

王氏黄培寅妻。年十九于归，嫁后十八日，归宁未回，而培寅自缢。氏励志苦守，事翁姑尽礼。卒年五十五岁。

吴氏黄宗征妻，峻礼女。十七岁于归，次年夫自缢死。夫弟宗启在襁褓，姑因感伤多病，抚育之责一委于氏。氏视之如子，朝夕扶持不少离。后姑殁，宗启赖以成立，奉之若母。偶有过失，氏辄斥责。宗启怡然受之，无怨言。氏年六十三岁。

张氏王继宽妻，懋宣女。年十七于归，四年，夫故。遗一女，家贫甚，赖氏操作糊口。翁姑继逝，殡葬以礼。年五十二岁。

吕氏朱宗伦妻。年十九于归，六年，夫殁。遗一子敦玉，姑老，氏奉亲教子，善持家计。敦玉能世其业。年六十二。

张氏封绪章妻。年十九归绪章，夫殁，女甫数月。氏奉翁姑、抚弱女。翁姑卒，丧葬尽礼。女，适孟。现年六十二岁。

卢氏夏开封妻。十七岁于归，越二年，皖匪北扰，开封被掠，死。氏事翁姑孝，及卒，棺椁从厚。享年六十四。

杨氏庠生李广润妻。十九岁于归，二十四岁，夫故，子肇吉方六月。家贫，氏恃纺织，抚育成立。年七十八岁，卒。

陈氏胡本魁妻，富华女。十九岁于归，四年，夫故。遗二子，咸丰河决，氏奉亲携孤，备尝艰苦。水涸，旋里，翁姑继逝，俱以礼葬。子皆成立。年七十，诸孙绕膝。里人谓为贤孝之报。

范氏魏立科妻。年十九于归，生子女各一。咸丰河决，立科携氏徙居定陶，染疫死，子女亦亡。无赖窥氏年少，欲卖之，百计引诱，氏不为动。有绅士陈茂勋知其事，甚敬氏，俾执护持幼童之役。氏谨慎，幼童顷刻不能离，陈喜甚。氏与诸仆妇同操作，遇事身先，诸仆妇均以"范姑"呼。河患平，将科之骨启回，立嗣，葬焉。年七十五岁，卒。

吕氏魏廷益妻，士英女。年十八于归，三年，夫故。黄河决口，流离转徙，矢志弥坚，人皆敬之。享年八十一。

吕氏徐永清妻，士英次女。于归后，生子女各一。子殇，夫又亡。是年，黄河决口，捻匪继至。氏携弱女东西逃避，迄无宁晷。然流离不废纺织，渐有积蓄。平定后，买地数亩，稍有资，嫁女及启葬、树碑，皆经理有条。贤名与姊齐。享年八十四。

邢氏程凤山妻。十九岁适凤山，生一女，夫亡。嫂又殁，遗一女。氏并育之如己出。翁姑继殁，礼葬。七十三岁，终。

张氏程开德妻，元标女。十九岁于归，二十一岁生一女，夫故。氏自守，历三十五年，终。

封氏黄尚信妻。十七岁于归，三年，夫故。无子女，姑老病。氏事之谨，夫弟幼稚，衣食皆赖氏。长，为娶妇，氏抚之若媳，妇亦事之如姑。治家勤俭，扩地数百亩，皆氏经理。

赵氏徐嵊山妻，纾之女。十八岁于归，二年，夫故。遗一子，仅匝月。翁姑在堂，氏奉亲抚孤，孝养兼至。黄学使旌。

魏氏汪厚荣妻。十九岁于归，六月，夫故。无子女，值水患兵燹，南北转徙，矢志弥坚。年八十六。

魏氏孟广诗妻，立朝女。十九岁于归，六年，夫故。遗二女，姑老有目疾，寸步需人。氏左右扶持，姑八十三，卒。氏年五十七。

孙氏张兴诗妻。十九岁于归，八年，夫故。遗二女一子，家贫甚，赖氏操作，不受冻馁，抚孤成立。年六十岁。

孟氏魏绍敏妻，毓萍女。年十九于归，二十七，夫故。遗一女，甫七岁，以侄立训为嗣，娶朱氏。立训卒，越一年，朱又卒。遗三女，伶仃孤苦，赖氏成立。年七十，刀尺不去手。李学宪旌。

王氏庠生魏之翰妻。十八岁于归，越一年，咸丰河决，避水于外，之翰卒。时孀姑在堂，姑老女幼。氏奉老抚稚，不以艰苦易操。后姑殁，两女以次出嫁。光绪十九年，旌。

徐氏朱敬孔妻，监生采治女。十九岁于归，生二子，夫殁。堂弟敬颜方五岁。氏并抚育，携之逃水避乱，艰苦备尝。氏勤俭，置地十余亩，为敬颜娶张氏。张氏与敬颜事之如母，氏亦视之若子女。敬颜子瑞征入庠，氏之孙敦诗亦攻读。八十七岁，卒。旌表。

鹿氏秦师仰妻。十七岁于归，次年，师仰卒。子女俱无，以夫弟师贤之长子为嗣。咸丰河决，继以皖匪，迄无宁居。乱平，师贤夫妇相继卒。氏为其次子念武娶张氏，数年，念武卒，遗子克昌方六岁，孤无所依，赖氏抚育成立。享年七十六岁。

曹氏王从政妻，武生怀江女。姑程氏，故节妇也。年十七于归，越二年，夫故。遗一女仅数月，并痛欲身殉，姑劝止氏。数年，姑寝疾，氏奉汤药，目不交睫者数十日，及卒，氏痛哭欲死。盖以伶仃孤苦，相依为命，不自知其然也。现年六十二岁。

李氏孟传平妻，大魁女。十九岁于归，六年，传平卒。姑已殁，翁患瘫辗转床褥数十年，氏奉侍无倦。嫂亡，遗一子一女，抚育如己出，邻里难之。享年五十三。

程氏李师望继妻，大伦女。年十九于归，师望已有疾，越五月，亡。遗腹生一子，氏并抚前室二子。避水患，间关至萧，路遇无赖子，许为寻佳处。氏严拒之，携三孤依正士武某，佣作自给。水涸，旋里。年六十七，卒。

阎氏李登阁妻，祓之女。年十九于归，二十一岁，阁病故。氏清洁自矢，孀居五十余年。

蔡氏李宗骥妻。于归八年，宗骥死。遗一子，甫周岁，抚之成立。将授室，又死，氏涕泣。年五十六岁，卒。

李氏魏以清妻，肇修女。年十九适，以清嗜读致疾，呕血死。氏子女俱无，族人为立嗣，守节四十余年。

王氏孟传芥妻，监生和桂女。年十七岁于归，八年，传芥卒。遗二子，后皆成立。卒年八十三岁。

李氏孔继昌妻，舒坦女。年二十，夫殁。遗二子，翁姑卒。河决，依兄居，次子复夭。水涸，旋里。氏善持家计，孙曾绕膝。现年九十二。

吴氏魏立栋妻，希尧女。年十七于归，翁姑殁，立栋从军阵亡。遗一子锡纯，能成立。氏性刚正，族党有口角，辄排解，必是非明瞭而后已，人皆畏而敬之。孙曾绕膝，织纴犹不懈。年七十五岁，终。

宋氏张明坦妻，英之女。于归后，生一子，明坦溺水死。氏闻之，亦投水，得救免。事翁姑孝，抚孤成立，存节五十余年。

韦氏张培元妻，本善女。年二十四，夫殁。遗三女，无子，以堂侄为嗣，奉翁姑终身。苦节五十八年。

蔡氏王学春妻，法彦女。二十于归，三年，夫故。矢志守贞，抚两世孤儿，教养成立。旌表勒石。

阎氏张培成妻，承孟女。年二十二，夫故。遗一女，家贫，以纺织事孀姑，苦节五十余年。旌。

赵氏李树琚妻，宗苓女。年十九适树琚，五年，夫殁。遗一女，敬事翁姑，丧葬尽礼。以夫弟子为嗣。年七十九，卒。旌。

石氏宋邦春妻。二十四岁，夫故。遗子方五月，时河决，氏奉姑避水，流离转徙，备尝艰苦。守节五十余年。

张氏李阶庄妻，二十二岁，夫殁。事衰姑，生养死葬，靡不尽礼。守节三十年，卒。

王氏杨正起妻，大魁女。二十七岁，夫殁。守节二十一年，卒。

王氏鹿棣轩妻。十九岁，夫殁。事姑孝，守节四十五年。光绪八年卒。

李氏叶兆祥妻，凤绍女。十九岁，夫殁。事衰姑，终养如礼。守节六十七年，卒。

赵氏袁继赐妻，景商女。二十七岁，夫殁。遗三孤，抚育成立。守节三十六年，卒。

杨氏郝景祺妻。二十一岁，夫殁。赤贫，纺绩奉姑，终养如礼。遗女早殇，氏佣作以度。守节五十四年，卒。

施氏监生陈瑞芳妻，洪信女。二十九岁，夫殁。守节四十九年，卒。

魏氏鹿文梦妻。二十六岁，夫殁。守节三十八年，光绪十三年，卒。

刘氏李阶藻妻，同福女。二十一岁，夫殁。事翁姑孝，抚嗣子爱如己出。守节三十四年，卒。

吴氏汪虔妻，从三女。二十八岁，夫殁。家贫，事姑抚孤，悉出十指。守节五十二年，卒。

蔡氏李克证妻，有斗女。二十七岁，夫殁。守节四十九年。

阎氏朱敬法妻，永贞女。二十九岁，夫殁。守节二十三年。

阎氏韩增述妻，信矼女。二十三岁，夫殁。守节六十年。

胡氏宋怀清妻，镛之女。二十四岁，夫殁。赤贫，子女在抱，氏纺绩以奉翁姑，葬如礼。现年六十一岁。

阎氏袁兆丰妻。二十二岁，夫殁。绝粒欲死，因姑泣劝，遂强代子职，嗣子以延夫祀。避水患，艰苦万状。年六十六岁。

徐氏程辅清妻，中兴女。二十二岁，夫殁。孝事衰姑。现年五十六岁。

张氏郭于敬妻，国云女。二十四岁，夫殁。抚孤成立。现年六十一岁。

蔺氏孟毓勋妻，云峰女。十五岁于归，事翁姑孝，二十岁，夫殁。遗孤女，河决，避水，辛苦万状。年六十八岁。同治年旌。

曹氏鹿德镇妻。二十三岁，夫殁。事亲抚孤，孝慈兼至。现年六十三岁。

曹氏吴家驷妻，凤苞女。二十二岁，夫殁。事衰姑，抚遗孤。现年六十一岁。

张氏监生李阶苞妻，庠生元坤女。年十九归李，越二岁，夫殁。氏矢志守贞，历尽艰苦。年六十七岁，旌。

赵氏高禧妻，池之女。二十四岁，夫殁。翁姑衰老，奉亲无缺。嗣子永思，为娶妇王，生三子。永思卒，氏偕妇抚诸孙成立。年六十六。

石氏宋广远妻。二十一岁，夫殁。事姑教子，孝慈兼至。现年六十岁。

杨氏马文立妻，学渊女。二十八岁，夫殁。遗孤甫三月，抚育成立。现年五十五岁。

徐氏冯立顺妻。二十九岁，夫殁。遗二孤，抚育成立，艰苦万状。现年六十一岁。

冯氏孟毓申妻，光禹女。十八岁于归，甫三月，夫殁。赤贫，佣工事亲，丧葬如礼。现年八十九岁。

李氏赵训古妻，大本女。二十八岁，夫殁，守节。现年七十五岁。

李氏朱祖池继妻，永新女。三十岁，夫被匪害。氏苦志守节，嗣子以延夫祀。现年六十一岁。

蒋氏朱宗洛妻，庠生润之女。二十六岁，夫殁。抚孤，现年四十八岁。

张氏朱敬沼妻，懋林女。二十三岁，夫殁。抚孤，现年四十九岁。

王氏朱敦冉妻，孝宓女。二十岁，夫殁。抚孤，现年七十一岁。

某氏杨柱妻。二十四岁，夫殁。欲自殉，因亲老女幼，遂矢志冰霜。现年八十一岁。

李氏甄正茂妻，大同女。二十七岁，夫殁。遗孤六龄，避河决，艰辛万状。现年七十七岁。

谭氏沈广业妻，景祥女。二十八岁，夫殁。矢志苦守。现年六十六岁。

朱氏王随大妻。夫殁，守节三十余年。

张氏谢志学妻，文选女。十七岁归志学，逾年，翁姑继逝，夫又因疯疾殁。遗孤效柴甫三周，氏忍死抚孤，纺绩以度。氏通文字，子稍长，口授《孝经》，延师课读，督责綦严。效柴青年游泮，氏之力也。卒，年五十九岁。

李氏惠师勤妻，秉衡女。年二十二，夫故。遗二子，氏上事翁姑，下抚孤儿，勤俭持家。守节五十六年。旌。

张氏李廷实妻。年二十一，夫故。氏苦节坚贞，孝事翁姑，四十年如一日。现年五十九岁。

朱氏李廷玉妻，英培女。年二十三，夫殁。遗一女，氏下抚弱息，上奉两代，尊姑守节三十六年。

祝氏杜增明妻，相臣女。十九岁于归，二年，增明卒。葬后，氏自缢，以救免。谨事翁姑三十余年，学宪奖以"孝竹贞松"。

张氏王继由妻，懋官女。年十九于归，越三年，夫故。遗一子，氏事亲抚幼，戚党称贤。年六十二岁，旌。

孟氏田凤仪妻，继远女。年二十一归凤仪，越三载，夫故。氏誓以身殉，以防护严，不遂。夫弟凤鸣，亦故。弟妇苏氏年二十，死之。氏以翁姑七旬，奉事需人，不复言死。存节四十三年，得双旌。

吕氏刘盛田妻，存善女。于归后，年余，夫故。氏矢志守节，以侄为嗣，教养成立。存节四十余年，旌以"柏舟遗风"。

李氏孙兴隆妻，年二十，夫故。氏抚十三日孤儿，矢志守节，奉翁姑以孝，生事死葬，悉如礼。寿七十有六。

马氏蔡宪斗妻。十九岁于归，越五年，夫故。遗一子，氏辛苦抚孤成立。卒年七十有四。

单氏蔡宪铁妻。于归五载，夫死。遗二子，家贫，氏纺织以度，抚孤成立，使各谋生业，家计充裕。里党称之。

杜氏谢广顺妻。十九岁于归，育一子甫三岁，夫病。亟谓氏曰："亲老子幼，奉养惟如是赖。"言讫而殁。氏奉姑十余年，姑殁。教子尤严，茹苦含贞，三十八年如一日。现年六十二岁。

曹氏封家权妻。十八岁于归，三年，夫故。抚嗣子绪哲，为娶胡氏。二年，绪哲又殁，胡氏亦守贞。学宪杨褒以"孝竹贞松"。

谭氏许兆书妻，光显女。二十二岁于归，兆书苦读致疾，殁。家贫，氏纺织度日，甘旨奉姑，抚侄为嗣。苦节三十八年。

梁氏庠生张心一妻。十九岁于归，越六载，生一女，夫殁。氏养老抚幼，矢志弥坚。苦节三十余年。

张氏渠若海妻，茂瑞女。年十九于归，七年，若海卒。遗二子，氏栉风沐雨，抚二子成立，家亦渐起。卒年，六十九岁。

梁氏李广辉妻。年二十九岁,夫殁。遗一女,氏苦节四十余年。现年七十有五。

王氏李继和妻,学明女。十九岁于归,越三年,夫故。氏痛李门无后,姑衰老,复与翁聘关氏,生子继申。翁、姑、关氏,相继亡,氏抚继申成立,为娶马氏,生子志荣,马氏复亡。氏视如己子,为娶王氏,生三子,而志荣又亡。氏八十四岁,卒。青年矢志,白首完贞,艰苦备尝。

张氏赵本廉妻,文成女。十七岁于归,二十岁夫病故。衰姑七旬,幼子四龄。氏奉养抚孤,俯视无缺。现年六十四岁。

朱氏丁世安妻,太学生云之女。归五阅月,夫故。氏奉衰姑、抚幼弟,家贫,纺织以给。苦节四十余年。

石氏宋景琦妻,万生女。年二十于归,水患,夫及翁姑皆殁于外,遗一子。氏乞食抚孤,水患平,奉翁姑及夫骸归葬。年六十三,卒。

孟氏封家和妻,太学生传恩女。归三日,家和病故。氏以二老在堂,义不得殉,奉养惟谨。苦节数十年。

苗氏白广益妻。年十九于归,阅二年,夫故。遗一女,氏养老抚幼,惟恃纺织。守节,七十八岁。

杨氏刘瑞祥妻。咸丰十一年,夫被匪害。氏三十二岁,抚孤子苦守度日,后子亦亡。守节终身。得旌表。

叶氏李法仲妻。十九岁于归,历八年,法仲故。子女俱无,氏矢志苦守,抚兄子为嗣。年六十,勤俭如故。

张氏王永清妻,朴素女。归三载,永清殁。清本孤身,翁姑在堂,氏奉姑立嗣,苦节数十年。学宪奖以"孝竹贞松"。

孟氏李允三妻。十九岁于归,四年,生子女各一,夫故。亲老子幼,氏忍死持家,操作如常,家道亦兴。年六十九,终。

陈氏梁朝干妻。二十四岁,夫故。时双亲未葬,孤女幼稚。氏综理家政,内外肃然。训嗣子有方,苦节三十八年。

王氏孔昭恩妻,怀任女。年三十一,夫故。加甚贫,姑殁,翁患瘫。氏奉汤药十二年,无稍懈。及翁逝,葬以礼。学宪李奖以"节孝兼全"。

朱氏李公位妻。十八岁于归,二十一,夫故。遗一子,孀姑年近五旬。氏抚孤奉亲,苦节四十余年。

孙氏赵孟临妻。年二十,夫故。遗一子,从翁姑避水砀山。翁姑殁,权葬焉。水涸,携子依母家,以纺绩余资,迁葬翁姑。现年七十四。

谭氏苗重官妻。年二十五,夫故。遗一女,避水砀邑,纺织以奉翁姑七年。翁姑殁,氏携女归母家,积资迁葬翁姑。现年七十四。

胡氏闵广问妻。年十九于归,越五年,夫故。遗二女,氏持家严,训女教嗣子有法,家业不坠。苦节四十余年。

朱氏闵昭桂妻。年二十二于归，越七年，夫故。无子，事翁姑孝，抚嗣子如己出。寿八十五终。

王氏李茎妻。二十岁，夫殁。抚育嗣子，辛苦百状。守节三十六年。

孟氏郭基相妻，监生兴邦女。二十岁，夫殁。事亲抚孤，孝慈兼至。值水患兵灾，困苦百状。守节四十五年。

韩氏张绪钊妻。于归三年，夫故。遗子女各一，氏事翁姑、抚孤儿，艰苦守贞三十五年。

张氏刘钦祥妻。年二十三，夫故。守节三十七年。

孟氏张绪嵋妻。年二十，夫故。守节三十九年。

阎氏王茂岭妻。年二十二，夫故。事翁姑孝。守节三十六年。

李氏张延龄妻。年二十四，夫故。遗一子，氏守义抚孤三十余年。

刘氏王继常妻。年二十一，夫故。遗子女各一，家贫，氏乞食以奉翁姑，艰辛备历。

蔡氏孟传丁妻。年二十一，夫殁。事翁姑先意承志，守节三十余年。民国元年，旌表。

沈氏梁光霨妻。年二十四，夫殁。奉姑有孝声。存节三十年。

秦氏吕善礼妻。年二十五，夫故。守义存孤，三十三年，卒。

王氏李鹤松妻。年二十五，夫故。守节三十四年。

孙氏冯秀三妻。年二十一，夫殁。氏孝事翁姑，克尽妇道，苦节三十余年。

高氏庠生孔广汉妻。年二十一，夫殁。以事亲无人，代行子职。年逾六旬，勤俭持家，抚嗣子成立。

朱氏燕瑞妻。十八岁于归，生子从周，瑞病故。守节四十余年。邑侯朱上其事，奖以“孝竹贞松”，并敕建坊。

包氏燕秉训妻，铜邑附生心三女。生子二，夫殁。时翁逝姑衰，子与夫弟俱幼。氏总持内外，延师课读，二子成立。现年七十。

孟氏惠润芝妻。年二十一于归，四年，夫故。生二女，氏守节至五十八岁，殁。学宪奖以“松筠节苦”。

徐氏王岳妻。年二十一，夫故。遗一女，翁姑俱逝，夫弟甫三龄。氏抚弟育女，不辞艰辛。及夫弟长，为娶室，生子，氏以为嗣。女嫁，亦死。迨嗣子成人，为娶妻，生一子，嗣子又亡。氏艰苦备历，悬梁者再，以救免。年八十八岁而终。

董氏王化政妻，效骞女。十九岁于归，三载，夫故。事姑惟谨，姑殁，丧葬以礼。艰苦备历，其堂侄兰芳妻顾氏归，未几，芳殁。顾欲身殉，氏劝事翁姑，携与同居，待若己女。顾亦孝闻，人皆称之。现年五十五岁。

马氏李传桂妻。年十七于归，夫殁。遗二子一女，家贫甚，艰苦卓绝，抚育成立。现年六十二岁。

孙氏李士昌妻，栋之女。十九岁于归，越六载，夫殁。遗子女各一，抚育成人。现年五十岁。

杨氏李兴文妻，丰邑步亭女。二十二岁于归，次年，夫殁。辄欲自缢，均经救免。事翁姑以孝闻。遗腹生一女，艰苦备尝，孝慈兼至。翁姑卒，殡葬以礼。现年五十余岁。

程氏杨世珍妻，元凤女。十九岁于归，越数年，夫故，子六岁。当世珍疾笃时，嘱以“教子奉亲”。氏能克承夫志。年七十七，卒。

傅氏杨兴业妻，乡饮宾佑贤女。年二十五，夫故。疾笃时，夫曰：“父母未葬，死难瞑目。”氏言：“葬翁姑，吾之任！”夫易箦以谢。年六十二。

李氏谢鹏起妻，廪生廷登女。二十二岁，夫故。家贫，氏养孀姑、抚孤子，守节。七十六岁。

李氏杨士昌妻。二十七岁，夫故。氏贫苦守节，五十五岁，终。

曹氏封家全妻，有兰女。十八岁于归，二年，夫故，守节。五十八岁，旌表“孝竹贞松”。

张氏李文鳌妻，文炳女。年二十一，夫故。氏矢志守节，孝亲抚孤，艰辛备历。光绪三十二年，旌。

陈氏李允涵妻，大鹏女。于归时，父给奁资地八十亩。越四年，夫卒。抚犹子为嗣，事翁姑惟谨。氏勤俭，家渐裕，以地处偏隅，子弟多以贫穷废读。捐地四十亩，出资兴学。乡里为请旌曰：“乐善永年。”

朱氏李云峰妻。十九岁于归，二十岁，夫殁。辛勤持家，立嗣以继夫后。守节四十年，现年六十岁。

傅氏朱敦典妻。十七岁于归，甫经五载，敦典染病。疾笃，谓氏曰：“我母赖汝事之。”言终而殁。事姑以孝闻，守节三十余年。现年六十岁。

李氏蔡法成妻，尊道女。十九岁于归，二年，夫殁。氏事翁姑孝，处娣姒和。现年六十五岁。得旌表。

李氏蔡法学妻，文俊女。二十七岁，夫殁。奉孀姑以孝闻，守节六十三年。民国二年，旌表。

郝氏王开春妻，文为女。夫殁，年二十。矢志守节，三十余年。民国五年旌。

赵氏张念德妻。二十二岁，夫殁。抚孤成立，奉翁姑有孝声。存节四十余年。旌表。

张氏郝赐址妻，允照女。二十四岁，夫殁。守节三十八年，乐善好施，捐赀兴学。县知事于旌。

孟氏王立廷妻，传伦女。十九于归，越六年，立廷死，遗二子。氏上事翁姑，下抚二子。年六十二岁。

李氏陈启盛继妻，复礼女。年二十一于归，启盛被劫，戕于匪。氏痛极欲死，翁姑劝止。夫前室遗二女，氏抚如己出。鸣官缉匪，卒获戕其夫者以祭。民国元年乱，翁染疫卒。氏哀戚过度，亦死。年三十四岁。

李氏孟宪斌妻。年十九于归，二十六，夫故，遗子女各一。氏奉姑谨，姑卒，遗一女。抚恤备至，嫁奁从厚。年五十九岁。

张氏孙广泰妻，盛福女。年二十二适广泰，越五年，夫殁。氏苦节四十余年。现年六十九岁。

郑氏孙继昌妻，桂品女。年十九于归，三年，夫故。苦节四十余年。

张氏赵蕴溪妻，文生振起女。年二十一适蕴溪，五年，夫殁。遗一子一女，氏辛苦抚孤成立。现年六十五岁。

郭氏彭咬妻。彭为船夫，死于外，氏年二十一。抚一子，苦节五十余年。八十五岁，卒。

秦氏葛永祥妻，凤举女。二十七岁，夫殁。遗一女，甫弥月。氏矢志奉亲抚女，苦节三十余年。

张氏李光宗妻。十七岁于归，阅十载，夫殁。遗四子一女，家极贫。氏事衰姑，抚稚子，惟赖纺织，苦节五十余年。

罗氏李文绪妻。十九岁于归，八年，夫故，遗一女。文绪病亟，泣语氏曰："吾父母尚为归茔，汝勉力办此大事，吾瞑目矣。"氏遵夫命，以侄跻善承祧，送翁姑归茔。女及笄，适封氏。年六十二，卒。

黄氏李阶苹妻。十八岁于归，历十年，夫亡。遗一子二女，氏勤俭持家，训子有方，二女皆归士族。家业衰复振，胥氏之力。

吴氏魏允林妻，员之女。于归数载，夫殁，翁姑又继逝。家贫，依娘门度日。苦节二十年，四十三岁终。

张氏孔继先继室。十九岁于归，爱前室子女如己出。越六年，夫与子女均染疫殁。氏痛不欲生，后以侄广居为嗣，教养兼至。寿八十九，大总统衰旌以"节励松筠"。　此张氏重出，惟文字稍异耳。

蔡氏魏作栋妻。年二十八，作栋亡。遗一子一女，翁姑尚在。氏奉老抚幼，艰苦备至。寿六十六岁。

朱氏王厚标继妻，例贡萃之女。归厚标甫周岁，夫故。年二十，前室遗襁褓子，抚之愈所生；善体亲意，持家宽严有度。现年六十九。

朱氏蔡法正妻。年十九于归，六载，夫殁。有一女，遗腹生子宪和。氏教养兼施，宪和能自立，氏之教也。年七十七，得大总统褒扬。

董氏蔡宪惠妻。二十四岁，夫故。抚孤子，矢志守节。翁姑殁，丧葬尽礼。现年五十。

朱氏卢梦锡妻。年二十八，夫故。抚一女，奉翁姑，生死尽礼，以侄为嗣。现年七十四。

李氏孙宝田妻，增生向化女。十九岁于归，八年，夫殁。氏殉节三次，救免。上事翁姑，下抚子女，辛苦备尝五十余年。

李氏高俊妻。二十八岁，夫故。遗一女，教嗣子以义方。家贫，翁姑继逝，殡葬咸赖纺织。现年五十六岁。

李氏蔡法程妻。年二十五，夫故。子女俱无，氏矢志奉姑，及殁，丧葬尽礼。以侄为嗣。年六十六，大总统旌以"台峻怀清"。

李氏蔡法忠妻。年二十六，夫殁。越数月，生遗腹子宪闵，姑双瞽。氏仰事俯畜，茹苦守节。寿五十六终。

李氏谭光焕妻，武生济远女。年十九于归，逾年举一子，夫故。氏忍死抚孤，治家勤俭，翁姑老，事之孝。子六岁，延师课读。守贞四十余年。

李氏谭光熉妻，铜邑际唐女。年十八于归，七年，夫故，遗二子一女。咸同间，水患兵燹，氏扶老携幼，教子成立。寿八十三。

沈氏王成章妻。十九岁于归，逾六旬，举一女，夫故。氏苦节自誓，织纺度日，守贞三十余年。大总统锡以"节励松筠"。

吴氏封绪思妻。十九岁于归，越五年，夫故。氏织纺，以奉翁姑。弟妇死，遗二子一女，教养悉归氏。苦节四十余年。

封氏李培贤妻。二十一岁于归，四年，夫故。遗一子，旋殇。以夫兄次子为嗣，氏教养备至，勤俭持家。现年六十有七。

胡氏宋怀立妻。年二十于归，逾年，夫故。越四月，生遗腹子。家贫，归母家，织纺度日，以育孤儿。年七十二，卒之日，抱曾孙矣。

朱氏韩永琰妻，宗润女。年二十于归，二年，举一子增明，甫三月，夫故。氏勺浆不入，绝粒而死。祖母赵抚育成人，为娶继室席氏，教典女，二十岁于归，前妻王氏遗一子志仁，氏视之如己出。三十，夫故，又遗三子。氏饮泣抚孤，井臼亲操。为志仁娶李氏，五阅月，旋夭，葬之，后李氏投缳死；次子志义娶袁氏，五年，志义殁，袁氏苦守。三世节烈，萃于一门。席氏尤艰难备历，守节三十余年。现年六十有三。

刘氏王志兰妻。十七岁于归，二十一，夫故。氏誓以身殉，时姑年逾六旬，苦劝乃止。姑媳相依为命，守节七十三而终。

张氏孙大荫妻，仲墀女。十九岁于归，二十六，夫故。子德启仅三龄。家贫，纺织自给。德启长，娶郑氏，甫三载，又病故。郑氏年仅二十一，惟遗一女。婆媳相依，备极艰难。张氏苦守六十二岁，郑氏苦守六十五岁。

孟氏王廷立妻，传伦女。年十九于归，二十五，夫故，遗二子。氏上事翁姑，下抚孤儿，孝养备至。现年七十岁。

李氏孟传平妻。十九岁于归，越二年，姑殁，遗一女。嫂继逝，亦遗一女。皆赖氏抚育。又六年，夫故。氏苦守，养小姑与侄女成立，以夫兄子为嗣。寿五十二。

曹氏丁训典妻，玉科女。十七岁于归，越二年，夫故。氏以翁姑在堂，义不可殉，事之尽孝。及翁姑卒，殡葬以礼。享年五十七岁。

孟氏朱有椿妻，传备女。年二十四岁，夫殁。遗一子一女，姑老，有痼疾。氏事之孝，十余年如一日；抚子女成立，苦节三十六年。

李氏朱恒均妻，爵一女。十七岁于归，二十五，夫殁。家贫姑老，夫弟尚幼。氏艰苦励节，姑媳相依。现年六十二岁。

马氏朱锡苓妻。年十九于归，越六年，夫殁。矢志奉翁姑，家贫，惟赖纺绩。翁姑殁，殡葬以礼。现年六十九岁。

陈氏李赓宓妻。年三十，夫故。抚遗孤学明，为娶妻侯氏，年二十四，学明故，遗二子。侯氏事孀姑至孝。家贫，纺绩以度，每饭必奉姑先尝，食讫，方食诸子，甘者仍留以奉姑。姑殁，丧葬尽礼。长子传俭，娶妻蔡氏，数年，生一子，传俭又死。氏下抚弱孙，与蔡氏姑媳相依，艰苦备历。侯，现年六十三岁；蔡，现年四十二岁。一门三节，乡里称之。

朱氏张善庆妻。年二十一适善庆，五年，生一子，夫殁。氏服毒，几死，姑哀怜之。氏事姑孝，抚孤儿成立。现年六十四岁。

耿氏阎鈖妻。归数年，鈖病殁。氏事翁姑孝，抚嗣子成人。现年六十三岁。大总统褒以"节励冰霜"。

刘氏李廷召妻。十七岁于归，八年，夫故，遗三子。翁姑在堂，事之孝。氏通文字，子稍长，均授以书，治家勤俭。现年五十二岁。

朱氏马钧永妻，英化女。年二十一于归，甫七月，夫殁。姑老病，氏奉养十余年。姑卒，无殡葬资，氏出母家私蓄治丧。年六十二岁。

王氏胡作标妻，敬修女。于归逾年，夫故。痛宗祀将绝，典簪珥为翁置妾，生三子，宗祀赖以不坠。苦节四十余年。

张氏李廷柄妻，绍唐女。归未一月，夫故。越数日，翁亦病殁。七日，姑举一男。产后得暴疾，指儿语氏曰："此李氏一线之延，汝善为抚之，吾死无憾矣。"言讫而瞑目。氏艰苦抚叔成立。族党贤之，其叔事氏如事母云。

张氏增生黄建业妻，宗梅女。于归后，勉夫子勤学，得成名。生一子，名朝宗，甫五岁，教以识字。夫殁后，朝宗亦殇。祖母爱孙，不欲生。氏恐伤姑，婉劝之。清末匪乱，沛城失守。姑九十余，氏委曲调护，不使受惊，卒得善终。现年六十有四，请旌。

杨氏刘瑞祥妻。年三十二，夫被匪害。氏抚孤子，后子亦亡。苦节终身，得旌表。

鹿氏庠生魏训彩妻，德锋女。归二年，夫故。事翁姑尽礼，苦节四十余年。徐海道尹奖以"孝竹贞松"。

孙氏鹿澄清妻，丰邑树檀姊。二十七岁，夫亡。茕茕一身，冰霜自誓，苦节五十余年。旌。

张氏孟继云妻。归二年，夫故。氏一痛几绝，以翁姑在堂，欲殉不可。家贫，佐翁姑料理，纺绩外，爱读佛经，每以戒杀放生为事，闾里化之。嗣翁姑殁，同夫弟尽哀礼。抚嗣子如己出，夫弟以氏近六旬，欲上其事。氏止之曰："守节乃是本分，尽孝又系天职，敢以细行妄邀国家宠乎?"其不近名如此。氏现年六十，存节四十年。

朱氏杨某，鱼台人，聘朱祖桓女。亲迎之日，杨卒于路。氏归，守节三十余年。

张氏浙江山阴县郭念曾妻，宝森女。二十六岁于归，逾年，夫殁，氏矢守终身。南省节义素轻，若张氏，殊不易得也。

补录节妇府志

封履成妻郝氏	朱文雅妻郑氏	时开部妻王氏
刘阁妻史氏	刘世福妻纵氏守节六十余年。	张树策妻韩氏
张京选妻韩氏	刘准妻满氏	王念芬妻魏氏
马文博妻李氏	夏维芝妻朱氏	俞礼妻王氏
张克庄妻王氏	张学训妻陈氏	郝儒节妻宋氏
吴秀士妻张氏	曹训妻马氏	朱延禅妻张氏
朱训妻阎氏	朱炌妻徐氏"徐"一作"渠"。	朱仰全妻王氏
朱敬绅妻刘氏	朱尊德妻刘氏	朱训镐妻李氏
朱延吕妻田氏	孟之域妻朱氏	黄在俭妻谢氏
叶太平妻杜氏	张现妻王氏	张汭妻宋氏
蔡增光妻李氏	谢茂妻董氏	李元秀妻胡氏
马士言妻朱氏	马方明妻冯氏	宋克武妻朱氏
郝炽昌妻冯氏	王体妻李氏	阎利贞妻韩氏
阎惺妻方氏	程标妻阎氏	郑兴溪妻张氏
张顺德妻王氏	牛学礼妻赵氏	陈志合妻张氏
董学尹妻冯氏	龚志曾妻孙氏均守节五十年。	贺凤枝妻曹氏
郝景泗妻孟氏	郝炽盛妻惠氏	郝焕俊妻秦氏
阎维祉妻程氏	阎信砡妻李氏	阎华砌妻韩氏
阎克让妻褚氏	阎良才妻李氏	陈学法妻杨氏
陈有宁妻刘氏	朱延墀妻李氏	朱训聪妻王氏
朱光紫妻邱氏	朱均妻赵氏	朱士奇妻王氏
朱敬睿妻师氏	朱英贵妻李氏	赵永俭妻傅氏
赵王相妻颜氏	张继文妻丁氏	张希艺妻王氏
张丕基妻侯氏	张京元妻赵氏	张绍臣妻孙氏
张百忍妻李氏	吴秉献妻杨氏	蔡毓奇妻李氏
贺冠英妻赵氏	燕以封妻甄氏	孟毓润妻王氏
韩秉德妻耿氏	卜以政妻史氏均守节四十年。	朱祖参妻孙氏
朱祖彬妻刘氏	朱尊身妻史氏	朱祖普妻刘氏
孟毓泰妻冯氏	孟毓洛妻吴氏	王岳妻徐氏
王廷锐妻袁氏	封自韶妻孟氏	於振铎妻孙氏

阎兆俊妻李氏	阎理光妻李氏	杨毓宾妻王氏
张岭南妻程氏	张廷薪妻陈氏	杨某妻朱氏
张凤彩妻陈氏	张庆吉妻王氏	王维钦妻孙氏
刘士芳妻郝氏	冯学鲤妻陈氏	郝炽修妻燕氏
孔昭益妻陈氏	孙锦凤妻朱氏	周开昌妻吕氏
张士昱妻李氏	张世允妻朱氏	张佩妻徐氏
张克灵妻陈氏	梅薤妻叶氏	桑子玉妻郭氏
王云路妻徐氏	某妻黄氏黄霱女。	某妻褚氏
马文勇妻王氏	马思尚妻卜氏	蔡玉田妻田氏
蔡赓印妻葛氏	宋兆坦妻谢氏	鹿蓁妻谭氏
陈继诲妻阎氏	邵晧妻燕氏	纪逢瑞妻主氏
傅宗魁妻孟氏	杨华妻宋氏	李光谟妻梅氏
燕从德妻朱氏	燕以揆妻李氏	徐志纯妻孙氏
邱继清妻朱氏	朱祖鸿妻辛氏	朱立言妻张氏
朱孔阳妻包氏	朱则之妻薛氏	赵淇川妻张氏妾刘氏。
张懋勉妻董氏	张辅伦妻李氏	张景昂妻马氏
张文轩妻徐氏	张培厚妻李氏	孙大勇妻闵氏
胡从好妻沙氏	胡继孟妻张氏	李士林妻胡氏
燕作雨妻王氏	李永昌妻燕氏	崔义妻孔氏
赵广才其燕氏	刘百福妻李氏	王维休妻朱氏
王克勉妻张氏	王维忠妻侯氏	王曰让妻孙氏
田贞妻吴氏	韩永选妻李氏	韩炽妻吴氏
魏允芳妻封氏	蔺魁元妻丁氏	朱朴柱妻杨氏
朱祖锦妻黄氏	朱敬杲妻王氏	朱祖彭妻张氏
朱丽妻董氏	邱际颜妻袁氏	孟简斋妻常氏
彭有运妻吴氏	燕运馨妻龚氏	吴仪妻郭氏均守节三十年。
魏某妻李氏	张文林妻曹氏	张懋本妻殷氏
张世介妻王氏	刘际华妻杨氏	冯忠良妻张氏
张华轩妻韩氏	刘澍妻王氏	左广运妻谢氏
孟兴基妻张氏	燕秉善妻陈氏	黄启尚妻朱氏
朱宗偃妻谢氏	徐峻山妻王氏以上均以节著。	

烈　妇

明

姜氏陈恕妻，子华女。二十五岁，夫病。家贫，脱簪珥以佐医药。夫殁，氏绝饮食，取束绦自经以殉。县令白请旌，建祠。

胡氏张化龙妻。夫殁，誓不欲生，姑防之甚严。越四日，姑倦，氏自缢而死。县令白请旌，建祠。

张氏王嘉任妻，荷宠女。二十二岁，夫殁。悲哭不绝，是夕自缢，死于夫尸之侧。

张氏卓冠伦妻，修之女。夫病，躬侍汤药不倦。及殁，悲痛异常。是夜，缢死于柩侧。

郑氏庠生吕登瀛妻。二十七岁，夫殁。不欲生，母防之严。三日夜，母倦，氏沐浴更衣，缢死柩前。

张氏冯东鲁妻，光大女。适东鲁，无子，养一义女。东鲁卒，氏于次日夜，缢死于东鲁柩前。

彭氏刘纬妻，大治女。纬病故，氏矢志殉，姑以怀妊泣慰，氏饮痛勉从。及生女，志益决。女复夭，氏告姑葬纬后，以孝带自经。

马氏潘季春妻。夫殁，誓以死从，家人防甚密。越六日，稍倦，氏缢于棺侧。邑令林躬临其丧，请旌，建坊。

李氏廪生韩晟继妻，一纶女。少艾，归晟时，晟年四十多。病，氏躬奉药饵。久之，见病不起，即预洁衣衾，整簪珥，尺布寸帛，悉心给人，志不复生。及晟故，殓甫毕，缢于棺左。县令李正茂躬临之，尚在悬，容貌如生，不觉涕泣下。拜申上请旌，会鼎革，事寝。

唐氏庠生张慊妻，生员见素女。逾年，慊殁。氏号哭不欲生。时方有娠，家人喻以存嗣大义。乃强食以待。阅三月，生男不举，复自缢，为婢救免。数日后，方进晨餐。给婢取茶，遂就经，余饼在袖，衣带未结。其仓猝求死，真有未恐不得者。凡三死，乃申厥志。知县李正茂为之卜葬，立碑于歌风台右。

周氏綦隆妻，敏德女。隆病故，遗孤未周。氏自缢，以救免。姑以抚孤劝谕，氏呕血默泣。孤又殇，氏入室觅衣，复自缢，绳绝坠地。自后，姑益严守。会卜葬隆，氏佯为勤事，家人亦信而安之。得间，缢于夫柩上。比觉，急解，截绳，绳不可遽断。群视，乃叠布数层，缝纫坚密，恐缢索绝，防速死也。时年二十三，与夫同日归葬。水部赵士履制长歌哀之，仍檄学博张宏纲代祭其墓。

常氏生员李吉士妻。夫殁，未及殡殓，缢死尸旁。家人觉，救已无及矣。

赵氏朱炳妻，志浩女。归一载，夫殁。氏恸死者再，父浩闻讣来吊，氏询其母。浩曰："尚在车中。"未至，氏含泪入室，易服自经死。

孙氏庠生朱奕暄妻，枢之女。十六岁，崇祯十四年，夫染疫殁。悲痛异常，夜自缢死。

马氏庠生王心纳侧室。本妓家女。夫殁，是夜自缢死。

刘氏李某妻。十七岁，归李，一月，夫殁。既殓，氏缢于棺侧。邑令李芝凤树坊以表之曰："幽灵犹著。"后有甄玉昂妻李氏、侯之慎妻梁氏、朱鹤龄妻董氏、李天佑妻高氏，皆于夫死既殓之夕自缢。

孟氏张尔玠妻，以中女。崇祯十五年，贼围城，夫被掠。氏方少艾，贼逼上马。氏号哭不从。贼露刃吓之，氏即奋起，批贼颊。贼怒，断其指。大骂不绝，遂见杀。

朱氏白鹿鸣妻，年二十一；白鹭鸣妻牛氏，年二十。崇祯十四年为贼掠，及其侄纹、幼子小舵，驱之行。二氏极口骂贼，因杀小舵，骂益厉。贼先杀牛氏，朱氏益骂，又杀之。纹目击其事，逃归，哭言于人。

饿节妇失其籍。崇祯庚辰至沛，居泗亭里。时大饥，夫妇拾湖中草根以食。及还，在路而夫仆，不能起。妇乃抱夫之首，坐于路旁。或曰："群丐方聚野庐中，掠寡弱行人以食，何为与夫同死?"妇不应。及暮，果为乞丐刲而食之。又夏镇流寓人有鬻妻者，得钱买饼，悲不能食，盥手于闸之侧，遂自沉。妻行未远，请于买者还视，亦自沉。守闸者出其尸，夫妇相抱犹不解。居民哀而葬之。

乞人妇色美而夫死，或谋饵其姑使嫁之，氏婉谢。候夫服阕，会姑卒。氏求人葬毕，遂自缢。

徐氏缝人李姓妻也，李不知其乡里，侨居夏镇，嗜酒。万历癸巳，岁大饥，有女十四岁，欲鬻于娼。妻不可，李恃酒而威其妻。有乐人司姓者，买以银十两。有成议，妇知不可争，绐云："鬻女得一醉饱，亦无憾。"司为市酒脯至，俾夫恣意饮啖之。乘其醉卧，携女跃潭水死。越三日，尸浮出，犹一手挽女，一手抱其两岁儿。

新河节妇不知里居。夫本富家子，流落无藉，携妇就食四方。嘉靖初，盛中丞新河之役，夫在募中，会其夏大疫，夫死于疫。节妇伏尸傍哭，三日不食死。督工官义而葬之。

清

张氏王世德妻，夏镇窭人女也。夫妇相敬，里人称之。世德死，氏欲自杀，而母防甚严。月余，母稍讽之，氏曰："列女不更二夫，吾惟有一死耳。"母益加防守。既而，召世德之兄会，葬毕，即嫁女既觅婿矣。氏闻之，先一日缢柩旁，年二十九。知县杨额曰："天性完节。"

孙氏沈宏智妻，漆工守玉女。归逾年，生一女，又三岁而宏智死。既殓，孙自经于柩次，年二十四。县令、学博皆给额旌之，里人树石以表墓，金明经文泽为之铭。是岁，刘鏊妻朱氏，亦以死殉夫，年亦二十四。

徐氏王鉴妻，承恩女。鉴故，氏年二十九，守灵哭泣，数日不食。及葬，氏恸哭送丧，夜深自尽。邑令亲祭拜之。

张氏高珏妻，文祥女。家贫，采薪以供妇职。珏死，张缢死尸旁，年二十四。知县梁旌曰："贞烈可风。"诸生沈籲为表墓。

朱氏孟祥妻，奕倛女。孟既聘朱，而生计日窘，又病黄疸。姑以家贫子病，辞婚，女坚执不可。既嫁，克尽妇道，常与姑佣作针线以为食。岁余，祥死。朱哭不绝声，以亲戚之赙布，具棺以葬。葬后，自缢死。知县方曰琏旌曰："烈性如生。"

徐氏王鈖妻，资祓女。夫病，侍汤药日夜不懈者，八年。督学按临，鈖病稍愈，欲应试，氏不能阻。因痨瘁，疾作，归即卒。氏水浆不入口，葬毕，自缢死。邑令佟亲祭之。

张樊两氏明举人阎尔梅，别号白耷山人之妻、妾也。张氏，母家淮上，随父儒学任来沛，年十六岁归山人。妾樊氏，河南阳城人。值清初兵乱，山人以事不家，相传难望生还，氏与樊登楼四顾，楼高五十尺，俱竦身下。氏折肱死，樊亦死。移时，俱苏，家人以汤进。氏不饮，曰"吾此举以山人负气节，忠肝义胆，不屈于时。事如不测，恐仓猝不及自决，为山人羞，何颜见于地下？"家人劝曰："事苟不测，死未晚也。脱山人无恙，何自苦？"遂与樊复楼居。后山人归，居数年，复出。又逢兵乱，托八岁儿于外。氏与樊皆投缳死，时顺治十一年八月十九日夜也。家人殓以席，即葬于楼前。山人为诗哭之，有"直欲成双节，安能计万全？""双贞席裹无棺殓，残骨终难拾夜台。"吁可痛也。光绪二十八年，邑人请祀山人于乡贤祠，并呈请旌表。

张氏庠生朱至行继室，进士悝宇孙女。笄年归至行，抚前室子如己出。康熙八年，夫随翁淮试，覆舟溺死。氏闻之，欲自殉。有谓至行遇救，氏不之信。迨夫柩至，家人防之密。氏治奠毕，绝不言殉节事。俟防稍疏，遂阖户缢。旌。

徐氏冯家爵妻，昺之女。夫殁，痛哭几绝，缢于尸侧。抚宪奖曰："节比松筠。"学宪奖曰："女中志士。"邑令佟曰："名重骨香。"

汪氏监生朱鈐妻。夫殁，誓以死殉，遂投缳于柩次。各宪皆奖其节，教谕孙奖曰："倡随泉路。"

周氏张四排妻，崇得女。于归四载，夫殁。哭泣不食，家人防之密。越四日，防稍疏，缢死于柩前。

高氏朱士熊妻。夫殁，无子。既殓，拜辞其主姑及亡姑之柩，即入室自缢。知县蔡曰瑚亲往祭之。

郝氏张尧妻。于归十日，夫殁，自缢死。

张氏李茂妻。夫殁，悲痛不食。越四日，自缢死。县令施奖曰："节烈可嘉。"

崔氏蔡天资妻。二十五岁，夫殁。哭泣不食，次日投缳死。邑令佟立碑记其事。

魏氏孟承谟妻，天礿女。归五载，孟病剧。氏以年少无子，自誓必死。夫卒，乘夜自缢，遇救，再缢，亦遇救。越三日，终投缳死。郡侯孔旌曰："高节清风。"邑令佟旌曰："玉洁冰清。"

李氏李循妻，廷瓒女。二十七岁，夫殁。殡殓甫毕，投缳死。邑令黄奖曰："光在泉壤。"

吴氏汪揖妻。揖既贫且病，氏苦侍医药阅十余年，揖死。既殓，氏对棺自缢，血泪交颐，舌吐至领下。家人救之，复苏，恨曰："救我何为？"众知志不挽，嘱娘门兄接归劝谕。两月，复回，无悲容，众咸谓其不死矣。及夜分，仍投缳。学博吴给额奖之。

傅氏徐云升妻。夫殁，因无翁姑子女，遂投缳，与夫合葬。勒石称"节妇墓"。

钱氏孝廉朱某侧室。夫殁，自刎以殉。年久墓倾，好义者为募勒石。在夏镇地藏庙东北。

丁氏马骃妻。二十四岁，夫殁。投缳遇救，家人防益严。氏潜于夫死所，饮卤自尽。邑令施奖曰："节烈可风。"

郭氏朱来鹤妻，敬胜孙女。夫殁，自缢于灵右。邑令梁亲临拜奠，额以"贞节芳规"。

徐氏王录妻。幼晓大义，归未期年而录死，妇哭之痛。越一日，录葬，妇辞墓归，从容自缢死。邑侯佟亲往奠焉。

曹氏时方华妻。年十九于归，二年，夫病。氏侍汤药，年余无懈。及病笃，谓氏曰："汝年少无子，吾死后毋守。"氏以矢志靡他对。言未竟，方华目瞑矣。家人知其有死志，环视婉劝。氏得间，仰药死。乾隆十一年，建坊褒旌。

方氏宣焕妻。夫亡，以身殉。乾隆十二年，奉旨旌表，立坊于严家庄南。

张氏阎某妻，庠生文杰孙女。归未一年，夫故。氏于葬夫后，投缳死。里人嘉其烈，请旌。

魏氏李明魁妻。年二十一于归，二年，夫殁。殓后二日，服毒自尽。

李氏张莪妻，荣之女。咸丰元年，氏随夫避水铜邑，夫卒于疫。氏哀恳居停，得藏地，即投水死。同治元年旌表。

封氏王兆科妻，自纯女。同治十年，夫病殁。氏水不入口。俟葬夫讫，自缢以殉。年二十三，旌表。

张氏蔡方义妻。二十一岁，姑与夫俱病，氏侍汤药不倦。三年，姑逝，夫旋殁。又无子女，是夕，即缢于尸旁。各宪旌之。

张氏庠生朱奕訒妻。夫赴考覆舟死，氏悲痛不食，候夫棺归，缢于侧。请旌。

李氏王小报妻。夫出贾，邻贾冯某突加调谑，氏羞忿，自缢死。

张氏章贵妻。二十一岁，夫殁。因无翁姑子女，殡殓甫毕，自缢死。

郭氏余浚哲妻。夫殁。守节二十余年，贼至，恐被执，投井死。

孟氏陈仪妻。嫁三月，仪殁，氏投缳者三，皆以救免。奉翁姑二十八年，丧葬毕，焚香祝曰："吾事毕矣，追随陇墓，乃素愿也。"遂自缢。奉旨旌表。

封氏郝修妻。翁姑早逝，依叔抚养，氏事之谨。二十八岁，夫殁，遗子女三。未几，相继夭。氏哭祭夫灵还，中夜自缢死。

王氏周化淳妻。三十八岁，咸丰八年，贼至圩破，氏随挟二女投井死。

赵氏卜广誉妻，庠生辅彤女。咸丰十一年，捻匪窜沛，氏恐遇贼，投缳死。

陆氏监生杨淇妻。咸丰十一年，贼至圩陷，氏殉节死。

李氏张其位妻。夫病笃，泣语氏曰："汝年幼无子，汝宜亟嫁，勿贻吾死后忧。"氏曰："妾善自处，使君瞑目也。"夫殁，自缢。

邓氏张元塾妻。二十九岁，夫殁，姑老女幼。未几，女死，姑继逝。殡葬礼毕，绝粒死。

邱氏王汝谟妻，农家女。汝谟笃于伉俪，氏执妇道，孀姑爱怜之。生一子，姑见之喜，曰："余守节十余年，仅一子，今见孙矣！"妇闻，亦喜。会汝谟病，喀血。姑有忧色，妇泣，姑相抱泣。汝谟在床闻之，亦大声泣。妇忽跃起，曰："姑勿恐，儿殆不死也。"出，谓灶下老妪曰："余昔闻人云，有代死禳生者，汝知之乎？"老妪漫应之。妇疾趋，入见姑，泣尚未已，而汝谟已奄奄殆尽矣。复出，祷于天，喃喃作叩头状。入别室，自缢死。是夕，汝谟亦卒。

蔡氏曹凤瑞妻，岁贡赓谦女。年二十岁，夫殁，即日自缢死。学宪孙额以"磨笄矢志"。

席氏王厚栽妻，教典女。于归，事祖姑孝。捻匪至，氏携衣箧、扶祖姑奔避。匪追急，氏恐见逼，出剪刀向喉，骂曰："衣箧任尔取，若相迫，吾拚一死。愿勿丧祖姑命。"余自刺，声色俱厉。匪骇其状，舍之去。后夫病笃，默祷"愿以身代"，夫竟死。氏慨然曰："祖与舅自有叔在。"乘间自缢死。学宪彭给以"节同磨笄"。

曹氏吕道达妻。十九岁于归，夫馆于外病归，医药罔效。氏谓夫曰："姑稍候。"即走房内，服嫁时衣，自缢死。年二十六。

杨氏吴明安妻，建英女。年二十一，夫故。无翁姑子女，于葬夫后，服毒殉。

饶氏封守冉妻。夫早亡，家贫，翁姑俱先卒，未葬。典卖奁物，殆尽营葬翁姑及夫，投缳死。

史氏姜自濯妻。年二十，自濯病殁。氏欲自殉，家人防之密。越十日，乘间自缢。

张氏唐锡三妻。同治四年，贼破圩，氏恐被执，抱幼儿投井死。

张氏李嘉辰妻。同治四年，逃乱被贼执，号呼痛骂，遂遇害。

王氏安中庸妻。同治四年，夫被贼害，氏骂贼，死。

王氏徐心敏妻。同治四年，遇贼死。

魏氏曹振杰妻。同治四年，遇贼死。

李氏刘运登妻。同治四年，遇贼死。

魏氏赵东明妻。同治四年，遇贼死。

安氏宁明月妻。同治四年，遇贼死。

孟氏张学坤妻。年二十一，夫故，遗一子。抚孤守贞，逾年，子殇。请族人为立嗣，哭祭夫墓后，遂自缢。得旌表。

张氏贺广持妻，凤禹女，年十八于归。咸丰间，广持馆丰，居停被劫，馆师与焉。惊悸，得心疾。氏侍汤药，祈祷，病日亟。广持堂叔仲礼来视病，至夜分，广持卒。仲礼在堂而未觉也，氏绐之曰："病者稍安帖，叔盍就外舍暂息。"仲礼出户。入室阖户，更易衣履。女方周岁，结绷以重衾覆之，投缳死。

赵氏张道荣妻。捻匪之乱，氏携子汝舟避荆棘中。寇至，掳汝舟，又欲迫氏。氏投井死，年二十七。学宪奖以"光耀重泉"。

赵氏卜广玉妻。年二十于归，越一年，夫故。日夜号泣，不食数日，自缢死。得旌表。

朱氏王钊妻。十九岁适钊，家奇贫。咸丰十年，钊病疫死。氏尽所有以殡夫，遂投缳死。

吕氏崔以仲妻，十八岁适以仲。咸丰辛酉，捻匪入境。氏扶姑逃，贼掩至，欲掳之。氏骂不绝口，被杀。

赵氏吴瑞征妻，穆敬女。咸丰二年四月，粤匪北扰。氏领大小四口附船欲逃，贼追至。恐为所掠，投河死。

孟氏韩玉香妻，广田女。于归三年，夫故。氏誓死，家人防甚严。氏绐姑曰："妇诸物不能食，惟嗜野菜。"姑赴野取菜。归，已自缢。

李氏董道成妻，福清女。年十九于归，成孤贫，与邻某口角，气愤自缢。氏痛仇不能报，涕泣三夜，服毒死。

谢氏李咏薰妻，监生锡田女。皖匪乱，逃至邑西，得咏薰被掳耗，氏投井死。及咏薰回，而氏墓已封。年二十五。

潘氏孔宪志妻，士俊女。夫殁，即服毒自尽。年二十四岁。

邓氏陈怀德妻，玉璋女。二十岁，夫殁，入室自缢。学宪黄奖以"节性贞操"。

孟氏吴利魁妻，毓相女。二十一岁，夫殁，遗孤半龄。氏矢志抚育，以延夫祀。孤又殇，悲痛自缢死。

某氏庠生尹骥妻。十九岁于归，未一月，夫殁。投缳遇救，氏痛哭异常。越旬日，绝粒死。

某氏马振标妻。同治二年，贼窜沛，夫遇害。氏闻之号泣，欲赴贼营，邻人劝阻。氏遂得疯疾，不数日，自缢死。

马氏葛峻峰妻，志领女。十七岁于归，甫半年，夫亡，即自缢而死。

张氏黄迟妻，庠生玉梅女。于归三年，夫殁，氏即于夜间服毒殉。

曹氏甄承武妻。年二十一，夫殁，氏水浆不入口，绝粒以殉。

叶氏张树甡妻，廪生毓秀女。十七岁于归，半年，夫故。氏誓殉，家人防之严。氏从菜园内收取治虫砒霜，冲服以殉。

陈氏王汝为妻。年二十，夫殁。殡后，投河死。

那氏董连缓妻，凤来女。十九岁于归，甫一载，夫殁。欲自殉，家人防之密。迨月余，倦，服毒自尽。

魏氏朱延善妻，兴祥女。二十六岁，夫殁。咸丰十一年，贼至，氏携子避乱，被执，大骂死。

蒋氏胡士选妻，存修女。十八岁，咸丰十七年，贼至，度不能逃，投井死。

赵氏辛汝玉妻。十九岁于归，咸丰八年，捻匪至。恐被执，投井死。

程氏袁化龙妻，善长女。十九岁于归，生四女一子。咸丰十一年，南匪陷夏镇。氏逃避不及，拥子女共投井死，年四十。

刘氏郭振河妻，廪生现华女。十九岁归振河，甫三年，咸丰匪乱，陷夏镇。氏舅被害，振河救父，亦遇害。氏营葬后，自缢。

张氏梁广礼妻，东庠女。年十九于归，甫一年，广礼病殁。氏服毒死，距夫殁七日。

陈氏刘台妻。咸丰十一年，贼至，氏被执，殉节。

邵氏赵德柱妻，二十四岁，夫殁。咸丰十一年，贼至，投河死。

周氏王六妻，太学玉朴女。二十七岁，咸丰十一年，贼至，投井死。

胡氏封守典妻，武生麟泰女。十七岁于归，数月，夫殁。事亲抚孤，未几，翁姑逝，孤又殇。氏嘱夫弟守文代立嗣，是夜，投缳死。

张氏周洪茂妻，汝桂女。年二十九，夫亡。后八日，服毒死。

李氏王汝松妻。捻匪至，夫被执，氏骂贼死。

赵氏李廷干妻。夫故，守节二十余年。贼至，投河死。

孙氏张怀亮妻。贼至，夫被执，氏骂贼死。

梁氏周玉琳妻。贼至，迫之行，骂贼死。

王氏韩同妻。遇贼，投河死。

姜氏张裕凤妻。二十五，遇乱，被贼殴死。

任氏周桂妻。遇乱，投井死。

李氏许承训妻。夫故，守节五十余年。遇乱，投井死。

李氏寇学文妻，克明女。六十岁，贼至，投缳死。

寇氏聂怀珠妻。二十七岁，贼至，投井死。

张氏严中时妻。二十八岁，贼至，逼之行，至村外，投井死。

张氏严中照妻，梅之女。二十三岁，贼至，投缳死。

张氏韩迎春妻。二十三岁，夫故，氏投缳以殉。

杨氏吴锦妻，德之女。夫殁，守节三十五年。贼至，殉难死。

郝氏鹿德铠妻。夫病故，氏誓以死殉，号痛终日，绝粒不食，卒成其志。里人为之请旌。

王氏李光荣妻。年十九于归，未一年，夫故。葬后，自缢以殉。里人请于学使，得旌并表其墓。

张氏曹允中妻，允让女。归二年，夫殁。氏殓葬后，投缳，以急救免。氏泣语曰："上无翁姑可事，下无子女可抚。救我，非爱我也。"祭夫墓讫，仰药死。邑侯马旌曰："巾帼完人。"

郝氏张宗瑞妻。夫殁，誓以死殉。因念亲老女幼，义不可及。翁姑逝，女又殇。葬甫毕，自经死。

张氏饶广厚妻，继舆女。十九岁于归，生二女，夫以疫殁。氏泣语翁姑曰："有弟可承欢，未亡人愿从地下。遗此弱息，累弟奉养。"言讫，仰药死，年二十九。邑人上其事，得旌。

王氏邢坡妻。为童养媳，姑先殁。成婚逾年，夫亦死。氏欲殉，或劝以翁老无养，乃止。翁佣于薛姓，家主母怜氏孀，招而养之。氏意亦似帖然。越数日，有微讽以再嫁者，氏饮泣弗应。归而诉于主母曰："良人夭折，翁老且贫，吾以孱弱，终不能全。"及夜，仰药死。邑人上其事，得旌，并勒石。

唐氏欧怀良继室，占武女。十九岁于归，前室遗子女各一，氏抚如己出。十四阅月，欧病故。氏服毒，被救。家人环守，阅三月，遗腹生女，又殇，殉夫之志益坚。迨小祥，哭于墓归，而抚其子曰："吾孤苦儿，后当以祖父母及尔伯叔相依，勿以我为念。"乘间，自缢死，年二十一。大总统旌以"匪石心坚"。

杨氏丁会典妻，瑞香女。年二十一，夫故。氏起居饮食，不改常度。人以氏无死意，殓葬后，乘间投缳。详于上，旌表。

燕氏庠生封浚亭妻，作德女。十九岁于归，次年生一女。浚亭乡试，染疫死于金陵。氏闻耗，晕绝数次。及旅榇旋里，氏扶棺一痛几绝。家人防卫，氏佯许不死。然忧能伤人，数旬外，竟以悲痛殁。督学奖以"望重虞庠"。

鲍氏李兴邦妻，玉理女。十九岁于归，敦妇道，有孝行。甫三载，兴邦故，氏服毒死。

李氏邵祖荫妻，丰邑敬曾女。十九岁于归，次年祖荫死。氏悲痛擗踊，绝粒不食。家人婉劝，不听，延至一月而卒。

郝氏朱延布妻。光绪丙申延布乡试，卒于省。柩至，氏一痛几绝。葬后，自缢死。学宪奖以"志坚金石"。

杜氏房理运妻。年十七于归，生一女，甫七龄，理运死。家贫，氏尽所有以葬。至夜，氏携女出，沉水死。里人遍寻得之，手尚抱女。族人怜其节烈，为具棺，合葬其女于墓侧。

高氏姜凤来妻，士林女。归六年，夫故，乘隙自缢，遗子女各一。子志元，娶于氏凤昌女，十七岁于归，时从邻里询其姑殉夫状。姑忌日及寒食节，酒浆墓祭，往往痛哭不能去。甫四载，志元亦卒。氏伺夫气尽，忍泣缢于尸侧，遗一子。里党称为"两世齐芳"。

张氏陈大庆妻，年二十于归。民国七年，大庆暴卒。既葬，氏投河死以殉，年三十一。

张氏诸生赵金升妻，其江女。十九岁，归赵，六年，夫故。氏百计觅死，家人严防，卒乘隙自缢。光绪二十三年，旌。

罗氏杜士成妻，梦苓女。年十九于归，三载，夫故。以有遗腹，不果殉。越四月，生子，抚育至四岁。见其离母能活，服毒死。

吴氏胡长汉妻，锡君女。二十岁于归，越五载，汉病故。氏啼泣绝粒，家人劝解，不听。月余，仰药死。

姜氏董思孝妻。于归后，生子女各一，夫殁。以有遗腹，未遽死。后生一女，又暴殇。氏泣曰："吾事毕矣。"是夜，仰药死，年二十七。

刘氏程文来妻，有升女。年十九适文来，生一子一女，夫卒。氏痛泣极哀。越七日，服毒殉，年三十。唐学使旌。

周氏韩维朴妻，玉昆女。年十七于归，仅五月，夫病殁。氏誓以身殉，防闲稍疏，服毒自尽。

杨氏裴景顺妻，景山女。十九岁适景顺，事翁姑孝。二十二岁，夫故。次日，自缢以殉。

王氏孟继圣妻，怀德女。年十九于归，逾年，夫殁。氏即欲引决，翁姑防范。候稍疏，遂自缢。

廉氏张悦三妻。夫殁，无翁姑子女，殓毕，缢于棺侧。请旌。

刘氏张服周妻，化之女。二十三岁，夫殁。氏服阕，即殉节。

张氏邱士楹继妻，辅和女。二十二岁于归，三年，夫殁。弥留之际，嘱以"家贫难守"，氏饮泣不言。于夫易箦时，自缢死。

殷氏陈玉珠妻，令贤女。二十岁于归，甫一月，夫病。氏默祷"愿以身代"，夫竟殁。誓以身殉，逾一月，服毒死。

于氏吕连功妻。二十五岁，夫殁。即日，自缢以殉。

石氏李成勋妻，太学生禔庵女。二十二岁，夫殁，绝粒而死。

孙氏石鉴昭妻。于归年余，夫殁。氏哭泣数日，自缢死。

史氏朱宗濂妻，太学生明谟女。二十七岁，夫殁。投缳遇救，家人防之密，氏不食死。

张氏吕善五继妻，学诗女。年二十二，被匪掠，及追回，忿羞自缢。光绪八年，旌。

王氏佾生张心一妻，铭之女。二十四岁，夫殁。是夕，自缢。学宪奖以"节同磨笄"。

陆氏李家泰妻，世鸣女。十九岁，夫殁。氏视殓毕，投缳死。

孟氏袁恒妻。年少，夫殁，即自缢死，与夫同葬。墓在戚山之麓。

姚氏阎伯重妻。二十岁，夫殁。葬甫毕，即殉节死。

师氏庠生阎贡府妻。二十七岁，夫殁，即自缢死。

刘氏王厚安妻，维显女。二十一岁，夫殁，氏即服毒死。

李氏邓云岭妻，启岚女。年二十一适云岭，五载，夫殁，遗子三龄，氏投缳自尽。学宪杨旌以"古井盟心"。

某氏吕怀璞妻。十七于归，逾二年，生一子，又逾年，夫殁。氏欲殉，不得间，翁姑劝，早息。仰药死。

王氏张文范妻。十九岁于归，范苦读，氏储资捐入国学。应两京乡试，范病殁。后三日，以殉。学宪溥旌以"皎日盟忱"。

郭氏潘顺德妻，山连女。嫁三载，夫殁。以姑老、夫弟幼，义不可殉。值大饥，以夫兄贸易曹州，氏劝姑就养，姑殁于曹。氏闻耗，率弟奔丧，抚榇回沛营葬。迨弟成人，与完婚，曰"吾事毕矣，家事汝好为之。"遂缢而死，年三十六岁。

董氏张敬止妻，效思女。十九岁于归，二年，举一子。敬止勤学攻读，以疾殁，遗孤亦殇，氏自经死。

彭氏庠生房应南妻。年二十五，夫故。氏矢志殉夫，家人防守严，不得。遂日夜哭泣，饮食不进。卒以哀毁致疾，终。

彭氏孟继曾妻。十九岁于归，阅二年，夫故，遗二女。投缳，以救免。未匝月，殇一女，氏抑郁成疾死，距夫亡七阅月。

吴氏胡长汉妻，锡均女。十九岁归汉，二十一，夫故，遗一子。服毒死。

吴氏廪生徐汉鼎妻，怀玉女。十九岁于归，二十八，夫故，遗子女各一。先汉鼎病笃时，氏即绝粒不食。夫曰："吾身后，上事双亲，下抚子女，皆汝之责，切勿从吾逝也。即不甘作未亡人，亦须婚嫁毕，堂上奉养有人，与世长辞可耳。"氏唯唯。后数年，女适耿，子娶封氏，氏祖翁姑甚谨。氏曰："吾事毕矣。"遂自缢死，年三十九。

张氏魏相阳妻。十八岁于归，越四年，生一女，夫殁。姑老，奸人欲嫁氏，微讽之，遭呵斥。又谋强迫，氏悲愤，自缢。县知事于旌以"节烈可风"。

张氏张开山妻，恒之女。十七岁于归，越二年，夫故。以有孕未即殉，后生男，又殇。遂自缢。

孟氏魏训彰妻，传梅女。十九岁于归，逾二年，夫殁。欲自殉，家人以怀娠劝解，遂强待月余。生男，又殇。氏即缢死。请旌。

补录烈妇府志

翁化麟妻杜氏	曾文祚妻朱氏	黄元德妻许氏
罗镇福妻蔡氏	李应考妻朱氏及义妇李氏以上顺治初殉难。	
刘某妻唐氏	宋方运妻萧氏	阎锐煜妻程氏
朱云翮妻郭氏	左尚礼妻孟氏	赵传德妻张氏
张怀妻郑氏	阎三才妻朱氏	孟传伦妻王氏
王应魁妻张氏	徐新民妻孙氏	张奉诰妻徐氏
崔庆恩妻张氏并幼女。	赵德言妻魏氏	张同山妻李氏
贺田妻柴氏	张恩诰妻朱氏	张茂本妻王氏
李海若妻王氏	杜玉昆妻王氏	马肇瀛妻张氏
张震六妻蒋氏	张兰畹妻某氏	宁月明妻安氏
赵元得妻张氏	朱敬五妻李氏	李树本妻张氏
张岱妻张氏岱之子兰皋妻刘氏		李本大妻李氏
奚玉璞妻刘氏	鲍居Q妻张氏	张宠诰妻钟氏
李坦妻吴氏	刘书堂妻蔡氏	李加臣妻王氏
孟毓濂妻李氏	陈凤福妻任氏	赵秉凭妻徐氏
任廷林妻史氏	孟介眉妻张氏	张伟妻陆氏
伟子妻李氏	王思聪妻李氏	谭继泰妻胡氏
王某妻崔氏	张士轩妻刘氏	贾文方妻王氏
张某妻于氏	周化洽妻张氏以上均殉难死。	张鸿陵妻孙氏

赵琤妻孙氏　　　　阎涒妻姚氏以上均自殉节。

烈　女

明

袁经女玉会，年十七许王得旻，未娶。正德辛未春，流寇窜沛，人皆避匿，经令女男服，杂众中走。贼获之，知为女子，令随去。女绐贼曰："待我去男衣，随尔。"适道旁有深池，跃入死。

郭氏一德女，年十五，将婚，适贼至。度不能脱，刚觅自尽，被掠，不得死。贼胁载马上，坠马，大骂死。

郭端女青儿，年十六，许里人王成。成与邻人争，怒，欲自死。乃诣女家，嘱其僮，求一见。女拒之再三，终不与见。归，自缢。女闻之，以死自誓。母防护甚严。及成将就窆，欲往送丧，父母不许。乃绐母，求面羹食。母入厨，遂自缢，与成合葬。县令率僚属吊之，学使表其墓，碑文明万寿祺撰。

石隆女景姐，年十七父死，与母居。受张旺聘，未嫁，旺卒。女闻之，哀痛不已。是夜，自缢死，与旺合葬。

张浩女年二十，受蒋政聘。未娶，政卒。女闻之，痛哭几绝。欲往吊，父母不可；欲往视葬，又不可。父母往送政丧，女遂自缢。

陈宣女季春，性聪慧，有志操，尝读《孝经》《烈女传》。年十六，受甄时用聘。未归，时用卒。女闻之，入寝室，手书时用及己姓名，置诸怀，自缢死。与时用合葬。

张文津女年十四，许宋多光。未归，多光卒。女闻之哀泣，欲奔丧，父母不可，遂自缢。数日就敛，颜色如生。崇祯六年，建坊，旌其门。

杜烈女不详其里居，万历时人。相传，年十九已许字待嫁矣。夫忽病故，女闻之，以身殉。坟在夏镇北二十里运河南岸朱家行东里许，有碑刻御批褒语及状元朱之蕃联，末附解元张彩七律一首。文与诗另具《碑碣门》。

周氏女许字邑人丁中伦。中伦殁，闻之饮泣不食。祖母唤瞽妇歌说故事，冀以解之。歌及在昔节烈事，女潸然泪下。祖母曰："歌乃如此，世岂真有其人乎？"女曰："安见其无？"是夕缢死。与中伦偕葬，同域异圹焉。

庠生杜宗预女幼字万灿，未归，灿殁。女闻之，绝粒死。知邳州李汝让请旌建坊，徐州同知宋一征为作《烈女行》。

赵氏乡民赵竹女，年二十未字。崇祯庚辰为贼掠，骂贼死。

清

王姓女庠生朱一蛟侍婢。蛟正妻殁，女摄中馈，敬事罔懈。蛟殁，殡殓毕，女缢于寝所。当事旌其门，曰"真烈"。

魏宣女荣姐，宣出樵采，邻恶孟猫引诱，氏忿恨，自缢。案成，孟猫抵法，魏氏请旌。

马方云女受刘仁修聘，未娶。修殁，往吊。遂守志，孝事翁姑四十五年。

王某女顺治八年，贼至，投河而死。

祁氏女许字生员王玉衡，二十三岁，未归。衡病，迎女侍汤药，勤谨弗懈。衡卒，女乘间缢于尸侧。请旌。

朱祖慎女字杨某，未归，夫殁。女闻之，遂自缢。

张志勤女字马某，未归，夫殁。女闻之，自缢死。

张柱女幼字李钦次子为妻，逾十年，夫故，李匿不报。日久，女方知，泣血不食。伺父母未防，遂自缢。年十八。

周鳌女鳌姐，十八岁。咸丰八年，贼至被执，不屈，遂见杀。圩董张自修请旌。

朱守敬女三姐。咸丰八年，避乱居丰。贼至，破城，女被执，骂贼死。入丰邑节烈祠。拔贡朱延恩题其墓，曰“烈女朱三姐之墓”。

李克孝女字高某，十八岁未归。咸丰八年，捻匪窜沛，被执，不屈，大骂而死。

张继修女十九岁许赵凤来，未归。咸丰间，土匪窜沛，母率女逃，遇贼，不屈，大骂而死。

张已修女十七岁。咸丰间，皖匪突至，被执，不屈，遂见杀。

梅守运女十八岁。咸丰十一年，贼至，被执，胁之不从，贼以刃击之。女绐入室取衣服，久不出。贼排门入，已自缢死。

郭毓梅女大姐、二姐。咸丰十一年贼至，均殉节而死。

孙忠谋女年十七。咸丰十一年，女恐被执，投井死。

陈永年女大姐，二十岁；二姐十八岁。咸丰十一年贼至，二女恐被执，俱殉节死。

严廷俊女十八岁。咸丰间，随母避乱夏镇，砦失守，女投井死。以上殉难。

顾烈女住桑梓寺，字刘姓子。未婚，夫故。女闻讣，随母往吊。归，自缢死。

马烈女住马庄，字孙姓子。未婚，夫病殁。女闻讣，投缳死。里人上其事于学使，旌表。

封九姐守矩女。咸丰八年，捻匪犯沛，九姐十六岁，躲避不及，遇贼即骂。贼怒，胁以刃格之，右手断，仍骂不绝口。贼益怒，砍其首，脑浆迸出而死。得旌表，树碑村左，知县马光勋题曰“烈女封九姐殉难处”。

李大姑李中继女。将嫁矣，遇乱，投缳死。

严二姐监生严廷相女。十六岁，贼至，投井死，邑岁贡张士举为之作传表墓。

严大姐千总衔严廷机女。十八岁，贼至，投井死，山东举人孔宪钰作传表墓。

补录烈女府志

张善六女三姐　　李昌欣女大姐二姐　　常则之女

叶崇嵋女	张敦信女敏姐	宋鸣江女欣姐。
郭仪女大姑二姑	徐体见女	孙苞如女
王凤卜女大姐	克諔女二姐	李福之女
杨加容女	徐克功女蓝姐	宋东纯女
唐守传女	李松云女好姐	唐锡三女
唐盘女	甘来聘女梅姐	徐桂峰女大姐
杜玉昆女大姐	甘殿举女桂姐	吴以庄女攀姐
李凤祥女	王登岚女二姐	李东岭女秋姐
薛九明女	冯万相女兰姐	刘淑夏女景姐
陈德亮女	武魁千女	赵连合女凤姐
任廷魁女煖姐		

贞　女

姜贞女父结先，母耿氏，许字同里张文行之子九经。乾隆初，沛大水，饥疫交作。文行死，九经随母乞食于外，而女父母又相继疫殁，遂挟小弱弟依堂兄容。因慭之，曰："今使若富贵终身，愿之乎？"女曰："张家虽出，总有返期。丧心相卖，死不能从！"兄见其志之决也，不敢逼，益饿之。女曰："吾死，分也。弟则父祀所系。"遂潜寄于寡姑孟，而待毙。从母燕媪怜之，以其情达张家。九经有寡嫂，不能任。其婶母闻之，曰："十四岁女能如是，是贞女也。"与二子干、杰，具舟迎女。女感再生恩，誓不他适。性复端谨，事婶母如母，故婶视之如女，而干、杰亦妹视之，兄弟递相养焉。水退，与九经偕出者多返，而九经绝无音耗。无何，报凶闻者至，并详报日月。女详诘之，曰："死在三年前，而汝报于三年后，且素非亲故，岂肯远涉至此？此必有人指使，来诓我耳！"两兄亦憬然悟。人于是多贞女之智，女亦自誓益坚。而浮议外讥，日撼干、杰。女知之，亟欲以死自明，投缳不得，遂绝粒，具服待尽。婶持食劝之，泣曰："儿所以欲不食死者，以为如此庶可共白耳，否，则何所不得死，而必不食哉？但不良人将谓婶家杀儿，儿受恩厚，恐以后患相遗，且婶独不欲儿全尸而死乎？"婶惧，急邀其姑孟母，劝慰之，不少回，且曰："不死，祸终不塞。倘见逼于人，死且羞天日！"姑曰："为汝立后，谁敢逼汝？"遂召姜、张两族，议以九经寡嫂之子为后。乃越数年，而九经归，女年二十八矣。矢志凡十五年，艰苦万端，卒得完聚。故里人称女之贞，并称干、杰之义。

节　女

李氏五岁时，许字孙继孔。年十八，于归有期，忽继孔病死。讣至，呜咽流涕，绝粒不食。母惊，问女，即以奔丧守义对，否，则有死而已。父母靳，不许，女乃滴水不饮，气息奄奄将殒。适母舅张来视，哀其志，力争之。父母见其矢志不移，亦不忍竟视其死，遂托夙媒向孙氏通情，女始进一粥。孙择期迎女归，拜见翁姑。旋变服依丧次，一痛几绝。事翁姑以孝，现年四十三岁，立嗣子焉。

李氏许字孙继松。病故讣至，氏不食。母询之，对以愿事翁姑，代尽夫职。母知志不可夺，听孙氏迎归。孝养无间，守节三十余年。

蔡宪瑞女许字陈传业，未归，传业病殁。父母欲另为择配，誓死不从。十九岁，陈氏迎归。无何，翁姑相继殁，家赤贫，氏持斋修善，数十年如一日。现年五十五岁。

秦克有女字慧贞，幼而失怙。稍长，许字铜山韩姓。韩家道中落，女母阎氏恒出悔婚之语。适邑豪张某慕其姿容，贿媒求聘，遂委禽焉。于归有日矣，女知其事，屡欲乘隙自尽，未果。值将嫁之前夕，谆恳表兄罗云汉送归婿家。云汉义之，令改男装，乘夜奔波。是年秋雨连绵，泥泞难进，鞋绽足伤，日出时至敬安镇。赴市者见形状可疑，麕集问女，不能隐其事，遂喧传于巡检司之耳。巡检俾其夫人邀至署中，认为义女，以仪仗送婿家成婚。

孝　妇

邱氏俞耀祖妻，世德女。姑吴病剧，氏割股疗之。姑梦神曰："汝媳纯孝，救汝，当增寿半纪。"觉而病痊。后愈，六年而卒。人以为孝感。

沈氏赵国璧继妻，孝事翁姑。姑殁，夫妻庐墓五年，沈躬负土筑坟。未几，翁殁，夫妇复同庐墓岁余。夫殁，氏仍挟子同处，增筑故坟成大丘。邻邑称其孝，县令蔡为绘《庐墓图》。

李氏谢某妻，姑疾，笃氏祷神，刲臂肉和面饼作羹以进。姑食之，愈。又历三年，终。邑令儒学皆有旌言。

李氏蔡谢松妻。姑病三年，侍汤药日夜不倦。病笃，绝食数日，氏割股以进，姑病愈。县令蔡奖以"幽谷兰香"。

曹氏杨斌妻，湘之女。乾隆甲午归斌家，以孝闻。善制葛褙，绩败麻鬻于市，老幼衣食取给于此。五十一年大饥，道殣相望，里人多不相保。氏于平日预计，每日减米少许，贮之壶中。至是，阖家垂毙，所贮米得七斤，咸赖以活。又剪发求售，无间者，归家惫甚。方假寐，怆然于心。醒而发不见，寻踪鼠穴中，觅得古钱二千七百余枚，一家得不死。岂非天怜其孝，以助其贤欤？

唐氏陈鸿谟妻，事翁姑以孝闻。姑病，粒米不下，氏曲尽孝道，无所不至。卒得其所嗜进，乡里称之。

朱氏庠生魏锡蕃妻，祖平女。年十九于归，舅姑在堂，氏左右承欢，言无所违。偶有责斥，笑颜承之。弟妇鹿氏悍逆异常，氏委曲，后亦稍变。姑先卒，舅年近八十失明，在在需人，饮食则受匙箸，床褥则为拂拭，出入溷厕则为扶持。如是者十二年，而舅卒。

米氏邹芝青妻，事姑至孝。姑染疾，几不起，医药罔效。氏午夜祝祷，愿以身代。病稍瘥，闻古人有割股和药愈亲者，遂刲股肉烹治进姑。姑嗅之，有异香，食之，越五日愈。芝青见氏裹创，诘之，始得其实。乡里钦其行，为之请旌。

袁氏郭东冈妻。嘉庆十三年八月十三日夜，救姑赴火身死。方火初盛，氏惊起，扶姑抱子出。姑者病目，出，陷于火，氏急弃子从之。火已炽，姑仆，不能兴，氏遂与姑俱烬。 封氏檠曰："东冈尝割股愈亲疾，可谓愚孝矣。不谓一室之中，更有愚于东冈者，斯振古之一奇也。愚之极而不知有子，愚之极而不知有身，愚之极而不知己之身不足易姑之身，愚之极未克救姑之身，先已弃子之身。其愚之极，乃其孝之极也夫！"

张氏蔡宪锐妻，年十九归宪锐。翁已逝，事姑至孝，得堂上欢。后姑老病罢瘫，转侧不能自由，起居饮食，皆氏料理，昕夕侍奉，寝不解衣，八年如一日。值隆冬严寒，夜藉藁于姑之卧侧，败絮覆足，一夕数起，无苦也。姑殁，遂患痨伤，不数年终。学宪唐旌其门。

刘氏鹿清云妻，聚义女，颇识字。于归时，翁姑已先殁，氏依祖翁姑度日。祖姑李年老多病，目双瞽，在在需人。氏事之十余年如一日，八十一岁卒。其先，祖翁明良病，数日不食，氏割股烹治以进，祖食之甘，次日即愈。见氏裹创，诘之，始悉。年八十二，尚康健。人以为孝德之感。

补录孝妇府志

张世南妻孙氏　　王大宝妻杨氏　　张文兆妻王氏均以孝称。

孝　女

赵某女既适人，以父瞽还，依父居。岁饥，有羸粟。盗入，人皆惊走，女挺身卫父，执厨刀与盗斗，中数枪。盗不能近而去，父免于难。

程女乳名明姐，父国勋染病笃，女年十三，痛父无子，祖母年衰，割右臂肉进父，不效；又割左臂肉以进，旋愈。两次割臂，家人皆不知。祖母见其羸困，强视事，事乃传。

太学生阎文池女十五岁，母病笃，女默祷愿以身代，母病果愈。数月，女竟死。

贤　妇

汉

王陵母项羽取陵母，置军中。汉使至，则东向坐，陵母欲以招陵。陵母私送使者，泣曰："愿为老妾语陵，善事汉王。汉王，长者，毋以老妾故，持二心，妾以死送使者。"遂伏剑死。

刘栋妻某氏滕县人，流寓沛。栋弟枢生子旬日，妻死。氏时方生女，语栋曰："叔子难得，且失母，不如弃吾女。”遂弃女而乳侄，抚育成立，人称其贤。

张氏朱铏妻，性温惠，事舅姑孝，处妯娌和。铏嗜书，不屑意家务，氏综理有方，铏得以怡情诗酒，无内顾忧。年九十九，孙曾绕膝。

鲍氏邑绅郭方妻，三十岁夫殁，抚子崇勋入太学。乐善好施，每冬亲制棉衣数十领，给寒苦者。雍正丁酉大水，为筏数十，拯多人，养之。壬午癸丑，命子捐地二十亩，筑护城堤；赈米二百石，棉衣百领。甲寅，命孙和梅，同从叔尚仪，共捐五百金。新圣殿明伦堂，用琉璃瓦外，捐五十金，益修斋房。又命捐三百金，修孟家桥、山口桥。年八十九，孙曾绕膝，钦赐粟帛。抚宪高奖曰“兰质高风”，藩宪白奖曰“笄惟善士”，县令谢旌曰“一乡慈母”。

朱氏孟毓甡妻，监生尊荃女。甡家素丰，氏尤能以勤俭相勖，扩地至千有余亩。然俭能中礼，生好施予，济人之急，拯人之危。凡亲戚族党来告匮乏者，均不令其失意以去。其后，偿，则受之；不偿，亦不较也。故乡人称道之，享年九十一岁。

谢氏袁德泰妻，居城内帽铺街。颇知书，性尤慈善。每遇孤寒，无不委曲周济。光绪元年荒歉，流民踵至，喧传有卖妇者，询之则山东人孔姓，饥寒将毙，鬻妇以活。氏大动恻隐，顾其家，亦无储蓄。暂留居宅内，潜典簪珥，俾孔姓为小经纪以谋生。迨年丰返东，则生一子矣，乡里艳称之。至其他救难济急，阴受其赐者，更指不胜屈。氏孙曾众多，寿八十八岁，无疾终。

寿　妇

老媪千秋乡卧佛寺东，年百二十九岁。

蔡氏朱元佐妻，年百有二岁。

韩氏廪生封凤藻妻，年八十九，孙曾绕膝。江藩司康奖以“贞寿贻谋”。

崔氏太学生蔡兰䕼之妻。性淑惠，娴礼仪。虽勤俭持家，然于戚族之贫乏者，时周恤之。年九十六岁。

张氏李蕴钓妻。年八十三岁，督学青给额“护寿兰馨”。

梁氏孙文善妻。性慈惠，好施予，言恂恂，然惟恐伤人。以勤俭治小康，家人各事其事，门以内秩然也。教二子，为乡里善士。氏年九十三，神明不衰。学使瞿奖曰“静德延年”。

顾氏孟玉珠妻。治家勤俭，教子有方，门庭之内肃然。享年九十七。学宪李奖曰“淑德延龄”。

杨氏伊长贵母。性慈惠，好施予，教子义方，庭内秩然有序。现年九十二岁，神明不衰。

张氏张道朴妻。年九十一，卒。嗣子汝霖已先殁。

李氏张汝霖妻。现年九十岁。子尚质，年近五十。

郭氏蔡梦兰妻。夫殁、姑老、子幼，氏持家谨严，有法度，曲尽妇道，教子有方。年九十一岁。

郭氏李士锋妻。治家勤俭，庭内肃然。年九十三岁。

卷十五　志余

按土地、政事、人物编次

沛县侨寄处

晋永嘉之乱，沛之流民过淮南及江南者，侨立沛郡沛县以统治之。明帝立南沛郡。《宋志》云："成帝立。"文帝分南沛，立北沛郡。所统沛县，寄治广陵，为南沛郡，所统萧、相、沛三县。齐因之。《晋书》。

宋永初时，豫州秦郡有沛县。元嘉中，并入顿邱，在今来安县。《宋书·州郡志》。按：胡文忠公《舆地全图》："来安县西有沛市。"或即沛县当年侨寄之处。

齐南兖州，镇广陵，属有南沛郡，领沛、萧、相三县，今扬州府治。《南齐书·州郡志》。

梁北沛郡近颍川，在今河南新蔡县境。沛郡近盱眙，在今泗州天长县境。《南北史补志》："时沛县属魏，南北沛郡侨寄均有沛县也。"

陈并梁泾城、东阳二郡为沛郡，置沛县，在今天长县境。即梁南沛郡。梁已侨置，齐因之也。

魏霍州北沛郡，治济阴，兴和二年立。西沛郡，治虞城，延昌中立，并有沛县。《魏志·地形志》。

丰沛之邦有赤气

鲁哀公十四年，孔子夜梦三槐之间、丰沛之邦有赤烟气起，乃呼颜渊、子夏往视之。驱车到楚西北范氏街，见刍儿摘麟，伤其左前足，薪而覆之。孔子曰："儿来！汝姓为赤诵，名子乔，字受纪。"孔子曰："汝岂有所见耶？"儿曰："见一兽，巨如羔羊，头上有角，其末有肉。"孔子曰："天下已有主也，为赤刘，陈、项为辅。五星入井，从岁星。"儿发薪下麟示孔子，孔子趋而往麟，蒙其耳，吐三卷《图》，广三寸，长八寸，每卷二十四字，其言"赤刘当起"。曰："周亡，赤气起，大耀兴，玄邱制命，帝卯金。"

孔子作《春秋》，制《孝经》。既成，使七十二弟子向北辰，星罄折而立。使曾子抱《河》《洛》，事北向。孔子斋戒，向北辰而拜，告备于天曰："《孝经》四卷，《春秋》《河》《洛》凡八十一卷，谨已备。"天乃洪郁起，白雾摩地，赤虹自上下，化为黄玉，长三尺，上有刻文。"孔子跪受而读之曰："宝文出，刘季握，卯金刀，在轸北，字禾子，天下服。"《南宋书·符瑞志》。语涉荒唐，存之以资谈助。

柴禁

沛境湖柴，明时为工部分司所有，禁止民采。嘉靖四十三年，工部主事宋豫卿，悯念民艰，始弛禁。见旧志《宋公去思碑》。及清宣统时，知县李绪田复禁，一时不便于民，申请大府，事遂止。采访。

帝王琐纪

上皇游酆沛山中，寓居穷谷。里有人殴冶铸，上皇息其旁，问曰："此铸何器？"工者笑而言曰："为天子铸剑，慎勿泄言。"《三辅皇图》，又《拾遗记》。

前汉刘季在位十二年，以始皇三十四年于南山得一铁剑，长三尺，铭曰"赤霄"，大篆书。及贵，长服之，此即斩蛇剑也。《刀剑录》。

汉祖之为泗上亭长也，常从王媪、武负贳酒，醉卧。武负、王媪见其上尝有龙，怪之。高祖每酤，留饮，酒雠数倍。岁竟，此两家常折券弃债。《汉书·高帝纪》。

汉祖为亭长，以竹皮为冠。及贵，常冠之，所谓刘氏冠也。《汉书·高帝纪》。

高祖为泗上亭长，送徒骊山，将与故人诀去。徒卒赠高祖酒二壶，鹿脯、牛肝各一。高祖与乐从者饮酒食肉而去。后即帝位，朝脯尚食，尚具此二炙并其二壶。《西京杂记》。

明太祖讳元璋，字国瑞，姓朱氏。先世家沛，徙句容，再徙泗州。《明史·太祖纪》。

明武宗幸金陵，御舟过沛。邑人汤歌儿以善歌得幸，赐以负郭田若干顷。儿没入官。今山川坛侧，即歌儿所赐田也。乾隆旧志。

皇后家世

王奉光，其先沛人。高祖时有功，赐爵关内侯，徙长陵，传爵至奉光。奉光女为孝宣倢伃。霍皇后废，立倢伃为皇后，进封奉光为卬城侯。元帝即位，复封奉光子舜为安平侯。《汉书》。

先主甘皇后，沛人也。先主临豫州，往沛，纳以为妾。先主数丧嫡室，常摄内事，随先主，于荆州生后主。章武二年，谥思皇夫人。后主立，因丞相亮上言，追谥昭烈皇后。《蜀志》。

杨朱之沛

周杨朱南之沛，老聃西游于秦。至梁，而遇老子，中道仰天而叹曰："朱至舍！"膝行而前。《庄子》。

樊哙冠

樊哙冠，广九寸，高七寸，前后出，各四寸，制似冕。哙造次所冠，以入项羽军。汉有天下，令司马殿门、大难卫士服之。或曰："樊哙常持铁楯，闻项羽有意杀汉王，哙裂裳以裹楯，冠之入军门、立汉王旁，视项羽。"《续汉书·舆服志》。

马冢

夏侯婴之丧柩出东都门外，驷马不行，踣地悲鸣。掘马蹄下，得石椁。铭曰："佳城郁郁，三千年见白日。吁嗟！滕公居此室。"遂葬焉。冢在饮马桥南四里，时人谓之马冢。张华《博物志》。

遗剑全儿

沛郡某翁，家资二十余万，小妇子年才数岁，而失其母，又无亲近，其女不贤。翁病，思念恐争其财，儿必不全。因呼族人为遗令，悉以财属女，但遗一剑，云"儿年十五，以还付之。"其后，又不与。儿诣郡，自言求剑。时太守大司空何武也，得其辞，因录女及婿，省其手书，顾谓掾吏曰："女性强梁，婿复贪鄙，恐害其儿。"又计儿小，得财必不能保全，故且俾与女，而实寄之。遗以剑者，所以示决断。限年十五者，智力足以自保。度女与婿必不还其剑，当问县官，县官或能证察，得见伸展，此翁何思虑宏远如是！乃悉夺取财以与子，曰："强女恶婿，温饱十岁，亦以足矣。"于是，论者乃服。《困学纪闻》。

盗不受姜伯淮钱

姜伯淮与弟季江俱乘，车行适野庐，为贼所劫，欲杀其兄弟。伯淮曰："弟幼，愿自杀身济弟。"季江曰："兄年德在前，乞自受戮以代兄。"盗义之，弃而去。伯淮车中尚有钱数千，使从者追以与之，盗亦不受。伯淮以物经盗手，以付亭吏而去。《后汉书》本传注、《谢承书》。

吕光始祖家沛

吕文和，高后族人也，居沛。孝文初，诛诸吕，文和避难徙居洛阳。与世人杂处，世为酋豪，是为凉王吕光之始祖。《晋书·吕光载纪》。

韩演坐法

司徒韩演坐法，征萧令吴斌，演同岁也。未至，谓其宾从："到萧，乃一相劳。"而斌内之狴犴，躬送出境。从事汝南阎符迎之于杼秋，止传舍，解桎梏，为致肴异，慰礼过于所望。到亦遇赦。无几，演为沛相。《风俗通》。

朱绰

晋朱绰，沛人也。世为将，兄宪及斌，并为西中郎袁真将佐。桓温伐真于寿阳，真以宪兄弟潜通温，并杀之。绰逃归温，每战常居先，不避矢石。寿阳平，真已死。绰发棺戮尸，温怒将斩之。温弟冲苦请，得免。绰受冲更生恩，事冲如父，参冲车骑军事、西阳广平太守。及冲薨，绰吐血死。见《宋史·朱龄石传》。

陈璠

陈璠，沛中走卒，与徐帅时溥结好。表为宿州太守，后以贪污斩之。临刑作诗云："积玉堆金官亦崇，祸成倏忽变成空。五年荣贵今何在，不异南柯一梦中。"璠不知书，时以为鬼代作。《全唐诗话》。

刘知俊

刘知俊，字希贤，徐州沛县人也。姿貌雄杰，倜傥有大志。始事徐帅时溥，为列校，溥甚器之，后以勇略见忌。唐大顺二年冬，率所部二千人来降，即署为军校。知俊披甲上马，轮剑入敌，勇冠诸将。太祖命左右义胜两军隶之，寻用为左开道指挥使，故当时人谓之"刘开道"。后讨秦宗权及攻徐州，皆有功，寻补徐州马步军都指挥使。攻海州，下之，遂奏授刺史。天复初，历典怀、郑二州，从平青州，以功奏授同州节度使。天祐三年冬，以兵五千，破岐军六万于美原。自是，连克鄜、延等五州，乃加检校太傅、平章事。开平二年春五月，命为潞州行营招讨使。知俊未至潞，夹寨已陷，晋人引军方攻泽州，闻知俊至，乃退。寻改西路招讨使。六月，大破岐军于幕谷，俘斩千计，李茂贞仅以身免。三年五月，加检校太尉，兼侍中，封大彭郡王。时知俊威望益隆，太祖雄猜日甚，会佑国军节度使王重师无罪见诛，知俊居不自安，乃据同州叛，送款于李茂贞，又分兵以袭雍、华。雍州节度使刘捍被擒，送凤翔，害之。华州蔡敬思被伤，获免。太祖闻知俊叛，遣近臣谕之曰："朕待卿甚厚，何相负耶?"知俊报曰："臣背德，但畏死耳。王重师不负陛下，而致族灭。"太祖复遣使谓知俊曰："朕不料卿为此。昨重师得罪，盖刘捍言阴结邠、凤，终不为国家用。我今虽知枉滥，悔不可追。致卿如斯，我心恨恨，盖刘捍误予事也。捍一死，固未塞责。"知俊不报，遂分兵以守潼关。太祖命刘鄩率兵近讨，攻潼关，下之。时知俊弟知浣为亲卫指挥使，闻知俊叛，自洛奔至潼关，为鄩所擒，害之。寻而王师继至，知俊乃举族奔于凤翔。李茂贞厚待之，伪加检校大尉，兼中书令，以土疆不广，无藩镇以处之。但厚给俸禄而已。寻命率兵围灵武，且图牧圉之地。灵武节度使韩逊遣使来，告急。太祖令康怀英率师救之，师次邠州长城岭，为知俊邀击，怀英败归。茂贞悦，署为泾州节度使。复命率众攻兴元，进围西县。会蜀军救至，乃退。既而，茂贞左右石简颙等间之，免其军政，寓于岐下，掩关历年。茂贞犹子继崇镇秦州，因来宁觐，言知俊途穷至此，不宜以谗嫉见疑。茂贞乃诛简颙等以安其心。继崇又请令知俊挈家居秦州，以就丰给，茂贞从之。未几，邠州乱，茂贞命知俊讨之。时邠州都校李保衡纳款于朝廷，末帝遣霍彦威率众先入于邠，知俊遂围其城，半载不能下。会李继崇以秦州降于蜀，知俊妻孥皆迁于成都，遂解邠州之围，而归岐阳。以举家入蜀，终虑猜忌，因与亲信百余人，夜斩关奔蜀。王建待之甚至，即授伪武信军节度使。寻命将兵伐岐，不克，班师。因围陇州，获其帅桑宏志以归。久之，复命为都统，再领军伐岐。时部将皆王建旧人，多违节度，不成功而还。蜀人因而毁之。先是，王建虽加宠待，然亦忌之，尝谓近侍曰："吾渐衰耗，恒思身后，刘知俊非尔辈能驾驭，不如早为之所。"又嫉其名者，于里巷间作谣言，云："黑牛出圈，棕绳断。"知俊色黔而丑生，棕绳者，王氏子孙皆以"宗"、"承"为名，故以此构之。伪蜀天汉元年冬十二月，建遣人捕知俊，斩于成都府之炭市。《旧五代史·梁书·刘知俊传》。

善歌之士

汤执平，沛县名士。当元代，以善歌著。时共有三十六人，执平居其一。《元曲选》。

诗有别才

鸿沟村人张吉，进士斗大父也。幼就外傅，受《大学章句》而辍业。中年以掾使辨事帝京，尝作《白发歌》寄其子。曰："览镜见白发，白发真可惜。昨日白数茎，今朝数茎白。予发能几多，宁禁几时白。"语意浑然，绰有古风。论者谓"诗有别材，非关学也"，信哉。乾隆旧志。

驸马秀才

韩学武，字文轩。嘉靖间将降公主，礼部咨行选尚，郡县以学武应。至京，宠赉甚渥，钦赐生员，遣归。人呼为"驸马秀才"云。乾隆旧志。

将军显灵

咸丰辛未八月，河决侯家林，夏镇被水。先是，七月下旬，有金龙大王出，现泇河，同知迎之。长不盈尺，方头金麟，虽爆竹震耳不为动。一时官绅奉礼惟虔，日事参拜，十余日不去。后送至湖中，不意入夜有看守役祁姓，忽狂叫，自称将军，奉大王命谕各官，令复迎回。方虑夜黑莫辨，至则金光射目，焰耀波流。遂复迎回，演剧。迨后，则将军不时临坛伺奉。稍迟，则呵斥官绅。月余，会大王槁死，而将军之灵亦渺。邑人《赵一琴文集》。

外县兑米

赣榆县旧例，在夏镇买粟米交兑。《赣榆志》。

丰县兑运水次仓在夏镇。万历八年，知县庄诚建。顺治十年，知县阎昭重修。《丰县志》。

义犬

有刘媪者，年七十余，蓄一犬。同治初，遇贼死，犬守之不去。寻获媪子，且噬且嗥，若有所告。不省，叱之，遂去。贼退，见犬死母尸旁，始悟犬之义也。遂于葬母之后，哭而埋之。光绪志稿。

折顶易冠

光绪时，总河某巡河南下，地方官佐趋谒恐后。方传见时，沛令马光勋误触舱额，撞折晶顶。正值无措，适夏阳巡检尾后，顶翎相同，光勋遽前摘换。进谒仓卒，时即巡检亦莫明其故。及后得悉，人咸服其有急智。采访。

地成瓯脱

夏镇北卧佛寺，在运河堤上，本隶沛境。光绪初，寺旁出有盗杀老妪及幼女命案。知县马光勋验讫回寓，巡检殷汝骏进言，谓寺基属滕，乃举“某月朔日蚀，招该寺僧救获，寺僧不应”为证。清制，命案参罚例重。光勋正懊恼运乖，闻殷言，即饬圩董，将该寺附近甲牌收回，一面谕令尸亲赴滕投报。滕令莅夏，牒沛勘界，彼此互推，致命案悬搁，凶手远扬。讫清世，该处一带陷为瓯脱地，民国二年始由沛县收回。采访。

卷十六　湖团志

湖团纪事始末

湖团滨微山、昭阳两湖西岸，南讫铜山，北跨鱼台，绵亘二百余里，广三四十里或二三十里，铜山、沛县属境也。咸丰元年，河决丰工，其下游沛县诸邑当其冲。于是，两湖漫溢，合沛、滕、鱼台之地，汇为巨浸。居民奔散，不复顾恋。五年，河决兰仪，其下游郓城诸邑当其冲，于是山东昏垫之众，挈家转徙，麕处徐境。是时，向所称巨浸，盖已半涸为淤地矣。无聊之民，结棚其间，垦淤为田，立团长、持器械自卫。有司亦以居民亡而地无主也，且虞游民之无生计，遂许招垦，缴价输租以裕饷，谓之“团民”。会粤逆北扰，捻贼复大起，往来劫掠。始饬谕团练御寇，蟠固滋息。殆及十年，莠民蘖芽，往往结纳凶党。其时，铜、沛被水之民先后归故居，顾旧产为客户侵据，势且张甚，乃大怨，构讼。团民恃官符不相下，械斗相击杀，始毙团民二人，既又杀沛民二十余人，汹汹几致变。官军捕斩团民千余人，乃定。同治五年，曾相国驻军徐州，铜、沛绅民累累控诉，乃为区别定谳。奏请：王、刁二团，窝匪通贼有迹，诛其魁，尽逐男女归本籍，而还其前缴之价；若守分诸团，仍听执业，视若土著；其王、刁二团水退涸出之地，量充公田，为建学造士在官之费。

附载：

两江总督曾文正奏疏

奏为查办湖田，分别留遣，并酌筹善后事宜，拟议结案，恭折驰陈，仰祈圣鉴事：窃臣于上年奏复军情折内，附陈铜、沛境内有与剿捻相关之湖团一案，亟宜查办，以杜后患。今年正月，复将通贼之王、刁二团勒限驱逐；安分之唐、赵等六团仍留徐州，先后具奏在案。查湖团，本山东曹、济之客民，垦种苏、济交界之湖田，聚族日众，立而为团也。该处滨微山、昭阳两湖西岸，南讫铜山，北跨鱼台，绵亘二百余里，宽三四十里或二三十里不等。其在鱼台之团有二：曰魏团、任团；其在铜沛之地有八：曰唐团、北王团、北赵团，曰南王团、南赵团，曰于团、睢团、侯团，均以首事之姓为名，昔之侯团即今之刁团也。鱼台二团，以东民居东境，人数寡而垦地少，一经官为处置，渐以相安无事。惟铜、沛之八团，人数众而垦地多，主客构讼，几成不可解之仇。溯查，咸丰元年，黄河决于丰工，下游沛县等属正当其冲，凡微山、昭阳之湖地，铜、沛、鱼台之民田，均已汇为巨浸，一片汪洋。居民流离转徙，以为故乡永成泽国，不复顾恋矣。厥后，咸丰五年，黄河决于兰仪，下流郓城等属正当其冲。于是，郓城、嘉祥、巨野等县之民，由山东迁徙来徐。其时，铜、沛之巨浸已成新涸之淤地，相率寄居于此，垦荒为田，结棚为屋，持器械以自卫，立团长以自雄。前任徐州道王梦龄，以其形迹可疑，饬县押逐回籍，继而来者日众。复经沛县禀请，以东民实系被灾困穷，拟查明所占沛地，押令退还；其湖边无主荒田，暂令耕种纳租。经前河臣庚长批准，旋议勘丈湖荒，分为上、中、下三则。设立湖田局，招垦缴价，输租充饷。又饬于沛团交错之地，通筑长堤，名曰“大边”，以清东民与土民之界限，遂得创立各团，据为永业。此东民初至，留住湖团之情形也。铜、沛之土民，当丰工初决时流亡在外，迨后数载还乡，睹此一片淤地，变为山东客民之产，固已心怀不平。而官长议定“所占沛地押令退还”者，又仅托诸空言，并未施诸实事。且同此巨浸新涸之区，孰为湖荒，孰为公田，茫无可辨。沛民之有产者既恨其霸占，无产者亦咸抱公愤。而团民恃其人众，置之不理，反或欺侮土著，日寻斗争，遂成不能两立之势。咸丰九年，侯团窝匪，抢劫铜山之郑家集，经徐州道派兵拿办，并将该团民驱逐出境，另行遴董招垦，辗转更置，是为今之刁团。同治元年，又有东民在唐团边外占种沛地，设立新团，屡与沛民械斗争控。至三年六月，遂有攻破刘家寨，连毙数十命之事，经漕臣吴棠饬派徐州镇道带兵剿办，平毁新团。此咸丰六七年后，客民擅逞，迭酿巨案之情形也。新团既毁，擒斩至千人之多，并将团地退出，谓可抒沛民之愤而折其心矣。乃沛人贡生张其浦、张士举，文生王献华等，与刘庄事主刘际昌先后赴京，以新团一案“唐守忠主名指使，情同叛异，请将各旧团一概剿办”各情，在都察院呈控。钦奉谕旨，交吴棠等密速查办。旋经棠以“唐守忠来团最早，其名特著，核诸所控各词，毫无实据，且与原呈不符，不过欲将新旧各团一概驱逐，而夺其成熟之田”等语，奏复在案。而沛人纷纷构讼，仍复不休。臣博采舆论，昔年铜、沛受害之家，被水而田产尽失，水退而田复被占，其怀恨兴讼，自出于情之不得已。近则构讼之人，并非失业之户，不过一二刁生、劣监，设局敛钱，终岁恋讼，不特团民苦之，即土民亦以按户派钱为苦。而主讼者多方构煽，既以“强客压主”激成众怒，又以“夺还大利”歆动众心。官长或为持平之论，讼者辄目为受贿；各团岂无安分之民？讼者概指为通贼。初至有领地之价，后来有输地之租，而讼者不问案牍之原委，必欲尽逐此数万人而后快。此又新团既剿以后，沛民健讼不顾公安之情形也。上年八月，臣驻扎徐州，铜、沛绅民赴臣辕控告各团，呈词累数十纸。臣以案情重大，实兆兵端，未敢遽为剖断。至九月间，捻逆东窜，远近探禀，均称沛团勾贼讯；据生擒贼供，亦称南王团有人函约贼来，百口一词，虽反复研究，未得主名；而平时该团窝匪抢劫，积案累累，情实可信；又刁团平日窝匪与南王团相等。此次贼退之后，臣饬徐州府、县，亲赴各团察看情形。旋据复称，以捻首牛、赖各贼目，均住刁团之中，该团房屋、粮草，具完好如故，其为纵容贼党亦无疑议。又称，唐团练董唐守忠、其子唐锡彤、其叔唐振海，带练击贼，力绌被执，胁之以降，骂不绝口，同时遇害。除王、刁团外，其余六团或凭圩御贼，或圩破被害，遭贼焚掳杀掠之情状，历历如在目前，其为并未通贼，亦属确有可据。而沛县上年京控湖团之王献华等，一闻"湖团通贼"之语，复行联名多人，指控各团"无非贼党"，即殉难甚烈之唐守忠，仍加"叛逆"之名，禀请一律"剿逐"。臣亲提鞫讯，原告既多捏名，供词亦多支饰，其为刁讼生事，亦属无可置辩。臣乃剖别是非，平情论断，不分土民客民，但分孰良孰莠。其有契串，各据产业为团所占、急求清还者，是土民之良者也；无契串产业，但知敛钱构讼、激众怒以兴祸端者，是土民之莠者也。其平日安分耕种，如唐团之拒贼殉节、受害极惨者，是客民之良者也；其平日凌辱土著，如王团之勾贼、刁团之容贼，是客民之莠者也。遂于腊月下旬，通行晓谕，饬令刁、王两团，勒限正月十五日以前，逐回山东本籍，派刘松山带兵前往弹压。顷据各州、县禀报，该两团业已全数徙去，安静回籍。臣酌定善后事宜三条，饬徐州道督同府、县次第经理。一曰酌给钱文，以恤已逐之团。王、刁两团，平日之窝匪，去秋之通贼，众所共知，然除首犯王长振罪在不赦外，其余要犯未能指出姓名，一概赦宥，以安反侧之心。此外，无辜之众尤应酌加体恤，用沛朝廷之泽。现定于郓城县设局，将两团原缴地价照数发还，其两团已种之麦，现派徐州镇兵在彼屯守，待至四月收割，估价若干，以一半给屯田之兵，一半给两团之民，庶东民回籍者不至流离失所矣。二曰设立官长，以安留住之团。两团既去，尚有唐、赵等六团留居徐境。拟请设同知一员，俾客民有所依归；或令徐州同知移住该处，听断词讼，稽查保甲，筹办湖田一切事务，候二三年后，安置既定，仍将湖团地亩分归铜、沛两县，奏明按地升科，输租执业，以归画一。各团所筑大堤，酌量平毁，以期水利之通畅，亦免畛域之太明。团中如有窝匪、通捻重情，官为查明，小则拿犯诛惩，大则派兵剿办。视之同于土著，永不再言"驱逐"之说，亦不许土民妄控目为"奋匪"字样，尽消争讼之嫌，同敦睦姻之谊。三曰拨还田亩，以平土民之心。昔年东民开垦荒湖，虽不免侵占民田，然为数要不甚多。今王、刁两团退出之田六百五十余顷，以抵侵占之数，有赢无绌。此项田产，先尽失业之户，凡有印契、粮票者，准其照数拨还；无契票者，概不拨给，以示限制而断葛藤。其次，则培植学校。凡铜、沛两县书院之膏火、大小考之卷价、乡试之宾兴、会试之公车费，各准拨田若干，以为造士之资。纵使民田被占、契票无存，私家偶失有限之田，通县共享无穷之利。其余则概充官田，派兵屯种，兵或不足，召民佃耕。在铜、沛，可解积年之公愤；在东民，可免霸占之恶名矣。所有骂贼之五品顶戴州同衔前平阳屯屯官唐守忠、其子文生唐锡彤、其叔卫千总唐振海三名，同时被害，尤堪嘉悯，应请旨交部，从优议恤，并建立专坊，以为草莽效忠者劝；沛县激众构讼之文生王献华，应请褫革衣衿，以示惩儆；王长振现尚在逃，候缉获之日，尽法处治，以为通匪者戒。未尽事宜，除分咨江苏、山东督抚及咨漕督诸臣妥筹会办外，合将湖团一案拟结缘由，恭折驰陈。伏乞皇太后、皇上圣鉴训示。谨奏。

同治五年二月十三日，内阁奉上谕：曾国藩奏查办湖团分别留遣，并酌筹善后事宜一折，据江苏铜、沛两县滨湖田亩，前于咸丰元年间，因黄水丰工决口时被水淹没，嗣因黄水退涸，变为荒田。经前任南河道总督庚长设立湖局，招垦缴价，输租充饷。山东曹、济等属客民，遂陆续前赴该处，创立湖团，相率垦种，聚族日多。铜、沛土民于水退归乡后，因旧日田产被客民所占，日相控斗，叠成巨案；并有刁劣生监设局敛钱，屡以湖团通捻谋逆等词诬控，希图将客民概行驱逐。现经讯明，分别良莠办理，将拟设立同知及筹办善后章程三条等语，所办甚属允协。铜、沛土民田产因被客民占垦，控斗不休，固出于不得已。惟当地方官立局招垦时，该处土民并不呈请，认还田产，迨客民出资认垦变荒为熟，始行争控，亦无以服客民之心。其所垦之田，亦有官荒地亩，土民被占田产并无如许之多；其聚众讼者，亦非田产被占之户。现经曾国藩查，将上年容留捻匪之刁、王二团客民驱回山东本籍，所有该二团退出之地六百五十余顷，抵还侵占之数，计已有赢无绌。凡有印契粮票之失业土著各户，均准其报官认种，以昭平允。其余安分各良团，均不准行驱逐，所垦地亩均准其永为世业，该处居民不得再行争控。经此次清理之后，该地方官遇有土客争控，但当分别良莠，不得复存土客之见，期永断葛藤。其沛县激众构讼之生员王献华等，著即革去衣衿，以示儆惩。嗣后倘恃众逞强滋事者，均著各地方官从严惩办。通匪在逃之客民王长振，著曾国藩务获，以正国法。团首五品顶戴州同衔前平阳屯屯官唐守忠、生员唐锡彤、卫千总唐振海，于上年捻匪至湖团地界，带练迎击，力竭被执，同时骂贼而死，殊堪悯恻，著交部从优议恤，并准其建立专坊，以慰忠魂。所请将徐州同知移扎该地方，以资弹压之处，著该部议奏。余著照所议办理。该部知道。钦此！

附录

领垦湖田缴价章程

咸丰七年，河督庚公长，委勘南自铜山境荣家沟起，北至鱼台界止，东至湖边，西至丰界止，计地两千余顷，分上中下三则。上则地价每顷三十千，年租每亩钱八十；中则地价每顷二十七千，年租每亩钱七十；下则地价每顷二十四千，年租每亩钱六十。府志。

田　亩

北赵团田一百二十五顷四十五亩有奇。中则地五十七顷九十二亩零，下则地六十七顷五十亩零。

唐团田八百二十顷十五亩有奇。上则地七百九十五顷三十亩零，中则地二十七顷八十一亩零。

北王团续垦唐团边外荒地二百五十顷八十一亩有奇，按上则纳租缴价。按：以上三团地亩于光绪二十八年一律升科。

新团咸丰七年，山东举人李凌霄呈领北王团以西新淤四百余顷曰新团。拨复沛县公田亩数。

同治五年，曾相国奏行，后委员复丈王、刁二团驱逐所遗之地，刁团共得一百二十三顷，王团共得六百十八顷。奉批：王团地分拨铜邑学校宾兴费及文童卷价、义塾学、书院等地共二百二十顷；沛邑学校、公车、宾兴地五十顷，文童卷价地三十顷，义塾地四十顷，学宫五十顷，歌风书院地八十顷。余地一百四十八顷并刁团地，留为铜、沛士民持近年契串承领。旋因两邑所呈契据，非前明远年废契，即挖补影射，真伪非辨。复奉批定：将刁团地亩仍拨铜邑为公田；王团余地添拨沛邑书院地四十顷，卷价费十顷，义塾二十顷，学宫二十八顷，宾兴、公车费二十顷，建置考棚等费三十顷。所遗李凌霄新团地亩，委员复丈，计地五百余顷。沛人张士举等纳价承领四百顷，仍名新团；其余百顷作为沛县公田，修造城垣、衙署、监狱、仓库，俟工竣后，以五十顷留作岁修。当工作完固，度可十数年不葺治，即以所得租息，相度形势，挑浚大河两道；又以五十顷拨充地方善事，先建坛、祠、庙宇及养济院等。工程完竣后，即以五顷疏浚大河，并岁修沿河桥梁、渡船经费；以二十五顷重建广济堂，施医药、木具，并冬施棉衣、夏施汤水；以十五顷作养济院经费；仍以五顷作坛庙岁修之用。又以衍圣公咨查沉没祭田，复奉曾相国批，在新团沛邑百顷公田内，酌拨八顷，以充祀典，仍招沛民垦种，由县代征租价。同治八年，以新团地亩界址不清，复丈增地十一顷六十三亩有奇，仍由团董缴价承领。

圩　砦

唐团大屯圩　卫千总唐振海及魏昌汇于咸丰十年同筑，周一千四百步。

曹家圩　监生曹书润于同治四年筑，周六百七十步。

小屯圩　千总丛沛然于咸丰十一年筑，周一千一百步。

孔家圩　庙员孔继恭及屯官韩秋山于咸丰十一年筑，周一千四百步。

姚家圩　宋兰玉于同治三年筑，周六百五十步。

卞家圩　监生卞光卓于同治元年筑，周一千零五十步。

北王团龙固集　山东拔贡生王孚于同治五年筑，周九百余步。

赵团赵家圩　咸丰十一年团董赵其忠筑，周六百七十二步；光绪三年，团董李伯雨重修。

湖陵书院　通判唐锡龄于同治十一年禀请徐海道吴，由各团捐建。

唐公祠　光绪十三年，湖团绅耆、候选知县赵钟骥等，以唐守忠父子死事至烈，团民深戴其德，合词吁请爵督曾忠襄公，请建专祠。爵督援例入奏，奉旨照准。子锡彤、族叔唐振海俱从祀。

普济桥　在龙固集西北六里边沟上。

回龙桥　在龙固集东南，同治十三年建。

人　物

唐守忠　字尧山，山东曹州巨野人，性慷慨，好义。初任平阳屯官，洁己爱民，颇著政声。咸丰间，兰工河决，巨当其冲，民屋漂没，守忠散粟赈饥，全活甚众。先是，黄河徙沛、鱼边境，湖滨一带地涸，河督庚长以土著流亡，出示招垦。曹、济灾民失业，欲往应佃，虑无统属，因共推守忠。守忠久伤东民流离，恐生事变，遂率众领照垦荒，因移湖陵，家焉。同治四年，捻匪犯大屯圩，守忠与子锡彤及族叔卫千总振海悉力堵御，多所杀伤。后捻匪合股来攻，转战六日夜，圩破被执。贼多方诱胁，守忠坚不肯从。贼以白刃加颈，舁以绳床，欲招降各圩。守忠每至各圩，辄大呼曰："吾唐守忠也，不幸为贼掳，为国捐躯，分也。尔居民宜固守，勿从！"贼怒，遂与其子及族叔遇害。事闻，奉旨议恤赏，加道衔，咨取事实，宣付史馆。后以湖团绅民禀请，复奉旨，准建专祠，由地方官春秋致祭。

欧阳章　字凌汉，嘉祥县陶官屯人。才能出众，素负勇略。初办湖团，为队长，任战守事。同治二年，发逆北窜，章率众堵御，出奇制胜，屡挫贼锋。时有巨野文生郭淑陶同御贼，身受重伤，章背负之，且战且走。约一里许，遇败卒十余人，护去。后贼追至，章奋力毙十余贼。贼怒，百余骑冲锋而至，章力竭被执。贼胁降之，骂不绝口而死。同时，又宋淑标亦力竭被执，不屈死。

蒋开泰　蒋家庄人。同治间，捻匪北窜，开泰率众御贼，力竭身死。一时相从殉节者，张传诰、冯兴基等，共五十四人。

杜青春　同治四年，贼破西安庄圩，率众御敌，力竭遇害。同死者有王金保、谢汉元、张塴、李孟春。

王丕基　字弼我，岁贡生，山东曹州菏泽县人，居龙固集。力学敦品，一乡推重。年八十余，光绪戊子科恩赐举人。己丑会试，钦赐翰林。

王有翼　字飞卿，巨野人，同治癸酉恩贡。博学能文，雅善启迪。尝设帐湖陵及铜、沛间，一时知名士，多出其门。

节　妇

巨野县文童唐锡勇妻王氏，十八岁于归。七年夫殁，遗二孤，抚育成立，守节，二十九岁卒。居唐团。

巨野解纯一妻傅氏，二十三岁，夫殁，孝事翁姑，立嗣以延夫祀。居王团独山集。

巨野傅诚一妻吴氏，二十九岁，夫殁，抚孤成立。居王团韩家庄。

巨野徐本纪妻傅氏，二十四岁，夫殁，孝事孀姑。居王团龙固集。

巨野宋淑元妻吕氏，二十六岁，夫殁，守节，年八十一岁卒。

巨野冯广寒妻刘氏，二十二岁，夫殁，孝事翁姑，抚嗣子毓三，入曹州郡庠。住唐团。

巨野吕秉合妻王氏，二十三，岁夫殁，守节。居唐团。

巨野文童唐守绪妻赵氏，十九岁，夫殁，事姑守贞。居唐团。

巨野卞作桢妻冯氏，二十八岁，夫殁，守节，八十四岁卒。

巨野向敬尧妻李氏，二十七岁，夫殁，守节以终。

巨野宁执忠妻唐氏，年十九岁，夫殁，守节以终。

郓城阎文朗妻李氏，三十岁，夫殁，抚孤成立。

附　民国新志

沿革纪事表

中华民国元年——一月，颁行阳历。时县内土匪猖獗，徐防军队不可恃。二月杪，土匪破县城，连破夏镇，城中兵官逃匿，一县无主。匪复乘虚入据，肆意搜括。邑人潜赴徐乞师，会拨一营来沛。比至，匪徒数千跧伏不敢动，盖素怵南军声威，突见军容，丧胆无措。南军一以当十，居民复杂呼鼓刀相助，草薙禽猕，杀伤至夥，民稍安枕。盖三月下旬也。

南军至沛。安民后，下令剪发，有不遵者强令执行。时县中无宰官者已二十余日，公推邑绅赵锡蕃暂权民政长事。月余，都督始委人接替。

五月，沛饥，都督拨款赈济。当匪乱后，十室九空，居民率拆屋宇赴夏镇出售，鬻木器者，成列市焉。

六月，设学田局。

土匪据龙固集，民政长甘桂林会同陆军剿捕失利，匪势复炽，抢掠之事，日有所闻。

九月，乱民毁教堂。县知事高梅仙议，赔偿损失大钱二千缗。

十月，土匪复围县城，城中防守严，自辰至申，环攻不休。陆军营长伏龙伺匪稍懈，出城痛击，匪始散。

十一月，实行地方自治，清查户口，开办选举，划全县为二市五乡。自是，县参、议两会，各市、乡董事公所及议事会次第成立。

十二月，设清乡局，举办清乡，抉剔匪类略尽，奸民始知畏法。

二年——一月初，办众议院选举，沛当选者一人。

二月初，设审检所。

六月，设县视学。

七月，赣、宁乱起，徐州议独立未成，北军乘胜恢复。

三年——一月，裁审检所，废地方自治。

二月，设市、乡学务委员七人。

三月，验民间契纸。

四月，浚沿河，以工代赈。按：即古泡河。时巡按使以徐属用兵之区，民多失业，故有是赈。

秋，淫雨为灾，报准缓征灾田七百八十二顷余。

十二月，改学田局为地方教育款产经理处。

四年——春，设甲种师范讲习所并通俗教育演讲所。

台营官地局派委来沛，丈卖营田，县老城址及栖山城址、太行堤，并夏镇部城营地，守备衙署同是沽卖。

四月，设市、乡学务公所，为学务委员办公处。七年裁。是月，设官牛痘局。

秋，奉令公举国民代表，赴南京取决国体。

五年——大总统袁世凯规复帝制，改称洪宪元年，旋取消。是年，浙人程士清等创垦务公司，由部价买铜沛湖田，设场分收。沛民公举代表王志诚累赴省垣，诉当道，复准铜沛人民备价赎回，并赔偿程姓等损失，乃告结。

一月，设县苗圃。在东关外沿河头，计地两段：（一）十九亩二分一厘八毫；（二）二亩整。合计地二十一亩二分一厘八毫。

四月，修筑县城。

六年——夏，复辟事败。溃军窜丰沛者，分踞华山及朱新楼等处。代理县知事刘闻尧率队痛剿，毙匪甚众。至是，邑警备队有敢战名。

七月，设公共体育场及通俗教育馆。

七年——一月，设地方公款经理处。

四月，劝学所成立，裁教育款产经理处。经理款产事宜，并入劝学所。

是年，县知事于书云修治街道，次第告成。先是，沛城街道一遇阴雨，泥泞没踝，至是各街砌以砖石，行人颂坦途焉。

冬，县警备队擒获山东巨匪金山王、白天祖。先是，政府用兵，湖南土匪乘虚四起，山东全省蹂躏殆遍。而白天祖者，在诸匪中尤称骁悍，窜入沛境，县知事于书云率队痛击，血战一日夜，匪势不支，生擒之，传首山东，余党星散。

是年，挑浚七区河流。先是，省令每亩带征水利经费二分，以备疏治沂、运，会值岁歉，经省议会议决，截留五、六、七年亩捐，办地方工赈，故得畚锸悉举焉。

疆　域

沛县入民国，辖境仍旧。惟旧来行政范围限于三十二圩，清季划分七区，未及实行。民国注重地方自治，改作二市五乡。市有董事会，乡有乡董公所，各市、乡均有议事会。

一曰沛城市，居县治之中央。

二曰栖山市，居县治之西南。

微湖东岸曰夏阳乡。

微湖西岸曰湖陵乡。

城之南曰汉台乡。

城之西曰千秋乡。

城之北曰泗亭乡。按：泗亭名实不符，是在初定名者，于地理未考故也。

户　口

沛城市：八千九百四十七户，四万六千二百三十九丁口。

栖山市：七千五百四十户，四万一千九百七十六丁口。

夏阳乡：七千七百四十户，四万二千七百九十二丁口。

湖陵乡：五千九百十五户，三万二千六百六十三丁口。

汉台乡：六千三百七十户，三万五千二百七十八丁口。

千秋乡：一万三百八十六户，五万七千三百五十七丁口。

泗亭乡：五千八百十九户，三万四千二百六十六丁口。

总计：五万二千七百十七户，二十九万五百七十一丁口。

按：以上民数，系民国二年调查。比照旧志所载，光绪十五年数目实减五分之二。世界公例，人民生息，二十五年加一倍，由光绪十五年至民国二年，计已二十余年，而人民生存，适得其反比例，死亡欤？散而之四方欤？抑世界公例不足信欤？不可得而知也。

风　俗

乡民爱惜发辫，安常习故，遵劝谕者尠。

频年南北用兵，壮年男子咸以投身行伍为乐。

士重游学，自清季风气已开，近更加盛。虽十余岁幼童，往往求学于千里外，不以为远。

女子求学，日渐发达，惟天足者尚少。

婚礼仍凭媒说，无自由择配、文明结婚之俗。

丧礼亦遵旧制，惟吊唁者渐改行鞠躬仪节。

乡民迭遭匪患，皆富有胆略。每遇匪警，执械抵御，虽妇孺亦不畏葸。

近来讲求实业，种树者日益加多，亦渐输财经商，一洗向日深藏自闭之习。

交　通

东距津浦路临城站六十五里，南距陇海路杨家楼站八十里。

河　流

沛境河流皆见旧志。七年请准，截留带征亩捐，兴办地方水利，故河道加多，名目繁琐，大抵皆无来源，不过为暑天泄涝而设，至名随村定，旧河转湮，是盖因势利导耳。

沿河自城东关外起，横穿昭阳湖东岸。

菜市河自菜市入湖。

卫河口河自沙固堆东南起，穿横河入湖。

鲇鱼涎河自欢城起入运。

房庄河自滕境入鲇鱼涎河。

陈楼河自陈楼起，入房庄河。

朱梅集河自袁家堂起入运。

韩新庄河自刘集经许园河入湖。

张桥支河自张桥入韩新庄河。

千秋河自孟庙经谭寨河入湖。

李瓦屋支河自李瓦屋入千秋新河。

鲍楼支河自鲍楼入千秋新河。

杏固堆河自杏固堆经梅村东入大河。

关园河自关园起，至小邵庄止。

闵子祠河自闵子祠起，至高庄止。

三河尖河自三河尖起，至王团边沟止。

龙固集河自龙固集入湖。

头道围子河自头道围子至十字河。

马寺河自马寺入湖。

郭家河自郭河入湖。

三教堂河自三教堂经沛城壕入沿河。

赵庄河自茶棚庙入赵庄故河。

赵庄支河自天齐庙入赵庄河。

黄桥河自李庄入吴河。

栖山市河自聂庙入湖。

金沟支河自蒋庄入栖山河。

关帝庙支河自甄堰入栖山河。

梁山桥支河自梁山桥入栖山河。

冯楼支河自冯楼入栖山河。

朱楼河自朱楼起至魏庵止。

高楼河自封黄庄入湖。

苗新庄支河自苗新庄入高楼新河。

陈洼河自陈洼入湖。

小闸子河自蒋桥穿边沟入陈洼河。

斗虎店河自铜境入边沟河。

张慎庄河自铜境入边沟河。

刘楼河自铜境入边沟河。

刘楼支河自张洼入刘楼河。

贾阁河自张集穿边沟入湖。

杜楼河自三官庙起，经大闸入湖。

阎孟庄河自阎孟庄入杜楼河。

吴集支河自吴集入阎孟庄河。

陈楼河自陈楼入阎孟庄河。

蒋集支河自蒋集入陈楼河。

张庄支河自张庄入杜楼河。

大张庄支河自大张庄入杜楼河。

谢洼河自谢洼入边沟河。

阎集河自阎集入边沟河。

边沟河自赵团至铜境。

金沟河自夏镇入运。

路沟自夏镇起，至洛房止。

伯塚村河自伯塚村入金沟河。

刘昌庄河自洛房入运。

断堤口河自运河南岸入湖。

建置志

公署

县署　七年，县知事于书云增建办公室六楹。

警备队营房　原驻积谷仓。七年，就马巷旧营基增建营房一所，计室十二楹。

审检所　在县署西，因旧习艺所改建。三年裁。

旧监狱　在县署外院，逐年修理，渐次严整。

局所校址

劝学所　就前审检所修改。

警察所　在城隍庙。

警察分所　在湖陵乡唐团。

沛县邮局　由商家代办，民国改驿归邮，旧设堡、站皆废。

商会　由商家自行建筑，在大街北首。

农会　因旧千总署改筑。民国五年，台营官地局变卖，营产经县知事于书云详准，江苏财政厅清理江苏官产处酌留旧千总署备用。

教育会　附设黉宫内。

通俗教育馆　附设黉宫内。

通俗教育演讲所　在山西会馆。

牛痘局　在安怀堂。东门大街路北，面积二亩六分。

公共体育场　在南门外黉宫西。

地方公款经理处　在教育款产经理处旧址。

县立第一高等小学校　校址就前师范讲习所修改。

县立女子两等小学校　校址就前高等小学校修改。

县立第一国民学校　在华祖庙南、前教育会旧址。七年，增建教室三楹。

新筑圩砦

邵庙圩　燕鼎三倡筑。

韩杨圩　苗祖珩倡筑。

王庄圩　王心坦倡筑。

曹文圩　刘奉君倡筑。

踪庄圩　踪德扬倡筑。

燕庙圩　燕廷芝倡筑。

魏河身圩　魏锡鹏倡筑。

同心圩　朱敦田倡筑。

鹿楼圩　鹿承宗倡筑。

卢楼圩　朱仪宸倡筑。

谭家圩　谭光炆因原圩辽阔,截旧圩三分之一改筑。

张集圩　张洪镇因原圩辽阔,截旧圩二分之一改筑。

七堡圩　马金魁倡筑。

众兴村圩　蔡敦诚倡筑。

黄洼圩　刘安乾倡筑。

赵家圩　刘传骞倡筑。

孟庄圩　孟广居倡筑。

魏庄圩　魏锡荣倡筑。

头道圩　饶宝厚倡筑。

侯家圩　司玉魁倡筑。

马村圩　吕春云倡筑。

李庙圩　李存让倡筑。

桑庄圩　郭于坡倡筑。

孔堤口圩　孔宪梅倡筑。

盖庄圩　吕在田倡筑。

韩大楼圩　李鸿筹倡筑。

杨店圩　李凤冈倡筑。

张庄圩　张元瑚倡筑。

三教堂圩　李元纲倡筑。

孟庄圩　王道明倡筑。

十里铺圩　苗馨山倡筑。

罗大庄圩　罗尚清倡筑。

朱楼圩　秦亚宾倡筑。

孟王楼圩　孟广陛倡筑。

蔡庄圩　蔡宪良倡筑。

王庄圩　王凤台倡筑。

官庄圩　郝中可倡筑。

小张庄圩　张恒仁倡筑。

韩坝圩　韩增光倡筑。

夏镇圩　杨俊仪、张肇平等因旧圩改筑。

刘昌庄圩　韩华南、林嘉珍等倡筑。

季庄圩　季成心倡筑。

纪庄圩　李建策倡筑。

张楼圩　张宝信倡筑。

丁官屯圩　王作勤倡筑。

丰乐村圩　胡经谟倡筑。

重修圩砦

赵楼圩　李明元重修。

丛家圩　赵锡冕重修。

大屯圩　唐骥芳重修。

孔庄圩　冯德馨重修。

卞庄圩　高腾恩重修。

安庄圩　满彩彬重修。

龙固集圩　傅诚泰重修。以上七圩皆在湖陵乡。

补:清季新筑圩砦

班庄圩　宣统二年杜绍虞倡筑。

魏庵圩　宣统二年魏振声倡筑。

石楼圩　宣统二年王福信倡筑。

关帝庙圩　宣统三年封翰邦倡筑。

斗虎店圩　蒋希铭倡筑。

蒋桥圩　蒋希孟倡筑。

朱王庄圩　光绪二十年朱方曾倡筑。

二郎庙圩　宣统三年杨玉山倡筑。

魏小楼圩　宣统三年魏师汤倡筑。

桥　梁

利涉桥　在县城东门外,跨沿河,民国四年赵惠三倡修。

唐边桥　在城东北刘家砦东,李金镛倡修。

孟家桥　在城西孟家坑,民国三年孟广福创建。

李集桥　在城东李家集,跨沿河。民国七年乡民共建。

义　阡

栖山市李宗骐，民国元年施义塚地八亩一分二毫六丝六忽。

学　校

按：辛亥以前，全邑学校计五十处，中更变乱，破坏无余。嗣各教育行政人员殚精竭虑，筹维建设，截至民国七年，陆续成立，共百有余处。各校内容视昔完备，学额亦视昔加多。表列于后。

县立甲种师范讲习所民国四年成立，常年经费四千五百九十元，至六年暑假告终。

县立高等小学一常年经费二千六百零四元。

师范讲习所附属国民学校常年经费二百零一元。七年，归并县立第一国民学校。

县立第一国民学校常年经费七百四十元。

县立女子高初两等小学常年经费三千元。

栖山市高等小学一校址在青墩寺，常年经费由县署补助三百千，余由创办人自筹。

汉台乡高等小学一校址在张家洼，常年经费由县署补助三百千，余由创办人自筹。

夏阳乡高等小学一校址在班家村，常年经费由县署补助三百千，余由创办人自筹。六年移设夏镇。

湖陵乡高等小学二一在大屯圩，常年经费由县署补助三百千，余由创办人自筹；一在孔庄圩，常年经费纯由创办人自筹。

泗亭乡高等小学一校址在三河尖，常年经费由县署补助三百千，余由创办人自筹。

沛城市国民学校十八处

栖山市国民学校十七处

夏阳乡国民学校十一处

湖陵乡国民学校十五处

汉台乡国民学校十四处

千秋乡国民学校十二处

泗亭乡国民学校十一处

按：以上国民学校常年经费由忙漕附税支给，不足之数由各校长酌收学费抵补。

教育机关见《建置门》

教育人员

县视学一员，市乡学务委员七员。七年，裁学务委员三员。

劝学所所长一员，劝学员四员。常年经费一千三百元。

教育会正副会长各一员。

公共体育场管理一员，指导一员。常年经费一千一百元。

通俗教育馆主任一员。常年经费二百元。

通俗教育讲演所讲演员二员。常年经费四百八十元，五年八月减至三百元。

教育经费

县教育费

附税二千三百五十元，捐税二百五十五元，公产租金一万二千四百六十七元。

市、乡教育费

附税三千五百二十八元，捐税八百五十六元，公产租金五百七十四元。

武备志

防卫

砲楼　七年，县知事于书云于城垣增设砲楼四座。

制兵

民团局　元年成立，设团长一人，副团长一人，团勇一百名。

巡缉队　二年九月改民团为巡缉队，设前后队官二员，马队十名，步队八十名。

清乡练勇　三年一月，改巡缉队为清乡练勇，设马、步队官各一员，排长四人。

警备队　三年改清乡练勇为警备队，设前后队官各一员。五年，照旧营制改编，设管带一员，由县知事兼任，帮带一员。分前、中、左、右四哨，每哨设哨官一员，哨长一员。营部设书记长、稽查、司务、军需、军医各一员，马弁十名，差弁二名。七年一月，添设后哨，惟前哨系马队，每哨员兵夫役共九十五名；马队一，哨员兵夫役五十五名。合营员兵夫役共四百八十名。

保卫团　四年七月成立，七市、乡分作七团，委任团总、督带。嗣因各团自分界限，呼应不灵，于七年一月设事务所于县城，共编保卫团为四连、十排。每连设连长一人，排长三人，书记一人，惟第四连九排、十排各设排长一人，不设连长。每排团丁三十名或二十名，共计团丁三百名。

警察事务所　二年设立。警务长一人，警务员二人，巡记一人，长警五十名。三年，增设稽查一人，警察队十名，马警四名。划分两区，每区设区长一人，巡记一人，长警三十三名。

警察所　四年二月，改警察事务所为警察所，所长由县知事兼任。改警务长为警佐，稽查、巡记为雇员。增警察队为四十名，马警照旧。改分区为分所，区长为所长，长警如原额。七月，裁分所及警察队，留警佐一人，雇员二人。长警四十名。

湖陵乡警察分所　设所长一人，稽查、巡记各一人，长警五十名。

枪　械

钢枪　三百零五支

铅枪　二百零一支

按：以上枪支系民国三年至七年陆续由公家购买数目，其不足之数由民家借来抵补。

职　官

按：民国官职，县设民政长一员，主理民政；典狱一员，管理监狱。元年冬，改民政长为县知事；二年设典狱官；四年，改典狱官为管狱员。二年，设审检所，审判员二员，主理民刑诉讼；警务长一员，管理警务。县视学一员，视察学务；七年，设劝学所所长一员。三年，裁审检所；四年，改警务长为警佐。武职则有警备营，营置管带，管带下有帮带。兹列表于后。

民政长

赵锡蕃本县人，元年三月任。

甘桂林湖北人，元年四月任。

高梅仙丰县人，元年六月任。是年冬改为县知事。

王炎云南人，二年七月任。

于书云山东武城人，三年七月任。

刘闻尧山东武城人，六年夏代任。

于书云六年秋回任。

审检所审判员

卜宴书铜山人，二年任，三年裁。

沙元烺如皋人，二年任，三年裁。

县视学

李昭轩二年任。

劝学所所长

蔡春元七年任。

警务长

李廷立二年任。

警佐

李廷立四年任。

王兰台六年代任。

李子骧七年任。

区长

赵履端第一区区长，三年任，四年裁。

孙宝田第二区区长，三年任，四年裁。

湖陵乡分区区长　四年改为分所所长

封绪昕二年任。

王景桂三年任。

薛印川四年任。

孙宝田五年任。

高腾恩六年代任。

孙宝田七年回任。

典狱课长

张昇三本县人，元年任。

典狱官

李厚基二年任。

向家煌湖南人，二年任，三年改管狱员。

陈允发七年任。

警备营管带

于书云以县知事五年兼任。

帮带

刘闻尧六年任。

俸饷

县公署俸额　民国元年，县知事月俸百元；科员四员，月俸各六十元。二年八月，县知事月俸三百元，科长员额、俸薪仍旧，行政费每月千二百元。三年，县知事月俸二百六十元，科员三、技士一月俸各五十元，行政费每月千一百元。旋又改县知事月俸二百四十元，科员额、俸如旧，行政费每月九百九十元，至七年未改。

审检所审判员俸额　每月六十元。

典狱官俸额　每月六十元。三年改为管狱员，月俸三十元。

县视学俸额　每月四十元。

警察事务所饷额

警务长月饷六十元，四年改为警佐，月饷四十元；长警四十名，月饷共二百元。余如雇员薪金及消防、卫生杂费，月共支银六十五元，以地方附加税开支。

湖陵乡警察分所饷额　所长月饷二十八元，稽查十元，长警四十名，月饷共一百八十元。余如书记薪金及巡防杂费，月共支银一百四十元，以该乡唐、赵两团亩捐开支。

警备营饷额　县知事兼管带不支饷，帮带月支饷百三十千，书记长、稽查司务、军需、军医月支饷二十千，马弁、差弁月支饷十千，哨官月支饷五十千，哨长三十五千，书记十五千，棚头八千，兵士七千，马队、棚头月支饷干十七千，马兵十五千。余如护兵、号兵、伙夫、马夫月支饷八千、五千不等，均以捐亩项下开支。

保卫团饷额　团总月饷四十千，文牍十五千，书记十千，连长月饷三十四千，排长二十二千，书记十千，团丁月饷七千及六千不等。余如护兵、号兵、马夫、伙夫，月饷六千及四千不等，均以亩捐项下开支。

田　赋

沛县额田地　一万一千七百二十三顷一十亩六分二厘，内除老荒、坍废、公占地四千五十九顷九十七亩六分八厘四毫一丝三忽。

实征熟田地八千八百五十九顷五十四亩八分三厘五毫九丝三忽。唐、王、赵三团升科地在内。

每亩额征银米，悉如清制。

实征银一万六千三百八十二两五钱八分四厘。

实征米四千八百七十六石五斗八升九勺。

正税

自民国元年起，每忙银一两折征洋一元五角；每米一石折征洋三元。

附税

自民国元年起，每银一两加征县附税洋三角；自三年起，加征省附税洋三角；至六年，减去省附税洋五分，仍征二角五分。

自民国元年起，每米一石加征省附税洋一元，县附税洋一元。

水利亩捐，自四年起，每亩带征洋二分。

警备队经费，每亩征钱八十文。

保卫团经费，每亩征钱四十文。湖陵乡唐、赵团不征，另征乡警察费。

湖陵乡唐、赵团每亩征警察分所经费钱七十文。

积谷每银一两征洋一角，每米一石征洋三角。

县市乡教育费每亩征钱十文。

公田附

学校公田　数见旧志，每亩征麦、秋租钱三百文。六年，每亩加征八十文，由劝学所经收，归县教育费。

学校余田　数见旧志，每亩征麦、秋租钱三百八十文，用途同上。

儒学田　数见旧志，每亩年租由六百文至二百八十文不等，用途同上。

百顷公田

新增湖田

新涸湖田

续涸湖田

按：以上四项地亩，向归省设局征租。自程士清等包买后，地方复备价赎回，除续涸外，皆举办升科。

新团民田　数见旧志，每亩年租八十文。由湖田局经征汇解财政厅。

夏镇祭田

民国二年，二次革命起，徐州司令冷遹兵败，定武军恢复徐州，委薛庆崧为夏镇釐捐局委员，兼办湖田。薛委以筹饷为名，并祭田亦尽数收去。三年春，经夏镇绅学杨俊卿、张洪源等呈请，国税厅筹备处奉命拨回。原案附后。据该县夏镇绅学杨俊卿、张洪源等呈请，窃夏镇旧有圣庙一座，创自前明，有祭田十顷余，散在湖滨，时现时没,有庙碑可循。至前清光绪初年,该祭田归入湖荒。复经本地绅学呈请,徐州道拨复,祭田六顷计在刘昌庄、寨里村两处,并由县加谕专董经管此项祭田。收有租款,除春秋释奠外,所有赢余用作本处小学津贴,办理素有成案。去年七月,武卫前军军统张,派薛委到夏收捐,兼管湖田事项,将此项祭田租款暂收助饷。彼时绅学等衡夺缓急,未便固请。现值海内升平,祭圣尊孔典礼频颁,而此项祭田未蒙拨复。本年上丁,绅学等无款可藉,聚资与祭。伏念民国以来,民无所向,荒僻区域,闭陋尤甚,请将此项祭田照旧拨回,庶故典重新,民得瞻仰,寒家子弟并可沾溉,余款藉以兴学,实为公便等情。据此,除批据呈请,将微湖祭田六顷仍归夏镇地方经管等情,查此项祭田,前据沛县湖田分局委员薛庆崧呈,以应否划归地方请示到处。饬据徐属湖屯田租总局汇案复称,该地拨充祀产,历年已久,审其性质,似系地方公产。复经指令,专案查议,复夺在案。据呈前情,应准照数划拨。除函致民政长查照,并训令沛县及湖屯田租总局遵照划拨,由县遴委正绅,妥为经理外,仰即知照此批提示外,合行训令该知事遵照办理。此令。民国三年三月二十四日,署理处长蒋楙熙。

附滕沛湖田界址

宣统元年三月,山东南路湖田局姜分局姚江南、湖田局赵督同,沛县董事韩华南、庄长林嘉珍,滕县社长张立檠、庄长张宗常等,自刘昌庄南滕、沛交界处勘定界址:自沛属南庄东南铁关帝庙基起,向东丈至四百五十步止,以东属滕;从新河堤向北至大路七百七十二步止,由此向东一百七十步止,折而向北九步止,复折而向东一百二十一步止,复折北一百五十八步止,又向东一百八十步止,又北十五步止,又向东一百八十步至光绪四年分界方坑止,挑沟立界,沟东属滕,沟西属沛,分详立案,永断葛藤。

选 举

民国法律,首重选举,以故选法缜密,层级攸分。属于国会者,有参议院选举,众议院选举;属于省会者,有省议员选举;属于地方者,有县参事会选举、县议事会选举;而市乡议事会、市乡董事诸名目,均无不出于选举之一途。兹第其等级,表列于左。

众议院议员

王茂材二年选。

省议会议员

封绪昕二年选。

赵锡棻七年选。

李廷鹓七年选。

县议会议员二十名,议长李廷鹓。元年选。

沛城市议会议员二十名，议长孟广厚。元年选。

栖山市议会议员二十名，议长魏江亭。元年选。

夏阳乡议会议员十六名，议长张肇平。元年选。

汉台乡议会议员十六名，议长高兴沛。元年选。

千秋乡议会议员十八名，议长王厚楹。元年选。

泗亭乡议会议员十六名，议长马心惟。元年选。

湖陵乡议会议员十六名，议长胡经谟。元年选。

沛城市总董李廷鸿元年选。

栖山市总董孟朗轩元年选。

夏阳乡乡董张洪源元年选。

夏阳乡乡董杨俊仪二年选。

汉台乡乡董张玉亭元年选。

千秋乡乡董朱季伍元年选。

泗亭乡乡董杨玉山元年选。

湖陵乡乡董傅诚泰元年选。

文阶

赵锡蕃历任本县民政长、山西稷山县知事。

彭兆熙山东武城县知事。

武功

张文生现任徐州镇守使，新编安武军司令，兼任苏鲁皖豫四省剿匪督办。

甄德胜民国元年署理云南镇守使。

张正元现任湖南督军，署行营中军处处长，兼任第七师师部副官。

丁振邦现任湖南第七师营长。

王开诚元年任旗兵营营长。

张树田现任吉林旗兵队团长。

张灿英现任吉林旗兵队三营督队官。

邱昌锦陆军中将衔，现任安武军旅长。

人　物

封绪香，字济生，优廪生。光绪末年游学日本，入宏文学院。归国，任县视学兼学务总董，经营规划，不留余力。时沛邑师资缺乏，乃首先开办师范讲习所，继推广小学，迄于清季，有五十余处。以沛闭塞之邑，而兴学能如是之速者，惠香之力居多。民国四年，充省立第七师范学校教员，积劳成疾，年四十六岁卒。

阎小补，字用博，为人慷慨慕义，故丰于财而自奉俭约，然遇公益事，虽指囷解囊无吝也。尝输资兴学，贫苦子弟多所成就。县知事上其事，政府颁以奖章。民国四年卒，乡里立颂德碑。县知事于公挽以诗云："清芬世德冠吾乡，挹酒频登君子堂。见说哲人今已萎，骑箕天上黯星芒。""一生谨慎善持躬，末俗依然见古风。岂独张公书百忍，举家欢乐意融融。""莘莘后起望栽培，独力捐资学舍开。多少悭囊坚不破，何能博得奖章来。"

跋

国史邑乘，重要略同。考我沛旧志，始于明景泰，迄清乾隆四年，重修者五。迨光绪十五年，县令侯公东洲复事续修，阅时已百五十七载，搜辑较为困难。及稿成，将付梓，被檄去，而稿本存儒学训导顾公啸谷处。顾公每谓余曰："吾为沛保存文献，以待能者。"余感其言，深以无力宣扬为憾。及光绪三十四年，李公砚丰知沛县，昭谒见，辄以续修为请。公慨允，募款得千余缗，任朱君矩臣为局长，委王君幼山综其事。甫开幕，抄原稿一部，而李公又去职。于是抄本存之幼山，稿本仍还之顾公。宣统二年，省志续修韩委绍起来沛征访，携稿本去，存县者仅王君抄本而已。辛亥改革，土匪陷城，抄本乃不翼而飞。搜罗再四，终弗获。民国三年，知事于公祥吾莅沛，慨然以续修县志为己任，以无所依据、未易着手为恨。越四年，省修通志，遴员征访，需益急。索稿本于韩君绍起，谓存省通志局，求之又弗获。至是，志稿一书亦化归乌有矣。昭思多人辛苦，多年经营，一旦坠绪，岂忍令其终绝？时任县视学，历市、乡视察之暇，遇藏书家及留心掌故者遍询之，始悉此稿邑法教堂曾缮三部。于是，仿礼失求野之意，急探禹穴，遍索玉笥，而存沛与徐教堂者皆损失，惟沪总教堂犹存其一。虽书出孔壁，不无缺残，转辗借抄，鲁鱼滋甚，然幸有此一线之遗，而省志征访始确，县志续修得以借手。经年纂成，将付梨枣，县长于公已叙述其事，冠诸篇首。昭不敏，亦赘数语，附之卷末，使后之览者知我沛志之绝而复续，山川人物之精华、历代沿革之事实不至泯灭者，亦若有数存焉。当宝箓钦之，与国史并重也可。时民国九年岁次庚申冬十一月望日，李昭轩镜甫跋。

后记

《沛县旧志五种》的整理出版作为沛县县委、县政府的文化工程，于2020年8月下旬立项启动，至2021年7月1日完成出版印刷，历时10个月。回叙10个月的整理出版历程，可以且应该立此存照的内容有很多。概而述之，约为以下四点。

其一，关于志书整理出版工作的具体分工：沛县文体广电和旅游局局长孙益峰先生负责编务统筹，沛县博物馆馆长张玉兰女士负责资料统筹，同时邀约南京、徐州和沛县的部分学者（下详）组成"《沛县旧志五种》整理小组"，承担该志书整理出版工作中的各种具体业务，大抵包括出版联络、电子版过录、内容校注、文字校对以及凡例、导读、前言、后记的撰写。

其二，关于志书整理出版工作的历程，大体如下：2020年8月26日至2020年11月6日，志书整理小组完成沛县旧志五种由纸本向电子版的过录；2020年10月15日，志书整理小组赴南京与凤凰出版社（原江苏古籍出版社）洽谈出版业务，并于2020年11月16日双方签订出版协议。10月20日至25日，沛县文体广电和旅游局通过招投标方式同建元创意文化徐州有限公司签订服务合同，此后，该公司开始为志书整理出版工作进行相关服务。2020年12月至2021年1月，志书整理小组完成《沛县旧志五种》电子稿一校；2021年2月至3月，完成二校；2021年5月20日，完成三校。志书电子文稿交付凤凰出版社后，出版社的编辑工作遂于2020年11月初启动，至2021年4月完成三审。同时，凤凰出版社对《沛县旧志五种》书稿的三校工作启动进行，2021年4月底完成一校，5月20日完成二校，6月5日完成三校。自2020年10月，志书整理小组相关人员先后六次赴南京与凤凰出版社协商相关事宜。2021年4、5月间，沛县县委书记吴昊先生先后两次审改志书《前言》并浏览志书样稿。

其三，该志书的整理出版，还得到沛县史志工作办公室的全力支持，得到沛县各界人士的热情响应。沛县文体广电和旅游局副局长胡永、博物馆党支部书记李莹莹、博物馆副馆长夏春华等先生，积极为该志书的整理出版提供方便和相关服务；沛县退休干部刘洪志先生自费购求沛县志两种，无私献出，用作整理参考，爱乡之举，发乎真心。

在此，我们还要对参加“《沛县旧志五种》整理小组”的学者们，作一简介。他们是：田秉锷先生，1943 年生，沛县籍，南京师范学院中文系毕业，先后供职于徐州教育学院、徐州文化艺术研究所，撰著出版有《中国文化走向论》《大国无兵》《中华龙图腾》《毛泽东诗词鉴赏》《徐州园林志》等三十多部著作；赵明奇先生，1953 年生，淮安人，江苏师范大学教授，硕士研究生导师，江苏师范大学博物馆馆长，著有《徐州自然灾害史》《徐州地方志通考》，整理出版同治《徐州府志》、十卷本《徐州古方志丛书》等多部方志精品；黄清华先生，1946 年生，沛县人，江苏教育学院中文系毕业，高级教师，著有《明清沛县名门望族姻亲关系考》《张贞观集校注》《湖团记事》《汉代成语典故》等；孙厚领先生，号赟斋，1957 年生，沛县籍，1982 年毕业于南京林业大学，长期从事文史工作，先后发表有关《山海经》、西王母论文多篇，散文数十篇，并有专著《大泽拾遗》出版；龚逢庆先生，1958 年生，沛县籍，读大学，教中学，攻小学（训诂考证），业余发表教育论文多篇于教育刊物及《名作欣赏》，参编《明清十人文萃》，校点《阎尔梅集》，主纂《县域教育均衡发展研究》；刘金先生，高中语文教师，曾任新疆生产建设兵团中学副校长，沛县二中教科室主任，有散文集《天山东望》出版；周骋先生，1958 年生，祖籍安徽巢湖，生于南京，医学硕士，先后供职于江苏古籍出版社、江苏凤凰科技出版社，专攻秦汉史研究，著有《秦楚纲鉴》《高祖本纪汇注》《屠刀集》《古史杂识》《考古笔记：淮阴侯历史真相大揭秘》等十多部专著；赵凯先生，1985 年毕业于江苏电视大学中文系，后获河海大学硕士学位，长期在徐州市水利局办公室工作，曾参与《徐州水利志》编撰，并先后编著《中国河湖大典·淮河篇》《江苏省江河湖泊志》《徐州市志·水利篇》，其水利论文发布于《山东黄河下游开发史学术讨论会》；张政先生，1981 年生，江苏师范大学硕士研究生毕业，供职江苏师范大学博物馆，整理参编《徐州府志》《徐州古方志丛书》等。

另，张玉兰、李文华女士，虽非志书整理小组成员，而主动参与《沛县旧志五种》书稿的校对，逐字逐句，正谬颇多。

在该志立项之初，县委领导曾有委托中华书局出版的设想。经赵明奇先生联系，中华书局 2020 年出版指标已满。后再联系商务印书馆，而该馆竟一时缺少方志编辑。志书整理小组遂求助于江苏凤凰教育出版社佘晓灵先生、江苏凤凰科技出版社周骋先生，二先生闻讯，随即与凤凰出版社总编辑与社长分别联系，申明情况。凤凰出版社领导得讯，慨然应允。所以，该志书能够在江苏出版，离不开佘、周二先生的热情中介。事成回顾，书此谢忱。

《沛县旧志五种》能够顺利整理出版，自然还要归功于凤凰出版社的善始善终，一力承担。对负责该书编辑工作的崔广洲先生的辛勤劳动，我们由衷感谢。

是他以自己的日夜兼劳，辛勤勘校，保证了《沛县旧志五种》一书的精编精校，精印精装。

对比旧志，翻展新卷，整理着感慨良多。一个昌盛的时代，一个明达的决策，一个干练的班子，一个同心的背景，这或者就是《沛县旧志五种》一书出版所折射的现实风采。

因时间匆迫，复因整理者能力所限，该整理本志书定然还存有一些瑕疵。敬请读者，予以指正，我们不胜感激。

《沛县旧志五种》整理小组

2021 年 6 月